LOTHAR MICHAEL

Rechtsetzende Gewalt im
kooperierenden Verfassungsstaat

Schriften zum Öffentlichen Recht

Band 901

Rechtsetzende Gewalt im kooperierenden Verfassungsstaat

Normprägende und normersetzende Absprachen
zwischen Staat und Wirtschaft

Von

Lothar Michael

Duncker & Humblot · Berlin

Als Habilitationsschrift auf Empfehlung der
Rechts- und Wirtschaftswissenschaftlichen Fakultät der Universität Bayreuth
gedruckt mit Unterstützung der Deutschen Forschungsgemeinschaft.

Bibliografische Information Der Deutschen Bibliothek

Die Deutsche Bibliothek verzeichnet diese Publikation in
der Deutschen Nationalbibliografie; detaillierte bibliografische
Daten sind im Internet über <http://dnb.ddb.de> abrufbar.

Alle Rechte vorbehalten
© 2002 Duncker & Humblot GmbH, Berlin
Fremddatenübernahme: Klaus-Dieter Voigt, Berlin
Druck: Berliner Buchdruckerei Union GmbH, Berlin
Printed in Germany

ISSN 0582-0200
ISBN 3-428-10937-6

Gedruckt auf alterungsbeständigem (säurefreiem) Papier
entsprechend ISO 9706 ∞

Schriften zum Öffentlichen Recht

Band 901

Rechtsetzende Gewalt im kooperierenden Verfassungsstaat

Normprägende und normersetzende Absprachen zwischen Staat und Wirtschaft

Von

Lothar Michael

724 S. 2002. Geb. € 74,– / sFr 125,–
ISBN 3-428-10937-6 · ISSN 0582-0200

Informelle Kooperationen des Staates mit der Wirtschaft drohen den Geltungsanspruch des Rechts zu unterlaufen. Lothar Michael stellt dem in seiner Untersuchung die These entgegen, dass auch ein Staat, der mit der Wirtschaft informal kooperiert, ein Verfassungsstaat bleiben kann. In einer Bestandsaufnahme belegt er Selbstverpflichtungen, normprägende und normersetzende Absprachen mit einer Fülle von Beispielen auf nationaler und europäischer Ebene und typisiert sie unter rechtlichen Gesichtspunkten. Dabei überträgt er Grundkategorien des Verfassungsrechts, deren Dogmatik auf formales einseitiges Handeln zugeschnitten ist, auf normative Absprachen.

Nach der hier vorgelegten Theorie des kooperierenden Verfassungsstaates kann nicht die Ausübung grundrechtlicher oder demokratischer Freiheit, sondern ein „Verfassungsprinzip kooperativer Verantwortung" die

—— Duncker & Humblot · Berlin ——

Teilhabe Privater an Entscheidungen der rechtsetzenden Gewalt legitimieren. Darauf fußen die Grundrechtstheorie von einem „status negativus cooperationis", die Entwicklung einer informalen Kompetenzordnung sowie die Bestimmung rechtsstaatlicher und demokratischer Garantien des Verfassungs- und Gemeinschaftsrechts. Diese Garantien können das nationale und europäische Kartellrecht als Auffangordnung wie auch das geltende Rechtsschutzsystem einlösen.

Inhaltsübersicht

Einleitung: Geltungsanspruch des Rechts im kooperierenden Verfassungsstaat 17

1. Teil: Begriffsklärung, Bestandsaufnahme, Vorverständnis 20

Begriffliche Fragen — Tatsächliche Bestandsaufnahme: Beispiele aus verschiedenen Sachbereichen — Typisierung nach rechtlichen Kriterien — Rechtliche Bestandsaufnahme zu spezialgesetzlichen Regelungen — Bestandsaufnahme zur Kooperationspraxis der EG — Rechtsvergleichende Bestandsaufnahme — Vorverständnis: Vor- und Nachteile normativer Absprachen

2. Teil: Verfassungs- und gemeinschaftsrechtliche Bindungen der kooperierenden rechtsetzenden Gewalt 229

Normative Absprachen als Ausübung rechtsetzender Gewalt — Gemeinwohl im kooperierenden Verfassungsstaat — Grundrechtsbindung des kooperierenden Verfassungsstaates — Kompetenzielle Ordnung der rechtsetzenden Gewalt im kooperierenden Verfassungsstaat — Der kooperierende Rechtsstaat — Normative Absprachen und demokratische Legitimation — Gemeinschaftsrechtliche Fragen

3. Teil: Konsequenzen: Rechtliche Einbindung normativer Absprachen 519

Das Kartellrecht als horizontale Auffangordnung — Verwaltungsrechtliche Einbindung normativer Absprachen — Rechtsschutz im kooperierenden Verfassungsstaat — Staatshaftungsrechtliche Aspekte — Informale Konsequenzen der rechtlichen Einbindung — Verfassungs- und rechtspolitische Erwägungen

Ausblick und Schluss 660

Zusammenfassung 663

Literaturverzeichnis 677

Sachverzeichnis 712

Bestellungen können an jede Buchhandlung gerichtet werden oder direkt an den Verlag

Duncker & Humblot GmbH · Berlin

Postfach 41 03 29 · D-12113 Berlin · Telefax: (0 30) 79 00 06 31
Internet: http://www.duncker-humblot.de

Vorwort

Die Bundesregierungen der letzten Legislaturperioden treffen in zunehmendem Maße mit der Wirtschaft informale Absprachen, die Rechtsnormen ersetzen oder prägen. Durch diese *Staatspraxis* wird das rechtsstaatlich und demokratisch zustandegekommene Gesetz in Frage gestellt und mit ihm der Angelpunkt des überkommenen Verfassungsrechts. Kategorien des Rechts, die auf einseitige und formale Rechtsetzung des Staates zugeschnitten sind, versagen. „Wir leben" in den Worten *Konrad Hesses* (Baden-Baden im Mai 1999) „insoweit von dem Gedankengut einer Welt, die nicht mehr die unsere ist und ... in den tiefen Wandlungen des ausgehenden 20. Jahrhunderts ihren Untergang gefunden hat." Kann ein Staat, der auf solche Weise informal kooperiert, ein Verfassungsstaat sein? Wie kann rechtsetzende Gewalt begrifflich neu erfasst und rechtlich neu verfasst werden?

Der *Titel* dieser Arbeit ist als These zu verstehen: dass es den kooperierenden Verfassungsstaat gibt, in dem Recht und insbesondere das Verfassungsrecht Geltung auch gegenüber informaler Ausübung rechtsetzender Gewalt beanspruchen. Der Verf. ist zu der Überzeugung gekommen, dass der Anspruch des Rechts- und Verfassungsstaates eingelöst werden kann, dass die Legitimationsfrage und die Frage der Grundrechtsgeltung lösbar und dass die kompetenzielle und die kartellrechtliche Einbindung normativer Absprachen möglich ist. Er wurde dazu nicht zuletzt ermutigt durch die Aufforderung *Hesses* an die Generation seiner wissenschaftlichen Enkel, „neue Wege der Verfassungsinterpretation zu finden und einzuschlagen".

Im *„programmatischen" Verständnis* des modernen Verfassungsstaates wurde der Verf. von seinem Lehrer Prof. Dr. Dr. h.c. mult. *Peter Häberle* geprägt, dem diese Arbeit aus Dank gewidmet ist. Der Lehrer *Häberle* hat stets wissenschaftliche Begeisterung, Methode und Freiheit vermittelt. Für diese drei Stichworte seien hier Schlüsselsituationen skizziert: 1. Begeisterung: Der erste Satz, den der Verf. aus dem Munde seines späteren akademischen Lehrers hörte, waren die einleitenden Worte in dessen Erstsemestervorlesung: „Ich gratuliere Ihnen: Sie haben das schönste Studium der Welt gewählt!" 2. Methode: Im „Häberle-Seminar", das der Verf. von 1988–2002 regelmäßig besuchte, lernte er die Perspektiven einer kulturwissenschaftlichen Erschließung rechtswissenschaftlicher Probleme kennen, wurde wöchentlich ermahnt, mit den traditionellen Methoden der Auslegung des positiven Rechts („Schwarzbrot") zu beginnen und an deren Grenzen die Rechtsvergleichung als „fünfte Auslegungsmethode" und „Klassikertexte" fruchtbar zu machen. 3. Freiheit: Im persönlichen Gespräch ermutigte der Lehrer den Verf. stets, eigene Wege zu beschreiten, „lehrerferne" Themen zu behandeln und mutige Thesen zu wagen. Dies umreißt den pädagogischen Pluralismus *Peter Häberles*.

Die *Motivation* zu der Arbeit beruht nicht auf einem ausgeprägten Vorverständnis: nicht auf der Euphorie für das Kooperative und ebenso wenig auf einer grundsätzlichen Ablehnung des Informalen. Lösungsperspektiven der aufgeworfenen Fragen des Verfassungs-, Europa-, Kartell- und Verwaltungsrechts haben sich erst während der Arbeit abgezeichnet. Erst im Ineinandergreifen der verschiedenen rechtlichen Annäherungen war es möglich, die immensen Lücken im positiven Recht und in der Dogmatik zu schließen. Die typisierende tatsächliche Bestandsaufnahme und die Aufarbeitung der umfangreichen Spezialliteratur sowie die Entwicklung und Abstimmung eigener Ansätze in mehreren „Durchgängen" durch die verschiedenen Teile der Arbeit wurde möglich dank eines Habilitationsstipendiums der *Deutschen Forschungsgemeinschaft,* der ich auch für die Übernahme der Druckkosten danke.

Die Arbeit wurde von der Rechts- und Wirtschaftswissenschaftlichen Fakultät der Universität Bayreuth im Wintersemester 2001/2002 als Habilitationsschrift angenommen. Literatur und Rechtsprechung konnten für die Druckfassung vereinzelt bis ins Frühjahr 2002 eingearbeitet werden. Herzlicher Dank gebührt auch dem Zweitgutachter Prof. Dr. *Wilfried Berg* für seine Unterstützung vor, während und seit der Habilitation, Prof. Dr. *Rudolf Streinz* für weiterführende Hinweise im Europarecht und Prof. Dr. *Helmuth Schulze-Fielitz* für Anregungen in der Anfangsphase der Arbeit. Für zahlreiche Gespräche danke ich auch zwei Freunden und Kollegen, den Privatdozenten Dr. *Markus Kotzur* in Bayreuth und Dr. *Markus Möstl* in München. *Ingrid Bergner* danke ich für ihr persönliches Verständnis und für die stetige Ermahnung, die Praxis und vor allem die tatsächlichen Bedingungen politischen Handelns nicht aus den Augen zu verlieren. Meinen *Eltern* danke ich für all ihre Unterstützung, zuletzt beim Korrekturlesen. Für wertvolle Hilfe in der Veröffentlichungsphase dieser Arbeit während meines Vertretungssemesters danke ich den Mitarbeitern des Lehrstuhls für öffentliches Recht und Verfassungsgeschichte, Bayreuth, Frau *Gerlinde Kambach,* Wiss. Assistentin *Karin Beck,* Wiss. Mitarbeiter *Wolfgang Ramming* und den studentischen Hilfskräften *Maximilian Haag, Michael Lamsa* und *Michael Rudolf.* Schließlich sage ich Dank allen meinen Freunden, die mit mir beim gemeinsamen Musizieren in Welten jenseits meiner Arbeit abgetaucht sind und mir dadurch Kraft gegeben haben.

Herrn Prof. Dr. h.c. *Norbert Simon* danke ich für die Verlagsbetreuung seit meiner Dissertation. Dem Leser in Wissenschaft und Praxis danke ich für sein Interesse.

Bayreuth, Juni 2002 *Lothar Michael*

Inhaltsverzeichnis

Einleitung: Geltungsanspruch des Rechts im kooperierenden Verfassungsstaat .. 17

1. Teil
Begriffsklärung – Bestandsaufnahme – Vorverständnis 20

§ 1 Begriffliche Fragen 21
   I. Selbstverpflichtung und informale Absprache 21
      1. Selbstverpflichtung als gemeinwohlbezogene Zusage 22
      2. Rechtliche Unverbindlichkeit der „Verpflichtung" 23
      3. Selbstbindung der Wirtschaft (Unternehmen oder Verbände) ... 27
      4. Explizite Erklärung gegenüber der Öffentlichkeit oder dem Staat 29
      5. Selbstverpflichtungen als Teile informaler Absprachen zwischen Wirtschaft und Staat 32
      6. Autonome Selbstverpflichtungen 34
   II. Vertikale und horizontale Elemente informaler Absprachen 35
   III. Unterscheidung zwischen normativen und normvollziehenden Absprachen 37
   IV. Normersetzende Absprachen 40
      1. Normabwendende Absprachen 41
      2. Normverdrängende Absprachen 42
      3. Normflankierende und -flankierte Absprachen 43
   V. Normprägende Absprachen 44
      1. Normantizipierende Absprachen 44
      2. Absprachen zur Normsetzung 45
   VI. „Harte" und „weiche" Instrumente der Steuerung 45

§ 2 Tatsächliche Bestandsaufnahme: Beispiele aus verschiedenen Sachbereichen 47
   I. Umweltschutz 48
      1. Phasing-Out-Verpflichtungen 48
      2. Reduktionsverpflichtungen 51
      3. Verpflichtungen zur Entwicklung und Vermarktung bestimmter umweltfreundlicher Produkte 57
      4. Rücknahme-, Recycling-, Verwertungs- und Entsorgungsverpflichtungen 58
      5. Altlastensanierung 65
      6. Energieversorgung einschließlich Atomausstieg 65

		7. Verbands- bzw. zielübergreifende Verpflichtungen, sonstiges ...	67
		8. Inhaltliche Typisierung nach Ziel- und Mittelfestlegungen	67
	II.	Produktsicherheit und Verbraucherinformation	68
		1. Warnhinweise und kindergesicherte Verpackungen	69
		2. Kennzeichnungsverpflichtungen	70
		3. Melde- und Informationsverpflichtungen	72
	III.	Verpflichtungen zu Handels- und Wettbewerbsbeschränkungen	73
	IV.	Lebensmittelrecht	76
	V.	Arzneimittelrecht	78
	VI.	Medienrecht	78
	VII.	Arbeit, Soziales, Frauenförderung	82
	VIII.	Sonstige Beispiele aus der Wirtschaft	83
§ 3	Typisierung nach rechtlichen Kriterien		83
	I.	Beteiligte auf privater Seite	84
	II.	Beteiligte auf hoheitlicher Seite	90
	III.	Typen und Grade der staatlichen Beteiligung und Einflussnahme ..	94
		1. Hoheitliche Initiativen zu Selbstverpflichtungen	96
		2. Typen der Drohung mit Rechtsetzung	97
		3. Verzicht auf Rechtsetzung bei normabwendenden Absprachen ..	103
		4. Normprägende Absprachen: Das Beispiel des Atomkonsenses ..	105
		5. Unterstützung von Selbstverpflichtungen	125
	IV.	Selbst- und Fremdkontrolle sowie Berichterstattung	125
		1. Private Selbstkontrolle	126
		2. Private Fremdkontrolle	127
		3. Berichterstattung gegenüber Behörden und der Öffentlichkeit ..	128
		4. Selbstverpflichtungen ohne Monitoring	130
		5. Staatliche und staatlich initiierte Kontrolle	131
		6. Kooperative und dynamische Modelle des Monitoring	131
	V.	Geographische Ausdehnung	133
	VI.	Geltungsdauer	137
	VII.	Schriftlichkeit und Bekanntmachung	140
§ 4	Rechtliche Bestandsaufnahme zu spezialgesetzlichen Regelungen		141
	I.	Gesetzliche Vorgaben für normverdrängende Absprachen: insbesondere die Verpackungsverordnung	141
	II.	Einfachgesetzlich gebotene Eigenverantwortung: § 22 KrW-/AbfG	145
	III.	Abspracheflankierende Normen: Die Altautoverordnung i.d.F. von 1997	152
	IV.	Gesetzliche Formalisierung und Individualisierung von Selbstverpflichtungen: EG-UmwAuditVO und UAG	153
		1. Elemente der Formalisierung	155
		2. Private Selbstkontrolle und Personalisierung der Verantwortung	155
		3. Private Fremdkontrolle: Der Umweltgutachter	158

		4. Kombination privatisierter, hoheitlicher und kooperativer Fremdkontrolle 158

- 4. Kombination privatisierter, hoheitlicher und kooperativer Fremdkontrolle 158
- 5. Anreizmechanismen 165
- 6. Umweltaudit als Gewähr für die Einhaltung des geltenden Ordnungsrechts? 168
- 7. Konsequenzen: Substitution von Rechtsetzung und Normvollzug? 168
- 8. Die Anerkennung von Industrienormen nach Art. 9 (ex 12) EG-UmwAuditVO (2001) 174
- V. Rechtliche Gebote der Berücksichtigungen von Selbstverpflichtungen 180
- VI. Selbstverpflichtungsablösende Rechtsetzung 181
- VII. Normablösende Selbstverpflichtungen 182

§ 5 Bestandsaufnahme zur Kooperationspraxis der EG 183

§ 6 Rechtsvergleichende Bestandsaufnahme 190
- I. Niederlande 191
- II. Dänemark 194
- III. Belgien – insbesondere Flandern 195
- IV. Spanien 197
- V. Frankreich 197
- VI. Österreich 198
- VII. Schweiz 198
- VIII. Japan 200
- IX. Vereinigte Staaten von Amerika 200

§ 7 Vorverständnis: Vor- und Nachteile normativer Absprachen 203
- I. Effektivität und Effizienz als Kriterien des Vorverständnisses 204
- II. Selbstverpflichtungen wegen Unmöglichkeit imperativer Steuerung? 207
  - 1. Tatsächliche und rechtliche Unmöglichkeit 207
  - 2. Insbesondere: Nutzung oder Verlust von Sachverstand? 207
  - 3. Vollzugsdefizite auf Grund begrenzter staatlicher Ressourcen .. 209
- III. Motivation zu gemeinwohldienlichem Verhalten 210
  - 1. Imagegewinn für Hoheitsträger und die Wirtschaft 210
  - 2. Akzeptanz 211
  - 3. Bewusstseinswandel zur Eigenverantwortung 211
  - 4. Faktischer Druck durch Verbände und Wettbewerber 212
  - 5. Branchen- und grenzüberschreitende Vorbildfunktion 213
  - 6. Trittbrettfahrerproblem 214
  - 7. Vertrauensgewinn oder Distanzverlust 214
- IV. Kompromisscharakter normativer Absprachen? 215
  - 1. Idealer Ausgleich oder Bevorzugung von Partikularinteressen? ... 215
  - 2. Selbstverpflichtungen als „second-best"-Lösungen? 216

		3. Selbstverpflichtungen zu „business as usual"? 217
		4. Ausschluss der Gefahrenabwehr? 217
	V.	Beschleunigung oder Verzögerung? 218
		1. Auswahl des Kreises der Absprachebeteiligten 219
		2. Substitution formeller Verfahren 220
		3. Vermeidung von Rechtsstreitigkeiten oder Schaffung neuer Rechtsunsicherheiten? 222
		4. Normantizipierende Absprachen 223
	VI.	Flexibilität oder Abhängigkeit? 224
		1. Unbestimmtheit und Offenheit 224
		2. Änderbarkeit 225
	VII.	Deregulierung oder Reregulierung? 227

2. Teil

Verfassungs- und gemeinschaftsrechtliche Bindungen der kooperierenden rechtsetzenden Gewalt   229

§ 8	Normative Absprachen als Ausübung rechtsetzender Gewalt 229	
	I.	Der Begriff der rechtsetzenden Gewalt 229
	II.	Informale Kooperation der rechtsetzenden Gewalt 232
§ 9	Gemeinwohl im kooperierenden Verfassungsstaat 234	
	I.	Konkretisierung des Gemeinwohls durch normative Absprachen ... 235
		1. Gemeinwohl als Aufgabe 235
		2. Gemeinwohl als Legitimationsfrage 237
		3. Wirtschaftliches Engagement für private, partikulare und öffentliche Interessen 240
	II.	Staat und Gesellschaft – ein Kooperationsverhältnis? 247
		1. Die Nichtidentität und Unterscheidbarkeit von Staat und Gesellschaft 247
		2. Trennung von Staat und Gesellschaft? 248
		3. Gebot der Neutralität und Unabhängigkeit des Staates 251
	III.	Soziale Marktwirtschaft als Ordnungsprinzip? 254
	IV.	Gemeinwohl zwischen Pflicht und Freiheit 257
		1. Grundpflicht zu gemeinwohldienlichem Verhalten? 257
		2. Selbstverpflichtungen als Ausübung bürgerlicher Freiheit? 258
	V.	Subsidiaritätsprinzip und Selbststeuerung 266
		1. Herkunft und Geschichte des Subsidiaritätsprinzips 266
		2. Positivierungen im Rechtsvergleich 268
		3. Ältere verfassungsrechtliche Herleitung aus der bürgerlichen Freiheit 270
		4. Außerrechtliche Dimensionen 271
		5. Subsidiarität als Distanz-Gebot? 274
		6. Subsidiarität als Kompetenz und Aufgabe? 275

Inhaltsverzeichnis

VI.	Kooperationsprinzip als Legitimation normativer Absprachen?	279
	1. Kooperationsgebote im Verwaltungsvollzug?	280
	2. Kooperationsprinzip bei der Rechtsetzung?	286
	3. Der kooperierende Verfassungsstaat als Pendant zum kooperativen Verfassungsstaat?	289
VII.	Verantwortungsprinzip als Kompetenz und Aufgabe	294
	1. Die demokratische Verantwortung des Staates	295
	2. Verantwortung des Volkes	299
	3. Verantwortung des Bürgers – Betrachtung in vergleichender Verfassungslehre	301
	4. Das Prinzip kooperativer Verantwortung	313
	5. Legitimation der staatlichen Auferlegung von Verantwortung	316
	6. Legitimation der Teilhabe an der Begründung kooperativer Verantwortung	317
	7. Das Gemeinwohl als Gegenstand kooperativer Verantwortung	318

§ 10 Grundrechtsbindung des kooperierenden Verfassungsstaates ... 320
    I. Schutz absprachebeteiligter Unternehmen ... 322
        1. Schutzbereichsfragen ... 323
        2. Grenzen überkommener Grundrechtsdogmatik ... 324
            a) Freiwilliger Grundrechtsverzicht? ... 324
            b) Eingriff durch Kooperation? ... 337
            c) Grundrechtliche Schutzpflichten des kooperierenden Verfassungsstaates? ... 346
            d) Notwendigkeit eines dogmatischen Neuansatzes ... 353
        3. Auferlegung von Eigenverantwortung als grundrechtsrelevante Wirkung ... 355
        4. Zurechnung kooperativer Ausübung rechtsetzender Gewalt ... 356
            a) Normflankierte und normverdrängende Absprachen ... 357
            b) Inhaltliche Einflussnahme ... 358
            c) Hoheitliche Initiative ... 359
            d) Unterstützung autonomer Selbstverpflichtungen ... 361
        5. Konsequenzen des status negativus cooperationis ... 364
            a) Formelle Verfassungsmäßigkeit: Der Gesetzesvorbehalt ... 364
            b) Materielle Verfassungsmäßigkeit: Der Grundsatz der Verhältnismäßigkeit ... 366
    II. Verbände und ihre Mitglieder ... 372
        1. Schutzbereichsfragen insbesondere der Vereinigungsfreiheit ... 372
        2. Zurechenbarkeit der Beeinträchtigungen der Vereinigungsfreiheit ... 376
        3. Konsequenzen bei der Rechtfertigung ... 377
    III. Außenseiterstellung wettbewerblicher Konkurrenten ... 378
        1. Schutzbereichsfragen ... 379
        2. Weitere Grenzen überkommener Grundrechtsdogmatik ... 380
            a) Mittelbarer Eingriff durch Kooperation? ... 381

b) Drittwirkung der Grundrechte und grundrechtskonforme Auslegung? 383
c) Schutzpflichten? 384
3. Notwendigkeit eines weiteren dogmatischen Neuansatzes 385
4. Mit- und Ingerenzverantwortung beim status negativus cooperationis 388
5. Konsequenzen grundrechtlicher Mitverantwortung: Qualifizierte Schutzpflicht 394
   a) Insbesondere: Verhältnismäßigkeit der Beeinträchtigung des Art. 9 Abs. 1 GG 395
   b) Insbesondere: Vermeidepflicht für Wettbewerbsverzerrungen 396
   c) Insbesondere: Verhältnismäßigkeit der Ungleichbehandlungen (Art. 3 Abs. 1 GG) 400
IV. Geschäftspartner: Zulieferer und gewerbliche Abnehmer 412
1. Schutzbereichsfragen 412
2. Zurechnung mittelbarer Kooperationsauswirkungen: status negativus cooperationis 413
V. Verbraucher 414
VI. Zusammenfassung der Konsequenzen der Grundrechtsbindung 415

§ 11 Kompetenzielle Ordnung der rechtsetzenden Gewalt im kooperierenden Verfassungsstaat 416
I. Geltungsanspruch der verfassungsrechtlichen Kompetenzordnung .. 416
II. Verbandskompetenzen im kooperierenden Bundesstaat 418
III. Organkompetenzen der kooperierenden rechtsetzenden Gewalt 425
1. Die verschiedenen Funktionen der Organe der rechtsetzenden Gewalt 425
   a) Die Organe der verordnunggebenden Gewalt 425
   b) Die Organe der gesetzgebenden Gewalt 430
2. Der Beschlusscharakter normativer Absprachen 431
3. Funktionelle Eignung und Kompetenz der Bundesregierung zur Kooperation 434
IV. Konsequenzen für die verschiedenen Absprachetypen 438
1. Verordnungsersetzende Absprachen 438
   a) Verordnungsermächtigung als Kooperationskompetenz 438
   b) Kompetenzabgrenzung zwischen dem Bundeskabinett und einzelnen Ressorts 440
   c) Ausfertigungsbefugnis des Bundeskanzlers 442
   d) Zustimmung des Bundesrates 442
   e) Kooperationskompetenz des Bundesrates und der Landesregierungen? 446
   f) Beteiligung des Bundestages 447
2. Normverdrängende Absprachen 449
3. Parlamentsgesetze ersetzende Absprachen 449
   a) Das Gesetzesinitiativrecht als Ermächtigung? 449

　　　　b) Gesetzliche Kooperationsermächtigungen – de lege ferenda et de constitutione lata 450
　　　　c) Kooperationskompetenz des Bundestages und informale Kooperationsermächtigungen? 452
　　　4. Normprägende Absprachen 453

§ 12 Der kooperierende Rechtsstaat 457
　　I. Der formale und der informale Rechtsstaat 460
　　II. Der Vorrang des Gesetzes vor informalen Absprachen 464
　　III. Trennung der Gewalten im kooperierenden Verfassungsstaat 465
　　IV. Vertrauensschutz der informal kooperierenden Wirtschaft 467
　　V. Allgemeinheit und Bestimmtheit des Gesetzes 476
　　VI. Analogien zu Verfahrensnormen der Rechtsetzung? 478
　　　1. Publizität in Verfahren der Rechtsetzung 478
　　　2. Amtliche Publikationspflicht normativer Absprachen? 480
　　　3. Anhörungsrechte im Verfahren der Rechtsetzung? 483

§ 13 Normative Absprachen und demokratische Legitimation 488
　　I. Normative Absprachen als Gegenstand demokratischer Legitimation? 488
　　II. Demokratische Legitimation der kooperierenden rechtsetzenden Gewalt 489
　　　1. Verletzung demokratischer Verantwortung durch Verzicht auf formelle Rechtsetzung? 489
　　　2. Grenzen der Übertragung von Rechtsetzungsaufgaben als Gebote personeller Legitimation 490
　　　3. Parlamentsvorbehalt und Wesentlichkeitstheorie als Gebote der sachlichen Legitimation 491
　　III. Teilhabe Privater an Entscheidungen der rechtsetzenden Gewalt ... 495

§ 14 Gemeinschaftsrechtliche Fragen 497
　　I. Selbstverpflichtungen auf Gemeinschaftsebene? 498
　　　1. Verbandskompetenz auf Grund begrenzter Einzelermächtigung .. 498
　　　2. Instrumentelle Kompetenz: numerus clausus der gemeinschaftsrechtlichen Handlungsformen? 499
　　　3. Organkompetenzen und Verfahren 503
　　　4. Gemeinschaftsgrundrechte als materiellrechtliche Grenzen 505
　　II. Primärrechtliche Grenzen nationaler Selbstverpflichtungen 506
　　　1. Die Warenverkehrsfreiheit nach Art. 28 ff. EGV 506
　　　2. Grenzen von Umweltbeihilfen nach Art. 87 EGV 508
　　III. Sekundärrecht und nationale Selbstverpflichtungen 509
　　　1. Umsetzung von Richtlinien durch Selbstverpflichtungen 509
　　　2. Schutzverstärkungsklauseln 516
　　　3. Mitteilungs- und Notifizierungspflichten 517

3. Teil
Konsequenzen: Rechtliche Einbindung normativer Absprachen 519

§ 15 Das Kartellrecht als horizontale Auffangordnung 519
    I. Grundfragen der Anwendbarkeit des Kartellrechts 522
        1. Vorrang des öffentlichen Rechts vor dem Kartellrecht? 522
        2. Ausschluss des Kartellrechts wegen der Beteiligung des Staates an Absprachen? 526
        3. Anwendung der Art. 81 und/oder 28 EGV auf die Beteiligung des Staates an Absprachen? 530
    II. Grundfragen einer kartellrechtlichen Gemeinwohldogmatik 535
        1. Gemeinwohlklauseln im geschriebenen Kartellrecht 535
        2. Zur Bedeutung allgemeiner Gemeinwohlklauseln für das Kartellrecht 537
        3. Kompetenzielle Abgrenzung zwischen der Bundesregierung und dem BKartA im kooperierenden Verfassungsstaat 542
        4. Dogmatische Verortung des Gemeinwohls im Kartellrecht 546
        5. Grundzüge einer kartellrechtlichen Abwägungsdogmatik 555
    III. Dogmatische Einzelfragen 564
        1. Abgrenzung zwischen europäischem und nationalem Kartellrecht und ihr Verhältnis im Kollisionsfall 564
        2. Problemstellung: Chancen und Gefahren normativer Absprachen für den Wettbewerb 568
        3. Dogmatik und Praxis des europäischen Kartellrechts 574
            a) Das Kartellverbot des Art. 81 Abs. 1 EGV 574
            b) Gruppenfreistellungen 574
            c) Freistellung nach Art. 81 Abs. 3 EGV 575
        4. Dogmatischer Neuansatz nach dem GWB (1998) 584
            a) Das Kartellverbot des § 1 GWB 584
            b) Freistellung nach §§ 2 bis 5 GWB 584
            c) Freistellung nach § 7 GWB 588
            d) Ministerkartellerlaubnis nach § 8 Abs. 1 GWB 594
            e) Anerkennung als Wettbewerbsregeln i. S. d. § 24 GWB 599
            f) „Duldungsmodell" nach § 32 GWB? 603
    IV. Grundfragen des Kartellverfahrensrechts 608
        1. Kartellverfahrensrecht 608
        2. Schutz der grundrechtlich Betroffenen durch das Kartellverfahrensrecht 609
        3. Verfassungsrechtliche Gebotenheit der Durchführung eines Kartellverfahrens 612

§ 16 Verwaltungsrechtliche Einbindung normativer Absprachen 616
    I. Verfassungsrechtliche und methodische Prämissen 616
    II. Analogien zum allgemeinen Verwaltungsverfahrensrecht? 618

	III.	Rechtliche Einbindung des Monitorings? 622
	IV.	Auskunftsansprüche nach dem UIG 624
§ 17	Rechtsschutz im kooperierenden Verfassungsstaat 627	
	I.	Rechtliche Durchsetzung von Inhalten informaler Absprachen? 628
	II.	Abwehr des Drucks auf Private 630
		1. Rechtsschutz gegen horizontale Wirkungen nach dem GWB ... 632
		2. Verwaltungsrechtsweg gegen vertikale Wirkungen nach der VwGO 635
		3. Verfassungsbeschwerde zum BVerfG 638
	III.	Organstreitigkeiten, Bund-Länder-Streitigkeiten, abstrakte Normenkontrolle, Vertragsverletzungsverfahren 639
	IV.	Rechtsschutz gegen abspracheersetzende oder normprägenden Absprachen entsprechende Normen 643
§ 18	Staatshaftungsrechtliche Aspekte 646	
	I.	Amtshaftung für normative Absprachen 647
	II.	Unterlassungs- und Folgenbeseitigungsanspruch 651
§ 19	Informale Konsequenzen der rechtlichen Einbindung 653	
§ 20	Verfassungs- und rechtspolitische Erwägungen 655	
	I.	Bedürfnisse zur Korrektur der derzeitigen Staatspraxis durch den Gesetzgeber? 655
	II.	„Nachführung" des geltenden Rechts im kooperierenden Verfassungsstaat? 658

Ausblick und Schluss 660

Zusammenfassung 663

Literaturverzeichnis 677

Sachverzeichnis 712

Einleitung: Geltungsanspruch des Rechts im kooperierenden Verfassungsstaat

Der kooperierende Verfassungsstaat ist ein Staat, der mit der Wirtschaft informal kooperiert und dabei dem Verfassungsrecht gerecht wird. Parallel zum Phänomen des „kooperativen Verfassungsstaates" (*Peter Häberle*)[1], der nach außen gerichtete, völkerrechtliche Kooperationen eingeht, trifft der kooperierende Verfassungsstaat nach innen gerichtete Absprachen mit Privaten in seinem Hoheitsbereich.

Wenn solche Absprachen zwischen Staat und Wirtschaft an die Stelle formeller Gesetze und Verordnungen treten oder den Inhalt späterer Rechtsetzung prägen, werden sie als normative, d.h. normersetzende bzw. normprägende Absprachen bezeichnet. Diese Absprachen enthalten so genannte „freiwillige Selbstverpflichtungen" der Wirtschaft. Jene sind aber regelmäßig weder freiwillig noch rechtlich verpflichtend, sondern werden auf staatlichen Druck, wenn auch ohne rechtlichen Zwang eingegangen und bestehen aus unverbindlichen Zusagen. Sie sollen eigenverantwortliches Handeln der Wirtschaft im Dienste bestimmter Gemeinwohlzwecke auslösen. Sie entfalten innerhalb der Wirtschaft horizontale Wirkungen, haben aber auch eine vertikale Dimension zwischen Staat und Wirtschaft.

Der Staat beteiligt sich auf unterschiedlichste Weise an normativen Absprachen und droht regelmäßig mit einseitiger Rechtsetzung. Jede Ausübung hoheitlicher Gewalt ist an die Grundrechte (Art. 1 Abs. 3 GG) und die Verfassung (Art. 20 Abs. 3 GG) gebunden. Auch informales Handeln ist nicht rechtsfreies Handeln.[2] Obwohl mit normativen Absprachen kein verbindliches Recht gesetzt wird, kann sich der kooperierende Staat nicht von seiner Verfassungsbindung lösen. Die Verfassung als rechtliche Grundordnung des Staates[3] beansprucht ihre normative Kraft[4] zu entfalten. Der Rechtsstaat kann sich nicht aus der Bindung an die Verfassung lösen, die ihn konstituiert. Verfassungsrecht ist wesentlich indisponibel. Auch einfa-

---

[1] *P. Häberle*, in: ders., Verfassung als öffentlicher Prozess (1978), 3. Aufl. 1998, S. 407 ff.

[2] *E. Schmidt-Aßmann*, Das allgemeine Verwaltungsrecht als Ordnungsidee, 1998, S. 269.

[3] *W. Kägi*, Die Verfassung als rechtliche Grundordnung des Staates, 1945.

[4] *K. Hesse*, Grundzüge des Verfassungsrechts der Bundesrepublik Deutschland, 20. Aufl., 1995 (Neudr. 1999), Rz. 42.

ches Recht, insbesondere Verordnungsermächtigungen der Bundesregierung und das Kartellrecht beanspruchen Geltung für informale Absprachen.

Die Einlösung des Rechtsgeltungsanspruchs stellt die Dogmatik und insbesondere die Verfassungsinterpretation vor große Schwierigkeiten:[5] Überkommene Kategorien und ihr telos sind auf einseitiges hoheitliches Handeln ausgerichtet. Beim Wort genommen erfassen sie informale Absprachen nicht, auch ihr Zweck versagt. Das Gesetz verliert durch normative Absprachen seine zentrale, ja begriffsbildende Funktion[6] für den Rechtsstaat. Normersetzende Absprachen substituieren das Gesetz selbst. Normprägende Absprachen prägen spätere gesetzliche Inhalte in Verfahren jenseits des Verfassungsrechts. Dadurch wird die Funktionsfähigkeit zentraler verfassungsrechtlicher Mechanismen in Frage gestellt: der Vorrang des Gesetzes, die Grundrechtsgeltung, die Kompetenzverteilung, die demokratische Legitimation der Rechtsetzung, die Formalisierung des Rechtsetzungsverfahrens und schließlich der Rechtsschutz.

Wird das Gesetz als „Angelpunkt"[7] des Rechts in Frage gestellt, droht die Verfassung selbst „aus den Angeln" zu geraten. Das Verfassungsrecht muss auf normative Absprachen reagieren und umgekehrt müssen jene sich nach diesen Maßstäben ausrichten. Informale Absprachen dürfen einerseits nicht durch die Netze des Verfassungsrechts fallen. Verfassungsfreie Räume der Staatspraxis dürfen durch sie nicht entstehen. Die teilweise Außerkraftsetzung der Verfassung durch die öffentliche Gewalt könnte den sozialen Frieden und den kontrollierten Wandel der Gesellschaft gefährden.[8] Andererseits darf die Verfassung nicht zu systematischen Erstarrungen überkommener Formen führen. Die Methode der Verfassungsinterpretation[9] stellt

---

[5] *W. Hoffmann-Riem*, Diskussionsbeitrag, in: VVDStRL 56 (1997), S. 291 sieht die „normative und die normgeprägte Wirklichkeit" soweit verändert, dass „die bisherige Begrifflichkeit" in Frage zu stellen sei. *E. Schmidt-Aßmann*, Das allgemeine Verwaltungsrecht als Ordnungsidee, 1998, S. 28: „Mit einzelnen Anpassungsvorschlägen (der normativen Grundlagen) ist es nicht getan." *F. Ossenbühl*, Diskussionsbeitrag, in: VVDStRL 56 (1997), S. 285 verweist auf den „Standard rechtsstaatlicher Garantien ... Erst wenn diese Kategorien versagen, erst dann ist es, um die neu entstandene Wirklichkeit rechtsstaatlich gewissermaßen zu bändigen, erforderlich, über weitere Innovationen des Verwaltungsrechts nachzudenken." Vgl. auch *H. Dreier*, StWuStPr 1993, S. 647 (664).

[6] Dazu: *C. Schmitt*, Verfassungslehre (1928), 7. Aufl. 1989, S. 138 ff.; *E.-W. Böckenförde*, Gesetz und gesetzgebende Gewalt, 2. Aufl., 1981; *Chr. Starck*, Der Gesetzesbegriff des Grundgesetzes, 1970.

[7] *D. Grimm*, in: ders. (Hrsg.), Wachsende Staatsaufgaben – sinkende Steuerungsfähigkeit des Rechts, 1990, S. 291 (295); *ders.*, in: ders. (Hrsg.), Staatsaufgaben, 1994, S. 613 (620).

[8] *D. Grimm*, ebenda, S. 613 (633).

[9] Dazu statt aller *E. Forsthoff*, Zur Problematik der Verfassungsauslegung, 1961, *H. Ehmke*, VVDStRL 20 (1963), S. 53 ff.; *E. W. Böckenförde*, NJW 1976,

Weichen: Rein positivistische, deduktive Ansätze lassen nur die Alternative, informales Handeln (weil nicht ausdrücklich geregelt) entweder gänzlich zu verbieten oder aber für völlig ungebunden zu halten. Die Einlösung der These vom kooperierenden Verfassungsstaat setzt ein offenes, induktives Vorgehen voraus. Nur so lassen sich Bewahrung und Wandel des Verfassungsrechts in ein ausgeglichenes Verhältnis bringen. Anderenfalls besteht nach *Horst Dreier* die Gefahr, „in doppelter Weise resignieren zu müssen: das eine Mal vor der Funktionslosigkeit des Normativen und das andere Mal vor der Normlosigkeit des Faktischen."[10] Der Staat befindet sich in den Worten *Konrad Hesses* in einem tiefgreifenden „Funktionswandel"[11]. Um zu beweisen, dass auch der kooperierende Staat ein Rechts- und Verfassungsstaat sein kann, kommt es „darauf an, neue Wege der Verfassungstheorie zu finden und einzuschlagen"[12].

Die klassische Analogiebildung versagt, weil normative Absprachen und geregeltes einseitiges Handeln wesensverschieden sind. Auch einseitig informales Handeln der vollziehenden Gewalt ist nicht mit normativer Kooperation vergleichbar.[13] Mit dem Umgehungsverbot lassen sich aber verfahrensrechtliche Garantien aufrechterhalten. Dabei muss die Balance zwischen den Chancen des Informalen und den Ansprüchen des Formalen gesucht werden.

Die Dogmatik und Theorie des kooperierenden Verfassungsstaates muss induktiv neue Ansätze entwickeln, insbesondere um folgende Fragen zu beantworten: Kann die Teilhabe Privater an Entscheidungen der rechtsetzenden Gewalt legitimiert werden? Sind dem kooperierenden Staat Grundrechtsbeschränkungen zuzurechnen? Kann die kooperierende rechtsetzende Gewalt in das Kompetenz- und Ordnungsgefüge des demokratischen Rechtsstaates eingebunden werden, ohne dass Absprachen dadurch unpraktikabel werden? Kann das Kartellrecht als Auffangordnung Verfahrens- und Rechtsschutzlücken füllen?

S. 2089 ff.; *P. Häberle,* Verfassung als öffentlicher Prozess (1978), 3. Aufl. 1998, S. 15 ff. 121 ff., 182 ff. und passim; *K. Hesse,* Grundzüge des Verfassungsrechts der Bundesrepublik Deutschland, 20. Aufl., 1995 (Neudr. 1999), Rz. 49 ff.

[10] *H. Dreier,* Diskussionsbeitrag, in: VVDStRL 52 (1993), S. 337 (338).

[11] *K. Hesse,* in: M. Morlok, (Hrsg.), Die Welt des Verfassungsstaates, 2001, S. 11 (14).

[12] Von *K. Hesse,* ebenda, S. 11 (15) allgemein gefordert mit Blick auf Europäisierung, Internationalisierung und Privatisierung; vgl. auch *G. Lübbe-Wolff,* in: A. Benz/W. Seibel (Hrsg.), Zwischen Kooperation und Korruption, 1992, S. 209 (211), mit Blick auf Kooperationen: „... verfassungstheoretisch ist hier, sei es an Opposition oder an Rationalisierung, noch viel zu leisten."; *F. Ossenbühl,* Diskussionsbeitrag, in: VVDStRL 56 (1997), S. 285 fordert, den „nun tatsächlich vorhandenen Prozeß in der Realität kritisch und auch innovativ" zu begleiten.

[13] Anders *W. Frenz,* Selbstverpflichtungen der Wirtschaft, 2001, S. 99.

1. Teil

Begriffsklärung – Bestandsaufnahme – Vorverständnis

Im 1. Teil dieser Arbeit sollen zunächst begriffliche Fragen geklärt werden (§ 1). Sodann wird der tatsächliche Bestand von Selbstverpflichtungen und normativen Absprachen mit Beispielen dargestellt (§ 2) und typisiert (§ 3), sowie die vereinzelten spezialgesetzlichen Normen, die auf diese neuartigen Instrumente reagieren bzw. sie steuern, erörtert (§ 4). Daran schließt sich eine gemeinschaftsrechtliche (§ 5) und eine rechtsvergleichende (§ 6) Bestandsaufnahme an. Schließlich wird das Vorverständnis über die Vor- und Nachteile normativer Absprachen offengelegt (§ 7).

In der tatsächlichen Bestandsaufnahme wird sich zeigen, dass die zahlreichen Beispiele in ihren Inhalten und in der Art ihres Zustandekommens und ihrer Verwirklichung erheblich voneinander abweichen.[1] Eine rechtswissenschaftliche Untersuchung muss auf diese Vielfalt differenziert eingehen. Das setzt voraus, die Dinge auf exakte Begriffe zu bringen und verschiedene Typen zu bilden. Die Entscheidung, was dabei typisch und atypisch ist, wird dadurch erschwert, dass sich Selbstverpflichtungen und normative Absprachen in einer Experimentierphase befinden: Es entstehen immer wieder neue Varianten. Theorie und Praxis müssen sich erst aufeinander zubewegen: Weil eine Typologie noch fehlt, an der sich die Staatspraxis orientieren könnte, treibt die Wirklichkeit umso vielfältigere Blüten. Umgekehrt wird es für die Theorie angesichts dieser Entwicklung immer schwieriger, eine Typologie zu erarbeiten. Aus der Erkenntnis, dass viele Abweichungen (noch) auf Zufällen beruhen und keiner inneren Logik folgen, darf nicht geschlossen werden, dass jede Systematisierung überflüssig ist und ins Leere geht.[2] Eine pauschale rechtliche Beurteilung von Selbstverpflichtungen und normativen Absprachen verbietet sich. Weder eine grundsätzliche Ablehnung und Unterbindung noch die kritiklose Befürwortung dieser Instrumente, sondern nur differenzierte Antworten können der Praxis gerecht werden und haben eine Chance, auf sie einzuwirken.

---

[1] *F. Ossenbühl*, Diskussionsbeitrag, in: VVDStRL 56 (1997), S. 284 weist auf die Heterogenität der Phänomene der Selbstregulierung hin. Zu den vorgelegten „Typologien" vgl. *E. Schmidt-Aßmann*, ebenda, S. 295.

[2] So aber *U. Dempfle*, Normvertretende Absprachen, 1994, S. 24.

§ 1 Begriffliche Fragen

I. Selbstverpflichtung und informale Absprache

Selbstverpflichtungen sind rechtlich unverbindliche Zusagen zu einem bestimmten Verhalten oder zur Erreichung bestimmter näher bezeichneter Ziele, die von der Wirtschaft (d.h. von Unternehmen oder Verbänden einzelner oder mehrerer Branchen) in einer Erklärung, nach außen (d.h. öffentlich oder dem Staat gegenüber) erklärt werden.

Die begriffliche Klärung des Phänomens „Selbstverpflichtung" steht – wie die wissenschaftliche Diskussion insgesamt – noch am Anfang. Es gibt viele Vorschläge zur Definition der Selbstverpflichtung, die in den Einzelheiten voneinander abweichen, ohne dass dem bislang größere Bedeutung zugemessen wurde. Das Schrifttum hat es bislang versäumt, sich mit den Unterschieden und Konsequenzen der unterschiedlichen Definitionen auseinander zusetzen.

Selbstverpflichtungen werden zum Teil unter dem Begriff der Absprache behandelt und umgekehrt. Begrifflich lässt sich die Selbstverpflichtung als Teil von informalen Absprachen fassen. Dennoch sollte – entgegen dem Trend der bisherigen monographischen Literatur[3] – der Begriff der *Absprache* und nicht der der *Selbstverpflichtung* in den Mittelpunkt der Diskussion gestellt werden, um das typische Phänomen der informalen Kooperation zu bezeichnen. Absprachen sind regelmäßig nicht bloßer „Hintergrund" von Selbstverpflichtungen, sondern Kooperation prägt die typischen Selbstverpflichtungen in ihrem Wesen.[4] Auch in dem typischen Fall, dass der Staat eine Rechtsverordnung androht, wird ein informaler Kooperationsprozess angestoßen, in dem sich die Wirtschaft mit dem Staat auf substituierende Selbstverpflichtungen und deren Ausgestaltung verständigt und informal einigt (Absprache).[5] Mit dem Begriff der Selbstverpflichtung soll hier nur

---

[3] So die Titel und Schwerpunktsetzung bei A. *Helberg*, Normabwendende Selbstverpflichtungen ..., 1999; G. *Hucklenbruch*, Umweltrelevante Selbstverpflichtungen, 2000; A. *Faber*, Gesellschaftliche Selbstregulierungssysteme im Umweltrecht – unter besonderer Berücksichtigung der Selbstverpflichtungen, 2001; W. *Frenz*, Selbstverpflichtungen der Wirtschaft, 2001, S. 11, 42, 52 und passim; wie hier insoweit: U. *Dempfle*, Normvertretende Absprachen, 1994; T. *Köpp*, Normvermeidende Absprachen zwischen Staat und Wirtschaft, 2001.

[4] Anders W. *Frenz*, Selbstverpflichtungen der Wirtschaft, 2001, S. 50 (Einseitige private Initiative als „Wesen" der Selbstverpflichtung), S. 52 (Absprachen als „Hintergrund" von Selbstverpflichtungen) und S. 102 (staatliches Handeln „nur im Vorfeld oder am Rande der Selbstverpflichtung").

[5] Anders W. *Frenz*, ebenda, S. 72, der hier nur Kooperation zwischen den Privaten annimmt. Vgl. jedoch ebenda S. 74: „... sind Selbstverpflichtungen begriffsnotwendig Ausdruck des Kooperationsprinzips".

deshalb begonnen werden, um den der normativen Absprache zu erfassen und dabei die Literatur zum Begriff der Selbstverpflichtung zu verwerten.

1. Selbstverpflichtung als gemeinwohlbezogene Zusage

Von Selbstverpflichtungen im hier verstandenen Sinne sollte mit *Walter Frenz*[6] nur gesprochen werden, wenn die Zusage einen Gemeinwohlbezug hat. Hinsichtlich des Gemeinwohlbezugs der Zusage sollte zwischen zwei Typen von Selbstverpflichtungen unterschieden werden: Die Selbstverpflichtung kann entweder auf ein bestimmtes Verhalten gerichtet sein, oder ein bestimmtes Ziel definieren. *Verhaltenszusagen* können z. B. darin bestehen, auf die Herstellung oder Verwendung bestimmter umweltschädlicher Stoffe zu verzichten. *Zielvorgaben* können z. B. darin bestehen, dass die Emissionen oder Immissionen auf bestimmte Mengen reduziert werden. Verhaltenszusagen und Zielvorgaben sind zwei Typen von Selbstverpflichtungen, die noch im Einzelnen untersucht und mit Beispielen gelegt werden.

Verhaltenszusagen und Zielvorgaben können, müssen aber nicht in einer Selbstverpflichtung zusammentreffen. Der Definitionsvorschlag von *Jürgen Knebel* erweist sich als zu eng, weil er beides voraussetzt: „die Erreichung bestimmter ... Ziele durch konkrete ... Maßnahmen"[7]. Selbstverständlich lassen sich Verhaltenszusagen ähnlich wie Normen teleologisch auslegen. Die so ermittelbaren Ziele und Zwecke einer Selbstverpflichtung sollten aber nicht verwechselt werden mit konkret definierten Zielvorgaben, die als solche Gegenstand einer Selbstverpflichtung sein können.

Die meisten Beispiele für Selbstverpflichtungen in Deutschland stammen gegenwärtig aus dem Bereich des Umweltschutzes. Aber es gibt auch Selbstverpflichtungen in anderen Bereichen (z. B. der Medien und jüngst zur Gleichstellung der Frauen im Arbeitsleben). Sie sollen hier mitbehandelt werden. In Arbeiten, die sich auf den Bereich des Umweltschutzes beschränken, wurde bisweilen verkannt, dass sie das Phänomen der Selbstverpflichtungen nicht umfassend behandeln. Keineswegs sollte der Umweltschutz als Gegenstand von Selbstverpflichtungen begrifflich vorausgesetzt werden, wie dies oft geschieht: so bei *Andreas Helberg:* „Gemeinhin wird unter dem Begriff der Selbstverpflichtung die ... Zusage ... verstanden, Maßnahmen zum Umweltschutz durchzuführen oder umweltbelastende Aktivitäten zu unterlassen bzw. zu reduzieren, um bestimmte Umweltziele zu

---

[6] W. *Frenz,* Selbstverpflichtungen der Wirtschaft, 2001, S. 44 f.; ein öffentliches Interesse verlangt auch *T. Köpp,* Normvermeidende Absprachen zwischen Staat und Wirtschaft, 2001, S. 63

[7] *J. Knebel* in: J. Knebel/L. Wicke/G. Michael, Selbstverpflichtungen ..., 1999, S. 261, ausführlich erläutert ebenda, S. 20 ff.

erreichen"[8], bei *Gabriele Hucklenbruch,* die den Begriff der Selbstverpflichtung als „Oberbegriff für ... Erklärungen ... zu aktiven oder passiven Umweltschutzmaßnahmen"[9] verwendet oder bei *Jürgen Knebel:* „Selbstverpflichtungen sind ... Zusagen ..., die die Erreichung bestimmter umweltpolitischer Ziele durch konkrete umweltverbessernder Maßnahmen zum Gegenstand haben."[10] In diese insofern verfehlte Richtung weist auch der Versuch einer Legaldefinition in § 35 Abs. 1 S. 1 UGB-KomE[11]: „Wirtschaftsverbände, sonstige Verbände oder einzelner Unternehmen können gegenüber der Bundesregierung erklären oder mit ihr ohne Rechtsverbindlichkeit vereinbaren, dass bestimmte Anforderungen zur Vorsorge gegen Risiken für die Umwelt oder den Menschen, Gegenstand einer Rechtsverordnung nach diesen Gesetzbuchs sein können, innerhalb einer angemessenen Frist freiwillig erfüllt werden (Selbstverpflichtung)."

Nicht gefolgt werden soll hier dem inhaltlich noch spezifischeren Begriff der Selbstverpflichtung, den der Rat der Sachverständigen für Umweltfragen[12] vertritt: Danach sind Selbstverpflichtungen sachlich auf „freiwillige Erklärung der Industrie *zu passiven und aktiven Sanierungsmaßnahmen*" beschränkt und werden als einer dreier Typen verbandlicher Kooperationslösungen von Informationsverpflichtungen und Kooperationsabkommen unterschieden. Nach der hier vertretenen Auffassung sind die Informationsverpflichtungen ein Unterfall der Selbstverpflichtungen. Kooperationsabkommen können, müssen aber nicht im Zusammenhang mit Selbstverpflichtungen geschlossen werden.

2. Rechtliche Unverbindlichkeit der „Verpflichtung"

Das Element der *Verpflichtung* bei Selbstverpflichtungen zu umschreiben, führt zum Kern dieses Instruments und seiner begrifflichen und rechtlichen Erfassung. Wenn die Jurisprudenz den Begriff der Selbstverpflichtung in

---

[8] A. *Helberg,* Normabwendende Selbstverpflichtungen ..., 1999, S. 32 m. w. N.
[9] G. *Hucklenbruch,* Umweltrelevante Selbstverpflichtungen, 2000, S. 80.
[10] J. *Knebel* in: J. Knebel/L. Wicke/G. Michael, Selbstverpflichtungen ..., 1999, S. 261.
[11] Bundesministerium für Umwelt, Naturschutz und Reaktorsicherheit (Hrsg.), Umweltgesetzbuch (UGB-KomE) Entwurf der Sachverständigenkommission, 1998, insbes. die ausführliche Entwurfsbegründung S. 457 ff., 500 ff.; vgl. auch *R. Breuer,* in: Verhandlungen des 59. dt. Juristentages, 1992, Bd. I, B; *P.-C. Storm,* NVwZ 1999, S. 35 (38).
[12] So *Der Rat von Sachverständigen für Umweltfragen,* Umweltgutachten 1996, S. 97, Tabelle 2.2, in Anlehnung an *S. Lautenbach/U. Weihrauch,* Evaluierung freiwilliger Branchenvereinbarungen im Umweltrecht. Freiwillige Kooperationslösungen im Umweltschutz, hrsgg. vom Bundesverband der Deutschen Industrie e. V., 1992.

ihre Fachterminologie integrieren soll, ist es vor allem notwendig, das Wesen dieser Art von Verpflichtung zu ergründen. Und das scheint sich mit fast allem geradezu zu beißen, was bislang in der Rechtssprache mit „Verpflichtung" bezeichnet wurde.

Rechtliche Verpflichtungen haben ihren Rechtsgrund in Verträgen bzw. Rechtsgeschäften oder in Gesetzen bzw. Verwaltungsakten. In der Rechtsgeschäftslehre begründet ein Verpflichtungsgeschäft einen Anspruch. Es begründet ein Schuldverhältnis, das den „Gläubiger berechtigt, von dem Schuldner eine Leistung zu fordern. Die Leistung kann auch in einem Unterlassen bestehen" (§ 241 Abs. 1 BGB). Solche Ansprüche sind regelmäßig einklag- und vollstreckbar. Auch durch Verwaltungsvertrag (§§ 54, 56 VwVfG) können sich Private rechtsverbindlich verpflichten. Auch gesetzlichen Verpflichtungen, seien sie zivilrechtlicher, oder öffentlichrechtlicher Natur, können Ansprüche begründen. Erinnert sei an die Lehre von den Garantenpflichten und ihrer Begründung im Strafrecht, an die Verpflichtungsklage vor den Verwaltungsgerichten oder an die grundrechtlichen Schutzpflichten. Sie alle haben gemein, dass es um Rechtspflichten.

Hierzu stehen die Selbstverpflichtungen, die Gegenstand der vorliegenden Untersuchung sind, in einem wesentlichen Gegensatz: Um die Begründung von Rechtspflichten soll es bei den durch Selbstverpflichtungen eingegangenen „Verpflichtungen" gerade nicht gehen. Das rechtfertigt es, die *rechtliche Unverbindlichkeit* zu den Definitionsmerkmalen von Selbstverpflichtungen zu erheben.[13] So hat *Eberhard Bohne* bereits 1982 zutreffend Absprachen zwischen Industrie und Regierung als „rechtlich unverbindlich"[14] charakterisiert. Auch der Versuch einer Legaldefinition in § 35 Abs. 1 S. 1 UGB-KomE erfasst nur Erklärungen „ohne Rechtsverbindlichkeit".

Im Gegensatz hierzu gibt es auch Stimmen in der Literatur, die den Begriff der Selbstverpflichtung als „Oberbegriff für verbindliche oder unverbindliche einseitige Erklärungen"[15] verwenden.[16] Dieser Auffassung ist zuzugeben, dass rechtlich verbindliche Erklärungen der Wirtschaft theoretisch denkbar wären und dass sie als Variante zum Gegenstand wissenschaft-

---

[13] Wie hier: *J. Knebel/L. Wicke/G. Michael*, Selbstverpflichtungen ..., 1999, S. 261: „Selbstverpflichtungen sind rechtlich unverbindliche Zusagen ...".

[14] *E. Bohne*, JbRSoz 1982, S. 266 (278); daran angelehnt für den Begriff der Selbstverpflichtung: *A. Faber*, Gesellschaftliche Selbstregulierungssysteme im Umweltrecht, 2001, S. 210 ff.; ähnlich jetzt auch *T. Köpp*, Normvermeidende Absprachen zwischen Staat und Wirtschaft, 2001, S. 130 ff.

[15] *G. Hucklenbruch*, Umweltrelevante Selbstverpflichtungen, 2000, S. 80.

[16] So auch *A. Helberg*, Normabwendende Selbstverpflichtungen ..., 1999, S. 32 m.w.N.: „Gemeinhin wird unter dem Begriff der Selbstverpflichtung die rechtlich verbindliche oder unverbindliche Zusage ... verstanden".

licher Untersuchungen[17] gemacht wurden. Auch im europäischen Ausland gibt es hierfür Modelle, so nach Art. 8 des flämischen *Dekrets über Anforderungen an Umweltvereinbarungen* vom 15. Juni 1994[18], der vorschreibt, dass Umweltvereinbarungen nur als verbindliche Verträge zulässig sind. Allerdings hat diese Regelung zur Folge gehabt, dass in Flamen seither gar keine normativen Absprachen mehr getroffen wurden. Bessere Erfahrungen haben der Premierminister und der Minister für Allgemeine Angelegenheiten mit dem niederländischen Modell vorzuweisen, das *rechtlich bindende Vereinbarungen* in Guideline 6 der „*Guidelines for Covenants*"[19] vorsieht. Es gibt für verbindliche Umweltvereinbarungen in Deutschland jedoch keine praktischen Beispiele. Auch für die Zukunft sind Präzedenzfälle hierfür nicht zu erwarten: Die Ergebnisse hypothetischer Untersuchungen sind hierzulande skeptisch ausgefallen.[20] Rechtlich verbindliche Selbstverpflichtungen setzen die Bereitschaft der Wirtschaft und des Staates voraus, deren rechtliche Voraussetzungen und Folgen in Kauf zu nehmen. Der Reiz der Selbstverpflichtungen lag bislang jedoch gerade darin, formale rechtliche Kategorien auszublenden.

Eine Begriffsbildung in der Rechtswissenschaft als *Wirklichkeitswissenschaft*[21] kann sich nur durchsetzen, wenn sie Phänomene der Praxis auf den Begriff bringt. In der Bestandsaufnahme wird noch deutlich werden, dass die Staatspraxis vielfältige Typen von Selbstverpflichtungen hervorgebracht hat und einen entwicklungsoffenen Prozess darstellt. Von dem Merkmal der

---

[17] *E. Görgens/A. Troge*, Rechtliche verbindliche Branchenabkommen zwischen Staat und Branchen als umweltpolitisches Instrument in der Bundesrepublik Deutschland. Gutachten im Auftrag des Umweltbundesamtes Berlin, 1982; *M. Kohlhaas/B. Praetorius/R. Eckhoff/Th. Hoeren*, Selbstverpflichtungen der Industrie zur CO_2-Reduktion, 1994, S. 114, 120.

[18] Moniteur Belge, f. 94–1787/S-C – 35857, Staatsblatt, S. 18201; dazu: *European Commission*, Directorate General III.01 – Industry Contract no. ETD/95/84043, Study on Voluntary Agreements concluded between Industry and Public Authorities in the Field of Environment, Final Report and Final Report Annexes, Januar 1997, Annex 4, S. 5.

[19] Regulation no. 95M009543 vom 18. Dezember 1995; dazu: *European Commission*, Directorate General III.01 – Industry Contract no. ETD/95/84043, Study on Voluntary Agreements concluded between Industry and Public Authorities in the Field of Environment, Final Report and Final Report Annexes, Januar 1997, Annex 4, S. 23.

[20] Ausführlich hierzu *J. Knebel/L. Wicke/G. Michael*, Selbstverpflichtungen ..., 1999, S. 155 ff., 270 ff. (275).

[21] Grundlegend: *H. Heller*, Staatslehre (1934), 6. Aufl. 1983, S. 50 ff., der von der Staatslehre fordert, „gesellschaftliche Funktionen ... für wirklichkeitswissenschaftliche Begriffe fassbar zu machen" (S. 62); problematisch deshalb die starke Betonung möglicher Rechtsbindungen durch Qualifikation normativer Absprachen als öffentlich-rechtliche Verträge bei *W. Frenz*, Selbstverpflichtungen der Wirtschaft, 2001, S. 197 ff. und passim.

rechtlichen Unverbindlichkeit kann jedoch behauptet werden, dass es sich als roter Faden durch die Praxis der Selbstverpflichtungen zieht und deshalb begriffsbildenden Charakter beanspruchen kann. Damit verschließt sich die deutsche Wissenschaft keineswegs dem Modell der verbindlichen Verträge, sondern stellt lediglich die nationalen Besonderheiten auch begrifflich klar. Als Oberbegriff für unverbindliche und verbindliche normative Absprachen bietet sich „Umweltvereinbarung" an. Die Selbstverpflichtung sollte aber als Unterfall mit ihren Besonderheiten eigene Begriffsbildung beanspruchen. Von der begrifflich vorausgesetzten rechtlichen Unverbindlichkeit zu trennen ist die Frage, an welche rechtlichen Grenzen Selbstverpflichtungen stoßen und in welchem Verhältnis sie zu modernen Rechtskategorien der „Verantwortung" (Art. 6 der Schweizer Bundesverfassung (1999)) oder der „Produktverantwortung" (§ 22 KrW-/AbfG) steht.

Die „Verpflichtung" bei den Selbstverpflichtungen hat zwar nicht den Charakter einer Rechtspflicht. Das heißt aber nicht, dass im Rahmen der Absprachen, die im Zusammenhang mit Selbstverpflichtungen getroffen werden, ausschließlich rechtlich unverbindliche Erklärungen abgegeben werden. Die rechtlich unverbindliche Selbstverpflichtung sollte begrifflich von *rechtlich verbindlichen Verträgen* unterschieden werden, die anlässlich oder in der Folge von Selbstverpflichtungen geschlossen werden. Häufig vereinbaren die Verpflichteten eine Zusammenarbeit und gehen dabei manchmal sogar vertragliche Rechtsbindungen ein. Das gilt für Forschungsprojekte und die Institutionalisierung des Monitoring, insbesondere, wenn Dritte damit beauftragt werden und die Kostenverteilung hierfür geregelt wird[22]. Solche Abreden dienen der Verwirklichung der Ziele der Selbstverpflichtung, machen diese als solche aber nicht rechtsverbindlich.[23] Das gilt auch, wenn sich der Staat als Adressat der Selbstverpflichtung an solchen Begleitabsprachen beteiligt und z.B. finanzielle und sachliche Hilfe zugesagt[24]. In der informalen Absprache selbst ist noch keine den Staat bindende Zusage von Subventionen zu erkennen.[25]

---

[22] Beispiel: Bei der Verpflichtung zur Klimavorsorge (CO_2-Emissionen), vom 10. März 1995. Zu diesem Beispiel siehe S. 55; *L. v. Wartenburg,* in: L. Wicke/ J. Knebel/G. Braeseke (Hrsg.), Umweltbezogene Selbstverpflichtungen der Wirtschaft, 1997, S. 51 (55).

[23] Zutreffend mit weiteren Beispielen *T. Köpp,* Normvermeidende Absprachen zwischen Staat und Wirtschaft, 2001, S. 137 ff.

[24] Beispiel: bei der Verpflichtung zur Begrenzung des Einsatzes von Nitrilotriacetat (NTA) in Waschmitteln vom August 1984, August 1986 finanzierte der Bund zu 50% das Forschungs- und Monitoringprogramm; vgl. *J. Knebel/L. Wicke/G. Michael,* Selbstverpflichtungen ..., 1999, S. 463. Zu diesem Beispiel siehe S. 53.

[25] *A. Faber,* Gesellschaftliche Selbstregulierungssysteme im Umweltrecht, 2001, S. 216.

§ 1 Begriffliche Fragen　　　　　　　　　　　　　　　　　　　　27

Eine andere Frage ist es, ob das gegenseitige Vertrauen kooperativer Wechselbeziehungen[26] sekundäre rechtliche Folgen hat. An dieser Stelle bleibt festzuhalten: Selbstverpflichtungen als solche entbehren der rechtlichen Durchsetzbarkeit, sie begründen keinen Primäranspruch auf Erfüllung und sind nicht durch rechtliche Sanktionen bewehrt. Sie fallen in die Kategorie der „Gentlemen's Agreements"[27] und weisen dabei bislang eine erfreulich hohe Absprachetreue auf[28]. Diese Absprachetreue rechtfertigt es, überhaupt von „Selbstverpflichtungen" als „Verpflichtungen" zu sprechen. Zum Teil werden diese auch mit dem Begriff der „Selbstbeschränkung" bezeichnet.

3. Selbstbindung der Wirtschaft (Unternehmen oder Verbände)

*Selbst*verpflichtung soll den Gegensatz zur Fremdverpflichtung bezeichnen. Auch dies führt zu begrifflichen Problemen: So sprechen nur im Ausnahmefall die letztlich von der Verpflichtung betroffenen Unternehmen für sich selbst, sie werden meist von Verbänden vertreten, deren Verhandlungsstrategie bisweilen ihre Eigendynamik entwickeln und manchem Unternehmen als Fremdbestimmung erscheinen mag. Auf der horizontalen Ebene führen Selbstverpflichtungen zu Beziehungen zwischen Wirtschaftsverbänden und Unternehmen, die ihre Mitglieder sind.[29] „Selbst" muss pauschal als „von der Seite der Wirtschaft", d.h. von Wirtschaftssubjekten eingegangen, verstanden werden. Dazu gehören auch die „Verbandsempfehlungen", bei denen sich Verbände (selbst) verpflichten, ihren Mitgliedern ein bestimmtes Verhalten zu empfehlen.[30]

Selbstverpflichtung bildet genau betrachtet den Gegensatz zur *hoheitlichen* Fremdbestimmung. Mit dem Ausschluss hoheitlicher Fremdbestimmung ist nicht gesagt, dass Selbstverpflichtungen ohne jegliche staatliche Einflussnahme zustande kämen. Vielmehr ist lediglich der Unterschied zur formalen hoheitlichen Rechtsetzung und zum unmittelbar wirkenden staatlichen Ge- und Verbot gemeint.

---

[26] *L. v. Wartenburg*, in: L. Wicke/J. Knebel/G. Braeseke (Hrsg.), Umweltbezogene Selbstverpflichtungen der Wirtschaft, 1997, S. 51 (55).
[27] *K. Rennings/K. L. Brockmann/H. Bergmann*, Nachhaltigkeit, Ordnungspolitik und freiwillige Selbstverpflichtung, 1996, S. 131 (179).
[28] *K. Rennings/K. L. Brockmann/H. Bergmann*, ebenda, S. 131 (179) m.w.N.
[29] *A. Faber*, Gesellschaftliche Selbstregulierungssysteme im Umweltrecht, 2001, S. 231.
[30] Zutreffend *T. Köpp*, Normvermeidende Absprachen zwischen Staat und Wirtschaft, 2001, S. 134.

Der Ausschluss hoheitlicher Fremdbestimmung wird im Schrifttum häufig mit dem Merkmal der „*Freiwilligkeit*" umschrieben.[31] Freiwilligkeit ist dann „im Sinne eines rechtlichen Handlungsspielraums"[32] zu verstehen. Das hat zu zahlreichen Missverständen Anlass gegeben, weshalb die Freiwilligkeit in der hier vorgelegten Definition nicht explizit als Merkmal erscheint. Es handelt sich um einen rhetorischen[33] Euphemismus. Zum Teil werden auch lediglich die hier als autonom bezeichneten, d. h. ohne staatliche Einflussnahme zustande gekommenen, Selbstverpflichtungen als freiwillig apostrophiert.[34]

Da sich die staatliche Einflussnahme auf Selbstverpflichtungen graduell stark unterscheidet, passt die Umschreibung des Phänomens der Selbstverpflichtung mit dem Wort „freiwillig" mal mehr, mal weniger. Worauf es begrifflich ankommt, was nämlich alle Beispiele eint, kommt im Begriff der *Selbstverpflichtung* schon hinreichend zum Ausdruck. Tatsächlich gibt es ein Beispiel dafür, dass der Bundesminister für Wirtschaft ausdrücklich die Bezeichnung der ihm gegenüber abzugebenden Erklärungen als freiwillig verlangte, dies aber nicht allen Beteiligten gegenüber durchsetzen konnte (beim Heizöl-Selbstbeschränkungsabkommen von ca. 85% der deutschen Mineralölunternehmen gegenüber vom Herbst 1964[35]).

Nicht zu behandeln sind hier[36] so genannte *Zwangskartelle*, für die Beispiele aus der Zeit des Nationalsozialismus[37] genannt werden. Die Ausübung unmittelbaren staatlichen Zwangs stellt das Gegenteil von *Selbst*verpflichtung dar.[38] Auch lässt sich der verfassungsrechtliche und politische Hintergrund für derartige Phänomene nicht mit der heutigen Lage und Entwicklung vergleichen. Es bleibt aber festzuhalten, dass es historisch gesehen „Vorläufer" der heutigen Selbstverpflichtungen gibt. Sie lassen erken-

---

[31] Zuletzt wieder W. *Frenz*, Selbstverpflichtungen der Wirtschaft, 2001, S. 44; So auch bei dem Versuch einer Legaldefinition in § 35 Abs. 1 Satz 1 UGB-KomE: „Wirtschaftsverbände, sonstige ... können ... vereinbaren, dass bestimmte Anforderungen ... freiwillig erfüllt werden (Selbstverpflichtung)."
[32] A. *Faber*, Gesellschaftliche Selbstregulierungssysteme im Umweltrecht, 2001, S. 211.
[33] Chr. *Engel*, StWuStPr 1998, S. 535: „Es ist viel Rhetorik im Spiel".
[34] L. *Wicke/J. Knebel*, in: dies./G. Braeseke (Hrsg.), Umweltbezogene Selbstverpflichtungen der Wirtschaft, 1997, S. 1 (31).
[35] Vgl. hierzu F. v. *Zezschwitz*, JA 1978, S. 497 (499); zur Mitwirkung des Bundeswirtschaftsministers am „Heizöl"-Selbstverpflichtungserklärung von 1964 vgl. U. *Dempfle*, Normvertretende Absprachen, 1994, S. 3, 95.
[36] Vgl. F. v. *Zezschwitz*, ebenda, S. 498, der sie als einen Typus der Selbstbeschränkungsabkommen behandelt.
[37] Gesetz über die Errichtung von Zwangskartellen vom 15. Juli 1933, RGBl. I S. 488 f.
[38] Wie hier: U. *Dempfle*, Normvertretende Absprachen, 1994, S. 17.

nen, dass die Ausübung informalen staatlichen Drucks eine dunkle Seite hat. Vor diesen Gefahren sollen der Rechtsstaat und die Formalisierung hoheitlichen Handelns schützen.

Noch einem Missverständnis soll hier vorgebeugt werden: Soweit sich die staatliche Seite – nicht nur bei normersetzenden Absprachen – ebenfalls „selbst" verpflichtet, sollten solche hoheitlichen Zusagen nicht ihrerseits als Selbstverpflichtung bezeichnet werden. Solche Zusagen sind häufig nur der spiegelbildliche Part zu der von der Wirtschaft eingegangen Verpflichtung, nämlich das Versprechen, von einer entsprechenden hoheitlichen Regelung abzusehen. Es droht begriffliche Verwirrung, wollte man beides als „Selbstverpflichtungen" bezeichnen. Manchmal geht es auch um weitere, ergänzende Zusagen, aber auch hier besteht keine Veranlassung, für sie den Begriff der Selbstverpflichtung zu verwenden. Das gilt auch dann, wenn diese Zusagen weitere, über die Selbstverpflichtung hinausgehende Maßnahmen enthalten, die demselben Ziel dienen, ja sogar, wenn sich der Staat explizit gemeinsam mit der Wirtschaft demselben Ziel verschreibt (Beispiel: „Umweltpakt Bayern"). Auch politische Zielerklärungen des Staates, wie etwa die zur Klimavorsorge (durch die Interministerielle Arbeitsgruppe „CO_2-Reduktion"[39]) sollten nicht als Selbstverpflichtungen bezeichnet werden, können aber die Befürwortung von Selbstverpflichtungen enthalten[40].

Es lässt sich also festhalten: Mit „Selbstverpflichtungen" sind, auch wenn sie staatlich beeinflusst und durch staatliche Verpflichtungen ergänzt werden, lediglich *Verpflichtungen der Wirtschaft* gemeint, die *von ihr erklärt* werden.

4. Explizite Erklärung gegenüber der Öffentlichkeit oder dem Staat

Selbstverpflichtungen sollten nur dann als solche bezeichnet werden, wenn eine *explizite Erklärung* nach außen erkennbar ist. Nur „Selbstverpflichtungserklärungen" sollen hier – kurz – als „Selbstverpflichtungen" be-

---

[39] Vgl. z.B. *Interministerielle Arbeitsgruppe „CO_2-Reduktion"*, Klimaschutz und Energiepolitik – eine nüchterne Bilanz. – 3. Bericht des Arbeitskreises I „Energieversorgung" der Interministeriellen Arbeitsgruppe „CO_2-Reduktion", hrsgg. vom Bundesministerium für Wirtschaft (Dokumentation Nr. 359), Bonn 1994 sowie den 5. Bericht der Arbeitsgruppe, der als Nationales Klimaschutzprogramm der Bundesregierung am 18. Oktober 2000 vom Kabinett verabschiedet wurde.
[40] So beim Nationalen Klimaschutzprogramm der Bundesregierung am 18. Oktober 2000, das auf S. 7 (Punkt 4: Erklärung der Deutschen Wirtschaft zum Klimaschutz) die „in Kürze" geplante gemeinsame Unterzeichnung der Vereinbarung vom 9. November 2000 (s.u.), die ihrerseits ausdrücklich „im Rahmen des nationalen Klimaschutzprogramms der Bundesregierung vom 18. Oktober 2000" getroffen wurde, ankündigt.

zeichnet werden. Es mag auf den ersten Blick paradox wirken, Selbstverpflichtungen als informale Erscheinungen unter formellen Aspekten zu betrachten zu wollen. Aber „informal" bedeutet lediglich, dass die *Beteiligung des Staates* weder einer der formalen Kategorien der Rechtsetzung noch der verwaltungsrechtlichen Formenlehre zuzuordnen ist. Die *Selbstverpflichtung* kann gleichwohl mit allgemein rechtlichen Kategorien der Formenlehre (schriftlich, mündlich, konkludent) beschrieben werden. Den Erscheinungsformen soll in dieser tatsächlichen Bestandsaufnahme noch ein eigener Abschnitt gewidmet werden.

An dieser Stelle soll es hingegen um die Frage gehen, ob diese allgemein rechtlichen Kategorien sogar geeignet sind, Selbstverpflichtungen begrifflich zu begrenzen, konkret: ob Selbstverpflichtungen *auch konkludent* erklärt werden können. Dabei geht es nämlich um die Grenzen zwischen einem bestimmten Verhalten einzelner Unternehmen, Absprachen zu solchem Verhalten innerhalb der Wirtschaft, der „Selbstverpflichtung" zu solchem Verhalten und deren „Erklärung" nach außen. Der Hinweis von *Walter Frenz*[41], eine Verpflichtung gegenüber dem Staat sei begrifflich nicht erforderlich, trifft zwar zu, greift aber zu kurz, weil in diesen Fällen jedenfalls eine Erklärung gegenüber der Öffentlichkeit zu fordern ist.

Hierzu zwei Beispiele: 1. EG-rechtlich sind Tankstellen seit dem 1. Oktober 1996 verpflichtet, Dieselkraftstoff mit einem Schwefelgehalt von max. 0,05 Prozent zur Verfügung zu stellen. Die deutsche Mineralölindustrie hat sich bereits ein Jahr vor diesen Termin, allerdings ohne formelle Erklärung, hierauf faktisch eingestellt und hat darüber hinaus eine rechtlich nicht gebotene, besonders benzolarme Kraftstoffsorte auf den Markt gebracht. 2. Seit den 1960er Jahren gab es auf Anregung des Bundesministeriums des Innern, später des Bundesministeriums für Umwelt einen Abstimmungsprozess des Mineralölwirtschaftsverbandes mit der Automobilindustrie zur Verminderung des Altölaufkommens durch Verlängerung der Ölwechselintervalle. Eine explizit formulierte Selbstverpflichtung liegt nicht vor.

In der Literatur[42] wurde auch konkludentes Verhalten als Selbstverpflichtung behandelt. Es ist jedoch nicht ersichtlich, worin hier die „Selbst*verpflichtung*" liegen soll und inwieweit sie „*erklärt*" wurde. Nicht jedes tatsächliche Verhalten, das sich als umweltfreundlicher darstellt, als es das Ordnungsrecht zulässt, sollte als Selbstverpflichtung behandelt werden. Das Ordnungsrechts normiert nicht das rechtlich Gewünschte, sondern vielmehr das rechtlich Gebotene und markiert dabei die Grenzen des gerade noch tolerierten Verhaltens. Auch nicht jede Absprache zwischen Wirtschaftssub-

---

[41] W. *Frenz,* Selbstverpflichtungen der Wirtschaft, 2001, S. 45.
[42] J. *Knebel/L. Wicke/G. Michael,* Selbstverpflichtungen ..., 1999, S. 474, 476.

jekten zu einem Verhalten, das möglicherweise dem Gemeinwohl dient, und ein Kartell darstellt, führt zu einer Selbstverpflichtung.[43]

Zum ersten Beispiel: Tritt Ordnungsrecht erst nach einer Übergangsfrist in Kraft, so ist es geradezu natürlich, dass sich die Rechtswirklichkeit nicht erst im letzten, rechtlich geduldeten Zeitpunkt darauf einstellt. Wenn in einer EG-rechtlichen Regelung die Übergangsfrist großzügig bemessen wurde, so mit Rücksicht darauf, dass sich nicht alle Länder in derselben, technisch fortschrittlichen Situation befinden, um sich hierauf rasch einzustellen.

An dem Beispiel fällt auf, dass sich die Adressaten der zukünftigen Regelung nicht nach und nach vereinzelt in gesetzesvorauseilendem Gehorsam übten, sondern dass sich vielmehr eine ganze Gruppe von Normadressaten, nämlich die gesamte deutsche Mineralölwirtschaft, nicht unerheblich vor Inkrafttreten der Regelung, nämlich ein ganzes Jahr vorher, auf sie einstellte. Es ist zu vermuten, dass dies kein Zufall ist, sondern dass das Verhalten aufeinander abgestimmt war und es hierfür interne Absprachen gegeben hat. Man mag solche Phänomene kartellrechtlich untersuchen, aber nicht als Selbstverpflichtung bezeichnen.

Die Diskussion um Selbstverpflichtungen droht sonst auszuufern und verliert jegliche Kontur: Es soll hier nicht um das allgemeine Phänomen gehen, dass Recht auf Wirklichkeit und Wirklichkeit auf Recht reagiert. Nicht jedes *Verhalten* Privater, das dem Gemeinwohl dient und dabei über die ordnungsrechtlichen Erfordernisse hinausgeht sowie die Verschärfung rechtlicher Grenzen entbehrlich macht, soll hier thematisiert werden. Diese Wechselbeziehung zwischen Verhalten und Recht ist nicht neu, sondern so alt wie das Recht selbst. Vielmehr geht es hier um das spezifische Phänomen, dass sich neuerdings Private zu solch gemeinwohlorientiertem Verhalten selbst *verpflichten* und dies ausdrücklich und nach außen, d. h. Behörden bzw. der Öffentlichkeit gegenüber *erklären*. Nur dies sollte als „Selbstverpflichtung" behandelt werden. Damit scheidet konkludentes Verhalten aus.

Zum zweiten Beispiel: Das zweite Beispiel geht auf staatliche Inspiration zurück und kann deshalb unter dem Gesichtspunkt der staatlichen Steuerung betrachtet werden. Auch ist hier möglicherweise eine Norm substituiert worden. Zwischen der Mineralölindustrie und der Automobilindustrie hat es auch Absprachen gegeben, die man als normersetzend bezeichnen könnte. Aber nicht alle normersetzenden Absprachen manifestieren sich in Selbstverpflichtungen. Nur explit und gegenüber Dritten, d. h. gegenüber

---

[43] Anders bei *F. v. Zezschwitz*, JA 1978, S. 497 (498), der sie als einen von sieben Typen der Selbstbeschränkungsabkommen behandelt, allerdings zutreffend nur dem Wettbewerbsrecht unterwirft.

Behörden oder der Öffentlichkeit, eingegangene Versprechungen sollen hier als „Selbstverpflichtungen" bezeichnet werden. Es mag unterschiedliche Gründe dafür geben, auf eine ausdrückliche Selbstverpflichtung nach außen hin zu verzichten. Vielleicht ist bei einem so offenbaren Erfolg wie der Bereitstellung einer bestimmten Ware im ersten Beispiel eine „Erklärung" hierzu fast entbehrlich.

Nicht zwingend erforderlich ist hingegen, dass die Erklärung „gegenüber dem Staat"[44] erfolgt. Vielmehr kann dies auch gegenüber der Öffentlichkeit geschehen[45]. Auch öffentliche Erklärungen können geeignet sein, Selbstverpflichtungen zu expliziten Erklärungen zu machen. Nicht hingegen sollen rein privatwirtschaftliche Kartelle zu den Selbstverpflichtungen gezählt werden.

5. Selbstverpflichtungen als Teile informaler Absprachen zwischen Wirtschaft und Staat

Typischerweise sind Selbstverpflichtungen Teilelemente normersetzender Absprachen zwischen der Wirtschaft und dem Staat. Meist sind sie sogar deren Kernstück. Dennoch sollte beides begrifflich auseinander gehalten werden. Das ist im Schrifttum bislang zu wenig beachtet worden. So beruft sich *A. Faber*[46] mit ihrer Begriffsklärung der Selbstverpflichtung auf *E. Bohne,* der mit den von ihr übernommenen Merkmalen keine Definition der Selbstverpflichtungen, sondern eine Charakterisierung von Absprachen zwischen Industrie und Regierung vorschlug.[47] Dies hat bei *Faber* zur Konsequenz, dass sie die „Regelungssubstitution" und das „Sichversprechen eines Vorteils sowohl auf der staatlichen als auch auf der wirtschaftlichen Seite"[48] zu den Begriffsmerkmalen der Selbstverpflichtungen zählt. *Normersetzende Absprachen* und Selbstverpflichtungen verschmelzen dann begrifflich.

Dem ist aus drei Gründen entschieden entgegenzutreten: Erstens ist es selbst in den Fällen, in denen Selbstverpflichtungen tatsächlich das Kernstück einer normersetzenden Absprache darstellen, hilfreich, beides begriff-

---

[44] So aber *J. Knebel* in: J. Knebel/L. Wicke/G. Michael, Selbstverpflichtungen ..., 1999, S. 261.

[45] Beispiel: die Verpflichtung der Druckfarbenindustrie vom Mai 1995; vgl. *J. Knebel/L. Wicke/G. Michael,* Selbstverpflichtungen ..., 1999, S. 444. Zu diesem Beispiel siehe S. 50.

[46] *A. Faber,* Gesellschaftliche Selbstregulierungssysteme im Umweltrecht, 2001, S. 224.

[47] *E. Bohne,* JbRSoz 1982, S. 266 (S. 278).

[48] *A. Faber,* Gesellschaftliche Selbstregulierungssysteme im Umweltrecht, 2001, S. 224.

§ 1 Begriffliche Fragen

lich zu trennen, um die Selbstverpflichtung der Wirtschaft einerseits und das ganze Spektrum des hoheitlichen Einflusses und der Kooperation andererseits exakt erfassen zu können. Zweitens ist der normersetzende Charakter von Selbstverpflichtungen bzw. Absprachen nur ein typisches Phänomen, das vor allem in der normprägenden Absprache[49] einen Gegentypus hat, der ebenfalls mit Selbstverpflichtungen verknüpft ist.[50] Drittens existieren auch so genannte autonome Selbstverpflichtungen, die nicht Teil normativer Absprachen mit dem Staat sind und die begrifflich als Unterfall der Selbstverpflichtungen behandelt werden sollten, nicht als deren aliud.

Es bleibt also festzuhalten, dass der Begriff der Selbstverpflichtung von dem der normersetzenden Absprache zu unterscheiden ist. Das heißt jedoch keineswegs, dass diese Begriffe ein Gegensatzpaar bilden. Nicht weiterführend ist es, der Selbstverpflichtung das Merkmal „einseitig" und den Absprachen „zweiseitig-mehrseitig" begrifflich zuzuordnen. Missverständlich ist es deshalb, wenn *G. Hucklenbruch* den Begriff der Selbstverpflichtung als „Oberbegriff für verbindliche oder unverbindliche *einseitige* Erklärungen von Unternehmen oder Wirtschaftsverbänden"[51] verwendet. „Einseitigkeit" ist im Gegensatz zur Kooperation auch als Kategorie *staatlichen* Handelns nicht unumstritten. So befürchtet *H. Dreier* wegen der Einordnung von staatlichen Warnungen in die „Kategorie des ‚einseitig informellen' Hoheitshandelns nur begriffliche Verwirrung"[52]. Nach seiner Ansicht zielt auch die Warnung als weiches Instrument der Steuerung auf Motivation, Beeinflussung und Konsens und macht deshalb den Staat zum kooperativen Staat. Hier soll jedenfalls nur vom „informal-kooperativen Staatshandeln"[53] die Rede sein.

Hier ist die Frage zu klären, ob Selbstverpflichtungen als Phänomenen des Handelns *Privater* wesentlich einseitiger Natur sind. Sicher ist, dass auf der Seite der Wirtschaft an ihnen nicht nur einzelne Unternehmen, sondern in der Regel eine Vielzahl von Wirtschaftssubjekten, sei es vertreten durch einen oder mehrere Verbände oder nicht, beteiligt sind. Selbstverpflichtungen sind also regelmäßig Ergebnisse zumindest wirtschaftsinterner Abspra-

---

[49] Beispiel: Vereinbarung zur Beendigung der Kernenergie v. 14. Juni 2000/11. Juni 2001; siehe S. 65, 105 ff.

[50] Die Ausblendung dieses praktisch ebenfalls höchst relevanten und aktuellen Problems liegt in der Arbeit von *A. Faber* thematisch darin begründet, dass sie – wie ihr Titel es vorgibt – Selbstverpflichtungen als Aspekt und Beispiel des übergeordneten Phänomens der gesellschaftlichen Selbstregulierungssysteme behandelt.

[51] *G. Hucklenbruch*, Umweltrelevante Selbstverpflichtungen, 2000, S. 80 (Hervorhebung nicht im Original).

[52] *H. Dreier*, StWuStPr 1993, S. 647 (649 f.); zu den Warnungen zuletzt *J. Lege*, DVBl. 1999, S. 569 ff.

[53] So jetzt *T. Köpp*, Normvermeidende Absprachen zwischen Staat und Wirtschaft, 2001, S. 170.

chen und können dann nur in dem Sinne als „einseitig" bezeichnet werden, als die Wirtschaft als solche „eine Seite" bildet.

Von Einseitigkeit sollte nur gesprochen werden, wenn Selbstverpflichtungen ohne jegliche staatliche Beteiligung, also ohne vertikale Dimension, zustande kommen. Tatsache ist, dass sie häufig Teil von informalen Absprachen mit dem Staat sind und dann keinen Gegensatz, keine Alternative zu ihnen darstellen. Es wird noch im Einzelnen analysiert werden, auf welche Weise der Staat mal – häufig auch sowohl als auch – initiierend, mal verhandelnd, mal lediglich als Adressat oder reagierend mit Selbstverpflichtungen in Verbindung steht und auf sie in unterschiedlicher Intensität Einfluss nimmt. In der Regel beruhen Selbstverpflichtungen auf dem „Tauschprinzip"[54] bzw. sind Teil eines „Tauschgeschäftes"[55], bei dem der Staat beteiligt ist und – informal – Versprechungen macht. Es entstehen dabei „Policity-Netzwerke"[56]. Da es sich um informale Erklärungen und Absprachen handelt, darf bei der Abgrenzung zwischen einseitig und mehrseitig nicht darauf abgestellt werden, ob der Staat formell beteiligt[57] ist.

Aber damit ist nicht gesagt, dass Selbstverpflichtungen immer in Absprachenprozessen der Wirtschaft mit dem Staat eingebunden sind oder sogar im Begriff der normersetzenden Absprache aufgehen.

6. Autonome Selbstverpflichtungen

Ist die Einseitigkeit auch kein Begriffsmerkmal der Selbstverpflichtung, so gibt es doch den Untertypus der einseitigen Selbstverpflichtungen[58], die neben den Absprachen einen eigenen Typus bilden.[59] Tatsächlich gibt es *autonome Selbstverpflichtungen*[60], d.h. rein private Eigeninitiativen, die die

---

[54] So für Absprachen: *E. Bohne,* Der informale Rechtsstaat, 1981, S. 72; *ders.,* JbRSoz 1982, S. 266 (271); zustimmend *A. Faber,* Gesellschaftliche Selbstregulierungssysteme im Umweltrecht, 2001, S. 210, 221 ff.

[55] *K. Rennings/K. L. Brockmann/H. Bergmann,* Nachhaltigkeit, Ordnungspolitik und freiwillige Selbstverpflichtung, 1996, S. 131 (172); *T. Köpp,* Normvermeidende Absprachen zwischen Staat und Wirtschaft, 2001, S. 63.

[56] *R. Mayntz,* in: A. Héritier (Hrsg.), Policity-Analyse, PVS-Sonderheft 24 (1993), S. 39 ff.

[57] Es sollte deshalb nicht wie bei *M. Kloepfer/Th. Elsner,* DVBl. 1996, S. 964 (967) gefragt werden, ob eine „formelle Beteiligung des Staates" stattfindet.

[58] Vgl. kritisch zu dieser Kategorie *U. Dempfle,* Normvertretende Absprachen, 1994, S. 12 f.; aber auch *M. Kloepfer/Th. Elsner,* DVBl. 1996, S. 964 (967) m.w.N. und Beispielen in Fn. 27.

[59] Kritisch zu den konkreten Beispielen bei *W. Beyer,* Der öffentlich-rechtliche Vertrag, informales Handeln der Behörden und Selbstverpflichtungserklärungen Privater als Instrumente des Umweltschutzes, Diss. Köln 1986, S. 272, 275 f.: *U. Dempfle,* Normvertretende Absprachen, 1994, S. 9.

§ 1 Begriffliche Fragen 35

Umschreibung „einseitig" verdienen[61]. Deshalb sollte der Staat nicht in der Definition der Selbstverpflichtungserklärung vorkommen – wie oben schon ausgeführt nicht einmal als Adressat der Erklärungen. Schon das Wort „Selbstverpflichtung" spricht dafür, zunächst, d. h. begrifflich, nur auf diejenigen zu schauen, die die Erklärung abgeben.

II. Vertikale und horizontale Elemente informaler Absprachen

Die hier gemeinten Absprachen sind *informaler* Natur.[62] Es handelt sich also nicht um rechtsverbindliche Verträge, so wie auch Selbstverpflichtungserklärungen keine rechtsverbindlichen Erklärungen darstellen.

Die Beteiligten können auf der Seite der Wirtschaft einzelne oder mehrere Unternehmen und Verbände u. ä. sein, der Kreis kann auch offen für nachträgliche Beteiligung sein. Auch auf der staatlichen Seite können mehrere Behörden mitwirken. Es können mehr oder weniger einseitige oder auch gegenseitige Versprechungen verschiedensten Inhalts gemacht werden.

Es ist zwischen vertikalen und horizontalen Elementen informaler Absprachen zu unterscheiden: Mit *vertikalen* Elementen ist die Beziehung zwischen dem Staat und der Wirtschaft, mit *horizontalen* Elementen jene zwischen Verbänden und Mitgliedsunternehmen sowie Außenseitern, gegebenenfalls auch zwischen Verbänden untereinander und Unternehmen untereinander gemeint. Anders als zum Teil in der Literatur sollten mit „horizontalen und vertikalen Absprachen" nicht zwei unterschiedliche Typen bezeichnet werden.[63] Insbesondere darf nicht der Eindruck erweckt werden, dass nur entweder eine horizontale, oder eine vertikale Absprache

---

[60] *J. Knebel/L. Wicke/G. Michael,* Selbstverpflichtungen ..., 1999, S. 284; sie bleiben begrifflich bei *U. Dempfle,* Normvertretende Absprachen, 1994, (ausdrücklich: S. 12) gänzlich außer Betracht, werden aber auch teilweise als Absprache im weiteren Sinne behandelt (S. 13 f.).

[61] Beispiel: die Verpflichtung der Arbeitsgemeinschaft Lampen-Verwertung (AGLV) zur Entwicklung eines Konzeptes, um die Rücklaufquote der mitunter quecksilberhaltigen, entsorgungsreifen elektrischen Entladungslampen in den Sonderabfall zu erhöhen vom 28. November 1995. Hierzu ausführlich *J. Knebel/L. Wicke/G. Michael,* Selbstverpflichtungen ..., 1999, S. 430 f.

[62] *C. Franzius,* Die Herausbildung der Instrumente indirekter Verhaltenssteuerung im Umweltrecht der Bundesrepublik Deutschland, 2000, S. 148 unterscheidet die informalen Instrumente von den ökonomischen (S. 120 ff.). Eine Begriffsanalyse zur Tauglichkeit der Kategorie des Informalen liefert *T. Köpp,* Normvermeidende Absprachen zwischen Staat und Wirtschaft, 2001, S. 165 ff.

[63] *A. Helberg,* Normabwendende Selbstverpflichtungen ..., 1999, S. 41 ff.; insoweit zutreffend weiter differenzierend *T. Köpp,* Normvermeidende Absprachen zwischen Staat und Wirtschaft, 2001, S. 67 ff.

vorliegt.[64] Vielmehr treffen typischerweise sowohl vertikale als auch horizontale Elemente in einer einzigen Absprache zusammen.[65] Die Betrachtung der horizontalen Ebene als selbstständige Absprache kommt einer (irreführenden) „Fiktion"[66] gleich. Gerade auch die horizontale Kooperation zwischen Privaten ist Ziel der vertikalen Kooperation des Staates mit der Wirtschaft.

Dies alles wird in der tatsächlichen Bestandsaufnahme noch im Einzelnen beschrieben und typisiert. Für die Begriffsdefinition ist festzuhalten, dass für solche Absprachen lediglich die Beteiligung mehrerer Rechtssubjekte und ein ihnen gemeinsamer Absprachewille erforderlich ist. In aller Regel ist der Staat mit der Bundesregierung beteiligt, die zum Verordnungserlass ermächtigt ist oder Gesetzesinitiativen selbst (bzw. als Bundesministerium über die Bundesregierung) einbringen könnte.

An die Beteiligung des Staates sind keinerlei formale Anforderungen zu stellen: Nicht nur schriftliches[67], sondern auch mündliches, ja sogar *konkludentes* Einverständnis i.V.m. tatsächlichem Verzicht auf eine Rechtsetzung soll hier als normersetzende „Absprache" bezeichnet werden. Im Gegensatz zur Selbstverpflichtung bedarf es also begrifflich nicht eines ausdrücklichen Versprechens. Die Selbstverpflichtungserklärung ist eine besondere, nicht zwingende Dokumentationsform[68] für das Teilergebnis einer normersetzenden Absprache, eine Art „symbolische Unterwerfungserklärung"[69]. Es gibt auch normersetzende Absprachen ohne ausdrückliche Selbstverpflichtungserklärung. Und es gibt auch die „autonomen" Selbstverpflichtungen, die nicht auf einem Absprachprozess mit dem Staat beruhen.

Hinzuweisen ist noch auf einen Wandel in der Nomenklatur, der sachlich keine grundsätzliche Wende, nicht einmal eine Tendenz beschreibt: Während bis Anfang der 1990er Jahre viele Selbstverpflichtungen als „Vereinbarungen" mit dem Staat bezeichnet wurden, wird diese Bezeichnung nunmehr vermieden, um nicht den Anschein des Paktierens der Wirtschaft mit dem Staat zu erwecken.[70] Zum Teil betont die Bundesregierung aus dem-

---

[64] So *W. Brohm*, DÖV 1992, S. 1025 (1027 f.).

[65] Das erkennt am Ende seiner Unterscheidung auch *A. Helberg*, Normabwendende Selbstverpflichtungen …, 1999, S. 43 an; ähnlich auch *G. Hucklenbruch*, Umweltrelevante Selbstverpflichtungen, 2000, S. 142.

[66] *T. Köpp*, Normvermeidende Absprachen zwischen Staat und Wirtschaft, 2001, S. 129, der daraus allerdings zu weit gehende Schlüsse der Nichtanwendbarkeit des Kartellrechts zieht.

[67] Dies ist jedoch der Regelfall; vgl. *U. Dempfle*, Normvertretende Absprachen, 1994, S. 21.

[68] Vgl. *U. Dempfle*, Normvertretende Absprachen, 1994, S. 22.

[69] *U. Dempfle*, Normvertretende Absprachen, 1994, S. 22.

[70] *G. Hucklenbruch*, Umweltrelevante Selbstverpflichtungen, 2000, S. 78.

selben Grund die Einseitigkeit und Freiwilligkeit von Selbstverpflichtungen.[71] Das ändert aber nichts daran, dass der Staat an solchen informalen Absprachen meistens beteiligt ist. Die Intensität und Art und Weise der Beteiligung ist von Absprache zu Absprache verschieden. Eine Tendenz zu weniger starker Beteiligung des Staates ist dabei aber keineswegs auszumachen.

Christoph Engel hat für das Phänomen der informalen Absprache den Begriff des „politischen Vertrages"[72] vorgeschlagen. Der politische Vertrag erzeuge keine rechtlichen, sondern faktische und politische Bindungen und sei kein Rechtsgeschäft. Ziel sei es, „Macht über politische Akteure"[73] zu gewinnen. Da jedoch gerade der Vertragsbegriff mit Rechtsbindungen behaftet ist, sollte an der gängigen Bezeichnung als „Absprache" festgehalten werden.

III. Unterscheidung zwischen normativen und normvollziehenden Absprachen

Normative Absprachen sind auf Norm*setzung* bezogen, sei es normersetzend (d.h. normabwendend, normverdrängend oder normflankiert) oder normprägend. Nur sie sind Gegenstand dieser Arbeit und werden im Folgenden typisiert und begrifflich unterschieden. Zunächst sind diese Absprachen, die unter dem Oberbegriff der „normativen Absprache" (auch „regulative Absprache"[74]) bezeichnet werden, von der normvollziehenden Absprache abzugrenzen:

Normvollziehend ist eine Absprache, die sich auf Modalitäten des Vollzugs geltender Normen bezieht. Hat die Absprache zum Inhalt, eine geltende Norm *nicht* zu vollziehen, könnte man daran denken, von einer „normvollzugsabwendenden" Absprache zu sprechen. Der Sache nach geht es häufig darum, „die im Normvollzug rechtlich geregelte(n) Verfahren und Rechtsfolgeentscheidungen (zu) ersetzen."[75] Wenn in der Literatur von normvollziehenden Absprachen die Rede ist, so wird dabei nicht zwischen Absprachen unterschieden, die den Vollzug abwenden bzw. modifizieren.[76]

---

[71] BT-Drs. 12/3352, S. 6.
[72] *Chr. Engel,* StWuStPr 1998, S. 535 (538).
[73] *Chr. Engel,* ebenda, S. 535 (538).
[74] *C. Franzius,* Die Herausbildung der Instrumente indirekter Verhaltenssteuerung im Umweltrecht der Bundesrepublik Deutschland, 2000, S. 167.
[75] *J. Knebel/L. Wicke/G. Michael,* Selbstverpflichtungen ..., 1999, S. 261: z.B. Vorverhandlungen bei Genehmigungs und Planfeststellungsverfahren.
[76] *E. Bohne,* VerwArch 75 (1984), 343 (345) benennt deshalb „normvollziehende Verfahrenshandlungen und Absprachen, die im Normvollzug rechtlich geregelte Verfahren und und Rechtsfolgeentscheidungen ersetzen".

Als Oberbegriff wäre vielleicht „normvollzugsbezogene" Absprachen exakter oder „normvollziehende Absprachen i. w. S.". Es besteht indes kein Anlass, die Terminologie hier auszudifferenzieren und damit solch sperrige Begriffe zu schaffen.

Hinter den verwendeten und in Frage kommenden Begriffen steckt auch bereits eine rechtliche Bewertung: Spräche man von „normvollzugsabwendenden" Absprachen, so würde bereits begrifflich das Problem der Gesetzesbindung der Verwaltung betont, ja eine Rechtsverletzung suggeriert. In der Staatspraxis normvollziehender Absprachen geht es vor allem um Absprachen bei komplexen Vorhabengenehmigungen. Da es sich bei den zu erlassenden und gegebenenfalls ausgehandelten Genehmigungsbescheiden um den Vollzug eines komplexen Normengeflechtes handelt, erscheint eine Typisierung, die zwischen vollziehenden und vollzugsabwendenden Absprachen unterscheidet, künstlich.

Solche Absprachen enthalten jede für sich Elemente, die den Vollzug zahlreicher Normen teils materiell, teils hinsichtlich des Verfahrens modifizieren und dabei punktuell auch vollzugsabwendenden Charakter haben. Typischerweise werden einzelne gesetzlich geregelte Verfahrensschritte oder Rechtsfolgen ersetzt, um letztlich dem Vollzug einer (übergeordneten) Norm zu dienen. Es ist deshalb zutreffend, insgesamt von „normvollziehenden Absprachen" zu sprechen. Ein zu enger Vollzugsbegriff verdunkelt mehr als zu erhellen.[77]

Normativ ist eine Absprache, die auf abstrakte Rechtsetzung bezogen ist, sei es negativ oder positiv: Normative Absprachen können als normersetzende Absprachen negativ auf Rechtsetzung bezogen sein, wenn sie im Vorfeld von Rechtsetzung den Erlass bzw. das In-Kraft-Treten einer Norm substituieren. Sie können auch als normprägende Absprachen positiv auf Rechtsetzung bezogen sein. Der Grundunterschied zu normvollziehenden Absprachen liegt darin, dass normative Absprachen das In-Kraft-Treten staatlichen Rechts eines bestimmten Inhalts als abstrakte Norm substituieren oder vorbereiten, während es bei normvollziehenden Absprachen um den konkreten Vollzug geht.

Ein Kriterium zur Abgrenzung ist die Unterscheidung abstrakt-konkret. Während die durch die Absprache ersetzte Norm abstrakt gelten würde und die durch eine Absprache vorbereitete Norm abstrakt gilt, betreffen normvollziehende Absprachen konkrete Einzelfälle. Eine scharfe Grenzlinie lässt sich mit diesem Kriterium indes nicht ziehen: Der Wirtschaft kommt es häufig darauf an, dass der Staat insgesamt auf ordnungsrechtliche Mittel

---

[77] So bereits *U. Di Fabio*, VVDStRL 56 (1997), S. 235 (242), der von „staatlich-gesellschaftlicher Mischverwaltung" spricht, im Anschluß an *J.-P. Schneider*, VerwArch 87 (1996), S. 38 ff.

verzichtet. Dabei wird – im Gegensatz zum öffentlich-rechtlichen Vertrag – bei informalen Absprachen selten exakt und umfassend festgelegt, welche Norm nicht oder in welcher Weise vollzogen werden soll. Zumindest theoretisch besteht für den Staat außerdem stets die Möglichkeit einer Verschärfung von Normen. Ob auch oder gerade sie abgewendet werden soll, ist Frage der Auslegung jeder einzelnen Absprache.

Dabei kann auch die Beteiligung auf der Seite der Privaten lediglich einen Anhaltspunkt geben: Sind an Absprachen einzelne Unternehmen beteiligt, spricht das dafür, dass es (auch) in der Absprache um konkrete Vollzugsfragen geht. Verhandeln hingegen Verbände ganzer Branchen oder sogar branchenübergreifend, so gelten Absprachen häufig der Normersetzung. Aber auch wenige oder gar einzelne Unternehmen können die einzigen potenziellen Adressaten von Normen sein. Auch verhandeln bei normersetzenden Absprachen in der Regel nicht alle potenziellen Normadressaten, sondern lediglich wesentliche Teile. Ein sichereres Kriterium gibt die Beteiligung auf staatlicher Seite: Wenn an Absprachen Behörden beteiligt sind, die ausschließlich Vollzugsbefugnisse haben, muss die Absprache an den Maßstäben normvollziehender Absprachen gemessen werden. Hat die Absprache der Sache nach normersetzenden Charakter, ist sie gegebenenfalls rechtswidrig. Nur wenn an der Absprache oberste Bundes- oder Landesbehörden beteiligt sind, die auch zum Erlass von Rechtsverordnungen ermächtigt sind bzw. ein Initiativrecht für Gesetze haben (wobei letzteres nach hier vertretener Auffassung keine hinreichende Kompetenzgrundlage ist), kommen die Maßstäbe für normative Absprachen in Betracht.

Von *Mischformen*[78] kann man sprechen, wenn eine Absprache sowohl den Vollzug regeln, als auch den Erlass von Normen abwenden soll.[79] Die Vereinbarung der Niedersächsischen Gießereiindustrie vom Januar 1992 hat, obwohl hier eine ganze Branche betroffen ist, z.B. überwiegend normvollziehenden Charakter, d.h. die Probleme der Nichteinlösung bestehender gesetzlicher Pflichten nach § 14 KrW-/AbfG[80] bzw. § 5 Abs. 1 Nr. 3 BImSchG sollten hier nicht durch Gesetzesänderung gelöst werden, zumal

---

[78] *J. Scherer*, DÖV 1991, S. 1 m.w.N.; kritisch *U. Dempfle*, Normvertretende Absprachen, 1994, S. 15 (Fn. 56); als Beispiel nennt *H.-G. Henneke*, NuR 6 (1991), S. 267 (271), die Belastungsgebietsabsprachen; zu den normvertretenden Absprachen vgl. *U. Dempfle*, Normvertretende Absprachen, 1994. *M. Kohlhaas/B. Praetorius/R. Eckhoff/Th. Hoeren*, Selbstverpflichtungen der Industrie zur CO_2-Reduktion, 1994, S. 50

[79] *E. Bohne*, VerwArch 75 (1984), S. 343 (345) spricht von „Absprachen mit normvollziehenden und normvertretenden Elementen".

[80] Fälschlich ordnen *J. Knebel/L. Wicke/G. Michael*, Selbstverpflichtungen ..., 1999, S. 465 die Maßnahmen nach § 14 KrW-/AbfG als „gesetzgeberische Alternative" ein. Zu diesem Beispiel siehe S. 55.

es sich um Bundesgesetze handelt und nur auf Landesebene verhandelt wurde.

IV. Normersetzende Absprachen

Die „normersetzende Absprache" ist ein *Oberbegriff* für normabwendende, normverdrängende und normflankierte Absprachen, die sogleich im Einzelnen erörtert werden. Daneben gibt es noch normprägende Absprachen sowie wiederum Mischformen. *Normen* aller Art können durch „normersetzende Absprachen" ersetzt werden: Der häufigste Fall ist die Rechtsverordnung, in Betracht kommen aber auch Parlamentsgesetze sowie Richtlinien und Verordnungen der EU.

Eine Absprache „*ersetzt*" Normen, wenn sie Anlass dafür ist, eine Norm bestimmten Inhalts nicht zu erlassen. Anlässlich der Verpflichtung der deutschen Wirtschaft zur Klimavorsorge vom 10. März 1995[81] hat die Bundesregierung explizit in einer Pressemitteilung erklärt, „ordnungsrechtliche Maßnahmen zur Klimavorsorge, wie z.B. die Wärmenutzungsverordnung, einstweilen (sic!) zurückzustellen und entsprechend der Koalitionsvereinbarung der Privatinitiative Vorrang zu geben"[82]. Normersetzend ist eine Absprache aber nicht nur dann, wenn die Bundesregierung explizit den vorläufigen Verzicht auf Rechtsetzung erklärt, sondern auch, wenn Rechtsetzungsvorhaben stillschweigend oder konkludent tatsächlich zurückgestellt werden.

Der Begriff der „normvermeidenden" bzw. „normabwendenden" Absprache kann den der „normersetzenden" Absprache nicht ersetzen. Entgegen der Kritik von *Tobias Köpp*[83] am Begriff der Norm*ersetzung* impliziert diese Bezeichnung keineswegs, dass solche Absprachen Rechtswirkungen haben, die denen imperativer Regelungen entsprechen. Ob und auf welche Weise solche Absprachen welche Funktionen der Rechtsetzung tatsächlich ausfüllen können, ist keine begriffliche Frage. Mit dem Begriff der „normabwendenden" Absprache lässt sich das Phänomen der normverdrängenden und der normflankierten Absprache nicht erfassen. Deshalb ist der Begriff der „normersetzenden Absprache" unentbehrlich. Die Kritik von *Köpp* greift jedoch der Sache nach gegen einen anderen Begriff, der hier nicht verwendet werden soll:

---

[81] Zu diesem Beispiel siehe S. 55.
[82] Pressemitteilung des Presse- und Informationsamtes der Bundesregierung vom 10. März 1995, Nr. 87/95, S. 3.
[83] *T. Köpp*, Normvermeidende Absprachen zwischen Staat und Wirtschaft, 2001, S. 64.

Die Kategorie der „*normvertretenden*" Absprachen[84] ist umstritten. *Bohne*[85] hat sie im Gegensatz zu den normvollziehenden Absprachen verwendet. Dabei unterscheidet er jedoch nicht zwischen verschiedenen Untertypen; gemeint sind wohl alle hier als „normersetzend" bezeichneten Absprachen. *Oebbecke* hat am Begriff der normvertretenden Absprache kritisiert, dass er den Eindruck erweckt, „die Absprachen besäßen rechtlich eine Normen vergleichbare Wirkung"[86]. Bei *Fluck/Schmitt* werden innerhalb regulativer Absprachen zwischen „echten" normvertretenden und „unechten" normabwendenden differenziert, ohne dies näher zu erläutern.[87]

Wegen der Kritik am Begriff der normvertretenden Absprache und der genannten begrifflichen Unschärfen, soll hier stattdessen von normersetzenden Absprachen gesprochen werden, was seinerseits ein Oberbegriff für normabwendende, normverdrängende und normflankierte Absprachen ist. Diese drei Untertypen normersetzender Absprachen wurden bislang im Schrifttum nicht hinreichend klar voneinander getrennt. Es existieren in der Praxis je Beispiele von relevanter Bedeutung, und ihre Unterscheidung ist für die rechtliche Beurteilung von Bedeutung:

1. Normabwendende Absprachen

Der stärkste, sozusagen „reine" Typus der normersetzenden Absprachen ist die *normabwendende* Absprache.[88] Bei ihr wird die formale Normierung einer bestimmten Frage (vorerst) gänzlich unterlassen, sei es, dass die Norm überhaupt nicht erst entworfen wird, oder dass sie nur nicht in Kraft tritt. In der Staatspraxis gehen normabwendende Absprachen meist Entwürfe oder jedenfalls konkrete politische Absichten voraus. D.h. normabwendende Absprachen greifen in das bereits vorbereitete Verfahren, eine Norm zu erlassen, ein. Das mehr oder weniger fertige Verordnungs- bzw. Gesetzesvorhaben wird (zunächst) nicht weiter verfolgt.

Während für die normabwendenden Absprachen zahlreiche Beispiele existieren, die noch im Einzelnen besprochen werden, seien hier noch begrifflich verwandte Alternativen vorgestellt, für die bislang keine Präzedenzfälle

---

[84] Bei *U. Dempfle,* Normvertretende Absprachen, 1994 unterbleibt eine kritische Auseinandersetzung mit dem (titelgebenden) Begriff. Seine Arbeitsdefinition, ist zu weit: „Normvertretend sind Absprachen, wenn an ihrer Stelle der Gesetz- oder Verordnungsgeber das gewünschte Ergebnis auch durch Erlass einer Rechtsnorm hätte erzielen können (sic!)." (S. 13, vgl. auch S. 23).
[85] *E. Bohne,* VerwArch 75 (1984), 343 (345).
[86] *J. Oebbecke,* DVBl. 1986, S. 793 (dort Fn. 12).
[87] *J. Fluck/T. Schmitt,* VerwArch 99 (1998), S. 220 (225).
[88] *M. Schmidt-Preuß,* VVDStRL 56 (1997), S. 160 (215): „normantizipiende Variante".

existieren: Denkbar wären *ausdrückliche gesetzliche Ermächtigungen* zum Abschluss normativer Absprachen, alternativ oder ergänzend zu einer Verordnungsermächtigung. Eine solche Regelung kennt bereits Art. 10 des *dänischen* Umweltgesetzes (1991)[89], der den dänischen Umweltminister alternativ ermächtigt, von ihm vorgegebenen Umweltziele entweder durch Verordnung oder durch Umweltvereinbarung mit Unternehmen zu verfolgen. Zu nennen sind hier auch die *Schweizer* Regelungen in Art. 41a Abs. 2 des USG[90] und Art. 17 EnG[91], die vorsehen, dass Bund und Kantone Branchenvereinbarungen schließen. Dabei sind auch *inhaltliche Rahmenbedingungen* für derartige Absprachen denkbar, also die positive Normierung von Grenzen und Inhalten bestimmter Absprachen.

2. Normverdrängende Absprachen

Von *normverdrängenden* Absprachen bzw. Selbstverpflichtungen[92] soll hier gesprochen werden, wenn eine Norm zwar existiert, diese aber selbst ihre Rechtsfolgen für den Fall bestimmter Selbstverpflichtungen aussetzt oder modifiziert. Gemeint sind also solche Absprachen, denen das Gesetz eine normverdrängende Wirkung verleiht. Durch § 6 Abs. 3 und § 9 VerpackV i. V. m. entsprechenden Selbstverpflichtungen werden z. B. § 6 Abs. 1 und 2 und § 8 VerpackV verdrängt; im Medienrecht wird § 7a S. 1 GjS nach dessen S. 5 verdrängt. Normverdrängende Absprachen haben mit normvollziehenden gemeinsam, dass sie den Vollzug des Gesetzes partiell ersetzen. Sie werden hier dennoch als normersetzende Absprachen behandelt, weil – jedenfalls für den Teil eines Regelungsbereichs – an die Stelle einer normativen Rechtsfolgenanordnung eine Selbstverpflichtung tritt. Sie sind eine Variante der normabwendenden Absprache und unterscheiden sich von normabwendenden Absprachen dadurch, dass diese Rechtsfolgenanordnung grundsätzlich, also für einen nicht selbstverpflichteten Adressatenkreis, geregelt ist.

„Normverdrängung" setzt voraus, dass es eine Norm gibt, die es zu verdrängen gilt. In der Literatur wurde dieser Typus deshalb auch als „normakzessorische Spielart"[93] bezeichnet. Die Motivation zur Abgabe von Selbstverpflichtungen liegt dabei in der Norm, die einerseits Rechtspflichten begründet und andererseits von diesen eine Befreiung durch Selbstver-

---

[89] Miljöbeskyttelseloven (MBL) Nr. 358 vom 6. Juni 1991.
[90] Umweltschutzgesetz vom 7. Oktober 1983 (SR 814.01).
[91] Energiegesetz vom 26. Juni 1998 (SR 730.0).
[92] Dieses Modell ist (auch) rein einseitig denkbar; vgl. auch *M. Schmidt-Preuß*, VVDStRL 56 (1997), S. 160 (215).
[93] *M. Schmidt-Preuß*, VVDStRL 56 (1997), S. 160 (214); *T. Köpp*, Normvermeidende Absprachen zwischen Staat und Wirtschaft, 2001, S. 265 ff.

§ 1 Begriffliche Fragen

pflichtung vorsieht. Private ersetzen den Normvollzug gleichsam „erfüllungshalber"[94]. Normverdrängende unterscheiden sich von normvollziehenden Absprachen dadurch, dass eine bestimmte, durch die Absprache abbedungene Rechtsfolge qua Gesetz für diesen Fall nicht gilt und mithin das Problem der Gesetzesbindung der Verwaltung nicht auftritt. Dabei sind normtechnisch verschiedene Untertypen denkbar, die Tatbestandsausnahme oder der Rechtsfolgenausschluss. Auch sind Modifikationen und ausgleichende Ergänzungen der Rechtsfolgen denkbar, z. B. die Rückzahlung oder Anrechnung von Steuern.[95]

3. Normflankierende und -flankierte Absprachen

Normflankierende Absprachen[96] sind Absprachen, die notwendig sind, um die Anwendbarkeit und Wirkung von Normen zu realisieren. Sie ersetzen ergänzende Normen, die sonst diese Funktion erfüllen müssten. Aber nicht nur die Normen sind hier von Absprachen abhängig, sondern umgekehrt auch die Absprachen von Normen. Abspracheflankierende Normen können in verschiedener Weise informale Absprachen unterstützen und steuern. Um diesen Aspekt zu betonen kann man statt von normflankierenden auch von *normflankierten* Absprachen sowie von *abspracheflankierenden Normen* sprechen. So flankiert die AltautoV vom 4. Juli 1997[97] die Selbstverpflichtung der Automobilindustrie vom 21. Februar 1996.[98] Während sich die Selbstverpflichtung auf die Hersteller von Automobilen bezieht, regelt die Verordnung Pflichten der Besitzer und Verwerter von Altautos. Noch deutlicher wurde der Typus der abspracheflankierenden Norm einmal als „ratifizierende Rechtsverordnung" bzw. als Rechtsverordnung zur „Erfüllung eines politischen Vertrages"[99] bezeichnet. Dagegen spricht aber, dass mit der Norm nur mittelbar die Absprache bestätigt wird. Das Phänomen der „Ratifizierung" und der „Erfüllung" ist vor allem eines der normprägenden Absprachen bzw. der abspracheprägten Normen. Normflankierende Absprachen enthalten somit normersetzende und normprägende Elemente.

---

[94] *M. Schmidt-Preuß*, VVDStRL 56 (1997), S. 160 (215).
[95] *M. Kohlhaas/B. Praetorius/R. Eckhoff/Th. Hoeren*, Selbstverpflichtungen der Industrie zur CO_2-Reduktion, 1994, S. 102 ff. einerseits und S. 139 ff. andererseits.
[96] *J. Fluck/T. Schmitt*, VerwArch 99 (1998), S. 220 (226).
[97] Verordnung über die Überlassung und umweltverträgliche Entsorgung von Altautos, BGBl. I S. 1666 – allerdings grundlegend novelliert durch G vom 21. Juni 2002, BGBl. I S. 2199.
[98] Vgl. *M. Schmidt-Preuß*, in: G. F. Schuppert (Hrsg.), Jenseits von Privatisierung und „schlankem" Staat, 1999, S. 195 (203 f.). Zu diesem Beispiel s. S. 63.
[99] *Chr. Engel*, StWuStPr 1998, S. 535 (557).

V. Normprägende Absprachen

Von den normersetzenden Absprachen sind die *normprägenden* Absprachen zu unterscheiden, wobei sich auch zwischen diesen Kategorien Überschneidungen ergeben. Die normprägende Absprache zeichnet sich dadurch aus, dass von Vornherein nicht geplant ist, auf formale Rechtsetzung zu verzichten. Hierfür existieren wiederum zwei Untertypen: die normantizipierende Absprache und die Absprache zur Normsetzung.

1. Normantizipierende Absprachen

Normantizipierende Absprachen zeichnen sich dadurch aus, dass eine Selbstverpflichtung die Regelung inhaltlich vorwegnimmt. Eine normantizipierende Selbstverpflichtung ist die Verpflichtung der RWE zur Emissionsminderung bei Großfeuerungsanlagen[100]: Hier schlossen die Beteiligten im Juli 1982 eine Vereinbarung, die am 26. Juni 1983[101] – also ein Jahr später – durch das in Kraft Treten der Großfeuerungsanlagen-Verordnung (GFAVO = 13. BImSchV[102]) vom 22. Juni 1983 abgelöst wurde. Deren Inhalt wurde durch die RWE weitreichend beeinflusst und mitgestaltet. Im Oktober 1983 wurde zwischen den Beteiligten eine weitere Vereinbarung geschlossen, die sowohl von der ersten Selbstverpflichtungen als auch von der Verordnung inhaltlich abweicht: Danach verpflichtete sich die RWE zu einer Gesamtreduktion ihrer SO_2-Emissionen bereits bis 1987. Im Gegenzug versprach das Land eine Beschleunigung notwendiger Genehmigungsverfahren. Diese zweite Verpflichtung hat somit vor allem normvollziehenden Charakter[103]. Auch die Verpflichtungen des Verbandes der Zigarettenindustrie e.V. auf Anregung des Bundesministers für Gesundheit, zur Beschränkung der Zigarettenwerbung sind im Rückblick normprägende Absprachen zur Schaffung des ihnen im Wesentlichen entsprechenden § 22 LMBG (1974).[104]

---

[100] Hierzu *M. Kohlhaas/B. Praetorius/R. Eckhoff/Th. Hoeren,* Selbstverpflichtungen der Industrie zur CO_2-Reduktion, 1994, S. 83 ff.; *J. Knebel/L. Wicke/G. Michael,* Selbstverpflichtungen ..., 1999, S. 476 ff. Zu diesem Beispiel siehe S. 53.

[101] So § 39 der Verordnung; Verkündung war am 25. Juni 1983; falsch *J. Knebel/L. Wicke/G. Michael,* Selbstverpflichtungen ..., 1999, S. 477: Inkrafttreten am 1. Juli 1983.

[102] BGBl. I S. 719.

[103] Von einer Mischform sprechen *M. Kohlhaas/B. Praetorius/R. Eckhoff/Th. Hoeren,* Selbstverpflichtungen der Industrie zur CO_2-Reduktion, 1994, S. 84.

[104] *R. Dragunski,* Kooperation von Verwaltungsbehörden mit Unternehmen im Lebensmittelrecht, 1997, S. 128.

2. Absprachen zur Normsetzung

Absprachen zur Normsetzung machen die Inhalte von geplanten Normen zum expliziten Gegenstand einer informalen Absprache. Das wichtigste Beispiel ist der Atomkonsens: Die Ausgestaltung der Norm (Änderung des Atomgesetzes) ist bis ins Detail Gegenstand der Absprache. Abzugrenzen sind solche Absprachen zur Normsetzung von der bloßen Einflussnahme auf den Normsetzungsprozess durch Lobbyisten. Bei der Absprache zur Normsetzung schlägt der Einfluss Privater auf die Rechtsetzung in eine Beteiligung an Entscheidungen der rechtsetzenden Gewalt um. Charakteristisch für Absprachen zur Normsetzung ist, dass der Inhalt einer Norm in der Weise ausgehandelt wird, dass die Wirtschaft Selbstverpflichtungen eingeht und bestimmte Gegenleistungen erbringt. Im Falle des Atomkonsenses[105] gehört hierzu insbesondere die Rücknahme einer aussichtsreichen Schadensersatzklage und eines Genehmigungsantrages. Im Verfahren der Rechtsetzung stehen dann nicht nur der gute Wille der Wirtschaft und damit Stimmungen potenzieller Wähler auf dem Spiel, sondern konkrete Gegenleistungen, die im Falle des Atomkompromisses von fiskalisch erheblicher Bedeutung sind. Außerdem ist typisch für Absprachen zur Normsetzung, dass die Bundesregierung in vehementer Weise Druck auf den Bundestag ausübt, die ausgehandelte Norm im Gesetzgebungsverfahren nicht inhaltlich zu diskutieren, sondern den absprachekonformen Regierungsentwurf unverändert zu verabschieden, die Absprache also gleichsam zu ratifizieren.

VI. „Harte" und „weiche" Instrumente der Steuerung

Um den Gegenstand dieser Arbeit, also die Selbstverpflichtungen und normative Absprachen in das Instrumentarium neuerer Entwicklungen staatlicher (direkter und indirekter[106]) Steuerung einordnen zu können, sei an dieser Stelle noch kurz auf die Unterscheidung zwischen „harten" und „weichen" Instrumenten eingegangen. Dieses Begriffspaar hat sich als schlagwortartige Unterscheidung für das Spektrum umweltpolitischer Steuerung durchgesetzt.[107] Informale Absprachen zwischen Wirtschaft und Staat gehören zu den weichen Instrumenten.

---

[105] Zu diesem Beispiel siehe S. 65 f., 105 ff.
[106] *C. Franzius,* Die Herausbildung der Instrumente indirekter Verhaltenssteuerung im Umweltrecht der Bundesrepublik Deutschland, 2000, S. 101 ff.
[107] *Der Rat von Sachverständigen für Umweltfragen,* Umweltgutachten 1994, S. 63 f., Tz. 68 ff.; *K. Rennings/K. L. Brockmann/H. Bergmann,* Nachhaltigkeit, Ordnungspolitik und freiwillige Selbstverpflichtung, 1996, S. 131 (169 ff.).

46　1. Teil: Begriffsklärung – Bestandsaufnahme – Vorverständnis

Zu den harten Instrumenten zählen vor allem die ordnungsrechtlichen Maßnahmen. Ökonomische Instrumente[108] werden teils als „hart" eingestuft, wenn sie mit staatlichem Bewirtschaftungskonzept eingesetzt werden. Beispiele hierfür sind Umweltabgaben und -subventionen sowie Emissionslizenzen. Letztere werden auch den Zertifikationsmodellen zugerechnet.

Dies verursacht jedoch begriffliche Verwirrung. Als „Zertifikate" werden sowohl Bescheinigungen bestimmter (auditierter) Umweltstandards als auch handelbare Emissionslizenzen bezeichnet. Zur Vermeidung von Missverständnissen sollen hier Zertifikationsmodelle und Lizensierungsmodelle unterschieden werden. Nach anderer Ansicht wird innerhalb dieser Gruppe die Grenze zwischen der „harten" Mengensteuerung durch Zertifikate i.S.v. Lizenzen und der „weichen" Preissteuerung durch Abgaben und Subventionen gezogen.[109] Gegen letztere Ansicht wurden Abgrenzungsschwierigkeiten vorgetragen.[110] Für sie spricht jedoch, dass der Staat gerade durch Mengensteuerung seine Garantiefunktion für eine Maximalbelastung der Umwelt ausüben kann, insofern vergleichbar mit ordnungspolitischen Maßnahmen. So gesehen wären Lizensionsmodelle mit absoluten Emissionsobergrenzen ein „härteres" Instrument als die dem deutschen Umweltrecht zugrundeliegenden Grenzwerte für die Konzentration von Schadstoffemissionen. Freilich zieht sich der Staat auch bei preislichen Anreizen nicht ganz aus der Steuerung und Verantwortung zurück.[111] Soll jedoch ein solcher Rückzug aus der staatlichen Steuerung das Kriterium für „weiche" Instrumente sein, wird der Steuerungsbegriff zu eng gefasst. Auch „weichen" Instrumenten haftet ein Moment der Steuerung an, das gilt für Kooperationslösungen ebenso wie für das Umwelthaftungsrecht.

Ökonomische Instrumente ohne staatliches Bewirtschaftungskonzept, d.h. Privatisierungsmodelle und das Umwelthaftungsrecht, werden ebenso wie informatorische, organisatorische und freiwillige Instrumente unstreitig als „weiche" Instrumente bezeichnet. Zu letzteren zählen somit auch die hier zu untersuchenden Kooperationslösungen sowie das Umweltmanagement, Umweltaudit, betriebliche Umweltrechnungslegung und ökologisches Marketing.

---

[108] *C. Franzius*, Die Herausbildung der Instrumente indirekter Verhaltenssteuerung im Umweltrecht der Bundesrepublik Deutschland, 2000, S. 120 ff.

[109] *L. Gerken/A. Renner*, Ordnungspolitische Grundfragen einer Politik der Nachhaltigkeit, 1995, S. 56. Zur finanziellen Steuerung vgl. auch *M. Schmidt-Preuß*, VVDStRL 56 (1997), S. 160 (221 ff.).

[110] *K. Rennings/K. L. Brockmann/H. Bergmann*, Nachhaltigkeit, Ordnungspolitik und freiwillige Selbstverpflichtung, 1996, S. 131 (171).

[111] *K. Rennings/K. L. Brockmann/H. Bergmann*, ebenda, S. 131 (171) im Anschluß an *Der Rat von Sachverständigen für Umweltfragen*, Umweltgutachten 1994, S. 64, Tz. 70.

Umweltabgaben und -subventionen sowie das Modell des Handels von Emissionslizenzen sind als solche nicht Gegenstand dieser Arbeit. Diese Instrumente stellen weniger eine konkurrierende Alternative zu Selbstverpflichtungen dar, sondern können vielmehr mit jenen in vielfältiger Weise kombiniert werden: So besteht sowohl die Möglichkeit, die Einlösung von Selbstverpflichtungen mit Abgabenentlastungen oder staatlichen Subventionen zu belohnen und so beide Instrumente nebeneinander und ergänzend zu nutzen.

Das gilt auch für das Modell des Handels mit *Umweltlizenzen*, wie es seit Anfang 2000 vom Ölkonzern BP praktiziert wird[112]: Dabei werden den Geschäftseinheiten des Konzerns absolute Emissionsmengen zugeteilt, die diese untereinander, also konzernintern handeln können. Dadurch soll erreicht werden, dass absolute Emissionsmengen effektiv eingehalten und effizient durch diejenigen Geschäftseinheiten verwirklicht werden, die dies am kostengünstigsten realisieren können. Dieses Modell knüpft an die Festlegung einer Gesamtemissionsmenge an, die in Einzellizenzen aufgeteilt wird. Die Festlegung der Gesamtmenge kann – wie im Falle von BP – durch Selbstverpflichtung (hier mit dem erklärten Ziel einer 10-prozentigen Reduktion bis 2010), aber auch durch hoheitliche Festlegung erfolgen. Das Modell kann somit sowohl in Selbstverpflichtungen, als auch in hoheitliche Rechtsetzung integriert werden. In Großbritannien haben sich inzwischen zahlreiche Unternehmen zusammen mit der Regierung zu einer so genannten Emissions Trading Group (ETG) zusammengeschlossen, wobei die Regierung den sich freiwillig an dem Emissionshandel beteiligenden Unternehmen bereits steuerliche Erleichterungen in Aussicht gestellt hat. Die EU-Kommission unterstützt diese Politik und strebt einen europaweiten Handel mit Emissionslizenzen ab 2005 an. Auch das Bundesministerium für Umwelt hat ein Pilotprojekt zu diesem Modell gestartet. Es bleibt abzuwarten, ob die Widerstände des BDI und vor allem von BASF, die zusätzliche Kosten und Wettbewerbs- bzw. Wachstumsnachteile fürchten und deshalb die Möglichkeit des Freikaufs vom Umweltschutz als „Ablasshandel"[113] anprangern, gebrochen werden können.

§ 2 Tatsächliche Bestandsaufnahme: Beispiele aus verschiedenen Sachbereichen

Der „Bestand" der Selbstverpflichtungen und Absprachen, d. h. des Gegenstandes der Untersuchung, ist ungesichert, da er in der Regel nicht amtlich publiziert wird. In der Literatur werden zum Teil lediglich wenige Bei-

---

[112] Vgl. hierzu DIE ZEIT Nr. 48 vom 23. November 2000, S. 32.
[113] DIE ZEIT Nr. 48 vom 23. November 2000, S. 32.

spiele zitiert, zum Teil vage Vermutungen über die „Dunkelziffer" existierender Selbstverpflichtungen und Umweltabsprachen gehandelt.[114] Um die Bedeutung des Phänomens „Selbstverpflichtung" deutlich zu machen, um die Vielfalt der Themen zu zeigen und um eine differenzierte Typisierung nach rechtlichen Kriterien zu ermöglichen, sollen im Folgenden Beispiele nach Sachbereichen geordnet vorgestellt werden. Ohne Anspruch auf Vollständigkeit wurden hierzu Informationen aus der einschlägigen Literatur und aus der Presse sowie dem Internet, punktuell auch mündliche Nachfragen bei Verbänden und Ministerien ausgewertet:

I. Umweltschutz

Der Umweltschutz ist der Sachbereich, in dem Selbstverpflichtungen die größte Rolle spielen. Die Absprachen in diesem Bereich lassen sich in inhaltlich verschiedene Typen[115] untergliedern, die im Folgenden kurz erläutert und mit Beispielen belegt werden:

1. Phasing-Out-Verpflichtungen

Ziel von Phasing-Out-Verpflichtungen ist es, die Verwendung bzw. Produktion bestimmter umweltschädigender Güter vollständig zu beenden. Im Vergleich zum Typus der Reduktionsverpflichtungen stellen sie den (praktisch eminent wichtigen) Spezialfall einer hundertprozentigen Reduktion dar.[116] Hinzuzurechnen sind auch Verpflichtungen, die Verwendung besonders schützenswerter Güter zu vermeiden. Hierzu gehört

– der Verzicht des Gesamtverbandes der Textilindustrie e.V. auf die Verwendung von AZO-Farbstoffen, ca. 1980[117],

– der Verzicht des Gesamtverbandes der Textilindustrie e.V. auf die Verwendung von Chlororganischem Carrier in Polyester, Ende der 1980er Jahre[118],

---

[114] *J. Fluck/T. Schmitt*, VerwArch 99 (1998), S. 220 (221 fn. 2): Zahlen zwischen 40 und 80; *Der Rat von Sachverständigen für Umweltfragen*, Umweltgutachten 1996, S. 97, Tz 163: „In den Zeitraum von 1971 bis 1993 fallen etwa 40 Selbstverpflichtungen."; zuletzt *A. Rockholz* vom DIHT auf den 7. Kölner Abfalltagen: Über 100 allein im Bereich der Abfallwirtschaft (vgl. *O. Klöck*, UPR 1999, S. 139 (140)); *J. Knebel/L. Wicke/G. Michael*, Selbstverpflichtungen ..., 1999, S. 291 ff. haben in ihrer Studie 97 Selbstverpflichtungen allein im Umweltbereich aufgelistet.

[115] *J. Knebel/L. Wicke/G. Michael*, Selbstverpflichtungen ..., 1999, S. 288–290 unterscheiden nach inhaltlichen Kriterien neun Typen von *Selbstverpflichtungen im Umweltbereich*. Dieser Kategorisierung soll hier im Wesentlichen gefolgt werden, mit einigen Modifizierungen und Ergänzungen, auf die im Einzelnen hingewiesen wird.

[116] *J. Knebel/L. Wicke/G. Michael*, Selbstverpflichtungen ..., 1999, S. 288.

[117] *J. Knebel/L. Wicke/G. Michael*, Selbstverpflichtungen ..., 1999, S. 298.

§ 2 Tatsächliche Bestandsaufnahme 49

- die Vereinbarung des Wirtschaftsverbandes Asbestzement e.V., seit 1984 umbenannt in Verband der Faserzementindustrie e.V. gegenüber dem Bundesministerium für Umwelt sowie dem Bundesministerium für Wirtschaft zunächst zu 50%iger Reduktion des Asbestgehalts in Asbestzementprodukten[119], dann zum vollständigen Ersatz von Asbest in Hochbauprodukten vom Februar 1982, Erweiterungen März 1984 und Ende 1988[120],

- der Verzicht des Industrieverbandes Bauchemie und Holzschutzmittel e.V. gegenüber dem Bundesgesundheitsamt auf Pentachlorphenol (PCP) in Holzschutzmitteln ab dem 1. April 1985 vom Juli 1984[121],

- der Verzicht des Industrieverbandes Körperpflege- und Waschmittel e.V., des Industrieverbandes Putz- und Pflegemittel e.V., der Fachvereinigung Industriereiniger im VCI, des Verbandes der Textilhilfsmittel-, Lederhilfsmittel-, der Gerbstoff- und Waschrohstoffindustrie e.V. gegenüber dem Bundesministerium des Innern und dem Umweltbundesamt auf die Verwendung von Alkylphenolethoxylaten (APEO) vom Januar 1986[122],

- der Verzicht des Verbandes Kunststofferzeugende Industrie e.V. auf polybromierte Diphenylether (PBDE) als Flammschutzmittel in Kunststoffen gegenüber dem Bundesministerium für Umwelt vom 22. August 1986[123],

- der Verzicht des Industrieverbandes Körperpflege- und Waschmittel e.V. und drei weiterer Verbände gegenüber dem Bundesministerium für Umwelt auf die Verwendung von leichtflüchtigen chlorierten Kohlenwasserstoffen in Wasch- und Reinigungsmitteln vom Oktober 1986[124],

- der Verzicht des Industrieverbandes Körperpflege- und Waschmittel e.V. auf Tierversuche von 1989[125],

- die Verpflichtung zur stufenweisen Einstellung der Produktion der im Montrealer Protokoll geregelten FCKW durch die Hoechst AG, die Kali-Chemie AG und das Chemiewerk Nünchritz GmbH gegenüber dem Bundesministerium für Umwelt vom 30. Mai 1990[126], gleichzeitig[127], d.h. im Zusammenhang mit dem Erlass der

---

[118] *J. Knebel/L. Wicke/G. Michael*, Selbstverpflichtungen ..., 1999, S. 299.

[119] *M. Schulte*, Schlichtes Verwaltungshandeln, 1995, S. 98; *H. v. Lersner*, Verwaltungsrechtliche Instrumente des Umweltschutzes, 1983, S. 23.

[120] Hierzu *J. Knebel/L. Wicke/G. Michael*, Selbstverpflichtungen ..., 1999, S. 449 f.

[121] Hierzu *J. Knebel/L. Wicke/G. Michael*, Selbstverpflichtungen ..., 1999, S. 441.

[122] Auf Grund der umweltpolitischen Zielsetzung ist das BKartA gegen diese Selbstverpflichtungserklärung nicht eingeschritten: BKartA, Tätigkeitsbericht 1985/86, S. 70, BT-Drucks. 11/554; allgemein zu der Absprache vgl. ausführlich *J. Knebel/L. Wicke/G. Michael*, Selbstverpflichtungen ..., 1999, S. 419. f

[123] *J. Knebel/L. Wicke/G. Michael*, Selbstverpflichtungen ..., 1999, S. 421 f.

[124] Hierzu *J. Knebel/L. Wicke/G. Michael*, Selbstverpflichtungen ..., 1999, S. 444 f.

[125] *J. Knebel/L. Wicke/G. Michael*, Selbstverpflichtungen ..., 1999, S. 288, 296.

[126] BT-Drs. 11/8166, S. 49; hierzu *G. Hucklenbruch*, Umweltrelevante Selbstverpflichtungen, 2000, S. 46 ff.; *M. Kohlhaas/B. Praetorius/R. Eckhoff/Th. Hoeren*, Selbstverpflichtungen der Industrie zur CO_2-Reduktion, 1994, S. 87 ff.; *J. Knebel/L. Wicke/G. Michael*, Selbstverpflichtungen ..., 1999, S. 442 f.

1. Teil: Begriffsklärung – Bestandsaufnahme – Vorverständnis

FCKW-Halon-Verbotsverordnung[128] vom 6. Mai 1991 und inhaltlich über diese hinausgehend,

– die Verpflichtung des Industrieverbandes Körperpflege- und Waschmittel e.V. gegenüber dem Umweltbundesamt auf den Ersatz von Distearyldimethylammoniumchlorid (DSDMAC) in Weichspülern vom August 1990[129],

– der Verzicht des Mineralölwirtschaftsverbandes e.V. auf Scavenger von 1991[130],

– der Verzicht des Verbandes der Automobilindustrie e.V. gegenüber dem Bundesministerium für Umwelt auf FCKW in Autoklimaanlagen vom Juli 1992[131],

– der Verzicht des Industrieverbandes Polyurethan-Hartschaum e.V. gegenüber dem Bundesministerium für Umwelt auf FCKW in Dämmstoffen vom Juli 1992[132],

– der Verzicht des Verbandes Deutscher Maschinen- und Anlagenbau e.V. auf die Verwendung von FCKW in der Kältetechnik von 1992[133],

– der Verzicht des Verbandes Deutscher Maschinen- und Anlagenbau e.V. auf die Verwendung von FCKW in Kühlmöbeln von 1992[134],

– der Verzicht des Zentralverbandes Elektrotechnik- und Elektronikindustrie e.V. (ZVEI) und der Firma FORON Hausgeräte GmbH gegenüber dem Bundesministerium für Umwelt auf FCKW in Hauskühlgeräten vom März 1993[135],

– die Empfehlung des Industrieverbandes Körperpflege- und Waschmittel e.V. zum Ersatz von Moschus Xylol in Haushaltswasch- und -reinigungsmitteln vom Oktober 1993[136],

– die Empfehlung des Industrieverbandes Körperpflege- und Waschmittel e.V. zum Ersatz von Moschus Xylol in Kosmetika vom Oktober 1993[137],

– die Verpflichtung des Verbandes der Druckfarbenindustrie e.V. gegenüber dem Verbraucher bzw. der Öffentlichkeit zur Einhaltung der Rohstoff-Ausschlussliste für Rohstoffe vom Mai 1995[138],

– die ECVM Industry Charter for the Production of VCM and PVC, i.e. die Verpflichtung der zwölf Mitglieder des European Council of Vinyl Manufacturers

---

[127] So *M. Kloepfer,* JZ 1991, S. 737 (740); *U. Dempfle,* Normvertretende Absprachen, 1994, S. 8; vgl. auch Umwelt (BMU), 1990, 346 (347).
[128] BGBl. I 1090.
[129] Hierzu *J. Knebel/L. Wicke/G. Michael,* Selbstverpflichtungen ..., 1999, S. 446.
[130] *J. Knebel/L. Wicke/G. Michael,* Selbstverpflichtungen ..., 1999, S. 299.
[131] Hierzu *J. Knebel/L. Wicke/G. Michael,* Selbstverpflichtungen ..., 1999, S. 451 f.
[132] Hierzu *M. Kohlhaas/B. Praetorius/R. Eckhoff/Th. Hoeren,* Selbstverpflichtungen der Industrie zur CO_2-Reduktion, 1994, S. 87 ff.; *J. Knebel/L. Wicke/G. Michael,* Selbstverpflichtungen ..., 1999, S. 441 f.
[133] Hierzu *J. Knebel/L. Wicke/G. Michael,* Selbstverpflichtungen ..., 1999, S. 298.
[134] Hierzu *J. Knebel/L. Wicke/G. Michael,* Selbstverpflichtungen ..., 1999, S. 298.
[135] Hierzu *G. Hucklenbruch,* Umweltrelevante Selbstverpflichtungen, 2000, S. 49 ff.; *J. Knebel/L. Wicke/G. Michael,* Selbstverpflichtungen ..., 1999, S. 447 f.
[136] Hierzu *J. Knebel/L. Wicke/G. Michael,* Selbstverpflichtungen ..., 1999, S. 445.
[137] Hierzu *J. Knebel/L. Wicke/G. Michael,* Selbstverpflichtungen ..., 1999, S. 446.
[138] Hierzu *J. Knebel/L. Wicke/G. Michael,* Selbstverpflichtungen ..., 1999, S. 444.

§ 2 Tatsächliche Bestandsaufnahme   51

(ECVM), darunter die BASF AG, Solvay S.A. und die Hüls AG, die 95 Prozent der europäischen Gesamtproduktion von PVC repräsentieren, vom Juni 1995[139],

– die Verpflichtung des Verbandes der Mineralfarbenindustrie e. V. zum Austausch kennzeichnungspflichtige Rohstoffe für schwarze Zeitungsrotationsfarben vom September 1995[140],

– die Empfehlung des Industrieverbandes Körperpflege- und Waschmittel e. V. zum Verzicht auf APEO in Kosmetika vom Oktober 1995[141],

– die Verpflichtung der BASF AG und der Dow Deutschland Inc. gegenüber dem Bundesministerium für Umwelt zur Umstellung der Produktion von Polyrol-Extruderschaumstoff-Dämmplatten sowie von teilhalogenierten FCKW auf HFCKW-freie Erzeugnisse vom 2. Februar 1996[142],

– die Selbstverpflichtung des europäischen Verbandes der Hersteller von Selbstdurchschreibepapier (AEMCP), des europäischen Verbandes der Thermodruckpapierhersteller (ETPA), sowie der darin vertretenen Mitglieder gegenüber dem Bundesminister für Umwelt (ausgehandelt durch das Umweltbundesamt), ab dem 2. Februar 1996 die von den Verpflichteten eingesetzten spezifischen Inhaltsstoffe der Thermo- und Selbstdurchschreibepapiere auf ihre Toxizität gegenüber Wasserorganismen zu testen und eine Risikoabschätzung vorzunehmen sowie keine (in einer gesonderten Aufstellung aufgelisteten) Stoffe einzusetzen, die ein Risiko für die Umwelt bedeuten vom Februar 1996[143].

2. Reduktionsverpflichtungen

Reduktionsverpflichtungen sind die abgeschwächte Alternative zu den Phasing-Out-Verpflichtungen. Statt zu einem hundertprozentigen Verzicht verpflichtet sich die Wirtschaft nur zu einer graduellen Reduzierung. Die Reduzierungen können sich auf Emissionen, Ressourcenverbrauch, Inputs und Verpackungen beziehen.[144] Folgende Beispiele sind bekannt[145]:

---

[139] Hierzu *G. Hucklenbruch,* Umweltrelevante Selbstverpflichtungen, 2000, S. 39 ff.
[140] Hierzu *J. Knebel/L. Wicke/G. Michael,* Selbstverpflichtungen ..., 1999, S. 444.
[141] Hierzu *J. Knebel/L. Wicke/G. Michael,* Selbstverpflichtungen ..., 1999, S. 446.
[142] Hierzu *G. Hucklenbruch,* Umweltrelevante Selbstverpflichtungen, 2000, S. 51 ff.; *J. Knebel/L. Wicke/G. Michael,* Selbstverpflichtungen ..., 1999, S. 452 f.
[143] Hierzu *G. Hucklenbruch,* Umweltrelevante Selbstverpflichtungen, 2000, S. 35 ff.
[144] *J. Knebel/L. Wicke/G. Michael,* Selbstverpflichtungen ..., 1999, S. 286.
[145] Nicht aufgenommen werden hier Beispiele interner Abstimmungen und konkludenten Verhaltens ohne explite Selbstverpflichtungserklärung nach außen, so die Verminderung des Altölaufkommens durch Verlängerung der Ölwechselintervalle durch einen Abstimmungsprozess des Mineralölwirtschaftsverbandes mit der Automobilindustrie seit den 60er Jahren sowie das vorgezogene Inverkehrbringen von Dieselkraftstoff mit niedrigem Schwefelgehalt durch die deutsche Mineralölindustrie 1995. Anders: *J. Knebel/L. Wicke/G. Michael,* Selbstverpflichtungen ..., 1999, S. 474, 476.

1. Teil: Begriffsklärung – Bestandsaufnahme – Vorverständnis

– der ständige Abstimmungsprozess des Mineralölwirtschaftsverbandes mit der Automobilindustrie zur Verminderung des Altölaufkommens durch Verlängerung der Ölwechselintervalle auf Anregung zunächst des Bundesministeriums des Innern, später des Bundesministeriums für Umwelt seit den sechziger Jahren[146],

– die Erklärung des Industrieverbandes Körperpflege- und Waschmittel e.V. zur Phosphatreduzierung in Waschmitteln von 1973, ersetzt[147] durch die Phosphathöchstmengenverordnung (PHöchstMengV)[148] auf Grund des § 4 Abs. 2 des Wasch- und Reinigungsmittelgesetzes (WRMG)[149] sowie die Selbstverpflichtung von 1985[150],

– die Verpflichtung der chemischen Industrie bzw. der Industriegemeinschaft Aerosole e.V. (IGA) gegenüber dem Bundesministerium für Umwelt zur Reduzierung des Einsatzes von FCKW als Spraytreibgase von 1977, erweitert am 13. August 1987[151],

– die Zusage des Verbandes der Automobilindustrie e.V. gegenüber dem Bundesministerium für Wirtschaft zur Senkung des Kraftstoffverbrauchs in Personenwagen und Nutzfahrzeugen vom April 1979[152]. Zu den „Bemühungen der Bundesregierung und einiger Länderregierungen um Vereinbarungen mit der Automobilindustrie zur Reduzierung des durchschnittlichen Kraftstoffverbrauchs bzw. zur Einführung eines so genannten Dreiliterautos"[153] Mitte der 1990er Jahre und der Selbstverpflichtung vom 23. März 1995 s.u.,

– die Verpflichtung der Fachverbände Elektro-Haushalt-Kleingeräte, -Großgeräte und -Hauswärmetechnik, Elektro-Haushalt-Kältegeräte, Waschgeräte und Geschirrspüler im Zentralverband Elektrotechnik- und Elektronikindustrie gegenüber dem Bundesministerium für Wirtschaft zur Senkung der spezifischen Energieverbrauchswerte von Elektro-Hausgeräten vom 24. Januar 1980[154],

---

[146] Hierzu *J. Knebel/L. Wicke/G. Michael*, Selbstverpflichtungen ..., 1999, S. 474.

[147] Dazu *M. P. Kuck/M. F. Riehl*, Umweltschutz durch staatliche Einflussnahme auf die stoffliche Beschaffenheit von Konsumentenprodukten, 2000, S. 400.

[148] Verordnung über Höchstmengen für Phosphate in Wasch- und Reinigungsmitteln vom 4. Juni 1980, BGBl I S. 664.

[149] Gesetz über die Umweltverträglichkeit von Wasch- und Reinigungsmitteln, jetzt in der Fassung der Bekanntmachung vom 5. März 1987, BGBl I S. 875, zuletzt geändert durch Gesetz vom 3. Mai 2000, BGBl I S. 632.

[150] *J. Knebel/L. Wicke/G. Michael*, Selbstverpflichtungen ..., 1999, S. 294.

[151] Hierzu *G. Hucklenbruch*, Umweltrelevante Selbstverpflichtungen, 2000, S. 42 ff.; *U. Dempfle*, Normvertretende Absprachen, 1994, S. 8; *M. Kohlhaas/B. Praetorius/R. Eckhoff/Th. Hoeren*, Selbstverpflichtungen der Industrie zur CO$_2$-Reduktion, 1994, S. 87 ff.; ausführlich auch *J. Knebel/L. Wicke/G. Michael*, Selbstverpflichtungen ..., 1999, S. 426 ff.; vgl. auch Umwelt (BMU) 1988, 310.

[152] Hierzu *M. Kohlhaas/B. Praetorius/R. Eckhoff/Th. Hoeren*, Selbstverpflichtungen der Industrie zur CO$_2$-Reduktion, 1994, S. 78 ff.; *J. Knebel/L. Wicke/G. Michael*, Selbstverpflichtungen ..., 1999, S. 469 ff.

[153] *Der Rat von Sachverständigen für Umweltfragen*, Umweltgutachten 1996, S. 60, Tz. 43.

[154] Hierzu *J. Knebel/L. Wicke/G. Michael*, Selbstverpflichtungen ..., 1999, S. 467 ff.

§ 2 Tatsächliche Bestandsaufnahme 53

– die Energiesparerklärung bei Gasgeräten durch die Arbeitsgemeinschaft für sparsamen umweltfreundlichen Energieverbrauch e.V., den Bundesverband der deutschen Gas- und Wasserwirtschaft e.V., die Bundesvereinigung der Firmen im Gas- und Wasserfach e.V. und den Deutschen Verein des Gas- und Wasserfaches gegenüber der Bundesregierung und Landesregierungen vom Januar 1980[155],

– die Verpflichtung der Rheinisch-Westfälisches Elektrizitätswerk AG (RWE) gegenüber dem nordrhein-westfälischen Ministerium für Arbeit, Gesundheit und Soziales zur Emissionsminderung bei Großfeuerungsanlagen vom Juli 1982, Modifizierung Oktober 1983[156], bestätigt 1984[157],

– die Verpflichtung des Verbandes der Lackindustrie e.V. gegenüber dem Bundesministerium des Innern zur Reduzierung von Lösemittel- und Schwermetallverbindungsanteilen in Lacken und Farben vom Mai 1984[158], hinsichtlich der Kontrolle modifiziert 1986[159],

– die Verpflichtung des Industrieverbandes Körperpflege- und Waschmittel gegenüber dem Bundesministerium des Innern (1984) sowie dem Bundesministerium für Umwelt (1986) zur Begrenzung des Einsatzes von Nitrilotriacetat (NTA) in Waschmitteln vom August 1984, August 1986[160],

– die Umweltschutzerklärung durch die Arbeitsgemeinschaft für sparsamen umweltfreundlichen Energieverbrauch e.V., den Bundesverband der deutschen Gas- und Wasserwirtschaft e.V., die Bundesvereinigung der Firmen im Gas- und Wasserfach e.V. und den Deutschen Verein des Gas- und Wasserfaches gegenüber der Bundesregierung und der Öffentlichkeit zur Verringerung der Stickoxide vom März 1986[161],

– die Verpflichtung des Verbandes der Lackindustrie e.V., Fachgruppe Schiffsfarben gegenüber dem Bundesministerium für Umwelt zur Verringerung von umweltbelastenden Wirkstoffen in Unterwasserfarben für den Bootsanstrich vom August 1986[162],

---

[155] Hierzu *M. Kohlhaas/B. Praetorius/R. Eckhoff/Th. Hoeren*, Selbstverpflichtungen der Industrie zur CO_2-Reduktion, 1994, S. 78 ff.; *J. Knebel/L. Wicke/G. Michael*, Selbstverpflichtungen ..., 1999, S. 478 f.

[156] Hierzu *M. Kohlhaas/B. Praetorius/R. Eckhoff/Th. Hoeren*, ebenda, S. 83 ff.; *J. Knebel/L. Wicke/G. Michael*, Selbstverpflichtungen ..., 1999, S. 476 ff.

[157] Veröffentlicht als Anlage zur Pressemitteilung 816/11/84 der Landesregierung NRW vom 12. Dezember 1984; ausführlich *W. Beyer*, Der öffentlich-rechtliche Vertrag, informales Handeln der Behörden und Selbstverpflichtungserklärungen Privater als Instrumente des Umweltschutzes, Diss. Köln 1986, insbes. S. 272 f.; kritisch hierzu *U. Dempfle*, Normvertretende Absprachen, 1994, S. 9.

[158] Hierzu *J. Knebel/L. Wicke/G. Michael*, Selbstverpflichtungen ..., 1999, S. 460 ff.

[159] Hierzu *J. Knebel/L. Wicke/G. Michael*, Selbstverpflichtungen ..., 1999, S. 294, 460.

[160] Auf Grund der umweltpolitischen Zielsetzung ist das BKartA gegen diese Selbstverpflichtungserklärung nicht eingeschritten: BKartA, Tätigkeitsbericht 1983/84, S. 86, BT-Drucks. 10/3550; allgemein zu der Absprache vgl. *J. Knebel/L. Wicke/G. Michael*, Selbstverpflichtungen ..., 1999, S. 462 f.

[161] Hierzu *J. Knebel/L. Wicke/G. Michael*, Selbstverpflichtungen ..., 1999, S. 479 f.

[162] Hierzu *J. Knebel/L. Wicke/G. Michael*, Selbstverpflichtungen ..., 1999, S. 458 ff.

- die Verpflichtung des Verbandes der chemischen Industrie gegenüber dem Bundesministerium für Umwelt zu einem Programm zur Verminderung der Ableitung von Ammonium im Abwasser der chemischen Industrie vom November 1986[163],

- die Zusage des Verbandes der Automobilindustrie e. V. gegenüber der Bundesregierung zur Verringerung von CO_2-Emissionen im Straßenverkehr um 25% von 1990[164],

- die Verpflichtung der hessischen Industrie gegenüber dem Land Hessen, die Sonderabfallmenge um 15 Prozent zu verringern im Gegenzug zur Aussetzung einer Sonderabfallabgabe für drei Jahre in den 1990er Jahren – die Verpflichtung wurde nicht eingehalten, die Lenkungsabgaben jedoch drei jahrelang ausgesetzt[165],

- der Rhein-Vertrag zwischen der Stadt Rotterdam und dem deutschen Verband der Chemischen Industrie (VCI) zur Emissionsminderung von Schwermetallen von 1991[166],

- die Verpflichtung des Verbandes der Chemischen Industrie e. V., der BASF AG, des Bundesverbandes der deutschen Gas- und Wasserwirtschaft e. V., des Deutschen Vereins des Gas- und Wasserfaches e. V., der Technisch-wissenschaftlichen Vereinigung, Arbeitsgemeinschaft der Rheinwasserwerke und der Arbeitsgemeinschaft der Wasserwerke an der Ruhr gegenüber den Bundesministerien für Gesundheit, für Forschung und Technologie und für Umwelt zur Verringerung von Ethylendiamintetraacetat (EDTA) zur Reduzierung der Gewässerbelastung vom 31. Juli 1991[167],

- die Verpflichtung des Fachverbandes Photochemischer Industrie, des Bundesverbandes der Photo-Großlaboratorien und des Verbandes Photofachlabore gegenüber dem Bundesministerium für Umwelt, den Schadstoffeintrag schwer abbaubarer Chemikalien in Gewässer bis 1995 um 30% zu verringern von 1991 (s.u. die Selbstverpflichtung vom 22. Januar 1998),

- die Vereinbarung der im Deutschen Gießereiverband und dem Landesverband Baden-Württemberg zusammengeschlossenen Eisen-, Stahl- und Tempergießereien und der im Gesamtverband Deutscher Metallgießereien, Landesgruppe Südwest zusammengeschlossenen Nichteisenmetallgießereien mit dem baden-württembergischen Umweltministerium zur Gießerei-Altsand-Reduzierung in baden-württembergischen Gießereien von 1992[168] (Anmerkung: Diese Vereinbarung hat allerdings überwiegend normvollziehenden Charakter.),

---

[163] Hierzu *J. Knebel/L. Wicke/G. Michael*, Selbstverpflichtungen ..., 1999, S. 456 f.

[164] Hierzu *M. Kohlhaas/B. Praetorius/R. Eckhoff/Th. Hoeren*, Selbstverpflichtungen der Industrie zur CO_2-Reduktion, 1994; *J. Knebel/L. Wicke/G. Michael*, Selbstverpflichtungen ..., 1999, S. 471.

[165] *A. Merkel*, in: L. Wicke/J. Knebel/G. Braeseke (Hrsg.), Umweltbezogene Selbstverpflichtungen der Wirtschaft, 1997, S. 73 (80).

[166] Vgl. *A. Rest*, NuR 1994, S. 271 (274 f.); *J. Knebel/L. Wicke/G. Michael*, Selbstverpflichtungen ..., 1999, S. 293.

[167] Hierzu *G. Hucklenbruch*, Umweltrelevante Selbstverpflichtungen, 2000, S. 31 ff.; *J. Knebel/L. Wicke/G. Michael*, Selbstverpflichtungen ..., 1999, S. 457 f.

[168] Hierzu *J. Knebel/L. Wicke/G. Michael*, Selbstverpflichtungen ..., 1999, S. 463 f.

– die Vereinbarung der Niedersächsischen Gießereiindustrie, vertreten durch den Deutschen Gießereiverband mit dem niedersächsischen Umweltministerium zur Gießerei-Altsand-Reduzierung in niedersächsischen Gießereien vom Januar 1992[169] (Vgl. die Anmerkung zur vorgenannten Vereinbarung),

– die Vereinbarung der Gießereiindustrie des Landes Sachsen-Anhalt, vertreten durch den Deutschen Gießereiverband mit dem Ministerium für Umwelt, Naturschutz und Raumordnung des Landes Sachsen-Anhalt zur Vermeidung und Verwertung von Reststoffen aus dem Sandhaushalt und dem Schmelzbetrieb der sachsen-anhaltinischen Gießereiindustrie vom November 1994[170] (Vgl. die Anmerkung zur vorgenannten Vereinbarung),

– die freiwillige Zusage des Verbandes der Automobilindustrie e. V. gegenüber dem Bundesministerium für Umwelt, dem Bundesministerium für Verkehr sowie dem Bundeskanzleramt zur Kraftstoffverbrauchsminderung vom 23. März 1995[171],

– die Verpflichtung „der deutschen Wirtschaft"[172], d.h. von insgesamt 19 Wirtschaftsfachverbänden (des Bundesverbandes der Deutschen Industrie e.V., des Deutschen Industrie- und Handelstages, des Bundesverbandes der deutschen Gas- und Wasserwirtschaft e.V., der Vereinigung Deutscher Elektrizitätswerke e.V., des Verbandes der Industriellen Energie- und Kraftwirtschaft, des Verbandes kommunaler Unternehmen, des Bundesverbandes der Glas- und Mineralfaserindustrie e. V., des Bundesverbandes Steine & Erden – Zementindustrie, des Bundesverbandes Steine & Erden – Ziegelindustrie, des Bundesverbandes Steine & Erden – Kalkindustrie, des Bundesverbandes Steine & Erden – Feuerfest-Industrie, des Bundesverbandes Steine & Erden – Keramische Fliesen und Platten, des Kalivereins, des Verbandes Deutscher Papierfabriken, des Verbandes der Chemischen Industrie, der Wirtschaftsvereinigung Metalle, der Wirtschaftsvereinigung Stahl, des Gesamtverbandes der Textilindustrie und des Mineralwirtschaftsverbandes) gegenüber dem Bundesministerium für Umwelt zur Klimavorsorge (CO_2-Emissionen), bezogen auf eine Reduktion der Emissionen pro Produktionseinheit[173], vom 10. März 1995, Präzisierung vom 27. März 1996[174] (an der kritisiert wurde, die Selbstverpflichtung bleibe hinter dem Trend der technischen Entwicklung zurück[175]), zu der Verschärfung durch die Klimavereinbarung vom 9. November 2000 und durch die „Vereinbarung zur Kraft-Wärme-Kopplung vom 25. Juni 2001 s.u. S. 56 f.,

---

[169] Hierzu *J. Knebel/L. Wicke/G. Michael*, Selbstverpflichtungen…, 1999, S. 464 ff.

[170] Hierzu *J. Knebel/L. Wicke/G. Michael*, Selbstverpflichtungen…, 1999, S. 466 f.

[171] Hierzu *G. Hucklenbruch*, Umweltrelevante Selbstverpflichtungen, 2000, S. 58 ff.; *J. Knebel/L. Wicke/G. Michael*, Selbstverpflichtungen…, 1999, S. 472 f.

[172] Die Selbstverpflichtung vom 27. März 1996 beginnt mit den Worten „Die deutsche Wirtschaft erklärt der Bundesregierung …"; vgl. *G. Hucklenbruch*, Umweltrelevante Selbstverpflichtungen, 2000, S. 55.

[173] *Der Rat von Sachverständigen für Umweltfragen*, Umweltgutachten 1996, S. 335, Tz. 1005.

[174] Hierzu *M. Schmidt-Preuß*, VVDStRL 56 (1997), S. 160 (220 m.w.N.); *G. Hucklenbruch*, Umweltrelevante Selbstverpflichtungen, 2000, S. 53 ff. und *J. Knebel/L. Wicke/G. Michael*, Selbstverpflichtungen…, 1999, S. 453 ff.

[175] *Der Rat von Sachverständigen für Umweltfragen*, Umweltgutachten 1996, S. 335, Tz. 1005.

56 1. Teil: Begriffsklärung – Bestandsaufnahme – Vorverständnis

- die Verpflichtung der Berliner Wirtschaft (der Industrie- und Handelskammer zu Berlin, des Verbandes Berlin-Brandenburgische Wohnungsbauunternehmen e.V., der Handwerkskammer Berlin, der Architektenkammer Berlin, der Baukammer Berlin, des Bauindustrieverbandes Berlin-Brandenburg e.V., des Bundes der Berliner Haus- und Grundbesitzervereine e.V., des Bundesverbandes der deutschen Heizungsindustrie (BDH), der Fachgemeinschaft Bau Berlin und Brandenburg, des Landesverbandes freier Wohnungsunternehmen Berlin/Brandenburg e.V., der InvestitionsBank Berlin, der Technologiestiftung Innovationszentrum Berlin, der GASAG Berliner Gaswerke AG und der Berliner Kraft- und Licht (BEWAG)-AG) gegenüber dem Land Berlin, vertreten durch die Senatsverwaltung für Stadtentwicklung, Umweltschutz und Technologie zur CO_2-Minderung und zur Errichtung von Solaranlagen vom 22. Oktober 1997[176],

- die Verpflichtung des Fachverbandes Photochemischer Industrie, des Bundesverbandes der Photo-Großlaboratorien und des Verbandes Photofachlabore gegenüber dem Bundesministerium für Umwelt, den Schadstoffeintrag schwer abbaubarer Chemikalien in Gewässer bis 2000 (abermals, vgl. Selbstverpflichtung von 1991) um 30% (ca. 100 t) zu verringern vom 22. Januar 1998,

- Klimavereinbarung vom 9. November 2000[177] (unterzeichnet von Bundeskanzler *G. Schröder*, Bundesminister für Wirtschaft und Technologie *W. Müller*, Bundesminister für Umwelt *J. Trittin*, dem Präsidenten des Bundesverbandes der Deutschen Industrie *H.-O. Henkel*, dem Präsidenten des Verbandes der Elektrizitätswirtschaft e.V. *G. Marquis*, dem Vorsitzenden des VIK Verband der Industriellen Energie- und Kraftwirtschaft e.V. *H. R. Wolf*, dem Vizepräsidenten des Bundesverbandes der Deutschen Gas- und Wasserwirtschaft e.V. *E. Deppe*) im Zusammenhang mit dem nationalen Klimaschutzprogramm der Bundesregierung vom 18. Oktober 2000, wonach der Kohlendioxyd-Ausstoß bis 2005 um 28 (statt bisher 20) Prozent gegenüber 1990 bezogen auf die Menge hergestellter Güter zu reduzieren ist und wonach die Emissionen der sechs im Kyoto-Protokoll genannten Treibhausgase bis 2012 gegenüber 1990 um 35 Prozent produktionsmengenbezogen zu reduzieren sind[178],

- die „Vereinbarung zwischen der Regierung der Bundesrepublik Deutschland und der deutschen Wirtschaft zur Minderung der CO_2-Emissionen und der Förderung der Kraft-Wärme-Kopplung in Ergänzung zur Klimavereinbarung vom 9. November 2000" vom 25. Juni 2001[179] (unterzeichnet von Bundeskanzler *G. Schröder*, Bundesminister für Wirtschaft und Technologie *W. Müller*, Bundesminister für Umwelt *J. Trittin*, dem Präsidenten des Bundesverbandes der Deutschen Industrie *M. Rogowski*, dem Präsidenten des Verbandes der Elektrizitätswirtschaft e.V. und Vorsitzenden des Vorstandes der Arbeitsgemeinschaft regionaler Energieversorgungs-Unternehmen – ARE – e.V. *G. Marquis*, dem Vorsitzenden des Verbandes

---

[176] Hierzu *J. Knebel/L. Wicke/G. Michael*, Selbstverpflichtungen ..., 1999, S. 480 f.

[177] Dazu auch die Pressemitteilung des Bundesministers für Wirtschaft und Technologie vom 9. November 2000.

[178] DIE ZEIT Nr. 44 vom 26. Oktober 2000, S. 25; FAZ vom 10. November 2000, S. 2.

[179] Pressemitteilung des Bundesministers für Wirtschaft und Technologie vom 25. Juni 2001; SZ vom 26. Juni 2001, S. 17.

der deutschen Verbundwirtschaft e. V. *H.-D. Harig,* dem Präsidenten des Verbandes Kommunaler Unternehmen e. V. *G. Widder,* dem Präsidenten des Bundesverbandes der Deutschen Gas- und Wasserwirtschaft e. V. *M. Scholle* und dem Vorsitzenden des VIK Verband der Industriellen Energie- und Kraftwirtschaft e. V. *H. R. Wolf*) zur Förderung und Modernisierung der Kraft-Wärme-Kopplungs-Anlagen mit dem Ziel, den Ausstoß des klimaschädlichen Kohlendioxyds um 45 (davon durch KWK: 23) Millionen Tonnen bis 2010 zu verringern. Die Vereinbarung soll durch ein Kraft-Wärme-Kopplungs-Fördergesetz mit einem Fördervolumen von 8 Milliarden DM staatlich unterstützt werden, das an die Stelle des Kraft-Wärme-Kopplungs-Gesetzes vom 12. Mai 2000[180] treten soll (Punkt II der Vereinbarung: Zusage der Bundesregierung, S. 3 f.) statt letzteres – wie ursprünglich (noch im Klimaschutzprogramm der Bundesregierung vom 18. Oktober 2000) geplant – zu Gunsten einer Quotenregelung zu verschärfen.

3. Verpflichtungen zur Entwicklung und Vermarktung bestimmter umweltfreundlicher Produkte

Verpflichtungen zur Entwicklung und Vermarktung bestimmter umweltfreundlicher Produkte werden von *Knebel* nicht als eigener Typus geführt. Die hier zu nennenden Beispiele ordnet er als Reduktionsverpflichtung ein. Sie bezwecken auch tatsächlich die Reduktion bestimmter Schadstoffemissionen, sollen aber hier als eigener Typus geführt werden, weil sie dies mittelbar erreichen.

Sie unterscheiden sich von den oben genannten Reduktionsverpflichtungen dadurch, dass sie nicht ein Reduktionsziel benennen, sondern ein konkretes Mittel in Aussicht stellen, das diesem Ziel dienen mag. Auch ist es kartellrechtlich von Bedeutung, ob die Entwicklung bzw. der Vertrieb neuer Waren vereinbart wird. Dabei ist – so schwierig die Abgrenzung im Einzelfall fallen mag – auch zu fragen, ob negativ versprochen wird, bestimmte auf dem Markt angebotene Waren nicht mehr, oder weniger herzustellen, oder ob positiv die Entwicklung und Herstellung neuer, konkurrierender Produkte vereinbart wird. Es ist kartellrechtlich von Bedeutung, ob die Produktvielfalt durch die Absprache verringert, oder bereichert werden soll, ob mit anderen Worten die Absprache dem Verbraucher die Möglichkeit des Kaufes umweltschädlicher Produkte nehmen soll, oder ob sie dem Verbraucher zusätzlich den Kauf umweltfreundlicher Produkte ermöglicht. Hierzu gehört

– die Verpflichtung der im Mineralölwirtschaftsverband zusammengeschlossenen Markengesellschaften gegenüber der Bundesregierung und dem Bundesministerium des Innern zum Angebot von bleifreiem Benzin an deutschen Tankstellen durch Presseerklärung vom 17. Oktober 1984[181],

---

[180] Gesetz zum Schutz der Stromerzeugung aus Kraft-Wärme-Kopplung, BGBl. I S. 703.

– die Verpflichtung des Deutschen Textilreinigungsverbandes (DTV), des Gesamtverbandes neuzeitliche Textilpflegebetriebe, des Zentralverbandes Elektrotechnik- und Elektronikindustrie e. V. für seinen Fachverband Elektro-Haushalt-Großgeräte sowie verschiedener Fachgemeinschaften des Verbandes Deutscher Maschinen- und Anlagenbau e. V. gegenüber dem Bundesministerium für Umwelt zu Verbesserungen von technischen Einrichtungen zum Waschen und Reinigen vom 29. August 1986[182],

– die „Bemühungen der Bundesregierung und einiger Länderregierungen um Vereinbarungen mit der Automobilindustrie zur Reduzierung des durchschnittlichen Kraftstoffverbrauchs bzw. zur Einführung eines so genannten Dreiliterautos"[183] Mitte der 1990er Jahre sowie die „öffentlichkeitswirksame Vereinbarung zwischen einigen deutschen Automobilherstellern und verschiedenen Bundesländern (vom 23. März 1995) ... In dem Konsenspapier erklären die Automobilhersteller unter anderem, bis zum Jahre 2000 ein dieselmotorbetriebenes „3-Liter-Auto" auf den Markt zu bringen; im Gegenzug werden von den Regierungschefs der drei Länder stabile politische Rahmenbedingungen versprochen."[184]

4. Rücknahme-, Recycling-, Verwertungs- und Entsorgungsverpflichtungen

Rücknahme-, Recycling-, Verwertungs- und Entsorgungsverpflichtungen haben eine gemeinsame ökologische Zielsetzung und werden hier als ein Typus zusammengefasst:[185] Sie dienen der Vermeidung bzw. Verringerung von Abfällen sowie der möglichst umweltschonende Entsorgung. *Rücknahmeverpflichtungen* zeichnen sich dadurch aus, dass der Verpflichtete die Reststoffe selbst an sich nimmt. *Recyclingverpflichtungen* versprechen die Rückführung der Abfälle in den ursprünglichen oder einen stofflich geringerwertigen Produktionszyklus, also eine Wiederverwertung. *Verwertungsverpflichtungen* garantieren lediglich die (teilweise) stoffliche oder energetische Nutzung werthaltiger Reststoffe, also eine bloße Weiterverwendung. *Entsorgungsverpflichtungen* betreffen die nicht weiter verwertbaren Reststoffe. Folgende Beispiele sind bekannt:

---

[181] Hierzu *J. Knebel/L. Wicke/G. Michael*, Selbstverpflichtungen ..., 1999, S. 474 ff.
[182] Ausführlich hierzu *J. Knebel/L. Wicke/G. Michael*, Selbstverpflichtungen ..., 1999, S. 424 ff.
[183] *Der Rat von Sachverständigen für Umweltfragen*, Umweltgutachten 1996, S. 60, Tz. 43.
[184] *Der Rat von Sachverständigen für Umweltfragen*, Umweltgutachten 1996, S. 97, Tz. 163.
[185] Zu dieser Kategorie vgl. *J. Knebel/L. Wicke/G. Michael*, Selbstverpflichtungen ..., 1999, S. 289, die zwar den Unterschied zwischen Recycling- und Verwertungsverpflichtungen sauber herausarbeiten, sich dann jedoch letztlich für Recyclingverpflichtung als Oberbegriff entscheiden.

– die Verpflichtung der getränkeabfüllenden und -verpackenden Industrie (des Bundesverbandes der Deutschen Industrie (BDI), des Deutschen Industrie- und Handelstags (DIHT) sowie verschiedener Verbände von Brauereien, Herstellern von Erfrischungsgetränken, Fruchtsäften und Mineralwassern sowie Getränkeverpackungen) gegenüber dem Bundesministerium des Innern zur Verringerung von Abfallmengen aus Getränkeverpackungen vom Oktober 1977[186]. – Im April/Mai 2001 bot der Präsident der Bundesvereinigung Deutscher Handelsverbände, Hermann Franzen eine Selbstverpflichtung der Handels- und Ernährungsindustrie an, 23 Milliarden Liter Getränke in ökologisch vorteilhaften Verpackungen zu verkaufen, um damit die von der Bundesregierung am 2. Mai 2001 beschlossene Änderung der Verpackungsverordnung abzuwenden, wonach ab dem 1. Januar 2002 eine Pfandpflicht auf Getränkeverpackungen eingeführt werden soll. Die Selbstverpflichtung wurde vom Bundesminister für Umwelt abgelehnt, weil sie zu einer Reduzierung des Marktanteils von Mehrwegflaschen führen könnte.[187] Im Streit um die Zustimmung des Bundesrates zu der Dosen-Pfand-Verordnung ergriffen die Landesregierung von Nordrhein-Westfalen und die bayerische Staatsregierung im Juni 2001 Initiativen, die Wirtschaft zu erneuten Selbstverpflichtungen zu ermutigen, die eine von der Bundesregierung beschlossene Novelle der Verpackungsverordnung (Dosen-Pfand-Verordnung) hinfällig machen könnten.[188] In Bezug auf die Initiative der Bayerischen Staatsregierung ist bemerkenswert, dass zuvor der Bayerische Landtag der Dosen-Pfand-Verordnung zugestimmt hatte.[189] Ein Gespräch zwischen dem Bundesminister für Umwelt *J. Trittin*, dem Ministerpräsident von Nordrhein-Westfalen *W. Clement* und seiner Umweltministerin *B. Höhn*, sowie Vertretern der drei (für die niedrige Mehrwegquote verantwortlich gemachten) großen Handelsketten Aldi, Metro und Tengelmann am 9. Juni 2001 scheiterte.[190] Bundeskanzler *G. Schröder* versuchte am 12. Juli 2001 vergeblich, in einem Gespräch mit den Ministerpräsidenten der SPD-geführten Länder eine Mehrheit im Bundesrat für die vom Bundesminister für Umwelt initiierte, von der Bundesregierung beschlossene und vom Bundestag nach § 59 S. 3 KrW-/AbfG gebilligte (genauer: nicht geänderte oder abgelehnte) Pfandregelung zu organisieren. In der Sitzung des Bundesrates am 13. Juli 2001 erhielt ein Antrag der Länder Rheinland-Pfalz, Bayern und Hessen, der statt des Dosenpfandes eine Selbstverpflichtung der Getränkeindustrie vorsieht, mit der die Abfüllung von 21,5 Milliarden Litern (das entspricht einer Quote von 66 Prozent) in Mehrwegflaschen garantiert und durch eine Vertragsstrafe von 500 Millionen Mark bewehrt werden soll, überraschend eine Mehrheit.[191] Der Bundesminister für Umwelt drohte da-

---

[186] *E. Bohne,* JbRSoz 1982, S. 266 (269 f.); *U. Dempfle,* Normvertretende Absprachen, 1994, S. 6 f.; *J. Knebel/L. Wicke/G. Michael,* Selbstverpflichtungen ..., 1999, S. 299 fälschlich unter der Kategorie (2) eingeordnet; richtig ebenda, S. 426 ff.; von *R. Dragunski,* Kooperation von Verwaltungsbehörden mit Unternehmen im Lebensmittelrecht, 1997, S. 137 ff. wegen der Beteiligung des Lebensmittelhandels als lebensmittelrechtliche Absprache behandelt.
[187] SZ vom 3. Mai 2001, S. 6.
[188] SZ vom 20. Juni 2001, S. 1 und 4.
[189] SZ vom 19. Juni 2001, S. 7.
[190] SZ vom 10. Juli 2001, S. 5.
[191] SZ vom 14./15. Juli 2001, S. 5.

mit, die (politisch einhellig inzwischen abgelehnte[192]) Pfandregelung des § 8 der geltenden VerpackV (1991) vollziehen zu wollen. Deren Anwendung steht nach § 9 Abs. 1 VerpackV unter dem Vorbehalt normverdrängender Absprachen, deren gesetzliche Anforderungen (§ 9 Abs. 2 VerpackV: 72 Prozent Mehrwegquote) jedoch seit 1997[193] unterschritten werden. Der Ministerpräsident von Nordrhein-Westfalen W. *Clement* schlug daraufhin im Bundesrat den Kompromiss einer Beschränkung der Selbstverpflichtung auf zunächst zwei Jahre unter dem Vorbehalt anderer Wege vor. Der bayerische Umweltminister W. *Schnappauf* forderte den Bundesminister für Umwelt J. *Trittin* auf, entsprechend des Bundesratsbeschlusses mit der Wirtschaft einen „Verpackungsvertrag" zu schließen.[194]

– die Verpflichtung – im Zusammenhang mit der o. g. Verpflichtung zu den Getränkeverpackungen – der Stahlindustrie, den Weißblechschrott zu marktkonformen Bedingungen zurückzunehmen von 1977[195],

– die Verpflichtung der dem Verband der chemischen Industrie angehörenden FCKW-Hersteller Hoechst AG und Kali-Chemie AG gegenüber dem Bundesministerium für Umwelt zur Rücknahme und Verwertung von FCKW und Kälteölen aus Kälte- und Klimageräten vom 30. Mai 1980 und vom 30. Mai 1990[196],

– die Verpflichtung der getränkeabfüllenden und -verpackenden Industrie (des Bundesverbandes der Deutschen Industrie (BDI), des Deutschen Industrie- und Handelstags (DIHT) sowie verschiedener Verbände von Brauereien, Herstellern von Erfrischungsgetränken, Fruchtsäften und Mineralwassern sowie Getränkeverpackungen) gegenüber dem Bundesministerium des Innern zu weiteren Maßnahmen zur Verringerung von Abfallmengen aus Getränkeverpackungen vom Februar 1987[197],

– die Verpflichtung des Zentralverbandes Elektrotechnik- und Elektronikindustrie e. V. zum Recycling von Leuchtstofflampen von 1987[198]. Eine umfassende Elektro-Schrott-Verordnung mit der Verpflichtung der Hersteller und Vertreiber zur Rücknahme und Verwertung ist seit 1991 geplant[199]. Die Koalitionsvereinbarung der 13. Legislaturperiode von 1994[200] gewährte Selbstverpflichtungen der Wirtschaft den Vorrang vor dem Erlass von Verordnungen zur Regelung der Produktverantwortung der Wirtschaft im Rahmen des KrW-/AbfG (Altautos, Elektronik-

---

[192] SZ vom 10. Juli 2001, S. 5.
[193] SZ vom 13. Juli 2001, S. 6.
[194] SZ vom 14./15. Juli 2001, S. 57.
[195] E. *Bohne*, JbRSoz 1982, S. 266 (270); U. *Dempfle*, Normvertretende Absprachen, 1994, S. 6 f.
[196] Hierzu G. *Hucklenbruch*, Umweltrelevante Selbstverpflichtungen, 2000, S. 48 f.; J. *Knebel/L. Wicke/G. Michael*, Selbstverpflichtungen ..., 1999, S. 485 f.
[197] J. *Knebel/L. Wicke/G. Michael*, Selbstverpflichtungen ..., 1999, S. 299 fälschlich unter der Kategorie (2) eingeordnet; richtig ebenda, S. 426 ff.
[198] J. *Knebel/L. Wicke/G. Michael*, Selbstverpflichtungen ..., 1999, S. 297.
[199] *Der Rat von Sachverständigen für Umweltfragen*, Umweltgutachten 1996, S. 167, Tz. 391.
[200] Teil VI „Ökologie und Marktwirtschaft"; vgl. *Der Rat von Sachverständigen für Umweltfragen*, Umweltgutachten 1996, S. 60, Tz. 42.

§ 2 Tatsächliche Bestandsaufnahme   61

schrott, Batterien). Nunmehr existiert ein Richtlinien-Entwurf der Kommission für eine Elektro- und Elektronikgeräte-Richtlinie.[201]
- die Verpflichtung des Zentralverbandes Elektrotechnik- und Elektronikindustrie e. V. zur Entsorgung von Kühl- und Gefriergeräten von 1988[202]. (s. auch zur vorstehenden Selbstverpflichtung),
- die Verpflichtung der im Fachverband Batterien des Zentralverbandes Elektrotechnik- und Elektronikindustrie e. V. zusammengeschlossenen Hersteller und Importeure von Batterien sowie der nicht im Verband vertretenen Importeure, die in der Hauptgemeinschaft des Deutschen Einzelhandels vertretenen Landesverbände sowie Bundesfachverbände des Einzelhandels gegenüber dem Bundesministerium für Umwelt zur Entsorgung von Altbatterien vom 9. September 1988 sowie vom 24. August 1995 (Fortschreibung)[203]. Zum Problem der Batterien existiert eine (die Selbstverpflichtung inhaltlich weitgehend übernehmende)[204] Richtlinie 91/157/EWG des Rates vom 18. März 1991 und deren Anpassung an den technischen Fortschritt durch die Richtlinie 93/86/EWG der Kommission vom 4. Oktober 1993. Zu deren Umsetzung und wegen der Nichterfüllung der Selbstverpflichtung lag bereits am 10. Juni 1992 ein Entwurf des Bundesministeriums für Umwelt vor, der u.a. eine Rücknahme- und Verwertungspflicht sowie eine Kennzeichnungspflicht der Inhaltsstoffe vorsieht.[205] Die Koalitionsvereinbarung der 13. Legislaturperiode von 1994,[206] gewährte Selbstverpflichtungen der Wirtschaft den Vorrang vor dem Erlass von Verordnungen zur Regelung der Produktverantwortung der Wirtschaft im Rahmen des KrW-/AbfG (Altautos, Elektronikschrott, Batterien). Inzwischen hat die Bundesregierung die Batterieverordnung vom 27. März 1998[207] erlassen, die die Mindestanforderungen der Richtlinie abdecken soll[208] und wird durch die Selbstverpflichtungsfortschreibung ergänzt[209]: „Für den Bereich der schadstoffarmen Batterien will die Bundesregierung jedoch zu Gunsten einer Fortschreibung der freiwilligen Selbstverpflichtungen von Hersteller und Handel aus dem Jahre 1989 auf eine weitere ordnungsrechtliche Regelung verzichten."[210]
- die Verpflichtung der Arbeitsgemeinschaft Graphische Papiere (AGRAPA), bestehend aus zehn Verbänden bzw. Vereinen, gegenüber dem Bundesministerium

---

[201] KOM (2000) 347 endg.
[202] *J. Knebel/L. Wicke/G. Michael,* Selbstverpflichtungen ..., 1999, S. 297.
[203] Hierzu *G. Hucklenbruch,* Umweltrelevante Selbstverpflichtungen, 2000, S. 62 ff.; *J. Knebel/L. Wicke/G. Michael,* Selbstverpflichtungen ..., 1999, S. 487 ff.
[204] *G. Hucklenbruch,* Umweltrelevante Selbstverpflichtungen, 2000, S. 62.
[205] *Der Rat von Sachverständigen für Umweltfragen,* Umweltgutachten 1994, S. 199, Tz. 511; vgl. auch *M. Schmidt-Preuß,* VVDStRL 56 (1997), S. 160 (185).
[206] Teil VI „Ökologie und Marktwirtschaft"; vgl. *Der Rat von Sachverständigen für Umweltfragen,* Umweltgutachten 1996, S. 60, Tz. 42.
[207] BGBl. I S. 658.
[208] *G. Hucklenbruch,* Umweltrelevante Selbstverpflichtungen, 2000, S. 65 f.
[209] BT-Drucks. 13/9516, S. 15; *G. Voss,* in: L. Wicke/J. Knebel/G. Braeseke (Hrsg.), Umweltbezogene Selbstverpflichtungen der Wirtschaft, 1997, S. 115 (118).
[210] *Der Rat von Sachverständigen für Umweltfragen,* Umweltgutachten 1996, S. 168, Tz. 393.

für Umwelt zur Rücknahme und Verwertung gebrauchter graphischer Papiere vom 26. September 1994[211]. Der Referentenentwurf einer Altpapierverordnung wurde am 21. September 1992 vorgelegt. Er sieht die Rücknahme und Verwertung von Druck-, Presse-, Büro- und Administrationspapieren vor.[212]

- die Vereinbarung der Gießereiindustrie des Landes Sachsen-Anhalt, vertreten durch den Deutschen Gießereiverband mit dem Ministerium für Umwelt, Naturschutz und Raumordnung des Landes Sachsen-Anhalt zur Vermeidung und Verwertung von Reststoffen aus dem Sandhaushalt und dem Schmelzbetrieb der sachsen-anhaltinischen Gießereiindustrie vom November 1994[213],

- die Verpflichtung der im Industrieverband Agrar e.V. zusammengeschlossenen Hersteller von Pflanzenschutzmitteln gegenüber dem Bundesministerium für Umwelt zur Rücknahme von Pflanzenschutz-Verpackungen vom Mai 1995[214],

- die Verpflichtung des Fachverbandes Installationsgeräte und -systeme im Zentralverband Elektrotechnik- und Elektronikindustrie e.V., insbesondere die Hersteller und Vertreiber von NH/HH-Sicherungen[215] zur Entsorgung von NH/HH-Sicherungseinsetzen vom Juli 1995[216],

- die Verpflichtung der Arbeitsgemeinschaft CYCLE (bestehend aus 33 Mitgliedsfirmen) im Verband deutscher Maschinen- und Anlagenbau e.V. (VDMA) gegenüber dem Bundesministerium für Umwelt und dem Bundesministerium für Wirtschaft zur Rücknahme und Verwertung elektrischer und elektronischer Produkte aus der Informationstechnik, Bürokommunikations-Systeme und anderer artverwandter Investitionsgüter vom 2. Oktober 1995[217]. Damit wird werden die Kosten der Verwertung – entgegen der ursprünglichen Forderung der Wirtschaft – nicht dem Letztbesitzer aufgebürdet.[218] Kritisiert wird an der Selbstverpflichtung, dass sie weder die Produkte der Unterhaltungselektronik, noch die Haushaltsgeräte erfasst.[219] Die Gestaltung der Entsorgungs- und Wiederverwertungssysteme und die Frage der Kostenanlastungen bilden die noch offenen Probleme im Rahmen künftiger Selbstverpflichtungen für den Elektronikschrott. Dazu gibt es unterschiedliche Konzepte von der ‚Arbeitsgemeinschaft[220] CYCLE' und von den Herstellern von Elektro-Haushalts-Geräten im ZVEI (Konzept vom 14. November 1996). Einem zentralen und kostenlosen Rücknahmekonzept setzen die Hersteller von

---

[211] Hierzu *A. Finckh*, Regulierte Selbstregulierung im dualen System, 1998, S. 143; *J. Knebel/L. Wicke/G. Michael*, Selbstverpflichtungen …, 1999, S. 297, 494 ff.

[212] *Der Rat von Sachverständigen für Umweltfragen*, Umweltgutachten 1994, S. 199, Tz. 511; vgl. auch *M. Schmidt-Preuß*, VVDStRL 56 (1997), S. 160 (185).

[213] Hierzu *J. Knebel/L. Wicke/G. Michael*, Selbstverpflichtungen…, 1999, S. 466 f.

[214] Hierzu *J. Knebel/L. Wicke/G. Michael*, Selbstverpflichtungen…, 1999, S. 486 f.

[215] NH bedeutet Niederspannung Hochleistung, HH Hochspannung Hochleistung.

[216] Hierzu *J. Knebel/L. Wicke/G. Michael*, Selbstverpflichtungen…, 1999, S. 489 ff.

[217] Hierzu *J. Knebel/L. Wicke/G. Michael*, Selbstverpflichtungen…, 1999, S. 491 ff.

[218] *Der Rat von Sachverständigen für Umweltfragen*, Umweltgutachten 1996, S. 167, Tz. 391.

[219] *Der Rat von Sachverständigen für Umweltfragen*, Umweltgutachten 1996, S. 167 f., Tz. 391.

[220] Hierzu vgl. S. 87 f.

Elektro-Haushalts-Großgeräten kostenpflichtige dezentrale Rücknahmemodelle entgegen.[221]

- die Verpflichtung der Arbeitsgemeinschaft Lampen-Verwertung (AGLV) zur Entwicklung eines Konzeptes, um die Rücklaufquote der mitunter quecksilberhaltigen, entsorgungsreifen elektrischen Entladungslampen in den Sonderabfall zu erhöhen vom 28. November 1995[222]. Eine umfassende Elektro-Schrott-Verordnung mit der Verpflichtung der Hersteller und Vertreiber zur Rücknahme und Verwertung ist seit 1991 geplant[223] Die Koalitionsvereinbarung der 13. Legislaturperiode von 1994,[224] gewährte Selbstverpflichtungen der Wirtschaft den Vorrang vor dem Erlass von Verordnungen zur Regelung der Produktverantwortung der Wirtschaft im Rahmen des KrW-/AbfG (Altautos, Elektronikschrott, Batterien).

- die Verpflichtung des Verbandes der Automobilindustrie e. V., des Verbandes der Importeure von Kraftfahrzeugen e. V., des Zentralverbandes Deutsches Kraftfahrzeuggewerbe e. V., des Bundesverbandes der Deutschen Stahl-Recycling-Wirtschaft e. V., des Deutschen Schrottrecycling Entsorgungsverbandes e. V., des Vereins Deutscher Metallhändler, des Wirtschaftsverbandes der deutschen Kautschukindustrie e. V., der Wirtschaftsvereinigung Stahl, der Wirtschaftsvereinigung Metalle e. V., des Gesamtverbandes kunststoffverarbeitender Industrie e. V., des Verbandes kunststofferzeugender Industrie e. V., der Fachvereinigung Flachglasindustrie e. V., des Gesamtverbandes Autoteile-Handel, des Gesamtverbandes der Textilindustrie in Deutschland Gesamttextil e. V., des Verbandes der Reibbelagindustrie e. V. und der Interessengemeinschaft der deutschen Autoverwerter gegenüber dem Bundesministerium für Umwelt und dem Bundesministerium für Wirtschaft zur umweltgerechten Altautoverwertung (PKW) vom 21. Februar 1996[225], modifiziert im November 1996[226]. Sie regelt die Zusammenarbeit aller an der Produktion und der Entsorgung bzw. Wiederverwertung von Automobilen beteiligten Wirtschaftszweige: Die Automobilhersteller und ihre Zulieferer übernehmen die Verantwortung für ihr Produkt, für die kreislaufgerechte Planung, Entwicklung und Bau von Automobilen und ihren Teilen; die Recyclingwirtschaft übernimmt die Verantwortung für die Trockenlegung und Demontage, Aufberei-

---

[221] *G. Voss,* in: L. Wicke/J. Knebel/G. Braeseke (Hrsg.), Umweltbezogene Selbstverpflichtungen der Wirtschaft, 1997, S. 115 (122 f.).

[222] Hierzu ausführlich *J. Knebel/L. Wicke/G. Michael,* Selbstverpflichtungen ..., 1999, S. 430 f.

[223] *Der Rat von Sachverständigen für Umweltfragen,* Umweltgutachten 1994, S. 199, Tz. 511; Umweltgutachten 1996, S. 167, Tz. 391; vgl. auch *M. Schmidt-Preuß,* VVDStRL 56 (1997), S. 160 (185).

[224] Teil VI „Ökologie und Marktwirtschaft"; vgl. *Der Rat von Sachverständigen für Umweltfragen,* Umweltgutachten 1996, S. 60, Tz. 42.

[225] Teilabdruck in BAnz. Nr. 98 vom 3. Juni 1997, S. 6589; vgl. auch BT-Drucks. 13/5998, S. 1 f.; 13/6517, S. 4 f.; 13/7780, S. 1 f.; zur Kritik im Normgebungsverfahren vgl. BR-Drucks. 318/1/97 vom 14. Mai 1997, S. 2; BT-Drucks. 13/6517, S. 5 und 13/5984, S. 1 f. (Antrag SPD-Fraktion); zum Ganzen *P. Christ,* Rechtsfragen der Altautoverwertung, 1998, S. 116 ff.; *G. Hucklenbruch,* Umweltrelevante Selbstverpflichtungen, 2000, S. 66 ff.

[226] Hierzu *A. Faber,* UPR 1997, S. 431 (432); *J. Knebel/L. Wicke/G. Michael,* Selbstverpflichtungen ..., 1999, S. 482 ff.

tung sowie das Getrennthalten, Wiederverwehrten von Teilen und Materialien; die grund- und werkstoffproduzierende Industrie entwickelt sinnvolle Verfahren zur Verwertung von Altmaterialien und Kraftfahrzeugen.[227] Die Selbstverpflichtung wird ergänzt durch die AltautoV vom 4. Juli 1997[228], die die Pflichten der Besitzer und Verwerter regelt und v.a. den Wettbewerb der Entsorgungswirtschaft sichern soll.[229] Der Entwurf zu einer Altauto-Verordnung lag bereits am 18. August 1992 vor. Er beabsichtigte die Steigerung der Langlebigkeit von Kraftfahrzeugen und Perepherieprodukten, deren leichte Demontierbarkeit und damit die Steigerung der Wiederverwertung von Bauteilen und Stoffen. Vorgesehen war hierzu eine Verpflichtung der Hersteller zur für den Letztbesitzer kostenlosen Rücknahme. Hierzu sollte ein Rücknahmesystem aufgebaut werden und auf eine internationale Harmonisierung hingewirkt werden. Der Schwerpunkt der Regelung sollte die Neufahrzeuge betreffen, um Anreizwirkungen auf die Produktion zu erreichen.[230] Die Koalitionsvereinbarung der 13. Legislaturperiode von 1994,[231] gewährte Selbstverpflichtungen der Wirtschaft den Vorrang vor dem Erlass von Verordnungen zur Regelung der Produktverantwortung der Wirtschaft im Rahmen des KrW-/AbfG (Altautos, Elektronikschrott, Batterien). Das ursprünglich favorisierte Modell eines Verwertungspasses wurde aufgegeben.[232] Zu den Entwicklungen auf europäischer Ebene und zum AltfahrzeugG vom 21. Juni 2002 s.u. S. 101 ff.

– die Verpflichtung der Arbeitsgemeinschaft „Kreislaufwirtschaftsträger Bau" (KWTB), die sich aus Baufirmen, Architekten, Ingenieuren, Abbruchunternehmen und Baustoffaufbereitern zusammensetzt, gegenüber dem Bundesministerium für Umwelt zur Verringerung der zu deponierenden Bauabfälle bis zum Jahr 2005 vom 11. November 1996[233]. Ein Entwurf zu einer – wegen des Anteils von Baureststoffen am Gesamtabfallvolumen in Höhe von ca. 80% – als besonders dringend angesehenen Verordnung über die Entsorgung schadstoffhaltiger Baureststoffe wurde bereits im November 1992 vorgelegt.[234]

---

[227] *G. Voss,* in: L. Wicke/J. Knebel/G. Braeseke (Hrsg.), Umweltbezogene Selbstverpflichtungen der Wirtschaft, 1997, S. 115 (121).

[228] Verordnung über die Überlassung und umweltverträgliche Entsorgung von Altautos, BGBl. I S. 1666.

[229] BT-Drucks. 13/5998, S. 19; 13/7780, S. 21.

[230] *Der Rat von Sachverständigen für Umweltfragen,* Umweltgutachten 1994, S. 199, Tz. 511.

[231] Teil VI „Ökologie und Marktwirtschaft"; vgl. *Der Rat von Sachverständigen für Umweltfragen,* Umweltgutachten 1996, S. 60, Tz. 42.

[232] Gegen dieses Modell vgl. *Der Rat von Sachverständigen für Umweltfragen,* Umweltgutachten 1996, S. 168, Tz. 392.

[233] FAZ vom 12. November 1996, S. 18; hierzu *J. Knebel/L. Wicke/G. Michael,* Selbstverpflichtungen ..., 1999, S. 493 f.

[234] Vgl. *Der Rat von Sachverständigen für Umweltfragen,* Umweltgutachten 1994, S. 199, Tz. 511.

5. Altlastensanierung

Knebel behandelt die Altlastensanierung als eigenen Bereich und nennt hierfür folgendes Beispiel[235]:

- die Verpflichtung des Verbandes der chemischen Industrie e. V. sowie des Bundesverbandes der Deutschen Industrie e. V. sowie weiterer zur Zeit 30 Organisationen der deutschen Wirtschaft sowie 50 Unternehmen gegenüber der Bundesregierung sowie Landesregierungen[236] zur unentgeltlichen Vermittlung von Beratungen, Dienstleistungen und Fachwissen im Bereich Altlastensanierung durch die „Vermittlungsstelle der Wirtschaft für Altlastensanierungsberatungen e. V.", die zu diesem Zwecke als selbständiger Verein gegründet wurde, von 1985.

6. Energieversorgung einschließlich Atomausstieg

Ein politisch besonders bedeutender Bereich normativer Absprachen ist die Energieversorgung. In den Medien wurde vor allem der so genannte Atomkonsens von großer Aufmerksamkeit begleitet. Er wurde von der Bundesregierung als eines der wichtigsten politischen Projekte der 14. Legislaturperiode verfolgt. Aber auch die Liberalisierung des Strom- und Gasmarktes ist von eminenter wirtschaftlicher Bedeutung. Folgende Beispiele sind bekannt:

- die Verpflichtung der deutschen Stromerzeuger gegenüber dem Bundesministerium für Umwelt, bei der Entsorgung radioaktiver Abfälle bestimmte Dienstleistungen nur von bestimmten Unternehmen (der gemeinsam geführten Essener Gesellschaft für Nuklear-Service) in Anspruch zu nehmen, von 1988[237],
- die „Vereinbarung zwischen der Bundesregierung und den Energieversorgungsunternehmen vom 14. Juni 2000"[238], die als solche an diesem Tag paraphiert[239] wurde (für die Bundesregierung durch den Chef des Bundeskanzleramtes Staatssekretär *F.-W. Steinmeier*, den Staatssekretär des Bundesminister für Umwelt, Naturschutz und Reaktorsicherheit *R. Baake*, und den Staatssekretär des Bundesministeriums für Wirtschaft und Technologie *A. Tacke*, für die Energieversorgungsun-

---

[235] Ausführlich hierzu *J. Knebel/L. Wicke/G. Michael,* Selbstverpflichtungen ..., 1999, S. 509 f.

[236] So Rheinland-Pflalz: Vgl. *U. Dempfle,* Normvertretende Absprachen, 1994, S. 12.

[237] FAZ vom 19. August 1988, S. 11, hierzu *U. Dempfle,* Normvertretende Absprachen, 1994, S. 10; vgl. auch die kritischen Anmerkungen von *R. Wolf,* in: W. Hoffmann-Riem/E. Schmidt-Aßmann (Hrsg.), Konfliktbewältigung durch Verhandlungen, Bd. II, 1990, S. 129 (140).

[238] *Bundesministerium für Umwelt, Naturschutz und Reaktorsicherheit,* Vereinbarung zwischen der Bundesregierung und den Energieversorgungsunternehmen v. 14. Juni 2000, in: http://www.bmu.de/atomkraft/index.htm; hierzu auch S. 105–125.

[239] Auf S. 13 der Vereinbarung zwischen der Bundesregierung und den Energieversorgungsunternehmen v. 14. Juni 2000.

ternehmen (im Folgenden: EVU) durch *W. Hohlefelder* (VEBA AG), *G. Hennenhöfer* (VIAG AG), *G. Jäger* (RWE AG) *K. Kasper* (Energie Baden-Württemberg AG)) und die als „Vereinbarung zwischen der Bundesregierung und den Energieversorgungsunternehmen zur geordneten Beendigung der Kernenergie"[240] am 11. Juni 2001 im Bundeskanzleramt in einem offiziellen Akt unterschrieben[241] wurde (für die Bundesregierung durch Bundeskanzler *G. Schröder,* Bundesminister für Wirtschaft und Technologie *W. Müller,* Bundesminister für Umwelt, Naturschutz und Reaktorsicherheit *J. Trittin* und für die EVU durch *U. Hartmann* (E.ON AG), *D. Kuhnt* (RWE AG), *G. Goll* (Energie Baden-Württemberg AG) und *M. Timm* (Hamburger Electricitäts-Werke AG)).

– Die im Zusammenhang mit der Liberalisierung des Strom- und Gasmarktes durch das Gesetz zur Neuregelung des Energiewirtschaftsrechts vom 24. April 1998 (EnWG)[242] geschlossenen Verbändevereinbarung, die das Durchleitungsgeschäft standardisieren und Rechtsverordnungen auf Grund von §§ 6 Abs. 2, 7 Abs. 5 EnWG substituieren. Das sind:

– die Vereinbarung vom Bundesverband der Industrie (BDI), dem Verband der Industriellen Energie- und Kraftwirtschaft (VIK) und der Vereinigung Deutscher Elektrizitätswerke (VDEW) über Kriterien zur Bestimmung von Durchleitungsentgelten vom 22. Mai 1998, befristet bis 30. September 1999 (Verbändevereinbarung I)[243], revidiert und erweitert durch das Gemeinsame Kommuniqué zu den Eckpunkten einer weiterentwickelten Verbändevereinbarungen vom 27. September 1999 (Eckpunktevereinbarungen II)[244] und die Vereinbarung von BDI, VIK, VDEW, BVL, ARE und VKU vom 13. Dezember 1999 (Verbändevereinbarung II)[245],

– der Grid Code (Kooperationsregeln: Netz- und Systemregeln der deutschen Übertragungsnetzbetreiber) der Deutschen Verbundgesellschaft vom Oktober 1998 über die Einspeisung durch Kraftwerke und die Durchleitungsrechte von Strommengen in Übertragungsnetzen[246],

– der Distribution Code (Netzregeln für den Zugang zu Verteilungsnetzen) der VDEW vom Mai 1999 für Einspeisung und Durchleitung in Verteilungsnetzen[247],

– der Metering Code (Richtlinie zur Abrechnungszählung und Datenbereitstellung) der VDEW vom Mai 1999 für die Messverfahren.[248]

---

[240] Bulletin der Bundesregierung Nr. 40-4 vom 11. Juni 2001.
[241] Auf S. 14 der Vereinbarung zwischen der Bundesregierung und den Energieversorgungsunternehmen v. 14. Juni 2000, im Faksimile in: http://www.bmu.de/sachthemen/atomkraft/konsens_unterschrieben.htm.
[242] BGBl. 1998 I S. 730.
[243] VIK-Mitteilungen 1998, 57, abgedruckt in RdE 1998, S. XXI.
[244] Vgl. dazu *A.-R. Börner,* RdE 2000, S. 55 (56).
[245] Vgl. dazu FAZ vom 2. September 1999, S. 26 und *A.-R. Börner,* RdE 2000, S. 55 (56).
[246] Vgl. dazu *A.-R. Börner,* RdE 2000, S. 55 (56).
[247] Vgl. dazu *A.-R. Börner,* RdE 2000, S. 55 (56).
[248] Vgl. dazu *A.-R. Börner,* RdE 2000, S. 55 (56).

7. Verbands- bzw. zielübergreifende Verpflichtungen, sonstiges

Folgende Beispiele im Umweltbereich sind noch zu nennen:
- Die Verpflichtung des Verbandes der Chemischen Industrie e. V. „Verantwortliches Handeln in Umweltschutz, Gesundheit und Sicherheit" von 1991[249],
- der „Umweltpakt Bayern" zwischen der Bayerischen Wirtschaft und der Bayerischen Staatsregierung vom 23. Oktober 1995[250],
- Vereinbarung zwischen dem World Wild Found (WWF) und der Forstindustrie, in Karelien umweltschonender beim Baumeinschlag vorzugehen in den 1990er Jahren.[251]

8. Inhaltliche Typisierung nach Ziel- und Mittelfestlegungen

Eine Typisierung innerhalb des Sachbereiches Umweltschutz bietet sich in inhaltlicher Hinsicht noch danach an, ob in der Selbstverpflichtung Ziele, oder aber konkrete Mittel und Handlungspflichten zugesagt werden. Die Zielfrage und die Instrumentenfrage müssen getrennt werden.[252]

Bei *Zielfestlegungen* bleibt offen, mit welchen Mitteln die Wirtschaft die zugesagten Ziele erreicht. Das bietet sich an, wenn entweder die Mittel im Rahmen der Selbstverpflichtung erst arbeitet werden sollen oder verschiedene Mittel zur Verfügung stehen, zwischen denen die Unternehmen flexibel wählen können sollen.

Um die Realisierung von Zielfestlegungen vorhersehbar zu machen, bietet es sich an, *Zwischenziele* in zeitlicher und quantitativer Hinsicht klar und überprüfbar zu definieren.[253] Ein Beispiel hierfür ist die Verpflichtung zur stufenweisen Einstellung der Produktion von FCKW vom 30. Mai 1990, der von einer Reduktionen um 30 % für das Jahr 1991 und 50 % für das Jahr 1993 bis zur vollständigen Einstellung der Produktion im Laufe des Jahres 1995 reicht.[254]

Außerdem ist zwischen *absoluten* oder *relativen bzw. spezifischen* Reduktionen zu unterscheiden.[255] Absolute Reduktionen sind unabhängig von den

---

[249] *J. Knebel/L. Wicke/G. Michael*, Selbstverpflichtungen ..., 1999, S. 292.

[250] Ausführlich hierzu *J. Knebel/L. Wicke/G. Michael*, Selbstverpflichtungen ..., 1999, S. 510 ff.

[251] *A. Merkel*, in: L. Wicke/J. Knebel/G. Braeseke (Hrsg.), Umweltbezogene Selbstverpflichtungen der Wirtschaft, 1997, S. 73 (80).

[252] *A. Merkel*, ebenda, S. 73 (76).

[253] *Der Rat von Sachverständigen für Umweltfragen*, Umweltgutachten 1996, S. 98, Tz. 168.

[254] BT-Drs. 11/8166, S. 49; hierzu *G. Hucklenbruch*, Umweltrelevante Selbstverpflichtungen, 2000, S. 46.

produzierten Mengen, d.h. vom Wirtschaftswachstum bzw. von der wirtschaftlichen Entwicklung. Spezifische Reduktionen hingegen sind auf bestimmte Produktionseinheiten bezogen. Vom Naturschutzbund wird nachdrücklich die Vereinbarung absoluter Reduktionen gefordert.[256] Bisweilen lässt sich dies jedoch politisch nicht durchsetzen und muss Illusion bleiben.[257] Der Planbarkeit der Wirtschaft sind Grenzen gesetzt. Mehrinvestitionen werden bei gesteigerten Produktionsmengen effektiver einsetzbar und bei gesteigerten Umsätzen ökonomisch tragbarer. Das spricht für den Erfolg der Vereinbarung relativer Ziele.

Die Bestimmtheit von Zielen allein ist noch kein Erfolgsgarant: Bei der Verpflichtung zum Gewässerschutz vom 31. Juli 1991[258] werden nicht die *Emissionen,* sondern die *Immissionen* gemessen. Das hat sich als nachteilig erwiesen, weil es Aufgaben und Verantwortlichkeiten nicht klar zuweist und der Druck auf die Verursacher weniger unmittelbar wirkt.[259] Dieser haben sich zwischen 1991 und 1996 um nur 23 Prozent verringert. Die angestrebte Verringerung um fünfzig Prozent in fünf Jahren wurde verfehlt.[260]

Weiter ist zwischen Erfahrungen *produktbezogenen* und *produktionsbezogenen* Erklärungen zu unterscheiden. Mit der Selbstverpflichtung zur Klimavorsorge als branchenübergreifender produktionsbezogener Selbstverpflichtung wurde Neuland betreten.[261]

II. Produktsicherheit und Verbraucherinformation

Einen eigenen Sachbereich und eigene Typen bilden die Verpflichtungen zum Zwecke der Steigerung der *Produktsicherheit*. Bei Knebel werde diese Selbstverpflichtungen behandelt, obwohl sie in erster Linie der Sicherheit der Verbraucher dienen und nur zum Teil (auch) dem Umweltschutz.

---

[255] *F. Schafhausen,* in: L. Wicke/J. Knebel/G. Braeseke (Hrsg.), Umweltbezogene Selbstverpflichtungen der Wirtschaft, 1997, S. 171 (176).

[256] *J. Flasbarth,* in: L. Wicke/J. Knebel/G. Braeseke (Hrsg.), Umweltbezogene Selbstverpflichtungen der Wirtschaft, 1997, S. 63 (68).

[257] *A. Merkel,* in: L. Wicke/J. Knebel/G. Braeseke (Hrsg.), Umweltbezogene Selbstverpflichtungen der Wirtschaft, 1997, S. 73 (82).

[258] Hierzu *G. Hucklenbruch,* Umweltrelevante Selbstverpflichtungen, 2000, S. 31, 33; *J. Knebel/L. Wicke/G. Michael,* Selbstverpflichtungen ..., 1999, S. 457 f.

[259] *A. Troge,* in: L. Wicke/J. Knebel/G. Braeseke (Hrsg.), Umweltbezogene Selbstverpflichtungen der Wirtschaft, 1997, S. 133 (141).

[260] *A. Troge,* ebenda, S. 133 (140).

[261] *F. Schafhausen,* in: L. Wicke/J. Knebel/G. Braeseke (Hrsg.), Umweltbezogene Selbstverpflichtungen der Wirtschaft, 1997, S. 171 (182).

1. Warnhinweise und kindergesicherte Verpackungen

Diese Selbstverpflichtungen sind darauf gerichtet, die Gefährlichkeit von Stoffen zu überprüfen sowie den Verbraucher durch Vermarktungsbeschränkungen, Warnhinweise und kindergesicherte Verpackungen zu schützen. Folgende Beispiele sind bekannt:

– die Richtlinie des Verbandes der Deutschen Gas- und Wasserinstallationen, die den Abschluss von Verträgen zur Herstellung, Veränderung und Instandsetzung von Gas- und Wasserinstallationen nur mit ausdrücklich ermächtigten Installateuren empfiehlt vom 3. Februar 1958[262],

– die Erklärung des Industrieverbandes Körperpflege- und Waschmittel e. V. gegenüber dem Bundesministerium für Gesundheit sowie dem Bundesgesundheitsamt, seinen jeweiligen Mitgliedern zu empfehlen, Warnhinweise (zunächst: „Nicht in die Augen sprühen", später: „Nur auf saubere, abgetrocknet intakte Haut aufbringen") auf Haarspraydosen und Antitranspirantien anzubringen vom 27. April 1967 bzw. 1973[263],

– die Erklärung des Industrieverbandes Körperpflege- und Waschmittel e. V. gegenüber dem Bundesministerium für Gesundheit, den Hersteller von Maschinengeschirrspülmitteln zu empfehlen, einen Warnhinweise auf dem Produkt Verpackungen anzubringen vom Oktober 1980 und März 1989[264],

– die Erklärung der chemischen Industrie, vertreten durch den Verband der Chemischen Industrie gegenüber dem Bundesministerium für Umwelt zur freiwilligen Überprüfung von Altstoffen in der chemischen Industrie von (seit) 1982[265],

– die Verpflichtung des Verbandes der Chemischen Industrie mit seinen Fachverbänden Industrieverband Putz- und Pflegemittel, Industrieverband Körperpflege- und Waschmittel, Industrie-Gemeinschaft Aerosole und Industrieverband Pflanzenschutz gegenüber dem Bundesministerium für Gesundheit, ihren Mitgliedsfirmen nachdrücklich zu empfehlen, für Produkte mit bestimmten, als giftig bzw. ätzend geltenden Stoffen nur kindergesicherte Verpackungen innerhalb Deutschlands zu verwenden sowie darauf einen Warnhinweis anzubringen von 1983[266],

– die Verpflichtung der in den Industrieverbänden Putz- und Pflegemittel und Körperpflege- und Waschmittel zusammengeschlossenen Hersteller und Vertreiber von hypochlorithaltigen Haushaltsreinigern gegenüber dem Bundesministerium für Jugend, Familie und Gesundheit zur Anbringung bestimmter Warnhinweis auf

---

[262] BKartA, Tätigkeitsbericht 1962, S. 57, BT-Drucks. IV/1220; das BKartA sah die „Wettbewerbsbeschränkung ... durch das allgemeine öffentliche Interesse gerechtfertigt".
[263] Hierzu *J. Knebel/L. Wicke/G. Michael,* Selbstverpflichtungen ..., 1999, S. 500 f.
[264] Hierzu *J. Knebel/L. Wicke/G. Michael,* Selbstverpflichtungen ..., 1999, S. 501 f.
[265] Hierzu *J. Knebel/L. Wicke/G. Michael,* Selbstverpflichtungen ..., 1999, S. 498 ff.
[266] Hierzu BKartA, Tätigkeitsbericht 1983/84, S. 86, BT-Drucks. 10/3550, das von kartellrechtlichen Maßnahmen Abstand nahm; vgl. auch *J. Knebel/L. Wicke/ G. Michael,* Selbstverpflichtungen ..., 1999, S. 431 f., der die Selbstverpflichtungserklärung auf Juli 1985 datiert.

den Verpackungen, zur Einhaltung bestimmter Anforderungen an die chemische Zusammensetzung der Haushaltsreiniger sowie zur ausschließlichen Verwendung kindergesicherter Verpackungen vom Februar 1985[267],

– die Verpflichtung des Verbandes der Mineralfarbenindustrie, dessen Industrieverbandes Schreib- und Zeichengeräte, der Arbeitsgemeinschaft der Hersteller Hobby und Basteln und der Ecological and Toxicological Association of the Dyestuffs Manufactoring Industry (ETAD) zur Herstellung und zum Inverkehrbringen von den Fingermalfarben vom 1. Juli 1987[268],

– die Verpflichtung des Industrieverbandes Körperpflege- und Waschmittel e. V., seinen Mitgliedsfirmen zu empfehlen, europaweit eine Brennbarkeitsbezeichnung kosmetischer Mittel in der jeweiligen nationalen Sprache auf der inneren und äußeren Packung anzubringen, von 1994[269],

– die Erklärung des Industrieverbandes Körperpflege- und Waschmittel e. V. gegenüber dem Bundesministerium für Gesundheit, seinen Mitgliedsunternehmen zu empfehlen, sog. Giebel-Karton-Verpackungen nur bei ungefährlichen Wasch- und Reinigungsmitteln zu vermarkten und diese außerdem mit Gebrauchshinweisen zu versehen, von 1995[270],

– die Verpflichtung des Verbandes der Chemischen Industrie e. V. gegenüber dem Bundesministerium Umwelt, bei seinen Mitgliedsfirmen auf die Erfassung und Bewertung von Stoffen in der chemischen Industrie hinzuwirken vom 23. September 1997[271].

2. Kennzeichnungsverpflichtungen

Diese Kategorie hat mit dem Typus der Verpflichtungen zu Warnhinweisen gemeinsam, dass auch bestimmte Hinweise auf Produktverpackungen versprochen werden. Sie dienen aber nicht nur der Sicherheit, sondern auch darüber hinaus gehender Information der Verbraucher. Folgende Beispiele sind bekannt:

– die Verpflichtung des Industrieverbandes Körperpflege- und Waschmittel e. V. zur Kennzeichnung enzymhaltiger Waschmittel von 1971[272],

– die Verpflichtung des Industrieverbandes Körperpflege- und Waschmittel e. V. gegenüber der Öffentlichkeit, seinen Mitgliedsunternehmen zu empfehlen, die wich-

---

[267] Hierzu *G. Hucklenbruch*, Umweltrelevante Selbstverpflichtungen, 2000, S. 34; *J. Knebel/L. Wicke/G. Michael*, Selbstverpflichtungen ..., 1999, S. 433 f.

[268] Hierzu *J. Knebel/L. Wicke/G. Michael*, Selbstverpflichtungen ..., 1999, S. 500.

[269] *J. Knebel/L. Wicke/G. Michael*, Selbstverpflichtungen ..., 1999, S. 505 ordnen diese Selbstverpflichtungserklärung ausschließlich unter der Kategorie „Verpflichtungen zur Produktkennzeichnung" ein.

[270] Hierzu *J. Knebel/L. Wicke/G. Michael*, Selbstverpflichtungen ..., 1999, S. 502 f.

[271] Hierzu *J. Knebel/L. Wicke/G. Michael*, Selbstverpflichtungen ..., 1999, S. 497 f.

[272] Hierzu *J. Knebel/L. Wicke/G. Michael*, Selbstverpflichtungen ..., 1999, S. 295.

tigsten Inhaltsstoffe von Kosmetika auf den Verpackungen zu deklarieren, von 1988[273],
- die Verpflichtung des Industrieverbandes Körperpflege- und Waschmittel e. V., seinen Mitgliedern zu empfehlen, Kunststoffverpackungen ab einer bestimmten Füllmenge mit einem Materialkurzzeichen nach DIN 7728 zu kennzeichnen von 1989[274],
- die Verpflichtung des Industrieverbandes Körperpflege- und Waschmittel e. V. und des Industrieverbandes Putz- und Pflegemittel e. V. als deutsche Mitglieder der internationalen Verbände der Wasch- und Reinigungsmittelindustrie gegenüber der EG-Kommission, ihren Mitgliedsfirmen zu empfehlen, die wichtigsten Inhaltsstoffe von Wasch- und Reinigungsmitteln auf den Verpackungen zu kennzeichnen vom April 1990[275],
- die Verpflichtung des Gesamtverbandes Kunststoffverarbeitende Industrie e. V. gegenüber dem Bundesministerium für Umwelt, seinen Mitgliedsunternehmen zu empfehlen, eine materialspezifische Kennzeichnung ihrer Kunststoffprodukte nach DIN 7728 bzw. 6120 vorzunehmen, vom 15. Juli 1991[276],
- die Verpflichtung des Industrieverbandes Körperpflege- und Waschmittel e. V., seinen Mitgliedsfirmen zu empfehlen, Aerosoldosen, deren Inhalt reizend oder ätzend i. S. der EG-Zubereitungsrichtlinie ist, mit einem Aufdruck zur Recyclingfähigkeit zu versehen von 1992[277],
- die Verpflichtung des Industrieverbandes Körperpflege- und Waschmittel e. V. zur Kennzeichnung von Pumpsprays von 1992[278],
- die Verpflichtung des Industrieverbandes Körperpflege- und Waschmittel e. V., seinen Mitgliedsfirmen zu empfehlen, europaweit eine Brennbarkeitsbezeichnung kosmetischer Mittel in der jeweiligen nationalen Sprache auf der inneren und äußeren Packung anzubringen, von 1994[279],
- die Verpflichtung der Mitgliedsfirmen des Verbandes der Chemischen Industrie e. V., des Industrieverbandes Bauchemie e. V. und des Verbandes der Lackindustrie e. V. gegenüber dem Bundesministerium Umwelt, alle von ihnen hergestellten Holzschutzmittel, die keiner Zulassung durch die Aufsichtsbehörden bedürfen, einer freiwilligen amtlichen Überprüfung oder einem amtlichen Registrierverfahren zu unterziehen sowie die Produkte umfassend und verständlich dem Verbraucher gegenüber zu kennzeichnen sowie auf Gefahren nachdrücklich hinzuweisen vom 13. Januar 1998.

---

[273] Hierzu *J. Knebel/L. Wicke/G. Michael*, Selbstverpflichtungen ..., 1999, S. 506.
[274] Hierzu *J. Knebel/L. Wicke/G. Michael*, Selbstverpflichtungen ..., 1999, S. 504.
[275] Hierzu *J. Knebel/L. Wicke/G. Michael*, Selbstverpflichtungen ..., 1999, S. 504 f.
[276] Hierzu *Dempfle*, Normvertretende Absprachen, 1994, S. 10 f.; *J. Knebel/ L. Wicke/G. Michael*, Selbstverpflichtungen ..., 1999, S. 434 f.
[277] Hierzu Beispiele bei *H.-W. Rengeling*, Das Kooperationsprinzip im Umweltrecht, 1988, S. 18 ff.; *J. Knebel/L. Wicke/G. Michael*, ebenda, S. 505.
[278] Hierzu *J. Knebel/L. Wicke/G. Michael*, Selbstverpflichtungen ..., 1999, S. 295.
[279] Hierzu *J. Knebel/L. Wicke/G. Michael*, Selbstverpflichtungen ..., 1999, S. 505.

3. Melde- und Informationsverpflichtungen

Melde- und Informationsverpflichtungen beziehen sich auf Meldungen von Produktinformationen gegenüber Behörden sowie auf allgemeine öffentliche Informationskampagnen. Folgende Beispiele sind bekannt:

- die Dosierungsempfehlung des Industrieverbandes Körperpflege- und Waschmittel e. V. für Waschmittel von 1973[280],

- die Verpflichtung des Industrieverbandes Körperpflege- und Waschmittel e. V. gegenüber dem Bundesministerium für Gesundheit und dem Bundesinstitut für gesundheitlichen Verbraucherschutz und Veterinärmedizin (BgVV) zur Weitergabe von Rahmenrezepturen sämtlicher Produkte aus dem Bereich der Wasch- und Reinigungsmittel an Giftnotzentralen von 1975, 1993[281] und vom Dezember 1988[282],

- die Zusage des Verbandes der Automobilindustrie e. V. gegenüber dem Bundesministerium für Wirtschaft zur Senkung des Kraftstoffverbrauchs in Personenwagen und Nutzfahrzeugen, mitunter mittels Hinweisen auf kraftstoffsparendes Fahrverhalten an die Verbraucher, vom April 1979[283],

- die Informationskampagne des Mineralölwirtschaftsverbandes e. V. zum bleifreien Benzin von 1986[284],

- die Zusage des Industrieverbandes Körperpflege- und Waschmittel e.V., des Verbandes der Textilhilfsmittel-, Lederhilfsmittel-, Gerbstoff-, Waschrohstoffindustrie e.V., des Industrieverbandes Putz- und Pflegemittel e. V. und der Fachvereinigung Industriereiniger im Verband der Chemischen Industrie gegenüber dem Bundesministerium für Umwelt, ihren Mitgliedsunternehmen nachdrücklich zu empfehlen, bestimmte nach § 9 Wasch- und Reinigungsmittelgesetz zu hinterlegende Rahmenrezepturen und darüber hinausgehende Angaben zur Umweltverträglichkeit von Wasch- und Reinigungsmitteln dem Umweltbundesamt zu machen, vom Oktober 1986[285],

- die Erklärung des Industrieverbandes Körperpflege- und Waschmittel e.V., seine Mitgliedsfirmen aufzufordern, bei Waschmitteln bzw. Körperpflegemitteln umweltbezogene Werbung nur in bestimmten Voraussetzungen einzusetzen, vom September 1988[286],

- die Verpflichtung des Hauptverbandes der Deutschen Bauindustrie e. V. zur Überwachungsgemeinschaft von 1989[287],

---

[280] *J. Knebel/L. Wicke/G. Michael*, Selbstverpflichtungen ..., 1999, S. 294.

[281] Hierzu *J. Knebel/L. Wicke/G. Michael*, Selbstverpflichtungen ..., 1999, S. 507 f.

[282] *R. Dragunski*, Kooperation von Verwaltungsbehörden mit Unternehmen im Lebensmittelrecht, 1997, S. 143.

[283] Hierzu *J. Knebel/L. Wicke/G. Michael*, Selbstverpflichtungen ..., 1999, S. 299, 469 ff.

[284] *J. Knebel/L. Wicke/G. Michael*, Selbstverpflichtungen ..., 1999, S. 299.

[285] Hierzu *J. Knebel/L. Wicke/G. Michael*, Selbstverpflichtungen ..., 1999, S. 435 ff.

[286] Hierzu *J. Knebel/L. Wicke/G. Michael*, Selbstverpflichtungen ..., 1999, S. 508.

[287] *J. Knebel/L. Wicke/G. Michael*, Selbstverpflichtungen ..., 1999, S. 298.

§ 2 Tatsächliche Bestandsaufnahme 73

- die Verpflichtung des Hauptverbandes der Deutschen Bauindustrie e. V. zu einem Schulungskonzepte für Umweltschutzbeauftragte von 1993[288],
- die Verpflichtung des Industrieverbandes Körperpflege- und Waschmittel e. V. und der Association of Manufacturers of Fermentation Enzyme Products (AMFEP), Brüssel, gegenüber dem Bundesministerium für Umwelt, den Enzymherstellern und -vertreibern zu empfehlen, die in Wasch- und Reinigungsmitteln eingesetzten gentechnisch produzierten Enzyme dem Umweltbundesamt mitzuteilen, sich eine Kenn-Nummer geben zu lassen und diese den Herstellern von Wasch- und Reinigungsmitteln mitzuteilen, damit diese sie in der entsprechenden Beratern Rezepturenmeldung verwenden können, vom 23. September 1996[289],
- das Meldeverfahren des Industrieverbandes Körperpflege- und Waschmittel e. V. für kosmetische Rahmenrezepturen von 1997[290],
- die Verpflichtung der Mitgliedsfirmen des Verbandes der Chemischen Industrie e. V., des Industrieverbandes Bauchemie e. V. und des Verbandes der Lackindustrie e. V. gegenüber dem Bundesministerium Umwelt, alle von ihnen hergestellten Holzschutzmittel, die keiner Zulassung durch die Aufsichtsbehörden bedürfen, einer freiwilligen amtlichen Überprüfung oder einem amtlichen Registrierverfahren zu unterziehen sowie die Produkte umfassend und verständlich dem Verbraucher gegenüber zu kennzeichnen sowie auf Gefahren nachdrücklich hinzuweisen vom 13. Januar 1998.

III. Verpflichtungen zu Handels- und Wettbewerbsbeschränkungen

Verpflichtungen zu Handels- und Wettbewerbsbeschränkungen[291] bilden – nicht auf den Umweltbereich beschränkt[292] – einen eigenen Typus. Folgende Beispiele[293] sind bekannt:

- das Konjunkturkrisenkartell nach §§ 8, 44 Abs. 1 Ziff. 2 GWB („Kohle-Erdölkartell") dreier Bergbauunternehmen und fünf Mineralölerzeuger auf Grund massiver staatlicher Einflussnahme zur Bekämpfung der Kohleabsatzkrise, in dem Heizölpreise festgelegt, ein Unterbietungsverbot vereinbart und die Anwerbung neuer Kunden von einer staatlichen Genehmigung abhängig gemacht wurde, von 1958,

---

[288] *J. Knebel/L. Wicke/G. Michael*, Selbstverpflichtungen …, 1999, S. 298.
[289] Hierzu *J. Knebel/L. Wicke/G. Michael*, ebenda, S. 508 f.
[290] *J. Knebel/L. Wicke/G. Michael*, ebenda, S. 296.
[291] Bei *J. Knebel/L. Wicke/G. Michael*, ebenda, S. 296 werden nur die Handelsbeschränkungen erfasst.
[292] Anders bei *J. Knebel/L. Wicke/G. Michael*, ebenda, S. 296.
[293] Die Vereinbarung zur Gründung der Ruhrkohle AG vom 14. Juni 1968 (vgl. hierzu *U. Dempfle*, Normvertretende Absprachen, 1994, S. 4 f.) fällt nach der hier vertretenen Auffassung nicht begrifflich unter die Selbstverpflichtungserklärungen.

74   1. Teil: Begriffsklärung – Bestandsaufnahme – Vorverständnis

von der Mineralölindustrie bereits am 12. August 1959 wegen des Wettbewerbs durch Außenseiter gekündigt[294],

– das Heizöl-Selbstbeschränkungsabkommen von ca. 85% der deutschen Mineralölunternehmen gegenüber dem Bundesminister für Wirtschaft mit der Verpflichtung zur Einhaltung bestimmter Kartell-Listenpreise, zur Beschränkung des Absatzes und zur Einholung einer Genehmigung für Angebote an Stromerzeuger von 1964/1965[295],

– die Verpflichtung japanischer Exporteure gegenüber der Bundesregierung zu festgelegten Importquoten für Nähmaschinen vom 29. September 1964[296],

– die Verpflichtung von 11 Warenhausunternehmen, bis 1968 auf eine Expansion in Mittelständen zu verzichten („Warenhausbau-Beschränkungsabkommen") gegenüber dem Bundesminister für Wirtschaft vom Juli 1965[297],

– die Verpflichtung zahlreicher (bis 1976 67% der) zum Börsengeschäft zugelassenen Gesellschaften zum Verzicht auf Insidergeschäfte im Sinne der 1968–1970 von einer durch die Bundesregierung berufenen Kommission aus Vertretern von Banken, Börsen, Wirtschaft, Kleinaktionären, Wissenschaft und Ministerien erarbeiteten „Börsenrechtlichen Integrationsregeln"[298],

– die Verpflichtung des Club des Sidérurgistes der EGKS sowie der Japan Iron and Steel Exporters Association gegenüber der US-amerikanischen Regierung zu freiwilligen, mit dem GATT schwer zu vereinbarenden Exportbeschränkungen von Stahl nach Amerika von 1968[299],

– die von insgesamt 15 Spitzenorganisationen der gewerblichen Wirtschaft abgegebene, von dem vom Bundesminister für Wirtschaft organisierten Arbeitskreis „Leistungswettbewerb" der Spitzenverbände der gewerblichen Wirtschaft, dem Deutschen Gewerkschaftsbund und von Verbraucherschutzorganisationen erarbeitete „Gemeinsame Erklärung zur Sicherung des Leistungswettbewerbs" von 1975[300],

– der Verhaltenskodex des Verbandes der Chemischen Industrie e. V. und des Verbandes des Deutschen Chemikalien-Groß- und Außenhandels e. V. gegenüber

---

[294] Vgl. hierzu R. Schellack, Die Selbstbeschränkung der Mineralölwirtschaft, Diss. Freiburg i. Br., 1968, S. 31 ff.; F. v. Zezschwitz, JA 1978, S. 497 (498); U. Dempfle, Normvertretende Absprachen, 1994, S. 3.

[295] Vgl. R. Schellack, Die Selbstbeschränkung der Mineralölwirtschaft, Diss. Freiburg i. Br., 1968, S. 38 ff.; K. Biedenkopf, BB 1966, S. 1113 ff.; ausführlich auch F. v. Zezschwitz, JA 1978, S. 497 (498 f.); H. Herrmann, Interessenverbände und Wettbewerbsrecht, 1984, S. 81; U. Dempfle, Normvertretende Absprachen, 1994, S. 3.

[296] F. v. Zezschwitz, JA 1978, S. 497 (500).

[297] Vgl. hierzu FAZ vom 31. 7. 1965, S. 7; F. v. Zezschwitz, JA 1978, S. 497 (500); U. Dempfle, Normvertretende Absprachen, 1994, S. 4.

[298] Vgl. hierzu F. v. Zezschwitz, JA 1978, S. 497 (500); U. Dempfle, Normvertretende Absprachen, 1994, S. 5 f.

[299] F. v. Zezschwitz, JA 1978, S. 497 (500) m. w. N.

[300] C. Baudenbacher, JZ 1988, S. 689 (691); U. Dempfle, Normvertretende Absprachen, 1994, S. 6.

dem Bundesministerium des Innern zur Ausfuhr gefährlicher Chemikalien vom 11. März 1986[301],

- die Verpflichtung des Industrieverbandes Agrar e. V. gegenüber dem Bundesministerium für Umwelt sowie dem Bundesministerium für Ernährung, Landwirtschaft und Forsten zur Beschränkung des Export von Pflanzenschutzmitteln vom Mai 1986 und November 1994 (Konkretisierung)[302],

- die „Freiwillige selbstbeschränkende Vereinbarung der Hersteller von Unterhaltungsautomaten mit Geldgewinnen und der Verbände der Unterhaltungsautomatenwirtschaft über die Bauart und über die Aufstellung von Unterhaltungsautomaten mit Geldgewinnen", in der sich die deutsche Automatenwirtschaft (d. h. alle – auch der nicht verbandlich gebundenen – Hersteller von Geldspielgeräten) gegenüber den Bundesministerien für Wirtschaft und Technologie und für Jugend, Familie und Gesundheit sowie gegenüber der Physikalisch-Technischen Bundesanstalt verpflichtet, bei der Bauartzulassung über die Vorschriften der Spielverordnung[303] hinaus die Anzahl der durch Kumulierung erzielbaren Sonderspiele, den Höchstbetrag für den Münzspeicher der Geräte, die sog. Risikoleiter zu beschränken, einen ununterbrochenen Dauerbetrieb durch automatische Abschaltung nach einer Stunde zu verhindern und Hinweise auf die Spielsucht auf den Geräten anzubringen vom 15. November 1989[304],

- die „Freiwillige selbstbeschränkende Vereinbarung der Verbände der Unterhaltungsautomatenwirtschaft über die Aufstellung von Unterhaltungsautomaten mit Geldgewinnen", in der sich die Verbände der deutschen Automatenwirtschaft (Verband der Deutschen Automatenindustrie e. V. (VDAI), Zentralorganisation der Automatenunternehmer e. V. (ZOA), Deutscher Automaten-Großhandels-Verband e. V. (DAGV), Wirtschaftsverband des Automaten-Spielhallengewerbes e. V. (IMA) sowie die Interessengemeinschaft des Münz-Automatengewerbes) gegenseitig und gegenüber den Bundesministerien für Wirtschaft und Technologie und für Jugend, Familie und Gesundheit verpflichten, gegenüber ihren Mitgliedern darauf hinzuwirken, Geldspielautomaten grundsätzlich nicht so aufzustellen, dass das gleichzeitige Bespielen mehrerer Automaten durch eine Person möglich ist, nicht mit Kindern, Lehrern und Geistlichen sowie mit Gewinnerzielungschancen zu werben, die Außengestaltung von Spielhallen in das Straßenbild möglichst harmonisch einzupassen und ein Suchttelefon zum Ortstarif einzurichten vom 15. November 1989[305],

---

[301] Hierzu *G. Hucklenbruch,* Umweltrelevante Selbstverpflichtungen, 2000, S. 69 ff; ausführlich *J. Knebel/L. Wicke/G. Michael,* Selbstverpflichtungen ..., 1999, S. 438 ff.

[302] Hierzu ausführlich *J. Knebel/L. Wicke/G. Michael,* Selbstverpflichtungen ..., 1999, S. 437 f.

[303] Verordnung über Spielgeräte und andere Spiele mit Gewinnmöglichkeit vom 6. Februar 1962 (BGBl. I S. 153), zuletzt geändert durch Verordnung vom 9. November 1999 (BGBl. I S. 2202).

[304] BT-Drucks 11/6224, S. 8 ff. (wörtlicher Abdruck); dazu *T. Köpp,* Normvermeidende Absprachen zwischen Staat und Wirtschaft, 2001, S. 39 ff.

[305] BT-Drucks 11/6224, S. 12 ff. (wörtlicher Abdruck); dazu *T. Köpp,* ebenda, S. 42 f.

– die Verpflichtung der Firma Pfersee Chemie GmbH, gegenüber dem Bundesminister für Umwelt, ab dem 1. Juli 1996 Kunden nur noch nach deren schriftlicher Versicherung zu beliefern, die Gemische bzw. Zubereitungen des Imprägniermittels Fungitex ROP gemäß den technischen Empfehlungen der Firma Pfersee zu verwenden und Restmengen als Sondermüll verpackt zu entsorgen und sich für Reimporte die Genehmigung vorzubehalten vom 22. Januar 1996[306].

IV. Lebensmittelrecht

Folgende Beispiele[307] sind bekannt:

– die Verpflichtung[308] des Verbandes der Zigarettenindustrie e.V. auf Anregung des Bundesministers für Gesundheit,[309] Zigarettenwerbung zu begrenzen (Ausschluss jeder an Jugendliche gerichteten Werbung, Verbot gesundheitlicher Aussagen in Verbindung mit Zigarettenwerbung, Verbot der Werbung mit Aussagen oder Darstellung prominenter Persönlichkeiten, Leistungssportler und junger Personen, Verbot der Werbung für übermäßigen Konsum sowie Einschränkungen der Anzeigen- und Beilagenwerbung) vom 15. Juni 1966[310], die Erweiterung der Werbebeschränkung durch das Verbot von Werbedarstellungen mit Personen unter 30 Jahren und der Verwendung bestimmter Werbeslogans vom 10. Dezember 1970[311] und die Erweiterung der Werbebeschränkung für den Bereich der Fernsehwerbung (Reduzierung auf die Hälfte ab dem 1. Juli 1971 und völliger Verzicht auf Fernsehwerbung ab dem 1. Januar 1973) vom Februar 1971[312], inzwischen auf Grund der gesetzlichen Regelungen (§ 22 Abs. 1 Lebensmittel- und Bedarfsgegenständegesetz[313]) obsolet[314], die „Werberichtlinien 1972"[315] die Verpflichtung „Richt-

---

[306] Hierzu *G. Hucklenbruch,* Umweltrelevante Selbstverpflichtungen, 2000, S. 37 ff.

[307] Vgl. zu diesem Sachbreich *F. Hufen,* ZLR 20 (1993), S. 233 ff. und *R. Dragunski,* Kooperation von Verwaltungsbehörden mit Unternehmen im Lebensmittelrecht, 1997.

[308] Zur Einordnung der Problematik unter das Lebensmittelrecht, obwohl Tabakerzeugnisse keine Lebensmittel sein sollen vgl. *R. Dragunski,* Kooperation von Verwaltungsbehörden mit Unternehmen im Lebensmittelrecht, 1997, S. 122.

[309] *R. Dragunski,* ebenda, S. 123, 136.

[310] Die Selbstverpflichtungserklärung wurde vom BKartA differenziert bewertet: BKartA, Tätigkeitsbericht 1966, S. 58, BT-Drucks. V/1950.

[311] Hierzu *J. H. Kaiser,* NJW 1971, S. 585 (587).

[312] Vgl. die Bekanntgabe durch das Bundesgesundheitsministerium im Handelsblatt vom 15. Februar 1971; vgl. *F. v. Zezschwitz,* JA 1978, S. 497 (499); *U. Dempfle,* Normvertretende Absprachen, 1994, S. 5.

[313] Gesetz über den Verkehr mit Lebensmitteln, Tabakerzeugnissen, kosmetischen Artikeln und sonstigen Bedarfsgegenständegesetz.

[314] *U. Dempfle,* Normvertretende Absprachen, 1994, S. 5.

[315] Diese Selbstverpflichtungserklärung wurde nach §§ 8, 56 GWB genehmigt: Verfügung des Bundesministers für Wirtschaft und Finanzen v. 14. März 1972 – W/I B 5-811307 –, WuW/E BMWi 143 ff.; vgl. BAnz. Nr. 224 v. 2. Dezember 1971, S. 1 und BAnz Nr. 229 v. 7. Dezember 1972, S. 2 f.; vgl. auch BKartA, Tätigkeitsbericht 1976, S. 79, BT-Drucks. 8/704.

linien 1975" zur Bekanntgabe von Nikotinhöchstwerten auf allen Zigarettenpackungen und in der Werbung von 1975[316], die Lockerung der Verpflichtung von 1966 in den „Richtlinien 1976", wonach eine zu leichterem Rauchen hinführende Werbung unterstützt werden soll[317],

- die Verpflichtung[318] des Industrieverbandes Körperpflege- und Waschmittel e. V. gegenüber dem Bundesministerium für Gesundheit und dem Bundesinstitut für gesundheitlichen Verbraucherschutz und Veterinärmedizin (BgVV) zur Weitergabe von Rahmenrezepturen sämtlicher Produkte aus dem Bereich der Wasch- und Reinigungsmittel an Giftnotzentralen vom Dezember 1988,

- die Verpflichtung der nordrhein-westfälischen Milchwirtschaft, der nordrhein-westfälischen Landschaftsverbände, der nordrhein-westfälischen Verbraucherzentrale und des nordrhein-westfälischen Ministeriums für Umwelt, Raumordnung und Landwirtschaft, auf den Handel, die Verarbeitung und den Verkauf von Milch und Milchprodukten britischer Herkunft anlässlich der BSE-Diskussion zu verzichten bzw. zu verstärkten Kontroll- und Überwachungsmaßnahmen, vom 8. August 1996,

- die Selbstverpflichtung der Deutschen Fleischwarenindustrie im Einvernehmen dem Bundesministerium für Gesundheit und den Verbraucherverbänden, wegen des BSE-Verdachts sämtliche vor dem 1. Oktober 2000 hergestellten Wurstwaren, die Separatorenfleisch und anderes Risikomaterial enthalten, zurückzurufen vom 22. Dezember 2000.[319] Die Bundesgesundheitsministerin *A. Fischer* hatte die Hersteller zu der Rückrufaktion entgegen ihrer eigenen öffentlichen Äußerungen am 19. Dezember 2000[320] in einer am 20. Dezember 2000 veröffentlichten Erklärung aufgefordert.[321] Die Verbände gaben eine entsprechende Aufforderung an ihre Mitglieder weiter.

- die Mitteilung des Bundesverbandes der Deutschen Fleischwarenindustrie im Rahmen der BSE-Diskussion, dass die Fleischwarenindustrie künftig kein Hartseparatorenfleisch (d.h. maschinell vom Knochen abgeschabtes Fleisch) bei der Lebensmittelherstellung verwenden werde – verbunden mit der Aufforderung an die Bundesregierung, sich auf europäischer Ebene für ein generelles Verbot von Separatorenfleisch in Lebensmitteln einzusetzen – vom 11/12. Januar 2001[322].

---

[316] BKartA, Tätigkeitsbericht 1976, S. 79, BT-Drucks. 8/704.
[317] BKartA, Tätigkeitsbericht 1976, S. 79, BT-Drucks. 8/704.
[318] Die Einordnung auch unter das Lebensmittelrecht rechtfertigt sich auf Grund von § 5 Abs. 1 Nr. 7a LMBG; vgl. *R. Dragunski,* Kooperation von Verwaltungsbehörden mit Unternehmen im Lebensmittelrecht, 1997, S. 142 f.
[319] Nordbayerischer Kurier vom 23. Dezember 2000 und SZ vom 23. Dezember 2000.
[320] SZ vom 20. Dezember 2000.
[321] FAZ vom 21. Dezember 2000, S. 1.
[322] SZ vom 13./14. Januar 2001, S. 8.

V. Arzneimittelrecht

Folgende Beispiele sind bekannt:

- die Verpflichtung des Bundesverbandes der Pharmazeutischen Industrie zur Beschränkung von Werbung mit Arzneimittelmustern und von Werbung in Printmedien[323] vom 18. November 1975 bzw. 13. Mai 1977 – Genehmigung durch den Bundesminister für Wirtschaft vom 31. März 1981[324].

- die Selbstverpflichtung der im Verband Forschender Arzneimittelhersteller zusammengeschlossenen Unternehmen, 400 Millionen DM zu zahlen und die Preise für innovative Medikamente für zwei Jahre stabil zu halten – im Gegenzug dazu, dass die Bundesregierung eine Gesetzesinitiative, die mit einer Preissenkung für bestimmte Arzneien für zwei Jahre um vier Prozent zu Einbußen in Höhe von 960 Millionen DM geführt hätte – nach einem Gespräch im Bundeskanzleramt mit dem Bundeskanzler *G. Schröder,* Bundesgesundheitsministerin *U. Schmidt,* den Chefs der Pharma-Unternehmen Novartis, Merck, Schwarz-Pharma, dem IG-Chemie-Vorsitzenden *H. Schmoldt* sowie Vertretern der Fraktionen und Verbände am 8. November 2001[325].

VI. Medienrecht

Mit dem zwischen dem 4. Februar und 1. März 1994 unterzeichneten Ersten Rundfunkänderungsstaatsvertrag[326] wurde in den Rundfunkstaatsvertrag vom 31. August 1991 folgendender § 3 Abs. 6 eingefügt: „Gutachten freiwilliger Selbstkontrolleinrichtungen zu Programmfragen, insbesondere zu Fragen des Jugendschutzes, sind von den Landesmedienanstalten bei ihren Entscheidungen mit einzubeziehen." (seit dem zwischen dem 16. Juli und 31. August 1999 unterzeichneten Vierten Rundfunkänderungsstaatsvertrag[327] ist diese Bestimmung § 3 Abs. 8).

§ 7a S. 1 GjS[328] verpflichtet gewerbliche Anbieter elektronischer Informations- und Kommunikationsdienste, die diese auf dem Telekommunikationsweg übermitteln (sog. Online-Anbieter) zur Bestellung eines Jugendschutzbeauftragten. Nach § 7a S. 5 GjS kann „die Verpflichtung des Dienstanbieters nach S. 1 ... auch dadurch erfüllt werden, dass er eine Organisation der freiwilligen Selbstkontrolle zur Wahrnehmung der Aufgaben nach den 2–4 verpflichtet."

---

[323] *U. Dempfle,* Normvertretende Absprachen, 1994, S. 7.
[324] WUW/E 175, 1981.
[325] SZ vom 10./11. November 2001, S. 1, 4 und 5.
[326] Bay GVBl. 1994, S. 568 ff.
[327] Bay GVBl. 2000, S. 116 ff.
[328] Eingefügt in das Gesetz über die Verbreitung jugendgefährdender Schriften mit Gesetz vom 22. Juli 1997 (BGBl I S. 1870).

§ 2 Tatsächliche Bestandsaufnahme 79

Folgende Beispiele sind bekannt:
- die „Freiwillige Selbstkontrolle Multimedia – Dienstanbieter e.V." (FSM). Im Zusammenhang mit dem 1997 in Kraft getretenen § 7a S. 1 GjS gründeten zahlreiche Verbände, die Unternehmen repräsentieren, die im Internet und anderen Netzen Dienstleistungen anbieten, sowie einzelne Unternehmen im Juli[329] 1997 die FSM als Verein mit Sitz in Bonn[330]. 1998 gehörten dem Verein folgende Organisationen als Mitglieder an: Bundesverband Deutscher Zeitungsverleger e.V., Verband Deutscher Zeitschriftenverleger e.V., Verband Privater Rundfunk und Telekommunikation, Deutscher Multimedia Verband e.V., Deutsche Telekom AG, T-Online, ProSieben Digital Media GmbH, Microsoft, electronic commerce organisation (eco) e.V., Deutsches Network Information Center (DeNIC) e.G., Online-Anbieter-Vereinigung (Online A. V.) e.V., Bundesverband Informationsanbieter Online (BVIO), Börsenverein des Deutschen Buchhandels e.V., Online-Dienst der Stadtwerke Hamm (HAMCOM), Axel Springer Verlag, Gruner + Jahr Film- und Fernsehproduktions-GmbH.[331]

Bis Ende 1999 haben bereits über 370 Unternehmen den Verhaltenskodex der FSM anerkannt und diese mit der Wahrnehmung der Aufgaben des Jugendschutzbeauftragten betraut.[332] Jedes Mitglied ist beitragspflichtig, muss in einer individuellen Selbstverpflichtungserklärung[333] den Verhaltenskodex schriftlich als bindend anerkennen und sich den möglichen Sanktionen unterwerfen. Verglichen mit der dezentralen Bestellung von einzelnen Jugendschutzbeauftragten in jedem Unternehmen hat die FSM sowohl für die Verfolgung des gesetzlichen Zweckes des Jugendschutzes, als auch für die verpflichteten Unternehmen Vorteile: Die FSM trägt damit zur Vereinheitlichung des Jugendschutzstandards im Internet bei und für die Mitglieder ist der Vereinsbeitritt aus Kostengesichtspunkten interessant. Der Vereinszweck ist gemeinwohlorientiert und nach § 2 der Satzung[334] auf „die Förderung von Bildung und Erziehung in Multimediabereich sowie die allgemeine Förderung des demokratischen Staatswesens im Geltungsgebiet des Grundgesetzes" ausgerichtet. Ausweislich der Präambel des Verhaltenskodex der FSM will diese „ihren Beitrag zur Stärkung der Freiheitsrechte der Diensteanbieter und der Achtung der schutzwürdigen Interessen der Nutzer und der Allgemeinheit insbesondere gegenüber Rassendiskriminierung sowie Gewaltverherrlichung leisten und den Jugendschutzes auf selbstverantworteter Basis stärken."[335] Diese Präambel bekennt sich zu den Grundrechten der Anbieter und d.h. seiner Mitglieder (nämlich der Pressefreiheit nach Art. 5 Abs. 1 S. 2 GG und der Wirtschaftsfreiheit nach Art. 12 Abs. 1 GG). Der Kodex bezieht sich in seiner Ziffer 2 auf medienrechtlich (§ 8 Ziff. 5 und 6 MdStV) und strafrechtlich (§§ 86, 87, 130, 130a, 131 und 184 StGB) verbotene Inhalte und in Ziffer 4 auf die journalistischen Grundsätze des Pressekodex des Deutschen Presserates in der jeweils geltenden

---

[329] Der Verhaltenskodex trägt das Datum vom 9. Juli 1997.
[330] Eintragung erfolgte im Vereinsregister Bonn, 2000 umgezogen nach Berlin.
[331] Quelle: *FSM,* Broschüre über das Geschäftsjahr 1998.
[332] Quelle: *FSM,* Broschüre über das Geschäftsjahr 1999.
[333] Formular: http://www.fsm.de.
[334] Satzung der FSM, Stand 24. Februar 2000.
[335] Verhaltenskodex des Vereins vom 9. Juli 1997 (Köln).

Fassung. Laut seiner Präambel soll er „keine Verantwortlichkeit gegenüber Dritten begründen". Dennoch hat der Kodex und die Selbstverpflichtung auf seine Einhaltung nicht rein normvollziehenden Charakter. Vielmehr dient die Selbstverpflichtung der Substitution der Erfüllung der gesetzlichen Verpflichtung nach § 7a S. 1 GjS durch Bestellung eines Jugendschutzbeauftragten. Die Selbstverpflichtung ist somit *normverdrängender* Natur. Die FSM kann nach Ziffer 6 des Verhaltenskodex gegenüber ihren Vereinsmitgliedern als Sanktionen a) einen Hinweis mit Abhilfeaufforderung, b) eine Missbilligung sowie c) eine Rüge erteilten. Rügen werden in ihrem Tenor bekannt gegeben und sind vom betroffenen Anbieter einen Monat lang in seinem Angebot zu veröffentlichen. Bei nachhaltigen Verstößen gegen den Kodex und insbesondere gegen Sanktionen droht ein Ausschluss des Mitglieds aus dem Verein. Ein Ausschluss ist nicht nur mit einem Imageschaden, sondern mit dem Aufleben der gesetzlichen Verpflichtung nach§ 7a S. 1 GjS, auf eigene Kosten einen Jugendschutzbeauftragten zu bestellen, verbunden. Die FSM behandelt nach Ziffer 7 des Verhaltenskodex auch Beschwerden gegenüber Nichtmitgliedern,[336] ist dabei jedoch auf einen nicht zu veröffentlichenden Hinweis mit Abhilfeaufforderung als Sanktion beschränkt. Jedermann kann sich kostenlos mit Beschwerden über rechtswidrige und jugendgefährdende Inhalte im Internet an die FSM wenden. Beschwerden sind benutzerfreundlich mit Hilfe eines Online-Beschwerdeformulars[337] möglich. Die FSM hat für Beschwerdeverfahren nach § 7 seiner Satzung eine Beschwerdestelle eingerichtet. Sie besteht aus sechs unabhängigen und weisungsungebundenen, ehrenamtlich tätigen Mitgliedern des Vereins bzw. Mitarbeitern von Mitgliedern des Vereins. Diese entscheiden in einem zweistufigen Verfahren mit einem Vorprüfer und dem dreiköpfigen Beschwerdeausschuss. Im Jahr 1999 gingen bei der FSM 272 Beschwerden ein. Davon betrafen 114 Beschwerden Inhalte, die von Deutschland angeboten wurden. Von den 64 abgeschlossenen Verfahren, in denen die FSM zuständig war, waren 44 Beschwerden begründet, dabei ging 42 fällen auf Hinweis der FSM vom Anbieter von selbst abgeholfen wurde.[338] Die FSM behandelt alle Beschwerden vertraulich und bekennt sich zur Wahrung des Datenschutzes. Sie arbeitet nach eigenen Angaben in konstruktivem Dialog mit dem Bundeskriminalamt, den Jugendschutzbehörden und zuständigen Ministerien[339] sowie der Bundesprüfstelle für jugendgefährdende Schriften[340] zusammen. Inhaltliche Mitteilung an die Sicherheitsbehörden erfolgt bei Verdacht einer konkreten Gefahr für Leib, Leben oder Freiheit von Personen. Die FSM Arbeiter der Europäischen Kommission und weitere nationalen Selbstkontrolleeinrichtungen zusammen mit dem Ziel eines europäischen Netzes von Online-Selbstkontrollen. Zu diesem Zweck wurde 1999 von ihr und ausländischen Partnerorganisationen der europäische Verdachtverband „Internet Hotline Providers in Europe" (INHOPE) gegründet.[341]

– die Freiwillige Selbstkontrolle Kino (FSK) seit dem 1948, jetzt nach den „Grundsätzen der FSK" vom 29. April 1996, getragen von der Spitzenorganisation der

---

[336] Quelle: *FSM*, Broschüre über das Geschäftsjahr 1998.
[337] http://www.fsm.de.
[338] Quelle: *FSM*, Broschüre über das Geschäftsjahr 1999.
[339] Quelle: *FSM*, Broschüre über das Geschäftsjahr 1999.
[340] Quelle: *FSM*, Broschüre über das Geschäftsjahr 1998.
[341] http://www.inhope.org.

§ 2 Tatsächliche Bestandsaufnahme　　　　　　　　　81

Filmwirtschaft e. V. (SPIO), i.e. dem Dachverband von 11 film- und videowirtschaftlichen Verbänden[342]. Seine Prüfungsausschüsse (Arbeits-, Haupt- und Appellationsausschuss) sind nach paritätischen Grundsätzen aus Vertretern der Verbände und der öffentlichen Hand sowie ein bzw. zwei Sachverständigen zusammengesetzt. Sie löste die Filmzensur durch die Militärregierungen in den Besatzungszonen ab und sollte nach den leidvollen mit der Zensur während des Nationalsozialismus jeglicher staatlichen Kulturintervention vorbeugen.[343] Von ihr werden die in deutschen Kinos gezeigten Filme mit Altersbeschränkungen (18 J., 16 J., 12 J., 6 J., o. A.) versehen. Eine Ländervereinbarung vom 1. April 1985[344] regelt die Mitwirkung der FSK bei dem Freigabeverfahren nach § 6 Abs. 1 JÖSchG. Die Mitgliedsverbände haben die Selbstverpflichtung abgegeben, Filme Videokassetten und vergleichbare Bildträger nur dann zur Aufführung, in den Verleih und zum Verkauf zu bringen, wenn sie den Grundsätzen der FSK entsprechen.

– Der Verein „FSF – Freiwillige Selbstkontrolle Fernsehen e. V." (1993).[345] Er überprüft auf Grund eines Verhaltenskodex, der „Prüfgrundsätze der Freiwillige Selbstkontrolle Fernsehen (FSF) vom 3. Juli 1995"[346] Filme, die ihnen freiwillig von privaten Sendern im deutschen Netz zur Begutachtung gegeben werden. Die Kontrolle umfasst somit bislang nicht alle gezeigten Sendungen. Eine Ausweitung und Verbesserung der FSF-Kontrolle und nähere Zusammenarbeit mit den Landesmedienzentralen ist jedoch geplant.[347] Die FSF richtet sich insbesondere bei der Überprüfung von Talkshows anhand eines hierfür entwickelten „Kodex Talkshows" mit Empfehlungen an die Landesmedienanstalten und wirkt damit „im Vorfeld rechtlicher Entscheidungen"[348]. Umgekehrt erstellt die Bayerische Landeszentrale für neue Medien Dokumentationen, deren Ergebnis Einfluss auf die Tätigkeit der FSF nimmt.[349] Die Landesmedienzentralen als Anstalten des öffentlichen Rechts erteilen privaten Sendern die Zulassung und Sendelizenz und sind damit für ihre Beaufsichtigung zuständig. Sie können Bußgelder bis zu einer Million DM erheben. Die FSK wirkt indirekt normersetzend, da ihre Tätigkeit

---

[342] Informationen zur Geschichte und zu den Aufgaben unter http://www.spio.de/FSK.pdf.

[343] *A. Faber,* Gesellschaftliche Selbstregulierungssysteme im Umweltrecht, 2001, S. 13, 17.

[344] Vereinbarung über die Freigabe und Kennzeichnung von Filmen, Videokassetten und vergleichbaren Bildträgern in der Fassung vom 1. August 1988, Nr. 170, S. 4111.

[345] Die Satzung vom 23. November 1993 i.d.F. vom 3. April ist bei der FSF erhältlich; Informationen auch unter http://www.fsf.de; zum Ganzen *A. Faber,* Gesellschaftliche Selbstregulierungssysteme im Umweltrecht, 2001, S. 21 f.

[346] Abgedruckt in: *J. v. Gottberg,* Freiwillige Selbstkontrolle Fernsehen (FSF) (Hrsg.), Jugendschutz in den Medien, 1995, S. 144 ff.

[347] So der Präsident der Bayerischen Landeszentrale für neue Medien, *W.-D. Ring* in einem Vortrag an der Universität Bayreuth im Rahmen der Seminare von *W. Schmitt Glaeser* und *P. Häberle* am 22. Januar 2001.

[348] *W.-D. Ring* ebenda.

[349] *W.-D. Ring* ebenda.

1. Teil: Begriffsklärung – Bestandsaufnahme – Vorverständnis

auf die gesetzliche Ausgestaltung bzw. Nicht-Verschärfung der hoheitlichen Kontrolle wirkt.

– Der Deutsche Presserat als Gremium des „Trägervereins des Deutschen Presserats e. V." (1985)[350] Dem Verein gehören insgesamt vier Verleger- und Journalistenverbände an. Der Deutsche Presserat besteht aus zwanzig unabhängigen und ehrenamtlichen Mitgliedern, die zur Hälfte Mitglieder der Verbände sind, zur anderen Hälfte von diesen entsandt werden. Seine satzungsmäßige Aufgabe besteht in der Bekämpfung von Missständen des Pressewesens und die Herausgabe von Richtlinien und Empfehlungen (so genannter „Pressekodex". Vorbild war der Britische Presserat von 1953.[351]

VII. Arbeit, Soziales, Frauenförderung

Folgende Beispiele sind bekannt:

– Bündnis für Arbeit. Ca. alle acht Monate treffen sich die Spitzen der Arbeitnehmer (Gewerkschaften) und Arbeitgeber (Verbände) und der Bundespolitik (Bundesregierung) auf Einladung des Bundeskanzlers. Das Ziel sind Verbesserungen auf dem Arbeitsmarkt. Zuletzt (bei dem Gespräch am 4. März 2001) wurden dabei keine konkreten Absprachen und Zusagen erzielt.[352] Regelmäßig geht es bei diesen Gesprächen nur um eine allgemeine Verständigung über Absichten und politische Ziele, ohne dass es zu Selbstverpflichtungen und normativen Absprachen kommt.

– Die Vereinbarung zwischen der Europäischen Kommission, dem Weltfußballverband FIFA und dem europäischen Fußballverband Uefa über Transferregeln für Sportler vom 5. März 2001[353].

– Die Vereinbarung zwischen der Bundesregierung (unter Beteiligung des Bundeskanzlers, der Bundesfamilienministerin und des Bundeswirtschaftsministers) und den Spitzenverbänden der deutschen Wirtschaft (BDI, DIHT[354], BDA und ZDH) zur Förderung der Chancengleichheit von Frauen und Männern in der Privatwirtschaft vom 2. Juli 2001[355], die ein in der Koalitionsvereinbarung von 1998 projektiertes Gleichstellungsgesetz abgewendet[356] hat.

---

[350] Satzung des Trägervereins des Deutschen Presserats e.V. vom 25. Februar 1985, i.d.F. vom 18. April 1989.

[351] *A. Faber,* Gesellschaftliche Selbstregulierungssysteme im Umweltrecht, 2001, S. 20.

[352] Vgl. hierzu SZ vom 6. März 2001, S. 1.

[353] SZ vom 7. März 2001, S. 1 und 37.

[354] Zum maßgeblichen Einsatz des DIHT-Präsidenten *L. G. Braun* für diese Selbstverpflichtung vgl. DIE ZEIT Nr. 26 vom 21. Juni 2001, S. 22.

[355] Wortlaut in: http://www.bundesregierung.de/dokumente/Artikel/ix_47142.htm; Bericht in: SZ vom 3. Juli 2001, S. 6.

[356] Hierzu SZ vom 21. Juni 2001, S. 5.

VIII. Sonstige Beispiele aus der Wirtschaft

Folgende Beispiele sind noch zu nennen:

- die Verpflichtung der Rheinischen Braunkohle-Bergwerke AG gegenüber nordrhein-westfälischen Ministerium für Wirtschaft, Mittelstand und Verkehr zur Schadensregulierung, die die Geschädigten besser als §§ 114 ff. BBergG stellt, von 1984[357],
- die Erklärung des deutschen Handels gegenüber dem Bundesministerium für Wirtschaft zur Sicherung der Preistransparenz bei der Einführung des Euro vom 18. Dezember 1997[358],
- der Arbeitsgemeinschaft der Deutschen Luftfahrtunternehmen (ADL), bestehend aus den im Ferienflugverkehr tätigen deutschen Flugunternehmen, der Deutschen Lufthansa und den großen deutschen Reiseveranstaltern TUI, NUR, IST und dem Deutschen Reisebüroverband, gegenüber dem Bundesministerium für Verkehr, beim Ausfall von Maschinen als Ersatzflugzeuge nur deutsche sowie nach besonderen europäischen Regeln zugelassene Luftfahrtunternehmen einzusetzen, vom 31. Mai 1996.

§ 3 Typisierung nach rechtlichen Kriterien

Hinsichtlich des Zustandekommens[359], aber der Art und Weise der Durchführung weichen die eben thematisch gruppierten Beispiele erheblich voneinander ab. Um die verschiedensten rechtlichen Dimensionen auszuleuchten, bedarf es hier einer differenzierenden Darstellung. Voraussetzungen, Wirkungen und Grenzen von Selbstverpflichtungen bzw. Umweltabsprachen sind nicht pauschal, sondern nur gemessen an ihrer jeweiligen Bedeutung und Ausgestaltung zu beurteilen.[360] Komplexe Wirklichkeit trifft hier mit komplexen rechtlichen Fragen zusammen.

Auf dem Weg zu einer einzelfallgerechten Systematik der neuen Instrumente und zur dogmatischen Erfassung des „informellen Verwaltungshandelns"[361] mit eventuell kasuistischen Elementen bedarf es zunächst einer sorgfältigen *Typisierung*.[362]

---

[357] W. *Beyer,* Der öffentlich-rechtliche Vertrag, informales Handeln der Behörden und Selbstverpflichtungserklärungen Privater als Instrumente des Umweltschutzes, Diss. Köln 1986, insbes. S. 275 f.; kritisch hierzu U. *Dempfle,* Normvertretende Absprachen, 1994, S. 9.

[358] Vgl. BT-Drucks. 13/10251 v. 27. März 1998, S. 8.

[359] Zum typischen Ablauf vgl. U. *Dempfle,* Normvertretende Absprachen, 1994, S. 20 ff.

[360] Vgl. auch F. *Ossenbühl,* Diskussionsbeitrag, in: VVDStRL 56 (1997), S. 283 f.

[361] Hierzu E. *Bohne,* Der informale Rechtsstaat, 1981; H. *Schulze-Fielitz,* Der informale Verfassungsstaat, 1984; *ders.,* in: A. Benz/W. Seibel (Hrsg.), Zwischen Kooperation und Korruption, 1992, S. 233 ff.; zum Begriff vgl. auch W. *Beyer,* Der

I. Beteiligte auf privater Seite

Der informale Charakter normativer Absprachen führt zu Schwierigkeiten, die an ihnen Beteiligten exakt zu benennen. Weil normative Absprachen keine rechtliche Verbindlichkeit bezwecken, besteht keine juristische Notwendigkeit, die Vertragspartner zweifelsfrei zu personalisieren. Es wäre sogar verfehlt und widerspräche dem Wesen normativer Absprachen, formal nur die hinter den Akteuren stehenden juristischen Personen als Beteiligte zu begreifen. Beteiligt an normativen Absprachen sind vielmehr vor allem einzelne Repräsentanten der Ministerialbürokratie einerseits und der Unternehmerseite andererseits.[363]

In der Regel sind *Verbände*[364], genauer gesagt: Verbandsfunktionäre[365] auf privater Seite an Selbstverpflichtungen beteiligt. Im Umweltbereich haben sich hierbei besonders die Chemiebranche mit dem Verband der chemischen Industrie und dem Industrieverband Körperpflege- und Waschmittel e. V., aber auch der Verkehrssektor mit dem Verband der Automobilindustrie e. V. sowie der Mineralölwirtschaftsverband hervorgetan.[366]

öffentlich-rechtliche Vertrag, informales Handeln der Behörden und Selbstverpflichtungserklärungen Privater als Instrumente des Umweltschutzes, Diss. Köln 1986, S. 193 f.; hiergegen zu Recht *M. Grüter,* Umweltrecht und Kooperationsprinzip in der Bundesrepublik Deutschland, 1990, S. 65; *R. Breuer,* in: W. Hoffmann-Riem/ E. Schmidt-Aßmann (Hrsg.), Konfliktbewältigung durch Verhandlungen, Bd. I, 1990, S. 231 ff.; *H.-G. Henneke,* NuR 6 (1991), S. 267 m. umfangreichen Nachweisen in Fn. 1 sowie *H. Dreier,* StWuStPr 1993, S. 647 ff.

[362] Sie „steht aus" stellte zuletzt *K. W. Grewlich,* DÖV 1998, S. 54 (55) fest. Eine begriffliche Differenzierung für eine rechtsdogmatische Untersuchung für entbehrlich hält *M. Schulte,* Schlichtes Verwaltungshandeln, 1995, S. 43 f. unter Berufung auf *J. Burmeister,* VVDStRL 52 (1993), S. 190 (235); *Ph. Kunig,* DVBl. 1992, S. 1193 ff.; *H. Lecheler,* BayVBl. 1992, S. 545 ff. Vgl. auch *R. Breuer,* in: W. Hoffmann-Riem/E. Schmidt-Aßmann (Hrsg.), Konfliktbewältigung durch Verhandlungen, Bd. I, 1990, S. 231 (240 ff.); *F. v. Zezschwitz,* JA 1978, S. 497 (498) und hierzu kritisch *U. Dempfle,* Normvertretende Absprachen, 1994, S. 16 ff., aber auch *H.-W. Rengeling,* Das Kooperationsprinzip im Umweltrecht, 1988, S. 165 ff.; *M. Schmidt-Preuß,* VVDStRL 56 (1997), S. 160 (221) m. w. N. in Fn. 231; hierzu vgl. *E. Schmidt-Aßmann,* Diskussionsbeitrag, in: VVDStRL 56 (1997), S. 295; beachtlich, aber auf normvermeidende Absprachen beschränkt jetzt *T. Köpp,* Normvermeidende Absprachen zwischen Staat und Wirtschaft, 2001, S. 67 ff., der mit seiner Typisierung ebenfalls rechtliche Differenzierungen vorbereitet (S. 78).

[363] *Chr. Engel,* StWuStPr 1998, S. 535 (539), in dessen Terminologie es sich dabei um „Vertragspartner politischer Verträge" handelt.

[364] *U. Di Fabio,* VVDStRL 56 (1997), S. 235 (254 f.); *U. Dempfle,* Normvertretende Absprachen, 1994, S. 16; *H.-W. Rengeling,* Das Kooperationsprinzip im Umweltrecht, 1988, S. 166 unterscheidet zwischen Branchenabkommen und Verbandslösungen.

[365] *Chr. Engel,* StWuStPr 1998, S. 535 (551).

§ 3 Typisierung nach rechtlichen Kriterien 85

Tatsächlich ist dabei die *Größe* der Verbände von erheblicher Bedeutung: Auf der einen Seite können große Verbände eine Vielzahl von Unternehmen einbeziehen. Auf der anderen Seite versprechen gerade Selbstverpflichtungen kleiner Verbände Erfolg, weil die Zahl der sich mittelbar verpflichtenden Unternehmen überschaubar bleibt: Hinter der Verpflichtung betreffend Haushaltsreiniger vom Februar 1985 standen in den Industrieverbänden Putz- und Pflegemittel und Körperpflege- und Waschmittel zusammengeschlossene acht Hersteller und Vertreiber von hypochlorithaltigen Haushaltsreinigern.[367]

Im Regelfall verpflichten sich je *einzelne Verbände*[368]. Es kommt auch nicht selten vor, dass *mehrere Verbände* sich parallel beteiligen. Hierzu gehören die Branchenabkommen zwischen Verbänden *einer Branche*[369].

Es existieren aber auch branchenübergreifende Absprachen zwischen Verbänden *verschiedener Branchen*[370]. In dieser Selbstverpflichtung sind gemeinsame Ziele und branchenspezifische Verpflichtungen ineinander verwoben. Der eigentlichen Erklärung, auch *Dacherklärung* („Chapeau") genannt,[371] ist eine Übersicht beigefügt, die über die Beiträge der einzelnen Wirtschaftszweige auf Grund von Einzelerklärungen Aufschluss gibt.[372] Die Dacherklärung, die sich auf spezifische Größen richtet, gilt für die gesamte deutsche Wirtschaft, d.h. auch für die Wirtschaftszweige, die keine konkretisierenden Einzelerklärungen abgegeben haben.[373]

Es kommen auch *parallele Verpflichtungen* einzelner *Unternehmen und Verbände* vor[374]. Die Gründe können hierfür vielfältig sein: Nicht nur wenn

---

[366] Zu den möglichen Gründen für die statistischen Auffälligkeiten vgl. *J. Knebel/L. Wicke/G. Michael,* Selbstverpflichtungen ..., 1999, S. 301 f.

[367] Zu diesem Beispiel siehe S. 69; *G. Hucklenbruch,* Umweltrelevante Selbstverpflichtungen, 2000, S. 34.

[368] Beispiel: die Mitteilung des Bundesverbandes der Deutschen Fleischwarenindustrie im Rahmen der BSE-Diskussion vom 11/12. Januar 2001; vgl. SZ vom 13./14. Januar 2001, S. 8. Zu diesem Beispiel siehe S. 77.

[369] Beispiel: die Verpflichtung der Automobilindustrie zur umweltgerechten Altautoverwertung vom 21. Februar 1996; zu diesem Beispiel und den einzelnen beteiligten Verbänden siehe S. 63.

[370] Beispiel: die Verpflichtung von insgesamt 19 Wirtschaftsfachverbänden zur Klimavorsorge (CO_2-Emissionen) vom 10. März 1995; zu diesem Beispiel siehe S. 55.

[371] *F. Schafhausen,* in: L. Wicke/J. Knebel/G. Braeseke (Hrsg.), Umweltbezogene Selbstverpflichtungen der Wirtschaft, 1997, S. 171 (184).

[372] *F. Schafhausen,* ebenda, S. 171 (183).

[373] *F. Schafhausen,* ebenda, S. 171 (184).

[374] Beispiel: die Verpflichtung des Verbandes der Chemischen Industrie e.V., der BASF AG und weiterer Verbände vom 31. Juli 1991; vgl. *G. Hucklenbruch,* Umweltrelevante Selbstverpflichtungen, 2000, S. 31, 33; *J. Knebel/L. Wicke/G. Michael,* Selbstverpflichtungen ..., 1999, S. 457 f.

das beteiligte Unternehmen nicht Mitglied im Verband ist, sondern vor allem, wenn es innerhalb des Verbandes eine gewichtige Stellung hat und an der Selbstverpflichtung und seiner Umsetzung in gesteigertem Maße interessiert ist und deshalb an den Verhandlungen selbst teilgenommen hat und gegebenenfalls auch Zusatzverpflichtungen übernommen hat, kann es als Unterzeichner einer Absprache fungieren. Dies verdient gerade deshalb aus rechtlichen Gründen gesteigerte Aufmerksamkeit, weil in solchen Fällen eine wettbewerbliche Benachteiligung anderer Unternehmen drohen kann.

Dasselbe gilt für die (seltenen)[375] Fälle, in denen auf der privaten Seite ausschließlich *Einzelunternehmen* handeln und verhandeln[376]. Schon weil Einzelfallgesetze die Ausnahme sind, sind auch normersetzende Absprachen lediglich einzelner Unternehmen die Ausnahme. Informale Absprachen einzelner Privater haben typischerweise normvollziehenden Charakter. Es ist aber auch denkbar, dass Einzelverpflichtungen die Vorstufe zu Branchenverpflichtungen sind und Einzelunternehmen zu Vorreiter in ihrer Branche werden: So war es bei den Vorläufern der branchenweiten Selbstverpflichtung der Zigarettenindustrie Anfang der 1960er Jahre.[377]

Während Normen allgemein gelten und sich der Adressatenkreis durch eine abstrakte Formulierung im Tatbestand bestimmen lässt, hängt die „Allgemeinheit der Geltung" bei Selbstverpflichtungen davon ab, welche Unternehmen sich der Erklärung unterwerfen bzw. durch die Beteiligtenverbände vertreten sind. Um Unternehmen bzw. Verbände zu erreichen, die sich (zunächst) nicht an der Selbstverpflichtung beteiligt haben, kommen verschiedene Möglichkeiten in Betracht:

Zum einen gibt es *ausdrückliche Beitrittsklauseln*, die vorsehen, dass sich weitere Private anschließen[378]. Solche Klauseln haben nicht ausschließlich deklaratorischen Charakter. Zwar ist grundsätzlich niemand daran gehin-

---

[375] *Chr. Engel,* StWuStPr 1998, S. 535 (544) bestreitet, dass es solche Fälle überhaupt gibt.

[376] Beispiele: Sonderfall: die Verpflichtung RWE zur Emissionsminderung bei Großfeuerungsanlagen vom Juli 1982 (zu diesem Beispiel siehe S. 53); die Verpflichtung zur stufenweisen Einstellung der im Montrealer Protokoll geregelten FCKW durch die Hoechst AG, die Kali-Chemie AG und das Chemiewerk GmbH vom Mai 1990. Hierzu *M. Kohlhaas/B. Praetorius/R. Eckhoff/Th. Hoeren,* Selbstverpflichtungen der Industrie zur CO_2-Reduktion, 1994, S. 87 ff.; *J. Knebel/ L. Wicke/G. Michael,* Selbstverpflichtungen ..., 1999, S. 442 f.

[377] Vgl. *J. H. Kaiser,* NJW 1971, S. 585 (587) Fn. 26.

[378] Beispiel: die Verpflichtung der nordrhein-westfälischen Milchwirtschaft anlässlich der BSE-Diskussion vom 8. August 1996: „Sonstige Unternehmen und Organisationen, die Milch oder Milchprodukte verarbeiten oder mit diesen handeln, können jederzeit durch schriftliche Erklärung gegenüber dem nordrhein-westfälischen Ministerium für Umwelt, Raumordnung und Landwirtschaft dieser freiwilligen Selbstverpflichtung beitreten." Zu diesem Beispiel siehe S. 77.

§ 3 Typisierung nach rechtlichen Kriterien 87

dert, eine Selbstverpflichtungserklärung abzugeben, unabhängig davon, ob er damit der einzige bzw. der erste ist, oder ob gleich lautende Selbstverpflichtungen bereits von anderen ausgesprochen wurden. Bei vielen Selbstverpflichtungen vereinbaren jedoch die Verpflichteten eine Zusammenarbeit, institutionalisieren insbesondere das Monitoring und regeln die Kostenverteilung hierfür. Auch wird von staatlicher Seite bisweilen konkret finanzielle und sachliche Hilfe zugesagt. Dann kann eine Öffnungsklauseln das Angebot enthalten, sich in diese Strukturen einzugliedern und ihre Vorteile in Anspruch zu nehmen.[379]

Zum anderen gibt es die Möglichkeit, für eine (nachträgliche) Beteiligung an Selbstverpflichtungen öffentlich zu *werben*.[380]

Wenn Verbände eine Selbstverpflichtung mit dem Staat aushandeln und sich Einzelunternehmen dementsprechend verhalten sollen, liegt darin eine indirekte „Selbst-" Verpflichtung der Einzelunternehmen. Weil es sich dabei nicht um rechtsverbindliche Verpflichtungen handelt, sollte dabei nicht von (mittelbarer) Stellvertretung im Rechtssinn gesprochen werden. Vielmehr handelt es sich um informale Handlungsempfehlungen an die Einzelunternehmen, was bisweilen auch in der Absprache der Verbände mit dem Staat zum Ausdruck kommt, wenn sich nämlich Verbände lediglich zur (nachdrücklichen) Empfehlung an ihre Mitglieder verpflichten[381].

Bei zahlreichen Selbstverpflichtungen werden von den Verbänden und den Einzelunternehmen anlässlich der informalen Absprache *Arbeitsgemein-*

---

[379] Beispiele: die Verpflichtung zur Senkung der Energieverbrauchswerte von Elektro-Hausgeräten vom 24. Januar 1980 (Zu diesem Beispiel siehe S. 52; *M. Kohlhaas/B. Praetorius/R. Eckhoff/Th. Hoeren,* Selbstverpflichtungen der Industrie zur CO_2-Reduktion, 1994, S. 80 f.); bei der Verpflichtung zur Begrenzung von Nitrilotriacetat in Waschmitteln von 1984/1986 finanzierte der Bund zu 50% das Forschungs- und Monitoringprogramm, je 25% wurden von dem Verband und der BASF getragen (*J. Knebel/L. Wicke/G. Michael,* Selbstverpflichtungen ..., 1999, S. 463. Zu diesem Beispiel siehe S. 53); bei der Vereinbarung der Niedersächsischen Gießereiindustrie vom Januar 1992 wurden finanzielle Hilfen im Einzelfall zur Überwindung unzumutbarer ökonomischer Belastungen zugesagt (Zu diesem Beispiel siehe S. 55; *J. Knebel/L. Wicke/G. Michael,* ebenda, S. 465.).

[380] Beispiel: die Selbstverpflichtung der Körperpflege- und Waschmittelindustrie, bei dem die Verbände in Fachzeitschriften der ihnen nicht angehörenden Firmen auffordern wollten, ebenfalls auf leicht flüchtige CKW in ihren Produkten zu verzichten. Zu diesem Beispiel siehe S. 49; *J. Knebel/L. Wicke/G. Michael,* Selbstverpflichtungen ..., 1999, S. 445.

[381] Beispiel: die Verpflichtung verschiedener Verbände, ihren Mitgliedsfirmen *nachdrücklich zu empfehlen,* für Produkte mit bestimmten, als giftig bzw. ätzend geltenden Stoffen nur kindergesicherte Verpackungen innerhalb Deutschlands zu verwenden sowie darauf einen Warnhinweis anzubringen von 1983. Zu diesem Beispiel siehe S. 69; *J. Knebel/L. Wicke/G. Michael,* Selbstverpflichtungen ..., 1999, S. 431 f.

schaften gebildet, die dann auf der Seite der Privaten mit dem Staat kooperieren bzw. die Umsetzung der Selbstverpflichtung organisieren und steuern. Derartige Arbeitsgemeinschaften fungieren zum Teil als Subjekte der Selbstverpflichtung.[382]

Bei der Selbstverpflichtung zur Altautoverwertung vom 21. Februar 1996 sollten ganze Branchen bzw. die komplette Anbieterseite[383] umfasst werden, um eine Wertschöpfungskette zu bilden. Hierzu haben sich die beteiligten 15 Verbände zu der Arbeitsgemeinschaft Altauto (ARGE) beim VDA zusammengeschlossen. Diese Institution hat die Funktion, die Vorschläge zur Durchführung der Selbstverpflichtung auszuarbeiten und ist damit „das zentrale Steuerungsgremium der Selbstverpflichtung"[384]. Zur Umsetzung der eingegangenen Verpflichtung durch die jeweiligen Branchensparten wurden darüber hinaus innerhalb des VDA die Projektgruppe Altautoverwertung der deutschen Automobilindustrie (PRAVDA)[385], der Initiativkreis Autorecycling sowie die Gruppe Teilrecycling im Handel gegründet.

Manchmal ist die Kooperation zwischen den beteiligten Unternehmen, d.h. die Bildung einer gemeinsamen Organisation zur Bewältigung bestimmter gemeinsamer Probleme auch die entscheidende Motivation zum Abschluss einer Selbstverpflichtung[386].

Die Kooperation solcher Arbeitsgemeinschaften mit dem Staat kann *extern* oder *intern* erfolgen. Die Arbeitsgemeinschaft kann dem Staat als Kooperationspartner gegenüberstehen oder aber Vertreter des Staates integrieren: Bei der Verpflichtung zahlreicher (bis 1976: 67% der) zum Börsengeschäft zugelassenen Gesellschaften zum Verzicht auf Insidergeschäfte wurden von einer durch die Bundesregierung berufenen *Kommission* aus

---

[382] Beispiele: die Verpflichtung der Arbeitsgemeinschaft Graphische Papiere (AGRAPA), bestehend aus zehn Verbänden bzw. Vereinen vom 26. September 1994 (zu diesem Beispiel siehe S. 61; *A. Finckh,* Regulierte Selbstregulierung im dualen System, 1998, S. 143; *J. Knebel/L. Wicke/G. Michael,* ebenda, S. 297, 494 ff.); die Verpflichtung der Arbeitsgemeinschaft CYCLE (bestehend aus 33 Mitgliedsfirmen) vom 2. Oktober 1995 (zu diesem Beispiel siehe S. 62; *J. Knebel/L. Wicke/G. Michael,* ebenda, S. 491 ff.); die Verpflichtung der Arbeitsgemeinschaft der Deutschen Luftfahrtunternehmen (ADL), beim Ausfall von Maschinen als Ersatzflugzeuge nur deutsche sowie besondere, europäische Luftfahrunternehmen einzusetzen, vom Sommer 1996.

[383] *J. Knebel/L. Wicke/G. Michael,* Selbstverpflichtungen ..., 1999, S. 496 für die AGRAPA. Zu diesem Beispiel siehe S. 63.

[384] *G. Voss,* in: L. Wicke/J. Knebel/G. Braeseke (Hrsg.), Umweltbezogene Selbstverpflichtungen der Wirtschaft, 1997, S. 115 (121).

[385] *P. Christ,* Rechtsfragen der Altautoverwertung, 1998, S. 117.

[386] Beispiel: die Vereinbarung der Gießereiindustrie des Landes Sachsen-Anhalt vom November 1994; vgl. *J. Knebel/L. Wicke/G. Michael,* Selbstverpflichtungen ..., 1999, S. 466. Zu diesem Beispiel siehe S. 55.

§ 3 Typisierung nach rechtlichen Kriterien

Vertretern von Banken, Börsen, Wirtschaft, Kleinaktionären, Wissenschaft und Ministerien 1968–1970 die „Börsenrechtlichen Integrationsregeln" erarbeitet. Die Selbstverpflichtungserklärung wurde aber nicht von der Kommission, sondern vielmehr daraufhin von jedem einzelnen Unternehmen abgegeben.[387]

Schließlich sei ein Blick auf Phänomene der *Nichtbeteiligung* beim Aushandeln und der Duchführung von Selbstverpflichtungen geworfen: Bei den Verpflichtungen der Asbestindustrie zum Ersatz von Asbest von 1982/1984/1988[388], hat sich der (einzige) Lieferant von Asbest in Deutschland, der im Gegensatz zu den Asbestzementherstellern, die auf Ersatzstoffe ausweichen konnten, erhebliche wirtschaftliche Verluste erlitt, nicht an der Absprache beteiligt.[389] Die Konsequenzen für die grundrechtliche und kartellrechtliche Beurteilung werden ausführlich zu erläutern sein.

Auch bei Selbstverpflichtungen lediglich einzelner Unternehmen kann die Nichtbeteiligung anderer ein Problem sein. Das Trittbrettfahrerproblem kann eine Folge der Nichtbeteiligung Privater sein. Die Selbstverpflichtung der deutschen Lackindustrie über lösemittelfreie Lacke scheiterte deshalb, weil die Zahl der Hersteller, die diese Verpflichtung erklärt hat, nur einen relativ geringen Anteil der tatsächlich verkauften Produkte repräsentierte.[390] Die Verpflichtung von 11 Warenhausunternehmen, bis 1968 auf eine Expansion in Mittelstädten zu verzichten gegenüber dem Bundesminister für Wirtschaft vom Juli 1965 wurde zwar von den Verpflichteten eingehalten, verhinderte aber nicht die Expansion der nicht an der Selbstverpflichtung beteiligten Verbrauchermärkte.[391]

Nicht nur das Trittbrettfahrerproblem, sondern auch mangelnde Kooperation kann den Erfolg von Selbstverpflichtungen schmälern. Letzteres ist bei der Selbstverpflichtung der Chemischen Industrie, insbesondere der BASF zum Gewässerschutz vom 31. Juli 1991 von *Andreas Troge* (Umweltbundesamt) kritisiert worden[392]: Das Unternehmen habe zwar als einziger Hersteller von Ethylendiamintetraacetat seine Umweltemissionen innerhalb von drei Jahren um fast 60% verringert; die wichtigsten Anwender hätten jedoch bislang zu wenig Ersatzstoffe eingesetzt. Ein Problem bestehe auch

---

[387] *U. Dempfle,* Normvertretende Absprachen, 1994, S. 5 f.
[388] Zu diesem Beispiel siehe S. 63; *J. Knebel/L. Wicke/G. Michael,* Selbstverpflichtungen …, 1999, S. 450.
[389] *M. Schulte,* Schlichtes Verwaltungshandeln, 1995, S. 98.
[390] *A. Merkel,* in: L. Wicke/J. Knebel/G. Braeseke (Hrsg.), Umweltbezogene Selbstverpflichtungen der Wirtschaft, 1997, S. 73 (80 f.).
[391] *U. Dempfle,* Normvertretende Absprachen, 1994, S. 4.
[392] Zu diesem Beispiel siehe S. 54; *A. Troge,* in: L. Wicke/J. Knebel/G. Braeseke (Hrsg.), Umweltbezogene Selbstverpflichtungen der Wirtschaft, 1997, S. 133 (141).

darin, dass wichtige Anwendergruppen, insbesondere die Fotoindustrie und die Industrie für Hygiene und Oberflächenschutz, sich nicht beteiligten. Der VCI habe sich auch nicht zu einer flankierenden Produktkennzeichnung bereit erklärt. So bestünden nach wie vor gravierende Informationsdefizite bei den Anwendern.[393]

Auch wurde gerügt, dass die Endverbraucher nicht in die Erklärung zum Gewässerschutz einbezogen wurden.[394] Dies ist bei Selbstverpflichtungen die Regel, wobei es auch Ausnahmen gibt[395]. Der Bund für Naturschutz fordert „ein Zustandekommen der Erklärungen unter Beteiligung des Parlamentes und der gesellschaftlichen Gruppen"[396]. Der Ausschluss betroffener Verbraucher, der Umweltverbände, externer Sachverständiger, selbst betroffener Unternehmen (z. B. Verwertungsbetriebe) könne nicht zu einem gesellschaftlichen Konsens über die Lösung der Umweltprobleme beitragen und versäume es auch, die Kreativität der Umweltverbände zu nutzen.[397] Besonders die Selbstverpflichtung zu den Getränkedosen wurde diesbezüglich angegriffen.[398]

II. Beteiligte auf hoheitlicher Seite

Für die rechtliche Bewertung von Selbstverpflichtungen ist es von entscheidender Bedeutung, ob und gegebenenfalls welche Hoheitsträger an ihnen beteiligt sind. Wie bereits gesagt, sind auch auf der hoheitlichen Seite

---

[393] Zu den Bestrebungen, die Anwender von EDTA durch Hinweise auf die Selbstverpflichtung verstärkt in den Prozess der EDTA-Minderung einzubeziehen, sowie zu Gesprächen mit dem Fachverband der Fotoindustrie und der IHO über die Abgabe von eigenen Selbstverpflichtungen vgl. *A. Troge,* in: L. Wicke/J. Knebel/G. Braeseke (Hrsg.), Umweltbezogene Selbstverpflichtungen der Wirtschaft, 1997, S. 133 (142).

[394] *A. Troge,* in: L. Wicke/J. Knebel/G. Braeseke (Hrsg.), Umweltbezogene Selbstverpflichtungen der Wirtschaft, 1997, S. 133 (140).

[395] Beispiel: der Deutsche Gewerkschaftsbund und Verbraucherschutzorganisationen bei der von insgesamt 15 Spitzenorganisationen der gewerblichen Wirtschaft abgegebenen „Gemeinsamen Erklärung zur Sicherung des Leistungswettbewerbs" von 1975; *U. Dempfle,* Normvertretende Absprachen, 1994, S. 6, 19.

[396] *J. Flasbarth,* in: L. Wicke/J. Knebel/G. Braeseke (Hrsg.), Umweltbezogene Selbstverpflichtungen der Wirtschaft, 1997, S. 63 (67).

[397] *O. Bandt,* in: L. Wicke/J. Knebel/G. Braeseke (Hrsg.), Umweltbezogene Selbstverpflichtungen der Wirtschaft, 1997, S. 125 (130).

[398] *O. Bandt,* ebenda, S. 125 (130 f.): „Das extreme Gegenbeispiel zu einer solchen integrativen Selbstverpflichtung ist das Modell des ‚Anti-Littering-Vereins', der im Rahmen einer geplanten Selbstverpflichtung zur Reduzierung des Getränkedosenbooms von Frau Dr. Merkel und den Dosenherstellern im Herbst 1996 initiiert worden war. Der Verein war von großen Herstellern majorisiert, Mehrwegabfüller oder gar Umweltverbände erst gar nicht geladen".

§ 3 Typisierung nach rechtlichen Kriterien 91

Beteiligte informal und d.h. zunächst einmal persönlich zu bestimmen. Die Bundesregierung handelt und für sie einzelne Teile der Ministerialbürokratie[399]. Soweit die Beteiligung von Hoheitsträgern rechtlich relevant wird und im Rahmen der Ausübung rechtsetzender Gewalt erfolgt, trifft letztlich die juristische Person (also in der Regel den Bund) staatsrechtliche Verantwortung.[400]

Beim Typus der rein autonomen Selbstverpflichtung ist der Staat überhaupt nicht beteiligt. Im Extremfall ist der Staat nicht einmal Adressat der Selbstverpflichtung[401]. Manche Selbstverpflichtungen sind auch unmittelbar an die Verbraucher bzw. an die Öffentlichkeit gerichtet[402]. Dies ist jedoch die Ausnahme.

Regelmäßig sind *Behörden* Adressat von Selbstverpflichtungen und meistens sind sie auch im Vorfeld an ihnen informal beteiligt. Auf die Grade der staatlichen Einflussnahme wird gesondert im nächsten Kapitel eingegangen. An dieser Stelle soll zunächst erfasst werden, welche Behörden beteiligt sind.

In den meisten Selbstverpflichtungen, die den Umweltschutz betreffen, ist das Bundesministerium für Umwelt der Adressat[403]. Vor der Schaffung eines Umweltressorts war dies das Bundesministerium des Innern[404].

Auch andere Bundesministerien, so das für Wirtschaft[405], das für Gesundheit und das für Forschung und Technologie[406], sowie das für Ernährung, Landwirtschaft und Forsten[407] sind je nach Sachmaterie Adressat.

---

[399] *Chr. Engel*, StWuStPr 1998, S. 535 (539).

[400] Das bleibt bei *Chr. Engel*, StWuStPr 1998, S. 535 (547) offen, der eine „politische Mitverantwortung" (S. 549) des Hoheitsträgers betont, dann aber sogar eine neue Regierung „wenigstens" an den verfassungsrechtlichen Vertrauensschutz binden will (S. 554).

[401] Beispiel: die Verpflichtung der Arbeitsgemeinschaft Lampen-Verwertung vom 28. November 1995; zu diesem Beispiel siehe S. 63; ausführlich *J. Knebel/L. Wicke/G. Michael*, Selbstverpflichtungen ..., 1999, S. 430 f.

[402] Beispiel: die Verpflichtung der Druckfarbenindustrie vom Mai 1995; *J. Knebel/L. Wicke/G. Michael*, Selbstverpflichtungen ..., 1999, S. 444. Zu diesem Beispiel siehe S. 50.

[403] Beispiel: die Selbstverpflichtung der Körperpflege- und Waschmittelindustrie vom Oktober 1986. Zu diesem Beispiel siehe S. 49; *J. Knebel/L. Wicke/G. Michael*, Selbstverpflichtungen ..., 1999, S. 444 f.

[404] Beispiel: die Verpflichtung der Lackindustrie vom Mai 1984. Zu diesem Beispiel siehe S. 53; *J. Knebel/L. Wicke/G. Michael*, Selbstverpflichtungen ..., 1999, S. 460 ff.

[405] Beispiel: die Zusage des Verbandes der Automobilindustrie e.V. zur Senkung des Kraftstoffverbrauchs in Personenwagen und Nutzfahrzeugen vom April 1979. Hierzu *J. Knebel/L. Wicke/G. Michael*, Selbstverpflichtungen ..., 1999, S. 469 ff.

[406] Beispiel: die Verpflichtung des Verbandes der Chemischen Industrie zur Reduzierung der Gewässerbelastung vom 31. Juli 1991. Zu diesem Beispiel siehe S. 54;

92   1. Teil: Begriffsklärung – Bestandsaufnahme – Vorverständnis

Manchmal ist auch die Bundesregierung[408], insbesondere wenn die Zuständigkeit einzelner Ministerien unklar ist[409], Empfänger der Erklärung. Auch das Bundeskanzleramt[410] war schon Erklärungsempfänger. Geht es um die landespolitische Ebene, so sind Selbstverpflichtungserklärungen an Landesregierungen[411] bzw. Landesministerien[412] gerichtet.

Auch sonstige Behörden sind bisweilen beteiligt, so das Umweltbundesamt, sei es als Adressat von Selbstverpflichtungserklärungen[413], bei der Aushandlung[414] als auch bei der Umsetzung[415], das Bundesgesundheits-

---

G. Hucklenbruch, Umweltrelevante Selbstverpflichtungen, 2000, S. 33; *J. Knebel/L. Wicke/G. Michael*, Selbstverpflichtungen ..., 1999, S. 457 f.

[407] Beispiel: die Verpflichtungen des Industrieverbandes Agrar e. V. zur Beschränkung des Export von Pflanzenschutzmitteln vom Mai 1986 und November 1994 (Konkretisierung). Hierzu ausführlich *J. Knebel/L. Wicke/G. Michael*, Selbstverpflichtungen ..., 1999, S. 437 f.

[408] Beispiel: die Zusage des Verbandes der Automobilindustrie e. V. zur Verringerung von CO_2-Emissionen im Straßenverkehr um 25% von 1990. Hierzu *M. Kohlhaas/B. Praetorius/R. Eckhoff/Th. Hoeren*, Selbstverpflichtungen der Industrie zur CO_2-Reduktion, 1994; *J. Knebel/L. Wicke/G. Michael*, Selbstverpflichtungen ..., 1999, S. 471.

[409] Beispiel: während der Neuverteilung von Kompetenzen zwischen dem Bundesgesundheits- und Bundeslandwirtschaftsministerium erfolgte an die Bundesregierung die Mitteilung der Deutschen Fleischwarenindustrie im Rahmen der BSE-Diskussion vom 11/12. Januar 2001. SZ vom 13./14. Januar 2001, S. 8. Zu diesem Beispiel siehe S. 77.

[410] Beispiel: die freiwillige Zusage der deutschen Automobilindustrie zur Kraftstoffverbrauchsminderung vom 23. März 1995.

[411] Beispiel: die Energiesparerklärung bei Gasgeräten durch die Arbeitsgemeinschaft für sparsamen umweltfreundlichen Energieverbrauch e. V., den Bundesverband der deutschen Gas- und Wasserwirtschaft e. V., die Bundesvereinigung der Firmen im Gas- und Wasserfach e. V. und den Deutschen Verein des Gas- und Wasserfaches gegenüber der Bundesregierung und Landesregierungen von 1980. Hierzu *J. Knebel/L. Wicke/G. Michael*, Selbstverpflichtungen ..., 1999, S. 478 f.

[412] Beispiel: die Vereinbarung der Gießereiindustrie des Landes Sachsen-Anhalt vom November 1994. *J. Knebel/L. Wicke/G. Michael*, Selbstverpflichtungen ..., 1999, S. 466 f. Zu diesem Beispiel siehe S. 55.

[413] Beispiel: die Verpflichtung des Industrieverbandes Körperpflege- und Waschmittel e. V. auf den Ersatz von Distearyldimethylammoniumchlorid (DSDMAC) in Weichspülern vom August 1990. Hierzu *J. Knebel/L. Wicke/G. Michael*, Selbstverpflichtungen ..., 1999, S. 446.

[414] Hierzu *G. Hucklenbruch*, Umweltrelevante Selbstverpflichtungen, 2000, S. 35 ff. Beispiel: die Selbstverpflichtung des europäischen Verbandes der Hersteller von Selbstdurchschreibepapier (AEMCP), des europäischen Verbandes der Thermodruckpapierherstller (ETPA), sowie der darin vertretenen Mitglieder gegenüber dem Bundesminister für Umwelt, die von den Verpflichteten eingesetzten spezifischen Inhaltsstoffe der Therm- und Selbstdurchschreibepapiere auf ihre Toxizität gegenüber Wasserorganismen zu testen und eine Risikoabschätzung vorzunehmen vom Februar 1996.

§ 3 Typisierung nach rechtlichen Kriterien   93

amt[416] sowie das Bundesinstitut für gesundheitlichen Verbraucherschutz und Veterinärmedizin (BgVV)[417].

Auch das BKartA ist bei normativen Absprachen bisweilen beteiligt worden und nimmt im Vorfeld Stellung. Seine Stellungnahme ist im Falle der Diskussion um ein Dosen-Pfand-Verordnung bzw. eine sie ersetzende Selbstverpflichtung von *Andreas Troge* (Umweltbundesamt) kritisiert worden, weil dies ohne Rücksprache mit dem Umweltbundesamt geschah.[418] Häufig sind auch *mehrere Behörden* zugleich Adressaten einer Selbstverpflichtungserklärung[419]. Einen Sonderfall hoheitlicher Beteiligung stellt der Beitritt des Staatssekretärs a. D. Hartkopf zum Aufsichtsrat des betroffenen Marktführers Eternit mit der Einräumung eines unbegrenzten Zugangsrechts zu Produktionsstätten der Firma bei den Verpflichtungen der Asbestindustrie zum Ersatz von Asbest von 1982/1984/1988[420] dar. Auf europäischer Ebene kommt auch die Verpflichtung gegenüber der *Kommission*[421] in Betracht[422].

---

[415] *A. Troge,* in: L. Wicke/J. Knebel/G. Braeseke (Hrsg.), Umweltbezogene Selbstverpflichtungen der Wirtschaft, 1997, S. 133 (135 f.).

[416] Beispiel: der Verzicht des Industrieverbandes Bauchemie und Holzschutzmittel e.V. auf Pentachlorphenol (PCP) in Holzschutzmitteln ab dem 1. April 1985 vom Juli 1984. Hierzu *J. Knebel/L. Wicke/G. Michael,* Selbstverpflichtungen ..., 1999, S. 441.

[417] Beispiel: die Verpflichtung des Industrieverbandes Körperpflege- und Waschmittel e.V. gegenüber dem Bundesministerium für Gesundheit und dem Bundesinstitut für gesundheitlichen Verbraucherschutz und Veterinärmedizin (BgVV) zur Weitergabe von Rahmenrezepturen sämtlicher Produkte aus dem Bereich der Wasch- und Reinigungsmittel an Giftnotzentralen von 1975, 1993. Hierzu *J. Knebel/L. Wicke/G. Michael,* Selbstverpflichtungen ..., 1999, S. 507 f.

[418] *A. Troge,* Interview in: SZ vom 19. Juni 2001, S. 7.

[419] Beispiel: die freiwillige Zusage des Verbandes der Automobilindustrie e.V. gegenüber dem Bundesministerium für Umwelt, dem Bundesministerium für Verkehr sowie dem Bundeskanzleramt zur Kraftstoffverbrauchsminderung vom 23. März 1995. Vgl. *J. Knebel/L. Wicke/G. Michael,* Selbstverpflichtungen ..., 1999, S. 472 f.

[420] Zu diesem Beispiel siehe S. 63; *J. Knebel/L. Wicke/G. Michael,* Selbstverpflichtungen ..., 1999, S. 450.

[421] Am 6. Oktober 1998 hat der Rat der Vereinbarung der europäischen Kommission mit dem Verband der europäischen Automobilhersteller (ACEA) zur Reduktion von CO_2-Emissionen von Pkw zugestimmt; vgl. BT-Drucks. 14/711 v. 31.3.1999, S. 54.

[422] Beispiel für die Verpflichtung gegenüber der EG-Kommission zur Verhinderung einer EG-Richtlinie bzw. EG-Verordnung: die Kennzeichnungs-Verpflichtung des Industrieverbandes Körperpflege- und Waschmittel vom April 1990. Zu diesem Beispiel siehe S. 71; *J. Knebel/L. Wicke/G. Michael,* Selbstverpflichtungen ..., 1999, S. 504 f.

Insbesondere bei Absprachen, die Parlamentsgesetze substituieren sollen, ist auch die Beteiligung des *Bundestages* von rechtlich entscheidender Bedeutung. So geht die Vereinbarung zwischen der Bundesregierung (unter Beteiligung des Bundeskanzlers, der Bundesfamilienministerin und des Bundeswirtschaftsministers) und den Spitzenverbänden der deutschen Wirtschaft zur Förderung der Chancengleichheit von Frauen und Männern in der Privatwirtschaft vom 2. Juli 2001[423] maßgeblich auf den Druck der SPD-Fraktion zurück: Am 19. Juni 2001 setzte diese der Wirtschaft eine Frist bis Ende August, um eine Selbstverpflichtung auszuarbeiten und gab dabei auch wesentliche Inhalte einer solchen Selbstverpflichtung vor. Die Grünen hingegen standen einer solchen Selbstverpflichtung und einem Verzicht auf das in der Koalitionsvereinbarung von 1998 projektierte Gleichstellungsgesetz kritisch gegenüber.[424] Die Initiative der SPD-Fraktion fand jedoch die Unterstützung des Bundeskanzlers und führte zur Absprache innerhalb von weniger als zwei Wochen. Die Selbstverpflichtung der Arzneimittelhersteller im Gegenzug zum Verzicht der Bundesregierung auf eine Gesetzesinitiative vom 8. November 2001 ist das Ergebnis eines Gesprächs im Bundeskanzleramt, an dem neben Bundeskanzler *G. Schröder,* Bundesgesundheitsministerin *U. Schmidt,* den Chefs der Pharma-Unternehmen Novartis, Merck, Schwarz-Pharma, dem IG-Chemie-Vorsitzenden *H. Schmoldt* und Verbandsvertretern auch Vertreter der Fraktionen teilgenommen haben.[425]

III. Typen und Grade der staatlichen Beteiligung und Einflussnahme

Die Beiträge des Staates zu normativen Absprachen sind von ganz unterschiedlicher Art und ganz unterschiedlichem Gewicht. Hierfür muss eine Typologie entwickelt werden, die der rechtlichen Beurteilung zugrunde zu legen ist. Bereits früh hat *F. v. Zezschwitz*[426] eine Einteilung von Selbstbeschränkungsabkommen in sieben Typen vorgeschlagen, die auf den ersten Blick eine graduelle Abstufung der staatlichen Beeinflussung erkennen lässt. Die Skala reicht von keiner Beeinflussung bis zu staatlichem Zwang:

a) rein privatwirtschaftliche Kartelle

b) durch staatliche, meist finanzielle Förderungsangebote induzierte Selbstbeschränkungsabkommen

---

[423] Wortlaut in: http://www.bundesregierung.de/dokumente/Artikel/ix_47142.htm; Bericht in: SZ vom 3. Juli 2001, S. 6.
[424] Zum Ganzen SZ vom 21. Juni 2001, S. 5.
[425] SZ vom 10./11. November 2001, S. 1, 4 und 5.
[426] *F. v. Zezschwitz,* JA 1978, S. 497 (498).

c) durch wirtschaftspolitische Zusicherungen des eigenen oder eines fremden Staates, gesetzliche und administrative Eingriffe zu unterlassen, induzierte Selbstbeschränkungsabkommen

d) aus Überzeugung oder infolge psychologischen Zwanges oder ökonomischen Drucks geschlossene Verträge

e) von staatlichen oder supranationalen Organen induzierte und billigend zur Kenntnis genommene konzertierte einseitige Erklärungen

f) unter aktiver rechtsgeschäftlicher Mitwirkung des Staates in Form von Vertragsbeteiligung oder nach vorausgehender förmlicher Zusicherung eingegangene Selbstbeschränkungsabkommen

g) in Form von Zwangskartellen durchgeführte Selbstbeschränkungen.

Nach der hier vertretenen Auffassung handelt es sich bei den rein privatwirtschaftlichen Kartellen (a) begrifflich nicht um Selbstverpflichtungserklärungen, da sie gerade nicht gegenüber Behörden oder der Öffentlichkeit erklärt werden. Ebenso fallen die Zwangskartelle (g) heraus, weil sie nicht Selbstverpflichtung, sondern staatliche Fremdbestimmung darstellen. Bei den übrigen Typen ist – soweit dies überhaupt beabsichtigt ist – eine graduelle Abstufung der staatlichen Einflussnahme nicht konsequent durchgehalten: Jedenfalls fällt Typ d) aus dieser Reihe heraus, da es hier nicht-staatliche Zwänge sind, die in Verbindung mit administrativer Überzeugungsarbeit durchschlagen. Er müsste deshalb unter dem Gesichtspunkt der Intensität staatlicher Einflussnahme an zweiter Stelle stehen.

Die Typisierung hat im Übrigen den großen Nachteil, dass sie Kriterien vermischt[427]: Die Typen e) und f) unterscheiden zwischen einseitiger Erklärung und gegenseitiger Absprache. Das führt zu Überschneidungen[428]: Alle unter die Typen b)-d) einzuordnenden Fälle sind außerdem entweder unter e) oder f) zu subsumieren. Überschneidungen sollten nur dann hingenommen werden, soweit es sich um unvermeidbare Trennunschärfen der Kriterien ein und derselben Kategorie handelt. Typisierungen nach verschiedenen Gesichtspunkten hingegen sollten als solche offengelegt werden.

Schließlich sei noch darauf hingewiesen, dass die Staatsbeteiligung nicht selten verdeckt, ja kaschiert wird.[429] Im Folgenden soll versucht werden, ein möglichst realistisches Bild zu zeichnen.

---

[427] So auch *U. Dempfle,* Normvertretende Absprachen, 1994, S. 17.
[428] „Gewisse Überschneidungen" sieht auch *F. v. Zezschwitz,* JA 1978, S. 497 (498).
[429] *C. Franzius,* Die Herausbildung der Instrumente indirekter Verhaltenssteuerung im Umweltrecht der Bundesrepublik Deutschland, 2000, S. 168.

1. Hoheitliche Initiativen zu Selbstverpflichtungen

Viele Selbstverpflichtungen der Wirtschaft gehen auf eine *Initiative bzw. Inspiration* des Staates zurück. Im Regelfall enthalten solche Initiativen unmissverständlich die Aufforderung, Selbstverpflichtungen zu beraten und einzugehen.[430] Das kann in ganz unterschiedlicher Weise geschehen:

Der erste Anstoß kann in Gesprächen mit der Wirtschaft *mündlich* erfolgen[431], oder im Rahmen eines *förmlichen* Beschlusses der Bundesregierung[432], in Sitzungen des Bundestags[433], bisweilen in durch Bundestagsdrucksachen und -plenarprotokollen dokumentierten[434] Bundestagsbeschlüssen oder durch eine Presseerklärung der Bundesregierung[435], sogar auch in Gesetzesbegründungen zu Verordnungsermächtigungen[436]. Auch enthält be-

---

[430] Anders *C. Baudenbacher*, JZ 1988, S. 689 (697); *W. Würfel*, Informelle Absprachen in der Abfallwirtschaft, 1994, S. 83, die sogar die Androhung von Normen als bloße Information über eine bestehende Rechtslage, nämlich über bestehende Regelungskompetenzen deuten.

[431] Beispiel: Die Verpflichtung des Deutschen Textilreinigungsverbandes (DTV), des Gesamtverbandes neuzeitliche Textilpflegebetriebe, des Zentralverbandes Elektrotechnik- und Elektronikindustrie e.V. für seinen Fachverband Elektro-Haushalt-Großgeräte sowie verschiedener Fachgemeinschaften des Verbandes Deutscher Maschinen- und Anlagenbau e.V. gegenüber dem Bundesministerium für Umwelt zu Verbesserungen von technischen Einrichtungen zum Waschen und Reinigen vom 29. August 1986 wurde durch „verbale Hinweise seitens der Bundesregierung" angeregt. *J. Knebel/L. Wicke/G. Michael*, Selbstverpflichtungen ..., 1999, S. 426.

[432] Beispiel: Bei der Verpflichtung zur Klimavorsorge (CO_2-Emissionen) vom 10. März 1995 gab es einen Beschluss der Bundesregierung vom 29. September 1994, der die Wirtschaft explizit zur Erprobung von Kompensationslösungen aufforderte. *J. Knebel/L. Wicke/G. Michael*, Selbstverpflichtungen ..., 1999, S. 455.

[433] Beispiele: Erklärung des Bundesministers für Wirtschaft in der Sitzung vom 13. November 1964, dass „die Bundesregierung fest entschlossen ist, in die Entwicklung des Mineralölmarktes einzugreifen, wenn sich die Erwartungen nicht erfüllen" (BT-Pl.Prot. IV S. 7253) sowie die darauffolgende Androhung eines Gesetzes in gleicher Sitzung (BT-Pl.Prot. IV S. 7253; dazu *H. Herrmann*, Interessenverbände und Wettbewerbsrecht, 1984, S. 81) beim Heizöl-Selbstbeschränkungsabkommen von ca. 85% der deutschen Mineralölunternehmen von 1964/1965 (Vgl. hierzu *R. Schellack*, Die Selbstbeschränkung der Mineralölwirtschaft, Diss. Freiburg i.Br., 1968, S. 35 ff.; *K. Biedenkopf*, BB 1966, S. 1113 ff.; *F. v. Zezschwitz*, JA 1978, S. 497 (498 f.); *U. Dempfle*, Normvertretende Absprachen, 1994, S. 3).

[434] BT-Drucks 11/3999; 11/6224: „in Erfüllung der Aufforderung des Deutschen Bundestages"; dazu *T. Köpp*, Normvermeidende Absprachen zwischen Staat und Wirtschaft, 2001, S. 138 f. Vgl. auch BT-Pl.Prot. XI, S. 10125.

[435] Beispiel: Die Presseerklärung des Bundesinnenministers vom 27. April 1983, die schließlich zu der Verpflichtung der im Mineralölwirtschaftsverband zusammengeschlossenen Markengesellschaften gegenüber der Bundesregierung und dem Bundesministerium des Innern zum Angebot von bleifreiem Benzin an deutschen Tankstellen (wiederum durch Presseerklärung öffentlich gemacht) vom 17. Oktober 1984 führte. *J. Knebel/L. Wicke/G. Michael*, Selbstverpflichtungen ..., 1999, S. 475.

reits das Umweltprogramm 1971 Vorschläge zum Abschluss von Absprachen.[437]

2. Typen der Drohung mit Rechtsetzung

Solche Initiativen des Staates sind meist nicht nur Anregungen, sondern mit der Drohung verbunden, im Falle der Verweigerung einer Selbstverpflichtung Normen zu schaffen. Von staatlicher Inspiration zu sprechen, ist deshalb eher euphemistisch.[438] Innerhalb der normersetzenden Absprachen ist zu unterscheiden, welchen Normtyp sie substituieren sollen:

Die meisten normersetzenden Absprachen substituieren *Rechtsverordnungen*[439] im Umweltbereich. Die Bundesregierung kann in diesen Fällen damit drohen, Rechtsverordnungen, zu deren Erlass sie z.B. nach dem KrW-/AbfG oder dem ChemG ermächtigt ist, zu schaffen oder zu verschärfen.[440]

Es existieren aber auch normative Absprachen, die *Parlamentsgesetze*[441] substituieren. So hat die Vereinbarung zwischen der Bundesregierung (unter Beteiligung des Bundeskanzlers, der Bundesfamilienministerin und des

---

[436] Beispiel: So enthält die Begründung der Bundesregierung zur Novelle des Wasch- und Reinigungsmittelgesetz den Hinweis, dass auf eine Verordnung (nach § 9 Abs. 2) zu Gunsten einer freiwilligen Selbstverpflichtung verzichtet werden könnte, was zur Zusage der Chemischen Industrie führte, *bestimmte* nach § 9 Wasch- und Reinigungsmittelgesetz zu hinterlegende Rahmenrezepturen mitzuteilen und darüber hinausgehende *Angaben* zur Umweltverträglichkeit von Wasch- und Reinigungsmitteln *dem Umweltbundesamt zu machen,* vom Oktober 1986 (Hierzu siehe S. 72; *J. Knebel/L. Wicke/G. Michael,* Selbstverpflichtungen ..., 1999, S. 436).

[437] *M. Kohlhaas/B. Praetorius/R. Eckhoff/Th. Hoeren,* Selbstverpflichtungen der Industrie zur CO_2-Reduktion, 1994, S. 49.

[438] *G. F. Schuppert,* Die Erfüllung öffentlicher Aufgaben durch verselbständigte Verwaltungseinheiten, 1981, S. 290.

[439] Allein diesem Aspekt widmet sich *Scherer,* DÖV 1991, S. 1; vgl. auch *H.-W. Rengeling,* Das Kooperationsprinzip im Umweltrecht, 1988, S. 186 ff.; *U. Dempfle,* Normvertretende Absprachen, 1994, S. 29 f.

[440] Beispiel: Die Verpflichtung der Firma Pfersee Chemie GmbH gegenüber dem Bundesminister für Umwelt, ab dem 1. Juli 1996 Kunden nur noch nach deren schriftlicher Versicherung zu beliefern, die Gemische bzw. Zubereitungen des Imprägniermittels Fungitex ROP gemäß den technischen Empfehlungen der Firma Pfersee zu verwenden und Restmengen als Sondermüll verpackt zu entsorgen und sich für Reimporte die Genehmigung vorzubehalten vom 22. Januar 1996 ersetzte (*G. Hucklenbruch,* Umweltrelevante Selbstverpflichtungen, 2000, S. 37 f.) die Aufnahme des Imprägniermittels in die auf Grund der Verordnungsermächtigung des § 17 ChemG am 19. Juli 1996 erlassene ChemVerbotsV (Verordnung über Verbote und Beschränkungen des Inverkehrbringens gefährlicher Stoffe, Zubereitungen und Erzeugnisse nach dem Chemikaliengesetz vom 19. Juli 1996, BGBl. I S. 1151).

[441] Hierzu vgl. *J. Oebbecke,* DVBl. 1986, S. 793 ff.; *H.-W. Rengeling, H.-W. Rengeling,* Das Kooperationsprinzip im Umweltrecht, 1988, S. 160 ff.; *J. H. Kaiser,*

Bundeswirtschaftsministers) und den Spitzenverbänden der deutschen Wirtschaft zur Förderung der Chancengleichheit von Frauen und Männern in der Privatwirtschaft vom 2. Juli 2001[442] ein in der Koalitionsvereinbarung von 1998 projektiertes Gleichstellungsgesetz abgewendet.[443] Auch die Selbstverpflichtung der Arzneimittelhersteller vom 8. November 2001 erfolgte im Gegenzug zum Verzicht der Bundesregierung auf eine Gesetzesinitiative.[444] Außerdem ist noch auf *satzungs*abwendende Verträge im Bereich des Bauplanungsrechts hinzuweisen.[445]

So soll die Vereinbarung zwischen der deutschen Energiewirtschaft und der Bundesregierung zur Förderung und Modernisierung der Kraft-Wärme-Kopplungs-Anlagen (KWK) vom 25. Juni 2001[446] nicht nur durch ein Kraft-Wärme-Kopplungs-Fördergesetz mit einem Fördervolumen von 8 Milliarden DM staatlich unterstützt werden, sondern substituiert auch die ursprünglich (noch im Klimaschutzprogramm der Bundesregierung vom 18. Oktober 2000) geplante Verschärfung des Kraft-Wärme-Kopplungs-Gesetzes vom 12. Mai 2000[447] durch eine Quotenregelung. Das Kraft-Wärme-Kopplungs-Gesetz soll nunmehr aufgehoben und durch ein Kraft-Wärme-Kopplungs-Fördergesetz abgelöst werden, das zum 1. Januar 2001 in Kraft treten soll.

Als Alternative kommt gegebenenfalls auch eine europaweite Rechtsetzung in Form einer *EG-Verordnung bzw. Richtlinie* in Betracht.[448] Für diese drei Normtypen und ihre Substituierbarkeit gelten ganz unterschiedliche rechtliche Voraussetzungen. Bei der rechtlichen Beurteilung wird deshalb wesentlich zwischen Absprachen, die je unterschiedliche Normtypen substituieren oder vorbereiten zu unterscheiden sein.

Durch die Drohung mit Rechtsetzung können die Inhalte informaler Absprachen mehr oder weniger intensiv beeinflusst werden. Das *Drohpotential* des Staates und der Grad der Beeinflussung der Wirtschaft hängt davon ab,

---

NJW 1971, S. 585 (586); *J. Knebel/L. Wicke/G. Michael,* Selbstverpflichtungen ..., 1999, S. 263.

[442] Wortlaut in: http://www.bundesregierung.de/dokumente/Artikel/ix_47142.htm; Bericht in: SZ vom 3. Juli 2001, S. 6.

[443] Hierzu SZ vom 21. Juni 2001, S. 5.

[444] SZ vom 10./11. November 2001, S. 4 und 5.

[445] Hierzu *T. Köpp,* Normvermeidende Absprachen zwischen Staat und Wirtschaft, 2001, S. 139.

[446] Pressemitteilung des Bundesministers für Wirtschaft und Technologie vom 25. Juni 2001; SZ vom 26. Juni 2001, S. 17.

[447] Gesetz zum Schutz der Stromerzeugung aus Kraft-Wärme-Kopplung, BGBl. I S. 703.

[448] Vgl. *B. Dittmann,* in: L. Wicke/J. Knebel/G. Braeseke (Hrsg.), Umweltbezogene Selbstverpflichtungen der Wirtschaft, 1997, S. 163 (169), der als Beispiel das sog. Auto-Oil-Programm anführt.

wie glaubhaft die Drohung ist. Die Glaubhaftigkeit hängt von den Kompetenzen zur Rechtsetzung und von der politischen Konstellation der an der Rechtsetzung beteiligten Organe ab. Nur wenn die Wirtschaft damit rechnen muss, dass zur Lösung eines Problems Normen geschaffen werden, lässt sich von einem glaubhaften Drohpotential des Staates sprechen.

Dieses Drohpotential ist durch den konkreten *rechtlichen* und den *politischen Handlungsspielraum* der Rechtsetzung begrenzt. Der Spielraum des rechtlichen Könnens und Dürfens wird durch Kompetenzen und materielle Bindungen bestimmt, der politische Spielraum durch die politische Konstellation der an der Rechtsetzung beteiligten Organe. Bei Rechtsverordnungen kommt es z.B. darauf an, ob ein Ministerium oder die Bundesregierung, mit oder ohne Zustimmung des Bundesrates, mit oder ohne Beteiligung des Bundestages ermächtigt ist, sowie auf den inhaltlichen Rahmen der Verordnungsermächtigung. Fehlendes Drohpotential des Staates kann dazu führen, dass Selbstverpflichtungen gar nicht oder nur zum Schein eingegangen werden. Letzteres wurde z.B. bei der Verpflichtung Getränkeverpackungsindustrie vom Oktober 1977[449] beklagt, weil damals noch keine geeignete Verordnungsermächtigung geschaffen war.[450]

Angedrohte Normen verlassen bisweilen die rechtlichen Grenzen potenzieller Rechtsetzung. Im Rahmen dieser tatsächlichen Bestandsaufnahme ist noch nicht zu erörtern, ob der Staat mit verfassungs- bzw. EG-rechtswidrigen[451] Normen drohen darf. Vielmehr ist an dieser Stelle festzuhalten, dass der Staat hiervor nicht zurückschreckt. Bei der Vereinbarung des Wirtschaftsverbandes Asbestzement zum vollständigen Ersatz von Asbest in Hochbauprodukten vom Februar 1982 handelten die Beteiligten in dem Bewusstsein, dass ein Verbot von Asbest „gegen EG-Recht und gegen Wettbewerbsleitlinien innerhalb der EG verstoßen"[452] hätte, was die staatlichen Behörden nicht davon abhielt, „unverhohlenen Druck auf die Verbände auszuüben"[453]; bei der Verpflichtung des Verbandes der Zigarettenindustrie e.V., Zigarettenwerbung zu begrenzen vom 15. Juni 1966, 10. Dezember 1970[454], erweitert 1971[455] bestanden nach Ansicht des Bundesministeriums

---

[449] Zu diesem Beispiel siehe S. 59; *E. Bohne*, JbRSoz 1982, S. 266 (269 f.); *U. Dempfle*, Normvertretende Absprachen, 1994, S. 6 f.; *J. Knebel/L. Wicke/G. Michael*, Selbstverpflichtungen ..., 1999, S. 299 fälschlich unter der Kategorie (2) eingeordnet; richtig ebenda, S. 426 ff.; von *R. Dragunski*, Kooperation von Verwaltungsbehörden mit Unternehmen im Lebensmittelrecht, 1997, S. 137 ff. wegen der Beteiligung des Lebensmittelhandels als lebensmittelrechtliche Absprache behandelt.

[450] *J. Knebel/L. Wicke/G. Michael*, Selbstverpflichtungen ..., 1999, S. 376.

[451] Zu dem Problem unter dem Aspekt des Grundrechtsverzichtes: *U. Dempfle*, Normvertretende Absprachen, 1994, S. 108 ff.

[452] *J. Knebel/L. Wicke/G. Michael*, Selbstverpflichtungen ..., 1999, S. 450.

[453] *J. Knebel/L. Wicke/G. Michael*, Selbstverpflichtungen ..., 1999, S. 450.

[454] Hierzu *J. H. Kaiser*, NJW 1971, S. 585 (587).

für Gesundheit gegen gesetzliche Werbebeschränkungen verfassungsrechtliche Bedenken wegen Art. 3 Abs. 1 GG[456]. Das Drohpotential mag in diesen Fällen geschmälert sein, darf jedoch – schon wegen des unsicheren Ausgangs eines Normenkontrollverfahrens – nicht unterschätzt werden.

Das Drohpotential kann je nach politischer Konstellation auch von einzelnen Parteien oder Fraktionen ausgehen: Der Vereinbarung mit der Bundesregierung zur Förderung (mit insgesamt 8 Milliarden DM) und Modernisierung der Kraft-Wärme-Kopplungs-Anlagen (KWK) mit dem Ziel, den Ausstoß des klimaschädlichen Kohlendioxyds um 23 Millionen Tonnen bis 2010 zu verringern vom Juni 2001 wurde seitens der Energiewirtschaft „nur unter großen Schmerzen zugestimmt, um Schlimmeres zu verhindern"[457], insbesondere um ein vom Koalitionspartner Die Grünen präferiertes Quotenregime abzuwenden.

Wenn der Bundesrat der Verordnung oder dem Parlamentsgesetz zustimmen müsste, muss auf die dortigen *Mehrheitsverhältnisse* Rücksicht genommen werden. So war das Drohpotential der Bundesregierung mit einer Dosen-Pfand-Verordnung im Sommer 2001 entscheidend dadurch geschwächt, dass der Bundesrat ihr die Zustimmung verweigerte. Umgekehrt konnten auch die Landesregierungen, die eine erneute Selbstverpflichtung der Wirtschaft forderten nur sehr begrenzt politischen Druck auf die Wirtschaft ausüben, da einem Alleingang des Bundesrates zusammen mit der Wirtschaft gegen die Bundesregierung der drohende Vollzug der Pfandregelung in der geltenden VerpackV entgegenstand. Wenn die an der Rechtsetzung beteiligten Organe politisch nicht an einem Strang ziehen, kann der Wirtschaft nicht wirksam mit Rechtsetzung gedroht werden; sie bleibt gegebenenfalls lachender Dritter.

Besondere Betrachtung verdient das hoheitliche Drohpotential mit *EG-Verordnungen bzw. Richtlinien*. Verhandelt in diesem Zusammenhang die Wirtschaft auf nationaler Ebene mit der *Bundesregierung,* kann deren Einfluss auf eine europaweite Regelung bzw. auf deren Verhinderung[458], insbesondere ihre Verhandlungsposition und ihr Abstimmungsverhalten *im Rat* zur Debatte stehen. So war bei der Verpflichtung zur Klimavorsorge (CO_2-Emissionen) vom 10. März 1995[459] mitunter beabsichtigt, die in der EU angestrebte Energie/CO_2-Abgabe zu verhindern; die Bundesregierung hat auch tatsächlich zugesagt, sich im Falle einer europarechtlichen Regelung für eine Ausnahme für die Unternehmen, die an der nationalen Selbstver-

---

[455] *U. Dempfle,* Normvertretende Absprachen, 1994, S. 5.
[456] Staatssekretär *Bargatzky,* BT-Pl.Prot. IV/171, S. 8607.
[457] SZ vom 26. Juni 2001, S. 17.
[458] *J. Knebel/L. Wicke/G. Michael,* Selbstverpflichtungen ..., 1999, S. 375.
[459] Zu diesem Beispiel siehe S. 55.

§ 3 Typisierung nach rechtlichen Kriterien   101

pflichtung teilnehmen, oder wenigstens für eine Anrechnung der durch sie erreichten Erfolge einzusetzen[460].

Bemerkenswert ist auch die informale Vorgeschichte der EG-Altfahrzeuge-Richtlinie. Die Verpflichtung der deutschen Automobilindustrie zur umweltgerechten Altautoverwertung (PKW) vom 21. Februar 1996[461], modifiziert im November 1996[462], ergänzt durch die AltautoV vom 4. Juli 1997[463] hatte entscheidenden Einfluss auf die Entwicklungen auf europäischer Ebene:[464] Die Kommission legte am 9. Juli 1997 einen Richtlinien-Entwurf zur Altfahrzeugentsorgung vor.[465] Ende 1998 einigten sich die Mitgliedstaaten über deren Einzelheiten. Der Rat vereinbarte im März 1999, den einvernehmlichen Entwurf im Juni 1999 unverändert zu verabschieden.

Im Juni 1999 drängte der Volkswagen-Chef *F. Piëch*, zugleich Vorsitzender des europäischen Automobilherstellerverbandes ACEA Bundeskanzler *G. Schröder,* der europäischen Regelung die Zustimmung im Rat zu verweigern, weil sie mit ihrer Rücknahmepflicht ab 2003 die Industrie zu Rücklagenbildungen in Höhe von 15 bis 30 Milliarden DM zwinge. Daraufhin setzte sich der Bundeskanzler für das Anliegen von *Piëch* ein: Er veranlasste den Bundesminister für Umwelt *J. Trittin*, gegen dessen politische Überzeugung in der Ratssitzung am 24. Juni 1999 als deren Vorsitzender die von der Kommission und vier Mitgliedstaaten (Schweden, Dänemark, Finnland und Österreich) beantragte Behandlung der Regelung abzusetzen, was zu einem Eklat führte. Außerdem stimmte der Bundeskanzler die Regierungen Spaniens (Heimatland der Verwaltungs-Tochter Seat) und Großbritanniens (Heimatland des damals zu BMW gehörigen Herstellers Rover) um, ebenfalls der Regelung die Unterstützung zu verweigern.[466]

Damit erreichte die Bundesregierung zumindest, dass am 22. Juli 1999 im Rat – unter der inzwischen an Finnland übergegangenen Präsidentschaft – über eine *Kompromiss-Lösung* (Rücknahmepflicht ab 2006) abgestimmt wurde, die eine Mehrheit fand,[467] wobei die Bundesregierung auch dieser

---

[460] *J. Knebel/L. Wicke/G. Michael,* Selbstverpflichtungen …, 1999, S. 455.

[461] Zu diesem Beispiel siehe S. 63; *G. Hucklenbruch,* Umweltrelevante Selbstverpflichtungen, 2000, S. 66 ff.

[462] Hierzu *A. Faber,* UPR 1997, S. 431 (432); *J. Knebel/L. Wicke/G. Michael,* Selbstverpflichtungen …, 1999, S. 482 ff.

[463] Verordnung über die Überlassung und umweltverträgliche Entsorgung von Altautos, BGBl. I S. 1666.

[464] Eine solche Ausstrahlungswirkung sieht bereits *P. Christ,* Rechtsfragen der Altautoverwertung, 1998, S. 125.

[465] KOM (97) 358/3.

[466] Zum Ganzen FAZ vom 25. Juni 1999, S. 13 f.; *T. Köpp,* Normvermeidende Absprachen zwischen Staat und Wirtschaft, 2001, S. 89 f.

[467] Vgl. auch *M. Schmidt-Preuß,* JZ 2000, S. 581 (587).

Regelung die Zustimmung verweigerte und sich überstimmen ließ.[468] Die im Verfahren des Art. 251 EGV erlassene Richtlinie fand erst im Vermittlungsausschuss am 23. Mai 2000 ihre endgültige Fassung und wurde schließlich als Richtlinie 2000/53/EG des Europäischen Parlaments und des Rates vom 18. September 2000 über Altfahrzeuge (EG-Altfahrzeuge-RL)[469] verabschiedet. Nach Art. 12 Abs. 2 EG-Altfahrzeuge-RL muss die kostenlose Rücknahmepflicht (Art. 5 Abs. 4 EG-Altfahrzeuge-Richtlinie) für Fahrzeuge, die vor dem 1. Juli 2002 hergestellt wurden, erst zwingend ab dem 1. Januar 2007 eingeführt werden. So nahm die Selbstverpflichtung und ihre Unterstützung durch den Bundeskanzler Einfluss auf die Ausgestaltung der EG-Altfahrzeuge-RL. Bezeichnend ist, dass der Bundesminister für Umwelt *J. Trittin* deren Inhalte als Bestätigung eigener Vorschläge vom Herbst 1998 bezeichnete und bei der inzwischen durch das AltfahrzeugG[470] erfolgten Umsetzung einen fairen Interessenausgleich versprach.[471]

Die Wirtschaft kann ihre Selbstverpflichtung zur Verhinderung einer EG-Richtlinie bzw. EG-Verordnung jedoch auch gegenüber der *Kommission* erklären[472]. Das faktisch bedeutsamste Drohpotential der Kommission liegt in ihrer kartellrechtlichen Vollzugs-Kompetenz.

Die inhaltliche Beeinflussung normativer Absprachen hängt wesentlich davon ab, wie der Staat den Spielraum seines Drohpotentials einsetzt. Es ist nicht nur von Bedeutung, welcher Normtyp substituiert werden soll und welchen rechtlichen und politischen Handlungsspielraum der Staat dabei hat, sondern welche konkrete Alternative hoheitlicher Rechtsetzung der Staat zur Debatte stellt.

Dabei stehen zwei mögliche Strategien zur Verfügung: Der Staat kann die Wirtschaft darüber im Ungewissen lassen, wie die angedrohte Norm konkret aussehen könnte. Er kann dann bei den informalen Absprachen flexibel reagieren und bis an die Grenze des politisch Glaubhaften und rechtlich Möglichen drohen. Er kann aber auch einen Entwurf der geplanten Regelung vorlegen und auf dessen Grundlage verhandeln. In letzterem Fall ist es auch denkbar, dass solche Entwürfe mit Blick auf ihre Funktion als Verhandlungsgrundlage für informale Absprachen anders ausfallen, als letztlich politisch beabsichtigt, dass es sich m. a. W. um taktische Entwürfe handelt.

---

[468] SZ vom 24./25. Juli 1999.

[469] AblEG Nr. L 269/34 vom 21. Oktober 2000.

[470] Gesetz über die Entsorgung von Altfahrzeugen vom 21. Juni 2002, BGBl I S. 2199.

[471] Bundesministerium für Umwelt, Naturschutz und Reaktorsicherheit (Hrsg.), Halbzeit! – Zwischenbilanz der Umweltpolitik 1998–2000, letzte Seite.

[472] Beispiel: die Kennzeichnungs-Verpflichtung des Industrieverbandes Körperpflege- und Waschmittel vom April 1990 gegenüber der EG-Kommission (zur Verhinderung einer EG-Richtlinie bzw. EG-Verordnung). Zu diesem Beispiel siehe S. 71; *J. Knebel/L. Wicke/G. Michael,* Selbstverpflichtungen ..., 1999, S. 504 f.

§ 3 Typisierung nach rechtlichen Kriterien   103

Für die Verhandlungen ist entscheidend, in welchem Stadium sich die angedrohte Normsetzung befindet. Je diffuser die staatliche Regelungsabsicht ist, desto offener wird das Ergebnis der Verhandlungen sein. Je konkreter der Entwurf einer Norm ist, desto stärker ist in der Regel die Verhandlungsposition der staatlichen Seite.[473]

Eine wesentliche inhaltliche Beeinflussung normativer Absprachen durch den Staat lässt sich nicht nur dann feststellen, wenn Selbstverpflichtungen sich stark an den Entwurf einer angedrohten Norm anlehnen. Die Tatsache, dass eine Selbstverpflichtung in ihren Zielen und Mitteln von einer geplanten Norm erheblich abweicht, muss keineswegs bedeuten, dass sich der Staat bei den Verhandlungen inhaltlich nicht durchsetzen konnte. Das Drohpotential des Staates kann sich vielmehr auch in einer Selbstverpflichtung niederschlagen, die ganz anders ausgestaltet ist, als eine Norm ausgestaltet sein könnte. Das gilt vor allem für die Wahl der Mittel. Der Staat kann nur glaubhaft solche normativen Mittel androhen, die auch wirksam vollziehbar sind. Die Androhung kann die Wirtschaft dazu bewegen, alternative Wege zu beschreiten, die nicht weniger Erfolg versprechen, zwangsweise jedoch schlecht durchsetzbar wären. Auch in diesen Fällen kann der Staat wesentlich auf die Selbstverpflichtung Einfluss genommen haben.

Der Grad der inhaltlichen Einflussnahme des Staates ist also nicht allein danach zu bemessen, inwieweit die Selbstverpflichtung einer angedrohten Regelung ähnelt. Für den Staat stellt sich die Frage, warum er nicht gleich eine hoheitliche Regelung erlässt, nicht nur dann, wenn der Rechtsetzung rechtliche oder politische Schwierigkeiten entgegenstehen, wenn sein Drohpotential also relativ gering ist.

3. Verzicht auf Rechtsetzung bei normabwendenden Absprachen

Wenn es zum Konsens einer normabwendenden Absprache kommt, verzichtet der Staat auf Rechtsetzung. Dieser Verzicht auf Rechtsetzung kann in einer Pressemittelung der Bundesregierung erfolgen[474]. Der Verzicht kann auch ausdrücklicher Bestandteil der Absprache sein.[475]

---

[473] Ähnlich *Chr. Engel*, StWuStPr 1998, S. 535 (542).

[474] Beispiel: die Verpflichtung der deutschen Wirtschaft zur Klimavorsorge vom 10. März 1995 (Pressemittelung des Presse- und Informationsamtes der Bundesregierung vom 10. März 1995, Nr. 87/95, S. 3). Zu diesem Beispiel siehe S. 55.

[475] Beispiel: „Solange die ‚Vereinbarung zwischen der Bundesregierung und den Spitzenverbänden der deutschen Wirtschaft zur Förderung der Chancengleichheit von Frauen und Männern in der Privatwirtschaft' erfolgreich umgesetzt wird, wird die Bundesregierung keine Initiative ergreifen, um die Chancengleichheit von

Die Formulierung dieser Rechtsetzungs-Verzichts-Klausel macht auch das Drohpotential solchen Verzichts deutlich: Der steht unter dem Vorbehalt der Umsetzung der Vereinbarung „Solange ...". Wie effektiv Solange-Klauseln sein können, zeigen die „Solange-I"[476] und „Solange-II"[477]-Entscheidungen des BVerfG, mit denen es den EuGH erfolgreich unter Druck gesetzt hat, den Grundrechtsschutz auf europäischer Ebene zu verbessern und deren Tendenz durch Art. 23 Abs. 1 S. 1 GG auf den Verfassungstext gebracht wurde. In diesen Zusammenhang gehört auch das nunmehr vom BVerfG proklamierte „Kooperationsverhältnis"[478] beider Gerichte.

Die Formulierung, „ordnungsrechtliche Maßnahmen ... einstweilen zurückzustellen"[479] (bei der Verpflichtung der deutschen Wirtschaft zur Klimavorsorge vom 10. März 1995[480]) ist eine Variante der „Solange-Klausel". Dass dies „im Gegenzug" zu der Selbstverpflichtung geschehen soll, war Gegenstand einer Parlamentarischen Anfrage aus den Reihen der damaligen Opposition. Diese führte zu folgender Klarstellung: „Die Bundesregierung hat ... nicht generell auf die weitere Anwendung (sic!) des Ordnungsrechts im Umweltschutz verzichtet, sondern lediglich erklärt, ordnungsrechtliche Maßnahmen ... einstweilen zurückzustellen."[481]

Eine weitere Variante des kombinierten Verzichts auf Rechtsetzung mit der Drohung mit Rechtsetzung enthält die Vereinbarung zur Förderung der Kraft-Wärme-Kopplung vom 25. Juni 2001, die eine gemeinsame Zwischenprüfung Ende 2004 vorsieht. Dort wird bereits konkret mit bestimmten Inhalten einer gesetzlichen Regelung anstelle der gegebenenfalls verfehlten Selbstverpflichtung gedroht: „Sollte ... die Zielerreichung für das Jahr 2005 in Frage gestellt sein, wird die Bundesregierung unter Berücksichtigung der internationalen Wettbewerbsfähigkeit der Wirtschaft am Standort Deutschland zum 1. Januar 2006 solche ordnungsrechtlichen Maßnahmen ergreifen, die bewirken, dass die mit dieser Vereinbarung angestrebten CO_2-Minderungen erreicht werden. Nach heutiger Einschätzung

---

Frauen und Männern in der Privatwirtschaft auf gesetzlichem Wege zu erreichen. Davon unberührt bleibt die Umsetzung von zwingendem EU-Recht." ist Punkt V der o. g. Absprache vom 2. Juli 2001 (Wortlaut in: http://www.bundesregierung.de/dokumente/Artikel/ix_47142.htm.).

[476] BVerfGE 37, 271.

[477] BVerfGE 73, 339.

[478] BVerfGE 89, 155 (175) – Maastricht. Vgl. hierzu *M. Heintzen,* AöR 119 (1994), S. 564 (583 ff.); kritisch zu dem Begriff *P. Badura,* Staatsrecht, 2. Aufl., 1996, Rz. D 154, dagegen *L. Michael,* AöR 124 (1999), S. 583 (616 ff.).

[479] Pressemitteilung des Presse- und Informationsamtes der Bundesregierung v. 10. März 1995, Nr. 87/95, S. 3.

[480] Hierzu s. S. 55.

[481] BT-Drs. 13/1328 vom 11. Mai 1995, Nr. 12.

der Bundesregierung empfiehlt sich in diesem Fall eine Quotenregelung."[482]

Dieses Beispiel zeigt auch, welchen Druck die Wirtschaft umgekehrt auf die Politik ausüben kann: Die Einhaltung der Zusagen steht unter dem ausdrücklichen „Vorbehalt, dass keine ordnungsrechtlichen Regelungen in Kraft treten, die den Unternehmen die notwendigen wirtschaftlichen Spielräume für ihre Eigeninitiative zur Erreichung der in dieser Vereinbarung zugesagten CO_2-Minderungsziele nehmen würden und dass ein den Vorgaben dieser Vereinbarung entsprechendes Gesetz zur Förderung ökologisch effizienter KWK zeitnah in Kraft tritt."[483]

Ohne dies an dieser Stelle rechtlich vertiefen zu müssen, sei darauf hingewiesen, dass solcher Verzicht ohne rechtliche Bindungswirkung sein soll und ist. Hierin unterscheidet sich das deutsche Modell normativer Absprachen wesentlich vom dänischen: Dort kann sich die Regierung nach Art. 10 des dänischen Umweltgesetzes MBL[484] in Umweltverträgen zum Verzicht auf den Erlass strengerer Normen verpflichten. Von dieser Verpflichtung kann sie sich nur bei zwingenden Gründen sowie bei Ausübung des Kündigungsrechts des Ministers nach Art. 41 Abs. 4 MBL lösen. Im Schrifttum wird sogar diskutiert, ob sich ein solcher Verzicht auch auf den Gesetzgeber erstrecken kann, weil dieser selbst die Regelung des Art. 10 MBL geschaffen hat.[485]

4. Normprägende Absprachen: Das Beispiel des Atomkonsenses

Die Phänomene gegenseitiger Einflussnahme bei normprägenden Absprachen soll exemplarisch an dem Entstehungsprozess der Vereinbarung zwischen der Bundesregierung und den Energieversorgungsunternehmen zur geordneten Beendigung der Kernenergie vom 14. Juni 2000/11. Juni 2001 verdeutlicht werden:

Das politische Ziel, die friedliche Nutzung der Kernenergie auf deutschem Boden aufzugeben, wurde mit dem Ausgang der Bundestagswahl 1998 und der Bildung einer rot-grünen Koalition auf Bundesebene mehrheitsfähig. Zwar hatte es bereits unter dem Bundesminister für Umwelt *K. Töpfer* Erwägungen zur Streichung des Förderzweckes (§ 1 Nr. 1 AtomG – im Folgenden stets i.d.F. vor dem Ausstiegsgesetz vom 22. April 2002 zitiert) aus dem Atomgesetz gegeben.[486] Diese blieben jedoch hypothetisch.

---

[482] Ziffer IV, S. 5 der Vereinbarung vom 25. Juni 2001.
[483] Ziffer VI, S. 5 f. der Vereinbarung vom 25. Juni 2001.
[484] Miljöbeskyttelseloven (MBL) Nr. 358 vom 6. Juni 1991.
[485] *G. Hucklenbruch*, Umweltrelevante Selbstverpflichtungen, 2000, S. 252 m.w.N.

Die *Koalitionsvereinbarung* von 1998 sieht vor, dass die Bundesregierung in kürzester Zeit den Entwurf zu einem Atomausstiegsgesetz vorlegt (so genannte *100-Tage-Novelle*), für den sie bereits die Eckpunkte formuliert, und dass die Bundesregierung auf dieser Grundlage in einem zweiten Schritt in Energie-Konsensgespräche mit den Energieversorgungsunternehmen eintritt.[487] Dieser Entwurf vom 11. Dezember 1998 wurde jedoch wegen völkerrechtlicher und verfassungsrechtlicher Bedenken nicht weiter verfolgt.[488] Ein Genehmigungsverbot auch für Forschungsreaktoren hätte gegen Art. 5 Abs. 3 GG verstoßen. Andere wesentliche Punkte (Streichung des Förderzwecks, Einführung einer Verpflichtung zur Sicherheitsüberprüfung, Beschränkung der Entsorgung auf die direkte Endlagerung, Aufhebung der Atomgesetz-Novelle von 1998 sowie die Erhöhung der Deckungsvorsorge) der Koalitionsvereinbarung und der auf ihr beruhenden 100-Tage-Novelle konnten später tatsächlich in den Konsensgesprächen durchgesetzt werden. Die Konsensgespräche lassen sich in fünf Phasen sowohl zeitlich als auch inhaltlich einteilen:

Erste Phase (erste Jahreshälfte 1999)[489]: Bereits bei dem ersten Treffen der Vorstandsvorsitzenden der vier Holdings der deutschen Energiewirtschaft (VEBA AG, VIAG AG, RWE AG, Energie Baden-Württemberg AG) mit dem Bundeskanzler am 26. Januar 1999 erklärten die Energieversorgungsunternehmen, das *Primat der Politik* und somit das Ziel der Bundesregierung, die Nutzung der Kernenergie geordnet zu beenden, grundsätzlich *akzeptieren* zu wollen.

Das Ob des Ausstiegs war also von Beginn an nicht Verhandlungsgegenstand, sondern vielmehr das Wie und vor allem das Wann und damit die Restlaufzeiten der existierenden Atomkraftwerke. Eine eigene Arbeitsgruppe beschäftigte sich mit den Details der Entsorgungsfragen, beendete ihre Arbeit aber nach drei Sitzungen Anfang März 1999, ohne eine Einigung erzielt zu haben. Beim zweiten Spitzengespräch mit dem Bundeskanzler am 9. März 1999 ging es vor allem um die Auswirkungen des Steuerentlastungsgesetzes auf die Energiewirtschaft. Auch hierfür wurde eine gesonderte gemeinsame Expertengruppe, bestehend aus Vertretern der Bundesregierung und der Stromversorger gebildet.

In dieser ersten Phase formierten sich auch bereits die *Gegner des Ausstieges*. Sie machten rechtliche Bedenken sowohl formaler als auch inhaltlicher Art geltend. So versuchte der Bayerische Ministerpräsident *E. Stoiber*

---

[486] *W. Renneberg*, Aktuelle Fragen des Atomrechts – Viertes Atomrechtliches Kolloquium am 23. September 1999, S. 1.

[487] *W. Renneberg*, ebenda, S. 3.

[488] *H. Wagner*, NVwZ 2001, S. 1089.

[489] *W. Renneberg*, ebenda, S. 3.

(vergeblich, s. u.), die EU-Kommission zu rechtlichen Schritten wegen vermeintlicher Verstöße des Ausstiegskonsenses gegen den EAGV zu veranlassen.[490] So ist umstritten, ob ein dauerhafter Ausstieg aus der Kernenergie gegen den EAGV und das Verbot der Wiederaufbereitung gegen den EGV verstößt.[491] Weiter kündigte *Stoiber* an, das BVerfG anzurufen, wenn der Bundesrat beim Atomkonsens bzw. bei Änderungen des Atomgesetzes nicht um seine Zustimmung angerufen werde.[492]

Zweite Phase (Sommer 1999)[493]: Einen *ersten Entwurf* für einen Atomkonsens handelte der Bundeswirtschaftsminister mit den Vorstandsvorsitzenden der vier Holdings der deutschen Energiewirtschaft aus und präsentierte ihn am 18. Juni 1999 einer überraschten Öffentlichkeit. Als Restlaufzeit wurde – ohne hierüber bereits einen Konsens aller Beteiligten erreicht zu haben – immerhin eine vorläufige Zahl von 35 Kalenderjahren genannt. Die Entsorgungsfrage sollte durch dezentrale Zwischenlager an den Kraftwerksstandorten sowie – nach einer Übergangszeit von fünf Jahren – ausschließlich durch die direkte Endlagerung gelöst werden. Auch ein Moratorium für Gorleben war bereits vorgesehen.

Der Entwurf sieht einen rechtlich verbindlichen *öffentlich-rechtlichen Vertrag* zwischen den Eigentümern und Betreibern der Atomkraftwerke und der Bundesregierung vor, ohne dass dann das AtomG geändert hätte werden sollen. Für den Fall der Vertragsverletzung durch die öffentliche Hand sollten die Privaten ein Kündigungsrecht erhalten. Vor dessen Ausübung wäre eine Schiedsstelle, besetzt mit drei hohen Richtern, anzurufen gewesen. Im Falle der Kündigung hätte eine Restlaufzeit von 40 Volllastjahren als Obergrenze kraft des insoweit zu ändernden Atomgesetzes gelten sollen.

Der Entwurf ist von hohem wissenschaftlichem Interesse. Alternativen und Entwürfe sind nicht nur im Bereich des formalen Rechts, insbesondere in der Verfassungslehre im Rahmen von deren Möglichkeitsdenken[494], als Fundgrube zumindest von rechtspolitischer Bedeutung. Dies muss umso mehr für das Thema informaler Absprachen gelten. Denn diese stellen selbst eine Alternative zum formalen Rechtsinstrumentarium dar. Außerdem sind die Struktur und das Verfahren informaler Absprachen noch in einem

---

[490] Zu dem Brief des Bayerischen Ministerpräsidenten *E. Stoiber* an den Präsidenten der EU-Kommission *R. Prodi* vgl. FAZ vom 9. Februar 2000.
[491] Vgl. hierzu einerseits *K. Borgmann,* Rechtliche Möglichkeiten und Grenzen eines Ausstiegs aus der Kernernergie, 1994, S. 402 ff.; andererseits *U. Di Fabio,* Der Ausstieg aus der wirtschaftlichen Nutzung der Kernenergie, 2000, S. 45 ff.
[492] FAZ vom 9. Februar 2000; FAZ vom 16. Juni 2000, S. 2.
[493] *W. Renneberg,* Aktuelle Fragen des Atomrechts – Viertes Atomrechtliches Kolloquium am 23. September 1999, S. 3.
[494] *P. Häberle,* Verfassungslehre als Kulturwissenschaft, 2. Aufl. 1998, S. 558 ff.

1. Teil: Begriffsklärung – Bestandsaufnahme – Vorverständnis

Maße unausgegoren, dass hier mit jedem Beispiel neue Varianten und Alternativen zu diskutieren sind. Besonders ernst sind Vorschläge zu nehmen, die das Instrumentarium des formalen Rechts ihrerseits als Alternative zu informalen Absprachen ausspielen.

Die Alternative des öffentlich-rechtlichen Vertrages zeigt, dass konsensuale Lösungen nicht notwendigerweise zu informalen Absprachen führen. Die Möglichkeit wurde jedoch vor allem wegen rechtlicher Bedenken wieder aufgegeben: Der Vertrag selbst hätte keine rechtliche Ermächtigung zum Vollzug gegeben und zu Durchsetzungsproblemen geführt. Die Durchsetzung wäre von Klagen vor den zuständigen Verwaltungsgerichten abhängig gewesen und hätte zu entsprechenden Verzögerungen führen können.[495] Der Staat hätte nicht entgegen den gesetzlichen Anforderungen der §§ 17 bis 19 AtomG „ungestörten Weiterbetrieb" garantieren dürfen. Der im Vertragsentwurf vorgesehene Vorratsplanfeststellungsbeschluss für das Endlager Konrad sowie die zu Lasten des Bundes geregelten Kostenfragen im Hinblick auf die Endlager bzw. Endlagervorhaben Morsleben und Gorleben wären rechtlich unzulässig gewesen.[496] Darüber hinaus hätten die rechtlichen Bindungen der Bundesregierung und ihre Auswirkungen auf den Vollzug des AtomG und auf Möglichkeit, das AtomG zu ändern zu schwierigen Problemen geführt.

Die wichtigste Folge dieser zweiten Phase ist die Diskussion um rechtliche Fragen. Die Sackgasse des öffentlich-rechtlichen Vertrages ließ es sinnvoll erscheinen, vor weiteren Verhandlungen und Entwürfen den Rahmen des rechtlich Möglichen abzustecken.

Dritte Phase (zweite Jahreshälfte 1999): Am 22. Juni 1999 fand ein weiteres Spitzengespräch mit dem Bundeskanzler statt.[497] Durch Kabinettsbeschluss vom 7. Juli 1999 wurde eine Arbeitsgruppe bestehend aus Staatssekretären der vier Ressorts für Umwelt, Wirtschaft, Innen und Justiz unter Federführung des Bundesministeriums für Umwelt eingesetzt, die die rechtlichen Rahmenbedingungen und damit die Handlungsmöglichkeiten der Bundesregierung für einen Atomausstieg einvernehmlich klären sollte.[498] Dabei sollten sowohl das nationale als auch das internationale Recht berücksichtigt werden. Die Arbeitsgruppe begann ihre Arbeit am 28. Juli 1999 und sollte ihren Bericht bis November 1999 vorlegen.[499]

---

[495] *W. Renneberg*, Aktuelle Fragen des Atomrechts – Viertes Atomrechtliches Kolloquium am 23. September 1999, S. 3.

[496] *W. Renneberg*, ebenda, S. 4.

[497] *Bundesministerium für Umwelt, Naturschutz und Reaktorsicherheit*: Glossar zum Atomausstieg, S. 1, in: http://www.bmu.de/atomkraft/konsens_glossar.htm.

[498] FAZ vom 8. Juli 1999.

[499] *W. Renneberg*, Aktuelle Fragen des Atomrechts – Viertes Atomrechtliches Kolloquium am 23. September 1999, S. 4.

§ 3 Typisierung nach rechtlichen Kriterien

Vierte Phase (erste Jahreshälfte 2000): Aushandeln des Konsenses als Gentlemen's Agreement: In einem Spitzengespräch zwischen den Chefs der vier Holdings der deutschen Energiewirtschaft (VEBA AG, VIAG AG, RWE AG, Energie Baden-Württemberg AG) und dem Bundeskanzler am 3. Februar 2000 wurde die Bildung einer Kommission unter Leitung des Kanzleramtschefs *F. W. Steinmeier* vereinbart, um die Vereinbarung im Detail vorzubereiten.[500]

Der am 14. Juni paraphierte Konsens ist eine *normprägende* Absprache mit *normvollziehenden* und *rechtsstreitsbeendenden* Elementen. Die Absprache ist durch folgende konsensuale Merkmale geprägt: Rechtsstreitigkeiten zu beenden, die Fronten des so genannten „ausstiegsorientierten Normvollzugs" abzubauen und das AtomG im Einvernehmen mit den EVU zu ändern. Dieser Konsens ist vor dem Hintergrund folgender Drohpotentiale auf beiden Seiten zustande gekommen:

Das rechtliche Drohpotential der Bundesregierung im Falle des Atomausstiegs unterscheidet sich von den meisten anderen normativen Absprachen dadurch, dass sie sowohl mit Rechtsetzung als auch mit *Vollzugskompetenzen* drohen konnte: Ihre Kompetenzen und Entscheidungsspielräume im Rahmen des Vollzugs des AtomG waren von entscheidender Bedeutung. Die Opposition warf der Bundesregierung in der Debatte am 29. Juni 2000 Erpressung der Energieversorger vor.[501]

Beim Vollzug des AtomG handelt es sich um Bundesauftragsverwaltung nach Art. 85, 87c, 74 Nr. 11a GG, § 24 AtomG. Das bedeutet, dass grundsätzlich die Wahrnehmungs- und auch Sachkompetenz bei den Ländern liegt, die Bundesregierung jedoch *fachaufsichtliche Kompetenzen* (Art. 85 Abs. 4 GG) hat und bei Ausübung ihres *Weisungsrechts* (Art. 85 Abs. 3 GG) die Sachkompetenz an sich ziehen kann. Dies ist der kompetenzielle Ausgangspunkt dafür, dass diese Vereinbarung, obwohl auf der politisch höchsten Ebene der Bundesregierung verhandelt und geschlossen, selbst auch normvollzugsbezogene Elemente enthält. Die Bedeutung dieser fachaufsichtlichen Kompetenzen wird deutlich, wenn man den außergewöhnlichen *Ermessenscharakter* der zentralen Tatbestände des Atomgesetzes in den Blick nimmt:

Das gilt bereits für den Genehmigungstatbestand des § 7 Abs. 2 AtomG: Obwohl nämlich § 1 Nr. 1 AtomG mit seinem Förderzweck klarstellt, dass die friedliche Nutzung der Kernenergie rechtlich nicht per se unerwünscht ist, steht die Errichtung und der Betrieb von Atomanlagen unter einem präventiven Verbot mit Erlaubnisvorbehalt. Mehr noch: Der Behörde wird ein – sonst nur bei den repressiven Verboten mit Befreiungsvorbehalt anerkann-

---

[500] Hierzu SZ vom 5./6. Februar 2000.
[501] FAZ vom 30. Juni 2000.

tes[502] – Genehmigungs- oder besser gesagt Versagungsermessen eingeräumt.[503] Das lässt sich mit dem restriktiven Wortlaut des § 7 Abs. 2 AtomG („Die Genehmigung darf nur erteilt werden, wenn ...") begründen. Zudem enthalten die tatbestandlichen Voraussetzungen der Genehmigung unbestimmte Rechtsbegriffe (z.B. § 7 Abs. 2 Nr. 3 AtomG: „erforderliche Vorsorge gegen Schäden")[504]. Wenn man bedenkt, dass die Neuerrichtung weiterer Kernkraftwerke in der Bundesrepublik soweit ersichtlich schon seit längerem von niemandem mehr konkret geplant war, konzentrierte sich das aktuelle Drohpotential der Bundesregierung jedoch auf andere Normen.

Empfindlich könnten die Anlagenbetreiber durch *Rücknahmen* und *Widerrufe* erteilter Genehmigungen getroffen werden. Diese richten sich nach § 17 AtomG. Rücknahme und Widerruf erteilter Genehmigungen stehen in den Fällen des § 17 Abs. 2 und 3 AtomG ebenfalls im Ermessen der Behörden.[505] Umstritten ist, ob die Änderung der Sicherheitsphilosophie einen Widerrufsgrund nach § 17 Abs. 5 AtomG begründet.[506] Eine Befristung von Genehmigungen nach § 7 AtomG ist hingegen nach geltendem Recht ausgeschlossen (§ 17 Abs. 1 S. 4 AtomG). Das Drohpotential hinsichtlich des Vollzug dieser geltenden Regelungen war für die Bundesregierung deshalb jedoch reduziert, weil Rücknahme und Widerruf von Genehmigungen grundsätzlich eine Entschädigungspflicht in Höhe der Aufwendungen bzw. des Zeitwertes auslösen (§ 18 Abs. 1 AtomG). Hiervon gibt es jedoch Ausnahmen (§ 18 Abs. 2 AtomG, insbesondere dessen Nr. 3)[507].

Von zentraler Bedeutung waren weniger die Voraussetzungen für Genehmigung und deren Widerruf oder Rücknahme, als vielmehr die *Regelungen zum Betrieb genehmigter Anlagen,* insbesondere die nach § 4 AtomG zu genehmigenden *Atomtransporte* und die Möglichkeit *nachträglicher Auflagen* für den Betrieb von Kernkraftwerken nach § 17 Abs. 1 S. 3 AtomG. Hierin bestand das deutlich spürbare Drohpotential der Bundesregierung mit dem so genannten „ausstiegsorientierten Gesetzesvollzug":

Nach überwiegender Auffassung in der Literatur ist die Änderung der Sicherheitsphilosophie ein hinreichender Grund für *nachträgliche Auflagen*

---

[502] *M. Kloepfer,* Umweltrecht, 2. Aufl. 1998, S. 222 m.w.N.

[503] BVerfGE 49, 89 (145 ff.) – Kalkar I; *M. Kloepfer,* Umweltrecht, 2. Aufl. 1998, S. 1035 m.w.N.

[504] Hierzu *M. Kloepfer,* Umweltrecht, 2. Aufl. 1998, S. 1037 f. m.w.N.

[505] Hierzu *K. Borgmann,* Rechtliche Möglichkeiten und Grenzen eines Ausstiegs aus der Kernenergie, 1994, S. 145 ff.; *U. Di Fabio,* Der Ausstieg aus der wirtschaftlichen Nutzung der Kernenergie, 2000, S. 20 ff.

[506] Dafür: *A. Roßnagel,* JZ 1986, S. 716 (717 ff.); dagegen: *B. Bender,* DÖV 1988, S. 813 (817); vgl. auch *K. Borgmann,* Rechtliche Möglichkeiten und Grenzen eines Ausstiegs aus der Kernenergie, 1994, S. 157 m.w.N. für beide Auffassungen.

[507] Ausführlich *K. Borgmann,* ebenda, S. 178 ff.

§ 3 Typisierung nach rechtlichen Kriterien   111

nach § 17 Abs. 1 S. 3 AtomG.[508] Verfassungsrechtlich lässt sich die Umsetzung neuer Sicherheitsphilosophien auf das Gebot „dynamischen Grundrechtsschutz(es)"[509] stützen. Es wird zwar bestritten[510], dass die restriktive Haltung der seit 1998 amtierenden Bundesregierung auf neuen Erkenntnissen[511] beruht und nicht vielmehr auf einer abweichenden Bewertung alter Erkenntnisse. Auch bleibt die Verwaltung an den gesetzgeberischen Willen, der im bis dato geltenden AtomG ein positives Bekenntnis zur Atomenergie enthält nach Art. 20 Abs. 3 GG gebunden.[512]

Aber es bleibt festzuhalten, dass die gerichtliche Durchsetzung eines fehlerfreien Ermessensgebrauchs mit *Rechtsunsicherheiten* und *Verzögerungen* verbunden gewesen wäre, die auszuschließen aus Sicht der Betreiber von großem Interesse war. Die bestehende Rechtsunsicherheit im geltenden Atomrecht wird dadurch noch verstärkt, dass diskutiert wird, ob die Energiebedarfsprognose[513] sowie die (nach wie vor letztlich ungeklärte) Entsorgungsvorsorge[514] – jedenfalls als Abwägungsgesichtspunkt – bei der Ermessensausübung berücksichtigt werden darf. Die aus den Ermessenstatbeständen resultierende Rechtsunsicherheit wurde verfassungsrechtlich damit gerechtfertigt, dass bei den Gefahren der Kernenergie „vorerst"[515] (sic!) noch unzureichende Erkenntnisse vorlagen, die es dem Gesetzgeber ermöglicht hätten, deren Konsequenzen in abschließend benannte Genehmigungsvoraussetzungen zu übersetzen.[516] Die Ausübung des Ermessens soll deshalb möglich sein, „falls besondere und unvorhergesehene Umstände es einmal notwendig machen"[517].

Dem Interesse der EVU am ungehinderten Betrieb der Anlagen während der Restlaufzeit ist ein eigener Abschnitt der Vereinbarung gewidmet. Trotz des Ermessens bestand rechtlich gesehen für die Bundesregierung nur ein enger Spielraum verhandelbarer Inhalte: Einerseits war sie einfachrechtlich an das positive Bekenntnis zur Kernenergie in § 1 Nr. 1 AtomG gebunden (Art. 20 Abs. 3 GG), solange der Gesetzgeber den Förderzweck nicht aus

---

[508] *K. Borgmann,* ebenda, S. 157 m.w.N.
[509] BVerfGE 49, 89 (137) – Kalkar I.
[510] *F. Ossenbühl,* AöR 124 (1999), S. 1 (30 f.).
[511] So aber ausdrücklich der Staatssekretär des Bundesministeriums für Umwelt, Naturschutz und Reaktorsicherheit *W. Renneberg,* Aktuelle Fragen des Atomrechts – Viertes Atomrechtliches Kolloquium am 23. September 1999.
[512] *K. Borgmann,* Rechtliche Möglichkeiten und Grenzen eines Ausstiegs aus der Kernernergie, 1994, S. 183.
[513] *R. Breuer,* in: Der Staat 20 (1981), S. 393 (410).
[514] *P. Marburger,* Atomrechtliche Schadensvorsorge, 2. Aufl. 1985, S. 128.
[515] BVerfGE 49, 89 (146) – Kalkar I.
[516] Hierzu im Einzelnen *K. Löffler,* Parlamentsvorbehalt im Kernenergierecht, 1985, S. 39 ff.
[517] BVerfGE 49, 89 (147) – Kalkar I.

dem AtomG gestrichen hat. Andererseits durfte sie den EVU keine Zugeständnisse machen, die den (auch aus verfassungsrechtlichen Gründen) vorrangigen Schutzzweck des § 1 Nr. 2 AtomG verletzten.[518] Das BVerfG hat dem Staat wegen Art. 2 Abs. 2 GG über eine allgemeine Schutzpflicht hinaus eine Mitverantwortung zuerkannt; diese unterliegt einer strengen verfassungsrechtlichen Bindung, die der bei Grundrechtseingriffen entspricht.[519] Einzelheiten sollen hier nicht vertieft werden, soweit sie Probleme normvollzugsbezogener Absprachen betreffen, die nicht Gegenstand dieser Arbeit sind.

Sowohl für die Bundesregierung als auch für die EVU wären Rechtsstreitigkeiten um einen „ausstiegsorientierten Gesetzesvollzug" mit vielen Risiken und Zeitverlusten verbunden gewesen. Deshalb war den EVU am Einvernehmen mit der seit 1998 amtierenden, politisch dem Atomausstieg verschriebenen Bundesregierung sehr gelegen. Mit Weisungen der Bundesregierung zur Verhinderung eines ausstiegsorientierten Gesetzesvollzugs durch einzelne Länder war seit Ende 1998 nicht mehr zu rechnen.[520] Im Rahmen des Konsenses verspricht die Bundesregierung jedoch, von ihrer Weisungsbefugnis nach Art. 85 Abs. 3 GG Gebrauch zu machen (In Anlage 2 heißt es: „Das Bundesumweltministerium wird bis spätestens Ende August 2000 gegenüber der hessischen Genehmigungs- und Aufsichtsbehörde Maßnahmen zur Beschleunigung der Genehmigungsverfahren festlegen; dazu gehören eine Strukturierung der Verfahren und eine Definition der Bewertungsmaßstäbe."[521]). Auf die Rechtsfrage, ob eine solche vollzugsbezogene Absprache ohne das Land angemessen zu beteiligen den Maßstäben bundesfreundlichen Verhaltens entspricht, soll hier nicht eingegangen werden. Sie zeigt nur, dass informale Absprachen Rechtsstreitigkeiten nicht nur vermeiden, sondern auch zusätzliche Rechtsfragen aufwerfen können.

Vor allem das Argument der Vermeidung von Rechtsstreitigkeiten und der wirtschaftlichen Kalkulierbarkeit sprach für die EVU dafür, sich eines „betriebsorientierten" Gesetzesvollzugs zu versichern, auch wenn hierauf möglicherweise ohnehin ein rechtlicher Anspruch bestand. Die Bundesregierung sagte keinesfalls zu, hinter den gesetzlichen Anforderungen des AtomG an die Sicherheit der Anlagen zurückzubleiben, verzichtete aber

---

[518] BVerfGE 53, 30 (58) – Mülheim-Kärlich; *M. Kloepfer,* Umweltrecht, 2. Aufl. 1998, S. 1028 m. w. N.

[519] BVerfGE 53, 30 (58); im Ergebnis zustimmend: *Chr. Lawrence,* Grundrechtsschutz, technischer Wandel und Generationensverantwortung, 1989, S. 75 f.

[520] Vgl. *U. Di Fabio,* Der Ausstieg aus der wirtschaftlichen Nutzung der Kernenergie, 2000, S. 15.

[521] Vereinbarung zwischen der Bundesregierung und den Energieversorgungsunternehmen v. 14. Juni 2000, Anlagen, S. 3.

ausdrücklich auf die Durchsetzung einer geänderten, verschärften Sicherheitsphilosophie im Rahmen ihrer Vollzugskompetenzen, eine Zusage, die freilich mehr eine Stimmung des Konsenses wiedergibt, als im Streitfall einen konkreten Anhaltspunkt geben zu können: „Unbeschadet unterschiedlicher Einschätzungen hinsichtlich der Verantwortbarkeit der Risiken der Kernenergienutzung stimmen beide Seiten überein, dass die Kernkraftwerke und sonstigen kerntechnischen Anlagen auf einem international gesehen hohen Sicherheitsniveau betrieben werden. Sie bekräftigen ihre Auffassung, dass dieses Sicherheitsniveau weiterhin aufrechterhalten wird. Während der Restlaufzeiten wird der von Recht und Gesetz geforderte hohe Sicherheitsstandard weiter gewährleistet; die Bundesregierung wird keine Initiative ergreifen, um diesen Sicherheitsstandard und die diesem zugrundeliegende Sicherheitsphilosophie zu ändern. Bei Einhaltung der atomrechtlichen Anforderungen gewährleistet die Bundesregierung den ungestörten Betrieb der Anlagen."[522]

Die Vereinbarung enthält zwei Kernaussagen, die in einer Art *Gegenseitigkeitsverhältnis* stehen. Während die EVU die Befristung der Betriebserlaubnisse für Kernkraftwerke akzeptieren, sagt die Bundesregierung zu, die jeweilige Stillegung der Standorte nicht durch einen obstruktiven, „ausstiegsorientierten" Gesetzesvollzug[523] schon vorher zu erzwingen: „Vor diesem Hintergrund verständigen sich Bundesregierung und Versorgungsunternehmen darauf, die künftige Nutzung der vorhandenen Kernkraftwerke zu befristen. Andererseits soll unter Beibehaltung eines hohen Sicherheitsniveaus und unter Einhaltung der atomrechtlichen Anforderungen für die verbleibende Nutzungsdauer der ungestörte Betrieb der Kernkraftwerke wie auch deren Entsorgung gewährleistet werden. Beide Seiten werden ihren Teil dazu beitragen, dass der Inhalt dieser Vereinbarung dauerhaft umgesetzt wird."[524]

Die Bundesregierung hat, um ihren eigenen Sicherheitsbedenken auch ex nunc schon während der Restlaufzeit Rechnung zu tragen, durchgesetzt, dass künftig alle EVU regelmäßige Sicherheitsüberprüfungen, sog. „Sicherheits-Status-Analysen" (SSA) und „Probabilistische Sicherheits-Analysen" (PSA) durchführen und die Ergebnisse den Aufsichtsbehörden vorlegen. Damit wird eine bei der Mehrzahl der KKW begonnene Praxis fortgesetzt und verallgemeinert. Die Sicherheitsüberprüfungen basieren auf dem sog. PSÜ-Leitfaden, bei dessen Fortentwicklung das Bundesministerium für Umwelt die Länder, die Reaktorsicherheitskommission und die Betreiber

---

[522] Ebenda, S. 6.
[523] Vgl. hierzu *U. Di Fabio*, Der Ausstieg aus der wirtschaftlichen Nutzung der Kernenergie, 2000, S. 17 ff.
[524] Vereinbarung zwischen der Bundesregierung und den Energieversorgungsunternehmen v. 14. Juni 2000, S. 3.

der KKW beteiligen. Die Pflicht zur Vorlage einer Sicherheitsüberprüfung soll als Betreiberpflicht zur Unterstützung der staatlichen Aufsicht im Rahmen des § 19 AtomG gesetzlich normiert werden.[525]

In der Entsorgungsfrage wurde vereinbart,[526] dass die EVU so zügig wie möglich an den Standorten der KKW oder in deren Nähe Zwischenlager errichten. Die Bundesregierung bekennt sich dabei auch zur Mitwirkung, wobei deren Inhalte denkbar unbestimmt bleiben: „Es wird gemeinsam nach Möglichkeiten gesucht, vorläufige Lagermöglichkeiten an den Standorten vor Inbetriebnahme der Zwischenlager zu schaffen." Die Wiederaufarbeitung soll mittelfristig beendet und die Entsorgung radioaktiver Abfälle aus dem Betrieb von KKW ab dem 01.07.2005 auf die direkte Endlagerung beschränkt werden. Die internationalen Verpflichtungen werden als Problem angesprochen, wobei in der Vereinbarung nicht mehr als good will zu deren Lösung niedergelegt wurde: „Die EVU werden gegenüber ihren internationalen Partnern alle zumutbaren vertraglichen Möglichkeiten nutzen, um zu einer frühestmöglichen Beendigung der Wiederaufarbeitung zu kommen."

Das Problem der Atommülltransporte, das in den letzten Jahren zu besonderen Schwierigkeiten und zu gesteigerter öffentlicher Aufmerksamkeit geführt hat, könnte den Konsens zwischen Bundesregierung und EVU empfindlich stören. Seine Lösung, auf die beide Seiten gemeinsam hinwirken wollen, wird deshalb als Zielvorgabe zugleich wie eine Geschäftsgrundlage behandelt: „Die Bundesregierung und EVU gehen davon aus, dass in dem vorgesehenen Zeitraum die noch verbleibenden Mengen transportiert werden können. Sie gehen des Weiteren davon aus, dass die Genehmigungsverfahren für Transporte zur Wiederaufarbeitung bei Vorliegen der gesetzlichen Voraussetzungen bis zum Sommer 2000 abgeschlossen werden können. Sollte der Prozess der Abwicklung der Wiederaufarbeitung aus von den EVU nicht zu vertretenden Gründen nicht zeitgerecht durchgeführt werden können, werden beide Seiten rechtzeitig nach geeigneten Lösungen suchen."[527]

Zur Lösung der Transportprobleme in die regionalen Zwischenlager sowie (bis zur Beendigung der Wiederaufarbeitung) ins Ausland richten die Bundesregierung, Länder und EVU gemeinsam eine „ständige Koordinierungsgruppe zur Durchführung der Transporte" ein, die mit den Sicherheitsbehörden von Bund und Ländern zusammenarbeiten soll. Auch in diesem Zusammenhang wird eine Zielvorgabe vorgegeben: „Beide Seiten gehen davon aus, dass die standortnahen Zwischenlager in einem Zeitraum von längstens fünf Jahren betriebsbereit sind."

---

[525] Ebenda, S. 6 f.
[526] Ebenda, S. 8.
[527] Ebenda, S. 9.

§ 3 Typisierung nach rechtlichen Kriterien 115

Einer der Verhandlungspartner auf privater Seite, die RWE AG, hatte bei den Konsensverhandlungen noch ein zusätzliches, starkes Druckmittel, nämlich den Rechtsstreit um den Problemfall Mülheim-Kärlich, einem KKW, das aus Rechtsgründen nie betrieben werden konnte. Hierzu enthält die Vereinbarung eine Einigung mit *rechtsstreitbeendender Wirkung,* um die es der Bundesregierung sehr gelegen war. Die RWE wollte die bis heute ungenutzten Investitionen wirtschaftlich realisieren. Die Bundesregierung wollte die gegen das Land Rheinland-Pfalz anhängige *Schadensersatzklage* wegen schuldhafter Erteilung einer rechtswidrigen Genehmigung, die den Betreiber zu Fehlinvestitionen veranlasste, die jedenfalls dem Grunde nach bereits höchstrichterlich anerkannt wurde[528], abwenden und doch in Fragen der Genehmigungsvoraussetzungen nicht nachgeben. So kam es zu folgendem Kompromiss:[529] „RWE zieht den Genehmigungsantrag für das KKW Mülheim-Kärlich zurück. Ebenso nimmt das Unternehmen die Klage auf Schadensersatz gegen das Land Rheinland-Pfalz zurück. Mit der Vereinbarung sind alle rechtlichen und tatsächlichen Ansprüche im Zusammenhang mit dem Genehmigungsverfahren sowie mit den Stillstandszeiten der Anlage abgegolten. RWE erhält die Möglichkeit entsprechend der Vereinbarung 107,25 TWh gemäß Ziff. II/4 auf andere KKW zu übertragen. Es besteht Einvernehmen, dass diese Strommenge auf das KKW Emsland oder andere neuere Anlagen sowie auf die Blöcke B und C des KKW Gundremmingen und max. 20% auf das KKW Biblis B übertragen werden."[530]

Über ihre Vollzugsbefugnisse hinaus hat die Bundesregierung im Fall des Atomkonsenses vor allem *mit Rechtsetzung gedroht.* Dabei stand ihr keine Verordnungsermächtigung zur Verfügung, sondern „nur" die Chance einer Gesetzesinitiative zur Änderung des AtomG.

Es handelt sich um eine explizit *normprägende* Absprache[531]: „Die Bundesregierung wird auf der Grundlage dieser Eckpunkte einen Entwurf zur Novelle des Atomgesetzes erarbeiten." Die Vereinbarung soll nur Ausgangsbasis und Rahmen für weitere Schritte sein. „Bundesregierung und Versorgungsunternehmen verstehen die erzielte Verständigung als einen wichtigen Beitrag zu einem umfassenden Energiekonsens. Die Beteiligten werden in Zukunft gemeinsam daran arbeiten, eine umweltverträgliche und im europäischen Markt wettbewerbsfähige Energieversorgung am Standort Deutschland weiter zu entwickeln. Damit wird auch ein wesentlicher Beitrag ge-

---

[528] BGH DVBl. 1997, S. 551 ff.; hierzu *M. Kloepfer,* Umweltrecht, 2. Aufl. 1998, S. 446 f., 1062.
[529] Dazu FAZ vom 16. Juni 2000, S. 3.
[530] Vereinbarung zwischen der Bundesregierung und den Energieversorgungsunternehmen v. 14. Juni 2000, S. 5 f.
[531] Ebenda, S. 3.

leistet, um in der Energiewirtschaft eine möglichst große Zahl von Arbeitsplätzen zu sichern."

In Anlage 5 zur Vereinbarung wurde die summarische Darstellung einer Novelle des Atomgesetzes skizziert.[532] Danach sollen vor allem folgende Änderungen erfolgen: Anstelle des Förderzwecks in § 1 Nr. 1 AtomG soll das Ziel treten, die „Nutzung der Kernenergie zur gewerblichen Erzeugung von Elektrizität geordnet zu beenden und bis zum Zeitpunkt der Beendigung den geordneten Betrieb sicher zu stellen" An die Stelle der Genehmigungsvorschrift für die Neuerrichtung (§ 7 Abs. 1 (1. Var.) AtomG) soll das „Verbot von Genehmigungen für die Errichtung und den Betrieb von neuen Kernkraftwerken" treten. Die bestehenden Betriebserlaubnisse sollen befristet werden: Das Recht zum Leistungsbetrieb des jeweiligen KKW soll erlöschen, „wenn die im Anhang zum Gesetz vorgesehene bzw. durch Übertragung geänderte Strommenge für das jeweilige KKW erreicht ist." In einem Anhang zum Gesetz soll für jedes KKW eine konkrete Strommenge festgelegt werden, nach der die Laufzeit zu berechnen ist. Das Recht zur Übertragung der jeweiligen Strommengen auf andere Anlagen soll den Eckpunkten für einen Energiekonsens entsprechen. Jedes EVU soll zur Meldung der monatlich erzeugten Strommenge an das Bundesamt für Strahlenschutz verpflichtet werden. Unter Beibehaltung des derzeitigen gesetzlichen Sicherheitsstandards sollen die vereinbarten periodischen Sicherheitsüberprüfungen zur gesetzlichen Pflicht werden. Auch die Vereinbarungen über die Entsorgungsfrage sollen gesetzlich festgeschrieben werden: als „Pflicht zur Errichtung und Nutzung von Zwischenlagern bei den KKW", als „gesetzliche Regelung für Zwischenlösungen" über deren Notwendigkeit und deren Inhalt sich die Beteiligten „im Grundsatz einig" waren und „ab 01.07.2005: Beschränkung der Entsorgung auf die direkte Endlagerung (sowie) Verbot der Wiederaufarbeitung" unter „Beibehaltung der durch die AtomG-Novelle 1998 eingeführten ‚Veränderungssperre' zur Sicherung des Standortes Gorleben während des Moratoriums (im § 9 g)" und schließlich „Anpassung des Entsorgungsvorsorgenachweises an die Inhalte der Vereinbarung" Die AtomG-Novelle am Ende der vorherigen Legislativperiode vom 6. April 1998 soll – abgesehen von den Regelungen zur Umsetzung von EU-Recht und zur Veränderungssperre wieder aufgehoben werden. Schließlich soll die Deckungsvorsorge erhöht werden.

Nicht nur positive Inhalte von Rechtsetzung, sondern auch Verzichte auf Rechtsetzung wurden vereinbart, so dass die Absprache auch *normsetzende* Elemente hat: Die EVU haben sich zusichern lassen, dass die Bundesregierung die wirtschaftlichen Rahmenbedingungen für den Betrieb der bestehenden Anlagen weder durch Gesetzgebungsinitiativen noch durch an-

---

[532] Ebenda, Anlagen S. 8–10.

dere Maßnahmen wesentlich erschwert. „Die Bundesregierung wird keine Initiative ergreifen, mit der die Nutzung der Kernenergie durch einseitige Maßnahmen diskriminiert wird. Dies gilt auch für das Steuerrecht. Allerdings wird die Deckungsvorsorge durch Aufstockung der so genannten zweiten Tranche oder einer gleichwertigen Regelung auf einen Betrag von 5 Mrd. DM erhöht."[533]

Die Privaten, hier die Energieversorgungsunternehmen EVU, bestätigen ausdrücklich ihr schon zu Beginn der Gespräche erklärtes Bekenntnis zum *Primat der Politik*. So heißt es in der Einleitung zu der Vereinbarung: „Unbeschadet der nach wie vor unterschiedlichen Haltungen zur Nutzung der Kernenergie respektieren die EVU die Entscheidung der Bundesregierung, die Stromerzeugung aus Kernenergie geordnet beenden zu wollen."[534] Das bedeutet für die Vereinbarung, dass diese nicht unter Gleichen geschlossen wurde. Für die Bundesregierung war auf Grund ihrer Koalitionsaussage politisch keineswegs alles verhandelbar. Das hat aber auch zur Konsequenz, dass sich die EVU nicht das Hauptziel der Politik bezüglich zum eigenen Ziel gemacht bzw. als gemeinsames Ziel mit der Bundesregierung erarbeitet haben. „Die EVU nehmen zur Kenntnis, dass die Bundesregierung die Einführung eines gesetzlichen Neubauverbots für KKW sowie einer gesetzlichen Verpflichtung zur Errichtung und Nutzung von standortnahen Zwischenlagern beabsichtigt."[535]

Weil die EVU von vornherein die Intention der Beendigung der friedlichen Nutzung der Kernenergie als Primat der Politik hinnehmen, bestand das Drohpotential der Bundesregierung nicht im Ob, sondern im *Wie* und *Wann* des geregelten Ausstiegs.

Für diese Drohungen galt ebenso wie für die Drohungen mit einem „ausstiegsorientierten Gesetzesvollzug", dass sie mit schwierigen Rechtsfragen verbunden sind. Jedes Ausstiegsgesetz muss insbesondere dem verfassungsrechtlichen Vertrauensschutz und den grundrechtlichen Bestandsschutz gegenüber Änderungen des AtomG genügen. Die Grenzen dieser verfassungsrechtlichen Garantien sind Gegenstand kontroverser Diskussionen in der Rechtswissenschaft. Je weiter der Bundesgesetzgeber diese Grenzen auszureizen versucht hätte, desto wahrscheinlicher wären Verfassungsbeschwerden der EVU sowie deren Erfolgsaussichten gewesen. Der Prozess des Ausstiegs wäre mit Rechtsunsicherheiten und Verzögerungen behaftet gewesen. Die Bundesregierung hatte deshalb auch im Hinblick auf „ausstiegsorientierte Gesetzesänderungen" ein eminentes Interesse daran, mit

---

[533] Ebenda, S. 7.
[534] Ebenda, S. 3.
[535] Ebenda, S. 11.

den EVU einen Konsens zu erzielen und deren Verfassungsbeschwerden aus dem Wege zu gehen.

Zu Gunsten (privater)[536] Betreiber von kerntechnischen Anlagen streiten die Grundrechte Art. 12 Abs. 1 und 14 Abs. 1 GG[537] und der verfassungsrechtliche Vertrauensschutz[538], wobei letzterer in seiner grundrechtlichen Dimension im Bestandsschutz des Eigentums aufgehen kann[539]. Zum Teil wird der Ausstieg aus der Kernenergie sogar als Enteignung im Hinblick auf die wirtschaftliche Wertlosigkeit der Anlagen als zwangsläufige Folge einer Stilllegung gedeutet.[540] Dieser wäre jedenfalls nur nach einer erheblichen Übergangszeit verfassungsrechtlich überhaupt zulässig.[541] Die nun im Atomkompromiss ausgehandelten Restlaufzeiten sind jedoch so bemessen, dass die Energiewirtschaft die Stillegungen wirtschaftlich tragen und v. a. langfristig vorher kalkulieren kann. Die Bundesregierung und die Energieunternehmen betrachten deshalb die ausgehandelte Lösung als entschädigungsfrei[542] und die entsprechende Änderung des AtomG also als Inhalts- und Schrankenbestimmung: „Eine nachträgliche Befristung der Betriebserlaubnisse ist unter Berücksichtigung der für den Atomausstieg angegebenen Gründe als Inhaltsbestimmung des Eigentums der betroffenen Unternehmen auch unabhängig von deren Zustimmung im Konsens verfassungsrechtlich zulässig."[543] Diese (umstrittene) Rechtsauffassung ist das Ergebnis der interministeriellen Arbeitsgruppe in der dritten Phase der Konsensgespräche. In der vierten Phase war die Position der Bundesregierung somit insoweit geklärt und offengelegt.

Beim verfassungsrechtlichen Vertrauensschutz stellt sich – unabhängig von dessen dogmatischer Verankerung – folgendes Grundsatzproblem: In welchem Maße durfte sich die Atomindustrie darauf verlassen, dass die auf den Voraussetzungen des geltenden Atomrechts beruhenden unbefristeten Genehmigungen fortbestehen würden? Je weiter man solchen Vertrauens-

---

[536] Vgl. hierzu *K. Borgmann*, Rechtliche Möglichkeiten und Grenzen eines Ausstiegs aus der Kernernergie, 1994, S. 321 ff. sowie *U. Di Fabio*, Der Ausstieg aus der wirtschaftlichen Nutzung der Kernenergie, 2000, S. 87 ff.

[537] Ausführlich hierzu *K. Borgmann*, Rechtliche Möglichkeiten und Grenzen eines Ausstiegs aus der Kernernergie, 1994, S. 315 ff.; *U. Di Fabio*, Der Ausstieg aus der wirtschaftlichen Nutzung der Kernenergie, 2000, S. 83 ff.

[538] *K. Borgmann*, Rechtliche Möglichkeiten und Grenzen eines Ausstiegs aus der Kernernergie, 1994, S. 366 ff.

[539] So *F. Ossenbühl*, AöR 124 (1999), S. 1 (36).

[540] *F. Ossenbühl*, ebenda, S. 23 ff.

[541] *F. Ossenbühl*, ebenda, S. 31.

[542] Vereinbarung zwischen der Bundesregierung und den Energieversorgungsunternehmen v. 14. Juni 2000, S. 3.

[543] *Bundesministerium für Umwelt, Naturschutz und Reaktorsicherheit*: Glossar zum Atomausstieg, S. 2 f., in: http://www.bmu.de/atomkraft/konsens_glossar.htm.

schutz fasst, desto mehr wird der Änderungs-Gesetzgeber beschränkt. Diese Beschränkung konfligiert mit dem Demokratieprinzip, verstanden als „Herrschaft auf Zeit" bzw. mit dem Oppositionsprinzip, wonach ein neu gewähltes Parlament geänderte Mehrheitsverhältnisse dazu nutzen können muss, die bisherige Oppositionspolitik gesetzgeberisch zu verwirklichen. Der Konflikt zwischen dem Vertrauensschutz und der geforderten Revisibilität demokratischer Entscheidungen wird hier dadurch verschärft, dass die Investitionen, die auf Grund des geltenden AtomG getätigt wurden, so groß sind, dass sie erst nach vielen Jahren amortisiert sind.

Die damit zusammenhängenden Fragen können nicht als gelöst gelten: Z.B. wird behauptet, ein Genehmigungsempfänger brauche nicht damit zu rechnen, dass die genehmigte Tätigkeit gesetzlich verboten werde.[544] Das würde aber dazu führen, dass der Gesetzgeber nur ungeregelte Sachverhalte regeln könnte, nicht aber solche, die er unter Genehmigungsvorbehalt gestellt hat. Muss die Politik und infolgedessen auch die Gesetzeslage von der ausdrücklichen Befürwortung und sogar staatlichen Förderung einer Tätigkeit nicht sogar in ein Verbot umschlagen können, wenn die Wähler einen solchen Politikwechsel herbeirufen? Hat nicht der verfassungsändernde Gesetzgeber selbst ein Zeichen damit gesetzt, dass er die Atomenergie lediglich in den Kompetenzbestimmungen regele und dessen Befürwortung, Regelung, Verbietung dem einfachen Gesetzgeber überließ?

Spricht für den Vertrauensschutz, dass die Befürwortung der Kernenergie auch von der sozial-liberalen Koalition der 1970er Jahre bestätigt wurde?[545] Kann dies zwanzig und mehr Jahre später einen Politikwechsel verfassungsrechtlich behindern? Können Absichtserklärungen und gegebenenfalls sogar Gesetzesinitiativen der politischen Opposition und die erklärte Absicht zweier im Bundestag vertretener Parteien (darunter sogar einer der so genannten großen Volksparteien), den Ausstieg aus der Kernenergie herbeiführen zu wollen, das Entstehen von Vertrauen auf die Fortgeltung der Kernaussagen des AtomG hemmen?[546] Ist in die Begründung und Zerstörung von Vertrauen das gesamte pluralistische Spektrum einer „offenen Gesellschaft der Verfassungsinterpreten" (*Häberle*)[547] einzubeziehen, oder aber ist

---

[544] *F. Ossenbühl*, AöR 124 (1999), S. 1 (8).
[545] *F. Ossenbühl*, AöR 124 (1999), S. 1 (42).
[546] Die Ansicht von *A. Roßnagel*, Zur verfassungsrechtlichen Zulässigkeit eines Gesetzes zur Beendigung der Atomenergienutzung, Rechtsgutachten für das Hessische Ministerium für Umwelt, Energie, Jugend, Familie und Gesundheit, Juni 1998, S. 62, die eine „von verschiedenen Seiten vorgetragene ‚energiepolitische Bedenklichkeit'" einbezieht, müsste auf ihre Vereinbarkeit mit dem Konzept einer pluralistischen Verfassungsinterpretation überprüft und sollte jedenfalls nicht als „ganz abwegig" (so *F. Ossenbühl*, ebenda, S. 46) abgetan werden.
[547] *P. Häberle*, JZ 1975, S. 297 ff.; auch in: *Ders.*, Verfassung als öffentlicher Prozess, 3. Aufl. 1998, S. 155 ff.

eine Änderung der Vertrauensgrundlage dem Handeln staatlicher Organe vorbehalten[548]? Kann ein Vertrauenstatbestand bei der Gesetzgebung allein durch das Verfassungsorgan Bundestag als ganzem gesetzt werden[549] und ist deshalb das Verhalten nur der mehrheitstragenden Abgeordneten jeweils zu berücksichtigen? Oder widerspricht es der Einheit dieses Organs, den Bundestag auf dessen aktuelle Mehrheit zu reduzieren?

Nicht nur der ausstiegsorientierte Gesetzesvollzug, sondern auch Änderungen des AtomG hätten eventuell Entschädigungsansprüche der EVU ausgelöst. Dies wurde durch den Konsens ausgeräumt. Das fiskalische Interesse des Bundes an der Vereinbarung wurde auch festgehalten: „Bundesregierung und Versorgungsunternehmen gehen davon aus, dass diese Vereinbarung und ihre Umsetzung nicht zu Entschädigungsansprüchen zwischen den Beteiligten führt."[550]

Fünfte Phase (zwischen der Paraphierung am 14. Juni 2000 und dem Unterschriftsakt am 11. Juni 2001): Diese Phase zeigt bereits wesentliche Wirkungen der Absprache, sowohl auf die Wirtschaft, als auch auf die Politik:

Die Aktienkurse der an der Vereinbarung vom 14. Juni 2000 beteiligten Energieversorgungsunternehmen VEBA, VIAG und RWE wurden unmittelbar nach der Einigung spürbar beflügelt.[551] Das zeigt, dass aus Sicht der Wirtschaft der Konsens insgesamt positiv bewertet wurde.

Kommissionspräsident *R. Prodi* bezeichnete die Vereinbarung in einer Erklärung am 16. Juni 2000 als „nationale Entscheidung unter völliger Autonomie Deutschlands"[552]. Damit war der Versuch des Bayerischen Ministerpräsidenten *E. Stoiber,* die EU-Kommission zu rechtlichen Schritten wegen vermeintlicher Verstöße des Ausstiegskonsenses gegen den EuratomV zu veranlassen,[553] gescheitert.

Eine politisch wesentliche Hürde nahm der Konsens als Gegenstand eines *Parteitages* der Grünen am 23./24. Juni 2000.[554] Der Konsens wurde nach kontroverser Diskussion gebilligt. Die Gegner, die die Bundestagsfraktion zu einer Initiative eines Ausstiegsgesetzes (im Dissens) auffordern wollten, unterlagen in der Abstimmung. Etwaigen Vorschlägen zur Modifi-

---

[548] So *F. Ossenbühl,* AöR 124 (1999), S. 1 (45).
[549] *U. Di Fabio,* Der Ausstieg aus der wirtschaftlichen Nutzung der Kernenergie, 2000, S. 119.
[550] Vereinbarung zwischen der Bundesregierung und den Energieversorgungsunternehmen v. 14. Juni 2000, S. 3.
[551] FAZ vom 16. Juni 2000, S. 21.
[552] FAZ vom 17. Juni 2000, S. 13.
[553] Zu dem Brief des Bayerischen Ministerpräsidenten *E. Stoiber* an den Präsidenten der EU-Kommission *R. Prodi* vgl. FAZ vom 9. Februar 2000.
[554] Hierzu FAZ vom 20. Juni 2000, SZ vom 23. Juni 2000, S. 1, S. 15.

zierung oder Ergänzung des konsensualen Ausstiegsmodells wurde von vornherein der Boden entzogen: Der Bundesminister für Umwelt *J. Trittin* setzte seine Partei mit der Aussage unter Druck: „Nachverhandlungen halte ich für ausgeschlossen."[555] Seine Meinung teilte die Fraktionsvorsitzende der Grünen im Bundestag, *K. Müller* mit ihrer Aussage, es gebe „nur diesen oder keinen Ausstieg"[556].

Diese Auffassung findet eine Bestätigung in der Vereinbarung selbst: „Die Bundesregierung wird auf der Grundlage dieser Eckpunkte einen Entwurf zur Novelle des AtomG erarbeiten (...) Die Beteiligten schließen diese Vereinbarung auf der *Grundlage,* dass das zu *novellierende Atomgesetz* einschließlich der Begründung *die Inhalte dieser Vereinbarung umsetzt.* Über die Umsetzung in der AtomG-Novelle wird auf der Grundlage des Regierungsentwurfs vor der Kabinettbefassung zwischen den Verhandlungspartnern beraten."[557]

Die CDU/CSU-Fraktion im Bundestag kritisierte die Umstände des Konsenses. Die Bundesregierung habe „einen ‚Konsens' mit der Energiewirtschaft erzwungen, der nicht aus freien Stücken zu Stande kam, sondern unter dem Eindruck massiver Drohungen/Behinderungen und einer Verweigerung rechtsstaatlichen Handelns. Nur die auf allen Ebenen begonnene und angekündigte ‚Nadelstichpolitik' führte dazu, dass die Energiewirtschaft gegen ihre Überzeugungen und Interessen sich zu einer Laufzeitbegrenzung bereit fand."[558]

Im *Bundestag* gab Bundeskanzler *G. Schröder* in der Sitzung vom 29. Juni 2000 eine Regierungserklärung[559] ab. Es folgte eine Debatte ohne Abstimmung. Eine Abstimmung im Bundestag über den Konsens vom 14. Juni 2000 unterblieb,[560] weil dieser damals nur paraphiert war und erst nach der Zustimmung der Aufsichtsräte der Unternehmen abschließend unterschrieben werden sollte (was dann am 11. Juni 2001 erfolgte).

In der Debatte kritisierte die Opposition, dass die Bundesregierung die Länder nicht an der Absprache beteiligt hat.[561] Auch der Rechtsstaat wurde angemahnt, weil die Bundesregierung den Konsens mit einer Politik der „Nadelstiche"[562] und einer „Nötigungssituation"[563] erreicht, ja die EVU

---

[555] Interview in: SZ vom 23. Juni 2000, S. 15.
[556] FAZ vom 20. Juni 2000.
[557] Vereinbarung zwischen der Bundesregierung und den Energieversorgungsunternehmen v. 14. Juni 2000, S. 11.
[558] BT-Drucks. 14/3667 vom 27. Juni 2000.
[559] BT-Pl.Prot. XIV, S. 10423 ff.
[560] SZ vom 30. Juni 2000, S. 5.
[561] *A. Merkel (CDU),* BT-Pl.Prot. XIV, S. 10427.
[562] *W. Hirche (FDP),* BT-Pl.Prot. XIV, S. 10433.

durch Zeigen der „Folterwerkzeuge ... erpresst"[564] habe. Auch die Aushandlung des Konsenses „hinter verschlossenen Türen" wurde kritisiert, weil sich darin kein „gesellschaftlicher Konsens"[565] widerspiegeln könne.

Ein entsprechender Entwurf zur Änderung des AtomG wurde zu diesem Zeitpunkt noch nicht eingebracht. Durch das langwierige Aushandeln der Einzelheiten dieses Gesetzentwurfs und seiner Begründung mit den EVU wurde auch die Unterschriftsleistung bis zum 11. Juni 2001 verschoben.[566]

Während der fünften Phase wurde auch um weitere *Atommüll-Transporte* gerungen. Dabei übten die EVU „erheblichen"[567], ja „immensen Druck"[568] auf die Innenminister der betroffenen Länder (in Gesprächen am 18. und 31. August 2000[569]) sowie auf die Bundesregierung (insbesondere in einem Brief des E.ON-Vorstandes *W. Hohlefelder* an Kanzleramtschef *F. W. Steinmeier* vom Anfang Oktober 2000)[570] aus. Außerdem gab es Besprechungen zwischen der RWE und dem Bundesminister für Umwelt, Naturschutz und Reaktorsicherheit am 11., 24. Juli und 14. August 2001.[571] Dabei zeigte sich zweierlei: Einerseits reichten die Einigungen in der Vereinbarung vom 14. Juni 2000 nicht aus, um derartigen Streit zu verhindern. Andererseits geriet die Bundesregierung gerade wegen des Konsenses, nämlich um diese nicht platzen zulassen, unter großen Einfluss der EVU. Beide Seiten gingen, wie in der Vereinbarung vom 14. Juni 2000 ausdrücklich festgehalten, „davon aus, dass in dem vorgesehenen Zeitraum die noch verbleibenden Mengen transportiert werden können" sowie „des weiteren davon aus, dass die Genehmigungsverfahren für Transporte zur Wiederaufarbeitung bei Vorliegen der gesetzlichen Voraussetzungen bis zum Sommer 2000 abgeschlossen werden können."[572] Die Formulierung „Sollte der Prozess der Abwicklung der Wiederaufarbeitung aus von den EVU nicht zu vertretenden Gründen nicht zeitgerecht durchgeführt werden können, werden beide Seiten rechtzeitig nach geeigneten Lösungen suchen"[573] setzt die Bundesregierung unter Druck, ihre fachaufsichtliche Kompetenz gegenüber den Ländern gel-

---

[563] *W. Hirche*, ebenda, S. 10454; dagegen *W. Müller* (Bundesminister für Wirtschaft und Technologie), ebenda.
[564] *O. Wiesheu (CSU)*, BT-Pl.Prot. XIV, S. 10441.
[565] *K.-D. Grill (CDU/CSU)*, BT-Pl.Prot. XIV, S. 10450.
[566] SZ vom 12. Juni 2001, S. 1 und 2.
[567] SZ vom 13. September 2000, S. 5.
[568] SZ vom 2. November 2000, S. 4.
[569] SZ vom 13. September 2000, S. 5.
[570] SZ vom 2. November 2000, S. 6.
[571] Hierzu BVerfG v. 19. Februar 2002–2 BvG 2–2/00.
[572] Vereinbarung zwischen der Bundesregierung und den Energieversorgungsunternehmen v. 14. Juni 2000, S. 9.
[573] Ebenda, S. 9.

§ 3 Typisierung nach rechtlichen Kriterien 123

tend zu machen. In dem o. g. Brief wirft das EVU der Bundesregierung vor, sich weder an den Konsens, noch an die geltende Rechtslage zu halten und droht mit einer „ernsthaften Belastung unserer Verständigung"[574]. Der Streit wurde in zwei Gesprächen der EVU mit dem Kanzleramtschef und dem Staatssekretär des Bundesministers für Umwelt *R. Baake* „bereinigt".[575]

Anfang Juni 2001, kurz vor der offiziellen Unterzeichnung der Vereinbarung, wurden schließlich Einzelheiten der Haftungsfragen ausgehandelt. Dieser Punkt war für die EVU schon wegen der sich danach richtenden Versicherungsprämien von erheblichem wirtschaftlichem Interesse.[576]

Sechste Phase (zwischen der Unterzeichnung der Vereinbarung am 11. Juni 2001 und dem In-Kraft-Treten des neuen AtomG):

Am 11. Juni 2001 wurde die Vereinbarung zwischen der Bundesregierung und den Energieversorgungsunternehmen zur geordneten Beendigung der Kernenergie in einem offiziellen Akt im Bundeskanzleramt unterschrieben. Anstelle der Staatssekretäre, die bei der Paraphierung am 14. Juni 2000 unterzeichneten, leisteten nunmehr der Bundeskanzlers und die beiden Bundesminister für Wirtschaft und Technologie sowie für Umwelt, Naturschutz und Reaktorsicherheit ihr Unterschriften. Auf Seite der EVU traten wegen inzwischen erfolgter Neuordnung der Unternehmenslandschaft an die Stelle der VEBA und VIAG AGen die E.ON und Hamburger Electricitäts-Werke AGen.

In einem Statement[577] bei der Unterzeichnung pries Bundeskanzler *G. Schröder* die Vereinbarung. Bemerkenswert an seinen Worten ist, dass er den erst bevorstehenden Gesetzgebungsprozess als bis ins Detail determiniert darstellt und geradezu betont, dass die Bundesregierung und die beteiligten EVU die Entscheidungen getroffen haben: Seine Ansprache beginnt mit den Worten: „mit den soeben geleisteten Unterschriften haben wir (sic!) uns abschließend (sic!) darauf verständigt, die Nutzung der Kernenergie geordnet zu beenden."

Er bezeichnet das Projekt Atomausstieg mit dem Entwurf einer Neufassung des Atomgesetzes, mit dem die Vereinbarung „rechtlich umgesetzt (sic!)" werde, als „erfolgreich abgeschlossen (sic!)", als stünde eine Gesetzesinitiative nicht am Anfang des Gesetzgebungsverfahrens. Er wird noch deutlicher, indem er die an der Gesetzgebung beteiligten Organen offen unter eine Art Ratifizierungsdruck setzt und mit der Autorität des Bundeskanzlers beschwört: „Und wenn ich Umsetzung sage, meine ich das auch,

---
[574] SZ vom 2. November 2000, S. 6.
[575] SZ vom 2. November 2000, S. 6.
[576] SZ vom 5. Juni 2001, S. 26.
[577] Bulletin der Bundesregierung Nr. 40-4 vom 11. Juni 2001, S. 1.

weil wir (sic!) die Vereinbarung so umsetzen werden (sic!), wie wir (sic!) sie getroffen haben." Den Prozess der Einigung beschreibt er aus seiner Sicht so: „Die harten Auseinandersetzungen über die Kernenergie haben die Energiepolitik über viele Jahre hinweg gelähmt. Mehrere Anläufe zu einem Konsens – ich war an fast allen beteiligt – sind gescheitert. Vor einem Jahr ist uns der Durchbruch gelungen. Heute haben wir das Ergebnis besiegelt. Dass wir dies geschafft haben – ich will das betonen –, liegt an der Kooperationsbereitschaft aller Beteiligten."

Schließlich kündigte er an, auch im Klimaschutz weiter eng mit der Wirtschaft zusammenarbeiten zu wollen und schließt mit den Worten: „Diesen Weg der Kooperation und des Konsenses werde ich fortsetzen. Ich bin fest davon überzeugt, dass es uns auch künftig gelingen wird, gemeinsam Lösungen zu finden, die den unterschiedlichen Interessen gerecht werden, die letztlich aber wirklich dem Wohl der Menschen in unserem Land dienen werden."

In einer Rede des Bundesministers für Umwelt *J. Trittin* am 18. Juni 2001 betonte dieser, dass der Ausstieg aus der friedlichen Nutzung der Kernenergie, insbesondere auch das Moratorium für Gorleben, im Wege des Dissenses so nicht möglich gewesen wäre: „Nur im Konsens war es möglich, den Bau des Endlagers in Gorleben zu stoppen."[578]

Die Sechste Phase beginnt genau genommen schon am Vortag der Unterzeichnung mit der Vorstellung eines Entwurfs zur Änderung des AtomG durch den Bundesminister für Umwelt vom 10. Juni 2001. Der Entwurf, der im September 2001 vom Kabinett beschlossen und noch bis Ende 2001 den Bundestag passieren soll, ist gezielt so gestaltet, dass er der Zustimmung des Bundesrates nicht bedarf.[579] Die Ankündigung des Bayerische Ministerpräsidenten *E. Stoiber,* in diesem Fall das BVerfG anzurufen,[580] schreckte also nicht ab. Am 14. Dezember 2000 hat bereits die Hessische Landesregierung einen Bund-Länder-Streit vor das BVerfG gebracht, der allerdings nur die speziellen Fragen der Bundesauftragsverwaltung betraf und im Ergebnis erfolglos blieb.[581]

Zu erwähnen ist auch noch die Verbändeanhörung des Bundesumweltministers am 6. August 2001.[582] Sie ist deshalb von Bedeutung, weil nicht alle Energieversorgungsunternehmen an dem Konsens beteiligt waren. Die

---

[578] Rede, in: http://www.bmu.de/reden/rede_trittin010611.htm.
[579] SZ vom 12. Juni 2001, S. 2; kritisch hierzu *E. Böhm-Amtmann,* in: W. Bayer/ P. M. Huber, Rechtsfragen zum Atomausstieg, 2000, S. 19 (37).
[580] FAZ vom 9. Februar 2000; FAZ vom 16. Juni 2000, S. 2.
[581] BVerfG v. 19. Februar 2002–2 BvG 2–2/00, allerdings mit Sondervotum. Dazu *W. Frenz,* NVwZ 2002, S. 561 ff.
[582] *H. Wagner,* NVwZ 2001, S. 1089 (1090).

sechste Phase endet mit dem Inkrafttreten am Tage nach der Verkündung des „Gesetzes zur geordneten Beendigung der Kernenergienutzung zur gewerblichen Erzeugung von Elektrizität"[583] vom 22. April 2002, das die Vorgaben der Absprache verwirklicht.

5. Unterstützung von Selbstverpflichtungen

Der Staat kann normative Absprachen auch positiv, insbesondere finanziell unterstützen. Ein Beispiel hierfür ist der im Rahmen des Umweltpaktes Bayern eingerichtete Altlastenfonds.[584] Beim Typus der rein *autonomen Selbstverpflichtung,* die auf einer privaten Eigeninitiative der Wirtschaft beruht, ist der Grad staatlicher Einflussnahme grundsätzlich auf Null reduziert, es sei denn, dass der Staat eine solche Selbstverpflichtung im Rahmen seiner Öffentlichkeitsarbeit (insbesondere Presseerklärungen und im Rahmen von Informationsbroschüren) nachträglich *ausdrücklich begrüßt* oder gar *tatsächlich* oder *finanziell unterstützt*.

IV. Selbst- und Fremdkontrolle sowie Berichterstattung

Anlässlich einer parlamentarischen Anfrage aus den Reihen der damaligen Opposition zur Klimaschutz-Selbstverpflichtung der deutschen Wirtschaft vom 10. März 1995 betonte die Bundesregierung die Bedeutung des Monitoring für ihre Bereitschaft, ordnungsrechtliche Maßnahmen einstweilen zurückzustellen: „Die Selbstverpflichtungserklärung der Wirtschaft ist für die Bundesregierung nur wegen des damit verbundenen Monitoring-Systems akzeptabel."[585]

Unter dem Begriff der „Kontrolle" soll hier auch das „Monitoring" mitbehandelt werden, das sich von der „Kontrolle i.e.S." dadurch unterscheidet, dass zwingende Maßstäbe (noch) nicht feststehen, um die Ergebnisse zu bewerten. Beim Monitoring werden die Effekte zunächst nur beobachtet und festgestellt. Bei der Kontrolle i.e.S. können die Effekte ohne weiteres als Erfolg oder Misserfolg bewertet werden.

Die Wirkungen und der Erfolg von Selbstverpflichtungen hängen wesentlich davon ab, welche Kontrollen hierfür vereinbart wurden. Der Rat von Sachverständigen für Umweltfragen bezeichnete ein anspruchsvolles und nachvollziehbares Monitoring sowie einen effizienten Kontrollmechanismus als „Kriterien für die Funktionsfähigkeit freiwilliger Vereinbarungen"[586].

---

[583] BGBl I, S. 1351. Dazu: *G. Kühne/Chr. Brodowski,* NJW 2002, S. 1458 ff.; zum Entwurf bereits sehr kritisch: *H. Wagner,* NVwZ 2001, S. 1089 ff.
[584] *Chr. Engel,* StWuStPr 1998, S. 535 (544).
[585] BT-Drs. 13/1328 vom 11. Mai 1995, Nr. 12.

126 1. Teil: Begriffsklärung – Bestandsaufnahme – Vorverständnis

Diese Kontrollen können sehr unterschiedlich ausgestaltet sein. Sowohl private als auch staatliche Elemente sind dabei denkbar:

1. Private Selbstkontrolle

Privates Monitoring kann als *Selbstkontrolle* organisiert sein. Die Durchführung kann dann den *Verbänden selbst*[587] obliegen. Zum Teil werden hierfür besondere *verbandsinterne Kontrollgremien* erst gebildet. Ein solches Gremium ist z. B. der „Deutsche Ausschuss für grenzflächenaktive Stoffe im VCI", der Daten durch verbandsinterne Umfragen erhebt, um den Verzicht auf die Verwendung von Alkylphenolethoxylaten vom Januar 1986[588], sowie auf die Verwendung bestimmter Kohlenwasserstoffe in Wasch- und Reinigungsmitteln vom Oktober 1986[589] nachzuweisen. Eine ähnliche Funktion hat die Einrichtung eines Koordinierungskreises beim VDA zur Erfüllung und zum Nachweis bei der Verpflichtung zur umweltgerechten Altautoverwertung vom 21. Februar 1996[590] und die Bildung des Altpapierbeirates (auch: „Altpapierrat"[591]) bei der Verpflichtung der Arbeitsgemeinschaft Graphische Papiere vom 26. September 1994[592].

Solche Selbstkontrollen können gegebenenfalls durch *Treuhandstellen* unterstützt werden, so z. B. bei der Anonymisierung und Auswertung der Daten bei dem Verzicht auf die Verwendung von Alkylphenolethoxylaten vom Januar 1986[593]. Mit solchen Aufgaben sind auch *Notare* bisweilen beauftragt worden. Beispiele hierfür liefern die Verpflichtung zur Senkung der

---

[586] *Der Rat von Sachverständigen für Umweltfragen,* Umweltgutachten 1996, S. 98, Tz. 168. Vgl. auch *T. Köpp,* Normvermeidende Absprachen zwischen Staat und Wirtschaft, 2001, S. 96.

[587] Beispiel: durch den Deutschen Gießereiverband sowie den Gesamtverband Deutscher Metallgießereien bei der Vereinbarung zur Gießerei-Altsand-Reduzierung in baden-württembergischen Gießereien von 1992; *J. Knebel/L. Wicke/G. Michael,* Selbstverpflichtungen ..., 1999, S. 464; zu diesem Beispiel siehe S. 55. Zur Unterscheidung zwischen Fremdkontrolle und Selbstregulierung vgl. *T. Köpp,* Normvermeidende Absprachen zwischen Staat und Wirtschaft, 2001, S. 99.

[588] Zu diesem Beispiel siehe S. 49; *J. Knebel/L. Wicke/G. Michael,* Selbstverpflichtungen ..., 1999, S. 419.

[589] Zu diesem Beispiel siehe S. 49; *J. Knebel/L. Wicke/G. Michael,* Selbstverpflichtungen ..., 1999, S. 445.

[590] Zu diesem Beispiel siehe S. 63; *A. Faber,* UPR 1997, S. 431 (432).

[591] *G. Voss,* in: L. Wicke/J. Knebel/G. Braeseke (Hrsg.), Umweltbezogene Selbstverpflichtungen der Wirtschaft, 1997, S. 115 (119).

[592] Zu diesem Beispiel siehe S. 61; *A. Finckh,* Regulierte Selbstregulierung im dualen System, 1998, S. 143; *J. Knebel/L. Wicke/G. Michael,* Selbstverpflichtungen ..., 1999, S. 496.

[593] Zu diesem Beispiel siehe S. 49; *J. Knebel/L. Wicke/G. Michael,* Selbstverpflichtungen ..., 1999, S. 419.

Energieverbrauchswerte von Elektro-Hausgeräten vom 24. Januar 1980[594] sowie die Verpflichtungen der Asbestindustrie zum Ersatz von Asbest von 1982/1984/1988[595].

2. Private Fremdkontrolle

Die Kontrolle wird bisweilen auch zum Teil oder ganz durch *verbands- bzw. unternehmensexterne Kontrollorgane* durchgeführt.[596] Besondere Bedeutung kommt dabei der Frage der personellen *Auswahl unabhängiger Dritter* als Kontrolleure zu. Zum Teil wird sie im Einvernehmen mit dem Staat getroffen[597]. Als Beispiel für gelungenes Monitoring gilt die Erklärung der deutschen Wirtschaft zur Klimavorsorge vom März 1996: mit externen Prüfern und der Festlegung im Detail, wie das Monitoring durchgeführt wird und welche Informationen von den beteiligten Verbänden zur Verfügung zu stellen sind.[598] Das Monitoring hängt allerdings auch bei die-

---

[594] Zu diesem Beispiel siehe S. 52; *J. Knebel/L. Wicke/G. Michael*, Selbstverpflichtungen ..., 1999, S. 468.

[595] Zu diesem Beispiel siehe S. 63; *J. Knebel/L. Wicke/G. Michael*, Selbstverpflichtungen ..., 1999, S. 450.

[596] Beispiele: So kontrolliert ein unabhängiger Sachverständiger die Verpflichtung Getränkeverpackungsindustrie vom Oktober 1977 (Zu diesem Beispiel siehe S. 59). Die „*Chemie-Revisions- und Treuhandgesellschaft mbH, Fürth*" ist mit der Kontrolle der Verpflichtung der BASF und der Dow Deutschland zu Produktionumstellungen vom Februar 1996 betraut (Zu diesem Beispiel siehe S. 51; *G. Hucklenbruch*, Umweltrelevante Selbstverpflichtungen, 2000, S. 52; *J. Knebel/L. Wicke/G. Michael*, Selbstverpflichtungen ..., 1999, S. 452 f.; 460). Bei der Verpflichtung der Lackindustrie vom Mai 1984 erhielt seit 1986 ein unabhängiger Kontrolleur (zunächst StS a.D. Dr. Hartkopf, später Prof. Dr. Oeser Akteneinsicht und das Recht zu Stichproben vor Ort (Zu diesem Beispiel siehe S. 53; *J. Knebel/L. Wicke/G. Michael*, Selbstverpflichtungen ..., 1999, S. 460 ff.). Das *Rheinisch-Westfälische Institut für Wirtschaftsforschung* e.V. in Essen (siehe den Monitoringbericht vom Januar 1998 in zwei Bänden: Untersuchung des Rheinisch-Westfälischen Instituts für Wirtschaftsforschung, Heft 23: CO_2-Monitoring der deutschen Industrie – ökologische und ökonomische Verifikation, 1998) führt ein externes Monitoring (*L. v. Wartenburg*, in: L. Wicke/J. Knebel/G. Braeseke (Hrsg.), Umweltbezogene Selbstverpflichtungen der Wirtschaft, 1997, S. 51 (56)) durch bei der Verpflichtung zur Klimavorsorge (CO_2-Emissionen) vom 10. März 1995 (zu diesem Beispiel siehe S. 55). Die „*IVA-Treuhandstelle*" erhebt Daten bei der Verpflichtung zur Rücknahme von Pflanzenschutz-Verpackungen vom Mai 1995 (zu diesem Beispiel siehe S. 62; *J. Knebel/ L. Wicke/G. Michael*, Selbstverpflichtungen ..., 1999, S. 486 f.).

[597] Beispiel: Bestellung eines unabhängigen Dritten zur Datenüberprüfung im Einvernehmen mit dem Bundesministerium für Umwelt bei der Verpflichtung zur Rücknahme und Verwertung von FCKW vom 30. Mai 1980. Zu diesem Beispiel siehe S. 60; *J. Knebel/L. Wicke/G. Michael*, Selbstverpflichtungen ..., 1999, S. 485.

[598] *A. Merkel*, in: L. Wicke/J. Knebel/G. Braeseke (Hrsg.), Umweltbezogene Selbstverpflichtungen der Wirtschaft, 1997, S. 87 (102); *G. Hucklenbruch*, Umweltrelevante Selbstverpflichtungen, 2000, S. 56.

ser externen Überprüfung von der Bereitschaft der Einzelunternehmen ab, Daten wahrheitsgemäß bekannt zu geben. An der Vertrauenswürdigkeit eines Monitorings, bei dem der zu Kontrollierende die Informationen selbst bereitstellt, wurden Zweifel angemeldet.[599] Werden die Daten ausschließlich *per Umfrage* erhoben, hängt der Wahrheitsgehalt des Monitorings freilich – wie die Einhaltung der Verpflichtung und deren Erfolg im Ganzen – vom goodwill der Unternehmen ab. Soll gerade der goodwill einer Kontrolle unterworfen werden, ist eine Kontrolle der Kontrolle, wenigstens aber die kritische Analyse der freiwillig überlassenen Daten, erforderlich.

3. Berichterstattung gegenüber Behörden und der Öffentlichkeit

Die *Berichterstattung* erfolgt in der Regel *an* die jeweiligen *Adressaten* der Verpflichtung So berichten z.B. die Beteiligten der Kennzeichnungsverpflichtung des Industrieverbandes Körperpflege- und Waschmittel vom April 1990[600] der *EU-Kommission*. Zum Teil ist auch *an weitere Behörden* Bericht zu erstatten. So muss z.B. bei der Selbstverpflichtung der Kunststofferzeugenden Industrie vom 22. August 1986 die Berichterstattung sowohl gegenüber dem Adressaten der Selbstverpflichtungserklärung, dem Bundesministerium für Umwelt, als auch gegenüber dem Umweltbundesamt erfolgen[601]. Eine eigene Frage ist Art und Umfang der zu erhebenden und mitzuteilenden Daten. Über sie werden bisweilen eigene, Absprachen zwischen der Wirtschaft und dem Staat getroffen.[602]

Bei Selbstverpflichtungen, in denen sich die Verpflichteten an *keinen Adressaten* explizit richten, gibt es auch Modelle des *Monitorings ohne Weiterleitung* an Behörden. Bei der Verpflichtung der Arbeitsgemeinschaft Lampen-Verwertung vom 28. November 1995[603] werden z.B. lediglich durch eine externe Firma anonymisierte Daten erhoben. Die Ergebnisse der Entsorgungs-Verpflichtung der Elektrotechnik- und Elektronikindustrie vom Juli 1995 wurden im Juli 1996 in einer ausführliche *Presseinformation* präsentiert.[604] Dass in diesem Beispiel nicht Behörden, sondern die Presse in-

---

[599] *J. Flasbarth*, in: L. Wicke/J. Knebel/G. Braeseke (Hrsg.), Umweltbezogene Selbstverpflichtungen der Wirtschaft, 1997, S. 63 (69).

[600] Zu diesem Beispiel siehe S. 71; *J. Knebel/L. Wicke/G. Michael*, Selbstverpflichtungen ..., 1999, S. 504 f.

[601] Zu diesem Beispiel siehe S. 49; *J. Knebel/L. Wicke/G. Michael*, Selbstverpflichtungen ..., 1999, S. 421.

[602] Beispiel: die operativen Vereinbarungen zwischen der Arbeitsgemeinschaft CYCLE und dem Bundesministerium für Umwelt. Zu diesem Beispiel siehe S. 62; *J. Knebel/L. Wicke/G. Michael*, Selbstverpflichtungen ..., 1999, S. 492.

[603] Zu diesem Beispiel siehe S. 63; *J. Knebel/L. Wicke/G. Michael*, Selbstverpflichtungen ..., 1999, S. 430.

formiert wurde, ist nur konsequent, weil diese Selbstverpflichtung durch Anfragen von Kunden angestoßen wurde[605].

Die Weiterleitung von Daten an Behörden darf keineswegs mit *Datenveröffentlichung* verwechselt werden.[606] Behördeninformation und Datenveröffentlichung können freilich auch nebeneinander stehen.[607] Bisweilen *ersetzt* auch die Information der Öffentlichkeit die der Behörden.[608] Wenn die Veröffentlichung der Kontrollergebnisse („Schwarze Schafe"-Liste) vereinbart wird, kann dies einen „‚heilsamen' Druck zur Einhaltung der Selbstverpflichtungen ausüben"[609]. Es gibt auch Selbstverpflichtungen, die *ausschließlich* eine bestimmte Berichterstattung zum Gegenstand haben. Sie werden mitunter als selbständiger Typus „Melde- und Informationsverpflichtungen" behandelt.[610] Verpflichtungen zur Berichterstattung sind in der Regel *jährlich*[611], aber auch in *anderen Zeitintervallen*[612], in *unregelmäßigen* Abständen[613] oder auch nur *einmalig*[614] einzulösen.

---

[604] Zu diesem Beispiel siehe S. 62; *J. Knebel/L. Wicke/G. Michael,* Selbstverpflichtungen ..., 1999, S. 490.

[605] *J. Knebel/L. Wicke/G. Michael,* Selbstverpflichtungen ..., 1999, S. 490.

[606] Beispiel: Bei der Exportbeschränkungs-Verpflichtung der Agrarindustrie vom Mai 1986/November 1994 wurde ausdrücklich die Datenweiterleitung an das Bundesministerium für Umwelt sowie das Bundesministerium für Ernährung, Landwirtschaft und Forsten *ohne* Datenveröffentlichungzugesagt. Zu diesem Beispiel siehe S. 75; *J. Knebel/L. Wicke/G. Michael,* Selbstverpflichtungen ..., 1999, S. 437.

[607] Beispiel: So hat beim Verzicht der Automobilindustrie auf FCKW in Autoklimaanlagen vom Juli 1992 der Verband Berichte in einschlägigen Fach- und Verbraucherzeitschriften zugesagt *und* 1993 das Bundesministerium für Umwelt über eine Datenerhebung informiert. Zu diesem Beispiel siehe S. 50; *J. Knebel/L. Wicke/ G. Michael,* Selbstverpflichtungen ..., 1999, S. 451.

[608] Beispiele: Bei den Verpflichtungen der Asbestindustrie zum Ersatz von Asbest von 1982/1984/1988 wurden die jeweils erhobenen Daten nur in *Pressemitteilungen* veröffentlicht (Hierzu siehe S. 49; *J. Knebel/L. Wicke/G. Michael,* Selbstverpflichtungen ..., 1999, S. 450). Bei der Selbstverpflichtung des Industrieverbandes Polyurethan-Hartschaum vom Juli 1992 besteht die Verpflichtung, in *einschlägigen Fach- und Verbraucherzeitschriften* über den Stand der Umsetzung der Selbstverpflichtung zu unterrichten (Zu diesem Beispiel siehe S. 50; *J. Knebel/L. Wicke/G. Michael,* ebenda, S. 442). Bei der Zusage des Verbandes der Automobilindustrie zur Senkung des Kraftstoffverbrauchs vom April 1979 erfolgt die Berichterstattung im *verbandseigenen Jahresbericht (J. Knebel/L. Wicke/G. Michael,* ebenda, S. 470).

[609] *L. Wicke/J. Knebel,* in: dies./G. Braeseke (Hrsg.), Umweltbezogene Selbstverpflichtungen der Wirtschaft, 1997, S. 1 (26).

[610] Beispiel: die Zusage der Chemischen Industrie, *bestimmte* nach § 9 Wasch- und Reinigungsmittelgesetz zu hinterlegende Rahmenrezepturen mitzuteilen und darüber hinausgehende *Angaben* zur Umweltverträglichkeit von Wasch- und Reinigungsmitteln *dem Umweltbundesamt zu machen,* vom Oktober 1986 (Hierzu siehe S. 72; *J. Knebel/L. Wicke/G. Michael,* Selbstverpflichtungen ..., 1999, S. 435 ff.

[611] Beispiel: der Verhaltenskodex der Chemischen Industrie zur Ausfuhr gefährlicher Chemikalien vom März 1986 (Hierzu siehe S. 74; *J. Knebel/L. Wicke/G. Michael,* Selbstverpflichtungen ..., 1999, S. 439).

4. Selbstverpflichtungen ohne Monitoring

Es gibt auch *Defizite* festzustellen, d.h. Selbstverpflichtungen, die ohne jegliche Kontrolle oder Berichterstattungen eingegangen wurden.[615] Allerdings handelt es sich bei den Beispielen hierfür um Versprechungen, die nicht interne Produktionsprozesse betreffen, sondern deren Erfolg für jedermann in der *Öffentlichkeit* sichtbar wird. Insofern ist hier ein Monitoring fast entbehrlich, da die Öffentlichkeit ihre Kontrollfunktion ohne weitere Informationen ausüben kann. Auch der *Wettbewerb* zwischen den Verpflichteten kann eine eigene, positive Kontrollfunktion ausüben.[616] Bei einer Selbstverpflichtung zum Anbringen von Warnhinweisen auf Verpackungen ist z.B. eine Kontrolle durch die Konkurrenz bzw. die Überwachung durch den *Handel* möglich.[617]

Ein defizitäres Beispiel ist die Mitteilung der Deutschen Fleischwarenindustrie im Rahmen der BSE-Diskussion vom 11/12. Januar 2001[618]: Wegen der wirtschaftlichen und hygienischen Vorteile der maschinellen Fleischverarbeitung gab es verbandsintern Widerstände, ob es sinnvoll ist, dem Willen des fachunkundigen Verbrauchers nachzugeben.[619] Es bestünde deshalb

---

[612] Beispiele: bei der Verpflichtung zur Senkung der Energieverbrauchswerte von Elektro-Hausgeräten vom 24. Januar 1980: *alle zwei Jahre* (*J. Knebel/L. Wicke/G. Michael,* Selbstverpflichtungen ..., 1999, S. 468. Zu diesem Beispiel siehe S. 52); bei der Verpflichtung der Textil- und Elektroindustrie vom 29. August 1986: *erster Bericht nach 5 Monaten, dann alle drei Jahre* (hierzu siehe S. 58; *J. Knebel/ L. Wicke/G. Michael,* ebenda, S. 425); bei der Verpflichtung zur Reduzierung des Einsatzes von FCKW als Spraytreibgase von 1977/1987: *halbjährlich* (hierzu siehe S. 52; *M. Kohlhaas/B. Praetorius/R. Eckhoff/Th. Hoeren,* Selbstverpflichtungen der Industrie zur CO_2-Reduktion, 1994, S. 87 ff.; ausführlich auch *J. Knebel/L. Wicke/ G. Michael,* ebenda, S. 426 ff.).

[613] Beispiel: die Exportbeschränkungs-Verpflichtung der Agrarindustrie vom Mai 1986/November 1994: Datenerhebung „*von Zeit zu Zeit*"; hierzu siehe S. 75; *J. Knebel/L. Wicke/G. Michael,* ebenda, S. 437 f.

[614] Beispiel: Verpflichtung kunststoffverarbeitenden Industrie vom 15. Juli 1991: einmalige verbandsinterne Umfrage bis Ende 1992 (Hierzu S. 71; *J. Knebel/L. Wicke/G. Michael,* ebenda, S. 434).

[615] Beispiele: die Verpflichtung zum Angebot von bleifreiem Benzin vom 17. Oktober 1984 (hierzu siehe S. 57; *J. Knebel/L. Wicke/G. Michael,* ebenda, S. 475); die Verpflichtung der Chemischen Industrie zu giftig bzw. ätzend geltenden Stoffen von 1983 (hierzu siehe S. 69; *J. Knebel/L. Wicke/G. Michael,* ebenda, S. 432).

[616] *J. Knebel/L. Wicke/G. Michael,* Selbstverpflichtungen ..., 1999, S. 423.

[617] Beispiel: Bei der Selbstverpflichtung, Warnhinweise auf Haarspraydosen und Antitranspirantien anzubringen vom 27. April 1967 wurde ausdrücklich ein Monitoring für entbehrlich gehalten (hierzu siehe S. 69; *J. Knebel/L. Wicke/G. Michael,* ebenda, S. 501, 502, 503, 506).

[618] SZ vom 13./14. Januar 2001, S. 8. Zu diesem Beispiel siehe S. 77.

[619] So die telefonische Auskunft des Verbandssprechers *T. Vogelsang* vom 17. Januar 2001.

ein erhebliches Bedürfnis, die Einhaltung der Selbstverpflichtung zu kontrollieren. Sie ist indes nicht nachprüfbar und als produktionsinterner Vorgang für den Verbraucher auch nicht sichtbar. Auch eine Deklarationspflicht wurde durch den Verband lediglich als hoheitliche Maßnahme angeregt, nicht jedoch freiwillig eingeführt.

5. Staatliche und staatlich initiierte Kontrolle

Staatliche Beiträge zum Monitoring können sehr unterschiedlicher Natur sein. Behörden können bloße Empfänger der Ergebnisse privater Kontrolle sein (s. o.), aber auch selbst am Monitoring beteiligt werden. So ist z. B. die Senatsverwaltung für Stadtentwicklung, Umweltschutz und Technologie des Landes Berlin bei der Verpflichtung der Berliner Wirtschaft zur CO_2-Minderung und zur Errichtung von Solaranlagen vom 22. Oktober 1997 am Monitoring beteiligt.[620] Es gibt auch das Modell des entstaatlichten Monitorings durch formelle Privatisierung.[621] Es kommt auch vor, dass private Kontrollinstitutionen vom Staat beauftragt werden.[622]

Es gibt auch Vereinbarungen darüber, dass Verbände auf ihre Mitgliedsfirmen einwirken, staatlichen Behörden jederzeit Einsicht in die nach der Selbstverpflichtung zu erstellenden Dokumentationen zu gewähren.[623]

6. Kooperative und dynamische Modelle des Monitoring

Auch gibt es *kooperative Modelle* im Zusammenhang mit dem Monitoring, so die Vereinbarung eines regelmäßigen gegenseitigen *Erfahrungsaustauschs* zwischen Verbänden und dem Staat.[624] Möglich ist sogar die

---

[620] *J. Knebel/L. Wicke/G. Michael*, Selbstverpflichtungen ..., 1999, S. 481.

[621] So erhält z. B. bei der Verpflichtung zur Reduzierung des Einsatzes von FCKW als Spraytreibgase von 1977, August 1987 die *bundeseigene Treuarbeit AG, Frankfurt* zwar vom Verband Daten, überprüft diese aber auf Kosten des Verbandes stichprobenhaft vor Ort und gibt eine Glaubwürdigkeitserklärung ab. Zu diesem Beispiel siehe S. 52; *M. Kohlhaas/B. Praetorius/R. Eckhoff/Th. Hoeren*, Selbstverpflichtungen der Industrie zur CO_2-Reduktion, 1994, S. 87 ff.; ausführlich auch *J. Knebel/L. Wicke/G. Michael*, ebenda, S. 426 ff.

[622] Beispiel: das Rheinisch-Westfälische Institut für Wirtschaftsforschung e.V. (RWI) wurde vom Bundesministerium für Umwelt, dem Bundesministerium für Wirtschaft und dem Bundesverband der Deutschen Industrie beauftragt, das Monitoring zur Verpflichtung zur Klimavorsorge (CO_2-Emissionen) vom 10. März 1995/ 27. März 1996, durchzuführen. Vgl. *J. Knebel/L. Wicke/G. Michael*, ebenda, S. 454. Zu dem Beispiel siehe S. 55.

[623] Beispiel: die Verpflichtung der Chemischen Industrie zur Erfassung und Bewertung von Stoffen vom 23. September 1997. Hierzu siehe S. 70; *J. Knebel/ L. Wicke/G. Michael*, Selbstverpflichtungen ..., 1999, S. 498.

Bildung eines gemeinsamen *Beratergremiums*[625] bzw. die ministerielle Mitsprache in einem Koordinierungsbeirat[626]. Bei Melde- und Informationsverpflichtungen liegen den Behörden die gemeldeten Daten vor. Hier kann eine Kontrolle durch *Datenabgleich* mit den Informationen des Verbandes[627] sinnvoll sein. Auch können regelmäßige Gespräche zwischen Privaten und Behörden über den Umsetzungserfolg der Selbstverpflichtung vereinbart werden.[628]

Kooperative Modelle des Monitoring bieten sich vor allem an, wenn die Inhalte der Selbstverpflichtung flexibel ausgestaltet und immer wieder an-

---

[624] Beispiel: Jährliches Treffen der beteiligten Verbände im Bundesministerium für Umwelt bei der Verpflichtung zur Entsorgung von Altbatterien vom 9. September 1988/24. August 1995; zu dem Beispiel siehe S. 61; *J. Knebel/L. Wicke/ G. Michael,* Selbstverpflichtungen …, 1999, S. 488.

[625] Beispiele: Erklärung der chemischen Industrie zur freiwilligen Überprüfung von Altstoffen seit 1982: drittelparitätisch zusammengesetztes Gremium aus Vertretern der Wissenschaft, Industrie und Behörden (hierzu S. 69; *J. Knebel/L. Wicke/G. Michael,* ebenda, S. 499). Die Einsetzung der paritätisch besetzten Gruppe „Chancengleichheit und Familienfreundlichkeit in der Wirtschaft", die vom Institut für Arbeitsmarkt- und Berufsforschung (IAB) unterstützt werden soll, zur Umsetzung der Vereinbarung zwischen der Bundesregierung und den Spitzenverbänden der deutschen Wirtschaft zur Förderung der Chancengleichheit von Frauen und Männern in der Privatwirtschaft vom 2. Juli 2001: die Gruppe soll nach einer Bestandsaufnahme ab Ende 2003 alle Zwei Jahre die erzielten Fortschritte bilanzieren und konkrete Vorschläge zur Weiterentwicklung von Maßnahmen erarbeiten (Punkt IV der Vereinbarung, Wortlaut in: http://www.bundesregierung.de/dokumente/Artikel/ ix_47142.htm). Bei der Vereinbarung zur Beendigung der Kernenergie vom 14. Juni 2000/11. Juni 2001 wurde das Monitoring durch die Schaffung einer paritätisch besetzten Arbeitsruppe institutionalisiert: „Um die Umsetzung der gemeinsamen Vereinbarungen zu begleiten, wird eine hochrangige Arbeitsgruppe berufen, die sich aus drei Vertretern der beteiligten Unternehmen und drei Vertretern der Bundesregierung zusammensetzt. Unter Vorsitz von ChefBK bewertet die Arbeitsgruppe in der Regel einmal im Jahr – ggf. unter Heranziehung externen Sachverstands – gemeinsam die Umsetzung der in dieser Vereinbarung enthaltenen Verabredungen." (Vereinbarung zwischen der Bundesregierung und den Energieversorgungsunternehmen v. 14. Juni 2000, S. 12. Zu diesem Beispiel siehe S. 65, 105 ff.).

[626] Heizöl-Selbstbeschränkungsabkommen vom Herbst 1964; *F. v. Zezschwitz,* JA 1978, S. 497 (499). Dies führte zu Konflikten in dem Gremium. Vgl. hierzu *R. Schellack,* Die Selbstbeschränkung der Mineralölwirtschaft, Diss. Freiburg i. Br., 1968, S. 119.

[627] Beispiel: Bei der Verpflichtung zur Weitergabe von Rahmenrezepturen an Giftnotzentralen von 1975, 1993 findet ein Datenabgleich mit dem Bundesgesundheitsamt statt (hierzu S. 72; *J. Knebel/L. Wicke/G. Michael,* Selbstverpflichtungen …, 1999, S. 507).

[628] Beispiel: Bei der Verpflichtung zum Gewässerschutz treffen sich alle Beteiligten seit 1994 jährlich zu den so genannten EDTA-Gesprächen unter Leitung des Umweltbundesamtes, um die Entwicklung einzuschätzen und gegebenenfalls weitere Maßnahmen zu vereinbaren. Vgl. *A. Troge,* in: L. Wicke/J. Knebel/G. Braeseke (Hrsg.), Umweltbezogene Selbstverpflichtungen der Wirtschaft, 1997, S. 133 (140).

gepasst werden sollen. So ist für die Selbstverpflichtung zur Klimavorsorge ihre *prozesshafte Entwicklung und Umsetzung* charakteristisch.[629] Wenn der Staat auf diese prozesshafte Entwicklung Einfluss nehmen will, muss er auch kooperativ in das Monitoring einbezogen werden. So ist es bei der Klimavorsorge: Die Ergebnisse werden im Rahmen eines Monitoringkonzepts zwischenbilanziert, um die gesamte Erklärung sowie die Einzelerklärungen gegebenenfalls zu aktualisieren und zu erweitern.[630] Den Selbstverpflichtungen zum Klimaschutz wurde Modellcharakter beigemessen: Von dem Monitoring und dessen Ergebnissen hänge es ab, welche Bedeutung Selbstverpflichtungen in der deutschen Umweltpolitik auch in Zukunft spielen werden.[631]

Auch Konsequenzen aus dem Monitoring werden bisweilen bereits in der Selbstverpflichtungserklärung festgelegt[632]. *Europäisierungstendenzen* lassen sich beim Monitoring feststellen, wenn hierbei Verfahren ausgetauscht und rezipiert werden.[633]

V. Geographische Ausdehnung

Selbstverpflichtungen unterscheiden sich auch in ihren geographischen Ausdehnungen:

(1) Die überwiegende Zahl von normersetzenden Absprachen der Wirtschaft mit dem Staat hat *nationale* Dimensionen.

(2) Seltener werden auf der Ebene der deutschen (Bundes-) *Länder* Selbstverpflichtungen mit normersetzender Intention erklärt.[634]

---

[629] *F. Schafhausen,* in: L. Wicke/J. Knebel/G. Braeseke (Hrsg.), Umweltbezogene Selbstverpflichtungen der Wirtschaft, 1997, S. 171 (183).
[630] *F. Schafhausen,* ebenda, S. 171 (183).
[631] *F. Schafhausen,* ebenda, S. 171 (197).
[632] Beispiel: die Bekanntgabe einer gemeinsamen Erklärung bei positivem Ergebnis, anderenfalls die Festlegung weiterer Schritte bei der Vereinbarung der Gießereiindustrie des Landes Sachsen-Anhalt vom November 1994. Vgl. *J. Knebel/L. Wicke/G. Michael,* Selbstverpflichtungen ..., 1999, S. 466 f. Zu diesem Beispiel siehe S. 55.
[633] Ein Beispiel hierfür ist die Benutzung „der statistischen Erhebungsbögen, mit denen die europäischen FCKW-Hersteller die EG-Kommission halbjährlich über ein Londoner Treuhandbüro über ihre Produktion sowie Importe und Exporte unterrichten" bei der Verpflichtung zur stufenweisen Einstellung der im Montrealer Protokoll geregelten FCKW vom Mai 1990. Zu diesem Beispiel siehe S. 49; *J. Knebel/L. Wicke/G. Michael,* Selbstverpflichtungen ..., 1999, S. 443.
[634] Beispiel: die Verpflichtung der RWE zur Emissionsminderung bei Großfeuerungsanlagen vom Juli 1982/Oktober 1983. Zu diesem Beispiel siehe S. 53; *J. Knebel/L. Wicke/G. Michael,* ebenda, S. 476 ff.

134   1. Teil: Begriffsklärung – Bestandsaufnahme – Vorverständnis

Besonders zu erwähnen sind solche Verpflichtungen, deren Bedeutung die nationalen Grenzen überschreiten. Hierbei sind weitere drei Typen zu unterscheiden:

(3) *Europaweite* Selbstverpflichtungen, die gegenüber europäischen Institutionen erklärt werden, insbesondere gegenüber der *EG-Kommission*.[635] Sie substituieren gegebenenfalls Europäische Rechtsetzungsakte.[636] Einen Sonderfall bildet die Selbstverpflichtung der *europäischen* Papierhersteller gegenüber dem *deutschen* Bundesminister für Umwelt vom Februar 1996.[637]

(4) *Bi- und Multilaterale* Selbstverpflichtungen, an denen sich Partner grenzüberschreitend beteiligen – auch als „orderly marketing"[638] bekannt.[639] Sie substituieren gegebenenfalls völkerrechtliche Verträge bzw. einseitige Regierungsakte (z. B. Importbeschränkungen)[640].

(5) Selbstverpflichtungen, die zwar auf nationaler Ebene geschlossen werden, aber durch internationale Unternehmensstrukturen *Ausstrahlungswirkung* haben oder im internationalen Wettbewerb *Vorbildwirkung* entfalten[641]. Dieser Typus könnte als Substituierung von Rechtsrezeptionen bzw. Rechtsrezeption im weiteren Sinne angesehen werden. Ein wichtiger Faktor für eine solche Ausstrahlungswirkung ist das eigene Verhalten der in Deutschland sich verpflichtenden Unternehmen im Ausland. Zum Teil wird

---

[635] Beispiel: die Kennzeichnungs-Verpflichtung des Industrieverbandes Körperpflege- und Waschmittel vom April 1990 gegenüber der EG-Kommission (zur Verhinderung einer EG-Richtlinie bzw. EG-Verordnung). Zu diesem Beispiel siehe S. 71; *J. Knebel/L. Wicke/G. Michael,* Selbstverpflichtungen ..., 1999, S. 504 f.

[636] *L. Wicke/J. Knebel,* in: dies./G. Braeseke (Hrsg.), Umweltbezogene Selbstverpflichtungen der Wirtschaft, 1997, S. 1 (39).

[637] Zu diesem Beispiel siehe S. 51; *G. Hucklenbruch,* Umweltrelevante Selbstverpflichtungen, 2000, S. 35 ff.

[638] *H. Herrmann,* Interessenverbände und Wettbewerbsrecht, 1984, S. 84.

[639] Beispiele: die Verpflichtung japanischer Exporteure zu Importquoten für Nähmaschinen vom 29. September 1964 (hierzu siehe S. 74; *F. v. Zezschwitz,* JA 1978, S. 497 (500)); die Verpflichtung des Club des Sidérurgistes der EGKS sowie der Japan Iron and Steel Exporters Association gegenüber der US-amerikanischen Regierung zu freiwilligen, zu Exportbeschränkungen von Stahl nach Amerika von 1968 (hierzu siehe S. 74; *F. v. Zezschwitz,* ebenda; der Rhein-Vertrag zwischen der Stadt Rotterdam und dem deutschen Verband der Chemischen Industrie zur Emissionsminderung von Schwermetallen von 1991 (vgl. *A. Rest,* NuR 1994, S. 271 (274 f.); *J. Knebel/L. Wicke/G. Michael,* Selbstverpflichtungen ..., 1999, S. 293).

[640] *F. v. Zezschwitz,* JA 1978, S. 497 (500).

[641] Beispiele: die Freiwillige Selbstkontrolle Kino (FSK) vom 18. Juli 1949 nach dem Vorbild des amerikanischen „Production Code" von 1930/34 (http://www.spio.de/FSK.pdf.); die parallelen Entwicklungen in den USA, Großbritannien und Deutschland Anfang der 1970er Jahre bei den Selbstverpflichtungen der Zigarettenhersteller (hierzu *J. H. Kaiser,* NJW 1971, S. 585 (587)).

diese Frage auch ausdrücklich in die Selbstverpflichtungserklärung aufgenommen, zumal bei globalen Umweltproblemen nur grenzüberschreitende Anstrengungen Erfolg versprechen. Ein Beispiel hierfür ist der „*Verzicht auf eine Verlagerung der Produktion ins Ausland*"[642] bei der Verpflichtung zur stufenweisen Einstellung der im Montrealer Protokoll geregelten FCKW vom Mai 1990. In der deutschen Selbstverpflichtung zur Altautoverwertung verpflichten sich auch die Importeure. Die Selbstverpflichtung bezweckt damit und erreicht dadurch eine exterritoriale Wirkung.[643]

Es kommt auch vor, dass Absprachen zunächst auf internationaler Ebene geplant sind und nach dem Scheitern einer Einigung dann als kleine Lösung auf nationaler Ebene getroffen werden.[644] Manche Selbstverpflichtungen dienen der Erfüllung völkerrechtlicher Pflichten der Bundesrepublik.[645] Umgekehrt können aber auch übernationale Absprachen ursprünglich nationale Selbstverpflichtungen ersetzen.[646]

Zu diesem Typus gehören auch Selbstverpflichtungen, die gegenüber nationalen Regierungen in der Hoffnung auf eine solche Ausstrahlungswirkung und mit der Intention der Verhinderung nicht nur einer nationalen, sondern auch einer europäischen Regelung geschlossen werden. Hier versucht die Wirtschaft, auf die *nationale Europapolitik Einfluss* zu nehmen,[647] um mittelbar europäische Rechtsetzung zu substituieren.[648]

---

[642] Zu diesem Beispiel siehe S. 49; *J. Knebel/L. Wicke/G. Michael*, Selbstverpflichtungen ..., 1999, S. 442.

[643] *Chr. Engel*, StWuStPr 1998, S. 535 (555).

[644] Beispiel: der Verhaltenskodex der Chemischen Industrie zur Ausfuhr gefährlicher Chemikalien vom März 1986 konnte 1983 in der OECD-Chemikaliengruppe nicht verabschiedet werden (Hierzu siehe S. 74; *J. Knebel/L. Wicke/G. Michael*, Selbstverpflichtungen ..., 1999, S. 439).

[645] Beispiel: die Verpflichtung zur Rücknahme und Verwertung von FCKW vom 30. Mai 1980/30. Mai 1990 wurde durch das Gesetz zum Montrealer Protokoll angeregt. Zu diesem Beispiel siehe S. 60; *J. Knebel/L. Wicke/G. Michael*, Selbstverpflichtungen ..., 1999, S. 485.

[646] Die europaweite Selbstverpflichtung „ECVM Industry Charter for the Production of VCM and PVC", i. e. die Verpflichtung der zwölf Mitglieder des European Council of Vinyl Manufacturers, die 95 Prozent der europäischen Gesamtproduktion von PVC repräsentieren, vom Juni 1995 ist entstanden, nachdem die Selbstverpflichtung der Kunststofferzeugenden Industrie vom 22. August 1986 zu massiven wirtschaftlichen Einbußen und Wettbewerbsnachteilen im europäischen Vergleich geführt hatte. Zu diesem Beispiel siehe S. 49; *J. Knebel/L. Wicke/G. Michael*, Selbstverpflichtungen ..., 1999, S. 421; *G. Hucklenbruch*, Umweltrelevante Selbstverpflichtungen, 2000, S. 39 ff.

[647] *J. Knebel/L. Wicke/G. Michael*, Selbstverpflichtungen ..., 1999, S. 375.

[648] Beispiel: Bei der Verpflichtung zur Klimavorsorge (CO_2-Emissionen) vom 10. März 1995, Präzisierung vom 27. März 1996 war mitunter beabsichtigt, die in der EU angestrebte Energie/CO_2-Abgabe zu verhindern; die Bundesregierung hat auch tatsächlich zugesagt, sich im Falle einer europarechtlichen Regelung für eine Aus-

Besondere Aufmerksamkeit verdient das Modell des Art. 4 Abs. 2 Klimarahmenkonvention, die so genannte „joint implementation": Hierbei handelt es sich um einen Mechanismus, der internationale Kooperationen ermöglicht. Verpflichtungen zur Klimavorsorge sollen nicht nur innerhalb der Grenzen des eigenen Landes, sondern auch durch Maßnahmen außerhalb der Grenzen des eigenen Landes erfüllt werden können. Beiträge zur Minderung von Emissionen werden global angerechnet. Die Verminderung von Treibhausgasimmissionen ist in verschiedenen Ländern mit unterschiedlichen spezifischen Kosten verbunden. Da die Bekämpfung des Treibhauseffekts einen globalen Effekt anstrebt, kann das Ziel so effizienter verfolgt werden.[649]

Die Idee des „sustainable development"[650] ist aus der Not der Suche nach „second best"-Lösungen geboren. Sie ist – erstmals entwickelt im Brundtland-Bericht[651] – mit 1992, dem Jahr der Konferenz der Vereinten Nationen über Umwelt und Entwicklung (UNCED) in Rio de Janeiro und dem 5. Aktionsprogramm der EU verknüpft.

Auf internationaler Ebene standen sich die Einsicht, dass umweltschützende Maßnahmen aller Länder der Erde dringend geboten sind und die Uneinigkeit über verpflichtende Standards gegenüber. Auf völkerrechtlicher Ebene war der Konsens die einzige Möglichkeit, überhaupt zu Ergebnissen zu gelangen. Ein mehrheitlicher Wille lässt sich international nicht „hoheitlich" durchsetzen. Als konsensfähige „second best"-Lösung erschien die Verpflichtung, dass jedes Land seine eigenen Standards kontinuierlich verbessert. Damit werden zwar die Standards nicht einander angeglichen, nicht einmal werden durch Mindeststandards die gröbsten Umweltsünden verhindert.

Diese Not lässt sich jedoch auch als neue Tugend darstellen: Global gesehen ist dem Klimaschutz in dem Maße gedient, in dem irgendwo auf der

---

nahme für die Unternehmen, die an der nationalen Selbstverpflichtung teilnehmen, oder wenigstens für eine Anrechnung der durch sie erreichten Erfolge einzusetzen. Zu diesem Beispiel siehe S. 55; *M. Schmidt-Preuß*, VVDStRL 56 (1997), S. 160 (220 m. w. N.).; Pressemitteilung des Presse- und Informationsamtes der Bundesregierung vom 27. März 1996, Nr. 118/96, S. 3 f.; dazu *J. Knebel/L. Wicke/G. Michael*, ebenda, S. 455.

[649] *F. Schafhausen*, in: L. Wicke/J. Knebel/G. Braeseke (Hrsg.), Umweltbezogene Selbstverpflichtungen der Wirtschaft, 1997, S. 171 (189).

[650] *Enquete-Kommission „Schutz des Menschen und der Umwelt – Ziele und Rahmenbedingungen einer nachhaltig zukunftsverträglichen Entwicklung"*, Abschlussbericht, Bt. Drucks. 13/11200, S. 16 ff.; *N. Haigh/R. A. Kraemer*, „Sustainable Development" in den Verträgen der Europäischen Union, ZUR 1996, S. 239 ff.

[651] Einleitungsbericht der Kommissionsvorsitzenden Gro Harlem Brundtland, S. IX ff., World Commission on Environment and Development (ed.), Our Common Future, Oxford/New York 1987.

Welt schädliche Immissionen reduziert werden. Die gleichmäßige Verteilung der Emissionen auf den Globus ist also kein Gebot des Umweltschutzes, sondern allenfalls eines der politischen und sozialen Gerechtigkeit. Deshalb sind kontinuierliche Anstrengungen aller eine umweltpolitisch gesehen sinnvolle Maßnahme.

Diese Ideen lassen sich auch auf Europa und auf den Nationalstaat übertragen: Auch hier gilt umweltpolitisch, dass es für das Klima auf die Gesamtmenge der Schadstoffimmissionen ankommt, nicht darauf, wie sich die Emissionen auf einzelne Unternehmen, Regionen und Länder verteilten.

Die Ideen des „sustainable developments" und der „activities implemented jointly" sind mit bestimmten Instrumenten der Durchsetzung eng verknüpft. Wie bereits gesagt, waren Mindeststandards nach dem Modell des nationalen Ordnungsrechts international nicht konsensfähig. Der EG fehlen z.T. Kompetenzen der Setzung und vor allem der Vollziehung umfassender umweltrechtlicher Standards. Und die Nationalstaaten stehen vor dem Problem des Vollzugsdefizits hinsichtlich des geschaffenen Ordnungsrechts vor allem im Umweltbereich.

International lässt sich im Klimaschutz nur das erreichen, wozu sich die Staaten als Mitglieder der Völkergemeinschaft „selbst verpflichten". Das Instrument der „Selbstverpflichtung" ist auf internationaler Ebene also nicht wirklich neu, sondern geradezu klassisch. Das Völkerrecht hat hierzu verschiedene Formen und Grade der Verbindlichkeit von der „gemeinsamen Absichtserklärung" bis zum verbindlichen völkerrechtlichen Vertrag entwickelt. Bei der Erklärung von Rio zu Umwelt und Entwicklung (Rio-Deklaration) handelt es sich um „soft law".[652]

VI. Geltungsdauer

Zum Teil werden Selbstverpflichtungen auf mehrere Jahre befristet.[653] Befristungen haben meist nicht den Sinn, die Wirtschaft nach dieser Zeit

---

[652] *M. Kloepfer,* Umweltrecht, 2. Aufl. 1998, S. 592.

[653] So gilt z.B. die Verpflichtung des Verbandes der Mineralfarbenindustrie, dessen Industrieverbandes Schreib- und Zeichengeräte, der Arbeitsgemeinschaft der Hersteller Hobby und Basteln und der Ecological and Toxicological Association of the Dyestuffs Manufactoring Industry (ETAD) zur Herstellung und zum Inverkehrbringen von den Fingermalfarben vom 1. Juli 1987 *für drei Jahre* (hierzu siehe S. 51; *J. Knebel/L. Wicke/G. Michael,* ebenda, S. 500). Der „Umweltpakt Bayern" vom 23.10.1995 (ausführlich hierzu *J. Knebel/L. Wicke/G. Michael,* ebenda, S. 510 ff.) wurde *für fünf Jahre* geschlossen, ebenso die Verpflichtung des Verbandes der Chemischen Industrie zur Reduzierung der Gewässerbelastung vom 31. Juli 1991 (zu diesem Beispiel siehe S. 54; *G. Hucklenbruch,* Umweltrelevante Selbstverpflichtungen, 2000, S. 31, 33).

138   1. Teil: Begriffsklärung – Bestandsaufnahme – Vorverständnis

von jeglicher Verpflichtung zu lösen und gar zum alten Zustand zurückkehren zu können, sondern verpflichten vielmehr dazu, ein *Ziel bis zu einem bestimmten Zeitpunkt zu erreichen*. Nach diesem Zeitpunkt kann die Selbstverpflichtung fortgeschrieben, d.h. erneuert und bekräftigt werden.[654] Der Staat kann dann das einmal erreichte Ziel aber auch normativ vorschreiben.[655]

In diesen Fällen ersetzt die Selbstverpflichtung eine Übergangsregelung und ist Element einer normprägenden Absprache. Hierzu lohnt ein Blick auf das Beispiel der Großfeuerungsanlagenverordnung[656] im Verhältnis zur Verpflichtung der RWE zur Emissionsminderung bei Großfeuerungsanlagen vom Juli 1982, die im Oktober 1983 modifiziert wurde[657]. Am 26. Juni 1983 – also ca. ein Jahr nach der ersten Absprache – trat nämlich die Großfeuerungsanlagen-Verordnung in Kraft. Deren Inhalt wurde durch die RWE weitreichend beeinflusst und mitgestaltet. Sie wird deshalb auch als „Lex RWE"[658] bezeichnet. Die Verhandlungen im Vorfeld der Selbstverpflichtung und der Prozess des Verordnungserlasses stehen – nicht nur zeitlich – in einem unmittelbaren Zusammenhang.

Obwohl Staat und Wirtschaft hier in so enger Weise miteinander kooperierten, entstand Uneinigkeit darüber, wie die Selbstverpflichtungen durch die Verordnung berührt wird. Im Nachhinein und von außen betrachtet ist schwer einzusehen, warum ausgerechnet dieses Problem entweder nicht bedacht oder missverständlich behandelt wurde. Die RWE betrachtete ihre Selbstverpflichtung, nach der einige Anlagen bis 1987 nachzurüsten, andere hingegen stillzulegen waren, durch das Inkrafttreten der Verordnung als hinfällig. Das Ministerium hingegen wollte die RWE nicht entpflichten, als es in der Verordnung verbindlich vorschrieb, lediglich bis 1988 (also ein Jahr später) bestimmte Nachrüstungsmaßnahmen zu ergreifen, anderenfalls Anla-

---

[654] Beispiel: Verpflichtung zur Entsorgung von Altbatterien vom 9. September 1988/24. August 1995 (Fortschreibung); hierzu siehe S. 61; *J. Knebel/L. Wicke/ G. Michael,* Selbstverpflichtungen ..., 1999, S. 487 ff.

[655] Beispiel: die Verpflichtungen der Asbestindustrie zum Ersatz von Asbest von 1982/1984/1988 (hierzu siehe S. 49; *J. Knebel/L. Wicke/G. Michael,* Selbstverpflichtungen ..., 1999, S. 450) wurden z.T. durch bundesweite Verbote abgelöst, um das einmal erreichte Ziel auch für die Zukunft zu sichern: Ein Herstellungs- und Verwendungsverbot für Asbest ist jetzt in § 15 Abs. 1 Nr. 1 GefStoffV (Verordnung zum Schutz vor gefährlichen Stoffen (1993) i.d.F. der Bekanntmachung vom 15. November 1999, BGBl. I S. 2233, zuletzt geändert durch Gesetz vom 20. Juli 2000, BGBl. I S. 1045) geregelt.

[656] GFAVO = 13. BImSchV vom 22. Juni 1983, BGBl. I S. 719.

[657] Zu diesem Beispiel siehe S. 53; *J. Knebel/L. Wicke/G. Michael,* Selbstverpflichtungen ..., 1999, S. 476 ff.

[658] *M. Kohlhaas/B. Praetorius/R. Eckhoff/Th. Hoeren,* Selbstverpflichtungen der Industrie zur CO_2-Reduktion, 1994, S. 86 m.w.N.

§ 3 Typisierung nach rechtlichen Kriterien

gen bis 1993 stillzulegen. Es wollte also den Umwelterfolg nicht verzögern, sondern zusätzlich sichern. Im Oktober 1983 wurde zwischen den Beteiligten eine weitere Vereinbarung geschlossen, die sowohl von der ersten Selbstverpflichtungen als auch von der Verordnung inhaltlich abweicht: Danach verpflichtete sich die RWE zu einer Gesamtreduktion ihrer SO_2-Emissionen bereits bis 1987. Im Gegenzug versprach das Land eine Beschleunigung notwendiger Genehmigungsverfahren. Diese zweite Verpflichtung hat somit vor allem normvollziehenden Charakter[659].

Betrachtet man hier die Selbstverpflichtung als Vorstufe zur Norm, so ähnelt der Endeffekt einer lange vor dem Inkrafttreten verkündeten Norm, auf die sich die Adressaten weniger „freiwillig", als vielmehr notgedrungen allmählich einstellen, indem sie für den verbotenen Stoff und seine Verwendung Alternativen entwickeln. Alternative zur Selbstverpflichtung wäre dann genau betrachtet nicht die Norm, die letztlich den Stoff verbietet, sondern eine flexible Übergangsregelung.

Ähnlich ist es auch beim Atom-Ausstieg. Das Ziel des Ausstiegs ist von der Bundesregierung vorgegeben und steht nicht zur Disposition in den Konsensgesprächen. Ob der Ausstieg (in 30 Jahren) letztlich durch ein Gesetz bestätigt und bekräftigt wird, ist zunächst nicht die entscheidende Frage bzw. die angedrohte Alternative. Vielmehr geht es um die Modalitäten, wie wer bis wann zu welchen Bedingungen diesen Ausstieg konkret realisiert.

Anders verhält es sich bei der Frage der *Kündbarkeit* von Selbstverpflichtungen, sei diese auch nicht ausdrücklich vereinbart, sondern aus der Unverbindlichkeit der Absprachen[660] abgeleitet. Verpflichtung betreffend Haushaltsreiniger vom Februar 1985[661] z.B. wurde zunächst auf die Dauer von fünf Jahren ab dem 15. März 1985 geschlossen, verlängert sich aber seither um jeweils zwei Jahre, wenn sie nicht mit einer Frist von einem Jahr gekündigt wird. Die Kündigung muss mittels eingeschriebenen Briefs gegenüber den anderen (sieben) beteiligten Unternehmen erfolgen und dem Ministerium mitgeteilt werden.[662]

Ein Beispiel für eine erfolgte Kündigung liefert das Konjunkturkrisenkartell von 1958 („Kohle-Erdölkartell"). Bei ihm wurden auf Grund massiver staatlicher Einflussnahme zur Bekämpfung der Kohleabsatzkrise Heizöl-

---

[659] Von einer Mischform sprechen *M. Kohlhaas/B. Praetorius/R. Eckhoff/Th. Hoeren,* Selbstverpflichtungen der Industrie zur CO_2-Reduktion, 1994, S. 84.

[660] *A. Merkel,* in: L. Wicke/J. Knebel/G. Braeseke (Hrsg.), Umweltbezogene Selbstverpflichtungen der Wirtschaft, 1997, S. 87 (94).

[661] Zu diesem Beispiel siehe S. 69; *G. Hucklenbruch,* Umweltrelevante Selbstverpflichtungen, 2000, S. 34.

[662] Hierzu *G. Hucklenbruch,* Umweltrelevante Selbstverpflichtungen, 2000, S. 35.

preise festgelegt, ein Unterbietungsverbot vereinbart und die Anwerbung neuer Kunden von einer staatlichen Genehmigung abhängig gemacht. Es wurde von der Mineralölindustrie bereits am 12. August 1959 wegen des Wettbewerbs durch Außenseiter *gekündigt*.[663]

VII. Schriftlichkeit und Bekanntmachung

Die Einigung als Ergebnis der Verhandlungen zwischen Behörden und Privaten, also die normersetzende Absprache wird *meist schriftlich* fixiert oder aber durch eine „einseitige ‚symbolische Handlung' dokumentiert"[664]. *Mündliche Absprachen* können auch in *Sitzungsprotokollen* festgehalten sein[665] oder auch *später schriftlich bestätigt* werden[666]. Mit Absprachen, die überhaupt nicht schriftlich fixiert werden, beschäftigt sich diese Arbeit nicht. Eine andere Frage ist es, ob der Wortlaut normersetzender Absprachen oder wenigstens ihr wesentlicher Inhalt der Öffentlichkeit zugänglich gemacht wird.

Bisweilen beschränken sich öffentliche *Bekanntmachungen in Erklärungen* darauf, dass überhaupt eine Selbstverpflichtung eingegangen wurde[667]. Für die Veröffentlichung kommen *gemeinsamen Pressekonferenz* der Beteiligten[668], das *Gemeinsame Ministerialblatt*[669] sowie *Pressemitteilung des Ministeriums*[670] oder *des Verbandes*[671] in Betracht.

---

[663] Vgl. hierzu *R. Schellack,* Die Selbstbeschränkung der Mineralölwirtschaft, Diss. Freiburg i. Br., 1968, S. 32; *F. v. Zezschwitz,* JA 1978, S. 497 (498); *U. Dempfle,* Normvertretende Absprachen, 1994, S. 3.

[664] *U. Dempfle,* Normvertretende Absprachen, 1994, S. 19 mit Beispielen.

[665] Beispiel: die Verpflichtung Getränkeverpackungsindustrie vom Oktober 1977. Zu diesem Beispiel siehe S. 59; *E. Bohne,* JbRSoz 1982, S. 266 (270); *U. Dempfle,* Normvertretende Absprachen, 1994, S. 7.

[666] Beispiel: die Verpflichtung – im Zusammenhang mit der o. g. Verpflichtung zu den Getränkeverpackungen – der Stahlindustrie, den Weißblechschrott zu marktkonformen Bedingungen zurückzunehmen von 1977; hierzu *E. Bohne,* JbRSoz 1982, S. 266 (270).

[667] Beispiel: die Verpflichtung Getränkeverpackungsindustrie vom Oktober 1977; hierzu *E. Bohne,* ebenda.

[668] Beispiel: Die freiwillige Zusage des Verbandes der Automobilindustrie gegenüber dem Bundesministerium für Umwelt, dem Bundesministerium für Verkehr zur Kraftstoffverbrauchsminderung vom 23. März 1995 wurde in einer *gemeinsamen Pressekonferenz der Beteiligten* in Bonn proklamiert. Hierzu *G. Hucklenbruch,* Umweltrelevante Selbstverpflichtungen, 2000, S. 60.

[669] Beispiel: Die Verpflichtung des Verbandes der Chemischen Industrie zur Reduzierung der Gewässerbelastung vom 31. Juli 1991: Bekanntmachung des Bundesministers für Umwelt, Naturschutz und Reaktorsicherheit im GMBl. 1991, S. 750. Zu diesem Beispiel siehe S. 54.

[670] Beispiel: Die Verpflichtung betreffend die Sicherheit von Haushaltsreinigern vom Februar 1985 wurde durch eine *Pressemitteilung des Ministeriums* bekanntge-

§ 4 Rechtliche Bestandsaufnahme zu spezialgesetzlichen Regelungen

In der tatsächlichen Bestandsaufnahme wurde ausführlich dargestellt, wie der Staat informal auf Selbstverpflichtungen Einfluss nimmt und sich an normativen Absprachen beteiligt. Ausnahmsweise leistet der Staat einen formal rechtsetzenden Beitrag zu informalen normativen Absprachen. Ein eigenes Kapitel soll den positivgesetzlichen Regelungen gewidmet werden, mit denen der Gesetz- und Verordnunggeber auf Selbstverpflichtungen reagiert hat. Derartige Regelungen existieren bislang nur punktuell in Spezialgesetzen. Sie sind nicht nur rechtspolitisch von allgemeinem Interesse. Vielmehr hat das BVerfG im Verpackungsteuer-Urteil[672] z.B. das AbfG (1986) als Legitimationsbasis für Kooperationen zwischen Staat und Wirtschaft akzeptiert. Verfassungsrechtliche Fragen, die sich dabei gestellt hätten bzw. stellen, hat das Gericht mit richterlicher Zurückhaltung geradezu unterdrückt und damit dem Primat der Politik und der Legislative Tribut gezollt. Eine Verfassungstheorie für die kooperierende rechtsetzende Gewalt wird so nicht dauerhaft entbehrlich. Aber diese Verfassungstheorie sollte nicht abgehoben von einfachrechtlichen Modellen entwickelt werden. Letztere sollen im Folgenden typisiert werden:

I. Gesetzliche Vorgaben für normverdrängende Absprachen: insbesondere die Verpackungsverordnung

Normverdrängende Absprachen bzw. Selbstverpflichtungen setzen eine Norm voraus, die ihre Rechtsfolgen für den Fall bestimmter Selbstverpflichtungen aussetzt oder modifiziert. Hier verleiht das Gesetz Absprachen eine normverdrängende Wirkung. So stellt § 6 Abs. 1 und 2 und § 8 VerpackV Pflichten auf, die durch Selbstverpflichtungen nach § 6 Abs. 3 und § 9 VerpackV verdrängt werden können. Bereits Art. 4 der RL 85/339/EWG[673] über Getränkeverpackungen sieht eine Umweltpolitik auch „im Wege freiwilliger Vereinbarungen" vor.[674] Die Verpackungsverordnung vom 12. Juni

---

macht (Pressemitteilung des BMG vom 6. Februar 1985, Nr. 15) und ist auf Anforderung bei den beteiligten Unternehmen erhältlich (*G. Hucklenbruch,* Umweltrelevante Selbstverpflichtungen, 2000, S. 35). Zu diesem Beispiel siehe S. 69.

[671] Die Verpflichtung der im Mineralölwirtschaftsverband zusammengeschlossenen Markengesellschaften zum Angebot von bleifreiem Benzin wurde durch *Presseerklärung des Verbandes* vom 17. Oktober 1984 bekannt gemacht (hierzu *J. Knebel/ L. Wicke/G. Michael,* Selbstverpflichtungen ..., 1999, S. 474 ff.).

[672] BVerfGE 98, 106.

[673] AblEG 1985 Nr. L 176, S. 18.

[674] Hierzu und zu weiteren Beispielen vgl. *I. Pernice,* EuZW 1992, S. 139 f.

1991[675] wurde auf Grund der Verordnungsermächtigung des § 14 AbfG (1986) erlassen. Zur Umsetzung der Richtlinie 94/62/EG vom 20. Dezember 1994 wurde sie durch die gleichnamige Verordnung vom 21. August 1998[676] ersetzt, inzwischen gestützt auf die Verordnungsermächtigungen des KrW-/AbfG (1994). Die Grundkonzeption der gesetzlichen Vorgaben für normverdrängende Absprachen wurde dabei nicht geändert.

Die Verpackungsverordnung hat eine bemerkenswerte Vorgeschichte: Ihr ging am 28. September 1990 die Gründung des „Dualen Systems Deutschland Gesellschaft für Abfallvermeidung und Sekundärstoffgewinnung mbH" (DSD) voraus. Das DSD war zuvor durch den Bundesverband der Deutschen Industrie und den Deutschen Industrie- und Handelstag beschlossen und der Bundesregierung als Modell vorgelegt worden.[677] Es erhielt durch die Verpackungsverordnung im Nachhinein eine normverdrängende Wirkung. Der Name „Duales System" deutet auf ein Nebeneinander öffentlich-rechtlicher und privater Betätigung, in anderem Zusammenhang erstmals begrifflich verwendet im Staatsvertrag über den Rundfunk im vereinigten Deutschland vom 31. August 1991: „duales Rundfunksystem" (Präambel und § 1 Abs. 1)[678]. Nach dem AbfG (1986) war das DSD ein beauftragter Dritter i.S.d. § 3 Abs. 2 S. 1, dessen sich die Kommunen zur Erfüllung ihrer (!) Entsorgungspflicht bedienten.[679] Bei diesem Modell geben Verbände für bestimmte Materialien Verwertungsgarantien ab. Auf Grund dieser Garantien können sich dann einzelne Unternehmen entgeltlich dem DSD anschließen und Verpackungen aus diesen Materialien mit dem „Grünen Punkt" kennzeichnen.[680] Die Verwertung wird durch den TÜV überprüft.[681]

Die Verpackungsverordnung stellt vollziehbare Rücknahme- und Pfandpflichten auf (§ 6 Abs. 1 und 2 und § 8 VerpackV). Die Pflichten des § 6 Abs. 1 und 2 „entfallen" jedoch nach § 6 Abs. 3, die des § 8 „finden keine Anwendung" nach § 9 VerpackV, „bei Verpackungen, für die sich der Hersteller oder Vertreiber an einem System beteiligt", das bestimmte, im Gesetz näher bezeichnete Voraussetzungen erfüllen muss. Die freiwillige Beteiligung an einem solchen System stellt damit eine *normverdrängende* Selbstverpflichtung dar. Wesensverwandt ist diese Befreiung von Rechts-

---

[675] BGBl. I S. 1234.
[676] BGBl. I S. 2379.
[677] S. *Thomé-Kozmiensky,* Die Verpackungsverordnung, 1994, S. 88. Zu der Frage der Qualifizierung als sukzessives staatliches Monopol vgl. *W. Frenz,* Selbstverpflichtungen der Wirtschaft, 2001, S. 37 ff.
[678] S. *Thomé-Kozmiensky,* Die Verpackungsverordnung, 1994, S. 55 f.
[679] S. *Thomé-Kozmiensky,* Die Verpackungsverordnung, 1994, S. 69.
[680] S. *Thomé-Kozmiensky,* Die Verpackungsverordnung, 1994, S. 90.
[681] S. *Thomé-Kozmiensky,* Die Verpackungsverordnung, 1994, S. 92.

pflichten durch Abgabe einer Selbstverpflichtungserklärung mit der Abwendung des Vollzugs durch private Eigenvornahme nach Art. 5 Abs. 2 S. 2 PAG: „Dem Betroffenen ist auf Antrag zu gestatten, ein anderes ebenso wirksames Mittel anzuwenden, sofern die Allgemeinheit dadurch nicht stärker beeinträchtigt wird." Diese Ersetzungsbefugnis des Betroffenen gilt als Konsequenz des Erforderlichkeitsprinzips und ist als solche verallgemeinerungsfähig[682].

Neu an der durch Absprachen verdrängbaren Norm ist ein Moment des Kollektiven und Normativen: Während die Ersetzungsbefugnis von einzelnen Verwaltungsaktsadressaten von Einzelfall zu Einzelfall eingelöst werden kann, ist von der VerpackV ein kollektiv organisiertes „System", dem sich Private mehr oder weniger dauerhaft anschließen, vorausgesetzt, um die normverdrängende Wirkung zu entfalten. Das „Androhungsgesetz"[683] – zu unterscheiden vom nicht in Kraft tretenden angedrohten Gesetz – stellt somit einen für die Gesetzgebungslehre neuen Normtypus der Kontextsteuerung[684] dar. Substituierende „Realpflichten"[685] kompensieren die Nichterfüllung primärer Rechtspflichten. Selbstverpflichtungen treten „substitutiv für die Aussetzung des Ordnungsrechts"[686] ein. Das Ordnungsrecht seinerseits wird dadurch zum „Mittel der indirekten Steuerung"[687]. Dies hat der Verordnunggeber auch so beabsichtigt. In der Begründung der Bundesregierung zum Entwurf der Verpackungsverordnung heißt es dazu, es sei „zu besorgen, dass ohne einen bestimmten ordnungsrechtlichen Rahmen nicht alle beteiligten Wirtschaftskreise zum Aufbau und zur Beteiligung an freiwilligen Rücknahmesystemen bereit sind."[688] Neuartig ist daran auch die Mischung aus Wirtschaftslenkung und Wirtschaftsaufsicht: Durch die Regelung wird Selbststeuerung staatlich gelenkt und mit ordnungsrechtlichen Anforderungen mittelbar gesteuert.[689] Das DSD wird zu einer Organisation selbstregulativen Gesetzesvollzugs[690].

Normverdrängende Absprachen haben gegenüber gesetzlich nicht untermauerten Selbstverpflichtungen Vorteile sowohl aus der Sicht des Staates, als auch für die Privaten: Ein Androhungsgesetz kann die Beteiligung an

---

[682] H.-U. Gallwas/W. Mößle, Bayerisches Polizei- und Sicherheitsrecht, 2. Aufl. (1996), Rdnr. 576.
[683] M. Schmidt-Preuß, VVDStRL 56 (1997), S. 160 (215).
[684] M. Schmidt-Preuß, VVDStRL 56 (1997), S. 160 (185).
[685] A. Voßkuhle, Das Kompensationsprinzip, 1999, S. 216.
[686] A. Merkel, in: L. Wicke/J. Knebel/G. Braeseke (Hrsg.), Umweltbezogene Selbstverpflichtungen der Wirtschaft, 1997, S. 73 (77).
[687] M. Kloepfer, Umweltrecht, 2.Aufl. 1998, S. 1226.
[688] BR-Drucks. 817/90, S. 28.
[689] R. Scholz/J. Aulehner, Umweltstrategien im Verpackungsrecht, 1998, S. 101.
[690] Dazu U. Di Fabio, VVDStRL 56 (1997), S. 235 (242 ff.).

Selbstverpflichtungen anregen und v.a. ihre Einhaltung fördern. An die Stelle des Drohpotentials des Staates mit Rechtsetzung tritt bereits vollziehbares, geltendes Recht. Dies kann auch Vorteile für alle absprachetreuen Unternehmen haben. Trittbrettfahrer werden durch den drohenden Normvollzug abgeschreckt. Das fördert eine fairere Lastenverteilung und verhindert, dass Außenseiter sich zu Lasten der rechtstreuen Mehrheit Wettbewerbsvorteile erschleichen können. Die Forderung, die Politik solle dafür sorgen, Trittbrettfahrern von Selbstverpflichtungen das Handwerk zu legen, wurde auch von Privaten angemeldet.[691] Derartige Kombination staatlicher Instrumente mit marktwirtschaftlichen Gestaltungsmöglichkeiten wurden deshalb als „zweckmäßige Arbeitsteilung zwischen freiwilligen Selbstverpflichtungen der Wirtschaft und ordnungsrechtlichen Regelungen"[692] bezeichnet und zum Steuerungsmodell für die Zukunft erklärt.[693] Die VerpackV trage „Vorbildcharakter für andere produktbezogene Verordnungen."[694]

Das *dänische* Umweltgesetz (1991) enthält mit Art. 10 Abs. 4 MBL eine interessante Lösung des Trittbrettfahrerproblems: Die Regelung ermächtigt den Minister, in Bezug auf Nichtvertragsparteien Rechtsvorschriften, die den vertraglichen Regelungen inhaltlich entsprechen, zu erlassen. Dies hat nach Art. 110 Abs. 1 S. 3 MBL zur Folge, dass Vertragsstrafenregelungen gegebenenfalls auf Trittbrettfahrer anwendbar werden. Diese Regelung ist eine rechtspolitisch bemerkenswerte Variante zu den durch Absprachen verdrängbaren Normen und zum Modell der Allgemeinverbindlicherklärung. In der *Schweiz* sehen Art. 3 ff. CO_2-Gesetz[695] vorrangig freiwillige Maßnahmen der Wirtschaft zur Reduktion der CO_2-Emissionen vor. Dazu enthält Art. 2 CO_2-Gesetz die Zielvorgabe einer Reduktion um zehn Prozent im Zeitraum von 1990 bis 2010. Wenn dieses Ziel durch freiwillige Maßnahmen verfehlt wird, muss der Bundesrat nach Art. 6 CO_2-Gesetz eine CO_2-Abgabe einführen. Erfolgskontrollen regeln mit speziellen Evaluationsmaßnahmen Art. 18 EnG und Art. 5 CO_2-Gesetz.

---

[691] *W. Brück,* in: L. Wicke/J. Knebel/G. Braeseke (Hrsg.), Umweltbezogene Selbstverpflichtungen der Wirtschaft, 1997, S. 105 (110).

[692] *G. Voss,* in: L. Wicke/J. Knebel/G. Braeseke (Hrsg.), Umweltbezogene Selbstverpflichtungen der Wirtschaft, 1997, S. 155 (117).

[693] *W. Brück,* in: L. Wicke/J. Knebel/G. Braeseke (Hrsg.), Umweltbezogene Selbstverpflichtungen der Wirtschaft, 1997, S. 105 (110).

[694] *Der Rat von Sachverständigen für Umweltfragen,* Umweltgutachten 1996, S. 166, Tz. 390.

[695] Bundesgesetz über die Reduktion der CO_2-Abgaben von 8. Oktober 1999 (SR 641.71).

II. Einfachgesetzlich gebotene Eigenverantwortung: § 22 KrW-/AbfG

Die Produktverantwortung des § 22 KrW-/AbfG stellt eine neuartige Normkategorie dar, die auf die in Selbstverpflichtungen zum Ausdruck kommende Selbstverantwortung rekurriert. Die Bedeutung dieser Norm und ihr Wesen, insbesondere die Frage, ob sie unmittelbar verpflichtende Wirkungen hat, ist umstritten. Es ist nicht leicht, diese Kategorie der (Produkt)Verantwortung dogmatisch einzuordnen und ihre rechtlichen Konsequenzen zu erfassen.[696] Das Telos des § 22 KrW-/AbfG kann nur vor dem Hintergrund seiner Vorgeschichte und der Materialien zu seiner Entstehung sowie der Systematik des KrW-/AbfG erschlossen werden:

Zur *Vorgeschichte* gehört das AbfG (1986), das durch das KrW-/AbfG vom 27. September 1994[697] abgelöst wurde. Das AbfG enthielt keine dem § 22 KrW-/AbfG entsprechende Norm. Jedoch wurde unter seiner Geltung – wie soeben dargestellt – 1990 das „Duale System Deutschland" (DSD) gegründet und auf Grund der Verordnungsermächtigung des § 14 AbfG (1986) die Verpackungsverordnung (1991) erlassen. Das KrW-/AbfG ist mitunter der Versuch, im Sinne des Textstufenparadigmas (*P. Häberle*) Elemente informaler Rechtswirklichkeit und des Verordnungsrechts auf einfachgesetzlicher Ebene zu bestätigen und zu verallgemeinern.

Die *Motive des Gesetzgebers* sind besonders aufschlussreich, weil § 22 als *Kompromiss* zwischen den Vorstellungen der Bundesregierung und des Bundesrates entstanden ist. Die Einigung auf Elemente sowohl des Regierungsentwurfs als auch des Gegenentwurfs des Bundesrates konnte erst im Vermittlungsausschuss erzielt werden. Eine Gesetzesbegründung zur Endfassung fehlt. Die Motive sind somit aus den einander heftig widerstreitenden Begründungen der jeweiligen Vorschläge der Bundesregierung des Bundesrates, genauer aus deren gemeinsamem Nenner, der sich in dem Kompromiss niedergeschlagen hat, zu ermitteln.

Im Regierungsentwurf[698] war die entsprechende Norm als § 20 mit „Grundsatz" überschrieben. Verglichen mit dem späteren § 22 KrW-/AbfG fällt auf, dass dort die Produktverantwortung nicht statuiert („Wer ..., trägt ... die Produktverantwortung"), sondern als solche vorausgesetzt und vielmehr legaldefiniert wird („Die Produktverantwortung im Sinne dieses Gesetzes umfasst ..."). Als Legaldefinition hatte jedoch der Entwurf die Schwäche, offen, d.h. als „Insbesondere"-Tatbestand formuliert zu sein

---

[696] *K. Waechter,* Der Staat 38 (1999), S. 279 (296 ff.).
[697] Gesetz zur Förderung der Kreislaufwirtschaft und Sicherung der umweltverträglichen Beseitigung von Abfällen, BGBl. I S. 2705.
[698] BT-Drucks. 12/5672, S. 13.

(„… umfasst … die Berücksichtigung der Ziele der Abfallrahmenkreislaufwirtschaft, insbesondere 1. …, 2. …, 3. …").

Der Bundesrat[699] kritisierte den Regierungsentwurf als *bloßen abstrakten Programmsatz* ohne Personenbezug. Die wesentlichen materiellen Aussagen seien den Rechtsverordnungen der Bundesregierung vorbehalten. Der Bundesrat wollte die Unsicherheiten nicht hinnehmen, wann, für welche Adressaten und welche Produkte sowie in welchem Umfang von den Verordnungsermächtigungen Gebrauch gemacht würde. Bereits von der Verordnungsermächtigung des § 14 AbfG (1986) habe die Bundesregierung unzureichend Gebrauch gemacht. Der Gegenentwurf des Bundesrates enthält bis auf kleinere, redaktionelle Änderungen den späteren § 22 Abs. 1 S. 1 und Abs. 2 KrW-/AbfG. An Stelle des späteren § 22 Abs. 1 S. 2 KrW-/AbfG stand der Satz: „Wesentliche Ziele der Produktverantwortung sind Umweltverträglichkeit, Dauerhaftigkeit und Reparaturfreundlichkeit der Erzeugnisse und Energie- und Rohstoffeinsparung bei deren Herstellung." Am Ende des Entwurfes stand außerdem: „Den besonderen Anforderungen, die sich aus dem Einsatz nachwachsender Rohstoffe ergeben, ist dabei Rechnung zu tragen." Der Bundesrat wollte seinen Gegenentwurf als *Aufstellung materieller Inhalte* für eine Produktverantwortung verstanden wissen. Den Sinn der Verordnungsermächtigungen sah er darauf beschränkt, deren Konsequenzen festzulegen und einen bundeseinheitlichen Vollzug zu gewährleisten. Auch hatte der Bundesrat bereits die Steuerung des Bewusstseins und der Bereitschaft zu eigenverantwortlichem Handeln der Verbraucher im Blick. So wollte er „auch bei den Bürgern Emotionen gegen den sogenannten „Verpackungsterror" abbauen und dadurch die Bereitschaft fördern, notwendige Entsorgungseinrichtungen zu akzeptieren."

Die Bundesregierung hat auf den Gegenentwurf des Bundesrates und seine Begründung in ungewöhnlich scharfer, ja polemischer[700] Weise reagiert. Es wurde kritisiert, dass bei der Formulierung der wesentlichen Ziele der Produktverantwortung zu einseitig auf die abfallwirtschaftlichen Belange abgestellt werde. Vor allem aber wendet sich die Bundesregierung – nicht zuletzt mit verfassungsrechtlichen Bedenken – gegen die Einführung einer Produktverantwortung, die einerseits allgemein und *umfassend* formuliert und andererseits zugleich *unmittelbar verpflichtend* anwendbar wäre. So wird die absurde Konsequenz einer Rücknahmepflicht für „Kugelschreiber, Büroklammern, Klebstofftuben oder Kaugummis"[701] beschworen.

---

[699] BT-Drucks. 12/5672, S. 71 f. mit Gegenentwurf.
[700] Hierzu *L.-A. Versteyl*, in: Ph. Kunig/S. Paetow/ders. (Hrsg.), KrW-/AbfG, 1998, zu § 22, Rz. 7.
[701] BT-Drucks. 12/5672, S. 130.

In der Fassung des Bundestagsbeschlusses[702] beginnt die Formulierung des § 22 Abs. 1 S. 1 bereits gleichlautend mit dem Gegenentwurf des Bundesrates sowie der späteren Endfassung („Wer Erzeugnisse entwickelt, ... trägt ... die Produktverantwortung."), allerdings mit der wesentlichen Einschränkung eines Verordnungsvorbehaltes („soweit dies in Rechtsverordnungen auf Grund der §§ 23 und 24 festgelegt ist"). Der Sache nach hätte § 22 in dieser Fassung ebenso wie im ursprünglichen Regierungsentwurf also *keine unmittelbare Rechtswirkung* entfaltet.[703]

Allerdings findet sich in der Ausschussbegründung bereits ein Gedanke, der den später gefundenen Kompromiss anzudeuten scheint: „Gleichwohl bildet die in Abs. 1 enthaltene Pflicht eine *Leitlinie für die Eigenverantwortung* der Produktverantwortlichen und *vermittelt* so die entscheidenden umwelt- und wirtschaftspolitischen *Akzente* zur Förderung der abfallarmen Kreislaufwirtschaft." Wenn das bereits als gesetzgeberischer Wille hinter dieser Fassung trotz deren ausdrücklichen Verordnungsvorbehaltes gestanden hat, muss dies erst recht für die endgültige, aus dem Vermittlungsausschuss hervorgegangene Kompromissfassung des § 22 Abs. 1 KrW-/AbfG gelten, bei der an Stelle des Verordnungsvorbehaltes die Formulierung des § 22 Abs. 4 KrW-/AbfG getreten ist.

Die SPD-Opposition im Bundestag bezeichnete den Entwurf als „Lyrik"[704] und die Produktverantwortung als „Alibiformel"[705]. Dieser Vorwurf kann aber nicht nur gegen das Auseinanderklaffen von Entwurfsformulierung und gesetzgeberischer Intention erhoben werden, sondern auch gegen die Idee einer als solche nicht vollziehbaren Produktverantwortung. Der Bundesrat versagte seine Zustimmung zu der soeben erörterten Fassung mit der Begründung, das damals bereits geltende Abfallrecht werde dadurch nicht wesentlich materiell erneuert: „Die Regelungen enthalten keinerlei Anreize zur Stärkung der Eigenverantwortung der Produkthersteller und rechtfertigen mangels eines neuen Ansatzes keine Gesetzesnovelle."[706]

Es lässt sich somit zusammenfassend feststellen, dass sowohl Bundestag als auch Bundesrat mit ihren Entwürfen letztlich die Intention verfolgten, in § 22 Abs. 1 KrW-/AbfG eine – auch ohne Konkretisierung durch Rechtsverordnungen wirkende – *Eigenverantwortung* gesetzlich zu statuieren. Dem Bundesrat ist es gelungen durchzusetzen, dass dies nicht nur in den Entwurfsbegründungen, sondern in der Formulierung des § 22 KrW-/AbfG deutlicher wird, als dies bis zuletzt von der Bundesregierung und vom Bun-

---

[702] BT-Drucks. 12/7240, S. 13.
[703] So ausdrücklich die Ausschlussbegründung BT-Drucks. 12/7284, S. 19.
[704] *L. Hartenstein,* BT-Pl.Prot. 12/220, S. 19049.
[705] Ebenda.
[706] BT-Drucks. 12/7672, S. 3.

destag zugestanden wurde. Der Bundestag hingegen wollte dabei verhindern, dass der Grundsatz der Produktverantwortung zu einer allumfassenden und zudem unmittelbar vollziehbaren Rechtspflicht wurde.[707]

Die Bundesregierung konnte vor allem durchsetzen, mit §§ 23 und 24 KrW-/AbfG bis an die Grenzen der Bestimmtheitserfordernisse des Art. 80 Abs. 1 S. 2 GG heranreichende[708] *Verordnungsermächtigungen* zu schaffen. Diese Verordnungsermächtigungen traten an die Stelle des § 14 AbfG (1986), der als Rechtsgrundlage bereits für die Verpackungsverordnung in deren erster Fassung von 1991 gedient hatte. Die Bundesregierung hielt – allen Bedenken des Bundesrates zum Trotz – energisch am Konzept der Rechtsetzung qua Verordnunggebung fest. Sie verwies dabei ausdrücklich auf die Erfolge der Verpackungsverordnung.[709] Die Verpackungsverordnung sieht selbst ein Modell der kooperativen, vollzugsentlastenden Selbstverpflichtungen vor. Außerdem wurden bereits während der Verhandlungen zum neuen KrW-/AbfG zum Teil normersetzende Selbstverpflichtungen im Bereich der Verordnungsermächtigungen der §§ 23 und 24 KrW-/AbfG diskutiert bzw. lagen vor (z. B. für Altreifen, Elektrogeräte, Electronikschrott, Baureststoffe, Altbatterien, Getränkemehrwegverpackungen, Medikamente, Textilien, Möbel und Altautos).

Das rechtfertigt den Schluss, dass man bei der Schaffung der §§ 22 bis 24 KrW-/AbfG bereits normersetzende Absprachen und Selbstverpflichtungen im Blick hatte. Es spricht viel für den gesetzgeberischen Willen, auch und gerade ihnen einerseits in den §§ 23 und 24 KrW-/AbfG Raum zu lassen und sie andererseits der Appellwirkung des § 22 KrW-/AbfG zu unterwerfen. Letztlich wäre eine rein ordnungsrechtliche Umsetzung und Durchsetzung des Grundsatzes der Produktverantwortung wegen der Vielfalt der Produkte und einzelnen Anforderungen „nicht vorstellbar"[710]. Das Kooperationsprinzip kommt zudem noch in den Zielfestlegungen nach § 25 KrW-/AbfG[711] zum Ausdruck. Mit Zielfestlegungen kann sich der Staat politisch, d. h. insbesondere der Öffentlichkeit gegenüber selbst binden, dadurch seinen Handlungsspielraum bei normativen Absprachen eingrenzen und seine Verhandlungsposition dadurch sogar zu Gunsten des Gemeinwohls stärken.[712]

---

[707] *M. Hoffmann,* in: E. Brandt/D. Ruchay/C. Weidemann, Kommentar zum KrW-/AbfG, Band II Loseblatt, Stand 1999, zu § 22 (EL 3, November 1997), Rz. 87.
[708] *W. Berg/U. Hösch,* UTR 1997, S. 83 (96 ff.).
[709] BT-Drucks. 12/5672, S. 130.
[710] *D. Ruchay,* in: L. Wicke/J. Knebel/G. Braeseke (Hrsg.), Umweltbezogene Selbstverpflichtungen der Wirtschaft, 1997, S. 153 (158).
[711] *M. Kloepfer,* Umweltrecht, 2. Aufl. 1998, S. 1222, § 18, Rz. 66; *W. Frenz,* Selbstverpflichtungen der Wirtschaft, 2001, S. 30 ff.

Im Schrifttum hat die Auslegung des § 22 KrW-/AbfG Schwierigkeiten bereitet. Er wurde sogar als Experimentalnorm[713] bezeichnet. Die Ergebnisse der historischen Auslegung lassen sich mit Hilfe der *systematischen Auslegung* bestätigen und präzisieren:

Die „Grundpflichten zur Abfallvermeidung" (§ 5 Abs. 1 KrW-/AbfG) „richten sich nach § 9 sowie den auf Grund der §§ 23 und 24 erlassenen Rechtsverordnungen." § 5 Abs. 1 enthält also für sich genommen keine Gebote. Der Verweis auf § 9 führt lediglich zu Weiterverweisungen, nämlich nach S. 1 auf § 5 Abs. 1 Nr. 3 BImSchG bezüglich der anlagebezogenen Pflichten sowie nach S. 2 auf Rechtsverordnungen nach § 6 Abs. 1 und § 7 bezüglich der stoffbezogenen Anforderungen. Auch der Verweis auf Rechtsverordnungen nach §§ 23 und 24 scheint keine auf das KrW-/AbfG selbst gestützte Verpflichtungen zu begründen. Jedoch ermächtigen die §§ 23 und 24 jeweils zur „Festlegung von Anforderungen nach § 22". Daraus wurde geschlossen, bereits § 22 Abs. 2 KrW-/AbfG enthalte eine „latente Pflicht"[714]. Die in § 22 Abs. 1 S. 1 KrW-/AbfG genannten Produktverantwortlichen seien bereits kraft Gesetzes nach § 22 Abs. 1 S. 2 und Abs. 2 KrW-/AbfG verpflichtet. Die Rechtsverordnungen nach §§ 23 und 24 seien lediglich Konkretisierungen dieser Verpflichtungen. Nach anderer Ansicht stellt § 22 KrW-/AbfG lediglich eine Richtlinie für die Ausübung des Verordnungsermessens dar.[715]

Gegen eine unmittelbare Verpflichtung aus § 22 KrW-/AbfG wird angeführt, dessen Abs. 2 enthalte eine lediglich *beispielhafte,* nicht abschließende Aufzählung und dessen Absätze 1 und 2 seien zu *offen* und zu *unbestimmt*.[716] Zu Unrecht werden dabei die „Insbesondere"-Tatbestände des KrW-/AbfG mit der Technik der sogenannten „Regelbeispiele", wie sie für die Fälle besonders schweren Diebstahls durch § 243 Abs. 1 S. 2 StGB normiert sind, gleichgesetzt.[717] „Insbesondere"-Tatbestände und Regelbeispiele sind normtechnisch zu unterscheiden: Regelbeispielsaufzählungen sind keine selbständigen Normen. Regelbeispiele enthalten im Gegensatz zu „Insbesondere"-Tatbeständen[718] keine verbindliche Rechtsfolgenanweisung,

---

[712] *Chr. Engel,* StWuStPr 1998, S. 535 (556): „Ein Verhandlungspartner kann seine Verhandlungsposition ... dadurch verbessern, dass er gleichsam Brücken hinter sich abbricht."
[713] *W. Frenz,* Kommentar zum KrW-/AbfG, 2. Auflage 1998, zu § 22, Rz. 31 (Fn. 39 m.w.N.).
[714] *F. Petersen/U. Rid,* NJW 1995, S. 7 (10).
[715] *C. Weidemann,* NVwZ 1995, 631 (634).
[716] *M. Kloepfer,* Umweltrecht, 2. Aufl. 1998, S. 1223, § 18, Rz. 67.
[717] So ausdrücklich für § 10 Abs. 4 Abs. 2 KrW-/AbfG *M. Kloepfer,* Umweltrecht, 2. Aufl. 1998, S. 1240, § 18, Rz. 106.
[718] Hierzu am Beispiel des § 138 II BGB *L. Michael,* Der allgemeine Gleichheitssatz als Methodennorm komparativer Systeme, 1997, S. 86 ff.

da ihr Vorliegen nur „in der Regel" zur Rechtsfolge führt und deshalb für sie keine hinreichende Voraussetzung darstellt,[719] sondern außerdem eine Wertung im Einzelfall erfordert.[720] „Insbesondere"-Tatbestände haben im Gegensatz hierzu einen selbständigen Regelungsgehalt. Ihr Vorliegen ist hinreichend, um den Grundtatbestand zu konkretisieren. Ob sie konditional programmiert sind oder Abwägungsgesichtspunkte darstellen, ist durch Auslegung zu ermitteln. Es ist zwischen „Inbesondere"-Abwägungsprogramm, „Insbesondere"-Konditionalprogramm und Regelbeispielaufzählung zu unterscheiden.[721] Bei § 22 Abs. 2 KrW-/AbfG handelt es sich um selbstständige „Insbesondere"-Tatbestände, die je für sich die Produktverantwortung i.S. von § 22 Abs. 1 konkretisieren, allerdings in einem zweiten Schritt in den Abwägungsprozess der Verhältnismäßigkeit (§ 22 Abs. 3) münden. An seiner „*Beispielhaftigkeit*" scheitert eine unmittelbare Anwendung von § 22 Abs. 2 KrW-/AbfG somit nicht.

Richtig ist, dass es sich um einen *offenen* Tatbestand handelt. Die „Insbesondere"-Formulierung macht deutlich, dass die fünf genannten Fälle keine abschließende Aufzählung darstellen. Das berührt aber die unmittelbare Anwendbarkeit von § 22 Abs. 2 KrW-/AbfG keineswegs. Im Gegenteil sollen „Insbesondere"-Tatbestände dazu dienen, eine (noch) offene Tatbestandsbildung jedenfalls in den bereits benannten Fällen bereits zu fixieren. Man könnte also allenfalls die Frage stellen, ob über die fünf in § 22 Abs. 2 genannten Fälle hinaus Produktverantwortung mit einer Subsumtion unter § 22 Abs. 1 S. 1 KrW-/AbfG begründbar ist. § 22 Abs. 1 legt sogar dies von seiner Normstruktur her nahe: In S. 1 normiert er Tatbestandselemente („Wer Erzeugnisse entwickelt, herstellt, be- und verarbeitet oder vertreibt, ...") und begründet damit die Produktverantwortung („... trägt zur Erfüllung der Ziele der Kreislaufwirtschaft die Produktverantwortung."); in S. 2 regelte er die Rechtsfolgen, die sich an die Produktverantwortung knüpfen („Zur Erfüllung der Produktverantwortung sind Erzeugnisse möglichst so zu gestalten, dass ...").

Schließlich ist auch das Argument der *Unbestimmtheit* angreifbar. Gäbe es nur § 22 Abs. 1 bis 3 KrW-/AbfG, so hätte die Rechtsprechung die unbestimmten Rechtsbegriffe Stück für Stück zu konkretisieren. Die Verwendung unbestimmter Rechtsbegriffe im Verwaltungsrecht ist nicht neu, nicht einmal ungewöhnlich. Sie sollte nicht daran zweifeln lassen, ob es sich um vollziehbares, unmittelbar anwendbares Recht handelt. Es lässt sich somit

---

[719] Vgl. statt aller *C. Roxin,* Strafrecht AT, Bd. 1, 3. Aufl. 1997, § 9 IV, Rz. 15.

[720] Ausführlich hierzu *L. Michael,* Der allgemeine Gleichheitssatz als Methodennorm komparativer Systeme, 1997, S. 152 ff.

[721] *L. Michael,* JöR 48 (2000), S. 169 (179); ausführlich mit Beispielen *ders.,* Der allgemeine Gleichheitssatz als Methodennorm komparativer Systeme, 1997, S. 82 ff., 85 ff., 152 ff.

folgendes Zwischenergebnis fest halten: Betrachtet man in § 22 KrW-/AbfG die Absätze 1 bis 3 isoliert, so spricht nichts gegen deren unmittelbare Anwendbarkeit. Auch die §§ 23 und 24 KrW-/AbfG schließen einen Rückgriff auf die „Anforderungen nach § 22" nicht aus.

Das Verhältnis zwischen § 22 und den §§ 23 und 24 KrW-/AbfG wird indes erst deutlich, wenn man *§ 22 Abs. 4 KrW-/AbfG* heranzieht. Diese Vorschrift verbindet die Produktverantwortung mit den Verordnungsermächtigungen und wird zu Unrecht bisweilen stiefmütterlich als bloße Verweisungsnorm behandelt und als solche sogar für überflüssig erklärt.[722] Vielmehr ist dieser Abs. 4 nicht weniger als „der Schlüssel zur rechtlichen Qualifizierung der Produktverantwortung."[723] Durch ihn wird deutlich, dass erst die Rechtsverordnungen nach §§ 23 und 24 erstens den Kreis der im Sinne der Produktverantwortung Verpflichteten, zweitens die Erzeugnisse, an die sich die Produktverantwortung knüpft sowie drittens die Art und Weise ihrer Wahrnehmung bestimmen.

Aus der Produkt*verantwortung* lassen sich also keine unmittelbar vollziehbaren Rechts*pflichten* herleiten. Dadurch wird der Begriff der „Produktverantwortung" zu einer *eigenen Rechtskategorie*. Dies wurde von *J. Fluck* auf die Formel gebracht: „Bis dahin gibt es zwar (viele) Verantwortliche aber keine Verpflichteten."[724] Zwar formuliert § 22 Abs. 1 S. 2 KrW-/AbfG, wie die Produktverantwortung zu erfüllen ist („Zur Erfüllung der Produktverantwortung sind Erzeugnisse möglichst so zu gestalten, dass ...") und scheint damit auf den ersten Blick ein rechtliches Gebot, eine Rechtspflicht zu statuieren. Mit § 22 Abs. 4 KrW-/AbfG wird jedoch klar, dass sich eine solche Auslegung verbietet: Schon am Wortlaut fällt auf, dass sich § 22 Abs. 1 S. 2 KrW-/AbfG nicht an seine Adressaten wendet und sie nicht als Verpflichtete, nicht einmal als Verantwortliche anspricht (es heißt nicht: „Die Produktverantwortlichen sind verpflichtet, ..."), sondern seine Ziele neutral feststellt. Auch wird nun deutlich, dass die Einschränkung „möglichst"[725] mehr ist als ein (deklaratorischer) Hinweis auf den Grundsatz der Verhältnismäßigkeit, den im Übrigen § 22 Abs. 3 KrW-/AbfG ausdrücklich enthält. Auch rekurriert der Gesetzgeber hier nicht auf die Formulierung des Vorbehaltes „Stand der Technik", der in § 3 Abs. 6 BImSchG legaldefiniert ist.

---

[722] *M. Hoffmann,* in: E. Brandt/D. Ruchay/C. Weidemann, Kommentar zum KrW-/AbfG, Band II Loseblatt, Stand 1999, zu § 22 (EL 3, November 1997), Rz. 86.

[723] *J. Fluck,* in ders. (Hrsg.), Kreislaufwirtschafts-, Abfall- und Bodenschutzrecht, Loseblatt, Stand Januar 2000, zu § 22 KrW-/AbfG (Grundwerk 1995), Rz. 229.

[724] *J. Fluck,* ebenda, Rz. 229.

[725] Vgl. hierzu auch *W. Frenz,* Kommentar zum KrW-/AbfG, 2. Aufl. 1998, zu § 22, Rz. 5.

152   1. Teil: Begriffsklärung – Bestandsaufnahme – Vorverständnis

Vielmehr handelt es sich nur um eine *Zielvorgabe* des parlamentarischen Gesetzgebers, die für den Verordnunggeber *Programmsatz und Leitlinie* ist und darüber hinaus für die Produktverantwortlichen eine *Appellwirkung*[726] entfaltet. Ob man dies nun als nicht durchsetzbare Rechtspflichten, oder aber als nicht unmittelbar rechtsverpflichtende Appelle bezeichnet, ist ein Streit um Worte. Wichtig ist lediglich, dass der Gesetzgeber mit der Produktverantwortung eine als solche nicht ordnungsrechtlich vollziehbare[727] Kategorie geschaffen hat.

III. Absprachefflankierende Normen: Die Altautoverordnung i.d.F. von 1997

Normflankierenden Absprachen korrespondieren *absprachefflankierende Normen,* die einmal als „ratifizierende Rechtsverordnungen"[728] bezeichnet wurden. Die AltautoV vom 4. Juli 1997[729] flankierte die Selbstverpflichtung der Automobilindustrie vom 20. März 1997.[730] Während sich die Hersteller von Automobilen in der Selbstverpflichtung verpflichten, regelte die Verordnung Pflichten der Besitzer und Verwerter von Altautos. Beides greift in einem Entsorgungs- und Verwertungszusammenhang ineinander. Bezweckt ist die gegenseitige Ergänzung einseitiger und kooperativer, formaler und informaler Instrumente.[731] Der staatliche Beitrag zur Selbstverpflichtung besteht dann sowohl in der informalen Beteiligung an der Absprache, als auch im formalen Akt der absprachefflankierenden Norm.

Auch ist es möglich, dass der Staat Selbstverpflichtungen später – gegebenenfalls auf Wunsch der Wirtschaft – durch eine flankierende Norm unterstützt, um das Trittbrettfahrerproblem zu lösen. Hierfür liefern die §§ 4 ff. VerpackV (1998)[732] ein Beispiel.

---

[726] Vgl. *M. Kloepfer,* Umweltrecht, 2. Aufl. 1998, S. 1223, § 18, Rz. 67; *J. Fluck,* in ders. (Hrsg.), Kreislaufwirtschafts-, Abfall- und Bodenschutzrecht, Loseblatt, Stand Januar 2000, zu § 22 KrW-/AbfG (Grundwerk 1995), Rz. 64 m.w.N.

[727] Das wird auch von *F. Petersen/U. Rid,* NJW 1995, S. 7 (10) nicht bestritten. Enger noch *W. Frenz,* Selbstverpflichtungen der Wirtschaft, 2001, S. 32.

[728] *Chr. Engel,* StWuStPr 1998, S. 535 (557).

[729] Verordnung über die Überlassung und umweltverträgliche Entsorgung von Altautos, BGBl. I S. 1666; jetzt konzeptionell geändert durch das Gesetz über die Entsorgung von Altfahrzeugen vom 21. Juni 2002, BGBl. I S. 2199.

[730] Vgl. hierzu *M. Schmidt-Preuß,* in: G. F. Schuppert (Hrsg.), Jenseits von Privatisierung und „schlankem" Staat, 1999, S. 195 (203 f.).

[731] BT-Drucks. 13/5998, S. 18: „Die ... Verordnung ... ergänzt die getroffene kooperative Lösung um einen ordnungsrechtlichen Rahmen, damit die Selbstverpflichtung zum Tragen kommt."

[732] Hierzu *H.-J. Koch,* NVwZ 1998, S. 1155 (1157); *A. Helberg,* Normabwendende Selbstverpflichtungen ..., 1999, S. 204.

IV. Gesetzliche Formalisierung und Individualisierung von Selbstverpflichtungen: EG-UmwAuditVO und UAG

Die EG-UmwAuditVO (1993[733]/2001[734]) sowie das deutsche UAG[735] stellen ein Modell dar, Selbstverpflichtungen der Wirtschaft im Umweltbereich zu verrechtlichen, zu formalisieren und zu individualisieren. Damit gehört das Umweltaudit – erst Recht die Umweltzeichen-Verordnung (EWG) 880/92[736] – nur am Rande zum Thema der informalen Privatisierung der Rechtsetzung: Durch seine Verrechtlichung ist dem Umweltaudit das Moment des Informalen genommen und durch seine Individualisierung das Moment des Allgemeinen, des Normativen.

Das Umweltaudit ist aus dem Instrumentarium der klassischen Betriebsprüfung hervorgegangen. „Audit" ist ein englisches Wort für standardisierte Betriebsprüfungen unabhängiger Wirtschaftsprüfer, die insbesondere bei Aktiengesellschaften dem Informationsinteresse von Anlegern dienen.[737] Das Umweltaudit ist eine formalisierte Selbstverpflichtung. Die Kehrseite der Formalisierung sind rechtliche Konsequenzen der Teilnahme.

In den USA existieren zwanzigjährige Erfahrungen mit „environment audits".[738] Sie stehen dort neben Managementmechanismen mit anderen Untersuchungsgegenständen, insbesondere den „financial audits" und können unterschiedliche Prüfungsmaßstäbe enthalten: während die „compliance audits" prüfen, ob Unternehmen vorschriftsmäßig geführt werden, beziehen sich „management audits" auf die außerrechtliche Qualität der Betriebsorga-

---

[733] Verordnung (EWG) Nr. 1836/93 des Rates vom 29. Juni 1990 über die freiwillige Beteiligung gewerblicher Unternehmen an einem Gemeinschaftssystem für das Umweltmanagement und die Umweltbetriebsprüfung, ABlEG EG Nr. L 168 S. 1, ber. ABlEG EG 1995 Nr. L 203 S. 17.

[734] Verordnung (EG) Nr. 761/2001 des Europäischen Parlaments und des Rates vom 19. März 2001 über die freiwillige Beteiligung von Organisationen an einem Gemeinschaftssystem für das Umweltmanagement und die Umweltbetriebsprüfung (EMAS = Environmental Management and Audit Scheme), ABlEG EG Nr. L 114 S. 1 vom 24. April 2001, die die EG-UmwAuditVO (1993) ersetzte und im Wortlaut völlig, inhaltlich wesentlich neu fasste.

[735] Gesetz zur Ausführung der Verordnung (EWG) Nr. 1836/93 des Rates vom 29. Juni 1990 über die freiwillige Beteiligung gewerblicher Unternehmen an einem Gemeinschaftssystem für das Umweltmanagement und die Umweltbetriebsprüfung vom 7. Dezember 1995, BGBl I S. 1591, geändert durch Gesetz vom 19. Dezember 1998, BGBl I S. 3836.

[736] Zu dem Modell der Umweltzeichen-Verordnung (EWG) 880/92 des Rates vom 23. März 1992, ABlEG Nr. L 99, S. 1 vgl. *W. Frenz,* Selbstverpflichtungen der Wirtschaft, 2001, S. 16 ff.

[737] *R. Lechelt,* in: W. Ewer/R. Lechelt/A. Theuer, Handbuch Umweltaudit, 1998, S. 1 (17) m.w.N.

[738] *T. Bartsch,* ZUR 1995, S. 14 ff.

nisation. Als dritte Kategorie dienen die „performance audits" der Einhaltung betrieblich festgelegter Zielvorgaben und Leistungswerte.[739] Gemeinsam ist den Audits, dass sie von Unternehmen freiwillig durchgeführt werden. Allerdings dienen sie gelegentlich auch der Erfüllung gesetzlicher bzw. behördlich angeordneter Überwachungs- und Berichtspflichten.[740]

Die Verrechtlichung, Formalisierung und Individualisierung durch die EG-UmwAuditVO[741] sowie das deutsche Umweltauditgesetz (UAG) sowie mehrere nationale Rechtsverordnungen besteht in folgendem: Jede Organisation, d.h. mit der EG-UmwAuditVO (2001) nicht nur gewerbliche Unternehmen, sondern auch z.B. Behörden und Einrichtungen aller Art, auch ohne Rechtspersönlichkeit (Art. 2 lit. s) EG-UmwAuditVO (2001)) kann sich, wenn sie „ihre Umweltleistung verbessern möchte" (Art. 3 Abs. 1 EG-UmwAuditVO (2001)), am System des Umweltaudit beteiligen. Die Teilnehmer „müssen" (Art. 3 Abs. 2 EG-UmwAuditVO (2001)) dann jedoch gegebenenfalls alle rechtlich vorgeschriebenen Maßnahmen ergreifen, um rechtlich anerkannt, nämlich in das EMAS-Register eingetragen zu werden. Es stellen sich deshalb dort nicht die Probleme des Informalen, des Vorrechtlichen. Die Umwelterklärungen i.S.d. EG-UmwAuditVO werden nicht – wie typischerweise bei den normersetzenden Absprachen – von Branchen, sondern von einzelnen Unternehmen abgegeben.

Aber es gibt auch Parallelen: Unternehmen sind zur Durchführung von Umweltaudits nicht ordnungsrechtlich verpflichtet, sondern nehmen *„freiwillig"* (so bereits der Titel der EG-UmwAuditVO und deren Art. 1 Abs. 1) teil. Am Anfang der Teilnahme am Umweltaudit-System steht die Festlegung einer standortspezifischen Umweltpolitik. Dies wird als *Selbstverpflichtung* bezeichnet.[742] Jedenfalls in Deutschland wird viel diskutiert, das Umweltaudit als modellhafte Chance zur *Substitution von Ordnungsrecht* oder jedenfalls von dessen hoheitlichem *Vollzug* zu betrachten. Insofern ist der Diskussion über die Bedeutung und Fortentwicklung des Umweltaudit ein norm- bzw. vollzugsersetzendes Moment eigen. Gemeinsames Moment ist auch die *Eigenverantwortlichkeit* Privater.[743]

Diese Parallelen fordern es, in dieser Arbeit auf diese verwaltungsrechtlichen Fragestellungen einzugehen: Erstens hat die breite Diskussion über dieses neue Instrument viele Argumente hervorgebracht, die auf parallele Probleme der normersetzenden Absprachen übertragbar sein könnten. Zwei-

---

[739] *R. Lechelt,* in: W. Ewer/R. Lechelt/A. Theuer, Handbuch Umweltaudit, 1998, S. 1 (18).
[740] *T. Bartsch,* ZUR 1995, S. 14 (15 f.).
[741] kritisch: *R. Steinberg,* Diskussionsbeitrag, in: VVDStRL 56 (1997), S. 289.
[742] *W. Köck,* VerwArch 87 (1996), S. 644 (652); *R. Lechelt,* in: W. Ewer/R. Lechelt/A. Theuer, Handbuch Umweltaudit, 1998, S. 1 (5).
[743] *A. Epiney,* Umweltrecht in der Europäischen Union, 1997, S. 198.

tens müssen die Probleme und Grenzen solcher Verrechtlichung aufgezeigt werden. Drittens kann rechtspolitisch gefragt werden, ob das Umweltaudit als Modell der Verrechtlichung von Selbstverpflichtungserklärungen eine Alternative zu den informalen Absprachen darstellt.

1. Elemente der Formalisierung

Zwischen dem Unternehmen und dem Umweltgutachter wird ein rechtlich verbindlicher (privatrechtlicher[744]) *Vertrag* geschlossen. Für die Ausgestaltung dieses Vertrages gelten rechtliche Rahmenbedingungen. Im Einzelnen richten sich jedoch der Gegenstand und der Umfang der Tätigkeit des Umweltgutachters nach den Vereinbarungen zwischen ihm und dem auditierten Unternehmen (Anh V 5.5.1 S. 2 EG-UmwAuditVO (2001)).

Um als auditiertes Unternehmen registriert zu werden (Art. 6 EG-UmwAuditVO (2001)), muss die *Umwelterklärung* (Art. 3 Abs. 2 lit c) EG-UmwAuditVO (2001)) von einem Umweltgutachter für gültig erklärt werden (Art. 6 Abs. 1 EG-UmwAuditVO (2001)). Der durch gesetzliche Vorgaben gesteuerten Eigeninitiative folgt also deren *Validierung* durch einen externen Gutachter und die schließliche *Registrierung* unter wiederum gesetzlich geregelten Voraussetzungen.

Für die Festlegung der Umweltpolitik und das Umweltprogramm ist *Schriftlichkeit* vorgeschrieben (Anh. I Teil A Nr. 1 zur EG-UmwAuditVO (1993); nach Anh. I Teil A lit. e) und 4.4 EG-UmwAuditVO (2001) ist die Dokumentation des Umweltmanagementsystems geboten, die nach Anh. I Teil A 4.5 S. 2 EG-UmwAuditVO (2001)) „lesbar, datiert ... und leicht identifizierbar sein, in ordentlicher Form geführt" sein muss. In der bisherigen Praxis ist dies regelmäßig als Teil eines vom Unternehmen erstellten Umweltmanagement-Handbuchs[745] geschehen. Letzteres ist nicht zwingend und ist auch nicht für die Öffentlichkeit bestimmt, sondern dient der internen Dokumentation, wird aber dem Umweltgutachter zur Verfügung gestellt.[746]

2. Private Selbstkontrolle und Personalisierung der Verantwortung

Die interne *Umweltbetriebsprüfung* (Anhang II zur EG-UmwAuditVO) ist ein vorgeschriebenes periodisches *Selbstüberwachungssystem*.[747] Sie ist in den internen Betriebsablauf integriert als ständige Überwachung der täg-

---

[744] *W. Köck,* VerwArch 87 (1996), S. 644 (662).
[745] *A. Theuer,* in: W. Ewer/R. Lechelt/A. Theuer, Handbuch Umweltaudit, 1998, S. 35 (44).
[746] *A. Theuer,* ebenda, S. 35 (72).

lichen Praxis des Umweltmanagementsystems und wurde in Anhang I Teil B Nr. 4 zur EG-UmwAuditVO (1993) „Kontrolle" bzw. „Ablaufkontrolle", im Englischen deutlicher[748] „monitoring" (im Gegensatz zum „controlling") genannt, jetzt zutreffender auch im Deutschen „Bewertung" und „Prüfung" (Anh. II 2.2 EG-UmwAuditVO (2001)).

Die *Verantwortung* der Unternehmen bleibt nicht eine abstrakte Idee, sondern wird *personalisiert*. An der Festlegung der Umweltpolitik ist zwingend (Anhang I A Nr. 2 S. 1 EG-UmwAuditVO (1993); jetzt Anh. I A 4.1 EG-UmwAuditVO (2001)) die höchste Managementebene[749] beteiligt. Bei der Durchführung sind alle Beschäftigten (Anhang I A 4.2 EG-UmwAuditVO (2001)) und sogar Vertragspartner (Zulieferer und Auftragnehmer) und damit weitere Unternehmen (Anhang I A 4.6 lit. c EG-UmwAuditVO (2001)) einzubeziehen. Die Schulung der Beschäftigten mit dem Ziel, ihr Bewusstsein für die Umwelt zu schärfen, ist Teil des Systems (Anh. I A 4.2 EG-UmwAuditVO (2001)). Dies gewährleistet, dass Verantwortung auch wahrgenommen wird und dass das postulierte Umdenken, das alle Ebenen erfassen muss, vollzogen wird. Bezweckt ist „Innovation durch Organisation"[750]. Weil sowohl die Umweltpolitik, als auch die Umweltziele und -programme stetig angepasst werden müssen, kann von einer „selbstlernenden Organisation"[751] gesprochen werden.

Das Umweltaudit ist in dieser Hinsicht neuartig, jedoch gibt es verwandte Vorschriften: Mit § 52a Abs. 2 BImSchG hat das Verwaltungsrecht 1990[752] das Thema Betriebsorganisation entdeckt[753] (vgl. jetzt auch § 53 KrW-/AbfG). Diese Normen schreiben keine bestimmte Betriebsorganisation zu Gunsten des Umweltschutzes vor, sondern setzen eine solche vielmehr voraus.[754] Im Gegensatz hierzu schreibt die EG-UmwAuditVO vor, bestimmte Organisationsinstrumente zu verwenden. Darüber hinaus verlangt die EG-UmwAuditVO nicht nur ein System, sondern auch den Erfolg der Erreichung bestimmter, selbst gesetzter Ziele.[755]

---

[747] Zur Unterscheidung zwischen privater Selbst- und Fremdkontrolle *M. Reinhard,* AöR 118 (1993), S. 617 ff.

[748] *A. Theuer,* in: W. Ewer/R. Lechelt/A. Theuer, Handbuch Umweltaudit, 1998, S. 35 (69).

[749] *A. Theuer,* ebenda, S. 35 (64).

[750] *W. Köck,* ZUR 1995, S. 1 (3).

[751] *A. Theuer,* in: W. Ewer/R. Lechelt/A. Theuer, Handbuch Umweltaudit, 1998, S. 35 (71).

[752] Mit dem Dritten Gesetz zur Änderung des BImSchGes vom 11. Mai 1990, BGBl I S. 870.

[753] *W. Köck,* ZUR 1995, S. 1 (2).

[754] *A. Theuer,* in: W. Ewer/R. Lechelt/A. Theuer, Handbuch Umweltaudit, 1998, S. 35 (58) m.w.N.

[755] *A. Theuer,* ebenda, S. 35 (59).

Die Personalisierung der Verantwortung hat Vorläufer in den Vorschriften zum *Betriebsbeauftragten*[756] für Immissionsschutz (§§ 53 ff. BImSchG, 5. BImSchV[757]) und Störfälle (§§ 58a ff. BImSchG, 5. BImSchV), Gewässerschutz (§ 4 Abs. 2 Nr. 2, § 5 Abs. 1 Nr. 1a und §§ 21a ff. WHG, Abfall (§§ 54 f. KrW-/AbfG, AbfBetrbV[758]), Strahlenschutz (§§ 29 Abs. 2–4, §§ 30, 31 Abs. 2–4, 32 Abs. 3 StrahlenschutzV)[759], speziell für Röntgenstrahlen (§§ 13 Abs. 2–5, 14, 15 Abs. 2 RöntgenV), für kerntechnische Sicherheit (§ 2 AtSMV[760]), für Gefahrgut (§ 3 Abs. 1 Nr. 14 GBefGG[761] i. V. m. § 1 GbV[762]) sowie neuerdings für biologische Sicherheit (§ 3 Nr. 11, § 6 Abs. 4, § 11 Abs. 2 Nr. 3, § 12 Abs. 3 Nr. 3, § 13 Abs. 1 Nr. 2, § 21 Abs. 1, § 25 Abs. 2, § 29 Abs. 3, § 30 Abs. 2 Nr. 3 GenTG) wobei in letzterem Fall ausdrücklich auch ein Team als „Ausschuss für biologische Sicherheit" (§ 3 Nr. 11 GenTG) bestellt werden kann. Das GenTG enthält außerdem Pflichten nicht nur des Betreibers, sondern auch jedes Projektleiters (§ 3 Nr. 10 GenTG) und regelt „festgelegte Arbeitstechniken" (§ 3 Nr. 13 GenTG). Gemeinsam ist all diesen Regelungen zur Betriebsorganisation der „Leitgedanke"[763], eine ständige, flexible Verbesserung des betrieblichen Umweltschutzes durch Deregulierung und durch Verlagerung staatlicher Kontrolle auf eigenverantwortliche Selbstkontrolle zu erreichen. Dabei sind Varianten und Mischformen direkter und indirekter staatlicher Steuerung zu erkennen. Keiner der Betriebsbeauftragten steht in einem Beleihungs- oder Auftragsverhältnis zum Staat.[764] Auch wenn sie bei Überwachungsmaßnahmen vom Betreiber bzw. Benutzer (!) hinzuzuziehen sind (§ 52 Abs. 2 S. 3 BImSchG; § 21 Abs. 1 S. 4 WHG), bleiben sie auf dessen „Seite" tätig. Allerdings kann und muss der Strahlenschutzbeauftragte in bestimmten Fällen verbindliche Entscheidungen zur Gefahrenabwehr treffen und Maßnahmen anordnen.[765] Im Übrigen sind Umweltschutzbeauf-

---

[756] Hierzu *M. Reinhard,* AöR 118 (1993), S. 617 (635 ff.).

[757] Fünfte Verordnung zur Durchführung des BImSchG: Verordnung über Immissionsschutz- und Störfallbeauftragte vom 30. Juli 1993, BGBl. I S. 1433.

[758] Verordnung über Betriebsbeauftragte für Abfall vom 26. Oktober 1977, BGBl. I S. 1913.

[759] Vgl. *R. Lechelt,* in: W. Ewer/R. Lechelt/A. Theuer, Handbuch Umweltaudit, 1998, S. 1 (19).

[760] Atomrechtliche Sicherheitsbeauftragten- und Meldeverordnung vom 14. Oktober 1992, BGBl. I S. 1766.

[761] Gesetz über die Beförderung gefährlicher Güter vom 6. August 1975, BGBl I S. 2121, zuletzt geändert durch Gesetz vom 19. Juli 1996, BGBl I S. 1019.

[762] Verordnung über die Bestellung von Gefahrgutbeauftragten und die Schulung der beauftragten Personen in Unternehmen und Betrieben vom 2. Dezember 1989, BGBl I S. 2185.

[763] *M. Kloepfer,* Umweltrecht, 2. Aufl. 1998, S. 347.

[764] *M. Kloepfer,* Umweltrecht, 2. Aufl. 1998, S. 349 m.w.N. auch zur Gegenansicht.

tragte jedoch nicht mit innerbetrieblichen Wahrnehmungsbefugnissen ausgestattet. Einen Umweltdirektor als Mitglied der Leitungsebene kennt § 94 UGB-ProfE, § 154 UGB-KomE.

3. Private Fremdkontrolle: Der Umweltgutachter

Die *Umweltgutachter* sind externe Sachverständige. Nach Art. 2 lit. q EG-UmwAuditVO (2001) sind Umweltgutachter per Legaldefinition „von der zu begutachtenden Organisation unabhängige" Personen oder Organisationen. Sie müssen nach Anhang V 5.2.1 S. 3 „unabhängig ... unparteiisch und objektiv" sein. Sie dürfen nicht an einem Unternehmen, das sie zu begutachten haben, wirtschaftlich beteiligt (§ 6 Abs. 2 Nr. 1 lit. a UAG) oder bei einem solchen Unternehmen angestellt (§ 6 Abs. 2 Nr. 1 lit. b UAG) oder auf sonstige Weise mit ihm „verflochten" (§ 6 Abs. 2 Nr. 3 UAG) sein. Der Grad der Unabhängigkeit ist für den Erfolg des Umweltaudits von wesentlicher Bedeutung.[766] Der Umweltgutachter ist kein Beliehener.[767]

Das Zulassungsverfahren für die Umweltgutachter ist nicht ausschließlich in der EG-UmwAuditVO geregelt, sondern lässt den Mitgliedstaaten einen Regelungsspielraum, den das deutsche UAG ausfüllt. Die Verordnung hat insoweit partiell Richtliniencharakter.[768] Eine Besonderheit des deutschen UAG besteht darin, dass die Zulassung der Gutachter von deren persönlicher Zuverlässigkeit (§ 5),[769] einem zentralen Begriff aus dem deutschen Gewerberecht, abhängig gemacht wird, die durch eine Eigenerklärung des Antragstellers zu bekunden ist (§ 1 Abs. 1 Nrn. 5–7 UAGZVV[770]).

4. Kombination privatisierter, hoheitlicher und kooperativer Fremdkontrolle

Bemerkenswert kompliziert ist das gestaffelte System aus teils privatisierter, teils hoheitlicher und teils kooperativer *Kontrolle* und *Aufsicht* beim Umweltaudit. Dies wurde als „Scharnier einer ganzheitlichen Regulierungsstrategie"[771] bezeichnet. Zu unterscheiden ist zwischen der *Zulassung der Gutachter* und der Aufsicht über ihre Tätigkeit durch die Deutsche Akkreditierungs-

---

[765] Hierzu *M. Kloepfer,* Umweltrecht, 2. Aufl. 1998, S. 350.
[766] *J. Falke,* ZUR 1995, S. 4 (7).
[767] *W. Köck,* VerwArch 87 (1996), S. 644 (662).
[768] *W. Köck,* VerwArch 87 (1996), S. 644 (667).
[769] Hierzu ausführlich *S. Lütkes,* in: W. Ewer/R. Lechelt/A. Theuer, Handbuch Umweltaudit, 1998, S. 141 (145 ff.).
[770] Verordnung über das Verfahren zur Zulassung von Umweltgutachten und Umweltgutachtenorganisationen sowie zur Erteilung von Fachkenntnisbescheinigungen nach dem Umweltauditgesetz vom 18. Dezember 1995, BGBl. I S. 1841.
[771] *J.-P. Schneider,* Die Verwaltung 28 (1995), S. 361.

und Zulassungsgesellschaft mbH (DAU), der *Aufsicht über diese Aufsicht* und der *Registrierung der auditierten Unternehmen* durch die IHK bzw. HandwK.

In der Diskussion waren für die Prüfung und Bestellung der *Umweltgutachter* die verschiedensten Behörden und Organisationen, so das Umweltbundesamt, die Bundesanstalt für Materialforschung und -prüfung, eine Trägergesellschaft in Arbeitsteilung mit dem Umweltbundesamt sowie (dezentral) die Industrie- und Handelskammern und Handwerkskammern unter Verwendung von Mustersatzungen, die der DIHT und der ZDH hätten erarbeiten sollen.[772] Die Neugründung einer öffentlich-rechtlichen Körperschaft des Bundes mit Vertretern der Wirtschaft und der Umweltseite als Mitglieder wurde wegen des zeitlichen Aufwandes angesichts des europarechtlichen Umsetzungszeitdrucks und der Kosten wohl von vornherein ausgeschlossen. Die letztlich gefundene Lösung trägt Kompromisscharakter[773]:

Die Zulassung und Beaufsichtigung der Umweltgutachter ist im Wesentlichen privatisiert: § 28 UAG sieht ausschließlich vor, juristische Personen des Privatrechts mit diesen Aufgaben zu betrauen. Die Zulassung der Gutachter erfolgt durch die Deutsche Akkreditierungs- und Zulassungsgesellschaft mbH (DAU). Sie übt die hoheitliche Tätigkeiten als Beliehene aus und erlässt Verwaltungsakte, gegen die den Umweltgutachtern der Widerspruch zum Bundesministerium für Umwelt offen steht (§§ 24 f. UAG). Die Beleihung erfolgte nach einer Übergangsphase, in der die DAU als Verwaltungshelferin auf Grund öffentlich-rechtlicher Verträge tätig wurde,[774] durch eine Verordnung des Bundesministeriums für Umwelt[775].

Die DAU übt auch die *Aufsicht* über die Umweltgutachter aus, die in regelmäßiger Überprüfung der Qualität der Tätigkeit besteht (Art. 4 Abs. 4 i. V. m. Anh. V EG-UmwAuditVO (2001); § 15 UAG). Sie kann Anordnungen treffen und Untersagungen verfügen (§ 16 UAG) sowie die Zulassung widerrufen (§ 17 UAG). Die Spürbarkeit eines Risikos[776] für die Umweltgutachter, das mit einer mangelhaften Arbeit, insbesondere mit der ungerechtfertigten Validierung verbunden ist, wird entscheidend sein für die Glaubwürdigkeit und den Stellenwert des gesamten Umweltaudit-Systems. Die DAU hat die Aufgabe, durch die Strenge und Konsequenz ihrer Aufsichtstätigkeit die Entwicklung eines Berufsethos[777] der Gutachter zu för-

---

[772] Vgl. hierzu *J. Schnutenhaus*, ZUR 1995, S. 9 (12 f.).
[773] Vgl. *J. Schnutenhaus*, ZUR 1995, S. 9 (13).
[774] *R. Lechelt*, in: W. Ewer/R. Lechelt/A. Theuer, Handbuch Umweltaudit, 1998, S. 1 (29) gegen eine Beleihung mit Normsetzungsaufgaben *U. Steiner*, Öffentliche Verwaltung durch Private, 1975, S. 2; zweifelnd *P. Axer*, Normsetzung der Exekutive in der Sozialversicherung, 2000, S. 33.
[775] Verordnung über die Beleihung der Zulassungsstelle nach dem Umweltauditgesetz (UAGBV) vom 18. Dezember 1995, BGBl I S. 2013.
[776] Vgl. *G. Lübbe-Wolff*, NuR 1996, S. 217 (223).

dern bzw. zu fordern. Weil die Umweltgutachter ihre Kontrolltätigkeit nicht im Einzelnen dokumentieren müssen, sondern nur zur Aufbewahrung bestimmter Zweitschriften verpflichtet sind, wurde Kritik an der Transparenz und Wirksamkeit der Aufsicht geübt.[778]

Das *Bundesministerium* für Umwelt nimmt Einfluss auf die Besetzung der Geschäftsführerstelle der DAU (§ 2 Abs. 3 UAGBV) und übt auch die Rechtsaufsicht über sie aus (§ 29 UAG). Der beim Bundesministerium für Umwelt gebildete Widerspruchsausschuss ist ausschließlich mit Bundesbeamten besetzt (§ 24 Abs. 2 S. 4 UAG). Er entscheidet über Widersprüche gegen Verwaltungsakte der Zulassungsstelle (§ 24 Abs. 1 S. 2 UAG).

Außerdem existiert auch ein – mit Vertretern des Bundesministeriums für Umwelt, verschiedener Zweige der Länderverwaltungen und der Umweltgutachter, der Wirtschaft, der Gewerkschaften und Umweltverbände – pluralistisch besetzter *Umweltgutachterausschuss* (UGA) (§ 22 UAG). Dieser UGA hat die Aufgabe, Richtlinien zur Auslegung des UAG zu erlassen (§ 21 Abs. 1 Nr. 1 UAG), die in ihrer Wirkung Verwaltungsvorschriften ähneln[779]. Die Richtlinien sind im Rahmen der Aufsicht vom Ministerium für Umwelt zu genehmigen (§ 27 Abs. 3 UAG). Die Maßstäbe der Aufsicht der DAU über die Umweltgutachter[780] werden durch eine solche Richtlinie gesteuert. Ob damit dem Erfordernis der einheitlichen Anwendung (für die Eintragungsstellen ausdrücklich geregelt nach Art. 5 Abs. 2 (ex 18 Abs. 2) EG-UmwAuditVO (2001)) genügt ist, wurde bezweifelt.[781] In Art. 4 Abs. 8 EG-UmwAuditVO (2001) wurde nunmehr ein europaweites „*Forum der Zulassungsstellen*" geschaffen. Diese neue, zusätzliche zwischenstaatliche Institution kann in Zukunft zum Austausch von Erfahrungen und zur Einheitlichkeit der Praxis beitragen. Dieser Schritt von der EG-UmwAuditVO (1993) zur EG-UmwAuditVO (2001) wurde in der Literatur als „revolutionäre Evolution"[782] bezeichnet.

Das Bundesministerium ist *Aufsichtsbehörde* auch über den UGA (§ 27 UAG). Der UGA wiederum berät das Ministerium bei dessen Aufsicht über die DAU (§ 21 Abs. 1 Nr. 4 UAG). Die DAU ihrerseits muss dem UGA über ihre Zulassung- und Aufsichtstätigkeit halbjährliche Berichte erstatten (§ 21 Abs. 2 UAG). Für Rechtsstreitigkeiten zwischen der DAU und dem

---

[777] *G. Lübbe-Wolff,* NuR 1996, S. 217 (223).
[778] *W. Köck,* VerwArch 87 (1996), S. 644 (671).
[779] *W. Köck,* VerwArch 87 (1996), S. 644 (670).
[780] Richtlinie des Umweltgutachterausschuss des nach dem Umweltaudits Gesetz für die Überprüfung von Umweltgutachter, Umweltgutachter Organisationen und Inhaber von Fachkenntnis Bescheinigungen im Rahmen der Aufsicht (UAG-Aufsichtrichtlinie) vom 11. Dezember 1997, BAnz 1997 S. 5572.
[781] Vgl. *J. Schnutenhaus,* ZUR 1995, S. 9 (13).
[782] *M. Langerfeld,* UPR 2001, S. 220.

UGA wegen deren Bindung an seine Richtlinien kommen im konkreten Konfliktfall Feststellungsklagen (§ 43 VwGO) vor dem Verwaltungsgericht in Betracht.[783]

Der UGA hat keine eigene Rechtspersönlichkeit, ist aber gegenüber dem Bundesministerium für Umwelt verselbständigt. Er ist eine teilrechtsfähige (im Hinblick auf bestimmte Rechtssätze) Körperschaft des öffentlichen Rechts.[784] Damit wurde ein *Kooperationsmodell* der Zusammenwirkung von Staat und Wirtschaft in pluralistischer Zusammensetzung nach dem Leitbild des Abfallentsorgungs- und Altlastensanierungsverbandes Nordrhein-Westfalen verwirklicht.[785]

Hiergegen sind verfassungsrechtliche Bedenken[786] erhoben worden. Dem UGA fehle die *demokratische* Legitimation. Problematisch ist die „Kombination von abschließender Entscheidungskompetenz und – vorbehaltlich der Rechtsaufsicht – Weisungsfreiheit". Auch die Genehmigungsbedürftigkeit von Beschlüssen des UGA nach § 27 Abs. 3 S. 1 UAG gibt dem Ministerium keinen fachaufsichtlichen Entscheidungsspielraum. Einer entsprechenden verfassungskonformen Interpretation stehen systematische (§ 21 Abs. 1 S. 3 UAG) Argumente und der explizite historische Wille des Gesetzgebers entgegen. Die Ermächtigung des UGA zur autonomen Entscheidungen lässt so genannte ministerialfreie Räume entstehen, die den *sachlich-inhaltlichen Legitimationsstrang* durchbrechen. Die Ausübung dieser Staatsgewalt ist nicht uneingeschränkt durch die parlamentarische Verantwortung der Regierung legitimiert. Die Einflussnahmemöglichkeiten des Bundesministeriums für Umwelt auf den UGA sind auf die Rechtsaufsicht bis zur Auflösung des UGA beschränkt. Damit fehlt es an einer umfassenden sachlichen Verantwortung des Ministeriums für die Inhalte der Entscheidungen des UGA. Die Kontrollbefugnisse können die Legitimationskette nicht schließen, sondern deren Fehlen lediglich abmildern.[787]

Die Rechtfertigung dieses Legitimationsdefizits ist ungeklärt. Solche Legitimationsdefizite können nur ausnahmsweise[788] verfassungsrechtlich ge-

---

[783] *Th. Mayen,* in: W. Ewer/R. Lechelt/A. Theuer, Handbuch Umweltaudit, 1998, S. 173 (197 Rz. 95 einerseits, Rz. 96 andererseits).
[784] *Th. Mayen,* ebenda, S. 173 (175).
[785] *Th. Mayen,* ebenda, S. 173 (177).
[786] *G. Lübbe-Wolff,* NuR 1996, S. 217 (220 f.); *Th. Mayen,* in: W. Ewer/R. Lechelt/A. Theuer, Handbuch Umweltaudit, 1998, S. 173 (178 ff.).
[787] Wie hier: *Th. Mayen,* ebenda, S. 173 (180).
[788] *E. W. Böckenförde,* Demokratie als Verfassungsprinzip, in: HdBStR I, 2. Aufl. 1995, § 22, S. 887 (902) Rz. 24; *P. Kirchhof,* Mittel staatlichen Handelns, in: HdBStR III, 1988, § 59, S. 121 (164) Rz. 101; weniger streng: *W. Krebs,* Verwaltungsorganisation, in: HdBStR III, 1988, § 69, S. 567 Rz. 82.

rechtfertigt werden. Nach der Rechtsprechung des BVerfG[789] kann die Übertragung von Regierungsaufgaben auf weisungsunabhängige Stellen in Fällen mit politischer Tragweite ausgeschlossen sein. Ob die Richtlinienkompetenz des UGA solche Tragweite hat, ist allerdings zu bezweifeln.[790]

Zum Teil wird versucht, die Rechtfertigung aus dem Gemeinschaftsrecht herzuleiten: aus Art. 4 Abs. 1. S. 3 (ex 6 Abs. 1. S. 3) EG-UmwAuditVO (2001), der die Unabhängigkeit und Neutralität auch dieses Gremiums gebietet. Fraglich ist jedoch, ob die gemeinschaftsrechtliche „Unabhängigkeit" solche auch vom Staat meint. Vieles sprach schon unter dem als „sprachliches Chaos"[791] kritisierten Wortlaut der EG-UmwAuditVO (1993) dafür, dass lediglich die Unabhängigkeit von der Wirtschaft, insbesondere von den auditierten Unternehmen und den Umweltgutachtern zu fordern ist: Die in Art. 2 lit. q (ex m) EG-UmwAuditVO (2001) bereits begrifflich festgelegte Unabhängigkeit der Umweltgutachter vom zu begutachtenden Unternehmen wurde in Art. 4 Abs. 4 EG-UmwAuditVO (1993) durch ein Verbot auch jeglichen „Abhängigkeitsverhältnisses" zwischen dem Unweltgutachter und den Betriebsprüfern, die ihrerseits „Unabhängigkeit von den geprüften Tätigkeiten" (Art. 2 lit. 1 EG-UmwAuditVO (1993)) aufweisen müssen, ergänzt. Auch in Art. 6 Abs. 1 S. 1 EG-UmwAuditVO (1993) wurde auf die Unabhängigkeit der Umweltgutachter ausdrücklich Bezug genommen. Nunmehr macht Anh. V 5.2.1 S. 3 EG-UmwAuditVO (2001) deutlich, dass „unabhängig – insbesondere unabhängig von dem Betriebsprüfer oder Berater der Organisation" bedeutet.

Der Staat ist nicht Partei in diesem Sinne, Unparteilichkeit bedeutet nicht Staatsferne. Auch die nach Art. 4 Abs. 1. S. 3 EG-UmwAuditVO (2001) geforderte Neutralität ist – sogar in besonderer Weise – vom ganz dem Gemeinwohl verpflichteten Staat selbst zu gewährleisten. Relative Klarheit brachte bereits Anhang III A Nr. 1 EG-UmwAuditVO (1993), wonach der Umweltgutachter und seine Mitarbeiter „keinem kommerziellen, finanziellen oder sonstigen Druck unterliegen" dürfen, „der ihr Urteil beeinflussen oder das Vertrauen in ihre Integrität bei ihrer Tätigkeit in Frage stellen könnte". „Unabhängigkeit" wurde vom deutschen Gesetzgeber im Einklang hiermit für den Umweltgutachter in § 6 Abs. 1 UGA definiert. Danach besitzt dieser Unabhängigkeit, „wenn er keinem wirtschaftlichen, finanziellen oder sonstigen Druck unterliegt, der sein Urteil beeinflussen oder das Vertrauen in die unparteiische Aufgabenwahrnehmung in Frage stellen kann". Der Begriff der Unabhängigkeit des Gutachters fordert also nicht Unabhängigkeit vom Staat, sondern ist gefordert, weil er vom Staat unabhängig ist.

---

[789] BVerfGE 9, 268 (282) – Bremer Personalvertretung.
[790] *Th. Mayen,* in: W. Ewer/R. Lechelt/A. Theuer, Handbuch Umweltaudit, 1998, S. 173 (181) einerseits; *G. Lübbe-Wolff,* NuR 1996, S. 217 (220) andererseits.
[791] *M. Langerfeld,* UPR 2001, S. 220.

§ 4 Rechtliche Bestandsaufnahme 163

Es ergibt sich daraus, dass gemeinschaftsrechtlich das deutsche Modell mit der privaten DAU und der Aufsicht durch den pluralistisch besetzten UGA unter Mitwirkung des Staates zwar möglich, aber keineswegs geboten, d. h. eine stärker staatliche Ausprägung nicht ausgeschlossen wäre. Im Rahmen des gemeinschaftsrechtlich verbleibenden Gestaltungsspielraums werden aber die Fragen der demokratischen Legitimation auf verfassungsrechtliche Maßstäbe zurückgeworfen.

Die Probleme demokratischer Legitimation belasten zumindest das im UAG ausgestaltete Modell des UGA. Es bleibt abzuwarten, ob der deutsche Gesetzgeber die EG-UmwAuditVO (2001) zum Anlass nimmt, diese zu beseitigen. Auch die *organisatorisch-personelle demokratische Legitimationskette*[792] wirft Probleme auf; sie muss bis zur Bestellung jedes Amtsträgers reichen.[793] Problematisch ist das Vorschlagrecht der privaten Verbände und Gruppen für Mitglieder des UGA. Umstritten[794] ist, ob es ausreicht, dass auch sie formal durch das Bundesministerium für Umwelt berufen werden. Die Auffassung, dass die demokratische Legitimation nur der Hälfte der Amtsträger innerhalb eines Entscheidungsgremiums erforderlich ist, hilft nicht weiter, da als Behördenvertreter nur 9 von insgesamt 25 Mitgliedern des UGA berufen werden. Zum Teil wird gefordert, § 22 Abs. 3 UAG verfassungskonform so auszulegen, dass das Vorschlagrecht für das Bundesministerium für Umwelt nicht verbindlich ist, ja dass die Vorschläge die Anzahl der zu vergebenden Plätze um mehr als 50% überschreiten müssen – in Anlehnung[795] an die Rechtsprechung[796] zur Ernennung der ehrenamtlichen Richter.

Zusammenfassend lässt sich also sagen, dass zwar sowohl die Tätigkeit der Umweltgutachter, als auch deren Zulassung und Beaufsichtigung Privaten überlassen ist, der Staat jedoch sowohl über die dabei anzuwendenden Maßstäbe (EG-UmwAuditVO, UAG, Richtlinien), als auch auf die personelle Besetzung der privatisierten Aufsicht *direkten Einfluss* nimmt bzw. nehmen kann und sich immerhin die *"Rechtsaufsicht über die Aufsicht"* vorbehält. Mit dem UGA existiert eine Instanz, die die Leitlinien für die Aufsicht über die Umweltgutachter prägt und damit auch für den Erfolg des Umweltaudits einsteht. Gerade in diesem Gremium wirken Vertreter sowohl

---

[792] *Th. Mayen,* in: W. Ewer/R. Lechelt/A. Theuer, Handbuch Umweltaudit, 1998, S. 173 (181 f.).

[793] BVerfGE 83, 60 (73) – Ausländerwahlrecht; *E. W. Böckenförde,* Demokratie als Verfassungsprinzip, in: HdBStR I, 2. Aufl. 1995, § 22, S. 887 (902) Rz. 16.

[794] Kritisch: *Th. Mayen,* in: W. Ewer/R. Lechelt/A. Theuer, Handbuch Umweltaudit, 1998, S. 173 (181).

[795] *Th. Mayen,* in: W. Ewer/R. Lechelt/A. Theuer, Handbuch Umweltaudit, 1998, S. 173 (181 f.).

[796] BVerfGE 26, 168 (194 ff.); 27, 312 (320 f.).

des Staates, als auch der Wirtschaft, der Gewerkschaften und Umweltverbände kooperativ zusammen. Die Letztentscheidungsverantwortung jedoch ist dem Bundesministerium mit umfassenden rechtsaufsichtlichen Kompetenzen bis hin zur Auflösung des UGA (§ 27 Abs. 4 UAG) vorbehalten. Allerdings verzichtet der Staat auf seine fachaufsichtlichen Kompetenzen, die ihm im Falle der Beleihung grundsätzlich zustehen.[797]

Die *Standortregistrierung* ist weder in die Hände der unmittelbaren Staatsverwaltung, noch in die einer juristischen Person des Privatrechts gelegt, sondern Körperschaften des öffentlichen Rechts, nämlich den Industrie- und Handelskammern bzw. den Handwerkskammern, anvertraut (§ 32 Abs. 1 S. 1 UAG). Kritik an dieser relativ wirtschaftsnahen Lösung hat sich politisch nicht durchsetzen können.[798] In der rechtswissenschaftlichen Literatur[799] werden Vorbehalte gegen die Vereinbarkeit dieser Regelung mit den europarechtlichen Vorgaben des Art. 5 (ex 18) Abs. 1 EG-UmwAuditVO (2001), der eine einzige Registrierungsstelle je Mitgliedstaat fordere, geäußert. Auch die in Art. 5 Abs. 2 EG-UmwAuditVO (2001) vorgeschriebene Unabhängigkeit und Neutralität der Registrierungsstelle sei nicht gewährleistet. Immerhin sind diese Selbstverwaltungskörperschaften dem Gesamtinteresse der Bezirkswirtschaft (§ 1 IHKG) bzw. dem Interesse des Handwerks (§ 91 Abs. 1 Nr. 1 HandwO) und also nicht den Interessen einzelner Unternehmen bzw. Betriebe verpflichtet. Auch der „interne Zielkonflikt" der Registrierungskammern wird dadurch entschärft, dass Umweltbelange und die Glaubwürdigkeit des Umweltaudit-Systems im erklärten Interesse der beteiligten Unternehmen und mittelbar auch der Gesamtwirtschaft liegt. Wegen der zentralen Rolle des Umweltgutachters könnte man auch insofern von einer Teilprivatisierung sprechen.

Die grundsätzlich den Wirtschaftsministerien der Länder obliegende Aufsicht über die IHKen und HandwKen muss im Einvernehmen mit den jeweiligen Umweltministerien ausgeübt werden (§ 32 Abs. 1 S. 2 UAG). Auch die Unterbehörden der *Umweltverwaltung* sind in das Verfahren der Registrierung einbezogen. Ihnen muss durch die Registrierungsstellen Gelegenheit zur Stellungnahme gegeben werden (§ 33 Abs. 2 S. 1 UAG). Die zuständige Umweltbehörde kann – muss aber nicht – gegebenenfalls Verstöße gegen geltendes Ordnungsrecht mitteilen. Dies verhindert gegebenenfalls die Registrierung (Art. 6 Abs. 4 S. 2 EG-UmwAuditVO (2001)). Die Umweltbehörden erhalten jedoch keine Einsicht in die Akten der Registrierungsstellen. Die Vertraulichkeit schützte Art. 4 Abs. 7 EG-UmwAuditVO

---

[797] *Th. Mayen,* in: W. Ewer/R. Lechelt/A. Theuer, Handbuch Umweltaudit, 1998, S. 173 (177).

[798] Vgl. hierzu *H. Hüwels,* in: W. Ewer/R. Lechelt/A. Theuer, Handbuch Umweltaudit, 1998, S. 199 (201).

[799] *G. Lübbe-Wolff,* NuR 1996, S. 217 (224).

(1993), und bewahrt jetzt Anh. V 5.2.1 S. 5 EG-UmwAuditVO (2001). Ermittlungen der Umweltbehörden gegen Umweltsünder werden so also nicht substituiert.

Kommt es zum Streit über Rechtsverstöße, werden die Registrierungsstellen durch Aussetzung des Registrierungsverfahrens (§ 33 Abs. 2 S. 2 UAG) herausgehalten. Den Umweltbehörden wird damit das Druckmittel[800] an die Hand gegeben, eine Registrierung als auditiertes Unternehmen verhindern bzw. verzögern zu können. Dies eröffnet den Behörden strategische Spielräume für informale, normvollziehende Absprachen. Anders als in einem Entwurf zum UAG wurde darauf verzichtet, dass die Behörde den Rechtsverstoß durch Verwaltungsakt feststellen muss.[801]

5. Anreizmechanismen

Es gibt verschiedene Anreize zur freiwilligen Teilnahme am Öko-Audit: Ein Hauptanreiz liegt in dem *Imagegewinn* der Zeichenführung. Das Zeichen darf jedoch nur bei der Unternehmenswerbung, d.h. bei der allgemeinen Imagewerbung[802], nicht bei der Produktwerbung eingesetzt werden. Durch den Imagegewinn können Wettbewerbvorteile entstehen, der Umweltschutz wird zunehmend zum Kaufkriterium[803] der Verbraucher. Das einmal teilnehmende Unternehmen wird zur konsequenten Einhaltung der rechtlichen Anforderungen dadurch angehalten, dass ein umso größerer Imageverlust droht, wenn der Gutachter die Validierung verweigert oder gar ein bereits registrierter Standort aus dem Verzeichnis gestrichen wird (Art. 6 Abs. 4 EG-UmwAuditVO (2001)). Das System wurde deshalb als „unentrinnbares selbstregulatives perpetuum mobile"[804] bezeichnet.

Das Image wird gegenüber Behörden, gegenüber Wettbewerbern und nicht zuletzt gegenüber den Kunden durch die Herstellung einer allgemeinen, sogar europäischen[805] *Öffentlichkeit* geprägt. Das bewirkte bislang die Veröffentlichung des Registers im Amtsblatt der Europäischen Gemeinschaften (Art. 9 S. 2 EG-UmwAuditVO (1993)), zukünftig ein von der Kommission geführtes und öffentlich zugängliches EMAS-Register. Dem

---

[800] Kritisch hierzu *G. Lübbe-Wolff,* DVBl. 1994, S. 361 (371); zustimmend *W. Köck,* VerwArch 87 (1996), S. 644 (674).
[801] *St. Lütkes,* NVwZ 1996, S. 230 (234 f.).
[802] *A. Vetter,* in: W. Ewer/R. Lechelt/A. Theuer, Handbuch Umweltaudit, 1998, S. 213 (214).
[803] *R. Lechelt,* in: W. Ewer/R. Lechelt/A. Theuer, Handbuch Umweltaudit, 1998, S. 1 (32).
[804] Vgl. *M. Schmidt-Preuß,* VVDStRL 56 (1997), S. 160 (187).
[805] Vgl. allgemein hierzu *P. Häberle,* Gibt es eine europäische Öffentlichkeit?, 2000.

Unternehmen, das gegen die eigene Selbstverpflichtung zum Umweltaudit verstößt, droht der „Prangereffekt"[806]. Eine passive Publizität[807] der Umweltpolitik und der Umweltziele des Unternehmens wird geschaffen. Diese muss öffentlich zugänglich („publicly available", also mehr als nur nur „available to the public"[808]) sein. Art. 5 Abs. 2 EG-UmwAuditVO (1993)[809] sagte explizit, dass die Umwelterklärungen „für die Öffentlichkeit verfasst" werden, was der Sache nach nichts geändert hat (vgl. jetzt Art. 1 Abs. 1, 3 Abs. 3 b) und Anh. III 3.1 S. 1 EG-UmwAuditVO (2001)).

Anh. I Teil A 4.3 S. 2 EG-UmwAuditVO (2001) fordert darüber hinaus eine „externe Kommunikation", in Anhang I D Nr. 9 EG-UmwAuditVO (1993) griffiger als „offener Dialog mit der Öffentlichkeit" bezeichnet. Dies war 1993 als bloße Sollvorschrift formuliert und dem Gegenanreiz der Wahrung der Geschäfts- und Betriebsgeheimnisse[810] ausgesetzt. Der Geheimnisschutz muss nun im Verhältnis zur Mussvorschrift in der Fassung 2001 neu ausgelotet werden.

Weiterer Druck kann von anderen Unternehmen[811], insbesondere von Zulieferern[812] ausgehen. Solch „missionarischer Druck" ist den bereits auditierten Unternehmen sogar rechtlich aufgetragen gegenüber Vertragspartnern, die am auditierten Standort tätig werden (vgl. Anhang I A 4.6 lit. c EG-UmwAuditVO (2001))[813]. Die Auditierung kann sich gegenüber Banken bei der Kreditvergabe[814], gegenüber Versicherungen bei deren Konditionen[815] positiv auswirken.

Auch die Bevorzugung bei der Vergabe öffentlicher Aufträge[816] sowie Haftungserleichterungen, insbesondere durch Ausschluss des Organisations-

---

[806] *M. Schmidt-Preuß*, VVDStRL 56 (1997), S. 160 (187).

[807] *A. Theuer*, in: W. Ewer/R. Lechelt/A. Theuer, Handbuch Umweltaudit, 1998, S. 35 (45).

[808] *G. Lübbe-Wolff*, DVBl. 1994, S. 361 (364).

[809] Hierzu *M. Schmidt-Preuß*, VVDStRL 56 (1997), S. 160 (187) Fn. 98.

[810] *R. Lechelt*, in: W. Ewer/R. Lechelt/A. Theuer, Handbuch Umweltaudit, 1998, S. 1 (32 f.).

[811] *R. Lechelt*, ebenda, S. 1 (32).

[812] Vgl. *M. Schmidt-Preuß*, VVDStRL 56 (1997), S. 160 (186 f.).

[813] *W. Ewer*, in: W. Ewer/R. Lechelt/A. Theuer, Handbuch Umweltaudit, 1998, S. 115 (119).

[814] *R. Lechelt*, in: W. Ewer/R. Lechelt/A. Theuer, Handbuch Umweltaudit, 1998, S. 1 (32).

[815] Ausführlich: *H. Schilling/A. Henneböhl*, in: W. Ewer/R. Lechelt/A. Theuer, Handbuch Umweltaudit, 1998, S. 299 ff.; vgl. auch *R. Lechelt*, in: W. Ewer/R. Lechelt/A. Theuer, Handbuch Umweltaudit, 1998, S. 1 (32).

[816] *R. Lechelt*, ebenda, S. 1 (32); *G. Lübbe-Wolff*, DVBl. 1994, S. 361 (373) weist darauf hin, dass sich dies nicht unmittelbar aus der EG-UmwAuditVO (1993) selbst ergibt.

verschuldens[817] und beweisrechtliche, nämlich nachweisentlastende Wirkungen[818] sind denkbar. Mit Blick auf die strafrechtliche Verantwortlichkeit wird allerdings auch eine Verschärfung des Fahrlässigkeitsmaßstabes wegen im Rahmen des Umweltaudit erworbenen Sonderwissens diskutiert.[819]

Hierzu lohnt auch ein vergleichender Blick auf die Erfahrungen mit Environment Audits in den USA. Bisweilen verlangen dort Banken und Versicherungen von Unternehmen die Durchführung bestimmter Umweltaudits.[820] Die Motivation für die Durchführung von Umweltaudits ist vor allem die Hoffnung, hierdurch die im amerikanischen Recht immensen Haftungsrisiken zu vermindern. Auch der Imagegewinn gegenüber der Öffentlichkeit und gegenüber Behörden spielt eine Rolle. Weil die im Rahmen von Umweltaudits ermittelten Daten in Amerika unzureichend davor geschützt sind, zum Nachteil des Unternehmens verwendet zu werden, kann das Haftungsrisiko aber auch erhöht werden.[821]

Ein unmittelbarer Anreiz kann auch darin liegen, dass das Umweltaudit Möglichkeiten für Einsparungen im Energiebereich[822] sichtbar macht. Von untergeordneter Bedeutung war bisher die Androhung einer verbindlichen Einführung des Umweltaudits im Rahmen einer Revision nach Art. 20 EG-UmwAuditVO (1993), künftig nach Art. 15 EG-UmwAuditVO (2001). Immerhin wurde damit gerechnet, dass die verbindliche Durchführung des Umweltaudits im Falle mangelnder freiwilliger Beteiligung vorgeschrieben wird. Umstritten war, ob die beste verfügbare Technik ausdrücklich zum Standard des Umweltaudit erhoben werden soll, oder ob es bei der Selbstverpflichtung zur Einhaltung des einschlägigen Rechts, wozu auch die IVU-Richtlinie gehört, die diesen Standard vorschreibt, bleiben soll, wofür allerdings kein Positiv-Nachweis erforderlich ist.

Ungewiss sind auch Aussichten auf Deregulierung, wenn sich das Umweltaudit bewährt. Auf das normersetzende und normvollzugsbezogene Moment des Umweltaudit wird noch einzugehen sein. Hierzu gibt nunmehr Art. 10 Abs. 2 EG-UmwAuditVO (2001) einen Impuls. Art. 13 EG-UmwAuditVO (1993) erlaubt den Mitgliedstaaten auch, die Teilnahme am Umweltaudit (finanziell) zu fördern.

---

[817] Ausführlich: *M. Dobert,* in: W. Ewer/R. Lechelt/A. Theuer, Handbuch Umweltaudit, 1998, S. 249 (263 f.); vgl. auch *R. Lechelt,* ebenda, S. 1 (32) m.w.N.
[818] *M. Dobert,* in: W. Ewer/R. Lechelt/A. Theuer, Handbuch Umweltaudit, 1998, S. 249 (264 f.).
[819] *G. Strate/W. Wohlers,* in: W. Ewer/R. Lechelt/A. Theuer, Handbuch Umweltaudit, 1998, S. 267 (289 f.).
[820] *Herz,* 12 Cardozo L. Rev. 1991, S. 1243; *T. Bartsch,* ZUR 1995, S. 14 (17).
[821] *T. Bartsch,* ZUR 1995, S. 14 (17 f.).
[822] *R. Lechelt,* in: W. Ewer/R. Lechelt/A. Theuer, Handbuch Umweltaudit, 1998, S. 1 (32).

Schließlich verbietet es § 3 UWG[823], irreführend das Zertifizierungszeichen zu führen. Fraglich ist, ob es formal auf das Fehlen der Eintragung ankommt, oder ob auch das Erschleichen einer Eintragung gegen das UWG verstößt. Dann würden Zivilgerichte mittelbar den „Vollzug" des Umweltaudit kontrollieren.

6. Umweltaudit als Gewähr für die Einhaltung des geltenden Ordnungsrechts?

Bereits begrifflich umfasst die *Umweltpolitik* nach Art. 2 lit. a EG-UmwAuditVO (2001) die *„Einhaltung aller einschlägigen Vorschriften"*. Das Ordnungsrecht stellt einen *Mindeststandard*[824] dar, über den das Umweltaudit hinausgehen soll. Wenn die Registrierungsstelle von einer Umweltvollzugsbehörde über einen Verstoß der zu registrierenden Organisation gegen einschlägige Umweltvorschriften unterrichtet wird, muss sie die Eintragung „je nach Sachlage" aussetzen oder streichen (Art. 6 Abs. 4 S. 2 EG-UmwAuditVO (2001)). Nach Anh. V 5.4.3 EG-UmwAuditVO (2001) muss der Umweltgutachter sicherstellen, dass die Organisation die Einhaltung aller einschlägiger Vorschriften des nationalen und europäischen Umweltrechts gewährleistet. Wenn er bei Stichproben Verstöße feststellt, ist die Gültigerklärung zu verweigern.

Die unter der EG-UmwAuditVO (1993) vieldiskutierte Frage,[825] ob das Umweltaudit tatsächlich ein *compliance audit* ist, das für die Rechtskonformität Gewähr leistet, oder ein die bloße Funktionsfähigkeit eines Managementsystems bestätigendes *system audit,* ist damit zu Gunsten eines compliance-audit geklärt. Deshalb stellt sich nunmehr mit größerer Berechtigung als zuvor die Frage einer Substitution von Normen des Ordnungsrechts bzw. deren Vollzug.

7. Konsequenzen: Substitution von Rechtsetzung und Normvollzug?

Bei der EG-UmwAuditVO handelt es sich für sich genommen nicht um ein Beispiel der Deregulierung, sondern um eine „Verrechtlichung von Organisationsfragen auf breiter Fläche"[826]. Aber die Einführung des Umwelt-

---

[823] *A. Wiebe,* NJW 1994, S. 289 (292, 294).
[824] *G. Lübbe-Wolff,* DVBl. 1994, S. 361 (368).
[825] Zu dem Streit *G. Lübbe-Wolff,* DVBl. 1994, S. 361 (362 f.); *A. Wiebe,* NJW 1994, S. 289 (292); *W. Köck,* VerwArch 87 (1996), S. 644 (655 f.); *J. Falke,* ZUR 1995, S. 4 (5); *H. Hüwels,* in: W. Ewer/R. Lechelt/A. Theuer, Handbuch Umweltaudit, 1998, S. 199 (204); *W. Ewer,* ebenda, S. 115 (120); *A. Faber,* Gesellschaftliche Selbstregulierungssysteme im Umweltrecht, 2001, S. 163 f. m.w.N.

audits wurde v. a. in Deutschland mit einer Diskussion um Verwaltungsentlastung und Deregulierung verknüpft.[827] Je nach Standpunkt werden von ihm Deregulierung bzw. intensiverer Gesetzesvollzug erwartet.[828]

Art. 1 Abs. 3 EG-UmwAuditVO (1993) bestimmte: „Bestehende gemeinschaftliche oder einzelstaatliche Rechtsvorschriften oder technische Normen für Umweltkontrollen sowie die Verpflichtungen der Unternehmen aus diesen Rechtsvorschriften und Normen bleiben von diesem System unberührt." Entgegen dem ursprünglichen Kommissionsvorschlag EU[829] wurde in die EG-UmwAuditVO (1993) zunächst nicht ausdrücklich die Möglichkeit geregelt, dass die Mitgliedstaaten Kontroll- und Überwachungsmaßnahmen verringern, um die Betriebe zur Teilnahme am Umweltaudit zu bewegen.[830] Art. 10 EG-UmwAuditVO (2001) bestätigt in Abs. 1 den Grundsatz des Art. 1 Abs. 3 a.F., gibt aber in Abs. 2 den Mitgliedstaaten nunmehr auf zu „prüfen, wie der EMAS-Eintragung nach dieser Verordnung bei der Durchführung und Durchsetzung der Umweltvorschriften Rechnung getragen werden kann, damit doppelter Arbeitsaufwand sowohl für die Organisationen als auch für die vollziehenden Behörden vermieden wird."

Zwar ist die Selbstverpflichtung zum Umweltaudit ordnungsrechtlich nicht „vollziehbar", d.h. die Umweltbehörden können die auditierten Unternehmen nicht zur Einhaltung der Verpflichtungen aus der EG-UmwAuditVO zwingen, sondern lediglich die Einhaltung des Ordnungsrechts selbst erzwingen und auf die Registrierungsstelle einwirken, deren schärfstes Mittel die Verweigerung bzw. Streichung der Zertifizierung ist. Insofern wird dem Umweltaudit auch die Funktion eines Instrumentes des *innerbetrieblichen Gesetzesvollzugs* zugewiesen.[831]

Denkbar wäre, dass das Umweltaudit eine *deklaratorische Bekräftigung* geltenden Ordnungsrechts darstellt. Sie wäre insofern deklaratorisch, als das Ordnungsrecht als Fremdbindung bereits verbindlich wirkt und es einer Selbstverpflichtung deshalb nicht bedarf. Die Bedeutung einer deklaratorischen Bekräftigung des Ordnungsrechts könnte darin liegen, dem Vollzugsdefizit entgegenzuwirken. Allerdings sollte darin nicht die Bestätigung oder gar Anerkennung eines Zustandes gesehen werden, dass nicht auditierte Unternehmen weder freiwillig, noch auf Grund behördlichen Vollzugs das geltende Umweltrecht einhalten. Vielmehr sollte im Umweltaudit ein Bekennt-

---

[826] *W. Köck,* ZUR 1995, S. 1.
[827] *W. Köck,* ZUR 1997, S. 177.
[828] *U. Di Fabio,* VVDStRL 56 (1997), S. 235 (248) m.w.N.
[829] Dazu: *Der Rat von Sachverständigen für Umweltfragen,* Umweltgutachten 1996, S. 99, Tz. 172.
[830] *J. Falke,* ZUR 1995, S. 4 (5) Fn. 17.
[831] *W. Ewer,* in: W. Ewer/R. Lechelt/A. Theuer, Handbuch Umweltaudit, 1998, S. 115 (119).

nis zur Gesetzestreue und ein Stück dokumentierter Akzeptanz gesehen werden. Nach einer Auffassung wurde bereits an das Umweltaudit nach der EG-UmwAuditVO (1993) die *Vermutung* verknüpft, das betreffende Unternehmen halte dauerhaft alle maßgeblichen Umweltvorschriften ein.[832]

Die Diskussion um eine darüber hinaus gehende deregulierende Wirkung des Umweltaudit wird wegen Art. 10 Abs. 2 EG-UmwAuditVO (2001) mit noch größerer Intensität zu führen sein.

Am weitesten geht der Bericht[833] der unabhängigen Expertenkommission zur Vereinfachung und Beschleunigung von Planungs- und Genehmigungsverfahren (Schlichter-Kommission[834]), die von der Bundesregierung Anfang 1994 im Rahmen der Fortführung ihres Deregulierungsprogramms eingesetzt wurde. Sie schlägt vor, den Unternehmen, die sich dem Umweltaudit unterwerfen, in einem abgestuften Genehmigungsverfahren Erleichterungen anzubieten. Danach könnten Teile der üblichen Genehmigungserfordernisse erst nachfolgend im Rahmen des Umweltaudits geprüft werden. Bei Neu- und Änderungsgenehmigungen seien künftig befristet die Nichteinhaltung materiell-rechtlicher Standards zuzulassen, sofern mit dem Vorhaben insgesamt eine Verbesserung des bisherigen Zustandes erreicht werde.[835]

Die Schlichter-Kommission wurde dafür kritisiert[836], sie behandle Genehmigungen als reine Dienstleistungen. Das Verwaltungsverfahren diene jedoch vielmehr der Durchsetzung der Interessen des Gemeinwohles gegenüber denen des Antragstellers. Also seien Effektivität und Effizienz nicht die einzigen Gesichtspunkte. Entgegen den Behauptungen der Kommission führten deren Vorschläge zu Änderungen des Drittschutzes und des Umweltschutzes. Auch der Rat von Sachverständigen für Umweltfragen[837] äu-

---

[832] *W. Ewer,* ebenda, S. 115 (121); dagegen: *J. Falke,* ZUR 1995, S. 4 (5).

[833] Bundesministerium für Wirtschaft (Hrsg.), Investitionsförderung durch flexible Genehmigungsverfahren. Bericht der Unabhängigen Expertenkommission zur Vereinfachung und Beschleunigung von Planungs- und Genehmigungsverfahren, Bonn 1994; hierzu auch Bundesministerium für Wirtschaft (Hrsg.), Empfehlungen der Arbeitsgruppe aus Vertretern der Koalitionsfraktionen und der Bundesressorts zur Umsetzung der Vorschläge der Unabhängigen Expertenkommission zur Vereinfachung und Beschleunigung von Planungs- und Genehmigungsverfahren, Bonn 1995; vgl. dazu auch *Der Rat von Sachverständigen für Umweltfragen,* Umweltgutachten 1996, S. 68, Tz. 77 ff.; *G. Lübbe-Wolff,* ZUR 1995, S. 57 ff.

[834] Nach dem Vorsitzenden, dem Vizepräsidenten des BVerwG a.D. *O. Schlichter.*

[835] Bundesministerium für Wirtschaft (Hrsg.), Investitionsförderung durch flexible Genehmigungsverfahren. Bericht der Unabhängigen Expertenkommission zur Vereinfachung und Beschleunigung von Planungs- und Genehmigungsverfahren, Bonn 1994, Rn. 293, 507 f. Rz. 521; vgl. *G. Lübbe-Wolff,* ZUR 1995, S. 57.

[836] Vgl. *G. Lübbe-Wolff,* ZUR 1995, S. 57 (59).

[837] *Der Rat von Sachverständigen für Umweltfragen,* Umweltgutachten 1996, S. 72, Tz. 93.

ßerte Zweifel an der Praxistauglichkeit der Verknüpfung von Umweltaudit und Genehmigungsverfahren. Er schlug vor, Genehmigungsverfahren müssten sich auf Gefahrenabwehr, Umweltaudit auf den Vorsorgebereich konzentrieren. Der Gesetzgeber hat so weit reichende Konsequenzen bislang nicht ziehen wollen, aber bereits punktuell in diese Richtung reagiert. Die weitere Entwicklung bleibt abzuwarten.

In einer Entschließung des Bundestages vom 22. Juni 1995[838] wird die Bundesregierung aufgefordert, bis zum 31. Dezember 1996 „grundsätzliche Vereinfachungen und Erleichterungen des bestehenden Umweltverwaltungsrechts zu erarbeiten" und dabei „für Unternehmen, die das Öko-Audit durchführen, weitergehende Vorstellungen zu entwickeln und gesetzlich zu verankern". Dies wird durch § 4 Abs. 1 S. 2 der 9. BImSchV eingelöst: „Dabei ist zu berücksichtigen, ob die Anlage Teil eines Standortes ist," der eine Umwelterklärung abgegeben hat. Dieses Gebot der Berücksichtigung wurde als „undeutlich"[839], „kryptisch"[840], ja „höchst rätselhaft"[841] kritisiert. Ähnlich bestimmen § 5 Abs. 2 S. 3 und gleichlautend § 13 Abs. 1 S. 3 NachwV[842]: „Hierbei sind die Angaben aus einer der Behörde vorliegenden Umwelterklärung ... zu berücksichtigen." Ähnlich undeutlich ist § 13 Abs. 4 Nr. 1 Entsorgungsfachbetriebsverordnung.[843]

Präziser ist § 8 Abs. 6 AbfKoBiV[844]: „Eine Umwelterklärung, die ... abgegeben und für gültig erklärt ist, wird als Abfallwirtschaftskonzept oder dessen Fortschreibung und als Abfallbilanz anerkannt, wenn die der Umwelterklärung zu Grunde liegende Umweltbetriebsprüfung die Anforderungen der §§ 19 und 20 des Kreislaufwirtschafts- und Abfallgesetzes und dieser Verordnung erfüllt." Hinter dieser Regelung steht der Gedanke, dass die Zeitintervalle im Rahmen des Umweltaudit kürzer als die Abfallbilanz sind (§ 19 Abs. 3 KrW-/AbfG: alle fünf Jahre).

Noch weiter geht § 4 b.-w. Landesabfallgesetz[845]: „Eine Umwelterklärung, die gemäß der Verordnung (EWG) Nr. 1836/93 des Rates am 29. Juni

---

[838] BT-Drs. 13/1755, S. 5.
[839] *Der Rat von Sachverständigen für Umweltfragen*, Umweltgutachten 1996, S. 72, Tz. 92.
[840] *W. Köck*, VerwArch 87 (1996), S. 644 (680 f.).
[841] *G. Lübbe-Wolff*, ZUR 1996, S. 173 (178).
[842] Verordnung über Verwertung- und Beseitigungsnachweise vom 10. September 1996, BGBl I S. 1382, ber. BGBl 1997 I S. 2860.
[843] Verordnung über Entsorgungsfachbetriebe vom 10. September 1996, BGBl I S. 1421.
[844] Verordnung über Abfallwirtschaftskonzepte und Abfallbilanzen vom 13. September 1996, BGBl I S. 1447, ber. BGBl 1997 I S. 2862.
[845] Landesabfallgesetz vom 8. Januar 1990, GBl. S. 1; i.d.F. vom 15. Oktober 1996, GBl. S. 617; zuletzt geändert durch Gesetz vom 19. Juli 1999, GBl. S. 292; hierzu *G. Lübbe-Wolff*, ZUR 1996, S. 173 (176, 179).

1993 über die freiwillige Beteiligung gewerblicher Unternehmen an einem Gemeinschaftssystem für das Umweltmanagement und die Umweltbetriebsprüfung (AB1EG Nr. L 168 S. 1) abgegeben und für gültig erklärt ist, wird als Abfallwirtschaftskonzept oder dessen Fortschreibung und als Abfallbilanz anerkannt, wenn die der Umwelterklärung zu Grunde liegende Umweltbetriebsprüfung die Anforderungen der §§ 19 und 20 des Kreislaufwirtschafts- und Abfallgesetzes (KrW-/AbfG) erfüllt." Diese Vorschrift wurde gar als „widersinnig"[846] bezeichnet. § 4 der 9. BImSchV legt eine Flexibilisierung der Antragserfordernisse, d. h. eine einzelfallbezogene Deregulierung des Genehmigungsverfahrens nahe. Das fordert zusätzlichen Streit über die ohnehin konfliktträchtige Frage, in welchem Umfang die Behörden Unterlagen einfordern dürfen bzw. müssen, heraus. Genehmigungsverfahren könnten durch die Erhöhung dieses Konfliktpotentials statt beschleunigt verzögert werden.[847] Für eine solche Regelung spricht immerhin der mögliche Anreiz. Umweltgutachter werden auf diese Anforderungen besonders achten, da den Unternehmen an der Entlastung gelegen sein wird. Wenn sich das bewährt, wäre mittelfristig eine Entlastung der Verwaltung zu erwarten.

Die Bestimmung des § 20a Abs. 3 b.-w. Landesabfallgesetz: „Die oberste Abfallrechts- und Immissionsschutzbehörde kann durch Verwaltungsvorschriften ferner bestimmen, unter welchen Voraussetzungen die Überwachung durch die zuständigen Behörden nach § 20 Abs. 1 dieses Gesetzes, § 40 KrW-/AbfG und § 52 i. V. m. § 5 Abs. 1 Nr. 3 des BImSchG eingeschränkt wird, wenn der Betreiber einer Abfallverwertungs- oder Abfallbeseitigungsanlage oder einer sonstigen Anlage i. S. des § 3 Abs. 5 BImSchG eine Umwelterklärung gemäß der Verordnung (EWG) Nr. 1836/93 des Rates ein 29. Juni 1993 über die freiwillige Beteiligung gewerblicher Unternehmen an einem Gemeinschaftssystem für das Umweltmanagement und die Umweltbetriebsprüfung (AB1EG Nr. L 168 S. 1) abgibt, die für gültig erklärt ist." wurde als „überflüssig"[848] kritisiert, weil es für Verwaltungsvorschriften zur Regelung der Überwachungsfrequenzen keiner Ermächtigung bedarf.

Zu erwähnen ist noch der „*Umweltpakt Bayern*" zwischen der Bayerischen Wirtschaft und der Bayerischen Staatsregierung vom 23. Oktober 1995[849]. In ihm kündigt die Staatsregierung an, auditierte Unternehmen bei Berichts- und Dokumentationspflichten, Kontrollen und Überwachungen durch die Umweltbehörden sowie auch in Genehmigungsverfahren entspre-

---

[846] *G. Lübbe-Wolff*, ZUR 1996, S. 173 (176).
[847] *G. Lübbe-Wolff*, ZUR 1996, S. 173 (179).
[848] *G. Lübbe-Wolff*, ZUR 1996, S. 173 (179).
[849] Ausführlich hierzu *J. Knebel/L. Wicke/G. Michael*, Selbstverpflichtungen ..., 1999, S. 510 ff.

chend ihrer übernommenen Eigenverantwortung zu entlasten. Der Umweltpakt Bayern ist eine Richtlinie der Politik i. S. d. Art. 51 Abs. 1 BayVerf. Er hat Rechtsqualität und in Teilen Rechtsverbindlichkeit.[850] In Bayern wurden Verwaltungsvorschriften zur Berücksichtigung des Umweltaudit beim Vollzug des BImSchG und des KrW-/AbfG erlassen, die Vollzugspraxis orientiert sich nach ihnen.[851] Der Pakt selbst wird als normakzessorisch, als Konsequenz aus der EG-UmwAuditVO (1993) gedeutet[852] und ist somit eine normvollziehende Absprache.

Im Schrifttum werden diese Entwicklungen rechtlich und rechtspolitisch sehr kontrovers diskutiert. Teile der Literatur stehen derartigen Substitutionstendenzen äußerst reserviert gegenüber und kritisieren sie als „kontraproduktiv"[853]. Es wurde gefordert, verschiedene Ansatzpunkte der Deregulierung zu unterscheiden:[854]

Eine *materielle* Deregulierung reduziert unmittelbar umweltbezogene Anforderungen, einschließlich der Informationspflichten. Gegen sie spricht, dass die EG-UmwAuditVO (1993) nicht wirklich funktional adäquat ist.[855] Dieser Ansatz würde dazu führen, dass materielle Standards durch Verfahren kompensiert würden, nämlich durch die (verrechtlichte) Organisation eines Betriebsmanagements. Dagegen spricht, dass das Umweltaudit nicht nur system-audit ist, sondern auch compliance-audit, dem die Grundlage entzogen wird, wenn materielle Vorschriften gelockert werden. Zu weit würde es gehen, materielle Standards durch ein system-audit zu kompensieren. Der Molitor-Bericht[856] sieht Substituierbarkeit von Informationspflichten und von nachträglichen Kontrollen[857], nicht jedoch von Genehmigungsverfahren[858] vor.

Eine *verfahrensrechtliche* Deregulierung lässt die Anforderungen des materiellen Ordnungsrechts unberührt, vereinfacht aber Genehmigungsverfahren (in diese Richtung tendiert die Schlichter-Kommission[859]) und die antragsunabhängige Überwachung (hierzu die Ansätze des Umweltpaktes Bayern[860]). Genehmigungserfordernisse erleichtern den Behördenvollzug im

---

[850] *E. Böhm-Amtmann*, ZUR 1997, S. 178 (179).
[851] *E. Böhm-Amtmann*, ZUR 1997, S. 178 (182).
[852] *E. Böhm-Amtmann*, ZUR 1997, S. 178 (179).
[853] *W. Köck*, ZUR 1997, S. 177.
[854] *G. Lübbe-Wolff*, ZUR 1996, S. 173 ff.
[855] Im Einzelnen hierzu *G. Lübbe-Wolff*, ZUR 1996, S. 173 (175).
[856] Bericht der Gruppe unabhängiger Experten für die Vereinfachung der Rechts- und Verwaltungsvorschriften.
[857] *E. Böhm-Amtmann*, ZUR 1997, S. 178 (181).
[858] So auch die Schlichter-Kommission; ähnlich *E. Böhm-Amtmann,* ZUR 1997, S. 178 (181).
[859] Vgl. *G. Lübbe-Wolff*, ZUR 1996, S. 173 (177).

Vergleich zu Ermächtigungen zu nachträglichen Anordnungen, weil der Antragsteller ein eigenes Interesse daran hat, möglichst schnell gesetzeskonforme Zustände zu schaffen und dies nachzuweisen. Die Idee des „gestreckten Genehmigungsverfahrens" bzw. der Ersetzung von Genehmigungstatbeständen durch Anordnungstatbestände könnte deshalb das Vollzugsdefizit im Umweltrecht erheblich verschärfen. Das Gleiche gilt für den Vorschlag, Bearbeitungsfristen für Genehmigungen (vgl. bereits § 10 Abs. 6a BImSchG) zu schaffen bzw. zu verkürzen. Dies würde die behördlichen Arbeitskapazitäten noch weiter zu Lasten des nachträglichen Vollzugs verschieben.[861]

Die Beschränkung präventiver Kontrolle im Genehmigungsverfahren macht nachträglichen Vollzug erforderlich, der ineffektiver ist, Probleme des Vollzugsdefizits verschärft und den Schutz Dritter und der Allgemeinheit schwächt.[862] Der Genehmigungsbehörde würde faktisch das Verfahren entzogen. Im Rahmen des Umweltaudit hat sie lediglich ein Äußerungsrecht ohne weitere Rechtsfolgen und auch keinen Zugang zu den (sonst) genehmigungsrelevanten Unterlagen.[863]

Der Ersatz behördlicher Prüfungen durch private Sachverständige birgt die Gefahr in sich, dass sich Private als Dienstleister der Antragsteller weniger an der Verwirklichung des Gemeinwohls, als an den Interessen des Antragstellers, Betreibers und ihres Auftraggebers orientieren würden als Behörden.[864] Auch die Öffentlichkeitsbeteiligung bei Genehmigungsverfahren würde durch eine Substitution wesentlich reduziert.[865] Sie wird durch die Öffentlichkeitswirkung des Umweltaudit nicht ersetzt.

8. Die Anerkennung von Industrienormen nach Art. 9 (ex 12) EG-UmwAuditVO (2001)

Wie dargestellt, verrechtlicht die EG-UmwAuditVO ein System des Betriebsmanagements. Sie enthält in Art. 9 (ex 12) EG-UmwAuditVO (2001) darüber hinaus eine Öffnungsklausel gegenüber nationalen, europäischen und internationalen Industrienormen, also gegenüber anderen genormten Umweltmanagement- und Betriebsprüfungssystemen.

---

[860] Vgl. *G. Lübbe-Wolff*, ZUR 1996, S. 173 (179).
[861] *G. Lübbe-Wolff*, ZUR 1995, S. 57 (60 f.).
[862] *Der Rat von Sachverständigen für Umweltfragen*, Umweltgutachten 1996, S. 70 ff., Tz. 88, 95.
[863] *Der Rat von Sachverständigen für Umweltfragen*, Umweltgutachten 1996, S. 73, Tz. 96.
[864] *G. Lübbe-Wolff*, ZUR 1995, S. 57 (61).
[865] *Der Rat von Sachverständigen für Umweltfragen*, Umweltgutachten 1996, S. 73, Tz. 97.

Sie galten nach Art. 12 EG-UmwAuditVO (1993) nach einer Anerkennung durch die Kommission als „den einschlägigen Vorschriften" der EG-UmwAuditVO „entsprechend": Wenn sich ein Unternehmen dem Standard einer anerkannten Industrienorm unterwarf, konnte eine Eintragung nach Art. 8 EG-UmwAuditVO (1993) unter den vereinfachten Voraussetzungen des Art. 12 Abs. 2 EG-UmwAuditVO (1993) erfolgen. Normtechnisch handelte es sich bei Art. 12 Abs. 1 EG-UmwAuditVO (1993) um eine gesetzliche Fiktion, dass nämlich die Voraussetzung des Umweltaudit erfüllt sind, wenn andere, anerkannte Normen angewandt wurden.[866]

Diese ist in Art. 9 EG-UmwAuditVO (2001) modifiziert worden. Nicht mehr die Normen gelten als solche dem Standard der EG-UmwAuditVO entsprechend, sondern das Verhalten der Organisationen. Außerdem wird zur EMAS-Registrierung verlangt, all die Voraussetzungen gesondert nachzuweisen, die nicht durch die anerkannten Industrienormen abgedeckt sind (Art. 9 Abs. 2 EG-UmwAuditVO (2001)). Damit ist für die Zukunft die Gefahr des Wettbewerbs um den „billigsten Weg"[867] zu ein und derselben Zertifizierung („race to the bottom"[868]) gebannt. Im Schrifttum wurde unter der alten Regelung zu Recht befürchtet, dass der europäische und internationale Wettbewerb der Systeme mittelfristig zum „dumping der Gutachterzulassungen und Validierungskriterien führen wird, das die Auditierung zu einem schlechten Reklametrick entwertet …"[869] Das ist nunmehr nicht mehr zu beklagen.

Der Schritt zur Verrechtlichung des Umweltaudit wurde damit verbunden, weitere Industrieabsprachen normativ anerkennen zu wollen. Ursprünglich war in dem Entwurf der Kommission[870] sogar geplant, in der EG-UmwAuditVO (1993) lediglich Rahmenbedingungen zu setzen und die Zertifizierungsvoraussetzungen der Anerkennung und Fortentwicklung von Industrienormen zu überlassen. Bis zur Vorlage eines Normsystems zum Umweltaudit durch die CEN sollten vorläufig die EN 29000 und die ISO 9000 zugrundegelegt werden.

Letztlich wurden jedoch die Voraussetzungen des Umweltaudit in der EG-UmwAuditVO (1993) selbst geregelt, allerdings mit der Möglichkeit der Substitution durch Industrienormen. Dadurch ist der Weiterentwicklung

---

[866] *H.-J. Mittelstaedt,* in: W. Ewer/R. Lechelt/A. Theuer, Handbuch Umweltaudit, 1998, S. 227 (230).
[867] *G. Lübbe-Wolff,* DVBl. 1994, S. 361 (372).
[868] *Der Rat von Sachverständigen für Umweltfragen,* Umweltgutachten 1996, S. 100, Tz. 174.
[869] *G. Lübbe-Wolff,* ZUR 1995, S. 57 (62).
[870] KOM(91) 459 endg., AblEG 1992 Nr. C 76 S. 2 ff.; vgl. hierzu *H.-J. Mittelstaedt,* in: W. Ewer/R. Lechelt/A. Theuer, Handbuch Umweltaudit, 1998, S. 227 (229).

paralleler Initiativen Raum gegeben. Umweltaudit ist wesentlich mit der Idee der Selbstinitiative verbunden. Deren partielle Reglementierung soll nicht zu einer Behinderung innovativer Selbststeuerungsmechanismen führen. Auch regt die Öffnungsklausel den nationalen Wettbewerb der Ideen an.

So wurden bereits Anfang 1996 drei nationale Normenwerke bzw. Teile von ihnen anerkannt, nämlich die britische Norm BS 7750, die irische Norm IS 310 first Edition und die spanische Norm UNE 77-801 (2)-94.[871] 1997[872] kamen die vom European Accreditation Council (EAC), einem Zusammenschluss von 17 nationalen Akkreditierungsorganisationen in Europa, erarbeiteten „EAC Guidelines for Accreditation of Certification Bodies for Environmental Management Systems" von 1996 sowie die vom Bundesministerium für Umwelt i.V.m. dem UGA weitgehend identischen[873] „German Guidelines for Accreditation of Certification Bodies for Environmental Management Systems" vom September 1996 hinzu. Mindestens so wichtig ist die Öffnungsklausel aber gegenüber europäischen und internationalen Normungen. So wurde am 22. April 1997[874] die EN ISO 14001 anerkannt.

Technische Normungen haben vor allem den Sinn, Produkte vergleichbar zu machen bzw. aufeinander abzustimmen und damit ihre Handelsfähigkeit zu steigern. An der Erstellung technischer Normen haben Vertreter von Umweltverbänden, Gewerkschaften, Verbrauchern und Prüfungsorganisationen mitgewirkt.[875] In Deutschland sind im 20. Jahrhundert über 20.000 Industrienormen entwickelt worden; im Rahmen des europäischen Binnenmarktes wurden bis Ende 1993 über 3000 solcher Normen vereinheitlicht, um Handelsbarrieren zu überwinden. Ziel dieser Normen war die Steigerung der Qualität und Wettbewerbsfähigkeit von Produkten. Inzwischen ist der Umweltschutz selbst als Qualitätsmerkmal von Produkten erkannt und anerkannt worden. Damit rückt die Internationalisierung technischer Normen stärker in den Mittelpunkt des Interesses: nicht nur, weil gleichzeitig mit der Entdeckung des Themas Umweltschutz übernationale technische Normen aus anderen Gründen entstanden, sondern auch, weil Umweltprobleme selbst nach internationalen Lösungsansätzen rufen.[876]

---

[871] Entscheidungen der Kommission vom 2. Februar 1996, AB1EG Nr. L 34 vom 13. Februar 1996, S. 42 ff.
[872] AB1EG 1997 Nr. L 104, S. 35 f.
[873] Zu den möglichen Schwierigkeiten des deutschen Sonderweges vgl. *H.-J. Mittelstaedt*, in: W. Ewer/R. Lechelt/A. Theuer, Handbuch Umweltaudit, 1998, S. 227 (235).
[874] AB1EG 1997 Nr. L 104, S. 37 f.
[875] *J. Falke*, ZUR 1995, S. 4 (9).
[876] Zum Ganzen *R. Peglau*, ZUR 1995, S. 19 (20 ff.).

§ 4 Rechtliche Bestandsaufnahme   177

Es ist zwischen Normungsorganisationen auf nationaler (Deutsches Institut für Normung e.V. (DIN), British Standard Institute (BSI) etc.), europäischer (Comité Européen de Normalisation (CEN)) und internationaler (Internationale Organisation für Standardisierung (ISO)) Ebene zu unterscheiden. Zwischen den Organisationen bestehen zahlreiche Verbindungen so schlossen das CEN und die ISO am 27. Januar 1991 das „Wiener Abkommen", in dem ein Vorrang internationaler Anstrengungen vereinbart wurde. So verzichtete das CEN auf die Weiterverfolgung von Normungsangelegenheiten, soweit diese von der ISO behandelt werden. Die im CEN zusammengeschlossenen Normungsinstitute sind selbst gleichzeitig Mitglied in der ISO. Die Arbeit des CEN beruht z.T. auf speziellen Mandaten, d.h. inhaltlich vorgegebenen und zeitgebundenen Aufträgen der europäischen Kommission.

Die ISO hat am 16. August 1991 eine eigene Abteilung für den Umweltschutz gegründet, die Stategic Advisory Group on Environment (SAGE). Sie hat die Aufgabe, Konzepte für das Sustainable Industrial Development zu standardisieren sowie Vorschläge und Empfehlungen für das Umweltschutzmanagement von Unternehmen zu erarbeiten. Nachdem die SAGE diese Aufträge erfüllt und hierzu ein Diskussionspapier erstellt hat, das insbesondere auf das Qualitätsmanagement der Normenserie ISO-9000 Bezug nimmt, wurde sie im Juni 1993 aufgelöst. Ihre Arbeitsgruppen wurden in das ISO-Technical Committee Nr. 207 „Environment Management" (ISO/TC 207) überführt. Dieses wiederum ist in fünf Sub-Committees (SC 1–5) mit unterschiedlicher nationaler Beteiligung eingeteilt. So ist Großbritannien federführend im SC 1 „Environment Management Systems", die Niederlande im SC 2 „Environment Auditing", Deutschland zusammen mit Frankreich im SC 5 „Life Cycle Analysis". Nationale Vorreiterstellungen können hier unmittelbar auf die internationale Normung Einfluss nehmen. So hat die britische Norm BS 7750 nicht nur inhaltlichen Einfluss auf die EG-UmwAuditVO (1993), sondern auch auf das von der SAGE erarbeitete internationale Grundlagenpapier gehabt. Zuvor sind die Unterschiede und Gemeinsamkeiten von Qualitätssicherungsmanagement und Umweltmanagement in Großbritannien durch Pilotprojekte erprobt worden.

Parallel zur Bildung des ISO/TC 207 wurde auf nationaler Ebene in Deutschland am 22. Oktober 1992 der Normenausschuss Grundlagen des Umweltschutzes (NAGUS) vom Bundesministerium für Umwelt und dem DIN gegründet. In ihm arbeiten in verschiedenen Gremien Vertreter des Staates, der Industrie, der Umwelt- und Verbraucherverbände sowie Gewerkschaften und der Wissenschaft zusammen. Er hat die Aufgabe, eine gemeinsame deutsche Position für die Diskussionen innerhalb des ISO/TC 207 zu erarbeiten. Hierzu wurde 1994 der DIN-Fachbericht 45 vorgelegt.

1994 wurde von der ISO ein Entwurf für eine Environment Management Systems Specification (ISO 14000er Reihe) vorgelegt. Im Unterschied zur

EG-UmwAuditVO (1993) enthält dieser Entwurf jedoch keine Veröffentlichungspflichten. Im August 1996 wurden die ISO 14001 (Umweltmanagementsysteme – Spezifikation und Leitlinien zur Anwendung) und die lediglich empfehlenden[877] Leitfäden für Umweltaudits ISO 14010 (allgemeine Grundsätze für die Durchführung von Umweltaudits), ISO 14011 (Auditverfahren – Audit von Umweltmanagementsystemen), ISO 14012 (Qualitätskriterien für Umweltauditoren) verabschiedet.[878]

Im Unterschied zur alten EG-UmwAuditVO (1993) ist die ISO 14001 nicht standortbezogen, sondern kann von Organisationen aller Art standortübergreifend durchgeführt werden, bezieht kontinuierliche Verbesserungen nur auf das Managementsystem, enthält nicht alle der in Anhang I C EG-UmwAuditVO (1993) aufgeführten Anforderungen und ist eine reine Systemprüfung.[879] In Art. 2 lit. s) S. 2 EG-UmwAuditVO (2001) ist nunmehr die Standortbezogenheit des Umweltaudit aufgehoben worden. Der internationale Standard wurde somit rezipiert. Die Selbstverpflichtung zur kontinuierlichen Verbesserung („sustainable development" – entsprechend dem Fünften Umweltpolitischen Aktionsprogramm der Europäischen Gemeinschaft[880]), sowie das Öffentlichkeitselement sind Besonderheiten des Umweltaudit, die dieses von den Normen DIN ISO 9000 ff. und ISO 14000 ff. sowie der BS 7750 unterscheiden.

Die EG-Kommission erteilte im September 1994 dem CEN das Mandat, (entgegen dem Wiener Abkommen) bis 1996 eine europäische Umweltmanagementnorm zu erarbeiten oder aber eine bestehende nationale Norm anzuerkennen.[881] In der Literatur wurden für solche Normungsmandate an die europäischen Normungsorganisationen, denen bisher eine für Umweltfragen sensible Binnenstruktur noch weitgehend fehle, gefordert, entsprechende Verfahrensauflagen zu erteilen.[882] Das CEN ist dem Mandat gleichsam ausgewichen. Es hat 1996 im Verfahren des sog. „parallel voting" die internationalen ISO-Normen als europäische Normen anerkannt (EN ISO 14000er Reihe) und ist dem Auftrag einer eigenen Normung damit nicht umfassend nachgekommen.[883]

---

[877] *H.-J. Mittelstaedt,* in: W. Ewer/R. Lechelt/A. Theuer, Handbuch Umweltaudit, 1998, S. 227 (242).
[878] *H.-J. Mittelstaedt,* ebenda, S. 227 (236).
[879] Zu den Einzelheiten vgl. *H.-J. Mittelstaedt,* ebenda, S. 227 (243 f.).
[880] EG-Kommission, Für eine dauerhafte und umweltgerechte Entwicklung. Ein Programm der Europäischen Gemeinschaft Umweltpolitik und Maßnahmen im Hinblick auf eine dauerhafte umweltgerechte Entwicklung, KOM (92) 23 endg., vol. II vom 3. April 1992.
[881] *R. Peglau,* ZUR 1995, S. 19 (23).
[882] *J. Falke,* ZUR 1995, S. 4 (9).

§ 4 Rechtliche Bestandsaufnahme

Die Kommission hat die EN ISO 14001 am 22. April 1997[884] trotz der genannten Systemunterschiede im Rahmen des Art. 12 EG-UmwAuditVO (1993) umfassend anerkannt. Wegen der Abweichungen von der EG-UmwAuditVO (1993) müssen aber Teile der EG-UmwAuditVO (1993) (Art. 3 lit. a und e, Art. 4) und der Anhänge zur Validierung zusätzlich vom Umweltgutachter überprüft werden.[885]

Internationale Rezeptionsvorgänge sind beim Umweltaudit in vielfältiger Weise zu beobachten. So wurden mit den „Guten Managementpraktiken" nach Anhang I A Nr. 3 i. V. m. I D EG-UmwAuditVO (1993) die „Grundsätze des Umweltmanagements" aus der Rotterdamer „Charta für eine langfristige tragfähige Entwicklung" der internationalen Handelskammer (International Chamber of Commerce, ICC) vom April 1991 rezipiert.[886] Diese sind so zu einem „verbindlichen Leitbild"[887] innerhalb des Umweltaudits geworden. Auch Passagen aus der BS 7750 wurden im Anhang I Teil B EG-UmwAuditVO (1993) wortwörtlich übernommen. Anhang II zur EG-UmwAuditVO (1993) verweist ausdrücklich auf Teil 1 der ISO 10011 von 1990, Anhang III Teil A Nr. 1 auf die EN 45012. Schließlich bestehen auch Parallelen zur ISO 9000.[888]

Eine umfassende Rezeption der EN ISO 14001:1996 erfolgte nunmehr in Anh. I EG-UmwAuditVO (2001), der die Industrienorm vollständig und wörtlich übernimmt.

Legitimationsfragen solcher Normung und ihrer Rezeption wurden bislang im Hinblick auf die EG-UmwAuditVO kaum gestellt: An der Erstellung technischer Normen haben nachgewiesenermaßen Vertreter von Umweltverbänden, Gewerkschaften, Verbrauchern und Prüfungsorganisationen mitgewirkt. Bei der Erteilung entsprechender Normungsmandate an die europäischen Normungsorganisationen sind entsprechende Verfahrensauflagen immerhin gefordert worden.[889]

---

[883] *H.-J. Mittelstaedt,* in: W. Ewer/R. Lechelt/A. Theuer, Handbuch Umweltaudit, 1998, S. 227 (236, 244 f.).
[884] AB1EG 1997 Nr. L 104 S. 37 f.
[885] *H.-J. Mittelstaedt,* ebenda, S. 227 (246).
[886] *A. Theuer,* in: W. Ewer/R. Lechelt/A. Theuer, Handbuch Umweltaudit, 1998, S. 35 (39).
[887] *A. Theuer,* ebenda, S. 35 (40).
[888] *A. Theuer,* ebenda, S. 35 (57).
[889] *J. Falke,* ZUR 1995, S. 4 (9).

V. Rechtliche Gebote der Berücksichtigungen von Selbstverpflichtungen

Ein explizites rechtliches Gebot zur Berücksichtigung freiwilliger Selbstverpflichtungen liefert § 3 Abs. 8 des Rundfunkstaatsvertrages: „Gutachten freiwilliger Selbstkontrolleinrichtungen zu Programmfragen, insbesondere zu Fragen des Jugendschutzes, sind von den Landesmedienanstalten bei ihren Entscheidungen mit einzubeziehen."[890]

Bei der Freiwilligen Selbstkontrolle Kino (FSK) sind die Prüfungsausschüsse nach paritätischen Grundsätzen aus Vertretern der Verbände und der öffentlichen Hand zusammengesetzt. Eine Ländervereinbarung vom 1. April 1985[891] regelt die Mitwirkung der FSK bei dem Freigabeverfahren nach § 6 Abs. 1 JÖSchG. Diese Beteiligung des Staates und die Mandatierung mit hoheitlichen Aufgaben ist auf rechtliche, insbesondere verfassungsrechtliche Bedenken gestoßen: Hätte es hierzu formal einer Übertragung von Hoheitsrechten durch Gesetz bedurft oder hat die FSK lediglich eine gutachterliche Stellung?[892] Verstößt die Tätigkeit der FSK gegen das Zensurverbot des Art. 5 Abs. 1 S. 3 GG oder findet nur eine zulässige partielle Vorzensur statt?[893] Umgeht der Staat durch seinen informalen Einfluss seinerseits das Zensurverbot?

Derartigen Bedenken ist der Deutsche Presserat bzw. der „Trägerverein des Deutschen Presserats e. V." nicht ausgesetzt: Die öffentliche Hand ist in seinen Gremien nicht vertreten und die Ausübung hoheitlicher Gewalt durch den Verein wurde ausdrücklich gesetzlich ausgeschlossen: Art. 1 Abs. 3 BayPrG: „Berufsorganisationen der Presse mit Zwangsmitgliedschaft und staatlichen Machtbefugnissen sowie Standesgerichtsbarkeit der Presse sind nicht zulässig" (entsprechend die anderen Landespressegesetze, z.B. § 1 Abs. 4 LPressG NW).

Aus dem sozialen Bereich ist an § 75 Abs. 1 Nr. 4 SGB VIII zu denken: „Als Träger der freien Jugendhilfe können juristische Personen und Personenvereinigungen anerkannt werden, wenn sie ... die Gewähr für eine den Zielen des Grundgesetzes förderliche Arbeit bieten."

---

[890] In der Fassung des zwischen dem 16. Juli und 31. August 1999 unterzeichneten Vierten Rundfunkänderungsstaatsvertrages (Bay GVBl. 2000, S. 116 ff.). Die Norm wurde (zunächst als § 3 Abs. 6) in den Rundfunkstaatsvertrag vom 31. August 1991 eingefügt durch den Ersten Rundfunkänderungsstaatsvertrag (Bay GVBl. 1994, S. 568 ff.).

[891] Vereinbarung über die Freigabe und Kennzeichnung von Filmen, Videokassetten und vergleichbaren Bildträgern in der Fassung vom 1. August 1988, BAnz. Nr. 170, S. 4111.

[892] Hierzu vgl. BGH, NJW 1995, 865.

[893] Hierzu vgl. BVerfGE 33, 52 (72).

VI. Selbstverpflichtungsablösende Rechtsetzung

Mit *selbstverpflichtungsablösender Rechtsetzung* sind Normen gemeint, die an die Stelle von Selbstverpflichtungen treten. Zum Teil werden Selbstverpflichtungen durch verbindliche Normen ersetzt, weil die unverbindliche normative Absprache in der Praxis nicht eingehalten wird:

So wurde auf Grund des § 4 Abs. 2 des WRMG[894] die PHöchstMengV[895] erlassen, nachdem die Erklärung des Industrieverbandes Körperpflege- und Waschmittel zur Phosphatreduzierung in Waschmitteln von 1973 wegen der hohen Umsetzungskosten gescheitert war.[896]

Eine spätere gesetzliche Regelung kann auch das Trittbrettfahrerproblem bekämpfen und in solchen Fällen von Seiten der sich zunächst selbstverpflichtenden Wirtschaft gefordert werden.[897] Allerdings sind in derartigen Fällen auch durch Absprachen verdrängbare (VerpackV) oder abspracheflankierende (BatterieV[898], AltautoV) Normen denkbar. In diesen Fällen wird die Einschätzung widerlegt, dass ein Gegensatz zwischen der Sicht der Bundesregierung, wonach Selbstverpflichtungen „wie alle anderen Instrumente in einem Instrumentenverbund zum Einsatz kommen"[899] sollen und der Sicht der Wirtschaft, wonach sie „grundsätzlich als Alternative zu Ordnungsrecht und Umweltabgaben"[900] anzusehen sind, besteht.

Zum Teil wird dabei eine erfolgreich umgesetzte Selbstverpflichtung gesetzlich bestätigt. Wenn zunächst eine normersetzende Absprache getroffen wurde, substituiert die Selbstverpflichtung eine entsprechende Rechtsetzung manchmal nur für einen begrenzten Zeitraum. Später tritt eine Norm an die Stelle der unverbindlichen und informalen Selbstverpflichtung:

---

[894] Gesetz über die Umweltverträglichkeit von Wasch- und Reinigungsmitteln, jetzt in der Fassung der Bekanntmachung vom 5. März 1987, BGBl I S. 875, zuletzt geändert durch Gesetz vom 3. Mai 2000, BGBl I S. 632.

[895] Verordnung über Höchstmengen für Phosphate in Wasch- und Reinigungsmitteln vom 4. Juni 1980, BGBl I S. 664.

[896] Dazu *M. P. Kuck/M. F. Riehl*, Umweltschutz durch staatliche Einflussnahme auf die stoffliche Beschaffenheit von Konsumentenprodukten, 2000, S. 400.

[897] Zu solchen Forderungen *A. Merkel*, in: L. Wicke/J. Knebel/G. Braeseke (Hrsg.), Umweltbezogene Selbstverpflichtungen der Wirtschaft, 1997, S. 73 (76).

[898] *M. P. Kuck/M. F. Riehl*, Umweltschutz durch staatliche Einflussnahme auf die stoffliche Beschaffenheit von Konsumentenprodukten, 2000, S. 400 deutet die BatterieV als Beispiel für die Ablösung einer gescheiterten Selbstverpflichtung; anders aber BT-Drucks. 13/9516, S. 15.

[899] *F. Schafhausen*, in: L. Wicke/J. Knebel/G. Braeseke (Hrsg.), Umweltbezogene Selbstverpflichtungen der Wirtschaft, 1997, S. 171 (178).

[900] *F. Schafhausen*, ebenda, S. 171 (180).

So regelt zum Beispiel § 15 Abs. 1 Nr. 1 GefStoffV[901] ein Herstellungs- und Verwendungsverbot für Asbest. Dieser Norm gehen die Verpflichtungen der Asbestindustrie zum Ersatz von Asbest von 1982/1984/1988[902] voraus. Damit machte der Staat das durch die Selbstverpflichtung bereits erreichte Ziel für die Zukunft rechtlich verbindlich. Auch wurde die Verpflichtung des Verbandes der Zigarettenindustrie e. V., Zigarettenwerbung zu begrenzen von 1966/1970/1971 im Jahr 1974 durch die gesetzliche Regelung des § 22 Abs. 1 Lebensmittel- und Bedarfsgegenständegesetz[903] obsolet.[904] Wenn die spätere Regelung von vornherein beabsichtigt ist, kann die Selbstverpflichtung eine Übergangsregelung ersetzen und ist dann Element einer normprägenden Absprache. Hierfür liefert der Großfeuerungsanlagenverordnung (GFAVO = 13. BImSchV vom 22. Juni 1983[905]) im Verhältnis zur Verpflichtung der RWE zur Emissionsminderung bei Großfeuerungsanlagen vom Juli 1982, Modifizierung Oktober 1983[906] ein Beispiel. Bereits ca. ein Jahr nach der Absprache (am 26. Juni 1983) trat die Verordnung in Kraft.

Eine eigene Kategorie bilden die Normen, die Gegenstand einer normprägenden Absprache waren (*absracheeinlösende Normen*). Sie unterscheiden sich von den vorgenannten Fällen dadurch, dass von vornherein keine normersetzende Absprache bzw. Selbstverpflichtung eingegangen wurde. Das wichtigste Beispiel für diese Kategorie ist der Atomkonsens[907]. Einen Sonderfall stellt auch der *Vorhaben- und Erschließungsplan* nach § 12 BauGB dar.

VII. Normablösende Selbstverpflichtungen

Es gibt auch normative Absprachen, die vormals geregelte Bereiche betreffen und zu einer echten Deregulierung bzw. Privatisierung führen. Beispiele hierfür sind die im Zusammenhang mit der Liberalisierung des Strom- und Gasmarktes durch das Gesetz zur Neuregelung des Energiewirtschaftsrechts vom 24. April 1998 (EnWG)[908] geschlossenen Verbändevereinbarungen von 1998/1999 (Beispiele s.o.).[909] Das EnWG liberalisierte

---

[901] Verordnung zum Schutz vor gefährlichen Stoffen (1993) i.d.F. der Bekanntmachung vom 15. November 1999, BGBl. I S. 2233, zuletzt geändert durch Gesetz vom 20. Juli 2000, BGBl. I S. 1045.

[902] Zu diesem Beispiel siehe S. 49; *J. Knebel/L. Wicke/G. Michael*, Selbstverpflichtungen ..., 1999, S. 449 f.

[903] Gesetz über den Verkehr mit Lebensmitteln, Tabakerzeugnissen, kosmetischen Artikeln und sonstigen Bedarfsgegenständen vom 15. August 1974 (BGBl. I S. 1945), i.d.F. der Bekanntmachung vom 9. September 1997 (BGBl. I S. 22).

[904] *U. Dempfle*, Normvertretende Absprachen, 1994, S. 5.

[905] BGBl. I S. 719.

[906] Zu diesem Beispiel siehe S. 53; *J. Knebel/L. Wicke/G. Michael*, Selbstverpflichtungen ..., 1999, S. 476 ff.

[907] Zu diesem Beispiel siehe S. 65, 105 ff.

[908] BGBl. 1998 I S. 730.

den Strom- und Gasmarkt.[910] Während § 103 GWB a.F. Versorgungsunternehmen für Elektrizität, Gas und Wasser von den Kartellverboten der §§ 1,15 und 18 GWB ausnahm, wurde das Kartellrecht durch Einfügung des § 103 b GWB a.F. für die Elektrizitäts- und Gaswirtschaft nunmehr anwendbar, noch bevor die Regelung des § 103 GWB a.F. mit der 6. GWB-Novelle im GWB n.F. ersatzlos (d.h. auch für die Wasserversorgung, vgl. § 103 S. 2 GWB a.F.) gestrichen wurde.

Die Verbändevereinbarungen im Energieversorgungssektor, die das Durchleitungsgeschäft standardisieren, substituieren Rechtsverordnungen auf Grund von §§ 6 Abs. 2, 7 Abs. 5 EnWG bzw. § 4 a StromeinspeisungsG[911]. Mit Rechtsetzung wurde seitens des Bundesministers für Wirtschaft *Günter Rexrodt* im Bundestag gedroht.[912] Auf Gemeinschaftsrechtlicher Ebene sind diese Entwicklung des Energieversorgungssektors auch vor dem Hintergrund der Art. 16 (ex 7 d) EGV und Art. 36 Grundrechtecharta zu würdigen.

§ 5 Bestandsaufnahme zur Kooperationspraxis der EG

In den 1970er und 80er Jahren konzentrierte sich die Umweltpolitik der EG auf die Festlegung einzelner Grenzwerte mit großer Detailliertheit und Starrheit. Allerdings gab es während der 1980er Jahre bereits punktuell Ansätze, normative Absprachen als Instrument der Umweltpolitik zu nutzen: sowohl bei der Umsetzung von Richtlinien durch die Mitgliedstaaten als auch zur Substitution von Verordnungen auf Gemeinschaftsebene:

Das früheste Beispiel stammt – soweit ersichtlich – aus dem Jahr 1985. Bereits Art. 4 der *RL 85/339/EWG über Getränkeverpackungen*[913] sah eine Umweltpolitik auch „im Wege freiwilliger Vereinbarungen" vor. Diese Richtlinie ist inzwischen durch die *EG-Verpackungs-RL 94/62/EG* abgelöst worden, die in Art. 15 marktwirtschaftliche Instrumente fordert.[914] Vereinzelt hat die Kommission auch selbst unverbindliche Selbstverpflichtungen

---

[909] Vgl. dazu *A.-R. Börner,* RdE 2000, S. 55 (56).

[910] Zu der Liberalisierung insgesamt bereits *W. Hoffmann-Riem,* Die Verwaltung 28 (1995), S. 425 ff.

[911] *P. J. Tettinger,* Energierechts – nurmehr ein Anhängsel zum Wettbewerbsrecht?, RdE 2001, S. 41 (43).

[912] BT-Pl.Prot. vom 28. November 1997, XIII/208, S. 18981: „... und ich sage ganz klar: Sofern die Verbändevereinbarung nicht funktioniert, werde ich nicht zögern, von meiner Ermächtigung Gebrauch zu machen, die auch im Gesetz steht (sic!), nämlich die Durchleitung durch Rechtsverordnung zu regeln." – Dazu Zwischenruf *D. Schütz* (SPD): „Die Worte hör' ich wohl, allein mir fehlt der Glaube".

[913] EG-Richtlinie 85/339/EWG des Rates vom 27. Juni 1985 über Verpackungen flüssiger Lebensmittel, AB1EG 1985 Nr. L 176, S. 18; zu der französischen Umsetzungsvereinbarung vgl. EuGH Slg. 1994, I-4949.

184   1. Teil: Begriffsklärung – Bestandsaufnahme – Vorverständnis

der Wirtschaft gebilligt und durch Empfehlungen i.S.d. Art. 249 (ex 189) Abs. 5 EGV anerkannt: In der *Entschließung des Rates 88/C 285/01* vom 14. Oktober 1988 zur Begrenzung der Verwendung von FCKW und Halonen[915] fordert dieser die Kommission auf, freiwillige Vereinbarungen mit der Wirtschaft zur Reduktion und Ersetzung der klimagefährdenden Stoffe zu schließen. Daraufhin wurden Absprachen mit der Aerosolindustrie und mit den Kühlschrank- und Schaumstoffherstellern geschlossen.[916] Das wurde durch *Empfehlungen der Kommission* (89/349/EWG vom 13. April 1989 zur freiwilligen Verringerung der Fluorchlorkohlenwasserstoffe durch die europäische Aerosolindustrie[917] sowie 90/437/EWG vom 27. Juni 1990 zur Beschränkung der Verwendung von Fluorkohlenwasserstoffen in der Schaumkunststoffindustrie[918] und 90/438/EWG vom 27. Juni 1990 zur Beschränkung der Verwendung von Fluorkohlenwasserstoffen in der Kälteindustrie[919]) dokumentiert.

Auf Grund von Art. 155 EGV a.F. (jetzt Art. 211 EGV) gab die Kommission die Empfehlung 89/542/EWG vom 13. September 1989[920] über die Kennzeichnung von Detergentien und Reinigungsmitteln ab.

Im *5. Aktionsprogramm für die Umwelt* aus dem Jahr 1992[921] wird ein neuer Ansatz entwickelt, bei dem normative Absprachen als Instrument allgemeine Bedeutung erlangen sollen. Danach beschränkt sich die Gemeinschaft mit Richtlinien auf eine exakte Zielprogrammierung und ermöglicht den Mitgliedstaaten und Unternehmen eine höchstmögliche Flexibilität bei der Umsetzung.[922] Das Programm versteht sich als „neues Konzept", das vom „Prinzip der Zusammenarbeit zwischen allen Beteiligten" geprägt wird; es regt in Punkt 31 den „Dialog mit der Industrie" an und plädiert dafür, „freiwillige Vereinbarungen und andere Formen der Selbstkontrolle"

---

[914] EG-Richtlinie 94/62/EG des Europäischen Parlaments und des Rates vom 20. Dezember 1994 über Verpackungen und Verpackungsabfälle, ABlEG Nr. L 365, S. 10.
[915] ABlEG 1988 Nr. C 285, S. 1.
[916] Hierzu vgl. Kom(96)561 endg. vom 27. November 1996, S. 21 und *I. Pernice,* EuZW 1992, S. 139 f.
[917] ABlEG 1989 Nr. L 144, S. 56.
[918] ABlEG Nr. L 227, S. 26.
[919] ABlEG Nr. L 227, S. 30.
[920] ABlEG Nr. L 291, S. 55.
[921] EG-Kommission, Für eine dauerhafte und umweltgerechte Entwicklung. Ein Programm der Europäischen Gemeinschaft für Umweltpolitik und Maßnahmen im Hinblick auf eine dauerhafte und umweltgerechte Entwicklung, KOM (92) 23 endg., vol. II vom 3. April 1992, ABlEG Nr. C 138 vom 17. Mai 1993.
[922] *J. Knebel,* in: L. Wicke/J. Knebel/G. Braeseke (Hrsg.), Umweltbezogene Selbstverpflichtungen der Wirtschaft, 1997, S. 201 (204).

§ 5 Bestandsaufnahme zur Kooperationspraxis der EG 185

zu unterstützen.[923] Dabei sollen auch Marktmechanismen verstärkt genutzt, d. h. Raum für Innovation geschaffen werden.[924]

Ein Meilenstein dieser Entwicklung ist die erste Fassung der *EG-Umw-AuditVO (1993)*[925], mit der der Typus der gesetzlich gesteuerten Selbstverpflichtungen geschaffen wurde. Darauf wurde bereits eingegangen.

Einen weiteren Meilenstein markiert das Jahr 1996, in dem die Kommission ausführlich und detailliert ein eigenes Modell für normative Absprachen als Instrument der Umweltpolitik vorstellte: Diese Konzeption ist niedergelegt in einer *Mitteilung der Kommission an den Rat und das Europäische Parlament über Umweltvereinbarungen* vom 27. November 1996[926] und einer *Empfehlung der Kommission über Umweltvereinbarungen zur Durchführung von Richtlinien der Gemeinschaft (96/733/EG)* vom 9. Dezember 1996[927].

Die beiden Dokumente sind als solche *kein verbindliches Recht*. Das ergibt sich aus Art. 249 Abs. 5 EGV. Zwar hat der EuGH in einem Fall[928] nationale Gerichte dazu verpflichtet, Empfehlungen bei der Auslegung nationaler Rechtsvorschriften zu berücksichtigen. Das kann jedoch nur gelten, wenn solche nationalen Rechtsvorschriften in einem sachlichen Zusammenhang mit dem Gemeinschaftsrecht und der Empfehlung stehen, insbesondere wenn sie jene in verbindliches Recht umsetzen sollen. Das kann sich aber nur auf die Punkte, die sich auf die Beachtung der Art. 28 ff. und 81 ff. EGV und auf die Umsetzung von Richtlinien beziehen, erstrecken.

Die Dokumente haben aber die Intention, die *Staatspraxis* in den Mitgliedstaaten zu beeinflussen. Immerhin ist die Anforderungs-Checkliste von der ehemaligen Bundesministerin für Umwelt A. *Merkel*[929] ausdrücklich gutgeheißen worden. Die Bevorzugung *verbindlicher* Umweltvereinbarungen[930] hingegen konnte sich in der deutschen (im Gegensatz zur niederlän-

---

[923] Allgemein hierzu vgl. *R. Breuer*, Entwicklungen des europäischen Umweltrechts – Ziele, Wege und Irrwege, 1993.
[924] *J. Knebel*, in: L. Wicke/J. Knebel/G. Braeseke (Hrsg.), Umweltbezogene Selbstverpflichtungen der Wirtschaft, 1997, S. 201 (204).
[925] Verordnung (EWG) Nr. 1836/93 des Rates über die freiwillige Beteiligung gewerblicher Unternehmen an einem Gemeinschaftssystem für das Umweltmanagement und die Umweltbetriebsprüfung vom 29. Juni 1993, AblEG Nr. L 168, S. 17.
[926] Mitteilung der Kommission an den Rat und das Europäische Parlament über Umweltvereinbarungen, Kom(96)561 endg. vom 27. November 1996.
[927] AblEG Nr. L 333, S. 59 ff. vom 9. Dezember 1996.
[928] EuGH Slg. 1989, 4407 (4421) – Grimaldi; zustimmend *R. Streinz*, Europarecht, 5. Aufl., 2001, Rz. 418.
[929] *A. Merkel*, in: L. Wicke/J. Knebel/G. Braeseke (Hrsg.), Umweltbezogene Selbstverpflichtungen der Wirtschaft, 1997, S. 87 (90 f.).
[930] Mitteilung Kom(96)561 endg. vom 27. November 1996, Tz. 4.

dischen) Staatspraxis nicht durchsetzen. Gründe für die Bevorzugung des Informalen liegen nach einer in Regierungskreisen herrschenden Auffassung im deutschen Verfassungsrecht und vor allem in einem unvertretbar hohen bürokratischen Aufwand.[931] Die Kommission ist auch umgekehrt in ihrer Auffassung durch die deutsche Praxis stark beeinflusst worden: Auf intensive Intervention der Bundesregierung sieht die Endfassung der Mitteilung neben der vertraglichen Form auch einseitige Selbstverpflichtungen vor. A. *Merkel* sah in der Mitteilung einen Kompromiss: „Lediglich, wenn es um die Umsetzung von EG-Richtlinien geht, sollen nach der Mitteilung der Kommissionsempfehlung allein vertragliche Vereinbarungen zulässig sein."[932]

Dem Konzept der Kommission kommt auch *wissenschaftlich* als Modellentwurf eine hervorragende Bedeutung zu. Das Modell soll deshalb im Rahmen dieser Bestandsaufnahme vorgestellt werden:

Die Mitteilung von 1996[933] versteht sich als Fortentwicklung des fünften Aktionsprogramms aus dem Jahre 1992 (Ziff. 1). Auch und gerade Vereinbarungen mit der Industrie auf Gemeinschaftsebene wird eine normsubstituierende und deregulierende Funktion beigemessen (Ziff. 3), die jedoch „eher ein Mittel der Durchführung als ein Mittel zur Reduzierung von Regelungen" (Ziff. 6) darstelle. Normersetzende, normprägende und normvollziehende Elemente greifen somit ineinander.

Die Kommission definiert *Umweltvereinbarungen* als „Vereinbarungen zwischen der Industrie und den Behörden zum Zwecke des Umweltschutzes. Solche Vereinbarungen können rechtlich verbindlich für alle Parteien sein. Sie können auch die Form einseitiger, von den Behörden anerkannter Verpflichtungserklärungen der Industrie annehmen." (Ziff. 4).

In Umweltvereinbarungen sieht die Kommission vor allem *drei Vorteile*: Erstens erhofft sie sich die Förderung einer fortschrittsorientierten Haltung der Industrie, die aus der defensiven Haltung gegenüber hoheitlichen Regelungen in die Rolle der Partnerschaft zu Behörden gehoben wird (Ziff. 7). Zweitens sieht sie Vorzüge in der Kosten-Wirksamkeit, weil das Modell der Vereinbarung der Industrie situationsgerechte, effiziente Lösungen ermögliche, die gewonnene Flexibilität kreative Lösungen fördere und den Behörden Kenntnisse vermittele (Ziff. 8). Drittens sieht die Kommission in Vereinbarungen einen Beschleunigungseffekt gegenüber der durchschnittlichen Dauer, eine Richtlinie zu erlassen (von zwei Jahren) und diese in den Mit-

---

[931] A. *Merkel*, in: L. Wicke/J. Knebel/G. Braeseke (Hrsg.), Umweltbezogene Selbstverpflichtungen der Wirtschaft, 1997, S. 87 (92 f.).
[932] A. *Merkel*, ebenda, S. 87 (94).
[933] Kom(96)561 endg. vom 27. November 1996, S. 4 ff.

gliedstaaten umzusetzen (von weiteren zwei Jahren) und zu vollziehen (Ziff. 9)[934].

Für den *Prozess der Aushandlung* von Umweltvereinbarungen fordert die Kommission Transparenz und Information der Öffentlichkeit (Ziff. 10). Allen Beteiligten sei die Gelegenheit zu geben, sich zu dem Entwurf zu äußern. Den Begriff der „Beteiligten" verwendet sie in diesem Zusammenhang weit und im Gegensatz zu den „an der Aushandlung Teilnehmenden": Zu den Beteiligten sollen Wirtschaftsverbände, Unternehmen, Umweltorganisationen und Behörden zählen (Ziff. 18). Das Recht auf Beitritt Dritter solle vereinbart werden (Ziff. 26).

Zur Information der Öffentlichkeit und zur Steigerung der Transparenz sei die *Veröffentlichung* der Vereinbarung im Amtsblatt oder einem der Öffentlichkeit ebenso zugänglichen anderen Dokuments zu fordern. Auch die Führung eines speziellen Registers für Umweltvereinbarungen sei in Erwägung zu ziehen. Die Kommission schlägt vor, jeweils zu vereinbaren, dass die Unternehmen die einschlägigen Artikel der Umweltinformationsrichtlinie 90/313/EWG und ihrer Umsetzungen (in Deutschland durch das UIG) „in gleicher Weise wie die Behörden anwenden". Das könne den Ruf der Unternehmen verbessern (Ziff. 23).

Die *Durchsetzung* sei bei verbindlichen Vereinbarungen gesichert, könne aber auch bei Selbstverpflichtungen durch öffentlichen Druck und die Androhung ordnungsrechtlichen Maßnahmen mit Hilfe von Transparenz erreicht werden (Ziff. 11). Dem Trittbrettfahrerproblem müsse notfalls mit ordnungsrechtlichen Maßnahmen begegnet werden (Ziff. 12). Für die Durchführung fordert die Kommission die Vereinbarung geeigneter Überwachungsmechanismen. Das Controlling sei auch innerhalb der Anwendung der EG-UmwAuditVO (1993) denkbar. Auch könne sich die Europäische Umweltagentur an Kontrollmechanismen beteiligen (Ziff. 22). Mit der Erfassung, Beurteilung und Prüfung der Ergebnisse sei zweckmäßigerweise ein unabhängiges Gremium zu beauftragen, insbesondere um die Wahrung von Geschäftsgeheimnissen zu Gewähr leisten (Ziff. 24).

Die *Wirksamkeit* von Umweltvereinbarungen hänge sowohl von ihrer Ausgestaltung als auch von ihren rechtlichen Rahmenbedingungen ab. Insbesondere kämen auch normergänzende Absprachen und (steuerliche) Privilegierungen absprachebereiter Unternehmen in Betracht (Ziff. 14). Dem Instrument der Kooperation wird das der Umweltabgabe als Alternative gegenübergestellt.[935]

---

[934] Kom(96)561 endg. vom 27. November 1996, S. 7.
[935] Mitteilung Kom(96)561 endg. vom 27. November 1996, Tz. 2; kritisch *W. Frenz,* EuR 1999, S. 27 (32).

Sodann stellt die Kommission *Kriterien für den Erfolg* von Vereinbarungen auf: Erstens solle die Anzahl der beteiligten Parteien überschaubar sein. Zweitens müssten die Beteiligten einen zu regelnden Sektor in genügendem Maße abdecken, wobei auch kleinen und mittleren Unternehmen Rechnung zu tragen sein. Drittens müssten die Behörden in der Lage sein, klare Zielvorgaben zu machen. Viertens könne eine aufgeschlossene Öffentlichkeit zur treibenden Kraft für die Einhaltung von Vereinbarungen werden. Schließlich sei auch das Verhalten der Verbraucher und die Nachfrageentwicklung von entscheidender Bedeutung, wobei Behörden in nichtdiskriminierender Art und Weise versuchen könnten, die Verbraucher zu einem umweltorientierten Verhalten einzuspornen (Ziff. 16).

Das wichtigste Element für den Erfolg sieht die Kommission im „Rechtsstatus der Vereinbarung". Gegenüber unverbindlichen Selbstverpflichtungen hätten verbindliche Verträge den Vorteil möglicher Sanktionen und gerichtlicher Durchsetzbarkeit: „Verbindliche Vereinbarungen bieten im allgemeinen eine bessere Gewähr für die Erreichung der Umweltziele. Diese Art der Vereinbarung ist am geeignetsten zur Durchführung einzelner Richtlinienbestimmungen." Auch innerhalb verbindlicher Verträge sieht die Kommission nach dem Vorbild der flämischen Verordnung über Umweltvereinbarungen die Möglichkeit eines rechtsgültigen Verzichts auf Rechtsetzung (Ziff. 19). Für den Inhalt der Vereinbarungen fordert die Kommission quantifizierte Ziele (Ziff. 20) und die Festlegung von Zwischenzielen (Ziff. 21).

Neben diesem *rechtspolitisch* zu verstehenden Vorstoß offenbart die Kommission in der Mitteilung ihre Auffassung zu drei zentralen *gemeinschaftsrechtlichen* Fragestellungen: Sie benennt erstens die *formalen Hindernisse* dafür, dass die Gemeinschaft Umweltvereinbarungen mit der Wirtschaft auf Gemeinschaftsebene schließen kann, zweitens die *inhaltlichen Anforderungen* des Gemeinschaftsrechts an normative Absprachen, die auf nationaler Ebene geschlossen werden, aber einen grenzüberschreitenden Bezug haben und behandelt drittens die Frage, inwieweit *EG-Richtlinien* durch die Mitgliedstaaten per Umweltvereinbarung *umgesetzt* werden können. Diese Aspekte der Mitteilung sollen im Rahmen der rechtlichen Auseinandersetzung mit diesen Fragen erläutert und kritisiert werden.

An dieser Stelle soll lediglich eine kurze Stellungnahme zu dem Modell der Kommission insgesamt erfolgen. Die Auffassung der Europäischen Kommission zum Thema Umweltvereinbarungen ist inkonsistent; sie unterliegt einem Argumentationsbruch: Einerseits präferiert die Kommission verbindliche Umweltvereinbarungen gegenüber unverbindlichen Selbstverpflichtungen. Nur auf Druck der deutschen Bundesregierung werden unverbindliche Selbstverpflichtungen überhaupt begrifflich erfasst, als Umsetzung von EG-Richtlinien jedoch von vornherein ausgeschlossen und damit zu

Instrumenten zweiter Klasse degradiert. Das (deutsche) Modell normverdrängender Selbstverpflichtungen wird nicht als Variante zu verbindlichen Umweltvereinbarungen, sondern nur als deren Ergänzung anerkannt.

Andererseits lehnt die Kommission verbindliche Umweltvereinbarungen auf Gemeinschaftsebene ab, weil sie die Handlungsformen des Art. 249 EGV zu einem abgeschlossenen System erklärt. Die Konsequenz, dass Absprache mit der Wirtschaft auf Gemeinschaftsebene dann überhaupt nicht in Betracht kommen könnten, will die Kommission jedoch nicht ziehen, steht sie doch der Idee der Kooperation und der Eigenverantwortung grundsätzlich aufgeschlossen gegenüber. Aus diesem Dilemma befreit sich die Kommission dadurch, dass sie die Entgegennahme „einseitiger" und d.h. unverbindlicher Selbstverpflichtungen auf Gemeinschaftsebene für möglich hält. Auch die Kommission erliegt damit dem Reiz des Informalen, ohne die rechtlichen Voraussetzungen solcher Absprachen zu vertiefen.

Die eigene Praxis der Kommission wurde seither fortgesetzt: Im Juli 1998 machte die europäische Automobilindustrie das Angebot, den Kraftstoffverbrauch freiwillig zu verringern, wenn die Europäische Kommission auf gesetzliche Schritte zur Durchsetzung des „Fünfliter"-Autos vorerst verzichtet.[936] In seiner Entscheidung vom 6. Oktober 1998 hat der Rat dem Abschluss einer Vereinbarung der europäischen Kommission mit dem Verband der europäischen Automobilhersteller (ACEA) zur Reduktion von CO_2-Emissionen von Pkw zugestimmt.[937] Daraufhin kam es zur *Empfehlung der Kommission (1999/125/EG)* vom 5. Februar 1999 zur Reduzierung der CO_2-Emissionen von Pkw[938], in der es wörtlich heißt: „Die Kommission hält die Zusagen, die der ACEA in seiner Selbstverpflichtung macht, für zufriedenstellend". Für den Fall der Nichteinhaltung der Selbstverpflichtung behält sich die Kommission vor, „einen Rechtsetzungsvorschlag ... vorzulegen". Auch zum Trittbrettfahrerproblem enthält die Empfehlung eine Lösung: „Die Kommission beabsichtigt, Pkw-Hersteller, die nicht dem ACEA angehören, zu verpflichten, für ihre in der Gemeinschaft verkauften Pkws Anstrengungen zur CO_2-Emissionsminderung zu unternehmen, die denen unter der Selbstverpflichtung gleichwertig sind." Schließlich fordert die Kommission den ACEA auf, bei der Durchführung und Kontrolle der Selbstverpflichtung mit der Kommission zusammenzuarbeiten (Art. 1 Abs. 1 UAbs. 2, Abs. 5 der Empfchlung).

Bemerkenswert ist in diesem Zusammenhang auch die *Richtlinie 2000/ 53/EG* des Europäischen Parlaments und des Rates vom 18. September 2000 über Altfahrzeuge (EG-Altfahrzeuge-RL)[939]: Schon ihre Vorge-

---

[936] FAZ vom 30. Juli 1998.
[937] Vgl. BT-Drucks. 14/711 vom 31. März 1999, S. 54.
[938] ABlEG 1999 Nr. L 40/49 f.

190   1. Teil: Begriffsklärung – Bestandsaufnahme – Vorverständnis

schichte ist von der Verpflichtung der deutschen Automobilindustrie zur umweltgerechten Altautoverwertung vom 21. Februar 1996[940], modifiziert im November 1996[941], ergänzt durch die AltautoV vom 4. Juli 1997[942] entscheidend geprägt.[943] Die Endfassung der Richtlinie ist durch die (über das Engagement von Bundeskanzler *G. Schröder* vermittelte) Intervention der deutschen Industrie, namentlich von *F. Piëch* (als Volkswagen-Chef und zugleich Vorsitzendem des europäischen Automobilherstellerverbandes ACEA) maßgeblich beeinflusst worden. Die Umsetzung dieser Richtlinie in Deutschland und das Schicksal der Selbstverpflichtung (1996) und der AltautoV (1997) kann mit Spannung erwartet werden. Der Bundesminister für Umwelt *J. Trittin* hat hierfür einen fairen Interessenausgleich angekündigt.[944] Auf die detaillierte Regelung des Art. 10 Abs. 3 EG-Altfahrzeuge-Richtlinie zu der Frage, welche Vorgaben der Richtlinie unter welchen Voraussetzungen durch Umweltvereinbarungen umgesetzt werden können, wird im Rahmen der rechtlichen Erörterung noch ausführlich eingegangen.

§ 6 Rechtsvergleichende Bestandsaufnahme

Rechtsvergleichung soll bereits in die Bestandsaufnahme einbezogen werden. Sie kann methodisch nicht nur rechtspolitische Alternativen und zukünftige Perspektiven eröffnen und wird deshalb nicht – wie bei vielen Monographien bislang[945] – in einen Anhang verwiesen. Vielmehr soll Rechtsvergleichung bereits bei der Auslegung nationalen Rechts als „fünfte Auslegungsmethode" (*Peter Häberle*)[946] und bei der induktiven Entwicklung einer Verfassungstheorie des kooperierenden Verfassungsstaates fruchtbar gemacht werden. Auf die folgende rechtsvergleichende Bestandsaufnahme wird deshalb in der Arbeit fortlaufend Bezug genommen. Die

---

[939] ABlEG Nr. L 269/34 vom 21. Oktober 2000.

[940] Zu diesem Beispiel siehe S. 63; *G. Hucklenbruch*, Umweltrelevante Selbstverpflichtungen, 2000, S. 66 ff.

[941] Hierzu *A. Faber*, UPR 1997, S. 431 (432); *J. Knebel/L. Wicke/G. Michael*, Selbstverpflichtungen ..., 1999, S. 482 ff.

[942] Verordnung über die Überlassung und umweltverträgliche Entsorgung von Altautos, BGBl. I S. 1666.

[943] Eine solche Ausstrahlungswirkung sieht bereits *P. Christ*, Rechtsfragen der Altautoverwertung, 1998, S. 125.

[944] Bundesministerium für Umwelt, Naturschutz und Reaktorsicherheit (Hrsg.), Halbzeit! – Zwischenbilanz der Umweltpolitik 1998–2000, letzte Seite.

[945] Vgl. etwa *G. Hucklenbruch*, Umweltrelevante Selbstverpflichtungen, 2000, S. 246 ff.; vorbildlich hingegen jetzt *T. Köpp*, Normvermeidende Absprachen zwischen Staat und Wirtschaft, 2001, S. 53 ff.

[946] *P. Häberle*, JZ 1989, S. 913 ff.; *ders.*, Rechtsvergleichung im Kraftfeld des Verfassungsstaates, 1992.

Rechtsvergleichung als Quelle des „Möglichkeitsdenkens"[947] ist beim Thema normativer Absprachen von besonderer Bedeutung: Nicht einmal im nationalen Kontext ist eine gefestigte rechtliche Systematik für normative Absprachen zu erkennen. Rechtsvergleichung kann sich gerade dann als fruchtbar erweisen, wenn es an gefestigten normativen Vorgaben fehlt. In Prozessen nicht nur der Rezeption, sondern des parallelen Experimentierens besteht hier die Chance, dass sich von vornherein gemeineuropäische Standards[948] auf dem Weg zur „Europäisierung des Verwaltungsrechts"[949] herausbilden. Zu Recht wurde die „Europäisierung als ein Strukturmerkmal gesteuerter Selbstregulierung"[950] bezeichnet. Zu ihr können die deutschen Erfahrungen mit normativen Absprachen und die deutsche Dogmatik einen wichtigen Beitrag leisten. Immerhin gilt Deutschland seit Jahren mit (damals) rund 80 Selbstverpflichtungen als „Vizeeuropameister"[951] nach den Niederlanden mit mehr als 100 – allerdings rechtlich verbindlichen – Selbstverpflichtungen beim Einsatz dieses umweltpolitischen Instrumentes. Erwähnt sei, dass es auch Länder gibt, in denen Selbstverpflichtungen – nicht zuletzt aus rechtlichen Gründen bislang keine Konjunktur haben. So hat J. Hengstschläger es für Österreich dogmatisch unter Berufung auf die verfassungsvorgegebene „Geschlossenheit des Rechtsquellensystems bezüglich generell-abstrakter Normen"[952] ausgeschlossen, normative Absprachen rechtsstaatlich anzuerkennen. Im Folgenden seien einige Länder herausgegriffen, die teils ähnliche, teils ganz eigene Erfahrungen mit normativen Absprachen vorweisen können. Dabei sei sowohl auf rechtliche Regelungen, als auch auf rechtstatsächliche Erfahrungen verwiesen:

I. Niederlande

In den Niederlanden[953] existiert eine eigene Tradition konsultarischer Politik („consultative politics"[954]), die von intensivem Lobbyismus bei der Gesetzgebung in partizipatorische Kooperation umgeschlagen ist. Die Poli-

---

[947] Dazu *P. Häberle,* Verfassungslehre als Kulturwissenschaft, 2. Aufl. 1998, S. 558 ff.
[948] *P. Häberle,* EuGRZ 1991, S. 261 ff.; *R. Breuer,* Diskussionsbeitrag in VVDStRL 56 (1997), S. 328 (330).
[949] *E. Schmidt-Aßmann,* in: W. Hoffmann-Riem/E. Schmidt-Aßmann/G. F. Schuppert (Hrsg.), Reform des allgemeinen Verwaltungsrechts. Grundfragen, 1993, S. 11 (24); früh auch *R. Streinz,* Der Einfluss des europäischen Verwaltungsrechts auf das Verwaltungsrecht der Mitgliedstaaten, in: Schweitzer (Hrsg.), Europäisches Verwaltungsrecht, 1991, S. 241 ff.; *Chr. Engel,* Die Verwaltung 25 (1992), S. 437 ff.
[950] *M. Schmidt-Preuß,* VVDStRL 56 (1997), S. 160 (188) m.w.N.
[951] *A. Troge,* in: L. Wicke/J. Knebel/G. Braeseke (Hrsg.), Umweltbezogene Selbstverpflichtungen der Wirtschaft, 1997, S. 133 (135).
[952] Vgl. *J. Hengstschläger,* in: VVDStRL (1993), S. 298 (304).

192   1. Teil: Begriffsklärung – Bestandsaufnahme – Vorverständnis

tik der Umweltvereinbarungen beginnt mit der Umsetzung des ersten Nationalen Plans für Umweltpolitik (National Environment Policity-Plan) 1989[955]. In diesem Plan sind mehr als 200 quantifizierte Ziele bis zum Jahr 2010 festgelegt. Die Umsetzung dieses Plans erfolgt durch eine so genannte Zielgruppen-Politik. Mit bestimmten Branchen werden in Umweltvereinbarungen (niederländisch: „Convenants") integrierte Umweltziele vereinbart und von den Unternehmen nach von ihnen zu erstellenden Umweltplänen, die öffentlich zugänglich sind[956], umgesetzt. In den Jahren 1990/1993 wurde ein zweiter Nationaler Plan für Umweltpolitik-Plus aufgestellt, der diesen Ansatz weiterverfolgt. Umweltvereinbarungen stehen als Instrument neben Zertifizierungssystemen und Lizensierungsmodellen sowie dem Umwelt-Audit.[957]

Daneben gibt es in den Niederlanden noch langfristige Absprachen der Wirtschaft mit dem Wirtschaftsministerium im Bereich der Energiewirtschaft, bei der die Holländische Vereinigung für Energie und Umwelt (NOVEM) als halbwirtschaftliche, dem Wirtschaftsministerium angegliederte Organisation die Federführung hat.[958]

In den 1990er Jahren hat der Beratungsausschuss des Nationalen Plans für Umweltpolitik für die Industrie, der sich aus Vertretern der Regierung, der kommunalen Selbstverwaltungskörperschaften, der Wasserbehörden und der Arbeitgeber- und Arbeitnehmerverbände zusammensetzt, einen *Verhaltenskodex zum Abschluss von Umweltverträgen* entwickelt.[959] Dieser Kodex spiegelt die Vorstellungen der Wirtschaft wider und wird den Unternehmen als Leitlinie empfohlen. Der Kodex sieht vor, dass der zuständige Minister die beiden Parlamentskammern während der Vertragsverhandlungen informiert und gegebenenfalls Entwürfe zuleitet. Soweit gemeinschaftsrechtlich erforderlich, soll auch die EG-Kommission in Kenntnis gesetzt werden. Nach Zweckmäßigkeitskriterien sollen weitere Kreise durch die Veröffent-

---

[953] Vgl. *J. Fluck/T. Schmitt*, VerwArch 99 (1998), S. 220 (249 ff.); *A. Rest*, NuR 1994, S. 271 (274); kritisch gegenüber einer Adaption des niederländischen Modells in Deutschland *A. Merkel*, Der Stellenwert von umweltbezogenen Selbstverpflichtungen der Wirtschaft im Rahmen der Umweltpolitik der Bundesregierung, Umwelt Nr. 3/1997, S. 88 (89); *M. Kohlhaas/B. Praetorius/R. Eckhoff/Th. Hoeren*, Selbstverpflichtungen der Industrie zur CO_2-Reduktion, 1994, S. 90 ff., 100; *T. Köpp*, Normvermeidende Absprachen zwischen Staat und Wirtschaft, 2001, S. 57.

[954] *J. Fluck/T. Schmitt*, VerwArch 99 (1998), S. 220 (250).

[955] Nationaal Milieubeleidsplan, Tweede Kamer, Vergaderjaar 1988–1989, 21 137, nrs. 1–2. The Hague.

[956] *G. Hucklenbruch*, Umweltrelevante Selbstverpflichtungen, 2000, S. 246.

[957] *J. Fluck/T. Schmitt*, VerwArch 99 (1998), S. 220 (251).

[958] *G. Hucklenbruch*, Umweltrelevante Selbstverpflichtungen, 2000, S. 247 f.

[959] Hierzu *G. Hucklenbruch*, ebenda, S. 248 f.

§ 6 Rechtsvergleichende Bestandsaufnahme   193

lichung eines Vertragsentwurfs die Gelegenheit erhalten, Stellung zu nehmen. Der endgültige Vertrag ist dem Parlament bekannt zu geben und im Staatsanzeiger zu veröffentlichen. Die unmittelbar beteiligten Vertragsparteien sind rechtlich gebunden. Dritte sollen beitreten können. Kontrollmechanismen durch die Einrichtung so genannter „Steering Groups", die sich aus Repräsentanten der Industrie und der Regierung zusammensetzen, sowie Regeln zur Schlichtung von Auseinandersetzungen und zu Nachverhandlungen werden vom Kodex angeraten.

Inzwischen haben der Premierminister und der Minister für Allgemeine Angelegenheiten mit den „*Guidelines for Covenants*" per Dekret[960] Grundregeln für Umweltvereinbarungen aufgestellt, die als Richtlinien zwar keinen strikt bindenden Charakter haben, nach denen sich die Staatspraxis aber richtet.[961]

In diesen Richtlinien wird bemerkenswerterweise der formalen Gesetzgebung generell der Vorzug gegeben und Umweltvereinbarungen eine vor allem gesetzesvorbereitende und unterstützende Funktion zugewiesen und damit ihr experimenteller Charakter betont (Guideline 4). Nur ausnahmsweise soll unter bestimmten Voraussetzungen die Umsetzung von EG-Recht durch Umweltvereinbarungen erfolgen (Guideline 5). Das niederländische Modell sieht *rechtlich bindende Vereinbarungen* zwischen Staat und Wirtschaftsbranchen vor (Guideline 6).[962] Dritte sollen den Vereinbarungen jederzeit beitreten können (Guideline 8). Soweit der Erlass öffentlich-rechtlicher Regelungen vereinbart wird, dürfen Verfahrensvorschriften der Rechtsetzung nicht beeinträchtigt werden (Guideline 11). Außerdem sollen dann betroffene Dritte und an der Rechtsetzung zu beteiligende Organe möglichst frühzeitig beteiligt werden (Guideline 12). Die Interessen, die in die Vereinbarung eingeflossen sind, sollen in einer Präambel oder Begründung offen gelegt werden (Guideline 13).

Die Durchsetzung soll durch Schiedsklauseln, Strafklauseln und Vollzugsklauseln geregelt werden (Guidelines 15–18). So kann die Nichteinhaltung seitens der Unternehmen durch den Verlust oder durch die Verschärfung ordnungsrechtlicher Genehmigungen sanktioniert werden.[963] Die Vereinbarungen haben regelmäßig einen überwiegend normvollziehenden

---

[960] Regulation no. 95M009543 vom 18. Dezember 1995; dazu: *European Commission*, Directorate General III.01 – Industry Contract no. ETD/95/84043, Study on Voluntary Agreements concluded between Industry and Public Authorities in the Field of Environment, Final Report and Final Report Annexes, Januar 1997, Annex 4, S. 23.

[961] *J. Fluck/T. Schmitt*, VerwArch 99 (1998), S. 220 (252).

[962] Dazu auch *A. Merkel*, in: L. Wicke/J. Knebel/G. Braeseke (Hrsg.), Umweltbezogene Selbstverpflichtungen der Wirtschaft, 1997, S. 87 (92).

[963] *A. Merkel*, ebenda, S. 87 (92).

Charakter.⁹⁶⁴ Kündigungsmöglichkeiten sind nach Guideline 19 vorgesehen. Unter den Voraussetzungen der Guidelines 22–23 sind das Kabinett, das Parlament und sogar die EG-Kommission zu beteiligen. Die Öffentlichkeit muss nach Guideline 24 Zugang zum Text der Vereinbarung haben.

Im Gegensatz zu den Erfahrungen in Belgien/Flandern (s. u.) existiert in den Niederlanden seither eine lebhafte Praxis verbindlicher Umweltverträge zwischen der Industrie und der öffentlichen Hand, die nach der niederländischen Doktrin als zivilrechtliche Verträge behandelt werden.⁹⁶⁵

Bemerkenswert sind auch die Argumente, mit der die damalige Bundesministerin für Umwelt *A. Merkel* die Übernahme des niederländischen Modells für Deutschland ausschloss: Gründe für die Bevorzugung des Informalen lägen im deutschen Verfassungsrecht (verbindlicher Verzicht auf Gesetzgebung sei nicht möglich) und vor allem in einem unvertretbar hohen bürokratischen Aufwand verbindlicher Vereinbarungen.⁹⁶⁶ Auch die Beteiligung des Parlaments und gesellschaftlicher Gruppen kritisierte sie: „Ich halte diese Vorgehensweise nicht für effizient und ziehe einer solchen lieber ein Gesetzgebungsverfahren vor. In einem föderalen Staat wie der Bundesrepublik Deutschland ein Quasi-Gesetzgebungsverfahren neben ein Gesetzgebungsverfahren zu stellen, bei einer solchen Vielzahl von Betrieben, die sich deutlich von den Zuständen auch in den Niederlanden unterscheidet, das wäre ein Verfahren, dem ich mich nur schwer öffnen könnte."⁹⁶⁷

II. Dänemark

In Dänemark wurden positive Erfahrungen mit der Kombination aus rechtlich unverbindlichen Absprachen mit steuerlichen Ermäßigungen und der Einrichtung von Depositenfonds gemacht.⁹⁶⁸ Eine bemerkenswerte Regelung enthält zudem Art. 10 des dänischen Umweltgesetzes (MBL) von 1991⁹⁶⁹:

Art. 10 Abs. 1 MBL ermächtigt den dänischen Umweltminister zur Festlegung verbindlicher Umweltziele. Er wird weiter *alternativ ermächtigt,* diese von ihm vorgegebenen Ziele entweder durch Verordnung oder durch Umweltvereinbarung mit Unternehmen zu verfolgen. Art. 10 Abs. 2 S. 3

---

⁹⁶⁴ *G. Hucklenbruch,* Umweltrelevante Selbstverpflichtungen, 2000, S. 246.
⁹⁶⁵ *J. Fluck/T. Schmitt,* VerwArch 99 (1998), S. 220 (253).
⁹⁶⁶ *A. Merkel,* in: L. Wicke/J. Knebel/G. Braeseke (Hrsg.), Umweltbezogene Selbstverpflichtungen der Wirtschaft, 1997, S. 87 (92 f.).
⁹⁶⁷ *A. Merkel,* ebenda, S. 73 (78).
⁹⁶⁸ Kom(96)561 endg. vom 27. November 1996, S. 26.
⁹⁶⁹ Miljöbeskytteseloven (MBL) Nr. 358 vom 6. Juni 1991; dazu *G. Hucklenbruch,* Umweltrelevante Selbstverpflichtungen, 2000, S. 251 ff.

MBL ermächtigt den Minister weiter zur Festlegung allgemeiner Bedingungen zum Abschluss von Umweltverträgen und dazu, ein Anforderungsprofil für kooperationsgeeignete Verbände zu erstellen, wovon bislang jedoch kein Gebrauch gemacht wurde.

Art. 10 Abs. 4 MBL enthält eine interessante Lösung des Trittbrettfahrerproblems: Die Regelung ermächtigt den Minister, in Bezug auf Nichtvertragsparteien Rechtsvorschriften, die den vertraglichen Regelungen inhaltlich entsprechen, zu erlassen. Dies hat nach Art. 110 Abs. 1 S. 3 MBL zur Folge, dass Vertragsstrafenregelungen gegebenenfalls auf Trittbrettfahrer anwendbar werden. Diese Regelung ist eine rechtspolitisch bemerkenswerte Variante zu den durch Absprachen verdrängbaren Normen und zum Modell der Allgemeinverbindlicherklärung (in der Schweiz für Tarifverträge und Rahmenmietverträge[970]).

Die Regierung kann sich – vorbehaltlich zwingender Gründe sowie des Kündigungsrechts des Ministers nach Art. 41 Abs. 4 MBL – in Umweltverträgen zum Verzicht auf den Erlass strengerer Normen verpflichten. Im Schrifttum ist umstritten, ob sich ein solcher Verzicht deshalb auch auf den Gesetzgeber erstreckt, weil dieser selbst die Regelung des Art. 10 MBL geschaffen hat.

Art. 10 Abs. 5 MBL regelt das Verhältnis von Umweltverträgen mit normvollziehendem Charakter zu den Vollzugsbefugnissen der Kommunalbehörden. Letztere haben die Möglichkeit, Anforderungen aus Umweltverträgen zu ergänzen oder zu verschärfen.

Art. 10 Abs. 3 MBL sieht vor, Handels- und Umweltschutzorganisationen im Falle der Betroffenheit an den Vertragsverhandlungen zu beteiligen. Dabei ist bislang ungeklärt, welche Rechte (Anhörung oder Veto) den zu beteiligenden Organisationen dadurch im Einzelnen zukommen.

Die Praxis in Dänemark nimmt die Regelung zögernd auf. Erst fast fünf Jahre nach ihrem Inkrafttreten wurde im April 1996 ein Vertrag über die Einsammlung und Rückgewinnung von Bleiakkumulatoren geschlossen.[971]

III. Belgien – insbesondere Flandern

In Belgien und seinen drei Regionen Brüssel, Wallonien und Flandern sind seit den 1980er Jahren Erfahrungen mit normativen Absprachen gemacht worden.[972] Besondere (schlechte) Erfahrungen haben die flämische

---

[970] *A. Marti,* Schweizer ZBl 101 (2000), S. 561 (567).
[971] Kom(96)561 endg. vom 27. November 1996, S. 26; *European Commission,* Directorate General III.01 – Industry Contract no. ETD/95/84043, Study on Voluntary Agreements concluded between Industry and Public Authorities in the Field of Environment, Final Report and Final Report Annexes, Januar 1997, S. 28.

Region zu einem bemerkenswerten Sonderweg geführt: In Flandern existiert ein (dem Gesetz gleichstehendes)[973] *Dekret über Anforderungen an Umweltvereinbarungen* vom 15. Juni 1994.[974] Die Regelung ist eine Reaktion auf schlechte Erfahrungen mit unverbindlichen Vereinbarungen.[975]

Art. 8 des Dekrets schreibt vor, dass Umweltvereinbarungen nur als verbindliche Verträge für jeweils höchstens fünf Jahre zulässig sind. Für die Unternehmen müssen rechtsfähige Verbände mit Vertretungsbefugnis handeln (Art. 2). Sodann ist in Art. 6 des Dekrets die Durchführung eines öffentlichen Verfahrens vorgeschrieben, das Elemente des Vernehmlassungsverfahrens nach Art. 147 BV-Schweiz (1999) und des amerikanischen Modells verordnungsvorbereitender Absprachen (s. u.) vereint: Zuerst muss eine Zusammenfassung des Entwurfs der Vereinbarung im Amtsblatt (Moniteur Belge) und den Medien veröffentlicht werden (Art. 6 § 1). Daraufhin kann jedermann 30 Tage lang Einsicht in den Entwurf nehmen und Bedenken vortragen (Art. 6 § 2). In derselben Frist sind bestimmte öffentliche Stellen (der „Conseil socio-économique" und der „Conseil flamand de l'Environnement et de la Nature") zu konsultieren (Art. 6 § 3). Vorgetragene Bedenken werden von der Regierung geprüft und an die Vertragspartner weitergegeben. Von den öffentlichen Stellen erhobene Bedenken zwingen die Regierung (wenigstens) zu einer erneuten Rechtfertigung des Vertrages. Das Parlament hat ein Vetorecht gegen den Vertrag, das es innerhalb von 45 Tagen ausüben kann (Art. 6 § 4). Der endgültige Vertrag ist im Amtsblatt (Moniteur Belge) zu veröffentlichen und tritt vorbehaltlich abweichender Vereinbarung zehn Tage nach seiner Veröffentlichung in Kraft (Art. 6 §§ 6 und 7).

Der Vertrag hat eine auch den Gesetzgeber bindende normsubstituierende Wirkung: Während seiner Laufzeit dürfen – vorbehaltlich zwingender internationaler und europarechtlicher Verpflichtungen, deren Umsetzung eine Beratungspflicht mit den Vertragsparteien auslöst – keine strengeren, sondern allenfalls inhaltlich entsprechende Regelungen erlassen werden (Art. 4). Ob diese Wirkung ohne gesetzliche Grundlage Bestand hat, ist jedoch im Schrifttum zu Recht bezweifelt worden.[976] Der Vertrag ist nur gemeinschaftlich von allen Privaten innerhalb von sechs Monaten kündbar (Art. 9).

---

[972] Kom(96)561 endg. vom 27. November 1996, S. 25.

[973] *J. Fluck/T. Schmitt,* VerwArch 99 (1998), S. 220 (249).

[974] Moniteur Belge, f. 94–1787/S-C – 35857, Staatsblatt, S. 18201; dazu: *European Commission,* Directorate General III.01 – Industry Contract no. ETD/95/84043, Study on Voluntary Agreements concluded between Industry and Public Authorities in the Field of Environment, Final Report and Final Report Annexes, Januar 1997, Annex 4, S. 5.

[975] *J. Fluck/T. Schmitt,* VerwArch 99 (1998), S. 220 (249).

[976] *G. Hucklenbruch,* Umweltrelevante Selbstverpflichtungen, 2000, S. 242.

Die Verpflichtungen aus dem Vertrag sind rechtsverbindlich gegenüber jedem Verbandsmitglied (Art. 5) und zwangsweise (mit Schadensersatz- und Erfüllungsansprüchen) durchsetzbar (Art. 10).

In der Praxis hat sich die Regelung, die die rechtliche Einbindung der an sich gewollten Kooperation zwischen Wirtschaft und Staat bezweckt, nicht bewährt: seit ihrem Inkrafttreten hat es im flämischen Belgien keine Vereinbarung mehr gegeben.[977]

IV. Spanien

Spanien hat im Vergleich zu anderen Mitgliedern der Europäischen Gemeinschaft bislang relativ wenige Erfahrungen mit normativen Absprachen gemacht. Die Kommission hat in ihrer Studie lediglich sechs Vereinbarungen registriert.[978] Bemerkenswert ist jedoch, dass bei der Umsetzung einer Vereinbarungen zwischen dem Ministerium für öffentliche Arbeiten, Verkehr und Umwelt mit der Abfallwirtschaft von 1989 zur fortschreitenden Einstellung des Verbrauchs von FCKW in Aerosolen betrifft, neben der Industrie auch die Regierungen der autonomen Gemeinschaften und die Gemeinden in die Umsetzung und Finanzierung der Vereinbarung einbezogen werden.

Darüber hinaus gibt es einen königlichen Erlass 484/1995, der die Wasserwirtschaftsbehörden (Confederaciones Hidrográficas) zur Aushandlung von Vereinbarungen ermächtigt, die der Regelung und Überwachung des Abwassers dienen. Weitere Absprachen betreffen die Abfallwirtschaft, insbesondere Altkraftfahrzeuge und Altreifen.[979]

V. Frankreich

Im Grundsatz geht die Rechtsprechung des Conseil d'Etat sehr restriktiv mit normersetzenden Absprachen um:[980] „Allgemein gilt, dass eine Verwaltungsbehörde dann, wenn ihr per Gesetz eine Verordnungsbefugnis verliehen wurde, verpflichtet ist, sich einseitiger Rechtsakte zu bedienen, und nicht statt dessen Vereinbarungen zu treffen. Es darf in der Tat nicht vorkommen, dass Bürger hier vertragliche Rechte gegen die Verwaltung geltend machen können. Vielmehr muss diese die Freiheit behalten, eine Ver-

---

[977] Kom(96)561 endg. vom 27. November 1996, S. 25; *J. Fluck/T. Schmitt*, VerwArch 99 (1998), S. 220 (250) m.w.N.
[978] Kom(96)561 endg. vom 27. November 1996, S. 27 f.
[979] *T. Köpp*, Normvermeidende Absprachen zwischen Staat und Wirtschaft, 2001, S. 60.
[980] *Chr. Autexier*, VVDStRL 52 (1993), S. 285 (292 f.).

ordnungsregelung, wie und wann sie es für angebracht hält, zu verändern: Niemand kann einen Anspruch auf die Beibehaltung einer Verordnungsregelung haben."[981]

Allerdings tendieren die französischen Verwaltungsgerichte inzwischen dazu, zur Vermeidung gravierender politischer und gesellschaftlicher Folgen eine Vernichtung der Verhandlungsergebnisse zu vermeiden. Dogmatisch tendieren sie dabei dazu, in Vereinbarungen einseitige Rechtsakte hinein zu interpretieren, die dann jedoch Anfechtungsklagen ausgesetzt sein können.[982]

Die Absprachepraxis ist durch die Rechtsprechung insgesamt nicht aufgehalten worden.[983]

VI. Österreich

Österreich[984] hat eine Praxis von mehr als zwei Dutzend Vereinbarungen seit den 1980er Jahren vor allem im Abfallbereich. Auch eine Klimavereinbarung besteht seit 1994. In der Regel beteiligen sich Behörden ähnlich der Staatspraxis in Deutschland nicht formell, sondern im Rahmen informaler Verhandlungen an den Absprachen.[985] Bemerkenswert ist, dass neben den nationalen Industrieverbänden auch die Landesbranchenverbände als Untereinheiten der nationalen Wirtschaftskommission Österreichs beteiligt sind und die Vereinbarungen regelmäßig auf Landesebene ausgearbeitet bzw. abgeschlossen wurden.[986]

VII. Schweiz

In der Schweiz[987] wurden gentlemen's agreements im Bereich der Geldpolitik bereits in den 1960er Jahren geschlossen. Es existieren ähnlich wie im deutschen Recht punktuell spezialgesetzliche Regelungen zu normflan-

---

[981] CE 20. Januar 1978, Syndicat national de l'enseignement technique agricole public, Leb.23, chron. Renaud Denoix de Saint-Marc AJDA 1979, S. 37.

[982] *Chr. Autexier,* in: VVDStRL 52 (1993), S. 285 (294 f.) spricht von einer Technik der Requalifizierung.

[983] Kom(96)561 endg. vom 27. November 1996, S. 28 f.

[984] Zur rechtlichen Behandlung, bei der sich dem deutschen Recht vergleichbare Fragen stellen, vgl. *M. Kind,* ÖJZ 53 (1998), S. 893 ff.

[985] Kom(96)561 endg. vom 27. November 1996, S. 32; *T. Köpp,* Normvermeidende Absprachen zwischen Staat und Wirtschaft, 2001, S. 57 f.

[986] Kom(96)561 endg. vom 27. November 1996, S. 32.

[987] Vgl. *R. J. Schweizer,* VVDStRL 52 (1993), S. 314 ff.; *F. v. Zezschwitz,* JA 1978, S. 497 (500 f.); *A. Furrer,* Die Einbindung der Wirtschaft in umweltrechtlichen Massnahmen, 1999; *A. Marti,* Schweizer ZBl 101 (2000), S. 561 ff.; *T. Köpp,* Normvermeidende Absprachen zwischen Staat und Wirtschaft, 2001, S. 58.

§ 6 Rechtsvergleichende Bestandsaufnahme   199

kierenden und normverdrängenden Absprachen. So lässt z.B. Art. 18c des Natur- und Heimatschutzgesetzes[988] Raum für gesetzesergänzende Absprachen. Auch gibt es in der Schweiz als „Rahmengesetze"[989] bezeichnete Normen, die grundsätzliche Verhaltens- bzw. Produktanforderungen festschreiben, deren Konkretisierung und Umsetzung an Private delegiert wird.[990]

Art. 41a Abs. 2 USG[991] sieht vor, dass Bund und Kantone Branchenvereinbarungen durch Vorgabe mengenmäßiger Ziele und entsprechender Fristen fördern und vor dem Erlass von Ausführungsvorschriften freiwillige Maßnahmen der Wirtschaft prüfen und soweit wie möglich und notwendig in das Ausführungsrecht übernehmen sollen.

Art. 17 EnG[992] zählt (nicht abschließend) mögliche Gegenstände von Vereinbarungen auf, zu denen Art. 2 EnG eine dem Modell des Art. 41a Abs. 2 USG entsprechende Regelung enthält. Art. 2 Abs. 3 EnG stellt die Vereinbarung unter den ausdrücklichen Vorbehalt des Kartellrechts, der nach der Auffassung im schweizerischen Schrifttum jedoch „auch ohne ausdrückliche Erwähnung ... gelten muss"[993].

Art. 3 ff. CO_2-Gesetz[994] sehen vorrangig freiwillige Maßnahmen der Wirtschaft zur Reduktion der CO_2-Emissionen vor. Dazu enthält Art. 2 CO_2-Gesetz die Zielvorgabe einer Reduktion um zehn Prozent im Zeitraum von 1990 bis 2010. Wenn dieses Ziel durch freiwillige Maßnahmen verfehlt wird, muss der Bundesrat nach Art. 6 CO_2-Gesetz eine CO_2-Abgabe einführen. Erfolgskontrollen mit speziellen Evaluationsmaßnahmen regeln Art. 18 EnG und Art. 5 CO_2-Gesetz.

Art. 2 Abs. 3, Art. 13 und Art. 24 Geldwäschereigesetz (GwG)[995] enthält ein Modell zur Substitution staatlicher Aufsicht durch Selbstregulierungsorganisationen. Während Banken, Börsen und Versicherungen einer spezialgesetzlichen Aufsicht unterstehen, besteht gegenüber den anwaltschaftlichen Selbstverwaltungsorganisationen keine staatliche Aufsicht. Diesen wurde die Aufsicht über ihre Mitglieder anvertraut. So genannte Finanzinterme-

---

[988] Bundesgesetz über den Natur- und Heimatschutz vom 1. Juli 1966 (SR 451).
[989] *A. Langhart*, Rahmengesetz und Selbstregulierung, 1993, S. 16 ff. et passim.
[990] *A. Marti,* Schweizer ZBl 101 (2000), S. 561 (568).
[991] Umweltschutzgesetz vom 7. Oktober 1983 (SR 814.01).
[992] Energiegesetz vom 26. Juni 1998 (SR 730.0).
[993] *A. Marti,* Schweizer ZBl 101 (2000), S. 561 (571).
[994] Bundesgesetz über die Reduktion der CO_2-Abgaben von 8. Oktober 1999 (SR 641.71).
[995] Geldwäschereigesetz vom 10. Oktober 1997. (SR 955.0). Art. 13 lautet: „Die Aufsicht über die Einhaltung der Pflichten nach dem zweiten Kapitel liegt für die Finanzmediäre nach Art. 2 Abs. 3 bei: a. deren anerkannten Selbstregulierungsorganisationen (Art. 24) ...".

diäre (Anwälte und Treuhänder) können sich einer staatlich anerkannten privaten Selbstregulierungsorganisation anschließen.

Normsubstituierende Absprachen erfreuen sich in den Bereichen der Kartell- und Bankenaufsicht, im Medizinalrecht und im Abfallbereich wachsender Beliebtheit.

VIII. Japan

Schon in den 1950er Jahren wurden Umweltabsprachen zwischen Behörden und Wirtschaftsvertretern in Japan geschlossen. Diese Absprachen wurden – obwohl schriftlich fixiert – als nicht klagbare gentlemen's agreements eingestuft, die normative Regelungen entbehrlich machen sollten.[996]

Seit den 1970er Jahren hat sich ein Typus informaler, gemeinwohldienlicher, normvermeidender Absprachen herausgebildet („Gyosei Shido")[997], der jetzt auch im Entwurf eines allgemeinen Verwaltungsverfahrensgesetzes[998] kodifiziert werden soll.

IX. Vereinigte Staaten von Amerika

In den USA wird die Übertragbarkeit von Regulierungsbefugnissen auf Private seit langem diskutiert.[999] Selbstverpflichtungen wurden zuletzt im Bereich des Klimaschutzes unter der Devise „no regrets" (d. h. im Rahmen betriebswirtschaftlicher Kostendeckung) forciert.[1000]

Besondere Aufmerksamkeit verdient die neuere Theorie und Praxis ausgehandelter Normsetzung in den USA. Zu den *„Alternative Dispute Resolutions"*[1001] gehört das Modell der so genannten *„Negotiating Regulations"*[1002], das sich in der hier verwendeten Terminologie am besten als „verordnungsvorbereitende Absprache" bezeichnen lässt, weil am Ende das

---

[996] *T. Köpp*, Normvermeidende Absprachen zwischen Staat und Wirtschaft, 2001, S. 61 f.

[997] *T. Fujita*, Die Verwaltung 15 (1982), S. 226 ff.

[998] Hierzu *H. Shiono*, VerwArch 84 (1993), S. 45 ff. mit Abdruck des Entwurfs; *M. Bullinger*, ebenda, S. 65 ff.

[999] Hierzu bereits *H. Ehmke*, Wirtschaft und Verfassung, 1961, S. 590 ff.

[1000] *K. Rennings/K. L. Brockmann/H. Bergmann*, Nachhaltigkeit, Ordnungspolitik und freiwillige Selbstverpflichtung, 1996, S. 131 (151 f., 208 ff.); zu den USA vgl. auch *H. Herrmann*, Interessenverbände und Wettbewerbsrecht, 1984; *L. Susskind/ G. MacMahon,* in: W. Hoffmann-Riem/E. Schmidt-Aßmann (Hrsg.), Konfliktbewältigung durch Verhandlungen, Bd. I, 1990, S. 67 ff. sowie die weiteren Beiträge in diesem Band, S. 141 ff.

[1001] *T. Köpp*, Normvermeidende Absprachen zwischen Staat und Wirtschaft, 2001, S. 62.

formale Verfahren der Verordnunggebung durchgeführt wird. Das Modell ist jedoch im Vergleich auch von Interesse für die in Deutschland praktizierten verordnungssubstituierenden Absprachen sowie parlamentsgesetzvorbereitenden Absprachen.

Die amerikanische Umweltbehörde Environment Protection Agency (EPA) hat hierzu in den Jahren 1983 bis 1986 wissenschaftlich begleitete Modellversuche durchgeführt, betreffend eine Regelung für Emissionsabgaben und eine Ausnahmeregelung für die Vermarktung von Pestiziden. Die Experimente wurden so positiv beurteilt, dass sie zum Vorbild einer ständigen Staatspraxis geworden sind. Ziel dieser Ergänzung des herkömmlichen Rechtsetzungsverfahrens ist es, die Akzeptanz von Regelungen zu erhöhen und zeitintensive Gerichtsverfahren zu vermeiden.[1003] Bis in die 1980er Jahre waren im Vorfeld von Verordnungsentwürfen informale Verständigungen mit Betroffenen („stake-holders") üblich, die dem deutschen Lobbyismus vergleichbar waren.

Für die Beurteilung des amerikanischen Modells normprägender Absprachen aus deutscher Sicht ist ein entscheidender Unterschied des Rechtsetzungsverfahrens entsprechend dem Administrative Procedures Act von 1946[1004] zum Verfahren des Verordnungserlasses in Deutschland zu betonen: In den USA folgt auf die Veröffentlichung des Verordnungsentwurfs im Federal Register eine öffentliche Anhörung („review and comment process"), in der jedermann die Gelegenheit zu Kritik und Anregungen hat. Dieses Verfahren bleibt, weil auf die normprägende Absprache das formale Verfahren des Verordnungserlasses folgt, unberührt.

Das in den USA entwickelte informale Verfahren der normprägenden Absprache lässt sich in drei Phasen einteilen, wobei die eigentliche Verhandlungsphase von einer Vorverhandlungsphase und einer Nachverhandlungsphase umrahmt wird:[1005]

In einer Vorverhandlungsphase macht die EPA im Federal Register öffentlich ihre Absicht bekannt, einen bestimmten Bereich regeln zu wollen und dabei Verhandlungen einzusetzen. Zugleich kündigt sie an, einen Fonds für die Kosten der Verhandlung (in den Modellversuchen in Höhe von 50.000 US-Dollar) zur Verfügung zu stellen. Sodann bestimmt sie einen *Verfahrensmittler* („convenor"), der zunächst die Aufgabe hat, die wahrscheinlich Betroffenen ausfindig zu machen und sie – je nach Einschätzung

---

[1002] *Ph. Harter,* Negotiating Regulations: A Cure for Malaise, 71 Geo. Law Journal 1981, 1.
[1003] *L. Susskind/G. MacMahon,* in: W. Hoffmann-Riem/E. Schmidt-Aßmann (Hrsg.), Konfliktbewältigung durch Verhandlungen, Bd. I, 1990, S. 67.
[1004] 5 U. S. C. §§ 551–559, 701–706 (1982).
[1005] *L. Susskind/G. MacMahon,* in: W. Hoffmann-Riem/E. Schmidt-Aßmann (Hrsg.), Konfliktbewältigung durch Verhandlungen, Bd. I, 1990, S. 67 (81 f.).

ihrer Eignung zur Repräsentation bedeutender Interessen – aufzufordern, an den Verhandlungen teilzunehmen. Neben dem EPA kommen hierfür Unternehmen, Wirtschaftsverbände, aber auch Umweltverbände in Betracht. Dem Verfahrensmittler, einem professionell geschulten privaten Konfliktmittler, obliegt die Verfahrensherrschaft und kommt somit eine zentrale Rolle zu.

In der zweiten Phase verhandeln die Parteien mit dem Ziel, einen Regelungsentwurf im Konsens zu verabschieden. Die Verhandlungsphase wird wiederum von einem Verfahrensmittler geleitet, der mit dem Verfahrensmittler der Vorverhandlungsphase identisch sein kann aber nicht sein muss. Die Parteien legen zunächst ein Arbeitsprogramm, Tagesordnungen, Zeitpläne und Arbeitsgruppen fest und geben erforderlichenfalls Expertengutachten in Auftrag.

Die Nachverhandlungsphase dient dazu, dass die Verhandlungsparteien um Unterstützung des Ergebnisses bei den von ihnen vertretenen Institutionen und Gruppen werben. Der Konfliktmittler gibt auch hierbei Hilfestellung. Wenn dies gelingt, unterzeichnen die Verhandlungsparteien die Vereinbarung und verpflichten sich damit, diese während des darauf folgenden formellen Rechtsetzungsverfahrens, insbesondere während des Anhörungsverfahrens zu unterstützen.

Erfolgsmaßstab für das Verfahren ist, ob der informal ausgehandelte Entwurf im später durchzuführenden formellen Anhörungsverfahren, das für Verordnunggebung zwingend vorgeschrieben ist, der kritischen Überprüfung der gegebenenfalls nicht an der Verhandlung Beteiligten standhält. Das bei gesetzesvorbereitenden Absprachen in Deutschland zu beobachtende Phänomen, dass die an der normprägenden Absprache beteiligten Hoheitsträger in formalen Verfahren der Normsetzung auf die daran beteiligten Organe einen erheblichen „Ratifizierungsdruck" ausüben, ist in den USA soweit ersichtlich nicht aufgetreten. Das liegt schon daran, dass es sich dort lediglich um verordnungsvorbereitende Absprachen handelt, an deren Erlass von staatlicher Seite hier außer der bereits an der Absprache beteiligten EPA keine Organe zu beteiligen sind.

Außerdem hat die EPA stets betont, im Anhörungsverfahren gegebenenfalls auf Anregungen eingehen zu wollen und so weit erforderlich Änderungen des Entwurfs bzw. Nachverhandlungen durchzuführen. Im Gegensatz zu den starken Worten aus den Reihen der deutschen Bundesregierung, die Ergebnisse normprägender Absprachen mit politischem Druck umsetzen zu wollen, „bemühte sich (die EPA), nicht mehr zu versprechen, als was sie halten konnte", insbesondere nicht zu versprechen, „die letztlich erlassene Regelung werde dem ausgehandelten Entwurf entsprechen"[1006].

[1006] *L. Susskind/G. MacMahon*, ebenda, S. 67 (93).

Im deutschen Schrifttum wurde die Einsetzbarkeit von Konfliktmittlern im Rahmen von normativen Absprachen bislang skeptisch beurteilt.[1007] Soweit der Kreis der an Absprachen Beteiligten überschaubar sei, gehöre gerade die Exklusivität der Kooperation, die eines Konfliktmittlers nicht bedürfe, zum Selbstverständnis der Beteiligten. Bei polygonalen Konflikten hingegen drängten sich die Prozeduren förmlicher Rechtsetzung als einzig angemessen auf.

§ 7 Vorverständnis: Vor- und Nachteile normativer Absprachen

Rechtswissenschaftliche Stellungnahmen zum Phänomen normativer Absprachen sind in besonderem Maße von Vorverständnissen geprägt. Autoren, die in informalen Absprachen zwischen dem Staat und der Wirtschaft vorwiegend Chancen eines neuen Steuerungsmodells sehen bzw. vermuten[1008], neigen dazu, rechtliche Bedenken zu überwinden. Autoren, die demgegenüber in kooperativen und informalen Instrumenten Nachteile und Gefahren erblicken, versuchen gegen sie rechtliche Barrieren in Stellung zu bringen.

Es ist nicht Ziel dieser Arbeit, außerrechtliche Vor- und Nachteile gegeneinander abzuwägen und Aussagen darüber zu treffen, ob normative Absprachen aus Sicht der Wirtschaft und aus Sicht des Staates mehr oder weniger empfehlenswert sind. Im folgenden Abschnitt sollen vielmehr Aspekte offen gelegt werden, die als Vorverständnis bei der Behandlung rechtlicher Fragen von Bedeutung sind. Grundlage dieses Vorverständnisses ist die tatsächliche Bestandsaufnahme. Die rechtliche Zulässigkeit wird dabei zunächst ausgeblendet. Es werden deshalb auch Vorteile als solche behandelt, die auf möglicherweise rechtswidrigem Verhalten beruhen. Ebenso werden Vor- und Nachteile behandelt, deren Einschätzung auf Prognosen beruhen, die rechtlich nicht überprüfbar sind. Dieses Kapitel begnügt sich mit kurzen Hinweisen zu rechtlichen Fragen und behält das „Nachverständnis"[1009] der Zusammenfassung dieser Arbeit vor.

[1007] *R. Wolf,* in: W. Hoffmann-Riem/E. Schmidt-Aßmann (Hrsg.), Konfliktbewältigung durch Verhandlungen, Bd. II, 1990, S. 129 (148).

[1008] *Der Rat von Sachverständigen für Umweltfragen,* Umweltgutachten 1996, S. 97, Tz. 164: „Befürworter reden von einem Durchbruch auf dem Weg zu einer neuen Umweltpolitik der Arbeitsteilung zwischen Staat und Wirtschaft ...".

[1009] Zur verfassungstheoretischen Einordnung des „Nachverständnisses" *P. Häberle,* in: ders., Verfassung als öffentlicher Prozess (1978), 3. Aufl. 1998, S. 59 (78 ff.). *T. Köpp,* Normvermeidende Absprachen zwischen Staat und Wirtschaft, 2001, S. 79 ff. behandelt die Gemeinwohlfrage als Effizienzfrage und trennt somit Vorverständnis und rechtliche Grundfragen nicht.

I. Effektivität und Effizienz als Kriterien des Vorverständnisses

Die einzelnen Vor- und Nachteile normativer Absprachen lassen sich den Oberbegriffen der Effektivität und der Effizienz zuordnen. Effektivität und Effizienz sind zwei Begriffe, die mit unterschiedlichen Inhalten[1010] belegt und bisweilen synonym[1011] verwendet werden. Sie sollen hier unterschieden[1012] werden:

Effektivität bezeichnet den Wirkungsgrad einer bestimmten Maßnahme bezogen auf ein bestimmtes Ziel[1013]. Die Dimension der *Effizienz*[1014] orientiert sich am hierbei erforderlichen Ressourceneinsatz. D.h. eine Selbstverpflichtung ist im Vergleich zu einer hoheitlichen Regelung effektiver, wenn mit ihr das angesteuerte (z.B. umweltpolitische) Ziel wirksamer erreicht wird (Wirksamkeits-Grad des Mittels).[1015] Sie ist effizienter, wenn das Verhältnis der erforderlichen Kosten/Ressourcen zum Grad der Zielerreichung günstiger ausfällt (Kosten-Wirksamkeits-Relation)[1016]. Die beiden Dimensionen kommen in der These zum Ausdruck, dass „mit Hilfe selbstregulativer Steuerung der Staat zugleich die Gesellschaft tiefer und kraftsparender zu gestalten vermag."[1017]

Effektivitätserwägungen werden hier aus der Sicht hoheitlichen Handelns betrachtet. Normative Absprachen stellen sich als vorteilhaft dar, wenn der

---

[1010] Vgl. *W. Leisner,* Effizienz als Rechtsprinzip, 1971; *P. Häberle,* in: ders. Verfassung als öffentlicher Prozeß, 3. Aufl. 1998, S. 290 ff.; jetzt *E. Schmidt-Aßmann,* Das allgemeine Verwaltungsrecht als Ordnungsidee, 1998, S. 284 ff. und W. Hoffmann-Riem/E. Schmidt-Aßmann (Hrsg.), Effizienz als Herausforderung an das Verwaltungsrecht, 1998; vgl. auch *H. Eidenmüller,* Effizienz als Rechtsprinzip, 1995; *J. Pietzcker,* VVDStRL 41 (1983), S. 193 (209).

[1011] Ausdrücklich synonym (i.S.v. Effektivität) verwendet *R. Wahl,* VVDStRL 41 (1983), S. 153 (163 fn. 31) beide Begriffe.

[1012] Zur Unterscheidung dieser beiden Kategorien vgl. auch *W. Hoffmann-Riem,* in: ders./E. Schmidt-Aßmann (Hrsg.), Effizienz als Herausforderung an das Verwaltungsrecht, 1998, S. 11 (16 ff.) m.w.N.; wie hier auch: *A. Helberg,* Normabwendende Selbstverpflichtungen ..., 1999, S. 70.

[1013] *H. Dreier,* StWuStPr 1993, S. 647 (653); *W. Hoffmann-Riem,* ebenda S. 16 ff.; *E. Schmidt-Aßmann,* Effizienz als Herausforderung an das Verwaltungsrecht, ebd., S. 245 (248).

[1014] Anders *W. Leisner,* Effizienz als Rechtsprinzip, 1971, S. 8; *J. Isensee,* Subsidiaritätsprinzip und Verfassung (1968), 2. Aufl., 2001, S. 311 f., der bei der Effizienz allein auf den Wirkungsgrad abstellt und den Aspekt der Wirtschaftlichkeit nur als zusätzliche Erwägung anspricht.

[1015] *A. Helberg,* Normabwendende Selbstverpflichtungen ..., 1999, S. 70.

[1016] In einem weiteren Sinne sind sowohl Effektivität, als auch Effizienz Mittel-Zweck-Relationen. Deshalb wird dieser Terminus hier (anders bei *W. Hoffmann-Riem,* ebenda S. 17) nicht zur Unterscheidung herangezogen. Zur Effizienz sogleich.

[1017] *U. Di Fabio,* VVDStRL 56 (1997), S. 235 (252).

§ 7 Vorverständnis

Staat mit ihnen Wirkungen (Effekte) erzielen kann, die er auf dem Wege formaler Rechtsetzung nicht erreichen könnte. Normative Absprachen stellen sich als nachteilig dar, wenn der Staat mit ihnen auf Wirkungen verzichtet, die er nur im Wege formaler Rechtsetzung erreichen könnte.

Effizienz ist als Prinzip der Ressourcenschonung[1018] ein Gebot der Rationalität.[1019] Im Umweltrecht findet es im Prinzip der Nachhaltigkeit Niederschlag.[1020] Effizienzvorteile können auf Ressourcen aller Art bezogen sein. Zu unterscheiden sind Effizienzvorteile für das einzelne Unternehmen und solche für die Verbraucher von solchen für die Gesamtwirtschaft und solchen für den Fiskus.

Betriebswirtschaftliche Effizienzvorteile können fördern, dass sich die *einzelnen Unternehmen* an eine Selbstverpflichtung halten. Allerdings ist in diesen Fällen zu bezweifeln, ob die Selbstverpflichtung als solche überhaupt einen Effekt hat und nicht vielmehr eine Entwicklung des „business as usual" wiedergibt. Wenn eine Umweltschutzmaßnahme für ein Unternehmen wirtschaftlich vorteilhaft ist, sind weder staatliche Vorgaben noch Selbstverpflichtungen notwendig.[1021] Einsparungen bei Materialverbrauch, ein Energieverbrauch sowie Vermarktungserfolge durch Umwelt-Werbung sind selbstregulative Phänomene. Hier geht es um Entscheidungen, die jedes einzelne Unternehmen kalkuliert. Diese Art der Effizienz ist jedoch der Ausnahmefall: Die meisten Umweltschutzmaßnahmen können hingegen nicht ökonomisch durch Einsparungen oder zusätzliche Einnahmen kompensiert werden. Von entscheidender Bedeutung ist deshalb die *relative* betriebswirtschaftliche Effizienz von Selbstverpflichtungen im Vergleich zu ordnungsrechtlichen Lösungen. Sie wurde z.B. bei der Selbstverpflichtung zum Klimaschutz im Vergleich zu einer Wärmenutzungsverordnung positiv beurteilt.[1022] Der Markt ist von Effizienzerwägungen geprägt. Letztlich ist das *Verbraucherverhalten* von entscheidender Bedeutung. Da die Umwelt ein öffentliches Gut ist und nur bedingt, d.h. bei entsprechend geschärftem Bewusstsein das Marktverhalten des einzelnen Verbrauchers steuert, versagt die Effizienz der reinen Marktwirtschaft hier oft.[1023]

[1018] *E. Schmidt-Aßmann,* Das allgemeine Verwaltungsrecht als Ordnungsidee, 1998, S. 285.
[1019] *K. Rennings/K. L. Brockmann/H. Bergmann,* Nachhaltigkeit, Ordnungspolitik und freiwillige Selbstverpflichtung, 1996, S. 131 (201).
[1020] *E. Schmidt-Aßmann,* Das allgemeine Verwaltungsrecht als Ordnungsidee, 1998, S. 286.
[1021] *W. Brück,* in: L. Wicke/J. Knebel/G. Braeseke (Hrsg.), Umweltbezogene Selbstverpflichtungen der Wirtschaft, 1997, S. 105 (108 f.).
[1022] *B. Dittmann,* in: L. Wicke/J. Knebel/G. Braeseke (Hrsg.), Umweltbezogene Selbstverpflichtungen der Wirtschaft, 1997, S. 163 (167).
[1023] *A. Merkel,* in: L. Wicke/J. Knebel/G. Braeseke (Hrsg.), Umweltbezogene Selbstverpflichtungen der Wirtschaft, 1997, S. 87 (96).

Über die Frage der *volkswirtschaftlichen Kosteneffizienz* entscheiden die gesamtwirtschaftlichen Vermeidungskosten. Volkswirtschaftlich könnte die flexible Verteilung der Zielbeiträge Effizienzvorteile bringen. Branchengünstige müssen aber nicht zwangsläufig auch volkswirtschaftlich optimale Lösungen sein. Wenn die Zielbeiträge in unterschiedlichem Maße auf die Unternehmen oder Branchensegmente verteilt werden, dann kann das auch daran liegen, dass jene die Kosten besonders leicht überwälzen können. Dabei kann es sogar zu Mitnahmeeffekten kommen, die zu alles anderem als einem ökonomischen Optimum führen.[1024] Absprachebedingte Wettbewerbsbeschränkungen wirken sich auch volkswirtschaftlich nachteilig aus.[1025] Auch diese Nachteile dürfen nicht mit einem ungeregelten Zustand, sondern müssen mit den Wettbewerbsauswirkungen ordnungsrechtlicher Vorgaben konkret verglichen werden.

Die Vorteile von Selbstverpflichtungen werden in dieser Hinsicht von Ökonomen differenziert beurteilt, zumal die Einzelemittenten sich nicht an der Größe der gesamtwirtschaftlichen Vermeidungskosten orientieren.[1026] Der Umweltrat ist der Auffassung, dass die Verbände „grundsätzlich über keine anderen Instrumente verfügen als der Staat (und deshalb) kaum mit Effizienzvorteilen für Selbstverpflichtungen zu rechnen"[1027] ist. Unter Effizienzgesichtspunkten werden Preisinstrumente bei der Zuweisung knapper Umweltressourcen bisweilen vorgezogen.[1028]

Die *Verwaltungseffizienz* kann gesteigert werden, wenn normative Absprachen personelle und finanzielle Ressourcen auf der Seite der Hoheitsträger sparen.[1029] Auch die Wirtschaftlichkeit i.S.d. Art. 114 Abs. 2 GG ist ein Aspekt der Effizienz. Allerdings stellt sich dabei das rechtliche Probleme, dass die Verwaltungseffizienz nicht gegen die Rechtsgeltung ausgespielt werden darf,[1030] sondern deren Verwirklichung dienen muss. Auch der Grundsatz der *Verhältnismäßigkeit* als das Prinzip des schonendsten Ausgleichs wird als Teilaspekt des Effizienzprinzips gedeutet.[1031] In einem weiteren Sinne lassen sich nicht nur öffentliche Güter, sondern auch die

---

[1024] *J. Flasbarth*, in: L. Wicke/J. Knebel/G. Braeseke (Hrsg.), Umweltbezogene Selbstverpflichtungen der Wirtschaft, 1997, S. 63 (66).

[1025] *A. Merkel*, in: L. Wicke/J. Knebel/G. Braeseke (Hrsg.), Umweltbezogene Selbstverpflichtungen der Wirtschaft, 1997, S. 87 (97).

[1026] *K. Rennings/K. L. Brockmann/H. Bergmann*, Nachhaltigkeit, Ordnungspolitik und freiwillige Selbstverpflichtung, 1996, S. 131 (163).

[1027] *Der Rat von Sachverständigen für Umweltfragen*, Umweltgutachten 1996, S. 98, Tz. 165.

[1028] *K. Rennings/K. L. Brockmann/H. Bergmann*, Nachhaltigkeit, Ordnungspolitik und freiwillige Selbstverpflichtung, 1996, S. 131 (164).

[1029] Dazu *R. Scholz*, in: FS für H. F. Zacher, 1998, S. 987 (1015).

[1030] *E. Schmidt-Aßmann*, Das allgemeine Verwaltungsrecht als Ordnungsidee, 1998, S. 285.

Freiheit als Ressourcen auffassen. Die Effizienz ist – ebenso wie die Frage der Effektivität – von Prognosen abhängig. Die Möglichkeit der Effizienzsteigerung ist nicht deren Garantie.[1032] Es sollte deshalb nur von Wahrscheinlichkeiten der Effizienzsteigerung gesprochen werden.[1033]

II. Selbstverpflichtungen wegen Unmöglichkeit imperativer Steuerung?

1. Tatsächliche und rechtliche Unmöglichkeit

Die Möglichkeiten imperativer Steuerung werden sowohl tatsächlich als auch rechtlich begrenzt. Der Staat weicht nicht nur in die Kooperation aus, wenn er auf Entwicklungen einwirken will, die er gar nicht imperativ bewirken könnte oder dürfte, wie z. B. wirtschaftliche Aufschwünge, technische Innovation oder kulturelle Verhaltensprägungen.[1034] Von staatlicher Seite wurden normersetzende Kooperationen bisweilen gerade damit begründet, dass gegen eine hoheitliche Regelung verfassungsrechtliche Bedenken bestünden.[1035] Dem müssen allerdings im kooperierenden Verfassungsstaat Grenzen gesetzt werden, die mit den Grenzen formalen Handelns aber nicht identisch sein müssen.

2. Insbesondere: Nutzung oder Verlust von Sachverstand?

Komplexe, vor allem ökonomische und ökologische Probleme[1036] mit übernationalen Dimensionen, deren Bewältigung auch technisch noch aussteht, führen die Gesetzgebung an die Grenzen ihrer Leistungsfähigkeit.[1037] Ein Vorteil aller informalen Kooperation des Staates mit der Wirtschaft

---

[1031] *E. Schmidt-Aßmann,* Das allgemeine Verwaltungsrecht als Ordnungsidee, 1998, S. 286.

[1032] *M. Kohlhaas/B. Praetorius/R. Eckhoff/Th. Hoeren,* Selbstverpflichtungen der Industrie zur CO_2-Reduktion, 1994, S. 57.

[1033] Zutreffend *M. Kohlhaas/B. Praetorius/R. Eckhoff/Th. Hoeren,* ebenda, S. 58.

[1034] *D. Grimm,* in: ders. (Hrsg.), Staatsaufgaben, 1996, S. 613 (627).

[1035] So Staatssekretär *Bargatzky* zur Anregung der Zigarettenwerbungs-Selbstbeschränkungserklärung (BT-Pl.Prot. IV/171, S. 8607 vom 11. März 1965; vgl. hierzu *J. H. Kaiser,* NJW 1971, S. 585 (587). Auch *R. Breuer,* in: W. Hoffmann-Riem/ E. Schmidt-Aßmann (Hrsg.), Konfliktbewältigung durch Verhandlungen, Bd. I, 1990, S. 231 (251) hält normabwendende Absprachen u. a. für sinnvoll, wenn verfassungsrechtliche Zweifelsfragen eine hoheitliche Regelung „nicht erreichbar oder inopportun erscheinen" lassen.

[1036] *U. Dempfle,* Normvertretende Absprachen, 1994, S. 30 ff.; Zur „Rechtstheorie der Prozeduralisierung von Komplexität" vgl. *K.-H. Ladeur,* Das Umweltrecht der Wissengesellschaft, 1995, S. 52 ff. et passim.

wird darin gesehen, dass sich der Staat auf diesem Wege Informationsvorsprünge[1038] und den Sachverstand[1039] der Wirtschaft zu Nutze machen könne, Wissen also, das ihm sonst verschlossen bliebe.[1040] Um den Sachverstand der Wirtschaft nutzen zu können, unterliegt der Staat bisweilen „geradezu einem Zwang zur Kooperation"[1041]. Dieser Effekt beruht auf Kommunikationsprozessen[1042], die der Kooperation zueigen sind. Regelmäßig wird die zur Verfügungstellung von Informationen zum Gegenstand normativer Absprachen gemacht. Im Rahmen des Monitoring und der Umsetzung kann der Sachverstand der Wirtschaft fortlaufend genutzt werden.

Dagegen[1043] wird eingewandt, dass Hoheitsträger erst durch systematische Kooperation mit der Wirtschaft den Anspruch aufgeben, selbst Informationen und Sachverstand zu erwerben.[1044] Dadurch werde Sachverstand zu Gunsten Privater monopolisiert. Es ist aber nicht zu leugnen, dass die Bereitschaft der Wirtschaft, ihren Sachverstand offen zu legen, dadurch zunehmen kann, dass der Staat kooperativ auf sie zugeht. Wenn sich manche Informationen nur kooperativ gewinnen lassen, wird das Kooperationsmodell zur Voraussetzung staatlicher Steuerung.[1045] Kooperationen können allerdings auch Arbeitsteilungen begünstigen und dazu führen, dass der Staat sich aus der eigenen Informationsbeschaffung immer mehr zurückzieht. Dann handelt es sich zwar nicht um einen Effektivitätsvorteil, eventuell aber um ein Effizienzvorteil, weil Hoheitsträger dadurch Zeit- und Personalaufwand einsparen können. Dieser Effizienzvorteil hat allerdings den

---

[1037] Vgl. zu den Effektivitätszwängen auch BVerfGE 98, 106 (128) – Verpackungsteuer unter Berufung auf BT-Drucks. 11/756, S. 12. *J. Knebel/L. Wicke/ G. Michael,* Selbstverpflichtungen ..., 1999, S. 261 nennen hierfür die Stichworte: Finanzkrise, Vollzugskrise, Legitimationskrise und Zukunftskrise; vgl. auch *Chr. Engel,* StWuStPr 1998, S. 535 (575).

[1038] *Der Rat von Sachverständigen für Umweltfragen,* Umweltgutachten 1998, Tz. 280, 290.

[1039] Vgl. auch BVerfGE 98, 106 (121) – Verpackungsteuer unter Berufung auf *M. Kloepfer,* Umweltrecht, 1. Aufl. 1989, § 3 Rn. 45.

[1040] So bereits *H. Krüger,* Von der Notwendigkeit einer freien und auf lange Sicht angelegten Zusammenarbeit zwischen Staat und Wirtschaft, 1966, S. 20; *U. Dempfle,* Normvertretende Absprachen, 1994, S. 28 ff.; vgl. auch *K.-H. Ladeur,* Das Umweltrecht der Wissengesellschaft, 1995.

[1041] *M. P. Kuck/M. F. Riehl,* Umweltschutz durch staatliche Einflussnahme auf die stoffliche Beschaffenheit von Konsumentenprodukten, 2000, S. 399.

[1042] Vgl. *H. Schulze-Fielitz,* DVBl. 1994, S. 657 (658 f.).

[1043] Kritisch *M. Kohlhaas/B. Praetorius/R. Eckhoff/Th. Hoeren,* Selbstverpflichtungen der Industrie zur CO_2-Reduktion, 1994, S. 59; differenziert *T. Köpp,* Normvermeidende Absprachen zwischen Staat und Wirtschaft, 2001, S. 110 ff.

[1044] So *G.-F. Schuppert,* Diskussionsbeitrag, in: VVDStRL 56 (1997), S. 297.

[1045] So *E. Schmidt-Aßmann,* Das allgemeine Verwaltungsrecht als Ordnungsidee, 1998, S. 28, der deshalb „Kooperation zu den Funktionsbedingungen staatlichen Regelns" zählt.

Preis, dass der Staat immer mehr vom Sachverstand der Wirtschaft abhängt, je weniger er selbst in eigene Informationsbeschaffung investiert. Der Gefahr, dass sich der Staat in immer größere Abhängigkeit vom Sachverstand der Betroffenen begibt kann und sollte durch die Beauftragung staatlicher bzw. staatlich anerkannter, neutraler Sachverständiger begegnet werden.[1046]

3. Vollzugsdefizite auf Grund begrenzter staatlicher Ressourcen

Vollzugsdefizite[1047] gehören zu den wichtigsten Motivationsgründen der Kooperationsbereitschaft des Staates. Die Durchsetzung von Ordnungsrecht ist in der Praxis mit Vollzugsdefiziten behaftet. Die Effektivität normativer Absprachen darf deshalb nicht mit dem Idealfall der hundertprozentigen Durchsetzung des substituierten Ordnungsrechts verglichen werden. Vielmehr sind die tatsächlichen Wirkungen zu vergleichen. Auch Vollzugsdefizite führen zu Phänomenen des Trittbrettfahrens.

Es stellt sich die Frage, ob das Vollzugsdefizit[1048] nicht auch anderweitig zu beheben wäre.[1049] Auch Beteiligungsrechte der Bürger, Informationsansprüche und andere „prokuratorische Befugnisse" können als gemeinwohlbezogene Individualrechte der Rechtsdurchsetzung dienen.[1050] Vollzugsdefizite beruhen selten auf einer normimmanenten Unmöglichkeit der Durchsetzung, sondern meist auf dem Mangel an finanziellen und personellen Ressourcen. Damit verlagert sich die Effektivitätsfrage auf die Effizienz. Allerdings kann die Ineffizienz in Unmöglichkeit umschlagen: Ressourcen wirken wie eine „Norm anderer Art"[1051]. Grenzen des faktisch Möglichen, die es im Bereich des Vollzugs gibt,[1052] kann keine Theorie überspielen. Dann stellt sich das Vollzugsdefizit wiederum als Effektivitätsproblem dar.

Das Instrument der Selbstverpflichtung ist dann sinnvoll, wenn als naheliegende Alternative nur sehr aufwändig zu kontrollierende ordnungsrecht-

---

[1046] *T. Köpp*, Normvermeidende Absprachen zwischen Staat und Wirtschaft, 2001, S. 111.

[1047] Hierzu *E. Rehbinder*, Das Vollzugsdefizit im Umweltrecht und das Umwelthaftungsrecht, 1996; *F. Ekardt*, Steuerungsdefizite im Umweltrecht, 2001, S. 38 und passim.

[1048] Kritisch: *U. Di Fabio*, VVDStRL 56 (1997), S. 235 (238 f.).

[1049] Vgl. *M. Ronellenfitsch*, Selbstverantwortung und Deregulierung im Ordnungs- und Umweltrecht, 1995, S. 24.

[1050] *J. Masing*, Die Mobilisierung des Bürgers für die Durchsetzung des Rechts, 1997, S. 229 et passim.

[1051] *Th. Ellwein*, in: A. Benz/W. Seibel (Hrsg.), Zwischen Kooperation und Korruption, 1992, S. 19 (24).

[1052] *A. Benz*, Kooperative Verwaltung, 1994, S. 309; *F. Wagener*, VVDStRL 37 (1979), S. 215 (244).

liche Lösungen zur Verfügung stehen. So wurde der Kontrollaufwand einer Wärmenutzungsverordnung mit einer Flut von Verwaltungsvorschriften und detaillierten technischen Anleitungen hoch eingeschätzt und deshalb (zunächst) einer Selbstverpflichtung der Vorzug gegeben.[1053] Selbstverpflichtungen haben entscheidende Vorteile, wenn ein staatlicher Überwachungsapparat fehlt, der Ordnungsrecht vollziehen könnte.[1054] Wenn hingegen leicht zu vollziehende Ge- und Verbotsregelungen möglich sind, sind Effizienzvorteile zu bestreiten.[1055]

III. Motivation zu gemeinwohldienlichem Verhalten

Der Staat bezweckt mit normativen Absprachen, die Wirtschaft zu gemeinwohldienlichem Verhalten zu motivieren. Ziele, die sonst per Rechtsetzung und Vollzug durchzusetzen wären, sollen durch die Wirtschaft ohne rechtlichen Zwang verwirklicht werden.

1. Imagegewinn für Hoheitsträger und die Wirtschaft

Sowohl für Hoheitsträger als auch für die Wirtschaft kann eine normative Absprache zu einem Imagegewinn führen. Der Wirtschaft wird im Konsens mit dem Staat Gemeinwohldienlichkeit bescheinigt. Das Image, sogar über gesetzliche Verpflichtungen hinaus öffentlichen Interessen zu dienen, ist ein fester Bestandteil der Öffentlichkeitsarbeit der Industrie.

Auch für den Staat besteht dieser Anreiz: Auch im Rahmen der Öffentlichkeitsarbeit der Bundesregierung bzw. einzelner Ressorts spielen Absprachen eine erhebliche Rolle.[1056] Hoheitsträger demonstrieren im Konsens mit der Wirtschaft deren Vertrauen und Akzeptanz. Wirtschaftnähe von Politikern wird von vielen Wählern als Zeichen von Kompetenz und Einfluss positiv bewertet. Sobald mit der Wirtschaft ein Konsens gefunden ist, wird dies von der Bundesregierung regelmäßig öffentlichkeitswirksam in Szene gesetzt. Für die an der Absprache beteiligten Politiker kann dies gegenüber der Vorstellung eines nüchternen Verordnungstextes einen dreifachen Imagegewinn darstellen: Erstens gibt sich der Staat als modern, flexibel, innovativ und freiheitsschonend. Zweitens wird der Konsens nicht selten dem persönlichen Verhandlungsgeschick einzelner Politiker zugeschrieben. Drit-

---

[1053] *A. Merkel*, in: L. Wicke/J. Knebel/G. Braeseke (Hrsg.), Umweltbezogene Selbstverpflichtungen der Wirtschaft, 1997, S. 73 (81 f.).

[1054] *A. Merkel*, ebenda, S. 73 (79).

[1055] *J. Flasbarth*, in: L. Wicke/J. Knebel/G. Braeseke (Hrsg.), Umweltbezogene Selbstverpflichtungen der Wirtschaft, 1997, S. 63 (66).

[1056] *R. Wolf*, in: W. Hoffmann-Riem/E. Schmidt-Aßmann (Hrsg.), Konfliktbewältigung durch Verhandlungen, Bd. II, 1990, S. 129 (146).

tens belegen Absprachen auch die Kooperationsbereitschaft der Wirtschaft mit der amtierenden Regierung und lassen Politiker als wirtschaftsnah, wirtschaftskompetent und ökonomisch einflussreich erscheinen.

2. Akzeptanz

Normative Absprachen beruhen auf dem Konsens der Beteiligten. Wenn die Wirtschaft das Ergebnis der Absprache akzeptiert hat, besteht die Hoffnung, dass sie die eingegangenen Selbstverpflichtungen ohne rechtlichen Zwang einhält. Akzeptanz kann zu einem Verhalten motivieren, das im Dissens nur zwangsweise durchsetzbar wäre. Nicht nur die Akzeptanz der Wirtschaft, sondern auch die Akzeptanz in der Bevölkerung[1057] ist für die Effektivität von Selbstverpflichtungen von entscheidender Bedeutung. Verhaltensänderungen der Verbraucher (z. B. Sparsamkeit des Energie- oder Verpackungsverbrauchs) können ökologisch wünschenswerte Effekte der Öffentlichkeitsarbeit im Rahmen normativer Absprachen sein.

Die „Leistungsfähigkeit des Gehorsams"[1058] beruht auf der Erkenntnis der Pädagogik, dass Belohnen wirksamer als Strafen sein kann,[1059] dass eine Auftragstaktik der Befehlstaktik überlegen ist.[1060] Nicht nur informale Absprachen, sondern die Rechtsordnung insgesamt ist auf Akzeptanz angewiesen. Die Steuerungskraft des Staates ist „weitgehend von der Folgebereitschaft der Wirtschaftssubjekte abhängig"[1061]. Konsensuale Steuerung und das Kooperationsprinzip können die bereits von *Rudolf Smend* geforderte Integrationskraft der Rechtsordnung stärken.[1062]

3. Bewusstseinswandel zur Eigenverantwortung

Normative Absprachen binden die Wirtschaft in die Verantwortung für das Gemeinwohl ein. Soweit sie dabei Eigenverantwortung[1063] übernimmt, kann deren Verwirklichung zu einem Bewusstseinswandel[1064] führen. Wenn Unternehmen selbst dafür Sorge tragen, bestimmte Gemeinwohlziele zu

---

[1057] *Der Rat von Sachverständigen für Umweltfragen,* Umweltgutachten 1996, S. 97, Tz. 164.
[1058] *H. Krüger,* Von der Notwendigkeit einer freien und auf lange Sicht angelegten Zusammenarbeit zwischen Staat und Wirtschaft, 1966, S. 13.
[1059] *G. Lübbe-Wolff,* ZUR 1996, S. 173.
[1060] *Chr. Engel,* StWuStPr 1998, S. 535 (576).
[1061] *D. Grimm,* NJW 1989, S. 1305 (1310); zustimmend *H. Dreier,* StWuStPr 1993, S. 647 (659).
[1062] *R. Breuer,* Verwaltungsrechtliche Prinzipien und Instrumente des Umweltschutzes, 1989, S. 6.
[1063] *W. Frenz,* Selbstverpflichtungen der Wirtschaft, 2001, S. 67 ff.

verwirklichen, kann dies einen entscheidenden Beitrag zu einem Bewusstseinswandel in der Gesellschaft leisten.

Nicht nur die an der Absprache beteiligten Führungspersonen in Verbänden und Großunternehmen werden durch normative Absprachen in die Verantwortung genommen. Bei der Umsetzung von Selbstverpflichtungen sind Unternehmen unterschiedlicher Größe, Arbeitnehmer aller Rangstufen und letztlich auch Geschäftspartner, Kunden und Verbraucher eingebunden.

Besonders die Umwelt lässt sich nur erfolgreich schützen, wenn möglichst viele Menschen und Institutionen ihren eigenen aktiven Beitrag hierzu dezentral leisten[1065] und jeder seine Stärken[1066] einbringt. Selbstverpflichtungen können den Effekt haben, die Wirtschaft aus der passiven Rolle des Gesetzesgehorsams in die aktive Rolle des zwanglosen Gemeinwohldienstes zu bringen. Sie können der verbreiteten Praxis eines lediglich nachsorgenden Umweltschutzes entgegenwirken.[1067]

Kritiker befürchten, dass sich der Staat selbst durch Kooperationen der eigenen Verantwortung zu entledigen versucht. Es kommt deshalb wesentlich darauf an, in welchem Verhältnis hoheitliche zu privater Verantwortung steht.

4. Faktischer Druck durch Verbände und Wettbewerber

Der politische Druck, den die Bundesregierung auf Verbände zur Umsetzung von Selbstverpflichtungen ausübt, wird von diesen an die Unternehmen weitergegeben.[1068] Verbände achten im Gewinninteresse ihrer Mitglieder aber auch darauf, dass außenstehende Unternehmen von dem Verhalten nicht abweichen.[1069] Dadurch kann die Effektivität der Durchsetzung gesteigert werden. Die rechtliche, insbesondere grundrechtliche und kartellrechtliche Einbindung dieses Effektes gehört zu den ungeklärten Fragen der Dogmatik.

Der Einfluss der Verbände auch auf den Staat ist ein Faktum, das nicht erst in normativen Absprachen seine Ursache hat. Jene sind vielmehr Symptom des wachsenden politischen Einflusses von Wirtschaftsverbänden.[1070]

[1064] Dazu *Der Rat von Sachverständigen für Umweltfragen,* Umweltgutachten 1994 – Für eine dauerhaft-umweltgerechte Entwicklung, 1994, S. 156, Tz. 366 ff.

[1065] *A. Troge,* in: L. Wicke/J. Knebel/G. Braeseke (Hrsg.), Umweltbezogene Selbstverpflichtungen der Wirtschaft, 1997, S. 133 (135).

[1066] *Der Rat von Sachverständigen für Umweltfragen,* Umweltgutachten 1996, S. 96, Tz. 162.

[1067] Ebenda, S. 98, Tz. 167.

[1068] *Chr. Engel,* StWuStPr 1998, S. 535 (552).

[1069] *Chr. Engel,* StWuStPr 1998, S. 535 (578).

Bei der rechtlichen Betrachtung darf dies nicht kritiklos nur als Vorverständnis einfließen. Vielmehr sind die Grenzen zwischen Staat und Gesellschaft in diesem größeren Zusammenhang neu zu ziehen.

Die Effektivität bemisst sich nicht nur nach den vertikalen, sondern auch nach den horizontalen Wirkungen normativer Absprachen. Diese können sogar sachliche und räumliche Grenzen überschreiten:

5. Branchen- und grenzenüberschreitende Vorbildfunktion

Die *Globalität* des Umweltschutzproblems, aber auch des internationalen Wettbewerbs, stellt die Wirksamkeit nationalstaatlicher Regelungen und Lösungen in Frage. Kooperationsmodelle haben die Chance, im internationalen Wettbewerb Vorbildwirkungen zu entfalten, so geschehen bereits zwischen den USA, Großbritannien und Deutschland Anfang der 1970er Jahre bei den Selbstverpflichtungen der Zigarettenhersteller.[1071] Auch besteht die Möglichkeit grenzüberschreitender Selbstverpflichtungen. Als Beispiel mag hier der Rhein-Vertrag zwischen der Stadt Rotterdam und dem deutschen Verband der Chemischen Industrie (VCI) von 1991 dienen.[1072]

Die Chance grenzüberschreitender Problembewältigung gründet bereits in der Internationalisierung des Wettbewerbs und der Unternehmensstrukturen. Regelmäßig schließen sich auch inländische Importeure Selbstverpflichtungen an. Dadurch werden informal Importschranken eingeführt. Ob dafür jedoch ein juristisches Argument spricht, dass nämlich „der deutsche Regulator eine höhere Chance erhält, auch auf die Gestaltung ausländischer Produkte Einfluss zu nehmen"[1073], ist fraglich. Nicht nur Grenzkontrollen und gesetzliche Beschränkungen des freien Warenverkehrs, sondern auch Kartelle und informale Beschränkungen des grenzüberschreitenden Wettbewerbs sind gemeinschaftsrechtlich verboten.

Die Ökonomen haben eine Kollektivgütertheorie entwickelt.[1074] Danach ist der Kreis der Nutzer von Kollektivgütern wie den Umweltressourcen in ökonomisch optimaler Weise mit dem Kreis derjenigen, die über die Bereitstellung und Finanzierung dieser Güter entscheiden, identisch (Äquivalenz- oder Kongruenzprinzip[1075]). Das birgt jedoch die Gefahr, dass der dem Ge-

---

[1070] Zutreffend *T. Köpp,* Normvermeidende Absprachen zwischen Staat und Wirtschaft, 2001, S. 90.
[1071] Hierzu *J. H. Kaiser,* NJW 1971, S. 585 (587).
[1072] Vgl. *A. Rest,* NuR 1994, S. 271 (274 f.).
[1073] *Chr. Engel,* StWuStPr 1998, S. 535 (578).
[1074] *K. Rennings/K. L. Brockmann/H. Bergmann,* Nachhaltigkeit, Ordnungspolitik und freiwillige Selbstverpflichtung, 1996, S. 131 (150).
[1075] *K. Rennings/K. L. Brockmann/H. Bergmann,* ebenda, S. 131 (152).

meinwohl verpflichtete Staat nicht nur mit privatwirtschaftlichen Interessen, sondern zudem mit Vertretern internationaler „Einflussgiganten"[1076] kooperiert. Langfristig müsste die Entscheidungsebene internationalisiert werden. Bestrebungen der Vereinten Nationen zur Schaffung eines „Umwelt-Sicherheitsrates" oder einer Sonderorganisation im Rahmen ihres Umweltprogramms UNEP weisen in die richtige Richtung.[1077] Die internationale Verbreitung ähnlicher, wenn auch national begrenzter Selbstverpflichtungen mag diesen Prozess befruchten, wenn auch nicht ersetzen.

6. Trittbrettfahrerproblem

Auch bei der Effektivität von Selbstverpflichtungen ist nicht deren Wortlaut, sondern deren tatsächliche Umsetzung zum Ansatz zu bringen. Ein Konsens auf dem Papier ist keine Garantie für die Akzeptanz in der Wirtschaft und für die Einhaltung der Absprache. Unverbindliche Absprachen bergen die Gefahr des Trittbrettfahrens in sich.

Mit Trittbrettfahrern sind nicht solche Unternehmen gemeint, die aus guten Gründen und mit Billigung ihrer Wettbewerber einen reduzierten Beitrag zur Erfüllung einer Selbstverpflichtung leisten. Vielmehr handelt es sich um solche Unternehmen, die sich an einer Absprache nicht beteiligen und auch nicht verbandlich organisiert sind oder die sich nur zum Schein verpflichten, dann aber keine Maßnahmen ergreifen. Man nennt sie Trittbrettfahrer, weil sie keinen Beitrag leisten in der Hoffnung, dass die Bemühungen anderer das gewünschte Gesamtergebnis bereits in solchem Maße fördern, dass ihr eigenes Engagement nicht erzwungen werden wird. Solches Verhalten kann seinerseits zu Wettbewerbsverzerrungen führen.

Das Trittbrettfahrerproblem kann sowohl Ursache als auch Wirkung normativer Absprachen sein. Das Problem des Vollzugsdefizits wird durch Normverzicht nicht behoben, ihm wird vielmehr ausgewichen. Die Gefahr des Trittbrettfahrens mindert die Effektivität und die Effizienz.[1078]

7. Vertrauensgewinn oder Distanzverlust

Normative Absprachen setzen gegenseitiges Vertrauen voraus und schaffen gegenseitiges Vertrauen.[1079] Vertrauen kann Grundlage für Deregulierung und Kontrollverzicht sein.[1080] Der positiv besetzte Begriff des Vertrau-

---

[1076] *J. H. Kaiser,* NJW 1971, S. 585.
[1077] *K. Rennings/K. L. Brockmann/H. Bergmann,* Nachhaltigkeit, Ordnungspolitik und freiwillige Selbstverpflichtung, 1996, S. 131 (208).
[1078] *K. Rennings/K. L. Brockmann/H. Bergmann,* ebenda, S. 131 (163).
[1079] *Chr. Engel,* StWuStPr 1998, S. 535 (545).

ens hat jedoch die Kehrseite des Distanzverlustes und der Abhängigkeit. Beide Seiten vertrauen auf die Einhaltung auch rechtlich unverbindlicher Zusagen und setzen damit ihre (politische) Glaubwürdigkeit auf das Spiel.[1081] Die Effekte entstehenden Vertrauens zwischen Staat und Wirtschaft müssen deshalb kritisch begleitet werden. Es besteht die Gefahr, dass ein kurzfristiger Effektivitätsgewinn langfristig mit sinkender Steuerungsfähigkeit des Staates bezahlt wird. Es wird sich zeigen, ob die Idee des aus dem Misstrauen geborenen Rechtsstaates, eines Leviathan (*Thomas Hobbes*), neu zu aktualisieren ist.

IV. Kompromisscharakter normativer Absprachen?

1. Idealer Ausgleich oder Bevorzugung von Partikularinteressen?

Im Konsens kann ein Ausgleich von Interessen stattfinden. Normative Absprachen könnten deshalb einen neuen, interessengerechten Weg zur Lösung politischer Fragen darstellen. Normative Absprachen könnten eine neue Art des Diskurses darstellen, gehen aber über den pluralistischen, lediglich entscheidungsvorbereitenden Diskurs[1082] hinaus, sind vielmehr selbst Entscheidungen und schließen gegebenenfalls Diskurse ab und weitere Diskurse aus. Die Diskurstheorie könnte als Modell solche kooperativen Verfahren legitimieren, aber auch ihre Rahmenbedingungen verbessern helfen.

Dabei stellt sich die Frage, welche Interessen bei diesem Ausgleich überhaupt Berücksichtigung finden und welche Chancen der Durchsetzung sie haben. Der Konsens normativer Absprachen beschränkt sich auf den Ausgleich zwischen den Interessen der an ihnen beteiligten Personen. Wenigstens muss der „argumentierende Staat"[1083] die Verantwortung dafür tragen, dass in die Verhandlungsergebnisse des gemeinsamen Besten bereits das Gemeinwohl als gemeines Bestes eingeflossen ist.

Wenn sich der an das Gemeinwohl gebundene Staat an Absprachen beteiligt, statt einseitig Recht zu setzen, wird das öffentliche Interesse zu einer Verhandlungsposition degradiert. Der Ausgleich zwischen öffentlichen und privaten Interessen eröffnet nicht nur neue Wege zum Gemeinwohl, sondern

---

[1080] Vgl. *G. Lübbe-Wolff*, ZUR 1996, S. 173 (178).
[1081] Zutreffend *T. Köpp*, Normvermeidende Absprachen zwischen Staat und Wirtschaft, 2001, S. 135, 137.
[1082] Dazu *J. Habermas*, Faktizität und Geltung (1992), 4. Aufl. 1994, S. 19.
[1083] *G. F. Schuppert*, Soziologie der öffentlichen Verwaltung, in: H. Dreier (Hrsg.), Rechtssoziologie am Ende des 20. Jahrhunderts, 2000, S. 206 (220).

führt zu Kompromissen zu Lasten des Gemeinwohls und zu Gunsten partikularer Interessen. Vor allem droht der Staat an Durchsetzungsautorität zu verlieren, wenn er sich auf Verhandlungen einlässt, ohne vorher oder wenigstens dabei klare und überzeugende Ordnungsvorstellungen[1084] zu entwickeln.

Die Schwierigkeit, sich über diesen Aspekt des Vorverständnisses zu verständigen oder gar zu einigen, besteht darin, den Topos des Gemeinwohls zu erfassen. Die Definition des Gemeinwohls ist selbst Ergebnis eines öffentlichen Prozesses und komplexer Interessenausgleiche. Bei normativen Absprachen verschwimmt der Prozess der Gemeinwohlfindung mit dem der Gemeinwohlkonkretisierung. Normative Absprachen definieren und relativieren das Gemeinwohl zugleich. Umgekehrt werden partikulare Interessen in normativen Absprachen sowohl verwirklicht als auch gemeinwohldienlich beschränkt. Die Bewertung der Vor- und Nachteile hängt wesentlich davon ab, ob im Einzelfall partikulare Interessen mit Gemeinwohlbelangen *parallel* laufen[1085] und sich deshalb gegenseitig verstärken, oder ob sie gegenläufig sind. Dann darf ein angemessener Ausgleich nicht mit einer Vermengung von Interessen verwechselt werden.

2. Selbstverpflichtungen als „second-best"-Lösungen?

Selbst wenn vielen normativen Absprachen ein Moment des Nachgebens seitens des Staates anhaftet, kann dies trotzdem effektiv auch zu Gunsten des Gemeinwohls sein. Die Wahl von „second best"-Lösungen muss keine Kapitulation darstellen.[1086] Die Beteiligten müssen sich aber die Frage stellen, ob eine „first best"-Lösung durchsetzbar wäre[1087] und zu welchem Preis. Die *Zielfrage* und die *Instrumentenfrage* müssen getrennt werden.[1088] Viele Vorwürfe gegen Selbstverpflichtungen richten sich dagegen, dass die Ziele nicht ehrgeizig genug sind. Das spricht aber nicht notwendig gegen Selbstverpflichtungen als Instrumente. Das Nachgeben des Staates kann sich in den Zielen der Absprachen niederschlagen, kann aber auch allein im Instrument der Selbstverpflichtung unter Verzicht auf hoheitliche Regelungen liegen.

[1084] *A. Helberg,* Normabwendende Selbstverpflichtungen …, 1999, S. 293 im Anschluss an *H. Lecheler,* BayVBl. 1992, S. 545 (547), *M. Kloepfer,* Gesetzgebung im Rechtsstaat, VVDStRL 40 (1982), S. 63 (72).

[1085] Dazu *Chr. Engel,* StWuStPr 1998, S. 535 (572).

[1086] In diesem Sinne aber *J. Flasbarth,* in: L. Wicke/J. Knebel/G. Braeseke (Hrsg.), Umweltbezogene Selbstverpflichtungen der Wirtschaft, 1997, S. 63 (65).

[1087] *L. Wicke/J. Knebel,* in: dies./G. Braeseke (Hrsg.), Umweltbezogene Selbstverpflichtungen der Wirtschaft, 1997, S. 1 (47).

[1088] *A. Merkel,* ebenda, 1997, S. 73 (76).

3. Selbstverpflichtungen zu „business as usual"?

Kooperationen mit der Wirtschaft haben Befürchtungen genährt, dass „das jeweils schwächste Glied das Tempo bestimmt und sich die Wirtschaft nur zu Zielen verpflichtet, die sie ohnehin ansteuert"; die Wirkung mancher Selbstverpflichtung gehe über den Effekt des „business as usual" nicht hinaus.[1089] Dieser Vorwurf kann aber nicht verallgemeinert werden. Normative Absprachen sind nicht bloß symbolische Politik.[1090] Es kommt wesentlich auf das staatliche Drohpotential an. Gerade wenn der Staat selbst glaubwürdig ordnungspolitische Maßnahmen androht und mit der nötigen Ernsthaftigkeit und Nachdrücklichkeit verhandelt, kann er die Wirtschaft dazu bewegen, über ein „business as usual" hinauszugehen.[1091]

Aus der Tatsache, dass Unternehmen aus wirtschaftlichen Motiven handeln, darf jedenfalls nicht geschlossen werden, dass nur rechtlicher Zwang öffentlichen Interessen Wirkung verschaffen kann. Informale Drohungen des Staates und ein durch die Öffentlichkeit beeinflusstes Verbraucherverhalten können Druck auf Unternehmen ausüben. Bevor man „business as usual" als Ineffektivität brandmarkt, muss geklärt werden, ob die gewöhnliche Wirtschaftsentwicklung sich abzeichnendes Verbraucherverhalten zu Gunsten des Gemeinwohls berücksichtigt. Es ist eine rein politische Entscheidung, ob dem Gemeinwohl darüber hinaus Wirkung zu verschaffen ist.

4. Ausschluss der Gefahrenabwehr?

Immer wieder wird behauptet, dass normative Absprachen im Bereich der Risikovorsorge geeignet, im Bereich der Gefahrenabwehr jedoch ausgeschlossen seien.[1092] Dahinter steht ein Misstrauen gegen die Effektivität von Kooperationslösungen. Richtig ist, dass im Bereich der Gefahrenab-

---

[1089] *Der Rat von Sachverständigen für Umweltfragen,* Umweltgutachten 1996, S. 98, Tz. 165, 167; vgl. auch das Beispiel hierzu ebd. auf S. 335, Tz. 1005.
[1090] Wie hier: *Chr. Engel,* StWuStPr 1998, S. 535.
[1091] *A. Merkel,* in: L. Wicke/J. Knebel/G. Braeseke (Hrsg.), Umweltbezogene Selbstverpflichtungen der Wirtschaft, 1997, S. 87 (95).
[1092] *H.-G. Henneke,* NuR 6 (1991), S. 267 (271) m.w.N.; vgl. auch *H. v. Lersner,* Verwaltungsrechtliche Instrumente des Umweltschutzes, 1983, S. 23 einerseits („nur Gefahrenvorsorge") und *U. Dempfle,* Normvertretende Absprachen, 1994, S. 44 andererseits. *F. Schafhausen,* in: L. Wicke/J. Knebel/G. Braeseke (Hrsg.), Umweltbezogene Selbstverpflichtungen der Wirtschaft, 1997, S. 171 (173): „Kein Zweifel besteht auch daran, dass Selbstverpflichtungen zur Umweltvorsorge eingesetzt werden können. Das Instrumentarium zur Gefahrenabwehr trägt nach wie vor ordnungsrechtliche Züge." Ohne Problematisierung: *W. Frenz,* Selbstverpflichtungen der Wirtschaft, 2001, S. 73 („auch zur Gefahrenabwehr").

wehr die Effektivität der Maßnahmen höchste Priorität hat und Effizienzgesichtspunkte in den Hintergrund treten müssen.

Aber das schließt informale Maßnahmen nicht aus, wenn diese einen Effektivitätsvorteil versprechen, insbesondere wenn sie schneller zu greifen versprechen. Die Verwaltung hat bei der Einschätzung der Effektivität eine Einschätzungsprärogative. Sogar die Polizei handelt nach dem Opportunitätsprinzip und hat ein Auswahlermessen (Art. 5 Abs. 1 BayPAG).[1093] Dass auch das Subsidiaritätsprinzip sogar im Polizeirecht gilt, zeigt die Figur der „Eigenvornahme" (vgl. auch Art. 5 Abs. 2 S. 2 PAG: „Dem Betroffenen ist auf Antrag zu gestatten, ein anderes ebenso wirksames Mittel anzuwenden, sofern die Allgemeinheit dadurch nicht stärker beeinträchtigt wird.") Dabei kann gerade die Unaufgeklärtheit eines Sachverhaltes zur Kooperation zwingen.[1094] Die Handlungsnotwendigkeit sowie die Effektivität der Handlungsform gilt es zu prognostizieren und die Folgen abzuschätzen.[1095]

Der Schwerpunkt der Praxis liegt im Bereich der Risikovorsorge[1096], also nicht bei der Gefahrenabwehr. Ob das daran liegt, dass die Länderbehörden die Generalklauseln des öffentlichen Sicherheitsrechts im Widerspruch zum Inhalt normativer Absprachen interpretieren könnten,[1097] muss jedoch bezweifelt werden. Das Gegenbeispiel des Ausstiegs aus der Asbestproduktion[1098] fällt wegen deren gravierender Gesundheitsgefahren in den Bereich der Gefahrenabwehr: Bereits die Produktion löste Gefahren bei den in der Produktion beschäftigten Menschen aus.

V. Beschleunigung oder Verzögerung?

Selbstverpflichtungen wird im Vergleich zu formeller Rechtsetzung eine „schnellere Umsetzung umweltpolitischer Ziele"[1099] nachgesagt. So sei der vorzeitige Ausstieg der deutschen Industrie aus der FCKW-Produktion

---

[1093] *H.-U. Gallwas/W. Mößle,* Bayerisches Polizei- und Sicherheitsrecht, 2. Aufl. (1996), Rdnr. 266.

[1094] *R. Breuer,* Diskussionsbeitrag in VVDStRL 52 (1993), S. 358 (360); *ders.,* in: W. Hoffmann-Riem/E. Schmidt-Aßmann (Hrsg.), Konfliktbewältigung durch Verhandlungen, Bd. I, 1990, S. 231 (251).

[1095] Vgl. auch *W. Berg,* Die verwaltungsrechtliche Entscheidung bei ungewissem Sachverhalt, 1980.

[1096] Hierzu *K.-H. Ladeur,* Das Umweltrecht der Wissengesellschaft, 1995, S. 69 ff., 99 ff.

[1097] *Chr. Engel,* StWuStPr 1998, S. 535 (553).

[1098] Zu diesem Beispiel siehe S. 63; *A. Troge,* in: L. Wicke/J. Knebel/G. Braeseke (Hrsg.), Umweltbezogene Selbstverpflichtungen der Wirtschaft, 1997, S. 133 (138).

[1099] *K. Rennings/K. L. Brockmann/H. Bergmann,* Nachhaltigkeit, Ordnungspolitik und freiwillige Selbstverpflichtung, 1996, S. 131 (172).

1992–1994 der Selbstverpflichtung vom 30. Mai 1990 zu verdanken[1100], die schneller gewirkt habe als eine Regelung im Verordnungswege.[1101] Kritiker[1102] hingegen weisen auf die Gefahr hin, dass Verhandlungen zu Verschleppungs- und Verzögerungseffekten[1103] führen. Beispiele hierfür seien die Selbstverpflichtungen zur Produktverantwortung in Sachen Elektroschrott, Altautos und Batterien.[1104] Verschleppung sei vor allem zu befürchten, wenn der Staat kein glaubwürdiges Sanktions- bzw. Drohpotential habe; Beispiel hierfür sei die Diskussion um die Getränkeverpackungen seit den 70er Jahren.[1105] Auch bei der Selbstverpflichtung der Arzneimittelhersteller im Gegenzug zum Verzicht der Bundesregierung auf eine Gesetzesinitiative vom 8. November 2001 wurde eine Verzögerung der Verabschiedung einer gesetzlichen Gesundheitsreform in Kauf genommen.[1106]

Die Beschleunigung bzw. Verzögerung sollte nicht allein am Zeitpunkt der Abgabe einer Selbstverpflichtung bzw. des In-Kraft-Tretens der Regelung bemessen werden. Vielmehr ist unter Effektivitätsgesichtspunkten entscheidend, wie schnell und wie stark sich das tatsächliche Verhalten der Wirtschaft ändert. Die Schnelligkeit des Effektes der Steuerungsinstrumente ist also auch auf den Zeitraum nach Abschluss des Rechtsetzungs- bzw. Verhandlungsprozesses zu beziehen. Wenn Verhandlungslösungen schneller als hoheitliche Regelungen in der Praxis wirken, dann kann eine Verzögerung durch den Verhandlungsprozess insgesamt gesehen kompensiert oder gar überkompensiert werden. Einzubeziehen ist auch die Dauer potenzieller Verwaltungsverfahren und eventueller Rechtsstreitigkeiten.

1. Auswahl des Kreises der Absprachebeteiligten

Eine Chance zur Beschleunigung von Absprachen kann darin liegen, dass der Kreis der an ihr Beteiligten beschränkt wird. Im „kleinen Kreis" kön-

---

[1100] BT-Drs. 11/8166, S. 49; hierzu *G. Hucklenbruch,* Umweltrelevante Selbstverpflichtungen, 2000, S. 47.

[1101] So die Einschätzung des Bundesminister für Umwelt, Naturschutz und Reaktorsicherheit *K. Töpfer,* in: Umwelt 1992, S. 343 f.

[1102] Kritisch *F. v. Zezschwitz,* JA 1978, S. 497 (501).

[1103] *E. Bohne,* JbRSoz 1982, S. 266 (275); *H. Dreier,* StWuStPr 1993, S. 647 (661) m.w.N.; *K. Rennings/K. L. Brockmann/H. Bergmann,* Nachhaltigkeit, Ordnungspolitik und freiwillige Selbstverpflichtung, 1996, S. 131 (153); *M. Kohlhaas/ B. Praetorius/R. Eckhoff/Th. Hoeren,* Selbstverpflichtungen der Industrie zur CO_2-Reduktion, 1994, S. 56; *Chr. Engel,* StWuStPr 1998, S. 535 (549).

[1104] *Der Rat von Sachverständigen für Umweltfragen,* Umweltgutachten 1996, S. 173, Tz. 413.

[1105] *L. Wicke/J. Knebel,* in: dies./G. Braeseke (Hrsg.), Umweltbezogene Selbstverpflichtungen der Wirtschaft, 1997, S. 1 (27).

[1106] SZ vom 10./11. November 2001, S. 5.

nen schneller Einigungen erzielt und Kompromisse geschlossen werden. Derartige Effekte werden auch bei Tarifverhandlungen durch so genannte Pilotabschlüsse genutzt. Diese Pilotabschlüsse sollen exemplarisch sein und branchenweit übernommen werden. Vergleichbare Effekte sollen auch bei informalen Absprachen zwischen der Bundesregierung und einzelnen Verbänden bzw. einzelnen Großunternehmen erzielt werden.

Das Dilemma[1107], dass Absprachen zwischen wenigen Beteiligten zunächst auch nur sehr begrenzte Wirkungen entfalten, soll damit überwunden werden, dass die Absprache Vorbildwirkung entfaltet und über Verbände an eine Vielzahl von Unternehmen vermittelt wird. Allerdings gilt auch für die Umsetzung normativer Absprachen: Je mehr Beteiligte sich anschließen, desto unübersichtlicher[1108] wird die Bewertung der erzielten Effekte. Nicht nur die Größe, sondern auch die Kohärenz der beteiligten Verbände spielt eine Rolle.[1109]

Auch die Auswahl der beteiligten Hoheitsträger kann den Verhandlungsverlauf entscheidend beeinflussen. So kann die Beteiligung des Bundesministers für Wirtschaft neben dem Bundesminister für Umwelt eine positive Signalwirkung auf die Wirtschaft haben (Beispiel: Atomkonsens[1110]). Die Einschaltung des Justizministeriums zur Prüfung rechtlicher Fragen (Beispiel: Atomkonsens) kann notwendig sein, auch wenn dies den Verhandlungsverlauf verzögert. Die Beteiligung des Bundeskanzlers kann wegen dessen Richtlinienkompetenz und Autorität schwierigen Verhandlungen zum Durchbruch verhelfen, Unstimmigkeiten innerhalb der Bundesregierung überwinden und mit einem „Machtwort" sogar Überraschungsergebnisse bringen (Beispiel: Frauenförderung). Auch wenn die zu beteiligenden Hoheitsträger beschränkt werden, kann dies zu Beschleunigungseffekten führen. Die Nichtbeteiligung z.B. des Bundestages und des Bundesrates erleichtert und beschleunigt das Regierungshandeln. Dieser Effekt hängt mit dem folgenden Punkt zusammen:

2. Substitution formeller Verfahren

Die Substitution formeller Verfahren der Rechtsetzung kann für sich genommen zu Beschleunigungseffekten führen. Kompetenzielle Verflechtungen erschweren immer mehr die staatliche Steuerung. Wenn der Konsens

---

[1107] Ähnlich *A. Benz,* Kooperative Verwaltung, 1994, S. 317.

[1108] *M. Kohlhaas/B. Praetorius/R. Eckhoff/Th. Hoeren,* Selbstverpflichtungen der Industrie zur CO_2-Reduktion, 1994, S. 62 m.w.N.

[1109] *A. Merkel,* in: L. Wicke/J. Knebel/G. Braeseke (Hrsg.), Umweltbezogene Selbstverpflichtungen der Wirtschaft, 1997, S. 87 (95); *T. Köpp,* Normvermeidende Absprachen zwischen Staat und Wirtschaft, 2001, S. 93 ff.

[1110] Zu diesem Beispiel siehe S. 65, 105 ff.

zwischen Hoheitsträgern Schwierigkeiten erwarten lässt, ist informales Handeln ein willkommener Ausweg.[1111] Andere bezweifeln, ob Absprachen wirklich schneller und einfacher als im Gesetzgebungsverfahren verhandelbar sind.[1112] Bezeichnenderweise wurde zu Beschleunigungszwecken gelegentlich sogar umgekehrt das Verfahren der Gesetzgebung als Ersatz für Planfeststellungsverfahren gewählt (Legalplanung)[1113].

Wie schnell informale Absprachen verhandelbar sind, hängt von vielen Faktoren ab. Die Gegensätzlichkeit der Verhandlungspositionen, die Kompromissbereitschaft, die Entscheidungsreife, Verhandlungsstrategien, die Begrenzung des Teilnehmerkreises, auch die Autorität und Verhandlungsstärke einzelner Beteiligter können dabei ausschlaggebend sein. Darüber hinaus stehen Beschleunigungseffekte unter dem Vorbehalt, dass nicht nur der Absprachebprozess erfolgreich abgeschlossen wird, sondern die Selbstverpflichtung auch tatsächlich eingehalten wird. Wenn hingegen gesetzliche Maßnahmen wegen Scheiterns einer Selbstverpflichtung erst geschaffen werden müssen, kann viel Zeit verloren gehen.[1114]

Der relative Beschleunigungseffekt gegenüber formeller Rechtsetzung hängt von der zu erwartenden Dauer eines entsprechenden Verfahrens ab. Dies hängt wiederum von vielen Umständen ab, insbesondere von politischen Konstellationen im Einzelfall. Allgemeine Aussagen hingegen lassen sich darüber treffen, dass unterschiedliche Verfahren der Rechtsetzung ganz unterschiedlichen Zeitaufwand fordern.

Bemerkenswert ist, dass die meisten normativen Absprachen in Deutschland in Bereichen getroffen werden, in denen das relativ schnellste Verfahren der Rechtsetzung zur Verfügung stünde: der Erlass von *Rechtsverordnungen* durch die Bundesregierung auf Grund bereits bestehender gesetzlicher Ermächtigungen[1115]. Allerdings ist zu bedenken, dass diese Rechtsverordnungen regelmäßig von der Zustimmung des Bundesrates abhängig wären und diese Zustimmung in der bisherigen Praxis nicht für entsprechende normative Absprachen eingeholt wird.

[1111] *U. Di Fabio,* VVDStRL 56 (1997), S. 235 (238).

[1112] *J. Oebbecke,* DVBl. 1986, S. 793 (794) m.w.N.; *U. Dempfle,* Normvertretende Absprachen, 1994, S. 28.

[1113] Vgl. hierzu BVerfGE 95, 1 – Lex Stendal; auch hierbei wurden Zweifel am tatsächlichen Beschleunigungseffekt laut, vgl. *W. Blümel,* DVBl. 1997, 204 (211). Unter dem Aspekt der Flexibilität vgl. auch *W. Mößle,* Regierungsfunktionen des Parlaments, 1986, S. 224 ff.

[1114] *J. Flasbarth,* in: L. Wicke/J. Knebel/G. Braeseke (Hrsg.), Umweltbezogene Selbstverpflichtungen der Wirtschaft, 1997, S. 63 (70).

[1115] Beispiel: bei der Selbstverpflichtung der Kunststofferzeugenden Industrie vom 22. August 1986 wäre eine Ergänzung der Gefahrstoffverordnung und der Störfallverordnung nach § 17 Chemikaliengesetz in Frage gekommen. Hierzu siehe S. 49; *J. Knebel/L. Wicke/G. Michael,* Selbstverpflichtungen ..., 1999, S. 421 f.

Wenn ein Vorteil von Selbstverpflichtungen in der Beschleunigung gegenüber zeitaufwändigen *parlamentarischen* Verfahren sowie langwierigen Abstimmungen auf der *EU-Ebene* gesehen wird, dann wird damit nur ein (quantitativ geringer) Teil der Praxis erfasst. Als Beispiel lässt sich die Selbstverpflichtung über die Kennzeichnung der Inhaltsstoffgruppen von Wasch- und Reinigungsmitteln vom April 1990 anführen[1116], der gegenüber eine EG-Verordnung frühestens zwei Jahre später hätte greifen können.[1117]

Besonders groß ist der Aufwand, wenn eine entsprechende Verordnungsermächtigung erst gesetzlich geschaffen werden soll, deren Gebrauch somit nur mittelbar angedroht werden kann. Auch langwierige Notifizierungsverfahren bei der EG werden bei normativen Absprachen, z.B. beim Asbestausstieg[1118] immer wieder umgangen.

An dieser Stelle kann fest gehalten werden, dass die Durchführung formeller Verfahren Zeit kostet und deshalb Beschleunigungseffekte informaler Absprachen nicht von der Hand zu weisen sind. Ob eine Beschleunigung eintritt, hängt jedoch von vielen Faktoren des Einzelfalles ab, deren Einschätzung der Prognose der Politik obliegt. An dieses Vorverständnis knüpfen sich vor allem rechtliche und rechtspolitische Fragen an. Inwieweit die Substitution formeller Verfahren rechtlich zulässig ist, wird im Einzelnen zu prüfen sein. Über die rechtliche Frage einer notwendigen Teilformalisierung normativer Absprachen hinaus stellt sich die rechtspolitische Frage, ob Verfahren der Rechtsetzung vereinfacht werden sollten. Eine „Bilanz der Vor- und Nachteile"[1119] lässt sich an dieser Stelle nicht ziehen, weil insbesondere der Beschleunigungseffekt des Informalen unter dem Vorbehalt der rechtlichen Zulässigkeit steht.

3. Vermeidung von Rechtsstreitigkeiten oder Schaffung neuer Rechtsunsicherheiten?

Im Konsens normativer Absprachen wird der Vorteil[1120] gesehen, Rechtsstreitigkeiten ungewissen Ausgangs[1121] vermeiden zu können, insbesondere wenn einer formalen Rechtsetzung Normenkontrollverfahren drohen würden.[1122] Dadurch entstehen Effizienz- und Effektivitätsvorteile, weil nicht

---

[1116] *A. Troge,* in: L. Wicke/J. Knebel/G. Braeseke (Hrsg.), Umweltbezogene Selbstverpflichtungen der Wirtschaft, 1997, S. 133 (142).
[1117] *J. Knebel/L. Wicke/G. Michael,* Selbstverpflichtungen ..., 1999, S. 505.
[1118] *A. Troge,* in: L. Wicke/J. Knebel/G. Braeseke (Hrsg.), Umweltbezogene Selbstverpflichtungen der Wirtschaft, 1997, S. 133 (138).
[1119] *A. Benz,* Kooperative Verwaltung, 1994, S. 318.
[1120] *H. Bauer,* VerwArch 78 (1987), S. 241 (252).
[1121] *M. Kohlhaas/B. Praetorius/R. Eckhoff/Th. Hoeren,* Selbstverpflichtungen der Industrie zur CO_2-Reduktion, 1994, S. 60.

nur unmittelbare Kosten des Rechtsstreits entfallen, sondern auch Beschleunigungseffekte entstehen.[1123] Absprachen bieten darüber hinaus die Chance, dort präzisere Maßstäbe zu formulieren, wo der Gesetz- und Verordnunggeber nur unbestimmte, sehr abstrakte Normen und Zielvorstellungen vorgibt.[1124]

Aber gleichzeitig werden Zweifel daran erhoben, ob nicht die Unverbindlichkeit derartiger Instrumente gleichzeitig zu einer Einbuße an Rechtssicherheit[1125] und Effektivität führt. Die „Unübersichtlichkeit und Inkonsistenz"[1126] der Verhaltenssteuerung im Umweltrecht kann durch normative Absprachen noch gesteigert werden. Außerdem beruht die Vermeidung von Rechtsstreitigkeiten nicht nur darauf, dass im Konsens keinerlei Konfliktpotenzial entstünde. Vielmehr sind bislang die Möglichkeiten unterschätzt worden, normative Absprachen rechtlich überprüfen zu lassen. Es führt zu weiteren Rechtsunsicherheiten, dass „in kooperative Flechtwerke ... selten das Licht richterlicher Entscheidungsrationalität"[1127] fällt.

4. Normantizipierende Absprachen

Schließlich ist es auch möglich, dass Selbstverpflichtungen einer bereits geplanten hoheitlichen Regelung zeitlich vorausgehen, ohne diese zu ersetzen. Für die Betroffenen kann gerade in dem dadurch entstehenden Beschleunigungseffekt der Vorteil liegen, sich früher und damit reibungsloser auf eine ohnehin bald rechtlich gebotene Lage einzustellen und deren Ziele und Anforderungen zu internalisieren.[1128] Selbstverpflichtungen sind auch als „Interimslösungen geeignet"[1129].

[1122] *K. Rennings/K. L. Brockmann/H. Bergmann*, Nachhaltigkeit, Ordnungspolitik und freiwillige Selbstverpflichtung, 1996, S. 131 (172).

[1123] *H. Bauer*, VerwArch 78 (1987), S. 241 (250 f.); *H. Dreier*, StWuStPr 1993, S. 647 (657); *U. Dempfle*, Normvertretende Absprachen, 1994, S. 41 f.; *M. Kohlhaas/B. Praetorius/R. Eckhoff/Th. Hoeren*, Selbstverpflichtungen der Industrie zur CO_2-Reduktion, 1994, S. 54 f.; *A. Helberg*, Normabwendende Selbstverpflichtungen ..., 1999, S. 72 f.

[1124] *H. Schulze-Fielitz*, DVBl. 1994, S. 657 (660) nennt „die Diskrepanz zwischen dem Abstraktionsgrad jener gesetzlichen Vorgaben, d.h. ihrer geringen Regelungsdichte, und dem Detaillierungsgrad der zu lösenden praktischen Einzelfragen" sogar „den Hauptgrund für Absprachen". Vgl. auch *H. Dreier*, StWuStPr 1993, S. 647 (656). Fraglich ist, inwieweit das auch für normsetzende Absprachen gilt.

[1125] *E. Geis*, Diskussionsbeitrag, in: VVDStRL 56 (1997), S. 288.

[1126] *U. Volkmann*, VerwArch 89 (1998), S. 363.

[1127] *U. Di Fabio*, VVDStRL 56 (1997), S. 235 (255).

[1128] Vgl. *M. Kohlhaas/B. Praetorius/R. Eckhoff/Th. Hoeren*, Selbstverpflichtungen der Industrie zur CO_2-Reduktion, 1994, S. 55.

[1129] *F. Schafhausen*, in: L. Wicke/J. Knebel/G. Braeseke (Hrsg.), Umweltbezogene Selbstverpflichtungen der Wirtschaft, 1997, S. 171 (175).

VI. Flexibilität oder Abhängigkeit?

Normativen Absprachen wird der Vorteil der Flexibilität[1130] im Vergleich zu starren Normen und deren Vollzug zuerkannt.[1131] An dieser Stelle soll nicht vertieft werden, inwieweit sich hinter dem Schlagwort der Flexibilität als Vorverständnis bzw. Vorurteil ein Bild des müden Beamten einerseits und der lebendigen Kräfte des Marktes andererseits verbirgt.[1132] Auch kann hier nicht behandelt werden, inwieweit sich die Flexibilität ordnungsrechtlicher Mittel steigern ließe.[1133] Vielmehr soll hinterfragt werden, ob normative Absprachen die Steuerungsmöglichkeiten des Staates flexibilisieren, oder ob sie den Staat in Abhängigkeiten bringen, die langfristig seine Steuerungsfähigkeit in Frage stellen.

1. Unbestimmtheit und Offenheit

Indem normative Absprachen bisweilen nur Ziele vorgeben, bleibt es der Wirtschaft überlassen, diese Ziele flexibel zu verfolgen. Dabei kann den jeweiligen Besonderheiten einzelner Branchen[1134] und Unternehmen unter Effizienzgesichtspunkten Rechnung getragen werden. Demgegenüber wurde dem Ordnungsrecht drastisch bildhaft das „Rasenmäherprinzip"[1135] zugeschrieben. Die Offenheit[1136] informaler Instrumente erlaubt es auch, sich den wandelnden Problemen, neuen wissenschaftlichen Erkenntnissen und dem technischen Fortschritt anzupassen. Normative Absprachen eröffnen Korrekturmöglichkeiten bei umweltpolitischer Fehlsteuerung[1137].

Allerdings besteht die Gefahr, dass Flexibilität zwar die größte Effizienz theoretisch ermöglicht, praktisch aber hinter einem gesichert durchsetzbaren Mindesterfolg zurückbleibt.[1138] Die Unbestimmtheit und Unverbindlich-

---

[1130] Vgl. zur Flexiblität allgemein die Beiträge in W. Hoffmann-Riem/E. Schmidt-Aßmann (Hrsg.), Innovation und Flexibilität des Verwaltungshandelns, 1994.

[1131] A. Helberg, Normabwendende Selbstverpflichtungen ..., 1999, S. 69; C. Franzius, Die Herausbildung der Instrumente indirekter Verhaltenssteuerung im Umweltrecht der Bundesrepublik Deutschland, 2000, S. 169 bezeichnet die Flexibilität als „unbestrittenen" Vorzug.

[1132] U. Di Fabio, VVDStRL 56 (1997), S. 235 (239).

[1133] Konkret hierzu M. Kohlhaas/B. Praetorius/R. Eckhoff/Th. Hoeren, Selbstverpflichtungen der Industrie zur CO_2-Reduktion, 1994, S. 63.

[1134] K. Rennings/K. L. Brockmann/H. Bergmann, Nachhaltigkeit, Ordnungspolitik und freiwillige Selbstverpflichtung, 1996, S. 131 (172).

[1135] J. Knebel/L. Wicke/G. Michael, Selbstverpflichtungen ..., 1999, S. 307.

[1136] BVerfGE 98, 106 (122) – Verpackungsteuer: „Offenheit ... der Kooperation".

[1137] Kritisch gegenüber BVerfGE 98, 106 (122) insoweit M. Bothe, NJW 1998, S. 2333 (2334).

keit[1139] sind der Preis für die gewonnene Flexibilität. Es ist vor allem fraglich, in wessen Interesse und zu wessen Gunsten die bestehende Flexibilität ausgenutzt wird. Eine Lockerung der angestrebten Standards erscheint wahrscheinlicher als deren Verschärfung.[1140] Aus staatlicher Sicht ist aber zu fragen, ob dem Gemeinwohl nicht vor allem durch eine Flexibilität, Standards zu verschärfen, gedient ist und wie eine derartige Dynamik zu erreichen ist. Fraglich ist auch, ob die dynamische Effizienz bei Selbstverpflichtungen einen Anreiz zu weiterem Fortschritt bietet, wenn deren Ziel erreicht ist.[1141]

2. Änderbarkeit

Theoretisch lassen sich informale Absprachen *jederzeit ändern* und bieten die „Möglichkeit einer flexiblen und schnellen Zielanpassung bei sich verändernden wirtschafts- und umweltpolitischen Rahmenbedingungen"[1142]. Manche Selbstverpflichtungen zeichnen sich durch einen *experimentellen, vorläufigen* Charakter aus.[1143] Bisweilen kommt die *Prozesshaftigkeit* von Selbstverpflichtungen auch in der Vereinbarung von Zwischenbilanzierungen und Gesprächen über eventuelle Aktualisierungen und Erweiterungen zum Ausdruck[1144]. So wie sich informale Absprachen in informalen Prozessen ändern lassen, so lassen sich Gesetze und Verordnungen in den dafür vorgesehenen Verfahren ändern. Auf welche Widerstände dies stoßen kann, ist Frage des Einzelfalles. Es lassen sich jedoch auch verallgemeinerbare, strukturell begründete Aussagen treffen:

Die Mehrzahl der normativen Absprachen in Deutschland substituiert Rechtsverordnungen. Verordnungsermächtigungen haben gegenüber Detail-

---

[1138] So *Der Rat von Sachverständigen für Umweltfragen,* Umweltgutachten 1996, S. 173, Tz. 413, der „ein größeres Maß an Flexibilität" zugesteht, aber auch „die Gefahr, dass die gewünschten Effekte nicht verwirklicht werden" sieht. Vgl. jedoch *U. Dempfle,* Normvertretende Absprachen, 1994, S. 45.
[1139] *M. Kohlhaas/B. Praetorius/R. Eckhoff/Th. Hoeren,* Selbstverpflichtungen der Industrie zur CO_2-Reduktion, 1994, S. 61 einerseits, S. 120 andererseits.
[1140] *M. Kohlhaas/B. Praetorius/R. Eckhoff/Th. Hoeren,* ebenda, S. 61 f.; *M. Schmidt-Preuß,* VVDStRL 56 (1997), S. 160 (216).
[1141] *K. Rennings/K. L. Brockmann/H. Bergmann,* Nachhaltigkeit, Ordnungspolitik und freiwillige Selbstverpflichtung, 1996, S. 131 (163).
[1142] *K. Rennings/K. L. Brockmann/H. Bergmann,* ebenda, S. 131 (172).
[1143] *D. Ruchay,* in: L. Wicke/J. Knebel/G. Braeseke (Hrsg.), Umweltbezogene Selbstverpflichtungen der Wirtschaft, 1997, S. 153 (159).
[1144] Beispiel: Selbstverpflichtungen zur Klimavorsorge vom 10. März 1995 und vom 27. März 1996; vgl. *F. Schafhausen,* in: L. Wicke/J. Knebel/G. Braeseke (Hrsg.), Umweltbezogene Selbstverpflichtungen der Wirtschaft, 1997, S. 171 (183). Zu diesem Beispiel siehe S. 55.

regelungen in Parlamentsgesetzen den Vorteil der Flexibilität, weil sich Verordnungen auf Grund der Ermächtigung leichter ändern lassen als Parlamentsgesetze.[1145] Die Flexibilität der Rechtsetzung ist angesichts der schnellen Änderbarkeit von Verordnungen nicht zu unterschätzen. Auch die Möglichkeit von Eilverordnungen ist in Betracht zu ziehen.

Absprachen können die politische Flexibilität des rechtsetzenden Staates auch einschränken und behindern.[1146] Das gegenseitig geschaffene Vertrauen kann den Staat in politische Zwänge verstricken. Die Hemmschwelle für staatliche Eingriffe wird erhöht, wenn Private ebenfalls ein Drohmittel, nämlich das der Aufkündigung eingegangener Selbstverpflichtungen, erhalten[1147]. Der Staat muss dann eine Neuregelung mit der „Reregulierung" vormals kooperativ gestalteter Bereiche verknüpfen.

Die „Kontinuität des Rechts"[1148] ist kein struktureller Gegensatz zur Flexibilität von Absprachen. Der Gedanke vom „Recht auf Zeit"[1149] ist für formelle und informale Rechtsetzung gleichermaßen fruchtbar zu machen. Bereits *Montesquieu* erkannte, dass es „oft ... sogar angebracht (ist), ein Gesetz erst versuchsweise zu erlassen, ehe man es endgültig einführt."[1150] Auch normative Absprachen können experimentellen Charakter haben und die Qualität der Rechtsetzung steigern. Wichtig ist dabei jedoch, dass der Staat ihren vorläufigen Charakter bewahrt und seine Rechtsetzungsautorität nicht untergräbt. Als Theoriemodell für Versuchshaftigkeit vorläufiger Gemeinwohlkonkretisierungen lässt sich der kritische Rationalismus *Karl R. Poppers* und das Prinzip von „trial and error" heranziehen.[1151]

[1145] *H. Schulze-Fielitz*, Theorie und Praxis parlamentarischer Gesetzgebung, 1988, S. 197.

[1146] *H. Dreier*, StWuStPr 1993, S. 647 (663).

[1147] Beispiel: Kernenergiepolitik als Voraussetzung für Klima-Selbstverpflichtungserklärung des VDEW; vgl. *K. Rennings/K. L. Brockmann/H. Bergmann*, Nachhaltigkeit, Ordnungspolitik und freiwillige Selbstverpflichtung, 1996, S. 131 (167).

[1148] *R. Breuer*, AöR 101 (1976), S. 46 (47) m.w.N.; jetzt hierzu auch *A. Leisner*, Kontinuität als Verfassungsprinzip, 2002.

[1149] *E. Schmidt-Aßmann*, Das allgemeine Verwaltungsrecht als Ordnungsidee, 1998, S. 27; *H. Schulze-Fielitz*, in: W. Hoffmann-Riem/E. Schmidt-Aßmann (Hrsg.), Innovation und Flexibilität des Verwaltungshandelns, 1994, S. 139 ff.; vgl. allgemeiner hierzu *P. Häberle*, ZfP 21 (1974), S. 111 ff., auch in: *ders.*, Verfassung als öffentliche Prozeß, 3. Aufl. 1998, S. 59 ff.

[1150] *Montesquieu*, De l'Esprit des Lois (1748), Vom Geist der Gesetze, 2. Aufl. 1992, Band 1, S. 24.

[1151] *K. R. Popper*, The Open Society and Its Enimies (1945), Die offene Gesellschaft und ihre Feinde, 7. Aufl. 1992, II S. 154, 269 ff., 278 ff., 341 ff.; hierzu *P. Häberle*, Verfassungstheorie zwischen Dialektik und Kritischem Rationalismus, Zeitschrift für Rechtstheorie 7 (1976); auch in: *ders.*, Verfassung als öffentlicher Prozess (1978), 3. Aufl. 1998, S. 303 ff.; speziell für das informale Staatshandeln hierzu *H. Schulze-Fielitz*, Der informale Verfassungsstaat, 1984, S. 103; für die

VII. Deregulierung oder Reregulierung?

Deregulierung hat zum Ziel, den Staat, der sich bisweilen übernommen hat, zu entlasten.[1152] Bei normativen Absprachen wird nicht nur die Rechtsetzung, sondern mittelbar auch der Verwaltungsvollzug substituiert.[1153] Der Verwaltungs- und Kontrollaufwand[1154] kann so reduziert werden.[1155] Auch die dritte Gewalt kann durch Vermeidung von Rechtsstreitigkeiten[1156] entlastet werden. Befürworter sehen in Kooperationslösungen „eine sinnvolle Entlastung von staatlicher Verantwortung und der zu ihrer Wahrnehmung erforderlichen Kontrolle."[1157] Dafür sprechen insbesondere auch Effizienzgesichtspunkte in Gestalt fiskalischer Argumente, deren Bedeutung allerdings rechtlich beschränkt ist.[1158]

Es wird zwischen materieller und verfahrensrechtlicher Deregulierung unterschieden.[1159] Materielle Deregulierung bezieht sich auf unmittelbar umweltbezogene Anforderungen einschließlich der Informationspflichten. Darum geht es bei den normersetzenden Absprachen in erster Linie. Verfahrensrechtliche Deregulierung bezieht sich auf Genehmigungsverfahren sowie die antragsunabhängige Überwachung. Sie wird im Zusammenhang mit dem Umweltaudit diskutiert.[1160] In der Literatur wurde befürchtet, dass derartige Bestrebungen zusätzliches Konfliktpotential schaffen und statt zu Beschleunigungen zu Verzögerungen führen können.[1161]

Effizienzsteigernd kann Deregulierung auch dadurch sein, dass Undurchsichtigkeiten und Innovationshemmungen des Rechtssystems beseitigt werden.[1162] Dieser Effekt kann allerdings nur eintreten, wenn bereits bestehende Regelungen aufgehoben werden. Derartige, als „normablösend" zu

---

normvermeidenden Absprachen *T. Köpp,* Normvermeidende Absprachen zwischen Staat und Wirtschaft, 2001, S. 107.

[1152] *U. Di Fabio,* VVDStRL 56 (1997), S. 235 (239).
[1153] *U. Di Fabio,* VVDStRL 56 (1997), S. 235 (241).
[1154] *M. Kohlhaas/B. Praetorius/R. Eckhoff/Th. Hoeren,* Selbstverpflichtungen der Industrie zur CO_2-Reduktion, 1994, S. 60; *K. Rennings/K. L. Brockmann/H. Bergmann,* Nachhaltigkeit, Ordnungspolitik und freiwillige Selbstverpflichtung, 1996, S. 131 (172).
[1155] So *U. Dempfle,* Normvertretende Absprachen, 1994, S. 41.
[1156] *M. Kohlhaas/B. Praetorius/R. Eckhoff/Th. Hoeren,* Selbstverpflichtungen der Industrie zur CO_2-Reduktion, 1994, S. 60.
[1157] *Der Rat von Sachverständigen für Umweltfragen,* Umweltgutachten 1996, S. 65, Tz. 64.
[1158] *W. Hoffmann-Riem,* Diskussionsbeitrag, in: VVDStRL 56 (1997), S. 293.
[1159] *G. Lübbe-Wolff,* ZUR 1996, S. 173 ff.
[1160] Vgl. *G. Lübbe-Wolff,* ZUR 1996, S. 173 (177).
[1161] *G. Lübbe-Wolff,* ZUR 1996, S. 173 (179).
[1162] *M. Kloepfer,* Umweltrecht, 2. Aufl. 1998, S. 266.

qualifizierende normative Absprachen sind jedoch selten (s.o.). Statt von Deregulierung[1163] sollte von *informaler Regulierung* gesprochen werden, die keinesfalls eine Nichtregulierung ist.

Bei dieser informalen Regulierung besteht die Gefahr, dass Selbstverpflichtungen zu einer sogar weit weniger transparenten Schattenrechtsordnung anwachsen, die schließlich zu noch größerer Undurchsichtigkeit führt. Die Forderung, der Staat müsse gegebenenfalls regelnd eingreifen, wenn die Selbstverpflichtungen und Absprachen nicht eingehalten werden, führt zu neuen Problemen der Kontrolle. Eine „Re-Regulierung"[1164] ist die Folge.

[1163] Kritisch auch *Chr. Engel,* StWuStPr 1998, S. 535.

[1164] *W. Hoffmann-Riem,* Ermöglichung von Flexibilität und Innovationsoffenheit im Verwaltungsrecht, in: ders./E. Schmidt-Aßmann (Hrsg.), Innovation und Flexibilität des Verwaltungshandelns, 1994, S. 9 (55). *U. Di Fabio* auf den 7. Kölner Abfalltagen: „Gar nicht so billige Alternativbürokratien deregulieren das, was bisher gar nicht geregelt war." (zit. nach *O. Klöck,* UPR 1999, S. 139 (140)).

2. Teil

Verfassungs- und gemeinschaftsrechtliche Bindungen der kooperierenden rechtsetzenden Gewalt

§ 8 Normative Absprachen als Ausübung rechtsetzender Gewalt

Im Schrifttum herrscht Unklarheit darüber, welchem Gewalttypus normersetzende Absprachen zuzuordnen sind. Die Ansicht, es handele sich zumindest auch um eine Funktion der Legislative[1] wird zwar im Ergebnis nicht gänzlich bestritten, aber doch im Ansatz in Zweifel gezogen: die Mitwirkung des Staates an normersetzenden Absprachen stehe „zwischen Legislative und Exekutive"[2]. Darin spiegeln sich sowohl die Unschärfen der Grenze zwischen Legislative und Exekutive im Allgemeinen,[3] als auch die grundsätzlichen Schwierigkeiten, informales Handeln überhaupt jeglichen Rechtskategorien zu unterwerfen. Unsere Rechtsordnung und unsere Dogmatik sind primär auf formales und einseitiges Handeln des Staates zugeschnitten.

Diese Unentschiedenheit in der Gewaltenzuordnung ist nicht veranlasst: Normersetzende und normprägende Absprachen sind ihrem Wesen nach Ausübung rechtsetzender Gewalt. Um diese These zu begründen, muss zunächst begrifflich geklärt werden, was unter rechtsetzender Gewalt zu verstehen ist. Sodann ist auf das Wesen normativer Absprachen im kooperierenden Verfassungsstaat einzugehen.

I. Der Begriff der rechtsetzenden Gewalt

„Rechtsetzende Gewalt" im hier verstandenen Sinne umfasst sowohl die Parlamentsgesetzgebung, als auch den Erlass von Rechtsverordnungen. Der Begriff der rechtsetzenden Gewalt ist funktionell, nicht organisatorisch zu

---

[1] *A. Faber,* Gesellschaftliche Selbstregulierungssysteme im Umweltrecht, 2001, S. 255 f.

[2] *J. Oebbecke,* DVBl. 1986, S. 793 (795); ebenso *M. Kind,* ÖJZ 53 (1998), S. 893 (899); *A. Helberg,* Normabwendende Selbstverpflichtungen ..., 1999, S. 109.

[3] Vgl. *W. Mößle,* Regierungsfunktionen des Parlaments, 1986.

verstehen. Die rechtsetzende Gewalt ist primär auf die hoheitlichen Akte ausgerichtet, die als Rechtsnormen bezeichnet werden.

Das Grundgesetz spricht von der rechtsetzenden Gewalt als der „Gesetzgebung". Der mit „Die Gesetzgebung des Bundes" überschriebene VII. Abschnitt des Grundgesetzes umfasst sowohl das einfache (Art. 76–78) bzw. verfassungsändernde (Art. 79) Parlamentsgesetz, als auch die Rechtsverordnung auf Grund einer einfachgesetzlichen Ermächtigung (Art. 80). Deshalb könnte man statt von „rechtsetzender" auch von „gesetzgebender Gewalt", lat. „Legislative" sprechen. Diese Terminologie würde an einen weiten Gesetzesbegriff anknüpfen, der neben formellen (Parlaments-) Gesetzen auch materielle Gesetze, d. h. Rechtsverordnungen umfasst. Um Missverständnissen vorzubeugen, soll in dieser Arbeit stattdessen stets von rechtsetzender Gewalt als Oberbegriff gesprochen werden, wenn nicht nur die Gesetzgebung im formellen Sinne gemeint ist. Die verordnunggebende Gewalt soll hier also nicht als „Gesetzgebung" oder „Legislative" bezeichnet werden.

Auch das BVerfG bezeichnet die zum Verordnungserlass ermächtigte Bundesregierung als „Verordnunggeber"[4] (wie „Gesetzgeber" und „Verfassunggeber" ohne Genitiv-S) und in Abgrenzung dazu die rechtsetzende Gewalt der Parlamentsgesetze als „Gesetzgeber"[5]. Als Oberbegriff für die „rechtsetzende Gewalt" gebraucht das BVerfG[6] die Bezeichnung „normsetzende Gewalt"; bei der verordnunggebenden Gewalt handelt es sich danach um eine „,abgeleitete' Normsetzung der Exekutive".

Das zuletzt genannte Zitat verwendet den lateinischen Ausdruck „Exekutive" mit Blick auf die organisatorische Verteilung der Gewalten. Eine exakte, unmissverständliche Begrifflichkeit im Bereich der Gewaltenteilung ist deshalb so problematisch, weil neben den Gewaltenfunktionen der rechtsetzenden, vollziehenden und rechtsprechenden Gewalt auch „besondere Organe" (Art. 20 Abs. 2 S. 2 GG) zu bezeichnen sind, durch die diese Funktionen jeweils „ausgeübt" werden. Im Grundgesetz werden die drei Funktionen der Gewalten nicht streng getrennt unterschiedlichen Organen zugeordnet. Es folgt nicht dem Modell von *C. Schmitt,* der „theoretische (sic!) Konsequenzen einer strengen Trennung"[7] anmahnte. Insbesondere wird auch die rechtsetzende Gewalt mit unterschiedlich starker Bedeutung mitunter von der Bundesregierung ausgeübt. Die Bundesregierung kann

---

[4] BVerfGE 34, 52 (61) – Zensur; E 98, 106 (128) – Verpackungsverordnung.
[5] BVerfGE 34, 52 (61); E 98, 106 (132).
[6] BVerfGE 34, 52 (60) – Zensur.
[7] *C. Schmitt,* Verfassungslehre (1928), 7. Aufl. 1989, S. 187, wonach es „keine Ermächtigungsgesetze und keine Delegation der Gesetzgebungszuständigkeit" (S. 188) geben dürfte. Schmitt beruft sich dabei auf Titel V, 45 der Direktorialverfassung (1795), erkennt aber gleichzeitig die entgegenstehende deutsche Verfassungstradition (S. 188, zum System der Gewaltenbalancierung ebenda, S. 196 f.).

§ 8 Normative Absprachen als Ausübung rechtsetzender Gewalt   231

nach Art. 76 Abs. 1 GG Gesetzesinitiativen in den Bundestag einbringen und nach Art. 80 Abs. 1 S. 1 GG zum Erlass von Rechtsverordnungen ermächtigt werden. In Anlehnung an die oben zitierte Terminologie des BVerfG werden einzelne Organe im Folgenden lateinisch bezeichnet und die Bundesregierung also nicht als „Legislative", sondern als „Exekutive". Ihre hoheitliche Tätigkeit im Rahmen des Gesetzesinitiativrechts und im Rahmen von Verordnungsermächtigungen wird funktionell mit dem deutschen Begriff bezeichnet, und also nicht als „vollziehende Gewalt", sondern als „rechtsetzende".

In der Literatur sind die Bezeichnungen uneinheitlich, ohne dass dazu Differenzen in der Sache Anlass böten: Wenn etwa der Erlass von Rechtsverordnungen der „Legislative im weiteren Sinne" zugerechnet wird und von „legislativen Rechtsverordnungen"[8] die Rede ist, dann beruht dies auf einer Bezeichnung der rechtsetzenden Funktion mit lateinischen Begriffen, ohne dass sich zu der hier vertretenen Ansicht Widersprüche ergäben. Wenn umgekehrt von einer „Teilung der Rechtsetzung zwischen gesetzgebender und vollziehender Gewalt"[9] gesprochen wird, dann wird die organisatorische Seite mit deutschen Begriffen bezeichnet. Auch wenn der Erlass einer Rechtsverordnung als „Ausübung vollziehender Gewalt" bezeichnet wird, dann nicht ohne Hinweis, dass dies „eine Erscheinung der abgeleiteten Rechtsetzung"[10] ist. Mit der „legislativen" Ausübung „vollziehender Gewalt" ist nichts anderes gemeint als mit der Bezeichnung „exekutive Rechtsetzung"[11]. Keine der deutsch-lateinischen bzw. lateinisch-deutschen Varianten kann die Begriffslogik für sich beanspruchen. Die Gewaltenverteilung unter dem Grundgesetz begriffslogisch erklären zu wollen, führte zu einer Quadratur des Kreises: bestehend aus „exekutiver Legislative", „legislativer Exekutive", „vollziehender Rechtsetzung" und „rechtsetzendem Vollzug".

Der Sache nach besteht in diesem Zusammenhang allenfalls Uneinigkeit, ob es ein selbständiges Verordnungsrecht, d.h. eine verfassungsunmittelbare Verordnungskompetenz[12] der Exekutive geben kann.[13] Das muss hier nicht vertieft werden, weil zumindest im abwehrrechtlichen Bereich eine Ermäch-

---

[8] *H. Maurer*, Staatsrecht I, 2. Aufl., 2001, S. 614, § 17 Rz 135.
[9] *K. Hesse*, Grundzüge des Verfassungsrechts ..., 20. Aufl., 1995 (Neudr. 1999), Rz. 527; vgl. auch *H.-D. Horn*, Die grundrechtsunmittelbare Verwaltung, 1999, S. 67.
[10] *P. Badura*, Staatsrecht, 2. Aufl., 1996, Rz. F 16, S. 474; *ders.*, in: GedSchr f. W. Martens, 1987, S. 25 (26).
[11] *H. Bauer*, in: H. Dreier, Grundgesetz Bd. II, 1998, zu Art. 80 Rz. 11.
[12] So jetzt *H.-D. Horn*, Die grundrechtsunmittelbare Verwaltung, 1999, S. 64 ff.
[13] Dagegen: *Th. v. Danwitz*, Die Gestaltungsfreiheit des Verordnungsgebers, 1989, S. 32 f.; *P. Badura*, Staatsrecht, 2. Aufl., 1996, Rz. F 16, S. 473 f.

tigung i. S. d. Art. 80 Abs. 1 S. 1 GG („durch Gesetz") konstitutiv sein muss. Von den allgemeinpolitischen Regierungsfunktionen ist nicht auf darüber hinausgehende ungeschriebene bzw. originäre Kompetenzen im rechtsetzenden Bereich zu schließen.

II. Informale Kooperation der rechtsetzenden Gewalt

Normersetzende Absprachen haben nicht zum Ziel, verbindliche Rechtsnormen zu schaffen, sondern substituieren solche vielmehr. An die Stelle der verbindlichen hoheitlichen Norm tritt die unverbindliche Selbstverpflichtung der Wirtschaft. Die Beteiligung der Bundesregierung an normativen Absprachen erfolgt aber in Ausübung hoheitlicher Gewalt. Sie verhandelt mit der Wirtschaft staatrechtlich gesehen nicht „unter gleichen", sondern in ihrer Funktion als staatliche Steuerungsgewalt. So stellt sich die Frage, welcher Gewalt dies zuzuordnen ist. Weil die oben genannten Kriterien der Gewaltenfunktionen auf einseitiges Handeln ausgerichtet sind, führt eine Subsumtion nicht zum Ziel: Insbesondere Gesetze oder Verordnungen im Sinne des Grundgesetzes entstehen gerade nicht. Das Ergebnis, normative Absprachen keiner Gewaltenfunktion zuzuordnen, verbietet sich wegen Art. 20 Abs. 2 GG, wonach „alle Staatsgewalt" vom Volk ausgeht (S. 1) und den drei Funktionen „der Gesetzgebung, der vollziehenden Gewalt und der Rechtsprechung" zuzuordnen ist (S. 2). Eine eigenständige „kooperierende Gewalt" ist mit geltendem Verfassungsrecht unvereinbar – sie im kooperierenden Verfassungsstaat verfassungspolitisch zu fordern, sollte jedenfalls nicht überstürzt werden.

Die Substitution von formaler Rechtsetzung durch informale Absprachen lässt rechtsetzendes Handeln nicht in vollziehendes Handeln umschlagen. Die Bundesregierung beteiligt sich an normativen Absprachen in Ausübung rechtsetzender Gewalt, sei es auf Grund ihres Initiativrechts nach Art. 76 Abs. 1 GG oder auf Grund einer Verordnungsermächtigung nach Art. 80 Abs. 1 GG. Damit ist noch nicht die Frage beantwortet, ob das Initiativrecht bzw. eine Verordnungsermächtigung auch die Kompetenz zum Abschluss normativer Absprachen umfasst, sondern lediglich die Zuordnung solchen Handelns zur rechtsetzenden Gewalt unternommen.

Der *informale Charakter* normativer Absprachen führt zwar dazu, dass weder das formale Verfahren der Normsetzung durchschritten wird, noch am Ende verbindliche Rechtsnormen geschaffen werden. Das ist aber die Konsequenz des Informalen, die nichts mit der Zuordnung zu den verschiedenen Gewalten zu tun hat.[14] Wenn die Verwaltung an Stelle von Verwal-

---

[14] Anders *T. Köpp,* Normvermeidende Absprachen zwischen Staat und Wirtschaft, 2001, S. 162, der die Zuordnung zur Gesetzgebung ablehnt, ohne mit dem

tungsakten informale Absprachen trifft und schlicht hoheitlich handelt, ändert das nichts an der Zuordnung solchen Handelns zur vollziehenden Gewalt. Ebenso wenig verlassen normersetzende Absprachen auf Grund ihres informalen Charakters den Bereich der Rechtsetzung. Die Frage, ob informales Handeln der rechtsetzenden Gewalt rechtsstaatlich zulässig ist, wird noch zu erörtern sein.

Die *Kooperation* mit der Wirtschaft wirft schwierige verfassungsrechtliche Fragen der Möglichkeit privater Teilhabe an rechtsetzender Gewalt auf, kann aber die Zuordnung normativer Absprachen zur Gewaltenfunktion der Rechtsetzung nicht berühren. Auch wird durch die Kooperation mit Privaten nicht in Frage gestellt, dass die Bundesregierung ihren Beitrag hierzu in Ausübung hoheitlicher Gewalt leistet. Dass das Verwaltungsrecht mit dem Verwaltungsvertrag zwischen Staat und Privaten eine dogmatische Figur und Form bereitstellt, für die es im Bereich der Rechtsetzung keine Entsprechung gibt, kann die Zuordnung normativer Absprachen zur rechtsetzenden Gewalt nicht erschüttern.

Die Tatsache, dass mit der Substitution der Rechtsetzung auch der *Vollzug potenziellen Rechts substituiert* wird, stellt den rechtsetzenden Charakter normativer Absprachen ebenfalls nicht in Frage. Normvollzug ist logischerweise von Normsetzung abhängig. Nicht nur die Setzung von Normen des Privatrechts bzw. so genannten selfexecuting Rechts, sondern auch die Setzung des von der Verwaltung vollziehbaren Rechts ist rein rechtsetzende Tätigkeit. Ebenso muss auch die Substitution vollziehbaren Rechts durch normative Absprachen der Rechtsetzung zugerechnet werden.

Die *Kontrolle* im Rahmen informaler Absprachen ist eine eigenständige, neuartige Aufgabe, die nicht zur vollziehenden Gewalt gehört. Es handelt sich nicht um einen Quasi-Vollzug substituierter Normen, sondern um eine Informationsbeschaffung, die eine Entscheidungsgrundlage dafür bietet, ob die substituierten legislativen Schritte weiterhin entbehrlich sind. Darauf beschränkt sich die Verwaltungsfunktion, die der verhandelnden Bundesregierung aus normativen Absprachen erwächst. Diese Aufgabe liegt im Rahmen der rechtsetzenden Funktionen der Bundesregierung: die Ermächtigung zur Verordnunggebung setzt voraus, sich Informationen darüber zu beschaffen, ob und inwieweit Normsetzung politisch angezeigt ist. Im Übrigen wird der Normvollzug durch normersetzende Absprachen als solcher substituiert. Die Aufgaben, die beim Vollzug der potenziellen Normen anfallen würden, werden nicht vom Staat, sondern von der selbstverpflichteten Wirtschaft selbst wahrgenommen.

„schlichten Staatshandeln" (er spricht im Gegensatz zu den von ihm zitierten Autoren nicht von „schlichtem *Verwaltungs*handeln"!) eine wirkliche Alternative zu benennen.

Nur *Absprachen mit Mischcharakter*, d. h. mit normersetzenden und normvollziehenden Elementen, sind sowohl der rechtsetzenden als auch der vollziehenden Gewalt zuzurechnen, was zu erheblichen verfassungsrechtlichen Bedenken führt: der Gewaltenteilungsgrundsatz, das Bundesstaatsprinzip, das Verbot des Einzelfallgesetzes und das Verbot sachwidriger Koppelung[15] unterschiedlicher Belange können dem entgegenstehen.

Zwischenergebnis: Die Beteiligung des Staates an normativen Absprachen ist der Ausübung rechtsetzender Gewalt zuzuordnen. Dies ist der Beantwortung der verfassungsrechtlichen Fragen, insbesondere der Legitimation, der Grundrechtsgeltung, der Kompetenz, der Gewaltenteilung, des Bundesstaatsprinzips und des Demokratieprinzips zugrunde zu legen.

§ 9 Gemeinwohl im kooperierenden Verfassungsstaat

Selbstverpflichtungen sollen öffentlichen Interessen dienen. Normative Absprachen konkretisieren Gemeinwohlfragen. Normersetzende Absprachen treten dabei an die Stelle von Gesetzen bzw. Rechtsverordnungen, die ihrerseits Gemeinwohl konkretisieren würden. Sämtliche Theorien zur Legitimation von Rechtsetzung sind auf den Prüfstand zu stellen, weil nicht mehr nur Organe der rechtsetzenden Gewalt in den dafür vorgesehenen Verfahren handeln. Das Besondere normativer Absprachen besteht darin, dass Wirtschaft und Staat in Fragen der Rechtsetzung miteinander kooperieren. Konsensuale, informale Lösungen treten an die Stelle einseitiger, formaler Rechtsetzung. Auch normprägende Absprachen stellen die Bedeutung des Rechtsetzungsverfahrens in Frage.

Das Moment des Informalen droht sich den Kategorien des Verfassungsrechts und der Rechtsordnung überhaupt zu entziehen. Regelungen hierfür sind allenfalls stückweise zu erkennen. Eine Verfassungstheorie konsensualer Rechtsetzung kann nicht deduktiv entwickelt werden. Indem das formalisierte Verfahren der Rechtsetzung substituiert wird, stellt sich die Frage der Legitimation auch mit Blick auf die entfallende Legitimationskraft von Formen und Verfahren neu.

Das Moment des Konsensualen fordert eine Ergänzung der Gemeinwohltheorie. Die demokratische Legitimation formaler Rechtsetzung ist auf eine rechtsetzende Gewalt bezogen, die einseitig, wenn auch unter dem Einfluss des Lobbyismus, handelt. Bei normativen Absprachen sind Private nicht auf die Rolle beschränkt, die rechtsetzende Gewalt zu beeinflussen. Private werden nicht nur mit ihren Interessen und Vorschlägen gehört, sondern sie werden an der Ausarbeitung politischer Lösungen und an der Beschlussfas-

---

[15] Dazu *T. Köpp,* ebenda, S. 237 f.

sung über sie beteiligt. Gesellschaftliche Kräfte werden dadurch zu Teilhabern an Entscheidungen der rechtsetzenden Gewalt.[16] Eine solche Teilhabe ist weder als Ausübung grundrechtlicher, noch demokratischer Freiheit zu legitimieren. Die bürgerliche Freiheit vermag Partizipation an der öffentlichen Willensbildung zu erklären, nicht jedoch die Mitentscheidung über Rechtsetzung. Auch die pluralistische Gemeinwohltheorie erfasst normative Absprachen nicht.

Die Ausübung rechtsetzender Gewalt ist nicht mehr auf den einseitigen Erlass von Rechtsnormen beschränkt. Die zum Verordnungserlass ermächtigte Bundesregierung wird zum „Verordnunggeber und Kooperationspartner"[17]. Das Ergebnis solcher Kooperation, die normative Absprache und die Selbstverpflichtung der Wirtschaft, kommt nicht in Ausübung grundrechtlicher Freiheit, sondern regelmäßig unter hoheitlichem Druck zustande. Die Wirtschaft übernimmt Gemeinwohlverantwortung und unterwirft sich faktischen Bindungen – der Staat auferlegt diese Verantwortung informal, statt Rechtspflichten formal zu begründen. Die rechtsetzende Gewalt wird dadurch ausgeübt, dass statt Rechtspflichten nunmehr Gegenstände der Eigenverantwortung begründet werden.

Rechtsetzung durch Kooperation muss sich der Legitimationsfrage stellen. Zu legitimieren ist sowohl die Beteiligung Privater als auch die informale Ausübung rechtsetzender Gewalt. Es ist deshalb eine Gemeinwohltheorie des kooperierenden Verfassungsstaates zu entwickeln. Sie muss aus den Grundlagen der verfassungsstaatlichen Legitimationsordnung gewonnen werden: Dazu gehören der Gemeinwohlbegriff, das Verhältnis von Staat und Gesellschaft, die Idee der Marktwirtschaft, die grundrechtliche und die demokratische Freiheit, das Subsidiaritätsprinzip, das Kooperationsprinzip und das Verantwortungsprinzip.

I. Konkretisierung des Gemeinwohls durch normative Absprachen

1. Gemeinwohl als Aufgabe

Der Begriff des Gemeinwohls ist ein Abstraktum. Er bezeichnet das allgemeine Beste einer Gesellschaft, ohne konkret zu benennen, was diesem öffentlichen Interesse am meisten dient. Dem Verfassungsstaat ist aufgegeben[18], das Gemeinwohl zu konkretisieren. Diese Konkretisierung hat zwei

---

[16] *D. Grimm*, in: ders. (Hrsg.), Staatsaufgaben, 1994, S. 613 (635).
[17] BVerfGE 98, 106 (128) – Verpackungsverordnung.
[18] *P. Häberle*, Öffentliches Interesse als juristisches Problem, 1970, S. 209: „Das Gemeinwohl als geschichtliche Kategorie wird zur Aufgegebenheit ..."

236   2. Teil: Verfassungs- und gemeinschaftsrechtliche Bindungen

Aspekte: Erstens müssen Gemeinwohlziele und zweitens Wege zu deren Verwirklichung benannt werden.

Um Gemeinwohlziele zu konkretisieren, muss zunächst geklärt werden, auf welche Gemeinschaft sich das zu bestimmende Wohl bezieht. Gemeinwohl ist nicht notwendig auf die nationale, staatliche Gemeinschaft bezogen. Im „kooperativen Verfassungsstaat" (*Peter Häberle*)[19] als der nach außen völkerrechtlich kooperationsfähigen Gemeinschaft – nicht zu verwechseln mit dem hier zu thematisierenden kooperierenden Verfassungsstaat als dem nach innen hin kooperationsbereiten Staat – ist Gemeinwohl auch grenzüberschreitend zu verstehen. Das BVerfG hat anerkannt, dass der Grundrechtsschutz des EuGH in der europäischen Perspektive nicht nur zu einer Neubestimmung von Grundrechtstatbeständen führen muss, sondern auch der Schranke des Gemeinwohls eine neue Dimension verleiht:[20] Gemeinwohl bedeutet nicht allein das Wohl der nationalen Gemeinschaft, sondern gegebenenfalls der europäischen. D. h. der Gemeinwohlaspekt rechtfertigt Eingriffe in Grundrechtspositionen deutscher Bürger mit Rücksicht auf das Wohl auch anderer EU-Bürger. In diesem Zusammenhang sei auch erwähnt, dass das BVerfG die Entwicklung einer europäischen Öffentlichkeit aus dem Gesichtspunkt der Meinungsfreiheit und Demokratie für notwendig erachtet hat.[21] Das Verhältnis zwischen nationalem und europäischem Gemeinwohl muss immer neu bestimmt werden. Aber auch die kleineren Gemeinschaften, die Länder und die kommunalen Selbstverwaltungskörperschaften sind auf eigene, wenngleich nicht geschlossen zu denkende öffentliche Interessen ausgerichtet. Normative Absprachen werden vor allem auf nationaler Ebene geschlossen, aber auch mit grenzüberschreitenden Bezügen.

Bei der Konkretisierung des Gemeinwohls geht es weiter darum, festzulegen, welche Ziele der Gemeinschaft dienen: innerhalb des Umweltschutzes z. B. das Ziel des Klimaschutzes, die Festlegung, welche Arten von Emissionen dem Klima besonders schaden und welches Maß der Gesamtreduktion von Emissionen in welchem Zeitraum angestrebt werden soll. Solche Zielvorgaben müssen politisch abgewogen werden gegenüber anderen Belangen des Gemeinwohls, gegenüber der Belastbarkeit der Volkswirtschaft, gegenüber der Freiheitseinschränkung Privater. Die verschiedenen Ziele des Umweltschutzes müssen gegeneinander aufgewogen werden. Gemeinwohlfragen sind wesentlich Abwägungsfragen.[22]

---

[19] *P. Häberle,* in: ders., Verfassung als öffentlicher Prozess (1978), 3. Aufl. 1998, S. 407 ff.; hierzu ausführlich S. 289 ff.

[20] BVerfGE 73, 339 (386); hierzu *L. Michael,* AöR 124 (1999), S. 583 (610).

[21] BVerfGE 89, 155 (185) – Maastricht. Vgl. hierzu auch *P. Häberle,* ThürVBl 1998, S. 121 ff.; *ders.,* Gibt es eine europäische Öffentlichkeit?, 2000; *ders.,* in: FS Steinberger, 2002, S. 1153 ff.

[22] *R. Uerpmann,* Das öffentliche Interesse, 2000, S. 269 ff.

Auch die Festlegung konkreter Schritte auf dem Weg zu einem bestimmten Gemeinwohlziel gehört zur Konkretisierung des Gemeinwohls. Die zu treffenden Maßnahmen können bei gleicher Effektivität zu ganz unterschiedlicher Belastung bzw. Schonung anderer Gemeinwohlbelange führen. Gerade die konkrete Auswahl zwischen verschiedenen Wegen zu einem Umweltschutzziel entscheidet darüber, in welchem Maße die Volkswirtschaft belastet wird, welche Auswirkungen auf dem Arbeitsmarkt entstehen, welche Umweltbelastungen die Nutzung alternativer Verfahren und Energien mit sich bringt.

Selbstverpflichtungen existieren auf allen Stufen der Konkretisierung des Gemeinwohls. Normative Absprachen werden mit Blick auf nationale, aber z. B. im Umweltschutz auch mit Blick auf grenzüberschreitende Interessen getroffen; sie formulieren z. B. im Klimaschutz Zielvorgaben und benennen z. B. bei Kennzeichnungsverpflichtungen oder beim Atomausstieg konkrete Wege.

2. Gemeinwohl als Legitimationsfrage

Die Idee des Gemeinwohls ist mit der Konstitution der rechtlichen Gemeinschaft ursprünglich verbunden, ja sie geht jener sogar voraus: Das gemeine Wohl fordert und legitimiert die Rechtsgemeinschaft. Es ist und bleibt ihr höchstes Ziel. Salus rei publicae suprema lex esto (*Cicero*).[23] Die Kehrseite dieses höchsten Ziels und „Grundlagenbegriff(s) zur Legitimation staatlichen Handelns"[24] ist seine denkbar größte Allgemeinheit und Unbestimmtheit.

Die antike Staatsphilosophie Griechenlands idealisierte die Idee des Gemeinwohls und des Staates in der societas perfecta et completa (*Aristoteles*).[25] Diese Erfüllung des Menschen in der staatlichen Gemeinschaft wurde von *Thomas von Aquin* in Frage gestellt und die Sorge um das geistliche Wohl der Kirche zugeordnet. Zusammengenommen sollten aber auch nach seiner Vorstellung Kirche und Staat alle geistlichen und weltlichen Bedürfnisse einlösen. Die Idee der perfekten Gesellschaft gibt er nicht auf,

---

[23] Bei *J. Locke*, The Second Treatise of Government (1689), Über die Regierung, 1974, S. 121 (Kap. XIII Nr. 158) in der Fassung: „Salus populi suprema lex"; entsprechend auch *Montesquieu*, De l'Esprit des Lois (1748), Vom Geist der Gesetze, 2. Aufl. 1992, Band 2, S. 235: „Das Wohl des Volkes ist das oberste Gesetz." und *I. Kant*, Über den Gemeinspruch: Das mag in der Theorie richtig sein, taugt aber nicht für die Praxis (1793) A 201 (252), in: W. Weischedel (Hrsg.), Werke, Bd. XI, 1968, S. 125 (154 f.): „Salus publica suprema civitatis lex est".
[24] *P. Häberle*, Rechtstheorie 14 (1983), S. 257 (275).
[25] *Aristoteles*, Politik III, 9, in: H. Flashar (Hrsg.), Aristoteles' Werke in deutscher Übers. (erl. u. übers. v. E. Schütrumpf), Band 9, 1991, S. 65.

nur ihre Verwirklichung will er gewaltenteilig relativieren.[26] *John Locke* begründet staatliche Gewalt mit dem Zweck der „Erhaltung der Gesellschaft und – soweit es vereinbar ist mit dem öffentlichen Wohl – jeder einzelnen Person."[27]

Den Zusammenhang zwischen individueller Freiheit, Vernunft[28] und Gemeinwohl hat *Kant* herausgearbeitet.[29] Das Sittengesetz wird vom Naturrecht zum „Axiom"[30] des Vernunftdenkens. *Hegel* versucht über die Freiheitsidee und ihre dialektische Verwirklichung im Staat ein ganzheitliches System zu sehen und dabei dem Vernunftpostulat inhaltliche Maßstäbe hinzuzufügen[31]. Bei ihm sind „das sogenannte allgemeine Beste, das Wohl des Staates"[32] eins.

Seit dem 18. Jahrhundert geriet der Begriff des Gemeinwohls in die Kritik. Zu Recht wurde die Gefahr erkannt, die in der Unbestimmtheit und Abstraktheit der Idee des Gemeinwohls liegt. Meist entzündete sich Kritik am konkreten Missbrauch der Berufung auf den Begriff, der nach *Johann Jakob Moser* als „Universal-Staats-Medicin"[33] taugt. In der Literatur hat *Dostojewskij* die Schattenseiten des Gemeinwohlbegriffs auf die Formel gebracht: „Die Leute rechtfertigen jede Schurkerei mit dem Interesse des Gemeinwohls."[34] So betrachtet droht das Gemeinwohl zum Gemeinplatz, zur Leerformel zu werden.[35] Der Gemeinwohlbegriff ist ideologieanfällig und

---

[26] *Thomas v. Aquin,* De regno, Über die Herrschaft der Fürsten, I 3.

[27] *J. Locke,* The Second Treatise of Government (1689), Über die Regierung, 1974, S. 101 (Kap. XI Nr. 134).

[28] Den Zusammenhang von Gesetz bzw. (Natur-) Recht und Vernunft betonte bereits die Naturrechtslehre, vgl. *S. v. Pufendorf,* De officio hominis et civis juxta legem naturalem (1673), Über die Pflichten des Menschen und Bürgers nach dem Recht der Natur, 1994, S. 48, 144; *Montesquieu,* De l'Esprit des Lois (1748), Vom Geist der Gesetze, 2. Aufl. 1992, Band 1, S. 9, 11, 16.

[29] *I. Kant,* Über den Gemeinspruch: Das mag in der Theorie richtig sein, taugt aber nicht für die Praxis (1793) A 201 (252), in: W. Weischedel (Hrsg.), Werke, Bd. XI, 1968, S. 125 (154 f.): „Der Satz: Salus publica suprema civitatis lex est, bleibt in seinem unverminderten Wert und Ansehen; aber das öffentliche Heil, welches zuerst in Betrachtung zu ziehen steht, ist gerade diejenige gesetzliche Verfassung, die jedem seine Freiheit durch Gesetze sichert ..."

[30] *I. Kant,* Logik (1800), in: Werke, Bd. VI, 1968, S. 417 (523, A 143): „Man kann keiner theoretischen Idee objektive Realität verschaffen oder dieselbe beweisen, als nur der Idee von der Freiheit; und zwar, weil diese die Bedingung des moralischen Gesetzes ist, dessen Realität ein Axiom ist."

[31] *G. W. F. Hegel,* Grundlinien der Philosophie des Rechts (1821), Werke Band 7, 1986, § 135, S. 252 ff.

[32] *G. W. F. Hegel,* Grundlinien der Philosophie des Rechts (1821), Werke Band 7, 1986, § 126, S. 237.

[33] *J. J. Moser,* Von der Teutschen Reichs-Stände Landen, 1769, S. 1187.

[34] *F. M. Dostojewskij,* Die Brüder Karamasow (1879/80), 1978, Elftes Buch, 4. Kapitel, S. 783.

§ 9 Gemeinwohl im kooperierenden Verfassungsstaat 239

wurde in totalitären Staaten schmerzlich missbraucht.[36] Diese Gefahren haben dem Rechts- und Gesetzespositivismus Vorschub geleistet[37], d.h. dem Ideal einer möglichst exakten gesetzlichen Bestimmung dessen, was Gemeinwohl ist. Dem Gemeinwohlbegriff wurde der Niedergang prophezeit.[38]

Bis heute schwankt die deutsche Staatsrechtslehre zwischen „Gemeinwohlphobie" und „Renaissance der Gemeinwohllehre"[39]. Gerade die deutsche Geschichte des 20. Jahrhunderts mit zwei totalitären Staaten sollte eine differenzierte Betrachtungsweise lehren: Sowohl die ideologiebelastete Berufung auf das Gemeinwohl als auch der blinde Gesetzespositivismus können den Rechtsstaat pervertieren. Die Gefahr beider Lehren liegt in ihrer Idealisierung und Verabsolutierung (Stichwort: „Gemeinnutz geht vor Eigennutz"[40]), in ihrer Übersteigerung zum „-ismus". Da sich die Lehren vom Gemeinwohl und vom Gesetzespositivismus als Alternativen gegenüberstehen und immer neu gegeneinander ausgespielt werden, sind radikale Ablehnungen der einen wie der anderen Lehre gleich gefährlich. Phobien in beide Richtungen sind der Ursprung einer Überbetonung der Alternative.

Am Gemeinwohl als Ziel kommt kein Verfassungsstaat vorbei. In der immer neuen Aktualisierung und Bestimmung des Gemeinwohls im positiven Recht liegt der Auftrag an die erste Gewalt. Damit werden die Exekutive und die Rechtsprechung jedoch nur soweit entlastet, als die abstrakte Positivierung gelingt, was nur begrenzt möglich ist. Alle Hoheitsgewalt ist und bleibt dem Gemeinwohl verpflichtet. Dieses höchste Ziel ist zwar zu allgemein, um hinreichend die Gebundenheit der Staatsgewalt zu bestimmen. Seine Konkretisierung, Aktualisierung und Positivierung wird aber ebenso wenig je hinreichen, um das Gemeinwohl als juristischen Begriff entbehrlich zu machen.

---

[35] *N. Luhmann*, Recht und Automation in der öffentlichen Verwaltung, 1966, S. 91; *ders.*, Zweckbegriff und Systemrationalität (1968), 6. Aufl. 1999, S. 63 f., 217; *M. Stolleis*, Gemeinwohlformeln im nationalsozialistischen Recht, 1974, S. 37; hiergegen *P. Häberle*, Öffentliches Interesse als juristisches Problem, 1970, S. 240 ff.; *ders.*, Verfassungslehre als Kulturwissenschaft, 2. Aufl. 1998, S. 418.
[36] Hierzu *M. Stolleis*, Gemeinwohlformeln im nationalsozialistischen Recht, 1974.
[37] *J. Isensee*, Gemeinwohl und Staatsaufgaben im Verfassungsstaat, in: HdBStR III, 1988, § 57, S. 3 (5).
[38] Im Zusammenhang mit Selbstregulierung kritisch zum Gemeinwohlbegriff *F. Ossenbühl*, Diskussionsbeitrag, in: VVDStRL 56 (1997), S. 284; hiergegen: *E. Schmidt-Aßmann*, Diskussionsbeitrag, ebenda, S. 295.
[39] *J. Isensee*, Gemeinwohl und Staatsaufgaben im Verfassungsstaat, in: HdBStR III, 1988, § 57, S. 3 (6).
[40] Hierzu *M. Stolleis*, Gemeinwohlformeln im nationalsozialistischen Recht, 1974, S. 76 ff.; *J. Isensee*, Gemeinwohl und Staatsaufgaben im Verfassungsstaat, in: HdBStR III, 1988, § 57, S. 3 (25).

Die Idee des Gemeinwohls ist in dieser Weise zu relativieren. Das Gemeinwohl ist als Idee abstrakt vorgegeben und als Ziel konkret aufgegeben. Das Gemeinwohl als abstrakter Begriff ist immer neu zu aktualisieren. Jeder Gesellschaft und jeder ihrer Generationen fällt in den Worten *Erich Kaufmanns* die „aktive und schöpferische Rolle" zu, Rechtsinstitute „mit ihren eigenen Legitimitätsvorstellungen zu erfüllen ... und so ein eigenes Kultursystem von individueller Werthaftigkeit zu schaffen"[41]. Der Staat lässt sich mit *Rudolf Smend* so in einem „Prozess beständiger Erneuerung, dauernden Neuerlebtwerdens"[42] begreifen. Gemeinwohlkonkretisierung erfolgt nicht aus dem normativen Nichts. Dabei stellen sich die beiden Grundfragen des „quis iudicabit?"[43] und des „modus procedendi"[44], die einer Legitimation[45] erst gerecht werden.[46] Der Verfassungsstaat muss zur Gemeinwohlkonkretisierung die Kompetenzen verteilen[47] und das Verfahren[48] regeln. Im Hinblick auf normersetzende Selbstverpflichtungen der Wirtschaft stellt sich die Frage, inwieweit auch Private zu Gemeinwohlkonkretisierungen legitimiert sind und ob informale Absprachen mit dem Staat den prozeduralen Anforderungen genügen.

3. Wirtschaftliches Engagement für private, partikulare und öffentliche Interessen

Selbstverpflichtungen nehmen für sich in Anspruch, dem Gemeinwohl zu dienen. Das wirft die verfassungsrechtliche Frage auf, inwieweit Private dazu legitimiert sind, öffentlichen Interessen nicht nur zu dienen, sondern selbst zu konkretisieren, was im öffentlichen Interesse ist. Zunächst muss

---

[41] *E. Kaufmann,* VVDStRL 3 (1927), S. 2 (16).

[42] *R. Smend,* Verfassung und Verfassungsrecht (1928), in: Staatsrechtliche Abhandlungen, 3. Aufl., 1994, S. 119 (136).

[43] *P. Häberle,* Öffentliches Interesse als juristisches Problem, 1970, S. 49: „Die Frage nach dem Gemeinwohl ist immer zugleich die Frage nach der Person oder Instanz, die es ‚kompetent verwirklicht'."

[44] *P. Häberle,* ebenda, S. 216: „Salus publica ex processu – das heißt auch: ius ex salute publica"; zu den prozeduralen Gemeinwohltheorien vgl. auch *W. Brugger,* in: Festschrift für H. Quaritsch, 2000, S. 45 (61 ff.).

[45] So wird der Begriff der Legitimation als Vorgang der Herstellung von Legitimation verstanden, die ihrerseits freiwillige Herrschaftsunterwerfung auslöst, also Freiheit voraussetzt, vgl. *H.-J. Menzel,* Legitimation staatlicher Herrschaft durch Partizipation Privater?, 1980, S. 18.

[46] *H.-D. Horn,* Die Verwaltung 1993, S. 545 (550 f.).

[47] *J. Isensee,* Gemeinwohl und Staatsaufgaben im Verfassungsstaat, in: HdBStR III, 1988, § 57, S. 3 (17).

[48] Diesen Aspekt betont die prozedurale Gemeinwohltheorie: *P. Häberle,* Öffentliches Interesse als juristisches Problem, 1970 sowie *ders.,* „Gemeinwohljudikatur" und Bundesverfassungsgericht, AöR 95 (1970), S. 86 ff., 260 ff.

§ 9 Gemeinwohl im kooperierenden Verfassungsstaat

jedoch tatsächlich hinterfragt werden, welche Interessen hinter Selbstverpflichtungen Privater stehen. Dabei ist an die begriffliche Unterscheidung zwischen privaten, partikularen und öffentlichen Interessen anzuknüpfen.[49]

Das primäre *private Interesse* von Wirtschaftsunternehmen ist ihr Gewinn. Unternehmen verfolgen im Wettbewerb konkurrierende Eigeninteressen[50]. Gegenüber dem Staat haben jedoch Unternehmen derselben Branche auch gemeinsame Interessen, die vor allem von Verbänden vertreten werden. Bei diesen Interessen handelt es sich um *partikulare Interessen*. Solche Gruppeninteressen betreffen nur einen bestimmten Teil der Gesellschaft. Gesellschaftliche Organisationen können nicht die Gesellschaft als ganze repräsentieren, sondern nur bestimmte Gruppen.[51] Das *öffentliche Interesse* dient nicht nur dem Einzelnen und nicht nur bestimmten Gruppen, sondern dem Gemeinwohl aller.[52]

Der Konsens normativer Absprachen mag das „gemeinsame Beste" der Absprachebeteiligten wiedergeben. Dieses gemeinsame Beste darf aber nicht mit dem „gemeinen Besten" (Gemeinwohl) verwechselt werden.[53] Wie kann es dazu kommen, dass Selbstverpflichtungen Privater nicht nur private und partikulare Interessen zum Ausdruck bringen, sondern auch dem Gemeinwohl dienen? Wie verhalten sich private, partikulare und öffentliche Interessen zueinander? Privates und öffentliches Interesse decken sich in den seltensten Fällen völlig. Sie stehen vielmehr häufig in einem Konflikt zueinander, den das öffentliche Recht typischerweise lösen muss. Aber damit ist nicht ausgeschlossen, dass partiell private und öffentliche Interessen parallel gehen und sich gegenseitig ergänzen. Sie sind weder inkompatibel, noch antinomisch.[54] Würde das öffentliche Interesse jeglichem privaten Interesse entgegenlaufen, wäre es in keiner Gesellschaft dauerhaft durchsetzbar. Würde umgekehrt die Verwirklichung jedes privaten Interesses dem öffentlichen Interesse schaden, so wäre dies das Ende der Gesellschaft, aber auch das Ende der Freiheit in ihr und durch sie. Eine Gesellschaft lebt davon, dass private, partikulare und öffentliche Interessen pluralistisch miteinander verwoben sind.

---

[49] Vgl. hierzu auch *R. Uerpmann*, Das öffentliche Interesse, 2000, S. 40 ff.

[50] Zu den Eigeninteressen auch *M. Morlok*, in: C. Engel/ders. (Hrsg.), Öffentliches Recht als Gegenstand ökonomischer Forschung, 1998, S. 1 (9).

[51] Vgl. hierzu *J. H. Kaiser*, Die Repräsentation organisierter Interessen, 1956; *E.-W. Böckenförde*, Demokratische Willensbildung und Repräsentation, in: HdBStR II, 1987, § 30, S. 29 ff.

[52] *H. H. v. Arnim*, Gemeinwohl und Gruppeninteressen. Die Durchsetzungsschwäche allgemeiner Interessen in der pluralistischen Demokratie, 1977, S. 81 f.

[53] *J. Knebel/L. Wicke/G. Michael*, Selbstverpflichtungen ..., 1999, S. 267.

[54] *H.-D. Horn*, Die Verwaltung 1993, S. 545 (550).

Nicht verwechselt werden dürfen zwei Aspekte des „Interesses": das Handlungsmotiv und das Handlungsziel.[55] Die Selbstlosigkeit bzw. der Eigennutz bezeichnen Handlungsmotive. Öffentliches und privates Interesse bezeichnen demgegenüber Handlungsziele. Selbstloses Handeln erfolgt allenfalls in der Absicht, im öffentlichen Interesse zu sein. Altruismus als Handlungsmotiv legitimiert aber nicht einzelne Private dazu, allgemeinverbindlich festzulegen, was dem Gemeinwohl dient. Auch Eigennützigkeit garantiert nicht, tatsächlich private Interessen zu verwirklichen. Egoistisches Handeln kann fehlschlagen und selbstschädigend sein.

Mit Blick auf Selbstverpflichtungen der Wirtschaft ist vor allem eine Verknüpfung von Handlungsmotiven und Handlungszielen von Bedeutung: Eigennütziges Handeln kann zugleich einem privaten und einem öffentlichen Interesse dienlich sein. Nicht auf die Absichten, sondern auf die Wirkungen kommt es an.[56] Auch eine erklärte und praktizierte Gemeinwohlausrichtung gesellschaftlicher Organisationen ist stets nur partikulär durch die jeweilige Organisation definiert und darf nicht mit der Gemeinwohlbindung und -ausrichtung des Staates verwechselt werden.[57] Bevor die Frage beantwortet ist, ob normative Absprachen eine Legitimationsgrundlage für die Konkretisierung des Gemeinwohls darstellen, kann vorläufig nicht von Handlungszielen, sondern nur von Handlungsmotiven die Rede sein.

Für eigennützige Motive privaten Handelns spricht eine Ausgangsvermutung. Wirtschaftsunternehmen handeln gewinnorientiert. Aber auch in der Wirtschaft ist Platz für fremd- bzw. gemeinnützige Motive privaten Handelns. Für die Wirtschaft handeln Führungskräfte beteiligter Unternehmen und Verbandsfunktionäre.[58] Sie sind Menschen, deren Interessen eigene Aspekte haben. Sie mögen aus ihrem Beschäftigungsverhältnis heraus zur Verfolgung der Ziele ihres Unternehmens verpflichtet sein. Ihr privates Eigeninteresse liegt dabei im persönlichen wirtschaftlichen Erfolg, der deshalb insbesondere bei leitenden Positionen an den Unternehmensgewinn gekoppelt wird. Aber das vom Einzelnen erstrebte gesellschaftliche Ansehen wird nicht nur an seinem relativen Reichtum gemessen, sondern auch von der Nützlichkeit und moralischen Integrität seines Tuns geprägt.

Damit stellt sich die Frage des „Menschenbildes im Verfassungsstaat" (*P. Häberle*)[59]. Über das Moment des gesellschaftlichen Ansehens und des Gewissens werden gesellschaftliche Werte und auch öffentliche Interessen zu

---

[55] *J. Isensee*, Gemeinwohl und Staatsaufgaben im Verfassungsstaat, in: HdBStR III, 1988, § 57, S. 3 (15).

[56] *J. Isensee*, ebenda, S. 3 (16).

[57] *J. Isensee*, in: Der Staat 20 (1981), S. 161 (166); S. 167: „An dem Theorem haftet (...) viel abgestorbener oder sterblicher Stoff."

[58] *Chr. Engel*, StWuStPr 1998, S. 535 (573).

[59] *P. Häberle*, Das Menschenbild im Verfassungsstaat (1988), 2. Aufl. 2001.

Verhaltensmaximen des Einzelnen. Der Bürger als Citoyen, als „*homo politicus*"[60] (im Gegensatz zum privaten Bourgeois)[61] liegt der Idee des Staatsbürgers im Verfassungsstaat seit der Aufklärung zugrunde, wenn es um die Rolle des Einzelnen bei der Beteiligung am Gemeinwesen, an der res publica, geht. Dem ist das Menschenbild[62] vom „*homo oeconomicus*"[63] zur Seite zu stellen, und zwar nicht nur als Grundlage unseres vom 19. Jahrhundert geprägten Privatrechts des BGB.[64] *I. Kant* wagte die Frage nach der „Qualität eines Menschen" und stellte nüchtern fest, dass „jedermann ein Geschäftsmann"[65] ist. Die Trennungsthese zwischen Staat und Gesellschaft sieht den Einzelnen in einer Doppelrolle als Bourgeois und Gegenüber zum Staat im Sinne einer Herrschaftsorganisation einerseits und als Citoyen und Teil der Gesellschaft andererseits. Es gibt aber auch Überschneidungen der Rollen, bei denen Private zugleich als homo politicus *et* oeconomicus handeln.[66] Nicht nur wenn eigennützig motiviertes Handeln gleichsam unbeabsichtigt dem Gemeinwohl dient, handeln Private im öffentlichen Interesse. Auch können sich Private gemeinwohldienliches Handeln bewusst zur Aufgabe machen. Der Mensch als „*animal sociale*" (*Aristoteles*) hat zudem eine ausgeprägte Neigung, mit anderen zu kooperieren.

---

[60] *H. Heller*, Staatslehre (1934), 6. Aufl. 1983, S. 30; *W. Geiger,* in: FS Faller, 1984, S. 3 (13); *F. Kopp,* in: FS Obermayer, 1986, S. 53 (62).

[61] *R. Smend,* Bürger und Bourgeois im deutschen Staatsrecht (1933), in: Staatsrechtliche Abhandlungen, 3. Aufl., 1994, S. 309 (316) zeigt die Entwicklung von der christlichen Dreiständelehre des status politicus der Obrigkeit, des status ecclasiasticus der Geistlichkeit und des status oeconomicus des Erwerbs- und Nahrungsstandes hin zu einer modernen staatsbürgerlichen Gesellschaft, in der „auch die Untertanen status politicus, politischer Berufsstand werden", auf.

[62] Schon *H. Krüger,* Von der Notwendigkeit einer freien und auf lange Sicht angelegten Zusammenarbeit zwischen Staat und Wirtschaft, 1966, S. 19 weist darauf hin, dass es „der Mensch (ist), der die Wirtschaftsziele im Ganzen und im Einzelnen setzt, und zwar ebenso in ökonomischer Hinsicht wie in allen anderen Beziehungen".

[63] *H. Heller*, Staatslehre (1934), 6. Aufl. 1983, S. 121 f., 243; *R. Gröschner,* in: C. Engel/M. Morlok (Hrsg.), Öffentliches Recht als Gegenstand ökonomischer Forschung, 1998, S. 31 ff.

[64] *P. Häberle,* Das Menschenbild im Verfassungsstaat, 2. Aufl., 2001, S. 52 f.

[65] *I. Kant,* Über den Gemeinspruch: Das mag in der Theorie richtig sein, taugt aber nicht für die Praxis (1793) A 201 (231), in: Werke, Bd. XI, 1968, S. 125 (143).

[66] Bereits *H. Heller,* Staatslehre (1934), 6. Aufl. 1983, S. 243 relativierte: „Der zweckrational handelnde homo oeconomicus ist eine theoretisch berechtigte Fiktion. Der wirkliche Mensch aber lebt in Bindung an seine Natur- und Kultursituation, welche die ökonomische Ratio zwar stark zu beeinflussen, niemals aber ganz aufzulösen vermag. Seiner Landschaft, Familie, Erziehung, Religion, Nation, Klasse, Partei, vor allem auch seinem Staat gefühls- und willensmäßig verhaftet, handelt der wirkliche Mensch mindestens ebenso oft unabhängig von wirtschaftlichen Erwägungen oder sogar gegen sie, wie durch sie motiviert."

Die modernen Erscheinungsformen des kooperierenden Verfassungsstaates sind eine neue Ausprägung dieses überkommenen Menschenbildes, die es rechtfertigt, vom „*homo cooperativus*" zu sprechen.

Damit ist jedoch über die Legitimation solchen Handelns noch nichts gesagt. Nicht die *Gesinnung* der Beteiligten, sondern ihr *Handeln* gilt es zu legitimieren. Auch was das Vorverständnis für die Beantwortung der Legitimationsfrage anbelangt, ist Skepsis geboten. Es ist vor der Illusion zu warnen, dass Wirtschaftsunternehmen und ihre Vertreter aus Idealismus das Gemeinwohl[67] zur Leitidee ihres Handelns erheben würden, ohne hierzu rechtlich[68] angehalten zu sein. Um im Wettbewerb bestehen zu können, müssen Unternehmen in erster Linie ökonomisch handeln."[69] Nicht die höhere Vernunft, sondern das ökonomische Kalkül sind die typischen und primären Motive freiwilliger Selbstverpflichtung. Selbstverpflichtungserklärungen werden unter ökonomischen Prämissen eingegangen und befolgt.[70] „Mindestens vordergründig"[71] ist das „private Interesse" ein Gegenbegriff zum „öffentlichen Interesse". „Tendenzen zur Romantisierung"[72] ist nüchtern zu begegnen. Gemeinwohlziele können aber dann zu eigenen Zielen der Unternehmen werden, wenn ihre Verfolgung betriebswirtschaftlichen Eigennutzen verspricht.

Normative Absprachen sind nur dann und insoweit aus staatlicher bzw. gesellschaftlicher Sicht aussichtsreich, wenn die Verfolgung von Allgemeininteressen zugleich für die Unternehmen einen wirtschaftlichen Erfolg mit sich bringt. Die „Gemeinsamkeit gewisser Anliegen"[73], die „Parallelschaltung von privaten und öffentlichen Interessen"[74] und der „Gleichklang der Interessen"[75] können nutzbar gemacht werden. Dann und nur dann stecken in Verhandlungssystemen „eigenständige Wohlfahrtspotentiale"[76]. Es geht um eine „Induzierung von privaten Beiträgen, die dem legitimen Eigennutz

---

[67] *U. Di Fabio,* VVDStRL 56 (1997), S. 235 (245 ff.) m.w.N.; *R. Steinberg,* Diskussionsbeitrag, in: VVDStRL 56 (1997), S. 291.

[68] Zur gesetzlichen Implementierung persönlicher Verantwortung durch das Ordnungs- und Strafrecht vgl. *U. Di Fabio,* VVDStRL 56 (1997), S. 235 (247).

[69] *G. Lübbe-Wolff,* Die EG-Verordnung zum Umwelt-Audit, DVBl. 1994, S. 361 (372).

[70] *K. Rennings/K. L. Brockmann/H. Bergmann,* Nachhaltigkeit, Ordnungspolitik und freiwillige Selbstverpflichtung, 1996, S. 131 (143).

[71] *P. Häberle,* Öffentliches Interesse revisited, in: G. Winter (Hrsg.), Das Öffentliche heute, 2002, S. 157 ff.

[72] *G. Lübbe-Wolff,* DVBl. 1994, S. 361 (372).

[73] *H. Krüger,* Von der Notwendigkeit einer freien und auf lange Sicht angelegten Zusammenarbeit zwischen Staat und Wirtschaft, 1966, S. 18.

[74] *G.-F. Schuppert,* Diskussionsbeitrag, in: VVDStRL 56 (1997), S. 298.

[75] *Chr. Engel,* StWuStPr 1998, S. 535 (572). *T. Köpp,* Normvermeidende Absprachen zwischen Staat und Wirtschaft, 2001, S. 91 spricht von „partieller Interessenidentität".

dienen, aber zugleich das Gemeinwohl befördern"[77]. Nicht ein Prämissenwechsel privater Interessen zu Gunsten des Gemeinwohls, sondern die Chancen der gegebenenfalls gemeinsamen Zielrichtung von privaten, partikularen und öffentlichen Interessen sind der wesentliche Hintergrund von Selbstverpflichtungen.

Unter welchen Bedingungen laufen die privaten, partikularen und öffentlichen Interessen zusammen? Wie kommt es zu dieser für alle günstigen Konstellation? Von drei Seiten können öffentliche Interessen auf Wirtschaftsunternehmen einwirken:

Erstens ist das *Kundenverhalten* oder genauer: das Marktverhalten der Verbraucher[78] (Kaufboykott, Rufschädigung) sowie anderer Vertragspartner (Zulieferer, Versicherungen, Banken)[79] von entscheidender Bedeutung. Wenn der Verbraucher dies wünscht und zu bezahlen bereit ist, kann auch die Umweltverträglichkeit von Produkten wettbewerbliche Vorteile versprechen. Verbraucherinteressen und das Ansehen in der Öffentlichkeit (Imageverlust bzw. -gewinn) beeinflussen auch aus rein ökonomischer Gewinnabsicht das Verhalten der Wirtschaft.

Aber das führt nur im Idealfall zu gemeinwohldienlicher Orientierung: Verbraucher repräsentieren nur (mehr oder weniger große) Teile der Gesellschaft. Deshalb ist die Summe der Verbraucherinteressen noch nicht mit der Summe der Interessen in der Gesellschaft identisch. Das Verbraucherinteresse ist vielmehr ein Partikularinteresse, das seinerseits jedoch parallel zum öffentlichen Interesse laufen *kann*. Auch der Verbraucher handelt als „homo oeconomicus". Es wäre unrealistisch, idealistisches Käuferverhalten vorauszusetzen. Es kommt deshalb entscheidend darauf an, ob z. B. ein umweltverträgliches Produkt für den einzelnen Käufer spürbare Vorteile hat. Das kann der Fall sein, wenn sein Gebrauch weniger Energie verbraucht, wenn die Benutzung für den Benutzer Gesundheitsschädigungen minimiert und wenn die Entsorgung weniger aufwändig oder billiger wird. Der reine Werbeeffekt für Produkte, die in der Herstellung umweltfreundlicher, aber für den Verbraucher teurer ohne persönlichen Vorteil sind, sollte hingegen nicht überschätzt werden. Die Rolle des Verbrauchers ist deshalb bei Selbstverpflichtungen von sehr unterschiedlichem Einfluss.

Zweitens kann auch die interessierte *Öffentlichkeit*[80] Druck auf die Wirtschaft ausüben, nicht zuletzt vermittels der Medien. Die Vermeidung von

---

[76] *F. W. Scharpf,* PVS 1991, S. 621; zustimmend *H. Hofmann,* Technik und Umwelt (1994), in: *ders.,* Verfassungsrechtliche Persektiven, 1994, S. 441 (465).

[77] *M. Schmidt-Preuß,* VVDStRL 56 (1997), S. 160 (185, 194): „strategische Verbindung".

[78] *M. Kohlhaas/B. Praetorius/R. Eckhoff/Th. Hoeren,* Selbstverpflichtungen der Industrie zur CO_2-Reduktion, 1994, S. 53.

[79] *M. Schmidt-Preuß,* VVDStRL 56 (1997), S. 160 (186).

Skandalen und öffentlichen Gegendemonstrationen ist vor allem in Bereichen der chemischen Industrie und der Atomenergie zu einem Entscheidungsfaktor geworden. Die Öffentlichkeit und ihr spürbar gestiegenes, v. a. der Großindustrie gegenüber sensibilisiertes Umweltbewusstsein[81] kann ein wichtiges Korrektiv gegenüber Defiziten bei der Einhaltung von Selbstverpflichtungen einnehmen. Dazu gehört politischer Druck (z. B. durch Demonstrationen gegen Genehmigungen) ebenso, wie rechtlicher Schutz (z. B. nachbarschaftliche Immissionsschutzstreitigkeiten). Hierbei spielt auch die Presse eine wichtige Rolle.[82] Vielleicht ist ihre Rolle anstelle rechtlichen Zwangs sogar noch wichtiger als die gegenüber solchem. Soziale Anerkennung ist ein Handlungsmotiv, das über das gesellschaftlich und öffentlich Geforderte gesteuert wird.

Der Druck der Öffentlichkeit kann wirtschaftliche Eigeninteressen[83] empfindlich treffen bzw. solche – auch nachträglich – erzeugen. Jedoch darf auch öffentlicher Druck nicht mit öffentlichem Interesse verwechselt werden. Auch wenn die Motivation öffentlichen Drucks eine altruistische ist, handelt es sich um jeweils private Sichten dessen, was gemeinwohlschädlich und -dienlich ist; nicht mehr und nicht weniger. Über die Legitimationsfunktion des Öffentlichen (Stichwort: „Verfassung als öffentlicher Prozess" (*P. Häberle*)) ist damit noch nichts gesagt.

Drittens nimmt der *Staat* Einfluss auf die Wirtschaft. Selbst passiv können Behörden dabei eine Rolle spielen. Ihr Wohlwollen und ein kooperativer Austausch mit der Wirtschaft ist für diese von nicht zu unterschätzendem Interesse. Das Eigeninteresse der Wirtschaft an Selbstverpflichtungen beruht selbst in solchen Fällen auf dem „Tauschprinzip"[84] und einer inneren „Austauschlogik".[85] Ein wirtschaftliches Eigeninteresse kann auch darin bestehen, eine (noch) schärfere staatliche Regelung abzuwenden.[86] Selbstverpflichtungen bleiben deshalb in der Regel hinter den staatlicherseits angedrohten Regelungen in der Sache zurück.[87] Aus der Sicht des Staates ist die glaubwürdige[88] Androhung schärferer Maßnahmen deshalb das Haupt-

---

[80] *M. Schmidt-Preuß*, VVDStRL 56 (1997), S. 160 (187).

[81] Vgl. *W. Frenz*, EuR 1999, S. 27 (29, 45).

[82] Angedeutet bei *K. Rennings/K. L. Brockmann/H. Bergmann*, Nachhaltigkeit, Ordnungspolitik und freiwillige Selbstverpflichtung, 1996, S. 131 (180).

[83] *K. Rennings/K. L. Brockmann/H. Bergmann*, Nachhaltigkeit, Ordnungspolitik und freiwillige Selbstverpflichtung, 1996, S. 131 (180).

[84] *E. Bohne*, JbRSoz 1982, S. 266 (271). Ähnlich *T. Köpp*, Normvermeidende Absprachen zwischen Staat und Wirtschaft, 2001, S. 74; anders *W. Frenz*, Selbstverpflichtungen der Wirtschaft, 2001, S. 100 ff., 228 ff.

[85] *G.-F. Schuppert*, Diskussionsbeitrag, in: VVDStRL 56 (1997), S. 298.

[86] *M. Schmidt-Preuß*, VVDStRL 56 (1997), S. 160 (216).

[87] *K. Rennings/K. L. Brockmann/H. Bergmann*, Nachhaltigkeit, Ordnungspolitik und freiwillige Selbstverpflichtung, 1996, S. 131 (143).

instrument, um Gemeinwohlinteressen, genauer gesagt Gemeinwohlinteressen in Gestalt der Abmilderung ihrer Verfolgung, zum Eigeninteresse der Wirtschaft zu machen.

Auch der auf den ersten Blick reduzierte Dienst am Gemeinwohl kann unter Gesichtspunkten der Effizienz und der Effektivität gemeinwohldienlich sein. Mit einer „second-best-Lösung" kann dem Gemeinwohl mehr gedient sein als durch ein nur schwerlich praktisch durchsetzbares Gesetzesrecht auf höherem Niveau.

Es lässt sich somit zusammenfassend sagen, dass Selbstverpflichtungen öffentliche Interessen tatsächlich widerspiegeln *können,* dass dies aber im Einzelfall sehr unterschiedlichen Ursprungs ist und stets kritisch zu hinterfragen bleibt. Vor diesem Hintergrund muss die Frage gestellt werden, wie das Recht hoheitliches und privates Handeln im Hinblick auf das Gemeinwohl einordnet.

II. Staat und Gesellschaft – ein Kooperationsverhältnis?

Normative Absprachen berühren das Verhältnis zwischen Staat und Gesellschaft im Kern. Wenn der Staat mit der Wirtschaft in Fragen der Rechtsetzung informale Absprachen trifft, dann handelt es sich nicht nur um Verständigung, gegenseitige Einflussnahme und Annäherung. Der alte Streit um die Trennung von Staat und Gesellschaft, bisweilen als Schein- oder Schattengefecht[89] erschienen, muss neu aufgerollt werden: Darf das Verhältnis zwischen Staat und Gesellschaft zum Kooperationsverhältnis und der moderne Verfassungsstaat zu einem kooperierenden Verfassungsstaat werden?

1. Die Nichtidentität und Unterscheidbarkeit von Staat und Gesellschaft

Staat und Gesellschaft sind zu unterscheiden. Ihre *Identität* führte zur Totalität des Staates, zur vollkommenen Verstaatlichung der Gesellschaft und zur vollkommenen Vergesellschaftung des Staates. Dies ist dem Verfassungsstaat fremd, ja: „fundamental" fremd. Was nicht identisch ist, ist notwendig unterscheidbar. Also ist die Unterscheidung zwischen Staat und Gesellschaft eine verfassungsstaatliche Prämisse in dem Sinne einer unverrückbaren „Entscheidung gegen eine Identität von Staat und Gesellschaft"[90].

---

[88] *K. Rennings/K. L. Brockmann/H. Bergmann,* Nachhaltigkeit, Ordnungspolitik und freiwillige Selbstverpflichtung, 1996, S. 131 (152, 210 m. w. N.).
[89] So *H. H. Rupp,* Die Unterscheidung von Staat und Gesellschaft, in: HdBStR I § 28, 2. Aufl., 1995, S. 1187 (1188).

Obwohl hierüber der Sache nach in der deutschen Staatsrechtslehre Konsens herrschen dürfte, ist die These *Ernst-Wolfgang Böckenfördes* von der *Unterscheidung* zwischen Staat und Gesellschaft als „Bedingung individueller Freiheit"[91] bis heute geradezu ein Reizstichwort geblieben. Das lässt sich nur verstehen, wenn man mit dieser These mehr verbindet, wenn man sie als Theorem benutzt, um das Verhältnis zwischen den unterscheidbaren Größen zu bestimmen. Obwohl sich *Böckenförde* ausdrücklich mit dem Terminus der „Unterscheidung" begrifflich nicht auf eine „Trennung" im Sinne eines „Dualismus" festlegt,[92] verbindet er und ihm folgend ein Teil der Literatur mehr mit seiner These als die bloße „Unterscheidbarkeit"[93] als Negation der Identität. Auf der Suche nach den „notwendige(n) Bedingung(en) individueller und gesellschaftlicher Freiheit" fordert diese Lehre Zurückhaltung des Staates einerseits[94], misstraut aber auch den Selbstregulierungskräften der Gesellschaft andererseits[95]. Daran ist richtig, dass der individuellen Freiheit Gefahren von jeglicher Macht drohen, sei diese gesellschaftlicher oder staatlicher Natur. Gesundes Misstrauen gegenüber Machtausübung aller Art ist gerechtfertigt, muss aber ausbalanciert werden, damit nicht die völlige Zurückdrängung von Kräften Widerstand erzeugt oder andere Kräfte unangemessen stärkt.

2. Trennung von Staat und Gesellschaft?

Bis heute wird in der deutschen Staatsrechtslehre die *Trennung* von Staat und Gesellschaft gefordert: mal systematisierend als Theorem der „Dialektik"[96] oder des „Dualismus"[97], mal nüchtern als Verhältnis der „Diffe-

---

[90] *K. Hesse,* DÖV 1975, S. 437 (439).

[91] *E.-W. Böckenförde,* Die verfassungstheoretische Unterscheidung von Staat und Gesellschaft als Bedingung der individuellen Freiheit, 1973; vorbereitet durch die These der „Konzentrierung der politischen Entscheidungsgewalt bei der staatlichen Organisationals" als „notwendige Bedingung der Sicherung individueller Freiheit": *ders.,* Die Bedeutung der Unterscheidung von Staat und Gesellschaft im demokratischen Sozialstaat der Gegenwart, in: FS für W. Hefermehl, 1972, S. 11 ff., auch in: ders. (Hrsg.), Staat und Gesellschaft, 1976, S. 395 (414).

[92] *E.-W. Böckenförde,* Die verfassungstheoretische Unterscheidung von Staat und Gesellschaft als Bedingung individueller Freiheit, 1973, S. 8.

[93] Von ihr spricht *H.-D. Horn,* Die Verwaltung 1993, S. 545 (551), der jedoch der Sache nach Distanz (S. 572) fordert.

[94] *E.-W. Böckenförde,* Die verfassungstheoretische Unterscheidung von Staat und Gesellschaft als Bedingung individueller Freiheit, 1973, S. 19, 44.

[95] *E. Forsthoff,* Der Staat in der Industriegesellschaft, 1971, S. 29 et passim.

[96] *J. H. Kaiser,* Die Repräsentation organisierter Interessen, 1956, S. 338 und passim, Teilabdruck auch in: E. W. Böckenförde (Hrsg.), Staat und Gesellschaft, 1976, S. 177 ff.

[97] *J. Isensee,* Subsidiaritätsprinzip und Verfassung (1968), 2. Aufl., 2001, S. 149.

§ 9 Gemeinwohl im kooperierenden Verfassungsstaat 249

renz"[98] oder der „Distanz"[99], mal bildlich als „polare Beziehung"[100] oder Trennung zweier „Reiche"[101], bisweilen drastisch mit der Forderung, „Mauern zwischen Staat und Gesellschaft ... aufrecht (zu) erhalten"[102].

An der Trennungsthese wird – nicht weniger fundamental – Kritik[103] geübt: Eine Trennung von Staat und Gesellschaft, bei der zwischen beiden ein Graben entsteht, führe dazu, dass sich der abgelöste Staat von der Gesellschaft entfremdet[104]. Der entfremdete Staat drohe zum Selbstzweck zu werden. Von ihm werde die Freiheit nicht weniger bedroht. Die Unterscheidung zwischen Staat und Gesellschaft dürfe nicht in die Positionen des 19. Jahrhunderts zurückfallen,[105] dem diese Lehre entstammt. Ein Bedürfnis für die Entfaltung gesellschaftlicher Freiräume unter monarchischer Staatsgewalt kann der heutigen Lehre keine Rechtfertigung geben und ist „überholt"[106]. Allerdings wurde auch davor gewarnt, den Dualismus zwischen Staat und Gesellschaft für „historisch erledigt" zu erklären, da „eine derartige Argumentation bei uns vor nicht allzu langer Zeit dem totalen Staat Vorschub geleistet hat"[107].

Der Streit hat eine Neigung der Deutschen immer wieder geweckt: Grundsätzliche Erklärungsmodelle zu entwerfen, die möglichst umfassende

---

[98] *D. Grimm*, in: ders. (Hrsg.), Staatsaufgaben, 1994, S. 613 (634).

[99] *H.-D. Horn*, Die Verwaltung 1993, S. 545 (572); grundrechtlich und rechtsstaatlich begründet *H. Bethge*, VVDStRL 57 (1998), S. 7 (10, 35) ein Distanzgebot des Staates.

[100] *J. H. Kaiser*, Die Repräsentation organisierter Interessen, 1956, S. 338.

[101] *J. Isensee*, Subsidiaritätsprinzip und Verfassung (1968), 2. Aufl., 2001, S. 159 und *M. Jestaedt*, Demokratieprinzip und Kondominialverwaltung, 1993, S. 183 ff.; gegen ein kategorisches Trennungsmodell und kritisch gegenüber der „Konstruktion ‚zweier Reiche'" *H.-D. Horn*, Die Verwaltung 1993, S. 545 (551, 552 fn. 48), der jedoch selbst schließlich (S. 572) ebenfalls für „Distanz" plädiert.

[102] *F. Ossenbühl*, Diskussionsbeitrag, in: VVDStRL 56 (1997), S. 284, der deshalb sogar den „Begriff der Gemeinwohlverwirklichung" ablehnt.

[103] *P. Häberle*, JuS 1967, S. 64 ff.

[104] *K. Hesse*, DÖV 1975, S. 437 (439).

[105] Hierzu vgl. *H. H. Rupp*, Die Unterscheidung von Staat und Gesellschaft, in: HdBStR I 28, 2. Aufl., 1995, S. 1187 (1189 ff.), zu den „Geschichtlichen Voraussetzungen des heutigen Staates" bereits *H. Heller*, Staatslehre (1934), 3. Aufl. 1971, S. 124 ff.

[106] *D. Grimm*, in: ders. (Hrsg.), Wachsende Staatsaufgaben – sinkende Steuerungsfähigkeit des Rechts, 1990, S. 291 (298).

[107] *H. Ehmke*, „Staat" und „Gesellschaft" als verfassungstheoretisches Problem, in: FS für R. Smend, 1962, S. 23 (25), auch in: ders., Beiträge zur Verfassungstheorie und Verfassungspolitik (hrsgg. v. P. Häberle), 1981, S. 300 (301 f.) und in: E. W. Böckenförde (Hrsg.), Staat und Gesellschaft, 1976, S. 241 (243); deutlich auch *G. Dürig*, Diskussionsbeitrag, in: VVDStRL 29 (1971), S. 126 (127): „Wenn Staat und Gesellschaft deckungsgleich werden, dann, meine Damen und Herren, gehen mal wieder die Lichter aus".

Geltung beanspruchen. Solchen „Versuchungen" soll hier nur begrenzt nachgegeben werden: Nicht vertieft werden soll hier die Frage, ob Staat und Gesellschaft eine „dialektische Einheit" bilden, bei der der Staat zugleich „Antithese zur Gesellschaft und die umgreifende einheitsstiftende Synthese"[108] oder ob umgekehrt „das politische System ‚Staat' Teilsystem innerhalb des gesellschaftlichen Gesamtsystems"[109] oder mit den Begriffen der Systemtheorie gar Subsystem der Gesellschaft[110] ist oder ob beide lediglich „zwei unterschiedliche Aggregatzustände des gleichen personellen Substrats, d.i. der egalitären Bürgergesellschaft"[111] sind. Solcher Theorie soll hier mit der Skepsis *Immanuel Kants* begegnet werden: „So gilt, wenn auf das Volkswohlergehen gesehen wird, eigentlich gar keine Theorie, sondern alles beruht auf einer der Erfahrung folgsamen Praxis"[112].

Das heißt aber nicht, dass die Staats- und Verfassungslehre zum Verhältnis zwischen Staat und Gesellschaft nichts sagen könnte und sollte. Das Thema ist immer wieder zu aktualisieren und es stellt sich vielleicht heute „dringender denn je"[113]. Ziel muss es sein, das Verhältnis von Staat und Gesellschaft stets neu auszubalancieren. Es geht um die mehr pragmatische als paradigmatische Frage nach dem „‚richtige(n)' Maß von Trennung und Verbindung"[114]. Um die konkrete Optimierung dieses Maßes darf und soll gerungen werden.

Faktum ist seit langem eine „Vielfalt wechselseitiger Abhängigkeiten und Einflussnahmen"[115]. Dies lässt sich an zahlreichen Phänomenen des Parteienwesens und der Einflussnahme von Verbänden auf die Gesetzgebung belegen. Selbstverpflichtungen und normersetzende Absprachen zwischen Wirtschaft und Staat geben der Verbindung zwischen Staat und Gesellschaft aber eine *neue Qualität*. Das „Verhältnis von Staat und Gesellschaft (wird) in seinem Kern berührt und (muss) z.T. neu definiert"[116] werden. Die Ge-

---

[108] *J. Isensee*, Subsidiaritätsprinzip und Verfassung (1968), 2. Aufl., 2001, S. 154; zustimmend *H.-D. Horn*, Die Verwaltung 1993, S. 545 (554).

[109] *K. Hesse*, DÖV 1975, S. 437 (439).

[110] *N. Luhmann*, Grundrechte als Institution, 1965, S. 15 ff.; ders., Politische Theorie im Wohlfahrtsstaat, 1981; zur „Legeshierarchie und ... Trennung von Staat und Gesellschaft" auch im erstgenannten Titel ebenda S. 26 ff., Teilabdruck auch in: E. W. Böckenförde (Hrsg.), Staat und Gesellschaft, 1976, S. 275 ff.

[111] *H. Dreier*, Hierarchische Verwaltung im demokratischen Rechtsstaat, 1991, S. 30 (Fn. 44).

[112] *I. Kant*, Über den Gemeinspruch: Das mag in der Theorie richtig sein, taugt aber nicht für die Praxis (1793) A 201 (269), in: Werke, Bd. XI, 1968, S. 125 (163 f.).

[113] *M. Schulte*, Schlichtes Verwaltungshandeln, 1995, S. 79.

[114] *K. Hesse*, DÖV 1975, S. 437 (442).

[115] *K. Hesse*, DÖV 1975, S. 437 (439); so auch die amerikanische Theory of Regulatory State: vgl. hierzu *M. M. Müller/R. Sturm*, StWuStPr 1998, S. 507 (511).

fahr der Überlagerung des Gemeinwohls durch partikulare Interessen ist die primäre Gefahr einer zu großen Einflussnahme von wirtschaftsmächtigen Verbänden. Die Verstrickung staatlicher Organe in Abhängigkeiten auf Grund solcher Absprachen muss als sekundäre Folge verhindert werden. Es wird behauptet, dass mit normativen Absprachen ein „Bedeutungsverlust der Dichotomie zwischen Staat und Gesellschaft im modernen Rechtsstaat"[117] eintrete, ja die „Grenze zwischen Staat und Gesellschaft ... ganz bewusst aufgehoben" werde.[118]

Die Verfassungslehre muss eine solche Entwicklung kritisch begleiten und soll ihr auch Grenzen setzen. Begrenzt werden muss sowohl eine Verstaatlichung der Gesellschaft als auch eine Vergesellschaftung des Staates.[119] Eine Identität oder Teilidentität von Staat und Gesellschaft darf nicht entstehen. Ob dies ein pluralistisches Nebeneinander gebietet oder auch ein kooperatives Miteinander erlaubt, ist die Frage. Die Grenzen der Verstaatlichung der Gesellschaft werden durch die bürgerliche Freiheit gesetzt. Bevor hierauf näher eingegangen wird, seien zunächst Grenzen der Vergesellschaftung des Staates diskutiert:

3. Gebot der Neutralität und Unabhängigkeit des Staates

Wenn Staat und Gesellschaft ein Kooperationsverhältnis miteinander eingehen, schwindet die Distanz. Sind Kooperationen wegen der gebotenen Neutralität und Unabhängigkeit des Staates Grenzen gesetzt?

Zu diesem Problem hat *Hans-Detlef Horn* Stellung bezogen. Er hat aus seinem Verständnis des Verhältnisses zwischen Staat und Gesellschaft Konsequenzen abgeleitet, um den Gefahren „der ‚soft law'-Konsensbildung" und dem „Risiko einer Gemeinwohlverfehlung auch bei einem nicht-kollusiven Konsens"[120] vorzubeugen. Nach seiner Auffassung „obliegt dem Staat die unentrinnbare Sorge für seine institutionelle *Unabhängigkeit* gegenüber allen gesellschaftlichen Kräften, für *Distanz* und überparteiliche *Neutralität* in der freiheits- und einheitsstiftenden Gemeinwohlentscheidung."[121] Damit wird das Verhältnis zwischen Staat und Gesellschaft von drei Geboten für den Staat charakterisiert: dem Unabhängigkeits-Gebot, dem Distanz-Gebot und dem Neutralitäts-Gebot. Diese drei Aspekte nennt Horn als Ergebnis

---

[116] *J. Knebel,* in: L. Wicke/J. Knebel/G. Braeseke (Hrsg.), Umweltbezogene Selbstverpflichtungen der Wirtschaft, 1997, S. 201 (204).
[117] *M. Schulte,* Schlichtes Verwaltungshandeln, 1995, S. 77.
[118] *Chr. Engel,* StWuStPr 1998, S. 535 (576).
[119] Vgl. *W. Mößle,* Regierungsfunktionen des Parlaments, 1986, S. 6.
[120] *H.-D. Horn,* Die Verwaltung 1993, S. 545 (566).
[121] *H.-D. Horn,* Die Verwaltung 1993, S. 545 (572) – Hervorhebungen nicht im Original.

seiner Untersuchung in einem Atemzug. Sie sollen hier gesondert betrachtet, in ihrer Stichhaltigkeit hinterfragt und auf ihre weiterführende Relevanz überprüft werden.

Ohne weiteres verdient das *Neutralitäts-Gebot* Zustimmung. Kooperationen mit der Wirtschaft dürfen den Staat nicht dazu verleiten, sich parteiisch[122] zum Anwalt der Partikularinteressen der Kooperationspartner zu machen. Die Gemeinwohlverantwortung des Staates gebietet dessen Neutralität zwingend. Gemeinwohl als das „gemeine Beste" darf nicht mit dem „gemeinsamen Besten" als dem Ergebnis von Verhandlungen verwechselt werden.[123] Kooperation zwischen Staat und Gesellschaft darf nicht zu einem „kollusive(n) Zusammenwirken zum Nachteil des Gemeinwohls werden"[124]. Es darf zwischen Ministerien und Verbänden kein Politiknetzwerk entstehen, in dem die Beteiligten nicht nur gegenseitig aufeinander angewiesen sind, sondern bei dem künftige Handlungen von wechselseitiger Beteiligung abhängig werden.[125] Der Staat darf und soll Gemeinwohlentwürfe der Wirtschaft als Vorschläge rezipieren, er darf sich durch sie zu Entscheidungen inspirieren lassen. Er muss dabei jedoch stets selbst die Kontrollfrage stellen, ob Gemeinwohl dabei nicht nur zum Decknamen für Partikularinteressen wird bzw. prüfen, ob sich die von der Wirtschaft verfolgten Partikularinteressen mit dem Gemeinwohl decken. Der Staat darf nicht die effektive Gemeinwohlverwirklichung aus den Augen verlieren und an ihre Stelle Effizienzkriterien treten lassen.[126] Der Staat darf sich nicht von Privaten gegenüber der Gesellschaft instrumentalisieren lassen. Der Staat allein dem Gemeinwohl verpflichtet. Das unterscheidet ihn von den Privaten, deren Freiheit er umgekehrt nicht instrumentalisieren darf.

Allerdings ist der Staat nicht Selbstzweck, sondern auf eine Weise bloßes „Instrument" zur Gemeinwohlkonkretisierung. Das Neutralitäts-Gebot ist Auftrag und Maxime aller Amtsträger und bleibt dies auch bei Verhandlungsprozessen. Die Gefahr der Parteilichkeit besteht auch beim Lobbyismus. Absicherungen muss das Verfassungsrecht bereithalten: Auch kooperierende Bundesminister müssen sich parlamentarisch verantworten. Die normersetzende Funktion von Absprachen muss an Mindestanforderungen des Demokratieprinzips gemessen werden. Ein grundsätzliches Verbot für Kooperationen lässt sich daraus aber nicht ableiten. Vielmehr ist ihre demo-

---

[122] Neutralität und Unparteiischkeit fordert auch das BVerwGE 75, 214 (231) – Flughafen München II.

[123] *J. Knebel/L. Wicke/G. Michael,* Selbstverpflichtungen ..., 1999, S. 267.

[124] *E. Schmidt-Aßmann,* Das allgemeine Verwaltungsrecht als Ordnungsidee und System, 1982, S. 31.

[125] *Chr. Engel,* StWuStPr 1998, S. 535 (551).

[126] *A. Helberg,* Normabwendende Selbstverpflichtungen ..., 1999, S. 292, der diese Erwägung seinem Begriff der „Trennung" (S. 288) zu Grunde legt.

§ 9 Gemeinwohl im kooperierenden Verfassungsstaat 253

kratische Einbindung zu fordern. Außerdem ist auch die Öffentlichkeit wenigstens von abgeschlossenen Absprachen zu informieren. Sie muss die Chance haben, gegebenenfalls Parteilichkeit aufzudecken.

Vor allem das *Unabhängigkeits-Gebot* verdient nachdrücklichen Beifall. Schon *Konrad Hesse* hat die „Vielfalt wechselseitiger Abhängigkeiten" als Faktum konstatiert und als Gefahr erkannt.[127] Das Problem ist: Die faktische Abhängigkeit des Staates von der Wirtschaftsmacht einzelner Unternehmen und Verbände ist nicht erst die Folge, sondern Grund für Kooperationen.[128] Das Drohpotential der Wirtschaft bis hin zur Abwanderung ins Ausland würde nicht dadurch gemindert, dass der Staat seine Kooperationsbereitschaft verweigert. Dennoch kommt dem Unabhängigkeits-Gebot eine zentrale, weiterführende Bedeutung bei der staatsrechtlichen Beurteilung von Selbstverpflichtungen zu. Es muss verhindern helfen, dass sich der Staat durch Absprachen in zusätzliche Abhängigkeiten begibt und schließlich handlungsunfähig wird.

Insbesondere das „klassische Instrumentarium" der Setzung und des Vollzugs von Rechtsnormen darf nicht versperrt, sondern soll durch kooperative Chancen ergänzt werden. Soweit Normen substituiert werden, muss jederzeit einseitiges hoheitliches Handeln anstelle der Kooperation treten können. Der Staat hat Vorsorge zu treffen, dass er sich dieser Möglichkeiten nicht begibt. Die moderne Steuerungsdiskussion kommt heute zu dem Ergebnis, dass der Staat auch bei kooperativer Steuerung „über am Ende ausschlaggebende Interventionsmöglichkeiten"[129] verfügt.

Einem *Distanz-Gebot* hingegen ist nur unter dem Vorbehalt beizupflichten, dass damit lediglich die Aspekte der Neutralität und Unabhängigkeit umschrieben werden.[130] Mit *Wilhelm Mößle*[131] könnte man die zu fordernde behördliche neutrale Unabhängigkeit auch mit „institutioneller Distanz" umschreiben. Zur Neutralität und Unparteilichkeit ist und bleibt der Staat verpflichtet und unterscheidet sich gerade darin von seinen wirtschaftlichen Kooperationspartnern. In dem Maße, in dem der Staat zur Wahrung seiner Neutralität und Unparteilichkeit Distanz zur Wirtschaft wahren muss, könnten man von einem Distanz-Gebot sprechen. Wenn das Distanz-Gebot bei *Horn* als drittes Element *neben* den vorgenannten Prinzipien genannt

---

[127] *K. Hesse,* DÖV 1975, S. 437 (439).
[128] Letzteres ist ein gängiges Argument für Kooperationen: vgl. statt aller *A. Benz,* Kooperative Verwaltung, 1994, S. 305 ff.
[129] *R. Mayntz,* in: K. Beyme/C. Offe (Hrsg.), Politische Theorie der Ära der Transformation, PVS-Sonderheft 26 (1995), S. 148 (159).
[130] So etwa, wenn das BVerwG in E 75, 214 (231) – Flughafen München II „innere Distanz und Neutralität" der Behörde fordert.
[131] *W. Mößle,* Regierungsfunktionen des Parlaments, 1986, S. 9; zustimmend *W. Weiß,* Privatisierung und Staatsaufgaben, 2002, S. 18.

wird, kommt dem kein eigenständiger Sinn zu. Ein Distanz-Gebot im Sinne eines Kooperations-Verbotes ist dem modernen Verfassungsstaat fremd.

Ein Distanz-Gebot kann nicht aus einer dem Verfassungsstaat an sich immanenten „Grundbedingung der Unterscheidung" abgeleitet werden. Vielmehr würde umgekehrt ein solches Distanzgebot das Verhältnis zwischen Staat und Gesellschaft nachhaltig prägen. Die Diskussion um das Verhältnis zwischen Staat und Gesellschaft darf nicht deduktiv mit der Prämisse eines vorgegebenen Theorems geführt werden, sondern muss induktiv vom Verfassungsrecht und dessen konkreten, problembezogenen Implikationen her erschlossen werden. Aus der Unterscheidungsthese folgen keine Grundrechtstheorie und kein Demokratieverständnis zwingend. Die Trennungsthese ist als Theorem ungeeignet. Vielmehr muss umgekehrt die Interpretation der Verfassung, konkret der Grundrechte und des Demokratieprinzips, die Fragen beantworten, die das Faktum der Unterscheidung zwischen Staat und Gesellschaft aufwirft.

Horn beruft sich in Anlehnung an *H. H. Rupp*[132] auf das *Subsidiaritätsprinzip*. Er will dieses in doppelter Richtung verstanden wissen: Als Grenze einer Verstaatlichung der Gesellschaft und umgekehrt einer Vergesellschaftung des Staates.[133] Dem ist im Ausgangspunkt zuzustimmen. Eine völlige Verstaatlichung der Gesellschaft würde nicht nur vom Verfassungsstaat zum totalitären Staat führen, sondern auch die durch das Subsidiaritätsprinzip garantierten Freiräume gesellschaftlicher Selbstregulierung vernichten. Bevor auf die Subsidiarität näher eingegangen wird, soll jedoch der Freiheitsgedanke, der dem Subsidiaritätsgedanken zugrunde liegt, erörtert werden.

Es lässt sich als Zwischenergebnis festhalten, dass Staat und Gesellschaft tatsächlich bei normativen Absprachen ein Kooperationsverhältnis eingehen. Ob dieser Entwicklung mit einem Distanzgebot zu begegnen ist, kann nicht aus einem Theorem der Trennung von Staat und Gesellschaft abgeleitet werden. Jedoch ist die Staats- und Verfassungslehre aufgerufen, die Legitimationsfrage für ein Kooperationsverhältnis von Staat und Gesellschaft zu stellen. Die Antwort auf diese Frage ist in den Prinzipien der sozialen Marktwirtschaft, der bürgerlichen Freiheit, der Subsidiarität, der Kooperation und der Verantwortung zu suchen.

III. Soziale Marktwirtschaft als Ordnungsprinzip?

Nach *Matthias Schmidt-Preuß* ist aus dem Ordnungsprinzip der freiheitlich-sozialen Marktwirtschaft[134] das „Postulat größtmöglicher Aktivierung

---

[132] *H. H. Rupp*, Die Unterscheidung von Staat und Gesellschaft, in: HdBStR I § 28, 2. Aufl., 1995, S. 1187 (1219 ff.).
[133] *H.-D. Horn*, Die Verwaltung 1993, S. 545 (570).

selbstregulativer Beiträge"¹³⁵ abzuleiten. Ob das eine verfassungsrechtliche Legitimationsgrundlage bietet, muss jedoch bezweifelt werden.

Gemeinschaftsrechtlich ist an Art. 4, 98 EGV und die wirtschaftlichen Grundfreiheiten anzuknüpfen.¹³⁶ Eine gemeinschaftliche Wirtschaftspolitik ist aber noch nicht verwirklicht und in der Koordinierung zwischen den Mitgliedstaaten kommt dem Prinzip nur eine begrenzte Bedeutung zu, weil der EGV diese nicht auf ein bestimmtes Wirtschaftssystem festlegt. Allerdings lässt sich eine wirtschaftspolitische Neutralität der Gemeinschaft – im Gegensatz zu der überkommenen verfassungsrechtlichen These – nicht behaupten. Der „Grundsatz einer offenen Marktwirtschaft mit freiem Wettbewerb" (Art. 4 EGV) ist dem Gemeinschaftsrecht vielmehr immanent.

Die *verfassungsrechtliche* Dimension des Prinzips der sozialen Marktwirtschaft ist nur schwer zu fassen: Das Grundgesetz ist nach der Rechtsprechung des BVerfG wirtschaftspolitisch neutral und offen.¹³⁷ Durch den Währungsvertrag vom 18. Mai 1990 wurde die „soziale Marktwirtschaft" (Präambel, Art. 1 Abs. 3 und 4, Art. 11 Abs. 1 und 2) zur Grundlage der gemeinsamen Wirtschaftsordnung des vereinten Deutschland erklärt. Dieser Grundsatz gilt auf Grund von Art. 40 Abs. 1 Einigungsvertrag fort. Er gehört jedoch nicht zu den beitrittsbedingten Änderungen des Grundgesetzes nach Art. 4 Einigungsvertrag. Die soziale Marktwirtschaft ist damit ein Grundsatz des (einfachen) Bundesrechts und zudem nach Art. 44 Einigungsvertrag durch die Beitrittsländer einklagbares Vertragsrecht. Rechtlich relevant würde dies aber nur, wenn die soziale Marktwirtschaft in ihrem Bestand durch Gesetze und Politik angegriffen würde. Nicht hingegen lässt sich daraus ein Prinzip ableiten, das allgemein „mehr Markt" fordert. Wenn in der Literatur gesagt wird, der Währungsvertrag stelle „in gewisser Weise eine authentische Interpretation der wirtschaftsverfassungsrechtlichen Staatsziele und Garantien des Grundgesetzes dar"¹³⁸, dann muss man die Verwirklichung eines solchen Staatszieles mit der Herstellung der Sozialen Marktwirtschaft im Beitrittsgebiet als erschöpft betrachten. Sonst wird über den Währungsvertrag etwas in das Grundgesetz hineininterpretiert, was weder der Währungsvertrag noch das Grundgesetz bezweckt. Die wirtschaftlichen Grundrechte gewährleisten immerhin einen Mindeststandard der Freiheit des Marktes und damit funktionstypische Elemente eines marktwirt-

---

¹³⁴ Dazu *M. Schmidt-Preuß*, DVBl. 1993, S. 236 ff.; *P. Häberle*, Verfassungslehre als Kulturwissenschaft, 2. Aufl. 1998, S. 879 ff.
¹³⁵ *M. Schmidt-Preuß*, VVDStRL 56 (1997), S. 160 (171, 220).
¹³⁶ *W. Frenz*, Selbstverpflichtungen der Wirtschaft, 2001, S. 112 ff.
¹³⁷ BVerfGE 4, 7 (17 f.) – Investitionshilfegesetz; E 50, 290 (336 ff.) – Mitbestimmung; aus der Literatur: *K. Hesse*, Grundzüge des Verfassungsrechts ..., 20. Aufl. 1995 (Neudr. 1999), Rz. 22.
¹³⁸ *P. Badura*, Staatsrecht, 2. Aufl., 1996, Rz. C 91, S. 193.

schaftlichen Wettbewerbs. Fraglich ist aber, ob deren Ausprägungen auch geschützt sind und ob normative Absprachen überhaupt dementsprechende Phänomene darstellen.

Vor allem ist fraglich, ob Selbstverpflichtungen wirklich als marktwirtschaftliche Selbstregulierung angesehen werden können: Stellen nicht vielmehr gerade normative Absprachen Interventionen in den Markt dar? Selbstverpflichtungen sind nur dann ein „marktwirtschaftliches" Mittel der Selbststeuerung, wenn sich der Markt ohne staatliches Zutun unter marktwirtschaftlichen Gesichtspunkten des Wettbewerbs selbst reguliert.[139] In den meisten Fällen steht hinter der „Selbst"-Verpflichtung aber staatlicher Druck, nämlich die Androhung darüber hinausgehender „Fremd"-Verpflichtung. Selbstverpflichtungen sind dann das Ergebnis von Verhandlungen mit dem Staat. Die Durchsetzung der Inhalte von Selbstverpflichtungen hängt von Kostengesichtspunkten und Sanktionen ab. Dabei entscheiden nicht nur die unmittelbaren Kosten der Umsetzung und die unmittelbaren Sanktionen der Verbände (bis hin zum Ausschluss[140]), sondern vor allem die Drohwirkung einer potenziellen staatlichen Regelung, deren Kosten und Sanktionen es zu vermeiden gilt.[141]

Handelt es sich auch nicht um „marktwirtschaftliche" Instrumente im klassischen Sinne, weil sich der Staat hier nicht direkt des Preismechanismus bedient, so lassen sich Selbstverpflichtungen immerhin doch als „marktorientierte Anreizinstrumente"[142] bezeichnen. Selbstverpflichtungen tragen durchaus marktwirtschaftliche Elemente in sich. Nicht zuletzt der Imagegewinn ist ein wirtschaftlich relevanter Vorteil. Auch können sich Selbstverpflichtungen am Marktverhalten der Kunden orientieren und Absatzchancen erhöhen bzw. sinkende Absätze erhalten helfen. Auch die Vermeidung eventueller Produkthaftung ist ein monetärer Anreiz für die Hersteller.[143] Aber gerade wenn der Staat nicht nur durch Gesetze dem Markt Rahmenbedingungen setzt, sondern das Marktgeschehen auch noch informal steuert, sollte dies bedenklich stimmen. Wenn Private in den Dienst staatlicher Zwecke genommen werden, wird der Markt – wenngleich subtil – verfremdet.[144]

---

[139] K. Rennings/K. L. Brockmann/H. Bergmann, Nachhaltigkeit, Ordnungspolitik und freiwillige Selbstverpflichtung, 1996, S. 131 (142); A. Helberg, Normabwendende Selbstverpflichtungen ..., 1999, S. 292; kritisch W. Frenz, Selbstverpflichtungen der Wirtschaft, 2001, S. 108 f.

[140] M. Kohlhaas/B. Praetorius/R. Eckhoff/Th. Hoeren, Selbstverpflichtungen der Industrie zur CO_2-Reduktion, 1994, S. 64.

[141] Vgl. auch K. Rennings/K. L. Brockmann/H. Bergmann, Nachhaltigkeit, Ordnungspolitik und freiwillige Selbstverpflichtung, 1996, S. 131 (165).

[142] J. Knebel/L. Wicke/G. Michael, Selbstverpflichtungen ..., 1999, S. 305 f.; zustimmend W. Frenz, Selbstverpflichtungen der Wirtschaft, 2001, S. 109.

[143] J. Knebel/L. Wicke/G. Michael, Selbstverpflichtungen ..., 1999, S. 302.

IV. Gemeinwohl zwischen Pflicht und Freiheit

1. Grundpflicht zu gemeinwohldienlichem Verhalten?

Den denkbar stärksten rechtlichen Bezug Privater zum Gemeinwohl stellt eine Grundpflicht zu gemeinwohldienlichem Verhalten her. Sie soll deshalb – obwohl dem deutschen Grundgesetz fremd – zumindest kurz angesprochen werden: im Rechtsvergleich und im Spiegel der Grundideen des Verfassungsstaates. Die Grundrechte westlicher Verfassungen geben Privaten auch und gerade die Freiheit, in ihrem privaten Interesse zu handeln. Sie verbieten es dem Staat, Privaten öffentliche Aufgaben aufzuzwingen.[145] Dem widerspricht eine beim Wort genommene allgemeine *Grundpflicht* für Jedermann, dem Gemeinwohl zu dienen. Eine solche Grundpflicht kennen hingegen die Verfassungen von Benin (1990): Art. 33, Niger (1992): Art. 31 und Burundi (1992): Art. 48 Abs. 2. Dies ist nicht nur eine verfassungspolitisch höchst fragwürdige Idee[146]. Die Inpflichtnahme aller Bürger als Amtsträger gehört zu den Wurzeln des totalen und totalitären Staates.[147] Hinter ihr verbirgt sich auch ein unrealistisches Menschenbild. Keine Verfassung kann Gemeinnützigkeit menschlichen Handelns aufoktroyieren. Eine so allgemein formulierte bürgerliche Grundpflicht ist abzulehnen. Spezielle Grundpflichten mit Blick auf den Umweltschutz kennen Art. 45 Abs. 1 Verf. Spanien (1978): „Alle haben das Recht, eine der Entfaltung der Persönlichkeit förderliche Umwelt zu genießen, sowie die Pflicht, sie zu erhalten" und Art. 66 Abs. 1 Verf. Portugal (1976): „Jeder hat das Recht auf eine menschenwürdige, gesunde und ökologisch ausgewogene Umwelt und ist verpflichtet für ihre Erhaltung Sorge zu tragen."

An die Grenze des Normierbaren ging Art. 163 Abs. 1 Weimarer Reichsverfassung (1919): „Jeder Deutsche hat, unbeschadet seiner persönlichen Freiheit, die sittliche Pflicht, seine geistigen und körperlichen Kräfte so zu betätigen, wie es das Wohl der Gesamtheit erfordert." Diese Bestimmung rezipiert die Bayerische Verfassung (1946) mit Art. 117 S. 2: „Alle haben die Verfassung und die Gesetze zu achten und zu befolgen ... und ihre körperlichen und geistigen Kräfte so zu betätigen, wie es das Wohl der Gesamtheit erfordert."

Genau betrachtet schränkt diese Norm die Gemeinwohlpflicht in doppelter Weise ein: Nur soweit es ein öffentliches Interesse zwingend „erfor-

---

[144] *W. Frenz,* Selbstverpflichtungen der Wirtschaft, 2001, S. 111, 124.

[145] *J. Isensee,* Gemeinwohl und Staatsaufgaben im Verfassungsstaat, in: HdBStR III, 1988, § 57, S. 3 (80).

[146] *P. Häberle,* Öffentliches Interesse revisited, in: G. Winter (Hrsg.), Das Öffentliche heute, 2002, S. 157 ff.

[147] Vgl. *J. Isensee,* Gemeinwohl und Staatsaufgaben im Verfassungsstaat, in: HdBStR III, 1988, § 57, S. 3 (38).

dert", ist der Einzelne verpflichtet. Damit wird der Sache nach die allgemeine Förderungspflicht auf ein Verbot, dem Gemeinwohl zu schaden, reduziert. Außerdem steht die Pflicht im Zusammenhang mit der Verfassungs- und Gesetzestreue (Art. 117 S. 1 BayVerf). Die Pflichten des Art. 117 BayVerf sind als Einheit zu verstehen. Soweit die Verfassung und die Gesetze das Gemeinwohl schützen und konkretisieren, geht der Gemeinwohldienst des Einzelnen in der Gesetzestreue und damit in dem bürgerlich-freiheitlichen „Gehorsam", den *I. Kant* als „allgemeine Menschenpflicht"[148] bezeichnete, auf.

Eine darüber hinausgehende Pflicht ist der Norm nicht zu entnehmen. Damit hat die Gemeinwohlpflicht in dieser allgemeinen Norm mehr umschreibenden, erläuternden Charakter, als Pflichten begründenden. Die Norm nimmt auf konkretisiertes Gemeinwohl Bezug und erläutert das Verhältnis Privater hierzu. Für die hier interessierende Fragestellung der Gemeinwohlkonkretisierung durch Private gibt sie nichts her. Der ethische Hintergrund des kategorischen Imperativs sollte nicht dazu verleiten, „Tugendpflichten zu positivieren"[149]. Ebenfalls bloßer Programmsatz[150] ist Art. 151 Abs. 1 BayVerf: „Die gesamte wirtschaftliche Tätigkeit dient dem Gemeinwohl, insbesondere der Gewährleistung eines menschenwürdigen Daseins für alle und der allmählichen Erhöhung der Lebensverhältnisse aller Volksschichten."

Auch die gleichlautenden Präambeln des IPbürgR und des IPwirtR (1966)[151] „Im Hinblick darauf, dass der einzelne gegenüber seinen Mitmenschen und der Gemeinschaft, der er angehört, Pflichten hat" können nicht als Grundpflicht zur Gemeinwohlkonkretisierung gedeutet werden.

2. Selbstverpflichtungen als Ausübung bürgerlicher Freiheit?

Während der antiken Philosophie die societas perfecta als Selbstzweck für die Legitimationswirkung des Gemeinwohls zu genügen schien, hat die Aufklärung den Gemeinwohlbegriff ins Verhältnis zur *Freiheit* und zum Interesse des Einzelnen gesetzt. Die Autonomie des Individuums ist Erbe der europäischen Aufklärung und wurde von ihr als Erfolgsbedingung der Gesellschaften westlicher Kultur ausgerufen. Der moderne Verfassungsstaat beruht auf der These, dass sich private und öffentliche Interessen gegenseitig

---

[148] *I. Kant*, Über den Gemeinspruch: Das mag in der Theorie richtig sein, taugt aber nicht für die Praxis (1793) A 201 (267), in: Werke, Bd. XI, 1968, S. 125 (163).

[149] *K. Waechter*, in: Der Staat 38 (1999), S. 279 (303).

[150] *Th. Meder*, Die Verfassung des Freistaates Bayern, 4. Aufl. 1992, zu Art. 151.

[151] Hierzu *M. Kotzur*, Theorieelemente des internationalen Menschenrechtsschutzes, 2001, S. 305 ff.

§ 9 Gemeinwohl im kooperierenden Verfassungsstaat 259

bedingen: Die Freiheit *jedes* Einzelnen ist im *allgemeinen* Interesse und das Gemeinwohl konkretisiert sich auch durch Freiheitsausübung. *Immanuel Kant* fragte rhetorisch: „Und wodurch anders können auch der Regierung die Kenntnisse kommen, die ihre eigene wesentliche Absicht befördern, als dass sie den in seinem Ursprung und in seinen Wirkungen so achtungswürdigen Geist der Freiheit sich äußern lässt?"[152]

Der Pluralismusgedanke erfährt durch die Grundrechte Bestätigung und Legitimation. Die Grundrechte geben den Privaten die Freiheit, deren Wahrnehmung im Verhältnis zur Gesellschaft und zum Staat eine Kompetenzdimension erhält. So gesehen handelt es sich um eine „Ermächtigung der Bürger, an der Herstellung des Gemeinwohls mitzuwirken"[153], die als selbstständiger „status activus processualis"[154] oder als „Kehrseite der Status-negativ-Grundrechte"[155] in der Grundrechtslehre und Gemeinwohltheorie anerkannt ist.

Der Beitrag Privater zu normativen Absprachen lässt sich aber nicht als Grundrechtsausübung legitimieren. Klassische Modelle der Grundrechtslehren vermögen die Kooperation zwischen Wirtschaft und Staat bei der Rechtsetzung nicht zu erklären. Die bloße Übertragung bewährter Grundrechtstheorie muss deshalb scheitern:

Nach *Matthias Schmidt-Preuß* ist – neben dem Ordnungsprinzip der freiheitlich-sozialen Marktwirtschaft – aus der allgemeinen Handlungsfreiheit und den wirtschaftsspezifischen Grundrechten ein „Postulat größtmöglicher Aktivierung selbstregulativer Beiträge"[156] abzuleiten. *Angela Faber* hat diese These dogmatisch herzuleiten versucht. Ihre Erklärung, es handle „sich bei gesellschaftlicher Selbstregulierung um einen Aspekt der klassischen *abwehrrechtlichen Grundrechtsfunktion*"[157], greift zu kurz. Konsequent deutet die Autorin den staatlichen Druck, unter dem Selbstverpflich-

---

[152] *I. Kant,* Über den Gemeinspruch: Das mag in der Theorie richtig sein, taugt aber nicht für die Praxis (1793) A 201 (268), in: Werke, Bd. XI, 1968, S. 125 (163).
[153] *J. Isensee,* Gemeinwohl und Staatsaufgaben im Verfassungsstaat, in: HdBStR III, 1988, § 57, S. 3 (37).
[154] *P. Häberle,* VVDStRL 30 (1972), S. 43 (86 ff.).
[155] *J. Isensee,* Gemeinwohl und Staatsaufgaben im Verfassungsstaat, in: HdBStR III, 1988, § 57, S. 3 (37). Zur Vielgestaltigkeit des Freiheitsbegriffs vgl. auch *O. Depenheuer,* in: VVDStRL 55 (1996), S. 90 (96 f.), der in Gebrauch privater und öffentlicher Freiheit einen gleichwertigen Ausdruck von Bürgerverantwortung sieht; kritisch zu den Konsequenzen *J. Schubert,* Das „Prinzip Verantwortung" als verfassungsrechtliches Rechtsprinzip, 1998, S. 309.
[156] *M. Schmidt-Preuß,* VVDStRL 56 (1997), S. 160 (171, 220); ähnlich jetzt auch *W. Frenz,* Selbstverpflichtungen der Wirtschaft, 2001, S. 108 f; 276 f.
[157] So *A. Faber,* Gesellschaftliche Selbstregulierungssysteme im Umweltrecht, 2001, S. 94.

tungen regelmäßig zustande kommen, als Eingriff.[158] Hinter diesem Modell verbirgt sich das Bild einer Trennung zwischen der frei agierenden Wirtschaft und dem intervenierenden Staat. Tatsächlich garantieren die Grundrechte einem sich „selbst regulierenden Markt" Abwehrrechte gegen einen Staat, der mit Mitteln des Ordnungsrechts eingreift. So verstandene „Selbstregulierung" unterscheidet sich jedoch von den hier zu untersuchenden Selbstverpflichtungen in einem wesentlichen Punkt: Die sich „selbst verpflichtende" Wirtschaft steht dem Staat nicht gegenüber, sondern handelt Inhalte normativer Absprachen mit Hoheitsträgern aus. Deshalb lassen sich normative Absprachen auch nicht auf die „aus der Berufs- und Vereinigungsfreiheit resultierende grundrechtliche Normungsautonomie"[159] stützen. Soweit für die Wirtschaft durch normative Absprachen Gestaltungsspielräume entstehen, sind diese politischer, nicht grundrechtlicher Natur.

Die Wirtschaft verlässt ihre Rolle der bloßen Verteidigung von Handlungsfreiräumen und begibt sich in die Rolle der Mitgestaltung politischer Steuerung. Der Staat umgekehrt verzichtet auf ordnungsrechtliche Eingriffe und gesteht der Wirtschaft die Teilhabe an der politischen Steuerung, an Entscheidungen der rechtsetzenden Gewalt zu. Grundrechtliche Abwehrrechte auf der einen Seite und hoheitliche Eingriffsbefugnisse auf der anderen Seite werden am Verhandlungstisch zu strategischen Positionen. Sie sind die Drohpotentiale beider Seiten. Sie bleiben der verfassungsrechtliche Hintergrund jedes Konsenses. Weder verzichtet die Wirtschaft auf Grundrechte, noch der Staat auf Eingriffsbefugnisse. Aber als Grundrechtsausübung oder Eingriff lassen sich normative Absprachen nicht in ihrem Wesen erfassen.

Selbst wenn potenzielle Eingriffe konsensual abgemildert werden, wird das Verhandlungsergebnis nicht zur Freiheitsausübung. Weil der Staat an die Grundrechte und an die Verhältnismäßigkeit gebunden ist, muss er Eingriffe auf das erforderliche maß beschränken. Mildere Mittel mögen für eine Rechtfertigung im Rahmen der Verhältnismäßigkeit sprechen, schließen aber den Eingriff nicht aus.[160]

Der Verfassungsstaat „gründet auf der Voraussetzung, dass die Bürger ... das Gemeinwohlpotential der Grundrechte auch tatsächlich verwirklichen."[161] Aber die private Gemeinwohlkompetenz hat nach *Josef Isensee*

---

[158] *A. Faber*, ebenda, S. 94, 287 ff. hiergegen s.u. S. 330 ff.

[159] *M. Schmidt-Preuß*, VVDStRL 56 (1997), S. 160 (204); anders (Normungsermächtigungen enthalten nur die §§ 2 ff. GWB): *M. Friedrich*, Möglichkeiten und kartellrechtliche Grenzen umweltschutzfördernder Kooperation zwischen Unternehmen, Diss. 1977, S. 148.

[160] Im Ergebnis zutreffend *T. Köpp*, Normvermeidende Absprachen zwischen Staat und Wirtschaft, 2001, S. 217 und *W. Frenz*, Selbstverpflichtungen der Wirtschaft, 2001, S. 131.

Grenzen: Sie ermächtigt Bürger ausschließlich zu *situativen und vorläufigen Beiträgen*[162]. Dabei sollen nicht nur hoheitliche Konzeptionen mit privatem Engagement, sondern auch verschiedene Einzel- und Gruppeninteressen untereinander konkurrieren.

Normative Absprachen überschreiten diese Grenzen. Eine Selbstverpflichtung, die Teil einer normativen Absprache ist, stellt mehr dar, als die bloße Möglichkeit einer Gemeinwohlkonkretisierung. Sie ist mehr als ein „Impuls"[163] aus der pluralistischen Vielfalt von Ideen, Vorschlägen, Entwürfen und Konzeptionen. Die Bedeutung von Selbstverpflichtungen würde unterschätzt, wenn man sie lediglich als situative und vorläufige Beiträge Privater zum Gemeinwohl deuten wollte. Im Konsens mit dem Staat liegt vielmehr eine politische Entscheidung. Teilhabe an politischer Entscheidungsgewalt soll jedoch mit einer Gemeinwohltheorie, die Gemeinwohlkompetenz als Kehrseite zu den grundrechtlichen Abwehrrechten begreift, gerade nicht begründet werden.

Wollte man politische Teilhabe grundrechtlich legitimieren, läge es nahe, nicht den „status negativus", also die abwehrrechtliche Seite der Grundrechte, sondern den „status activus prozessualis" (*Peter Häberle*) zu bemühen. Aber auch diese Theorie führt vorliegend zu keinem anderen Ergebnis: Zwar begründet diese Theorie eine demokratische Seite der Grundrechte, indem sie Grundrechtsausübung als mediatisierte Form eines öffentlichen Prozesses der Gemeinwohlkonkretisierung begreift.[164] Im Verständnis der „Verfassung als öffentlicher Prozess" greifen Demokratietheorie und Grundrechtstheorie ineinander. Demokratie wird zur organisatorischen Konsequenz der Menschenwürde und Grundrechtsausübung wird zum Aspekt demokratischer Teilhabe. Auf diese Weise begründet die grundrechtliche Freiheit als Wurzel des liberalen Rechtsstaats Kompetenz; Grundrechte und Staatsaufgaben werden nicht mehr als reine Gegensätze verstanden.[165]

Auch diese Theorie versteht sich als Pluralismuskonzept. Auch der „status corporativus"[166] (*Häberle*) schützt die *pluralistische* Entfaltung von

---

[161] *J. Isensee,* Gemeinwohl und Staatsaufgaben im Verfassungsstaat, in: HdBStR III, 1988, § 57, S. 3 (38).
[162] *J. Isensee,* ebenda, S. 3 (34).
[163] *J. Isensee,* ebenda, S. 3 (41).
[164] *P. Häberle,* in: ders., Verfassung als öffentlicher Prozess (1978), 3. Aufl. 1998, S. 155 (169).
[165] *P. Häberle,* AöR 111 (1986), S. 595 (602 f., 608); zustimmend *J. Isensee,* Gemeinwohl und Staatsaufgaben im Verfassungsstaat, in: HdBStR III, 1988, § 57, S. 3 (76 f.); kritisch: *Hans Peter Bull,* Die Staatsaufgaben unter dem Grundgesetz, 2. Aufl. 1977, S. 190 ff.
[166] *P. Häberle,* Verfassungslehre als Kulturwissenschaft, 2. Aufl. 1998, S. 669 ff.

Gruppeninteressen. Legitimiert werden sollen Gemeinwohlbeiträge Privater, weil sie „Kontroversen über die Alternativen, die Möglichkeiten und Notwendigkeiten der Wirklichkeit"[167] auslösen können. Art. 19 Abs. 3 GG stellt klar, dass auch juristische Personen und mit ihnen Gruppenmächte der grundrechtlichen Sphäre zugeordnet sind.[168] Nach dem institutionellen Grundrechtsverständnis darf dies aber gerade nicht dazu führen, dass die Macht einzelner Unternehmen und Verbände einen ergebnisoffenen Prozess[169] behindert und die pluralistische Öffentlichkeit gefährdet wird[170]. Normative Absprachen werden in der Regel unter Ausschluss der Öffentlichkeit verhandelt. Erst wenn Ergebnisse feststehen, also am Ende eines politischen Prozesses, wird der Konserserfolg öffentlich bekannt gemacht. Aus dem Verhältnis eines pluralistischen *Nebeneinander* zwischen hoheitlicher und privater Gemeinwohlkonkretisierung wird im Absprachprozess ein andere ausschließendes *Miteinander*.

Diese Entwicklung läuft der Gemeinwohltheorie *Häberles* diametral entgegen: „Während das Gemeinwohl, das von Staatsorganen z.B. als Gesetz, als Beschluss der Regierung ... gehalten wurde, (vorläufig) ‚fertig' ist, (freilich auch im Reformwege verändert werden kann), also zunächst zu Recht ‚geronnen' ist, bleibt das Gemeinwohl, um das im gesellschaftlich-öffentlichen Bereich gerungen wird, denkbar offen und unfertig."[171] Bei normativen Absprachen ringen Private mit dem Staat gemeinsam um „vorläufig fertige" Konkretisierungen des Gemeinwohls. Das ist nicht dem gesellschaftlich-öffentlichen Bereich zuzuordnen.

Zu keinem anderen Ergebnis kommt erst recht der von *Hans Heinrich Rupp* geforderte „status libertatis der Grundrechte"[172]. Die dahinter stehende Theorie ist der grundrechtlichen Legitimationskraft noch skeptischer gegenüber. Rupp befürchtet, der Unterschied zwischen der grundrechtlich geschützten Freiheit des l'homme und der demokratischen Souveränität des citoyen werde aufgehoben. Grundrechtliche „Betroffenheit" und politische „Entscheidungsteilhabe" seien zweierlei.[173]

---

[167] P. *Häberle*, in: ders., Verfassung als öffentlicher Prozess (1978), 3. Aufl. 1998, S. 155 (169).

[168] E. *Schmidt-Aßmann*, Das allgemeine Verwaltungsrecht als Ordnungsidee, 1998, S. 63.

[169] Vgl. P. *Häberle*, Rechtstheorie 14 (1983), S. 257 (258).

[170] P. *Häberle*, in: ders., Verfassung als öffentlicher Prozess (1978), 3. Aufl. 1998, S. 121 (135).

[171] P. *Häberle*, Verfassungslehre als Kulturwissenschaft, 2. Aufl. 1998, S. 662.

[172] H. H. *Rupp*, Die Unterscheidung von Staat und Gesellschaft, in: HdBStR I § 28, 2. Aufl., 1995, S. 1187 (1208).

[173] H. H. *Rupp*, ebenda, S. 1187 (1202 f.).

Auch die von *Paul Kirchhof* zum Inhalt grundrechtlicher Gewährleistung erklärte private Verfahrensteilhabe[174] erfasst normative Absprachen nicht. Seine Theorie ist auf das Verwaltungsverfahren und die Betroffenheit einzelner Bürger bezogen. Sie kann auf die politische Teilhabe an Entscheidungen der rechtsetzenden Gewalt nicht übertragen werden.[175]

Die für die „funktionale Selbstverwaltung" (*Winfried Kluth*)[176] entwickelte Theorie demokratisch-partizipatorischer Mitwirkungsbefugnisse mag geeignet sein, Zwangsmitgliedschaften nicht nur mit dem Blick des status negativus, sondern auch dem des status positivus zu betrachten, kann aber keine so weit gehende politische Funktion privater Verbände legitimieren. Der Status positivus der Vereinigungsfreiheit muss dort seine Grenze haben, wo er in Kompetenz umschlägt.[177]

Der „status procuratoris" (*Johannes Masing*)[178] bezeichnet zwar gemeinwohlbezogene Individualbefugnisse (z. B. Beteiligung der Bürger an Planungsentscheidungen und Informationsansprüche), ist aber ebenso auf die Rechtsdurchsetzung im konkreten Verwaltungsvollzug bezogen. Bei der hier zu behandelnden informalen Privatisierung der Rechtsetzung geht es aber gerade nicht um „die konkrete Einflussnahme auf Einzelentscheidungen"[179], sondern um Teilhabe an generellen, normativen Entscheidungen.

Auch wurde im Schrifttum[180] ein „in Art. 14 Abs. 2 GG garantierte(s) Recht auf Initiative"[181] postuliert. Die kühne These, Art. 14 Abs. 2 GG stelle für Kartelle im Dienste des Gemeinwohls ausnahmsweise „einen ausdrücklichen Freiheitsraum bereit"[182], ja stelle „insofern ein freiheitsverbürgendes Grundrecht dar, als dem Eigentümer durch die Freiheit zum eigenverantwortlichen Dienst am Gemeinwohl ein Mitwirkungsrecht zur Gestaltung öffentlicher Belange eröffnet ist"[183], wurde jedoch ohne verfassungsdogmatische Begründung aufgestellt und zu Recht kritisiert.[184]

---

[174] *P. Kirchhof*, Verwalten durch „mittelbares" Einwirken, 1977, S. 252.

[175] Anders *A. Faber*, Gesellschaftliche Selbstregulierungssysteme im Umweltrecht, 2001, S. 308, die ohne Erörterung dieser Wesensverschiedenheit auf *P. Kirchhof* verweist.

[176] *W. Kluth*, Funktionale Selbstverwaltung, 1997, S. 301 ff.

[177] Zutreffend *W. Löwer*, in I. v. Münch/Ph. Kunig, GG, Bd. 1, 5. Aufl., 2000, zu Art. 9 Rz. 25.

[178] *J. Masing*, Die Mobilisierung des Bürgers für die Durchsetzung des Rechts, 1997, S. 225 ff.

[179] *J. Masing*, ebenda, S. 229.

[180] Hierzu auch *W. Leisner*, Umweltschutz durch Eigentümer unter besonderer Berücksichtigung des Agrarrechts, 1987, S 73 f.

[181] *M. Friedrich*, Möglichkeiten und kartellrechtliche Grenzen umweltschutzfördernder Kooperation zwischen Unternehmen, Diss. 1977, S. 168.

[182] *M. Friedrich*, ebenda, S. 169.

Die Formulierung des Art. 14 Abs. 2 GG (S. 1: „verpflichtet", S. 2: „soll") deutet nicht auf eine Rechtsgewährleistung, sondern auf eine Rechtsbeschränkung hin. Es wäre zu begründen, dass die Norm gleichzeitig Rechte verleiht. Dass Rechte gleichzeitig Schranken anderer Rechte sind, kommt in Art. 2 Abs. 1 GG („soweit er nicht die Rechte anderer verletzt") zum Ausdruck. Allgemein sind Grundrechte als verfassungsimmanente Schranken anerkannt. Diese dogmatische Figur des Schlusses von Rechten auf Schranken müsste vorliegend umgekehrt werden: Aus der Schranke des Art. 14 Abs. 2 GG würde zugleich ein Recht. Dieser Umkehrschluss trifft jedoch nicht zu.

Es ist umstritten, ob sich die Sozialpflichtigkeit als Grundpflicht unmittelbar an Private richtet[185] und ohne gesetzliche Konkretisierung der Exekutive Eingriffsbefugnisse verleiht[186] bzw. innerhalb von gesetzlichen Entscheidungsspielräumen eine Richtlinie darstellt[187] oder ob sie ausschließlich einen Gestaltungsauftrag an den inhalts- und schrankenbestimmenden Gesetzgeber enthält[188]. Aber auch wenn die Schranke des Art. 14 Abs. 2 GG zu einer unmittelbaren Gemeinwohlbindung Privater führt, kann daraus kein Recht „autonomer Interpretation" abgeleitet werden. Die Theorie der offenen Gesellschaft der Verfassungsinterpreten (*P. Häberle*) zeigt die Grenze der Legitimation auf (s.o.).

Schließlich kann auch die *demokratische*[189] bzw. *politische Freiheit*[190] normative Absprachen nicht legitimieren. Politische Freiheit steht gleich-

---

[183] *M. Friedrich*, ebenda, S. 191.

[184] *D. Ehle*, Die Einbeziehung des Umweltschutzes in das Europäische Kartellrecht, 1996, S. 120.

[185] *K. Nüßgens/K. Boujong*, Eigentum, Sozialbindung, Enteignung, 1987, S. 68 f.; BK 110 ff; *B.-O. Bryde*, in: I. v. Münch/Ph. Kunig, GG, Bd. 1, 5. Aufl., 2000, zu Art. 14, Rz. 67 unter Berufung auf BVerfGE 21, 73 (83) – Grundstücksverkehrsgesetz, wonach Art. 14 Abs. 2 GG „nicht nur eine Anweisung für das konkrete Verhalten des Eigentümers, sondern in erster Linie eine Richtschnur für den Gesetzgeber ist".

[186] *K. Nüßgens/K. Boujong*, Eigentum, Sozialbindung, Enteignung, 1987, S. 69.

[187] *B.-O. Bryde*, ebenda, zu Art. 14, Rz. 70.

[188] *H.-J. Papier*, in: Th. Maunz/G. Dürig u.a., Kommentar zum Grundgesetz, zu Art. 14 GG, Rz. 299 unter Berufung auf BVerfGE 56, 249 (260) – Gondelbahn, wonach es dem Gesetzgeber obliegt, die in Art. 14 Abs. 2 GG umschriebenen „Pflichten und Beschränkungen des Eigentums" generell und abstrakt zu bestimmen: „Eine solche Befugnis steht weder der Gemeinde noch staatlichen Behörden zu".

[189] Hierzu *E. Grabitz*, Freiheit und Verfassungsrecht, 1976, S. 243 ff. mit Bezug auf *J. Locke* und *J. Rousseau; O. Depenheuer*, in: VVDStRL 55 (1996), S. 90 (96 f.).

[190] *Montesquieu*, De l'Esprit des Lois (1748), Vom Geist der Gesetze, 2. Aufl. 1992, Band 1, S. 212 f.: „In der Tat scheint das Volk in den Demokratien zu tun, was es will. Aber die politische Freiheit besteht nicht darin, zu tun was man will. In

sam an der Schnittstelle zwischen den nicht auf die Privatsphäre begrenzten Grundrechten und der demokratischen Selbstbestimmung. Nach *Walter Schmitt Glaeser* existiert eine „grundrechtliche Freiheit des Bürgers zur Mitwirkung an der Willensbildung"[191]. Die „politische Freiheit" ist der Garant dafür, dass der Bürger „die Möglichkeit eines Mitwirkens bei der Suche nach den Antworten" haben muss.

Diese politische Freiheit besteht „ihrer Grundausrichtung nach in der Möglichkeit zur Selbstverwirklichung, zur Selbstverantwortung, zum Selbstdenken und zum Handeln aus eigener Einsicht"[192]. Jedermann kann dadurch den Staatswillen beeinflussen und ist „damit selbst auch mit verantwortlich für die Begrenzung seiner Freiheit"[193]. Politische Freiheit legitimiert Private zur Gemeinwohlkonkretisierung. „Die salus publica ... wirkt ... kompetenzbegründend"[194] und entfaltet dabei „normierende Kraft"[195]. Aber mit dieser normierenden Kraft ist wiederum nur die Chance der pluralistischen Meinungsbildung gemeint und nicht die konsensuale Steuerung.

In der freiheitlichen demokratischen Grundordnung muss der Prozess der Meinungs- und Willensbildung des Volkes frei und offen sein. Der Prozess muss sich vom Volk zu den Staatsorganen, nicht umgekehrt von den Staatsorganen zum Volk vollziehen. Den Staatsorganen ist es in den Worten des BVerfG[196] grundsätzlich verwehrt, sich in Bezug auf diesen „staatsfreien" Prozess zu betätigen. Zwar versuchen Gruppen, insbesondere Verbände, seit jeher „auf die Maßnahmen der Regierung und die Beschlüsse der gesetzgebenden Körperschaften im Interesse ihrer Mitglieder einzuwirken." Es kommt dabei zwangsläufig zu komplexen Beziehungen, Abhängigkeiten und Verschränkungen. Sie dürfen aber den Charakter der „Einflussnahme" nicht überschreiten. Echte Beteiligung von Verbänden an rechtsetzenden Entscheidungen der Bundesregierung stellt das „Recht des Bürgers auf gleiche Teilhabe an der politischen Willensbildung des Volkes"[197] in Frage.

---

einem Staat, das heißt in einer Gesellschaft, in der es Gesetze gibt, kann Freiheit nur darin bestehen, das tun zu können, was man wollen darf ... Freiheit ist das Recht, alles zu tun, was die Gesetze erlauben."

[191] W. *Schmitt Glaeser*, Die grundrechtliche Freiheit des Bürgers zur Mitwirkung an der Willensbildung, in: HdBStR II § 31, 1987, S. 49 (66); zu den Dimensionen der politischen Freiheiten auch K. A. *Schachtschneider*, Diskussionsbeitrag, VVDStRL 57 (1998), S. 136 f.: „Man kann in einer Zeit der Republik nicht eine liberalistische Staatslehre zugrundelegen".

[192] W. *Schmitt Glaeser*, ebenda, S. 49 (66).

[193] W. *Schmitt Glaeser*, ebenda, S. 49 (67).

[194] P. *Häberle*, Öffentliches Interesse als juristisches Problem, 1970, S. 52.

[195] P. *Häberle*, ebenda, S. 215.

[196] BVerfGE 20, 56 (99) – Parteienfinanzierung I.

[197] BVerfGE 73, 40 (71) – Parteispenden III.

Insbesondere darf die faktische Begünstigung finanzkräftiger Kreise bei der Willensbildung nicht durch den Staat verschärft werden.[198]

Teilhabe gesellschaftlicher Gruppen nicht nur an der pluralistischen Konkretisierung des Gemeinwohls, sondern an Entscheidungen der rechtsetzenden Gewalt droht einen „Refeudalisierungsprozess"[199] in Gang zu setzen. Keine Gesellschaft darf sich „blind stellen gegenüber den Risiken grundrechtlicher Gemeinwohlhervorbringung."[200]

Als Zwischenergebnis lässt sich festhalten, dass sich normative Absprachen nicht unter dem Aspekt der Freiheitsausübung legitimieren lassen, weil sie keine freiheitliche Selbstregulierung darstellen und weil die legitimierende Kraft der Freiheitsausübung nur für pluralistische, vorläufige Gemeinwohlbeiträge gilt.

V. Subsidiaritätsprinzip und Selbststeuerung

Soweit normative Absprachen normersetzenden Charakter haben, wird nicht nur Rechtsetzung, sondern auch Vollzug substituiert. Die Umsetzung von Selbstverpflichtungen wird in die Hände der Wirtschaft gelegt. Darin liegt bildlich gesprochen eine Verlagerung von oben nach unten. Es liegt deshalb nahe, das Subsidiaritätsprinzip zur Legitimation normativer Absprachen heranzuziehen.[201] Dabei stellt sich die Frage, ob das Subsidiaritätsprinzip nicht nur Untätigkeit des Staates als der höheren Ebene betrifft, sondern auch seine informale Kooperation mit der Wirtschaft als der unteren Ebene.

1. Herkunft und Geschichte des Subsidiaritätsprinzips

Das Subsidiaritätsprinzip fußt[202] auf drei Lehren des 19. und frühen 20. Jahrhunderts: Am stärksten wollte der *deutsche Idealismus* den Staat zurückdrängen. Er wollte die individuelle Freiheit dadurch verwirklichen, dass der Staat auf die Sicherheitsaufgabe und Rechtsgewährung reduziert wird. Für die „Wohlfahrt"[203] und „Glückseligkeit"[204] sollte keine staatliche

---

[198] BVerfGE 8, 51 (66 f.) – Parteispenden I.
[199] *J.-P., Schneider,* VerwArch 87 (1996), S. 38 (45).
[200] *J. Isensee,* Gemeinwohl und Staatsaufgaben im Verfassungsstaat, in: HdBStR III, 1988, § 57, S. 3 (39).
[201] So jetzt *W. Frenz,* Selbstverpflichtungen der Wirtschaft, 2001, S. 135 ff.
[202] Zur „kulturellen Entwicklungsgeschichte" des Prinzips ausführlich *P. Häberle,* Verfassungslehre als Kulturwissenschaft, 2. Aufl. 1998, S. 417–453.
[203] Gegen den „Wohlstand" als Staatsziel bereits *W. v. Humboldt,* Ideen zu einem Versuch, die Grenzen der Wirksamkeit des Staates zu bestimmen (1792), 1954, S. 59 f.,

Zuständigkeit bestehen. Die *liberale Staatslehre*[205] erkennt zwar eine staatliche Allzuständigkeit an,[206] beschränkt aber deren Wahrnehmung auf Fälle, in denen der Staat das Gemeinwohl mit seinen Mitteln in besserer Weise zu fördern vermag[207]. Die *katholische Soziallehre* fordert, „jedwede Gesellschaftstätigkeit danach zu befragen und daraufhin zu überprüfen, ob sie letztlich die Einzelmenschen fördert oder behindert bzw. benachteiligt"[208]. Sie verallgemeinert das Subsidiaritätsprinzip als ein Gebot der „Gerechtigkeit", das nicht nur zwischen „Einzelmensch ... und der Gesellschaft", sondern auch zwischen „kleineren und untergeordneten Gemeinwesen ... und übergeordnete(n) Gemeinschaft(en)"[209] gelten soll.

Die Verfassungslehre bleibt aufgefordert, „das der 1789-Tradition, der katholischen Soziallehre wie dem politischen Liberalismus Gemeinsame zu verbinden und auf den *einen* ,Nenner' des Subsidiaritätsdenkens zu bringen."[210] Für die hier zu behandelnden Selbstverpflichtungen kommt es jedoch allein auf den Unteraspekt der Subsidiarität im Verhältnis des Staates zur Wirtschaft[211] an. Auf die Subsidiarität als Aspekt der vertikalen Gewaltenteilung im Verhältnis der EU/EG zu den Mitgliedstaaten,[212] des Bundes zu den Ländern, des Staates zu den Selbstverwaltungskörperschaften braucht hier nicht näher eingegangen zu werden.

138; hierzu *S. Battisti,* Freiheit und Bindung, Wilhelm von Humboldts „Idee zu einem Versuch" und das Subsidiaritätsprinzip, 1987.

[204] *I. Kant,* Über den Gemeinspruch: Das mag in der Theorie richtig sein, taugt aber nicht für die Praxis (1793) A 201 (261), in: Werke, Bd. XI, 1968, S. 125 (159): „Man sieht offenbar, was das Prinzip der Glückseligkeit ... auch im Staatsrecht für Böses anrichtet ..."; allerdings trennt *Kant* dabei Wünsche, Neigungen und Triebe jedes Einzelnen, die er „unter dem Namen der Glückseligkeit zusammenfasst" (*I. Kant,* Grundlegung zur Metaphysik der Sitten (1785), in: Werke, Bd. VII, 1968, S. 11 (32, BA 23)) von den Vernunftgründen und Pflichten des Sittengesetzes; zur Nichtidentität zwischen der Glückseligkeit und der Sittlichkeit bei *Kant* instruktiv *R. A. Lorz,* Modernes Grund- und Menschenrechtsverständnis und die Philosophie der Freiheit Kants, 1993, S. 95.

[205] *R. v. Mohl,* Encyclopädie der Staatswissenschaften, 2. Aufl. 1872 (zum Subsidiaritätsprinzip: S. 3 ff., 235).

[206] *J. Isensee,* Gemeinwohl und Staatsaufgaben im Verfassungsstaat, in: HdBStR III, 1988, § 57, S. 3 (75).

[207] *G. Jellinek,* Allgemeine Staatslehre, 3. Aufl. 1914, S. 250: Theorie der relativen Staatszwecke.

[208] Enzyclika Rerum Novarum von Leo XIII von 1891.

[209] Enzyklika Pius' XI. „Quadragesimo Anno" vom 15. Mai 1931, AAS XXIII (1931), S. 177 (203) Nr. 79.

[210] *P. Häberle,* Verfassungslehre als Kulturwissenschaft, 2. Aufl. 1998, S. 442.

[211] *P. Häberle,* ebenda, S. 432.

[212] Dazu *Chr. Calliess,* Subsidiaritäts- und Solidaritätsprinzip in der Europäischen Union, 2. Aufl., 1999.

2. Positivierungen im Rechtsvergleich

Der „Grundsatz der Subsidiarität" ist in Art. 23 Abs. 1 S. 1 GG erwähnt. Die Norm stellt Anforderungen an die Europäische Union auf, obwohl diese nicht unmittelbarer Adressat der verfassungsrechtlichen Bestimmung sein kann.[213] Verfassungsdogmatisch werden damit den deutschen Mitwirkungsakten an der europäischen Integration, zu denen Art. 23 Abs. 1 S. 1 GG auffordert, Grenzen gesetzt. Nach dem Willen des Gesetzgebers soll vom Begriff der Subsidiarität auch die Garantie der kommunalen Selbstverwaltung erfasst werden.[214] Dem korrespondieren auch Art. 11 Abs. 4 Verfassung Bayern (1946) sowie Art. 4 Abs. 3 der Charta der kommunalen Selbstverwaltung (1985). Die Erwähnung des Subsidiaritätsprinzips in einem nationalen Europa-Artikel enthält auch Art. 7 Abs. 6 Verfassung Portugal (1992). Diese nationalen Europa-Artikel korrespondieren der Positivierung der Subsidiarität im EGV (Maastricht: Präambel und Art. 3b, Amsterdam: Art. 5).[215] Art. 5 Abs. 2 EGV formuliert den Subsidiaritätsgrundsatz als Begrenzung der Wahrnehmung von Befugnissen („wird die Gemeinschaft nach dem Subsidiaritätsprinzip nur tätig, sofern ..."). Diese Grenze gilt nach Art. 5 Abs. 3 EGV auch für das „Wie" der Gemeinschaftstätigkeit.[216] Subsidiarität bezieht sich auf das Verhältnis der Europäischen Gemeinschaft zu den Mitgliedstaaten und wird so als „Teil des Föderalismusprinzips"[217] gedeutet, soll aber auch gegenüber dem Unionsbürger Wirkungen entfalten[218].

Hier interessiert nur die Tatsache, dass hinter den Maßstäben, die Art. 23 Abs. 1 S. 1 GG aufstellt (dies sind neben dem Subsidiaritätsprinzip die Grundsätze der Demokratie, des Rechtsstaats, des Sozialstaats und des Föderalismus sowie der Grundrechtsschutz) das *verfassungsrechtliche Selbstverständnis* der Bundesrepublik Deutschland steht. Im Falle des Subsidiari-

---

[213] *P. Badura*, Staatsrecht, 2. Aufl., 1996, Rz. D 144 unterscheidet deshalb zwischen Homogenitätsklauseln und Struktursicherungsklauseln; vgl. auch *O. Rojahn*, in: I. v. Münch, GG Bd. 2, 3. Aufl., 1995, zu Art. 23, Rn. 17; *H.-J. Papier*, Die Entwicklung des Verfassungsrechts seit der Einigung und seit Maastricht, NJW 1997, S. 2841 (2844).

[214] Hierzu *P. Häberle*, Verfassungslehre als Kulturwissenschaft, 2. Aufl. 1998, S. 428, 434 f.

[215] Hierzu *M. Heintzen*, Subsidiaritätsprinzip und Europäische Gemeinschaft, JZ 1991, S. 317 (322).

[216] *W. Frenz*, Selbstverpflichtungen der Wirtschaft, 2001, S. 104.

[217] *W. Kahl*, AöR 118 (1993), S. 414 (416).

[218] *H. Lecheler*, Das Subsidiaritätsprinzip, 1993, S. 65, 135 ff.; hierzu auch die Entschließung des Rates und der im Rat vereinigten Vertreter der Regierungen der Mitgliedstaaten über ein Gemeinschaftsprogramm für Umweltpolitik und Maßnahmen im Hinblick auf eine dauerhafte und umweltgerechte Entwicklung vom 1. Februar 1993, ABlEG Nr. C 138, S. 1 (13, 78).

tätsgedankens handelt es sich um die Positivierung eines bislang im Grundgesetz ungeschriebenen Prinzips. Der katholischen Soziallehre ist die Verknüpfung der beiden Dimensionen der Subsidiarität (zwischen der Gemeinschaft und dem Einzelnen sowie zwischen Gemeinschaften auf verschiedenen Ebenen) zu verdanken. Man könnte daran denken, die Subsidiarität im Verhältnis zwischen dem Staat und dem Bürger bzw. hier: der Wirtschaft in die Subsidiarität im Sinne des Art. 23 Abs. 1 S. 1 GG hineinzulesen. Ein dogmatischer Streit darüber, ob Art. 23 Abs. 1 S. 1 GG die Subsidiarität allgemein, d.h. auch zu Gunsten Privater, oder nur zwischen politischen und rechtlichen Gemeinschaften auf verschiedenen Ebenen „positiviert" hat, wäre jedoch *unergiebig*: Erstens ist die Geltung des Subsidiaritätsprinzips im Verhältnis zwischen Staat und Bürger für das Grundgesetz auch schon vor der Schaffung des Art. 23 GG n.F. nachgewiesen worden.[219] Zweitens gibt die bloße Erwähnung des Begriffes der Subsidiarität in Art. 23 Abs. 1 S. 1 GG nicht das Geringste für die entscheidende Frage her, welche rechtlichen Konsequenzen die Subsidiarität im Verhältnis zwischen dem Staat und der Wirtschaft hat. Von einer Positivierung der verfassungsrechtlichen Dimensionen des Subsidiaritätsprinzips unter dem Grundgesetz kann somit keine Rede sein.

Um die ungeschriebenen verfassungsrechtlichen Konsequenzen der Subsidiarität zu eruieren und um zu ermessen, welche positivrechtliche Bedeutungen des Subsidiaritätsprinzips überhaupt denkbar sind, lohnt ein *rechtsvergleichender* Blick ins europäische Ausland. Die Rezeptionsvorgänge hinsichtlich des Subsidiaritätsgrundsatzes[220] sind – jedenfalls was ihre Positivierung anbelangt – noch fragmentarisch. Aber sie bestätigen die Geltung einer Grundidee des Verfassungsstaates, die über die Texte geschriebener Verfassungen hinausgeht.

Fündig werden wir im Landesverfassungsrecht Österreichs sowie im Kantonsverfassungsrecht der Schweiz: Art. 7 Abs. 1 Landesverfassung Vorarlberg (1984)[221] lautet: „Das Land hat die Aufgabe, die freie Entfaltung der Persönlichkeit des Einzelnen sowie die Gestaltung des Gemeinschaftslebens nach den Grundsätzen der Subsidiarität und der Solidarität aller gesellschaftlichen Gruppen zu sichern. Selbstverwaltung und Selbsthilfe der Landesbürger sind zu fördern." In der Sache ähnlich, aber ohne ausdrücklichen Bezug zum Begriff der Subsidiarität lautet Art. 7 Abs. 1 Landesverfassung Tirol (1989).[222] Art. 27 Abs. 3 Kantonsverfassung Appenzell A.Rh. (1995)[223] bestimmt: „Der Kanton erfüllt Aufgaben, die nicht ebenso gut

---

[219] Grundlegend hierzu *J. Isensee,* Subsidiaritätsprinzip und Verfassungsrecht (1968), 2. Aufl., 2001.
[220] *P. Häberle,* AöR 119 (1994), S. 169 ff.; *ders.,* Verfassungslehre als Kulturwissenschaft, 2. Aufl. 1998, S. 417 ff.
[221] LGBl. 1984, 12. Stück Nr. 30 vom 31. Mai 1984.

von den Gemeinden oder von Privaten wahrgenommen werden können. Er fördert private Initiative und persönliche Verantwortung und strebt regionale Zusammenarbeit an."

Diese innovativen Verfassungstexte könnten geeignet sein, die Bedeutung des Subsidiaritätsprinzips weiterzuentwickeln: Subsidiarität fordert den Staat nicht nur zum Unterlassen auf, sondern wird für ihn zu einer „Gestaltungsaufgabe". Ein Staat, der private Initiative fördern soll, könnte dem von *Matthias Schmidt-Preuß* geforderten „Postulat größtmöglicher Aktivierung selbstregulativer Beiträge"[224] unterliegen. Ein so weitreichender Schluss bedarf jedoch einer tiefgreifenden Begründung. Allein die Tatsache, dass einzelne österreichische Länderverfassungen und ein einzelner schweizerischer Kanton die Subsidiarität auf diese Weise in Worte fassen, ist allenfalls ein Anknüpfungspunkt. Eine vergleichende Verfassungslehre muss die hinter solchen Regelungen stehenden Konzeptionen mit denen anderer Verfassungsordnungen vergleichen. Im vorliegenden Fall prallt eine rechtsvergleichende Deutung des Subsidiaritätsprinzips auf entgegengesetzte Traditionen:

3. Ältere verfassungsrechtliche Herleitung aus der bürgerlichen Freiheit

Josef Isensee[225] hat das Subsidiaritätsprinzip im Grundgesetz lange vor seiner Benennung in Art. 23 Abs. 1 S. 1 GG aus einer Gesamtschau von Verfassungsprinzipien hergeleitet: aus dem Rechtsstaatsprinzip, der Würde des Menschen als „Fähigkeit zur verantwortlichen Selbstbestimmung" und in seiner „rechtstechnische(n) Gestalt" aus den Grundrechten,[226] wobei er an die Lehre von der objektiv-rechtlichen institutionellen Seite der Grundrechte (*Peter Häberle*) anknüpft.[227] Danach zählt „das Subsidiaritätsprinzip ... zur Gemeinwohlkonzeption des freiheitlichen Verfassungsstaates"[228].

---

[222] LGBl. 1988, 28. Stück vom 9. Dezember 1988; hierzu *P. Häberle,* Verfassungslehre als Kulturwissenschaft, 2. Aufl. 1998, S. 423.

[223] Vom 30. April 1995, SR (Systematische Sammlung des Bundesrechts) 131.224.1.

[224] *M. Schmidt-Preuß,* VVDStRL 56 (1997), S. 160 (171, 220).

[225] *J. Isensee,* Subsidiaritätsprinzip und Verfassungsrecht (1968), 2. Aufl., 2001, S. 270 ff., 281.

[226] *J. Isensee,* ebenda, S. 281 im Anschluss an BVerfGE 5, 204: „Fähigkeit zu eigenverantwortlicher Lebensgestaltung"; ebenda in der 2. Aufl., 2001, S. 368: „subsidiäre Verantwortung für das Gemeinwohl"; vgl. auch *S. Pieper,* Subsidiarität, 1994, S. 103 ff.

[227] *J. Isensee,* ebenda, 1968, S. 284 f. im Anschluss an *P. Häberle,* Die Wesensgehaltgarantie des Art. 19 Abs. 2 Grundgesetz, 1962, S. 70, 125 und passim.

[228] *J. Isensee,* Gemeinwohl und Staatsaufgaben im Verfassungsstaat, in: HdBStR III, 1988, § 57, S. 3 (36).

Im Zentrum stehen die Grundrechte: Sie stehen in einem überpositiven „Korrelat- oder Verwandtschaftsverhältnis zur Subsidiarität"[229] und „erfassen ... den gesamten Geltungsbereich der Subsidiarität"[230]. Umgekehrt ausgedrückt entfaltet das Subsidiaritätsprinzip im Verhältnis zwischen dem Staat und den Bürgern ausschließlich über sie normative Wirkungen. Darüber hinaus hat es „keinen vollnormativen Charakter."[231]

Das wirkt sich auf die Justiziabilität aus, die sich auf die normativen Wirkungen des Prinzips beschränken muss.[232] Die Justiziabilität des Subsidiaritätsprinzips zu Gunsten des Bürgers geht in der Justiziabilität seiner Grundrechte auf. Das Subsidiaritätsprinzip ist keine „Konkretisierung des Verhältnismäßigkeitsprinzips"[233], sondern umgekehrt konkretisiert die Grundrechtsdogmatik des Grundsatzes der Verhältnismäßigkeit[234] das ungeschriebene, „vorgelagerte"[235] Subsidiaritätsprinzip. Das Subsidiaritätsprinzip selbst ist rein objektiv-rechtlicher Natur. Es wäre ein Zirkelschluss, das Subsidiaritätsprinzip zunächst aus den Individual-Grundrechten abzuleiten, um dann aus ihm zusätzliche, subjektive Individualrechte zu gewinnen.[236] Nichts anderes kann für die korporative Seite der Grundrechte[237] gelten.

Daraus folgt hier: Soweit das Subsidiaritätsprinzip aus den Grundrechten abzuleiten ist, verbietet es sich, aus ihm Konsequenzen zu ziehen, die im Widerspruch zu den bereits erörterten Grundrechtslehren stehen. Weil sich aus dem Freiheitsprinzip normative Absprachen nicht legitimieren lassen, versagt auch das Subsidiaritätsprinzip insoweit.

4. Außerrechtliche Dimensionen

Es ist nicht gesichert, ob das Subsidiaritätsprinzip überhaupt eine eigenständige verfassungsrechtliche Bedeutung hat und nicht bloße „Leerfor-

---

[229] *P. Häberle,* Verfassungslehre als Kulturwissenschaft, 2. Aufl. 1998, S. 429.
[230] *J. Isensee,* Subsidiaritätsprinzip und Verfassungsrecht, 2. Aufl., 2001, S. 290.
[231] *J. Isensee,* ebenda, S. 313.
[232] *J. Isensee,* ebenda, S. 315.
[233] So jedoch *W. Hoffmann-Riem,* in: W. Hoffmann-Riem/E. Schmidt-Aßmann (Hrsg.), Öffentliches Recht und Privatrecht als wechselseitige Auffangordnungen, 1996, S. 261 (312 ff.).
[234] Hierzu *L. Michael,* JuS 2001, S. 148 ff.
[235] *W. Frenz,* Selbstverpflichtungen der Wirtschaft, 2001, S. 107.
[236] *J. Isensee,* Subsidiaritätsprinzip und Verfassungsrecht, 2001, S. 315.
[237] Zum „status corporativus" vgl. *P. Häberle,* Die Wesensgehaltgarantie des Art. 19 Abs. 2 Grundgesetz (1962), 3. Aufl. 1983, S. 376 ff.; *ders.,* Verfassungslehre als Kulturwissenschaft, 2. Aufl. 1998, S. 669 ff.; vgl. bereits *R. Smend,* Das Recht der freien Meinungsäußerung, VVDStRL 4 (1928), S. 44 (50), auch in: *ders,* Staatsrechtliche Abhandlungen, 3. Aufl., 1994, S. 89 (95 f.); kategorisierend: *C. Schmitt,* Verfassungslehre, 1928, S. 165.

mel"[238] ist. Nach dem bisher Gesagten spricht vieles dafür, dass es sich bei dem Prinzip um einen vor-rechtlichen Maßstab handelt, der „die ergänzenden notwendigen Beurteilungskriterien"[239] verdeckt. Sein Gehalt bleibt in zahlreichen „Problemzusammenhängen des Typus Verfassungsstaat potenziell präsent und latent verborgen"[240]. Das Subsidiaritätsprinzip ist auch mit Art. 23 Abs. 1 S. 1 im Grundgesetz keineswegs in allgemeiner, umfassender Weise positiviert. Seine „verfassungsrechtliche Geltung" kann nicht ohne weiteres behauptet werden, „vor einfachen ‚Ableitungszusammenhängen' sei gewarnt."[241] Auch wegen seines Prinzipiencharakters ist „die Subsidiarität nicht einfach ‚anwendbar', (sondern) sie ist im jeweiligen Problem- und Sachzusammenhang und in der je besonderen Funktion zu konkretisieren."[242] Subsidiarität ist ein „rechtsethisches und kein rechtstechnisches Prinzip."[243] Seine letzte Rechtfertigung liegt in der Idee der Gerechtigkeit.[244]

Vor allem wird dem Subsidiaritätsprinzip eine eminent *politische Bedeutung* zuerkannt. Als Ziel politischer Tätigkeit wird es aktualisiert und verwirklicht. Durch Politik wird es zur Staatspraxis und Verfassungswirklichkeit. Dies ist auch deshalb von Bedeutung, weil Art. 23 Abs. 1 S. 1 GG politische Absichtserklärungen und eine rechtspolitische Handlungsmaxime[245] zum verfassungsrechtlichen Programmsatz erhebt. Beschlüsse der Ministerpräsidentenkonferenzen vom Oktober 1987 und Oktober 1989 sowie Dezember 1990[246] haben den Zusammenhang zwischen Subsidiarität und Föderalismus mit Blick auf das Verhältnis der Länder zur Europäischen Gemeinschaft und Europäischen Union herausgearbeitet und damit wesentliche Vorarbeiten für die von der Bundesrepublik maßgeblich[247] betriebene Aufnahme des Subsidiaritätsprinzips in den Vertrag von Maastricht geleistet. Das Subsidiaritätsprinzip spielt eine zentrale Rolle in Programmen deut-

---

[238] Hierzu *P. Häberle*, Verfassungslehre als Kulturwissenschaft, 2. Aufl. 1998, S. 417 f., 444.

[239] So *H. Schulze-Fielitz*, Theorie und Praxis parlamentarischer Gesetzgebung, 1988, S. 198.

[240] *P. Häberle*, Verfassungslehre als Kulturwissenschaft, 2. Aufl. 1998, S. 429.

[241] *P. Häberle*, ebenda, S. 438.

[242] *P. Häberle*, ebenda, S. 443.

[243] *J. Isensee*, Subsidiaritätsprinzip und Verfassungsrecht, 2. Aufl., 2001, S. 314.

[244] Hieran knüpft bereits ausdrücklich die katholische Soziallehre an; hierzu *P. Häberle*, Verfassungslehre als Kulturwissenschaft, 2. Aufl. 1998, S. 443.

[245] *W. Hoffmann-Riem*, in: W. Hoffmann-Riem/E. Schmidt-Aßmann (Hrsg.), Öffentliches Recht und Privatrecht als wechselseitige Auffangordnungen, 1996, S. 261 (311).

[246] Hierzu ausführlich *P. Häberle*, Verfassungslehre als Kulturwissenschaft, 2. Aufl. 1998, S. 424 f.

[247] *G. Konow*, DÖV 1993, S. 405 (406).

scher politischer Parteien, namentlich der konservativen CDU (so bereits in der Mannheimer Erklärung von 1975 und im Grundsatzprogramm von 1978) und der CSU (Grundsatzprogramm von 1976), inzwischen auch der FDP (Karlsruher Programmentwurf 1996).[248]

Ein politisches Bekenntnis zur Subsidiarität enthalten der Sache nach auch der Beschluss der Bundesregierung vom 11. Dezember 1984[249] zu den „Prüffragen für Rechtsvorschriften des Bundes", wonach u.a. zu bedenken ist, ob „überhaupt etwas geschehen" und ob „jetzt gehandelt werden" muss sowie die Fragenkataloge des Bundesministers des Innern und des Bundesministers der Justiz zur Notwendigkeit, Wirksamkeit und Verständlichkeit von Rechtsetzungsvorhaben des Bundes, die das Kriterium aufstellen: „Was geschieht, wenn nichts geschieht? (Z.B., das Problem wird ... sich durch Zeitablauf oder durch Selbstregulierung gesellschaftlicher Kräfte ohne staatliche Einwirkung lösen. Mit welchen Folgen?)". Auch das spezifische Subsidiaritätsverhältnis zwischen Staat und Wirtschaft ist Gegenstand politischer Absichtserklärungen: Nach der Koalitionsvereinbarung der 13. Legislaturperiode von 1994, Teil VI „Ökologie und Marktwirtschaft"[250] sollten Verordnungen zur Regelung der Produktverantwortung der Wirtschaft im Rahmen des KrW-/AbfG (Altautos, Elektronikschrott, Batterien) vorgelegt werden. Dabei sollten Selbstverpflichtungen der Wirtschaft Vorrang haben.

Diese Bedeutung lässt sich allenfalls als Verfassungswirklichkeit in einen rechtlichen Zusammenhang stellen. Da die verfassungsrechtliche Legitimation einer neueren Verfassungspraxis erst zu begründen ist, lassen sich daraus keine Schlüsse ziehen. Zwar kann das Subsidaritätsprinzip bei der Lösung dogmatischer Probleme und bei der Auslegung des positiven Rechts dienen. Das heißt aber nicht, dass Subsidiarität zur „Blankettformel"[251] wird, um eine Staatspraxis zu legitimieren, die das Verhältnis von Staat und Gesellschaft grundlegend verändern könnte.

Hier lässt sich heute nahtlos an den Schluss der Erstauflage der Monografie *Isensees* anknüpfen: Mit der Feststellung, „dass die Verfassung die Ordnungsentscheidung für die Subsidiarität des Staates gegenüber den Grundrechtsträgern in ihrer Individualität wie in ihrer gesellschaftlichen Gesamtheit getroffen hat ... ist die Lösung einzelner ‚Kompetenzkonflikte' von Staat und Gesellschaft noch nicht erzielt, sondern nur die Richtung auf-

---

[248] Hierzu *P. Häberle*, Verfassungslehre als Kulturwissenschaft, 2. Aufl. 1998, S. 438 ff.

[249] Abgedruckt bei *P. Badura*, Die parteienstaatliche Demokratie und die Gesetzgebung, 1986, S. 25 ff.

[250] Vgl. *Der Rat von Sachverständigen für Umweltfragen*, Umweltgutachten 1996, S. 60, Tz. 42.

[251] Hierzu *P. Häberle*, Verfassungslehre als Kulturwissenschaft, 2. Aufl. 1998, S. 417 f., 444.

gewiesen, in der die Lösung zu suchen ist. Hier ist eine neue Stufe der Subsidiaritätsproblematik erreicht, vor der diese Untersuchung halt macht."[252] Selbstverpflichtungen und normersetzende Absprachen werfen neue Fragen auf, für deren Beantwortung das Subsidiaritätsprinzip keine Lösung enthält, sondern allenfalls die Richtung weist.

5. Subsidiarität als Distanz-Gebot?

In der deutschen Staatsrechtslehre wird das Subsidiaritätsprinzip auch als Begründung für die Trennung von Staat und Gesellschaft herangezogen.[253] *H.-D. Horn* hat damit ein Distanz-Gebot des Staates gegenüber der Gesellschaft begründet. Dafür sprechen gewichtige verfassungsrechtliche Argumente. Insbesondere wenn man das Subsidiaritätsprinzip in den Grundrechten verankert und dabei Freiheit als Staatsfreiheit versteht, ist es nur konsequent, jede Tendenz zur Verstaatlichung der Gesellschaft als Eindringen in eine subsidiäre Sphäre zu verstehen. *Horn* geht noch weiter und stützt auf ein „umgekehrte(s) Subsidiaritätsprinzip" einen Funktionsvorbehalt[254] und sogar ein Untermaßverbot für staatliche Gemeinwohlkonkretisierung. Damit geböte das Subsidiaritätsprinzip auch einer Vergesellschaftung des Staates Einhalt. Verstoßen deshalb die typischen Fälle hoheitlich inspirierter und inhaltlich beeinflusster Selbstverpflichtungen gegen das Subsidiaritätsprinzip[255]? Wird die Wirtschaft durch sie „zu sehr in die Gemeinwohlverwirklichung einbezogen"[256]?

M.E. sollte das Subsidiaritätsprinzip – soll es überhaupt eine eigenständige Bedeutung haben – nicht auf die Grundrechte und deren abwehrrechtliche Dimension festgelegt werden. Und die verfassungsrechtliche Herleitung des Verhältnisses zwischen Staat und Gesellschaft sollte nicht ihrerseits auf ein Prinzip gestützt werden, dessen Bedeutung so ungefestigt ist. Verschiedene Blickwinkel sind denkbar: Wählt man als Vergleichsmaßstab informalen Druck des Staates auf die Wirtschaft, so scheint die Subsidiarität „freie Selbstregulierung" relativ dazu zu präferieren. Wählt man hingegen einseitige hoheitliche Regulierung als Vergleichsmaßstab, so scheint

---

[252] *J. Isensee,* Subsidiaritätsprinzip und Verfassungsrecht, 2. Aufl., 2001, S. 318.

[253] *H. H. Rupp,* Die Unterscheidung von Staat und Gesellschaft, in: HdBStR I § 28, 2. Aufl., 1995, S. 1187 (1219 ff.); *H.-D. Horn,* Die Verwaltung 1993, S. 545 (570).

[254] *H.-D. Horn,* Die Verwaltung 1993, S. 545 (571). Anders *J. Isensee,* Gemeinwohl und Staatsaufgaben im Verfassungsstaat, in: HdBStR III, 1988, § 57, S. 3 (76): Im Lichte des Subsidiaritätsprinzips verbietet es sich, das Sozialstaatsprinzip als Staatsvorbehalt zu deuten.

[255] Vgl. bereits *J. H. Kaiser,* NJW 1971, S. 585 (588).

[256] So *A. Helberg,* Normabwendende Selbstverpflichtungen ..., 1999, S. 292.

Subsidiarität Selbstverpflichtungen zu präferieren, selbst wenn diese unter Druck zustande kommen.

Die Frage bleibt offen: Schützt Subsidiarität die Wirtschaft vor jeglichem staatlichen Einfluss oder gewährt sie der Wirtschaft umgekehrt Chancen der Mitsprache? Mit Hilfe der Rechtsvergleichung ließe sich eine Antwort wagen:

6. Subsidiarität als Kompetenz und Aufgabe?

Die Rechtsvergleichung gibt uns inzwischen Anhaltspunkte, den rechtlichen Gehalt des Subsidiaritätsprinzips als Leitlinie näher zu bestimmen. Aus der Formulierung des Art. 7 Abs. 1 Landesverfassung Vorarlberg (1984) entnehmen wir die Idee, dass das Subsidiaritätsprinzip den Staat weniger in seiner Aufgabenerfüllung begrenzt, sondern vielmehr selbst zur staatlichen „Aufgabe" wird. Dass die Subsidiarität Verfassungswirklichkeit wird, liegt in den Händen aller und ist hoheitlich „zu sichern" und „zu fördern." Auch Art. 27 Abs. 3 Kantonsverfassung Appenzell A.Rh. (1995) fordert vom Kanton, dass dieser gelebte Subsidiarität „fördert" und schlägt die Brücke zur „persönliche(n) Verantwortung" des Bürgers. Speziell für den Umweltschutz normiert Art. 66 Abs. 2 Verf. Portugal (1976): „Es ist Aufgabe des Staates, ... durch die Appellierung an und die Unterstützung von Initiativen der Bevölkerung ... g) die Erziehung zu umweltgerechtem Verhalten und die Achtung der Umwelt zu fördern." Legt man diese Normen zu Grunde, ließe sich die These wagen: Subsidiarität gibt dem Staat die *Kompetenz und Aufgabe, selbstregulierende Kräfte anzuregen und zu unterstützen.* Diese These kann de constitutione lata nur Bestand haben, wenn sie sich in eine Verfassungslehre unter dem Grundgesetz ohne Brüche einfügen lässt. Dazu gibt es immerhin Anknüpfungspunkte:

Begreift man mit *Peter Häberle* die Subsidiarität als „entwicklungsoffenen Begriff"[257], dann bleibt Raum für eine solche Deutung. Nach *Ingolf Pernice* wirkt das Subsidiaritätsprinzip innovativ – etwa auf das Verfahrensrecht.[258] Nach *Josef Isensee* zwingt das Subsidiaritätsprinzip den Staat aber nicht, hoheitliche Maßnahmen „erst nach abwartendem Zögern, ob die Gewaltunterworfenen einen Lebensbereich selbst ordnen können oder nicht"[259], zu ergreifen. Auch das spricht dafür, dem Staat flexible Einflussmöglichkeiten auf die Gesellschaft zu eröffnen. Diese Autoren verstehen das Subsidiaritätsprinzip als „Kompetenzverteilungsregel"[260] zwischen Pri-

---

[257] *P. Häberle,* Verfassungslehre als Kulturwissenschaft, 2. Aufl. 1998, S. 419.
[258] *I. Pernice,* in: Die Verwaltung 26 (1993), S. 449 (458); zustimmend *P. Häberle,* Verfassungslehre als Kulturwissenschaft, 2. Aufl. 1998, S. 451.
[259] *J. Isensee,* Subsidiaritätsprinzip und Verfassungsrecht, 2. Aufl., 2001, S. 297.
[260] *P. Häberle,* Verfassungslehre als Kulturwissenschaft, 2. Aufl. 1998, S. 443.

vaten und dem Staat bzw. als „Kompetenzregel"[261] zu Gunsten Privater im Hinblick auf deren Erfüllung öffentlicher Aufgaben. Dabei ließe sich auch an den „Kompetenzpluralismus"[262] (*Walter Schmitt Glaeser*) denken, wonach sowohl der Staat als auch die Gesellschaft dazu berufen sind, das Gemeinwohl zu konkretisieren.

Aber es bestehen auch Zweifel: Diese Ansätze beziehen sich auf ein pluralistisches Nebeneinander, nicht auf ein kooperatives Miteinander der Gemeinwohlkonkretisierung. Den hier entscheidenden Schritt zu einer kooperativen Verwirklichung der Subsidiarität zeichnen sie nicht vor.

Privaten eine „Kompetenz" zuzusprechen, berührt zudem geradezu ein Tabu. Die Unterscheidung zwischen rechtlich verliehenen Kompetenzen des Staates einerseits und rechtlich verfasster Freiheit des Bürgers andererseits wird im Schrifttum als Paradigma beschworen. Diese Asymetrie sei für das Verwaltungsrecht konstitutiv.[263] Dieses Paradigma hat seine Bedeutung v. a. für die Verneinung der Frage, ob zwischen Bürger und Verwaltung eine Gleichordnung[264] besteht. Eine solche Gleichordnung ist aber nicht notwendige Folge kooperativer Beziehungen zwischen Privaten und dem Staat: Die Handlungsprämissen und ihr rechtlicher Rahmen sind und bleiben für Staat und Private im Ansatz verschieden.

Staatliches und gesellschaftliches Engagement für das Gemeinwohl können die Freiheit des Einzelnen in vergleichbarer Weise einschränken. Die Unterscheidung von Kompetenz und Freiheit versagt, will man Phänomene kooperativen Zusammenwirkens von Staat und Wirtschaft begrifflich erfassen, um sie rechtlich zu verfassen. Um die Freiheit des Einzelnen zu schützen, müssen solche Kooperationen, insbesondere wenn sie sich informal den geschriebenen Rechtsregeln zu entziehen scheinen, rechtlich gebändigt werden. Dabei muss aber andererseits auch die Gemeinwohldienlichkeit solcher Kooperationen und dabei auch und gerade der Beiträge Privater hierzu gewürdigt werden. Um das komplexe Beziehungsgeflecht zwischen dem Staat, der Wirtschaft und einzelnen Bürgern zu entflechten, ist es notwendig, auch Privaten in Anführungsstrichen „Kompetenzen" zur Gemeinwohlkonkretisierung zuzuschreiben, um deren „Ausübung" im Gegenzug rechtlich zu bändigen.

---

[261] *J. Isensee,* Gemeinwohl und Staatsaufgaben im Verfassungsstaat, in: HdBStR III, 1988, § 57, S. 3 (76).

[262] *W. Schmitt Glaeser,* VVDStRL 31 (1973), S. 179 (192).

[263] So *H.-D. Horn,* Die Verwaltung 1993, S. 545 (555 f.); zustimmend *E. Schmidt-Aßmann,* Das allgemeine Verwaltungsrecht als Ordnungsidee, 1998, S. 15.

[264] *E. Schmidt-Aßmann,* Das allgemeine Verwaltungsrecht als Ordnungsidee, 1998, S. 14 f.

Neben einer solchen „Kompetenz" Privater müsste das Subsidiaritätsprinzip auch noch die Kompetenz des Staates zur Kooperation mit der Wirtschaft begründen. Auch hierfür gäbe es dogmatische Anhaltspunkte: Das Ziel des Subsidiaritätsprinzips liegt darin, dass Entscheidungen nach unten verlagert und bürgernäher getroffen werden, möglichst sogar vom Bürger selbst. Der Staat kann dem Subsidiaritätsprinzip nicht nur dadurch gerecht werden, dass er schlicht untätig bleibt. Durch bloße Passivität des Staates ist weder dem Gemeinwohl, noch der Gesellschaft und dem Bürger gedient. Erst wenn die Voraussetzungen dafür geschaffen werden, dass Entscheidungen wirksam vor Ort getroffen werden, kann sich das Subsidiaritätsprinzip entfalten.

Die Freiheit, die das Subsidiaritätsprinzip verwirklichen will, darf nicht „auf eine unstaatliche Freiheit und einen freiheitslosen Staat reduziert"[265] werden, sondern ist „verfasste Freiheit" – Subsidiarität „reguliert ... das Verhältnis von institutionalisierter Staatlichkeit"[266] zu ihr. Der Staat muss die Bedingungen zum Teil erst schaffen, unter denen Freiheit tatsächlich gelebt wird. Er hat die Aufgabe, seine Kompetenzen so wahrzunehmen, dass sich Selbstregulierung entwickeln und verwirklichen lässt. Der Staat soll nicht nur bereits existierende „Wirkungsfelder der Privatinitiative"[267] offen halten. Dem Staat obliegt vielmehr die „Sorge für die objektiven Bedingungen gesellschaftlicher Selbstregulierung."[268]

Hierin könnte eine Rechtfertigung dafür gesehen werden, dass der Staat auf die Wirtschaft zugeht und Selbstverpflichtungen anregt. Subsidiarität würde die hoheitliche Aufgabe und innere Rechtfertigung dazu begründen, dass der Staat selbstregulative Kräfte unterstützt. Dies könnte in Gestalt der Initiative, des Meinungsaustausches sowie der finanziellen Unterstützung erfolgen. Das Subsidiaritätsprinzip hätte in dieser Funktion keine rechtlich verpflichtende, sondern eine rechtlich legitimierende Funktion: Der Staat, der zu einseitigem hoheitlichem Handeln ermächtigt ist, könnte sich auf das Subsidiaritätsprinzip berufen, wenn er stattdessen mit informalem Druck Absprachen mit der Wirtschaft trifft, die dieser ein gewisses Maß an Selbstregulierung überlassen.

Daraus könnte sich ein *Prinzip gestufter Subsidiarität* ergeben: Einseitiges hoheitliches Handeln wäre danach subsidiär gegenüber informalem hoheitlichen Druck mit dem Ziel der Anregung selbstregulativer Kräfte. Sol-

---

[265] *H. Krüger,* Von der Notwendigkeit einer freien und auf lange Sicht angelegten Zusammenarbeit zwischen Staat und Wirtschaft, 1966, S. 9.
[266] *P. Häberle,* Verfassungslehre als Kulturwissenschaft, 2. Aufl. 1998, S. 431.
[267] *J. Isensee,* Gemeinwohl und Staatsaufgaben im Verfassungsstaat, in: HdBStR III, 1988, § 57, S. 3 (36).
[268] *R. Herzog,* Ziele, Vorbehalte und Grenzen der Staatstätigkeit, in: HdBStR III, 1988, § 58, S. 83 (117) Rz. 85.

cher hoheitliche Druck wiederum wäre subsidiär gegenüber freier Selbstregulierung. Das Prinzip gestufter Subsidiarität fordert nicht zwingend das „entweder oder" zwischen reiner Selbstregulierung und einseitiger hoheitlicher Regelung.[269] Zwar tendiert es zur privaten Selbstregulierung des Bürgers, zur Entscheidung von Problemen auf der Basisebene. Ihr gegenüber wären alle anderen Lösungen, auch die kooperativen subsidiär. Darüber hinaus erfasst das Prinzip gestufter Subsidiarität aber verschiedene Grade der Einflussnahme durch die jeweils höhere Ebene. Zwischen dem Nebeneinander von Freiheit und Lenkung stünde das Miteinander von Staat und Wirtschaft.[270] *Walter Frenz*[271] hat gefordert, das Subsidiaritätsprinzip als „grobe Leitlinie" zugunsten von Selbstverpflichtungen und zugleich als „Regulativ gegenüber staatlicher Einflussnahme auf den Inhalt von Selbstverpflichtungen" zu begreifen.

Vier Gründe sprechen dagegen, solche Konsequenzen zu einer Theorie zu erheben: Erstens handelt es sich beim Subsidiaritätsprinzip um einen zu schillernden Begriff. Eine Gemeinwohltheorie des kooperierenden Verfassungsstaates sollte jedenfalls nicht allein auf seinem Boden gebaut werden. Zweitens lässt sich aus den beiden Regelungen aus dem österreichischen Landesverfassungsrecht und dem Schweizer Kantonsrecht bislang keine nachweisbare Tendenz ablesen, die das Subsidiaritätsprinzip in einer vergleichenden Verfassungslehre absichern könnte. Drittens ist auch fraglich, ob die beiden Bestimmungen, die im kleinen Rahmen des Landes bzw. Kantons gelten, überhaupt auf normative Absprachen übertragbar sind, die ja typischerweise auf Bundesebene geschlossen werden. Gegen die These von *Frenz* spricht, dass dem Staat nicht auch noch rechtlich die Mittel genommen werden dürfen, seiner Gemeinwohlbindung gerecht zu werden, gerade wenn er zur informalen Kooperation als Instrument greift. Die faktischen Zweifel an der Gemeinwohldienlichkeit normativer Absprachen sollten davor bewahren, mit der Subsidiarität auch noch rechtliche Argumente gegen informale Einflussnahmen – über die Grundrechtsbindung, auf die noch eingegangen wird, hinaus – zum allgemeinen Prinzip zu erheben.

---

[269] *H. Krüger,* Von der Notwendigkeit einer freien und auf lange Sicht angelegten Zusammenarbeit zwischen Staat und Wirtschaft, 1966, S. 9 wendet sich bereits gegen ein „Entweder – Oder von Freiheit und Lenkung"; *P. Häberle,* Verfassungslehre als Kulturwissenschaft, 2. Aufl. 1998, S. 447: „Das scharfe ‚quis judicabit' kann und sollte – mitunter durch kooperative Verfahren – vermieden werden"; *R. Mayntz,* in: K. Beyme/C. Offe (Hrsg.), Politische Theorie der Ära der Transformation, PVS-Sonderheft 26 (1995), S. 148 (160): „Politische Steuerung und gesellschaftliche Selbstregulierung, das ist der Kern dieses Befundes, sind keine Alternativen, sondern eine verbreitete Mischform von Governance, die unter bestimmten Bedingungen besonders wirkungsvoll sein kann."

[270] So bereits *H. Krüger,* ebenda, S. 10 und passim.

[271] *W. Frenz,* Selbstverpflichtungen der Wirtschaft, 2001, S. 138.

Außerdem bleibt nach dem Wortlaut der Normen offen, ob die Unterstützung und Förderung subsidiärer Aufgabenwahrnehmung durch den Staat auch die Kompetenz zur Ausübung von Druck umfasst. Dagegen spricht, dass Art. 7 Abs. 1 der Landesverfassung Vorarlberg (1984) „die freie Entfaltung der Persönlichkeit des Einzelnen" in einem Atemzug mit der „Gestaltung des Gemeinschaftslebens nach den Grundsätzen der Subsidiarität" nennt. Und Art. 27 Abs. 3 Kantonsverfassung Appenzell A.Rh. (1995) will nicht die staatliche Initiative zur Selbstregulierung, sondern umgekehrt die „private Initiative und persönliche Verantwortung" gefördert wissen. Damit wird die Brücke zum Prinzip Verantwortung geschlagen, auf das noch ausführlich einzugehen ist. Der Wortlaut beider Bestimmungen spricht dafür, die nachträgliche und begleitende staatliche Förderung autonomer Selbstverpflichtungen zur staatlichen Aufgabe zu erklären. Die Intensität staatlichen Einflusses im Regelfall normativer Absprachen geht darüber jedoch hinaus.

Als Zwischenergebnis sollte deshalb fest gehalten werden, dass das Subsidiaritätsprinzip keine gesicherte Grundlage für die Legitimation normativer Absprachen darstellt. Ebenso wenig lässt sich jedoch ein Abspracheverbot aus dem Subsidiaritätsprinzip ableiten. Für ein neues Verständnis der Subsidiarität als Aufgabe und Kompetenz zur Anregung und Unterstützung selbstregulierender Kräfte bestehen zwar rechtsvergleichende Anhaltspunkte. Dieses Verständnis müsste jedoch ergänzend auf weitere Verfassungsprinzipien gestützt werden.

VI. Kooperationsprinzip als Legitimation normativer Absprachen?

Das Kooperationsprinzip ist bereits begrifflich dem Phänomen gewidmet,[272] das zu erfassen so große Schwierigkeiten bereitet: Die Frage nach der Legitimation des Miteinander von Staat und Wirtschaft bei der Gemeinwohlkonkretisierung an Stelle eines pluralistischen Nebeneinander wäre leicht zu beantworten, wenn das Kooperationsprinzip als Verfassungsprinzip und als „Legitimationstitel"[273] anerkannt würde. Dagegen bestehen jedoch schwerwiegende Bedenken. Dem Kooperationsprinzip wird ein „amorphes Erscheinungsbild"[274] nachgesagt.

---

[272] Zweifelnd W. Frenz, Selbstverpflichtungen der Wirtschaft, 2001, S. 72.
[273] H. Dreier, StWuStP 1993, S. 647 (652), der aber ebd., S. 660 betont, informales Verwaltungshandeln trage „die Garantien seiner Rechtmäßigkeit nicht in sich".
[274] R. Breuer, in: Verhandlungen des 59. dt. Juristentages, 1992, Bd. I, B 94.; hierzu Bundesministerium für Umwelt, Naturschutz und Reaktorsicherheit (Hrsg.),

Die Diskussion um ein Kooperationsprinzip als allgemeines Rechtsprinzip ist nicht zuletzt deshalb so verwirrend, weil bereits im Ansatz unklar ist, was mit einem solchen Prinzip gemeint sein soll.[275] Teile der Literatur beschränken sich auf das Kooperationsprinzip im Umweltbereich und kommen schon vom Ansatz her zu einer beschränkten Sichtweise und zu punktuellen Ergebnissen.[276] Um das Kooperationsprinzip von Referenzgebieten des besonderen Verwaltungsrechts her zu erschließen, sind außerdem das Sozialverwaltungsrecht[277] und das Wissenschaftsrecht[278] einzubeziehen.

Will man das Kooperationsprinzip als rechtliches Prinzip verstehen, so kommen vor allem zwei Bedeutungen in Betracht: Ein Kooperationsprinzip kann auf ein Kooperationsgebot oder aber auf eine Kooperationsermächtigung hinauslaufen. Sowohl die Frage „Muss die Verwaltung kooperieren?" als auch die Frage „Kann und darf die Verwaltung kooperieren?" sind rechtliche Fragestellungen. Die Literatur trennt diese Fragen nicht deutlich. Sie behandelt der Sache nach meist nur ein Kooperationsgebot i. S. einer Vorrangregel.[279] Dass ein solches Gebot zur Kooperation als allgemeines Prinzip unserer Rechtsordnung abgelehnt wird,[280] leuchtet ein. Die Legitimationsfrage stellen, heißt die Frage nach dem Dürfen, nicht nach dem Sollen und Müssen aufzuwerfen. Wenn hier Kooperationsgebote erörtert werden, dann soweit sich von einem Müssen auf das Dürfen zurückschließen lässt:

1. Kooperationsgebote im Verwaltungsvollzug?

Immer wieder wird diskutiert, ein Kooperationsgebot aus den Grundrechten herzuleiten. Angeknüpft wird dabei an den Grundsatz der Verhältnismäßigkeit. Auf den ersten Blick scheinen konsensuale Lösungen gegenüber

---

Umweltgesetzbuch (UGB-KomE) Entwurf der Sachverständigenkommission, 1998, Entwurfsbegründung S. 457.

[275] *G. Lübbe-Wolff*, in: Benz, A./Seibel, W. (Hrsg.), Zwischen Kooperation und Korruption, 1992, S. 209 f.

[276] Statt aller: *H.-W. Rengeling,* Das Kooperationsprinzip im Umweltrecht, 1988; *M. Grüter,* Umweltrecht und Kooperationsprinzip in der Bundesrepublik Deutschland, 1990; *G. Lübbe-Wolff,* in: Benz, A./Seibel, W. (Hrsg.), Zwischen Kooperation und Korruption, 1992, S. 209 ff.

[277] Zum Kooperationsprinzip im Sozialverwaltungsrecht *E. Schmidt-Aßmann,* Das allgemeine Verwaltungsrecht als Ordnungsidee, 1998, S. 119 f.

[278] *E. Schmidt-Aßmann,* Das allgemeine Verwaltungsrecht als Ordnungsidee, 1998, S. 125.

[279] *M. Grüter,* Umweltrecht und Kooperationsprinzip in der Bundesrepublik Deutschland, 1990, S. 85.

[280] Anders: *W. Leisner,* Umweltschutz durch Eigentümer unter besonderer Berücksichtigung des Agrarrechts, 1987, S. 116.

imperativen Eingriffen bisweilen geeignetere, mildere oder angemessenere Mittel zu sein. Dogmatisch ist dieser Ansatz aber nur in Ausnahmefällen haltbar.

Im Brokdorf-Beschluss hat das BVerfG[281] versucht, aus dem *Erforderlichkeitsgrundsatz* ein Kooperationsgebot abzuleiten. Dabei ging es um die verfassungskonforme Auslegung der §§ 14 und 15 Versammlungsgesetz (VersG) im Lichte der Versammlungsfreiheit des Art. 8 GG. Gegenüber einem Verbot der Versammlung als ultima ratio sei die Kooperation mit den friedlichen Demonstranten das mildere Mittel, um Gefahren, die bei der Demonstration von Gewalttätern ausgehen, abzuwenden. Der Grundsatz der Verhältnismäßigkeit gebiete es deshalb, dass die Behörde ein „Angebot zur fairen Kooperation"[282] mache. Die Verwaltung sei gehalten, mit den Demonstranten bei der Anmeldung der Veranstaltung „zu einer vertrauensvollen Kooperation zu finden"[283] und ein Versammlungsverbot nur auszusprechen, wenn die Kooperation gescheitert sei oder von den Grundrechtsträgern unmöglich gemacht werde.

Dadurch wird die „Bereitschaft, sich dialogfähig zu zeigen und Verantwortlichkeit zu übernehmen"[284] zu einer verfahrensrechtlichen Obliegenheit[285] der Grundrechtsträger. Diese Konsequenz ist grundrechtsdogmatisch problematisch. So wurde in der Literatur kritisiert, die Grundrechte würden in ihr Gegenteil verkehrt, wenn dadurch eine Pflicht für den Bürger „im Gewande einer Obliegenheit"[286] entstehe.

M.E. ist die Argumentation des BVerfG zwar schlüssig, lässt sich aber nur aus der besonderen Konstellation des Versammlungsrechts erklären und ist grundrechtsdogmatisch nicht zu verallgemeinern. Es handelt sich um eine Ausnahmeentscheidung. Das BVerfG hat inzwischen klargestellt, dass die Kooperationsobliegenheit nicht als eine Kooperationspflicht gedeutet und nicht zur Vorlagepflicht eines „besonderen Sicherheitskonzepts" durch die Veranstalter werden dürfe.[287] Ein Problem der Entscheidung ist die Argumentationsfigur der verfassungskonformen Auslegung, auf die sich das BVerfG ausdrücklich beruft. In seiner Entscheidung fordert es nicht nur zu einer solchen Auslegung auf, benennt nicht nur verfassungsdogmatisch

---

[281] BVerfGE 69, 315 (346–362) – Brokdorf; hiergegen *K. Waechter,* in: Der Staat 38 (1999), S. 279 (281); ausführlich hierzu *W. Buschmann,* Kooperationspflichten im Versammlungsrecht, 1990.
[282] BVerfGE 69, 315 (359) – Brokdorf.
[283] BVerfGE 69, 315 (355) – Brokdorf.
[284] BVerfGE 69, 315 (359) – Brokdorf.
[285] Den Begriff verwendet das BVerfGE 69, 315 (359) – Brokdorf selbst, indem es „weitergehende verfahrensrechtliche Obliegenheiten" ausschließt.
[286] *K. Waechter,* in: Der Staat 38 (1999), S. 279 (281).
[287] BVerfG, NJW 2001, S. 2078 – „1. Mai-Demo 2".

zwingende Maßstäbe, sondern widmet sich selbst Einzelheiten der Auslegung des Verwaltungsrechts.

Das BVerfG hat keineswegs den allgemeingültigen Satz aufgestellt, Kooperation sei gegenüber jedem einseitig hoheitlichen Handeln ein milderes Mittel und deshalb grundrechtlich stets vorzugswürdig. Dennoch lohnt es, die Entscheidungsgründe hier näher zu betrachten, weil sich Kriterien zeigen lassen, unter welchen außergewöhnlichen Umständen ein verfassungsrechtliches Kooperationsprinzip denkbar ist und wo seine engen Grenzen liegen.

Für die Entscheidung des BVerfG spricht ein besonderes Kooperationsbedürfnis des Versammlungsrechts: Die Behörden sind zur Gewährleistung der Sicherheit und Ordnung darauf angewiesen, von den Veranstaltern einer Demonstration *Informationen* über die näheren Umstände zu erhalten, die Ausschreitungen erwarten lassen. Es ist deshalb im *eigenen Interesse*[288] friedliebender Veranstalter, Hinweise auf gewaltsuchende Randalierer an die Sicherheitsbehörden weiterzugeben, um gemeinsam den Veranstaltungserfolg zu ermöglichen. Freilich darf das nicht dazu führen, dass von Veranstaltern erwartet wird, die Gewaltszene auszuforschen. Die Organisatoren haben aber bessere Möglichkeiten, auf die Teilnehmer der Demonstration beschwichtigend einzuwirken als der Staat. Während schon die sichtbare Anwesenheit der Polizei bei Großdemonstrationen bisweilen Aggressionen auslöst, haben Aufforderungen aus den eigenen Reihen eine größere Chance, von Demonstranten *akzeptiert* zu werden. Bei diesen Erwägungen gibt es Parallelen zu normativen Absprachen – vom Informationsvorsprung der Wirtschaft über ihr Eigeninteresse bis zum Akzeptanzgedanken. Aber darin erschöpft sich auch schon die Vergleichbarkeit. Folgende wesentliche Unterschiede sind festzuhalten:

Bei der Brokdorf-Entscheidung ging es erstens um den *Vollzug*, nicht um Rechtsetzung. Die Betroffenheit der Veranstalter ist eine einzelfallbezogene. Für sie greift die verwaltungsverfahrensrechtliche Seite der Grundrechte. Zweitens geht es hier anders als bei normativen Absprachen darum, Grundrechtsausübung überhaupt erst zu ermöglichen: Die Alternative eines Versammlungsverbotes muss tatsächlich ultima ratio im Lichte des Art. 8 GG sein. Drittens entsteht durch die Kooperation bei einer Demonstration nicht die Gefahr, dass die Verwaltung dadurch in dauerhafte und wachsende Abhängigkeiten gerät. Selbst wenn man ein Versammlungsverbot für die ultima ratio erklärt, läuft man nicht Gefahr,[289] dem Drohpotential des Staates

---

[288] BVerfGE 69, 315 (358) – Brokdorf.
[289] Vgl. *Chr. Schrader*, DÖV 1990, S. 326 (331); *K. Rennings/K. L. Brockmann/ H. Bergmann*, Nachhaltigkeit, Ordnungspolitik und freiwillige Selbstverpflichtung, 1996, S. 131 (153, 168).

den Boden zu entziehen. Die Kooperation zwischen den Behörden und Versammlungsleitern betrifft viertens nicht eine politische Meinungsbildung. Das BVerfG[290] weist in dem Beschluss unter Berufung auf seine Rechtsprechung zur Parteienfinanzierung[291] darauf hin, dass sich Meinungsbildung „staatsfrei" vollziehen muss. Es stellt klar, dass an die Grundrechtsträger keine Anforderungen gestellt werden dürfen, „welche den Charakter von Demonstrationen als prinzipiell staatsfreie unreglementierte Beiträge zur politischen Meinungs- und Willensbildung sowie die Selbstbestimmung der Veranstalter über Art und Inhalt der Demonstrationen aushöhlen würden." Eine Kooperation soll hier gerade nicht mit mächtigen Verbänden erfolgen, die ohnehin „beträchtliche Einflüsse ausüben" könnten. Die Rechtsprechung dient vielmehr der Stärkung eines Grundrechtes des einzelnen Staatsbürgers, der gerade diese Situation des Lobbyismus „eher als ohnmächtig erlebt". Die bei normativen Absprachen erfolgende politische Teilhabe der Wirtschaft an Entscheidungen der rechtsetzenden Gewalt, die Kooperation von Verbänden mit der Bundesregierung bewirkt das genaue Gegenteil dessen, was das BVerfG in seinem Brokdorf-Beschluss bezweckt.

Das BVerfG sagt selbst, dass es in erster Linie Sache des Gesetzgebers sei, die Verursachermitverantwortung zu begründen und verfahrensrechtliche Obliegenheiten zu regeln. Als sei es sich selbst nicht sicher, ob seine Entscheidung zur Kooperationsbereitschaft als Obliegenheit tatsächlich grundrechtsdogmatisch begründbar ist, formuliert das Gericht: „Verwaltungspraxis und Rechtsprechung sind jedenfalls verfassungsrechtlich gehalten, eine entsprechende Bereitschaft zu begünstigen."[292] Immerhin geben die §§ 14 und 15 VersG einige Anhaltspunkte für ein versammlungsrechtliches Kooperationsprinzip, mag deren Auslegung auch nicht Aufgabe des BVerfG sein: Die Anmeldepflicht nach § 14 VersG hat gerade den Sinn, dass die Behörden mit den Veranstaltern ins Gespräch kommen, von ihnen Informationen bekommen und gemeinsam Maßnahmen zur Gewährleistung der Sicherheit erörtern. Die Behörde kann nach § 15 Abs. 1 VersG auch Auflagen machen und dadurch Pflichten bzw. Obliegenheiten der Veranstalter begründen. Schließlich fordert § 14 Abs. 2 VersG von den Veranstaltern einer Versammlung in der Anmeldung anzugeben, „welche Person für die Leitung der Versammlung oder des Aufzuges verantwortlich sein soll." Darauf wird im Rahmen der Erörterung des Prinzips Verantwortung noch zurückzukommen sein.

Es lässt sich also festhalten, dass die Rechtsprechung des BVerfG kein für die gesamte Rechtsordnung geltendes, grundrechtlich begründetes Ko-

---

[290] BVerfGE 69, 315 (346, 356 f.) – Brokdorf.
[291] BVerfGE 20, 56 (98 f.) – Parteienfinanzierung I.
[292] BVerfGE 69, 315 (357) – Brokdorf.

operationsgebot enthält. Keinesfalls lässt sich die Entscheidung aus einem Bereich des Vollzugs besonderen Verwaltungsrechts auf die Problematik normativer Absprachen übertragen. Es gibt kein Kooperationsprinzip, das allgemein „erzwingt, vor dem Ergreifen ordnungsrechtlicher Maßnahmen einvernehmliche Lösungen zu suchen"[293].

Bisweilen bleibt unklar, ob mit Formulierungen, Kooperation sei „notwendig, ja geradezu unerlässlich"[294] oder „nützlich und geboten"[295] bzw. „angemessen"[296] ein rechtlicher Maßstab gemeint ist. Deshalb sei hier klargestellt: Das Kooperationsprinzip ist keine justiziable Vorrangregel, die Entscheidungen auf höherer Ebene und die Ausübung von Kompetenzen zu einseitigem hoheitlichen Handeln verfassungswidrig macht.[297] Kommt die Verwaltung zu dem Ergebnis, dass einseitiges hoheitliches Handeln vorzugswürdig i.S.v. opportun ist, so verletzt sie damit keine Vorrangregel und kein „Recht auf Kooperation".[298]

Auch der Versuch, ein Kooperationsgebot auf das Gebot der *Geeignetheit* zu gründen[299] muss scheitern. Zwar muss die Auswahl der Mittel auch bereits an deren Geeignetheit ansetzen.[300] Aber ein justiziables, allgemeines Gebot der Kooperation lässt sich daraus ebenso wenig wie aus dem Erforderlichkeitsprinzip gewinnen.[301] Das Kooperationsprinzip wirkt innovativ

---

[293] *K. Waechter,* in: Der Staat 38 (1999), S. 279 (281). Anders: *W. Leisner,* Umweltschutz durch Eigentümer unter besonderer Berücksichtigung des Agrarrechts, 1987, S. 117.

[294] *Chr. Schrader,* DÖV 1990, S. 326 (328) m.w.N.

[295] BVerwGE 75, 214 (231) – Flughafen München II.

[296] BVerwGE 45, 309 (317) – Floatglas.

[297] Ob für das gemeinschaftsrechtliche Subsidiaritätsprinzip auf Grund dessen Positivierung im EGV etwas anderes gilt, so wie es insbesondere die Hauptversammlung der Regionen Europas in ihrer Schlusserklärung am 22. Januar 1993 gefordert hat (hierzu *P. Häberle,* Verfassungslehre als Kulturwissenschaft, 2. Aufl. 1998, S. 427), kann hier nicht behandelt werden. Ähnlich bleibt abzuwarten, ob durch die Neufassung des Art. 72 Abs. 2 GG (Gesetz vom 27.10.1994) i.V.m. Art. 93 Abs. 1 Nr. 2 a GG die geringe Kontrolldichte des BVerfG gegenüber der Aushöhlung von Kompetenzen der Länder durch den Bund verstärkt wird.

[298] Gegenüber derartigen Konsequenzen zu Recht kritisch gegenüber einem grundsätzlichen Vorrang informaler Instrumente *R. Breuer,* in: Verhandlungen des 59. dt. Juristentages, 1992, Bd. I, B 92 ff.; hiergegen *M. Kloepfer,* Umweltrecht, 2. Aufl. 1998, S. 267, auch unter Hinweis auf § 6 III UGB-ProfE und § 7 UGB-KomE.

[299] *K. Waechter,* in: Der Staat 38 (1999), S. 279 (308 f.).

[300] So bereits *H.-W. Rengeling,* Das Kooperationsprinzip im Umweltrecht, 1988, S. 182. Mit gleicher Berechtigung ließe sich die Anknüpfung an den Grundsatz der Verhältnismäßigkeit auch fortentwickeln zu der Frage, ob Kooperation im Einzelfall angemessen und verhältnismäßig i.e.S. ist.

[301] Das räumt auch *K. Waechter,* in: Der Staat 38 (1999), S. 279 (309) im Ergebnis ein. Seine hypothetischen Formulierungen für den Fall, „dass Umweltschutz

auf das Verfahrensrecht.[302] Die Verwaltung prüft, auf welche Weise dem Ziel der Ermächtigung am effektivsten gedient ist. Hierher gehört die Frage, ob Kooperation den Verwaltungsaufwand erhöht oder die Aufgabenerfüllung erleichtert.[303] Diese Gesichtspunkte der Opportunität sind weder als Argumente für noch gegen die Anwendung des justiziablen Grundsatzes der Erforderlichkeit[304] am dogmatisch rechten Ort.

Nicht vertieft zu werden brauchen hier Ansätze zu einem Kooperationsprinzip des allgemeinen Verwaltungsrechts, das den verfassungsrechtlich gebotenen Mindeststandard des Grundrechtsschutzes überträfe. *Helmuth Schulze-Fielitz* hat denkbare Beispiele für Kooperationszwang aus §§ 10, 25, 28, 29, 39 VwVfG[305] hergeleitet. Aus dem besonderen Verwaltungsrecht wurden noch die §§ 87 Abs. 2 BauGB, 10 BSHG und 7 Abs. 2 BHO diskutiert.[306] Diese Erwägungen beziehen sich jedoch auf die Verfahrensökonomie im Verwaltungs-, insbesondere im Genehmigungsverfahren[307] und können jedenfalls auf den hier interessierenden Zusammenhang normersetzender Absprachen nicht übertragen werden. Weitere Herleitungsversuche müssen „als gescheitert angesehen werden"[308].

überhaupt nur durch die Erfüllung von Grundpflichten seitens der Bürger im verfassungsrechtlich geforderten Ausmaß erreicht werden kann" und die Überlegung, „dass einzig geeignetes Mittel der Zielerreichung die indirekte Steuerung" sein könnte, führen nicht zu realistischen rechtlichen Schlüssen, sondern bleiben im Vagen.

[302] *E. Schmidt-Aßmann*, Das allgemeine Verwaltungsrecht als Ordnungsidee, 1998, S. 111.

[303] Ähnlich *G. F. Schuppert*, in: Die Verwaltung 31 (1998), S. 415 (441), der die staatlichen Stellen dafür zuständig hält, die funktionale Adäquanz unter dem Kriterium des milderen Mittels zu prüfen.

[304] Vgl. hierzu *G. Lübbe-Wolff*, NuR 1989, S. 295 einerseits und *K. Waechter*, in: Der Staat 38 (1999), S. 279 (281) andererseits.

[305] *H. Schulze-Fielitz*, DVBl. 1994, S. 657 (664 f.); *ders.*, Kooperatives Recht im Spannungsfeld von Rechtsstaatsprinzip und Verfahrensökonomie, in: Dose/Voigt (Hrsg.), Kooperatives Recht, 1995, S. 225 ff.

[306] *E. Schmidt-Aßmann*, in: W. Hoffmann-Riem/ders. (Hrsg.), Öffentliches Recht und Privatrecht als wechselseitige Auffangordnungen, 1996, S. 7 (36 f.).

[307] Gegen eine Verallgemeinerung auch *K. Waechter*, in: Der Staat 38 (1999), S. 279 (283).

[308] *E. Schmidt-Aßmann*, Öffentliches Recht und Privatrecht: Ihre Funktionen als wechselseitige Auffangordnungen. Einleitende Problemskizze, in: W. Hoffmann-Riem/ders. (Hrsg.), Öffentliches Recht und Privatrecht als wechselseitige Auffangordnungen, 1996, S. 7 (36 f.); *K. Waechter*, in: Der Staat 38 (1999), S. 279 (280).

2. Kooperationsprinzip bei der Rechtsetzung?

Die hier entscheidende Frage der Legitimation normativer Absprachen lautet: Existiert ein verfassungsrechtliches Kooperationsprinzip für normprägende bzw. normersetzende Absprachen?

Das BVerfG hat sich in seinem Urteil zur Verpackungsteuer[309] mit der Kooperation zwischen der Bundesregierung und der Abfallwirtschaft auseinandergesetzt. Gegenstand des Verfahrens waren freilich die mit der Verpackungsverordnung konfligierenden Lenkungssteuern. Indirekt hat das Gericht aber damit die Verfassungsmäßigkeit von Kooperationen zwischen der Wirtschaft und der Bundesregierung bestätigt. Es hat gegen die normativen Absprachen mit der Verpackungsindustrie keine verfassungsrechtlichen Bedenken erhoben. Es hat jedoch auch kein verfassungsrechtliches Kooperationsprinzip für den Bereich der Rechtsetzung behauptet.

Vielmehr beruft sich das BVerfG[310] auf die einfachrechtliche Ausformung des Kooperationsprinzips in § 14 Abs. 2 AbfG (1986) als einer „Grundentscheidung des Abfallgesetzgebers". Statt die Legitimationsfrage von normativen Absprachen der Bundesregierung mit der Wirtschaft in ihren verfassungsrechtlichen Dimensionen aufzuwerfen, referiert das Gericht in seiner Urteilsbegründung ausführlich die Geschichte kooperativer Steuerung im Abfallbereich: Schon § 14 AbfG (1972) habe als „Knüppel im Sack" gegolten und sei Grundlage für Selbstverpflichtungen in den 1970er Jahren gewesen. Damit entsteht der Eindruck, dass auch schon in der Zeit vor dem AbfG (1986) die Kooperationspraxis unbedenklich gewesen wäre, obwohl sich das Gericht dabei mehr auf eine politische Praxis als auf den Willen des Gesetzgebers stützen kann: Das Gericht zitiert das Abfallwirtschaftsprogramm '75 der Bundesregierung.

Sodann berichtet das Gericht die Materialien zur Vorgeschichte des AbfG (1986). Der Wille des Gesetzgebers[311], das Kooperationsprinzip zu verwirklichen, habe in § 14 AbfG (1986) auch „deutlichen Ausdruck" gefunden. Die Ermächtigung der Bundesregierung zum Erlass von Rechtsverordnungen sollte nur „soweit ... erforderlich, insbesondere soweit dies durch Zielfestlegungen nach S. 1 nicht erreichbar ist" (§ 14 Abs. 2 S. 3 AbfG (1986)), also subsidiär genutzt werden. In der Lesart des BVerfG sollten durch diese Norm „die abfallwirtschaftlichen Ziele ... *zunächst* in Kooperation bestimmt und sodann *vorrangig* durch die Wirtschaft in Wahrnehmung eigener Verantwortung verwirklicht werden ... insbesondere auf Grund von

---

[309] BVerfGE 98, 106 – Verpackungsverordnung.
[310] BVerfGE 98, 106 (126 f., 129).
[311] BT-Drucks. 10/2885, S. 12, 18, 45 f.; 10/5656, S. 74. Dazu BVerfGE 98, 106 (127 f., 130) – Hervorhebungen nicht im Original.

freiwilligen Absprachen oder Selbstbeschränkungsabkommen". Die Ermächtigung habe das Ziel gehabt, „die private Wirtschaft zu eigenverantwortlichem abfallwirtschaftlichem Handel zu veranlassen und ihre Kooperationsbereitschaft zu fördern." Das Kooperationsprinzip dieser Norm konstituiere eine „Verantwortung der Bundesregierung als Verordnunggeber und Kooperationspartner". Der Verzicht auf ordnungsrechtliche Regelungen im Abfallgesetz habe bezweckt, „den kooperativen Gestaltungsraum nicht einzuengen." Die Verpackungsverordnung gehe „von der Verantwortlichkeit nicht nur der Vertreiber und der Konsumenten, sondern auch der Hersteller von Verpackungen aus" und sei „Ergebnis der kooperativen Beteiligung der betroffenen Kreise"; das nunmehr geltende KrW-/AbfG verfolge „dieselbe Konzeption" des Kooperationsprinzips.

Auch das Urteil vom selben Tage zu den Landesabfallgesetzen bestätigt dem BImSchG das „Konzept eines kooperative Verwaltens"[312]. Diese Urteile des Zweiten Senats verdienen letztlich Zustimmung. Weil die Kooperationen als solche nicht Gegenstand des Verfahrens waren, sah sich das Gericht nicht veranlasst, die Vorfragen der verfassungsrechtlichen Legitimation eines einfachrechtlichen Kooperationskonzeptes aufzuwerfen. Es hätte dies nur tun müssen, wenn es im Ergebnis Bedenken nicht hätte überwinden können. Aus der Entscheidung lässt sich deshalb der Rückschluss ziehen, dass das BVerfG bislang keine Veranlassung sieht, normativen Absprachen grundsätzlich einen Riegel vorzuschieben. Daran hat sich auch mit der Entscheidung zum Atomkonsens[313] nichts geändert.

Damit bleiben aber alle Grundsatzfragen offen: Ist ein so tiefgreifender Wandel des Verhältnisses von Staat und Gesellschaft zu legitimieren? Darf dies zu einem Kooperationsverhältnis führen, bei dem Verbände Teilhabe an politischen Entscheidungen auf der Ebene der Rechtsetzung genießen?

Diese Fragen können nicht unter Berufung auf politische Programme der Bundesregierung und den Willen des einfachen Gesetzgebers beantwortet werden. Es reicht nicht der Hinweis, dass seit den 1980er Jahren ein Kooperationsprinzip i.S. eines Kooperationsmandates der Bundesregierung im Rahmen von Verordnungsermächtigungen dem Willen einer breiten Mehrheit im Bundestag[314] entspricht. Es ist deshalb auch nicht zielführend, wei-

---

[312] BVerfGE 98, 83 (98) – Landesabfallgesetze.
[313] Urteil des BVerfG v. 19. Februar 2002–2 BvG 2–2/00 mit Sondervotum *U. di Fabio/R. Mellinghoff*. Darauf wird noch im Rahmen der Frage der Verbandskompetenzen ausführlich eingegangen.
[314] So deutlich geworden bei *Kiem* (SPD), BT-Pl.Prot 10/246, S. 19039: „stehen wir Sozialdemokraten auch zu dem Kooperationsprinzip, das sich in solchen Vereinbarungen ausdrückt" und *Schmidbauer* (CDU/CSU), BT-Pl.Prot 10/246, S. 19041: „Die CDU/CSU-Fraktion steht voll hinter dem Kooperationsprinzip" sowie *Baum* (FDP), BT-Pl.Prot 10/246, S. 19042: „Denn wir können im Gesetz nicht die Flexi-

tere politische Bekenntnisse des Staates zur Kooperation zu untersuchen, die über den Abfallbereich hinaus den umweltrechtlichen Kooperationswillen der Bundesregierung belegen: im Umweltprogramm vom 29. September 1971[315] und im „Umweltbericht '76"[316], konkreter in den Leitlinien zur Umweltvorsorge 1986[317] der Bundesregierung.[318]

Nicht ausreichend wäre auch der Hinweis auf Parallelen zu dem Phänomen *runder Tische,* deren Idee aus der speziellen Situation des Überganges von totalitären Systemen zur Konstitutionalisierung der offenen Gesellschaft namentlich in Polen geboren wurde und in diesem Zusammenhang auch verfassungstheoretisch begründbar ist.[319] Eine Verfassungstheorie runder Tische für den „Normalfall" des Verfassungsstaates ist daraus aber bislang nicht entwickelt worden. Auch die Figur der „*konzertierten Aktion*" nach § 3 StabWG[320] ist nicht mehr als ein verwandtes Phänomen.[321]

Zudem müsste die Berufung auf ein Kooperationsprinzip darauf gründen, dass tatsächlich eine hinreichende Pluralität der Interessen gewährleistet ist. Erhebt man Kooperation zum Rechtsprinzip, dann muss gewährleistet wer-

---

bilität erreichen, die der Verordnungsgeber hat ... Das Kooperationsprinzip funktioniert hier ..."; kritisch *Hönes* (GRÜNE), BT-Pl.Prot 10/246, S. 19041: „hilflose freiwillige Vereinbarungen".

[315] BT-Drucks. VI/2710, S. 31; vgl. hierzu *E. Bohne,* JbRSoz 1982, S. 266 (270); *M. Kohlhaas/B. Praetorius/R. Eckhoff/Th. Hoeren,* Selbstverpflichtungen der Industrie zur CO_2-Reduktion, 1994, S. 49 und *M. Grüter,* Umweltrecht und Kooperationsprinzip in der Bundesrepublik Deutschland, 1990, S. 8 ff. mit zahlreichen weiteren Beispielen für „Umweltpolitik-Quellen"; kritisch *Chr. Schrader,* DÖV 1990, S. 326 (327).

[316] BT-Drucks. 7/5684 und hierzu *H.-W. Rengeling,* Das Kooperationsprinzip im Umweltrecht, 1988, S. 3 ff. m.w.N.; hierzu auch BVerfGE 98, 106 (121) – Verpackungsverordnung; vgl. aber auch weitere administrative Leitlinien, etwa im Umweltbrief Nr. 33 v. 17. 12. 1986, hrsg. vom Bundesminister für Umwelt, Naturschutz und Reaktorsicherheit (hierzu *H.-W. Rengeling,* Das Kooperationsprinzip im Umweltrecht, 1988, 5 ff.) der Regierungserklärung vom 4. 5. 1983 (hierzu ebd. S. 162 f.) oder in den Leitsätzen der bayerischen Staatsregierung von 1984 (hierzu ebd. S. 163).

[317] Umweltbrief Nr. 33 v. 17. 12. 1986, hrsg. v. Bundesminister für Umwelt, Naturschutz und Reaktorsicherheit, insbesondere S. 25; vgl. hierzu *H.-W. Rengeling, Das Kooperationsprinzip im Umweltrecht,* 1988, S. 5 ff.; *Der Rat von Sachverständigen für Umweltfragen,* Umweltgutachten 1996, S. 96, Tz. 162.

[318] Zu den Tendenzen der aktuellen Regierungspolitik vgl. *O. Klöck,* UPR 1999, S. 139.

[319] *P. Häberle,* JöR 39 (1990), S. 319 ff.; *ders.,* in: *ders.,* Europäische Verfassungslehre in Einzelstudien, 1999, S. 64 (67 ff.); die Parallele sieht *T. Köpp,* Normvermeidende Absprachen zwischen Staat und Wirtschaft, 2001, S. 166.

[320] Gesetz zur Förderung der Stabilität und des Wachstums der Wirtschaft vom 8. Juni 1967, BGBl I S. 582.

[321] Dazu *H. Schulze-Fielitz,* Der informale Verfassungsstaat, 1984, S. 66 ff.; *T. Köpp,* ebenda, S. 167.

§ 9 Gemeinwohl im kooperierenden Verfassungsstaat   289

den, dass widerstreitende und parallele Zwecke durch Kooperation ausbalanciert werden. Daran fehlt es aber bei der hier zu untersuchenden Kooperation zwischen Wirtschaft und Staat.[322]

Es ist deshalb festzuhalten: Das Kooperationsprinzip ist mit dieser Argumentation nicht als Verfassungsprinzip[323] der Rechtsetzung nachgewiesen. Es ist sogar fraglich, ob es sich überhaupt um ein rechtliches, oder ein politisches Prinzip handelt.[324] Aus der Rechtsprechung des Bundesverfassungsgerichts lässt sich lediglich eine verfassungsgerichtliche Zurückhaltung gegenüber Entscheidungen des einfachen Gesetzgebers und gegenüber politischen Entscheidungen der Bundesregierung ablesen. Das Prinzip Verantwortung wird hier als eigenständiges Prinzip behandelt. Ob damit die Rechtsprechung des Bundesverfassungsgerichts bestätigt werden kann und ob sich damit indirekt auch ein verfassungsrechtliches Kooperationsprinzip nachweisen lässt, wird in einem eigenen Abschnitt erörtert. Zuvor jedoch sei auf ein anders gelagertes Kooperationsprinzip eingegangen, das als Verfassungsprinzip anerkannt ist:

3. Der kooperierende Verfassungsstaat als Pendant zum kooperativen Verfassungsstaat?

Tatsächlich gibt es ein Kooperationsprinzip, das dem Verfassungsrecht immanent ist: Der „kooperative Verfassungsstaat" (*Peter Häberle*)[325] ist völkerrechtlich kooperationsfähig. Die „offene Staatlichkeit" (*Klaus Vogel*)[326] legitimiert den Staat zu internationalen Absprachen. Der mit der Wirtschaft paktierende Staat sei hier als „kooperierender Verfassungsstaat" bezeichnet. Lässt sich die These aufstellen, der nach innen hin „kooperierende Verfassungsstaat"[327] sei die Kehrseite des nach außen hin „kooperativen Verfassungsstaates"?

---

[322] *H. Hofmann,* Technik und Umwelt (1994), in: *ders.,* Verfassungsrechtliche Persektiven, 1994, S. 441 (465).
[323] Gegen ein Verfassungsprinzip im Ergebnis: *H.-W. Rengeling,* Das Kooperationsprinzip im Umweltrecht, 1988, S. 107; *Chr. Schrader,* DÖV 1990, S. 326 (328 f.); *K. Waechter,* Der Staat 38 (1999), S. 279 (282).
[324] Anders *U. Di Fabio,* Der Ausstieg aus der wirtschaftlichen Nutzung der Kernenergie, 2000, S. 39: „Das vor allem im Umweltrecht hervorgehobene Kooperationsprinzip ... steht heute noch zwischen Rechtsgrundsatz und politischem Prinzip."
[325] *P. Häberle,* Diskussionsbeitrag, in: VVDStRL 36 (1978), S. 129 f.; *ders.,* in: ders., Verfassung als öffentlicher Prozess (1978), 3. Aufl. 1998, S. 407 ff.; *ders.,* Verfassungslehre als Kulturwissenschaft, 2. Aufl. 1998, S. 175 ff.
[326] *K. Vogel,* Die Verfassungsentscheidung des Grundgesetzes für eine internationale Zusammenarbeit, 1967, S. 36 ff.
[327] Zur „Kooperation nach Innen" aus dem Aspekt der Staatsaufsicht *W. Kahl,* Die Staatsaufsicht, 2000, S. 522 f.

19 Michael

Für eine solche Analogie bzw. Theorierezeption sprechen zahlreiche Parallelen. Diese Parallelen beginnen schon mit dem *Vorverständnis* bezüglich der Kooperationsbedürfnisse, also der *Vorteile und Notwendigkeiten* staatlicher Kooperation: „Der kooperative Verfassungsstaat lebt von wirtschaftlichen, sozialen und humanitären Kooperationsbedürfnissen"[328]. Der Hauptgrund für internationale Kooperation liegt in der „wirtschaftlichen Verflechtung der (Verfassungs-) Staaten"[329]. Es sind also ähnliche Effektivitäts- und Effizienzargumente wie bei den normativen Absprachen im innerstaatlichen Bereich, die sich bisweilen zu einem faktischen Kooperationszwang verdichten. Das Vorverständnis *Häberles* zu seiner Theorie vom kooperativen Verfassungsstaat ist davon geprägt, dass Kooperationen manchmal die „einzige Alternative"[330] wirksamer Politik sind. Auch die Verflechtungen multinationaler Unternehmen nennt *Häberle* als Grund für grenzüberschreitende Kooperation: „Der kooperative Verfassungsstaat hat sich der Herausforderung internationaler Kooperation auch von privater ‚gesellschaftlicher' Ebene zu stellen."[331]

Die Erscheinungsformen internationaler Kooperationen ähneln denen normativer Absprachen: „Sie reichen von ‚lockeren' (z.B. ‚abgestimmtem Verhalten') zu ‚dichteren'"[332]. Zu den Eigenschaften gehört die *Unverbindlichkeit* von „Arrangements"[333] bzw. „soft law"[334] und die „*Freiwilligkeit* der einzelnen Kooperationsformen"[335] ebenso wie die *Flexibilität*, „gegenwärtigen und zukünftigen Aufgaben elastisch gerecht zu werden"[336].

Auch in der *Skepsis* des Vorverständnisses zeigen sich Parallelen. So warnt *Häberle* vor einem „euphorischen Optimismus"[337] und fordert eine „gedämpft optimistische"[338] Haltung, die die Notwendigkeit der Koopera-

---

[328] P. *Häberle*, in: ders., Verfassung als öffentlicher Prozess (1978), 3. Aufl. 1998, S. 407 (417).

[329] R. *Schmidt*, Der Verfassungsstaat im Geflecht der internationalen Beziehungen, in: VVDStRL 36 (1978), S. 68 ff.; P. *Häberle*, in: ders., Verfassung als öffentlicher Prozess (1978), 3. Aufl. 1998, S. 407 (416).

[330] P. *Häberle*, ebenda, S. 407 (418).

[331] P. *Häberle*, ebenda, S. 407 (430); vgl. jetzt auch Chr. *Tietje*, Internationalisiertes Verwaltungshandeln, 2001; M. *Kotzur*, Grenznachbarschaftliche Zusammenarbeit in Europa, i.E.

[332] P. *Häberle*, Verfassungslehre als Kulturwissenschaft, 2. Aufl. 1998, S. 182.

[333] P. *Häberle*, in: ders., Verfassung als öffentlicher Prozess (1978), 3. Aufl. 1998, S. 407 (411).

[334] Dazu Chr. *Tomuschat*, VVDStRL 36 (1978), S. 7 ff. (Leitsatz 8); kritisch: K. *Vogel*, Diskussionsbeitrag, in: VVDStRL 36 (1978), S. 145.

[335] P. *Häberle*, in: ders., Verfassung als öffentlicher Prozess (1978), 3. Aufl. 1998, S. 407 (415) – (Hervorhebung nicht im Original).

[336] P. *Häberle*, ebenda, S. 407 (409).

[337] P. *Häberle*, ebenda, S. 407 (411).

§ 9 Gemeinwohl im kooperierenden Verfassungsstaat

tion nicht insgesamt in Frage stellt: „Offenheit nach außen heißt Kooperation."[339]

Geradezu frappierende Ähnlichkeit liegt in den verfassungsrechtlichen Herausforderungen, die sich sowohl dem kooperativen als auch dem kooperierenden Verfassungsstaat stellen. Was *Häberle* 1978 als Grundproblematik des kooperativen Verfassungsstaats formulierte, gilt heute auch für den kooperierenden Verfassungsstaat: „Doch ist nicht zu übersehen, dass verfassungsstaatliche Errungenschaften wie *rechtsstaatliche Formelemente* oder der *Rechtsbegriff bedroht* sind ... Es kann zu *Erosionen* des Verfassungsstaates kommen, zu deren Verhinderung sich die Dogmatik und Politik des Verfassungsstaats einiges einfallen lassen muss."[340]

Auch das Problem der *Teilhabe* an hoheitlicher Macht stellt sich beim kooperativen Verfassungsstaat, bei dem „das personale Element, die ‚Beteiligtenfrage'"[341] von entscheidender Bedeutung ist. Auch Phänomene der „wechselseitigen Einflussnahme"[342] sind im kooperativen Verfassungsstaat zu beobachten. Die durch Kooperation entstehenden *Abhängigkeiten* gehören ebenfalls zu den Gefahren internationaler Absprachen: „Es kommt zu Rückwirkungen und Sachzwängen."[343] Auch stieß die Lehre vom kooperativen Verfassungsstaat auf ein Theorem, das an jenes der Trennung von Staat und Gesellschaft als Trennung zweier „Reiche"[344] erinnert: die völkerrechtliche „Zwei-Reiche-Lehre"[345].

Noch so viele Parallelen beweisen freilich nicht, dass der kooperierende Verfassungsstaat die zwingende Konsequenz des kooperativen Verfassungsstaats ist. Mögen die Kooperation nach außen und nach innen auch als Kehrseiten einer Medaille erscheinen,[346] ist dies für sich genommen nicht

---

[338] *P. Häberle,* Verfassungslehre als Kulturwissenschaft, 2. Aufl. 1998, S. 179.
[339] *P. Häberle,* in: ders., Verfassung als öffentlicher Prozess (1978), 3. Aufl. 1998, S. 407 (412).
[340] *P. Häberle,* ebenda, S. 407 (417, 418) – (Hervorhebung nicht im Original).
[341] *P. Häberle,* ebenda, S. 407 (408).
[342] *P. Häberle,* ebenda, S. 407 (437).
[343] *P. Häberle,* ebenda, S. 407 (418).
[344] *J. Isensee,* Subsidiaritätsprinzip und Verfassungsrecht, 2. Aufl., 2001, S. 159 und *M. Jestaedt,* Demokratieprinzip und Kondominialverwaltung, 1993, S. 183 ff.; gegen ein kategorisches Trennungsmodell und kritisch gegenüber der „Konstruktion ‚zweier Reiche'" *H.-D. Horn,* Die Verwaltung 1993, S. 545 (551, 552 Fn. 48), der jedoch selbst schließlich (S. 572) ebenfalls für „Distanz" plädiert.
[345] *P. Häberle,* in: ders., Verfassung als öffentlicher Prozess (1978), 3. Aufl. 1998, S. 407 (412).
[346] Eine solche Kehrseite erkennt bereits *P. Häberle,* Verfassungslehre als Kulturwissenschaft, 2. Aufl. 1998, S. 177: „Der Verfassungsstaat begegnet ihr (der gemeinsamen Verantwortung) ‚innen wie außen' mit wachsender, sich verbreiterter und intensiver Kooperation: regional und global." – Damit meint er jedoch nicht die

mehr als eine Beobachtung. Eine Übertragung der Theorie vom kooperativen Verfassungsstaat mit ihren rechtlichen Konsequenzen setzt voraus, dass auch ihre normative Einbettung und ihre innere Rechtfertigung auf den kooperierenden Verfassungsstaat übertragbar ist.

Die Lehre vom kooperativen Verfassungsstaat kann auf verfassungsrechtliche „Öffnungsklauseln"[347] gestützt werden. Im Grundgesetz sind dies neben der Präambel die Art. 23 bis 26 GG. Entsprechende Klauseln lassen sich in unterschiedlichen Graden und Stufen im internationalen Rechtsvergleich weltweit nachweisen.[348] Das rechtfertigt es, von einem Element des Verfassungsstaates in der vergleichenden Verfassungslehre zu sprechen.

Öffnungsklauseln in Bezug auf den kooperierenden Verfassungsstaat sind weder im Grundgesetz, noch im Rechtsvergleich in Sicht. Kooperationen zwischen Wirtschaft und Staat auf nationaler Ebene sind den Verfassungstexten fremd. Selbst im einfachen Recht ist eine Kooperationsklausel des Umweltrechts im Entwurfsstadium der §§ 7, 36 f. UGB-KomE und des § 6 UGB-ProfE stecken geblieben.

Eine analoge Anwendung der Kooperationsklauseln des kooperativen Verfassungsstaates auf normative Absprachen lässt sich allein mit den oben aufgezeigten Parallelen nicht begründen. Allenfalls, wenn normative Absprachen einen nachweisbar grenzüberschreitenden Charakter haben, wird aus der Parallelität eine Wesensähnlichkeit, die eine Analogiebildung nahe legt. Das soll aber hier nicht vertieft werden, weil damit der Regelfall der normativen Absprache auf nationaler Ebene nicht legitimiert wird und eine Gemeinwohltheorie des kooperierenden Verfassungsstaates nicht begründet werden könnte. Im Rechtsvergleich wurde zwar das Modell verbindlicher normativer Absprachen, wie es in den Niederlanden praktiziert und von der Europäischen Kommission proklamiert wird, als Rezeption des völkerrechtlichen Vertrags in die nationale Rechtsordnung gedeutet, deren Rechtfertigung aber zugleich bestritten.[349]

Völkerrechtlich gibt es *generell* zum Vertrag *keine greifbare Alternative* imperativer Steuerung. Das friedliche Zusammenleben der Völker setzt vielmehr voraus, dass imperativer Zwang nicht einseitig in die inneren Angelegenheiten anderer souveräner Staaten eingreift. Innerstaatlich reagiert das

---

hier zu behandelnden Phänomene nationaler, normativer Absprachen, sondern die innere Seite des innerstaatlichen Fremdenrechts (ebd. S. 213) und regionale Formen im Sinne des Völker- und Europarechts (ebd. S. 194 ff.); siehe zu internationalen Unternehmenskooperationen aber auch ebd. S. 204.

[347] *P. Häberle*, Verfassungslehre als Kulturwissenschaft, 2. Aufl. 1998, S. 184.
[348] *P. Häberle*, ebenda, S. 186.
[349] *Chr. Engel*, StWuStPr 1998, S. 535 (537): „Im Verhältnis von Völkerrecht und Landesrecht hat die deutsche Rechtsordnung aber nicht Wahl".

Verfassungsrecht mit den Vorschriften zur Vertretung beim Abschluss und zur Ratifizierung völkerrechtlicher Verträge auf diese strukturelle Vorgabe. Das Prinzip offener Staatlichkeit gebietet es, die verfassungsrechtlichen Voraussetzungen dafür zu schaffen, dass grenzüberschreitende Probleme international gelöst werden können. Das Prinzip des kooperativen Verfassungsstaates verfasst mit der Kooperation den instrumentellen Normalfall grenzüberschreitenden Handelns des Staates.

Eine Rezeption dieses Modells für den nach innen hin kooperierenden Verfassungsstaat müsste berücksichtigen, dass der Abschluss normativer Absprachen nicht in so genereller Weise zwingend ist. Kooperation der rechtsetzenden Gewalt ist nicht der Normalfall. Einseitige imperative Steuerung ist vielmehr innerstaatlich nicht nur Alternative zur Kooperation, sondern sogar der klassische Regelfall. Eine Gemeinwohltheorie des kooperierenden Verfassungsstaates muss deshalb darauf bauen, dass die Regel ausnahmsweise versagt.

In tatsächlicher Hinsicht lässt sich dabei auf die Vollzugsdefizite und die Grenzen der Steuerbarkeit durch Ordnungsrecht verweisen. Allein auf diese tatsächlichen Gesichtspunkte des Vorverständnisses kann jedoch keine Theorie mit normativem Anspruch gegründet werden.

Der Geltungsgrund für ein Prinzip des kooperierenden Verfassungsstaates ist vielmehr in einem Prinzip zu suchen, das – wie das Prinzip des kooperativen Verfassungsstaates – als Verfassungsprinzip Geltung beanspruchen kann: In Betracht kommt hierfür das *Prinzip Verantwortung*. In ihm liegt auch die letztlich entscheidende Parallele zur inneren Rechtfertigung der Theorie des kooperativen Verfassungsstaates. Der kooperative Verfassungsstaat ermöglicht „gemeinsame Verantwortung"[350] der Staaten. Jeder Staat trägt danach „Verantwortung ‚zur gesamten Hand' ..., ohne seine individuelle Verantwortung dadurch bequem verdecken zu wollen und zu können."[351] Wenn das Prinzip Verantwortung zu den Legitimationsgrundlagen des modernen Verfassungsstaates zählt, kann vom kooperativen (und gegebenenfalls vom kooperierenden) Verfassungsstaat behauptet werden, er sei gar die „notwendige Form legitimer Staatlichkeit von morgen"[352].

Damit ist die Frage aufzuwerfen: Welche verfassungsrechtliche Bedeutung hat das Verantwortungsprinzip?

---

[350] *P. Häberle,* in: ders., Verfassung als öffentlicher Prozess (1978), 3. Aufl. 1998, S. 407 (408).
[351] *P. Häberle,* ebenda, S. 407 (412).
[352] *P. Häberle,* Verfassungslehre als Kulturwissenschaft, 2. Aufl. 1998, S. 178.

VII. Verantwortungsprinzip als Kompetenz und Aufgabe

Verantwortung ist die Rechtskategorie, mit der normative Absprachen und ihre Legitimation zu erfassen sind. Mit Selbstverpflichtungen *übernimmt* die Wirtschaft Verantwortung für die Erfüllung bestimmter Gemeinwohlaufgaben. Die so übernommene Verantwortung tritt an die Stelle von *Rechtspflichten*. Statt Rechtspflichten durch Normen, insbesondere durch Rechtsverordnungen zu begründen, trifft der Gesetz- bzw. Verordnunggeber informale Absprachen mit der Wirtschaft. In diesen Absprachen wird der Wirtschaft Verantwortung *auferlegt*. Diese normative Verantwortung unterscheidet sich von Rechtspflichten dadurch, dass sie nicht vollstreckbar und nicht einklagbar ist.

Verantwortung ist eine *normative Kategorie*. Die durch Selbstverpflichtungen übernommene Verantwortung hat mit dem Ordnungsrecht gemeinsam, Verhalten zu steuern und erhebt den Anspruch, Gemeinwohl zu konkretisieren. In normativen Absprachen werden Gemeinwohlziele festgelegt bzw. Verhaltensstandards vereinbart. Es handelt sich um informale Rechtsetzung.

Der Inhalt normativer Absprachen wird von hoheitlichen und privaten Verhandlungspartnern ausgehandelt. Die Rolle Privater bei der Rechtsetzung erhält dadurch eine neue Qualität. Während Verbände beim Lobbyismus lediglich im Umfeld und Vorfeld von Rechtsetzung Einfluss nehmen, werden sie als Absprachepartner zu Beteiligten der Konsensfindung. Derartige Beteiligung Privater an der normativen Konkretisierung des Gemeinwohls muss legitimiert werden. Wie gezeigt versagen dabei überkommene Legitimationsmuster.

Eine Gemeinwohltheorie des kooperierenden Verfassungsstaates muss darauf gründen, dass die Begründung und Wahrnehmung von Verantwortung zu Kooperationsprozessen führt. Das ist dann der Fall, wenn es sich um gemeinsame Verantwortung handelt. Dann lässt sich sowohl die Teilhabe der Wirtschaft bei der Übernahme von Verantwortung als auch die Auferlegung von Verantwortung durch den kooperierenden Staat erklären. Eine Legitimationsgrundlage kann sich daraus ergeben, wenn das Prinzip Verantwortung ein Verfassungsprinzip ist, das eine gemeinsame Verantwortung von Staat und Gesellschaft begründet.

Um dies nachzuweisen, sollen schrittweise die Verantwortung des Staates, des Volks und des Bürgers als verfassungsrechtliche Kategorien nachgewiesen werden. Sodann ist zu untersuchen, inwieweit es sich hierbei um gemeinsame Verantwortung handelt und welche Legitimation sich daraus für Kooperationen von Staat und Wirtschaft ergibt.

1. Die demokratische Verantwortung des Staates

Staatliche Verantwortung hat ihren Ursprung im Demokratieprinzip[353]. Staatliche Verantwortung ist repräsentative[354] Verantwortung: Weil alle Staatsgewalt vom Volk ausgeht (Art. 20 Abs. 2 S. 1 GG), weil nach *Immanuel Kant* Staatsgewalt auf das beschränkt ist, „was ein Volk über sich selbst ... beschließen kann"[355], ist die Verantwortung von Trägern hoheitlicher Gewalt *demokratische* Verantwortung.

Gerade für die im Zusammenhang mit Absprachen zwischen Wirtschaft und Staat relevante Regierungsgewalt bringt das Grundgesetz dies besonders klar zum Ausdruck: Der Bundeskanzler ist parlamentarisch verantwortlich, indem er vom Bundestag gewählt wird (Art. 63 Abs. 1 GG) und von dessen potenziellem Misstrauen (Art. 67 Abs. 1 GG) bzw. Vertrauen (Art. 68 Abs. 1 GG) abhängt. Er „bestimmt die Richtlinien der Politik und trägt dafür die Verantwortung" (Art. 65 S. 1 GG). Die Bundesminister hängen mit ihrem Amt von der politischen Verantwortung des Bundeskanzlers ab (Art. 64 Abs. 1 GG). Im Rahmen ihres Ressorts handeln sie „unter eigener Verantwortung" (Art. 65 S. 2 GG).

Der Bundestag kann die parlamentarische Verantwortung aller Mitglieder der Bundesregierung, d.h. des Bundeskanzlers sowie der Bundesminister (Legaldefinition des Art. 62 GG), durch sein Zitierungsrecht (Art. 43 Abs. 1 GG) in der Sache konkret einfordern.

Die Mitglieder des Bundestages wiederum sind dem Volk politisch verantwortlich, das periodisch (Art. 39 Abs. 1 S. 1 GG) über deren Wiederwahl entscheidet. Die politische Verantwortung kommt auch dadurch im Grundgesetz zum Ausdruck, dass den Abgeordneten Indemnität (Art. 46 Abs. 1 GG) und Immunität (Art. 46 Abs. 2 GG) garantiert wird. Abgeordnete sollen rechtlich nur in Ausnahmefällen „außerhalb des Bundestages

---

[353] Der Sonderfall der föderalistisch begründeten „gesamtstaatliche(n) Verantwortung des Bundes" (Art. 23 Abs. 6 S. 2 GG) soll hier außer Betracht bleiben.

[354] Zum Begriff der Repräsentation als Paradigma des Staates *C. Schmitt*, Verfassungslehre, 1928, S. 205 ff.; ausführlich hierzu *J. H. Kaiser*, Die Repräsentation organisierter Interessen, 1956; zum Verhältnis zwischen Repräsentation und Integration *R. Smend*, Die politische Gewalt im Verfassungsstaat und das Problem der Staatsform, FS für W. Kahl, 1923, in: *ders.*, Staatsrechtliche Abhandlungen und andere Aufsätze, 3. Aufl., 1994, S. 68 (85 ff.); *ders.*, Verfassung und Verfassungsrecht (1928), ebenda, S. 119 (203 f.); zur Repräsentation aus der Sicht der Verantwortungsethik als „konkrete Verantwortlichkeit von Mandatsträgern" *P. Saladin*, Verantwortung als Staatsprinzip, 1984, S. 172.

[355] *I. Kant*, Über den Gemeinspruch: Das mag in der Theorie richtig sein, taugt aber nicht für die Praxis (1793) A 201 (266), in: W. Weischedel (Hrsg.), Werke, Bd. XI, 1968, S. 125 (162), bezogen auf den Gesetzgeber und die konstituierende Gewalt.

zur Verantwortung gezogen werden" (Art. 46 Abs. 1 S. 1 GG), so dass deren politische Verantwortung ihrer dadurch gestärkten Unabhängigkeit korrespondiert. Auch das Öffentlichkeitsprinzip (Art. 42 Abs. 1 GG) dient der Realisierung der politischen Verantwortlichkeit der Repräsentanten.

Vor diesem Hintergrund ist der Begriff der *Verwaltungsverantwortung* zu erschließen. Verwaltungsverantwortung ist ein Teilaspekt staatlicher Verantwortung. Er ist abzugrenzen von sonstiger staatlicher Verantwortung und von nichtstaatlicher Verantwortung.

Die Abgrenzung der Verwaltungsverantwortung von sonstiger hoheitlicher Verantwortung wirft die Fragestellung der Gewaltenteilung und -verteilung auf. Das ist kein neues Thema. Man könnte sagen, dass der Begriff Verwaltungsverantwortung dem klassischen Thema der Gewaltenteilung nur ein neues Gewand gibt. So gesehen ist der Begriff der Verwaltungsverantwortung bestenfalls ein heuristischer Begriff,[356] ein Übergangsbegriff[357], wenn nicht gar entbehrlich. Insofern birgt er sogar die Gefahr in sich, die Grundfrage, die im Grundsatz der Gewaltenteilung spätestens seit *Montesquieu*[358] auf den Begriff gebracht ist, zu verschleiern. Jedenfalls ist er – im Gegensatz zur Gewaltenteilung – als dogmatischer Begriff untauglich, darf jenen jedenfalls nicht ersetzen. Das soll nicht heißen, dass das Thema Gewaltenteilung keine neuen Fragen aufwirft. Im Gegenteil: Normersetzende Absprachen werfen die Frage des Verhältnisses einer kooperativen Exekutive, insbesondere der zum Verordnungserlass ermächtigten Regierung, zur Legislative auf. Auch das Verhältnis der Konkretisierung des Gemeinwohls durch Absprachen einzelner Ministerien mit der Wirtschaft zu einer möglichen Bindung anderer Ressorts und anderer Behörden (insbesondere des Bundeskartellamtes) aber auch der Gerichte ist neu zu klären.

Der Verantwortungsbegriff berührt auch im Verhältnis zwischen der Verwaltung und Privaten klassische Begriffe und Fragestellungen der Staats- und Verfassungslehre: Betroffen ist hier das Subsidiaritätsprinzip und die Unterscheidung zwischen Staat und Gesellschaft. Der Begriff „Verwaltungsverantwortung" drückt zunächst etwas Selbstverständliches aus, nämlich die demokratische Verantwortung der Verwaltung für ihre hoheitliche Tätigkeit. Aber dieser Grundgedanke hat in dem Maße seine Selbstverständlichkeit verloren, in dem das Verwaltungshandeln selbst von strukturellen Umbrüchen gezeichnet ist. Wenn die Verwaltung nicht einseitig handelt,

---

[356] *E. Schmidt-Aßmann,* Das allgemeine Verwaltungsrecht als Ordnungsidee, 1998, S. 154; hiergegen *R. Stettner,* Grundfragen einer Kompetenzlehre, 1983, S. 255 (Fn. 530); *R. Pitschas,* Verwaltungsverantwortung und Verwaltungsverfahren, 1990, S. 240 f.

[357] *H. Chr. Röhl,* in: Die Verwaltung, Beiheft 2, 1999, S. 33 (53 ff.).

[358] *Montesquieu,* De l'Esprit des Lois (1748), Vom Geist der Gesetze, 2. Aufl. 1992, Band 1, S. 214 ff.

§ 9 Gemeinwohl im kooperierenden Verfassungsstaat

sondern Fragen kooperativ mit Privaten behandelt, wenn sie gar Mechanismen gesellschaftlicher Selbststeuerung passiv akzeptiert, stellt sich die Frage, inwieweit die Verwaltung für solche Lösungen Verantwortung trägt. Für diese Problematik steht der Begriff der Verwaltungsverantwortung, der in der modernen Verwaltungswissenschaft Konjunktur hat. Mit „Verwaltungsverantwortung" wird allgemein bezeichnet, was lediglich im Hinblick auf kooperative und informale Phänomene des Verwaltungshandelns Relevanz hat. Was jedoch auf den ersten Blick als begriffliche Unschärfe erscheint, erfährt seine Berechtigung, wenn man „Verwaltungsverantwortung" als Postulat begreift: Die Verwaltung muss Verantwortung tragen, unabhängig von der Form ihres Handelns und unabhängig von der Beteiligung Privater an Konkretisierungen des Gemeinwohls!

Die Frage, deren Beantwortung damit eine Richtung gegeben ist, betrifft die *Verantwortung als Zurechnungsbegriff*. Während einseitiges hoheitliches Handeln eindeutig und ausschließlich der Verwaltung zuzurechnen ist, muss die Zurechnung zur Verwaltung bei Absprachen mit der Wirtschaft und Entgegennahme von Selbstverpflichtungserklärungen geklärt werden. Dies hat zwei Aspekte: die Verantwortung für den Inhalt von Entscheidungen und für das Verfahren ihres Zustandekommens.

Der Staat behält das „letzte Wort"[359] und trägt die inhaltliche Letztverantwortung für die Konkretisierung des Gemeinwohls. Verantwortung des Staates ist *Ergebnisverantwortung*. Deshalb ist der Staat nicht nur für sein einseitiges Handeln und auch nicht nur für sein kooperatives Mitgestalten, sondern auch für sein Unterlassen verantwortlich. Verantwortlichkeit des Staates umfasst, um es in den Zurechnungsbegriffen der Strafrechtsdogmatik auszudrücken, alle Stufen von Alleintäterschaft über die Mittäterschaft und Teilnahme bis zum Unterlassen. Jeder Hoheitsträger kann zum Garanten im Rahmen seiner ihm zugewiesenen Aufgaben und Befugnisse werden, wobei die Dogmatik der grundrechtlichen Schutzpflichten und des Einschreitensermessens nur im Ausnahmefall konkrete Handlungspflichten begründen.

Der Staat ist nicht nur für Inhalte der Gemeinwohlkonkretisierung verantwortlich, sondern außerdem auch dafür, wie diese zustande kommen: Verwaltungsverantwortung ist deshalb auch *Verfahrensverantwortung*.[360] Dies ist die rechtliche Ausgangsthese zu einem Verfahrensrecht für kooperatives Verwaltungshandeln. Die Verfahrensverantwortung reicht aber noch weiter und umfasst sogar Entscheidungen, an deren Zustandekommen der Staat

---

[359] *P. Häberle,* Öffentliches Interesse als juristisches Problem, 1970, S. 82.
[360] *R. Pitschas,* Verwaltungsverantwortung und Verwaltungsverfahren, 1990; *G. F. Schuppert,* in: Die Verwaltung 31 (1998), S. 415 (419 ff.); zustimmend *J.-P. Schneider,* VerwArch 87 (1996), S. 38 (48).

nicht beteiligt war. Der Staat darf die Augen nicht vor der Art und Weise des Zustandekommens von Entscheidungen verschließen, bei denen er nicht die Verfahrenshoheit hatte, wenn es um die Frage geht, ob er deren Ergebnisse billigt oder (z. B. kartellrechtlich) anerkennt.

Die Erkenntnis, *dass* der Staat für Inhalte und Verfahren verantwortlich ist, ist aber nur die Prämisse der wichtigen Fragestellung, wofür welcher Hoheitsträger im Einzelnen konkret einsteht und wie er seine Verantwortung wahrnehmen kann. Hierzu wurde die Unterscheidung verschiedener Verantwortungsstufen[361] vorgeschlagen: Die Erfüllungs-, die Beratungs-, Überwachungs-, Organisations-, Einstandsverantwortung.[362] Die Typologie wurde inzwischen durch die Finanzierungs- und soziale Abfederungsverantwortung[363], die Maßstabs-, Vorbereitungs-, Verfahrens-, Implementations-, Kontroll-, Realisierungs- und Folgenverantwortung[364] ergänzt. Auch wurde vorgeschlagen, als drei Grundtypen[365] die („latente"[366]) Erfüllungs-[367] bzw. Ergebnisverantwortung[368], die Gewährleistungsverantwortung[369] (bestehend aus Überwachungs- und Regulierungsverantwortung) und die Auffangverantwortung[370] (umfassend die Begleit- und Abfederungsverantwortung) zu unterscheiden.

Für die Rezeption von Beurteilungsmaßstäben wurde eine reduzierte „Sachverantwortung"[371] gefordert. Allgemeiner geben sich die „Aufgabenverantwortung" und die „Gemeinwohlverantwortung" und die um sie ge-

---

[361] W. *Hoffmann-Riem,* in: ders./J.-P. Schneider (Hrsg.), Verfahrensprivatisierung im Umweltrecht, 1996, S. 9 (22 ff.); *G. F. Schuppert,* in: Die Verwaltung 31 (1998), S. 415 (421 ff.).

[362] *E. Schmidt-Aßmann,* in: W. Hoffmann-Riem/E. Schmidt-Aßmann/G. F. Schuppert (Hrsg.), Reform des Allgemeinen Verwaltungsrechts. Grundfragen, 1993, S. 11 (43 f.).

[363] *G. F. Schuppert,* in: J. Ipsen (Hrsg.), Privatisierung öffentlicher Aufgaben, 1994, S. 17 ff. (29); *G. F. Schuppert,* in: Die Verwaltung 31 (1998), S. 415 (423).

[364] *A. Voßkuhle,* in: G. F. Schuppert (Hrsg.), Jenseits von Privatisierung und schlankem Staat, 1999, S. 47 (69 ff.).

[365] *G. F. Schuppert,* in: Die Verwaltung 31 (1998), S. 415 (423 ff.); *ders.,* in: ders. (Hrsg.), Jenseits von Privatisierung und schlankem Staat, 1999, S. 299 (312 ff.).

[366] *J. Knebel/L. Wicke/G. Michael,* Selbstverpflichtungen ..., 1999, S. 267.

[367] *G.-F. Schuppert,* Diskussionsbeitrag, in: VVDStRL 56 (1997), S. 296.

[368] *W. Hoffmann-Riem,* DÖV 1997, S. 433 (442).

[369] *U. Di Fabio,* VVDStRL 56 (1997), S. 235 (262); *R. Steinberg,* Diskussionsbeitrag, in: VVDStRL 56 (1997), S. 291; *G.-F. Schuppert,* Diskussionsbeitrag, ebenda, S. 296; *W. Weiß,* Privatisierung und Staatsaufgaben, 2002, S. 235 ff.

[370] *J. Knebel/L. Wicke/G. Michael,* Selbstverpflichtungen ..., 1999, S. 267; vgl. auch BVerfGE 98, 83 (99) – Landesabfallgesetze.

[371] So *U. Di Fabio,* VVDStRL 56 (1997), S. 235 (252).

führte „Trägerschaftsdebatte"[372]. Jüngst wurde die Verantwortung gegliedert in die Elemente des Handlungssubjekts (wer ist verantwortlich?), des Objektes (wofür?), der Zurechnung, des von der Zurechenbarkeit vorausgesetzten Entscheidungsspielraumes, des Maßstabs und der Instanz, vor der jemand verantwortlich ist.[373] Gewarnt wird auch bereits vor einer „Paralyse der Verantwortung"[374], vor „Verantwortungsvermischung"[375] und vor einem „beginnenden Erosionsprozess staatlicher Verantwortung"[376].

Die Verantwortung dafür, dass eine Aufgabe erledigt wird, ist von der Verantwortung dafür, wie sie erledigt wird, zu unterscheiden. Die Diskussion um Staatsaufgaben und Schutzpflichten richtete den Blick auf die Frage, ob der Staat bestimmte Aufgaben erfüllen muss. Wenn der Staat Aufgaben kooperativ und informal wahrnimmt, erschöpft sich seine Verantwortung aber nicht in der Gewährleistung bestimmter verfassungsgebotener Ergebnisse. Vielmehr ist außerdem die Frage zu stellen, welche Verantwortung aus Kooperation und informaler Tätigkeit des Staates erst erwächst und welche über eine bloße Ausprägung der Gewährleistungsverantwortung[377] hinausgeht. Dazu ist es unzureichend, auf Staatsaufgaben und Schutzpflichten zurückzugreifen,[378] die den Staat unabhängig davon treffen, ob er überhaupt tätig wird. Deshalb wird es notwendig sein, in der Verantwortungsdogmatik und vor allem in der Grundrechtsdogmatik neue Wege zu beschreiten.

2. Verantwortung des Volkes

Repräsentative Verantwortung ist nicht originäre Verantwortung der Repräsentierenden, sondern letztlich eine von den Repräsentierten abgeleitete Verantwortung.[379] Der Verantwortungsbegriff wird mit Blick auf die staatliche Verantwortung bisweilen[380] als Gegenbegriff zur Legitimation durch das Volk und zur Partizipation der Bürger verwendet. Repräsentative Ver-

---

[372] *G.-F. Schuppert*, Diskussionsbeitrag, in: VVDStRL 56 (1997), S. 296 f.; dagegen *P. Badura*, Diskussionsbeitrag, ebenda, S. 305.
[373] *A. Voßkuhle*, in: G. F. Schuppert (Hrsg.), Jenseits von Privatisierung und schlankem Staat, 1999, S. 47 (53 ff.).
[374] *H. F. Zacher*, Freiheit und Gleichheit in der Wohlfahrtspflege, 1964, S. 124 f.; zustimmend *U. Di Fabio*, VVDStRL 56 (1997), S. 235 (268).
[375] *Chr. Engel*, StWuStPr 1998, S. 535 (559).
[376] *Der Rat von Sachverständigen für Umweltfragen,* Umweltgutachten 1996, S. 97, Tz. 164.
[377] Anders *W. Weiß,* Privatisierung und Staatsaufgaben, 2002, S. 280 f.
[378] So aber *W. Weiß,* ebenda, S. 278 f.
[379] *D. Merten*, VVDStRL 55 (1996), S. 7 (18): „Dem Verfassungsstaat als sektoralem Staat entspricht eine sektorale Verantwortung des Bürgers als Staatsbürgers."

antwortung ist nur Verantwortung gegenüber dem Volk,[381] nicht jedoch Verantwortung des Volkes. Staatliche Verantwortung verwirklicht sich in der repräsentativen Demokratie idealiter im Amtsethos. Das darf aber nicht den Blick dafür verstellen, dass auch die staatliche Verantwortung letztlich demokratisch vom Volk übertragen wird und von einer Verantwortung des Volkes abgeleitet ist.

Die originäre Verantwortung des *Volkes* bringt die *Präambel* des Grundgesetzes zum Ausdruck: Danach handelte die konstituierende Gewalt des Deutschen Volkes „im Bewusstsein seiner Verantwortung vor Gott und den Menschen". Verantwortung ist damit de constitutione lata (auch) unter dem Grundgesetz eine Größe, die nicht erst mit der Konstituierung des Staates und nicht nur im Rahmen der Repräsentation des Volkes entsteht, sondern von diesen vorausgesetzt ist. Ähnlich spricht jetzt die Präambel der neuen Bundesverfassung der Schweiz (1999) von „Verantwortung gegenüber der Schöpfung", die vom „Schweizervolk" getragen wird.

Von dieser originären Verantwortung des Volkes leitet sich staatliche als demokratische Verantwortung ab. Nicht nur alle „Staatsgewalt" (Art. 20 Abs. 2 S. 1 GG), sondern mit ihr auch *alle „Verantwortung"* (Präambel GG) *„geht vom Volke aus"*. Es gehört zum Wesen der Verantwortung, dass sich deren Ausübung zwar delegieren lässt, dass dabei aber der Delegierende nicht frei wird von seiner eigenen Verantwortung. Das ist in der aktuellen Debatte um die Verwaltungsverantwortung im Verhältnis staatlicher Verantwortung zu privater Gemeinwohlkonkretisierung zu Recht immer wieder betont worden: Der Staat behält die „Letztverantwortung"[382] für das Gemeinwohl, wenn Private öffentliche Aufgaben erfüllen. Aber diese „Letztverantwortung" wird zur „vorletzten" Verantwortung, wenn man die staatliche Verantwortung im Verfassungsstaat als abgeleitete begreift: Das

---

[380] *K. Hesse,* Grundzüge des Verfassungsrechts ..., 20. Aufl. 1995 (Neudr. 1999), Rz. 574: „Verantwortung der Regierung auf der einen Seite, Legitimation der politischen Führung durch die Mehrheit des Volkes, Anteilnahme des Volkes an der politischen Willensbildung, Zustimmung, Kritik und Kontrolle auf der anderen."

[381] Nicht zu verwechseln ist die Idee der Responsivität (engl. „responsiveness") als der „Aufnahmebereitschaft und Sensibilität der Repräsentanten für die Wünsche und Interessen der Repräsentierten" (*E.-W. Böckenförde,* Demokratie und Repräsentation. Zur Kritik der heutigen Demokratiediskussion, 1983, S. 24) mit der Verantwortung (engl. „responsibility").

[382] *H. Dreier,* StWuStPr 1993, S. 647 (669) m.w.N.; vgl. auch *J. Knebel/L. Wicke/G. Michael,* Selbstverpflichtungen und normersetzende Umweltverträge als Instrumente des Umweltschutzes, 1999, S. 267; *M. Schulte,* Schlichtes Verwaltungshandeln, 1995, S. 173 ff.: „Letztscheidungsverantwortung"; *M. Schmidt-Preuß,* VVDStRL 56 (1997), S. 160 (181): „Letztentscheidungskompetenz"; explizit gegen staatliche Letztverantwortung: *Chr. Engel,* Diskussionsbeitrag, in: VVDStRL 56 (1997), S. 301 f.

Volk behält die „allerletzte" Verantwortung, unabhängig davon, ob es seine Verantwortung auf Repräsentanten überträgt oder ob es sie plebiszitär wahrnimmt, ob das Gemeinwohl staatlich, selbstregulativ oder kooperativ konkretisiert wird.

Das gilt unter dem Grundgesetz wie unter der Schweizer Bundesverfassung gleichermaßen. Der Begriff demokratischer Verantwortung ist nicht allein auf ein System der repräsentativen bzw. der halbdirekten Demokratie fixiert. Selbst wenn man die repräsentative Demokratie[383] als „Zuschauerdemokratie"[384] betrachtet, behält das Volk, das auf die Verantwortlichkeit der professionellen Politiker vertraut, die Rolle einer öffentlichen Überwachungsverantwortung.

3. Verantwortung des Bürgers – Betrachtung in vergleichender Verfassungslehre

Die „Staats"-Rechtslehre verdient ihren Namen, indem sie staatliche Verantwortung mit einer Fülle von Normen und Theorien belegt, die Verantwortung des Volkes aus der Präambel ableiten muss und sich mit der Verantwortung des einzelnen Bürgers[385] schwer tut. Erst Art. 8 Abs. 2 KV Bern (1993), Art. 26 Abs. 1 KV Appenzell A.Rh. (1995)) und Art. 6 BV-Schweiz (1999) wagen es, die Verantwortung des Bürgers zum positiven Verfassungstext zu machen. Eine „Verfassungs"-Lehre muss sich ihren Namen mit einem offenen Ansatz für ein Verfassungsprinzip der Verantwortung verdienen.

Betrachtet man die geistesgeschichtlichen Wurzeln der Verantwortung als ethischer Kategorie, wird das persönliche Moment der Verantwortung, das jeden Einzelnen trifft, offenbar. Die moderne Verantwortungsethik ist mit dem Namen *Hans Jonas* und seinem Hauptwerk „Das Prinzip Verantwortung" (1979) verbunden. Jonas knüpft an *Immanuel Kants* kategorischen Imperativ an und entwickelt diesen fort, indem er ihn um die Zukunftsdimension ergänzt. Aus *Kants* Formulierung „Handle so, dass die Maxime deines Willens jederzeit zugleich als Prinzip einer allgemeinen Gesetzgebung gelten könne"[386] wird bei *Jonas* „Handele so, dass die Wirkungen deiner Handlung nicht zerstörerisch sind für die zukünftige Möglichkeit sol-

---

[383] *C. Schmitt*, Verfassungslehre, 1928, S. 207 nennt in Erwiderung auf *Smends* Integrationslehre „echte Repräsentation in ihrer Wirkung ein(en) wesentlichen Faktor des Integrationsprozesses".

[384] *O. Depenheuer*, in: VVDStRL 55 (1996), S. 90 (118 f.); kritisch gegenüber der Idealisierung der Zuschauerdemokratie *J. Schubert*, Das „Prinzip Verantwortung" als verfassungsrechtliches Rechtsprinzip, 1998, S. 310

[385] *D. Merten/W. Berka/O. Depenheuer*, VVDStRL 55 (1996), S. 7 ff., 48 ff., 90 ff.

chen Lebens."³⁸⁷ *Jonas* hat einen Bewusstseinswandel in Umweltfragen gefordert, der durch noch so gute Gesetze nicht zu „ersetzen" ist. Bürgerverantwortung und Selbstverantwortung jedes Einzelnen, insbesondere aber auch industrieller Entscheidungsträger gilt es deshalb zu stärken.

Die Problematik des Umweltschutzes ist für *Jonas* Anlass, den Begriff „Verantwortung" in den Mittelpunkt der Ethik zu stellen. Es läge nun nahe, Selbstverpflichtungen und Absprachen im Umweltbereich unter diesen besonderen Prämissen zu betrachten. Doch um dem Begriff der Verantwortung gerecht zu werden, wäre dies zu kurz gegriffen: Die Interessen zukünftiger Generationen sind nicht allein im Hinblick auf die natürlichen Lebensgrundlagen, sondern auch in wirtschaftlicher Hinsicht (Stichworte: Rentensystem und Staatsverschuldung) greifbar. Auch das geistige Erbe impliziert Langzeitwirkungen der historischen Verantwortung und des kulturellen Umfeldes, in das Generationen hineingeboren und in denen sie geprägt und erzogen werden. Die Gentechnologie und die Möglichkeiten elektronischer Kommunikation werfen weitere Fragen der Ethik und Verantwortung auf, die nicht nur zeitliche, sondern auch und vor allem räumliche Grenzen überschreiten. All dies sind Dimensionen der Verantwortung, in denen staatliche Steuerung und gesetzliche Schranken nicht hinreichen, um Schutz zu gewähren und Schäden zu verhindern.

Um die Verantwortungsethik auf eine möglichst breite Basis zu stellen, sollte auf *Kant* zurückgegriffen werden. *Kant* stellt „die Autonomie des Willens als oberstes Prinzip der Sittlichkeit"³⁸⁸ und damit den Freiheitsbegriff in den Mittelpunkt der Ethik. Sein Menschenbild ist am „homo noumenon"³⁸⁹ orientiert, d.h. am intelligenten, vernünftigen Wesen, dessen Wille nach den Gesetzen der Vernunft ausgerichtet ist.³⁹⁰ Hieraus entwickelt er als ethische Folgerung einen Appell an den Gebrauch der prakti-

---

[386] *I. Kant,* Kritik der praktischen Vernunft (1788), in: Werke, Bd. VII, 1968, S. 107 (140, A 54). Den Kategorischen Imperativ formulierte *Kant* bereits 1785 in folgenden Varianten: „handele nur nach derjenigen Maxime, durch die du zugleich wollen kannst, dass sie ein allgemeines Gesetz werde." *I. Kant,* Grundlegung zur Metaphysik der Sitten (1785), in: Werke, Bd. VII, 1968, S. 11 (51, BA 52); „ich soll niemals anders verfahren, als so, dass ich auch wollen könne, meine Maxime solle ein allgemeines Gesetz werden" (ebenda S. 28, BA 17) und „handele so, als ob die Maxime deiner Handlung durch deinen Willen zum allgemeinen Naturgesetze werden sollte." (ebenda S. 51, BA 52).

[387] *H. Jonas,* Das Prinzip Verantwortung, 1979, S. 36.

[388] *I. Kant,* Grundlegung zur Metaphysik der Sitten (1785), in: Werke, Bd. VII, 1968, S. 11 (74 f., BA 87).

[389] *I. Kant,* Die Metaphysik der Sitten (1797), in: Werke, Bd. VIII, 1968, S. 309 (347, AB 48); vgl. hierzu *R. A. Lorz,* Modernes Grund- und Menschenrechtsverständnis und die Philosophie der Freiheit Kants, 1993, S. 77 f.

[390] *I. Kant,* Kritik der praktischen Vernunft (1788), in: Werke, Bd. VII, 1968, S. 107 (256).

§ 9 Gemeinwohl im kooperierenden Verfassungsstaat

schen Vernunft[391]: den kategorischen Imperativ. Der Aufruf zu verantwortlichem Handeln jedes Einzelnen in der Gemeinschaft ist also nicht das Neue an der Verantwortungsethik des 20. Jahrhunderts. Daraus folgt: Wer allgemein verfassungstheoretisch über den Verantwortungsbegriff spricht, sollte sich bewusst sein, dass *Jonas* „nur" der Auslöser der Debatte[392] um die Verantwortung war und dass die Frage der Verantwortung nicht inhaltlich auf die Umweltproblematik und nicht zeitlich auf die zukünftigen Generationen beschränkt ist.

Der kategorische Imperativ *Kants* richtet sich als Handlungsanweisung stets an den einzelnen Bürger. Verantwortung setzt als ethische Kategorie nicht beim Staat und nicht beim Volk, sondern beim Menschen an und hat in der Menschheit ihren Zweck. *Kant* formulierte den „praktischen Imperativ" mit Blick auf die Menschenwürde: „Handle so, dass du die *Menschheit*, sowohl in deiner *Person*, als auch in der Person eines jeden andern, jederzeit zugleich als *Zweck,* niemals bloß als Mittel brauchest."[393] Die Ethik *Kants* beruht auf dem „Prinzip der *Autonomie* des Willens, im Gegensatz ... zur Heteronomie"[394]. Dieser Gedanke findet sich in der oben zitierten Charta von Paris (1990) wieder.

Sogar die Aufgabe der Gesetzgebung[395] schreibt *Kant* ursprünglich dem Einzelnen zu: „Diese Gesetzgebung muss aber *in jedem vernünftigen Wesen selbst angetroffen werden,* und aus seinem Willen entspringen können, dessen Prinzip also ist: keine Handlung nach einer andern Maxime zu tun, als so, dass es auch mit ihr bestehen könne, dass sie ein allgemeines Gesetz sei, und also nur so, dass der Wille durch seine Maxime sich selbst zugleich als *allgemein gesetzgebend* betrachten könne."[396] Bei den Selbstverpflichtungen handelt es sich in der Terminologie *Kants* um „hypothetische",

---

[391] *I. Kant,* Grundlegung zur Metaphysik der Sitten (1785), in: Werke, Bd. VII, 1968, S. 11 (81 ff., BA 97 ff.) und *ders,* Kritik der praktischen Vernunft (1788), ebenda, S. 107 ff.
[392] Zur Verantwortung als Schlüsselbegriff der Philosophie bereits vor *Jonas* vgl. *W. Weischedel,* Das Wesen der Verantwortung, 3. Aufl., 1972 und aus der englischsprachigen Literatur *H. L. A. Hart,* Punishment and Responsibility, 1968.
[393] *I. Kant,* Grundlegung zur Metaphysik der Sitten (1785), in: Werke, Bd. VII, 1968, S. 11 (61, BA 67) – Hervorhebungen nicht im Original.
[394] *I. Kant,* ebenda, S. 11 (66, BA 75).
[395] Auch *P. Häberle,* Öffentliches Interesse als juristisches Problem, 1970, S. 49 will den Begriff der Gesetzgebung heute weit verstehen: „Gesetzgebung ist im modernen verfassungsrechtlichen Sinne verstanden (nicht im überkommenen ‚staatlichen' Sinn) kein Akt des Staates, sondern ein komplexes öffentliches, gemeinwohlbezogenes Verfahren, an dem viele beteiligt sind und das sich im Rahmen der Verfassung verwirklicht."
[396] *I. Kant,* Grundlegung zur Metaphysik der Sitten (1785), in: Werke, Bd. VII, 1968, S. 11 (67, BA 57 f.).

d. h. bestimmten Zielen dienende Imperative, die im Gegensatz zum kategorischen Imperativ nicht „ohne Beziehung auf einen andern Zweck"[397] sind.

Inwieweit sind diese Klassikertexte[398] Grundlage eines Verfassungsprinzips der Bürgerverantwortung? Das Grundgesetz stellt sich mit Art. 20a GG in die Tradition von *Jonas* und positiviert die „Verantwortung für künftige Generationen" in Bezug auf „die natürlichen Lebensgrundlagen". Der Text bezieht sich nicht auf die Bürgerverantwortung: Normadressat ist nur die hoheitliche Gewalt („Der Staat schützt ...").

Die neueren Schweizer Verfassungstexte auf Kantons- und Bundesebene erweitern die Perspektive in doppelter Hinsicht: Sie betreffen explizit auch die Bürgerverantwortung und beziehen sich nicht allein auf den Generationen- und Umweltaspekt. In ihnen ist eine allgemeine Bürgerverantwortung als „Verantwortung gegenüber den Mitmenschen ..." (Art. 8 Abs. 2 KV Bern (1993)) oder auch „Mitverantwortung für die Gemeinschaft" (Art. 26 Abs. 1 KV Appenzell A.Rh. (1995)) bzw. als „Individuelle und gesellschaftliche Verantwortung", „für sich selber" und im Bezug auf die „Aufgaben in Staat und Gesellschaft" (Art. 6 BV-Schweiz (1999)) ausgeprägt.

Als politisches Bekenntnis zu Europa formuliert die Charta von Paris für ein neues Europa vom November 1990 einen Abschnitt über die „wirtschaftliche Freiheit und Verantwortung", in dem es heißt: „Wirtschaftliche Freiheit, soziale Gerechtigkeit und Verantwortung für die Umwelt sind unerlässliche Voraussetzungen des Wohlstandes. Der in der Demokratie zum Ausdruck gebrachte und durch den Rechtsstaat gewährleistete freie Wille des Einzelnen bildet die notwendige Grundlage für eine erfolgreiche Wirtschafts- und Sozialentwicklung."[399]

Die These sei gewagt: Das Prinzip der Bürgerverantwortung ist dem *modernen Verfassungsstaat immanent und gemein*. Auch wenn der Text des Grundgesetzes hinter den Textstufen der modernen Schweizer Verfassungstexte zurückbleibt, darf daraus nicht geschlossen werden, dass es sich nur um eine lokale Verfassungsentwicklung in der Schweiz handelt. Der Boden für einen zu den Schweizer Verfassungsrevisionen parallelen Verfassungswandel ohne Textänderung in Deutschland ist bereit. Anders ausgedrückt handelt es sich um eine parallele Verfassungsentwicklung auf unterschiedlichen „Textstufen" (*Peter Häberle*)[400]:

---

[397] *I. Kant,* ebenda, S. 11 (43, BA 40).

[398] Zur Relevanz von Klassikertexten allgemein: *P. Häberle,* Klassikertexte im Verfassungsleben, 1981; *ders.,* Verfassungsvergleichung und Verfassunggebung – der Beitrag der Rechtswissenschaft zum Entstehungsvorgang der Europäischen Verfassung(en); in: *ders.,* Europäische Verfassungslehre in Einzelstudien, 1999, S. 39 (46) bezeichnet z.B. Jonas als Klassiker eines (europäischen) Umweltverfassungsrechts.

[399] Abgedruckt in EuGRZ 1990. S. 239 ff.

Nicht nur ist die von der Rechtspflicht zu unterscheidende Verantwortung des Bürgers in Texten des *besonderen Verwaltungsrechts* normiert: z. B. in § 14 Abs. 2 VersG und in § 22 KrW-/AbfG (Produktverantwortung). Vielmehr kann auch auf die *Judikatur des BVerfG* verwiesen werden:[401] Der bereits hinter dem AbfG (1986) stehende „Geist" des deutschen Gesetzgebers wurde vom BVerfG in dem Verpackungsteuer-Urteil in einer Weise beschworen, als handle es sich um ein Verfassungsprinzip. Jedenfalls hat das BVerfG mögliche verfassungsrechtliche Bedenken gegen die Legitimation kooperativer Gemeinwohlkonkretisierung gar nicht erst erhoben, sondern auf den Willen des einfachen Gesetzgebers verwiesen, „die private Wirtschaft zu *eigenverantwortlichem* abfallwirtschaftlichen Handel zu veranlassen."[402] Im Urteil zu den Landesabfallgesetzen spricht das BVerfG von „der gemeinsamen Umweltverantwortung von Staat, Wirtschaft und Gesellschaft"[403]. Auch im Brokdorf-Beschluss hat das BVerfG für das Versammlungsrecht die „Bereitschaft, sich dialogfähig zu zeigen und *Verantwortlichkeit* zu übernehmen"[404] zu einer verfahrensrechtlichen Obliegenheit der Grundrechtsträger erklärt. Das BVerfG argumentiert mit der Übernahme bürgerlicher Verantwortung und kommt zu Ergebnissen, die einer verfassungsrechtlichen Legitimation bedürfen. Weil sich die Konsequenzen und insbesondere die kooperative Wahrnehmung von Verantwortung durch Staat und Bürger nicht mit den Grundrechten und der demokratischen Freiheit, nicht mit dem Subsidiaritätsprinzip oder dem Kooperationsprinzip allein erklären lassen, füllt das Prinzip der Bürgerverantwortung eine verfassungsdogmatische Lücke. Sie zu schließen führt nicht zu anderen Ergebnissen als die Rechtsprechung, sondern vermag jene zu erklären.

Um diese Lücke zu schließen, drängt sich die Rechtsvergleichung mit der Schweiz geradezu auf: Die Totalrevision der schweizerischen Bundesverfassung, die den Art. 6 BV-Schweiz hervorgebracht hat, will lediglich „das geltende geschriebene und ungeschriebene Verfassungsrecht nachführen, es verständlich darstellen, systematisch ordnen sowie Dichte und Sprache vereinheitlichen"[405]. Die Idee der „Nachführung" geht auf *K. Eichenberger*[406] zurück und ist auch für die Rechtsvergleichung ein Glücksfall: Es liegt nahe, dass in Formulierungen der nachgeführten BV-Schweiz unge-

---

[400] *P. Häberle,* AöR 112 (1987), S. 54 ff.; *ders.,* Textstufen als Entwicklungswege des Verfassungsstaates, in: FS für K. J. Partsch, 1989, S. 555 ff.
[401] Vgl. hierzu bereits *R. Stettner,* Grundfragen einer Kompetenzlehre, 1983, S. 260 ff.
[402] BVerfGE 98, 106 (127) (Hervorhebung nicht im Original).
[403] BVerfGE 98, 83 (98) – Landesabfallgesetze.
[404] BVerfGE 69, 315 (359) – Brokdorf (Hervorhebung nicht im Original).
[405] Bundesbeschluss über die Totalrevision der Bundesverfassung vom 3. Juni 1987, BBl 1987 I S. 963.
[406] *K. Eichenberger,* in: NZZ vom 12. Mai 1986.

schriebenes Verfassungsrecht auch anderer westlicher Verfassungen auf den Text gebracht wurde. Die Ideen, die in den Prozess der Nachführung rechtsvergleichend eingegangen sind, sollten im Wege des Rechtsvergleichs „zurückgeführt" werden.

Das gilt insbesondere für den Art. 6 der BV-Schweiz (1999), wenn man dessen Entstehung betrachtet: Soweit ersichtlich wurde die Kernaussage privater Verantwortung inhaltlich nicht in Frage gestellt. Gerungen wurde vielmehr darum, ob und gegebenenfalls wie diese Idee verfassungsrechtlich zu erfassen ist. Die Vertreter einer restriktiven Auffassung wollten eine allgemeine Bürgerverantwortung – ohne sie der Sache nach zu bestreiten – allenfalls in der Präambel zum Ausdruck bringen, um den Text der Verfassungsartikel auf verbindliche Rechte, Pflichten und Kompetenzen zu konzentrieren. Dass man sich schließlich doch auf Art. 6 BV-Schweiz einigte, gelang unter der Prämisse[407], dass mit ihm keine neuen rechtlichen Pflichten begründet werden. Das findet seine Parallele in den Materialien zur Entstehung des deutschen § 22 KrW-/AbfG (1994) nur wenige Jahre zuvor.[408] Die Materialien zur Entstehung des Art. 6 der BV-Schweiz beweisen, dass außerdem Ideen einflossen, die zu den geistigen Wurzeln des modernen Verfassungsstaates gehören. Die rechtlichen Konsequenzen der Bürgerverantwortung sind ein Problem, vor das jede Verfassung gestellt ist, und das auch in der Schweiz noch nicht als gelöst gelten kann.[409]

Art. 6 BV-Schweiz ist mit „Individuelle und gesellschaftliche Verantwortung" überschrieben und lautet: „Jede Person nimmt Verantwortung für sich selber wahr und trägt nach ihren Kräften zur Bewältigung der Aufgaben in Staat und Gesellschaft bei." Der Artikel stellt die gesellschaftliche Verantwortung des Einzelnen neben die Eigenverantwortung.

Aus den Materialien ergibt sich, dass gerade um den Aspekt der *gesellschaftlichen Verantwortung* lange gerungen wurde. Die Idee eines Pflichten- und Verantwortungs-Artikels in der Bundesverfassung wurde von *M. Koller* angeregt[410] und durch die Diskussion um eine allgemeine Erklärung der

---

[407] Vgl. zum politischen Hintergrund auch *H. Koller/G. Biaggini,* EuGRZ 2000, S. 337 f.

[408] Hierzu ausführlich oben Teil 1 § 4 II, S. 145 ff.

[409] So z.B. bei *H. Koller/G. Biaggini,* EuGRZ 2000, S. 337 (345): „Rechtslehre und Praxis werden sich wohl schwer damit tun, die rechtliche Tragweite dieses Verantwortungsappells an die Eigenverantwortung zu bestimmen".

[410] *S. Schmid,* Sitzung des Nationalrats vom 19. November 1997, Prot. der Verfassungskommission zur Bundesverfassung Schweiz (commission de la révision constitutional), S. 1028; vgl. auch die späteren Stellungnahmen von *M. Koller,* Sitzung des Nationalrats vom 19. November 1997, Prot. der Verfassungskommission zur Bundesverfassung Schweiz, S. 1032 sowie in der Sitzung des Ständerats vom 5. Mai 1998, ebenda, S. 4947.

Menschenpflichten[411] beeinflusst[412]. Zunächst wurde diskutiert,[413] die Formulierung des Art. 8 Abs. 2 KV Bern (1993) zu übernehmen: „Neben der Verantwortung für sich selbst trägt jede Person Verantwortung gegenüber den Mitmenschen ..." Diese Bestimmung war zuvor bereits durch Art. 26 Abs. 1 KV Appenzell A.Rh. (1995) rezipiert[414] worden. Dieser Vorschlag konnte sich nicht durchsetzen, weil der Begriff des *Mitmenschen* juristisch zu unbestimmt ist und sowohl eine enge Interpretation (Angehörige und nahestehende Personen) wie eine extrem weite (jeder Mensch – auch außerhalb der Schweiz) zugelassen hätte.[415] Damit wäre auch das Verhältnis zwischen mitmenschlicher und gesellschaftlicher Verantwortung sowie die sachliche Tragweite der Verantwortung denkbar offen geblieben. Letztlich wurde jedoch der Aspekt der gesellschaftlichen Verantwortung des Einzelnen nicht gänzlich fallen gelassen, sondern nur anders formuliert. An die Stelle der Verantwortung gegenüber „Mitmenschen und der Gesellschaft" trat diejenige gegenüber „Staat und Gesellschaft". Damit wird auf klassische Begriffe des Rechts Bezug genommen.

Der Begriff der Person umfasst auch die *juristische Person.* Der Vorschlag[416], stattdessen nur „Menschen" zur Verantwortung zu ziehen, wurde bewusst nicht aufgegriffen. Auch teleologisch ist eine Anwendung auf juristische Personen geboten. Gerade die Macht großer Unternehmen in der modernen Gesellschaft legt es nahe, neben individuellem Engagement und staatlicher Steuerung auch und gerade juristische Personen als wirklichkeitsprägende Faktoren zur gesellschaftlichen Verantwortung aufzurufen. Nicht zuletzt bei Selbstverpflichtungen der Wirtschaft wird dies relevant. Dem steht der ethische Kontext der Norm nicht entgegen. Gerade auch die Wirtschaftsethik ist aufgefordert, gesellschaftliche Verantwortung mit Inhalt zu füllen.

Rechtliche Kontur erhält der Verantwortungs-Artikel dadurch, dass in ihm eine soziale „*Aufgabe*" formuliert bzw. vorausgesetzt wird. Der Begriff der Aufgabe ist rechtlich im Hinblick auf Staatsaufgaben bzw. öffentliche

---

[411] *H. Schmidt,* in: Die Zeit vom 3. Oktober 1997, S. 1.

[412] *S. Schmid,* Sitzung des Nationalrats vom 19. November 1997, Prot. der Verfassungskommission zur Bundesverfassung Schweiz, S. 1028.

[413] *S. Schmid,* Antrag Nr. 163, ebenda, S. 1080.

[414] Mit der Textvariante „Mitverantwortung für die Gemeinschaft" statt „Verantwortung gegenüber den Mitmenschen"; zu den weiteren rechtsvergleichenden Anknüpfungspunkten bei Grundpflichten und Erziehungszielen vgl. *P. Häberle,* in: B. Ehrenzeller u.a. (Hrsg.), St. Galler Kurzkommentar zur neuen Bundesverfassung, i.E., zu Art. 6 Rz. 2 f.

[415] *Subkommission 1 der Verfassungskommission des Nationalrates,* Sitzung vom 8. Oktober 1997, Prot. der Verfassungskommission zur Bundesverfassung Schweiz, S. 1041 ff.

[416] *M. Koller,* Sitzung des Nationalrats vom 19. November 1997, ebenda S. 1032.

Aufgaben stark besetzt. Der Bürger wird aber nicht auf die „Aufgaben *des* Staates" verpflichtet. Vielmehr werden ihm eigene „Aufgaben *in* Staat und Gesellschaft" zugewiesen. Dass dabei nicht von „seinen", sondern allgemein von „*den* Aufgaben in Staat und Gesellschaft" gesprochen wird, weist darauf hin, dass es sich nicht um einen von den Staatsaufgaben abgetrennten, zu ihnen komplementären Bereich, sondern vielmehr weitgehend um gemeinsame Aufgaben handelt. Ihnen gerecht zu werden, erfordert ein sinnvolles, sich ergänzendes Neben- und Miteinander privater und hoheitlicher Initiativen. Das entspricht dem Gedanken, der noch deutlicher in einem letztlich nicht übernommenen Alternativvorschlag zum Ausdruck kam, wonach jedermann „Mitverantwortung dafür (trägt), dass die Wohlfahrt gefördert werden kann."[417] Der Sache nach ist diese Idee aber aufgegriffen worden und lässt sich auch aus Art. 6 BV-Schweiz herauslesen. Das Gemeinwohl wird zur persönlichen Angelegenheit[418] ohne zur Grundpflicht zu werden.

Der Zusammenhang zum *Subsidiaritätsprinzip* ist im Gesetzgebungsverfahren gesehen worden[419] und kommt durch die Formulierung des Art. 41 Abs. 1 BV-Schweiz zum Ausdruck[420]: „Bund und Kantone setzen sich *in Ergänzung* zu persönlicher Verantwortung und privater Initiative dafür ein, dass ..." Die Verantwortung ist also nicht bereits dem Subsidiaritätsprinzip immanent, sondern beide ergänzen sich.

Auch war sich die schweizer Verfassungskommission bewusst, dass die Bürgerverantwortung auch eine *demokratische Komponente* hat und dass die Wahrnehmung gesellschaftlicher Verantwortung einen Aspekt der aktiven Teilnahme an der demokratischen Gemeinschaft darstellt.[421] Die politische Teilhabe im Rahmen von Kooperationen der Wirtschaft mit dem Staat ist mit dem Topos der gemeinsamen Verantwortung erklärbar.[422] Die Teilhabe Privater an Entscheidungen der rechtsetzenden Gewalt stellt das De-

---

[417] *S. Schmid*, Korrigierter Antrag Nr. 163, ebenda S. 1081.

[418] Vgl. *U. K. Preuß*, Politische Verantwortung und Bürgerloyalität, 1984, S. 184 f.

[419] *Subkommission 1 der Verfassungskommission des Nationalrates*, Sitzung vom 8. Oktober 1997, Prot. der Verfassungskommission zur Bundesverfassung Schweiz, S. 1041 ff.; *M. Koller*, Sitzung des Nationalrats vom 19. November 1997, Prot. der Verfassungskommission zur Bundesverfassung Schweiz, S. 1032.

[420] *R. J. Schweizer*, JöR 48 (2000), S. 262 (272).

[421] *S. Schmid*, Sitzung des Nationalrats vom 19. November 1997, Prot. der Verfassungskommission zur Bundesverfassung Schweiz, S. 1028: „Es nützt nicht, von Demokratie zu sprechen, wenn niemand daran teilnimmt."

[422] *J. Schubert*, Das „Prinzip Verantwortung" als verfassungsrechtliches Rechtsprinzip, 1998, S. 317 weist zutreffend darauf hin, dass sich umgekehrt die Bürgerverantwortung nicht über die politische Teilhabe erfassen lässt.

mokratiekonzept auf die Probe und fordert, partiell „von dem geläufigen Gegensatz: Interessenvertretung contra Repräsentation"[423] abzurücken.

Den Zusammenhang mit dem *Freiheitsgedanken* stellt die Präambel BV-Schweiz (1999) her mit der Erkenntnis, „dass frei nur ist, wer seine Freiheit gebraucht". M. Koller stellte klar, dass bereits *Grundrechte und Menschenwürde* selbstverantwortliches Entscheiden „inspirieren"[424]. Verantwortung lässt sich aber nicht als Kehrseite[425] der Grundrechtsgewährleistung dogmatisch begründen. Wenn der Staat Bürgerverantwortung auferlegt, dann ist dies nicht mehr grundrechtlich zu erklären. Hier entfaltet der Verantwortungsbegriff eigenständige verfassungsrechtliche Bedeutung.

Gesellschaftliche Verantwortung entspringt der Solidarität, die der Rechtsgemeinschaft immanent ist.[426] Der Gedanke der „socialitas" rührt von der Naturrechtslehre *Samuel Pufendorfs* her.[427] *Josef Isensee* leitet aus der Idee der Einheit des Volkes als Schicksals- und Verantwortungsgemeinschaft eine Solidarität ab, bei der man „füreinander einstehen und gemeinsam Verantwortung tragen"[428] muss. Gerade die Demokratie ist „auf die Idee des Gemeinwohls verwiesen", die „an die Bereitschaft aller Bürger appelliert, daran mitzuwirken"[429]. Die soziale Konsequenz der Solidarität bringt die Präambel BV-Schweiz (1999) auf die Formel, „dass die Stärke des Volkes sich misst am Wohl der Schwachen".

Verantwortung birgt einen ethischen Kern, der „konkretisierungsbedürftig, zugleich nicht durchweg ‚positivierbar'"[430] ist. Umso mehr ist der Versuch der Positivierung im Kontext[431] seiner geistesgeschichtlichen Wurzeln zu interpretieren. Im Verantwortungs-Artikel sollte der Gemeinsinn als Aus-

---

[423] Ein Abrücken forderte bereits *P. Häberle,* Öffentliches Interesse als juristisches Problem, 1970, S. 82; einen weiten Repräsentationsbegriff setzt auch *A. Benz,* Kooperative Verwaltung, 1994, S. 324 voraus.
[424] *M. Koller,* Sitzung des Nationalrats vom 19. November 1997, Prot. der Verfassungskommission zur Bundesverfassung Schweiz, S. 1032.
[425] Hierzu *D. Merten,* VVDStRL 55 (1996), S. 7 (19 ff.).
[426] *K. Waechter,* in: Der Staat 38 (1999), S. 279 (288) spricht von „Sozialität und Solidarität".
[427] *S. v. Pufendorf,* De officio hominis et civis juxta legem naturalem (1673), Über die Pflichten des Menschen und Bürgers nach dem Recht der Natur, 1994.
[428] *J. Isensee,* Gemeinwohl und Staatsaufgaben im Verfassungsstaat, in: HdBStR III, 1988, § 57, S. 3 (23).
[429] *J. Isensee,* ebenda, S. 3 (27).
[430] *P. Häberle,* in: B. Ehrenzeller u.a. (Hrsg.), St. Galler Kurzkommentar zur neuen Bundesverfassung, i.E., zu Art. 6 Rz. 4.
[431] *P. Häberle,* Die Verfassung „im Kontext", in: D. Thürer/J.-F. Aubert/J. P. Müller (Hrsg.), Verfassungsrecht der Schweiz, 2001, § 2, S. 17 ff.; *ders.,* in: B. Ehrenzeller u.a. (Hrsg.), St. Galler Kurzkommentar zur neuen Bundesverfassung, i.E., zu Art. 6 Rz. 4 f.

310   2. Teil: Verfassungs- und gemeinschaftsrechtliche Bindungen

druck des *kategorischen Imperativs* manifestiert werden.[432] Der kategorische Imperativ fordert von jedem Einzelnen, nach Grundsätzen zu handeln, die für alle gelten könnten und damit gemeinwohltauglich sind. Dieser Grundbaustein der modernen Ethik seit *I. Kant* und aufklärerische Gedanke aus der Zeit der Geburtsstunde des modernen Verfassungsstaates wird der Sache nach auf den Verfassungstext gebracht: Die „Aufgaben in Staat und Gesellschaft" (Art. 6 BV-Schweiz) sind „Maximen einer allgemeinen Gesetzgebung" i. S. von *Kant*.[433]

Auch auf die aufklärerische Gesellschaftstheorie nahm die schweizer Verfassungskommission mit dem Verantwortungs-Artikel Bezug. Die Idee der Eidgenossenschaft werde damit „begrifflich weitergeführt"[434] und der Bund, den es ausweislich der Präambel BV-Schweiz (1999) „zu erneuern" galt, könne nur existieren, wenn man sich gegenseitig verpflichte, was sich auch auf den Einzelnen auswirke.[435] Dahinter verbirgt sich die Idee des *Gesellschaftsvertrags,* wonach der Staat sich durch den Beitrag des Einzelnen und seine Unterwerfung erst konstituiert. In einem weiteren Sinne beruhen danach auch die Staatsidee und ihre Legitimation auf einer Art kollektiver Selbstverpflichtung.[436]

Ausdrücklich wollte der historische Verfassunggeber *keine rechtlichen Pflichten* im Sinne von einklagbaren Ansprüchen begründen.[437] Bürgerverantwortung ist keine Grundpflicht.[438] Dass die Vorschrift letztlich in den ersten Titel der Verfassung aufgenommen und nicht nur in der Präambel verankert wurde zeigt, dass sich nicht die Ansicht durchsetzen konnte, dass eine allgemeinen Bürgerverantwortung das Gebiet des Rechts verlässt und sich in demjenigen der Ethik bewegt.[439] Vielmehr sollte im Verfassungstext

---

[432] *G. Gross,* Sitzung des Nationalrats vom 19. November 1997, Prot. der Verfassungskommission zur Bundesverfassung Schweiz, S. 1030.

[433] *D. Merten,* VVDStRL 55 (1996), S. 7 (23) spricht von der Bürgerverantwortung als kategorischem Imperativ der Demokratie, leitet daraus v. a. die staatliche Verantwortung ab; dagegen *J. Schubert,* Das „Prinzip Verantwortung" als verfassungsrechtliches Rechtsprinzip, 1998, S. 305.

[434] *Schlüer,* Sitzung des Nationalrats vom 19. November 1997, Prot. der Verfassungskommission zur Bundesverfassung Schweiz, S. 1031.

[435] *Zwygart,* ebenda S. 1031.

[436] In einem weiteren Sinne ist auch der Generationenvertrag als Gesellschaftsvertrag gedeutet worden, *P. Häberle,* Verfassungslehre als Kulturwissenschaft, 2. Aufl. 1998, S. 601 ff.

[437] *S. Schmid* und *G. Gross,* Sitzung des Nationalrats vom 19. November 1997, Prot. der Verfassungskommission zur Bundesverfassung Schweiz, S. 1028, 1030.

[438] *D. Merten,* VVDStRL 55 (1996), S. 7 (22).

[439] So noch *Subkommission 1 der Verfassungskommission des Nationalrates,* Sitzung vom 8. Oktober 1997, Prot. der Verfassungskommission zur Bundesverfassung Schweiz, S. 1041 ff.

eine „ethische Grundrichtung" vorgegeben werden, „die konkreter als in der Präambel ist"[440].

Das bedeutet nicht, dass das Wesen der Bürgerverantwortung mit dem der staatlichen Verantwortung identisch wäre. Zwar lässt sich *Amtsethos* geistesgeschichtlich vom Bürgerethos des kategorischen Imperatives ableiten. Amts-„Ethos" ist der Begriff, der aus der Amts-„Pflicht" zur Objektivität und Neutralität eine „amtsethische Tugend"[441] macht, sie in die ethische Dimension der Verantwortung erhebt, die zugleich eine verfassungsrechtliche Größe ist. *G. W. F. Hegel* fordert vom Staatsdienst „die Aufopferung selbständiger und beliebiger Befriedigung subjektiver Zwecke"[442]. *John Rawls* hat hierfür rechtsphilosophisch die Methode benannt: Der verantwortliche Amtsträger wirft den fiktiven „Schleier des Nichtwissens"[443] um konkrete Auswirkungen seiner Entscheidung auf eigene private Interessen über den Sachverhalt. Der „Schleier des Nichtwissens" soll die Verallgemeinerbarkeit der Entscheidungskriterien, die Einlösung des kategorischen Imperativs ermöglichen.

Peter Saladin hat vorgeschlagen, den Amtsgedanken auf die Bürgerverantwortung zu übertragen.[444] Dieser Ansatz ist jedoch entschieden abzulehnen, da die Rückanknüpfung an die Amtsidee zur Begründung einer Bürgerverantwortung entweder gefährlich, oder aber entbehrlich ist: Sie ist gefährlich und dem Verfassungsstaat zutiefst fremd, wenn damit eine der Amtspflicht korrespondierende Bürgerpflicht zum Gemeinwohl begründet werden soll. Die Grundrechtliche Freiheit fordert vom Bürger nicht die „Aufopferung subjektiver Zwecke" (*G. W. F. Hegel*), sondern gewährt ihm deren Verwirklichung. Gemeinwohl-Grundpflichten und die Idee einer „republikanischen Amtspflicht" des Citoyens sind „der staatsethische Boden … für den totalitären Staat, der alle Bürger als Amtsträger für seine Sache in Pflicht nimmt."[445] *Saladin* hat selbst klargestellt, dass er keine „Vereinnahmung des Privaten durch den Staat (beabsichtigt) … ; denn Verantwortung, solchermaßen den Privaten zugedacht, bedingt Autonomie."[446] Wenn

---

[440] *S. Schmid,* Sitzung des Nationalrats vom 19. November 1997, Prot. der Verfassungskommission zur Bundesverfassung Schweiz, S. 1028.
[441] *J. Isensee,* Gemeinwohl und Staatsaufgaben im Verfassungsstaat, in: HdBStR III, 1988, § 57, S. 3 (30 f.).
[442] *G. W. F. Hegel,* Grundlinien der Philosophie des Rechts (1821), Werke Band 7, 1986, § 294, S. 462.
[443] *J. Rawls,* A Theory of Justice (1971), dt. Eine Theorie der Gerechtigkeit, 1975, S. 159 ff.
[444] *P. Saladin,* Verantwortung als Staatsprinzip, 1984, S. 170; dagegen der Sache nach *U. Di Fabio,* VVDStRL 56 (1997), S. 235 (266).
[445] *J. Isensee,* Gemeinwohl und Staatsaufgaben im Verfassungsstaat, in: HdBStR III, 1988, § 57, S. 3 (38).
[446] *P. Saladin,* Verantwortung als Staatsprinzip, 1984, S. 170.

aber Autonomie des Bürgers die Quelle seiner Verantwortung sein soll, ist der Rückgriff auf den Amtsgedanken entbehrlich.

Eine richtig verstandene Bürgerverantwortung sollte unmittelbar auf *Kants* Gedanken zu Autonomie und zum kategorischen Imperativ zurückgeführt werden. *Kants* Ethik mag in den Amtsgedanken eingegangen sein, aber die rechtlichen Dimensionen des Amtes gehen darüber hinaus und implizieren Pflichten. Gerade diese Pflichten, die das Amt rechtlich kennzeichnen, sind nicht auf die Bürgerverantwortung zu übertragen. Der methodisch naheliegende Versuch, hier an den positivrechtlichen Begriff des Amtes anzuknüpfen, musste scheitern: Im Analogieschluss zu im Amtsbegriff positivierter Verantwortungsethik kann nicht Verantwortungsethik als Bürgerverantwortung begründet werden.

Aber selbst wenn es sich bei Art. 6 BV-Schweiz juristisch gesehen nur um eine „programmatische Aussage"[447] handelt, sollte deren *positivrechtliche Funktion* nicht unterschätzt oder verkannt werden. Zwar kann vom Einzelnen eine so allgemein gehaltene Verantwortung nicht rechtlich eingefordert werden. Aber der Einzelne kann sich bei der Erfüllung und Ausfüllung dieser Verantwortung auf die verfassungsrechtlich auch ihm *zugewiesene „Aufgabe"* berufen. Wahrnehmung von Bürgerverantwortung bekommt eine legitimierende Kraft auch dann, wenn sie nicht zugleich Ausübung grundrechtlicher oder demokratischer Freiheit ist:

Neben die beiden Säulen verfassungsstaatlicher Legitimation „Demokratie und Grundrechte" tritt als dritte Säule die „Bürgerverantwortung", die es ebenso wie die beiden anderen rechtlich einzubinden und auszugestalten gilt. So wie demokratische Entscheidungen durch die Grundrechte gebunden werden, so wie die Grundrechte sich gegenseitig begrenzen und demokratischer Ausgestaltung fähig und bedürftig sind, so ist auch das Prinzip der Bürgerverantwortung nicht isoliert und absolut zu betrachten: Es muss erstens unter dem Vorbehalt demokratischer Entscheidungen stehen, die im Falle normersetzender Absprachen vorerst zurückgestellt werden, aber jederzeit das Gemeinwohl verbindlich konkretisieren können. Zweitens muss die Wahrnehmung von Bürgerverantwortung in den Rechten Dritter (vgl. Art. 2 Abs. 1 GG), insbesondere in den Grundrechten ihre Schranken finden.

Damit ist aber noch nicht nachgewiesen, dass das Prinzip Bürgerverantwortung auch *normative Absprachen,* d.h. Kooperationen Privater untereinander und Privater mit dem Staat legitimieren kann. Dazu bedarf es der Ergänzung durch ein Prinzip kooperativer Verantwortung:

---

[447] *M. Koller,* Sitzung des Ständerats vom 5. Mai 1998, ebenda S. 4947.

4. Das Prinzip kooperativer Verantwortung

Der Bürger, das Volk und der Staat tragen je für sich gesellschaftliche Verantwortung. Die Verantwortungen der verschiedenen Verantwortungsträger verhalten sich zueinander nicht im Modus des „Entweder-oder", sondern in dem des „Sowohl-als-auch". Die Einlösung und Wahrnehmung von Verantwortung verdrängt sich nicht gegenseitig.[448] Missverständlich ist deshalb die Formulierung, dass „Erfüllungsverantwortung für öffentliche Zwecke auf Private verlagert"[449] werde. Verantwortungen entstehen und bestehen parallel, da „Letztverantwortung" nicht delegierbar ist.[450] Bereits der „Umweltbericht '76"[451] der Bundesregierung betont, dass die „Mitverantwortlichkeit und ... Mitwirkung der Betroffenen" nicht dazu führen solle, „den Grundsatz der Regierungsverantwortlichkeit in Frage zu stellen".

Die Verantwortung mehrerer kann es gebieten, diese nicht nebeneinander, sondern gemeinsam wahrzunehmen. *Kooperative Verantwortung* entsteht, wenn mehrere Verantwortungsträger ihre Verantwortung dadurch einlösen, dass sie zusammenarbeiten.[452] Kooperative Verantwortung hat bei normativen Absprachen eine horizontale und eine vertikale Dimension. Gemeinsam wird sie im Zusammenwirken verschiedener gesellschaftlicher Kräfte (horizontal) und im Zusammenwirken von Staat und Gesellschaft (vertikal) wahrgenommen.

Der Umweltschutz ist hierfür ein gutes Beispiel: Nicht das verantwortliche Verhalten einzelner, sondern aller Unternehmen und Bürger ist hier gefragt; hierzu kann der Staat erziehend, anregend und regulierend beitragen.

---

[448] Zu einem abweichenden Verständnis von „Verantwortungsübertragung" vgl. *H. Chr. Röhl,* in: Die Verwaltung, Beiheft 2, 1999, S. 33 (51).
[449] *U. Di Fabio* VVDStRL 56 (1997), S. 235 (241); ebenso ist es problematisch, materielle Privatisierung mit einer Aufgabenverlagerung zu definieren und demgegenüber die lediglich formelle Privatisierung mit der Verantwortung des Staates für die letztlich eigenhändige Erfüllung öffentlicher Aufgaben zu umschreiben (so aber *W. Weiß,* Privatisierung und Staatsaufgaben, 2002, S. 28 ff.). Für eine Trennung auch *W. Frenz,* Selbstverpflichtungen der Wirtschaft, 2001, S. 75 ff., 83, 259 ff; *T. Köpp,* Normvermeidende Absprachen zwischen Staat und Wirtschaft, 2001, S. 79, 99.
[450] *T. Brönneke,* Umweltverfassungsrecht, 1999, S. 344 ff.; anders *T. Köpp,* Normvermeidende Absprachen zwischen Staat und Wirtschaft, 2001, S. 79, der die rechtliche Grundsatzfrage in eine Fußnote (18 auf S. 81) verbannt und die Gemeinwohltauglichkeit unter Effizienzgesichtspunkten (S. 79 ff. behandelt), allerdings die Stellung des Staates als Überwachungsgarant schließlich doch fordert (S. 100).
[451] BT-Drucks. 7/5684; hierzu *H.-W. Rengeling,* Das Kooperationsprinzip im Umweltrecht, 1988, S. 3 ff.
[452] Vgl. *P. Saladin,* Verantwortung als Staatsprinzip, 1984, S. 161 ff.; von „einem kooperativen Mandat an Staat und Gesellschaft" spricht *R. Pitschas,* Verwaltungsverantwortung und Verwaltungsverfahren, 1990, S. 238.

Der Staat ist auf die Mitunterstützung der Wirtschaft angewiesen und umgekehrt. Und ein Staat allein kann nicht viel ausrichten, wenn nicht alle Staaten etwas unternehmen: Wirksam werden die Maßnahmen erst dadurch, dass sie auf allen Ebenen im Großen und im Kleinen mit den verschiedensten Mitteln koordiniert und umgesetzt werden. Hierbei geht es nicht um eine gestufte Primär- und Sekundärverantwortung: Die Verantwortungsträger sind nicht erst aufgerufen, wenn andere Verantwortungsträger versagt haben. Niemand könnte primär und niemand in letzter Instanz allein seine Verantwortung einlösen. Vielmehr handelt es sich hier um eine *Gesamtverantwortung* auf allen Ebenen, die nur gemeinsam eingelöst werden kann. So entsteht „gemeinsame Verantwortung für das Gemeinwohl"[453] oder auch „Verantwortungsteilung"[454].

Der Umweltschutz ist aber nicht das einzige Beispiel. Auch soziale Verantwortung ist eine Aufgabe, die nicht ohne Zusammenwirken von Staat und Gesellschaft wahrgenommen werden kann. Auch die Schaffung von Arbeitsplätzen und die Verbesserung der Arbeitsbedingungen für Frauen sind ein Feld, auf dem Absprachen zwischen Staat und Wirtschaft gepflegt werden.

Der Grundsatz kooperativer Verantwortung ist zu verteidigen gegen die im Schrifttum immer wieder erhobenen Befürchtungen, dass Verantwortungsteilung zu einer „unklaren Verantwortungsverteilung und einer Beeinträchtigung der Rechtsposition Betroffener"[455] führt. Die hier vorgelegte Theorie des kooperierenden Verfassungsstaates will nachweisen, dass die Zurechnungsfragen mit einer auf Kooperation abgestellten Verfassungs-, insbesondere Grundrechts- und Kartellrechtsdogmatik lösbar sind.

Elemente eines Prinzips kooperativer Verantwortung lassen sich in der Rechtsprechung des BVerfG nachweisen: „Das Zusammenwirken von öffentlicher und privater Hand betont die *gemeinsame Verantwortung* für die Erfüllung öffentlicher Aufgaben, die von Wirtschaft und Gesellschaft nicht nur die Beachtung des Rechts fordert ..."[456]. Für Private bedeutet koopera-

---

[453] R. *Pitschas,* Verwaltungsverantwortung und Verwaltungsverfahren, 1990, S. VII.

[454] W. *Hoffmann-Riem,* Konfliktmittler in Verwaltungsverhandlungen, 1989, S. 7 ff.; zustimmend A. *Benz,* Kooperative Verwaltung, 1994, S. 321; G.-F. *Schuppert,* Diskussionsbeitrag, in: VVDStRL 56 (1997), S. 297; ausführlich G. F. *Schuppert,* in: Die Verwaltung 31 (1998), S. 415 (427 ff.); H.-H. *Trute,* in: G. F. Schuppert (Hrsg.), Jenseits von Privatisierung und schlankem Staat, 1999, S. 13 ff.; A. *Voßkuhle,* ebenda, S. 47 ff.; kritisch gegenüber Tendenzen zur „Arkanpraxis", die der Verantwortungsteilung immanent seien: H.-H. *Trute,* DVBl. 1996, S. 950 (956 f.); weitere Nachweise bei M. *Schmidt-Preuß,* VVDStRL 56 (1997), S. 160 (166) (in Fn. 12).

[455] W. *Frenz,* Selbstverpflichtungen der Wirtschaft, 2001, S. 174.

tive Verantwortung die „Bereitschaft, sich dialogfähig zu zeigen und Verantwortlichkeit zu übernehmen"[457].

Auch steht das Prinzip kooperativer Verantwortung im Einklang mit der Politik der Europäischen Kommission: Zuletzt im Gemeinschaftsrahmen für staatliche Umweltbeihilfen vom 3. Februar 2001 heißt es unter C. 11.: „Angesichts der Umweltprobleme gilt es, den Begriff der geteilten Verantwortung klarzumachen..."[458]. Die Kommission fordert für diese Politik unter C. 10. ausdrücklich „rechtliche Instrumente, insbesondere Normen, aber auch freiwillige Vereinbarungen..."[459].

Die Verantwortung für normative Absprachen wird nach *Walter Frenz*[460] allein auf Private verlagert, weil es bei der Durchführung von Selbstverpflichtungen zu einer Verwaltungssubstitution kommt. Damit wird aber staatliche Verantwortung auf die Verwaltungsverantwortung reduziert und die Rechtsetzungsverantwortung ausgeblendet. Normative Absprachen sind informale Ausübung rechtsetzender Gewalt. Auch *Frenz* erkennt die kooperative „Festlegung der Anforderungsziele"[461], zieht daraus aber nicht die Konsequenz, dass bereits durch diese Kooperation gemeinsame Verantwortung entsteht, mag deren Einlösung auch aufgabenteilig erfolgen.

Die Verschränkung staatlicher und privater Verantwortung stellt eine Herausforderung für den Rechtsstaat dar.[462] Das Dogma von der Trennung zwischen Staat und Gesellschaft, das gegen die Idee der Verantwortungsteilung aufgefahren wird[463], führt aber nicht weiter. Ihm ist das Kooperationsprinzip als Folge des Verantwortungsprinzips und als „neues Paradigma"[464] entgegenzusetzen. Verantwortungsteilung ist keine Ausnahmeerscheinung mehr.[465] Sie ist Grundlage einer Gemeinwohltheorie im kooperierenden Verfassungsstaat.[466] Die Verantwortungsgemeinschaft wird zur Legitimitätsbedingung.[467]

---

[456] BVerfGE 98, 106 (121) – Verpackungsteuer (Hervorhebung nicht im Original); vgl. auch E 98, 83 (98) – Landesabfallgesetze.

[457] BVerfGE 69, 315 (359) – Brokdorf.

[458] ABl. Nr. C 37/3 (5).

[459] Ebenda.

[460] *W. Frenz,* Selbstverpflichtungen der Wirtschaft, 2001, S. 83, der die Verantwortungsteilung und auch die staatliche Reserveverantwortung und Überwachungsverantwortung (S. 76, 259 ff.) ablehnt.

[461] *W. Frenz,* ebenda, S. 83.

[462] *P. Saladin,* Verantwortung als Staatsprinzip, 1984, S. 161 ff.; zustimmend *U. Di Fabio,* Der Ausstieg aus der wirtschaftlichen Nutzung der Kernenergie, 2000, S. 39.

[463] *H. Chr. Röhl,* in: Die Verwaltung, Beiheft 2, 1999, S. 33 (33f., 55).

[464] *P. Saladin,* Verantwortung als Staatsprinzip, 1984, S. 166.

[465] So das Fazit von *H.-H. Trute,* in: G. F. Schuppert (Hrsg.), Jenseits von Privatisierung und schlankem Staat, 1999, S. 13 (45).

316   2. Teil: Verfassungs- und gemeinschaftsrechtliche Bindungen

Aus dem Prinzip kooperativer Verantwortung folgt ein weiteres: Bürgerverantwortung ist nicht nur Aufgabe für jeden Einzelnen, sondern ihre Aktivierung auch Aufgabe des Staates. Die Auferlegung von Verantwortung durch den Staat, die in normativen Absprachen, staatlichen Empfehlungen, Unterstützungen und Drohungen greifbar wird, erhält eine Legitimation.

5. Legitimation der staatlichen Auferlegung von Verantwortung

Verantwortung wird erst greifbar, wenn sie auf konkrete Ziele und Handlungen bezogen wird. Wenig hilfreich ist es, Bürgerverantwortung als allgemeine „Tugendpflicht"[468] zu begreifen, die jedermann trifft. Eine Rechtspflicht zur Bürgerverantwortung existiert nicht, der Bürger „kann"[469] vielmehr Verantwortung übernehmen. Die deutsche Staatsrechtslehre scheint sich vorläufig darauf geeinigt zu haben, dass Verantwortung kein dogmatischer Begriff sei.[470] Sie ist aber ein verfassungsrechtlicher *Legitimationsbegriff*, der Hoheitsträger zur Auferlegung von Verantwortung legitimiert, wenn und soweit sie auch zur Begründung von Rechtspflichten ermächtigt sind:

Verantwortung geht nicht in Zurechnung auf, sondern wird von dieser vorausgesetzt. Verantwortung geht nicht in Kompetenz auf, sondern setzt diese voraus.[471] Kompetenzzuweisungen sollen durch den Verantwortungsbegriff nicht verschleiert werden und leer laufen.[472] Verantwortung sollte nicht zum „Titel zur Herleitung von Kompetenzen und Eingriffsbefugnissen" werden; Verwaltungsverantwortung enthebt nicht von der Notwendigkeit, „in jedem Einzelfall erst das Vorliegen der tatsächlichen rechtlichen Handlungsmöglichkeiten"[473] zu überprüfen. Eine kompetenzbegründende Seite hat die Verwaltungsverantwortung nicht.[474] Aber bestehende Kompetenzen und Eingriffsbefugnisse können auch zur Auferlegung von Verant-

---

[466] W. *Berka*, VVDStRL 55 (1996), S. 48 (68) spricht das bezüglich auf den „kooperativen Verwaltungsstaat" an, was hier auf den „kooperierenden Rechtsetzungsstaat" zu übertragen wäre.

[467] R. *Pitschas*, Verwaltungsverantwortung und Verwaltungsverfahren, 1990, S. 238.

[468] K. *Waechter*, in: Der Staat 38 (1999), S. 279 (303).

[469] J. *Schubert*, Das „Prinzip Verantwortung" als verfassungsrechtliches Rechtsprinzip, 1998, S. 319.

[470] E. *Schmidt-Aßmann*, in: W. Hoffmann-Riem/E. Schmidt-Aßmann (Hrsg.), Öffentliches Recht und Privatrecht als wechselseitige Auffangordnungen, 1996, S. 7 (29 f.); M. *Schmidt-Preuß*, VVDStRL 56 (1997), S. 160 (166); H. Chr. *Röhl*, in: Die Verwaltung, Beiheft 2, 1999, S. 33.

[471] Vgl. H. Chr. *Röhl*, in: Die Verwaltung, Beiheft 2, 1999, S. 33 (49).

[472] H. Chr. *Röhl*, ebenda, S. 33 (41).

[473] H. Chr. *Röhl*, ebenda, S. 33 (49).

wortung ermächtigen. Verantwortung als Legitimationstitel ersetzt nicht die verfassungsstaatliche Einbindung informaler Kooperationen, sondern macht diese erst möglich. Verantwortung schafft nicht neue hoheitliche Kompetenzen, sondern setzt diese voraus und modifiziert ihre Ausübung.

Auch diese These passt sich in die Rechtsprechung des BVerfG[475] ein: Kooperative Verantwortung gibt dem Staat die Aufgabe, „die private Wirtschaft zu eigenverantwortlichem abfallwirtschaftlichen Handeln zu veranlassen und ihre Kooperationsbereitschaft zu fördern." So entsteht eine „Verantwortung der Bundesregierung als Verordnunggeber und Kooperationspartner". Dies umreißt die Funktion der Bundesregierung im kooperierenden Verfassungsstaat. Einfachgesetzliches Ordnungsrecht beschränkt sich, um „den kooperativen Gestaltungsraum nicht einzuengen." Der Staat kann und soll Bürgern Verantwortung auferlegen, wenn die Begründung von Rechtspflichten das Gemeinwohlziel nicht erreichen kann.

6. Legitimation der Teilhabe an der Begründung kooperativer Verantwortung

Mit dem Verantwortungsbegriff lässt sich auch die Teilhabe Privater an Entscheidungen der rechtsetzenden Gewalt im kooperierenden Verfassungsstaat legitimieren. Die Auferlegung von Verantwortung kann nur wirksam gelingen, wenn diejenigen, die in die Verantwortung genommen werden sollen, bereits an der Begründung ihrer Verantwortung aktiv teilhaben. Allenfalls Rechtspflichten lassen sich einseitig auferlegen, wobei die Vollzugsdefizite die Grenzen der Funktionsfähigkeit des Ordnungsrechts deutlich zeigen.

Bereits *Herbert Krüger* erkannte: „Ein echtes Gefühl der Verantwortlichkeit für das Gelingen aber kann sich nur bilden, wenn man sich für einen eigenen Plan oder ein eigenes Programm verantwortlich fühlt –, eigen, weil man an der Erarbeitung mitgewirkt hat und daher das Geplante oder Programmierte aus innerer Überzeugung oder weil man sich jedenfalls zu ihm bekannt hat, für richtig zu halten vermag."[476] Die Teilhabe an politischen Entscheidungen über die Begründung von Verantwortung ist deshalb notwendige Folge des Prinzips der kooperativen Verantwortung.

---

[474] Zu Unrecht schließt *H. Chr. Röhl,* ebenda, allgemein auf die dogmatische Bedeutungslosigkeit des Verantwortungsbegriffs.
[475] BVerfGE 98, 106 (127 f.) – Verpackungssteuer.
[476] *H. Krüger,* Von der Notwendigkeit einer freien und auf lange Sicht angelegten Zusammenarbeit zwischen Staat und Wirtschaft, 1966, S. 25.

7. Das Gemeinwohl als Gegenstand kooperativer Verantwortung

Gesellschaftliche Verantwortung sei hier nicht als die Verantwortung der Gesellschaft, sondern als die Verantwortung gegenüber der Gesellschaft verstanden. Diese Verantwortung tragen der Staat und Private nebeneinander und bisweilen gemeinsam. Nun soll der Blick darauf gerichtet werden, was Gegenstand dieser Verantwortung ist. Hierfür gibt es positivrechtlich verschiedene Bezeichnungen: Sie reichen von der „Verantwortung vor Gott und den Menschen" (Präambel GG) und der „Verantwortung für die künftigen Generationen" (Art. 20a GG) über die Verantwortung für die „Richtlinien der Politik" bzw. den ministeriellen „Geschäftsbereich" (Art. 65 GG) bis hin zur Formulierung des Amtseides zum „Wohle des deutschen Volkes" (Art. 56 GG). Es handelt sich um Gemeinwohlformeln: Das Gemeinwohl wird mal unter religiösem, mal anthropozentrischem, mal politischem, mal demokratischem Aspekt angesprochen.

Die schweizerischen Verfassungstexte enthalten verschiedene Formulierungen dafür, wem gegenüber Bürgerverantwortung zu üben ist: Neben die Eigen- oder Selbstverantwortung des Bürgers „für sich selber" (Art. 6 BV-Schweiz (1999)) treten die „Verantwortung gegenüber den Mitmenschen" (Art. 8 Abs. 2 KV Bern (1993)), der „Gemeinschaft" (Art. 26 Abs. 1 KV Appenzell A.Rh. (1995)) bzw. „Gesellschaft" (Art. 6 BV-Schweiz (1999)). Zwischen all diesen Umschreibungen der Bürgerverantwortung ist bedauerlicherweise bislang keinerlei dogmatische Trennschärfe herausgearbeitet worden: Ist mit „Gemeinschaft" nur die kantonale bzw. staatliche Gemeinschaft gemeint, oder alle Menschen unabhängig von ihrer Nationalität und ihrem Aufenthalt? Ist Verantwortung gegenüber „Mitmenschen"[477] Verantwortung nur gegenüber einzelnen Personen, die einem nahe stehen, ist damit gar nur die familienrechtliche Mitverantwortung – im Grundgesetz in Art. 6 Abs. 2 S. 1 GG verfassungsrechtlich[478] positiviert – verallgemeinert? Oder sind die Mitmenschen in ihrer Gesamtheit gemeint und damit identisch mit der Gemeinschaft und diese mit der Gesellschaft? Oder soll die Formulierung „Mitmenschen" gerade über die staatliche Gemeinschaft hinausweisen?

Nicht weniger missverständlich werden im deutschen Recht die Begriffe Eigenverantwortung[479] und Selbstverantwortung und Selbstregulierung ver-

---

[477] Zum Schutz von Tieren *M. Ronellenfitsch*, Selbstverantwortung und Deregulierung im Ordnungs- und Umweltrecht, 1995, S. 27.

[478] Verwiesen sei auch auf die einfachrechtlichen Bestimmungen des Zivil-, insbesondere des Familienrechts.

[479] Einfachgesetzlich im Ersten und Zweiten „Gesetz zur Neuordnung von Selbstverwaltung und Eigenverantwortung in der gesetzlichen Krankenversicherung",

§ 9 Gemeinwohl im kooperierenden Verfassungsstaat   319

wendet: Bezeichnet „Selbst"-Verantwortung die selbst (d.h. vom Bürger und nicht vom Staat) wahrgenommene Verantwortung sowohl für sich als auch für andere? Oder ist Selbstverantwortung auf die Verantwortung jedes Bürgers für sich selbst beschränkt? Ist Selbstregulierung die Regulierung eigener Belange oder die gesellschaftliche Regulierung, die „von selbst", d.h. ohne staatliche Steuerung erfolgt? Ist Eigenverantwortung identisch mit Selbstverantwortung oder als Gegenbegriff auf die Verantwortung für die eigene Person beschränkt? Eine solche Unterscheidung läge sprachlich nahe, wird aber – um nur ein Beispiel zu nennen – von der Diktion des deutschen BVerfG durchkreuzt: Das BVerfG fordert im Umweltbereich „von Wirtschaft und Gesellschaft nicht nur die Beachtung des Rechts ..., sondern *eigenverantwortliche* Planung und Mitgestaltung bei der Entfaltung von Handlungszielen und Handlungsmitteln."[480]

Auch Eigenverantwortung wäre danach allgemein gesellschaftliche Verantwortung und würde das umfassen, was Art. 8 Abs. 2 KV Bern (1993) sauber zu trennen versucht: „*Neben* der Verantwortung für sich selbst trägt jede Person Verantwortung gegenüber den Mitmenschen ..." Mit Eigenverantwortung ließe sich – wie am Begriff der Eigenüberwachung[481] deutlich wird – auch die Verantwortung für einen abgegrenzten privaten „eigenen" Bereich erfassen, soweit dieser Gefahren für Dritte verursacht. Damit steht der Selbst- bzw. Eigenverantwortungsbegriff nicht nur an der Schnittstelle zwischen Verantwortung „für sich selbst" und „selbst übernommener" Verantwortung für Dritte, sondern auch zwischen kausaler Verantwortung und Aufgabenverantwortung. Letzteres wird deutlich, wenn man das Verursacherprinzip als umweltrechtliche Konsequenz der kausalen Handlungsverantwortung begreift.[482] Noch weiter gehen diejenigen, die Eigenverantwortung als Verantwortungsfreiheit bezeichnen, da sie der Gegenbegriff dazu sei, zur Verantwortung gezogen zu werden.[483]

Versucht man einen Oberbegriff für das Objekt der gesellschaftlichen Verantwortung zu finden, so muss man (wohl oder übel) auf den Begriff

---

BGBl I 1997, S. 1518, 1520: §§ 1, 2 SGB V, §§ 6, 7 SGB XI; zum Verhältnis von „Recht, Moral und Eigenverantwortung" vgl. *G. Lübbe-Wolff*, Recht und Moral im Umweltschutz, 1999, S. 11 ff.

[480] BVerfGE 98, 106 (121) – Verpackungsteuer (Hervorhebung nicht im Original); vgl. auch bereits BVerfGE 9, 268 (281 f.) – Bremer Personalverwaltung über die Regierungsverantwortung: „in eigener Verantwortung" und BayVerfGHE N. F. 4 (II), 30 (47).

[481] Hierzu *M. Ronellenfitsch*, Selbstverantwortung und Deregulierung im Ordnungs- und Umweltrecht, 1995, S. 30 ff.

[482] *M. Ronellenfitsch*, ebenda, S. 27.

[483] *R. Pitschas*, Verwaltungsverantwortung und Verwaltungsverfahren, 1990, S. 261; zustimmend *H. Chr. Röhl*, in: Die Verwaltung, Beiheft 2, 1999, S. 33 (40).

des *Gemeinwohls* zurückgreifen: Gesellschaftliche Verantwortung ist Verantwortung für das Gemeinwohl. In dem Maße, in dem das Gemeinwohl ein unbestimmter, offener Sammelbegriff ist, in dem Maße steht auch der Begriff der Verantwortung für verschiedene Aspekte. Gesellschaftliche Verantwortung ist Komplementärbegriff zum Gemeinwohl. Verantwortung ist eine andere Bezeichnung für die „Aufgegebenheit" des Gemeinwohls. Rechtsetzung im kooperierenden Verfassungsstaat führt dazu, dass Wirtschaft und Staat gemeinsam Gemeinwohl konkretisieren, indem sie gemeinsam Verantwortung übernehmen. Das Prinzip kooperativer Verantwortung legitimiert die politische Teilhabe der Wirtschaft an Entscheidungen der rechtsetzenden Gewalt und die Auferlegung von Bürgerverantwortung durch den Staat.

Welche Sachprobleme die kooperierende rechtsetzende Gewalt zu Gegenständen der Kooperation macht, ist eine politische Entscheidung, der von Verfassungs wegen nur äußere Grenzen zu setzen sind. Es gehört zur politischen Ausübung rechtsetzender Gewalt im kooperierenden Verfassungsstaat, ob ein Sachbereich durch Ordnungsrecht oder durch die Auferlegung von Bürgerverantwortung gesteuert werden soll. Allerdings darf das nicht dazu führen, dass die Bundesregierung alle Politikbereiche informal und kooperativ ausgestaltet. Weil es um die verfassungsrechtliche Legitimationsfrage geht und – wie im Folgenden zu zeigen ist – wesentliche Verfassungsprinzipien von kooperativer Ausübung rechtsetzender Gewalt betroffen sind, unterliegt die Staatspraxis zur Handhabung des Prinzips kooperativer Verantwortung einer Plausibilitätsgrenze. Diese Grenze innerhalb des Umweltbereichs auszuloten und auf andere Bereiche insbesondere des Sozialen und der Medien zu erstrecken, wird in der Zukunft zu den vordringlichen Aufgaben der Verfassungsrechtswissenschaft und auch der Verfassungsgerichtsbarkeit gehören. Vor allem der (einfache) Gesetzgeber sollte diese Grenzen selbst steuern, indem er erstens nach dem Vorbild des § 22 KrW-/AbfG punktuelle Verantwortungsnormen schafft, zweitens in Gesetzesbegründungen klarstellt, welche Verordnungsermächtigungen auch als Kooperationsermächtigungen gedacht sind und drittens spezielle Kooperationsermächtigungen der Bundesregierung in Betracht zieht.

§ 10 Grundrechtsbindung des kooperierenden Verfassungsstaates

Der kooperierende Verfassungsstaat muss an die Grundrechte gebunden sein. Seine Grundrechtsbindung ist mit der überkommenen Grundrechtsdogmatik nicht auszufüllen. Diese Dogmatik ist mit der Trias „Eingriff-Drittwirkung-Schutzpflicht" umrissen. Der Eingriffsbegriff ist auf einseitiges staatliches Handeln zugeschnitten.[484] Faktische Eingriffe umfassen zwar informales Handeln und mittelbare Beeinträchtigungen, nicht aber Kooperationen des Staates. Die Drittwirkung setzt einem Verhalten Privater, das Grundrechte Dritter beeinträchtigt, Grenzen, ist aber auf autonomes und nicht auf staatlich inspiriertes Handeln bezogen. Die Schutzpflicht zwingt den Staat, ein Mittel zu ergreifen, trifft den kooperierenden Staat aber nur ausnahmsweise. Das Problem der Zurechnung von Grundrechtsbeeinträchtigungen, die bei oder auf Grund von Kooperationen zwischen Staat und Wirtschaft entstehen, lässt sich so nicht befriedigend klären.

Die Grundrechtstheorie beruht im Bereich der Abwehrrechte[485] auf einem Modell der Trennung von Staat und Gesellschaft. Die institutionelle Grundrechtstheorie (*P. Häberle*) hat dieses Modell zwar in Frage gestellt, die Dogmatik des status negativus aber unberührt gelassen und um einen status activus prozessualis ergänzt. Normative Absprachen führen zu einem Kooperationsverhältnis zwischen Staat und Gesellschaft. Die Auswirkungen dieser Kooperationen rufen primär nach Abwehrrechten. Die Dogmatik zum status negativus stößt auf ungelöste Fragen, die nicht mit dem status activus prozessualis aufzufangen sind.

Im kooperierenden Verfassungsstaat auferlegt der Gesetz- bzw. Verordnunggeber der Wirtschaft Mitverantwortung für das Gemeinwohl. Dieser Vorgang informaler Rechtsetzung korrespondiert einer grundrechtlichen Mitverantwortung des Staates für die Absprache. Seine Grundrechtsbindung erfasst alle Grundrechtsbeeinträchtigungen, die aus der Selbstverpflichtung der Wirtschaft erwachsen. Kooperatives Handeln ist dem Staat mit allen absehbaren Folgen zuzurechnen (status negativus cooperationis).

Die Auferlegung von Verantwortung für das Gemeinwohl ist eine Intervention in das grundrechtlich geschützte Wirtschaftsleben. Bei der durch Art. 9 Abs. 1 GG geschützten Tätigkeit der Wirtschaftsverbände wird die Interessenvertretung ihrer Mitglieder durch die Verfolgung öffentlicher Interessen überlagert. Unternehmerische Entscheidungen über die Produktion und den Vertrieb werden durch Selbstverpflichtungen gesteuert. All das geschieht auf staatlichen Druck hin.

Auch die in normativen Absprachen sich niederschlagenden privaten Interessen sind zu berücksichtigen: Die Konsensfindung einer normativen Absprache und deren Einhaltung werden begünstigt, wenn sie für (manche) Unternehmen Wettbewerbsvorteile mit sich bringen. Es besteht eine spezifische Gefahr, dass normative Absprachen zu Wettbewerbsverzerrungen führen: zu Lasten kleiner, in Verbänden unterrepräsentierter Unternehmen, zu

---

[484] *M. Kloepfer,* JZ 1991, S. 737 (743).
[485] Dazu *G. Lübbe-Wolff,* Die Grundrechte als Eingriffsabwehrrechte, 1988; zuletzt: *H. D. Jarass,* Die Grundrechte: Abwehrrechte und objektive Grundsatznormen, in: FS 50 Jahre BVerfG, Bd. 2, 2001, S. 34 ff.

Lasten von gewerblichen Zulieferern und Abnehmern und zu Lasten der Verbraucher. Auch diese Auswirkungen sind auf den rechtlichen Prüfstand zu stellen.

Sowohl die Urheberschaft normativer Absprachen als auch ihre Wirkungen fordern die Grundrechtsdogmatik zu neuen Ansätzen heraus. Lösungen müssen zwischen verschiedenen Grundrechtsbetroffenen differenzieren. Je unterschiedliche Probleme ergeben sich erstens für Unternehmen, die unmittelbar an Absracheprozessen mit dem Staat beteiligt sind, zweitens für Verbände und Unternehmen, die als Verbandsmitglieder von Absprachen der Verbände mit dem Staat betroffen sind, drittens für die wettbewerblichen Konkurrenten selbstverpflichteter Unternehmen, die nicht verbandlich repräsentiert und an der nicht Absprache beteiligt sind, viertens für Zulieferer und gewerbliche Abnehmer selbstverpflichteter Unternehmen und fünftens für Verbraucher.

I. Schutz absprachebeteiligter Unternehmen

Zunächst soll der Grundrechtsschutz für Unternehmen, die unmittelbar an Absracheprozessen mit dem Staat beteiligt sind, erörtert werden, obwohl es sich um eine seltene, fast atypische Konstellation handelt: In der Regel verhandeln nicht einzelne Unternehmen, sondern Verbände mit dem Staat. Immerhin gibt es jedoch für die unmittelbare Beteiligung von Unternehmen an normativen Absprachen wichtige Beispiele (Die Verpflichtung der RWE zur Emissionsminderung bei Großfeuerungsanlagen vom Juli 1982; die Verpflichtung zur stufenweisen Einstellung der im Montrealer Protokoll geregelten FCKW durch die Hoechst AG, die Kali-Chemie AG und die Chemiewerk GmbH vom Mai 1990; die Vereinbarung zwischen der Bundesregierung und den Energieversorgungsunternehmen zur geordneten Beendigung der Kernenergie vom 14. Juni 2000/11. Juni 2001)[486].

Diese Fallgruppe soll hier zuerst behandelt werden, weil sie es erstens erlaubt, ein komplexes Problem normativer Absprachen zunächst auszublenden: die Multipolarität, die entsteht, wenn der Staat mit Verbänden verhandelt, die ihrerseits auf ihre Mitglieder einwirken und deren Verhalten wiederum wettbewerbliche Auswirkungen auf Konkurrenten, Zulieferer, Abnehmer und Verbraucher hat. Zweitens lassen sich bei der Erörterung der Absprachen des Staates mit einzelnen Unternehmen einige vieldiskutierte Grundprobleme, insbesondere die Frage des Grundrechtsverzichts behandeln, die bei den anderen Fallgruppen eine untergeordnete Rolle spielen und deren Darstellung entlasten kann.

---

[486] Zu diesen drei Beispielen siehe S. 49 f. bzw. S. 65 f., 105 ff.

§ 10 Grundrechtsbindung des kooperierenden Verfassungsstaates   323

1. Schutzbereichsfragen

Zunächst stellt sich die Frage, welche Schutzbereiche durch Selbstverpflichtungen der Wirtschaft und Absprachen mit dem Staat beeinträchtigt sein können. In Betracht kommen die wirtschaftlichen Grundrechte des Art. 12 Abs. 1 und Art. 14 Abs. 1 GG und Art. 3 Abs. 1 GG[487].

Die in Art. 12 Abs. 1 GG verankerte Unternehmens- und Wettbewerbsfreiheit erfasst zwar die gesamte gewerbliche Tätigkeit, schützt aber keine bloßen Erwerbschancen[488]. Als Betroffene kommen vor allem die Beteiligten in Betracht. Ihnen gegenüber haben Selbstverpflichtungen[489] typischerweise eine berufsregelnde Tendenz[490]. Werden bestimmte Produktionsprozesse verändert oder verboten, dann ist der Schutzbereich des Art. 12 Abs. 1 GG eröffnet. Jeder, der sich einer Selbstverpflichtungserklärung unterwirft, schränkt die Ausübung seiner Unternehmensfreiheit ein, indem er auf bestimmte Handlungen verzichtet.

Der Freiraum des Unternehmers zur Produktgestaltung,[491] -qualität und zu den Produktionsverfahren[492] wird begrenzt. Deshalb lässt sich festhalten, dass eine Selbstverpflichtung, die einen umweltpolitischen Effekt haben soll, den Schutzbereich der Unternehmensfreiheit berührt. Das gilt nicht nur für Selbstverpflichtungen zur Rücknahme und Verwertung[493], sondern gleichermaßen auch für Absprachen zur Reduktion, Substitution, Überwachung, Entsorgung und Kennzeichnung von Produkten sowie zum Verzicht auf Produkte, zur Vermeidung von Abfällen und Immissionen sowie zur Mitteilung von Daten über die Produktion.[494] Berührt sind die unternehmerische Organisationsfreiheit ebenso wie die berufliche Dispositionsfreiheit[495], nämlich die Freiheit über Investitionen, die Wahl der Produktpalette, die Verpackung und den Vertrieb zu entscheiden.

Die Eröffnung des Schutzbereichs von Art. 14 Abs. 1 GG kommt unter dem Aspekt des eingerichteten und ausgeübten Gewerbebetriebes in Betracht. Außerdem sind Geschäfts- und Betriebsgeheimnisse, die bisweilen

---

[487] Der allgemeine Gleichheitssatz wird bei der Gruppe der Außenseiter behandelt (S. 400 ff.).
[488] BVerfGE 24, 236 (251) – Rumpelkammer; BVerwGE 71, 183 (193).
[489] *A. Faber*, Gesellschaftliche Selbstregulierungssysteme im Umweltrecht, 2001, S. 304.
[490] Hierzu allgemein BVerfGE 70, 191 (214) – Fischereibezirke.
[491] *Chr. Engel*, StWuStPr 1998, S. 535 (564).
[492] *Chr. Engel*, StWuStPr 1998, S. 535 (571).
[493] Hierzu *U. Di Fabio*, NVwZ 1995, 1 (5).
[494] Zutreffend *A. Faber*, Gesellschaftliche Selbstregulierungssysteme im Umweltrecht, 2001, S. 296.
[495] BVerfGE 97, 228 (254 ff.) – Kurzberichterstattung.

im Rahmen normativer Absprachen offenbart werden, durch Art. 14 GG geschützt.[496] Bloße Gewinnchancen hingegen werden von Art. 14 Abs. 1 GG ebenso wenig erfasst wie von Art. 12 Abs. 1 GG. Allerdings schützt die Eigentumsgarantie Unternehmen vor wirtschaftlicher Existenzvernichtung. Ihrer Existenzvernichtung werden aber absprachebeteiligte Unternehmen kaum zustimmen. Immerhin wurde die Eigentumsgarantie mit Blick auf den Atomkompromiss lebhaft diskutiert.[497]

Art. 9 Abs. 1 GG würde gegenüber direkt mit Unternehmen getroffenen Absprachen nur greifen, wenn die Selbstverpflichtung eine Kooperation zwischen den Beteiligten erfordert, die diese zwingt, eine Vereinigung zu gründen. Weil dieser Aspekt aber in der bisherigen Praxis allenfalls Verbandsvereinbarungen berührt, wird er dort behandelt.

Unternehmen sind im Rahmen von Art. 19 Abs. 3 GG als juristische Personen des Privatrechts grundrechtsberechtigt. Die Wirtschaftsgrundrechte der Art. 12 Abs. 1 und Art. 14 Abs. 1 GG sind ihrem Wesen nach auch auf juristische Personen des Privatrechts anwendbar. Insbesondere Art. 12 Abs. 1 GG schützt auch die Unternehmensfreiheit als solche. Auch Art. 9 Abs. 1 GG gilt für (deutsche) juristische Personen des Privatrechts.[498]

2. Grenzen überkommener Grundrechtsdogmatik

a) Freiwilliger Grundrechtsverzicht?

Auf den ersten Blick betrachtet, scheinen Selbstverpflichtungen „keine extreme grundrechtliche Gefährdungslage"[499] aufzuweisen, soweit sie „freiwillig" eingegangen werden. Das legt es nahe, für Selbstverpflichtungen einen Grundrechtsverzicht anzunehmen. Dies soll in drei Schritten erörtert werden: Zunächst ist die umstrittene Frage zu klären, ob auf Grundrechte überhaupt verzichtet werden kann. Sodann sind die Voraussetzungen und die Folgen eines solchen Verzichts zu erörtern.

Gehört zur grundrechtlichen Freiheit, auch auf sie verzichten zu können[500] oder ist die Garantie der Grundrechte indisponibel[501]? Diese Frage berührt das Wesen der Grundrechte und ist entsprechend umstritten.[502]

---

[496] T. Köpp, Normvermeidende Absprachen zwischen Staat und Wirtschaft, 2001, S. 205 f.
[497] F. Ossenbühl, AöR 124 (1999), S. 1 (5 ff.).
[498] BVerfGE 13, 174 (175) – DFD.
[499] G.-F. Schuppert, Diskussionsbeitrag, in: VVDStRL 56 (1997), S. 298 knüpft dabei an die Freiwilligkeit und die Parallelschaltung von Interessen an.
[500] J. Pietzcker, in: Der Staat 17 (1978), S. 527 ff.
[501] G. Sturm, in: FS für W. Geiger, 1974, S. 173 ff.

Der Text des Grundgesetzes setzt einen entgegenstehenden „Willen" des Grundrechtsträgers in den speziellen Fällen der Art. 6 Abs. 3 und Art. 16 Abs. 1 S. 2 GG voraus. Daraus lässt sich weder ein Analogie- noch ein Umkehrschluss auf die allgemeine Grundrechtsdogmatik ziehen. Auch der Gegentext ist nicht verallgemeinerbar: Art. 9 Abs. 3 S. 2 GG schützt die Koalitionsfreiheit auch und gerade vor „Abreden, die dieses Recht einschränken oder zu behindern suchen" und entzieht der Möglichkeit eines konsensualen Grundrechtsverzichtes in diesem Bereich den Boden.

Die Rechtsprechung verhält sich der Rechtsfigur des Grundrechtsverzichtes gegenüber vorsichtig zugeneigt.[503] Das BVerfG entwickelte das (richterrechtliche) Grundrecht auf Datenschutz von vornherein aus dem Grundgedanken einer „Befugnis des Einzelnen, grundsätzlich selbst über die Preisgabe und Verwendung seiner persönlichen Daten zu bestimmen"[504]. Allerdings sei davor gewarnt, unter Berufung auf diese Rechtsprechung von dem Spezialgrundrecht der „informationelle Selbstbestimmung" aus Art. 2 Abs. 1 i.V.m. Art. 1 Abs. 1 GG auf einen allgemeinen Selbstbestimmungsvorbehalt und damit die Möglichkeit des Grundrechtsverzichtes bei allen Grundrechten und auch bei der Menschenwürde zurückzuschließen.

Die Literatur lässt sich bis in die Ursprünge der Grundrechtsidee bei *John Locke* verfolgen. Der Freiheitsgedanke ist mit dem der Freiwilligkeit eng verknüpft. Gründet man konstitutionelle Freiheit mit *Locke* auf der Idee des Gesellschaftsvertrages, so entsteht rechtliche Freiheit bereits mit einem Akt der Freiwilligkeit. So verstandene Freiheit ist gesellschaftliche Freiheit und als solche beschränkbar. Ihre verfassungsrechtliche Garantie besteht für jedermann darin, dass Beschränkungen auch durch „die höchste Gewalt" nicht „ohne seine eigene Zustimmung"[505] zulässig sind. Und „mit seiner Zustimmung" bedeutet bei *Locke* „mit der Zustimmung der Mehrheit, die sie entweder direkt oder durch die von ihr gewählten Abgeordneten erteilt."[506] Auf diese Weise verknüpft *Locke* grundrechtliche Freiheit, insbesondere die Eigentumsgarantie, mit dem Demokratieprinzip. Der Gesetzesvorbehalt beruht auf der notwendigen Freiwilligkeit von Grundrechtseinschränkungen.[507] In einem tieferen Sinne beruht der imperative Zwang

---

[502] Zum Ganzen *K. Amelung*, Die Einwilligung in die Beeinträchtigung eines Grundrechtsgutes, 1988, passim.
[503] BVerwGE 30, 65 (71 ff.) – Fernmeldeaspiranten.; E 42, 331 (335) – Folgekostenvertrag; weitere Beispiele bei *G. Robbers*, JuS 1985, S. 925 (930 f.).
[504] BVerfGE 65, 1 (43) – Volkszählung.
[505] *J. Locke*, The Second Treatise of Government (1689), Über die Regierung, 1974, XI/138, S. 107.
[506] *J. Locke*, The Second Treatise of Government (1689), Über die Regierung, 1974, XI/140, S. 109.
[507] Hierzu vgl. *D. Jesch*, Gesetz und Verwaltung, 2. Auflage, 1968, S. 119 ff.

demokratischer Gesetze also auf einem Grundrechtsverzicht. Offen bleibt jedoch bei *Locke,* ob nur demokratische, also kollektive Freiheitsbegrenzungen möglich sind, oder ob erst recht die individuelle, persönliche Zustimmung zur Freiheitsbeschränkung möglich ist.[508] Außerdem geht der Geltungsanspruch der Grundrechte im modernen Verfassungsanspruch über die Konzeption *Lockes* hinaus: Die Grundrechte setzen auch demokratischen Entscheidungen inhaltliche Grenzen.

Das wichtigste Argument gegen die Möglichkeit eines Grundrechtsverzichts lautet: Wenn die Grundrechte gesellschaftliche Freiheit und den Pluralismus konstituieren und deshalb selbst öffentliche Interessen sind,[509] müssen sie für den Einzelnen indisponibel bleiben.[510] In diese Richtung weist auch die Rechtsprechung zum objektiven Charakter der Grundrechte, die eine „objektive Wertordnung" oder „normative Wertordnung"[511] und ein „Wertsystem"[512] darstellen sollen. Daraus wird geschlossen, dass auf Grundrechte als wertentscheidende Grundsatznormen[513] in keinem Fall bzw. ausnahmsweise[514] verzichtet werden kann.

Problematisch ist jedoch an diesem Gedanken, dass die Teilidentität der Grundrechte mit dem Gemeinwohl[515] nicht in eine Pflicht zur positiven Freiheitsausübung umschlagen darf. Grundrechte sind nur insoweit im öffentlichen Interesse, als sie reale und rechtliche Freiheit für den Einzelnen gewähren. Ein Grundrechtsverzicht muss jedenfalls dann möglich sein, wenn er selbst Ausdruck und Ausübung von Freiheit ist. Für die Möglichkeit eines Grundrechtsverzichtes spricht, dass auch der Nichtgebrauch eines Rechtes Ausdruck der Freiheit sein kann. Freiheitsverwirklichung in der Gesellschaft impliziert auch die Möglichkeit der Selbstbindung. Dann lässt

---

[508] Ähnlich *D. Jesch,* ebenda, S. 209 f.; hiergegen *G. Sturm,* in: FS für W. Geiger, 1974, S. 173 (174).

[509] *P. Häberle,* Öffentliches Interesse als juristisches Problem, 1970, S. 355 ff., 710.

[510] So *G. Sturm,* in: FS für W. Geiger, 1974, S. 173 (197 f.).

[511] *K. Stern,* Das Staatsrecht der Bundesrepublik Deutschland, Band III/1, 1988, S. 915 f.

[512] BVerfGE 7, 198 (205) – Lüth. Bereits *R. Smend,* Verfassung und Verfassungsrecht (1928), in: Staatsrechtliche Abhandlungen, 3. Aufl., 1994, S. 119 (264) stellte die These auf, der Grundrechtskatalog der WRV wolle „eine sachliche Reihe von einer gewissen Geschlossenheit, d. h. ein Wert- oder Güter-, ein Kultursystem normieren".

[513] BVerfGE 73, 261 (269) – Sozialplan: „verfassungsrechtliche Grundentscheidung". Dazu *H. D. Jarass,* AöR 110 (1985), S. 363 ff.; und zuletzt: *ders.,* Die Grundrechte: Abwehrrechte und objektive Grundsatznormen, in: FS 50 Jahre BVerfG, Bd. 2, 2001, S. 34 ff.

[514] *T. Köpp,* Normvermeidende Absprachen zwischen Staat und Wirtschaft, 2001, S. 214.

[515] *G. Sturm,* in: FS für W. Geiger, 1974, S. 173 (198).

sich Grundrechtsverzicht als (negativer) Grundrechtsgebrauch[516] einordnen. Daraus ergibt sich aber zugleich eine Einschränkung für die Wirkung des Verzichts: Er ist wie positiver Grundrechtsgebrauch einzelfallbezogen. Niemand kann generell auf den Schutz der Grundrechte verzichten.

Die objektive Seite der Grundrechte darf deren subjektive Gehalte nicht unterlaufen.[517] Sowohl die These von der objektiven Wertordnung als auch die These vom Verbot des Grundrechtsverzichtes sollen die effektive Grundrechtsgeltung stärken.[518] Das darf nicht dazu führen, dass die Dimensionen negativen Freiheitsgebrauchs eliminiert und Zwang zur positiven Grundrechtsverwirklichung implementiert wird. Denn letzterer würde dem Einzelnen die autonome Entscheidung entziehen, die der Freiheitsgebrauch voraussetzt und die die Grundrechte postulieren. Grundrechte setzen voraus, dass der Einzelne seinen Willen erkennen kann und fordern, dass er nach diesem auch handeln darf. Sie wollen den Bürger nicht bevormunden, ihm nicht Aktivismus vorschreiben, seine persönliche Freiheit nicht einem Wertsystem unterwerfen. Eine objektive Wertordnung kann nur den Sinn haben, die Voraussetzungen autonomer Freiheitsbetätigung zu schaffen und zu bewahren.

Aus der Prämisse, dass Grundrechte die Autonomie des Einzelnen schützen, folgt eine Voraussetzung für den Grundrechtsverzicht: Er kann nur als Freiheitsausübung verstanden werden, wenn der Betroffene *ohne äußeren Druck handelt,* wenn sich also gerade in seiner Rechtsbeschränkung sein freier Wille verwirklicht.[519] Effektiver Freiheitsgebrauch setzt Einsichtsfähigkeit und Autonomie im Entscheidungsprozess voraus. Die Grundrechte schützen nicht nur vor imperativem Zwang, sondern auch vor Selbstschädigungen, die einer Position der Schwäche und des äußeren Drucks entspringen.

Damit bleibt vor allem die Willensfreiheit selbst unverzichtbar. Der Kerngehalt der *Menschenwürde* setzt die Autonomie des Individuums voraus und macht diese zwingend *unveräußerlich.* Das heißt aber nicht, dass niemand Dinge tun darf, die unter Zwang die menschliche Würde berühren würden. Soweit die Menschenwürdeverletzung gerade im Zwang liegt, ist ein Verzicht auch mit Blick auf Art. 1 Abs. 1 GG denkbar.

---

[516] *G. Dürig,* AöR 81 (1956), S. 117 (152).
[517] So auch *W. Weiß,* Privatisierung und Staatsaufgaben, 2002, S. 154 ff.
[518] BVerfGE 7, 198 (205) stellt fest, dass das Grundgesetz „in seinem Grundrechtabschnitt *auch* eine objektive Wertordnung aufgerichtet hat und dass gerade hierin eine prinzipielle *Verstärkung* der Geltungskraft der Grundrechte zum Ausdruck kommt." – Hervorhebungen nicht im Original.
[519] BVerfGE 89, 214 (234) – Bürgschaftsverträge.

Darüber hinaus ist zu fordern, dass die *Motive*[520] für einen Grundrechtsverzicht *mit der Verfassung vereinbar* sind. Der Verzicht muss gleichsam verhältnismäßig sein. Wenn der Verzicht sein Ziel verfehlt, insbesondere wenn den Folgen verfassungsrechtliche Schranken entgegenstehen, kann er nicht wirksam sein.

Vor diesem Hintergrund sind die Absprachen zwischen dem Staat und der Wirtschaft zu betrachten: Die Menschenwürde, der Kernbereich individueller Autonomie und die speziellen Grenzen des Art. 9 Abs. 3 S. 2 GG sind in den hier zu behandelnden Absprachen zwischen Wirtschaft und Staat nicht betroffen. Es geht vielmehr um den Gebrauch und die Einschränkung wirtschaftlicher Freiheiten, die schon vom Ansatz her „veräußerliche" Freiheiten sind. So wird ein Grundrechtsverzicht im Bereich der so genannten „vertragsnahen Grundrechte" (Art. 12 Abs. 1, Art. 14 Abs. 1 GG) von der herrschenden Auffassung im Schrifttum grundsätzlich für möglich gehalten.[521]

Beruhen normative Absprachen auf dem freien Willen der beteiligten Unternehmen und stellt ihr Abschluss deshalb eine negative Grundrechtsausübung dar? Wenn von „freiwilligen" Selbstverpflichtungen gesprochen wird, dann ist damit nur das Nichtbestehen einer „Rechtspflicht zum Handeln"[522] gemeint, was bereits im Wort *Selbst*verpflichtung zum Ausdruck kommt? Der Begriff der „Freiwilligkeit" führt als solcher nicht weiter,[523] sondern euphemistisch in die Irre. Der Begriff „Selbstverpflichtung" (vgl. auch die Definition von „Selbst"-Regulierung![524]) steht für das Phänomen, dass die Wirtschaft „sich selbst" verpflichtet ohne formal rechtlich gezwungen und i. e. „fremdverpflichtet" zu sein. Mit „Selbstverpflichtung" ist also nicht gemeint, dass die Wirtschaft nicht nur sich selbst verpflichtet, sondern dies außerdem „von selbst" tut. Auch Erklärungen, die erst auf staatliche Initiative und unter staatlichem Druck eingegangen werden, sind also Selbstverpflichtungen. Sie sind sogar ihr typischer Fall. Wenn diese als „freiwillige Selbstverpflichtungen" bezeichnet werden, dürfen daraus keine rechtlichen Schlüsse gezogen werden. Ein Grundrechtsverzicht setzt reale Freiwilligkeit voraus. Die Einwilligung muss sich auf jede Grundrechtsbeeinträchtigung und auch auf deren Ausmaß erstrecken. Die Voraussetzungen

---

[520] Gerade weil grundrechtliche Freiheit auch die Wahl der Motive umfasst und gegebenenfalls den Grundrechtsverzicht umfasst, sind die Motive der Grundrechtsträger im Rahmen verfassungsrechtlicher Grenzen zu Grunde zu legen – anders: *W. Frenz,* Selbstverpflichtungen der Wirtschaft, 2001, S. 181.
[521] Statt aller *M. Schulte,* Schlichtes Verwaltungshandeln, 1995, S. 101.
[522] So *A. Faber,* UPR 1997, S. 431 ff.
[523] Kritisch auch *J. Knebel/L. Wicke/G. Michael,* Selbstverpflichtungen ..., 1999, S. 263.
[524] *U. Di Fabio,* VVDStRL 56 (1997), S. 235 (241).

§ 10 Grundrechtsbindung des kooperierenden Verfassungsstaates

eines Grundrechtsverzichtes liegen bei Absprachen zwischen Staat und Wirtschaft in aller Regel *nicht* vor:

Da im typischen Fall der Selbstverpflichtungen der Staat mit einer entsprechenden Rechtsverordnung gedroht hat, fehlt es regelmäßig an der Freiwilligkeit des Grundrechtsverzichts. Sie kommen *unter Einfluss hoheitlichen Drucks* zu Stande.[525] Zu kurz greift allerdings der Hinweis, ein Grundrechtsverzicht sei schon deshalb irrelevant, weil Gegenstand der Grundrechtsprüfung die staatliche Drohung sei, die von der Reaktion der Betroffenen unabhängig sei.[526] Aber auch im Konsens an sich liegt kein rechtlicher Verzicht auf Grundrechte. Das gilt auch, wenn auf das Verhandlungsergebnis kompromissweise eingegangen wurde sowie bei normflankierten und normverdrängenden Absprachen und Selbstverpflichtungen. Ein Nachgeben des Staates, der Verzicht auf eine (noch) strengere Regelung mag zwar die Wirtschaft zum Konsens bewegen und in deren relativem privatem Interesse liegen. Dies macht ihre Selbstverpflichtung aber nicht zu einer autonomen Grundrechtsausübung, die einen Grundrechtsverzicht enthielte.

Im Hinblick auf den Grundrechtsverzicht spielt es keine Rolle, ob der Druck vom Staat oder von Privaten ausgeht. Ein Grundrechtsverzicht steht es auch entgegen, wenn der Konsens auf *wettbewerblichem Druck* beruht. Wenn Interessenkonflikte unter dem Einfluss wirtschaftlich starker Verhandlungsführer zu Lasten Schwächerer gelöst werden, besteht kein Anlass, deren Grundrechtsschutz von vornherein auszuschließen.

Hierzu sei ein Beispiel genannt: Die Verpflichtung zur stufenweisen Einstellung der im Montrealer Protokoll geregelten FCKW vom Mai 1990[527] kam unter hoheitlichem *und* öffentlichem Druck zustande und steht im Zusammenhang mit dem Erlass der FCKW-Halon-Verbotsverordnung[528] vom 6. Mai 1991, mit deren Verschärfung der Staat auch in der Folgezeit immer wieder drohte.[529] Ein Grundrechtsverzicht ist nicht anzunehmen, selbst wenn das Nachgeben gegenüber dem öffentlichen Druck möglicherweise auch im wirtschaftlichen Interesse der Beteiligten erfolgte.

Von *Martin Schulte* wurde ein Grundrechtsverzicht für die Fälle in Erwägung gezogen, in denen „eine einseitige normative Regelung, z.B. wegen Überschreitung des Verhältnismäßigkeitsgrundsatzes, nicht in Betracht

---

[525] *M. Schulte,* Schlichtes Verwaltungshandeln, 1995, S. 102.
[526] *Chr. Engel,* StWuStPr 1998, S. 535 (561).
[527] Zu diesem Beispiel siehe S. 49; *M. Kohlhaas/B. Praetorius/R. Eckhoff/ Th. Hoeren,* Selbstverpflichtungen der Industrie zur CO_2-Reduktion, 1994, S. 87 ff.; *J. Knebel/L. Wicke/G. Michael,* Selbstverpflichtungen ..., 1999, S. 442 f.
[528] BGBl. I 1090.
[529] *A. Troge,* in: L. Wicke/J. Knebel/G. Braeseke (Hrsg.), Umweltbezogene Selbstverpflichtungen der Wirtschaft, 1997, S. 133 (137).

kommt"[530]. So verlockend es für den Juristen sein mag, die oft tatsächlich schwer zu klärende Frage, inwieweit hoheitlicher Druck ausgeübt wurde, durch die rechtlich abstrakt entscheidbare Fragestellung zu ersetzen, ob Druck mit Mitteln, die rechtlichen Bestand haben würden, überhaupt möglich war, so gefährlich ist diese Überlegung. Der Schluss, dass nicht sein kann, was nicht sein darf, verfehlt sein Ziel. Es würden gerade die besonders problematischen Fälle von hoheitlichen Drohungen mit rechtswidrigen Rechtsverordnungen aus dem Grundrechtsschutz herausfallen.

Zu ähnlichen Ergebnissen kommt *Angela Faber*: Sie lässt für einen Grundrechtsverzicht ausreichen, dass den Beteiligten eine Handlungsalternative bleibt.[531] Dem kann nicht zugestimmt werden. Es ist schon fraglich, welche Handlungsalternativen gemeint sein sollen: Die Alternative, sich dem Konsens zu verweigern, besteht immer, und die Frage, ob dann einseitig Recht gesetzt wird, ist nie sicher vorherzusagen. Die Frage, ob für die Wirtschaft ein Verhandlungsspielraum bestand, ist von außen schwer zu beurteilen. Auch der Hinweis auf die Verhandlungsstärke der Wirtschaft bei normativen Absprachen kann nicht deren Grundrechtsschutz schmälern. Hoheitlicher Druck wird nicht durch inhaltliche Mitwirkungsmöglichkeiten kompensiert.[532]

Zu den Auffassungen *Schultes* und *Fabers* ein hypothetisches Beispiel: Die Bundesregierung droht mit einer Verordnung, die einen besonders schweren Grundrechtseingriff darstellen würde, signalisiert jedoch Verhandlungsbereitschaft. Die Wirtschaft nutzt diesen Spielraum und lässt sich auf eine Absprache ein, die die Grundrechtseinschränkungen für sie leicht abmildert. Soll sie wegen des genutzten Verhandlungsspielraumes auf Grundrechte gänzlich verzichtet haben? Soll sie stattdessen zur Wahrung ihres Grundrechtsschutzes darauf verwiesen werden, den noch strengeren einseitigen Eingriff abzuwarten, um gegen diesen mit der Palette rechtsstaatlicher Abwehrmöglichkeiten vorzugehen – mit ungewissem Ausgang und vor allem mit Unsicherheiten, solange die Möglichkeiten nicht ausgeschöpft sind? Soll ein Unternehmen, das feststellt, dass die Belastungen unzumutbar sind und das das Vertrauen bei der Bundesregierung nicht einseitig brechen will,

---

[530] *M. Schulte,* Schlichtes Verwaltungshandeln, 1995, S. 103.

[531] *A. Faber,* Gesellschaftliche Selbstregulierungssysteme im Umweltrecht, 2001, S. 309 f.

[532] *A. Helberg,* Normabwendende Selbstverpflichtungen ..., 1999, S. 194, auf dessen Ausführungen in diesem Zusammenhang *A. Faber* leider nur hinsichtlich des Eingriffsbegriffs eingeht. Anders *Der Rat von Sachverständigen für Umweltfragen,* Umweltgutachten 1994, S. 64, Tz. 69: „Die freiheitsbeschränkende Wirkung des Konzepts der dauerhaft-umweltgerechten Entwicklung kann in gewissem Umfang, freilich nicht vollständig, dadurch kompensiert werden, dass ... den Adressaten ein beträchtliches Maß an Freiheit bei der Entwicklung der Maßnahmen und der Beachtung der durch sie ausgesendeten Signale belassen" wird.

indem es schlicht die Selbstverpflichtung nicht einhält, keine Möglichkeit haben, sich auf seine Grundrechte zu berufen und die Unverhältnismäßigkeit der Grundrechtsbelastung nachweisen können? Soll die Bundesregierung unverhältnismäßige Grundrechtsbeschränkungen auf informalem Wege erreichen dürfen? Soll sie dafür nicht einmal einer Ermächtigung bedürfen?

Hinter Auffassungen mit derartigen Konsequenzen steht die Vorstellung, bei normativen Absprachen handele es sich um Ausübung wirtschaftlicher Freiheit.[533] Genau das trifft aber nicht zu: Der Verhandlungspartner der Wirtschaft ist der Staat und was die Wirtschaft erhält ist kein Wirtschaftsgut. Selbstbindung stellt nur dann Betätigung wirtschaftlicher Freiheit dar, wenn der Grundrechtsträger dadurch selbst gesetzte wirtschaftliche Zwecke verfolgt. Die Wirtschaft erhält hier die Chance zur Teilhabe an Entscheidungen der rechtsetzenden Gewalt. Die „Handlungsalternativen" und Motive sind politischer, nicht grundrechtlicher Natur. Darin unterscheidet sich Kooperation im Bereich der Rechtsetzung wesentlich von Kooperationen im Bereich des Vollzugs. Deshalb lassen sich auch Erwägungen zum Aushandeln von Genehmigungsvorhaben und zu subordinationsrechtlichen Verwaltungsverträgen nicht auf normersetzende Absprachen übertragen.

Das Motiv für die Beteiligung Privater an normativen Absprachen liegt regelmäßig in der Chance, auf Entscheidungen der rechtsetzenden Gewalt Einfluss nehmen zu können, mehr noch: an ihnen konsensual beteiligt zu werden. Diese „Gegenleistung" ihrer Selbstverpflichtung darf den Staat nicht mit einer Befreiung aus der Grundrechtsbindung entlasten. Teilhabe an rechtsetzender Gewalt ist nicht disponibel. Das Motiv, eine Teilhabe zugestanden zu bekommen, die Privaten weder grundrechtlich noch demokratisch zusteht, führt nicht zum Grundrechtsverzicht. Manches Unternehmen würde zwar den Verlust des Grundrechtsschutzes „freiwillig" in Kauf nehmen, wenn es dadurch politische Macht gewänne. Aber zu solchen „Deals" darf die rechtsetzende Gewalt nicht mit der Aussicht, von Grundrechtsbindungen befreit zu werden, ermuntert werden. Das würde Staat und Gesellschaft nicht nur in Kooperationsverhältnisse, sondern geradezu zu einem Rollentausch bringen. Dem darf nicht grundrechtsdogmatisch nachgeholfen werden. Vielmehr muss es dabei bleiben, dass Teilhabe Privater an Entscheidungen der rechtsetzenden Gewalt ausschließlich durch das Prinzip kooperativer Verantwortung zu legitimieren ist. Dieses Prinzip befreit den Staat weder aus seiner Gemeinwohlverantwortung, noch aus seiner Grundrechtsbindung. Die Bundesregierung darf nicht politische Teilhabe anbieten, um sich von ihrer Grundrechtsbindung zu befreien. Das Phänomen des „Tauschgeschäfts" darf nicht zum Rechtsprinzip erhoben werden.

---

[533] A. *Faber*, ebenda, S. 92 ff. dagegen bereits S. 258 ff.

332   2. Teil: Verfassungs- und gemeinschaftsrechtliche Bindungen

Auch hierzu ein Beispiel: Die Verpflichtung der RWE zur Emissionsminderung bei Großfeuerungsanlagen vom Juli 1982[534] stand in direktem Zusammenhang mit der geplanten, ein Jahr später in Kraft getretenen Großfeuerungsanlagen-Verordnung[535] vom 22. Juni 1983. Die Selbstverpflichtung kam auf hoheitlichen Druck hin zustande. Der Inhalt der Verordnung wurde umgekehrt durch die RWE weitreichend beeinflusst und mitgestaltet („Lex RWE"[536]). Tatsächlich entstand Uneinigkeit über die Frage des Verhältnisses zwischen der Selbstverpflichtung und der (um ein Jahr längere Übergangszeit einräumenden) Verordnung. Es besteht kein Anlass, das Land aus seiner Grundrechtsbindung zu befreien, sicher nicht hinsichtlich der Verordnung, aber auch nicht hinsichtlich der Absprachen. Ein Grundrechtsverzicht ist auch bei der im Oktober 1983 zwischen den Beteiligten geschlossenen weiteren Vereinbarung nicht anzunehmen: Danach verpflichtete sich die RWE zu einer Gesamtreduktion ihrer SO_2-Emissionen bereits bis 1987. Im Gegenzug versprach das Land eine Beschleunigung notwendiger Genehmigungsverfahren. Auch steht hoheitlicher Druck einem Grundrechtsverzicht entgegen.

Beim Typus der rein *autonomen Selbstverpflichtungen* kommt es auf einen Grundrechtsverzicht insoweit gar nicht an, als der Staat für derartige Selbstverpflichtungen ohnehin keine grundrechtliche Mitverantwortung trägt, wenn diese auf einer privaten Eigeninitiative der Wirtschaft beruhen und auf deren Inhalt der Staat in keinem Stadium der Verhandlungen und der Umsetzung Einfluss nimmt.

Ein Grundrechtsverzicht könnte bei den Absprachebeteiligten angenommen werden, die von der Selbstverpflichtung *wirtschaftliche Vorteile* erwarten. Solche Vorteile können in einem Imagegewinn liegen, entstehen aber insbesondere durch die Vereinbarung, neue Produkte zu entwickeln und damit einen neuen Wettbewerb zu entfachen. In diesen Fällen ist aber die Grundrechtsbeeinträchtigung unproblematisch verhältnismäßig und die Frage nach einer Grundrechtsverletzung rein theoretischer Natur.

Schließlich bleiben die Fälle, in denen der Staat eine Selbstverpflichtung *tatsächlich oder finanziell unterstützt*, in denen der Absprache nicht nur ein gegenseitiges Nachgeben, sondern ein positives do ut des zugrunde liegt. Dann erfolgt die Einwilligung[537] der Wirtschaft, weil eine „Vergünstigung mit Augenzwinkern in Aussicht gestellt"[538] wird.

---

[534] Zu diesem Beispiel siehe S. 53; *J. Knebel/L. Wicke/G. Michael*, Selbstverpflichtungen ..., 1999, S. 476 ff.
[535] GFAVO = 13. BImSchV, BGBl. I S. 719.
[536] *M. Kohlhaas/B. Praetorius/R. Eckhoff/Th. Hoeren*, Selbstverpflichtungen der Industrie zur CO_2-Reduktion, 1994, S. 86 m.w.N.
[537] *H. Bethge*, VVDStRL 57 (1998), S. 7 (44).
[538] *G. Püttner*, Diskussionsbeitrag, VVDStRL 57 (1998), S. 129.

§ 10 Grundrechtsbindung des kooperierenden Verfassungsstaates 333

In diesen zuletzt genannten Fällen wäre ein Grundrechtsverzicht denkbar. Dann stellt sich die Frage der dogmatischen *Folgen* eines solchen Verzichts. Diese Frage ist in einem Maße ungeklärt und denkbare Lösungsvorschläge sind so problematisch, dass dies die Figur des Grundrechtsverzichts in seiner praktischen Anwendung letztlich doch fragwürdig erscheinen lässt:

Sollen Private die Möglichkeit verlieren, sich auf Grundrechte zu berufen? Auch ein solcher Rechtsverzicht könnte als Ausdruck der Freiheit gedeutet werden. Freiwilligkeit und Bindung sind der gesellschaftlichen Freiheit gleichermaßen immanent. Der Gesellschaftsvertrag selbst ist beides, ist freiwillige Bindung und bindet Freiheit. Der Vertragsgedanke verknüpft Freiwilligkeit und Bindung im Akt der Selbst-Verpflichtung. Die Vertragsfreiheit ist Freiheit und ist Möglichkeit zur Bindung. Gesellschaftliche Freiheit impliziert deshalb nicht nur Bindungen an demokratische Entscheidungen, sondern ebenso die Möglichkeit persönlicher Eigenbindung. Gesellschaftliche Freiheit eröffnet auch und gerade die individuelle Möglichkeit, Rechtswirkungen für die Zukunft zu schaffen. Aber die dogmatischen Konsequenzen sind ungeklärt.

G. Sturm, der mit Recht beklagte, dass der Frage der Folgen lange Zeit keine Aufmerksamkeit geschenkt wurde, unterscheidet drei denkbare Rechtsfolgen eines Grundrechtsverzichts:[539] die Ersetzung des Gesetzesvorbehalts, die verfassungsrechtliche Rechtfertigung von Grundrechtsbeschränkungen sowie die prozessuale Bedeutung der Unzulässigkeit oder Unbegründetheit von Klagen und Verfassungsbeschwerden. Damit ist das Spektrum der denkbaren Rechtsfolgen jedoch weder erschöpft, noch systematisiert.

Am weitesten würde ein *allgemeiner Rechtsverzicht* gehen. Genau betrachtet geht ein allgemeiner Rechtsverzicht jedoch über den Grundrechtsverzicht hinaus. Ein Rechtsverzicht allein auf Grund des informalen Charakters von Kooperationen ist abzulehnen. Der Rechtsstaat darf sich nicht durch informales Handeln außerhalb der Rechtsordnung stellen, die ihn konstituiert. Dies ist kein spezifisch grundrechtliches, sondern ein allgemein rechtsstaatliches Gebot. Hierher gehört – beim Wort genommen – auch die Ablehnung des Grundsatzes „volenti non fit iniuria"[540] im Verwaltungsrecht.[541] Damit ist jedoch über die Möglichkeit eines Grundrechtsverzichts nichts gesagt.[542]

---

[539] *G. Sturm,* in: FS für W. Geiger, 1974, S. 173 (186 f.).

[540] Der Satz „volenti non fit iniuria" (dem Wollenden bzw. Einwilligenden geschieht kein Unrecht) geht auf eine Formulierung *Ulpians* in den Digesten zurück: „Nulla iniuria est, quae in volentem fiat": D. 47.10.1.5.

[541] *E. Forsthoff,* Lehrbuch des Verwaltungsrechts, Band I: Allgemeiner Teil, 10. Aufl. 1973, S. 279: „im Verwaltungsrecht hat der Satz volenti non fit injuria keine Geltung"; vgl. auch *J. Burmeister,* VVDStRL 52 (1993), S. 190 (213).

Werden beide Fragen miteinander vermengt,[543] dann kommt man vorschnell zu Behauptungen, entweder der Grundsatz „volenti non fit iniuria" gelte auch für Kooperationen zwischen Privaten und dem Staat oder ein Grundrechtsverzicht sei wegen der Nichtgeltung dieses Grundsatzes ausgeschlossen.

Eine spezifisch *prozessuale Wirkung* ist abzulehnen. Selbst wenn informale Kooperation beabsichtigt, Rechtsstreitigkeiten zu vermeiden, liegt darin kein rechtlich wirksamer Klageverzicht i.S. eines pactum de non petendo. Dieser scheitert schon daran, dass gerade eine solche Vereinbarung mit Rechtsbindungswillen geschlossen und auf ein bestimmtes Rechtsverhältnis bezogen werden müsste. Daran fehlt es bereits bei den informalen, rechtlich unverbindlichen Absprachen. Auch die Rechtsschutzgarantie des Art. 19 Abs. 4 GG verbietet es dem Staat, sich gegenüber normativen Absprachen auf einen Klageverzicht zu berufen. Die von *Sturm*[544] erörterten prozessualen Wirkungen sind nur Konsequenzen der materiellen Bedeutung eines Grundrechtsverzichts: Die Nichtgeltung der Grundrechte bzw. die Rechtfertigung von Grundrechtsbeeinträchtigungen hat prozessuale Auswirkungen auf die Zulässigkeit bzw. Begründetheit entsprechender Klagen.

Ein Grundrechtsverzicht darf bei wirtschaftlichen Grundrechten nicht zum Tatbestandsausschluss der Grundrechte führen, d.h. deren *Schutzbereich* ausschließen[545]. Wenn der Grundrechtsverzicht negative Grundrechtsausübung des Betroffenen ist, muss der Schutzbereich eröffnet sein. Eine Schutzbereichsbegrenzung kommt deshalb nur dann in Betracht, wenn ein Grundrecht begrifflich entgegenstehenden Willen voraussetzt. Die hierfür in Betracht kommenden Art. 6 Abs. 3 und 16 Abs. 1 S. 2 GG spielen jedoch im vorliegenden Zusammenhang keine Rolle.

Zum Teil wird vertreten, dass bei Grundrechtsverzicht *kein Eingriff* vorliege.[546] Dieser Ansatz ist jedoch den Auflösungserscheinungen des Ein-

---

[542] Für die Unterscheidung, d.h. gegen die Geltung des Grundsatzes „volenti non fit iniuria" im Verwaltungsrecht aber für die Möglichkeit eines Grundrechtsverzichtes *M. Sachs,* VerwArch 76 (1985), S. 398 ff. und *ders.,* JuS 1995, S. 303 (307); zustimmend *H. Bethge,* VVDStRL 57 (1998), S. 7 (44); den Grundrechtsverzicht als Teilaspekt des volenti-Grundsatzes sieht *G. Lübbe-Wolff,* Die Grundrechte als Eingriffsabwehrrechte, 1988, S. 58 f.

[543] Vielfach wird die Frage des Grundrechtsverzichtes unter dem Stichwort des Grundsatzes „volenti non fit iniuria" erörtert; vgl. *G. Robbers,* JuS 1985, S. 925; *J. Knebel/L. Wicke/G. Michael,* Selbstverpflichtungen …, 1999, S. 58 ff.; *U. Dempfle,* Normvertretende Absprachen, 1994, S. 106 ff.; *A. Helberg,* Normabwendende Selbstverpflichtungen …, 1999, S. 192.

[544] *G. Sturm,* in: FS für W. Geiger, 1974, S. 173 (187).

[545] So für Fälle der Art. 6 Abs. 3 und 16 Abs. 1 S. 2 GG *R. Eckhoff,* Der Grundrechtseingriff, 1992, S. 184.

[546] So *G. Lübbe-Wolff,* Die Grundrechte als Eingriffsabwehrrechte, 1988, S. 59.

griffsbegriffes ausgeliefert. Die Frage, ob kooperatives Handeln des Staates überhaupt als Eingriff bezeichnet werden kann, ist ungeklärt. Statt dieses Problem dogmatisch zu lösen, wird in der Literatur um den Grundrechtsverzicht gestritten. Es handelt sich um ein Schattengefecht, weil ein Grundrechtsverzicht angesichts des hoheitlichen Drucks auf normative Absprachen spätestens an den Voraussetzungen im Regelfall scheitert. Dieses Schattengefecht mit dem Ergebnis, dass ein Grundrechtsverzicht nicht vorliegt, birgt die Gefahr von Trugschlüssen in zwei Richtungen: Erstens darf daraus nicht geschlossen werden, die Absprache stelle mangels Freiwilligkeit eine verfassungswidrige Nötigung der Wirtschaft dar. Zweitens ist die positive Frage, ob Kooperation einen Eingriff begründet, nicht mit der negativen Feststellung, dass kein Verzicht vorliegt, beantwortet.[547] Weil Kooperation nach hier vertretener Auffassung nicht als Eingriff zu erfassen ist (hierzu sogleich), braucht ein Eingriffsausschluss hier nicht weiter diskutiert zu werden.

Nach der Auffassung von *Michael Sachs* ist der Grundrechtsverzicht dogmatisch eine Frage der *Zurechnung*. Durch den Grundrechtsverzicht wird gegebenenfalls der Zurechnungszusammenhang einer Grundrechtsbeeinträchtigung, die an sich der Staatsgewalt zurechenbar wäre, von der freien Willensausübung des Grundrechtsträgers unterbrochen.[548] Diese Auffassung hat den Vorteil, dem streitbelasteten Eingriffsbegriff auszuweichen und den übergeordneten Gesichtspunkt der Zurechnung in den Mittelpunkt zu stellen. Doch für diese Theorie gilt nichts anderes als für die vorgenannte: Die Zurechnung wird durch das Fehlen eines Grundrechtsverzichts nicht begründet, sondern allenfalls umgekehrt durch sein Vorliegen unterbrochen.

Darüber hinaus bleiben Zweifel, ob die Zurechnung, d.h. Kausalitäts- und Verantwortlichkeitsgesichtspunkte wirklich der dogmatische Ort des Verzichts bzw. der Einwilligung ist. Soll ein Grundrechtsverzicht auch dann anzunehmen sein, „wenn die Staatsgewalt das Verhalten des Grundrechtsträgers final in die gewünschte Richtung gesteuert hat"[549], hätte dies zur Folge, dass solche Steuerung sowohl von einer formellen als auch von einer materiellen Rechtfertigungsbedürftigkeit freigestellt wäre. Das hieße, dass unzuständige Hoheitsträger im Konsens ihrer Grundrechtsbindung ent-

---

[547] Zuletzt wieder *T. Köpp*, Normvermeidende Absprachen zwischen Staat und Wirtschaft, 2001, S. 210 ff. Auch *W. Frenz*, Selbstverpflichtungen der Wirtschaft, 2001, spricht zunächst von „Grundrechtsbeeinträchtigung" (S. 178), um dann zu behaupten, es läge „kein Grundrechtsverzicht, sondern ein Grundrechtseingriff" (S. 179) vor.
[548] *M. Sachs*, JuS 1995, S. 303 (307). Neben einem Grundrechtsverzicht prüft *W. Frenz*, Selbstverpflichtungen der Wirtschaft, 2001, S. 182 die Unterbrechung der Zurechnung eines Grundrechtseingriffs.
[549] *M. Sachs*, JuS 1995, S. 303 (307).

336   2. Teil: Verfassungs- und gemeinschaftsrechtliche Bindungen

kämen, dass Hoheitsträger von den Grenzen ihrer gesetzlichen Ermächtigungen im Rahmen des grundrechtlichen Gesetzesvorbehaltes befreit wären und dass es auf die Verhältnismäßigkeit nicht ankäme.[550]

Die Folgen einer solchen Theorie sollten überdacht werden. Hier lohnt ein paralleler Blick auf die Strafrechtsdogmatik. Diese schwankt zwischen Tatbestandsausschluss[551] und Rechtfertigung[552]. Unterbrechungen des Zurechnungszusammenhangs werden hingegen nur bei einer Selbstgefährdung[553] bzw. einverständlichen Fremdgefährdung[554] diskutiert.[555] Die Grundrechtsdogmatik scheint von solchen Differenzierungen weit entfernt.

Nach Ansicht von *Albert Bleckmann* ist ein Grundrechtsverzicht auf der Stufe der *Rechtfertigung* eines Eingriffs[556] zu prüfen. Auch hier stellt sich die Folgenfrage, ob es sich dabei um eine formelle Rechtfertigung, eine materielle Rechtfertigung oder beides handelt. Eine rein formelle Rechtfertigung hätte zur Folge, dass der Gesetzesvorbehalt und verfahrensrechtliche Anforderungen nicht gelten würden, die Grundrechtsbeeinträchtigung aber materiell verhältnismäßig sein müsste. Eine rein materielle Rechtfertigung hätte zur Folge, dass umgekehrt eine gesetzliche Ermächtigung zur Kooperation vorliegen müsste und verfahrensrechtliche Anforderungen zu beachten wären, es aber dabei nicht auf die Verhältnismäßigkeit der Grundrechtsbeeinträchtigung ankäme.[557] Eine formelle und materielle Rechtfertigung würde keinerlei Anforderungen an die Verfassungsmäßigkeit der Grundrechtsbeeinträchtigung stellen und würde im Ergebnis auf dasselbe hinauslaufen wie die Verneinung der Schutzbereichseröffnung oder die Unterbrechung des Zurechnungszusammenhangs.[558]

---

[550] So A. *Faber*, Gesellschaftliche Selbstregulierungssysteme im Umweltrecht, 2001, S. 305.

[551] C. *Roxin*, Strafrecht AT, Bd. 1, 3. Aufl. 1997, § 13 II 3. und 7.

[552] H. *Otto*, Grundkurs Strafrecht, Allgemeine Strafrechtslehre, 6. Aufl. 2000, § 8 III 2, S. 126.

[553] Hierzu H. *Otto*, Jura 1984, S. 536 ff.

[554] C. *Roxin*, Zum Schutzzweck der Norm bei fahrlässigen Delikten, FS Gallas, 1973, S. 241 (249 ff.).

[555] C. *Roxin*, Strafrecht AT, Bd. 1, 3. Aufl. 1997, § 11 B I 4.

[556] So im Anschluss an A. *Bleckmann*, JZ 1988, S. 57 R. *Eckhoff*, Der Grundrechtseingriff, 1992, S. 185; kritisch G. *Robbers*, JuS 1985, S. 925.

[557] Hiergegen spricht die Verortung des Grundsatzes der Verhältnismäßigkeit (auch) im Rechtsstaatsprinzip und die Forderungen, ein Grundrechtsverzicht müsse jedenfalls sachgerecht und zweckangemessen sein; hierzu G. *Sturm*, in: FS für W. Geiger, 1974, S. 173 (186 f.) m.w.N.

[558] Insoweit hat G. *Lübbe-Wolff*, Die Grundrechte als Eingriffsabwehrrechte, 1988, S. 59 (Fn. 167) Recht, übersieht dabei jedoch die differenzierenden Möglichkeiten einer Teilrechtfertigung.

An dieser Stelle kann nur festgehalten werden, dass die grundrechtsdogmatische Verortung bislang keine gesicherten Ergebnisse bereithält. Sie wird erst überzeugend begründet werden können, wenn eine umfassende Zurechnungslehre für die Grundrechte vorliegt. Vorrangig sind die dogmatischen Konsequenzen kooperativer Maßnahmen auf den Eingriffsbegriff bzw. die Zurechnungstheorie zu klären. Für die Grundrechtstheorie haben Erwägungen zum Grundrechtsverzicht bislang mehr Verwirrung und Verschleierung als Klärung herbeigeführt.

Grundrechtstheorie darf vor allem aber nicht zur l'art pour l'art werden, sondern muss zur Lösung der Fragen beitragen, die praktisch von Bedeutung sind. Das muss für eine Theorie zum Grundrechtsverzicht bezweifelt werden: Die Fälle, in denen ein solcher Verzicht diskutabel wäre, sind nicht nur selten, sondern lassen keinen Rechtsstreit um Grundrechtsverletzungen erwarten. Eigeninteressen bei normativen Absprachen spielen bei der Frage der Grundrechtsgeltung praktisch eine Rolle bei der Verhältnismäßigkeit und sie werden vor allem in den Fällen relevant, in denen Eigeninteressen mancher Unternehmen zu Lasten anderer Grundrechtsträger verwirklicht werden. Das politische Eigeninteresse der Wirtschaft an normativen Absprachen, das regelmäßig in dem Gewinn der Teilhabe an Entscheidungen der rechtsetzenden Gewalt liegt, führt nicht zu einem Grundrechtsverzicht. Die Chance politischen Machtgewinns bewegt die Wirtschaft zum Konsens und zur Übernahme spezifischer Gemeinwohlverantwortung. Die Grundrechte beanspruchen uneingeschränkt Geltung gegenüber Entscheidungen der rechtsetzenden Gewalt. Sie setzen sowohl demokratisch legitimierter Rechtsetzung als auch deren Substitution inhaltlich Grenzen.

b) Eingriff durch Kooperation?

Sich auf den Streit um den Begriff des Grundrechtseingriffs einzulassen, heißt die „Büchse der Pandora" der Grundrechtsdogmatik öffnen. Seit die Diskussion darüber entbrannt ist, ob auch faktische Beeinträchtigungen der Grundrechte[559] Eingriffe darstellen und ob der klassische Eingriffsbegriff entsprechend zu erweitern ist, ist die Grundrechtsdogmatik nicht mehr zur Ruhe gekommen. Weil die Eingriffsqualität normativer Absprachen bislang ungeklärt ist, führt kein Weg daran vorbei, sich auf die Problematik jedenfalls partiell einzulassen.

Als unstrittig kann gelten, dass normative Absprachen dem *klassischen Eingriffsbegriff* nicht entsprechen[560]: Der setzt Imperativität, rechtliche Wirkung, Unmittelbarkeit und Finalität voraus. Normative Absprachen substitu-

---

[559] *H.-U. Gallwas*, Faktische Beeinträchtigungen im Bereich der Grundrechte, 1970; *W. Roth*, Faktische Eingriffe in Freiheit und Eigentum, 1994.

ieren jedoch imperatives Handeln und entfalten allenfalls faktische Bindungen, unmittelbar wirken sie nur gegenüber den hier vorab behandelten absprachebeteiligten Unternehmen und final immerhin gegenüber den Unternehmen, deren Verhaltensänderung vom Staat bezweckt ist.

Alle vier Kriterien des klassischen Eingriffsbegriffs sind aber inzwischen aufgegeben oder zumindest bestritten worden. Die unzähligen Positionen lassen sich in drei Gruppen teilen, die den Eingriffsbegriff erstens punktuell um Fallgruppen erweitern, ihn zweitens zu einem umfassenden Sammelbegriff für jegliche Grundrechtsgeltung erklären oder drittens die Verabschiedung des Begriffs wegen seiner Konturlosigkeit fordern.

Mit dem erweiterten Eingriffsbegriff wären jedenfalls die meisten Grundrechtsbeeinträchtigungen normativer Absprachen zu erfassen, wenn die Finalität als hinreichendes Kriterium anzuerkennen wäre. Dieser Auffassung folgt *Angela Faber,* die ihr Ergebnis allerdings hinsichtlich absprachebeteiligter Unternehmen durch einen Grundrechtsverzicht ins Gegenteil verkehrt[561]. Beidem ist zu widersprechen. *Faber* überinterpretiert die kooperative Seite der Absprache hinsichtlich des Grundrechtsverzichts und vernachlässigt sie hinsichtlich der Eingriffsbegründung. Kooperatives Handeln ist mit dem Finalitätskriterium allein nicht zu erfassen.

Der am meisten diskutierte Begriff der Eingriffsdogmatik ist die *Finalität*. Er wurde konkret am Beispiel staatlicher Warnungen[562] entfaltet, die zu den „nicht-imperativen, gleichwohl aber finalen Einwirkungen"[563] zählen. Als Fallgruppe lassen sich staatliche Warnungen aber nicht mit normativen Absprachen vergleichen: Staatliche Warnungen ergehen einseitig und richten sich an die Öffentlichkeit. Sie wirken mittelbar über das Verhalten der Verbraucher auf die Wirtschaft. Normative Absprachen werden mit der Wirtschaft selbst ausgehandelt, sind also keine einseitigen Akte. Sie sollen direkt und nicht indirekt eine Verhaltensänderung der Unternehmen bewir-

---

[560] *A. Faber,* Gesellschaftliche Selbstregulierungssysteme im Umweltrecht, 2001, S. 301; keine Probleme sieht in dieser Frage *W. Frenz,* Selbstverpflichtungen der Wirtschaft, 2001, S. 177 ff. und behauptet – im Ergebnis zutreffend – die Zurechenbarkeit normativer Absprachen an die öffentliche Hand.

[561] *A. Faber,* ebenda, S. 303 ff., 310, dagegen s. o. S. 258 ff., 330 f.

[562] Aus der Rechtsprechung hierzu: BVerwGE 71, 183 (193 ff.) = NJW 1985, 2774 – Transparenzliste; E 82, 76 (80) – Jugendsekten; BVerwG v. 13.3.1991 NJW 1991, 1770, v. 17.3.1992 NJW 1992, 2496, v. 4.5.1993 NVwZ 1994, 162 und BVerfG v. 15.8.1989 NJW 1989, 3269 – alle zum Thema Jugendsekten; BVerwGE 87, 37 – Glykol; BVerfG, 1 BvR 558/91 v. 26.6.2002 – Verbraucherwarnung Glykol; aus der Literatur statt aller: *W. Berg,* Die behördliche Warnung – eine neue Handlungsform des Verwaltungsrechts? ZLR 17 (1990), S. 565 (567 f.); *M. Schulte,* Schlichtes Verwaltungshandeln, 1995, S. 86 ff.; zuletzt *J. Lege,* DVBl. 1999, S. 569 ff.

[563] *E. Schmidt-Aßmann,* in: FS für K. Redeker, 1993, S. 225 (238).

ken. Es ist deshalb zu fragen, welche Bedeutung das Kriterium der Finalität jenseits der Warnungsfälle beansprucht.

Das Kriterium der Finalität kann theoretisch in drei Bedeutungsvarianten verwendet werden: Finalität kann ein notwendiges, ein hinreichendes (so *A. Faber*) oder ein notwendiges und hinreichendes Kriterium sein. Finalität ist notwendig, wenn nur zielgerichtete Grundrechtsbeeinträchtigungen als Eingriffe zu qualifizieren sind. Sie ist hinreichend, wenn allein die Zielgerichtetheit einer Grundrechtsbeeinträchtigung diese als Eingriff qualifizierte ohne dass es dabei auf die tatsächliche Wirkung ankommt. Sie ist notwendig und hinreichend, wenn es sich um das ausschließliche Merkmal zur Qualifizierung von Eingriffen handelt, wenn es also auf andere Kriterien weder alternativ, noch kumulativ ankommt.

Die Rechtsprechung des BVerwG ging zunächst noch vom Erfordernis der Finalität des Grundrechtseingriffs aus, um dieses Kriterium jedoch nach und nach zu modifizieren[564], zu ergänzen[565] und schließlich aufzugeben[566]. Das BVerfG verzichtet bei Maßnahmen mit „objektiv berufsregelnder Tendenz"[567] auf die Finalität des Eingriffs in Art. 12 Abs. 1 GG. Das Kriterium der Finalität des Eingriffs spielt noch eine Rolle in der Rechtsprechung des BVerfG zur Enteignung i.S.d. Art. 14 Abs. 3 GG, die „ihrem Zweck nach ... auf die vollständige oder teilweise Entziehung konkreter subjektiver Rechtspositionen gerichtet"[568] sein muss. Rückschlüsse auf die allgemeine Eingriffsdogmatik lassen sich jedoch hieraus nicht ziehen. Jüngst spricht das BVerfG in den Warnungsfällen an Stelle vom Eingriff von einer rechtfertigungsbedürftigen Beschränkung des Gewährleistungsbereichs (1 BvR 558/91 v. 26.6.2002, Rz. 60).

In der Literatur ist das Bild noch weniger einheitlich. Sei es aus Überzeugung oder in Ermangelung alternativer, vor allem auch praktikabler Kriterien, feiert die Finalität, so oft sie auch begraben wird,[569] immer wieder (mindestens vorübergehende) Renaissancen.[570] Deshalb kommt bis heute kein Autor daran vorbei, sich zu „bekennen".[571]

---

[564] BVerwGE 71, 183 (193 ff.) – Transparenzliste.
[565] BVerwG NJW 1989, 2272 (2273) – Jugendsekten; *M. Schulte*, Schlichtes Verwaltungshandeln, 1995, S. 90.
[566] BVerwGE 87, 37 (45 ff.) – Glykol, anders BVerwG NJW 1992, 2496 (2498 f.).
[567] BVerfGE 42, 374 (384) – Pfandleihgewerbe.
[568] BVerfGE 52, 1 (27) – Kleingarten.
[569] Statt aller: *R. Eckhoff*, Der Grundrechtseingriff, 1992, S. 195 f.; *M. Schulte*, Schlichtes Verwaltungshandeln, 1995, S. 94.
[570] *M. Schulte*, Schlichtes Verwaltungshandeln, 1995, S. 92 (der sich jedoch gegen diese „Wiederbelebungsversuche" wendet, S. 93 f.) unter Hinweis auf *U. Di Fabio*, Risikoentscheidungen im Rechtsstaat, 1994, S. 430; *A. Roth*, Verwaltungshandeln mit Drittbetroffenheit und Gesetzesvorbehalt, 1991, S. 232; s. auch *T. Köpp*, Normvermeidende Absprachen zwischen Staat und Wirtschaft, 2001, S. 223.

Abzulehnen ist die Finalität als *notwendiges* Kriterium. Die Kategorie der „administrativen Realakte ohne zusätzlichen Steuerungsgehalt"[572] würde sonst nicht erfasst. Bei ihr weist das Kriterium der Finalität geradezu in eine falsche Richtung: Ziel staatlichen Handelns muss das Gemeinwohl sein. Grundrechtseingriffe können nur gerechtfertigt sein, wenn sie gerade nicht final auf den Eingriff, sondern final auf den Zweck des Gemeinwohls gerichtet sind. Von finalen Grundrechtseingriffen zu sprechen, ist geradezu irreführend. Gewollt i. S. v. bewusst in Kauf genommen ist meist auch die grundrechtsbeschränkende Wirkung staatlicher Maßnahmen. Das fordert bereits das Zitiergebot des Art. 19 Abs. 1 S. 2 GG an, das den Zweck hat, „sicherzustellen, dass nur wirklich gewollte Eingriffe erfolgen"[573]. Finalität in diesem Sinne ist eine Voraussetzung dafür, dass ein Grundrechtseingriff gerechtfertigt werden kann und kann keine Voraussetzung dafür sein, dass ein Grundrechtseingriff überhaupt vorliegt. Sonst würden nicht zu rechtfertigende, verfassungswidrige Grundrechtseingriffe in nicht einmal grundrechtsrelevante, verfassungsunbedenkliche Hoheitsakte uminterpretiert. Eine solche Eingriffsdogmatik würde effektiven Grundrechtsschutz ins Gegenteil verkehren.

Ob die Finalität ein *hinreichendes* und damit besonders praktikables[574] Kriterium darstellt und sich deshalb so lange halten konnte, muss bezweifelt werden: Die Praktikabilität beschränkt sich auf eine *Vermutungswirkung,* die in den Fällen greift, in denen der Staat mit einem Hoheitsakt bezweckt, in Grundrechte einzugreifen. Aber diese Vermutung kann entkräftet werden, wenn Zweifel aufkommen, ob der Hoheitsakt tatsächlich Auswirkungen auf die Grundrechte hat, ob der Staat mit andern Worten die Grundrechtsrelevanz seiner Maßnahme überschätzt hat. Das entscheidende Problem liegt nicht in den Absichten des Hoheitsträgers,[575] sondern in der Art und Weise seines Handelns. Allenfalls zusammen mit der Kausalität kann die Finalität als hinreichende Voraussetzung für einen Eingriff taugen.

Gegen die Finalitätstheorien spricht noch eine Überlegung: Der ursprüngliche und primäre Zweck der Grundrechte liegt im Schutz des Individuums.[576] Deshalb sollte die Eingriffsdogmatik am Rechtsgüterschutz zu

---

[571] Vgl. auch *H.-U. Gallwas,* Diskussionsbeitrag, VVDStRL 57 (1998), S. 116: „Wir werden nicht daran vorbeikommen, zu definieren, was wir unter einem Eingriff verstehen wollen ..."

[572] *E. Schmidt-Aßmann,* in: FS für K. Redeker, 1993, S. 225 (238).

[573] BVerfGE 64, 72 (79) – Prüfungsingenieure.

[574] *E. Grabitz,* Freiheit und Verfassungsrecht, 1976, S. 37; dagegen im Ergebnis *T. Köpp,* Normvermeidende Absprachen zwischen Staat und Wirtschaft, 2001, S. 210.

[575] Gegen subjektive Kriterien auch *B. Weber-Dürler,* VVDStRL 57 (1998), S. 57 (90).

Gunsten des Individuums anknüpfen. Wer hingegen der Finalität eine zentrale Bedeutung zumisst, kehrt die Blickrichtung um: Nicht der Bürger, sondern der Staat rückt in den Mittelpunkt der Betrachtung, wenn es auf die Intention des hoheitlichen Handelns ankommen soll. Dies widerspricht dem Wesen der Grundrechte. Das Grundgesetz formuliert Grundrechte primär als Rechte des einzelnen Menschen bzw. Bürgers (etwa Art. 2 Abs. 1 und 2 S. 1 GG: „Jeder hat das Recht auf ..."), aus denen Verbote staatlicher Eingriffe abzuleiten sind. Sogar die Schrankenregelungen sind typischerweise aus der Sicht des Bürgers und seiner Rechte formuliert (Art. 2 Abs. 2 S. 3 GG: „In diese Rechte darf nur auf Grund eines Gesetzes eingegriffen werden.") und nicht primär an den Staat adressiert (Es könnte ja auch umgekehrt heißen: „Der Staat darf in diese Rechte nur auf Grund eines Gesetzes eingreifen.").

Damit bleibt das Grundproblem: Während die Schutzbereichsprüfung die Grundrechtsrelevanz von der Seite der (tatsächlichen) Einwirkungen auf Rechtsgüter des Bürgers betrachtet, muss die Eingriffsprüfung, wenn man überhaupt an ihr festhalten mag, die Frage beantworten, ob die Einwirkungen auf die Grundrechte Wirkungen von Hoheitsakten darstellen. Dies führte *Martin Schulte* zu der nüchternen Erkenntnis, dass die Dogmatik zum Grundrechtseingriff „nach fast zehn Jahren intensiver Arbeit an dem Problem eigentlich wieder auf den Anfang zurückgeworfen"[577] ist.

Dieser Stand der Diskussion verbietet es, den nicht einmal in seinen Kernfragen geklärten Eingriffsbegriff zum Sammelbegriff zu erklären und auch die nicht weniger umstrittenen Schutzpflichtverletzungen als Eingriffe zu bezeichnen.[578] Der erweiterte Eingriffsbegriff[579] ist heute nicht bestimmter als am Beginn der Diskussion. Es bleibt die Forderung, jedes „mindernde Ein-

---

[576] *J. Isensee*, Diskussionsbeitrag, VVDStRL 57 (1998), S. 109, fordert zu Recht, nicht von den „Handlungspflichten der öffentlichen Gewalt", sondern „vom Grundrechtsträger" auszugehen.

[577] *M. Schulte*, Schlichtes Verwaltungshandeln, 1995, S. 95 in Bezug auf den Eingriffsbegriff.

[578] *W. Weiß*, Privatisierung und Staatsaufgaben, 2002, S. 182, will unter Eingriff „nicht nur staatlich aktives Handeln, sondern auch ein Unterlassen ... verstehen, das hinter dem verfassungsrechtlich Geforderten zurückbleibt". Zur Auseinandersetzung *J. Dietlein*, Die Lehre von den grundrechtlichen Schutzpflichten, 1992, S. 35 ff.; *P. Unruh*, Zur Dogmatik der grundrechtlichen Schutzpflichten, 1996, S. 44 ff.

[579] Vgl. hierzu die Ansätze von *K. W. Grewlich*, DÖV 1998, S. 54 (58 f.); vgl. auch *H. Bethge, B. Weber-Dürler*, VVDStRL 57 (1998), S. 7 ff., 57 ff.; *G. Lübbe-Wolff*, Die Grundrechte als Eingriffsabwehrrechte, 1988, S. 42 ff.; *M. Schulte*, Schlichtes Verwaltungshandeln, 1995, S. 98 ff.; *U. Di Fabio*, VVDStRL 56 (1997), S. 235 (257 ff.); *M. Schmidt-Preuß*, VVDStRL 56 (1997), S. 160 (174 f.) m.w.N. in Fn. 43, sowie S. 189 f.: „Erwirkung"; *J. Knebel/L. Wicke/G. Michael*, Selbstverpflichtungen ..., 1999, S. 198 f., 263.

wirken auf die Grundrechte"[580] durch den Staat bzw. „jedes staatliche Handeln, das dem Einzelnen ein Verhalten, das in den Schutzbereich eines Grundrechts fällt, unmöglich macht oder wesentlich erschwert"[581] als Grundrechtseingriff zu erfassen. Was ein „minderndes Einwirken" ist, muss auch eine Dogmatik, die „jedes" solches Einwirken erfassen will, klären. Der Begriff und seine Formel werden zur „Faustregel" ohne „Profil und Kontur"[582]. Denkbar allgemein bleibt auch die Forderung, auf die „Grundrechtsspezifität"[583] abzustellen, die das Problem mehr benennt als löst.[584] Die Grenzziehung zwischen bloßen „Grundrechtsbeeinträchtigungen"[585] oder „Grundrechtsgefährdungen"[586] und faktischen bzw. mittelbaren „Grundrechtseingriffen" wurde als „dogmatisches Chaos"[587] bezeichnet. Kein Versuch, die Kriterien des Grundrechtseingriffs auf den Begriff zu bringen, konnte sich bislang durchsetzen.

Zwei neuere Ansätze sind vielversprechend und bislang nicht ausgeschöpft worden:

Die Verknüpfung zwischen dem staatlichen Handeln und seinen (tatsächlichen) Wirkungen muss als *Problem der Zurechnung* von Grund auf neu überdacht werden.[588] Die Finalität ist nicht das einzige denkbare Kriterium. Insbesondere die Frage der Kausalität müsste stärker in den Mittelpunkt rücken. Wie uns das Zivil- und das Strafrecht lehren, kann Kausalität nicht nur Äquivalenz (conditio sine qua non) bedeuten, sondern auch Adäquanz-Gesichtspunkte berücksichtigen. Auch die Theorien des Normzwecks[589] oder der normativen Zurechnung nach der Risikoerhöhungslehre sind noch nicht auf ihre Übertragbarkeit auf die grundrechtliche Eingriffsdogmatik ausgelotet.

---

[580] So bereits *M. Kloepfer,* Grundrechte als Entstehenssicherung und Bestandsschutz, 1970, S. 22, der selbst bereits ebenda (Fn. 88) auf die Verflüchtigung des Eingriffsbegriffs hinweist.

[581] *H. Bethge,* VVDStRL 57 (1998), S. 7 (40).

[582] *H. Bethge,* VVDStRL 57 (1998), S. 7 (40).

[583] So *P. Badura,* JZ 1993, S. 37 (39).

[584] *M. Schulte,* Schlichtes Verwaltungshandeln, 1995, S. 91.

[585] Hierzu *H. Bethge,* VVDStRL 57 (1998), S. 7 (41).

[586] Gegen diesen Begriff *H. Bethge,* VVDStRL 57 (1998), S. 7 (43).

[587] *M. Schulte,* Schlichtes Verwaltungshandeln, 1995, S. 88.

[588] Vgl. *L. Schulze-Osterloh,* Das Prinzip der Eigentumsopferentschädigung im Zivilrecht und im öffentlichen Recht, 1980, S. 150.

[589] *M. Schulte,* ebenda, S. 96, 101 und passim; zustimmend, aber ebenfalls ohne nähere Konsequenzen aufzuzuzeigen *A. Helberg,* Normabwendende Selbstverpflichtungen ..., 1999, S. 191; zu einer grundrechtlichen Schutzzwecklehre vgl. *U. Ramsauer,* Die faktischen Beeinträchtigungen des Eigentums, 1980, S. 54 f.; *ders.,* VerwArch 72 (1981), S. 89 ff.; *R. Alexy,* Theorie der Grundrechte, 1985, S. 278; *R. Eckhoff,* Der Grundrechtseingriff, 1992, S. 265 ff.; grundlegend für das Zivilrecht: *J. G. Wolf,* Der Normzweck im Deliktsrecht, 1962.

§ 10 Grundrechtsbindung des kooperierenden Verfassungsstaates 343

In eine andere Richtung weisen Lösungsansätze, die stärker auf die *Intensität*[590] der (tatsächlichen) Grundrechtsbeeinträchtigung abstellen. Die „Intensität des Eingriffs, seine ‚Art und Schwere'" wurde zwar vom BVerfG als Kriterium der Bestimmung des Enteignungsbegriffs ausgeschlossen.[591] Damit ist jedoch dieser Gesichtspunkt in der allgemeinen Grundrechtsdogmatik nicht tabuisiert.

Intensitäts- und Zurechnungskriterien sind zwar völlig verschiedene Ansätze, schließen sich aber nicht gegenseitig aus. Es ist denkbar, auf Intensität und Zurechnung nebeneinander abzustellen. Beide Kriterien könnten sich in einer beweglichen Kombination ergänzen. Hierzu könnte die von *Walter Wilburg*[592] im Zivilrecht entwickelte, inzwischen aber allgemein in der Rechtstheorie diskutierte[593] Idee der so genannten „beweglichen Systeme" Vorbild sein.[594] Wilburg zeigte, dass etwa die Gefährdung, der Grad bzw. die Intensität der Verursachung, der Rechtswidrigkeit und des Verschuldens Elemente sind, aus denen sich die einzelnen Tatbestände des Schadensrechts herleiten lassen. Tatbestände des vermuteten Verschuldens bzw. der Gefährdungshaftung bestätigen z.B. Wilburgs Beobachtung, dass die Haftung umso weniger an das Verschulden anknüpft, je größer die Gefährlichkeit eines Verhaltens ist.

Auf die weitere Vertiefung des Eingriffsbegriffs und der Perspektiven einer allgemeinen Grundrechtsdogmatik soll hier aber nicht nur deshalb verzichtet werden, weil dies den Rahmen dieser Arbeit sprengen würde. Vielmehr unterscheiden sich die grundrechtlichen Probleme der Selbstverpflichtung der Wirtschaft in so wesentlichen Punkten von den im Rahmen des Eingriffsbegriffs im Übrigen diskutierten Fällen, dass hierfür ein eigener dogmatischer Ansatz erforderlich ist: Das viel diskutierte Problem der staatlichen Warnungen, das bereits ein grundrechtsdogmatisches Erdbeben ausgelöst hat, warf lediglich die Fragen informaler Hoheitsakte und deren Einwirkung auf das Handeln Privater auf. Der Eingriffsbegriff ist bereits hier-

---

[590] Hierzu statt aller *A. Scherzberg,* Grundrechtsschutz und „Eingriffsintensität", 1989; vgl. auch *K. Döhring,* Diskussionsbeitrag, VVDStRL 57 (1998), S. 138 f. zum umgekehrten Erfordernis eines Eingriffs an der Grenze des unerträglichen Freiheitsgebrauchs in Anlehnung an das common law; jetzt wieder *T. Köpp,* Normvermeidende Absprachen zwischen Staat und Wirtschaft, 2001, S. 226 f.
[591] BVerfGE 58, 300 (334 f.) – Nassauskiesung.
[592] *W. Wilburg,* Die Elemente des Schadensrechts, 1941; *ders.,* Entwicklung eines beweglichen Systems im bürgerlichen Recht, 1951 und *ders.,* AcP 163, S. 346 ff.
[593] *F. Bydlinski* (Hrsg.), Das bewegliche System im geltenden und künftigen Recht, 1986; *L. Michael,* Der allgemeine Gleichheitssatz als Methodennorm komparativer Systeme, 1997; *ders.,* in: B. Schilcher, P. Koller, B.-C. Funk (Hrsg.), Regeln, Prinzipien und Elemente im System des Rechts, 2000, S. 267 ff.
[594] Für die Grundrechtsdogmatik mit Blick auf die Schutzpflichten jetzt auch *C.-W. Canaris,* Grundrechte und Privatrecht, 1999, S. 80.

durch ins Wanken gekommen. Die Chance, dass er den Erschütterungen informaler *und* kooperativer Grundrechtsbeeinträchtigungen standhalten könnte, ist bei weitem geringer.[595]

Auch für den *subordinationsrechtlichen Verwaltungsvertrag* ist bestritten worden, ob für ihn der Vorbehalt des Gesetzes gilt. Die Rechtsprechung des BVerwG hat dies verneint.[596] Kooperatives Handeln ist somit selbst dort nicht als Eingriff anerkannt, wo rechtlich verbindliche Konsequenzen aus ihm folgen. Die Argumentation aus dem Vollzugsbereich lässt sich jedoch auf normative Absprachen nicht übertragen: Beim Abschluss von Verwaltungsverträgen handeln Private oft in Ausübung ihrer grundrechtlichen Freiheiten, verfolgen konkrete Vorhaben und gehen dafür Pflichten ein. Das ist mit der Teilhabe an Entscheidungen der rechtsetzenden Gewalt nicht vergleichbar.

Die Literatur hat bislang keine dogmatisch überzeugende Lösung des Problems der Selbstverpflichtungen auf der Grundlage des Eingriffsbegriffs geliefert. Soweit versucht wird, mit der Eingriffsdogmatik zu arbeiten, bleibt es bei diffusen Forderungen: Auch die Staatsrechtslehrertagung in Osnabrück 1997 hat in dieser Frage keine Klärung gebracht. *Herbert Bethge*[597] stellte zwar zu Beginn des Referats die Forderung auf: „Überlässt der Staat öffentliche Zwecke dem selbstregulativen Vollzug der Gesellschaft, ist er nicht von seiner prinzipiellen (sic!) Eingriffsverantwortung freigestellt." Eine dogmatische Begründung blieb er jedoch schuldig. Am Schluss seines Referates bekennt er unter dem Gliederungspunkt „offene Fragen" zutreffend: „Die Rolle der Grundrechte im kooperativen sozialen Bundesstaat blieb auch hier vernachlässigt."

Andreas Helberg legt sich in seiner Monographie dogmatisch ebenso wenig fest. Einerseits sollen staatlich induzierte normabwendende Absprachen „wegen der Nähe ... zur hoheitlich-befehlenden Steuerung durch Normerlass ... als Eingriffe gewertet werden"; andererseits wird dieses Ergebnis sogleich in Frage gestellt durch die Bezeichnung als bloße „rechtliche Gleichstellung (sic!) der staatlich initiierten Selbstverpflichtung mit einem Grundrechtseingriff"[598]. *Claudio Franzius* spricht von einer „eingriffsgleichen Einwirkung"[599]. *Peter Michael Huber* äußerte zu Recht skeptisch, dass die grundrechtsdogmatische Erfassung von Selbstverpflichtungen „mit dem

---

[595] Vgl. auch *R. Wahl,* Diskussionsbeitrag, VVDStRL 57 (1998), S. 118 zu dem „Unbehagen an der Expansion der Grundrechte und der Grundrechtsdogmatik".

[596] BVerwGE 42, 331 (335) – Folgekostenvertrag; so auch *A. Bleckmann,* VerwArch 63 (1972), 404 (434 ff.); mit anderer Begründung *J. Schwabe,* Probleme der Grundrechtsdogmatik, 1977, S. 107 ff.; kritisch: *D. Ehlers,* VerwArch 74 (1983), S. 112 (126).

[597] *H. Bethge,* VVDStRL 57 (1998), S. 7 (10).

Instrument des Eingriffsbegriffs vielleicht (sic!) nicht vollständig (sic!) zu leisten ist", meint aber, dass dieser Weg „zumindest in Angriff genommen werden kann"[600]. Weil die Zweifel an dem Weg berechtigt sind, kann der Wille, ihn in Angriff zu nehmen, nicht zum Ziel führen. Das ist der Grund, warum die dogmatische Erfassung selbstregulativer Mechanismen immer wieder – besonders deutlich von *Michael Kloepfer* – gefordert,[601] aber nie geleistet wurde. Bislang bleibt das Fazit der Staatsrechtslehrertagung von Dresden (1996) unwiderlegt: Letztlich „entzieht sich" staatliches Handeln bei indirekter Steuerung „der grundrechtlichen Eingriffstypik" (*Udo Di Fabio*)[602]. „Die Inszenierung von Selbstregulierungen ... ist schlechterdings mit der Eingriffsfigur nicht zu fassen."[603] (*Michael Kloepfer*).

Es sind deshalb neue Wege zu beschreiten. Dies soll hier mit Kriterien der Zurechnung in Angriff genommen werden. Dabei ist die Frage, ob die Grundrechtsbindung des Staates bei normativen Absprachen schließlich wieder dem Eingriffsbegriff hinzugerechnet werden sollte, eine Frage der allgemeinen Grundrechtsdogmatik, die an dieser Stelle nicht zu lösen sein wird. Zuvor ist jedoch die Frage aufgeworfen worden, ob die Dogmatik der Schutzpflichten eine Lösung für normative Absprachen bereithält.

Zwischenergebnis: Der Eingriffsbegriff in seiner jetzigen Gestalt ist ungeeignet, Kooperation zwischen Staat und Wirtschaft angemessen zu erfassen. Der Eingriffsbegriff ist auf einseitiges Handeln zugeschnitten und kann kooperatives Handeln nicht erklären. Auch der so genannte erweiterte Eingriffsbegriff erfasst zwar informales Handeln und faktische sowie mittelbare Wirkungen, nicht jedoch Kooperationen.

---

[598] A. *Helberg*, Normabwendende Selbstverpflichtungen ..., 1999, S. 195; zu Recht kritisch gegenüber einem „eingriffsgleichen Eingriff" M. *Kloepfer*, Diskussionsbeitrag, VVDStRL 57 (1998), S. 121.

[599] C. *Franzius*, Die Herausbildung der Instrumente indirekter Verhaltenssteuerung im Umweltrecht der Bundesrepublik Deutschland, 2000, S. 177.

[600] P. M. *Huber*, Diskussionsbeitrag, VVDStRL 57 (1998), S. 142.

[601] M. *Kloepfer*, Diskussionsbeitrag, VVDStRL 57 (1998), S. 121: „... es bleibt die Aufforderung, eine Dogmatik zu entwickeln für diese leiseren Formen des staatlichen Steuerns."

[602] U. *Di Fabio*, VVDStRL 56 (1997), S. 235 (262), der allerdings die Frage nach einer alternativen Dogmatik nicht stellt; vgl. auch S. M. *Hirschfeld*, Staatlich initiierte Monopole und Verfassungsrecht – das Beispiel der Verpackungsverordnung, 1997, S. 107: „... ist kritisch zu fragen, ob nicht auch der moderne Eingriffsbegriff für gescheitert erklärt werden muss".

[603] M. *Kloepfer*, Diskussionsbeitrag, VVDStRL 57 (1998), S. 121.

c) Grundrechtliche Schutzpflichten des kooperierenden Verfassungsstaates?

Es wäre denkbar, dass grundrechtliche Schutzpflichten informalen Absprachen zwischen der Wirtschaft und dem Staat äußere und innere Grenzen setzen. Äußere Grenzen könnten darin bestehen, dass Schutzpflichten ein bestimmtes, formales hoheitliches Handeln geböten und damit Selbstverpflichtungen und informaler Kooperation insgesamt entgegenstünden.[604] Dazu gehört die Behauptung, Schutzpflichten stünden normativen Absprachen im Gefahrenbereich entgegen.[605] Innere Grenzen würden dadurch markiert, dass Schutzpflichten den Staat dazu zwängen, auf Inhalte und Einhaltung von Selbstverpflichtungen Einfluss zu nehmen, also mit der Wirtschaft zu verhandeln und gegebenenfalls informalen Druck auszuüben. Dazu gehört der Ansatz von *Matthias Schmidt-Preuß*, eine staatliche Gewährleistungsverantwortung und daraus folgend eine Beobachtungspflicht und Begleitkontrolle aus grundrechtlichen Schutzpflichten abzuleiten.[606] Man könnte diese Pflicht als informale Parallele zu den Nachbesserungspflichten des parlamentarischen Gesetzgebers sehen.[607] Indes greifen grundrechtliche Schutzpflichten im Ergebnis nur in extremen Ausnahmefällen durch.[608] Sie sind nach jetzigem Stand der Dogmatik nicht geeignet, dem gegenüber Selbstverpflichtungen geforderten effektiven Grundrechtsschutz umfassend Rechnung zu tragen:

---

[604] *W. Spannowsky*, Grenzen des Verwaltungshandelns durch Verträge und Absprachen, 1994, S. 144, sieht hierin die Ausnahme, dass „die Verwendung der Absprachenform von vornherein rechtswidrig" ist; vgl. auch *K. Rennings/K. L. Brockmann/H. Bergmann*, Nachhaltigkeit, Ordnungspolitik und freiwillige Selbstverpflichtung, 1996, S. 131 (182); *M. Schmidt-Preuß*, VVDStRL 56 (1997), S. 160 (172).

[605] *A. Helberg*, Normabwendende Selbstverpflichtungen ..., 1999, S. 125; *K. Rennings/K. L. Brockmann/H. Bergmann*, Nachhaltigkeit, Ordnungspolitik und freiwillige Selbstverpflichtung, 1996, S. 131 (182); *L. Wicke/J. Knebel*, in: dies./G. Braeseke (Hrsg.), Umweltbezogene Selbstverpflichtungen der Wirtschaft, 1997, S. 1 (44): „Normvertretende Selbstverpflichtungen sind dort unzulässig, wo es um klassische Gefahrenabwehr geht, Normierungspflichten bestehen oder ein Numerus clausus der Handlungsformen angeordnet wird. Auch der Vorbehalt des Gesetzes kann sperren." Differenzierend: *J. Knebel/L. Wicke/G. Michael*, Selbstverpflichtungen ..., 1999, S. 264 f.; allgemein hierzu vgl. *Christian-Dietrich Bracher*, Gefahrenabwehr durch Private, 1987.

[606] *M. Schmidt-Preuß*, VVDStRL 56 (1997), S. 160 (172); zustimmend und vertiefend *A. Faber*, Gesellschaftliche Selbstregulierungssysteme im Umweltrecht, 2001, S. 262, 282 ff.

[607] Zur Pflicht zur „Nachbesserung" von Gesetzen: BVerfGE 49, 89 (130) – Kalkar I; *R. Stettner*, DVBl. 1982, S. 1123 ff.; *P. Badura*, in: FS Eichenberger, 1982, S. 481 ff.; *Chr. Mayer*, Die Nachbesserungspflicht des Gesetzgebers, 1996. *M. Schmidt-Preuß*, VVDStRL 56 (1997), S. 160 (201) fordert für Selbstverpflichtungen die „strenge Beachtung einer gesetzgeberischen Nachsorge- und Korrekturpflicht".

[608] *J. Oebbecke*, DVBl. 1986, S. 793 (797).

§ 10 Grundrechtsbindung des kooperierenden Verfassungsstaates

Bis heute wird bestritten, ob überhaupt aus Grundrechten Schutzpflichten herzuleiten sind und ob auch diese verhältnismäßig zu erfüllen sind.[609] Das BVerfG ist dem zugeneigt und hat die dogmatische Figur des Untermaßverbotes[610] aufgegriffen. Danach kann der Staat sogar in Fällen der Grundrechtskollision unter Berufung auf Grundrechte zu Eingriffen in Rechte Dritter gezwungen werden. Vor allem zwei Bedenken hiergegen sollten sehr ernst genommen werden: Erstens gehen Schutzpflichten nicht nur weit über die Funktion der Grundrechte als Eingriffsverbote hinaus, sondern führen sogar zum Gegenteil, einer Eingriffspflicht.[611] Zweitens wirft die Justiziabilität der Schutzpflichten die funktionell-rechtliche Frage auf, ob es der Kontrollfunktion der Verfassungsgerichtsbarkeit entspricht, der agierenden Legislative bzw. Exekutive neben Grenzen des Handelns auch konkrete Pflichten zum Handeln aufzuerlegen. Beide Bedenken lassen sich zwar grundsätzlich zerstreuen, fordern aber, Schutzpflichten auf extreme Ausnahmefälle zu begrenzen:

Dass aus denselben Grundrechten Eingriffspflichten und Eingriffsverbote herzuleiten sind, entspricht der Ambivalenz der Grundrechte als Prinzipien. Bei jeder Grundrechtskollision kann der an sich erstrebenswerten Abschwächung eines Grundrechtseingriffs die Erhöhung der Eingriffsintensität zu Lasten eines Grundrechtsträgers gegenüberstehen. Dieses Dilemma der Grundrechtskollision besteht unabhängig davon, ob man aus Grundrechten Eingriffsverbote oder Eingriffspflichten herleiten will. Allerdings muss wie bei Grundrechtskollisionen im Allgemeinen das Überwiegen der behaupteten Grundrechtsverletzung gegenüber entgegenstehenden Belangen nachgewiesen werden.

Was für Grundrechtskollisionen im Allgemeinen hinsichtlich der Frage der Kontrolldichte gilt, sollte für Schutzpflichten erst recht gelten: Die Verfassungsgerichtsbarkeit muss sich darauf beschränken, untragbare Abwägungsergebnisse auszuschließen. Konkrete Handlungsverbote lassen sich leichter am Einzelfall begründen als konkrete Handlungsaufträge. Wenn die Verfassungsgerichtsbarkeit ein bestimmtes Handeln des Staates verbietet, bleiben in der Regel mehrere Handlungsalternativen offen. Gebietet die Verfassungsgerichtsbarkeit anderen Gewalten hingegen ein bestimmtes Handeln, so greift sie deren Entscheidungsprärogative vor. Insbesondere stellt

---

[609] *K.-E. Hain*, DVBl. 1993, S. 982 ff.; zum Ganzen: *K. Hesse,* in: Festschrift für Mahrenholz, 1994, S. 541 ff.

[610] BVerfGE 88, 203 (254) unter Berufung auf *J. Isensee,* Das Grundrecht als Abwehrrecht und als staatliche Schutzpflicht, HdBStR V, § 111 Rn. 165 f.; vgl. bereits *C.-W. Canaris,* AcP 184 (1984), S. 201 (228).

[611] SV *Rupp-v. Brünneck/Simon* BVerfGE 39, 1, 68 (73) – Schwangerschaftsabbruch I, kritisiert an der Pflicht zum Strafen: „Dies verkehrt die Funktion der Grundrechte in ihr Gegenteil."

sich die Prognosefrage, welchen Schutz staatliche Maßnahmen bieten bzw. bieten würden.[612] Das BVerfG muss sich auch gegenüber staatlichem Unterlassen als bloße Kontrollinstanz verstehen.[613] Grundrechtliche Schutzpflichten führen nur ganz ausnahmsweise dazu, dem zuständigen Hoheitsträger ein bestimmtes Mittel vorzuschreiben.[614] In der Regel ist allenfalls festzustellen, dass eine Schutzpflicht verletzt ist, nicht wie sie zu erfüllen wäre. Nur wenn offensichtlich ist, dass nur ein einziges Mittel in geeigneter, effektiver und angemessener Art dem Schutz genügt, d. h. wenn jedes andere Mittel das Untermaßverbot verletzen würde, kann das Auswahlermessen auf Null reduziert werden.

Die dogmatische Herleitung ist nicht weniger umstritten. Im Schrifttum wurde versucht, Schutzdefizite als mittelbare Eingriffe zu erfassen,[615] die ihrerseits dem Übermaßverbot unterliegen. Auch der EGMR hat im Rahmen der EMRK die Nichterfüllung von Schutzpflichten als Eingriffe gewertet.[616] Dies würde jedoch den Ausnahmecharakter und die Besonderheiten der Schutzpflichten nivellieren und den Eingriffsbegriff vollends auflösen. Auch die Rechtfertigung von Schutzpflichtverletzungen entspricht nicht der Rechtfertigung von Eingriffen. Das Untermaßverbot ist mit der Abwägung bei Grundrechtskollisionen und dem Übermaßverbot nicht identisch (so aber die Kongruenzthese[617]), sondern folgt einer eigenen Argumentationsstruktur. Hierfür ist es möglich[618] und nötig, ein eigenes Argumentationsschema[619] zu formulieren.

---

[612] Im zweiten Abtreibungsurteil (BVerfGE 88, 203 (262 f.)) hat das BVerfG bemerkenswerterweise keine bloße „Evidenzkontrolle", sondern statt dessen eine „Vertretbarkeitskontrolle" durchgeführt – vgl. hierzu *M. Möstl,* DÖV 1998, S. 1029 (1037). Noch weiter „bis hin zu einer intensivierten inhaltlichen Kontrolle" geht das erste Abtreibungsurteil (BVerfGE 39, 1 (46, 51 ff.) – Schwangerschaftsabbruch I; vgl. auch E 50, 290 (333) – Mitbestimmung). Das schließt aber auch hier eine gesetzgeberische Einschätzungsprärogative nicht aus.

[613] Vgl. hierzu *K. Hesse,* in: Festschrift für Mahrenholz, 1994, S. 541 (556 f.).

[614] Vgl. *H. Dreier,* in: ders., Grundgesetz Bd. I, 1996, Vorb. Rz. 63. Das erste Abtreibungsurteil verpflichtete den Gesetzgeber zum Einsatz des Mittels des Strafrechts: BVerfGE 39, 1 (47). Im zweiten Abtreibungsurteil hat das BVerfG auch alternative Mittel, insbesondere das Beratungskonzept anerkannt: BVerfGE 88, 203 (253, 265 f.).

[615] So *J. Schwabe,* Die sogenannte Drittwirkung von Grundrechten, 1971, S. 149; ähnlich auch *P. M. Huber,* Diskussionsbeitrag, VVDStRL 57 (1998), S. 142; dagegen bereits *R. Alexy,* Theorie der Grundrechte, 1985, S. 416.

[616] EGMR, EuGRZ 1995, S. 530 (533) – López Ostra; zu Recht kritisch *B. Weber-Dürler,* VVDStRL 57 (1998), S. 57 (81 f.).

[617] *K.-E. Hain,* DVBl. 1993, S. 982 ff.; dagegen bereits *J. Dietlein,* ZG 1995, S. 131 (133 ff.).

[618] Bezweifelt von *J. Dietlein,* ZG 1995, S. 131 (139 f.).

[619] Derartige Argumentationsschemata finden sich bei *M. Möstl,* DÖV 1998, S. 1029 (1038 f.) und *L. Michael,* JuS 2001, S. 148 (151 f.).

Angewandt auf Selbstverpflichtungen würde eine Verhältnismäßigkeitsprüfung der Schutzpflichtendimension der Grundrechte wie folgt aussehen: Zunächst sind isoliert Mittel und Zweck zu betrachten. Gegenstand des Untermaßverbots als Kontrollmaßstab sind stets die vom Staat gewählten bzw. akzeptierten, also die anzugreifenden Mittel, hier also die Selbstverpflichtung, nicht das alternative einseitig hoheitliche Handeln oder die stärkere inhaltliche Einflussnahme auf den Absprachprozess. Die Prüfung der Verhältnismäßigkeit des begehrten Schutzmittels würde nur dessen verfassungsrechtliche Erlaubtheit, aber nicht seine Gebotenheit erweisen. Das Untermaßverbot markiert nicht die Möglichkeiten der Erfüllung von Schutzpflichten, sondern die Grenzen ihrer Verletzung. Das begehrte hoheitliche Handeln ist nicht Gegenstand der Kontrolle, seine Gebotenheit allenfalls Konsequenz der Prüfung.

Als Zwecke sind der grundrechtliche Schutzzweck zu Gunsten des Einzelnen, aber „auch gegenüber der Gesamtheit aller Bürger"[620], sowie die mit dem Schutz kollidierenden Interessen herauszuarbeiten. Bei Selbstverpflichtungen, die dem Schutz der Gesundheit dienen, wäre hier das Schutzinteresse aus Art. 2 Abs. 2 GG zu nennen. Das ist der statistisch größte Teil normativer Absprachen.

Bei Selbstverpflichtungen zum Schutz der Jugend ist eine grundrechtliche Schutzpflicht allerdings nicht aus Art. 5 Abs. 2 GG abzuleiten, weil es sich dabei nur um eine Schrankenregelung, also um eine Erlaubnis der Grundrechtseinschränkung, handelt. Zwar ist der Jugendschutz nach der Rechtsprechung ein „Ziel von bedeutsamem Rang und ein wichtiges Gemeinschaftsanliegen"[621], nicht jedoch ein selbständiges Grundrecht, das Gegenstand einer Schutzpflicht wäre. Nicht jedes Verfassungsgut, nicht jede Gemeinwohlaufgabe ist Gegenstand grundrechtlicher Schutzpflichten.

Denkbar wäre es, mit Blick auf die Selbstverpflichtung zur Gleichberechtigung der Frauen im Wirtschaftsleben aus Art. 3 Abs. 2 GG über die Staatsaufgabe hinaus eine Schutzpflicht zu konstruieren. Aber auch hier ist Zurückhaltung geboten, den Verfassungsauftrag per Grundrechtsdogmatik zu verschärfen und seine Erfüllung zur einklagbaren Schutzpflicht zu erklären.

Kollidierende Interessen sind vor allem die der Absprachebeteiligten, also insbesondere deren wirtschaftliche Freiheiten. Letztere sind nicht ihrerseits als Grundrechte mit Schutzpflichtendimension aufzufassen. Eine Pflicht des Staates, die Unternehmensfreiheit zu fördern, überstrapaziert die Schutzpflichtenlehre. Mag man auch das Kartellrecht als wirtschaftliches Grundgesetz und die Wettbewerbsfreiheit als „verfassungsrechtliche Grund-

---

[620] BVerfGE 46, 160 (165) – Schleyer.
[621] BVerfGE 30, 336 (348) – Sonnenfreunde.

voraussetzung" bezeichnen,[622] mag auch das europäische Kartellrecht als Primärrecht (Art. 81 ff. EGV) und Sekundärrecht (EG-Kart-VO (1962)) dem Verfassungsrecht vorgehen und damit ein Element „Europäischen Verfassungsrechts" sein – eine grundrechtliche Schutzpflicht des Staates würde die wirtschaftspolitische Neutralität des Grundgesetzes unterlaufen.[623]

Zwischenergebnis: Eine Schutzpflicht des Staates kommt vorliegend nur nach Art. 2 Abs. 2 GG in Betracht, wenn die Absprache Belange des Gesundheitsschutzes berührt.

Sodann sind die Geeignetheit, Effektivität und Angemessenheit des Schutzes zu erörtern: Ungeeignet ist eine Selbstverpflichtung nur, wenn sie weder dem Schutzzweck noch den anderen Zwecken förderlich ist. Wenn nämlich entgegenstehende Zwecke überwiegen (was erst bei der Angemessenheit zu prüfen ist), soll auch die dem Schutz nicht dienende Maßnahme nicht schon an der Geeignetheit scheitern.

An die Stelle der Erforderlichkeitsprüfung beim Übermaßverbot tritt die Frage der *Effektivität* des Schutzes. Die Alternativenbildung ist hier der des Übermaßverbots entgegengesetzt: Existiert ein wirksamer schützendes Mittel, das in Grundrechte Dritter bzw. andere (verfassungsimmanente) Zwecke nicht stärker eingreift?[624] Während die Erforderlichkeit i.S.d. Übermaßverbots nach milderen, gleich effektiven Alternativen fragt, sind bei der Effektivitätsprüfung des Untermaßverbots effektivere, gleich milde Mittel zu erwägen. Das heißt konkret: Wäre einseitig hoheitliches Handeln effektiver, ohne in die Grundrechte der Absprachebeteiligten stärker einzugreifen (äußere Grenze informalen Handelns)? Es lässt sich darüber streiten, ob einseitiges und formales hoheitliches Handeln im Einzelfall effektiver wäre oder ob gerade umgekehrt – wie vielfach behauptet – informales Handeln des Staates den Effektivitätsgrad seines Handelns steigern kann. Die Entscheidung hierüber ist eine Prognoseentscheidung, eine Frage politischer Einschätzung, die nicht auf dem Wege der Schutzpflichtendogmatik justiziabel gemacht und in die Hand der Gerichte, insbesondere des BVerfG gelegt werden sollte.

Die vielfach geäußerte Ansicht, dass Selbstverpflichtungen im Bereich der Gefahrenabwehr ausscheiden müssten[625] und allenfalls der Risikovor-

---

[622] *W. Fikentscher,* Recht und wirtschaftliche Freiheit, 1. Band: Die Freiheit des Wettbewerbs, 1992, S. 173.

[623] Hierzu und zur These eines verfassungsrechtlichen Ordnungsprinzips der freiheitlich-sozialen Marktwirtschaft (*M. Schmidt-Preuß,* DVBl. 1993, S. 236 ff.) s.o. § 9.

[624] So bereits *M. Möstl,* DÖV 1998, S. 1029 (1038 f.), von dessen Schema das hier vorgeschlagene v.a. hinsichtlich der Geeignetheitsprüfung abweicht.

[625] *A. Helberg,* Normabwendende Selbstverpflichtungen ..., 1999, S. 125; *K. Rennings/K. L. Brockmann/H. Bergmann,* Nachhaltigkeit, Ordnungspolitik und frei-

sorge dienen könnten, lässt sich nicht zwingend rechtlich belegen, sondern ist allenfalls eine rechtspolitische Forderung. Aus dem gesundheitsrechtlichen Bereich gibt es Gegenbeispiele, die jedenfalls in die Gefahrenabwehr hineinreichen (Asbest). Selbstverpflichtungen sind auch im Gefahrenabwehrbereich weder ungeeignet, noch ineffektiv im Rechtssinne. M.E. kann gerade bei der Gefahrenabwehr der Zeitvorteil informalen Handelns genutzt werden. Dass selbst das Polizeirecht der Eigenvornahme vor der Ausübung hoheitlichen Zwanges Vorrang einräumt, zeigt die Ersetzungsbefugnis des Betroffenen (Art. 5 Abs. 2 S. 2 BayPAG: „Dem Betroffenen ist auf Antrag zu gestatten, ein anderes ebenso wirksames Mittel anzuwenden, sofern die Allgemeinheit dadurch nicht stärker beeinträchtigt wird.").

Bezogen auf die innere Grenze informalen Handelns ist mit dem Effektivitätsgebot zu fragen: Könnte der Staat die Selbstverpflichtung inhaltlich zum Schutze einzelner Beteiligter oder Dritter verbessern, ohne dass andere Absprachebeteiligte dadurch (grundrechtliche) Nachteile erlitten? Da hier die ebenfalls grundrechtlich relevanten wettbewerblichen Interessen anderer Absprachebeteiligter zu überwinden sind, wird nur sehr ausnahmsweise hoheitlicher Druck ohne grundrechtlich belastende Wirkung ausgeübt werden können.

Ein Unterlassen des Staates ist *angemessen*, wenn der Schutz des gewählten Mittels hinreicht bzw. die Schutzdefizite unter Abwägung gegen die kollidierenden Zwecke zumutbar sind. Die Kontrolldichte ist bei dieser Angemessenheitsprüfung des Untermaßverbotes schon deshalb auf Fälle krasser Unzumutbarkeit zu beschränken, da sonst das Einschreitensermessen durch Gerichte auf Null reduziert würde. So richtig es ist, dass alle Hoheitsträger die Grundrechte als Staatsaufgabe und nicht nur als Schranke ihres Handelns begreifen, muss die Justiziabilität der Schutzpflichten auf extreme Ausnahmefälle beschränkt bleiben. Eine allgemeine Garantenstellung des Staates für die effektive Geltung der Grundrechte darf nicht als verfassungsrechtliche Verbürgung einer Tendenz zu „immer mehr Staat", die dem Grundgesetz fremd ist, überinterpretiert werden. Gerade die allgemeine Grundrechtsdogmatik muss im Auge behalten, welche Konsequenzen sie für das Verhältnis zwischen Staat und Gesellschaft impliziert. Sie muss sich davor hüten, die politische Bandbreite der Ausgestaltung dieses Verhältnisses in die eine oder andere Richtung zu verrechtlichen.

---

willige Selbstverpflichtung, 1996, S. 131 (182); *L. Wicke/J. Knebel,* in: dies./G. Braeseke (Hrsg.), Umweltbezogene Selbstverpflichtungen der Wirtschaft, 1997, S. 1 (44): „Normvertretende Selbstverpflichtungen sind dort unzulässig, wo es um klassische Gefahrenabwehr geht, Normierungspflichten bestehen oder ein Numerus clausus der Handlungsformen angeordnet wird. Auch der Vorbehalt des Gesetzes kann sperren." Differenzierend: *J. Knebel/L. Wicke/G. Michael,* Selbstverpflichtungen ..., 1999, S. 264 f.; allgemein hierzu vgl. *Chr.-D. Bracher,* Gefahrenabwehr durch Private, 1987.

Daraus ergeben sich für Selbstverpflichtungen folgende Konsequenzen: Ausnahmefälle einer extremen Schutzbedürftigkeit (vergleichbar der Bedrohung des Lebens von Embryonen), in denen grundrechtliche Schutzpflichten justiziabel werden, sind bislang nicht ersichtlich gewesen. Auch der Atomkonsens lässt keine Inhalte erkennen, die zusätzliche, neue Gefahren der Atomenergie begründen. Vielmehr wurde wegen der Gefahren der Ausstieg aus dieser Technik vereinbart. Aus der allgemeinen Schutzpflicht der Grundrechte wird sich kaum je ableiten lassen, dass der Staat anstelle von Selbstverpflichtungen einseitig hoheitlich handeln muss, noch, dass er in Absprachenprozesse informal intervenieren muss. Gesellschaftliche Selbstregulierung darf nicht über die Schutzpflichtendogmatik ausgehebelt werden. Dies würde tatsächlich die Grundrechte in ihr Gegenteil verkehren.

Auch eine Gewährleistungsverantwortung ist nur dann über die Schutzpflichten begründbar, wenn Selbstverpflichtungen ausnahmsweise zur Erfüllung einer grundrechtlichen Schutzpflicht geschlossen würden. Für jede einzelne normative Absprache müsste zunächst der Nachweis geführt werden, dass ein Handeln des Staates zum Schutze der Gesundheit (Art. 2 Abs. 2 GG) zwingend geboten ist. Das ließe sich für den Umgang mit dem hochgiftigen Asbest vertreten, nicht jedoch für die meisten Selbstverpflichtungen. Es lässt sich keine grundrechtliche Schutzpflicht, z.B. die Altauto-Entsorgung zu regeln, behaupten. Soweit im Regelfall ein staatliches Handeln überhaupt nicht grundrechtlich geboten ist, kann über die Schutzpflichtendogmatik erst recht nicht begründet werden, dass der kooperierende Staat eine Beobachtungspflicht über den Erfolg von Selbstverpflichtungen hat und Begleitkontrollen durchführen muss. Auch die Konsequenzen einer solchen Schutzpflicht lassen sich grundrechtlich nur schwerlich begründen: Wenn der Staat bei seiner Begleitkontrolle feststellt, dass die Selbstverpflichtung nicht hinreichend eingehalten wird, dann müsste er im Zweifel zu Maßnahmen greifen, die ihrerseits nicht unerheblich in Grundrechte, namentlich die Unternehmensfreiheit, eingreifen würden.

Der dogmatische Nachweis für eine solche Gewährleistungsverantwortung aus grundrechtlichen Schutzpflichten wurde von *A. Faber*[626] nicht geführt: Die mittelbare Gewährleistungsverantwortung bei Privatisierungen in Bereichen der Daseinsvorsorge nach Art. 87e Abs. 4 und Art. 87f Abs. 1 GG ist erstens nicht über die Lehre der *grundrechtlichen* Schutzpflichten zu begründen und ist zweitens nicht verallgemeinerbar. Auch Gewährleistungsverantwortung bei der Anlagenüberwachung hat konkrete Anhaltspunkte im Sicherheitsrecht, die sich auf normative Absprachen nicht übertragen lassen.[627]

---

[626] *A. Faber*, Gesellschaftliche Selbstregulierungssysteme im Umweltrecht, 2001, S. 283 beruft sich auf eine „Ableitung" durch *M. Schmidt-Preuß*, VVDStRL 56 (1997), S. 160 (172, 229) der seinerseits aber lediglich eine Behauptung aufgestellt hat, der im Ergebnis zuzustimmen sein wird, jedoch mit anderer Begründung.

Es lässt sich somit als Zwischenergebnis festhalten, dass Schutzpflichten nur in extremen Fällen überhaupt staatliches Handeln gebieten, dass sie noch seltener einseitig imperatives Handeln gebieten[628] und dass auch im Gefahrenbereich normative Absprachen nicht generell ausgeschlossen sind. Soweit staatliches Handeln überhaupt nicht geboten ist, kann der kooperierende Staat durch eine grundrechtliche Schutzpflicht auch nicht zur Beobachtung der Einhaltung von Selbstverpflichtungen durch Begleitkontrollen verpflichtet sein.

d) Notwendigkeit eines dogmatischen Neuansatzes

In der Grundrechtsdogmatik klafft eine Lücke: Weder der Eingriffsbegriff, noch die Schutzpflichtenlehre vermögen die Grundrechtsgeltung bei normativen Absprachen zu begründen. Die Grundrechtsgeltung ist auch nicht durch einen Grundrechtsverzicht in Frage gestellt. Es stellt sich deshalb die Frage, ob dem kooperierenden Verfassungsstaat Grundrechtsbeeinträchtigungen, die aus normativen Absprachen resultieren, auf anderem Wege zuzurechnen sind.

Die bisherige Erörterung hat vor allem gezeigt, dass viele Autoren das Ergebnis ansteuern, „dass der Staat sich nicht dadurch, dass er auf informelle und integrative Handlungsformen ausweicht, der Grundrechtsbindung entziehen darf."[629] Es soll keine „grundrechtsfreie Zone"[630] entstehen. Eine umfassende „‚Geltungslehre' der Grundrechte"[631] ist zur angemessenen „Freiheitssicherung"[632] geboten. Die „Vorverlegung der staatlichen Intervention" und die daraus folgende Ambivalenz muss „unter dem Gesichtspunkt des Freiheitsschutzes"[633] erfasst werden. Nach *Immanuel Kant* ist dies ein Gebot nicht nur der Grundrechte, sondern des Rechts überhaupt, wenn er formuliert: „Das Recht ist also der Inbegriff der Bedingungen, unter denen die Willkür des einen mit der Willkür des anderen nach einem allgemeinen Gesetze der Freiheit zusammen vereinigt werden kann."[634] Um

---

[627] A. *Faber,* ebenda, S. 283.

[628] Hierzu: *M. Möstl,* Die staatliche Garantie für die öffentliche Sicherheit und Ordnung, 2002, S. 84 ff. (118).

[629] *M. Grüter,* Umweltrecht und Kooperationsprinzip in der Bundesrepublik Deutschland, 1990, S. 99.

[630] *M. Kloepfer,* Diskussionsbeitrag, VVDStRL 57 (1998), S. 120.

[631] *F. Hufen,* in: D. Grimm (Hrsg.), Wachsende Staatsaufgaben – sinkende Steuerungsfähigkeit des Rechts, 1990, S. 273 (282).

[632] *U. Di Fabio,* VVDStRL 56 (1997), S. 235 (253).

[633] *Der Rat von Sachverständigen für Umweltfragen,* Umweltgutachten 1994, S. 64 f., Tz. 71.

dieser Forderung gerecht zu werden, müssen dogmatische Lücken in der Grundrechtstheorie geschlossen werden.[635]

Gegenüber normativen Absprachen bleibt bisher die Schließung der dogmatischen Lücke aus: Selbst Monografien zum Thema beschränken sich auf dogmatisch unbefriedigende Forderungen der „rechtliche(n) Gleichstellung der staatlich initiierten Selbstverpflichtung mit einem Grundrechtseingriff"[636], begnügen sich, von einer „eingriffsgleichen Einwirkung"[637] zu sprechen. Auch die Behauptung der Schutzpflichtverletzung ist einen grundrechtsdogmatischen Nachweis schuldig geblieben. Gleichsam resignierend stellt *Andreas Helberg* fest: „Noch fehlt das dogmatische Rüstzeug ..."[638].

Dieses dogmatische Rüstzeug muss aus zwei Gründen für normative Absprachen neu und induktiv entwickelt werden. Die einzig weiterführende Forderung ist die *Michael Kloepfers,* „kreativ eigenständige Figuren gegenüber nicht eingriffsgleichen oder -ähnlichen Einwirkungen zu entwickeln."[639] Es bedarf eines formunabhängigen, materiellen Grundrechtsschutzes und damit einer Loslösung von „herkömmlichen Vorstellungen"[640] der Dogmatik.

Hinsichtlich beider Grundparameter der Grundrechtsgeltung, nämlich der Wirkungen und der Zurechnung unterscheiden sich normative Absprachen von anderem hoheitlichen Handeln, auf das die Grundrechtsdogmatik zugeschnitten ist bzw. worauf sie bereits angepasst wurde: Die Wirkungen bestehen – den Absprachebeteiligten gegenüber – in der Auferlegung von spezifischer Gemeinwohlverantwortung. Die Zurechnung erfolgt über informale Kooperation.

Es ist unumgänglich, um mit *Eberhard Schmidt-Aßmann* zu sprechen, nicht weniger als „das gesamte Verwaltungshandeln, sofern es nach außen in Erscheinung tritt, also auch das so genannte ‚informale' Handeln, die

---

[634] *I. Kant,* Die Metaphysik der Sitten (1797), in: Werke, Bd. VIII, 1968, S. 309 (337, AB 33).

[635] *R. A. Lorz,* Modernes Grund- und Menschenrechtsverständnis und die Philosophie der Freiheit Kants, 1993, S. 237 wertet diese Freiheitssicherung bei *Kant* als Grundgedanken staatlicher Schutzpflichten.

[636] *A. Helberg,* Normabwendende Selbstverpflichtungen ..., 1999, S. 195; zu Recht kritisch gegenüber einem „eingriffsgleichen Eingriff" *M. Kloepfer,* Diskussionsbeitrag, VVDStRL 57 (1998), S. 121.

[637] *C. Franzius,* Die Herausbildung der Instrumente indirekter Verhaltenssteuerung im Umweltrecht der Bundesrepublik Deutschland, 2000, S. 177.

[638] *A. Helberg,* Normabwendende Selbstverpflichtungen ..., 1999, S. 203; vgl. auch das Resümee von *S. M. Hirschfeld,* Staatlich initiierte Monopole und Verfassungsrecht – das Beispiel der Verpackungsverordnung, 1997, S. 107 ff.

[639] *M. Kloepfer,* Diskussionsbeitrag, VVDStRL 57 (1998), S. 121.

[640] *K. W. Grewlich,* DÖV 1998, S. 54 (61); vgl. auch *M. Kloepfer,* JZ 1991, S. 737 (743).

‚weichen' Formen, die Vorgänge mit Auslandsberührung und die vielfältigen Realakte *grundrechtlich systematisch neu zu vermessen.*"[641] Das gilt auch für das Handeln der rechtsetzenden Gewalt. Das von *Schmidt-Aßmann* vorgeschlagene Koordinatenkreuz aus einer kriteriengeleiteten Analyse der Grundrechtsbeeinträchtigungen einerseits und den Maßstäben des Verwaltungshandelns andererseits ermöglicht eine erste Gesamtschau der Problematik.[642] Kriterien der Grundrechtsbeeinträchtigungen sollen danach die Struktur und der Vorgang der Grundrechtsbeeinträchtigungen, die Art der betroffenen Rechtsposition und die Intensität staatlichen Handelns aber auch die Bedeutung wie die Vorhersehbarkeit und Häufigkeit sein. Maßstäbe des Verwaltungshandelns betreffen den Gesetzesvorbehalt, das Verhältnismäßigkeitsprinzip und das Willkürverbot, den Bestimmtheitsgrundsatz, Anhörungspflichten, Entschädigungs- und Ersatzleistungen sowie die Maßnahmen vorbeugenden Rechtsschutzes.

Ehe wir es wagen können, die gesamte Grundrechtsdogmatik in ein neues System zu fassen, das die ganze Typologie der modernen Verwaltung abdeckt, wird es notwendig sein, *induktiv, punktuell und problemorientiert* vorzugehen. Es gilt, nicht voreilig neue Theorien[643] zu postulieren, deren Deduktionswert schneller falsifiziert ist, als ihr Erkenntnisgewinn Früchte tragen könnte. Ausgangspunkt muss vielmehr eine Typisierung der sich stellenden Probleme sein. Nur so lassen sich die Probleme im Detail entwickeln, ohne den erforderlichen Blick für das Ganze zu verlieren.

3. Auferlegung von Eigenverantwortung als grundrechtsrelevante Wirkung

Die Wirkungen normativer Absprachen unterscheiden sich von denen eines Gesetzes oder einer Verordnung wesentlich. Es bedarf deshalb einer „‚Wirkungsforschung' der Grundrechte"[644]. Selbstverpflichtungen begründen keine vollziehbaren Rechtspflichten, sondern belegen die Übernahme einer spezifischen Gemeinwohlverantwortung. Ein bestimmtes Verhalten der Wirtschaft wird damit zwar nicht imperativ erzwungen, aber doch hoheitlich erwirkt. Eigenverantwortung wird durch die rechtsetzende Gewalt auferlegt. Weil es sich nicht um eine rechtliche, sondern um eine faktische

---

[641] *E. Schmidt-Aßmann,* in: FS für K. Redeker, 1993, S. 225 (238) – Hervorhebung nicht im Original.

[642] *E. Schmidt-Aßmann,* in: FS für K. Redeker, 1993, S. 225 (238); zustimmend *M. Schulte,* Schlichtes Verwaltungshandeln, 1995, S. 95 f.

[643] Kritisch gegenüber dem deutschen Ansatz, zunächst abstrakte Lösungen zu formulieren, *R. Wahl,* Diskussionsbeitrag, VVDStRL 57 (1998), S. 119.

[644] *F. Hufen,* in: D. Grimm (Hrsg.), Wachsende Staatsaufgaben – sinkende Steuerungsfähigkeit des Rechts, 1990, S. 273 (283).

Wirkung handelt, hat *Matthias Schmidt-Preuß*[645] vorgeschlagen, von einer „Kategorie der Erwirkung" zu sprechen. Der Wirtschaft wird nicht Entscheidungsfreiheit belassen, sondern „Entscheidungszwang zugemutet". Zu Recht stellt *Udo Di Fabio* fest: „Die Grundrechte schützen auch vor hoheitlich auferlegter ‚Eigenverantwortung'."[646]

Normative Absprachen lassen sich nicht dadurch charakterisieren, dass der Staat „öffentliche Aufgaben zur gesellschaftlichen Selbstregulierung in eigener Verantwortung überlässt"[647]. Davon kann allenfalls bei dem seltenen Ausnahmefall der autonomen Selbstverpflichtung ohne jegliche hoheitliche Einflussnahme die Rede sein. Nicht Überlassung, sondern Auferlegung von Verantwortung ist der wesentliche Effekt normativer Absprachen.

Die Wirkungen übernommener Eigenverantwortung sind bei den Absprachebeteiligten vor allem politisch motiviert. Den Absprachebeteiligten wurde Teilhabe an Entscheidungen der rechtsetzenden Gewalt gewährt. Sie werden stets geneigt sein, den so gewonnenen politischen Einfluss zu erhalten, indem sie das in sie gesetzte Vertrauen einlösen. Auf enttäuschtes Vertrauen droht die rechtsetzende Gewalt nicht nur mit einer einseitigen imperativen Regelung zu antworten, sondern auch in Zukunft in anderen Fragen weniger kooperativ vorzugehen. Der Einflusserhaltungsdrang ist neben dem drohenden Imageverlust in der Öffentlichkeit und der drohenden hoheitlichen Regelung maßgebliche Motivation dafür, übernommene Verantwortung einzulösen.

Diese Wirkungen sind grundrechtlich relevant. Sie werden nicht durch die gewonnene Teilhabe kompensiert, die ihrerseits allein durch das Prinzip kooperativer Verantwortung legitimiert ist. Die Übernahme spezifischer Gemeinwohlverantwortung substituiert Rechtspflichten. Diese neue Kategorie steht gleichsam zwischen faktischen und rechtsbindenden Wirkungen. Man könnte sie als rechtliche Wirkungen im weiteren Sinne bezeichnen, um damit zum Ausdruck zu bringen, dass sie auf einer Ausübung rechtsetzender Gewalt beruhen und dass kooperative Verantwortung ein Rechtsprinzip ist.

4. Zurechnung kooperativer Ausübung rechtsetzender Gewalt

Die Wirkungen der Übernahme von Eigenverantwortung müssen dem Staat zuzurechnen sein. Um zu benennen, welches hoheitliche Verhalten die Grundrechtsbindung des Staates auslöst, ist es notwendig, „‚Interventions-

---

[645] *M. Schmidt-Preuß,* VVDStRL 56 (1997), S. 160 (190).
[646] So *U. Di Fabio,* VVDStRL 56 (1997), S. 235 (258).
[647] Dieses Phänomen behandelt *K. Lange,* Diskussionsbeitrag, VVDStRL 57 (1998), S. 144, woran sich zutreffend die Frage nach dem „Anknüpfungspunkt für eine solche Eingriffsverantwortung" knüpft.

§ 10 Grundrechtsbindung des kooperierenden Verfassungsstaates 357

punkte' zu markieren"[648]. Bei Kooperationen der rechtsetzenden Gewalt lässt sich nicht von einer „eingriffsgleichen Einwirkung" sprechen. Vielmehr ist Kooperation vom Eingriff, auch vom faktischen Eingriff, der auf einseitigem hoheitlichem Handeln beruht, wesensverschieden. Gegenüber den unmittelbar an einer Absprache beteiligten Unternehmen ist die Zurechnung an sich offenbar, weil jede hoheitliche Einflussnahme *unmittelbar kausal* auf die Grundrechtsträger einwirkt. Die Schwierigkeiten der Zurechnung gegenüber nicht an der Absprache Beteiligten werden gesondert erörtert.

Die Mitverantwortung[649] des Staates für Grundrechtsbeeinträchtigungen durch Kooperation mit der Wirtschaft ist eine neue dogmatische Kategorie. Sie hat eine abwehrrechtliche Dimension. Der betroffene „status negativus"[650] soll deshalb insoweit als „*status negativus cooperationis*" bezeichnet werden. Die grundrechtliche Mitverantwortung des Staates bei Kooperation mit der Wirtschaft setzt einen *Beitrag* des Staates voraus, der die *Bereitschaft* der Wirtschaft, eine Selbstverpflichtung einzugehen bzw. zu befolgen, positiv *beeinflusst*. Diese Beiträge des Staates sind von ganz unterschiedlicher Art und ganz unterschiedlichem Gewicht. Dabei sind folgende Fallgruppen[651] zu unterscheiden:

a) Normflankierte und normverdrängende Absprachen

Es gibt Absprachen, die in direktem Zusammenhang mit einer thematisch verwandten hoheitlichen Rechtsetzung stehen, so genannte *normflankierende* Absprachen. Norm und Absprache ergänzen sich zu einem gemeinsamen Regelungs- bzw. Wirkungszusammenhang. In einem solchen Zusammenhang stehen die Selbstverpflichtung der Automobilindustrie vom 20. März 1997 und die AltautoV vom 4. Juli 1997. In der Selbstverpflichtung

---

[648] *F. Hufen,* in: D. Grimm (Hrsg.), Wachsende Staatsaufgaben – sinkende Steuerungsfähigkeit des Rechts, 1990, S. 273 (283); Einen „spezifischen Zurechnungszusammenhang" – allerdings auf Grundlage des Eingriffsbegriffs – fordert *T. Köpp,* Normvermeidende Absprachen zwischen Staat und Wirtschaft, 2001, S. 220 f.

[649] Den Begriff „Mitverantwortung" im Hinblick auf Grundrechtsbeeinträchtigungen Dritter in Genehmigungsverfahren verwendet BVerfGE 53, 30 (58) – Mülheim Kärlich; vgl. hierzu *J. Pietzcker,* Mitverantwortung des Staates, Verantwortung des Bürgers, JZ 1985, S. 209 ff.

[650] *G. Jellinek,* System der subjektiven öffentlichen Rechte, 2. Aufl. 1919, Neudr. 1964, S. 87.

[651] Beispiele im Folgenden betreffen nicht nur Absprachen, an denen Unternehmen direkt beteiligt waren, sondern auch Verbandsabsprachen. Hinsichtlich der Anknüpfung an ein zurechenbares Verhalten der rechtsetzenden Gewalt bestehen insoweit keine Unterschiede. Die Frage soll deshalb an dieser Stelle allgemein behandelt werden.

verpflichten sich die Hersteller von Automobilen, die Verordnung regelt Pflichten der Besitzer und Verwerter von Altautos. Die AltautoV (1997) flankiert als abspracheflankierende Norm die Selbstverpflichtung in unterstützender Weise. Greifen Norm und Selbstverpflichtung in dieser Weise ineinander, muss sich der rechtsetzende Staat auch die Inhalte der Selbstverpflichtung zurechnen lassen. Der Staat trägt grundrechtliche Mitverantwortung für normflankierte Absprachen. Selbstverständlich, d. h. grundrechtsdogmatisch als Eingriff fassbar, ist darüber hinaus seine grundrechtliche Verantwortung gegenüber den Adressaten der AltautoV. Flankiert der Staat Absprachen bzw. Selbstverpflichtungen mit Normen, so trägt er für die Absprachen und Selbstverpflichtungen grundrechtliche Mitverantwortung, wenn diese in einem Wirkungszusammenhang mit der flankierenden Norm stehen.

Das Gleiche muss für *normverdrängende* Absprachen bzw. Selbstverpflichtungen gelten. Sie setzen eine Norm voraus, die ihre Rechtsfolgen für den Fall bestimmter Selbstverpflichtungen aussetzt oder modifiziert. Das Gesetz verleiht Absprachen dann normverdrängende Wirkung. So stellt § 6 Abs. 1 und 2 und § 8 VerpackV (1998) Pflichten auf, die durch Selbstverpflichtungen nach § 6 Abs. 3 und § 9 VerpackV verdrängt werden können. Auch hier gilt wieder: Mit Hilfe der Eingriffsdogmatik sind die gesetzlichen Pflichten zu erfassen. Grundrechtliche Mitverantwortung trägt der Staat darüber hinaus für die normverdrängenden Absprachen und Selbstverpflichtungen.

b) Inhaltliche Einflussnahme

Ebenso ist Mitverantwortung im Sinne einer Erfolgsverantwortung dann gegeben, wenn der Staat diese Verpflichtung nicht nur anregt, sondern auch *inhaltlich maßgeblich beeinflusst*. Häufig droht der Staat glaubhaft damit, im Falle des Misserfolgs von Verhandlungen einseitig eine Rechtsverordnung mit bestimmtem Inhalt zu erlassen. Wenn entsprechender informaler hoheitlicher Druck zu einer Selbstverpflichtung führt, dann ist der Staat für Grundrechtsbeeinträchtigungen aller Art, die daraus folgen, in gleichem Maße verantwortlich, wie wenn diese als Grundrechtseingriffe auf einer entsprechenden Rechtsverordnung beruhten.

Bei der Frage, ob den Staat eine kooperative Grundrechtsverantwortlichkeit trifft, spielt es keine Rolle, ob die angedrohten Maßnahmen recht- und verfassungsgemäß wären. Dies ist erst auf der Stufe der Rechtfertigung zu erörtern. Lediglich in Fällen, in denen eine Drohung wegen offenbarer Rechtswidrigkeit nicht glaubhaft ist und keinerlei Wirkung hat, fehlt es an einer Einflussnahme des Staates. Entscheidendes Zurechnungskriterium ist dabei jedoch allein die Glaubhaftigkeit und tatsächliche oder potenzielle Einflusswirkung der Drohung, nicht ihre Rechtmäßigkeit.

Der Staat ist im Rahmen der Mitverantwortung bei Kooperation mit der Wirtschaft nicht nur für Grundrechtseingriffe verantwortlich, die dem eigenen Verordnungsentwurf entsprechen. Lässt er sich in Verhandlungen mit der Wirtschaft ein, so ist er vielmehr auch dafür verantwortlich, dass hieraus andere, weitere Grundrechtsbeeinträchtigungen erwachsen. Dem Staat sind auch die Verhandlungsergebnisse zuzurechnen, auf die er nicht selbst positiv hingewirkt hat, sondern auf die er nur *kompromissweise eingegangen* ist. Die Finalität ist hier nicht als Zurechnungskriterium geeignet. Private Ausgestaltungen im Rahmen oder in Folge normativer Absprachen unterbrechen den Zurechnungszusammenhang nicht.[652] Insbesondere ist der kooperierende Staat dafür mitverantwortlich, dass einzelne Wettbewerbsteilnehmer gegenüber anderen empfindlich benachteiligt werden. Diese Grundrechtsverantwortung trägt der Staat gegenüber jedermann, d. h. sowohl gegenüber allen Absprachebeteiligten als auch gegenüber Dritten, die in den Verhandlungsprozess gar nicht einbezogen waren.

c) *Hoheitliche Initiative*

Viele Selbstverpflichtungen der Wirtschaft gehen auf eine *Initiative* bzw. *Inspiration* des Staates zurück. Nimmt der Staat dann außerdem auf den Inhalt von Selbstverpflichtungen Einfluss, so folgt die grundrechtliche Mitverantwortung des Staates – wie soeben dargelegt – aus dieser Einflussnahme. Eine Mitverantwortung entsteht aber auch allein aus der Initiative bzw. Inspiration. Es geht also um die Fallgruppen, in denen der Staat Selbstverpflichtungen der Wirtschaft anregt, ohne dass er bereits mit konkreten einseitigen Maßnahmen droht.

Hat hier die bei Grundrechtseingriffen gescheiterte Finalitätslehre ihre Berechtigung? Ist der Staat als Initiator von Selbstverpflichtungen einem „Anstifter" vergleichbar, der „gleich einem Täter" (§ 26 StGB) zu behandeln ist? Oder kommt es allein auf die tatsächliche Grundrechtsbeeinträchtigung und ihre Schwere an? Haftet er aus vorangegangenem Tun für das Unterlassen einer grundrechtsschützenden inhaltlichen Einflussnahme?

Um dem effektiven Grundrechtsschutz gerecht zu werden, sollte von der Betrachtung der konkreten Situation ausgegangen werden: Es wäre denkbar, dass der Staat rein informativ anfragt, ob die Wirtschaft zu Selbstverpflichtungen in einem bestimmten Bereich bereit wäre. Die Androhung von Normen darf aber keinesfalls als bloße Information über eine bestehende Rechtslage, nämlich über bestehende Regelungskompetenzen gedeutet werden.[653] Im Regelfall enthalten Initiativen unmissverständlich die Aufforde-

---

[652] Anders W. *Frenz,* Selbstverpflichtungen der Wirtschaft, 2001, S. 182.

rung, Selbstverpflichtungen abzugeben. Das kann in ganz unterschiedlicher Weise geschehen:

Der erste Anstoß kann in Gesprächen mit der Wirtschaft mündlich erfolgen[654] oder im Rahmen eines förmlichen Beschlusses der Bundesregierung[655], in Sitzungen des Bundestags[656] oder durch eine Presseerklärung der Bundesregierung[657], sogar auch in Gesetzesbegründungen zu Verordnungsermächtigungen[658]. Auch enthält bereits das Umweltprogramm 1971 Vorschläge zum Abschluss von Absprachen. Bei der Frage der Zurechenbarkeit einer Selbstverpflichtung kommt es nicht auf die Form der Initiative, wohl aber auf deren *Ernsthaftigkeit* und *Authentizität* an.

Authentizität ist gegeben, wenn Amtsträger nicht privat und persönlich, sondern im Rahmen ihrer Amtstätigkeit mit der Wirtschaft in Verbindung treten. Nicht erforderlich ist, dass sie dabei im Rahmen ihrer Befugnisse bleiben und formal handeln. Vielmehr ist es erforderlich und ausreichend, wenn Amtsträger *nach außen den Eindruck erwecken, hoheitliche Standpunkte zu vertreten*. Dass die Bundesregierung die schließliche Entgegennahme von Selbstverpflichtungserklärungen als zurechenbaren Akt der Ausübung rechtsetzender Gewalt versteht, zeigt auch eine Äußerung der damaligen Bundesministerin für Umwelt *A. Merkel*: „Die Verantwortung für das umweltpolitische Ziel (liegt) auch beim Einsatz des Instruments Selbstverpflichtung primär beim Staat ... Auch dann, wenn der Staat zu Beginn der Gespräche über eine Selbstverpflichtung nicht explizit ein Ziel vorgibt, wird diese Entscheidung vom Staat bei der Entgegennahme einer Selbstverpflichtungserklärung getroffen."[659]

Der Staat muss sich Grundrechtsbeeinträchtigungen normativer Absprachen zurechnen lassen, auch wenn er nur initiativ tätig geworden ist.

---

[653] So *C. Baudenbacher*, JZ 1988, S. 689 (697); *W. Würfel*, Informelle Absprachen in der Abfallwirtschaft, 1994, S. 83.

[654] Beispiel: Die Verpflichtung zu Verbesserungen von technischen Einrichtungen zum Waschen und Reinigen vom 29. August 1986; Nachweise hierzu und zu den folgenden Beispielen in der Bestandsaufnahme.

[655] Beispiel: Die Verpflichtung zur Klimavorsorge (CO_2-Emissionen) vom 10. März 1995. Zu diesem Beispiel siehe S. 55.

[656] Beispiel: Heizöl-Selbstbeschränkungsabkommen von 1964/1965.

[657] Beispiel: Die Verpflichtung zum Angebot von bleifreiem Benzin an deutschen Tankstellen vom 17. Oktober 1984.

[658] Beispiel: Erklärung zu den Rahmenrezepturen von Wasch- und Reinigungsmitteln vom Oktober 1986.

[659] *A. Merkel*, in: L. Wicke/J. Knebel/G. Braeseke (Hrsg.), Umweltbezogene Selbstverpflichtungen der Wirtschaft – umweltpolitischer Erfolgsgarant oder Irrweg?, 1997, S. 87 (94).

d) Unterstützung autonomer Selbstverpflichtungen

Tatsächlich existiert der Typus der rein *autonomen Selbstverpflichtungen*, die auf einer privaten Eigeninitiative der Wirtschaft beruhen und auf deren Inhalt der Staat in keinem Stadium der Verhandlungen und der Umsetzung Einfluss nimmt. Für derartige Selbstverpflichtungen trägt der Staat grundsätzlich keine grundrechtliche Mitverantwortung. Das ergibt sich schon daraus, dass hier kein zurechnungsrelevanter Anhaltspunkt für eine „Kooperation" des Staates ersichtlich ist. Die *bloße Kenntnisnahme* von einer autonomen Selbstverpflichtung löst noch keine qualifizierte grundrechtliche Mitverantwortung aus. Vielmehr bleibt es in solchen Fällen bei den allgemeinen grundrechtlichen Schutzpflichten und bei dem einfachrechtlichen Schutz durch das Kartellrecht.

Sobald der Staat jedoch – was vorkommt – eine private Eigeninitiative aufgreift, um auf sie Einfluss zu nehmen, entsteht Mitverantwortung. Solcher Einfluss kann darin bestehen, dass der Staat nachträglich mit alternativen eigenen Maßnahmen *droht*, sodass das oben Gesagte gilt. Die volle Grundrechtsverantwortung für die Inhalte einer Selbstverpflichtungserklärung trägt der Staat auch, wenn er diese *mit unterzeichnet*. Durch Mitunterzeichnung erreicht die Verantwortlichkeit einen Grad, der über die psychische Unterstützung hinausreicht.

Typischerweise sind jedoch in diesen Fällen schwächere Grade hoheitlicher Einflussnahme, insbesondere positive Unterstützungen zu beobachten: So kann der Staat eine Selbstverpflichtung im Rahmen seiner Öffentlichkeitsarbeit (insbesondere durch Presseerklärungen und im Rahmen von Informationsbroschüren) *ausdrücklich begrüßen* und den vorläufigen Verzicht auf eigene Maßnahmen aus diesem Grunde ankündigen.

Der *Druck der Öffentlichkeit* kann maßgeblichen Einfluss auf die Abgabe und Einhaltung von Selbstverpflichtungserklärungen ausüben. Eine interessierte Öffentlichkeit[660] kann erheblichen Druck auf die Wirtschaft ausüben, nicht zuletzt vermittels der Medien. Die Vermeidung von Skandalen und öffentlichen Gegendemonstrationen ist vor allem in Bereichen der chemischen Industrie und der Atomenergie zu einem Entscheidungsfaktor geworden. Die Öffentlichkeit und ihr spürbar gestiegenes, v. a. der Großindustrie gegenüber sensibilisiertes Umweltbewusstsein[661] kann ein wichtiges Korrektiv gegenüber Defiziten bei der Einhaltung von Selbstverpflichtungen einnehmen. Dazu gehört politischer Druck (z. B. durch Demonstrationen gegen Genehmigungen) ebenso wie rechtlicher Schutz (z. B. nachbarschaftliche Immissionsschutzstreitigkeiten). Hierbei spielt auch die Presse eine

---

[660] *M. Schmidt-Preuß*, VVDStRL 56 (1997), S. 160 (187).
[661] Vgl. *W. Frenz*, EuR 1999, S. 27 (29, 45).

wichtige Rolle.⁶⁶² Der Druck der Öffentlichkeit kann wirtschaftliche Eigeninteressen⁶⁶³ empfindlich treffen.

Dieser „Faktor Öffentlichkeit" ist grundsätzlich dem gesellschaftlichen Bereich zuzuordnen und damit weder dem Staat, noch einzelnen Wirtschaftssubjekten zuzurechnen. Derselbe Öffentlichkeitsdruck spielt auch in Verfahren formeller Rechtsetzung eine entsprechende Rolle. Grundrechtlich ist er dabei jedoch nur mittelbar relevant: Erstens kann er Anlass dafür sein, dass der Staat in Grundrechte eingreift und zweitens kann er das Interesse des Gemeinwohls widerspiegeln und insofern die Rechtfertigung von Grundrechtseingriffen sichtbar machen. Nicht jedoch greift Öffentlichkeit selbst in Grundrechte ein, nicht die Gesellschaft, sondern den Staat trifft die unmittelbare Grundrechtsbindung. Ebenso wenig kann Öffentlichkeitsdruck als solcher einen Grundrechtseingriff rechtfertigen, sondern ist allenfalls Indiz für Gemeinwohlbelange. Dies muss im Grundsatz auch für die Dogmatik der grundrechtlichen Mitverantwortung gelten: Öffentlichkeitsdruck begründet als solcher keine Mitverantwortung des Staates und ist mit dem rechtfertigenden öffentlichen Interesse nicht identisch.

Allerdings kann die Öffentlichkeit *instrumentalisiert* werden,⁶⁶⁴ um Wirtschaftssubjekte zur Abgabe von Selbstverpflichtungserklärungen zu bewegen. Die Öffentlichkeit ist dann nicht allein gesellschaftlicher Grund, sondern Mittel zum Zweck einer bestimmten Verhaltenssteuerung. Sowohl der Staat als auch Wirtschaftssubjekte, die ein Eigeninteresse daran haben, können *Öffentlichkeitsarbeit* gezielt einsetzen, um mittelbar hierauf die Abgabe, den Inhalt und die Einhaltung von Selbstverpflichtungen Einfluss zu nehmen. Nicht nur die Öffentlichkeitsarbeit selbst, sondern auch mittelbar hierauf zurückzuführende Grundrechtsbeeinträchtigungen sind den Urhebern der Öffentlichkeitsarbeit zuzurechnen. Das ist im Grundsatz für die staatlichen Warnungen anerkannt. Dies ist entsprechend auf die grundrechtliche Mitverantwortung des Staates bei Kooperation mit der Wirtschaft zu übertragen.

Daraus folgt, dass der Staat als Initiator („Anstifter") bzw. als Garant aus vorangegangenem Tun („Ingerenz") bei Absprachenprozessen nicht nur für eigene Öffentlichkeitsarbeit verantwortlich ist, sondern auch mitverantwortlich für gezielte Kampagnen Privater, die einzelnen Wirtschaftssubjekten empfindlich schaden könnten. Der Staat muss in Absprachenprozessen hier gegebenenfalls gegensteuern und dafür Sorge tragen, dass es nicht zu unverhältnismäßigen Grundrechtsbeeinträchtigungen Einzelner kommt.

---

⁶⁶² Angedeutet bei *K. Rennings/K. L. Brockmann/H. Bergmann*, Nachhaltigkeit, Ordnungspolitik und freiwillige Selbstverpflichtung, 1996, S. 131 (180).
⁶⁶³ *K. Rennings/K. L. Brockmann/H. Bergmann*, ebenda, S. 131 (180).
⁶⁶⁴ *J. Knebel/L. Wicke/G. Michael*, Selbstverpflichtungen …, 1999, S. 64.

§ 10 Grundrechtsbindung des kooperierenden Verfassungsstaates 363

Eine so begründete Relevanz der Öffentlichkeit in der Grundrechtsdogmatik der Mitverantwortung soll weder der Öffentlichkeit, noch der Öffentlichkeitsarbeit den Makel des Bösen anheften. Grundsätzlich ist es zu begrüßen, wenn die Öffentlichkeit in derartigen Abspracheprozessen bewusst gesucht wird. Gerade im Umweltbereich ist dies ein wichtiger Bestandteil des Erfolgsrezepts nicht nur für informale Absprachen, sondern auch für einseitig hoheitliches Handeln. Öffentlichkeitsarbeit ist ein geeignetes und viel versprechendes Mittel, um dem Gemeinwohl zu dienen. Ihre dogmatische Einordnung als „grundrechtsrelevant" gesellt sie neben die grundrechtsrelevanten klassischen Eingriffe durch Gesetze und Verwaltungsakte und begründet lediglich eine grundrechtliche Rechtfertigungsbedürftigkeit.

Grundrechtliche Mitverantwortung des Staates bei Kooperation mit der Wirtschaft entsteht auch, wenn der Staat eine Selbstverpflichtung *tatsächlich oder finanziell unterstützt*. Das gilt insbesondere auch für flankierende gesetzliche Regelungen und für administrative Vereinfachungen und Beschleunigungen, die zur Belohnung von Selbstverpflichtungen erfolgen. Auch in diesen Fällen ist der Staat für alle Grundrechtsbeeinträchtigungen mitverantwortlich, die im Rahmen der geförderten Selbstverpflichtungen entstehen.

Das Moment des Informalen birgt in sich die Gefahr, dass nicht selten *Unklarheit* darüber besteht, ob der Staat Zusagen im Rahmen von Absprachen gemacht hat. In vielen Fällen kann sich der Staat als Initiator ohnehin seiner grundrechtlichen Mitverantwortung nicht entziehen. Bleibt hingegen bei autonomen Selbstverpflichtungen deren Unterstützung durch den Staat streitig und kommt es zur Begründung einer staatlichen Mitverantwortung darauf an, gilt folgendes:

Wenn der Staat den *Schein seiner Unterstützung* nicht ausdrücklich ausräumt, ist ihm dieser zuzurechnen. Selbst angedeutetes *Wohlwollen* von Behörden, nicht selten Ziel von Selbstverpflichtungen, kann als psychische Unterstützung Mitverantwortung auslösen. Nur wenn der Staat sich unverzüglich von einer behaupteten Unterstützung distanziert, kann er seine Mitverantwortung für alle grundrechtlichen Folgen, die auf dem Schein seiner Unterstützung beruhen, verhindern. Ein verspätetes Dementi hingegen kann die Zurechnung von Grundrechtsbeeinträchtigungen nicht nachträglich unterbrechen. Der Staat kann dann verpflichtet sein, seiner Grundrechtsverantwortung dadurch nachzukommen, dass er sich tatsächlich „einmischt", um unverhältnismäßige Grundrechtsbeeinträchtigungen zu verhindern. Der Staat kann hierbei die Inhalte der Selbstverpflichtung zu beeinflussen versuchen, sie kartellrechtlich unterbinden oder aber Grundrechtsbeeinträchtigungen durch eigene Ausgleichsmaßnahmen abfedern. Eine bloße verbale Distanzierung des Staates von Selbstverpflichtungen kann in derartigen Fällen Grundrechtsbeeinträchtigungen hingegen nicht effektiv verhindern.

Hierzu ein Beispiel: Im Hinblick auf den Asbestlieferanten, der – im Gegensatz zu den sich selbst verpflichtenden Asbestzementherstellern – nicht ohne weiteres auf Ersatzstoffe ausweichen konnte und wirtschaftlich erheblich geschädigt war, wurde von hoheitlicher Seite „Wert darauf gelegt, dass die Erklärung des Wirtschaftsverbandes Asbestzement eine ‚einseitige Selbstverpflichtung' gewesen sei, die die Bundesregierung lediglich zur Kenntnis genommen habe".[665] Diese nachträgliche Erklärung kann nicht die Zurechnung der Androhung von Rechtsverordnungen nach § 35 Abs. 1 BImSchG und § 17 Abs. 1 Nr. 1 ChemG beseitigen. Um sich aus der Grundrechtsverantwortlichkeit zu befreien, hätte sich die Bundesregierung frühzeitig, eindeutig und vor allem auch inhaltlich distanzieren müssen.

Zusammenfassend lassen sich folgende Voraussetzungen grundrechtlicher Mitverantwortung des Staates bei Kooperation mit der Wirtschaft festhalten: Mitverantwortung setzt einen Beitrag des Staates voraus, der die Bereitschaft der Wirtschaft, eine Selbstverpflichtung einzugehen bzw. zu befolgen, positiv beeinflusst. Dies ist in folgenden Fallgruppen zu erkennen: Der Staat trägt Mitverantwortung für normflankierte und normverdrängende sowie für informal inhaltlich beeinflusste Absprachen, für Selbstverpflichtungen, die auf hoheitliche Initiative bzw. Inspiration zurückgehen sowie für solche, die Amtsträger in Ausübung ihres Amtes mit unterzeichnet, öffentlich begrüßt, tatsächlich oder finanziell unterstützt haben. Dabei kann dem Staat auch der Schein seiner Unterstützung zuzurechnen sein.

5. Konsequenzen des status negativus cooperationis

Grundrechtsbeeinträchtigungen, für die der Staat bei Kooperation mit der Wirtschaft mitverantwortlich ist, können gerechtfertigt sein. Auf der Ebene der Schranken gibt es Parallelen zur Dogmatik des Grundrechteingriffs sowie zum Untermaßverbot. Zu unterscheiden sind die formelle und die materielle Rechtfertigung.

a) Formelle Verfassungsmäßigkeit: Der Gesetzesvorbehalt

Die Grundrechtsbindung löst den Gesetzesvorbehalt aus. Die in der Rechtsprechung[666] zu staatlichen Warnungen erwogene Aufweichung des Gesetzesvorbehaltes[667] ist nicht auf normative Absprachen übertragbar. Soweit es möglich ist, normative Absprachen zu treffen, kann nicht argumentiert werden, dass eine entsprechende gesetzliche Ermächtigung zu ihnen

---

[665] *M. Schulte,* Schlichtes Verwaltungshandeln, 1995, S. 98 unter Berufung auf *H. v. Lersner,* Verwaltungsrechtliche Instrumente des Umweltschutzes, 1983, S. 23.

[666] BVerwGE 82, 76 (80) – Jugendsekten; BVerfG NJW 1989, S. 3269 ff.; BVerfG, 1 BvR 558/91 v. 26.6.2002, Rz. 49 ff. – Glykolwarnung.

nicht denkbar wäre. Keine dogmatische Stütze kann der Ansatz von *Walter Frenz*[668] finden, die Schutzfunktion des Gesetzesvorbehaltes entfallen zu lassen, wenn die Eingriffsfolgen eines hypothetischen (angedrohten) Gesetzes abgemildert werden. Wenn mit solchen Argumenten kein Grundrechtsverzicht zu begründen ist, dann darf auch der grundrechtliche Gesetzesvorbehalt nicht entfallen.

Wie jeder Eingriff muss auch jede kooperative Beeinträchtigung der Grundrechte auf Grund einer gesetzlichen Ermächtigung erfolgen. Die Anforderungen an die Gesetzlichkeit informaler Einflussnahme dürfen aber auch nicht überzogen werden. Aushandlung und Abschluss normativer Absprachen durch die Bundesregierung setzen voraus, dass für sie eine Ermächtigung zur Ausübung rechtsetzender Gewalt besteht – in der Regel ist hierfür eine Verordnungsermächtigung notwendig und hinreichend.

Das bedeutet aber nicht, dass Hoheitsträger, die selbst nicht zur Verordnunggebung ermächtigt sind, keinerlei Einfluss auf normative Absprachen nehmen dürften. Eine Absprache der Bundesregierung wird nicht dadurch verfassungswidrig, dass z. B. das Umweltbundesamt sie angeregt hat oder dass ein Landespolitiker zu ihren Inhalten öffentlich Stellung genommen hat. Schwächere Grade hoheitlicher Einflussnahme, insbesondere politische und rechtliche Stellungnahmen lösen abgestufte, schwächere Grundrechtsmitverantwortung aus. Sie unterliegen nicht ihrerseits dem Gesetzesvorbehalt. *Eberhard Schmidt-Aßmann*[669] hat ein Stufenmodell für die Grundrechtsgeltung gefordert, bei dem insbesondere der strenge Gesetzesvorbehalt nicht für jede Grundrechtsbeeinträchtigung greifen soll. Das muss für informale Einflussnahme auf normative Absprachen fruchtbar gemacht werden. Allerdings ist die Absprache und das heißt die staatliche Beteiligung an den informalen Entscheidungen damit nicht insgesamt vom Gesetzesvorbehalt freigestellt, sondern nur die ergänzende, begleitende Einflussnahme durch Hoheitsträger, die um Umfeld von Absprachen Stellung beziehen.

Die Vorschriften des GWB sind zwar für die Berücksichtigung von Gemeinwohlbelangen und für informale Beteiligung des Staates an Absprachen offen, stellen als solche aber keine Ermächtigung zu Absprachen dar,[670] sondern ermächtigen umgekehrt die Kartellbehörden zu deren Kontrolle.

---

[667] Zu Recht grundsätzlich kritisch gegenüber der Argumentation *Ch. Tsiliotis*, Der verfassungsrechtliche Schutz der Wettbewerbsfreiheit und seine Einwirkung auf die privatrechtlichen Beziehungen, 2000, S. 272 f.

[668] *W. Frenz*, Selbstverpflichtungen der Wirtschaft, 2001, S. 184 f.

[669] *E. Schmidt-Aßmann*, in: FS für K. Redeker, 1993, S. 225 (238); *ders.*, Das allgemeine Verwaltungsrecht als Ordnungsidee, 1998, S. 67 für die Kategorie der „administrativen Realakte ohne zusätzlichen Steuerungsgehalt".

[670] *H. Baumann*, Rechtsprobleme freiwilliger Selbstbeschränkung, Diss. Tübingen 1978, S. 115: „Wegen der normähnlichen Außenwirkung der erlaubten Absprache

b) Materielle Verfassungsmäßigkeit:
Der Grundsatz der Verhältnismäßigkeit

Normative Absprachen müssen materiell verfassungsmäßig sein. Die materielle Rechtfertigungsbedürftigkeit von Grundrechtsbeeinträchtigungen auf Grund von Selbstverpflichtungen ist Konsequenz der Mitverantwortung des Staates.

Hier ist zu prüfen, ob die Inhalte der Selbstverpflichtung die aus ihr folgenden Grundrechtsbeeinträchtigungen verfassungsrechtlich rechtfertigen. Den Staat trifft dabei dieselbe Verantwortung, die ihn auch bei der Verhältnismäßigkeitsprüfung einer entsprechenden Norm träfe. Der Grundsatz der Verhältnismäßigkeit[671], das Übermaßverbot[672] gilt nicht nur bei individueller, sondern auch bei kollektiver[673] Eigenvornahme.

Die Anwendung des Grundsatzes der Verhältnismäßigkeit auf die Fälle grundrechtlicher Mitverantwortung des Staates für Kooperation mit der Wirtschaft stellt sich – in Anlehnung an die Zweck-Mittel-Relation des Übermaßverbotes – wie folgt dar:

Um eine Relation zwischen Mittel und Zweck herzustellen, müssen zunächst Mittel und Zweck isoliert herausgearbeitet werden. Bei der isolierten Betrachtung des *Mittels* ergibt sich ein grundlegender Unterschied zu der Verhältnismäßigkeit von Eingriffen: Nicht das staatliche Handeln, das die Mitverantwortung auslöst, ist Mittel und Gegenstand der Prüfung der Verhältnismäßigkeit, sondern die *Absprache* bzw. *Selbstverpflichtung*. Dies ist die Konsequenz einer Mitverantwortung des Staates für kooperatives Handeln, das auch durch Private inhaltlich mitgeprägt wurde. Nicht selten kommt es im Ergebnis der Absprache zu Kompromissen, die die Absprachebeteiligten grundrechtlich inhaltlich weniger belasten, als einseitige Rechtsetzung, mit der der Staat gedroht hat. An dieser Stelle – und nicht im Rahmen eines Grundrechtsverzichts – kommt eine „grundrechtsschonende" Komponente normativer Absprachen zum Tragen, wenn sich private Eigeninteressen teilweise durchsetzen konnten.

Auch die isolierte Betrachtung der *Zwecke* ist nicht auf die Intentionen der beteiligten Hoheitsträger beschränkt. Vielmehr sind auch und gerade die

---

erfordert jedoch Art. 80 Abs. 1 GG, dass das Gemeinwohlinteresse in einem gesetzlichen Programm außerhalb des GWB bestimmt ist."

[671] Vgl. BVerfGE 69, 315 – Brockdorf und kritisch dazu: *K. Waechter,* in: Der Staat 38 (1999), S. 279 (282 f.).

[672] Kritisch *M. Kloepfer,* JZ 1991, S. 737 (744); vgl. auch *M. Kohlhaas/B. Praetorius/R. Eckhoff/Th. Hoeren,* Selbstverpflichtungen der Industrie zur CO_2-Reduktion, 1994, S. 143.

[673] Zu dieser Unterscheidung *M. Schmidt-Preuß,* VVDStRL 56 (1997), S. 160 (212, 214).

Zwecke einzubeziehen, die durch die privaten Absprachebeteiligten verfolgt werden. Hier ist der Ort, das gesamte Spektrum der mit einer Selbstverpflichtung verfolgten Interessen zu analysieren und hieraus die dogmatischen Konsequenzen zu ziehen. Dabei sollte realistischerweise von der Ausgangsvermutung ausgegangen werden, dass Private nicht primär öffentliche Interessen, sondern private Interessen verfolgen. Im Idealfall freilich können öffentliche und private Interessen parallel laufen. Hier gilt es, die Motive aller Beteiligten und den objektiven Sinn von Selbstverpflichtungserklärungen zu ermitteln. Es reicht nicht, pauschal auf „das öffentliche Interesse" zu verweisen. Auch das vom informal handelnden Staat oft verfolgte öffentliche Interesse der Staatsentlastung[674] durch Stärkung der Selbstregulierung ist zu berücksichtigen.

Die verfolgten Zwecke dürfen – ebenso wie die Mittel – nicht per se illegitim sein. Dies ist der dogmatische Ort, die Legitimität der normativen Absprache am Maßstab des Prinzips der kooperativen Verantwortung zu überprüfen. Nur wenn der Staat Zwecke verfolgt, die Gegenstand kooperativer Verantwortung sind, ist die Absprache zu rechtfertigen. Voraussetzung dafür ist, dass es zweckdienlich ist, die Wirtschaft in die Eigenverantwortung zu nehmen, anstatt Ordnungsrecht einseitig zu schaffen. Im Umweltbereich, aber auch im Medienbereich sowie bei der Gleichberechtigung von Frauen gibt es gute Gründe für eine Verantwortungspolitik, die verfassungsrechtlich nicht zu beanstanden sind. Aber das legitimiert nicht jede Art von Selbstverpflichtung in diesen Bereichen. Bei der Selbstverpflichtung zum Asbestausstieg bestehen an der Legitimität des Mittels Zweifel: Die Herstellung und Verwendung eines speziellen Produktes ab einem bestimmten Zeitpunkt zu verbieten, könnte genauso gut auch Gegenstand einer ordnungsrechtlichen Regelung sein, die schließlich auch erlassen wurde. Der Markt für die Entwicklung von Ersatzprodukten wäre nicht beeinträchtigt worden, wenn es von vornherein eine ordnungsrechtliche Lösung gegeben hätte.

Die Legitimität der Zwecke normativer Absprachen bemisst sich am Prinzip kooperativer Verantwortung. Die Verfolgung privater Interessen im Rahmen von Selbstverpflichtungen ist dabei nicht per se illegitim. Bei der Frage der Legitimität der Zwecke sind weiter die Diskriminierungsverbote des Art. 3 Abs. 3 GG und die speziellen Zweckbeschränkungen der qualifizierten Gesetzesvorbehalte (z.B. Art. 5 Abs. 2, 6 Abs. 3, 9 Abs. 2, 10 Abs. 2 S. 2 GG) zu beachten. Bei Art. 12 Abs. 1 GG ist auch die Beschrän-

---

[674] Unklar bleibt *U. Di Fabio,* VVDStRL 56 (1997), S. 235 (260) mit dem Hinweis, die Staatsentlastung reiche nicht als alleiniger Rechtfertigungsgrund aus. Richtig ist, dass auch dieser Belang lediglich in die Verhältnismäßigkeitsprüfung einzustellen ist und nicht pauschal beliebige Beeinträchtigungen rechtfertigt, was aber für jegliches öffentliche Interesse gilt.

kung der Zwecke bei den objektiven Zulassungsvoraussetzungen auf überragend wichtige Gemeinschaftsgüter im Rahmen der 3-Stufen-Theorie übertragbar.

Auf der anderen Seite ist zu Gunsten einzelner Zwecke zu erörtern, ob für sie sogar ein verfassungsrechtlicher Schutzauftrag besteht. Zahlreiche Selbstverpflichtungen können dabei den Schutz für Leben und Gesundheit (Art. 2 Abs. 2 GG) oder für die Umwelt (Art. 20a GG) für sich beanspruchen.

Im Rahmen der *Geeignetheit* der Absprache als Mittel ist zu prüfen, ob die normative Absprache mindestens einem der Zwecke überhaupt dient, d.h. ihm förderlich ist. Es ist lediglich negativ auszuschließen, dass es sich um ein gänzlich „untaugliches Mittel"[675] handelt. Dies ist gegebenenfalls für jeden der vorher genannten Zwecke zu prüfen. Eine „Teileignung"[676] reicht aus; gegebenenfalls sind die Mittel entsprechend zu beschränken, insbesondere fällt ihre Eignung nach vollständiger Zweckerreichung fort.[677]

An diesen dogmatischen Ort gehört die Konsequenz, dass der Staat *beobachten* muss, ob die Gemeinwohlziele von Selbstverpflichtungen tatsächlich erreicht werden. Dies ist grundrechtlich in dem Maße geboten, in dem die Rechtfertigung von Grundrechtsbeeinträchtigungen auf der Gemeinwohldienlichkeit aufbaut und von dieser abhängt. Erscheinen Grundrechtsbeeinträchtigungen durch Gemeinwohlziele zunächst gerechtfertigt, entfällt die Rechtfertigung nachträglich mit deren Verfehlung. Deshalb ist der Forderung einer Gewährleistungsverantwortung[678] bzw. Überwachungs- und Einstandsverantwortung[679] im Ergebnis[680] zuzustimmen. Aus ihr folgt eine Beobachtungspflicht, die den Staat zu Begleitkontrollen zwingt (*Matthias*

---

[675] BVerfGE 37, 104 (117) – Bonus-Malus-Regelung.

[676] *L. Hirschberg,* Der Grundsatz der Verhältnismäßigkeit, 1981, S. 51.

[677] Das zeitliche Übermaßverbot des Art. 4 III PAG ist – genau betrachtet – nicht nur Ausfluss des Erforderlichkeits-, sondern des Geeignetheitsmaßstabs; vgl. *H.-U. Gallwas/W. Mößle,* Bayerisches Polizei- und Sicherheitsrecht, 2. Aufl. (1996), Rdnr. 572.

[678] Im Hinblick auf die allgemeinen Schutzpflichten: *M. Schmidt-Preuß,* VVDStRL 56 (1997), S. 160 (172).

[679] *E. Schmidt-Aßmann,* in: W. Hoffmann-Riem/E. Schmidt-Aßmann/G. F. Schuppert (Hrsg.), Reform des allgemeinen Verwaltungsrechts. Grundfragen, 1993, S. 11 (44).

[680] Im Ergebnis insoweit ähnlich: *M. Schmidt-Preuß,* VVDStRL 56 (1997), S. 160 (172 ff.); *A. Faber,* Gesellschaftliche Selbstregulierungssysteme im Umweltrecht, 2001, S. 282 ff.; jetzt auch *T. Köpp,* Normvermeidende Absprachen zwischen Staat und Wirtschaft, 2001, S. 100 f. (mit dem Argument der zu fordernden Effizienz). Die bisherigen Begründungsansätze beruhen auf der Annahme, dass der Staat direkt dafür verantwortlich ist, dass bestimmte Ziele um ihrer selbst willen erreicht werden. Das ist aber nur ausnahmsweise als grundrechtliche Schutzpflicht dogmatisch begründbar.

Schmidt-Preuß). Auch die Verhältnismäßigkeit von Gesetzen und Verordnungen kann sich mit der Zeit wandeln. Die vollziehende Gewalt muss die Verhältnismäßigkeit bei der Anwendung im Einzelfall sicherstellen. Gegebenenfalls muss sie Normen verfassungskonform auslegen. Die Gewährleistungsverantwortung des Staates für die effektive Grundrechtsgeltung und die Selbstkontrolle der Verwaltung sind nichts Neues, sondern systemimmanente Folgen des Art. 1 Abs. 3 GG. Das ist die Konsequenz der kooperativen Verantwortung und aus der Grundrechtsbindung des kooperierenden Staates: Der Staat wird nicht aus seiner Verantwortung entlassen. Auch die Substitution des Verwaltungsvollzugs führt nicht zu einer Entbindung des Staates von seiner Grundrechtsverantwortung.

Eine Selbstverpflichtung ist dann *erforderlich*, wenn es kein milderes Mittel gibt, das dieselben Zwecke (mindestens) ebenso gut erreicht. Ein Mittel ist milder, wenn es weniger intensiv ein Grundrecht beeinträchtigt oder wenn weniger bzw. schwächere (z.B. Art. 2 Abs. 1 GG statt eines speziellen Freiheitsrechts) Schutzbereiche eröffnet würden. Gegebenenfalls ist schon hier die Intensität der konkreten Grundrechtsbeeinträchtigung oder der abstrakte Wert von Schutzbereichen zu gewichten, was im Übrigen der Verhältnismäßigkeit i.e.S. vorbehalten ist. Hinsichtlich der Intensität der Grundrechtsbeeinträchtigung sind nicht nur die Intensität des hypothetischen Eingriffs angedrohter hoheitlicher Maßnahmen, sondern auch und gerade die „induzierten systemimmanenten Belastungen"[681] der Selbstverpflichtung zu berücksichtigen. Auch hier zeigt sich wieder der Perspektivenwechsel gegenüber der Eingriffsdogmatik: Während jene die „Intensität des staatlichen Handelns im Außenrechtskreis des Bürgers"[682] in den Blick nimmt, ist hier die Selbstverpflichtung Gegenstand der Betrachtung. Vergleichsmaßstab bilden alle denkbaren Mittelalternativen. Sowohl informale als auch einseitig hoheitliche Alternativen sind als mildere Mittel in Betracht zu ziehen.

An diesen dogmatischen Ort gehören Überlegungen, inwieweit indirekte, informale Steuerungsmechanismen wirklich „freiheitsschonender"[683] sind, ob sie gar „womöglich tiefer und intensiver in Freiheitsrechte"[684] eindringen oder ob gleichzeitig eine grundrechtliche Be- und Entlastung stattfin-

---

[681] So – allerdings auf Grundlage der Eingriffsdogmatik – auch *M. Schmidt-Preuß*, ebenda, S. 160 (191).

[682] *H. Schulze-Fielitz*, Informales oder illegales Verwaltungshandeln?, in: A. Benz/W. Seibel (Hrsg.), Zwischen Kooperation und Korruption, 1992, S. 233 (240).

[683] Kritisch *M. Kloepfer*, JZ 1991, S. 737 (743); vgl. andererseits die bei *U. Dempfle*, Normvertretende Absprachen, 1994, S. 144 (Fn. 525) genannten.

[684] *U. Di Fabio*, VVDStRL 56 (1997), S. 235 (252), vgl. auch ebd. S. 255, 258 ff. und 280 (These 14); dagegen *E. Geis*, Diskussionsbeitrag, in: VVDStRL 56 (1997), S. 288 f.

det.[685] Auch ist zu erwägen, ob ein Intervenieren des Staates, soweit es langfristig erforderlich wird, zu „inakzeptabel hoher Eingriffsintensität"[686] führen kann, wofür allerdings soweit ersichtlich bislang keine Anhaltspunkte gegeben sind. Die Perspektive der Erforderlichkeitsprüfung ist auf Alternativen begrenzt, die ihrerseits ebenso gut die verfolgten legitimen Zwecke erreichen. Selbst wenn die Grundrechtsbeeinträchtigung (gegenüber Absprachebeteiligten oder Dritten) intensiver ist als die einer einseitig hoheitlichen Maßnahme, kann das darauf beruhen, dass Absprachen tatsächlich unter Umständen „effektiver" wirken als Gesetze.[687] Soweit sich dieser Effektivitätsgewinn in legitimen öffentlichen oder privaten Interessen niederschlägt, scheitert eine solche Selbstverpflichtung dann nicht an der Erforderlichkeit. Es ist nicht verfassungsrechtlich geboten[688], Selbstverpflichtungen als milderes Mittel vorrangig zu behandeln.[689] Selbst wenn man den Subsidiaritätsgedanken grundrechtlich gewinnen mag,[690] ist hieraus nicht diese konkrete Konsequenz abzuleiten.

Ein subsidiäres Intervenieren des Staates kann, soweit es langfristig erforderlich wird, zu umso höherer Eingriffsintensität führen.[691] Daraus lässt sich aber nicht allgemein folgern, dass Selbstverpflichtungen aus diesem Grund von vornherein verfassungswidrig sind. Die Notwendigkeit zukünftiger hoheitlicher Maßnahmen setzt das Scheitern der Selbstverpflichtung voraus. Hierüber wären ebenso Prognosen anzustellen wie über die hypothetische Eingriffsintensität der Wahrnehmung staatlicher Auffangverantwortung. Es fehlen bislang Erfahrungswerte, die eine derartige Prognose rechtlich handhabbar und justiziabel machen könnten. Im Zweifel liegt diese Prognose in der Einschätzungsprärogative der kooperativ handelnden rechtsetzenden Gewalt.

Bei der *Verhältnismäßigkeit i. e. S.* sind Nutzen und Nachteile gegeneinander abzuwägen. Es ist zu fragen, ob der Grundrechtseingriff als Mittel staat-

---

[685] So *U. Di Fabio*, VVDStRL 56 (1997), S. 235 (252).

[686] *K. Rennings/K. L. Brockmann/H. Bergmann*, Nachhaltigkeit, Ordnungspolitik und freiwillige Selbstverpflichtung, 1996, S. 131 (161).

[687] So *H. Chr. Röhl*, in: Die Verwaltung, Beiheft 2, 1999, S. 33 (42).

[688] *J. Knebel/L. Wicke/G. Michael*, Selbstverpflichtungen ..., 1999, S. 262.

[689] So eine Koalitionsvereinbarung auf Bundesebene; vgl. Welt v. 15.4.1996; hierzu *M. Schmidt-Preuß*, VVDStRL 56 (1997), S. 160 (171, 213) m.w.N.; kritisch gegenüber dem UGB-KomE insoweit *P.-C. Storm*, NVwZ 1999, S. 35 (38).

[690] Vgl. *J. H. Kaiser*, NJW 1971, S. 585 (588); *U. Di Fabio*, VVDStRL 56 (1997), S. 235 (S. 252 ff.); *M. Schmidt-Preuß*, VVDStRL 56 (1997), S. 160 (171) Gegen eine Rechtfertigung informaler Verwaltungspraxis mit dem Grundsatz der Verhältnismäßigkeit; *H. Dreier*, StWuStPr 1993, S. 647 (664).

[691] *K. Rennings/K. L. Brockmann/H. Bergmann*, Nachhaltigkeit, Ordnungspolitik und freiwillige Selbstverpflichtung, 1996, S. 131 (161); zustimmend *A. Helberg*, Normabwendende Selbstverpflichtungen ..., 1999, S. 292: „Interventionsspirale".

§ 10 Grundrechtsbindung des kooperierenden Verfassungsstaates 371

lichen Handelns dem Grad und Wert der Zweckerreichung angemessen ist. Dabei wird die Schwere der Grundrechtsbeeinträchtigung durch *die Selbstverpflichtung* mit dem verfassungsrechtlichen Gewicht *der verfolgten Zwecke* abgewogen.

Die Abwägung erfolgt in folgenden drei Schritten: Erstens sollte *abstrakt* festgestellt werden, welche Belange auf dem Spiel stehen. Hinsichtlich des Mittels der Selbstverpflichtung kann hierbei auf die Schutzbereichsprüfung und gegebenenfalls auf die Wertung im Rahmen der Erforderlichkeit zurückgegriffen werden. Hinsichtlich der Zwecke der Auferlegung von Eigenverantwortung sollte herausgearbeitet werden, wie wichtig ihre Erreichung jeweils für das Gemeinwohl bzw. zur Grundrechtsausübung der Absprachebeteiligten ist, und darauf verwiesen werden, ob und in welchem Umfang sie gegebenenfalls ihrerseits (verfassungs-) rechtlich geschützt werden. Der abstrakte Teil der Bewertung hat nicht zum Ziel, abstrakte Vorrangverhältnisse zu suchen, die eine weitere Abwägung entbehrlich machen und die Prüfung beenden würden. Es geht lediglich um eventuelle Verteilungen der Argumentationslast, um widerlegbare Ausgangsvermutungen für die konkrete Abwägung.

Zweitens ist *konkret* festzustellen, wie schwer, d.h. wie oft, wie lange, wie intensiv die Selbstverpflichtung Grundrechte beeinträchtigt, wie viel dem Betroffenen „zugemutet"[692] wird. Ebenso ist der Grad der Zweckerreichung und damit der konkrete Gemeinwohl- bzw. Freiheitsgewinn zu bestimmen. Bei Grundrechtskollisionen ist deren Über- bzw. Untermaßverbot inzident zu prüfen.

Drittens ist zu fragen, ob unter diesen Prämissen die Zweckerreichung zu dem Mittel der Absprache außer Verhältnis steht. In diesem letzten Punkt findet die eigentliche *Abwägung* statt, die auf eine bloße Übermaßkontrolle zu beschränken ist. „Angemessenheit" und „Abwägung" im Rahmen eines *Kontroll*maßstabs der (Verfassungs-) Gerichtsbarkeit ist ein beschränkter, „gelockerter" Maßstab, der Entscheidungsräume nicht ausschließt.[693] Es mag die Hoffnung gerechtfertigt sein, dass Kooperation in besonderer Weise eine „einzelfallgerechtere"[694], „sachgerechte Abwägung"[695] der Inte-

---

[692] Zu Recht betont *Albrecht,* Zumutbarkeit als Verfassungsmaßstab, 1995, S. 149 ff., 242, die „isoliert-eigenständige Beurteilung" der Zumutbarkeit; diese sollte aber m.E. als Teil in den Grundsatz der Verhältnismäßigkeit integriert und nicht in einem Gegensatz zu ihm gesehen werden.

[693] Vielleicht ist es deshalb besser, statt von einer „Angemessenheitsprüfung" nur von der Kontrolle der „Unverhältnismäßigkeit" oder – im Anschluss an *Lerche* – des „Übermaßes" zu sprechen. So bezeichnet *Jakobs,* Der Grundsatz der Verhältnismäßigkeit, 1985, S. 84 f. den Unterschied zwischen Verhältnismäßigkeitsprinzip und praktischer Konkordanz als den Unterschied zwischen einer „positive(n)" und einer „negative(n) Aussage".

24*

ressen ermöglicht. Indes sind die spezifischen Gefahren, dass Kooperation zahlreicher Beteiligter zu Lasten einzelner geht, nicht weniger wahrscheinlich. Die Angemessenheitsprüfung muss deshalb ganz dem Einzelfall vorbehalten bleiben. Selbstverpflichtungen sind verfassungswidrig, wenn sie unzumutbar die Grundrechte einzelner Betroffener einschränken.

II. Verbände und ihre Mitglieder

1. Schutzbereichsfragen insbesondere der Vereinigungsfreiheit

Die Unternehmensfreiheit (Art. 12 Abs. 1 GG) der Verbandsmitglieder ist in demselben Maße berührt wie die der unmittelbar an Absprachen beteiligten Unternehmen, wenn bestimmte Produktionsprozesse mit berufsregelnder Tendenz geregelt werden.

Außerdem ist die *Wettbewerbsfreiheit* nach Art. 12 Abs. 1 bzw. Art. 2 Abs. 1 GG und Art. 3 Abs. 1 GG von Bedeutung. Zwar schützen die Grundrechte nicht bloße wirtschaftliche Chancen. Beeinträchtigungen der Wettbewerbsfreiheit durch Wettbewerbsverzerrungen können jedoch grundrechtsrelevant sein. Die Wettbewerbsfreiheit, d.h. das Verhalten der Unternehmen im Wettbewerb ist Bestandteil der von Art. 12 Abs. 1 GG geschützten Berufsfreiheit,[696] insbesondere wenn erhebliche Konkurrenznachteile[697] entstehen.

Eine besondere Gefahr normativer Absprachen liegt in der Benachteiligung des *Mittelstands*: Nicht wenige Selbstverpflichtungen lassen sich von Großunternehmen in großem Maßstab kostengünstiger umsetzen[698] als von kleineren Unternehmen. Dadurch können Wettbewerber spezifisch benachteiligt werden. Die Umsetzung einer derartigen Selbstverpflichtung verschafft den ohnehin starken Wettbewerbern zusätzliche Wettbewerbsvorteile gegenüber schwächeren Konkurrenten. Auch das Gegenteil ist denkbar – in der Praxis kommen solche Selbstverpflichtungen jedoch regelmäßig nicht zustande.

---

[694] *H. Dreier,* StWuStPr 1993, S. 647 (657).

[695] BVerfGE 98, 106 (132) – Verpackungsteuer; ausführlich auch E 98, 83 (102) – Landesabfallgesetze.

[696] BVerfGE 32, 311 (317) – Steinmetz; E 46, 120 (137 f.) – Direktruf; aus der Lit.: *P. J. Tettinger,* in: M. Sachs, GG, 2. Aufl., 1999, zu Art. 12, Rz. 14a.

[697] So jetzt auch BVerwGE 89, 281 (283) – Existenzgründungsprogramm; die Wettbewerbsfreiheit bei Art. 2 Abs. 1 GG verortet noch E 71, 183 (189, 191); anders seit E 87, 37 (39, 44) – Glykol.

[698] *A. Merkel,* in: L. Wicke/J. Knebel/G. Braeseke (Hrsg.), Umweltbezogene Selbstverpflichtungen der Wirtschaft, 1997, S. 87 (98).

Ein Beispiel hierfür liefern die Rücknahmepflichten bei Altautos, die den Aufbau eines aufwändigen flächendeckenden Annahme- und Weiterverwertungssystems erfordern, was kleineren Unternehmen noch schwerer als den Marktführern fallen wird. Allerdings sei hier auch erwähnt, dass im Idealfall die Flexibilität informaler Absprachen auch gerade dazu genutzt werden kann, die Lasten ihrer Umsetzung differenziert zu verteilen. Anstelle einer starren Gleichbelastung, kann auch eine Entlastung schwächerer Konkurrenten vereinbart werden. Auch bei der Selbstverpflichtung der Arzneimittelhersteller im Gegenzug zum Verzicht der Bundesregierung auf eine Gesetzesinitiative vom 8. November 2001 beklagte der Hauptgeschäftsführer beim Bundesfachverband der Arzneimittel-Hersteller, dass die Interessen des Mittelstandes nicht ausreichend berücksichtigt würden.[699] Neben der Mittelstandsgefährdung eröffnen Selbstverpflichtungen auch Chancen einer besonderen Schonung des Mittelstandes (wofür es Beispiele[700] gibt). Es kommt also auf den Einzelfall an. Ein pauschales Urteil verbietet sich.

Ob Verbandsabsprachen tendenziell dazu führen, dass größere gegenüber kleineren Mitgliedern bevorteilt werden, hängt von der innerverbandlichen Struktur und von der ausgeglichenen Interessenrepräsentation durch die Verhandlungsführer ab. Eine Gewähr für „innerverbandliche Demokratie" gibt es – abgesehen vom Spezialfall der „innerparteilichen Demokratie" nach Art. 21 Abs. 1 S. 3 GG – nicht.[701] Weil das Problem der wettbewerblichen Benachteiligung aber vor allem ein Problem der Unternehmen ist, die nicht an einer Absprache beteiligt sind und verbandlich nicht vertreten werden, sollen die grundrechtlichen Konsequenzen bei den Außenseitern und Zulieferern erörtert werden.

Schwierige grundrechtsdogmatische Fragen werfen verbandliche Selbstverpflichtungen im Hinblick auf die Eröffnung des Schutzbereichs der *Vereinigungsfreiheit* auf. Die an normativen Absprachen beteiligten Verbände[702] sind Vereinigungen i.S.d. Art. 9 Abs. 1 GG, der die Freiheit schützt, „sich aus privater Initiative mit anderen zu Vereinigungen irgend-

---

[699] SZ vom 10./11. November 2001, S. 4 und 5.

[700] *S. Lautenbach/U. Steger/P. Weihrauch*, Evaluierung freiwilliger Branchenvereinbarungen im Umweltschutz, in BDI (Hrsg.), Freiwillige Kooperationslösungen im Umweltschutz – Ergebnisse eines Gutachtens und Workshops, Köln 1992, S. 1 (50, 70).

[701] *F. Kirchhof*, Private Rechtsetzung, 1987, S. 293 ff.; immerhin plurale Binnenorganisation fordert unter bestimmten Voraussetzungen *R. Scholz*, in: Maunz/Dürig, GG, zu Art. 9, Rz. 102.

[702] *U. Di Fabio*, VVDStRL 56 (1997), S. 235 (254 f.); *U. Dempfle*, Normvertretende Absprachen, 1994, S. 16; *H.-W. Rengeling*, Das Kooperationsprinzip im Umweltrecht, 1988, S. 166 unterscheidet zwischen Branchenabkommen und Verbandslösungen.

welcher Art zusammenzufinden"[703], sie „zu gründen, ihnen beizutreten oder fernzubleiben"[704] sowie „aus ihnen wieder auszutreten"[705].

Selbstverpflichtungen könnten sich unter folgenden Gesichtspunkten auf die Vereinigungsfreiheit auswirken: Verbände bekommen durch normative Absprachen in doppelter Hinsicht eine neuartige Bedeutung: Erstens werden sie zu Teilhabern an Entscheidungen der rechtsetzenden Gewalt. Das gibt ihnen eine politische Macht, die an Strukturen eines Ständestaates erinnert. Zweitens wird ihnen durch normative Absprachen Gemeinwohlverantwortung auferlegt, die sie ihrerseits gegenüber ihren Mitgliedern durchsetzen sollen. Dadurch wird ihnen eine Zwitterstellung auferlegt, nämlich nicht nur ihrem Verbandszweck der Vertretung der Interessen ihrer Mitglieder zu dienen, sondern zugleich auch öffentliche Interessen zu verfolgen.[706] Verbände könnten von der rechtsetzenden Gewalt zur Erfüllung öffentlicher Interessen instrumentalisiert werden. Davor schützt sie Art. 9 Abs. 1 GG, weil dies den Kern des Vereinigungszweckes[707] und mit ihm den grundrechtlich geschützten politischen Kern der Vereinigungsfreiheit berührt, nämlich die Interessen der Mitglieder gegenüber dem Staat zu vertreten und nicht umgekehrt die Interessen des Staates gegenüber den Verbandsmitgliedern. Der staatliche Druck auf den Verband wächst dadurch, dass dieser seine Glaubwürdigkeit und seinen politischen Einfluss riskiert, wenn er nicht bisweilen auch Widerstände seiner Mitglieder überwindet.[708] Das Grundrecht schützt insoweit die Verbände und ihre Mitglieder vor der rechtsetzenden Gewalt im kooperierenden Verfassungsstaat.

Der Machtzuwachs auf der einen Seite und die Verantwortungsübernahme auf der anderen Seite lassen sich nicht trennen, weil die Legitimität der Teilhabe an Entscheidungen der rechtsetzenden Gewalt von dem Prinzip der kooperativen Verantwortung abhängt. Normative Absprachen tendieren damit zu einer Vergesellschaftung des Staates und zu einer Verstaatlichung der Gesellschaft. Beiden Tendenzen muss Art. 9 Abs. 1 GG Grenzen setzen. Der „status corporativus"[709] muss durch den „status negativus cooperationis" zugleich bestärkt und begrenzt werden. Die Ausübung der Vereinigungsfreiheit endet dort, wo sie in Kompetenz umschlägt.[710]

---

[703] BVerfGE 38, 281 (298) – Arbeitnehmerkammern.
[704] BVerfGE 10, 89 (102) – (Großer) Erftverband.
[705] BVerfGE 38, 281 (298) – Arbeitnehmerkammern.
[706] *U. Di Fabio,* JZ 1997, S. 969 (971).
[707] Vgl. hierzu für Art. 9 Abs. 3 GG BVerfGE 50, 290 (354, 367) – Mitbestimmung; zu den Grenzen dieser Argumentation *L. Michael,* JZ 2002, S. 482 (483).
[708] Das Problem erkennt *T. Köpp,* Normvermeidende Absprachen zwischen Staat und Wirtschaft, 2001, S. 135, 228.
[709] *P. Häberle,* Verfassungslehre als Kulturwissenschaft, 2. Aufl. 1998, S. 669 ff.

Der politische Bedeutungsgewinn von Wirtschaftsverbänden stellt keine Einschränkung, sondern einen Gewinn für deren Mitglieder dar. Dieser Gewinn ist zwar nicht grundrechtlich geschützt, weil er über die pluralistische Partizipation[711] an politischer Willensbildung hinausgeht. Er stellt aber für sich genommen auch keine Grundrechtsbeschränkung dar.[712] Grundrechtlich relevant könnte dieser Aspekt allenfalls für Nichtmitglieder beteiligter Verbände sein, worauf gesondert einzugehen sein wird.

Verbände übernehmen nicht nur die Funktion, normative Absprachen auszuhandeln, sondern Selbstverpflichtungen auch umzusetzen, genauer die Umsetzung durch ihre Mitglieder zu veranlassen, zu organisieren, zu koordinieren und zu unterstützen. Unternehmen könnten dazu gedrängt werden, Verbandsmitglieder zu bleiben, um von der Infrastruktur des Verbandes zur Umsetzung der Selbstverpflichtung zu profitieren. Das berührt ihre von Art. 9 Abs. 1 GG geschützte negative Freiheit, aus Vereinigungen wieder auszutreten.[713] Die umstrittene[714] Rechtsprechung[715], dass die Zwangsmitgliedschaft in Körperschaften des öffentlichen Rechts nur vom Auffanggrundrecht des Art. 2 Abs. 1 GG erfasst wird, lässt sich nicht übertragen: Schon die Gründung der Zwangskörperschaften beruht auf einem Gesetz. So weit, dass der Staat eine Selbstverwaltung der Wirtschaft zum Umweltschutz installiert hätte, geht aber die Entwicklung nicht.

Verbände können durch normative Absprachen veranlasst sein, neue Vereinigungen zu gründen. Das könnte die Gründungsfreiheit berühren. Der Begriff der Vereinigung setzt nicht nur voraus, dass mehrere Grundrechtsträger beteiligt sind. Die Vereinigungen fallen vielmehr nur dann in den Schutzbereich des Art. 9 Abs. 1 GG, wenn sie die Organisationsdichte einer gemeinsamen Willensbildung aufweisen. Die bloße Verabredung eines aufeinander abgestimmten Marktverhaltens reicht hierfür nicht aus.[716] Das gemeinsame Eingehen einer Selbstverpflichtung als solches ist also keine Bildung einer Vereinigung.

---

[710] Zutreffend *W. Löwer*, in I. v. Münch/Ph. Kunig, GG, Bd. 1, 5. Aufl., 2000, zu Art. 9 Rz. 25.
[711] Zum Grundrechtsschutz pluralistischer Teilhabe vgl. *H. Bauer*, in: H. Dreier (Hrsg), GG, Band I, 1996, zu Art. 9, Rz. 19, der allerdings auch vor dem „kooperativen Staat" (Rz. 23) insoweit nicht Halt macht.
[712] *W. Kluth*, Funktionale Selbstverwaltung, 1997, S. 301 ff., der allerdings einen „status positivus" erwägt.
[713] So auch *A. Helberg*, Normabwendende Selbstverpflichtungen ..., 1999, S. 199 f.
[714] Dagegen *K. Hesse*, Grundzüge des Verfassungsrechts ..., 20. Aufl., 1995 (Neudr. 1999), Rz. 414.; *W. Kluth*, Funktionale Selbstverwaltung, 1997, S. 301 ff.
[715] BVerfGE 38, 281 (298) – Arbeitnehmerkammern.
[716] So auch *A. Helberg*, Normabwendende Selbstverpflichtungen ..., 1999, S. 199.

Die informale Kooperation zwischen mehreren Wirtschaftssubjekten im Rahmen einer Selbstverpflichtung kann auch zur Bildung neuer Organisationsstrukturen führen. Für die Gründung derartiger Organisationsstrukturen im Rahmen von Selbstverpflichtungen gibt es einige Beispiele: So wurden Arbeitsgemeinschaften mit dem Ziel gegründet, gemeinsam eine Selbstverpflichtung auszuhandeln, abzugeben und umzusetzen.[717] Dies erfolgte zu dem Zweck, ganze Branchen bzw. die komplette Anbieterseite[718] zu umfassen.

Beim Aushandeln der Selbstverpflichtung entfalten solche Arbeitsgemeinschaften aber soweit ersichtlich noch keine eigene Willensbildung. Solange sich die beteiligten Verbände oder Unternehmen nicht auf eine gemeinsame Erklärung geeinigt haben, kommt der Arbeitsgemeinschaft lediglich die Funktion eines Diskussionsforums zu, in dem jeder beteiligte Verband bzw. jedes Unternehmen seinen intern gebildeten Willen einbringt. Anders könnte es aussehen, wenn einer dabei neu gegründeten Organisation eigenständige Aufgaben zur Umsetzung, insbesondere zum Monitoring und Controlling übertragen werden. Solche Kontrollgremien[719] und Treuhandstellen[720] könnten zu Vereinigungen i.S.d. Art. 9 Abs. 1 GG werden, wenn sie zur Durchführung oder zur Fortschreibung einer Selbstverpflichtung Vorschläge machen und damit die Willensbildung in den einzelnen Verbänden durch eine eigene Willensbildung überlagern. Entwicklungen in diese Richtung gilt es aufmerksam und kritisch zu begleiten.

2. Zurechenbarkeit der Beeinträchtigungen der Vereinigungsfreiheit

Gegen die Konstruktion eines Grundrechtsverzichts sprechen bereits die oben genannten Gründe. Kooperierende Verbände verzichten weder auf die eigene Vereinigungsfreiheit, noch auf Grundrechte ihrer Mitglieder. Der Zugewinn an politischem Einfluss kompensiert nicht die Beschränkung der Grundrechte. Das gilt auch für die Tätigkeit der Wirtschaftsverbände, die von ihrem Zweck her Lobbyismus betreiben. Normative Absprachen sind mehr als die grundrechtlich geschützte pluralistische Geltendmachung von Interessen gegenüber der rechtsetzenden Gewalt. Teilhabe an politischen Entscheidungen ist weder grundrechtlich geschützt, noch führt ihre Ausübung zum Grundrechtsverzicht. Insbesondere muss Verbandsmitgliedern, die den Rollenwechsel ihres Verbandes nicht billigen, die Möglichkeit blei-

---

[717] Beispiele hierzu in der Bestandsaufnahme.
[718] *J. Knebel/L. Wicke/G. Michael,* Selbstverpflichtungen ..., 1999, S. 496 für die AGRAPA
[719] Beispiele hierzu in der Bestandsaufnahme S. 126.
[720] Beispiele hierzu in der Bestandsaufnahme S. 126 f.

ben, sich auf ihre Vereinigungsfreiheit zu berufen. Es ist denkbar, dass sich in der Praxis Verbände so weit von der Bundesregierung in die Wahrnehmung öffentlicher Interessen einbinden lassen, dass einzelne Mitglieder ihre Interessen nicht mehr angemessen vertreten sehen und deshalb ihre Grundrechte geltend machen.

Dem Staat sind diese Grundrechtsbeeinträchtigungen nach den oben aufgeführten Gesichtspunkten zurechenbar. Er trägt auch bei Verbändevereinbarung grundrechtliche Mitverantwortung nach dem status negativus cooperationis.

3. Konsequenzen bei der Rechtfertigung

Die Beeinträchtigungen der Vereinigungsfreiheit müssen gerechtfertigt werden. Art. 9 Abs. 1 GG ist – abgesehen vom Vereinsverbot – nicht unter Gesetzesvorbehalt gestellt. Einschränkungen müssen deshalb mit einem entgegenstehenden Verfassungsgut gerechtfertigt werden. Deshalb ist es von entscheidender Bedeutung, dass das Prinzip kooperativer Verantwortung ein Verfassungsprinzip ist. Nicht nur im Hinblick auf die Legitimation, sondern auch im Lichte des Art. 9 Abs. 1 GG ist zwingend geboten, dass normative Absprachen zwischen dem Staat und Wirtschaftsverbänden mit dem Prinzip der kooperativen Verantwortung zu rechtfertigen sind. Wie gezeigt genügen normative Absprachen regelmäßig diesen Anforderungen. Ergänzend lassen sich Art. 2 Abs. 2 GG sowie Art. 20a GG für den Umweltschutz und Art. 3 Abs. 2 GG für die Selbstverpflichtung zur Gleichstellung der Frauen im Arbeitsleben heranziehen. Darüber hinaus ist jedoch der Grundsatz der Verhältnismäßigkeit anzuwenden, um auch die spezifischen Beeinträchtigungen der Vereinigungsfreiheit zu rechtfertigen.

Aus dem Gebot der Erforderlichkeit ergibt sich in diesem Zusammenhang eine konkrete Konsequenz: Es ist zu vermeiden, dass Wirtschaftsverbände sich dazu bereit erklären, Gemeinwohlinteressen, die Inhalt der Absprache sind, gegebenenfalls gegen Widerstände einzelner Mitglieder durchzusetzen. Keine Bedenken bestehen dagegen, dass sie ihre Mitglieder über drohende einseitige Rechtsetzung informieren. Die Weitergabe von Kenntnissen über die Absichten der Politik gehört zu den originären Zwecken der Verbandstätigkeit. Bedenken bestehen jedoch dagegen, die Verbände mit der eigenhändigen Durchführung des Controlling und Monitoring zu belasten. Wenn private Verbände in eine Rolle vollziehender Gewalt gedrängt werden, kann es zu einer Interessenkollision bei der Ausübung ihrer Tätigkeit kommen. Inwieweit der Staat gesetzlich durch Einrichtung von Zwangskörperschaften eine derartige Selbstverwaltung[721] installieren könnte, kann hier

---

[721] Hierzu W. *Kluth,* Funktionale Selbstverwaltung, 1997.

offen bleiben. Hinsichtlich der Durchführung des Controlling und Monitoring gibt es ein Mittel, das die Vereinigungsfreiheit weniger berührt und dennoch mindestens ebenso wirksam ist: die *Beauftragung verbandsexterner Institutionen*. Verbände können sich dann auf die Unterstützung ihrer Mitglieder und die Wahrnehmung von deren Interessen bei der Durchführung von Selbstverpflichtungen konzentrieren. Dadurch wird die Gefahr der Verstaatlichung der Gesellschaft und der Instrumentalisierung der Wirtschaftsverbände durch die rechtsetzende Gewalt wesentlich abgemildert. Außerdem versprechen externe, unabhängige Institutionen auch für den Staat zuverlässigere Ergebnisse beim Controlling und Monitoring bereitzustellen.

Im Rahmen der Angemessenheit ist im Einzelfall zu prüfen, ob die so verbleibende Beeinträchtigung der Vereinigungsfreiheit in Abwägung zu den Zielen der auferlegten Verantwortung zumutbar ist.

III. Außenseiterstellung wettbewerblicher Konkurrenten

Als Außenseiter werden hier wettbewerbliche Konkurrenten selbstverpflichteter Unternehmen bezeichnet, die nicht verbandlich repräsentiert und nicht an Absprachen beteiligt sind.[722] Auch innerhalb der Gruppe verbandlich repräsentierter Unternehmen herrscht wettbewerbliche Konkurrenz. Auch zwischen ihnen kann es zu Wettbewerbsverzerrungen durch Selbstverpflichtungen kommen. Allerdings ist diese Gefahr wesentlich geringer als gegenüber Außenseitern, weil Verbände darum bemüht sein werden, Benachteiligungen eigener Mitglieder so gering wie möglich zu halten.

Soweit sich Nichtmitglieder nicht den Inhalten der Selbstverpflichtung unterwerfen und dadurch wettbewerbliche Vorteile haben, werden sie als *Trittbrettfahrer* bezeichnet. Trittbrettfahrer sind grundrechtlich von Selbstverpflichtungen nicht betroffen. Vielmehr sind durch sie die Beteiligten zusätzlich, nämlich wettbewerblich benachteiligt. Davor suchen die Verbände ihre Mitglieder zu schützen. In den Fällen, in denen der Gesetz- bzw. Verordnunggeber diese Trittbrettfahrer „einfängt" und zum einer Selbstverpflichtung entsprechenden Verhalten zwingt, liegt ein klassischer Eingriff vor.[723]

Mit dieser Betrachtung wird jedoch nur ein Teil der Fälle erfasst und das grundrechtliche Problem der Gruppe der Außenseiter verkannt: Nicht-Verbandsmitglieder können durch den Inhalt der Selbstverpflichtungserklärung

---

[722] Ähnlich *A. Helberg,* Normabwendende Selbstverpflichtungen ..., 1999, S. 203 f., der allerdings m. E. missverständlich (nur) die beteiligten und verbandlich vertretenen Unternehmen als „betroffen" (S. 195) bezeichnet.

[723] *A. Helberg,* Normabwendende Selbstverpflichtungen ..., 1999, S. 204.

spezifisch benachteiligt werden. Verbände handeln im Interesse ihrer Mitglieder und werden Selbstverpflichtungen so auszugestalten versuchen, dass deren Nachteile minimiert werden. Wenn es eine Chance gibt, den repräsentierten Unternehmen *Wettbewerbsvorteile* gegenüber Außenseitern zu verschaffen, dann liegt hierin ein *Eigeninteresse* der Absprachebeteiligten.

Weil die Konsensfindung normativer Absprachen auf der Parallelität von partiellen und öffentlichen Interessen beruht, besteht eine evidente Gefahr, dass Außenseiter benachteiligt werden.[724] Überspitzt behauptet *Christoph Engel* gar, dass per se „Selbstbeschränkungsabreden Verträge zu Lasten Dritter sind."[725] Negativ lässt sich jedenfalls feststellen, dass diese Gefahr auszuräumen ist, wenn andere Eigeninteressen der Beteiligten bereits zum Konsens führen: Solche Eigeninteressen können im Image in der Öffentlichkeit, in der Entfachung eines auch Außenseitern gegenüber neutralen Wettbewerbs um veränderte, neue Produkte und in der Abwendung einer strengeren hoheitlichen Regelung liegen.

Es liegt also in der Hand des kooperierenden Staates, in den Verhandlungen bzw. durch die Kartellaufsicht, zuzulassen oder zu verhindern, dass Einigungen zu Lasten von Außenseitern erzielt werden. Zum Schutz nicht beteiligter Unternehmen, die von normativen Absprachen mittelbar betroffen sind, ist der kooperierende Verfassungsstaat grundrechtlich verpflichtet.

1. Schutzbereichsfragen

Auch *Konkurrenten* genießen den Schutz der Wettbewerbsfreiheit im Rahmen von Art. 12 Abs. 1 GG. Vielfach werden zwar lediglich Erwerbschancen betroffen sein, die zu Gunsten so genannter Trittbrettfahrer sogar erhöht sein mögen. Grundrechtlich relevant hingegen ist eine gegebenenfalls massive Verschiebung der Wettbewerbsbedingungen zu Lasten einzelner Unternehmen. Wenn beispielsweise die Umsetzung einer Selbstverpflichtung erhebliche technische Umstellungen im Produktionsprozess und deshalb größere Investitionen erfordert, können hierdurch kleine Unternehmen benachteiligt sein. Wenn ihnen die Unterstützung durch Verbände, die flexible Verteilung der Lasten oder der Imagevorteil entsprechender Aufwendungen verwehrt bleibt, ist der Schutzbereich des Art. 12 Abs. 1 GG eröffnet.[726]

---

[724] Vgl. *F. Hufen*, in: D. Grimm (Hrsg.), Wachsende Staatsaufgaben – sinkende Steuerungsfähigkeit des Rechts, 1990, S. 273 (278); *P. Lerche*, in: ders./E. Schmidt-Aßmann/W. Schmitt Glaeser (Hrsg.), Verfahren als staats- und verwaltungsrechtliche Kategorie, 1984, S. 97 (101 f.); *A. Helberg*, Normabwendende Selbstverpflichtungen ..., 1999, S. 202; *T. Köpp*, Normvermeidende Absprachen zwischen Staat und Wirtschaft, 2001, S. 168.

[725] *Chr. Engel*, StWuStPr 1998, S. 535 (563).

Die grundrechtliche Relevanz dieses Phänomens kann nicht mit dem Hinweis entkräftet werden, dass es niemandem verwehrt ist, sich seinerseits entsprechend „selbst zu verpflichten", eventuell auch explizit einer Selbstverpflichtungserklärung beizutreten. Das Problem besteht vielmehr darin, dass die Umsetzung von Selbstverpflichtungen verschiedenen Unternehmen unterschiedlich schwere Opfer abverlangt. Es besteht die Gefahr, dass bereits der Inhalt der Selbstverpflichtung den Nichtbeteiligten besonders schwere Opfer auferlegen würde, dass solche Opfer innerhalb der Beteiligten (z.B. durch verbandliche Unterstützung und flexible Lastenverteilungen) abgefedert werden und dass Dritte von den Vorteilen (z.B. durch entsprechende Öffentlichkeitsarbeit der Verbände) ausgeschlossen bleiben. Diese Gefahren sind bislang bisweilen[727] unterschätzt worden.

Außerdem ist auch für Außenseiter der Schutzbereich des Art. 9 Abs. 1 GG betroffen. Aus den soeben genannten Vorteilen der Verbandsmitgliedschaft kann für Außenseiter im Extremfall sogar der Druck entstehen, einem Verband beizutreten, dem er sonst fernbleiben wollte. Ein von der Vereinigungsfreiheit erfasster „Beitrittsdruck" entsteht aber vor allem durch den Bedeutungswandel der Wirtschaftsverbände in ihrem Verhältnis zur rechtsetzenden Gewalt. Soweit Verbände an der Ausübung rechtsetzender Gewalt konsensual teilhaben, wächst ihnen eine über den herkömmlichen pluralistischen Lobbyismus weit hinausgehende Funktion zu.

Für Außenseiter entsteht daraus ein Repräsentanzproblem: Demokratische Repräsentanz verwirklicht sich bei normativen Absprachen insoweit nur abgeschwächt, als die demokratisch legitimierte rechtsetzende Gewalt zum Verhandlungspartner wird. Verbände als der andere Verhandlungspartner repräsentieren aber nur ihre Mitglieder. Art. 9 Abs. 1 GG setzt einer Vergesellschaftung des Staates, einer stände-staatlichen Tendenz Grenzen. Wird den Verbänden ein Übermaß an Einfluss auf Hoheitsträger zugestanden, verlieren sie ihre pluralistische Funktion.

2. Weitere Grenzen überkommener Grundrechtsdogmatik

Unbestritten ist, dass ein Grundrechtsverzicht für Außenseiter nicht in Betracht kommt. Zwei zusätzliche Probleme entstehen bei Grundrechtsbeeinträchtigungen der Außenseiter jedoch hinsichtlich der Zurechenbarkeit: Erstens sind die Grundrechtswirkungen mittelbarer Natur, weil Außenseiter weder direkt staatlichem Druck ausgeliefert, noch der Selbstverpflichtung

---

[726] Verkannt von *A. Helberg,* Normabwendende Selbstverpflichtungen ..., 1999, S. 203 f.; anders, aber undeutlich in der Begründung *G. Hucklenbruch,* Umweltrelevante Selbstverpflichtungen, 2000, S. 199.

[727] So von *A. Helberg,* Normabwendende Selbstverpflichtungen ..., 1999, S. 204.

selbst unterworfen sind. Zweitens beruhen diese mittelbaren Wirkungen regelmäßig auf der Verwirklichung von Eigeninteressen der Privaten, sind also typischerweise von der rechtsetzenden Gewalt nicht beabsichtigt, sondern nur kompromissweise hingenommen oder gar nicht erkannt worden. Es stellt sich deshalb die Frage, ob und wie dem kooperierenden Staat solche Grundrechtsbeeinträchtigungen zuzurechnen sind, die durch ein wettbewerblich motiviertes Verhalten Privater entstehen.

a) Mittelbarer Eingriff durch Kooperation?

Der Eingriffsbegriff versagt an dieser Stelle außerdem deshalb, weil auch die Vermutungswirkung der Finalität nicht greift. Die Finalität der normativen Absprache kann über den Kreis der an ihr Beteiligten hinaus nicht ohne weiteres behauptet werden. Aber selbst wenn der Staat ein wettbewerblich bedingtes Verhalten von Außenseitern bezweckt, bestehen gegen die Annahme eines mittelbaren Eingriffs Bedenken. Die Androhung hoheitlicher Maßnahmen bleibt gegenüber Dritten auch nach *Helberg* „unterhalb der grundrechtsdogmatisch relevanten Eingriffsschwelle"[728].

Auch die Fälle des *Nachbarschutzes* bei Verwaltungsakten sind bislang umstritten geblieben: Das Problem stellt sich nicht nur bei Selbstverpflichtungen. Dreiecksverhältnisse, d. h. tripolare[729] bzw. mehrpolige[730] Grundrechtsbeziehungen zwischen dem Staat und mehreren Grundrechtsträgern und damit zusammenhängende mehrdimensionale Freiheitsprobleme[731] sind „bis heute grundrechtlich nicht geklärt"[732]. Der Meinungsstand zur Frage, ob bau- oder umweltrechtliche Genehmigungen als Eingriffe in Grundrechte des Nachbarn zu werten sind, gibt kein klares Bild,[733] obwohl vom BVerwG Baugenehmigungen bisweilen als Eingriffe in die Rechte des

---

[728] *A. Helberg,* Normabwendende Selbstverpflichtungen ..., 1999, S. 203, ohne jedoch konsequenterweise den Eingriffsbegriff als Kriterium in Frage zu stellen.
[729] *B. Weber-Dürler,* VVDStRL 57 (1998), S. 57 (71).
[730] *U. Di Fabio,* VVDStRL 56 (1997), S. 235 (255 ff.).
[731] *P. Häberle,* VVDStRL 30 (1972), S. 43 (87) zum Spezialfall der „mehrseitigen Leistungsverhältnisse", *H. Bethke,* Zur Problematik von Grundrechtskollisionen, 1977, S. 378.
[732] *R. Eckhoff,* Der Grundrechtseingriff, 1992, S. 287.
[733] Dafür: *D. Ehlers,* Eigentumsschutz, Sozialbindung und Enteignung bei der Nutzung von Boden und Umwelt, VVDStRL 51, S. 211 (222 f.); *A. Roth,* Verwaltungshandeln mit Drittbetroffenheit und Gesetzesvorbehalt, 1991, S. 276 ff.; dagegen: *G. Hermes,* Das Grundrecht auf Schutz von Leben und Gesundheit, 1987, S. 85 ff.; differenzierend: *W. Roth,* Faktische Eingriffe in Freiheit und Eigentum, 1994, S. 342 ff.; anders (den Eingriffen gleich zu behandelnde Schutzpflicht): *G. Lübbe-Wolff,* Die Grundrechte als Eingriffsabwehrrechte, 1988, S. 178 ff.; zum Ganzen auch *M. Schmidt-Preuß,* Kollidierende Privatinteressen im Verwaltungsrecht, 1992.

Nachbarn qualifiziert wurden.[734] Eine Lösung des Problems über den nachbarschützenden Charakter einzelner Normen des einfachen Rechts geht für normersetzende Absprachen ins Leere.

Das einfache Verwaltungsrecht kennt zwar Ausformungen des Zurechnungsgedankens und des Drittschutzes ohne jedoch das Problem informaler Kooperation zu erfassen. Zu nennen wären hier die Normen des Nachbarschutzes im Bau- und Immissionsschutzrecht (z.B. § 5 Abs. 1 Nr. 1 BImSchG), das Verbot des Vertrages zu Lasten Dritter, geschützt durch das Erfordernis der schriftlichen Zustimmung nach § 58 VwVfG und die Dogmatik zur Drittgerichtetheit von Amtspflichten. Selbst wenn man in Genehmigungen einen Eingriff in Grundrechte von Nachbarn sieht, beruht diese Annahme wesentlich auf der *rechtlichen* Duldungspflicht, die durch hoheitliche Genehmigungen ausgelöst wird.[735] Darin unterscheiden sich die wettbewerblichen Wirkungen normativer Absprachen auf Außenseiter wesentlich.

Vor allem neu ist aber die *Art und Weise,* wie der Staat mit manchen Grundrechtsträgern kooperiert und sie dabei anregt, unterstützt oder gar drängt, ihre eigene Freiheit *und* die Freiheit anderer Grundrechtsträger zu beschränken. Die kooperierende Ausübung rechtsetzender Gewalt lässt sich auch nicht mit der einseitigen hoheitlichen Warnung vergleichen.[736] Die Möglichkeiten, „die Tauglichkeit der Eingriffsdogmatik nachzuweisen und ihren Anwendungsbereich zu erweitern"[737], stößt (spätestens) an Grenzen, wenn neben die Probleme der Zurechnung mittelbaren Einwirkens die der Einordnung kooperativen Handelns treten.

Neu ist, dass an die Stelle des grundrechtsgebundenen Staates Grundrechtsträger treten,[738] genauer: dass der Staat öffentliche Interessen in Kooperation mit Privaten verfolgt und dabei mit einer informell handelnden rechtsetzenden Gewalt im Hintergrund bleibt. Mit Selbstregulierung „entrückt ein gebändigter und kontrollierter Antagonist"[739]. Ihn erneut zu bändigen und zu kontrollieren kann nur gelingen, wenn für den informal kooperierenden Staat eine typusgerechte Grundrechtsdogmatik entwickelt wird.[740]

---

[734] BVerwGE 50, 282 (286 ff.) – Notwegerecht; E 54, 211 (222 f.) – Nachbarklage gegen Bebauungsplan; vgl. aus der Literatur hierzu *G. Lübbe-Wolff,* Die Grundrechte als Eingriffsabwehrrechte, 1988, S. 188 ff.

[735] Zur Eingriffsqualität von Duldungspflichten vgl. einerseits *D. Murswiek,* Die staatliche Verantwortung für die Risiken der Technik, 1985, S. 91 und andererseits *R. Eckhoff,* Der Grundrechtseingriff, 1992, S. 295 f.

[736] Anders *R. Dragunski,* Kooperation von Verwaltungsbehörden mit Unternehmen im Lebensmittelrecht, 1997, S. 169 f.

[737] Dies ist die Intention von *R. Eckhoff,* Der Grundrechtseingriff, 1992, S. 287.

[738] *U. Di Fabio,* VVDStRL 56 (1997), S. 235 (256).

[739] *U. Di Fabio,* VVDStRL 56 (1997), S. 235 (253).

Es besteht ein dringendes Bedürfnis, die aufgedeckte Lücke in der überkommenen Grundrechtsdogmatik auch mit Blick auf die Außenseiter zu schließen: Soweit der Staat Private durch die Anregung von Selbstverpflichtungen in die Gestaltung des Gemeinwohls und die Regulierung der Wirtschaftstätigkeit einbezieht, können Private bei der Wahrnehmung dieser Gestaltungsaufgabe Grundrechte Dritter beeinträchtigen.[741] Da Private zumindest auch wirtschaftliche Interessen verfolgen, wird jeder Absprachebeteiligte zwar seine eigenen Beeinträchtigungen zu minimieren suchen. Da das Verhältnis zwischen Wirtschaftssubjekten durch Konkurrenz und Wettbewerb geprägt ist, besteht gegenüber hoheitlicher Gemeinwohlkonkretisierung dennoch eine erhöhte Wahrscheinlichkeit von Grundrechtsbeeinträchtigungen zu Lasten Dritter.[742] Der effektive Grundrechtsschutz darf nicht durch die Verlagerung der Wahrnehmung öffentlicher Aufgaben auf grundrechtlich nicht gebundene Private beschränkt werden.

b) Drittwirkung der Grundrechte und grundrechtskonforme Auslegung?

Die Außenseiterproblematik könnte man auch als grundrechtliche „Drittbetroffenheit"[743] bezeichnen. Zum Teil wird auch von den „mittelbar Betroffenen"[744] gesprochen. Handelt es sich dabei um ein Problem der „Drittwirkung"[745] der Grundrechte?

Die Drittwirkungslehre vermag die verschiedenen Einflüsse, die der Staat auf Selbstverpflichtungen nimmt, nicht zu würdigen, weil sie auf Beziehun-

---

[740] *M. Kloepfer*, Diskussionsbeitrag, VVDStRL 57 (1998), S. 121: „... die Eingriffsfigur entscheidet nicht über die Grundrechtsrelevanz einer staatlichen Einwirkung"; kritisch gegenüber Grundrechtsverkürzungen jenseits des Eingriffs *M. Sachs*, Diskussionsbeitrag, VVDStRL 57 (1998), S. 146 f.
[741] Vgl. *F. Hufen*, in: D. Grimm (Hrsg.), Wachsende Staatsaufgaben – sinkende Steuerungsfähigkeit des Rechts, 1990, S. 273 (278); *P. Lerche*, in: ders./E. Schmidt-Aßmann/W. Schmitt Glaeser (Hrsg.), Verfahren als staats- und verwaltungsrechtliche Kategorie, 1984, S. 97 (101 f.); *A. Helberg*, Normabwendende Selbstverpflichtungen ..., 1999, S. 202.
[742] Die horizontale Grundrechtsdimension normativer Absprachen hält *C. Franzius*, Die Herausbildung der Instrumente indirekter Verhaltenssteuerung im Umweltrecht der Bundesrepublik Deutschland, 2000, S. 176 zutreffend für „bislang kaum bewältigt".
[743] Vgl. *M. Schmidt-Preuß*, VVDStRL 56 (1997), S. 160 (198) mit Blick auf die Zurücknahme staatlicher Präventivkontrollen.
[744] *U. Dempfle*, Normvertretende Absprachen, 1994, S. 19.
[745] Grundlegend *G. Dürig*, Grundrechte und Zivilrechtsprechung, in: FS für H. Nawiasky, 1956, S. 157 ff.; *H. Ehmke*, Wirtschaft und Verfassung, 1961, S. 605 ff.; zum Ansatz einer unmittelbaren Drittwirkung vgl. *W. Leisner*, Grundrechte und Privatrecht, 1960, S. 356 ff.

gen zwischen Privaten zugeschnitten ist. Vorliegend geht es aber nicht um das allgemeine Problem der Grundrechte im Privatrecht[746]. Vielmehr geht es um Drittwirkungen, die vom Staat jedenfalls mittelbar angeregt wurden.

Deshalb müssen Lösungen über eine grundrechtskonforme Auslegung der Generalklauseln des GWB hinausgehen. Nicht allgemein soll das GWB und seine Auslegung durch verfassungsrechtliche Überlegungen überlagert werden. Es geht darum, ein Phänomen des Wettbewerbsverhaltens zu lösen, das sowohl für die Dogmatik der Drittwirkung der Grundrechte, als auch für das Kartellrecht untypisch ist: die Kooperation der Wirtschaft mit dem Staat.

Neue Impulse könnte die Drittwirkungsdogmatik durch die Rechtsvergleichung erhalten: Art. 35 Abs. 1 BV-Schweiz (1999) bestimmt: „Die Grundrechte müssen in der ganzen Rechtsordnung zur Geltung kommen." Und Art. 35 Abs. 3 BV-Schweiz (1999) lautet: „Die Behörden sorgen dafür, dass die Grundrechte, soweit sie sich dazu eignen, auch unter Privaten wirksam werden." Dies lässt sich jedoch nicht ohne weiteres auf das Grundgesetz übertragen. Jedenfalls müsste das Verhältnis der Verfassungsgerichtsbarkeit zu diesen Forderungen geklärt werden, die sonst zu einer Superrevisionsinstanz würde. Dieses Problem stellt sich in der Schweiz nicht, weil dort das Bundesgericht als „oberste rechtsprechende Behörde des Bundes" (Art. 188 Abs. 1 BV-Schweiz (1999)) zugleich für die Zivil-, Straf- und Verwaltungsgerichtsbarkeit (Art. 190 Abs. 1 BV-Schweiz (1999)) als auch für „Beschwerden wegen Verletzung verfassungsmäßiger Rechte" (Art. 189 Abs. 1 lit. b. BV-Schweiz (1999)) zuständig ist.

c) Schutzpflichten?

Im Ergebnis folgt aus der Grundrechtsverantwortlichkeit des kooperierenden Verfassungsstaates gegenüber Außenseitern eine Schutzpflicht. Diese Schutzpflicht lässt sich jedoch mit der herkömmlichen Schutzpflichtendogmatik nur schwerlich lösen. Allgemeine Schutzpflichten für die wirtschaftlichen Freiheiten würden zu einer wirtschaftspolitischen Determinierung des Grundgesetzes führen. Nicht die grundrechtliche Aufwertung der Wettbewerbsfreiheit, sondern ihr Schutz vor den spezifischen Gefahren normativer Absprachen ist das Ziel. Die grundrechtliche Mitverantwortung der rechtsetzenden Gewalt für Selbstverpflichtungen soll dogmatisch erfasst werden. Dafür sind neue Maßstäbe und Kriterien zu entwickeln. Die Statuslehre ist durch einen status negativus cooperationis zu ergänzen. Ob dieser schließlich mit Blick auf die Absprachebeteiligten in die Eingriffsdogmatik und mit Blick auf Außenseiter in die Schutzpflichtendogmatik integriert werden sollte, ist eine sekundäre Frage.

---

[746] Hierzu *C.-W. Canaris,* Grundrechte und Privatrecht, 1999, S. 80.

3. Notwendigkeit eines weiteren dogmatischen Neuansatzes

Der Staat trägt gegenüber Außenseitern grundrechtliche Mitverantwortung für normersetzende Absprachen und Selbstverpflichtungen. Das lässt sich – im Gegensatz zu den meisten klassischen Aspekten der allgemeinen Grundrechtslehre – sogar mit dem Wortlaut des Grundgesetzes belegen: Art. 2 Abs. 1 GG begrenzt die allgemeine Handlungsfreiheit explizit mit Blick auf Rechtsbeeinträchtigungen zwischen Privaten: „Jeder hat das Recht auf die freie Entfaltung seiner Persönlichkeit, *soweit er nicht die Rechte anderer verletzt ...*".

Hieraus lassen sich die Grundrechtsrelevanz von Selbstverpflichtungen und eine staatliche Mitverantwortung für sie ableiten. Art. 1 Abs. 3 GG bindet alle staatlichen Gewalten an die Grundrechte, auch Art. 2 Abs. 1 GG begründet keine unmittelbare Drittwirkung, sondern staatliche Verantwortung für Rechtsverletzungen durch Private. Derartige Grundrechtsbeeinträchtigungen sind dem Staat dann zuzurechnen, wenn er Befugnisse einzelner Grundrechtsträger schafft oder erweitert, in die Rechte Dritter einzugreifen. Die Formulierung des Art. 2 Abs. 1 GG führt seit langem ein Schattendasein, weil die herrschende Meinung[747] die allgemeine Handlungsfreiheit als Auffanggrundrecht so weit fasst, dass sie gar nicht mehr erweiterbar scheint.[748] „Rechte anderer" werden auf die Rechte beschränkt, die der Gesetzgeber konkretisiert hat[749] und gehen dann innerhalb der Schrankentrias in der „verfassungsmäßigen Ordnung" auf[750]; ihre Erwähnung wurde deshalb zeitweilig gar für überflüssig gehalten.[751]

Diese Ansicht beruht auf der Prämisse, dass die Gesetzgebung ständig ihrer Aufgabe nachkommt, einen rechtlichen Rahmen abzustecken, innerhalb dessen die „Rechte anderer" schützenswert sein sollen. Solange dies der Fall ist, mag man mit einem so weit verstandenen Schrankenvorbehalt zu befriedigenden Ergebnissen kommen und den Grundrechten innerhalb von Generalklauseln über die so genannte „mittelbare Drittwirkung" Geltung verschaffen. Auch für den Fall, dass der Gesetzgeber untätig bleibt und deshalb die „Rechte anderer" mangelhaft konkretisiert sind, schließt die Schutzpflichtenlehre eine Lücke.

---

[747] Seit BVerfGE 6, 32 (36) – Elfes.

[748] Dagegen die Persönlichkeitskerntheorie: *H. Peters*, in: FS für Laun, 1953, S. 669 ff.; *W. Berg*, Konkurrenzen schrankendivergierender Freiheitsrechte im Grundrechtsabschnitt des Grundgesetzes, 1968, S. 113 ff.; vgl. auch *K. Hesse*, Grundzüge des Verfassungsrechts ..., 20. Aufl., 1995 (Neudruck 1999), Rz. 426.

[749] Aus diesem Grund lehnt *R. Eckhoff*, Der Grundrechtseingriff, 1992, S. 298 Art. 2 Abs. 1 GG als Zurechnungsnorm ab.

[750] Zu Recht kritisch *W. Berg*, Konkurrenzen schrankendivergierender Freiheitsrechte im Grundrechtsabschnitt des Grundgesetzes, 1968, S. 117.

[751] Vgl. *I. v. Münch*, GG, Bd. I, 3. Aufl., 1985, zu Art. 2 Rz. 26 m.w.N.

Dieses geschlossen erscheinende System wird jedoch durch normersetzende Absprachen zwischen Staat und Wirtschaft aufgebrochen. Der Staat „privatisiert" Rechtsetzungsaufgaben. Wenn er Selbstverpflichtungen anregt und informal beeinflusst, kann er sich dadurch nicht seiner Grundverantwortung für die „Rechte anderer" entledigen. Es ist also ein Trugschluss anzunehmen, dass die allgemeine Handlungsfreiheit jegliche Beeinträchtigung der „Rechte anderer" unter dem Vorbehalt des einfachen Rechts erlaubt und deshalb eine Erweiterung der allgemeinen Handlungsfreiheit durch den Staat gar nicht denkbar ist.[752] Die Dimensionen kooperativen Handelns hat die seit langem herrschende Meinung zu Art. 2 Abs. 1 GG nicht bedacht. Die Konsequenzen einer Privatisierung von Rechtsetzungsaufgaben hat sie nicht gesehen, sondern im Gegenteil die Verwirklichung effektiven Grundrechtsschutzes durch den Gesetzgeber vorausgesetzt.

Mit Art. 2 Abs. 1 GG lässt sich jedoch nur belegen, *dass* die grundrechtsdogmatische Lücke, die für Kooperation zwischen Staat und Wirtschaft klafft, zu schließen ist. Als Nächstes stellt sich die Frage, *wie* eine solche „grundrechtssichernde Geltungsfortbildung"[753] auszusehen hat. Nur das Ergebnis ist vorgegeben: Der Grundrechtsschutz muss *effektiv und lückenlos* sein. Effektiver Grundrechtsschutz muss sich – wie dies die Präambel der BV Schweiz (1999) zu einer Prämisse des Verfassungsrechts verallgemeinert – „am Wohl der Schwachen" ausrichten. Der Staat ist hierzu nicht nur bei Grundrechtseingriffen durch einseitig hoheitliches Handeln (etwa durch die Schaffung von Härtefallklauseln), im Rahmen der Drittwirkung und im Rahmen der Schutzpflichtenlehre verpflichtet.

Das Gebot der Effektivität und Lückenlosigkeit darf jedoch nicht überstrapaziert werden.[754] Keineswegs ist damit gemeint, dass jede Grundrechtsbeeinträchtigung verfassungswidrig ist, auch nicht, dass der Staat für jegliche Grundrechtsbeeinträchtigung unabhängig davon, woher sie rührt, verantwortlich ist. Eine umfassende Drittwirkung der Grundrechte ist ebenso wenig verfassungsrechtlich geboten wie eine Ausdehnung der Justiziabilität von grundrechtlichen Schutzpflichten. Vielmehr sprechen funktionell-rechtliche Gründe jedenfalls dagegen, die Verfassungsgerichtsbarkeit insoweit auszudehnen. Die Effektivität und Lückenlosigkeit der Grundrechtsgeltung muss in ein angemessenes Verhältnis zu den Staatsaufgaben im Allgemeinen und zu ihrer konkreten Wahrnehmung im Besonderen gesetzt werden. Vorliegend geht es um das Problem, dass der Staat seine Aufgaben informal und kooperativ wahrnimmt. Der dogmatische Ansatzpunkt der effektiven

---

[752] So jedoch *R. Eckhoff*, Der Grundrechtseingriff, 1992, S. 298.

[753] *P. Häberle*, VVDStRL 30 (1972), S. 43 (69) im Hinblick auf auf Teilhaberechte und die prozessuale Seite der Grundrechte.

[754] Kritisch zur Lückenlosigkeit auch *P. Tettinger*, Diskussionsbeitrag, VVDStRL 57 (1998), S. 116.

Grundrechtsgeltung für dieses Phänomen muss die *Zurechnung* sein. Eine Dogmatik der Zurechnung muss vor allem induktiv entwickelt werden und an der Typisierung hoheitlichen Handelns anknüpfen.

Die Zurechnung als maßgeblicher Gesichtspunkt[755] der Grundrechtsdogmatik ist bereits im Schrifttum erkannt worden. Zunächst wurde für das Phänomen der faktischen Eingriffe eine „besondere rechtliche Verknüpfung" über die „bloße Verursachung" hinaus gefordert.[756] Als Problem der „Zurechnung" wurde diese Frage zunächst an die Lehre vom Schutzzweck der Norm geknüpft, deren Übernahme vom Zivilrecht auf die Grundrechtslehre damit gefordert wurde.[757] Auch eine Adaption der zivilrechtlichen Lehren zu den Verkehrssicherungspflichten, die ebenfalls komplexe Kausalverläufe betreffen, wurde erwogen.[758] Sodann wurde mit Blick auf die grundrechtlichen Implikationen des Entschädigungsrechts die „Bildung von Haftungszurechnungskriterien" vorgeschlagen.[759] Schließlich wurde die normative Zurechnung zum allgemeinen Rechtsgrundsatz der Grundrechtsdogmatik erklärt.[760] Auch wurde die Zurechnung als dogmatische Brücke zwischen Eingriffsverbot und Schutzpflicht gesehen und vorgeschlagen, eine „dem Staat zurechenbare Verkürzung eines grundrechtlichen Schutzgutes", die gegebenenfalls auch auf Untätigkeit beruhen kann, als „Eingriff" zu qualifizieren.[761]

Das *komplexe Zurechnungsgeflecht* zwischen staatlicher, gesellschaftlicher, drittgerichteter und selbstgerichteter Verantwortlichkeit ist aber bis heute nicht analysiert worden. Die dogmatischen Figuren des Eingriffs, der Drittwirkung und der Schutzpflichten betrachten mögliche Zurechnungszusammenhänge lediglich *isoliert in Bezug auf je einen Verantwortlichen*. Aus diesem Blickwinkel überrascht die Feststellung *Dieter Grimms,* dass sich Verhandlungsprodukte „keiner Seite eindeutig zurechnen"[762] lassen, nicht.

---

[755] Zur Zurechnung als rechtsstaatliches Kriterium *P. Kirchhof,* Verwalten durch „mittelbares" Einwirken, 1977, S. 8 f.
[756] *U. Gallwas,* Faktische Beeinträchtigungen im Bereich der Grundrechte, 1970, S. 21; *U. Ramsauer,* Die faktischen Beeinträchtigungen des Eigentums, 1980, S. 54.
[757] *U. Ramsauer,* Die faktischen Beeinträchtigungen des Eigentums, 1980, S. 54; vgl. auch *E. Schmidt-Aßmann,* Das allgemeine Verwaltungsrecht als Ordnungsidee, 1998, S. 69 ff.
[758] *Chr. Engel,* Diskussionsbeitrag, VVDStRL 57 (1998), S. 147 f.; kritisch *D. Murswiek,* Diskussionsbeitrag, VVDStRL 57 (1998), S. 148; *H. Meyer,* Diskussionsbeitrag, VVDStRL 57 (1998), S. 148 f.
[759] *L. Schulze-Osterloh,* Das Prinzip der Eigentumsopferentschädigung im Zivilrecht und im öffentlichen Recht, 1980, S. 150.
[760] *R. Eckhoff,* Der Grundrechtseingriff, 1992, S. 271 ff., allerdings ohne über die Dogmatik des Eingriffs und der Schutzpflichten hinauszugehen.
[761] *P. M. Huber,* Diskussionsbeitrag, VVDStRL 57 (1998), S. 142.
[762] *D. Grimm,* in: ders. (Hrsg.), Staatsaufgaben, 1996, S. 613 (629).

Die überkommene Dogmatik ist untauglich, die Verantwortlichkeiten bei Sachverhalten zu bestimmen, in denen Staat und Wirtschaft *nebeneinander* und *miteinander* handeln und es gerade dadurch letztlich zu tatsächlichen Beeinträchtigungen grundrechtsrelevanter Freiheiten kommt.

Soweit sich das öffentliche Recht überhaupt dem Problem der Zurechnung widmete, ist es über die Trias „Drittwirkung – Schutzpflicht – Eingriff"[763] nicht hinausgekommen. Sie bedarf nun einer Erweiterung. Nicht mehr alle Grundrechtsbeeinträchtigungen gehen entweder auf einseitiges hoheitliches Handeln (Eingriff) oder auf den Einfluss Privater (Drittwirkung) zurück und können auch nicht mit dem Vorwurf hoheitlicher Untätigkeit (Schutzpflichten) gelöst werden.

Vielmehr ist es bei Absprachen zwischen Staat und Wirtschaft gerade das *Zusammenwirken* beider, das zu eventuellen Grundrechtsbeeinträchtigungen führt. Diese Grundrechtsbeeinträchtigungen können sogar bei Privaten eintreten, die überhaupt nicht an der Absprache beteiligt sind. Anknüpfungspunkt für die staatliche Zurechnung ist *dessen* Mitwirkung an Absprachen. Gegenstand der Grundrechtsprüfung ist schließlich aber nicht allein die staatliche Mitwirkung, sondern die ganze Absprache.[764]

4. Mit- und Ingerenzverantwortung beim status negativus cooperationis

Die grundrechtliche Zurechnungslehre muss zwei Probleme lösen: Erstens müssen Kriterien dafür benannt werden, dass Grundrechtsbeeinträchtigungen, die durch die Verwirklichung privater Eigeninteressen entstehen, der mit Privaten kooperierenden rechtsetzenden Gewalt zuzurechnen sind (Mitverantwortung). Zweitens muss geklärt werden, unter welchen Voraussetzungen die mittelbaren Wirkungen normativer Absprachen gegenüber Außenseitern erfasst werden (Ingerenzverantwortung).

Ein Ansatzpunkt für die Zurechenbarkeit einer grundrechtlichen Beeinträchtigung lässt sich aus dem Schutzzweck eines Grundrechtes begründen.[765] Ein Teil des Schrifttums fordert eine Anlehnung an die *zivilrechtliche Schutz- bzw. Normzwecklehre.*[766] Die Konsequenzen für normative

---

[763] *J. Pietzcker,* in: FS für G. Dürig, 1990, S. 345 ff.

[764] So im Ergebnis, jedoch dabei am Eingriffsbegriff verhaftet und deshalb ohne konsequente Begründung *A. Helberg,* Normabwendende Selbstverpflichtungen ..., 1999, S. 195 im Anschluss an *D. Nickel,* Absprachen zwischen Staat und Wirtschaft – die öffentlich-rechtlichen Aspekte der Selbstbeschränkungsabkommen der deutschen Industrie, 1979, S. 97 f.

[765] *M. Schulte,* Schlichtes Verwaltungshandeln, 1995, S. 97.

[766] *M. Schulte,* ebenda, S. 96, 101 und passim; zustimmend, aber ebenfalls ohne nähere Konsequenzen aufzuzuzeigen *A. Helberg,* Normabwendende Selbstverpflich-

§ 10 Grundrechtsbindung des kooperierenden Verfassungsstaates 389

Absprachen sind bislang jedoch undeutlich geblieben: „Der Staat muss sich belastende Entwicklungen umso mehr zurechnen lassen, je bedeutsamer und empfindlicher ein Grundrecht ist; Beeinträchtigungen, die hingegen Ausdruck eines ‚allgemeinen Lebensrisikos' sind, werden vom Schutzbereich nicht erfasst.“[767] Mit so vagen Vorstellungen, die zudem eine je eigene Grundrechtsdogmatik für jedes Einzelgrundrecht fordern, ist wenig gewonnen. Die Schwere der Beeinträchtigung von Außenseitern kommt im Einzelfall im Rahmen der Verhältnismäßigkeit zum Tragen. Für die Zurechnung müssen weitere Kriterien gewonnen werden.

Zentrale Bedeutung kommt dem Umstand zu, dass der Staat informal kooperiert. Grundrechtliche Mitverantwortung ist in der Dogmatik der Grundrechtsbindung ein Novum und erscheint im Rahmen des klassischen status negativus sogar als Fremdkörper. Die Lehren zum status negativus sind darauf ausgerichtet, dass sich der Bürger gegen einen, ihm gegenüberstehenden, einseitig handelnden Staat wehren kann. Das Modell der grundrechtlichen Abwehrrechte[768] wurde auf der Grundlage einer zumindest theoretischen Trennung von Staat und Gesellschaft entwickelt. Diese Trennung wurde sogar als „notwendige Bedingung individueller und gesellschaftlicher Freiheit“[769] bezeichnet. Wenn der Staat mit der Gesellschaft im Rahmen normativer Absprachen punktuell und auf der Legitimationsbasis des Prinzips kooperative Verantwortung ein Kooperationsverhältnis eingeht, dann ist die Sicherung individueller und gesellschaftlicher Freiheit ein umso stärkeres Bedürfnis.

Solange sich die Abwehrrechte nur gegen Hoheitsakte wenden mussten, bei denen der Staat noch von der Gesellschaft getrennt agierte, solange Annäherungen von Staat und Gesellschaft hauptsächlich den leistungsrechtlichen Aspekt der Grundrechte berührten, kam der status negativus mit Erweiterungen des Eingriffsbegriffs aus. Zurechnungslehren konnten sich auf einen einseitig agierenden Staat konzentrieren, Drittwirkung zwischen Privaten getrennt behandeln und Schutzpflichten auf hoheitliches Unterlassen konzentrieren. Der Staat war im Rahmen des status negativus stets

---

tungen ..., 1999, S. 191; zu einer grundrechtlichen Schutzzwecklehre vgl. *U. Ramsauer*, Die faktischen Beeinträchtigungen des Eigentums, 1980, S. 54 f.; *ders.*, VerwArch 72 (1981), S. 89 ff.; *R. Alexy*, Theorie der Grundrechte, 1985, S. 278; *R. Eckhoff*, Der Grundrechtseingriff, 1992, S. 265 ff.; grundlegend für das Zivilrecht: *J. G. Wolf*, Der Normzweck im Deliktsrecht, 1962.

[767] *A. Helberg*, Normabwendende Selbstverpflichtungen ..., 1999, S. 191.
[768] Dazu *G. Lübbe-Wolff*, Die Grundrechte als Eingriffsabwehrrechte, 1988; zuletzt: *H. D. Jarass*, Die Grundrechte: Abwehrrechte und objektive Grundsatznormen, in: FS 50 Jahre BVerfG, Bd. 2, 2001, S. 34 ff.
[769] *E.-W. Böckenförde*, Die verfassungstheoretische Unterscheidung von Staat und Gesellschaft als Bedingung individueller Freiheit, 1973, S. 44.

"Alleinverursacher". Für eine Theorie der Mitverantwortung fehlte jeglicher Anlass und Ansatz.

Dieses Bild wandelt sich mit dem kooperierenden Verfassungsstaat grundsätzlich. Der status negativus muss sich dem punktulellen Kooperationsverhältnis Staat und Gesellschaft stellen und um einen status negativus cooperationis erweitert werden. Im hier entscheidenden Punkt sind das Zivil- und das Strafrecht dem öffentlichen Recht wesentliche Schritte voraus: Beide Rechtsgebiete haben sich tiefgründig mit den Problemen der Verteilung von Verantwortlichkeiten zwischen mehreren Rechtssubjekten auseinander gesetzt und können dem öffentlichen Recht Anregungen geben. Dass die objektive Zurechnung ein allgemeiner Rechtsgrundsatz ist, wurde bereits unter Berufung auf die Parallelen zum Strafrecht erkannt.[770]

Es sollte daran gedacht werden, auch in der Dogmatik Anleihen bei den Lehren des *allgemeinen Strafrechts* zu nehmen. Freilich lassen sich weder zivilrechtliche noch strafrechtliche Theorien unmittelbar auf die Grundrechtsdogmatik übertragen.[771] Natürlich macht es einen Unterschied, ob ein Haftungsschuldner bzw. ein Schuldiger zu ermitteln ist, oder ob es grundrechtliche Garantien zu verwirklichen gilt. Dogmatische Einzelheiten lassen sich deshalb nicht in toto rezipieren. Wohl aber kann ein Dogmatikvergleich lohnen und anregen. Gemeinsamer Ausgangspunkt der Zurechnungslehren in allen Rechtsgebieten ist die Antwort des Rechts auf eine mögliche Rechtsgutverletzung und auf die Frage nach der Verantwortlichkeit.

So lohnt es sich, die Grundrechtsdogmatik einmal mit dem strafrechtlichen Tatbegriff und den Lehren über Täterschaft und Teilnahme zu vergleichen. Dabei gibt es auffallende Parallelen: ähnlich der Grundrechtsdogmatik werden im Strafrecht subjektive[772] bzw. finale[773] Lehren durch objektive[774] Lehren verdrängt, um schließlich den Handlungsbegriff[775] bzw. den Eingriffsbegriff als solchen in Frage zu stellen und normative Zurechnungs-

---

[770] R. *Eckhoff,* Der Grundrechtseingriff, 1992, S. 271 f.

[771] Für das Zivilrecht kritisch D. *Murswiek,* Diskussionsbeitrag, VVDStRL 57 (1998), S. 148; H. *Meyer,* Diskussionsbeitrag, VVDStRL 57 (1998), S. 148 f.

[772] Zur subjektiven Abgrenzung zwischen Täterschaft und Teilnahme durch die ältere Rechtsprechung, die den Täterwillen (animus auctoris) danach befragte, wer die Tat „als eigene will", vgl. H. *Otto,* Grundkurs Strafrecht, Allgemeine Strafrechtslehre, 6. Aufl. 2000, § 21 II 1, S. 279.

[773] Zur finalen Handlungslehre im Strafrecht vgl. *Hans Welzel,* Das Deutsche Strafrecht. Eine systematische Darstellung, 11. Aufl. 1969, S. 33 ff. einerseits und E. *Schmidhäuser,* JZ 1986, S. 109 (116) andererseits: „Anderthalb Jahrzehnte haben gereicht, die finale Handlungslehre verfallen zu lassen."

[774] Zur Tatherrschaftslehre vgl. C. *Roxin,* Täterschaft und Tatherrschaft (1967), 4. Aufl. 1984, S. 600 ff.

[775] H. *Otto,* Grundkurs Strafrecht, Allgemeine Strafrechtslehre, 6. Aufl. 2000, § 5 IV 3, S. 52.

kriterien in den Vordergrund treten zu lassen. Der Vergleich zwischen der Grundrechtsdogmatik und den strafrechtlichen Lehren über die Täterschaft und Teilnahme offenbart schnell die Lücken der Ersteren. Die Eingriffsdogmatik ist ganz von der Frage geprägt, welche Grundrechtsbeeinträchtigungen dem einseitig hoheitlich handelnden Staat zuzurechnen sind. Dem entsprächen das Bild des *„Alleintäters"* und die hierzu entwickelten strafrechtlichen Zurechnungslehren. Der Alleintäter korrespondiert dem klassischen Eingriff, nimmt man die Risikoerhöhungslehre[776] hinzu, sogar weiten Teilen des erweiterten Eingriffsbegriffs.

Eine parallele Dogmatik zur *„Mittäterschaft"* (§ 25 Abs. 2 StGB) drängt sich für Absprachen zwischen Staat und Wirtschaft auf. Ein bewusstes und gewolltes Zusammenwirken ist zwischen Verbänden und der Bundesregierung bei normativen Absprachen festzustellen, wenn konsensual aufeinander abgestimmte Maßnahmen ergriffen werden. Dem „Tatplan" entspricht die Absprache und „Tatbeiträge" des Staates können auf Grund seiner Stellung als rechtsetzende Gewalt auch im Vorbereitungsstadium[777] geleistet werden. Sogar eine „sukzessive Mittäterschaft"[778] des Staates wäre denkbar, wenn er Initiativen der Wirtschaft zu Selbstverpflichtungen aufgreift und unterstützt. Allerdings spricht ein entscheidendes Kriterium gegen eine grundrechtliche Verantwortung analog zur Mittäterschaft: Nur der Staat ist an die Grundrechte unmittelbar gebunden (Art. 1 Abs. 3 GG) und für die Wirtschaft fehlt es deshalb an einem wesentlichen „Tätermerkmal".

Für dieses Problem hält die Strafrechtslehre die Figur der *„mittelbaren Täterschaft"* (§ 25 Abs. 1, 2. Alt. StGB) bereit: Ein Beamter soll mittelbarer Täter sein, wenn er einen Nichtbeamten zu einer für diesen nicht tatbestandlichen Falschbeurkundung nach § 348 StGB veranlasst. Diese Konstruktion ist zwar umstritten, wenn die Willensherrschaft des Hintermanns, also des Beamten zweifelhaft ist: Zum Teil wird die Voraussetzung der Tatherrschaft des Hintermanns durch dessen Amtspflicht ersetzt.[779] Eine normative Tatherrschaft ließe sich analog für die rechtsetzende Gewalt behaupten. Zum Teil wird ein psychologisches Element gefordert, das einen rechtlich herrschenden Einfluss des Hintermannes begründet[780] bzw. eine Nötigung[781] des Hintermannes. Beides ließe sich jedenfalls für die Fälle, in

---

[776] *C. Roxin*, ZStW 74 (1962), 411 ff.; zustimmend *H. Otto*, JuS 1974, 702 (708).

[777] Dazu *H. Otto*, Grundkurs Strafrecht, Allgemeine Strafrechtslehre, 6. Aufl. 2000, § 21 IV 2 b, S. 288.

[778] Dazu *H. Otto*, ebenda, § 21 IV 2 c, S. 288.

[779] So *C. Roxin*, Täterschaft und Tatherrschaft (1967), 4. Aufl. 1984, S. 360 ff.

[780] *H.-H. Jescheck/Th. Weigend*, Strafrecht AT, 5. Aufl. 1996, § 62 II 7.

[781] *H. Otto*, Grundkurs Strafrecht, Allgemeine Strafrechtslehre, 6. Aufl. 2000, § 21 IV 3 e, S. 294.

denen der Staat mit einer entsprechenden einseitigen Rechtsetzung droht, auch bei normativen Absprachen mutatis mutandis annehmen. Im Übrigen beruhen dogmatische Bedenken gegen eine extensive Handhabung der Figur der mittelbaren Täterschaft auf der Erwägung, der Gesetzgeber müsse eine rein normative Tatherrschaft gegebenenfalls regeln. Diese Bedenken greifen bei einer Rezeption der Lehre in der Grundrechtstheorie nicht, weil die „normative Herrschaft" des Staates im Rechtsstaatsprinzip und seine Grundrechtsbindung in Art. 1 Abs. 3 GG hinreichend verankert sind und einer weiteren positivrechtlichen Konkretisierung nicht bedürfen.

Anhänger einer finalen Grundrechtstheorie könnten versuchen, Parallelen zur *„Anstiftung"* zu ziehen. So wie der Anstifter „gleich einem Täter" (§ 26 StGB) behandelt wird, könnte eine grundrechtliche Verantwortung des Staates für Anstiftungen zu Grundrechtsbeeinträchtigungen anzunehmen sein. Es wäre denkbar, bei Selbstverpflichtungen, die ohne entsprechende Anregung des Staates zu Stande gekommen sind bzw. inhaltlich dem „business as usual" entsprechen, an die strafrechtliche Figur des omnimodo facturus anzuknüpfen. Indes sprechen gegen eine Rezeption der Dogmatik zur Anstiftung durch die Grundrechtslehren dieselben Gründe, die gegen eine Konzentration des Eingriffsbegriffs auf die Finalität sprechen: Die Voraussetzungen der Anstiftung beruhen wesentlich auf subjektiven Aspekten, dem Anstiftervorsatz.

Weiterführend ist auch ein Blick auf die strafrechtliche Verantwortlichkeit für *Unterlassen*. Die grundrechtsdogmatische Unterscheidung zwischen Tun und Unterlassen bezeichnet bislang lediglich die Grenze zwischen Grundrechtseingriff und grundrechtlicher Schutzpflicht.[782] Die Verantwortlichkeit für Unterlassen setzt eine Garantenstellung voraus. Dies ist ein allgemeiner Rechtsgedanke, der nicht nur im Strafrecht Geltung beansprucht. Im Gegensatz zur Strafrechtslehre ist in der Grundrechtslehre eine Dogmatik der Garantenstellungen nicht entwickelt worden. Die Lehre von der grundrechtlichen Schutzpflicht des Staates fußt auf dem Gedanken einer *allgemeinen Gewährleistungspflicht* des Staates für die Grundrechte. Diese Garantenstellung ist jedoch so allgemein gefasst, dass sich wie gezeigt aus ihr nur ganz ausnahmsweise konkrete Handlungspflichten ableiten lassen. Dogmatisch gesehen ist also gerade keine allgemeine Gewährleistungspflicht anerkannt, sondern nur in bestimmten Fallgruppen besonderer Schutzbedürftigkeit. In der Strafrechtsdogmatik ließe sich eine – wenn auch sehr vage – Parallele zu dem echten Unterlassensdelikt der unterlassenen

---

[782] Vgl. hierzu BVerfGE 56, 54 (70 f.) – Flughafen Düsseldorf; *G. Lübbe-Wolff,* Die Grundrechte als Eingriffsabwehrrechte, 1988, S. 33 f.; anders *P. Lerche,* Übermaß und Verfassungsrecht, 1961, S. 265; zu den Schwierigkeiten der Abgrenzung vgl. *B. Weber-Dürler,* VVDStRL 57 (1998), S. 57 (78).

Hilfeleistung „bei Unglücksfällen oder gemeiner Gefahr oder Not" (§ 323 c StGB) ziehen.

Denkbar sind jedoch darüber hinaus Aspekte einer grundrechtlichen Garantenstellung des Staates in Fällen „unechten Unterlassens". Bei normativen Absprachen geht es dabei nicht um schlichte Untätigkeit. Vielmehr ist der Staat hier punktuell und informal tätig, insbesondere wenn er den Anstoß zu einer Selbstverpflichtung gibt, überlässt dann jedoch deren nähere Ausgestaltung bisweilen und die Durchführung stets der Wirtschaft. Dies ist der strafrechtlichen *Garantenstellung aus vorangegangenem Tun (Ingerenz)* vergleichbar:

Wenn der Staat den Anstoß zu einer Selbstverpflichtung gibt, dann wird die Wirtschaft bei deren inhaltlicher Ausgestaltung wirtschaftliche Eigeninteressen einbringen. Dies birgt die spezifische Gefahr in sich, dass einzelne Absprachebeteiligte hieraus wettbewerbliche Vorteile gegenüber anderen zu ziehen versuchen, sowie die Gefahr, dass Absprachen zu Lasten Dritter getroffen werden.[783] Unterlässt es der Staat, inhaltlichen Einfluss auf Selbstverpflichtungen zu nehmen, bleibt er dennoch für deren Inhalt verantwortlich, wenn er sie angeregt hat. So wie im Strafrecht das Unterlassen (§ 13 StGB) dem Tun gleichgestellt ist, so muss auch die Mitverantwortung des Staates bei der Kooperation mit der Wirtschaft dem Grundrechtseingriff gleichgestellt werden.

Je stärker der Einfluss Privater auf den Inhalt der Selbstverpflichtung ist, desto größer ist das Risiko, dass sich dabei wettbewerblicher Druck auf schwächere Wirtschaftssubjekte realisiert. Nicht lediglich hoheitlicher Druck auf die Inhalte von Selbstverpflichtungen, sondern im Gegenteil auch und gerade die bloße Anregung von Selbstverpflichtungen, deren Inhalte maßgeblich innerhalb der Wirtschaft ausgehandelt werden, lösen die grundrechtliche Mitverantwortung des Staates aus.

Es handelt sich also um eine *qualifizierte Schutzpflicht*, um eine Verantwortung für das Unterlassen größerer Einflussnahme. Der Staat kann sich nicht darauf berufen, den Inhalt einer von ihm angeregten Selbstverpflichtung nicht beeinflusst zu haben. Vielmehr trifft ihn eine qualifizierte Garantenstellung, die man mit der strafrechtlichen Verantwortung aus Ingerenz[784] vergleichen könnte. Der Staat kann Grundrechtsbeeinträchtigungen nicht an-

---

[783] Plastisch *Chr. Engel,* StWuStPr 1998, S. 535 (544): „Wie auch sonst im Leben kommen Selbstbeschränkungsabkommen leichter zustande, wenn sie zu Lasten Dritter gehen".
[784] Von einer Ingerenzpflicht des Staates gegenüber der Organisationsprivatisierung spricht *G. F. Schuppert,* in: ders. (Hrsg.), Jenseits von Privatisierung und schlankem Staat, 1999, S. 299 (309); von einer Einwirkungspflicht bereits *G. Püttner,* DVBl. 1975, S. 353 ff.

regen, um dann mangels imperativen Eingriffs selbst nicht dafür verantwortlich zu sein. So wie das Strafrecht nicht mit dem Bild des Alleintäters durch positives Tun auskommt, ist auch die grundrechtliche Verantwortlichkeit des heutigen, kooperierenden und informal handelnden Staates um Dimensionen der Mitverantwortung und der mittelbaren Verantwortlichkeit zu erweitern.

Neben der Ingerenz ist auch die strafrechtliche Figur der *psychischen Beihilfe*[785] weiterführend. Sie kann eine Rolle spielen, wenn der Staat Selbstverpflichtungen zwar nicht anregt, wohl aber informal unterstützt, indem er sie z.B. ausdrücklich begrüßt. Nicht nur psychische Beihilfe, sondern auch Beihilfen in Form von tatsächlichen und finanziellen Unterstützungen sind denkbar. Von Interesse sind auch die Rechtsfolgen, die sich an die Beihilfe im Strafrecht knüpfen: Beihilfe löst strafrechtliche Verantwortung aus, ist jedoch milder (§ 27 Abs. 2 S. 2 StGB) zu bestrafen. Das erinnert daran, dass *Eberhard Schmidt-Aßmann* ein Stufenmodell für die Grundrechtsgeltung gefordert hat, bei dem insbesondere der strenge Gesetzesvorbehalt nicht für jede Grundrechtsbeeinträchtigung greifen soll.

Zwischenergebnis: Das Problem der grundrechtlichen Mitverantwortung des Staates für Selbstverpflichtungen der Wirtschaft hat Parallelen zu strafrechtlichen Figuren, insbesondere zur mittelbaren Täterschaft und zur Garantenstellung aus Ingerenz. Die Lücken in der Grundrechtsdogmatik sind dadurch zu schließen: Die Grundrechtsbindung des Staates und die normative Herrschaft der rechtsetzenden Gewalt begründen die Zurechenbarkeit von Grundrechtsbeeinträchtigungen, die Außenseitern in Folge normativer Absprachen entstehen. Anknüpfungspunkt für eine Zurechnung bei kooperativer Ausübung rechtsetzender Gewalt müssen die oben entwickelten Kriterien sein. Unter diesen Voraussetzungen erstreckt sich der status negativus cooperationis auch auf Außenseiter.

5. Konsequenzen grundrechtlicher Mitverantwortung: Qualifizierte Schutzpflicht

Auch Außenseiter können sich gegenüber normativen Absprachen auf Grundrechte berufen. Der status negativus cooperationis löst durch normative Absprachen eine *qualifizierte Schutzpflicht* bzw. *Garantenpflicht*[786] des Staates gegenüber Außenseitern aus. Anders ausgedrückt: Der Staat muss

---

[785] *U. Sieber,* JZ 1983, S. 431 ff.; kritisch *Hruschka,* JR 1983, 177 ff.
[786] Eine Garantenpflicht „für den Selbstverpflichtungen induzierenden Staat" fordert – allerdings ohne grundrechtsdogmatische Begründung und lediglich mit dem Ziel „auf wettbewerbsneutrale Lösungen hinzuwirken" – *U. Di Fabio,* JZ 1997, S. 969 (973).

sich Grundrechtsbeeinträchtigungen von Außenseitern wie Eingriffe zurechnen lassen und ist entsprechendem Rechtfertigungszwang unterworfen. Dass bei Schutzpflichten bisweilen „nicht weniger strenge Maßstäbe anzulegen (sind) als bei der Prüfung staatlicher Eingriffsgesetze"[787], ist in der Rechtsprechung anerkannt.

Auf Grund der spezifischen Gefährdungssituation, die für den effektiven Grundrechtsschutz aus Kooperation zwischen Staat und Wirtschaft erwächst, und auf Grund der Tatsache, dass der Staat hier nicht untätig bleibt, sondern informalen Einfluss nimmt, muss dies auch für den status negativus cooperationis gelten. Die rechtliche Folge der grundrechtlichen Mitverantwortung des Staates bei Kooperation mit der Wirtschaft ist eine umfassende *Vermeidepflicht für jede nicht gerechtfertigte Grundrechtsbeeinträchtigung, die im Rahmen von Selbstverpflichtungen entstehen kann.*

a) Insbesondere: Verhältnismäßigkeit der Beeinträchtigung des Art. 9 Abs. 1 GG

Im Rahmen der Erforderlichkeitsprüfung sind mildere Mittel zu erwägen, die die Ziele der Absprache mindestens ebenso gut erreichen. Die negative Vereinigungsfreiheit[788] der Außenseiter kann dadurch beeinträchtigt sein, dass ihnen die Vorteile der Verbandsmitgliedschaft bei der Umsetzung von Selbstverpflichtungen verwehrt bleiben, insbesondere Informationen, Erfahrungsaustausch, Öffentlichkeitsarbeit. Das könnte Außenseiter zu einem sonst nicht gewollten Beitritt zu Wirtschaftsverbänden veranlassen. Diese Beeinträchtigung des Rechtes, Vereinigungen fernzubleiben kann dadurch abgemildert werden, dass Verbände sich dazu bereit erklären, auch Außenseiter bei der Durchführung von Selbstverpflichtungen zu unterstützen. *Ausdrückliche Beitrittsklauseln* sehen bisweilen vor, dass sich weitere Private einer Selbstverpflichtung anschließen.[789]

Auf solchen Beitrittsklauseln muss der Staat bestehen und sie müssen deutlich machen, dass ein Beitritt zur Selbstverpflichtung nicht den Beitritt

---

[787] BVerfGE 53, 30 (58) – Mülheim Kärlich; *R. Eckhoff,* Der Grundrechtseingriff, 1992, S. 293 will hierauf den Eingriffsbegriff erweitern.

[788] Vgl. *T. Köpp,* Normvermeidende Absprachen zwischen Staat und Wirtschaft, 2001, S. 268.

[789] Beispiel: die Verpflichtung der nordrhein-westfälischen Milchwirtschaft anläßlich der BSE-Diskussion zu verzichten bzw. zu verstärkten Kontroll- und Überwachungsmaßnahmen, vom 8. August 1996: „Sonstige Unternehmen und Organisationen, die Milch oder Milchprodukte verarbeiten oder mit diesen handeln, können jederzeit durch schriftliche Erklärung gegenüber dem nordrhein-westfälischen Ministerium für Umwelt, Raumordnung und Landwirtschaft dieser freiwilligen Selbstverpflichtung beitreten." Zu diesem Beispiel siehe S. 77.

zum Verband voraussetzt und dass der Verband beitretenden Außenseitern jede seinen Mitgliedern zukommende Unterstützung bezüglich der Selbstverpflichtung gewährt. Das ist den Zwecken der normativen Absprache in gleichem Maße dienlich. Die Chance, dadurch möglichst viele Unternehmen zur Eigenverantwortung zu bewegen, wird sogar dadurch noch erhöht. Den Verbänden ist ein entsprechendes Verhalten zumutbar. Es ist nicht zu erwarten, dass Verbände aus diesem Grund nicht bereit wären, Selbstverpflichtungen abzugeben. Die Freiheit der Verbandstätigkeit wird dadurch nur unerheblich zusätzlich beeinträchtigt und lässt sich durch das Prinzip kooperativer Verantwortung rechtfertigen. Ein Verband, der spezifische Verantwortung für das Gemeinwohl zu übernehmen bereit ist, muss Außenseiterinteressen im Dienste des öffentlichen Interesses insoweit respektieren.

Fraglich ist, ob Außenseiter an den informalen Verhandlungen zu normativen Absprachen beteiligt werden müssen. Dies lässt sich nicht über das Prinzip der Erforderlichkeit begründen: Ein Beteiligungszwang würde informale Absprachen erheblich schwerfälliger machen. Außenseiter müssten ermittelt werden, der Staat müsste sie informieren und die Teilnahme an Gesprächen anbieten und gegebenenfalls die Teilnahmemöglichkeiten koordinieren. Das behindert die Zwecke der Absprache. Auf die mögliche Verletzung der Chancengleichheit ist noch im Rahmen des Art. 3 Abs. 1 GG einzugehen.

Insgesamt bleibt Außenseitern aber die Möglichkeit, die Vereinigungsfreiheit gegen Absprachen, die sie mittelbar betreffen, geltend zu machen. Nur wenn das Prinzip kooperativer Verantwortung die Beeinträchtigung überhaupt rechtfertigt und wenn dies auch Außenseitern gegenüber verhältnismäßig ist, kann eine normative Absprache Bestand haben.

b) Insbesondere: Vermeidepflicht für Wettbewerbsverzerrungen

Die grundrechtlichen Dimensionen der Wettbewerbsfreiheit i.V.m. der grundrechtlichen Mitverantwortung des Staates gegenüber Außenseitern führt zu der Konsequenz, dass der kooperierende Verfassungsstaat verpflichtet ist, bei normativen Absprachen „auf wettbewerbsneutrale Lösungen hinzuwirken"[790].

Die Forderung, dass im Ergebnis der Wettbewerb nicht unangemessen verzerrt werden darf, wirft die Anschlussfrage auf, wer darüber zu entscheiden hat und in welchem Verfahren dies geschehen soll. Die verfahrensrechtliche Dimension der Grundrechte[791] gebietet es, dass nicht allein die Be-

---

[790] *U. Di Fabio*, JZ 1997, S. 969 (973).
[791] *P. Häberle*, VVDStRL 30 (1972), S. 43 (81 ff.); vgl. jetzt, *D. Bergner*, Grundrechtsschutz durch Verfahren, 1998.

§ 10 Grundrechtsbindung des kooperierenden Verfassungsstaates 397

hörde, die am Abspracheprozess mit den Verbänden federführend beteiligt ist, hierfür Sorge trägt. Die spezifische Gefährdung des Wettbewerbs beruht darauf, dass ein Konsens dadurch zustande kommt, dass die Bundesregierung nur die Gemeinwohlzwecke der Übernahme von Eigenverantwortung im Blick hat und die Verbände diese Ziele mit wettbewerblichen Eigeninteressen ihrer Mitglieder verbinden, die zu Lasten Dritter gehen. Die konsensuale Ausübung der rechtsetzenden Gewalt beruht auf einer Verhandlungsbereitschaft des Staates.

Die Funktionen der rechtsetzenden Gewalt verändern sich dadurch: Während sich der Verordnunggeber bei einseitiger Rechtsetzung alleinverantwortlich sowohl für die Gemeinwohlziele als auch für die Belastungen der Wirtschaft fühlen muss, nimmt die Bundesregierung bei normativen Absprachen naturgemäß die Funktion ein, Gemeinwohlzwecke zu vertreten. Diese mit den von den Verbänden vertretenen Eigeninteressen der Wirtschaft in Einklang zu bringen bzw. Kompromisse zu schließen, ist Ziel des Verhandlungsprozesses. Der federführende Minister wäre überfordert, wenn er in den Verhandlungen neben den von ihm verfolgten öffentlichen Interessen zugleich auch alleinverantwortlich die Interessen von Außenseitern vertreten müsste. Deshalb ist es verfahrensrechtlich geboten, dass eine von dem federführenden Ministerium verschiedene Behörde die grundrechtlichen Interessen der Außenseiter vertritt oder zumindest im Nachhinein die Wettbewerbsauswirkungen der Absprache überprüft. Funktionell[792] und zuständigkeitshalber kommen hierfür ausschließlich die Kartellbehörden, auf Bundesebene das BKartA, im Rahmen der Ministererlaubnis nach § 8 GWB auch der Bundesminister für Wirtschaft, in Betracht. Wie noch ausführlich erörtert wird, wird diesen Anforderungen de lege lata nur die Durchführung eines Freistellungsverfahrens gerecht.

Wettbewerbsverzerrungen können bei normativen Absprachen auch erst im Rahmen von deren Umsetzung sichtbar werden. Auch dafür ist der kooperierende Verfassungsstaat grundrechtlich mitverantwortlich. Daraus folgt eine *Beobachtungspflicht* nicht nur hinsichtlich der Erreichung der Gemeinwohlziele[793], sondern darüber hinaus auch hinsichtlich der Auswirkungen auf den Wettbewerb, soweit Grundrechte insbesondere der Außenseiter be-

---

[792] Zur funktionellrechtlichen Betrachtung vgl. *P. Häberle,* Die offene Gesellschaft der Verfassungsinterpreten (1975), in: ders., Verfassung als öffentlicher Prozess (1978), 3. Auf. 1998, S. 155 (174).
[793] *M. Schmidt-Preuß,* VVDStRL 56 (1997), S. 160 (172), der diese jedoch ohne nähere dogmatische Vertiefung in den Schutzpflichten verankert sieht und aus ihr eine Begleitkontrolle als eine „Kontrolle der Kontrolle" ableitet (S. 173) und dabei vor allem die Verfehlung der Gemeinwohlergebnisse (S. 174) im Blick hat. Die vorliegend vertretene Mitverantwortung setzt demgegenüber bereits bei den Inhalten der Selbstverpflichtungserklärungen an und reicht über eine bloße Kontrolle von deren Verwirklichung weit hinaus.

troffen sein können. Diesen Anforderungen ist dadurch genüge getan, dass bereits einfachrechtlich die kartellrechtliche Freistellung nach § 10 Abs. 3 S. 2 GWB auf maximal 5 Jahre befristet ist. Auf die Funktion des Kartellrechts als Auffangordnung wird ausführlich einzugehen sein.

Die Erkenntnis, dass Einwirkungspflicht eine Einwirkungsmöglichkeit voraussetzt,[794] entpflichtet den Staat nicht. Im Gegenteil verpflichtet ihn die Grundrechtsbindung, *die Beherrschbarkeit* zu erhalten.[795] Der Staat muss alle rechtsstaatlichen Mittel ergreifen, um seiner Grundrechtsverantwortung dauerhaft gerecht werden zu können. Selbstverständlich kann der Verordnunggeber jederzeit eine *verbindliche Norm* schaffen und deren Wettbewerbsauswirkungen allein verantworten. Er kann schließlich durch *begleitende Maßnahmen* Grundrechtsbeeinträchtigungen ausschließen oder abfedern.

Die Lehre von der verfahrensrechtlichen Seite der Grundrechte[796], auch „status activus prozessualis" (*Peter Häberle*) wurde als Aspekt der Verteilungsgerechtigkeit mit der Lehre von den Grundrechten als Teilhaberechten verknüpft. Sie beansprucht aber nicht weniger Geltung im Bereich der Abwehrrechte.[797] Der Grundrechtsschutz durch Verfahren ist eine Konsequenz effektiven Grundrechtsschutzes.[798] Der verfahrensrechtlichen Seite der Grundrechte wird eine objektiv-rechtliche Funktion zugesprochen.[799] Soweit Verfahren geboten sind, weil sie der Durchsetzung subjektiv-rechtlicher, grundrechtlicher Ansprüche dienen, ist auch der Verfahrensrechtsstatus auf subjektive Rechtsetzung angelegt.[800] Prozedurale Vorkehrungen können notwendig sein, um den Grundrechten tatsächlich materiellen Erfolg zu verschaffen. Dies ist bislang vor allen Dingen im Umweltrecht im Hinblick auf die Schutzpflicht des Staates für Leben und Gesundheit aus Art. 2 Abs. 2 S. 1 GG relevant geworden.[801]

So stellt sich die Frage, welche Konsequenzen der „grundrechtlich geforderte Schutz der Grundrechte durch Organisation und Verfahren"[802] für den

---

[794] *U. Di Fabio*, VVDStRL 56 (1997), S. 235 (270 f.).

[795] Vgl. *M. Schmidt-Preuß*, VVDStRL 56 (1997), S. 160 (197).

[796] *P. Häberle*, VVDStRL 30 (1972), S. 43 (81 ff.); vgl. jetzt, *D. Bergner*, Grundrechtsschutz durch Verfahren, 1998; *E. Schmidt-Aßmann*, Das allgemeine Verwaltungsrecht als Ordnungsidee, 1998, S. 292 ff.

[797] *P.-M. Huber*, Grundrechtsschutz durch Organisation und Verfahren als Kompetenzproblem in der Gewaltenteilung und im Bundesstaat, 1988, S. 78 f.

[798] *M. Schulte*, Schlichtes Verwaltungshandeln, 1995, S. 116 ff.

[799] *R. Pitschas*, Verwaltungsverantwortung und Verwaltungsverfahren, 1990, S. 287 ff.; *M. Schulte*, Schlichtes Verwaltungshandeln, 1995, S. 119.

[800] *R. Stober*, in: H. J. Wolff/O. Bachof/R. Stober, Verwaltungsrecht Band 1, 11. Aufl. 1999, § 32, Rz. 22.

[801] *M. Schulte*, Schlichtes Verwaltungshandeln, 1995, S. 117.

[802] *H. Schulze-Fielitz* DVBl. 1994, S. 657 (659, 664) unter Hinweis auf *P. Häberle*, VVDStRL 30 (1972), S. 43 (80 ff.).

§ 10 Grundrechtsbindung des kooperierenden Verfassungsstaates 399

informal kooperativen Staat hat. Ist dieser gebotene Verfahrensschutz auch für die speziellen Schutzpflichten, die sich aus dem „status negativus cooperationis" ergeben, zu fordern? Dies darf nicht vorschnell bejaht werden. Aus materiellen Grundrechten lassen sich Gebote für das Verfahren nur zwingend ableiten, soweit dies zum effektiven Schutz der materiellen Grundrechtsgehalte erforderlich ist.[803] Deshalb ist lediglich ein Kernbestand verfahrensrechtlicher Garantien *verfassungs*rechtlich geboten. Die Ausgestaltung des Verwaltungsverfahrens obliegt im Übrigen dem einfachen Gesetzgeber. Auch wenn „Verwaltungsrecht als konkretisiertes Verfassungsrecht"[804] (*Fritz Werner*) gilt – das Verwaltungsverfahrensrecht bewahrt „Eigenständigkeit"[805] gegenüber dem Verfassungsrecht. Die verfahrensrechtliche Seite der Grundrechte soll sicherstellen, dass jedem, der in seinen Grundrechten beeinträchtigt ist, ein Verfahren offen steht, in dem er wirksam seine Grundrechtsbeeinträchtigung geltend machen kann. Diese Frage kann nur beantwortet werden, wenn zunächst jeder einzelne Verfahrensabschnitt im Detail, schließlich aber die Grundrechtsbeeinträchtigung und ihre Vorgeschichte im Ganzen betrachtet wird. Die verfahrensrechtliche Seite der Grundrechte wird somit kaum je zu ganz konkreten Verfahrensanforderungen führen.[806] Sie ist vielmehr eine Direktive für den Gesetzgeber und bei der Auslegung des Verfahrensrechts. Sie kann aber auch bei der Rechtsfortbildung, soweit diese verfassungsrechtlich als solche legitim ist, Wirkung entfalten.

Das muss auch für den allgemeinen Gleichheitssatz und seine Bedeutung für das Verwaltungsverfahrensrecht[807] gelten. Die an die vom amerikanischen Rechtsgrundsatz des fairen Verfahrens[808] für das Strafverfahren angelehnte Waffengleichheit[809] bzw. Verfahrenschancengleichheit[810] im Verwaltungsverfahren gebietet es, Betroffene im gleichen Maße hinzuzuziehen. Dies gilt nicht nur für die Gleichmäßigkeit der formellen Beteiligung,[811]

---

[803] Kritisch gegenüber einer „Euphorie …, jeder Organisations- oder Verfahrensbestimmung grundrechtliche Bedeutung zuzusprechen" zu Recht *P.-M. Huber*, Grundrechtsschutz durch Organisation und Verfahren als Kompetenzproblem in der Gewaltenteilung und im Bundesstaat, 1988, S. 343.
[804] *F. Werner*, DVBl. 1959, S. 527 ff.
[805] So *E. Schmidt-Aßmann*, Verwaltungsverfahren, in: HdBStR III, 1988, § 70 Rn. 20.
[806] *E. Schmidt-Aßmann*, Das allgemeine Verwaltungsrecht als Ordnungsidee, 1998, S. 293.
[807] *M. Schulte*, Schlichtes Verwaltungshandeln, 1995, S. 106 ff.; *F. Hufen*, Fehler im Verwaltungsverfahren, 3. Aufl., 1998, S. 65 ff.; Rz. 59 ff.
[808] Hierzu vgl. *H. A. Wolff*, Ungeschriebenes Verfassungsrecht unter dem Grundgesetz, 2000, S. 261.
[809] *F. Hufen*, Fehler im Verwaltungsverfahren, 3. Aufl., 1998, S. 65, Rz. 59.
[810] Hierzu *M. Schulte*, Schlichtes Verwaltungshandeln, 1995, S. 106; *J. Knebel/L. Wicke/G. Michael*, Selbstverpflichtungen …, 1999, S. 269.
[811] *M. Schulte*, Schlichtes Verwaltungshandeln, 1995, S. 107.

sondern muss auch für die informale Beteiligung gelten. Aber das heißt nicht, dass jede Beschränkung des Personenkreises bei der Beteiligung im Verfahren verfassungswidrig ist. Bei der sachlichen Rechtfertigung sind nicht nur die unterschiedlichen Grade grundrechtlicher Betroffenheit zu berücksichtigen, sondern können auch Praktikabilitätsgesichtspunkte eine Rolle spielen. Die Praktikabilität des Verfahrens ist ein Gebot effektiven Verwaltungshandelns und darf nicht durch eine Übersteigerung der Gerechtigkeitsanforderungen unterlaufen werden.

*c) Insbesondere: Verhältnismäßigkeit der Ungleichbehandlungen
(Art. 3 Abs. 1 GG)*

Dem allgemeinen Gleichheitssatz kommt „nach allgemeiner Auffassung ... eine besondere Bedeutung für Interaktionen zwischen der Verwaltung und Privaten"[812] zu. Die Wahrung des Gleichheitsgebotes wurde von *Dieter Grimm* sogar unter den dogmatischen Problemen als „das Wichtigste"[813] bezeichnet. Nach der Ansicht *Martin Schultes* soll hingegen Art. 3 Abs. 1 GG und „seine ‚grundrechtliche Durchschlagskraft' nicht überschätzt werden"[814].

Bevor die dogmatischen Einzelheiten erörtert werden, sei das Grundverständnis über den Inhalt des Art. 3 Abs. 1 GG offengelegt. Bereits auf dieser Ebene lässt sich die Brisanz des Problems der Absprachen entschärfen Art. 3 Abs. 1 GG ist als Feststellung Art. 3 Abs. 1 GG formuliert: „Alle Menschen *sind* vor dem Gesetz *gleich.*" Diese Feststellung gibt ein Ziel der Rechtsordnung vor, aus dem Gebote erst abgeleitet werden müssen.[815] Die Dogmatik unterscheidet dabei zwischen der Rechtsanwendungsgleichheit und der Rechtsetzungsgleichheit. Alle staatliche Gewalt ist an Art. 3 Abs. 1 GG gebunden. Normen dürfen niemanden gleichheitswidrig benachteiligen und ihre Anwendung, insbesondere wenn diese wie bei Ermessenstatbeständen Spielräume[816] lässt, muss gleichmäßig erfolgen.

Die dogmatischen Ansätze zur Rechtsanwendungs- und Rechtsetzungsgleichheit müssen erweitert werden: Die *Rechtsanwendungsgleichheit* ist

---

[812] *M. Schulte,* Schlichtes Verwaltungshandeln, 1995, S. 104.

[813] *D. Grimm,* Diskussionsbeitrag, VVDStRL 52 (1993), S. 324 (325).

[814] *M. Schulte,* Schlichtes Verwaltungshandeln, 1995, S. 109.

[815] *H. Nawiasky,* VVDStRL 3 (1927), S. 25 (28 f.) bezeichnet den allgemeinen Gleichheitssatz in seiner Formulierung als „Bild" und als „Aussage, keine Norm".

[816] Bei starren Normen geht die Rechtsanwendungsgleichheit in der Bindung an das Gesetz auf (so auch *M. Schulte,* Schlichtes Verwaltungshandeln, 1995, S. 105 f.) und ist für sich genommen „etwas Selbstverständliches ... eine Trivialität" (*E. Kaufmann,* VVDStRL 3 (1927), S. 2 (6)); zum gleichmäßigen Ermessensgebrauch bereits *H. Nawiasky,* VVDStRL 3 (1927), S. 25 (38).

§ 10 Grundrechtsbindung des kooperierenden Verfassungsstaates   401

bei normersetzenden Absprachen insoweit nicht betroffen, als die Normen, die von der vollziehenden Gewalt gleichmäßig anzuwenden wären, substituiert werden. Wird formales Recht, das erst Gleichmäßigkeit seiner Anwendung gebieten würde, substituiert, dann geht der dogmatische Ansatzpunkt der Rechtsanwendungsgleichheit ins Leere.[817] Auch die *Rechtsetzungsgleichheit* ist formal betrachtet nicht betroffen, weil verbindliches Recht nicht gesetzt wird.

Es klafft also (ähnlich der Eingriffsdogmatik) auch beim allgemeinen Gleichheitssatz eine dogmatische Lücke, in die normersetzende Absprachen fallen. Kein Zweifel darf daran bestehen, dass der Gleichheitssatz allgemeine Geltung beansprucht und auch Substitute formaler Rechtsetzung erfasst. Die Dogmatik muss aus der in Art. 3 Abs. 1 GG formulierten Zielvorgabe Gebote entwickeln, die alle Arten hoheitlichen Handelns abdecken. Auch der kooperierende Staat ist an den allgemeinen Gleichheitssatz gebunden. Hinsichtlich dieser Gebundenheit besteht kein wesentlicher Unterschied zu den Freiheitsrechten: Unter den Voraussetzungen des status negativus cooperationis leistet der Staat Gewähr für die effektive Grundrechtsgeltung. Das gilt für Freiheits- und Gleichheitsrechte gleichermaßen. Anknüpfen muss die Vergleichung an ein hoheitliches Verhalten, durch das sich der Staat, genauer der jeweils handelnde Hoheitsträger selbst bindet. Dies können grundsätzlich Hoheitsakte aller Art sein. Von „Selbstbindung" ist zwar meist nur mit Blick auf die vollziehende Gewalt die Rede. Aber auch die nach Art. 1 Abs. 3 GG garantierte Bindung des Gesetzgebers an Art. 3 Abs. 1 GG ist eine Selbstbindung. Auch informales Handeln kann Selbstbindung auslösen. Auch Absprachen des Staates mit der Wirtschaft sind an Art. 3 Abs. 1 GG zu messen und können ihrerseits als tertium comparationis herangezogen werden.

Entgegen einem weit verbreiteten Missverständnis gebietet der allgemeine Gleichheitssatz nicht stets Gleichbehandlung. Das Gleichbehandlungsgebot ist vielmehr ein Teilaspekt des allgemeinen Gleichheitssatzes und wird als solcher bei weitem überschätzt. Aus der Summe der Rechtsanwendungs- und Rechtsetzungsgleichheit folgt nicht, dass dem Staat aufgegeben ist, Normen mit einem möglichst weiten Anwendungsbereich zu schaffen, damit möglichst viele Tatbestände mit einer einheitlichen Rechtsfolge verknüpft sind. Der Gleichheitssatz wirkt vielmehr teils als Gleichbehandlungsgebot und teils als Gleichbehandlungsverbot bzw. Differenzierungsgebot. Ihm ist nicht einmal eine Tendenz zur Gleichbehandlung zu

---

[817] Das Problem der Rechtsanwendungsgleichheit stellt sich indes verschärft bei normvollziehenden Absprachen. Die Problematik normvollziehender Absprachen soll in dieser Arbeit aber ausgeklammert bleiben. Hierzu eingehend und im Hinblick auf Art. 3 Abs. 1 GG zurückhaltend *M. Schulte,* Schlichtes Verwaltungshandeln, 1995, S. 104 ff.

entnehmen. Im Gegensatz zu den Freiheitsgrundrechten hat der allgemeine Gleichheitssatz keinen materiellen „Inhalt", keinen „Schutzbereich", sondern ist eine ergebnisoffene Methodennorm.

Legt man zu Grunde, dass „der allgemeine Gleichheitssatz nicht nur gleichmäßiges, sondern auch differenzierendes Handeln gebieten"[818] kann, also auch ein Gebot der Ungleichbehandlung[819] enthält, dann entfällt auch der prima facie gehegte Verdacht, Phänomene der Flexibilität, des Informalen, des nicht allgemein Verbindlichen verstießen per se gegen Art. 3 Abs. 1 GG. Jede Norm führt mit den Grenzen ihres Tatbestandes zu Differenzierung.[820] Dass der allgemeine Gleichheitssatz alle ungerechtfertigten Unterscheidungen und alle ungerechtfertigten Nichtunterscheidungen verbietet, wurde für Art. 4 BV-Schweiz (1874) bereits in den 1920er Jahren[821] treffend formuliert.[822] Dadurch erhält der allgemeine Gleichheitssatz neben seinem liberalistischen Ziel der Chancengleichheit[823] einen „sozialen Einschlag"[824].

Tatsächlich besteht eine reale Gefahr, dass Absprachen zu Lasten einzelner Grundrechtsträger getroffen werden und dass an der Absprache nicht beteiligte Wirtschaftssubjekte von deren Vorteilen ausgeschlossen werden. Solche Ungleichbehandlung kann durchaus Art. 3 Abs. 1 GG berühren.

---

[818] So in Erwiderung auf *D. Grimm* zu Recht *W. Krebs,* Diskussionsbeitrag, VVDStRL 52 (1993), S. 350; zustimmend *M. Schulte,* Schlichtes Verwaltungshandeln, 1995, S. 105.
[819] *K. Stern,* in: FS für G. Dürig, 1990, S. 207 (212).
[820] Ähnlich bereits *E. Kaufmann,* VVDStRL 3 (1927), S. 2 (9).
[821] BGer 6, 172 ff.; vgl. *F. Fleiner/Z. Giacometti,* Schweizerisches Bundesstaatsrecht, 1949, S. 406 f.
[822] So *E. Kaufmann,* VVDStRL 3 (1927), S. 2 (10). Die deutsche Staatsrechtslehre hat sich zu *E. Kaufmann*s rechtsvergleichenden Betrachtungen bereits aus methodischen Gesichtspunkten kritisch geäußert (*H. Nawiasky,* VVDStRL 3 (1927), S. 25 (26 f.); *W. Jellinek,* Diskussionsbeitrag, VVDStRL 3 (1927), S. 59) und blieb – fast möchte man sagen zur Strafe – Jahrzehnte hinter deren Erkenntnisstand zurück; eine Lanze für die Rechtsvergleichung hingegen brach *H. Triepel,* Diskussionsbeitrag, VVDStRL 3 (1927), S. 50: „Unser Recht steht nicht isoliert, sondern steht mit der gesamten Kultur der Gegenwart in Zusammenhang" und plädierte dafür, „die deutsche Rechtsordnung in Beziehung ... zu dem Rechtssystem der Vereinigten Staaten oder der Schweiz (zu setzen und) ... Argumente, die auf dem Boden der fremden Rechtsordnung gebraucht sind, mit gewissen Vorbehalten natürlich, auch für unser Recht" zu verwenden.
[823] Bereits *Montesquieu,* De l'Esprit des Lois (1748), Vom Geist der Gesetze, 2. Aufl. 1992, Band 1, S. 63 forderte „die gleichen Hoffnungen" für jedermann und folgerte daraus das Gebot „einer allgemeinen Anspruchslosigkeit".
[824] *E. Kaufmann,* VVDStRL 3 (1927), S. 2 (18).

§ 10 Grundrechtsbindung des kooperierenden Verfassungsstaates

Die überproportionale Betonung der Bedeutung des allgemeinen Gleichheitssatzes in der Literatur zu konsensualem Verwaltungshandeln mag auch aus der Not geboren sein, die Defizite der lückenhaften Eingriffsdogmatik auszugleichen. Die Dogmatik des allgemeinen Gleichheitssatzes ist weniger als die der Freiheitsgrundrechte mit dem Eingriffsbegriff verknüpft; inzwischen wird sogar die Eignung des Eingriffsschemas für Art. 3 Abs. 1 GG teilweise[825] oder gänzlich[826] bestritten. Versteht man den allgemeinen Gleichheitssatz als Methodennorm und sieht man in der neuen Formel des BVerfG einen Ansatz zu einer zweistufigen Verhältnismäßigkeitsprüfung[827], vermag er die Dogmatik des status negativus cooperationis zu ergänzen.

Um dem Wortlaut des Art. 3 Abs. 1 GG dogmatischen Inhalt zu verleihen, hat die Rechtsprechung des BVerfG zwei Ansätze entwickelt, die heute als „alte Formel"[828] und „neue Formel"[829] bezeichnet werden. Die „*alte Formel*" verbietet, „dass wesentlich Gleiches ungleich, nicht dagegen, dass wesentlich Ungleiches entsprechend der bestehenden Ungleichheit ungleich behandelt wird". Dabei setzt das BVerfG voraus, dass zwischen wesentlich Gleichem und wesentlich Ungleichem unterschieden wird. Das ist deshalb kaum zu handhaben, weil das Ziel der Gleichberechtigung teils durch Gleichbehandlung und teils durch (ausgleichende) Ungleichbehandlung zu erreichen ist. Die entscheidende Frage ist dabei, ob Gleichbehandlung oder ob Differenzierung erlaubt bzw. geboten ist. Diese Abgrenzung gelingt nur

---

[825] Dass die Struktur des Grundsatzes der Verhältnismäßigkeit auf die Rechtfertigung von Eingriffen zugeschnitten sei und deshalb bei Art. 3 Abs. 1 GG keineswegs immer passe, vertritt *S. Huster*, Rechte und Ziele, 1993, S. 233; *ders.*, JZ 1994, 541; vgl. bereits *G. Lübbe-Wolff*, Die Grundrechte als Eingriffsabwehrrechte, 1987, S. 258 ff.; ähnlich *M. Sachs*, JuS 1997, 124 (129); kritisch *W. Heun*, in: H. Dreier, GG Bd. I, 1996, zu Art. 3 GG Rdnr. 27; schon lange vor der Diskussion um die „neue Formel" grundlegend *P. Lerche*, Übermaßverbot und Verfassungsrecht, 1961, S. 29 f.

[826] Gänzlich vom Eingriffsbegriff gelöst, mit einer eigenständigen Prüfung des Grundsatzes der Verhältnismäßigkeit versteht den allgemeinen Gleichheitssatz *L. Michael*, JuS 2001, S. 148 (153).

[827] Der Grundsatz der Verhältnismäßigkeit wird inzwischen auch bei der Prüfung des allgemeinen Gleichheitssatzes herangezogen. Andeutungen finden sich bereits in BVerfGE 8, 51 (68 f.) – Parteispenden I; zur älteren Literatur vgl. *P. Lerche*, Übermaßverbot und Verfassungsrecht, 1961, S. 29 f. Eine regelrechte Verhältnismäßigkeitsprüfung knüpft aber erst an die „neue Formel" an (BVerfGE 55, 72 (88) – Kein Leitsatz und unter zweifelhafter Berufung auf die eigene Rechtsprechung – inzwischen ständige Rechtsprechung: Vgl. *K. Hesse*, in: Festschr. f. Lerche 1993, S. 121, 124 m.w.N. in Fn. 12.); kritisch Sondervotum *Katzenstein* BVerfGE 74, 9, 28 ff. – AFG.

[828] Als Willkürverbot formuliert verbietet Art. 3 Abs. 1 GG nach dieser Formel, „wesentlich Gleiches willkürlich ungleich und wesentlich Ungleiches willkürlich gleich zu behandeln"; so etwa BVerfGE 49, 148, (165).

[829] BVerfGE 55, 72 (88).

mit einem gemeinsamen Maßstab. Als solcher kommen allein die Art und der Grad der tatsächlichen Ungleichheit zweier Fälle in Betracht. Wollte man erklären, was bei „wesentlich Gleichem" das „Wesentliche der Gleichheit" sein soll, so müsste man erklären, was „unwesentliche Unterschiede" sind. Deshalb sollten von vornherein die Ungleichheiten zum gemeinsamen Maßstab des Gleichheitssatzes erklärt werden. Die so genannte „*neue Formel*" des BVerfG überwindet die irreführende Leerformel vom „wesentlich Gleichen". Nach der neueren Rechtsprechung ist richtigerweise[830] zu fragen, ob „keine Unterschiede von solcher Art und solchem Gewicht bestehen, dass sie die ungleiche Behandlung rechtfertigen könnten"[831]. Eine Vorab-Unterscheidung zwischen gleich und ungleich entfällt.[832]

Hinsichtlich der Rechtfertigung von Ungleichbehandlungen unterscheidet die Rechtsprechung zwischen der bloßen Willkürkontrolle[833] und einer Verhältnismäßigkeitsüberprüfung.[834] Das entscheidet sich nach zwei Kriterien:

Eine Verhältnismäßigkeitsprüfung erfolgt erstens, wenn die Differenzierung an personengebundene Merkmale[835] anknüpft und dadurch zu *Gruppennachteilen*[836] führt. Das ist der Fall, wenn nicht ein bestimmtes Verhalten, das jeder mehr oder weniger frei *steuern kann,* sondern schwer oder nicht abänderliche Merkmale des einzelnen zur Ungleichbehandlung führen. Bei Selbstverpflichtungen wäre hier an eine Branchendiskriminierung zu denken, aber auch an die Gruppe der Außenseiter. Die Prüfung der Verhältnismäßigkeit soll umso strenger erfolgen, je größer die Gefahr der Diskriminierung einer Minderheit ist.[837] Das Minderheitenargument ist jedoch rein qualitativ auszulegen. Denn das BVerfG erklärt Typisierungen gerade dann für unbedenklich, wenn nur quantitativ „eine verhältnismäßig kleine Gruppe benachteiligt wird."[838]

---

[830] Der dogmatische Neuansatz des BVerfG ist in der Literatur überwiegend begrüßt worden; vgl. z.B. *R. Wendt,* NVwZ 1988, 778 (781 ff.); *F. Schoch,* DVBl. 1988, 863 (875 ff.); *R. Zippelius,* VVDStRL 47 (1989), 7 (23).

[831] BVerfGE 55, 72 (88).

[832] So *P. Badura,* Diskussionsbeitrag in VVDStRL 47 (1989), S. 94.

[833] Der Sache nach ist die Willkürkontrolle eine auf die Geeignetheit beschränkte Verhältnismäßigkeitsprüfung; hierzu *L. Michael,* JuS 2001, S. 148 (152).

[834] BVerfGE 88, 87 (96) – Transsexuelle II; E 89, 15 (22) – Nachtarbeitbesteuerung; E 92, 365 (407) – Kurzarbeitergeld; E 93, 99 (111) – Rechtsmittelbelehrung.

[835] BVerfGE 88, 87 (96); E 92, 26 (51) – Zweitregister; E 93, 99 (111).

[836] Hier wirkt die Theorie der persönlichen (im Gegensatz zur sachlichen) Gleichheit nach; hierzu *H. Nawiasky,* VVDStRL 3 (1927), S. 25 (35 ff.); gegen diese Unterscheidung *H. Triepel,* Diskussionsbeitrag, VVDStRL 3 (1927), S. 50 (51 f.).

[837] BVerfGE 88, 87 (96).

[838] BVerfGE 82, 126 (152) – Kündigungsfristen für Arbeiter. Begründet wird dies damit, dass es nicht anginge, „eine größere Zahl von Betroffenen ohne rechtlichen

Eine Verhältnismäßigkeitsprüfung erfolgt zweitens auch, und zwar umso strenger, „je stärker sich die Ungleichbehandlung von Personen oder Sachverhalten auf die Ausübung grundrechtlich geschützter Freiheiten nachteilig auswirken kann"[839]. Das bedeutet, dass sich an die grundrechtliche Mitverantwortung des Staates für Freiheitsbeeinträchtigungen[840] eine Verhältnismäßigkeitsprüfung auch im Rahmen des Art. 3 Abs. 1 GG anschließt, d. h. eine auf den Gleichheitssatz bezogene Verhältnismäßigkeit. Diese Maßstäbe[841] haben für Selbstverpflichtungen folgende Konsequenzen:

Nachdem die Verhältnismäßigkeit im Hinblick auf die Beeinträchtigung von Freiheitsgrundrechten nach dem oben erörterten Schema geprüft wurde, ist sodann im Rahmen des Art. 3 Abs. 1 GG ausschließlich der Grad der Differenzierung zu betrachten; er ist nach der neuen Formel ins „Verhältnis" zu der Art und dem Gewicht der tatsächlichen Unterschiede zu den Vergleichsfällen zu setzen.

Zunächst ist zu fragen, mit welchen *Mitteln*, d. h. nach welchen genauen Differenzierungskriterien Absprachen unterschiedlich wirken. Unterschiedliche Wirkung können Absprachen sowohl innerhalb der Beteiligten als auch und insbesondere gegenüber Unbeteiligten haben. Im Einzelfall ist genau zu bezeichnen, welche Grundrechtsträger gegenüber welchen anderen benachteiligt werden und was diese unterscheidet. Dann ist zu fragen, welche *Zwecke* diese Differenzierung „final"[842] verfolgt bzw. welche objektiven Gründe sie hat. Die Ingerenzverantwortung des Staates führt dazu, dass hier auch die von Privaten verfolgten Zwecke Berücksichtigung finden. Der Staat ist auch für Diskriminierungen mitverantwortlich, die auf das Verhalten Privater zurückgehen, soweit dies im Zusammenhang mit einer Kooperation zwischen Staat und Wirtschaft steht.

Die *Geeignetheit* ist nichts anderes als das gleichheitsbezogene Willkürverbot:[843] Willkürlich ist eine Ungleichbehandlung, wenn für sie keine rational nachvollziehbaren Gründe bestehen, d. h. wenn sie nicht geeignet ist, einem legitimen Differenzierungsziel zu dienen. Die Differenzierungskrite-

---

Grund stärker *zu belasten*" (Hervorhebung nicht im Original). Argumentiert wird also freiheitsrechtlich. Dahinter versteckt sich ein Spannungsverhältnis zwischen dem Differenzierungsverbot und den Freiheitsrechten. Im gleichen Atemzug argumentiert das BVerfG – insoweit zu Recht – mit eventuellen Differenzierungsgeboten, die tatsächlich eine Sonderbehandlung (Privilegierung) von Minderheiten rechtfertigen können.

[839] BVerfGE 91, 346 (363) – Miterbschaft eines landwirtschaftlichen Betriebs.
[840] Bemerkenswerterweise stellt das vorangehende Zitat begrifflich nicht auf Eingriffe, sondern auf nachteilige Grundrechtsauswirkungen ab.
[841] Zu dem Argumentationsschema der Verhältnismäßigkeit im Rahmen des Gleichheitssatzes und den hierzu vertretenen Ansätzen vgl. *L. Michael*, JuS 2001, S. 148 (152 ff.).
[842] *U. Kischel*, AöR 124 (1999), S. 174 (193).

rien der Selbstverpflichtung müssen an die Unterschiede, die zu berücksichtigen ihr Ziel ist, in geeigneter Weise „sachbezogen"[844] anknüpfen. Die Drohung mit Rechtsetzung muss in einem sachlich überzeugenden Zusammenhang mit der Selbstverpflichtung stehen; nicht-konnexe Drohungen müssen kategorisch verboten sein.[845] Erfolgt die Differenzierung aus Praktikabilitätsgründen oder zur Erreichung anderer „externer Zwecke"[846], so muss sie geeignet sein, diesen zu dienen.

Wichtig ist, dass hier nicht allgemein die Zwecke der Absprache, sondern nur die Zwecke der Ungleichbehandlung gegenüber den Vergleichsfällen erörtert werden. Sonst verschwimmen die Gesichtspunkte der Verhältnismäßigkeit der Eingriffe und der Verhältnismäßigkeit der Differenzierung.[847] Dies ist ein dogmatisches Manko der Rechtsprechung des BVerfG. Es beruht darauf, dass das BVerfG bei der Prüfung der Verhältnismäßigkeit von Ungleichbehandlungen u.a. an die Betroffenheit von Freiheitsrechten anknüpft und nicht konsequent die Freiheitsrechte zuerst prüft, sondern bisweilen zunächst bzw. ausschließlich Art. 3 Abs. 1 GG. Es integriert dabei in die Argumentation Aspekte, die die Freiheitsrechte betreffen, um schließlich deren Verletzung dahin stehen zu lassen.

Als Beispiel für diese eher verschleierten Maßstäbe diene hier nur die zweite *Transsexuellen-Entscheidung*[848]: Dort ging es um die gesetzlich grundsätzlich eingeräumte Möglichkeit für Transsexuelle, ihren Vornamen auch vor einem bzw. ohne einen geschlechtsumwandelnden operativen Eingriff zu ändern. Fraglich war, ob der gesetzliche Ausschluss aller Personen unter 25 Jahren verfassungswidrig ist. Das BVerfG stellt (zu Recht) fest, dass sich dieser Ausschluss „erheblich auf das allgemeine Persönlichkeitsrecht auswirkt.", verweist auf die Schutzbereiche der Art. 2 Abs. 1 i.V.m. Art. 1 Abs. 1 GG, prüft dann aber ausschließlich Art. 3 Abs. 1 GG und lässt die Verletzung der Freiheitsrechte ausdrücklich dahingestellt. Da es sich um eine gruppenbezogene *und* Freiheitsrechte betreffende Differenzierung handelt, legt das BVerfG die strengen Maßstäbe der Verhältnismäßigkeit im Rahmen der neuen Formel an, d.h. prüft „Gründe von solcher Art und solchem Gewicht ..., dass sie die ungleiche Behandlung rechtfertigen

---

[843] *P. Kirchhof*, Der allgemeine Gleichheitssatz, HdBStR V, 1992, § 124, S. 911: „Zumindest im Teilinhalt der ‚Geeignetheit' deckt sich dieses Verhältnismäßigkeitsprinzip mit dem Willkürverbot ...".
[844] BVerfGE 71, 39 (58) – Ortszuschlag.
[845] *Chr. Engel*, StWuStPr 1998, S. 535 (561 f.).
[846] *S. Huster*, Rechte und Ziele, 1993, S. 233.
[847] *H. Dreier*, in: ders., Grundgesetz Bd. I, 1996, Vorb. Rz. 95 sieht die Gefahr, dass im Rahmen der neuen Formel „faktisch Aspekte der Freiheitsgrundrechte untersucht werden".
[848] BVerfGE 88, 87 (96 ff.).

könnten". Es verweist auf die „empfindliche Benachteiligung" und betont dabei die Persönlichkeitsbeschränkung und also den freiheitsrechtlichen Aspekt. Explizit misst es die Benachteiligung am Ziel der ganzen Regelung (nämlich den Rollenwechsel von Transsexuellen schon vor einem operativen Eingriff zu ermöglichen), also nicht an einem spezifischen Zweck der Differenzierung und weist nach, dass der Ausschluss insofern nicht erforderlich, wenn nicht gar ungeeignet war, da sich die Versagung dieser Möglichkeit bei jüngeren Transsexuellen sogar „besonders empfindlich" auswirke. Erst in einem letzten Schritt fragt es nach den Aspekten der Differenzierungszwecke und stellt fest, dass Gründe hierfür „nicht ersichtlich" seien.

Um einen Gleichheitssatzverstoß zu begründen, hätten die wenigen Sätze genügt, mit denen das BVerfG jegliche Gründe für die Ungleichbehandlung verwirft: Die Regelung hätte mit dieser Argumentation sogar am Willkürverbot scheitern müssen. Es überzeugt nicht, sich auf Art. 3 Abs. 1 GG als Prüfungsmaßstab zu beschränken und die Frage des Persönlichkeitsrechts ausdrücklich offen zu lassen, dessen Verletzung dann aber inzident der Sache nach ausführlich zu begründen. Das BVerfG vermengt Argumentationsgesichtspunkte. Die Verhältnismäßigkeit einer Ausnahmeregelung ist im Rahmen des allgemeinen Gleichheitssatzes nicht am allgemeinen Zweck der Gesamtregelung, sondern an spezifischen, gegenläufigen Zwecken der Differenzierung zu messen: Nicht nur Ausnahmen, die eine Regel bestätigen, sind verhältnismäßig, sondern auch solche, die eigenen Zwecken entspringen. Allein darauf kommt es bei Art. 3 Abs. 1 GG an.

Der Versuch der Literatur, den Ansatz des BVerfG dadurch zu dogmatisieren, dass sie die Verhältnismäßigkeit auch hier dreistufig als Geeignetheit, Erforderlichkeit und Verhältnismäßigkeit i.e.S. prüft,[849] greift zu kurz. Dies führt nämlich ebenso dazu, dass im Gewande des Art. 3 Abs. 1 GG die Güter von Freiheitsrechten und öffentliche Interessen abgewogen werden, also nichts anderes geschieht, als bei einer Verhältnismäßigkeitsprüfung im Rahmen der Freiheitsrechte. Statt des Eingriffs wird lediglich die Differenzierung zum Gegenstand der Prüfung. Soweit die Differenzierung zugleich Eingriff ist, ergibt sich daraus kein eigener, spezifisch gleichheitsbezogener Prüfungsgesichtspunkt. So soll auf der Stufe der Erforderlichkeit geprüft werden, ob keine weniger belastende (i.e. keine weniger eingreifende!) Differenzierung zur Verfügung steht und es soll auf der Stufe der Angemessenheit eine Güterabwägung (sic!) stattfinden. Eine solche Verhältnismäßigkeitsprüfung könnte statt im Rahmen des Art. 3 Abs. 1 GG auch als Schranken-Schranke des Art. 2 Abs. 1 GG erfolgen. Hätte das BVerfG

---

[849] *C. Koenig,* JuS 1995, S. 313 ff., 317; *F. Osterloh,* in: M. Sachs, GG, 2. Aufl., 1999, zu Art. 3 GG, Rz. 21.

nichts anderes beabsichtigt, wäre die Diskussion um die praktischen Konsequenzen der neuen Formel weitgehend gegenstandslos.

Insbesondere die Stufe der Erforderlichkeitsprüfung hat entgegen der herrschenden Lehre *keinen* Platz im Rahmen des Art. 3 Abs. 1 GG.[850] Die Frage, ob „weniger belastende" Maßnahmen das Ziel genauso erreicht hätten, ist als Frage des Belastungsgrades eine Frage der Verletzung von Freiheitsrechten und ist ausschließlich in deren Rahmen auf die Erforderlichkeit hin zu überprüfen. Auch soll nicht stattdessen geprüft werden, ob eine „weniger differenzierende" Absprache in Betracht kommt. Wenn etwa ein Schwellenwert für eine bestimmte Selbstverpflichtung aus Praktikabilität festgelegt wird, dann wären häufig beliebige andere Schwellenwerte und eine weniger differenzierende Absprache genauso praktikabel. Das führt aber keineswegs dazu, dass eine Selbstverpflichtung schon deshalb gegen Art. 3 Abs. 1 GG verstößt. Entspringt die Differenzierung „internen Zwecken", d.h. soll sie gerade Ungleichheiten ausgleichen, wäre es sogar widersinnig, nach einer weniger differenzierenden Regelung zu fragen.

Entscheidender Maßstab auch im Rahmen des Art. 3 Abs. 1 GG ist hingegen die Verhältnismäßigkeit i.e.S.: Nach den von der Rechtsprechung anerkannten Kriterien entscheidet sich, ob die Kontrolldichte auf das Willkürverbot beschränkt ist, oder aber darüber hinaus die Verhältnismäßigkeit der Ungleichbehandlung zu prüfen ist. Diese Kriterien gelten in gleichem Maße auch für die grundrechtliche Mitverantwortung des Staates bei Kooperationen mit der Wirtschaft.

Die Angemessenheitsprüfung bedeutet beim allgemeinen Gleichheitssatz konkret Folgendes: Je mehr sachliche Gründe für eine Ungleichbehandlung sprechen, in umso stärkerem Maße sind rechtliche bzw. hier: absprachebedingte Differenzierungen gerechtfertigt. Der Grad der Ungleichbehandlung muss dem Grad der tatsächlichen Ungleichheit[851] der Vergleichsfälle angemessen sein. Anders als beim Übermaßverbot als Eingriffsschranke ist hier nicht das Verhältnis der im konkreten Einzelfall betroffenen, konkurrierenden Güter zu betrachten, sondern Differenzierungsgrade und -gründe der Vergleichsfälle. Nicht die Vernünftigkeit sachlicher Gründe einer Maßnahme, sondern ihr sachgerechter Zusammenhang zur Differenzierung ist zu hinterfragen.[852]

---

[850] Bereits *P. Lerche,* Übermaßverbot und Verfassungsrecht, 1961, S. 30, weist darauf hin, dass die „Blickrichtung" des Gleichheitssatzes und des Erforderlichkeitsprinzips „auseinandergeht". Auch die Formulierung „sachbezogen und vertretbar" in BVerfGE 71, 39 (58) deutet auf eine Geeignetheits- und Angemessenheitsprüfung hin.

[851] Von Differenzierungsgründen „aus dem Tatsachenbereich" spricht *Hufen,* Gleichheitssatz und Bildungsplanung, 1975, S. 34 f.

§ 10 Grundrechtsbindung des kooperierenden Verfassungsstaates   409

Art. 3 Abs. 1 GG kann auch Differenzierung gebieten, d.h. durch Gleichbehandlungen verletzt sein. Prüfungsgegenstand ist die Gleichbehandlung, die in Typisierungen und Pauschalisierungen von Selbstverpflichtungen bestehen kann. Es ist zu fragen, ob es Gründe für die Gleichbehandlung gibt. Auch entgegengesetzte Gründe, die an Art und Gewicht der tatsächlichen Unterschiede anknüpfen und für eine Differenzierung sprechen, sind zu nennen. Im Rahmen des Willkürverbotes ist zu prüfen, ob die Gleichbehandlung geeignet ist, den Gründen für sie zu dienen. Im Rahmen einer Verhältnismäßigkeitsprüfung ist unter den oben genannten Voraussetzungen weiter zu fragen, ob die Gleichbehandlung unangemessen gegenüber der Art und dem Gewicht der tatsächlichen Unterschiede ist. Die Zwecke der Gleichbehandlung sind gegen die Differenzierungsinteressen abzuwägen.

Wendet man diese Maßstäbe auf normersetzende Absprachen an, dann ergeben sich folgende konkreten Probleme: Allein in der Tatsache der Kooperation zwischen dem Staat und einzelnen Privaten könnte eine Ungleichbehandlung gegenüber anderen Wirtschaftsteilnehmern liegen. Dieses Problem ist aber nicht anders zu behandeln als jegliche hoheitliche Tätigkeit. Macht ein Ministerium von einer Verordnungsermächtigung Gebrauch, so ist es hinsichtlich des Adressatenkreises der Verordnung und deren Rechtsfolgen ebenso an den Gleichheitssatz gebunden. In jedem Fall ist zu prüfen, ob es sachliche Gründe dafür gibt, dass der Staat mehr oder weniger differenzierend gegenüber einem mehr oder weniger speziellen Adressatenkreis vorgeht. Absprachen bloß einzelner Unternehmen oder Branchen mit dem Staat verstoßen jedenfalls nicht per se gegen den allgemeinen Gleichheitssatz.[853]

Es mag sein, dass Selbstverpflichtungen verglichen mit potenziellen Rechtsnormen die Probleme punktueller angehen. Hier ist im Einzelfall nach den Gründen zu fragen: Bisweilen wird behauptet, dass ein überschaubarer und damit begrenzter Adressatenkreis Voraussetzung oder wenigstens Faktor für eine wirksame Umsetzung von Selbstverpflichtungen sei. Dieses Argument allein rechtfertigt jedoch nicht daraus entstehende Ungleichbehandlungen. Der Staat muss vielmehr gegebenenfalls darauf hinwirken, parallel mit verschiedenen Wirtschaftsteilnehmern und Branchen je einzelne Absprachen zu treffen und Beitrittsklauseln vereinbaren.

Es gibt jedoch auch Gründe, die für die Rechtfertigung punktueller Selbstverpflichtungen sprechen. Soweit durch Selbstverpflichtungen Zeit gewonnen werden soll, soweit diese den Vorteil haben, zunächst wenigstens

---

[852] Ähnlich bereits *H. Triepel*, Diskussionsbeitrag, VVDStRL 3 (1927), S. 50 (52).
[853] *M. Schulte*, Schlichtes Verwaltungshandeln, 1995, S. 104 ff., 109ff; *M. Kohlhaas/B. Praetorius/R. Eckhoff/Th. Hoeren*, Selbstverpflichtungen der Industrie zur CO_2-Reduktion, 1994, S. 121 ff., 140 ff.

den Teil eines dringlichen Problems zu lösen, sind daraus entstehende Ungleichbehandlungen jedenfalls vorübergehend bis zu einer umfassenden und gleichmäßigen Regelung gerechtfertigt. Insbesondere bei normprägenden Absprachen ist dem Staat auch eine Erprobungsphase zuzugestehen. Im Rahmen der Verhältnismäßigkeit ist freilich das Maß der dadurch entstehenden Ungleichheiten auf das Zumutbare zu reduzieren. Insgesamt ist zu fragen, ob das Prinzip der kooperativen Verantwortung die Ungleichbehandlung rechtfertigt.

Nicht nur Inhalte von Selbstverpflichtungen sind an Art. 3 Abs. 1 GG zu messen, sondern auch die Art und Weise ihres Zustandekommens. Die *Verfahrenschancengleichheit*[854] gebietet verfahrensrechtliche Beachtung des Gleichbehandlungs- bzw. Differenzierungsgebotes. Art. 3 Abs. 1 GG fordert Pluralität im Verwaltungsverfahren und d.h. die Beteiligung gleichermaßen Betroffener und die gleiche Chance der Interessenwahrnehmung.[855] Ebenso gebietet der allgemeine Gleichheitssatz der Verwaltung unparteiisches und neutrales Verhalten, einfachrechtlich bestätigt in § 21 Abs. 1 S. 1 VwVfG.[856] Aus Art. 3 Abs. 1 GG kann hingegen nicht die allgemeine Pflicht zur Beteiligung von Drittbetroffenen abgeleitet werden.[857] Deren Nichtbeteiligung kann durchaus sachlich gerechtfertigt sein. Das muss im Ansatz auch für die kooperative Ausübung rechtsetzender Gewalt gelten. Die Nichtbeteiligung von Außenseitern beim Absprachprozess ist regelmäßig dadurch zu rechtfertigen, dass eine Beteiligung zu erheblichen Verzögerungen führen würde. Allerdings ist zum Schutze der Außenseiter wenigstens im Nachhinein eine kartellrechtliche Kontrolle durchzuführen, bei der ihnen Beteiligungsrechte zukommen.

Benachteiligt können sowohl Absprachebeteiligte gegenüber Nichtbeteiligten als auch umgekehrt Nichtbeteiligte gegenüber Absprachebeteiligten sein, sowie Absprachebeteiligte gegenüber anderen Absprachebeteiligten. Eine Benachteiligung Absprachebeteiligter entsteht vor allem gegenüber *Trittbrettfahrern*. Hier ist der Staat dafür mitverantwortlich, dass nicht diejenigen Wirtschaftsteilnehmer, die sich gemeinwohldienlichen Selbstverpflichtungen unterwerfen und diese auch tatsächlich umsetzen „die Dummen" sind. Der allgemeine Gleichheitssatz kann es gebieten, für die Benachteiligung von Absprachebeteiligten hoheitlich Ausgleich zu schaffen bzw. dieser Benachteiligung abzuhelfen. Dies muss vor allem gelten, wenn die Absprachebeteiligten ihrer eigenen Benachteiligung nicht einfach selbst

---

[854] *M. Schulte*, Schlichtes Verwaltungshandeln, 1995, S. 106 ff.; *J. Knebel/L. Wicke/G. Michael*, Selbstverpflichtungen ..., 1999, S. 269.
[855] *F. Hufen*, Fehler im Verwaltungsverfahren, 2. Aufl., 1991, S. 69; *M. Schulte*, ebenda, S. 107.
[856] *M. Schulte*, Schlichtes Verwaltungshandeln, 1995, S. 109.
[857] *M. Schulte*, Schlichtes Verwaltungshandeln, 1995, S. 114.

§ 10 Grundrechtsbindung des kooperierenden Verfassungsstaates 411

abhelfen können, indem sie die Selbstverpflichtung aufkündigen. Einer solchen Aufkündigung kann entgegenstehen, dass Private im Vertrauen auf die Absprachetreue anderer Beteiligter Veränderungen vorgenommen haben, die sich nicht kostenneutral rückgängig machen lassen. Dabei können getätigte Investitionen ebenso eine Rolle spielen wie der drohende Imageverlust.

Vorschnell wäre es jedoch, für Selbstverpflichtungen eine „prinzipiell gleichmäßige Belastung aller Marktteilnehmer"[858] zu fordern.[859] Eine gerechte Lastenverteilung kann Gleichbehandlung ebenso wie Differenzierung gebieten und ein möglicher Vorteil jedenfalls der Reduktions-Verpflichtungen liegt in der flexiblen, effizienten Verteilung der Last auf eine Branche. Dennoch kann es zu einer Benachteiligung einzelner Absprachebeteiligter gegenüber anderen Absprachebeteiligten durch wirtschaftliche Abhängigkeiten und den Wettbewerbsdruck kommen. Hier ist neben dem Gleichbehandlungsgebot vor allem auch das Differenzierungsgebot des Art. 3 Abs. 1 GG zu beachten. Es kann gebieten, für wirtschaftlich schwache Beteiligte Ausnahmen oder Ausgleichsregelungen zu schaffen. Informale Absprachen können den Vorteil haben, dass die Verteilung der Lasten flexibel unter Berücksichtigung der wirtschaftlichen Leistungskraft und tatsächlichen Möglichkeiten mit dem Ergebnis der Maximierung der volkswirtschaftlichen Effizienz erfolgt. Der grundrechtlich mitverantwortliche Staat muss dafür Sorge tragen, dass jedenfalls nicht das Gegenteil der Fall ist. Das heißt aber nicht, dass der Staat selbstregulative Lastenverteilung von vornherein unterbinden muss. Zumindest missverständlich ist die These, die von Art. 3 Abs. 1 GG geforderte gerechte Lastenverteilung dürfe nicht vom Verhalten Dritter abhängen.[860] Den Staat trifft auch hier grundrechtliche Mitverantwortung, d. h. eine qualifizierte Schutzpflicht, die vor allem durch Kartellverfahren einzulösen ist.

Auch durch Absprachen verdrängbare Normen (Beispiele: § 6 Abs. 1 und 2 und § 8 VerpackV; § 7a S. 1 GjS nach dessen S. 5.) sind an Art. 3 Abs. 1 GG zu messen. In der normverdrängenden Absprache bzw. Selbstverpflichtung liegt aber regelmäßig ein sachgerechter Grund für die Verdrängung der Norm und damit im Ergebnis kein Verstoß gegen den allgemeinen Gleichheitssatz. Genauso kann in Selbstverpflichtungen ein sachlicher Grund für staatliche Anreize und Subventionen liegen. In der Gewährung von Vorteilen für gemeinwohldienliches Verhalten liegt eine erhebliche Steuerungskraft, die nicht mit sachwidriger Bevorteilung verwechselt werden darf. Auf

---

[858] *W. Brück,* in: L. Wicke/J. Knebel/G. Braeseke (Hrsg.), Umweltbezogene Selbstverpflichtungen der Wirtschaft, 1997, S. 105 (109); *U. Di Fabio,* VVDStRL 56 (1997), S. 235 (262) fordert „Gleichmäßigkeit der Lastenverteilung".

[859] Kritisch: *L. Wicke/J. Knebel,* in: dies./G. Braeseke (Hrsg.), Umweltbezogene Selbstverpflichtungen der Wirtschaft, 1997, S. 1 (24).

[860] *U. Di Fabio,* VVDStRL 56 (1997), S. 235 (262).

Grund von Selbstverpflichtungen gewährte Vorteile und Erleichterungen beruhen jedoch auf einer bestimmten staatlichen Erwartung, die sich auf die tatsächliche Umsetzung verbaler Erklärungen richtet. Hier kann die Rechtfertigung von der Einlösung der Erwartungen abhängen und der Staat zur *Kontrolle* der Einhaltung der Selbstverpflichtung *verpflichtet* sein.

IV. Geschäftspartner: Zulieferer und gewerbliche Abnehmer

Ähnliche Probleme wie gegenüber den Außenseitern ergeben sich auch gegenüber Geschäftspartnern, d. h. Zulieferern und gewerblichen Abnehmern selbstverpflichteter Unternehmen.

1. Schutzbereichsfragen

Geschäftspartner, die Produkte zuliefern oder abnehmen, deren Herstellung durch eine Selbstverpflichtung beschränkt oder verboten wird, können massive wirtschaftliche Nachteile erleiden. Ein Beispiel für einen besonders hart betroffenen Zulieferer liefert der Asbest-Ausstieg. Ein Beispiel für einen betroffenen gewerblichen Abnehmer sind die Fernsehsender, denen Werbeeinnahmen dadurch entgehen, dass z. B. die Zigarettenindustrie auf Fernsehwerbung verzichtet.

Selbst wenn dadurch Umsatzeinbrüche bei Geschäftspartnern entstehen, ist nicht ohne weiteres der Schutzbereich des Art. 12 Abs. 1 GG eröffnet.[861] Bloße Erwerbschancen sind als solche nicht geschützt und die Umstellung auf andere Produkte ist allenfalls ein mittelbarer Effekt, dem regelmäßig keine berufsregelnde Tendenz zukommt.

Es kann aber auch bei den Geschäftspartnern zu grundrechtsrelevanten Wettbewerbsverzerrungen kommen. Weil Zulieferer und Abnehmer nicht in wettbewerblicher Konkurrenz zu den Beteiligten stehen, entfällt zwar der Gesichtspunkt der Wettbewerbsverzerrung ihnen gegenüber. Es ist jedoch denkbar, dass sich eine nicht weniger erhebliche Wettbewerbsverzerrung innerhalb der jeweiligen Branche dieser mittelbar betroffenen Unternehmen ergibt. Die Schutzbereichseröffnung hängt vom Einzelfall ab. In der Literatur ist eine eventuelle Grundrechtsverletzung unter dem Hinweis auf die nicht erreichte Eingriffsschwelle bislang abgelehnt worden.[862] Dabei ist jedoch verkannt worden, dass der Eingriffsbegriff als solcher hier ohnehin dogmatisch versagt.[863]

---

[861] Anders: *A. Faber,* Gesellschaftliche Selbstregulierungssysteme im Umweltrecht, 2001, S. 317.
[862] *A. Helberg,* Normabwendende Selbstverpflichtungen ..., 1999, S. 206.

§ 10 Grundrechtsbindung des kooperierenden Verfassungsstaates 413

Die Eröffnung des Schutzbereichs von Art. 14 Abs. 1 GG kommt unter dem Aspekt des eingerichteten und ausgeübten Gewerbebetriebes in Betracht. Auch hier ist zu unterscheiden, ob lediglich grundrechtlich irrelevante Marktchancen oder aber Eigentumsrechte i. S. des Art. 14 Abs. 1 GG betroffen sind.[864] Jedenfalls schützt die Eigentumsgarantie Unternehmen vor *wirtschaftlicher Existenzvernichtung*. Der Eigentumsschutz des eingerichteten und ausgeübten Gewerbebetriebes kann betroffen sein, wenn die Herstellung, Verwendung oder das In-Verkehr-bringen umweltschädlicher Produkte beschränkt werden und Lieferanten oder Abnehmer des staatlichen Absprachepartners dadurch in ruinöser Weise Umsatzeinbußen erleiden. Ein Beispiel hierfür liefern die Verpflichtungen der Asbestindustrie zum Ersatz von Asbest von 1982/1984/1988[865]: Hier wurde der (einzige) Lieferant von Asbest in Deutschland, der im Gegensatz zu den Asbestzementherstellern nicht auf Ersatzstoffe ausweichen konnte und sich nicht an der Absprache beteiligte, in seiner wirtschaftlichen Existenz getroffen.[866]

Die Vereinigungsfreiheit ist nicht betroffen, es sei denn die Geschäftspartner könnten einem der abspracheteiligten Verbände beitreten.

2. Zurechnung mittelbarer Kooperationsauswirkungen: status negativus cooperationis

Die grundrechtliche Mitverantwortung des Staates bei Kooperation mit der Wirtschaft gilt *gegenüber jedermann*. Der Staat ist unter den oben genannten Voraussetzungen für Grundrechtsbeeinträchtigungen nicht nur der Außenseiter, sondern in gleichem Maße auch der Geschäftspartner verantwortlich. Ihn entlastet nicht die Tatsache, dass deren Grundrechtsbeeinträchtigungen gegebenenfalls nicht final sind.[867] Die Zurechnung nach dem status negativus cooperationis setzt Finalität nicht voraus.

Im Falle des Asbestlieferanten ist also Grundrechtsschutz zu gewähren, der zu einer Abwägung im Rahmen der Verhältnismäßigkeit führt: Bei dem

---

[863] *Chr. Engel*, StWuStPr 1998, S. 535 (564) zieht jedoch Art. 2 Abs. 1 GG als Auffanggrundrecht in Betracht.
[864] *M. Schulte*, Schlichtes Verwaltungshandeln, 1995, S. 103 ohne nähere Präzisierung.
[865] Zu diesem Beispiel siehe S. 49; *J. Knebel/L. Wicke/G. Michael*, Selbstverpflichtungen ..., 1999, S. 450.
[866] *M. Schulte*, Schlichtes Verwaltungshandeln, 1995, S. 98.
[867] Mit dem Argument, es handele sich gegebenenfalls um Voraussetzungen oder Folgen eines finalen Eingriffs behilft sich *A. Faber*, Gesellschaftliche Selbstregulierungssysteme im Umweltrecht, 2001, S. 318 unter Berufung auf *A. Roth*, Verwaltungshandeln mit Drittbetroffenheit und Gesetzesvorbehalt, 1991, S. 214 f., stellt also letztlich auf kausale, nicht finale Kriterien ab.

Beispiel der Vereinbarung des Wirtschaftsverbandes Asbestzement wäre Folgendes abzuwägen gewesen: auf der einen Seite, dass der (einzige) Lieferant von Asbest in Deutschland, der sich nicht an der Absprache beteiligte, in seiner wirtschaftlichen Existenz getroffen wurde (Art. 14 Abs. 1 GG)[868], auf der anderen Seite die immensen Gesundheitsgefahren, die von Asbest ausgehen (Art. 2 Abs. 2 GG). Private Interessen von Absprachebeteiligten, die auf Ersatzstoffe ausweichen konnten, haben keinen gewollt diskriminierenden Einfluss gehabt. Ob der Staat hier aus Zumutbarkeitsgesichtspunkten gegenüber dem Lieferanten ausgleichspflichtig gewesen wäre (Stichwort: „ausgleichspflichtige Inhalts- und Schrankenbestimmung"), ist nicht anders zu beurteilen als bei einem entsprechenden gesetzlichen Verbot der Verwendung von Asbest.

V. Verbraucher

Wird die Herstellung oder gar der Verkauf bestimmter Waren verboten, dann korrespondiert dem wenn schon kein Verbot, so doch zumindest die Unmöglichkeit, entsprechende Waren (jedenfalls neu) zu kaufen. Anders ausgedrückt hat die Steuerung der Warenpalette indirekte Auswirkungen auf die *Verbraucher*. Fraglich ist jedoch, ob die Erhaltung einer maximalen Produktpalette zu Gunsten der Verbraucher grundrechtlich geschützt ist. Zwar dient die Wettbewerbsfreiheit dem Verbraucher. Doch ist die grundrechtliche Garantie des freien Wettbewerbs in der Unternehmensfreiheit aus Art. 12 Abs. 1 GG zu verankern. Grundrechtsträger sind insoweit also die Unternehmen. Auch eine Beschränkung der allgemeinen Handlungsfreiheit der Verbraucher aus Art. 2 Abs. 1 GG ist insoweit nicht zu besorgen. Mag man in ihr auch jedes menschliche Tun und Unterlassen erfasst sehen, so ist sie dennoch nicht auf die Erhaltung jeglicher Produktvielfalt zu erstrecken. Anknüpfungspunkt von Art. 2 Abs. 1 GG ist die Freiheit des Menschen, nicht die Vielfalt der Welt.

Das Verhalten der Verbraucher kann jedoch gesteuert werden und Art. 2 Abs. 1 GG insofern betroffen sein, wenn die Konsequenzen von Selbstverpflichtungen für die Verbraucher über die Begrenzung der Produktpalette hinausgehen. Dies ist im Hinblick auf den Rücktransport von Pfandflaschen immerhin diskutiert worden.[869]

---

[868] *M. Schulte,* Schlichtes Verwaltungshandeln, 1995, S. 98.
[869] Am Eingriffsbegriff verhaftet und deshalb zögernd *J. Oebbecke,* DVBl. 1986, S. 793 (797); ablehnend *A. Helberg,* Normabwendende Selbstverpflichtungen ..., 1999, S. 207.

VI. Zusammenfassung der Konsequenzen der Grundrechtsbindung

Aus der Grundrechtsbindung des kooperierenden Verfassungsstaates ergeben sich im Ergebnis folgende Konsequenzen für normative Absprachen:

1. Der grundrechtliche Gesetzesvorbehalt gilt auch für normative Absprachen. Die an Absprachen beteiligte Bundesregierung bedarf einer entsprechenden Ermächtigung. Hoheitsträger, die selbst nicht zur Verordnunggebung ermächtigt sind, dürfen aber Einfluss auf normative Absprachen nehmen.

2. Selbstverpflichtungen sind verfassungswidrig, wenn sie unverhältnismäßig die Grundrechte direkt oder mittelbar Betroffener einschränken. Normative Absprachen können nur mit dem Verfassungsprinzip der kooperativen Verantwortung gerechtfertigt werden.

3. Der Staat muss in dem Maße beobachten, ob die Gemeinwohlziele von Selbstverpflichtungen tatsächlich erreicht werden, in dem die Rechtfertigung von Grundrechtsbeeinträchtigungen auf der Gemeinwohldienlichkeit aufbaut und von dieser abhängt.

4. Art. 9 Abs. 1 GG i. V. m. dem Erforderlichkeitsprinzip verbietet es dem Staat, darauf hinzuwirken, dass Wirtschaftsverbände sich dazu bereit erklären, Gemeinwohlinteressen, die Inhalt der Absprache sind, gegebenenfalls gegen Widerstände einzelner Mitglieder durchzusetzen. Mit dem Monitoring sind deshalb verbandsexterne Institutionen zu beauftragen.

5. Der Staat hat eine qualifizierte Schutzpflicht gegenüber Außenseitern und Geschäftspartnern beteiligter Unternehmen. Er trägt eine Vermeidepflicht für jede nicht gerechtfertigte Grundrechtsbeeinträchtigung, die im Rahmen von Selbstverpflichtungen entstehen kann.

6. Der Staat muss auf Beitrittsklauseln zu Selbstverpflichtungen hinwirken, die deutlich machen, dass ein Beitritt zur Selbstverpflichtung nicht den Beitritt zu einem Verband voraussetzt und dass der Verband beitretenden Außenseitern jede seinen Mitgliedern zukommende Unterstützung bezüglich der Selbstverpflichtung gewährt.

7. Der Staat muss auf wettbewerbsneutrale Lösungen hinwirken. Deshalb ist es verfahrensrechtlich geboten, dass eine von dem federführenden Ministerium verschiedene Behörde die grundrechtlichen Interessen der Außenseiter und Geschäftspartner vertritt oder zumindest im Nachhinein die Wettbewerbsauswirkungen der Absprache überprüft. Der Staat kommt diesen Anforderungen mit der Durchführung eines Freistellungsverfahrens und kartellrechtlicher Kontrolle durch die zuständige Kartellbehörde nach.

§ 11 Kompetenzielle Ordnung der rechtsetzenden Gewalt im kooperierenden Verfassungsstaat

I. Geltungsanspruch der verfassungsrechtlichen Kompetenzordnung

Nach *Christoph Engel* können normative Absprachen „den Großteil der Kompetenzordnung für die Bildung und Anwendung von Rechtsregeln überspielen."[870] Beansprucht der kooperierende Staat ein Verfassungsstaat zu sein, muss diese Befürchtung entkräftet werden. Die Kompetenzbegründung und -ordnung gehört zu den Grundfunktionen einer jeden Verfassung,[871] sie ist dem Verfassungsstaat immanent.[872] Im Grundgesetz lässt sich dies textlich belegen: Wenn alle Staatsgewalt vom Volk ausgeht (Art. 20 Abs. 2 S. 1 GG) und durch „besondere Organe" ausgeübt wird (Art. 20 Abs. 2 S. 2 GG), deren Gewalt an die verfassungsmäßige Ordnung bzw. an Gesetz und Recht gebunden ist (Art. 20 Abs. 3 GG[873]), muss sich deren Kompetenz aus der Verfassung begründen lassen. Die Verteilung der Verbandskompetenz im Bundesstaat regeln die Art. 30, 70, 83, 91a und 92 GG ausdrücklich, die Organkompetenzen der rechtsetzenden Gewalt des Bundes werden in den Art. 76 ff. GG verteilt. Jede Ausübung hoheitlicher Gewalt muss auf einer Kompetenz beruhen, unabhängig davon, ob außerdem der grundrechtliche Gesetzesvorbehalt greift, wie grundsätzlich für normative Absprachen. Die Beteiligung des Staates an Absprachen ist als Ausübung hoheitlicher Gewalt – im Gegensatz zu der Beteiligung Privater, die jedoch demokratietheoretische Probleme aufwirft – von einer Kompetenz abhängig zu machen. Zwischen Rechten Privater und Kompetenzen des Staates ist zu unterscheiden.[874] Insoweit handeln die Absprachenbeteiligten unter unterschiedlichen Prämissen.

Das Grundgesetz *regelt* normative Absprachen *nicht ausdrücklich* und also auch nicht die Kompetenzen zu ihrem Abschluss. Soweit das Prinzip der kooperativen Verantwortung normative Absprachen legitimiert, ist aus dem textlichen Negativbefund des Grundgesetzes nicht zu schließen, dass

---

[870] *Chr. Engel*, StWuStPr 1998, S. 535 (544).
[871] *K. Hesse*, Grundzüge des Verfassungsrechts ..., 20. Aufl., 1995 (Neudr. 1999), Rz. 27.
[872] *R. Stettner*, Grundfragen einer Kompetenzlehre, 1983, S. 144: „Die Funktion der Kompetenz als Institution bleibt zwar unbeeinflusst von allem Wandel, wie aber die Gewichte bei der Ausübung realer Kompetenzmacht verteilt werden, dies ist zumindest auf der Verfassungsebene durchaus umkämpft ..."
[873] Darauf stellt *T. Köpp*, Normvermeidende Absprachen zwischen Staat und Wirtschaft, 2001, S. 173 ab.
[874] *E. Schmidt-Aßmann*, Diskussionsbeitrag, VVDStRL 52 (1993), S. 326 (327).

es solche Kompetenzen überhaupt nicht gibt und deshalb normative Absprachen ohne Verfassungsänderung verfassungswidrig sind. Vielmehr ist aus dem Wesen normativer Absprachen induktiv zu entwickeln, welche Verbands- und Organkompetenzen im kooperierenden Verfassungsstaat für sie bereitstehen. Die hoheitliche Beteiligung an normativen Absprachen erfolgt grundsätzlich in Ausübung rechtsetzender Gewalt. Deshalb ist die Kompetenzordnung des Grundgesetzes für die rechtsetzende Gewalt zu Grunde zu legen, d. h. die Kompetenzen der parlamentarischen Gesetzgebung und der Verordnunggebung. Das Wesen normativer Absprachen ist differenziert zu betrachten: Gemäß der Typologie im ersten Teil dieser Arbeit ist zwischen solchen Absprachen zu unterscheiden, die Rechtsverordnungen ersetzen und solchen, die Parlamentsgesetze ersetzen, solchen, die den Inhalt von Parlamentsgesetzen prägen, solchen, die die Anwendung von Normen abwenden und solchen, die sowohl normersetzende/normprägende als auch normvollzichende Elemente enthalten.

Als „einzige rechtskonstruktive Möglichkeit zur Legitimierung"[875] wurde der Gedanke der *Kompetenzkompensation* in Bezug auf Absprachen der Verwaltung mit Privaten in die Diskussion geworfen. Der Kompensationsgedanke[876] kann aber bei der rechtsetzenden Gewalt nicht das Kompetenzgefüge als solches in Frage stellen. Das Argument der Kompensation ist hier rein heuristischer Natur.[877] Vor allem aber ist die Teilhabe Privater als Kompensationsgröße allenfalls bei Einzelfallentscheidungen der vollziehenden Gewalt zu erwägen und steht auch dort unter dem Vorbehalt der Teilhaberechte Dritter[878]. Weil demokratische Teilhabe schlechthin unter einem Vorbehalt aller potenziell Betroffenen zu stehen hätte, kann sie nicht als Kompensationsargument herangezogen werden. Auch die tatsächliche Erreichung eines bestimmten Erfolges im öffentlichen Interesse ist als Argumentationstopos nicht geeignet, eine Kompensationstheorie zu begründen.[879] Der Zweck und Erfolg allein kann im Rechtsstaat die Mittel nicht heiligen. Das Kompensationsprinzip ist als allgemeines Verfassungsprinzip nicht nachgewiesen und kann verfassungsrechtliche Legitimation nicht erset-

---

[875] *J. Burmeister*, VVDStRL 52 (1993), S. 190 (238), s. auch S. 247 – These 20 a) und b); *S. F. Rabe*, Der Rechtsgedanke der Kompensation als Legitimationsgrundlage für regelungsersetzende Verwaltungsabsprachen, Diss. 1996, insbes. S. 55; vgl. bereits *R. Breuer*, in: W. Hoffmann-Riem/E. Schmidt-Aßmann (Hrsg.), Konfliktbewältigung durch Verhandlungen, Bd. I, 1990, S. 231 (251); hiergegen: *U. Di Fabio*, VVDStRL 56 (1997), S. 235 (238 f.). Vgl. auch *W. Frenz*, Selbstverpflichtungen der Wirtschaft, 2001, S. 189.
[876] Hierzu *E. Klein*, DVBl. 1981, S. 661 ff.; *A. Voßkuhle*, Das Kompensationsprinzip, 1999.
[877] *A. Voßkuhle*, Das Kompensationsprinzip, 1999, S. 40.
[878] So auch *J. Burmeister*, VVDStRL 52 (1993), S. 190 (241).
[879] So auch *A. Voßkuhle*, Das Kompensationsprinzip, 1999, S. 61 f.

zen.[880] Die Ausgestaltung der kompetenziellen Funktionenordnung muss aus der Verfassung selbst gewonnen werden.[881]

Bei der Zuordnung von Organkompetenzen ist ein *funktionelles Verständnis* geboten: Zum Aushandeln von Absprachen mit Verbänden kommt idealer Weise die Bundesregierung in Betracht. Im Einzelnen wird zu erörtern sein, inwieweit sich diese funktionelle Eignung und die derzeit geübte Praxis der Bundesregierung mit der für einseitiges hoheitliches Handeln festgelegten Kompetenzordnung zur Deckung bringen lassen. Im Konfliktfall ist vor dem Hintergrund des Verfassungsprinzips der kooperativen Verantwortung zu fragen, ob ohne Abweichung von der verfassungsgegebenen Ordnung „ein Regelungsziel von hohem Gewicht anders nicht erreicht werden kann."[882] Dabei ist der Gefahr zu begegnen, dass gerade informales Handeln dazu verleiten kann, die Kompetenzordnung mit ihrem verfassungsrechtlich hohen Stellenwert bewusst zu *umgehen*. Der kooperierende Verfassungsstaat muss die Balance zwischen der Bewahrungsfunktion und der Wandelbarkeit des Verfassungsrechts finden.

II. Verbandskompetenzen im kooperierenden Bundesstaat

Die Verbandskompetenz im Bundesstaat ist zwischen Bund und Ländern aufgeteilt. Im Hinblick auf Ausübung der rechtsetzenden Gewalt bereiten normative Absprachen keine größeren Probleme: Zwar fällt die Verbandskompetenz nach Art. 30 und 70 GG im Zweifel den Ländern zu, aber normative Absprachen lassen sich regelmäßig einer konkurrierenden Gesetzgebungskompetenz (Art. 70 Abs. 2, 72, 74 GG) zuordnen, insbesondere nach Art. 74 Abs. 1 Nr. 11 (Energiewirtschaft), Nr. 11a (Kernenergie), Nr. 12 (Arbeitsrecht), Nr. 20 (Lebensmittel) und Nr. 24 (Abfallbeseitigung und Luftreinhaltung) GG. Damit kann der Bund diese Kompetenzen wahrnehmen, wenn eine bundesgesetzliche Regelung erforderlich ist (Art. 72 Abs. 2 GG). Die einzige Besonderheit normativer Absprachen besteht in der Frage, ob diese die *Sperrwirkung* zu Lasten der Verbandskompetenz der Länder nach Art. 72 Abs. 1 GG auslösen. Das hängt nach dem Wortlaut dieser Vorschrift davon ab, ob der Bund von seiner Kompetenz „durch Gesetz Gebrauch gemacht hat". Für verordnungsersetzende Absprachen kann dabei auf die Verordnungsermächtigung verwiesen werden, deren Sperrwirkung jedenfalls i. V. m. Absprachen anzunehmen ist.[883] Weil Parlamentsgesetze ersetzende Absprachen ohne jegliche gesetzliche Ermächtigung aus noch zu

---

[880] A. *Voßkuhle,* Das Kompensationsprinzip, 1999, S. 62 gegen *S. F. Rabe,* Der Rechtsgedanke der Kompensation als Legitimationsgrundlage für regelungsersetzende Verwaltungsabsprachen, Diss. 1996, insbes. S. 62 ff., 145 ff.

[881] A. *Voßkuhle,* Das Kompensationsprinzip, 1999, S. 41.

[882] *Chr. Engel,* StWuStPr 1998, S. 535 (565).

§ 11 Kompetenzielle Ordnung der rechtsetzenden Gewalt 419

zeigenden Gründen verfassungsrechtlich nicht zulässig sind, braucht auf deren etwaige Sperrwirkung – etwa auf Grund der Bundestreue[884] – nicht eingegangen zu werden. Im Rahmen der Verbandskompetenzen für die Gesetzgebung bereiten normative Absprachen also keine besonderen Schwierigkeiten.

Aus einem ganz anderer Grund wurde jedoch normativen Absprachen auf Bundesebene ein Eingriff in Länderkompetenzen nachgesagt:[885] *Chr. Engel* sieht im Wegfall des Ländervollzugs von Verordnungen durch verordnungsersetzende Absprache eine Verletzung von Länderzuständigkeiten, die von Art. 83 GG garantiert seien.[886] Auch *A. Helberg*[887] äußert rechtliche Vorbehalte dagegen, dass normersetzende Absprachen „das Entstehen konkreter Verwaltungsbefugnisse der Länder" verhindern und diskutiert, den Verlust der nach Art. 83 GG bei den Ländern liegenden Vollzugskompetenzen zu kompensieren. Ein verfassungsrechtlich relevanter Kompetenzverlust ist jedoch nicht ersichtlich:

Zwar wird, soweit Normen substituiert werden, auch deren potenzieller Vollzug substituiert. Auf eine *Ermächtigung zum Normvollzug* kommt es aber *nicht* an, weil normative Absprachen grundsätzlich Ausübung rechtsetzender Gewalt sind. Potenzielle Vollzugszuständigkeiten der Länder sind rechtlich nicht geschützt. Sie werden nur ausgelöst, wenn Recht gesetzt wird, das es zu vollziehen gilt.[888] Vollzugskompetenzen sind notwendig an die Existenz vollziehbaren Rechts geknüpft. Es ist angesichts der viel be-

---

[883] BVerfGE 98, 265 (Ls. 2): „durch erkennbaren, absichtsvollen Regelungsverzicht"; vgl. auch BVerfGE 98, 106 (117) – Verpackungsteuer zu Art. 105 Abs. 2a GG.

[884] So *U. Dempfle*, Normvertretende Absprachen, 1994, S. 130 m.w.N. zur Gegenansicht; anders *M. Schulte*, Schlichtes Verwaltungshandeln, 1995, S. 149; dem zustimmend *M. Schmidt-Preuß*, VVDStRL 56 (1997), S. 160 (218); vgl. jetzt auch BVerfGE 98, 106 (118); kritisch hierzu *H.-P. Schneider*, Gesetzgebung und Einzelfallgerechtigkeit, ZRP 1998, S. 323 (327); differenzierend *T. Köpp*, Normvermeidende Absprachen zwischen Staat und Wirtschaft, 2001, S. 176 f.; wieder anders *W. Frenz*, Selbstverpflichtungen der Wirtschaft, 2001, S. 157.

[885] Vgl. auch *M. Schulte*, Schlichtes Verwaltungshandeln, 1995, S. 149. Ein Kompetenzproblem zeigt sich jetzt auch beim integrierten Umweltschutz; vgl. *H.-W. Rengeling*, Gesetzgebungskompetenzen für den integrierten Umweltschutz. Die Umsetzung inter- und supranationalen Umweltrechts und die Gesetzgebungskompetenzen nach dem Grundgesetz, 1999.

[886] *Chr. Engel*, StWuStPr 1998, S. 535 (565).

[887] *A. Helberg*, Normabwendende Selbstverpflichtungen ..., 1999, S. 92 ff.

[888] Wenn das BVerfG in E 95, 1 – Lex Stendal – eine Verletzung originärer Verwaltungszuständigkeit und bundesstaatlicher Kompetenzen bei Planungsgesetzen erwägt (und letztlich ablehnt), dann ging es dabei um Vollzugszuständigkeiten, die bereits gesetzlich begründet waren und in jenem Falle dem Bund selbst (Art. 87 Abs. 1 S. 1 GG a.F., jetzt: Art. 87e GG) zustanden.

klagten Situation einer Normenflut, der Überlastung der vollziehenden Behörden und der Vollzugsdefizite völlig verfehlt, die Legislative zur Schaffung von Normen aus dem Grunde zu verpflichten, damit die Vollzugsbehörden etwas zu vollziehen haben und nicht ihrer Aufgaben verlustig gehen. Dass Kompetenzen, die nach Art. 30 GG grundsätzlich bei den Ländern liegen, immer mehr auf den Bund verlagert werden, ist ein Problem, das seine Ursache vor allem in der Verteilung der Gesetzgebungskompetenzen (Art. 70 ff. GG) hat. Ein Mangel an Verwaltungsaufgaben der Länder nach Art. 83 GG ist hingegen nicht zu beklagen.

Selbst wenn die Bundesregierung die Kontrolle über die Einhaltung von Selbstverpflichtungen selbst durchführt, werden Verwaltungsaufgaben (der Länder) dadurch nicht berührt. Auch dies erfolgt im Rahmen der rechtsetzenden Funktion, nämlich der, zu beurteilen, ob eine hoheitliche Rechtsetzung erforderlich ist. Sie substituieren nicht den Normvollzug. Letzterer wird vielmehr durch die Eigenkontrolle der Wirtschaft substituiert. So gibt es Vereinbarungen darüber, dass Verbände auf ihre Mitgliedsfirmen einwirken, staatlichen Behörden jederzeit Einsicht in die nach der Selbstverpflichtungserklärung zu erstellenden Dokumentationen zu gewähren[889].

Ein gravierendes Kompetenzproblem entsteht allerdings bei den *Mischformen* zwischen normativen und normvollziehenden Absprachen. Das sind Absprachen, die sowohl den Vollzug regeln, als auch den Erlass von Normen abwenden sollen.[890] So wie sich die Kompetenz zu normativen Absprachen aus der Kompetenz zur Rechtsetzung ergibt, so muss die Kompetenz zu *normvollziehenden* Absprachen auf der *Befugnis zum Normvollzug* beruhen. Hier kann nicht vertieft werden, inwieweit Vollzugsbefugnisse Spielräume eröffnen, die kooperativ verhandelbar sind und unter welchen Voraussetzungen die Gesetzesbindung der Verwaltung informale Absprachen ausschließt. Grundsätzlich muss jedoch auch hier gelten, dass Befugnisse zum Erlass von Verwaltungsakten zugleich zu informalen, kooperativen Absprachen ermächtigen, soweit diese Absprachen den Inhalten möglicher Verwaltungsakte entsprechen und dem Zweck der gesetzlichen Ermächtigung dienen. Im Bereich normvollziehender Absprachen drängt sich dabei eine analoge Anwendung der §§ 54 ff. VwVfG auf. Abzulehnen ist aber der Ansatz, dass es zum Abschluss öffentlich-rechtlicher Verträge

---

[889] Beispiel: die Verpflichtung des Verbandes der Chemischen Industrie e. V. gegenüber dem Bundesministerium für Umwelt, bei seinen Mitgliedsfirmen auf die Erfassung und Bewertung von Stoffen in der chemischen Industrie hinzuwirken vom 23. September 1997; vgl. *J. Knebel/L. Wicke/G. Michael,* Selbstverpflichtungen ..., 1999, S. 498.

[890] *E. Bohne,* VerwArch 75 (1984), 343 (345) spricht von „Absprachen mit normvollziehenden und normvertretenden Elementen".

nach (bzw. analog) §§ 54 ff. VwVfG[891] überhaupt keiner gesetzlichen Ermächtigung bedürfe.[892]

Regelmäßig fallen die Verbandskompetenz für die Rechtsetzung des Bundes und für den Vollzug durch die Länder nach Art. 83 GG auseinander, so dass insoweit weder ein Land noch der Bund allein handeln kann. Solche Mischabsprachen sind deshalb verfassungswidrig, wenn sich das normvollziehende Element der Absprache nicht als Verwaltungsvorschrift des Bundes i. S. d. Art. 84 Abs. 2 GG darstellen lässt, was allerdings die Zustimmungspflichtigkeit des Bundesrates auslösen würde. Keinesfalls darf in konkrete laufende Verwaltungsverfahren eingegriffen werden. Es muss den für den Normvollzug zuständigen Behörden überlassen bleiben, ob sie aus normativen Absprachen gegebenenfalls Konsequenzen für Verwaltungsverfahren ziehen. Weil in einer solchen Mischabsprache die mangelnde Kompetenz der Bundesregierung mit einer Verletzung des Bundesstaatsprinzips und einer Verletzung der Teilung von rechtsetzender und vollziehender Gewalt zusammentrifft und auch noch das rechtsstaatliche Koppelungsverbot und das Verbot des Einzelfallgesetzes entgegenstehen, kann sie auch nicht durch das ungeschriebene Verfassungsprinzip kooperativer Verantwortung gerechtfertigt werden. Allenfalls wäre es vertretbar, die betroffene Vollzugsbehörde an der Absprache zu beteiligen und die dadurch entstehende an sich unzulässige *Mischverwaltung* ausnahmsweise zuzulassen, wenn eine Absprache von überragender Bedeutung für das Gemeinwohl sonst nicht zustande zu bringen wäre.

Das Beispiel der Vereinbarung der Niedersächsischen Gießereiindustrie vom Januar 1992[893] vermag die normativen Grenzen von normvollziehenden Absprachen mit Mischcharakter zu verdeutlichen: Sie hat, obwohl hier eine ganze Branche betroffen ist, überwiegend normvollziehenden Charakter. Die Probleme der Nichteinlösung bestehender gesetzlicher Pflichten nach § 14 KrW-/AbfG bzw. § 5 Abs. 1 Nr. 3 BImSchG sollten hier nicht durch Gesetzesänderung gelöst werden, sondern durch normvollziehende Absprachen. Eine Kompetenz für normative Absprachen bestand schon deshalb nicht, weil es sich um Bundesgesetze handelt und nur auf Landesebene verhandelt wurde. Die Rechtmäßigkeit der Absprachen beurteilt sich allein nach den strengen Maßstäben normvollziehender Absprachen.

---

[891] Gegen diesen Ansatz: *J. Knebel/L. Wicke/G. Michael*, Selbstverpflichtungen ..., 1999, S. 263.
[892] Zweifelnd *K. W. Grewlich*, DÖV 1998, S. 54 (60): „nicht abschließend geklärte Frage"; vgl. auch *W. Spannowsky*, Grenzen des Verwaltungshandelns durch Verträge und Absprachen, 1994, S. 38 f.; zum dänischen Modell der Ermächtigung von Behörden durch Umweltverträge vgl. *A. Rest*, NuR 1994, S. 271 (274).
[893] Zu diesem Beispiel siehe S. 55.

Ein besonderer Fall einer Mischabsprache mit normprägenden und normvollziehenden, ja sogar die Judikative betreffenden rechtsstreitsbeendenden Elementen ist der *Atomkonsens*[894]: Die kompetenzrechtliche Besonderheit dieses Falles liegt darin, dass es sich beim Vollzug des AtomG um Bundesauftragsverwaltung nach Art. 85, 87c, 74 Nr. 11a GG, § 24 AtomG handelt. Das bedeutet, dass grundsätzlich die Wahrnehmungs- und auch Sachkompetenz bei den Ländern liegt, die Bundesregierung jedoch *fachaufsichtliche Kompetenzen* (Art. 85 Abs. 4 GG) hat und bei Ausübung ihres *Weisungsrechts* (Art. 85 Abs. 3 GG) die Sachkompetenz an sich ziehen kann. Dies ist der kompetenzielle Ausgangspunkt dafür, dass diese Vereinbarung, obwohl auf der politisch höchsten Ebene der Bundesregierung verhandelt und geschlossen, selbst auch normvollzugsbezogene Elemente enthält.[895]

Die Ansicht des BVerfG hierzu kann in mehrfacher Hinsicht nicht überzeugen: Rein tatsächlich unterschätzt das Gericht die Bedeutung des Konsenses, wenn es ihm lediglich die Funktion der „Vorbereitung"[896] seines Weisungsrechts, der Informationsbeschaffung[897] zuspricht. Die politische Bindung der beteiligten Politiker und das Vertrauensverhältnis zu den EVU werden verkannt, wenn die Vereinbarungen als „typische und politisch übliche Absichtserklärungen, an denen kein vernünftig und verantwortlich Handelnder ein ‚Tau festbinden' würde", bagatellisiert werden.[898]

Auch rechtsdogmatisch überzeugt das Urteil nicht. Statt in dem „Überlagerungsbereich"[899] von Mischabsprachen mit normvorbereitenden, -ersetzenden und vollziehenden Elementen besonders strenge Maßstäbe anzulegen, begnügt sich das Gericht mit der Feststellung, dass die „Sphären von Bund und Land nicht eindeutig gegeneinander abgegrenzt werden" könnten. Diese Feststellung allein wäre ein Grund, solche Mischabsprachen für verfassungswidrig zu erklären, verschwimmt doch dadurch die „klare Zurechnung von Verantwortung"[900] und muss doch auch „das informale Handeln des Bundes die vom Grundgesetz getroffene Kompetenzordnung wahren"[901].

---

[894] Zu diesem Beispiel siehe S. 65, 105 ff.
[895] Zu der speziellen Frage, ob dadurch Länderkompetenzen bei der Auftragsverwaltung ausgehöhlt wurden vgl. BVerfG, NVwZ 2002, 585 v. 19. Februar 2002–2 BvG 2–2/00 – Atomkonsens (mit Sondervotum *U. di Fabio/R. Mellinghoff*).
[896] BVerfG v. 19. Februar 2002–2 BvG 2–2/00, Tz. 75.
[897] BVerfG v. 19. Februar 2002–2 BvG 2–2/00, Tz. 80.
[898] Von seinem Ansatz her eine verbindliche Vereinbarung sieht im Atomkonsens *W. Frenz*, NVwZ 2002, S. 561 (562).
[899] BVerfG v. 19. Februar 2002–2 BvG 2–2/00, Tz. 94.
[900] BVerfG v. 19. Februar 2002–2 BvG 2–2/00, Sondervotum Tz. 99.
[901] Im Grundsatz zutreffend BVerfG v. 19. Februar 2002–2 BvG 2–2/00, Tz. 78.

§ 11 Kompetenzielle Ordnung der rechtsetzenden Gewalt   423

Die ganze Argumentation des Gerichts ist zu formalistisch in überkommenen Kategorien verhaftet und verfehlt damit ihr Ziel, die Kompetenzordnung zu wahren. Letzteres kann nur gelingen, wenn man die Kompetenzordnung so weit wie möglich auf informales Handeln überträgt und nicht z.B. die Wahrnehmungskompetenz auf rechtsverbindliches Handeln beschränkt.[902] Schließlich hat das Urteil im Ergebnis eine fatale Konsequenz und Tendenz. Obwohl das Gericht „ein gewisses Gefahrenpotential"[903] für die Umgehung der Kompetenzordnung in informalen Absprachen erkennt, leistet es dem Missbrauch geradezu Vorschub: Während die Rechtsprechung den aufsichtlichen Kompetenzen des Bundes für den Bereich des formalen Handelns, d.h. für die Erteilung von Weisungen, relativ klare Konturen gegeben hat,[904] löst sie die Grenzen zwischen Wahrnehmungs- und Sachkompetenz für das informale Handeln auf. Will der Bund sich von den Fesseln seiner föderalen Bindungen befreien, so gibt ihm das BVerfG geradezu einen Freibrief, auf informale Absprachen auszuweichen.[905] Wenn Verfassungsrecht, das den Rechtsstaat erst konstituiert, für diesen disponibel wird, dann sind die Verfassung und der Rechtsstaat gefährdet. Das Gegenteil fordert die hier vertretene These vom kooperierenden Verfassungsstaat.

Anderseits sollte einer völligen Formalisierung des Informalen nicht das Wort geredet werden. Die Forderung des Sondervotums, auch die Grundsätze des bundesfreundlichen Verhaltens (die selbst eine umstrittene[906], ungeschriebene Formalisierung darstellen) auf informales Handeln zu übertragen, mag zu weit gehen. Aber die Grundsätze der Kompetenzordnung und der materiellen Verfassungsbindungen dürfen durch informales Handeln nicht verschoben werden. Die entscheidende Frage muss sein, wie sich die (formalen und materiellen) Anforderungen an die Ausübung bundesaufsichtlicher Kompetenzen auf informale Absprachen übertragen lassen. Diese Frage schneidet das BVerfG dadurch ab, dass es letztlich die Grenze, die es zwischen Wahrnehmungs- und Sachkompetenz entwickelt hat, für irrelevant erklärt. Das Sondervotum hingegen beharrt auf diesen Kategorien. Ein vermittelnder Weg könnte darin bestehen, überkommene Kategorien auf den Prüfstand zu stellen, sie zu modifizieren und für informale Absprachen neue Grenzen zu bestimmen. Die Mehrheit im 2. Senat des BVerfG wollte

---

[902] So aber BVerfG ebenda, Tz. 80; zutreffend Sondervotum Tz. 101.
[903] BVerfG v. 19. Februar 2002–2 BvG 2–2/00, Tz. 92.
[904] BVerfGE 81, 310 (337) – Kalkar II, worauf BVerfG v. 19. Februar 2002–2 BvG 2–2/00, Tz. 91 Bezug nimmt, aber dessen Grundsätze für informales Handeln weitgehend lockert. Kritisch auch W. Frenz, NVwZ 2002, S. 561 ff.
[905] Zutreffend das Resume des Sondervotums zu BVerfG v. 19. Februar 2002–2 BvG 2–2/00, Tz. 125.
[906] Kritisch K. Hesse, Grundzüge des Verfassungsrechts der Bundesrepublik Deutschland, 20. Aufl., 1995, Rz. 268 ff.

um jeden Preis verhindern, mit der Anwendung überkommener Kategorien informalen Absprachen zu grundsätzliche Riegel vorzuschieben. Von der Rechtsprechung sind Grenzziehungen nur zu erwarten, wenn nachgewiesen wird, dass diese nicht unpraktikabel sind. Darum ist auch die Bemerkung des Sondervotums bemüht, die allerdings Behauptung bleibt: die Beteiligung des Landes „wäre auch möglich gewesen ohne den sogenannten Atomkonsens insgesamt zu gefährden."[907] Die Rechtswissenschaft bleibt dazu aufgerufen, praktikable Kriterien zu entwickeln, die informale Absprachen in angemessene Schranken verweisen. Wenn die Rechtsprechung vor dieser Aufgabe kapituliert, hat das Folgen weit über den Einzelfall hinaus, weil dadurch das Ausweichen in informale Staatspraxis noch zusätzliche Unterstützung fände.

Sowohl für die Bundesregierung als auch für die Energieversorgungsunternehmen (EVU) wären Rechtsstreitigkeiten um einen „ausstiegsorientierten Gesetzesvollzug" mit vielen Risiken und Zeitverlusten verbunden. Deshalb war den EVU am Einvernehmen mit der seit 1998 amtierenden, politisch dem Atomausstieg verschriebenen Bundesregierung sehr gelegen. Mit Weisungen der Bundesregierung zur Verhinderung eines ausstiegsorientierten Gesetzesvollzugs durch einzelne Länder war seit Ende 1998 nicht mehr zu rechnen.[908] Im Rahmen des Konsenses verspricht die Bundesregierung jedoch, von ihrer Weisungsbefugnis nach Art. 85 Abs. 3 GG Gebrauch zu machen (In Anlage 2 heißt es: „Das Bundesumweltministerium wird bis spätestens Ende August 2000 gegenüber der hessischen Genehmigungs- und Aufsichtsbehörde Maßnahmen zur Beschleunigung der Genehmigungsverfahren festlegen; dazu gehören eine Strukturierung der Verfahren und eine Definition der Bewertungsmaßstäbe."[909]). Problematisch bleibt aber an derartiger Ausübung bundesaufsichtlicher Kompetenz die Rechtsfrage, ob nicht die Maßstäbe bundesfreundlichen Verhaltens verletzt werden, wenn das betroffene Land nicht angemessen beteiligt wird. Diese Bedenken lassen sich allenfalls wegen der überragenden politischen Bedeutung einer Einigung in den Fragen der Kernenergie und wegen der denkbar komplexen Verhandlungssituation ausnahmsweise zerstreuen. Dieser politische Hintergrund sollte bei der Bewertung des Urteils des BVerfG vom 19. Februar 2002 und des Sondervotums bedacht werden.

Der Fall zeigt jedoch außerdem, dass vollzugsbezogene Elemente einer auch normativen Absprache zu herausgehobenen Verhandlungspositionen einzelner Absprachebeteiligter führen können. Die RWE AG als eines von

---

[907] BVerfG v. 19. Februar 2002–2 BvG 2–2/00, Sondervotum Tz. 125.

[908] Vgl. *U. Di Fabio*, Der Ausstieg aus der wirtschaftlichen Nutzung der Kernenergie, 2000, S. 15.

[909] Vereinbarung zwischen der Bundesregierung und den Energieversorgungsunternehmen v. 14. Juni 2000, Anlagen, S. 3.

vier verhandelnden EVU hatte bei den Konsensverhandlungen ein zusätzliches, starkes Druckmittel in der Hand: den Rechtsstreit um den Problemfall Mülheim-Kärlich und die gegen das Land Rheinland-Pfalz anhängige *Schadensersatzklage* wegen schuldhafter Erteilung einer rechtswidrigen Genehmigung, die den Betreiber zu Fehlinvestitionen veranlasste, die jedenfalls dem Grunde nach bereits höchstrichterlich anerkannt wurde.[910] Derartige Konstellationen dürfen nicht dazu führen, dass Partikularinteressen einzelner Verhandlungsbeteiligter im normativen Teil der Absprache Niederschlag finden. Es besteht die erhöhte Gefahr, dass die normative Absprache in solchen Fällen einzelne Beteiligte auf Grund ihrer besonders starken oder schwachen Verhandlungsposition bevorteilen oder benachteiligen. Dem steht neben Art. 3 Abs. 1 GG auch das Rechtsstaatsprinzip entgegen.

III. Organkompetenzen der kooperierenden rechtsetzenden Gewalt

1. Die verschiedenen Funktionen der Organe der rechtsetzenden Gewalt

An der rechtsetzenden Gewalt des Bundes sind nach der Kompetenzordnung des Grundgesetzes zahlreiche Organe beteiligt. Man kann die Funktionen ihrer Beteiligung gemäß der Verfahrensschritte des Normsetzungsprozesses in folgende Typen aufteilen: Initiative, Beratung und Beschlussfassung, Anhörung, Zustimmung und Ausfertigung. Die Aufteilung der Organkompetenzen auf diese Funktionen richtet sich nach dem Typus der Rechtsetzung. Hier braucht nur auf die Typen des einfachen Parlamentsgesetzes und der Rechtsverordnung eingegangen zu werden, informelle Verfassungsänderungen wären schon wegen Art. 79 Abs. 1 S. 1 GG auszuschließen.

a) Die Organe der verordnunggebenden Gewalt

Die jeweilige einfachgesetzliche Verordnungsermächtigung bestimmt rechtlich verbindlich, wer von hoheitlicher Seite die politische Verantwortung für verordnungsersetzende Absprachen durch entsprechende *Beschlussfassung* trägt. Wenn – wie in der Regel – die Bundesregierung als solche zum Verordnungserlass ermächtigt ist, hat der Gesetzgeber ihr, d.h. dem *Bundeskabinett* die Sachentscheidung und politische Kompetenz überantwortet.[911] Die *Vorbereitung* und der *Entwurf* solcher Rechtsverordnungen

---

[910] BGH DVBl. 1997, S. 551 ff.; hierzu *M. Kloepfer*, Umweltrecht, 2. Aufl. 1998, S. 446 f., 1062.

erfolgen jedoch durch das zuständige (§ 9 GeschOBReg) *Ressort*. Die Regelung, dass Verordnungsentwürfe dem Bundeskabinett zur Beratung und Beschlussfassung zuzuleiten sind (§ 15 Abs. 1 lit. b GeschOBReg), bestätigt, was auf Grund der Verordnungsermächtigung zwingend geboten wäre und stellt klar, dass sich die Ressortzuständigkeit des Fachministers auf die Vorbereitung und den Entwurf (§ 9 GeschOBReg) sowie die spätere *Gegenzeichnung* (§ 30 GeschOBReg) beschränkt.

Anders ist die Rechtslage, wenn nach Art. 80 Abs. 1 S. 1 GG ein *einzelner Bundesminister* ermächtigt wird. In diesem Fall liegt die Sachkompetenz bei dem Fachminister und ein Kabinettsbeschluss ist nicht erforderlich. Dass die Geschäftsordnung der Bundesregierung vorsieht, dass der Entwurf einer solchen Rechtsverordnung in Fällen besonderer politischer Bedeutung (§ 15 Abs. 1 lit. c GeschOBReg) der Bundesregierung zur Kabinettsberatung vorgelegt wird, hat nur im Innenverhältnis der Bundesregierung Bedeutung. Im Außenverhältnis hingegen wird die alleinige Zuständigkeit des Fachministers durch die entsprechende gesetzliche Ermächtigung begründet.[912] Die Geschäftsordnung der Bundesregierung ist gegenüber einer speziellen, einfachrechtlichen Verordnungsermächtigung nicht vorrangig. Bisweilen werden auch einzelne Bundesminister ermächtigt, Rechtsverordnungen im *Einvernehmen mit anderen Bundesministern* zu erlassen (z.B. § 21 LMBG[913]: Der Bundesminister für Gesundheit „im Einvernehmen mit den Bundesministern für Ernährung, Landwirtschaft und Forsten und für Wirtschaft").

Unterzeichnet werden Verordnungen der Bundesregierung „nach *Gegenzeichnung* durch den zuständigen Fachminister vom Bundeskanzler" (§ 30 GeschOBReg). Die Zeichnung des Bundeskanzlers nach § 30 GeschOBReg ist ein formaler Akt. Er ist verfassungsrechtlich zwingend, weil er die *Ausfertigung* bewirkt; Art. 82 Abs. 1 S. 2 GG verlangt, dass eine Rechtsverordnung „von der Stelle, die sie erlässt, ausgefertigt wird." Die Zuständigkeit des Bundeskanzlers ergibt sich dabei aus Art. 65 S. 3 GG, wonach der Bundeskanzler die Geschäfte der Bundesregierung nach deren Geschäftsordnung leitet.

Art. 80 Abs. 2 GG regelt, in welchen Fällen Rechtsverordnungen der Bundesregierung oder eines Bundesministers der *Zustimmung des Bundesrates* bedürfen. Dies ist tatsächlich bei vielen Verordnungsermächtigungen – auch und gerade im Bereich des Umweltrechtes (z.B. §§ 4, 7, 22, 23, 32 –

---

[911] Zutreffend *A. Helberg,* Normabwendende Selbstverpflichtungen ..., 1999, S. 239.

[912] So auch *A. Helberg,* Normabwendende Selbstverpflichtungen ..., 1999, S. 239.

[913] Gesetz über den Verkehr mit Lebensmitteln, Tabakerzeugnissen, kosmetischen Mitteln und sonstigen Bedarfsgegenständen vom 15. August 1974, BGBl I Seite 1945.

35, 38 Abs. 2, 40 Abs. 2, 43 BImSchG; §§ 23, 24 KrW-/AbfG; § 54 Abs. 2 AtomG) – der Fall. Die Frage der Zustimmungsbedürftigkeit des Bundesrates ist für verordnungsersetzende Absprachen deshalb von entscheidender Bedeutung. In der bisherigen Staatspraxis wurde der Bundesrat nicht um Zustimmung angerufen.

Schließlich hat der Bundesrat nach Art. 80 Abs. 3 GG für die Verordnungen, die seiner Zustimmung bedürfen, inzwischen auch ein *Initiativrecht*. In den Fällen des Art. 80 Abs. 2 und 3 GG haben Bundesregierung und Bundesrat nebeneinander das Initiativrecht und keines der Organe hat die Möglichkeit, eine Rechtsverordnung gegen den Willen des anderen Organs durchsetzen. Art. 80 Abs. 3 GG verschmelzt das Zustimmungserfordernis und das Initiativrecht zu einem verfassungsrechtlichen Junktim. Damit erhält der Bundesrat in wichtigen Bereichen der Verordnunggebung eine annähernd gleichberechtigte Funktion gegenüber der an sich zur Verordnunggebung primär ermächtigten Bundesregierung. Wenn der Bundesrat die Initiative ergreift, erhält die Beschlussfassung der Bundesregierung die politische Funktion einer Zustimmung. Wenn die Bundesregierung eine Rechtsverordnung initiiert und beschließt, hat der Bundesrat nunmehr nicht nur die Möglichkeit der Zustimmungsverweigerung, sondern kann seinerseits eine Gegeninitiative einbringen. Die Diskussion um die Zulässigkeit so genannter Maßgabebeschlüsse erübrigt sich damit.[914] Allerdings bleibt insofern die positive Letztentscheidung bei der Bundesregierung, als sie selbst, wenn der Bundesrat einer Verordnung zugestimmt hat, diese nicht ausfertigen und verkünden und in Kraft setzen muss.[915]

Nimmt man die Verordnungsermächtigung hinzu, handelt es sich bei der Verordnunggebung um ein zweistufiges Rechtsetzungsverfahren. Der Bundestag ist im Regelfall nur an der ersten Stufe, dem Verfahren der gesetzlichen Ermächtigung, beteiligt. Die zweite Stufe hingegen begleitet er lediglich indirekt durch die parlamentarische Kontrolle der Bundesregierung und seine Kompetenz, die Verordnungsermächtigung wieder aufzuheben.

Dieses Modell der Trennung, bei dem der Bundestag auf der zweiten Stufe nicht formal beteiligt ist, droht jedoch nach und nach aufgeweicht zu werden:[916] Art. 109 Abs. 4 S. 4 GG sieht seit 1967 ein *Aufhebungsverlangen des Bundestages* vor; einfachrechtlich ist ein solches Aufhebungsverlangen in § 27 Abs. 2 S. 3 AWG[917], § 20 Abs. 5 S. 2 StWG[918] geschaffen

---

[914] Anders *H. Maurer*, Staatsrecht I, 2. Aufl., 2001, § 17 Rz. 154, S. 623.
[915] *H. Maurer*, Staatsrecht I, 2. Aufl., 2001, § 17 Rz. 153, S. 623.
[916] Zum Ganzen: *F. Ossenbühl*, Gesetz und Recht – Die Rechtsquellen im demokratischen Rechtsstaat, HdBStR III (1988), S. 281 ff.; *ders.*, Verfahren der Gesetzgebung, HdBStR III (1988), S. 351 (400 ff.); *H. Schneider*, Gesetzgebung, S. 167 ff.; *H. H. Rupp*, NVwZ 1993, S. 756; *O. Konzak*, DVBl 1994, S. 1107; *S. Thomsen*, DÖV 1995, S. 989.

worden. Sogar die formale Beteiligung des Bundestages am Verfahren der Entstehung von Rechtsverordnungen wurde punktuell durch einfaches Gesetz eingeführt. Einen *Ablehnungsvorbehalt* des Bundestages enthält § 59 KrW-/AbfG sowie darüber hinaus einen *Änderungsvorbehalt*; der entsprechende § 40 Abs. 1 GenTG wurde inzwischen[919] wieder aufgehoben. Gar einen *Zustimmungsvorbehalt* des Bundestages für Rechtsverordnungen normiert § 3 Abs. 1 S. 3 UVPG. Der Zustimmung des Bundestages bedürfen auch Rechtsverordnungen nach § 51 Abs. 2 S. 3 und Abs. 3 S. 2 EstG. Die Zustimmung gilt als erteilt, wenn sie der Bundestag nicht binnen vier Wochen nach Zuleitung durch die Bundesregierung verweigert hat (§ 51 Abs. 2 S. 4 EstG).

Nicht vertieft werden können an dieser Stelle die verfassungsrechtlichen Bedenken gegen solche Beteiligungsvorbehalte des Bundestages: Wird hierdurch das Gesetzgebungsverfahren unterlaufen, indem sich der Bundestag damit selbst ermächtigt, außerhalb des in Art. 76 ff. GG vorgesehenen Verfahren durch einfache Bundestagsbeschlüsse rechtsetzende Gewalt auszuüben?[920] Wird damit der in Art. 80 GG vorgesehen Kreis der Beteiligten an der Verordnunggebung (auf Bundesebene: Bundesregierung, Bundesminister und der Bundesrat) erweitert, was nur auf Verfassungsebene (durch Art. 109 Abs. 4 S. 4 GG, im Landesverfassungsrecht z.B. durch Art. 9 Abs. 2 S. 2 BayVerf) zulässig ist?[921] Wird die Trennung der Gewalten zwischen parlamentarischer Gesetzgebung und Kontrolle einerseits und exekutiver Verordnungsermächtigung andererseits unzulässig vermischt?[922] Wird die Formentypik des Grundgesetzes[923] und damit das System gerichtlicher (Normen-) Kontrolle durchbrochen? Oder stellen derartige parlamentarische Vorbehalte ein „minus" gegenüber der gewöhnlichen Verordnungsermächtigung dar?[924] Führt der Vorbehalt des § 59 S. 3 KrW-/AbfG sogar zu einem Legitimationsgewinn[925]?

---

[917] Außenwirtschaftsgesetz vom 28. April. 1961, BGBl I S. 481.
[918] Gesetz zur Förderung der Stabilität und des Wachstums der Wirtschaft vom 8. Juni 1967, BGBl I S. 582.
[919] Gesetz zur Regelung der Gentechnik vom 20. Juni 1990, BGBl I S. 1080 in der Fassung der Bekanntmachung vom 16. Dezember 1993, BGBl I S. 2066.
[920] So auch *Th. v. Danwitz,* Die Gestaltungsfreiheit des Verordnungsgebers, 1989, S. 113, der insgesamt jedoch keine verfassungsrechtlich Bedenken hat.
[921] Anders *Th. v. Danwitz,*ebenda, S. 112 ff.
[922] *St. Studenroth,* DÖV 1995, S. 525 (532 ff.); *M. Hoffmann,* DVBl. 1996, S. 347 (350 f.); weitere Nachweise bei *M. Kloepfer,* Umweltrecht, 2. Aufl. 1998, S. 1199, Fn. 60.
[923] Vgl. auch *A. Uhle,* Parlament und Rechtsverordnung, 1999.
[924] Nach *H. Maurer,* Staatsrecht I, 2. Aufl., 2001, § 17 Rz. 157, S. 625 herrschende Lehre; vgl. auch BVerfGE 8, 274 (321) – Preisgesetz; BVerwGE 59, 48 (49 f.).

Die Rechtsprechung hat bislang lediglich ein legitimes Interesse[926] für derartige Regelungen gefordert. Dazu ist auf die inneren Rechtfertigungen der Verordnungsermächtigungen zurückzugreifen: Die Entlastungsfunktion des Parlaments[927] kann eine Beteiligung des Bundestages an der Verordnunggebung nicht rechtfertigen. Insbesondere der Zustimmungsvorbehalt belastet das Parlament damit, sich mit jedem Verordnungsentwurf auseinander zu setzen. Auch das Argument, dass das Parlament die Bundesregierung mit einer Verordnungsermächtigung politisch steuern und einer faktischen Steuerung durch Gesetzesinitiativen vorbeugen kann, vermag eine Abweichung vom legislativen System der Art. 76 ff. und 80 GG nicht allgemein zu rechtfertigen.

Eine Rechtfertigung könnte sich allerdings aus der Flexibilisierungs- und Beschleunigungsfunktion der Verordnungsermächtigung ergeben. Der ermächtigte Verordnunggeber kann *flexibler und schneller* als das Parlament Recht ersetzen. Das Verfahren der Verordnunggebung ist im Gegensatz zum Gesetzgebungsverfahren kaum formalisiert und bei Weitem weniger aufwändig. Die Verkürzung der Reaktionszeit des Staates in Bereichen des technischen und wissenschaftlichen Fortschritts[928] kann nicht nur als solche Intention des Gesetzgebers sein und damit zu seinen wesentlichen Grundentscheidungen gehören, sondern kann auch der Verwirklichung von Verfassungsprinzipien dienen, insbesondere dem effektiven Grundrechtsschutz, dem Sozialstaatsprinzip und Umweltschutz (Art. 20 a GG). In den Fällen, in denen die Ermächtigung den Sinn hat, dass der Staat auf dynamische Veränderungen schnell rechtsetzend reagieren kann, gelten besondere verfassungsrechtliche Maßgaben:

Wenn die Flexibilisierung und Beschleunigung der Rechtsetzung der effektiven Verwirklichung von Verfassungsprinzipien dient, rechtfertigt dies auch einen gelockerten Maßstab der inhaltlichen Bestimmtheit von Verordnungsermächtigungen. In diesen Fällen kann es gerechtfertigt sein, dass sich der Bundestag den direkten, inhaltlichen Einfluss auf die Verordnunggebung vorbehält *und* dabei seine Beteiligung im Verfahren des einfachen

---

[925] *Ph. Kunig,* in: ders./S. Paetow/L.-A. Versteyl (Hrsg.), Kommentar zum KrW-/AbfG, 1998, zu § 59, Rz. 4; ähnlich *Th. v. Danwitz,* Die Gestaltungsfreiheit des Verordnungsgebers, 1989, S. 115.

[926] BVerfGE 8, 274 (321) – Preisgesetz. Diesem Gedanken des BVerfG schließt sich – jedenfalls für die Zustimmungs- und Ablehnungsvorbehalte – *H. Maurer,* Staatsrecht I, 2. Aufl., 2001, § 17 Rz. 157, S. 625 an.

[927] Dazu *W. Mößle,* Inhalt, Zweck und Ausmaß, 1990, S. 58; *ders.,* Die Verordnungsermächtigung in der Weimarer Republik, in: H. Möller/M. Kittel (Hrsg.), Demokratie in Deutschland und Frankreich 1918–1933/40, 2002, S. 269 (282); *K. Hesse,* Grundzüge des Verfassungsrechts ..., 20. Aufl., 1995 (Neudr. 1999), Rz. 526.

[928] *E. Schmidt-Aßmann,* Das allgemeine Verwaltungsrecht als Ordnungsidee, 1998, S. 167.

Bundestagsbeschlusses regelt. Dabei müssen aber gewichtige Gründe dafür sprechen, dass ohne ein solches Verfahren, das im Ergebnis das Gesetzgebungsverfahren unterläuft, Interessen auf dem Spiel stünden, die ihrerseits Verfassungsrang haben. Ob sich eine derartige Flexibilisierung in der Praxis als tatsächliche Beschleunigung erweist, bleibt abzuwarten.[929]

b) Die Organe der gesetzgebenden Gewalt

Das Verfahren der Gesetzgebung muss hier nicht in Einzelheiten dargestellt werden. Parlamentsgesetze ersetzende oder prägende Absprachen sind selten und werfen vor allem eine Frage auf: Kann die Bundesregierung ihre Kompetenz zum Abschluss solcher Absprachen auf ihr Gesetzesinitiativrecht nach Art. 76 Abs. 1 GG stützen?

Diese Frage muss vor dem Hintergrund der Bedeutung des Initiativrechts im formellen Gesetzgebungsprozess und in der Praxis der parlamentarischen Gesetzgebung[930] beantwortet werden. Dazu sind folgende Aspekte maßgeblich: Gesetzesinitiativen können nach Art. 76 Abs. 1 GG sowohl durch die Bundesregierung, als auch aus der Mitte des Bundestages oder durch den Bundesrat ergriffen werden. Die Bundesregierung wird in der Norm nicht nur an erster Stelle genannt, sie liefert auch in der Praxis den überwiegenden Teil der Gesetzentwürfe. Das ist die funktionelle und praktische Konsequenz der personellen Ausstattung der Ministerien mit ihrem Fachpersonal.[931] Weil die Bundesregierung im Regelfall von einer Mehrheit des Bundestages getragen wird, haben ihre Initiativen außerdem eine hohe Realisierungschance. Das macht diese organisatorische Konzeption effektiv, so effektiv, dass die Gesetzesflut inzwischen als Last beklagt wird. Der

---

[929] Zweifelnd *A. Merkel,* in: L. Wicke/J. Knebel/G. Braeseke (Hrsg.), Umweltbezogene Selbstverpflichtungen der Wirtschaft, 1997, S. 73 (78) zu § 59 KrW-/AbfG: „Es wurde versäumt, eindeutige zeitliche und sachliche Abläufe dafür vorzuschreiben, z.B. bis wann das Parlament sich abschließend mit dem Entwurf befasst haben muss. Anschließend muss die Bundesregierung die Änderungswünsche des Parlaments aufnehmen, das Ganze dem Bundesrat zuleiten, welcher seine Maßgaben macht. Danach kommt der Entwurf erst wieder zur Bundesregierung und dann ins Parlament und es gibt kein Verfahren, wie die drei Instanzen irgendwann zu einem Konsens gelangen müssen. Wenn das jedoch nicht gelingt, entsteht eine Pattsituation. An ihr sind zwar alle beteiligt gewesen, wir aber kriegen nichts mehr zu Stande." Kritisch zur Kompensation von Bestimmtheitserfordernissen durch Zustimmungsvorbehalte bereits *Th. v. Danwitz,* Die Gestaltungsfreiheit des Verordnungsgebers, 1989, S. 133.

[930] Dazu *H. Schulze-Fielitz,* Theorie und Praxis parlamentarischer Gesetzgebung, 1988.

[931] *K. Hesse,* Grundzüge des Verfassungsrechts ..., 20. Aufl., 1995 (Neudr. 1999), Rz. 512.

Bundesregierung wird somit eine sehr wichtige Funktion im Prozess der parlamentarischen Gesetzgebung zugewiesen.

Das darf aber nicht darüber hinwegtäuschen, dass das Initiativrecht eine unselbständige Anstoßfunktion hat, mag diese auch noch so effektiv sein. Bereits die Formulierung des Art. 76 Abs. 1 GG bringt dies in doppelter Weise zum Ausdruck: Erstens wird dort die Funktion der Gesetzesvorlagen benannt, nämlich „beim Bundestag ... eingebracht" zu werden und zweitens wird die zentrale Bedeutung des Bundestages – obwohl in der Phase der Initiative nur Empfänger der Vorlagen – dadurch unterstrichen, dass er noch vor den initiativberechtigten Organen genannt wird.

Der Bundestag ist das zentrale Organ der gesetzgebenden Gewalt und wird zu Recht organisatorisch schlechthin als die Legislative der parlamentarischen Demokratie bezeichnet. Der Bundestag *verhandelt* die Bundesgesetze öffentlich (Art. 42 Abs. 1 S. 1 GG) und *beschließt* sie (Art. 77 Abs. 1 S. 1 GG). Die Beratung und der Beschluss von Gesetzen gehört zu den Kernaufgaben des Bundestages. Das *Gesetzesinitiativrecht* der Bundesregierung ist *unselbstständig* und allein darauf gerichtet, dass sich das Parlament mit potenziell mehrheitsfähigen und fachkundig erarbeiteten Gesetzesvorlagen auseinandersetzen kann. Die Beratungs- und Beschlussfunktion und damit die reale Möglichkeit, den Inhalt (mit) zu gestalten, fällt somit bei der Gesetzgebung dem Bundestag zu, während sie bei der Verordnunggebung durch die Bundesregierung ausgeübt wird. Ergänzend sei noch auf die Rolle des *Bundesrates* (auch) bei der Gesetzgebung hingewiesen, dessen Beteiligung beim Zustimmungsgesetz (Art. 78 (1. Alt.) GG) im Gegensatz zum Einspruchsgesetz (Art. 77 Abs. 4 und Art. 78 (2.-5. Alt.) GG) zu einer unüberwindlichen Hürde werden kann.

2. Der Beschlusscharakter normativer Absprachen

Die grundgesetzliche Ordnung der Organkompetenzen der rechtsetzenden Gewalt ist auf einseitige und allgemeinverbindliche Normsetzung zugeschnitten. Nun gilt es eine Kompetenzordnung für die rechtsetzende Gewalt im kooperierenden Verfassungsstaat zu entwickeln, die als solche nicht geregelt ist. Eine hundertprozentige Übertragung des soeben dargestellten Systems auf normative Absprachen ist weder praktikabel noch geboten. Sie wäre nicht praktikabel, weil sie zum vollständigen formalen Durchlaufen des Rechtsetzungsverfahrens führen würde, was jede normative Absprache zu einer Art normprägender bzw. normbegleitender Absprache machen würde und damit den informalen und beschleunigenden Charakter normativer Absprachen aufheben würde. Dies ist nicht geboten, weil das formalisierte Verfahren der Rechtsetzung auf die rechtliche Allgemeinverbindlichkeit der Normsetzung ausgerichtet ist und unverbindliche Absprachen mit der Wirtschaft nicht einer derartigen formalen Legitimation bedürfen. Auf die Frage eines rechtsstaatlichen Formenvorbehalts wird noch zurückzukommen sein. Um die Kompetenzfrage zu lösen, muss das Wesen normativer Absprachen mit dem der formellen Rechtsetzung verglichen werden.

Auf den ersten Blick scheint die Ausübung rechtsetzender Gewalt im Rahmen der Beteiligung an normativen Absprachen der *Funktion der Initiative* zu entsprechen. Deshalb lässt ein Großteil des Schrifttums[932] *Initiativrechte* als Kompetenzgrundlage zum Abschluss normativer Absprachen ausreichen. Diese Auffassung ist jedoch allzu sehr den Kategorien formaler Rechtsetzung verhaftet und kann dem Wesen normativer Absprachen nicht gerecht werden. Richtig ist, dass normative Absprachen in Bezug auf ein potenzielles formelles Rechtsetzungsverfahren in der Phase der Initiative, genauer: im Stadium der Vorbereitung etwaiger Initiativen getroffen werden. Richtig ist auch, dass die Bundesregierung ihr Gesetzesinitiativrecht als Drohmittel einsetzt und insoweit als Initiativberechtigte handelt. Richtig ist schließlich, dass im Falle des erfolgreichen Abschlusses normersetzender Absprachen auf die Ausübung des Initiativrechts verzichtet wird und auch die Nicht-Initiative der Funktion der Initiative zuzurechnen ist.

Darin erschöpft sich die hoheitliche Steuerungswirkung normativer Absprachen aber nicht: Normersetzende Absprachen sind mehr als nur Nichtregelung im Gegenzug zu Selbstregulierung: sie stellen vielmehr informale Steuerung durch die rechtsetzende Gewalt dar. Die Auferlegung von Eigenverantwortung für ein konsensual vereinbartes Gemeinwohlziel ist positive, wenngleich informale Ausübung rechtsetzender Gewalt, die negative Folge des Verzichts auf formelle Initiative bzw. Rechtsetzung nur deren Kehrseite. Die kompetenzielle Frage normativer Absprachen darf nicht an der negativen Seite des Verzichts auf formelle Rechtsetzung anknüpfen. Vielmehr muss sie das positive Ergebnis hoheitlicher Steuerung erfassen. Auch kooperative und informale Steuerung ist positive Ausübung der rechtsetzenden Gewalt. Darauf muss die Kompetenzbegründung der rechtsetzenden Gewalt im kooperierenden Verfassungsstaat beruhen.

Deshalb geht der Ansatz[933] fehl, die Kompetenzen hinsichtlich der Nichtausübung von Rechtsetzungskompetenzen danach zu differenzieren, kein formelles Gesetz (durch den Bundestag) zu erlassen, keine Initiative (durch die Bundesregierung) zu ergreifen bzw. keinen Ressortentwurf zu einer

---

[932] Anders *R. Dragunski,* Kooperation von Verwaltungsbehörden mit Unternehmen im Lebensmittelrecht, 1997, S. 160, 171; *U. Dempfle,* Normvertretende Absprachen, 1994, S. 127; *J. Knebel/L. Wicke/G. Michael,* Selbstverpflichtungen ..., 1999, S. 70; *A. Faber,* Gesellschaftliche Selbstregulierungssysteme im Umweltrecht, 2001, S. 259 f.

[933] *A. Faber,* Gesellschaftliche Selbstregulierungssysteme im Umweltrecht, 2001, S. 259 f.

§ 11 Kompetenzielle Ordnung der rechtsetzenden Gewalt   433

Initiative vorzulegen (durch den Fachminister). Mit dieser Differenzierung lässt sich allenfalls eine isoliert betrachtete „Drohungs-Kompetenz" bzw. eine negative formale Rechtsetzungskompetenz, nicht jedoch die positive, informale Absprachekompetenz begründen.[934] Selbst wenn die Bundesregierung sich mit ihren Drohungen explizit darauf beschränken würde, von ihrem eigenen Initiativrecht keinen Gebrauch zu machen, geht der Konsens mit der Wirtschaft über die Bedeutung einer Initiative bzw. Nicht-Initiative hinaus:

Der kooperierende Staat übt bei den Verhandlungen und der Einigung mit der Wirtschaft funktionell die *Verhandlungs- und Beschlussfunktion* der rechtsetzenden Gewalt aus, auch wenn dieser Konsens keinen formalen Rechtsetzungsakt darstellt. Dafür müssen die beteiligten Hoheitsträger ihre Organkompetenz, d.h. die entsprechende Zuweisung der Rechtsetzungsverantwortung nachweisen. Das ist für die verschiedenen Absprachetypen zu untersuchen. Anknüpfungspunkt in der Kompetenzordnung des Grundgesetzes kann dabei für die regelmäßig kooperierende Bundesregierung eine Verordnungsermächtigung nach Art. 80 Abs. 1 GG sein, nicht aber das Gesetzesinitiativrecht nach Art. 76 Abs. 1 GG. Eine weitere Konsequenz ist, dass *Zustimmungserfordernisse* im Rechtsetzungsprozess, wie sie sowohl für Parlamentsgesetze, als auch für Verordnungen häufig zu Gunsten des *Bundesrates* gelten, auf ihre Übertragbarkeit überprüft werden müssen.

Einen Sonderfall stellen insoweit die *normprägenden Absprachen* dar. Sie sind darauf ausgerichtet, eine Gesetzesinitiative auszuhandeln und inhaltlich zu prägen. Weil daraufhin ein formelles Gesetzgebungsverfahren vollständig durchlaufen wird, scheint hier die Absprache nur das Vorfeld, die Vorbereitung der Initiative zu betreffen. Allerdings ist auch das nicht mit all seinen Konsequenzen vom Gesetzesinitiativrecht gedeckt: Denn indem die Vorbereitung der Initiative zu einem konsensualen Prozess wird, dessen Ergebnisse nicht nur Eckpunkte markieren, sondern eine Art Paketlösung darstellen, wird auch bei den normprägenden Absprachen die Verhandlungs- und Beratungsfunktion, die dem Bundestag zukommt, verlagert. Der Bundestag wird – darin unterscheiden sich normprägende Absprachen von der bloßen Einflussnahme des Lobbyismus und dem informalen „Aushandeln"[935] von Gesetzen – unter politischen Druck gesetzt, einer Paketlösung unverändert zuzustimmen. Der politische Druck wird dadurch erzeugt, dass die Bundesregierung bereits die normprägende Absprache als Gemeinwohlkonsens, als Ergebnis der konsensualen Ausübung rechtsetzender Gewalt öffentlich präsentiert. Außerdem droht sie dem Bundestag gemeinsam

---
[934] So aber wohl *P. Kirchhof,* Verwalten durch „mittelbares" Einwirken, 1977, S. 152.
[935] Dazu *M. Kloepfer,* Gesetzgebung im Rechtsstaat, VVDStRL 40 (1982), S. 63 (89 f.); *ders.,* JZ 1991, S. 737 (743).

mit der Wirtschaft, der gesamte, mühsam erreichte Konsens würde platzen, wenn er auch nur im Detail auf Grund parlamentarischer Beratungen korrigiert würde. Schließlich bezeichnet die von der Mehrheit des Bundestages getragene Regierung den Konsens als zentralen Erfolg ihrer Arbeit. Wenn sich der Prozess normprägender Absprachen so darstellt, können sie nicht allein vom Initiativrecht gedeckt sein.

3. Funktionelle Eignung und Kompetenz der Bundesregierung zur Kooperation

Die Idee der funktionellen Gewaltenteilung[936] erlaubt Erwägungen darüber, welche Organe von ihrer institutionellen Beschaffenheit her eine Aufgabe sachgemäß und am effektivsten wahrnehmen können. Mit diesem Argument ließe sich argumentieren, dass die Bundesregierung institutionell am besten geeignet ist, um informale Absprachen mit der Wirtschaft zu treffen.

Die funktionelle Zuordnung der Gewalten und der Organkompetenzen lässt sich auch im Grundgesetz nachweisen. Sie steht hinter vielen seiner organisatorischen Regelungen und kann auch für deren Auslegung als Prinzip herangezogen werden. Das lässt sich für die hier relevante Verteilung der Organkompetenzen der rechtsetzenden Gewalt in folgende drei Aspekte zusammenfassen: Erstens erlaubt Art. 80 Abs. 1 GG die begrenzte Delegation von Rechtsetzungsaufgaben an die Bundesregierung nicht zuletzt deshalb, weil diese flexibler reagieren kann und das Parlament von der Beschäftigung mit Detailfragen entlastet, damit es sich auf seine Funktion der Beratung und Entscheidung wesentlicher politischer Fragen konzentrieren kann.[937] Zweitens ermöglicht das Gesetzesinitiativrecht der Bundesregierung nach Art. 76 Abs. 1 GG eine besonders effektive Erledigung der Vorarbeiten parlamentarischer Gesetzgebung einschließlich der Abstimmung mit den Verbänden und den von ihnen vertretenen Interessen. Drittens verwirklicht die parlamentarische Beratung – vor allem die Ausschussarbeit – die Idee der Repräsentation, die bereits *Montesquieu* unter ihren funktionellen Aspekten erkannte: „Der große Vorteil der Repräsentanten besteht darin, dass sie fähig sind, die Angelegenheiten zu verhandeln."[938]

Im kooperierenden Verfassungsstaat verlagern sich dieses Verhandeln der Angelegenheiten des Gemeinwohls und vor allem auch die Konsensfindung

---

[936] *K. Hesse,* Grundzüge des Verfassungsrechts ..., 20. Aufl., 1995 (Neudr. 1999), Rz. 494.
[937] Dazu *K. Hesse,* ebenda, Rz. 526.
[938] *Montesquieu,* De l'Esprit des Lois (1748), Vom Geist der Gesetze, 2. Aufl. 1992, Band 1, S. 219.

§ 11 Kompetenzielle Ordnung der rechtsetzenden Gewalt 435

vom Parlament bzw. vom Kabinett auf Abspracherunden zwischen einzelnen Regierungsmitgliedern und Verbandsfunktionären. Dies bedarf der verfassungsrechtlichen Einbindung, die eine Organkompetenz der an normativen Absprachen beteiligten Hoheitsträger voraussetzt. Diese Einbindung kann nur gelingen, wenn im Sinne „praktischer Konkordanz"[939] drei Gesichtspunkte optimiert und in Einklang gebracht werden: Verhandlungen und auch Absprachen des Staates mit der Wirtschaft müssen erstens möglich sein, soweit das Verfassungsprinzip kooperativer Verantwortung hierfür eine Legitimationsgrundlage bietet. Diese Verhandlungen müssen zweitens von Hoheitsträgern geführt werden können, die dafür sachlich und organisatorisch geeignet sind. Deren Tätigwerden muss drittens mit den Grundzügen der verfassungsrechtlichen Kompetenzordnung soweit wie möglich und praktikabel vereinbar sein.

Der erste Gesichtspunkt des verfassungsrechtlichen Prinzips kooperativer Verantwortung ist gleichsam Auftrag an die Verfassungsdogmatik und -theorie. Zugleich werden dadurch inhaltlich Grenzen des kooperierenden Verfassungsstaates vorgezeichnet: Die zu begründenden Kompetenzen zur Kooperation müssen nur soweit reichen, wie die jeweils aufzuerlegende Eigenverantwortung der Wirtschaft.

Der zweite Gesichtspunkt prädestiniert die Bundesregierung als zentrales Organ der kooperierenden Ausübung rechtsetzender Gewalt. Weder der Bundestag, noch der Bundesrat wären zu informalen Verhandlungen und Absprachen mit Verbänden institutionell auch nur entfernt so geeignet wie die Bundesregierung bzw. ihre Mitglieder.

Der dritte Gesichtspunkt eröffnet auch de constitutione lata Möglichkeiten, eine praktikable Kompetenzordnung der kooperierenden rechtsetzenden Gewalt zu begründen:

Art. 80 GG eröffnet Möglichkeiten, um aus Effektivitätserwägungen heraus der Bundesregierung selbstständig auszuübende rechtsetzende Funktion zuzuweisen. Zu den Grundelementen des Art. 80 GG zählt es, dass das Parlament selbst der Bundesregierung entsprechende rechtsetzende Kompetenzen partiell zuweist.[940] In deren Rahmen kann die Bundesregierung selbst über das Ob der Setzung von Rechtsnormen beschließen.

Daraus folgt zunächst, dass bestehende Verordnungsermächtigungen auch zu normativen Absprachen ermächtigen, die dem Inhalt, Zweck und Ausmaß (Art. 80 Abs. 1 S. 2 GG) der Ermächtigung entsprechen. Inhalte dür-

---

[939] *K. Hesse,* Grundzüge des Verfassungsrechts …, 20. Aufl., 1995 (Neudr. 1999), Rz. 72; im vorliegenden Zusammenhang: *Chr. Engel,* StWuStPr 1998, S. 535 (565).

[940] Vgl. *K. Hesse,* Grundzüge des Verfassungsrechts …, 20. Aufl., 1995 (Neudr. 1999), Rz. 525.

fen den Rahmen der Ermächtigung nicht überschreiten. Der Zweck von Verordnungsermächtigungen liegt regelmäßig auch in der Flexibilisierung der Rechtsetzung und ihr Ausmaß umfasst damit auch normative Absprachen. Das wurde im Bundestag bei der Verabschiedung des Wasch- und Reinigungsmittelgesetzes deutlich, das eine Verordnungsermächtigung in § 9 Abs. 2 enthält, die von vornherein ein Kooperationsmandat der Bundesregierung bezweckte. Auch die damalige SPD-Opposition begrüßte die Idee der Verordnungsermächtigung als Drohmittel für Selbstverpflichtungen, weil sich so leichter, gezielter und schneller Vereinbarungen mit der Industrie erzielen lassen und damit effektiver gesteuert werden könne, als durch eine Regelung im Gesetz.[941]

Diskutabel erscheint es darüber hinaus, behutsam die Maßstäbe des Art. 80 GG zu Gunsten von Kompetenzen der Bundesregierung zu normativen Absprachen zu erweitern: Erstens sollte das Gebot der inhaltlichen Bestimmtheit und der Vorwegnahme wesentlicher politischer Inhalte in der gesetzlichen Ermächtigung gelockert werden, wenn dies der dynamischen, flexiblen Verwirklichung von Verfassungsprinzipien dient,[942] insbesondere dem Umweltschutz (Art. 20 a GG) und dem Prinzip kooperativer Verantwortung. Zweitens kann daran gedacht werden, der Bundesregierung analog Art. 80 GG mit selbständigen Kooperationsermächtigungen Kompetenzen zum Abschluss von Parlamentsgesetze ersetzenden und prägenden Absprachen zu verleihen. Allerdings setzt Art. 80 Abs. 2 und 3 GG dem selbständigen Agieren der Bundesregierung auch eine organisatorische Hürde: Regelmäßig bedarf der Erlass von Verordnungen der Zustimmung des Bundesrates.

Eine derartige Begründung der Organkompetenz der Bundesregierung zum Abschluss normativer Absprachen kommt der Kompetenzordnung des Grundgesetzes am relativ nächsten. Die Konsequenzen, die aus dieser Konzeption zu ziehen sind, werden mit Blick auf die einzelnen Absprachetypen im nächsten Abschnitt erläutert. An dieser Stelle sind noch zuvor weitere Ansätze des Schrifttums zu diskutieren, die m. E. zwar in der dogmatischen Begründung weniger „aufwändig" zu sein scheinen, sich aber im Ergebnis weiter von der Konzeption der rechtsetzenden Gewalt im Grundgesetz entfernen:

Aus dem *Initiativrecht des Art. 76 Abs. 1 GG allein* kann keine selbständige Kooperationskompetenz der Bundesregierung abgeleitet werden.[943]

---

[941] So *Kiem* (SPD), BT-Pl.Prot 10/246, S. 19039.
[942] *E. Schmidt-Aßmann,* Das allgemeine Verwaltungsrecht als Ordnungsidee, 1998, S. 167.
[943] Anders *R. Dragunski,* Kooperation von Verwaltungsbehörden mit Unternehmen im Lebensmittelrecht, 1997, S. 160, 171; *U. Dempfle,* Normvertretende Absprachen, 1994, S. 127; *J. Knebel/L. Wicke/G. Michael,* Selbstverpflichtungen ...,

Das Initiativrecht ist unselbständig und auf die Ingangsetzung einer parlamentarischen Auseinandersetzung und Entscheidung ausgerichtet. Gesetzgebung ist unter dem Grundgesetz „eine gemeinsame Aufgabe der als Exekutive und Legislative bezeichneten Gewalten"[944], die nicht von der Bundesregierung allein ausgeübt werden darf. Es würde deshalb dem Wesen der grundgesetzlichen Ordnung der Organkompetenzen widersprechen, das Initiativrecht zur Begründung der Kompetenzen der rechtsetzenden Gewalt im kooperierenden Verfassungsstaat heranzuziehen. Betrachtet man Art. 76 Abs. 1 GG und Art. 80 GG nebeneinander, so fällt auf, dass beide Normen zwar rechtsetzende Funktionen der Bundesregierung begründen, aber zugleich den Bundestag als zentrales Organ der Legislative bestätigen: Die Gesetzesinitiativen versprechen nur insoweit Erfolg, als sie vom Bundestag als Gesetze beschlossen werden und die Ermächtigung zum Erlass von Rechtsverordnungen beruht ihrerseits auf Bundesgesetzen, die also der Bundestag beschlossen hat. Von dieser Konzeption abzuweichen, ist nicht zu rechtfertigen, wenn man normative Absprachen der rechtsetzenden Gewalt zuordnet, was im Schrifttum zwar nicht bestritten, aber bisweilen verschleiert wurde.

Auch eine *verfassungsunmittelbare Verordnungskompetenz* der Exekutive ist abzulehnen.[945] Eine „Ermächtigung" i. S. d. Art. 80 Abs. 1 S. 1 GG ist konstitutiv und gesetzesabhängig („durch Gesetz"). Das muss jedenfalls gelten, wenn Grundrechte als Abwehrrechte betroffen sind. Deshalb ist es verfehlt, von den *allgemeinpolitischen Regierungsfunktionen* auf darüber hinausgehende ungeschriebene bzw. originäre Kompetenzen im rechtsetzenden Bereich zu schließen.[946] Damit wird der normsubstituierende Charakter der Absprachen verkannt oder unterschätzt. Im Gegensatz etwa zu informalen Warnungen ist bei den normativen Absprachen die rechtsetzende Funktion der Bundesregierung betroffen. Auch die von *John Locke* der Regierung zugestandene Kompetenz, vorläufige Maßnahmen „nach dem allgemeinen Naturgesetz ... zum Wohle der Gesellschaft" zu treffen, „bis die Legislative in angemessener Form versammelt werden kann, um sich damit zu befassen"[947], ist mit der Konzeption des Grundgesetzes kaum vereinbar, die so-

---

1999, S. 70; *A. Faber,* Gesellschaftliche Selbstregulierungssysteme im Umweltrecht, 2001, S. 259 f.

[944] *P. Kirchhof,* Verwalten durch „mittelbares" Einwirken, 1977, S. 151.

[945] *Th. v. Danwitz,* Die Gestaltungsfreiheit des Verordnungsgebers, 1989, S. 32 f.; anders *H.-D. Horn,* Die grundrechtsunmittelbare Verwaltung, 1999, S. 64 ff.

[946] So aber *A. Helberg,* Normabwendende Selbstverpflichtungen ..., 1999, S. 98; dagegen bereits *A. Faber,* Gesellschaftliche Selbstregulierungssysteme im Umweltrecht, 2001, S. 260.

[947] *J. Locke,* The Second Treatise of Government (1689), Über die Regierung, 1974, S. 121 (Kap. XIV „Prärogative" Nr. 159).

wohl Eilverordnungen auf Grund von Art. 80 GG ermöglicht als auch Regelungen für Notstandsgesetzgebung in Art. 115c ff. GG bereithält.

Zwischenergebnis: Der Bundesregierung können und sollen Kompetenzen zum Abschluss normativer Absprachen zugewiesen werden. Diese müssen aber auf einem sie ermächtigenden Parlamentsgesetz beruhen. Dieses Ergebnis ist Konsequenz der Grundprinzipien der im Grundgesetz normierten Ordnung der Organkompetenzen der rechtsetzenden Gewalt. Außerdem ist diese Forderung für eine Kompetenzbegründung der rechtsetzenden Gewalt im kooperierenden Verfassungsstaat im Ergebnis auch wegen des grundrechtlichen Gesetzesvorbehaltes (s. o.) ohnehin zwingend geboten.

IV. Konsequenzen für die verschiedenen Absprachetypen

1. Verordnungsersetzende Absprachen

a) Verordnungsermächtigung als Kooperationskompetenz

Im Schrifttum wurde viel darüber diskutiert, ob Verordnungsermächtigungen eine Mitwirkung an verordnungsersetzenden Absprachen als „minus"[948] einschließen oder ob sie diese als „aliud"[949] ausschließen. Die Diskussion über eine Kategorisierung zwischen minus und aliud ist in diesem Zusammenhang jedoch schief. Dass Verordnungsermächtigungen zu informalen Absprachen ermächtigen, muss besser begründet werden, als mit der Argumentationsfigur des rechtlichen minus. Ob nämlich ein minus oder ein aliud vorliegt, hängt davon ab, worauf der Blick sich konzentriert: Hinsichtlich des Maßes hoheitlicher Steuerung und rechtlicher Verbindlichkeit mag ein minus zu erkennen sein, hinsichtlich des Zustandekommens und der wesentlich gestärkten Rolle der Wirtschaft bei der Zielverwirklichung kann nur von einem aliud gesprochen werden.

Die Verordnungsermächtigung ermächtigt nicht ausschließlich zu einseitiger Steuerung auf dem formalen Wege des Verordnungserlasses.[950] Verordnungsermächtigungen lassen der Bundesregierung Spielräume[951], die zum Wesen rechtsetzender Gewalt gehören: hinsichtlich des Ob, überhaupt von

---

[948] So sinngemäß die wohl h.M., vgl. *W. Brohm,* DÖV 1992, S. 1025 (1033); *K. W. Grewlich,* DÖV 1998, S. 54 (59); *J. Fluck/T. Schmitt,* VerwArch 99 (1998), S. 220 (237); *J. Knebel/L. Wicke/G. Michael,* Selbstverpflichtungen ..., 1999, S. 263; zur Gegenansicht vgl. *U. Dempfle,* Normvertretende Absprachen, 1994, S. 144 m. w. N.

[949] So *A. Helberg,* Normabwendende Selbstverpflichtungen ..., 1999, S. 289.

[950] So aber *U. Dempfle,* Normvertretende Absprachen, 1994, S. 104; wie hier: *K. Rennings/K. L. Brockmann/H. Bergmann,* Nachhaltigkeit, Ordnungspolitik und freiwillige Selbstverpflichtung, 1996, S. 131 (183).

ihnen Gebrauch zu machen, und in Grenzen des Bestimmtheitsgebotes auch hinsichtlich des Wie, d.h. der Art und Weise und des Inhaltes. Bisweilen schafft der Gesetzgeber eine Verordnungsermächtigung von vornherein in der ausdrücklichen Absicht, dass die Bundesregierung diese als Druckmittel für normative Absprachen einsetzen soll. So enthält die Begründung der Bundesregierung[952] vom 10. April 1986 zur Novelle des Wasch- und Reinigungsmittelgesetzes[953] den Hinweis, dass auf eine Verordnung nach § 9 Abs. 2 zu Gunsten einer freiwilligen Selbstverpflichtung verzichtet werden könnte; bereits im Oktober 1986 – also noch vor dem Abschluss des Gesetzgebungsverfahrens (dritte Lesung im Bundestag war am 13. November 1986) – wurde eine Verbandszusage gegenüber dem Bundesministerium für Umwelt abgegeben, bestimmte (nach § 9 Wasch- und Reinigungsmittelgesetz zu hinterlegende) Rahmenrezepturen und darüber hinausgehende Angaben zur Umweltverträglichkeit von Wasch- und Reinigungsmitteln dem Umweltbundesamt zu machen.[954]

Verordnungsermächtigungen ermächtigen aber nicht nur in den Fällen, in denen der Gesetzgeber dies so explizit gewollt hat, zu alternativem, informalem Vorgehen. Das Verfassungsprinzip kooperativer Verantwortung erlaubt es grundsätzlich jedem Hoheitsträger, der zu einseitigem Handeln ermächtigt ist, die von der gesetzlichen Ermächtigung erfassten Ziele stattdessen kooperativ und informal zu verfolgen. Als gesetzliche Grundlage kommen Befugnisse zum Erlass von Verwaltungsakten sowie Verordnungsermächtigungen in Betracht. Für normersetzende Absprachen stehen die Verordnungsermächtigungen im Mittelpunkt. Zuständig für den Abschluss normersetzender, informaler Absprachen sind die Behörden, die zum Erlass von Rechtsverordnungen ermächtigt sind. Bei normersetzenden Absprachen ist die Ermächtigung zur Normsetzung sowohl erforderlich als auch hinreichend. Darüber hinaus ist jedoch staatliche Kooperation ausgeschlossen, soweit sie grundrechtsrelevant ist.

Der inhaltliche Rahmen der Verordnungsermächtigung darf nicht überschritten werden.[955] Das folgt aus Art. 20 Abs. 3 i.V.m. Art. 80 Abs. 1 GG. Die inhaltlichen Grenzen der Verordnungsermächtigung markieren die

---

[951] *M. Schmidt-Preuß*, VVDStRL 56 (1997), S. 160 (218) betont deren Spielraum. Dagegen *A. Helberg*, Normabwendende Selbstverpflichtungen ..., 1999, S. 289.
[952] BT-Drucks 10/5303, S. 17: „Soweit die erforderlichen Informationen von der Industrie im Zuge einer freiwilligen Selbstverpflichtung zur Verfügung gestellt werden, könnte auf eine solche Verordnung verzichtet werden".
[953] Gesetz über die Umweltverträglichkeit von Wasch- und Reinigungsmitteln vom 5. März 1987, BGBl. I S. 875.
[954] *J. Knebel/L. Wicke/G. Michael*, Selbstverpflichtungen ..., 1999, S. 436.
[955] *U. Dempfle*, Normvertretende Absprachen, 1994, S. 109, 123; *M. Schmidt-Preuß*, VVDStRL 56 (1997), S. 160 (218) betont deren Spielraum. Dagegen *A. Hel-*

Grenzen staatlicher Kooperation mit der Wirtschaft. Der Wirtschaft bleibt es unbenommen, sich darüber hinaus selbst zu verpflichten. Ein solcher „überschießender Selbstverpflichtungsinhalt"[956] darf aber vom Staat nicht ausdrücklich, tatsächlich oder finanziell unterstützt, sondern muss hingenommen werden.

b) Kompetenzabgrenzung zwischen dem Bundeskabinett und einzelnen Ressorts

Zu den Vorteilen informaler Absprachen aus Sicht der Ministerialbürokratie gehört es, das „Koordinierungsrisiko"[957] zu begrenzen, indem Mitzeichnungen durch Fachabteilungen, Ressortabstimmungen bei der Vorbereitung von Kabinettsvorlagen und nicht zuletzt die Einschaltung des Bundesrates umgangen werden. Dem muss das Verfassungsrecht Grenzen setzen: Art. 80 Abs. 1 GG unterscheidet deutlich zwischen der Ermächtigung der Bundesregierung und einzelner Minister. Das Kollegialitätsprinzip nach Art. 65 S. 3 GG gebietet es, dass alle Ressorts gehört werden müssen, wenn die Bundesregierung als solche ermächtigt ist.[958]

Für normative Absprachen auf Grund einer Verordnungskompetenz der Bundesregierung bedeutet das, dass zwar der Ressortminister sie aushandelt, aber die Bundesregierung über ihren Abschluss zu beschließen hat. Der Ressortminister darf eine Absprache mit der Wirtschaft nur unterschreiben, wenn er dies entweder unter dem ausdrücklichen Vorbehalt der Beschlussfassung der Bundesregierung tut oder wenn die Bundesregierung die unterschriftsreife Absprache zuvor gebilligt hat. Auch die öffentliche Gutheißung von Selbstverpflichtungen, die Verordnungen substituieren, zu denen die Bundesregierung ermächtigt ist, darf durch den Ressortminister erst nach entsprechender Billigung durch das Kabinett erfolgen.

Das mag zwar den Abschluss normativer Absprachen geringfügig erschweren, formalisiert sie aber nicht übermäßig und macht sie keineswegs

---

berg, Normabwendende Selbstverpflichtungen ..., 1999, S. 289: Kein minus sondern aliud.

[956] *J. Knebel/L. Wicke/G. Michael,* Selbstverpflichtungen ..., 1999, S. 263.

[957] *R. Wolf,* in: W. Hoffmann-Riem/E. Schmidt-Aßmann (Hrsg.), Konfliktbewältigung durch Verhandlungen, Bd. II, 1990, S. 129 (141).

[958] *Chr. Engel,* StWuStPr 1998, S. 535 (565). Nicht die Richtlinienkompetenz (des Bundeskanzlers!) nach Art. 65 S. 1 GG und nicht Analogien zu § 15 Abs. 1 GeschOBReg oder zu § 68 GGO II sind Argumente dafür, die Bundesregierung an verordnungsersetzenden Absprachen zu beteiligen. Diese Argumente führt *A. Helberg,* Normabwendende Selbstverpflichtungen ..., 1999, S. 238 f. ergänzend auf. Unzutreffend auch *T. Köpp,* Normvermeidende Absprachen zwischen Staat und Wirtschaft, 2001, S. 182.

unpraktikabel. Die Beschlussfassung des Bundeskabinetts ist zwingende Konsequenz der Kompetenzordnung des Grundgesetzes und des in der Verordnungsermächtigung zum Ausdruck kommenden Willens des Parlaments. Eine insofern großzügigere Auslegung der Verfassung ist schon deshalb nicht geboten und angezeigt, weil es dem einfachen Bundesgesetzgeber bereits nach dem klaren Wortlaut des Art. 80 Abs. 1 GG ohne weiteres möglich wäre, einzelne Minister zu ermächtigen, wenn er eine derartige Erhöhung der Flexibilität für wünschenswert hält. Solche rechtspolitischen Konsequenzen muss der Gesetzgeber ziehen, nicht der Verfassungsinterpret.

Wird ein einzelnes Ressort ermächtigt,[959] ist der Fachminister zuständig für jedwede Kooperation, die eine entsprechende Verordnung substituiert. Andere Behörden, insbesondere Fachminister, in deren Ressort eine entsprechende Verordnung nicht fällt, dürfen nicht eigenständig in Verhandlungen mit Privaten treten, sondern allenfalls psychische Unterstützung gewähren und ergänzend eine beratende Funktion einnehmen, wenn sie bei den Absprachepozessen hinzugezogen werden.

Bisweilen werden auch einzelne Bundesminister ermächtigt, Rechtsverordnungen im *Einvernehmen mit anderen Bundesministern* zu erlassen (z.B. § 21 LMBG). Für das auf Grund der Verordnungsermächtigung rechtlich zwingende Einvernehmen gilt dasselbe, wie für die Beschlussfassung der Bundesregierung im Falle von deren Ermächtigung: Der Ressortminister darf informale Absprachen aushandeln, muss vor deren Abschluss jedoch das Einvernehmen einholen.

Eine Gegenauffassung verlangt anstelle dessen eine bloße Unterrichtung des anderen Ressorts.[960] Eine Formalisierung informaler Absprachen durch Analogie sei in diesem Punkt entbehrlich, weil nach entsprechender Unterrichtung die Meinungsverschiedenheiten im Kabinett klärbar seien. Indes ist mit einer derartigen informalen Informationspflicht gegenüber dem Einvernehmen wenig gewonnen. Sollte es tatsächlich einmal darauf ankommen, müsste jedenfalls sichergestellt werden, dass die Information das andere Ressort rechtzeitig erreicht hat und keine Meinungsverschiedenheiten bestehen. De facto müsste sich das verhandelnde Ministerium also des Einverständnisses des anderen Ressorts versichern. Eine Argumentation mit einem vermeintlich fehlenden Analogiebedürfnis geht fehl. Es besteht vielmehr kein Anlass, anstelle des in der Verordnungsermächtigung geregelten Einverständnisses per Rechtsschöpfung eine Informationspflicht zu fordern, deren Anwendung nur Rechtsunsicherheiten hervorruft.

---

[959] Diese Differenzierung fehlt bei *W. Frenz,* Selbstverpflichtungen der Wirtschaft, 2001, S. 158.
[960] *R. Dragunski,* Kooperation von Verwaltungsbehörden mit Unternehmen im Lebensmittelrecht, 1997, S. 180.

c) Ausfertigungsbefugnis des Bundeskanzlers

Eine Zeichnung des Bundeskanzlers nach § 30 GeschOBReg ist bei informalen Absprachen zwar möglich, aber nicht erforderlich. Sie ist ein formaler Akt, der eine zwingende Bedeutung hat, soweit Art. 82 Abs. 1 S. 2 GG verlangt, dass eine Rechtsverordnung „von der Stelle, die sie erlässt, ausgefertigt wird." Der formale Akt der Ausfertigung entfällt jedoch bei informalen Absprachen, die formal keine Verordnungen i.S.d. Art. 80, 82 Abs. 1 S. 2 GG sind.

Zwar bezweckt das Zeichnungserfordernis durch den Bundeskanzler nach § 30 GeschOBReg auch, den Bundeskanzler zu informieren, damit dieser seine Kompetenz, die Richtlinien der Politik zu bestimmen, wirksam wahrnehmen kann. Außerdem soll die Ausfertigungsbefugnis die Verantwortung für jede Rechtsverordnung der Bundesregierung bündeln. Aber die formale Absicherung ist nur in dem Moment erforderlich, in dem auch das das Handeln der Bundesregierung formalisiert ist. Wollte der Bundeskanzler darüber hinaus Informationsgepflogenheiten einführen, so kann er diese politisch und informal leicht durchsetzen, ohne dass das Verfassungsrecht dies garantieren müsste.

d) Zustimmung des Bundesrates

Zu den praktisch wichtigsten Fragen gehört, ob die Zustimmung des Bundesrates zu verordnungsersetzenden Absprachen erforderlich ist, wenn die entsprechende Verordnung nach Art. 80 Abs. 2 GG zustimmungsbedürftig wäre.

Gegen das Zustimmungsbedürfnis bei normativen Absprachen wurde argumentiert, das Zustimmungserfordernis habe lediglich den Sinn, dem Bundesrat Einfluss auf sodann von den Verwaltungen der Länder zu vollziehende Verordnungen zuzugestehen.[961] Eine Zustimmung zu informalen Absprachen sei entbehrlich, weil durch normersetzende Absprachen kein vollziehbares Recht entstehe und die Länderbehörden von ihnen nicht berührt werden.

Darin erschöpft sich indes der Sinn des Zustimmungserfordernisses nicht. De constitutione lata wird dem Bundesrat eine politisch bedeutende Funktion innerhalb der rechtsetzenden Gewalt zugewiesen. Der Einfluss der Länder auf die Bundesgesetzgebung und auf die Verordnunggebung der Bundesregierung hat politisch eminentes Gewicht. Die Tendenzen zur Unitarisierung des Bundesstaates[962] durch extensive Ausübung der konkurrieren-

---

[961] So *R. Dragunski*, ebenda, 1997, S. 179 f.; nachdenklich *F. A. Schendel*, NVwZ 2001, S. 494 (497).

den Gesetzgebung durch den Bund erhält hierdurch ein Gegengewicht. Die Bedeutung der Bundesgesetzgebung verliert zunehmend an Gewicht zu Gunsten der Verordnunggebung einerseits und der europäischen Integration andererseits. Auch für diese Tendenzen wurde mit Art. 23 GG n.F. und Art. 80 Abs. 3 GG ein Ausgleich zu Gunsten der Länder durch effektive Mitwirkung des Bundesrates an der Rechtsetzung des Bundes[963] geschaffen.

Dieses Kompetenzverhältnis darf nicht auf informalen Wegen unterlaufen werden. Sonst wird die Bundesregierung geradezu ermuntert, informale Absprachen gerade deshalb zu treffen, um das Zustimmungserfordernis zu *umgehen*. Zwar darf nicht jedes informale Handeln mit dem Argument der Umgehung formeller Anforderungen per se verboten sein. Aber bei dem Zustimmungserfordernis handelt es sich nicht um eine bloße Formvorschrift, deren Sinn sich in der rechtsstaatlichen Formalisierung der förmlichen Rechtsetzung erschöpfte. Vielmehr handelt es sich um eine auch politisch wichtige Veto-Kompetenz des Bundesrates, die jenem eine Blockade-Politik ermöglicht. Das mag verfassungspolitisch unbefriedigend sein. Eine Flucht aus dieser Situation in die informale Ausübung der rechtsetzenden Gewalt ist verfassungsrechtlich aber nicht tolerabel.

U. Dempfle[964] hat auf der Grundlage des Art. 80 GG a.F. die Auffassung vertreten, dass auf die Zustimmung des Bundesrates nicht verzichtet werden dürfe, weil der Bundesrat kein Initiativrecht für entsprechende Verordnungen habe und deshalb außerhalb des Zustimmungsverfahrens keine Möglichkeit habe, eine Verordnung anstelle der diese substituierenden informalen Absprache zu fordern. Mit Art. 80 Abs. 3 GG wurde aber 1994 ein *Initiativrecht des Bundesrates* für zustimmungsbedürftige Rechtsverordnungen geschaffen, das diese Argumentation hinfällig macht. *G. Hucklenbruch* vertritt nunmehr die im Ergebnis parallele, in der Argumentation entgegengesetzte Ansicht, dass wegen des Intitiativrechts ein Zustimmungserfordernis entbehrlich und jedenfalls durch bloße Information ersetzbar sei.[965] Indes ist *Dempfle* in der Sache und *Hucklenbruch* auch im Ergebnis zu widersprechen: Erst das Initiativrecht zeigt, dass der Bundesrat nicht nur wegen der Vollzugskompetenzen der Länderbehörden in das Verfahren der Verordnunggebung einbezogen ist, sondern politische Initiative ergreifen können soll. Der Auffassung *Dempfles,* dass ein Initiativrecht zur Rechtsetzung von normersetzenden Absprachen nicht berührt werde, sondern wirksames Gegenmittel sei, ist zu widersprechen. Ist eine Absprache einmal getroffen, hat eine Initiative weniger Aussicht auf Erfolg als vor oder während des Absprachenprozesses.

---

[962] Hierzu *K. Hesse,* Der unitarische Bundesstaat, 1962.
[963] *H. Bauer,* in: H. Dreier, Grundgesetz Bd. II, 1998, zu Art. 80 Rz. 46.
[964] *U. Dempfle,* Normvertretende Absprachen, 1994, S. 134 f.
[965] *G. Hucklenbruch,* Umweltrelevante Selbstverpflichtungen, 2000, S. 236 f.

A. Helberg hat die Auffassung vertreten, dass das Zustimmungserfordernis des Bundesrates (auch bei der Gesetzgebung) nur bei formellen Rechtsakten Geltung beanspruchen könne.[966] Um dem Initiativrecht des Bundesrates nach Art. 80 Abs. 3 GG Rechnung zu tragen, sei es geboten und ausreichend, dass die Bundesregierung den Bundesrat von Vorhaben verordnungsabwendender Absprachen informiere.[967] Damit würde dem Bundesrat – wenn die Information sehr frühzeitig erfolge – immerhin die Chance eingeräumt, noch vor dem Abschluss von Absprachen vom Initiativrecht Gebrauch zu machen. Auch diese Auffassung kann aber nicht voll überzeugen. Sie sichert die zeitliche Dimension nicht ab und führt zu Folgeproblemen, wie lange der Bundesrat zu welcher Art von Reaktion Zeit haben müsste. Der Hinweis, das Initiativrecht nach Art. 80 Abs. 3 GG gebe dem Bundesrat nicht die Möglichkeit, den Erlass einer Rechtsverordnung gegen den Willen der Bundesregierung durchzusetzen, verschweigt die Kehrseite der Medaille: In denselben Fällen, in denen der Bundesrat initiativberechtigt ist, kann auch die Bundesregierung eine Rechtsverordnung wegen Art. 80 Abs. 2 GG nicht gegen den Willen des Bundesrates durchsetzen. Art. 80 Abs. 2 und 3 GG sind zum Junktim verschmolzen.

Wenig hilfreich und im Ergebnis nicht weiterführend ist auch die differenzierende Ansicht von *A. Faber,* die auf der Beobachtungspflicht über die Einhaltung von Selbstverpflichtungen beruht: Daraus zieht sie die Konsequenz, das Erfordernis der Zustimmung des Bundesrates gelte immer dann, „sofern jedenfalls (sic!) diese Überprüfung durch die Bundesländer erfolgen sollte (sic!)"[968]. Die Beobachtung der Durchführung von normativen Absprachen erfolgt im Rahmen der legislativen Kompetenzen und fällt damit – wie in der Staatspraxis bislang gehandhabt – dem Verordnunggeber zu. Um Konsequenzen für das Verfahren des Abschlusses von normativen Absprachen zu ziehen, müsste im Vorhinein klar sein, wann dies der Fall ist. Dazu äußert sich die Autorin aber nicht. Dass die Länder an der Durchführungskontrolle beteiligt werden müssen, wird (zu Recht) nicht behauptet. Dass eine Beteiligung der Länder an der Durchführung in der Absprache vereinbart werden könnte, ist eine rein hypothetische Erwägung, für die kein Anlass besteht, umso weniger, wenn die Bundesregierung dadurch selbst erst die Zustimmungsbedürftigkeit des Bundesrates auslösen würde. Im Ergebnis ist nach den von *A. Faber* genannten Voraussetzungen deshalb

---

[966] *A. Helberg,* Normabwendende Selbstverpflichtungen ..., 1999, S. 105 f.

[967] *A. Helberg,* Normabwendende Selbstverpflichtungen ..., 1999, S. 107 f.; so im Ergebnis bereits *W. Brohm,* DÖV 1992, S. 1025 (1030); zustimmend *R. Dragunski,* Kooperation von Verwaltungsbehörden mit Unternehmen im Lebensmittelrecht, 1997, S. 180; jetzt auch *G. Hucklenbruch,* Umweltrelevante Selbstverpflichtungen, 2000, S. 237.

[968] *A. Faber,* Gesellschaftliche Selbstregulierungssysteme im Umweltrecht, 2001, S. 262.

für den praktizierten Typus verordnungsersetzender Absprachen die Zustimmung des Bundesrates nicht erforderlich. Undeutlich bleibt auch die Auffassung von *J. Knebel*[969], wonach die Zustimmung nur dann erforderlich sei, wenn die Länder durch die Absprachen berührt werden.

Als Zwischenergebnis lässt sich festhalten: Entgegen der bisherigen Staatspraxis (und Theorie) ist es zwingend erforderlich, dass der Bundesrat *allen* Absprachen, die Verordnungen substituieren, die seiner Zustimmung bedürften, förmlich zustimmt. Sonst besteht die Gefahr, dass Absprachen gerade zur Umgehung politischer Widerstände im Bundesrat geschlossen werden. Der förmliche Aufwand, der dadurch entsteht, führt zwar zu Verzögerungen, macht normative Absprachen aber nicht unpraktikabel, insbesondere wenn man eine informale Beteiligung von Vertretern der Länder in Betracht zöge (hierzu § 19).

Auch aus der rechtspolitisch unbefriedigenden Schwerfälligkeit einer Bundesratsbeteiligung gibt es de constitutione lata einen Ausweg: Es wäre zumindest denkbar, durch entsprechende Verordnungsermächtigungen (Art. 80 Abs. 2 GG: „vorbehaltlich anderweitiger bundesgesetzlicher Regelung") die Bundesregierung vermehrt ohne Zustimmungsbedürftigkeit des Bundesrates zu ermächtigen. Allerdings ist dies nach bisheriger, nicht unumstrittener Rechtsprechung des BVerfG[970] nur mit Zustimmung des Bundesrates zu entsprechenden Ermächtigungen möglich. Davon ließe sich mit dem Argument des Verfassungsprinzips der kooperativen Verantwortung eine Ausnahme begründen, um die Flexibilität der rechtsetzenden Gewalt zu stärken, allerdings nicht für den (wichtigsten) Fall, dass das Bundesgesetz, das die Ermächtigung enthält ohnehin ein Zustimmungsgesetz ist (Art. 80 Abs. 2 (4. Fall) GG). Zu den Chancen, den Bundesrat zur Zustimmung zu bewegen soll noch im rechtspolitischen Ausblick Stellung genommen werden (§ 20).

Außerdem wäre de constitutione lata mit demselben Argument ein weiteres Ermächtigungsmodell denkbar: nämlich die Bundesregierung zum Erlass von Rechtsverordnungen mit Zustimmung des Bundesrates *und* zum Abschluss entsprechender verordnungsersetzender Absprachen ohne Zustimmungserfordernis zu ermächtigen. Allerdings spricht gegen dieses Modell, dass auf Grund solcher Ermächtigung der Abschluss von Absprachen gefördert würde, für die im Bundesrat keine Mehrheit zu erzielen wäre und die deshalb auch nicht ohne Überwindung politischer Hürden durch eine Ver-

---

[969] *J. Knebel/L. Wicke/G. Michael*, Selbstverpflichtungen ..., 1999, S. 146; von *A. Faber*, Gesellschaftliche Selbstregulierungssysteme im Umweltrecht, 2001, S. 262 als „ähnlich" zitiert; vgl. jetzt auch *T. Köpp*, Normvermeidende Absprachen zwischen Staat und Wirtschaft, 2001, S. 180 ff.
[970] BVerfGE 28, 66 (76 f.) – Postgebühren; a. A.: BVerwGE 28, 36 (39 ff.) – Postzeitung.

ordnung abgelöst werden könnten. Dadurch könnte sich die Bundesregierung in Abhängigkeiten von der Wirtschaft begeben, die rechtsstaatlich bedenklich sind. Dies ist aber eine Konsequenz, die sich aus der derzeitigen Staatspraxis nicht weniger ergibt.

e) Kooperationskompetenz des Bundesrates und der Landesregierungen?

Soweit die Beteiligung des Bundesrates nach Art. 80 Abs. 2 GG obligatorisch ist, folgt daraus nicht, dass dieser eine eigene Kooperationskompetenz hat. Das Initiativrecht für Rechtsverordnungen nach Art. 80 Abs. 3 GG ist eine unselbstständige Organkompetenz. Seinem Sinn und Zweck nach gibt es dem Bundesrat die Kompetenz, die Bundesregierung nicht nur zum Erlass einer Rechtsverordnung, sondern auch zum Abschluss einer entsprechenden normativen Absprache anzuregen und aufzufordern. Eine selbstständige Kooperationskompetenz zur Verhandlung und zum Abschluss normativer Absprachen, denen die Bundesregierung dann nur noch zustimmen müsste, gibt das Initiativrecht nicht. Daran ändert auch das politische Gewicht des Zustimmungserfordernisses nach Art. 80 Abs. 2 GG nichts.

Vielmehr macht Art. 80 GG deutlich, dass nicht der Bundesrat, sondern die Bundesregierung federführend bei der Verordnunggebung und also auch verhandlungsführend bei Absprachen sein muss: Die Bundesregierung ist es, die nach Art. 80 Abs. 1 GG gegebenenfalls ermächtigt ist; die Bundesregierung ist auch im Falle einer erfolgten Zustimmung nach Art. 80 Abs. 2 GG nicht verpflichtet, die Rechtsverordnung zu erlassen, sondern behält das Letztentscheidungsrecht; die Bundesregierung bleibt somit, auch wenn sie politisch von der Zustimmung des Bundesrates abhängt, mehr als nur Initiativberechtigte. Initiativ- und Vetorecht des Bundesrates zusammengenommen sind nur annähernd, aber nicht vollständig gleichwertig mit der Funktion der Bundesregierung als Verordnunggeber.

Dies bestätigt auch eine funktionelle Betrachtung der Organkompetenzen: Die Bundesregierung bzw. genauer der jeweilige Ressortminister sind institutionell und fachlich bei der Vorbereitung und beim Entwurf von Rechtsverordnungen privilegiert und zum Verhandeln mit der Wirtschaft prädestiniert. Deshalb ist der Ressortminister, gegebenenfalls auch mehrere Minister und der Bundeskanzler allein dazu berufen, mit der Wirtschaft verordnungsersetzende Absprachen auszuhandeln. Der Bundesrat als solcher ist hierzu institutionell nicht geeignet.

Praktisch müssten an Stelle des Bundesrates Landesregierungen in Abspracheverhandlungen treten. Hierzu gibt es einen Präzedenzfall: den Streit um die Zustimmung des Bundesrates zu der Dosen-Pfand-Verordnung im Juni 2001. Hier ergriffen die Landesregierung von Nordrhein-Westfalen und die bayerische Staatsregierung Initiativen, die Wirtschaft zu erneuten Selbstverpflichtungen zu ermutigen, die eine von der Bundesregierung beschlossene Dosen-Pfand-Verordnung hinfällig machen könnten.[971] Auf die Besonderheiten der Kompetenzen für normverdrängende Absprachen nach § 6 Abs. 3 und 4 VerpackV wird noch gesondert einzugehen sein. Dieses Vorgehen lässt sich nicht auf die jeweilige Verordnungsermächtigung stützen, die nicht zu Gunsten der Landesregierungen (was nach Art. 80 Abs. 1 S. 1 GG möglich wäre), sondern zu Gunsten der Bundesregierung erfolgte. Jede Landesregierung kann zwar eine Initiative in den Bundesrat einbringen, aus der im Rahmen des Art. 80 Abs. 3 GG eine Bundesratsinitiative werden kann. Der politische Erfolg einer solchen Initiative hängt aber davon ab, dass sowohl der Bundesrat diesen Entwurf als Initiative mehrheitlich beschließt, als auch davon, dass die Bundesregierung ihrerseits diese Initiative aufgreift und entsprechend beschließt. Eine selbständige Kooperationskompetenz der Landesregierungen im Rahmen von Ermächtigungen der Bundesregierung ist somit ausgeschlossen. Auch dürfte nach Art. 80 Abs. 1 GG nur die Bundesregierung selbst die Verordnungsermächtigung an Landesregierungen delegieren, weshalb auch eine Ermächtigung durch den Bundesrat ausscheiden müsste.

f) Beteiligung des Bundestages

Muss auch der Bundestag Absprachen zustimmen, die Rechtsverordnungen substituieren, die unter verfassungsrechtlich zulässigen Vorbehalten des Bundestages stünden?

Ein *Aufhebungsverlangen* des Bundestages müsste auch gegenüber solchen informalen Absprachen bestehen. Der Bundestag könnte die Bundesregierung verbindlich verpflichten, sich von einer Absprache zu lösen, d. h. sie gegebenenfalls zu kündigen bzw. sich von ihr explizit zu distanzieren und sich weiterer Unterstützungen zu enthalten. Dies müsste in der Absprache gegenüber der Wirtschaft deutlich gemacht werden, um die Entstehung entsprechenden Vertrauens zu verhindern.

Schwieriger ist die Lage bei einem *Änderungsvorbehalt* (§ 59 S. 3 KrW-/AbfG). Dieser lässt sich gegenüber einer normativen Absprache nicht ohne weiteres ausüben, weil der Bundestag mit ihm zwar Rechte gegenüber der Bundesregierung hat, nicht aber unmittelbar gegenüber den beteiligten Privaten. Darf die Bundesregierung hier von vornherein nicht informal tätig werden, da sonst der Änderungsvorbehalt des Bundestages leer laufen könnte? Oder ist der Änderungsvorbehalt unbeachtlich, insoweit die Bundesregierung aus Gründen der Flexibilität und Beschleunigung der Steue-

---

[971] SZ vom 20. Juni 2001, S. 1 und 4.

rung informal vorgeht, weil doch der Änderungsvorbehalt selbst verfassungsrechtlich mit demselben Argument zu rechtfertigen ist?

Letzterer Auffassung ist in verfassungskonformer Auslegung der Verordnungsermächtigung der Vorzug zu geben unter der Maßgabe, dass dann der Bundestag die Bundesregierung anweisen kann, inhaltlich in eine bestimmte Richtung mit der Wirtschaft zu verhandeln bzw. nachzuverhandeln. Der Änderungsvorbehalt des § 59 S. 3 KrW-/AbfG bezieht sich nur auf Verordnungsentwürfe, nicht auf bereits in Kraft gesetzte Rechtsverordnungen. Der Wortlaut des § 59 KrW-/AbfG ist insoweit ungenau. Die Systematik der Vorschrift bettet den Änderungsbeschluss in ein Verfahren der zwingenden Zuleitung von Rechtsverordnungen im Entwurfsstadium, nämlich noch vor dem obligatorischen Zustimmungsverfahren im Bundesrat (§ 59 S. 2 KrW-/AbfG) ein. Das Parlament hat sich zur Reaktion auf vorgelegte Entwürfe für Rechtsverordnungen die extrem kurze Frist von drei Sitzungswochen gesetzt (§ 59 S. 5 KrW-/AbfG), die der Ausübung des Gestaltungsvorbehalts faktisch Grenzen setzt.

Einen *Ablehnungsvorbehalt* müsste der Bundestag noch vor Abschluss des informalen Absprachenprozesses geltend machen können. Er wäre rechtzeitig vorher zu informieren. Auch der *Zustimmungsvorbehalt* wäre auf informale Absprachen zu erstrecken, ähnlich den Zustimmungsvorbehalten zu Gunsten des Bundesrates.

Rechtsvergleichend lässt sich hierzu eine Parallele anführen: Eine Beteiligung des Parlament schreibt das *flämische* Dekret über Anforderungen an Umweltvereinbarungen vom 15. Juni 1994[972] für (verbindliche) normative Absprachen vor: Das Parlament hat ein Vetorecht gegen den Vertrag, das es innerhalb von 45 Tagen ab der Veröffentlichung einer Zusammenfassung des Entwurfs der Vereinbarung im Amtsblatt (Moniteur Belge) ausüben kann (Art. 6 § 4). In der Praxis hat sich die Regelung, nicht bewährt: seit ihrem Inkrafttreten hat es im flämischen Belgien keine Vereinbarung mehr gegeben.[973] Darüber, ob das umstrittene Modell verbindlicher Absprachen oder deren verfahrensrechtliche Einbindung hierfür ursächlich ist, lassen sich nur Vermutungen anstellen.

Rechtspolitisch bestehen jedenfalls sowohl gegen die flämische Regelung als auch gegen die Einbindung des Bundestages in normative Absprachen Bedenken der Praktikabilität. Diese lassen sich aber vom Gesetzgeber leicht

---

[972] Moniteur Belge, f. 94–1787/S-C – 35857, Staatsblatt, S. 18201; dazu: *European Commission*, Directorate General III.01 – Industry Contract no. ETD/95/84043, Study on Voluntary Agreements concluded between Industry and Public Authorities in the Field of Environment, Final Report and Final Report Annexes, Januar 1997, Annex 4, S. 5.

[973] *J. Fluck/T. Schmitt*, VerwArch 99 (1998), S. 220 (250) m. w. N.

vermeiden, wenn er dem in Art. 80 GG konzipierten Modell der Verordnungsermächtigung ohne Bundestagsvorbehalte folgt.

2. Normverdrängende Absprachen

Normverdrängende Absprachen fallen grundsätzlich in die Kompetenz des Verwaltungsvollzugs. Die Verpackungsverordnung stellt vollziehbare Rücknahme- und Pfandpflichten auf (§ 6 Abs. 1 und 2 und § 8 VerpackV). Die Pflichten des § 6 Abs. 1 und 2 „entfallen" jedoch nach § 6 Abs. 3, die des § 8 „finden keine Anwendung" nach § 9 VerpackV, „bei Verpackungen, für die sich der Hersteller oder Vertreiber an einem System beteiligt". Die Entscheidung darüber obliegt nach § 6 Abs. 3 S. 3 und 11 VerpackV der obersten Landesbehörde oder der von ihr bestimmten Behörde. Im Rahmen dieser Normverdrängungs-Entscheidung kann es zu vollzugsbezogenen, normverdrängenden Absprachen kommen.

Davon sind normverdrängende Absprachen zu trennen, die eine Änderung der VerpackV abwenden sollen. Um solche ging es, als im Juni 2001 die Landesregierung von Nordrhein-Westfalen und die bayerische Staatsregierung Initiativen ergriffen: Diese hatten zum Ziel, die Wirtschaft zu erneuten Selbstverpflichtungen zu ermutigen, um eine von der Bundesregierung beschlossene Dosen-Pfand-Verordnung hinfällig zu machen.[974] Die Verhandlungskompetenz zu solchen Absprachen liegt aber bei der Bundesregierung (s. o.).

3. Parlamentsgesetze ersetzende Absprachen

a) Das Gesetzesinitiativrecht als Ermächtigung?

Das bloße Initiativrecht für Bundesgesetze nach Art. 76 Abs. 1 GG gibt der Bundesregierung entgegen einer verbreiteten Ansicht[975] keine Ermächtigung zu gesetzesersetzenden Absprachen. Das Gesetzesinitiativrecht ist auf das Verfahren der Gesetzgebung bezogen, das seinerseits auf die Legitima-

---

[974] SZ vom 20. Juni 2001, S. 1 und 4.
[975] *R. Dragunski*, Kooperation von Verwaltungsbehörden mit Unternehmen im Lebensmittelrecht, 1997, S. 160, 171; *U. Dempfle*, Normvertretende Absprachen, 1994, S. 127; *M. Schmidt-Preuß*, VVDStRL 56 (1997), S. 160 (218); *J. Knebel/ L. Wicke/G. Michael*, Selbstverpflichtungen ..., 1999, S. 70; *A. Faber*, Gesellschaftliche Selbstregulierungssysteme im Umweltrecht, 2001, S. 259 f.; jedenfalls für Absprachen ohne Rechtsbindungswillen ebenso *W. Frenz*, Selbstverpflichtungen der Wirtschaft, 2001, S. 159; kritisch: *K. Rennings/K. L. Brockmann/H. Bergmann*, Nachhaltigkeit, Ordnungspolitik und freiwillige Selbstverpflichtung, 1996, S. 131 (184); jetzt auch *T. Köpp*, Normvermeidende Absprachen zwischen Staat und Wirtschaft, 2001, S. 178.

tionskraft der parlamentarischen Beratung und Beschlussfassung zugeschnitten ist. Aus dem Initiativrecht allein ist deshalb keine selbständige Absprachebefugnis abzuleiten. Außerdem steht dem der grundrechtliche Gesetzesvorbehalt entgegen.[976] Bei Absprachen, die Parlamentsgesetze substituieren sollen, darf die Bundesregierung de constitutione lata nicht ohne Beteiligung des Bundestages handeln. Das schließt aber derartige Absprachen rechtlich nicht aus. Deshalb ist – de constitutione lata – nach Auswegen zu suchen: ob der Bundestag die Bundesregierung per Gesetz oder informal zum Aushandeln einer Absprachen ermächtigen könnte.

b) Gesetzliche Kooperationsermächtigungen – de lege ferenda et de constitutione lata

Es wäre de lege ferenda auch denkbar, dass die Bundesregierung *per Bundesgesetz* explizit dazu ermächtigt wird, bestimmte normative Absprachen mit der Wirtschaft zu treffen. Eine solche Regelung kennt Art. 10 des dänischen Umweltgesetzes (1991)[977], der den dänischen Umweltminister *alternativ ermächtigt,* von ihm vorgegebene Umweltziele entweder durch Verordnung oder durch Umweltvereinbarung mit Unternehmen zu verfolgen. Weil nach deutschem Recht Verordnungsermächtigungen die Ermächtigung zum Abschluss normersetzender Absprachen einschließen, hätte eine solche Kooperationsermächtigung nur eigenständige Bedeutung an Stelle einer entsprechenden Verordnungsermächtigung. Dies wäre de constitutione lata nur unter bestimmten Voraussetzungen mit dem Grundgesetz vereinbar. Es läge hierin eine Ermächtigung der Bundesregierung, die vom Konzept der Verordnungsermächtigung nach Art. 80 GG abweicht. Hierzu bedarf es einer verfassungsrechtlichen Rechtfertigung.

Diese Rechtfertigung kann *nicht* in der Auslegung des Art. 80 GG selbst gefunden werden. Informale normative Absprachen stellen kein „*minus*" *gegenüber dem Verordnungserlass* dar. Die Argumentation de maiore ad minus ist bereits abzulehnen, wenn eine Verordnungsermächtigung besteht. Dass die Vorstellung, es handele sich bei der Kooperation um ein Weniger gegenüber einseitiger Rechtsetzung, verfehlt ist, zeigt sich noch deutlicher, wenn eine Verordnungsermächtigung fehlt. Die Bundesregierung ist dann nicht in der Lage, auf ein Scheitern der Kooperation, insbesondere auf die Nichteinhaltung von Selbstverpflichtungen dadurch zu reagieren, dass sie eine entsprechende Verordnung erlässt. Dass dadurch ihr Drohpotential bei der Kooperation geschwächt ist, spricht bereits rechtspolitisch gegen eine

---

[976] Vgl. *R. Gröschner,* DVBl. 1990, S. 619 (628); *M. Schulte,* Schlichtes Verwaltungshandeln, 1995, S. 142.
[977] Miljöbeskyttelseloven (MBL) Nr. 358 vom 6. Juni 1991.

§ 11 Kompetenzielle Ordnung der rechtsetzenden Gewalt   451

reine Kooperationsermächtigung als Alternative zur Verordnungsermächtigung. Dies ist nicht weniger auch die Konsequenz der herrschenden Meinung, die eine Kooperationsermächtigung auf dem Gesetzesinitiativrecht gründet.

Verfassungsrechtliche Bedenken gegen eine reine Kooperationsermächtigung bestehen, weil sich der Staat durch Kooperation dann in zusätzliche Abhängigkeiten zur Wirtschaft begibt und seine Handlungsfähigkeit nicht durch entsprechende einseitige Befugnisse garantiert ist. Das gefährdet die gebotene Neutralität und Unabhängigkeit des Rechtsstaates gegenüber der Wirtschaft. In Regelungsbereichen, in denen eine Verordnungsermächtigung in Betracht kommt, ist stattdessen keine isolierte Kooperationsermächtigung zulässig.

Bedeutung könnten Kooperationsermächtigungen in den Bereichen erlangen, in denen Verordnungsermächtigungen nicht beabsichtigt oder nicht möglich sind, insbesondere weil der Parlamentsvorbehalt eine Regelungskompetenz der Bundesregierung für wesentliche Fragen verbietet. Dann ist allerdings eine vom Konzept des Art. 80 GG abweichende Kooperationsermächtigung umso problematischer. Für eine entsprechende Kooperationsermächtigung auch in politisch wesentlichen Fragen kann das Verfassungsprinzip der kooperativen Verantwortung streiten. Der kooperierende Verfassungsstaat sollte sich Kooperationen zwischen der rechtsetzenden Gewalt und der Wirtschaft auch in grundlegenden Fragen nicht völlig verschließen. Aus diesem Dilemma führen de constitutione lata folgende gangbare Wege:

Erstens ist zu erwägen, nicht nur die Maßstäbe der inhaltlichen Bestimmtheit, sondern auch die Kriterien der Wesentlichkeitstheorie in Regelungsbereichen zu lockern, in denen eine erhöhte Flexibilität der Rechtsetzung der Realisierung von Verfassungsprinzipien dient. Mit diesen Erwägungen ließen sich entsprechend weite Verordnungsermächtigungen nach Art. 80 Abs. 1 GG ausnahmsweise rechtfertigen.

Zweitens sind unter diesen Umständen auch ausnahmsweise Verordnungsermächtigungen unter Vorbehalt der Zustimmung des Bundestages zu rechtfertigen. Der Bundestag kann sich auf diese Weise auch Einfluss auf Absprachen sichern.

Drittens sind in diesen Fällen auch normprägende Absprachen denkbar, denen die Durchführung eines parlamentarischen Gesetzgebungsverfahrens folgt. Darauf wird noch gesondert einzugehen sein.

c) *Kooperationskompetenz des Bundestages und informale Kooperationsermächtigungen?*

Für direkte Einflussnahme des Bundestages auf eine Absprache, die letztlich ein Parlamentsgesetz substituiert, sowie für ein informales Kooperationsmandat der Bundesregierung gibt es ein Beispiel: Die Vereinbarung zwischen der Bundesregierung (unter Beteiligung des Bundeskanzlers, der Bundesfamilienministerin und des Bundeswirtschaftsministers) und den Spitzenverbänden der deutschen Wirtschaft zur Förderung der Chancengleichheit von Frauen und Männern in der Privatwirtschaft vom 2. Juli 2001[978] geht maßgeblich auf den Druck der SPD-Fraktion zurück: Am 19. Juni 2001 setzte diese der Wirtschaft eine Frist bis Ende August, um eine Selbstverpflichtung auszuarbeiten und gab dabei auch wesentliche Inhalte einer solchen Selbstverpflichtung vor. Die Grünen hingegen standen einer solchen Selbstverpflichtung und einem Verzicht auf das in der Koalitionsvereinbarung von 1998 projektierte Gleichstellungsgesetz kritisch gegenüber.[979] Die Initiative der SPD-Fraktion fand die Unterstützung des Bundeskanzlers und führte zur Absprache innerhalb von weniger als zwei Wochen.

Solche Initiativen zur Kooperation aus der Mitte des Bundestages haben – abgesehen von der Problematik des Gesetzesvorbehaltes – jedoch nur begrenzte Legitimationskraft: Auch eine Regierungs-Fraktion hat nur das Initiativrecht nach Art. 76 Abs. 1 GG, das für sich nicht als Kooperationskompetenz ausreicht. In diesem Fall sind die Widerstände des Koalitionspartners auch politisch im Ergebnis relevant. Die Selbstverpflichtung wurde möglicherweise nicht positiv von einer Mehrheit des Bundestages getragen. Es kann nicht reichen, wenn einer der Koalitionspartner die Selbstverpflichtung befürwortet und damit ein entsprechendes Gesetz politisch blockiert. Kann weder für die Selbstverpflichtung noch für das Gesetz eine Mehrheit im Bundestag gefunden werden, dann dürfte auch die Bundesregierung die Selbstverpflichtung nicht weiter unterstützen.

Auch die Beteiligung einzelner Fraktionsmitglieder an dem Gespräch im Kanzleramt vom 8. November 2001, bei dem es zur Selbstverpflichtung der Arzneimittelhersteller im Gegenzug zum Verzicht der Bundesregierung auf eine Gesetzesinitiative kam, reicht für eine etwaige „informale demokratische Legitimation" nicht aus, zumal die Einigung überraschend kam, bei einzelnen Koalitionsabgeordneten auf Kritik an dem Verfahren stieß, weil auf eine Gesetzesinitiative per „Ablasshandel" verzichtet worden sei, und als Affront für die Fraktionen gewertet wurde.[980]

---

[978] Wortlaut in: http://www.bundesregierung.de/dokumente/Artikel/ix_47142.htm; Bericht in: SZ vom 3. Juli 2001, S. 6.
[979] Zum Ganzen SZ vom 21. Juni 2001, S. 5.
[980] SZ vom 10./11. November 2001, S. 5.

4. Normprägende Absprachen

Mit *normprägenden Absprachen* sind hier solche Absprachen gemeint, die über das vom Gesetzesinitiativrecht der Bundesregierung gedeckte Aushandeln von Gesetzesinitiativen hinausgehen. Es geht dabei um „informale und vorparlamentarische Gesetzgebungsstationen"[981]. Bei normprägenden Absprachen stellt sich das Problem, dass der Bundestag durch gegenseitige Zusagen zwischen der Bundesregierung und der Wirtschaft, seien diese auch rechtlich unverbindlich, politisch unter Druck gesetzt werden kann. Die „Verfassungsorgantreue"[982] setzt dem Handeln der Bundesregierung funktionellrechtliche Grenzen, soweit originär legislative Aufgaben des Bundestags betroffen sind.

Das Aushandeln von Gesetzesinitiativen mit der Wirtschaft ist nicht verfassungswidrig, sondern vom Initiativrecht der Bundesregierung nach Art. 76 Abs. 1 GG gedeckt. Gesetzesinitiativen der Bundesregierung gehen Gespräche mit der Wirtschaft regelmäßig voraus, um die Auswirkungen des Gesetzes und die Interessen der primär Betroffenen zu ermitteln. Interessengerechte Gesetze sind verfassungsgewollt. Von einer ausgehandelten Initiative unterscheidet sich eine normprägende Absprache jedoch wesentlich:[983] Die Bundesregierung überschreitet den Rahmen der Vorbereitung einer Gesetzesinitiative, wenn durch den Inhalt der Absprache der Bundestag politisch unter einen außergewöhnlichen Druck gesetzt wird, die Gesetzesinitiative nicht sachlich zu verhandeln, sie nicht zu verändern oder gar abzulehnen.

Solcher politischer Druck kann durch eine normprägende Absprache entstehen, wenn diese Absprache auf Gegenseitigkeit beruhende Zusagen enthält, die gegenstandslos werden, wenn die ausgehandelte Gesetzesinitiative nicht unverändert dem Bundestag passiert. Normprägende Absprachen sind dann nicht vom Gesetzesinitiativrecht gedeckt, wenn sie in ihrer Komplexität „wie ein Kartenhaus zusammenfallen", sobald der Bundestag ihnen nicht vorbehaltlos zustimmt. Politischer Druck entsteht auch, wenn die Bundesregierung den Abschluss der normprägenden Absprache als politischen Erfolg propagiert. Der Bundestag würde dann die von ihm mehrheitlich getragene Bundesregierung politisch bloßstellen, wenn er das Gesetz nicht wie von der Bundesregierung ausgehandelt verabschieden würde. Der Bundestag gerät unter einen „Ratifikationsdruck".

---

[981] *H. Schulze-Fielitz,* Theorie und Praxis parlamentarischer Gesetzgebung, 1988, S. 210.
[982] *W.-R. Schenke,* Die Verfassungsorgantreue, 1977; *R. A. Lorz,* Interorganrespekt im Verfassungsrecht, Tübingen 2001; *F. Schorkopf,* NVwZ 2000, S. 1111 (1113).
[983] Die Problematik wurde ausdrücklich offengelassen in BVerfG v. 19. Februar 2002–2 BvG 2–2/00, Sondervotum Tz. 124.

Solchen Druck zu erzeugen, kann vom Gesetzesinitiativrecht nicht gedeckt sein. Die Gesetzesinitiative darf Normen nur vorbereiten. Das Aushandeln von Gesetzen zwischen der Bundesregierung und der Wirtschaft darf dem Bundestag nicht die politische Entscheidungshoheit nehmen. Es widerspricht der Funktion einer Gesetzesinitiative, wenn der Bundestag durch sie in eine Situation des „friss Vogel – oder stirb" gedrängt wird. Das Aushandeln von Gesetzesinitiativen darf die politische Auseinandersetzung nicht vollständig vorwegnehmen oder dem Bundestag die Möglichkeit einer politischen Auseinandersetzung abschneiden. Dafür gibt es einen verfassungsrechtlichen Beleg:

Nur ausnahmsweise darf der Bundestag faktisch bzw. rechtlich in die Situation kommen, lediglich die Wahl zwischen der Zustimmung oder Ablehnung von Gesetzesinitiativen der Bundesregierung zu haben, nämlich bei der Zustimmung zu völkerrechtlichen Verträgen. Hier spricht Art. 59 Abs. 2 GG ausdrücklich von einer „Zustimmung oder (sic!) Mitwirkung der jeweils für die Bundesgesetzgebung zuständigen Körperschaften in der Form (sic!) eines Bundesgesetzes." Es handelt sich, wie der Wortlaut der Norm andeutet, nur formal um Gesetzgebung, während funktional die politische Beratung und Konsensfindung ausnahmsweise außerhalb des Parlaments erfolgt. Beim Einigungsvertrag galten überdies die besonderen Maßgaben des Wiedervereinigungsauftrages, was sogar sog. „beitrittsbedingte Änderungen des Grundgesetzes"[984], d.h. durch Änderungen des Grundgesetzes, die im Zusammenhang mit der Verabschiedung des Einigungsvertrages durch den Deutschen Bundestag vorgenommen wurden (vgl. Art. 4 u. 6 EV), rechtfertigen konnte.[985] Obwohl es sich nicht um die Ausübung auswärtiger Gewalt gehandelt hat, war Art. 59 Abs. 2 GG einschlägig.[986] Die kompetenzrechtliche Problematik wurde mit Hinweis auf Art. 23 S. 2 GG (a.F.) i.V.m. dem Wiedervereinigungsgebot gelöst.[987]

Die Bundesregierung darf den Bundestag nur dann zu einem Zustimmungsorgan für zuvor getroffene normative Absprachen degradieren, wenn hierfür dem Art. 59 Abs. 2 GG und 23 S. 2 GG a.F. vergleichbare verfassungsrechtliche Gründe bestehen. Es muss nachzuweisen sein, dass ähnlich diesen Fällen *keine greifbare Alternative* gesetzlicher Steuerung besteht. Zu fordern wäre deshalb, dass verfassungsrechtliche Gründe für eine solche Kooperationsermächtigung bestehen. In Betracht kommen hierfür Staatszielbestimmungen, insbesondere Art. 20a GG, aber auch Art. 3 Abs. 2 S. 2 GG, sowie die grundrechtliche Schutzpflichtenlehre. Hinzu muss in jedem

---

[984] BVerfGE 82, 316 – Beitrittsbedingte Änderungen des Grundgesetzes.
[985] Zur Behandlung der Wiedervereinigung als Ausnahmesituation vgl. *L. Michael*, AöR 124 (1999), S. 583 ff.
[986] BVerfGE 82, 316 (320) – Beitrittsbedingte Änderungen des Grundgesetzes.
[987] Vgl. BVerfGE 82, 316 Leitsatz 2.

§ 11 Kompetenzielle Ordnung der rechtsetzenden Gewalt   455

Fall treten, dass eine solche Kooperationsermächtigung der Verwirklichung solcher verfassungsrechtlicher Ziele besser zu dienen geeignet ist, als das in Art. 76 ff. GG vorgesehene parlamentarische Gesetzgebungsverfahren. Dazu ist das Prinzip kooperativer Verantwortung heranzuziehen, mit der Maßgabe, dass bei normprägenden Absprachen ergänzend zu eigenverantwortlichem Verhalten auch gesetzliche Pflichten begründet werden sollen.

Allerdings sprechen gewichtige Argumente dagegen, allein wegen der verfassungstheoretischen Parallelen zwischen dem nach innen „kooperierenden" und dem nach außen „kooperativen Verfassungsstaat", den für jenen geltenden Art. 59 Abs. 2 GG analog anzuwenden. Die Theorie des kooperativen Verfassungsstaates kann auf geschriebenes Verfassungsrecht gestützt werden und basiert auf einer Notwendigkeit völkerrechtlicher Kooperation, zu der es strukturell keine gesetzliche Alternative geben kann. Die Theorie des kooperierenden Verfassungsstaates hingegen lässt sich unter dem Grundgesetz nur mit dem ungeschriebenen Verfassungsgrundsatz der kooperativen Verantwortung legitimieren. Außerdem zeichnet sich das grundgesetzliche Modell des kooperativen Verfassungsstaates dadurch aus, dass es eine Kooperationskompetenz der Bundesregierung enthält. Im völkerrechtlichen Bereich ist das politische Mandat der Bundesregierung (arg. ex Art. 32 Abs. 3 GG), sei es auch von der Vertretungsbefugnis des Bundespräsidenten (Art. 59 Abs. 1 S. 1 GG) abgeleitet, verfassungsrechtlich anerkannt und gehört zum Gestaltungsbereich der Regierung.[988] Das Gegenteil belegen Art. 76 Abs. 1 und Art. 80 GG für die innerstaatliche Kooperation: Eine Kooperationskompetenz der Bundesregierung bedarf danach vielmehr der gesetzlichen Ermächtigung.

Deshalb würde es dem Modell des Grundgesetzes näher kommen, normprägende Absprachen nicht allein analog Art. 59 Abs. 2 GG zu rechtfertigen, sondern von einem Kooperationsmandat analog Art. 80 GG abhängig zu machen. Der Bundestag könnte die Bundesregierung durch Gesetz zum Aushandeln normprägender Absprachen ermächtigen und dabei auch Inhalt Zweck und Ausmaß der Absprache umreißen, um diese sodann in einem formellen Gesetzgebungsverfahren umzusetzen. Eine solche Kooperationsermächtigung würde den Beginn des Absprocheprozesses zwar verzögern, wäre in den folgenden beiden Beispielen aber dennoch praktikabel gewesen, in denen es um besonders schnelles Handeln nicht ging:

Zum Abschluss des Atomkonsenses[989] hätte der Bundestag die Bundesregierung ermächtigen können: Der Konsens fällt inhaltlich in den Bereich des Art. 20a GG, der für sich genommen aber keine Kompetenzen schafft,[990] sondern solche voraussetzt. Vieles spricht dafür, dass auf dem

---

[988] BVerfGE 68, 1 (82) – Atomwaffenstationierung.
[989] Zu diesem Beispiel siehe S. 65, 105 ff.

Konsensweg ein Ausstieg aus der Kernenergie besser und schneller erreichbar ist, als durch eine Änderung des AtomG gegen den Willen der Betroffenen, die vor dem BVerfG wahrscheinlich angegriffen worden wäre und besonders schwierige Fragen des Eigentums- und Vertrauensschutzes aufgeworfen hätte. Außerdem kann auch bei der Abwicklung der Restnutzung der Kernenergie eine konsensuale Politik (verfassungs-) erheblichen Gewinn bringen. Das Prinzip der kooperativen Verantwortung greift also, und zwar nicht zugunsten normersetzender Absprachen, sondern zugunsten normprägender Absprachen, weil der Atomausstieg nicht allein informal entschieden werden kann, sondern durch zusätzliche gesetzliche Pflichten abgesichert werden muss. Letzteres gebieten sowohl grundrechtliche Schutzpflichten als auch das geltende bzw. zu ändernde AtomG.

Die „Vereinbarung zwischen der Regierung der Bundesrepublik Deutschland und der deutschen Wirtschaft zur Minderung der CO_2-Emissionen und der Förderung der Kraft-Wärme-Kopplung in Ergänzung zur Klimavereinbarung vom 9. November 2000" vom 25. Juni 2001[991] soll durch ein Kraft-Wärme-Kopplungs-Fördergesetz mit einem Fördervolumen von 8 Milliarden DM staatlich unterstützt werden. Dieses Kraft-Wärme-Kopplungs-Fördergesetz soll an die Stelle des Kraft-Wärme-Kopplungs-Gesetzes vom 12. Mai 2000[992] treten. Die Absprache substituiert die ursprünglich (noch im Klimaschutzprogramm der Bundesregierung vom 18. Oktober 2000) geplante Verschärfung des Kraft-Wärme-Kopplungs-Gesetzes durch eine Quotenregelung und soll zugleich den Inhalt des Kraft-Wärme-Kopplungs-Fördergesetz prägen.

Eine andere Frage ist es, ob normprägende Absprachen, die den oben genannten verfassungsrechtlichen Anforderungen nicht genügen, unzulässige Vorabfestlegungen darstellen, die einen Verfahrensfehler im Normsetzungsverfahren darstellen.[993] Wenn für formales Handeln ein bestimmtes Verfahren vorgeschrieben ist und diesem informale Absprachen mit faktischen Bindungen vorausgehen, besteht die Gefahr, dass die Rechtsformen zu „verwaltungsnotariellen Beurkundungen" und ihre Verfahren zum „Ritus" verkommen.[994] Diese Frage ist vor allem von prozessualer Bedeutung,

---

[990] *T.-J. Tsai,* Die verfassungsrechtliche Umweltschutzpflicht des Staates, 1996, S. 121, 215.

[991] Pressemitteilung des Bundesministers für Wirtschaft und Technologie vom 25. Juni 2001; SZ vom 26. Juni 2001, S. 17.

[992] Gesetz zum Schutz der Stromerzeugung aus Kraft-Wärme-Kopplung, BGBl. I S. 703.

[993] Hierzu allgemein und im Hinblick auf den städtebaulichen Vertrag nach § 11 BauGB *F. Hufen,* Fehler im Verwaltungsverfahren, 3. Aufl., 1998, S. 277 f., Rz. 456 ff.; vgl. auch *J. Pietzcker,* NJW 1981, S. 2087 (2092).

[994] *W. Pauly,* in: K. Becker-Schwarze/W. Köck/T. Kupka/M. v. Schwanenflügel (Hrsg.), Wandel der Handlungsformen im Öffentlichen Recht, 1991, S. 25 (43).

ob nämlich nur Organstreitigkeiten, oder auch Normenkontrollen Erfolg versprechen, und soll später behandelt werden.

Der beschriebene Zustimmungsdruck steht ganz im Gegensatz zur Praxis normprägender Absprachen in den USA, die sich dem für Verordnunggebung zwingend vorgeschriebenen Anhörungsverfahren stellen müssen. Ein Zustimmungsdruck auf andere an der Rechtsetzung zu beteiligende Organe wird dabei nicht ausgeübt. Die amerikanische Umweltbehörde EPA hat den an der Absprache Beteiligten gegenüber stets betont, im Anhörungsverfahren gegebenenfalls auf Anregungen eingehen zu wollen und soweit erforderlich Änderungen des Entwurfs bzw. Nachverhandlungen durchzuführen. Im Gegensatz zu den starken Worten aus den Reihen der deutschen Bundesregierung, die Ergebnisse normprägender Absprachen mit politischem Druck umsetzen zu wollen, „bemühte sich (die EPA), nicht mehr zu versprechen, als was sie halten konnte", insbesondere nicht zu versprechen, „die letztlich erlassene Regelung werde dem ausgehandelten Entwurf entsprechen"[995].

Dem deutschen Verfassungsrecht ist ein *Vernehmlassungsverfahren*, wie es auch Art. 147 BV-Schweiz (1999) verbindlich vorschreibt, fremd. Unter dem geltenden Schweizer Verfassungsrecht ist allerdings dafür zu plädieren, dieses Verfahren, das den Bundesbehörden vorschreibt, „die Kantone, die politischen Parteien und die interessierten Kreise ... zur Stellungnahme" einzuladen, auch auf normersetzende Absprachen grundsätzlich anzuwenden. Hierzu bedarf es nicht einmal der Analogie. Art. 147 BV-Schweiz gilt nicht nur für die Gesetzgebung sondern allgemein für die „Vorbereitungen wichtiger Erlasse und anderer Vorhaben von großer Tragweite". Die halbdirekte Ausprägung der Demokratie in der Schweiz hat somit nicht erst im Abstimmungsverfahren, sondern schon im Prozess der Vorbereitung von Entscheidungen verfassungsrechtliche Auswirkungen.

§ 12 Der kooperierende Rechtsstaat

Der Begriff des Rechtsstaates im Sinne des Grundgesetzes (verwendet in Art. 28 Abs. 1) verknüpft die Idee des Rechts und die Idee des Staates miteinander. Der Rechtsstaat ist ein Staat, der Recht schafft und dessen Handeln sich dem Recht unterwirft. Diese Verknüpfung wird heute von beiden Seiten her in Frage gestellt: Einerseits ist der Staat nicht mehr die unangefochtene Instanz, die die Rechtsidee verwirklicht. Die Tendenzen der Europäisierung, Internationalisierung und Privatisierung machen dem Staat als Bezugsgröße Konkurrenz. Andererseits ist auch das formale Recht nicht

---

[995] *L. Susskind/G. MacMahon,* in: W. Hoffmann-Riem/E. Schmidt-Aßmann (Hrsg.), Konfliktbewältigung durch Verhandlungen, Bd. I, 1990, S. 67 (93).

458   2. Teil: Verfassungs- und gemeinschaftsrechtliche Bindungen

mehr das unangefochtene Instrument, mit dem der Staat operiert und steuert. Durch informales Handeln substituiert der Staat Formen des Rechts. Der Staat befindet sich auch mit Blick auf rechtsstaatliche Kategorien in einem tiefgreifenden „Funktionswandel" (*Konrad Hesse*)[996]. Um zu erweisen, dass auch der kooperierende Verfassungsstaat ein Rechtsstaat ist, kommt es „darauf an, neue Wege der Verfassungstheorie zu finden und einzuschlagen"[997].

Normersetzende Absprachen stehen im Brennpunkt dieser Entwicklung: Wenn Normen substituiert werden, entsteht formales Recht gar nicht erst. Wenn an die Stelle hoheitlich gesetzter Normen private Selbstverpflichtungen treten, wird das Recht als solches „privatisiert". Privatisierung der Rechtsetzung oder gar Privatisierung des Rechts ist die höchste Stufe der Privatisierung, wenn man die Legislative als erste Gewalt ansieht und ihr die rechtsetzende Exekutive hinzurechnet. *Eberhard Bohne* hat in diesem Zusammenhang gar von einer „Privatisierung des Staates"[998] gesprochen. Wenn sich der Staat seiner rechtsetzenden Aufgaben begäbe, wäre die Wurzel des Rechtsstaats betroffen, weil Recht nicht mehr hoheitlich verbindlich entstünde. Das Rechtsetzungsmonopol des Staates wurde bereits in Frage gestellt.[999] Bei normativen Absprachen verzichtet jedoch die rechtsetzende Gewalt nicht auf jegliche Actio, sondern übt ihre Gewalt kooperativ aus. Sie lässt die Wirtschaft an ihr teilhaben. Wenn der Staat dabei informal auf die Wirtschaft einwirkt, dann verlässt er rechtliche Handlungsformen und begibt sich selbst in eine Sphäre rechtlicher Unverbindlichkeit. Offenbarungseide und Kapitulationen darf sich ein Verfassungsstaat und eine ihm verpflichtete Rechtswissenschaft nicht leisten. Das Problem verschärft sich noch dadurch, dass informale Instrumente ihrem Wesen nach normativen Kategorien ausweichen.

Normative Absprachen werfen Grundfragen der Rechtsstaatlichkeit auf: Führen sie zu kollusivem Paktieren des Staates mit Privaten?[1000] Kann das Dilemma als „brauchbare Illegalität"[1001] aufgelöst werden oder führt es in

---

[996] *K. Hesse*, in: M. Morlok, (Hrsg.), Die Welt des Verfassungsstaates, 2001, S. 11 (14).

[997] Von *K. Hesse*, ebenda, S. 11 (15) allgemein gefordert mit Blick auf Europäisierung, Internationalisierung und Privatisierung.

[998] *E. Bohne*, JbRSoz 1982, S. 266 ff.

[999] *M. Kloepfer/Th. Elsner*, DVBl. 1996, S. 964 (968) m.w.N. auch zur Gegenansicht.

[1000] *M. Schmidt-Preuß*, VVDStRL 56 (1997), S. 160 (219).

[1001] *N. Luhmann*, Funktionen und Folgen formaler Organisation, 1964, S. 304 ff.; zu dieser Kategorie *E. Bohne*, VerwArch 75 (1984), 343 (373), *C.-E. Eberle*, Die Verwaltung 17 (1984), S. 439 (463); vgl. jedoch auch *H. Schulze-Fielitz*, DVBl. 1994, S. 657 (660); *A. Benz*, in: ders./W. Seibel (Hrsg.), Zwischen Kooperation und Korruption, 1992, S. 31 (39).

eine „Dunkelkammer des Rechtsstaats"[1002]? Ist nicht dem Rechtsstaat eine „an der Grenze des ‚Faulen' stehende Kompromissbereitschaft"[1003] zutiefst fremd? Besteht nicht „die maßgebliche rechtsstaatliche Errungenschaft gerade in der Überwindung informellen Verwaltungshandelns"[1004]? Ist nicht gerade die Verrechtlichung der Rechtsetzung, d. h. die rechtliche Form der Gesetzgebungsprämissen für den Rechtsstaat prägend?[1005] Ist ein gewandeltes Rechtsverständnis und Staatsverständnis geboten, weil „Innovation und Rechtsstaat zusammengehören"[1006]? Geht die Entwicklung des modernen Staates „in die Richtung eines Konsensstaates, der aber den Rechtsstaat nicht ersetzt, sondern allenfalls ergänzen kann"[1007]? Gibt es für ein modernes Rechtsverständnis eine Chance der „Anpassung und Umformung der rechtsstaatlichen Instrumente ..., damit sie nicht bloße Fiktion bleiben"?[1008] Können informale Absprachen einer Tendenz zur Verrechtlichung entgegenwirken, die den Rechtsstaat als Zuviel[1009] rechtsstaatlicher Sicherung von innen heraus gefährdet?

Dass die Idee des Rechtsstaats wandlungsfähig ist, hat sie oft genug bewiesen, nicht zuletzt mit Blick auf das Gemeinschaftsrecht:[1010] Die Rechtsstaatsidee kapituliert nicht vor Europa, das kein Staat ist, sondern geht in die Europäische Gemeinschaft als einer Rechtsgemeinschaft ein.[1011] Der Unionsvertrag scheut es dabei nicht einmal, den Begriff der „Rechtsstaatlichkeit" in Art. 6 Abs. 1 EUV zu den Grundlagen der Union zu zählen. Art. 5 und 7 EGV stellen mit der Begrenzung des Handelns der EG auf ihr zugewiesene Befugnisse zentrale Elemente des Rechtsstaats in den Mittelpunkt, ebenso Art. 220 EGV mit dem Prinzip der judikativen „Wahrung des Rechts". Rechtsstaatlichkeit ist weniger zwingend an die Staatlichkeit geknüpft, als der Begriff des Rechtsstaates und sein historischer Ursprung dies erwarten lassen.

[1002] *C.-E. Eberle*, Die Verwaltung 17 (1984), S. 439 (463).

[1003] *J. Burmeister*, VVDStRL 52 (1993), S. 190 (241); hiergegen auch *M. Schulte*, Schlichtes Verwaltungshandeln, 1995, S. 84.

[1004] *H.-G. Henneke*, NuR 6 (1991), S. 267 (269); vgl. auch *J. Knebel/L. Wicke/G. Michael*, Selbstverpflichtungen ..., 1999, S. 262, die dabei fordern, „auch das Informale der ordnenden Welt des Rechts" zu unterwerfen.

[1005] So *A. Helberg*, Normabwendende Selbstverpflichtungen ..., 1999, S. 130.

[1006] *W. Hoffmann-Riem*, Diskussionsbeitrag, in: VVDStRL 56 (1997), S. 294.

[1007] *L. Wicke/J. Knebel*, in: dies./G. Braeseke (Hrsg.), Umweltbezogene Selbstverpflichtungen der Wirtschaft, 1997, S. 1 (46).

[1008] *W. Hoffmann-Riem*, Diskussionsbeitrag, in: VVDStRL 56 (1997), S. 294.

[1009] *A. Helberg*, Normabwendende Selbstverpflichtungen ..., 1999, S. 129.

[1010] *M. Schmidt-Preuß*, VVDStRL 56 (1997), S. 160 (209).

[1011] *E. Schmidt-Aßmann*, Das allgemeine Verwaltungsrecht als Ordnungsidee, 1998, S. 39.

Die Wandlungsfähigkeit des Rechtsstaates ist als Auftrag zu begreifen: Eine Theorie des kooperierenden Verfassungsstaates muss rechtsstaatliche Grenzen benennen und im Verhältnis zum Prinzip der kooperativen Verantwortung ausloten. Wie in der Grundrechtsdogmatik gilt es den Gefahren zu begegnen, die dadurch entstehen, dass Staat und Gesellschaft nicht nur keine Trennung bewahren, sondern Kooperationsverhältnisse eingehen.

I. Der formale und der informale Rechtsstaat

Verstoßen die neuen Instrumente, allein weil sie informaler Natur sind, gegen das Rechtsstaatsprinzip; sind sie per se „rechtsfremd"[1012]? Nach *Paul Kirchhof* wird staatliches Handeln durch das Rechtsstaatsprinzip „in Form gebracht"[1013]. Vor dem Hintergrund dieser Erwägungen musste es geradezu als Provokation erscheinen, als *Bohne* 1981 den „informalen Rechtsstaat"[1014] proklamierte. Seither ist die Diskussion darüber nicht abgebrochen, ob informales Handeln die Idee des Rechtsstaates sprengt. Gebietet es der Rechtsstaat, informales Handeln zu bekämpfen oder zumindest auf ein unbedeutendes Minimum zurückzudrängen? Oder behauptet sich informales Handeln und gibt der in die Jahre gekommenen Idee des Rechtsstaates den Todesstoß? Oder gibt es einen Ausweg, der den Rechtsstaat behauptet, indem er ihn modern versteht und dabei informalem Handeln lediglich punktuell Grenzen setzt?

Die Idee des formalen Rechtsstaates verteidigt am vehementesten die These vom „Rechtsformvorbehalt" (*W. Pauly*)[1015] staatlich steuernden Handelns. Nach ihr sind die (unbestrittenen) Vorzüge der Dogmatik des Verwaltungsrechts Verfassungsgebot. Die Folge ist, dass informales Verwaltungshandeln eine „Rechtsformmanipulation"[1016] darstellt. Diesem strengen Formalismus wurde vorgeworfen, an der Rechtswirklichkeit vorbeizugehen.[1017] Dem ist *Joachim Burmeister* mit dem Argument entgegengetreten, dass um-

---

[1012] *H.-G. Henneke,* NuR 6 (1991), S. 267 (269) m. w. N.

[1013] *P. Kirchhof,* Verwalten durch „mittelbares" Einwirken, 1977, S. 180 m. w. N.; die Formgebundenheit staatlichen Handelns fordert deshalb *F. Schorkopf,* NVwZ 2000, S. 1111 (1114).

[1014] *E. Bohne,* Der informale Rechtsstaat, 1981.

[1015] *W. Pauly,* in: K. Becker-Schwarze/W. Köck/T. Kupka/M. v. Schwanenflügel (Hrsg.), Wandel der Handlungsformen im Öffentlichen Recht, 1991, S. 25 (40); zustimmend *Chr. Engel,* StWuStPr 1998, S. 535 (562); *J. Burmeister,* VVDStRL 52 (1993), S. 190 (232); dagegen *W. Frenz,* Selbstverpflichtungen der Wirtschaft, 2001, S. 188.

[1016] *J. Burmeister,* VVDStRL 52 (1993), S. 190 (233).

[1017] *D. Grimm,* Diskussionsbeitrag, in: VVDStRL 52 (1993), S. 324; *H. Dreier,* Diskussionsbeitrag, in: VVDStRL 52 (1993), S. 337 (338) brachte dies auf die griffige Formel, dass dadurch die Gefahr bestehe, „in doppelter Weise resignieren zu

gekehrt die Wirklichkeit nicht am Recht vorbeigehen dürfe, und warf seinen Kritikern vor, „das Recht gewissermaßen so hinzubiegen, dass es den Brauchbarkeits- und Effizienzerfordernissen der Verwaltung entspricht"[1018]. Die „normative Kraft des Faktischen"[1019], die normierende Kraft der „Staatspraxis"[1020] dürfen weder unter- noch überschätzt werden. Schon S. *Pufendorf* erkannte die Beobachtung der politischen Wirklichkeit als die einzige Methode zum Studium des deutschen Staatsrechts.[1021] Selbst *Kant* konstatierte: „... so gilt, wenn auf das Volkswohlergehen gesehen wird, eigentlich gar keine Theorie, sondern alles beruht auf einer der Erfahrung folgsamen Praxis."[1022] Andererseits darf dadurch der Geltungsanspruch des Rechts und des Verfassungsrechts nicht unterlaufen werden. Seine Aktualisierung gehört zu den „zentralen *juristischen* Aufgaben"[1023], weil „der Formungsauftrag des Rechtsstaates vor dem Phänomen des Informalen nicht halt machen kann"[1024]. Die Theorie muss der Praxis die geeigneten Instrumente „bereitstellen"[1025]. Unabhängig von den Tendenzen der Rechtswirklichkeit ist die These vom Rechtsformvorbehalt aber im Ansatz zu bestreiten:[1026]

Richtig ist zwar, dass die Handlungsformenlehre systemprägende Bedeutung hat und dass hinter ihr eine Ordnungsidee des Rechts steht. Richtig ist

---

müssen: das eine Mal vor der Funktionslosigkeit des Normativen und das andere Mal vor der Normlosigkeit des Faktischen."

[1018] *J. Burmeister*, Diskussionsbeitrag, in: VVDStRL 52 (1993), S. 351; zur Bedeutung des Effizienzprinzips für die so genannten Nebenhaushalte vgl. *M. Kilian*, Nebenhaushalte des Bundes, 1993, S. 864.

[1019] *G. Jellinek*, Allgemeine Staatslehre, 3. Aufl., 1914, Neudruck 1960, S. 16 f., 337 ff.; dazu *H. Heller*, Staatslehre (1934), 6. Aufl. 1983, S. 101; kritisch *J. Habermas*, Faktizität und Geltung (1992), 4. Aufl. 1994, S. 16.

[1020] *P. Häberle*, Verfassungslehre als Kulturwissenschaft, 2. Aufl. 1998, S. 230.

[1021] *S. v. Pufendorf*, De statu imperii germanici (1667), Die Verfassung des Deutschen Reiches (übers. und hrsgg. von H. Denzer), 1994, beklagt sich über „die Unwissenheit der Autoren, die sich ohne oder mit nur geringer Kenntnis der Wissenschaft von der Politik an die Auslegung des Staatsrechts machen" (S. 183) und fordert ein sorgfätiges Vorgehen im Staatsrecht, „weil die meisten deutschen Schriftsteller aus Unkenntnis der Lehre von der Politik darüber die schlimmsten Irrlehren verbreitet und neue Bücher einfach aus den Meinungen anderer ohne eigenes Urteil zusammengestellt haben" (S. 181).

[1022] *I. Kant*, Über den Gemeinspruch: Das mag in der Theorie richtig sein, taugt aber nicht für die Praxis (1793) A 201 (269), in: W. Weischedel (Hrsg.), Werke, Bd. XI, 1968, S. 125 (163 f.).

[1023] *H. Dreier*, StWuStP 1993, S. 647 (661) (Hervorhebung auch im Original).

[1024] *E. Schmidt-Aßmann*, DVBl. 1989, S. 533 (541); zustimmend *H. Dreier*, ebenda, S. 664 f. m.w.N.; vgl. auch *W. Brohm*, DVBl. 1994, S. 133 (139).

[1025] *W. Hoffmann-Riem*, Diskussionsbeitrag, in: VVDStRL 56 (1997), S. 292.

[1026] Ansätze hierzu bei *A. Helberg*, Normabwendende Selbstverpflichtungen ..., 1999, S. 132.

auch, dass die Standardisierung und Formalisierung von Entscheidungsprozessen nicht nur der Vereinfachung, sondern auch der Rationalisierung dienen kann und damit letztlich der Gerechtigkeit. Richtig ist schließlich, dass die Idee einer formalisierten Gerechtigkeit ein Element der Rechtsstaatlichkeit darstellt. Der Rechtsstaat nimmt durch Formbildungen konkrete Gestalt an. Rechtsformen lassen sich als Elemente zur Verwirklichung und Ausprägung dessen verstehen, was den Rechtsstaat kennzeichnet.

Nicht jedoch darf diese Argumentation umgekehrt werden: Formalisierungen, die eine konkrete Ausprägung des Rechtsstaats darstellen, sind nicht stets von der Rechtsstaatlichkeit geboten. Aus der Idee des Rechtsstaats darf kein striktes Gebot des Formalismus deduziert werden. Formalisierung hat Grenzen.[1027] Der Rechtsstaat geht nicht in einem „Rechtsformenstaat" auf. Aus den Dogmen *innerhalb der* Formenlehre darf kein Dogma *zur* Formalisierung werden. Auch grundrechtliche Schutzpflichten führen nur ganz ausnahmsweise zu Formenzwang. Nicht nur zwischen verschiedenen Rechtsformen können Wahlfreiheiten[1028] bestehen, sondern auch zwischen formalem und informalem Handeln.[1029] Auch im Rechtsstaat bedeutet „informal" nicht „illegal".[1030]

Die sehr restriktive Rechtsprechung des Conseil d'Etat zu normersetzenden Absprachen sollte nicht zum Vorbild genommen werden, zumal sie mit dem Verbot einer vertraglichen Bindung der verordnunggebenden Gewalt argumentiert, die nach dem deutschen Modell unverbindlicher Absprachen gar nicht in Rede steht:[1031] „Allgemein gilt, dass eine Verwaltungsbehörde dann, wenn ihr per Gesetz eine Verordnungsbefugnis verliehen wurde, verpflichtet ist, sich einseitiger Rechtsakte zu bedienen, und nicht statt dessen Vereinbarungen zu treffen. Es darf in der Tat nicht vorkommen, dass Bürger hier vertragliche Rechte gegen die Verwaltung geltend machen können. Vielmehr muss diese die Freiheit behalten, eine Verordnungsregelung, wie und wann sie es für angebracht hält, zu verändern: Niemand kann einen Anspruch auf die Beibehaltung einer Verordnungsregelung haben."[1032]

Bestimmte Handlungsformen sind unter dem Grundgesetz nur ausnahmsweise rechtlich geboten.[1033] Zu denken ist hier an die Wesentlichkeitstheo-

---

[1027] *A. Benz,* Kooperative Verwaltung, 1994, S. 325.

[1028] *J. Knebel/L. Wicke/G. Michael,* Selbstverpflichtungen ..., 1999, S. 264 f.

[1029] So im Ergebnis auch *A. Helberg,* Normabwendende Selbstverpflichtungen ..., 1999, S. 132.

[1030] Zu Recht verneinend *H. Dreier,* StWuStPr 1993, S. 647 (660); noch weitergehend *M. Bulling,* DÖV 1989, S. 277 (288).

[1031] *Chr. Autexier,* in: VVDStRL 52 (1993), S. 285 (292 f.).

[1032] CE 20. Januar 1978, Syndicat national de l'enseignement technique agricole public, Leb.23, chron. Renaud Denoix de Saint-Marc AJDA 1979, S. 37.

[1033] *J. Knebel/L. Wicke/G. Michael,* Selbstverpflichtungen ..., 1999, S. 264.

§ 12 Der kooperierende Rechtsstaat

rie, die bestimmte Entscheidungsinhalte dem Parlamentsgesetz vorbehält. Eine punktuelle *Teil-Formalisierung* des Informalen kann darüber hinaus geboten sein, wenn zwar nicht eine bestimmte Handlungsform als solche vorgeschrieben ist, jedoch einzelne Mindestanforderungen an das Verfahren und die Form staatlichen Handelns zwingend sind. Es muss eine *Balance* gefunden werden zwischen der Gefahr, die Vorteile des Informalen durch Formalisierung zu unterlaufen und den Chancen, „Kooperation durch Institutionalisierung zu stabilisieren"[1034]. Die Formenlehre muss sich auch dem Problem der Formenwahl[1035] stellen, einschließlich der Wahl der Nicht-Form, des Informalen. Der Rechtswissenschaft muss aufgegeben bleiben, Stück für Stück eine Handlungsformenlehre[1036] bzw. eine Rechtsgeschäftslehre[1037] des öffentlichen Rechts nachzuweisen und sie weiterzuentwickeln.

Nicht zuletzt darum ringt die Lehre vom *Rechtsverhältnis*.[1038] In sie werden bisweilen Hoffnungen gesetzt auf dem Weg zu einem Verwaltungskooperationsrecht.[1039] Aus der Erkenntnis, dass auch das Verhältnis zwischen Bürger und Staat von Rechtsverhältnissen unterschiedlicher Art und Qualität gekennzeichnet ist, lassen sich konkrete Rechte und Pflichten aber nicht ableiten; der rechtspraktische Gewinn dieser Lehre ist (vorläufig) ge-

---

[1034] *A. Benz,* Kooperative Verwaltung, 1994, S. 335.
[1035] Kritisch *F. Hufen,* Fehler im Verwaltungsverfahren, 3. Aufl., 1998, S. 278, Rz. 459.
[1036] *E. Schmidt-Aßmann,* DVBl. 1989, S. 533; *M. Kloepfer,* JZ 1991, S. 737 ff.; *H. Dreier,* StWuStPr 1993, S. 647 (668 f.); *U. Di Fabio,* VVDStRL 56 (1997), S. 235 (272).
[1037] Vgl. *K. W. Grewlich,* DÖV 1998, S. 54 (62) m. w. N.
[1038] Aus der Rspr.: BVerfGE 98, 83 (98) – Landesabfallgesetze; aus der Lit.: vgl. *P. Häberle,* Das Verwaltungsrechtsverhältnis, in: Das Sozialrechtsverhältnis, Schriftenreihe des deutschen Sozialrechtsverbandes, Bd. XVIII, S. 6 ff., auch in: *ders.,* Die Verfassung des Pluralismus, 1980, S. 248 ff.; *N. Achterberg,* Die Rechtsordnung als Rechtsverhältnisordnung. Grundlegung der Rechtsverhältnistheorie, 1982; *Th. Fleiner-Gerster/Theo Öhlinger/P. Krause,* Rechtsverhältnisse in der Leistungsverwaltung, VVDStRL 45 (1987), S. 152 ff.; *R. Gröschner,* Das Überwachungsrechtsverhältnis, 1992, S. 142 ff.; *M. Schulte,* Schlichtes Verwaltungshandeln, 1995, S. 203 ff.; *J. Pietzcker,* in: Die Verwaltung 1997, S. 281 ff.; *R. Gröschner,* ebd., S. 301 ff.; *Th. v. Danwitz,* ebd., S. 339 ff.; zur Übertragung der Lehre auf das informelle Handeln des Staats *H. Bauer,* VerwArch 78 (1987), S. 241 (259 ff.); hierzu ausführlich *U. Dempfle,* Normvertretende Absprachen, 1994, S. 62 ff.; vgl. jetzt auch BVerfGE 98, 83 (98 f.) – Landesabfallgesetze; vgl. auch *H. Dreier,* StWuStPr 1993, S. 647 (668); *F. Schoch,* in: W. Hoffmann-Riem/E. Schmidt-Aßmann (Hrsg.), Innovation und Flexibilität des Verwaltungshandelns, 1994, S. 199 (211 ff.); *E. Schmidt-Aßmann,* in: W. Hoffmann-Riem/E. Schmidt-Aßmann/G. F. Schuppert (Hrsg.), Reform des allgemeinen Verwaltungsrechts. Grundfragen, 1993, S. 11 (44); *Th. Meysen,* Die Haftung aus Verwaltungsrechtsverhältnis, 2000; differenzierend: *R. Schmidt-De Caluwe,* Der Verwaltungsakt in der Lehre Otto Mayers, 1999, S. 8 ff.
[1039] *H. Bauer,* in: G. F. Schuppert (Hrsg.), Jenseits von Privatisierung und „schlankem" Staat, 1999, S. 251 (258 f.).

ring.¹⁰⁴⁰ Die Rechtsverhältnislehre ist vor allem heuristischer Natur.¹⁰⁴¹ Zum Beispiel Rücksichtnahmepflichten und Vertrauenstatbestände sind nicht erst auf Grund der Rechtsverhältnislehre begründbar, sondern umgekehrt setzt sich der Inhalt der Rechtsverhältnisse aus solchen Einzelrechten zusammen. Selbst wenn man – wie jetzt textlich Art. 9 BV-Schweiz (1999) – Treu und Glauben für einen allgemeinen Rechtsgrundsatz auch des öffentlichen Rechts erklärt, handelt es sich auch hierbei nur um einen Sammelbegriff für konkrete Inhalte.¹⁰⁴² Weder die Rechtsformenlehre, noch die Lehre vom Rechtsverhältnis vermögen die Anforderungen an informale Absprachen bislang zu definieren. *E. Schmidt-Aßmann* hat gefordert, aus beiden Lehren Konsequenzen zu ziehen,¹⁰⁴³ anders ausgedrückt: die Rechtsformenlehre zu öffnen und zu erweitern und dadurch die Rechtsverhältnislehre zu konkretisieren. Dies muss auch für die Rechtsformen der Ausübung rechtsetzender Gewalt und für Rechtsverhältnisse zwischen dieser und der Wirtschaft geleistet werden.

Es ist zwischen der Form eines Hoheitsaktes an sich und den formellen Aspekten des Verfahrens hoheitlichen Handelns zu unterscheiden. Die Theorie des kooperierenden Verfassungsstaats versucht, nicht die einseitige, verbindliche Rechtsetzung als Form an sich zu behaupten, aber Absprachen der rechtsetzenden Gewalt mit der Wirtschaft punktuell in die Formenlehre einzupassen. Das ist vor allem hinsichtlich des Grundrechtsschutzes und der Kompetenzordnung geboten und insoweit bereits dargestellt worden (§§ 10 und 11).

II. Der Vorrang des Gesetzes vor informalen Absprachen

Normative Absprachen unterliegen dem Prinzip des Vorrangs des Gesetzes.¹⁰⁴⁴ Der bisweilen behauptete Vorrang von Selbstverpflichtungen vor gesetzlichen Regelungen¹⁰⁴⁵ berührt den rechtlichen Vorrang des Gesetzes

---

¹⁰⁴⁰ Zutreffend *W. Löwer*, NVwZ 1986, 793 (794); *D. Ehlers*, DVBl. 1986, 912; *E. Schmidt-Aßmann*, DVBl. 1989, 533 (539 f.); *H. Schulze-Fielitz*, DVBl. 1994, S. 657 (661); *A. Helberg*, Normabwendende Selbstverpflichtungen ..., 1999, S. 230; Ansätze jedoch jetzt bei *Th. Meysen*, Die Haftung aus Verwaltungsrechtsverhältnis, 2000, jedoch mit großer Zurückhaltung für informelle Absprachen: S. 209 ff.

¹⁰⁴¹ Hierzu *E. Schmidt-Aßmann*, Das allgemeine Verwaltungsrecht als Ordnungsidee, 1998, S. 256.

¹⁰⁴² So mit Blick auf § 242 BGB auch *A. Helberg*, Normabwendende Selbstverpflichtungen ...*,* 1999, S. 230.

¹⁰⁴³ *E. Schmidt-Aßmann*, DVBl. 1989, 533 (537 ff., 540); ähnlich *W. Pauly*, in: K. Becker-Schwarze/W. Köck/T. Kupka/M. v. Schwanenflügel (Hrsg.), Wandel der Handlungsformen im Öffentlichen Recht, 1991, S. 25 (40).

¹⁰⁴⁴ *L. Wicke/J. Knebel*, in: dies./G. Braeseke (Hrsg.), Umweltbezogene Selbstverpflichtungen der Wirtschaft, 1997, S. 1 (43); kompetenzielle Schlüsse daraus

der Sache nach nicht. Gemeint ist nämlich lediglich, dass über einen gesetzlich verbindlichen Mindeststandard hinaus Selbstverpflichtungen entstehen und fortbestehen können.

Normative Absprachen dürfen wegen des Vorrangs des Gesetzes nicht formal geltende Normen informal ändern. Es gilt also ein rechtsstaatlicher Geltungsvorrang des formalen Rechts vor informalen Absprachen. Das gesetzlich programmierte Schutzniveau darf nicht unterschritten werden.[1046] Nur die Schaffung neuer, zusätzlicher normativer Anforderungen kann durch informale Absprachen gegebenenfalls substituiert werden. Der Verordnunggeber darf also nicht geltende Verordnungen durch informale Absprachen faktisch aufheben, sondern muss gegebenenfalls die Verordnung formal aufheben, um an ihre Stelle informale Absprachen treten zu lassen bzw. die Verordnung dadurch ändern, dass er ihr eine Öffnungsklausel für informale, normverdrängende Selbstverpflichtungen hinzufügt. Normative Absprachen sind an etwaig entgegenstehenden Gesetzen auszurichten, können aber im Übrigen potenzielle Normen substituieren.[1047] Das Gebot der *Widerspruchsfreiheit der Rechtsordnung*[1048] erstreckt sich auch auf den kooperierenden Verfassungsstaat.

III. Trennung der Gewalten im kooperierenden Verfassungsstaat

Auch die grundgesetzliche Verteilung der Gewalten und der verfassungsstaatliche Grundsatz der Trennung der Gewalten müssen im kooperierenden Verfassungsstaat neu entfaltet werden. *Chr. Engel* hat das auf die These zugespitzt: Dadurch dass nicht nur Rechtsetzung, sondern auch der Vollzug von Recht substituiert und informal privatisiert werde, sei der „Unterschied zwischen Legislative und Exekutive ... aufgehoben"[1049].

---

zieht *T. Köpp,* Normvermeidende Absprachen zwischen Staat und Wirtschaft, 2001, S. 177.

[1045] So für die Verpflichtung des Verbandes der Zigarettenindustrie e.V. zur Tabakwerbung *R. Dragunski,* Kooperation von Verwaltungsbehörden mit Unternehmen im Lebensmittelrecht, 1997, S. 133.

[1046] Weniger streng: *L. Wicke/J. Knebel,* in: dies./G. Braeseke (Hrsg.), Umweltbezogene Selbstverpflichtungen der Wirtschaft, 1997, S. 1 (44): „... andererseits ist nicht jede Unterschreitung unzulässig, zumal eine punktgenaue Grenze angesichts einer oft großen gesetzlichen Unbestimmtheit ohnehin nicht möglich ist. Hier gibt es verfassungsrechtliche Ermessens- und Beurteilungsspielräume, Einschätzungsprärogativen und Prognosespielräume, die die Exekutive ausfüllen darf."

[1047] Hierzu einerseits *U. Di Fabio,* VVDStRL 56 (1997), S. 235 (281) These 19, andererseits *E. Schmidt-Aßmann,* Diskussionsbeitrag, in: VVDStRL 56 (1997), S. 295.

[1048] Dazu *H. D. Jarass,* AöR 126 (2001), S. 588 ff.

Um die Implikationen der Gewaltenteilung für normative Absprachen zu erfassen, sind zwei Ebenen zu unterscheiden: die Ebene der staatlichen Akteure und die Ebene der privaten, insbesondere verbandlichen Akteure.

Erstens gibt es die Ebene der staatlichen Akteure. Verordnungsersetzende Absprachen entsprechen der grundgesetzlichen Teilung staatlicher Gewalt, soweit die Bundesregierung im Rahmen ihrer Verordnungsermächtigungen handelt. Dass ihr dabei rechtsetzende Gewalt zugewiesen ist, beruht auf der gesetzlichen Ermächtigung und wird durch Art. 80 Abs. 1 GG verfassungsrechtlich bestätigt. Auch die Beobachtung der Einhaltung der Selbstverpflichtungen ist der rechtsetzenden Gewalt zuzurechnen und insoweit von der Verordnungsermächtigung umfasst. Es handelt sich um ein aliud zum Vollzug des Ordnungsrechts und deshalb auch nicht um eine Verschiebung der Gewalten.

Nach der hier vertretenen Auffassung lassen sich Parlamentsgesetze ersetzende Absprachen zwar nicht auf das Gesetzesinitiativrecht nach Art. 76 Abs. 1 GG stützen, wohl aber gegebenenfalls auf eine gesetzliche Kooperationsermächtigung der Bundesregierung. Dabei werden die Grenzen des Art. 80 GG überschritten. Die Analogie zu Art. 80 GG lässt sich nur mit dem Verfassungsprinzip kooperativer Verantwortung legitimieren und mit der funktionellen, institutionellen Eignung der Bundesregierung zu Absprachen mit der Wirtschaft. Diese funktionelle Eignung ist selbst ein Element des Prinzips der Gewaltenverteilung. Dass die Bundesregierung damit in ihrer Bedeutung als Organ der rechtsetzenden Gewalt gestärkt wird, ist zuzugeben.

Dies soll mit der analogen Anwendung des Art. 80 GG, also mit der Forderung einer gesetzlichen Ermächtigung und damit einer Beteiligung des Bundestages im Vorfeld der Absprache, zumindest abgemildert werden. Eine noch geringere Verschiebung der Gewalten erscheint kaum denkbar, da Absprachen zwischen Wirtschaft und dem Parlament nicht praktikabel wären. Damit wird dem Gewaltenteilungsgrundsatz soweit wie möglich Rechnung getragen. Gegen die von der Bundesregierung praktizierte und im Schrifttum überwiegend mit Art. 76 Abs. 1 GG gerechtfertigte Kooperationspraxis bestehen allerdings schwerwiegende Bedenken auch aus Gründen der Gewaltenteilung. Der ohnehin bestehenden Tendenz zur Verschiebung der Gewaltenverteilung zu Gunsten der Bundesregierung und zu Lasten des Parlaments wird dadurch Vorschub geleistet. Dem soll hier durch die Theorie des kooperierenden Verfassungsstaates entgegengesteuert werden: Neben der Einbindung des Parlaments gehört auch das Zustimmungserfordernis des Bundesrates analog Art. 80 Abs. 2 GG und dessen Initiativrecht analog Art. 80 Abs. 3 GG zu den Elementen eines Systems von

---

[1049] *Chr. Engel*, StWuStPr 1998, S. 535 (540).

„checks and balances". Darüber hinaus können auch die noch auszuführende Kartellaufsicht und das zu entwickelnde Rechtsschutzsystem im kooperierenden Verfassungsstaat zur Machtkontrolle der Bundesregierung beitragen.

Zweitens gibt es die Ebene privater Akteure. Für sie gilt der staatsrechtliche Grundsatz der Gewaltenteilung an sich nicht. Allerdings stellt sich die Frage, ob die *informale Privatisierung* der Rechtsetzung hierzu ein Pendant fordert. Die Verfassungstheorie des Pluralismus *Peter Häberles* fordert neben der staatlichen auch eine „gesellschaftliche Gewaltenteilung"[1050]. Diese muss nicht nur die Bürger gegen die Verbände[1051] schützen. Im kooperierenden Verfassungsstaat soll vielmehr auch eine Balance zwischen den Wirtschaftsverbänden und der mit ihnen kooperierenden rechtsetzenden Gewalt gefunden werden. Diese kann an den Grundideen der Gewaltenteilung anknüpfen, die jedenfalls zum Teil im Ansatz übertragbar sind.

Der Hebel zur Begrenzung der Macht der Verbände gegenüber ihren Mitgliedern und vor allem gegenüber Nichtmitgliedern ist der status negativus cooperationis des Art. 9 Abs. 1 GG. Einer Konzentrierung einer zugleich „rechtsetzenden und vollziehenden privaten Gewalt" der Verbände wird schon durch die grundrechtlich geforderte Externalisierung des Monitoring vorgebeugt. Die Idee der funktionellen Verteilung der Gewalten lässt sich insofern übertragen, als Wirtschaftsverbände in der Tat institutionell geeignet erscheinen, Eigenverantwortung der Wirtschaft zu vermitteln, anzuregen und zu unterstützen. Schließlich muss der kooperierende Staat dafür Sorge tragen, dass nicht Machtverschiebungen zwischen den Verbänden durch eine ungleichmäßige Absprachepolitik entstehen. Die weitere Entwicklung muss kritisch begleitet werden.

IV. Vertrauensschutz der informal kooperierenden Wirtschaft

Normative Absprachen beruhen auf Vertrauen und sie sollen Vertrauen schaffen. Ihr Erfolg hängt wesentlich vom gegenseitigen Vertrauen der Beteiligten ab. Dieses Vertrauen muss im kooperierenden Verfassungsstaat angemessen geschützt werden. Vertrauensschutz ist ein anerkannter verfassungsrechtlicher Topos, der aus dem Rechtsstaatsprinzip bzw. aus den Grundrechten hergeleitet wird. Er muss für Kooperationen fruchtbar gemacht werden. In der Literatur wurde dies mit Nachdruck gefordert: „Mit

---

[1050] *P. Häberle,* Verfassungslehre als Kulturwissenschaft, 2. Aufl. 1998, S. 687.
[1051] *R. Herzog,* Ziele, Vorbehalte und Grenzen der Staatstätigkeit, in: HdBStR III, 1988, § 58, S. 83 (117) Rz. 85; *P. Häberle,* Verfassungslehre als Kulturwissenschaft, 2. Aufl. 1998, S. 687.

der Faktizität einer solchen Kooperation entstehen rechtliche Bindungen aus dem neueren Kooperationsprinzip ... Rechtliche Ausprägung und rechtliche Grenzen sind bislang noch nicht bis ins Einzelne austariert, vieles ist noch umstritten."[1052]

Es gibt aber auch kritische Stimmen, die befürchten, dass mit einer Ausdehnung des verfassungsrechtlichen Vertrauensschutzes auf informale Absprachen deren rechtliche Unverbindlichkeit unterlaufen[1053] und ihre Flexibilität gefährdet[1054] würden. Diese Bedenken zeigen Grenzen des Vertrauensschutzes auf, die aber bei dessen richtigem Verständnis nicht überschritten werden.

Um die verfassungsrechtlichen Dimensionen des Vertrauensschutzes bei Kooperationen zu erfassen, lohnt ein Seitenblick auf das Privatrecht, das eine differenzierte Dogmatik geschriebener (§§ 122, 179 BGB, 307 BGB a. F.) und ungeschriebener (culpa in contrahendo, jetzt allerdings § 311 Abs. 2 BGB n. F.) Vertrauenstatbestände entwickelt hat.[1055] Das Privatrecht, in dessen Zentrum die rechtliche Relevanz von Kooperationen steht, ist hier dem Verfassungsrecht Generationen voraus. Einen Grundgedanken des zivilrechtlichen Vertrauensschutzes sollte man auf den verfassungsrechtlichen Vertrauensschutz normativer Absprachen übertragen: Der Vertrauensschutz, als zivilrechtlicher Anspruch am „Vertrauensschaden" bemessen, erfasst nur das so genannte „negative Interesse". Nur soweit rechtsgeschäftlich verbindliche Pflichten begründet werden, insbesondere durch wirksamen Vertrag, ist auch das „positive Interesse" auf Erfüllung der eingegangenen Verpflichtungen geschützt.[1056] Der rechtlichen „Unverbindlichkeit" vertrauensbegründenden Verhaltens wird durch die Unterscheidung zwischen dem rechtlich *bindenden* Rechtsgeschäft und dem rechtlich *relevanten* Verhalten[1057] Rechnung getragen. Überträgt man diesen Gedanken auf normative Absprachen, bedeutet das: Im Gegensatz zur In-Kraft-Setzung verbindlicher Rechtsnormen begründet die informal kooperierende rechtsetzende Gewalt lediglich ein rechtlich relevantes Verhalten. Vertrauensschutz kann daraus nur im Rahmen des negativen Interesses entstehen.

[1052] U. Di Fabio, Der Ausstieg aus der wirtschaftlichen Nutzung der Kernenergie, 2000, S. 39 ff.

[1053] So J. Burmeister, VVDStRL 52 (1993), S. 190 (242).

[1054] A. Helberg, Normabwendende Selbstverpflichtungen ..., 1999, S. 134.

[1055] C.-W. Canaris, Die Vertrauenshaftung im deutschen Privatrecht, 1971; kritisch gegenüber dem Vergleich mit dem Zivilrecht T. Köpp, Normvermeidende Absprachen zwischen Staat und Wirtschaft, 2001, S. 144.

[1056] W. Flume, Allgemeiner Teil des Bürgerlichen Rechts, Band II: Das Rechtsgeschäft, 3. Aufl. 1979, S. 283 f.; aus der Rechtsprechung: BGH ZIP 1988, 89 (90).

[1057] Hierzu W. Flume, AcP 161, S. 52 ff., ders., Allgemeiner Teil des Bürgerlichen Rechts, Band II: Das Rechtsgeschäft, 3. Aufl. 1979, S. 113 ff.

§ 12 Der kooperierende Rechtsstaat 469

Das Zivilrecht beschränkt den Vertrauensschutz keineswegs auf vorvertragliche Verhältnisse, sondern kennt auch so genannte Nebenpflichten zu den vertraglichen Erfüllungsansprüchen. Damit lässt sich die Brücke zur verfassungsrechtlichen Dogmatik des Vertrauensschutzes schlagen und zeigen, dass sich deren Grundgedanken mit Elementen privatrechtlichen Vertrauensschutzes decken. Wenn der Staat rechtsverbindlich handelt, z. B. ein Gesetz schafft, dann geht es bei der Frage eines dadurch begründeten verfassungsrechtlichen Vertrauensschutzes nicht um die primäre Rechtsbindung an diese Norm, sondern um Nebenpflichten. Der „Erfüllungsanspruch" folgt unproblematisch aus subjektiven öffentlichen Rechten und der Gesetzesbindung nach Art. 20 Abs. 3 GG, ein eventueller „Vertrauenstatbestand" hingegen bedarf besonderer Begründung. Vertrauensschutz im kooperierenden Verfassungsstaat sollte diese Grundgedanken nicht in Frage stellen, sondern sie vielmehr für „vorvertragliche" Rechtsverhältnisse fortentwickeln. Eine allgemeine Dogmatik des Vertrauensschutzes im Verfassungsrecht ist gut beraten, wenn sie sich dabei wie das Zivilrecht um Stimmigkeit der Voraussetzungen und Konsequenzen bemüht.

Zwei Voraussetzungen stehen im Mittelpunkt jeden Vertrauensschutzes: Die zurechenbare Begründung von Vertrauen auf der einen Seite und darauf beruhendes Verhalten und schützenswerte Wirkungen auf der anderen Seite. Die relevanten Fragen lauten: Wie begründet die kooperierende rechtsetzende Gewalt zurechenbar Vertrauen? Welche Wirkungen ruft dieses Vertrauen bei der Wirtschaft hervor?

Anknüpfungspunkt für die Vertrauensbegründung bei normativen Absprachen ist die *positive Unterstützung* der Selbstverpflichtung durch den Staat, sei es verbal, tatsächlich oder finanziell. Diese positive Unterstützung ist dem Staat nach dem Gesichtspunkten der Zurechenbarkeit entstehender Grundrechtsbeeinträchtigungen *zurechenbar,* wenn die rechtsetzende Gewalt im Rahmen ihrer Kompetenzen handelt. Deshalb ist es so wichtig, dass trotz der Informalität der Absprachen die Grundzüge der Kompetenzordnung beachtet werden. Im kooperierenden Verfassungsstaat müssen die *Kompetenzen zur Begründung von Vertrauen* eindeutig zugewiesen sein.

Keine vertrauensbegründende Bedeutung haben negative Ankündigungen, auf Rechtsetzung vorläufig zu verzichten. Ein *Verzicht auf Rechtsetzung* ist weder rechtsverbindlich möglich, noch vertrauensgeschützt im Rahmen des Verfassungsrechts. Ein solcher Verzicht mag zwar die „Hauptzusage" des Staates sein, ist aber als das nicht geschützte „Erfüllungsinteresse" wegen der Unverbindlichkeit dieser Ankündigung irrelevant.

Die positive Unterstützung des Staates kann bei der Wirtschaft eine Verhaltensänderung bewirken: Unternehmen *ändern Abläufe* der Produktion und des Vertriebs und *investieren* in diese Veränderungen. Diese Wirkungen sind davor zu schützen, dass ihre Zwecke, insbesondere die durch sie verfolgten wirtschaftlichen Eigeninteressen, durch Maßnahmen des Staates zunichte gemacht werden.

Das Vertrauen darauf ist nicht absolut geschützt. Jeder verfassungsrechtliche Vertrauensschutz muss die Balance zwischen Kontinuität und Wandelbarkeit herstellen. Geschützte Erwartungen Privater sind gegen Erfordernisse des Gemeinwohls abzuwägen. Bei dieser Abwägung ist zu berücksichtigen, dass das Vertrauensverhältnis zwischen Kooperationspartnern zwar besonders eng ist: Die Glaubwürdigkeit[1058] kann „Vereinbarungstreue"[1059] und „verwaltungspsychologische Bestandskraft"[1060] fordern. „Loyalität" des Staates darf aber nur bis zur Grenze der Parteilichkeit[1061] und Abhängigkeit reichen. Der gesetzestreue Bürger ist vom Vertrauensschutz nicht weniger geschützt, als die außergesetzliche Verantwortung übernehmende Wirtschaft. Die Kontinuität informaler Absprachen der rechtsetzenden Gewalt kann deshalb im Ergebnis nicht weiter reichen, als die Stabilität von Verordnungen und Gesetzen. Letztere sind in der Demokratie als Herrschaft auf Zeit grundsätzlich jederzeit änderbar, wenngleich unter Maßgaben des Vertrauensschutzes.[1062] Inhaltliche Einschränkungen der Ausübung rechtsetzender Gewalt durch den Vertrauensschutz müssen deshalb auf das Verbot unzumutbarer Enttäuschung von geschützten Erwartungen beschränkt sein. Diese Grundsätze haben folgende Konsequenzen:

Normative Absprachen mit dem Staat können verfassungsrechtlich geschütztes Vertrauen der Wirtschaft darauf begründen, dass der Staat nicht unvorhersehbare einseitige hoheitliche Regelungen trifft, die den Inhalten der Selbstverpflichtung zuwiderlaufen. In dieser Richtung kann der Vertrauensschutz sogar an denjenigen heranreichen, der für formales hoheitliches Handeln gilt. Die Frage, ob der Staat informal oder formal handelt, ist für den Vertrauenstatbestand nur von untergeordneter Bedeutung. Zu Unrecht wurde im Schrifttum[1063] unverbindlichen Absprachen jeglicher Vertrauensschutz abgesprochen und behauptet, dass sich Rechtssicherheit und Be-

---

[1058] *K. Rennings/K. L. Brockmann/H. Bergmann,* Nachhaltigkeit, Ordnungspolitik und freiwillige Selbstverpflichtung, 1996, S. 131 (184).

[1059] *H. Schulze-Fielitz,* Der informale Verfassungsstaat, 1984, S. 86.

[1060] *F. Hufen,* NJW 1982, S. 2160 (2165); zustimmend *H. Dreier,* StWuStPr 1993, S. 647 (663).

[1061] Vgl. *H. Dreier,* StWuStPr 1993, S. 647 (660 f.); *M. Schulte,* Schlichtes Verwaltungshandeln, 1995, S. 109 ff.; BVerwGE 75, 214 (230 f.); VGH-BW NVwZ-RR 1989, 59 (60).

[1062] *Chr. Engel,* StWuStPr 1998, S. 535 (554): „Auch eine neue Regierung muss wenigstens den verfassungsrechtlichen Vertrauensschutz gewähren".

[1063] *J. Becker,* Informales Verwaltungshandeln zur Steuerung wirtschaftlicher Prozesse im Zeichen der Deregulierung, DÖV 1985, S. 1003 (1010); *T. Köpp,* Normvermeidende Absprachen zwischen Staat und Wirtschaft, 2001, S. 150 f.

standsschutz mit der rechtlichen Unverbindlichkeit von Selbstverpflichtungen reiben.[1064] Zwar verbietet die rechtliche Unverbindlichkeit informaler Absprachen das Entstehen von Primärpflichten sowie rechtlich geschütztes Vertrauen auf deren Erfüllung. Aber wenn die Wirtschaft bestimmte investitionsintensive Maßnahmen verspricht und der Staat dies ausdrücklich, tatsächlich oder finanziell unterstützt, dann begründet diese Unterstützung ein Vertrauen darauf, dass der Staat diese von ihm informal unterstützten Investitionen nicht durch gegenläufige Regelungen zunichte macht.[1065]

Weniger die negative Ankündigung, keine einseitig hoheitlichen Regelungen zu treffen, sondern vielmehr die positive Unterstützung einer Selbstverpflichtung durch den Staat vermag Vertrauen der Wirtschaft zu begründen. In der Informalität kann ein Moment der Vorläufigkeit liegen, das es verbietet, auf die Dauerhaftigkeit positiver Unterstützung zu vertrauen. Investitionsvernichtende Maßnahmen hingegen können auch dem informal kooperierenden Staat aus Gründen des Vertrauensschutzes verwehrt sein. Wichtig ist, dass nicht unverbindliche Ankündigungen zukünftigen Handelns oder Nichthandelns selbst als Auslöser von Vertrauensschutz anerkannt werden. Das gilt auch für formales Handeln: Die generelle Vorverlagerung des Vertrauensschutzes in das Stadium vor dem Zustandekommen künftigen Rechts ist abzulehnen.[1066] Auch die bloße Ankündigung des Zeitpunktes bestimmter, zukünftiger Gesetzesinitiativen durch die Bundesregierung wurde als Vertrauensschutzgrundlage vom BVerfG nicht anerkannt.[1067] Anknüpfungspunkt kann nur Handeln des Staates mit einer gewollt *gegenwärtigen* Steuerungswirkung sein. Hierfür bestehen bei normersetzenden Absprachen mit dem Staat regelmäßig hinreichend konkrete Anhaltspunkte.

Der Vertrauensschutz zu Gunsten von Investitionen, die vom Staat ausdrücklich gebilligt, wenn nicht gar unterstützt wurden, muss unabhängig davon gelten, ob der Staat einseitig oder kooperativ, formal oder informal handelt. Es geht nicht um die *Ausweitung* des Vertrauensschutzes um eine neue Dimension, sondern um eine (in dieser Hinsicht) gleichwertige *Erstreckung* der allgemeinen Regeln des Vertrauensschutzes auf informales, kooperatives Handeln des Staates. Insgesamt gesehen wird damit der rechtliche Vertrauensschutz weder auf Null reduziert, noch über das Maß anerkannten Vertrauensschutzes hinaus ausgedehnt.

[1064] *L. Wicke/J. Knebel,* in: dies./G. Braeseke (Hrsg.), Umweltbezogene Selbstverpflichtungen der Wirtschaft, 1997, S. 1 (43).
[1065] Ähnlich *Chr. Engel,* StWuStPr 1998, S. 535 (546).
[1066] *M. Kloepfer,* Vorwirkung von Gesetzen, 1974, S. 227.
[1067] BVerfGE 97, 67 (83) – Sonderabschreibungen für Handelsschiffe; anders Sondervotum Kruis (ebenda S. 86 ff.); hierzu *T. Köpp,* Normvermeidende Absprachen zwischen Staat und Wirtschaft, 2001, S. 149.

Auch die mit normersetzenden Absprachen bezweckte Flexibilisierung wird durch so verstandenen Vertrauensschutz nicht gefährdet. Informale Absprachen zielen darauf ab, dass Selbstverpflichtungen bisweilen schneller verwirklicht als formale Normen gesetzt und vollzogen werden können, sowie darauf, dass der Wirtschaft bei der Umsetzung der Selbstverpflichtung zeitliche und inhaltliche Spielräume gewährt werden. Diese Vorteile der Flexibilität werden durch Vertrauensschutz in die dabei getroffenen Maßnahmen nicht in Frage gestellt. Darüber hinaus muss freilich der Staat die Möglichkeit haben, flexibel und d. h. bei gegebenem Anlass auch plötzlich und mit Härte zu reagieren. Dies ist jedoch keine Besonderheit des informal kooperierenden Staates. Auch Vertrauensschutz wird nicht absolut gewährt, sondern muss vorrangigen Interessen gegebenenfalls weichen. Vertrauensschutz verbietet weder die Möglichkeit von Eilverordnungen, wenn hierfür ein dringendes Bedürfnis und eine entsprechende Ermächtigung besteht, noch vermag er im demokratischen Verfassungsstaat Änderungen der Politik entgegenzustehen.

Weil Demokratie Herrschaft auf Zeit ist, darf der zum System gehörende demokratische Wandel der Politik nicht durch einen ausufernden Vertrauensschutz blockiert werden. Das Verhältnis zwischen Kontinuität und Wandel ist aber das Dilemma jeden Vertrauensschutzes und keine spezifische Problematik informaler Absprachen. Informale normative Absprachen dürfen den Staat nicht über das Maß hinaus binden, das über die Bindung an ein Gesetz und über den Vertrauensschutz auf dieses Gesetz erreichbar wäre. Deshalb kann auf die Ausübung einer Verordnungsermächtigung nicht rechtswirksam verzichtet werden. Das Mehrheitsprinzip wird ergänzt durch das *Oppositionsprinzip*. Mehrheiten können sich wandeln und Minderheiten müssen stets die Chance haben, zu Mehrheiten zu werden. Um zukünftigen Mehrheiten eine Chance zu geben, müssen Mehrheitsentscheidungen zumindest für die Zukunft so weit wie möglich revisibel bleiben. Das gilt nicht nur für die in formalen demokratischen Verfahren getroffenen Entscheidungen, sondern auch für informale Absprachen. Nicht nur Gesetze sind durch Gesetze änderbar und Verordnungen durch Verordnungen und Gesetze, sondern auch informale Absprachen müssen durch weitere Absprachen, Verordnungen und Gesetze revisibel bleiben. Daraus folgt aber nicht, dass normative Absprachen von vornherein auf eine Legislaturperiode beschränkt werden müssen.[1068] Insoweit gelten keine strengeren, sondern dieselben Maßstäbe, die auch an Gesetze und Verordnungen anzulegen sind: Letztere sind (abgesehen von den Erfordernissen des rechtsstaatlichen Vertrauensschutzes) jederzeit abänderbar und gelten im Übrigen über den Zeitraum von Legislaturperioden hinaus. Das gilt im Grundsatz auch für normersetzende Absprachen. Nicht verallgemeinern lässt sich die Vermutung, dass

---

[1068] *J. Knebel/L. Wicke/G. Michael,* Selbstverpflichtungen ..., 1999, S. 268.

normative Absprachen „nach einem Regierungswechsel viel schwerer zu ändern (sind) als ein Gesetz, das der neuen politischen Mehrheit missfällt."[1069] Zum Beispiel im Fall des Atomkonsenses hat die Opposition stets deutlich gemacht, sich im Falle eines Regierungswechsels nicht daran gebunden zu fühlen.[1070]

Die Demokratie muss auch der Langzeitverantwortung gerecht werden (Art. 20 a GG). Gesetze, aber auch Selbstverpflichtungen können auf langfristige Wirkungen angelegt sein. Sie müssen aber andererseits von staatlicher Seite unter den Vorbehalt eines Politikwechsels gestellt werden. Dieser kann auch während einer Legislaturperiode vollzogen werden. Dieser Vorbehalt muss unterhalb der Schwelle der clausula rebus sic stantibus liegen. Das gilt auch ohne eine ausdrückliche Klausel im Wortlaut der Absprachen.[1071]

Außerdem ist das Kompetenzverhältnis zwischen den Organen, die an der rechtsetzenden Gewalt beteiligt sind, zu berücksichtigen. Vertrauensschutz darf die Kompetenzordnung des Grundgesetzes nicht durchbrechen. Informales Handeln der Bundesregierung darf nicht das Parlament als Gesetzgeber in einer Weise binden und einengen, die dessen Rolle widerspräche.[1072] Es ist (auch) deshalb zu fordern, dass das Parlament bei Parlamentsgesetzersetzenden Absprachen gegebenenfalls angemessen beteiligt wird.

Folgende Konstellationen des Vertrauensschutzes bei normativen Absprachen sind zu bedenken: Es besteht weder Anlass noch Bedürfnis, dem Staat aus Gründen des Vertrauensschutzes zu verbieten, gesetzliche Regelungen zu treffen, die Selbstverpflichtungserklärungen *inhaltlich entsprechen*. Im Gegenteil: Selbstverpflichtungserklärungen können als Vorgeschichte einer inhaltsgleichen gesetzlichen Regelung die Gebotenheit von Übergangs- und Härtefall-Regelungen sogar reduzieren.

Das gilt sowohl für die Fälle, in denen eine Selbstverpflichtung erfolgreich ist, d.h. auch ohne rechtliche Verpflichtung den gewünschten Erfolg hat, als auch für Fälle, in denen die Umsetzung der Selbstverpflichtung defizitär bleibt. Selbstverpflichtungen und informale Absprachen bilden eine Alternative zur experimentellen Gesetzgebung.[1073] Anders ausgedrückt lassen sich Selbstverpflichtungen bisweilen als vorweggenommene Unterwer-

---

[1069] *Chr. Engel*, StWuStPr 1998, S. 535 (565).
[1070] BT-Drucks. 14/3667 vom 27. Juni 2000. Zu diesem Beispiel siehe S. 65 ff.
[1071] Anders *J. Knebel/L. Wicke/G. Michael*, Selbstverpflichtungen ..., 1999, S. 268.
[1072] In diese Richtung weist auch BVerfGE 97, 67 (83) – Sonderabschreibungen für Handelsschiffe.
[1073] Vgl. *U. Dempfle*, Normvertretende Absprachen, 1994, S. 32, 41.

fung unter zukünftiges Recht und als Vorwirkung von Gesetzen deuten.[1074] Im Einzelfall kann nicht nur der Misserfolg, sondern auch und gerade der Erfolg einer Selbstverpflichtung für eine entsprechende hoheitliche Normierung sprechen.[1075] Als Beispiel hierfür sei die Verpflichtung der chemischen Industrie bzw. der Industriegemeinschaft Aerosole e. V. (IGA) gegenüber dem Bundesministerium für Umwelt zur Reduzierung des Einsatzes von FCKW als Spraytreibgase von 1977, erweitert am 13. August 1987[1076] genannt. Sie wurde durch das seit dem 1. August 1991 geltende Totalverbot der Befüllung von Spraydosen mit FCKW in § 2 Abs. 1 der VCKW-Halon-Verbotsverordnung vom 6. Mai 1991 obsolet. Auffallend ist die weniger als dreimonatige Übergangszeit zwischen der Verabschiedung der Verordnung und der Geltung des Verbotes, die sich daraus erklärt, dass dank der Selbstverpflichtungen, die sogar übererfüllt wurden[1077], die Wirtschaft schon längst ihre Produktion weitgehend geändert hatte.

Für Unternehmen, die schon auf Grund der Selbstverpflichtung ihr Verhalten umgestellt haben, entstehen gerade keine unvorhergesehenen Härten. Vielmehr geben Selbstverpflichtungen gerade die Gelegenheit, ohne rechtlichen Druck zu neuen Verhaltensweisen schonend überzugehen. Selbstverpflichtungen haben den Vorteil, dass sich die Betroffenen frühzeitig auf eine eventuell später rechtlich gebotene Lage einstellen können.[1078]

Unternehmen, die diese Chance nicht nutzen, sondern als Trittbrettfahrer darauf hoffen, ihr Verhalten dauerhaft nicht ändern zu müssen, können sich ebenfalls nicht auf Vertrauensschutz berufen. Sie selbst haben das Vertrauen des Staates in die Selbstverpflichtung enttäuscht und sind Anlass einer verbindlichen hoheitlichen Regelung. Die Ankündigung des Staates, auf eine hoheitliche Regelung vorläufig zu verzichten beruht auf der Hoffnung, dass die Selbstverpflichtung freiwillig befolgt wird. Wenn eine Regelung auf Umsetzungsdefizite von Selbstverpflichtungen reagiert, ist es denkbar, die Regeln über die unechte Rückwirkung bzw. die tatbestandliche Rückan-

---

[1074] *M. Kloepfer,* Vorwirkung von Gesetzen, 1974, S. 232 ff.; zu den Vorwirkungen von Gesetzen vgl. auch *P. Häberle,* Öffentliches Interesse als juristisches Problem, 1970, S. 396, 470, 486 ff., 543.

[1075] So wurde eine Selbstverpflichtungserklärung über die Rücknahme von Altbatterien jetzt durch die BattVO ergänzt; vgl. *O. Klöck,* UPR 1999, S. 139 (140 f.).

[1076] Hierzu *G. Hucklenbruch,* Umweltrelevante Selbstverpflichtungen, 2000, S. 42 ff.; *U. Dempfle,* Normvertretende Absprachen, 1994, S. 8; *M. Kohlhaas/ B. Praetorius/R. Eckhoff/Th. Hoeren,* Selbstverpflichtungen der Industrie zur CO_2-Reduktion, 1994, S. 87 ff.; ausführlich auch *J. Knebel/L. Wicke/G. Michael,* Selbstverpflichtungen ..., 1999, S. 426 ff.; vgl. auch Umwelt (BMU) 1988, 310.

[1077] Einzelheiten bei *G. Hucklenbruch,* Umweltrelevante Selbstverpflichtungen, 2000, S. 45.

[1078] Vgl. *M. Kohlhaas/B. Praetorius/R. Eckhoff/Th. Hoeren,* Selbstverpflichtungen der Industrie zur CO_2-Reduktion, 1994, S. 55.

knüpfung anzuwenden. D. h. an das Verhalten während der Zeit der freiwilligen Selbstverpflichtung kann eine ihr zeitlich folgende verbindliche Regelung unter den Voraussetzungen der Verhältnismäßigkeit anknüpfen.

Es ist sogar denkbar, dass der Staat ohne größere Übergangsregelungen eine verbindliche und eventuell sogar gegenüber der Selbstverpflichtung verschärfte Regelung schafft, um den Trittbrettfahrern möglichst schnell das Handwerk zu legen. Er darf das Vertrauen der Unternehmen, die sich der Selbstverpflichtung tatsächlich unterworfen haben, damit belohnen, dass er sie von der gesetzlichen Pflicht ausnimmt, indem er ihre Selbstverpflichtung als normverdrängend tatbestandlich anerkennt. Dabei entstehende Härten zu Lasten der Trittbrettfahrer können dadurch gerechtfertigt sein, dass mit ihnen Wettbewerbsvorteile ausgeglichen werden, die sich jene bis zum Inkrafttreten der verbindlichen Regelung verschafft haben. Normative Absprachen können eine Art „negativen Vertrauensschutz" begründen, durch den der Handlungsspielraum des Staates erweitert[1079] wird.

Zum Ganzen ein Beispiel: Die Vereinbarung zur Förderung der Kraft-Wärme-Kopplung vom 25. Juni 2001 kombiniert einen Verzicht auf Rechtsetzung mit der Drohung mit Rechtsetzung enthält. Es wird bereits konkret mit bestimmten Inhalten einer gesetzlichen Regelung anstelle der gegebenenfalls verfehlten Selbstverpflichtung gedroht: „Sollte ... die Zielerreichung für das Jahr 2005 in Frage gestellt sein, wird die Bundesregierung unter Berücksichtigung der internationalen Wettbewerbsfähigkeit der Wirtschaft am Standort Deutschland zum 1. Januar 2006 solche ordnungsrechtlichen Maßnahmen ergreifen, die bewirken, dass die mit dieser Vereinbarung angestrebten CO_2-Minderungen erreicht werden. Nach heutiger Einschätzung der Bundesregierung empfiehlt sich in diesem Fall eine Quotenregelung."[1080]

Dieses Beispiel zeigt auch, welchen Druck die Wirtschaft umgekehrt auf die Politik ausüben kann: Die Einhaltung der Zusagen steht unter dem ausdrücklichen „Vorbehalt, dass keine ordnungsrechtlichen Regelungen in Kraft treten, die den Unternehmen die notwendigen wirtschaftlichen Spielräume für ihre Eigeninitiative zur Erreichung der in dieser Vereinbarung zugesagten CO_2-Minderungsziele nehmen würden und dass ein den Vorgaben dieser Vereinbarung entsprechendes Gesetz zur Förderung ökologisch effizienter KWK zeitnah in Kraft tritt."[1081]

Der Vertrauensschutz verbietet es nicht, gesetzliche Regelungen zu erlassen. Grenzen werden der Rechtsetzung nur insoweit gesetzt, als Unternehmen in die Technologie der KWK investieren und diese Maßnahmen nicht

---

[1079] Der Sache nach ebenso *Chr. Engel,* StWuStPr 1998, S. 535 (549).
[1080] Ziffer IV, S. 5 der Vereinbarung vom 25. Juni 2001.
[1081] Ziffer VI, S. 5 f. der Vereinbarung vom 25. Juni 2001.

zunichte gemacht werden dürfen. Insbesondere besteht kein Vertrauensschutz gegenüber der bereits angedrohten Quotenregelung für den Fall, dass die Ziele der Selbstverpflichtung nicht erreicht werden.

V. Allgemeinheit und Bestimmtheit des Gesetzes

Der Grundsatz der Allgemeinheit des Gesetzes[1082] wird durch normersetzende Absprachen nicht verletzt. Zwar gilt nach Art. 19 Abs. 1 GG, dass alle Gesetze allgemein gelten müssen. Aber der Umkehrschluss, dass alles, was allgemeine Gültigkeit beansprucht, ein Gesetz sein muss, gilt nicht. Die Forderung der Allgemeingültigkeit von Handlungsmaximen erhebt der kategorische Imperativ, der sich als ethischer Grundsatz an Jedermann wendet und nicht nur an den hoheitlichen Gesetzgeber. Art. 19 Abs. 1 GG zieht für den Gesetzgeber die Konsequenz, dass nur ein Gesetz, das Allgemeingültigkeit beansprucht, ein gutes Gesetz ist.[1083] Die Allgemeinheit des Gesetzes ist auch mit dem allgemeinen Gleichheitssatz verwandt. Dies wurde bereits in der Weimarer Zeit als Aspekt des Art. 109 Abs. 1 WRV anerkannt[1084] und ein Verbot des Einzelfallgesetzes daraus abgeleitet[1085].

Rechtspolitisch wird diskutiert,[1086] ob dem Trittbrettfahrerproblem[1087] bzw. dem „free-rider"-Effekt[1088] bei Selbstverpflichtungen durch eine gesetzliche Möglichkeit der hoheitlichen Allgemeinverbindlichkeitserklärung abgeholfen werden soll.[1089] Derartige Allgemeinverbindlichkeitserklärungen sind aus dem Tarifvertragsrecht (§ 5 TVG) bzw. bei der „Rechtsverordnung" nach § 1 Abs. 3a AEntG[1090] bekannt. Sie werden vom BVerfG als „Rechtsetzungsakt eigener Art zwischen autonomer Regelung und staatlicher Rechtsetzung"[1091] qualifiziert.

[1082] Vgl. hierzu *R. Breuer,* in: W. Hoffmann-Riem/E. Schmidt-Aßmann (Hrsg.), Konfliktbewältigung durch Verhandlungen, Bd. I, 1990, S. 231 (251).

[1083] *L. Michael,* JöR 48 (2000), S. 169 (196).

[1084] *E. Kaufmann,* VVDStRL 3 (1927), S. 2 (4).

[1085] So *C. Schmitt,* Verfassungslehre (1928), 7. Aufl. 1989, S. 154 f.; vgl. auch *H. Nawiasky,* VVDStRL 3 (1927), S. 25 (42).

[1086] *J. Knebel/L. Wicke/G. Michael,* Selbstverpflichtungen ..., 1999, S. 230 f.

[1087] *L. v. Wartenburg,* in: L. Wicke/J. Knebel/G. Braeseke (Hrsg.), Umweltbezogene Selbstverpflichtungen der Wirtschaft, 1997, S. 51 (58).

[1088] *A. Rest,* NuR 1994, S. 271 (274).

[1089] So § 37 UGB-KomE; vgl. auch *K. Korinek,* Diskussionsbeitrag, in: VVDStRL 56 (1997), S. 285 (287).

[1090] BGBl. 1998 I, S. 3851, wobei fraglich ist, ob dies an Art. 80 II GG zu messen ist; BVerfGE 44, 322 (343) sollte hier nicht begriffsjuristisch beim Wort genommen werden.

[1091] BVerfGE 44, 322 (340).

§ 12 Der kooperierende Rechtsstaat

Dafür besteht aber bei normativen Absprachen kein Bedürfnis: Das formale Instrument, um den Inhalten einer Selbstverpflichtung Allgemeinverbindlichkeit zu verleihen, ist das Gesetz bzw. die Verordnung.[1092] Das Instrumentarium der Rechtsetzung sollte nicht unnötig verkompliziert werden. Bedeutung haben Allgemeinverbindlicherklärungen nur dort, wo aus verfassungsrechtlichen Gründen (Art. 9 Abs. 3 GG) Rechtsetzung nicht Platz greift. Die allgemein geschützte Tarifautonomie ist nicht der punktuellen Übernahme kooperativer Verantwortung zu vergleichen. Bedenken bestünden auch hinsichtlich der Bestimmtheit einer solchen Ermächtigung im Umweltbereich.

Nach einer Ansicht im Schrifttum ist das „rechtsstaatliche Gebot der Klarheit bei der Ausübung öffentlicher Gewalt"[1093] durch informale Absprachen beeinträchtigt. Dem ist nicht zuzustimmen: Der Bestimmtheitsgrundsatz ist als verfassungsrechtliches Gebot der Normenklarheit[1094] nicht auf informale normative Absprachen zwischen Staat und Wirtschaft zu übertragen.

Der Bestimmtheitsgrundsatz[1095] ist auf die verbindliche Rechtsetzung zugeschnitten und bindet den Staat nur insoweit, als dieser etwas „bestimmt". Gerade dies ist jedoch bei normersetzenden Absprachen nicht in vergleichbarer Weise der Fall. Wenn der Staat informal reguliert statt verbindlich zu regeln, dann „bestimmt" er nicht das Verhalten Privater. Der Bestimmtheitsgrundsatz kann deshalb an der informalen Mitwirkung des Staates an normativen Absprachen gar nicht ansetzen.

Auch lässt sich nicht so argumentieren, dass die Selbstverpflichtung selbst dem Bestimmtheitsgebot unterläge. Der Bestimmtheitsgrundsatz dient auch der angemessenen Gewaltenverteilung. Nur soweit Normen bestimmt sind, können sie die Entscheidungen der Exekutive und der Judikative programmieren. Die Programmierung von Entscheidungen der zweiten und dritten Gewalt steht bei normativen Absprachen jedoch gar nicht in Rede.

Kaum denkbar ist, dass die mangelnde Bestimmtheit von Selbstverpflichtungen zu Lasten der an ihr Beteiligten geht. Vielmehr haben Spielräume meist gerade den Sinn, es der Wirtschaft selbst zu überlassen, die Ziele in

---

[1092] So jetzt auch *T. Köpp*, Normvermeidende Absprachen zwischen Staat und Wirtschaft, 2001, S. 279.
[1093] *U. Di Fabio*, Selbstverpflichtungen der Wirtschaft – Grenzgänger zwischen Freiheit und Zwang in: M. Kloepfer (Hrsg.), Selbst-Beherrschung im technischen und ökologischen Bereich, 1998, S. 119 (126); zustimmend *Chr. Engel*, StWuStPr 1998, S. 535 (560).
[1094] Aus der Rechtsprechung: BVerfGE 45, 400 (420) – Oberstufenreform, E 65, 1 (44) – Volkszählung; hierzu *J. Knebel/L. Wicke/G. Michael*, Selbstverpflichtungen ..., 1999, S. 94 ff., 265 f., 376 ff.
[1095] Dazu *W. Frenz*, Selbstverpflichtungen der Wirtschaft, 2001, S. 193 f.

konkrete Maßnahmen zu übersetzen. Eine zu große Unbestimmtheit von Selbstverpflichtungen mag politisch verfehlt sein und den Erfolg schmälern. Ein verfassungsrechtliches Gebot lässt sich jedoch daraus nicht ableiten.

VI. Analogien zu Verfahrensnormen der Rechtsetzung?

Eine Formalisierung informaler Absprachen der rechtsetzenden Gewalt ist nicht durch Analogien zum Gesetzgebungsverfahren bzw. zum Verfahren der Verordnunggebung zu begründen. Ein solcher Ansatz zur Formalisierung des Informalen muss aus mehreren Gründen scheitern: Erstens sind gerade die formellen Anforderungen der Normsetzungsverfahren auf die Entstehung formellen Rechts zugeschnitten. Zweitens substituieren normersetzende Absprachen regelmäßig Verordnungen, deren Erlass selbst verfassungsrechtlich nur minimal formalisiert ist. Drittens sind normprägende Absprachen einem formalen Gesetzgebungsverfahren vorgeschaltet, so dass sich im Gegenteil das Problem stellt, ob die Durchführung dieses Verfahrens zum sinnentleerten Formalismus wird.

1. Publizität in Verfahren der Rechtsetzung

Informale Absprachen zwischen Wirtschaft und Staat zeichnen sich geradezu typischerweise dadurch aus, hinter verschlossenen Türen ausgehandelt zu werden. Wenn die Öffentlichkeit im Vorhinein von Gesprächen erfährt, dann halten die Beteiligten ihre Vorstellungen und internen Entwürfe oft genug geheim, um die Strategie und das Ergebnis des Verhandlungsprozesses offen zu halten.

Sind die Öffentlichkeit des Verfahrens[1096] sowie die Veröffentlichung der Ergebnisse[1097] verfassungsgeboten? Der Rat von Sachverständigen für Umweltfragen forderte: „Soweit Normsetzung privatisiert oder Verbänden über-

---

[1096] Vgl. zu den Problemen der Vertraulichkeit *H. Schulze-Fielitz,* Der informale Verfassungsstaat, 1984, S. 86, 135 und hiergegen *U. Dempfle,* Normvertretende Absprachen, 1994, S. 37; *W. Berg,* GewArch 1996, S. 177 (S. 180 ff.).

[1097] *M. Schmidt-Preuß,* VVDStRL 56 (1997), S. 160 (205), Fn. 177 und S. 187, Fn. 98 zu Art. 5 II Öko-Audit-VO, Fn. 100; *W. Brohm,* DÖV 1992, S. 1025 (1031). Vgl. zu der Veröffentlichung im Bundesanzeiger (so BAnz. Nr. 40a v. 25. 2. 1989) auch *W. Hoffmann-Riem,* in: ders./E. Schmidt-Aßmann/G. F. Schuppert (Hrsg.), Reform des allgemeinen Verwaltungsrechts. Grundfragen, 1993, S. 115 (159 fn. 146); vgl. auch *U. Dempfle,* Normvertretende Absprachen, 1994, S. 139; *H. Dreier,* StWuStPr 1993, S. 647 (654) m.w.N. in Fn. 62; zur Veröffentlichung auf gemeinschaftsrechtlicher Ebene (Umwelt-Informations-Richtlinie 90/313/EWG vom 7. 6. 1990, ABlEG Nr. L 158/56) vgl. *W. Frenz,* EuR 1999, S. 27 (45); *K. Rennings/K. L. Brockmann/H. Bergmann,* Nachhaltigkeit, Ordnungspolitik und freiwillige Selbstverpflichtung, 1996, S. 131 (184): z.B. Bundesanzeiger Nr. 40a vom 25. 2. 1989;

lassen wird, muss auch ein demokratischen und rechtsstaatlichen Anforderungen entsprechendes Verfahren gewährleistet werden, das eine angemessene Öffentlichkeitsbeteiligung einschließt."[1098]

Auch *A. Benz*[1099] forderte „umfassende Beteiligungsverfahren" und „Festlegungen über die Öffentlichkeit von Verfahren ... durch Zulassung von Publikum und Presse", nicht ohne dabei jedoch auf ein Dilemma hinzuweisen: Unmittelbare Öffentlichkeit wirke sich auf das Verhandlungsverhalten der Abspracheteilnehmer aus und führe zu „ritualisierte(r) Kommunikation, Selbstdarstellungen statt Argumentation und Verstärkung positionsbezogener Verhaltensweisen". Um dies zu vermeiden fordert *Benz* die Anfertigung schriftlicher Protokolle, die zur Einsicht zugänglich sind sowie regelmäßige Zwischenberichte über den Stand der Verhandlungen sowie Berichtspflichten der Vertreter gegenüber den repräsentierten Gruppen und Organisationen. Wenn es sich dabei nicht nur um eine rechtspolitische, sondern um eine rechtliche Forderung handeln soll, muss auf die rechtlich garantierte Öffentlichkeitsbeteiligung bei den Verfahren zurückgegriffen werden, um deren Substituierung es geht.

Die Publizität ist im Grundgesetz für das Verfahren der Gesetzgebung garantiert.[1100] Im jedenfalls formal entscheidenden Verfahrensabschnitt der parlamentarischen Beratung und Beschlussfassung (Art. 42 Abs. 1 S. 1, 53 Abs. 3 S. 3 GG) gehört die Publizität zu den wesentlichen Verfahrensgrundsätzen der Gesetzgebung. Die Öffentlichkeit der parlamentarischen Auseinandersetzung gehört zu ihren wesentlichen Stärken.[1101]

Allerdings erstreckt sich das Öffentlichkeitsprinzip auch im Verfahren der parlamentarischen Gesetzgebung nicht auf die Beratung in den Ausschüssen.[1102] Im Verfahren des Verordnungserlasses ist eine entsprechende Publizität gar nicht rechtlich gewährleistet. Dies mag man bedauern, zumal Rechtsverordnungen immer mehr an Bedeutung gewinnen, oder begrüßen, weil der Verordnunggeber dadurch schneller auf veränderliche Rechtsetzungsbedürfnisse reagieren kann.

Auf normative Absprachen lässt sich die für das Plenum des Bundestages garantierte Öffentlichkeit nicht übertragen. Solche Absprachprozesse unter-

---

J. Knebel/L. Wicke/G. Michael, Selbstverpflichtungen ..., 1999, S. 266: „Die Veröffentlichung des Absprachewortlauts ist verfassungsgeboten".
[1098] *Der Rat von Sachverständigen für Umweltfragen,* Umweltgutachten 1994, S. 64, Tz. 70.
[1099] *A. Benz,* Kooperative Verwaltung, 1994, S. 325.
[1100] Zum Zusammenhang zwischen Publizität und Legitimation vgl. *H.-J. Menzel,* Legitimation staatlicher Herrschaft durch Partizipation Privater?, 1980, S. 70.
[1101] *H. Schulze-Fielitz,* Theorie und Praxis parlamentarischer Gesetzgebung, 1988, S. 208.
[1102] BVerfGE 1, 144 (152) – Geschäftsordnungsautonomie.

liegen keinen größeren Publizitätspflichten als das durch sie substituierte Verfahren der Normsetzung. Freilich werden gegen letztere Bedenken erhoben: Weil das Verfahrensrecht für die Verordnunggebung unterentwickelt sei, bestehe ein Nachholbedarf, der durch Rechtsfortbildung erfüllt werden könne.[1103] Dazu müsste aber nachgewiesen werden, dass dies de constitutione lata verfassungsgefordert und nicht nur verfassungspolitisch wünschenswert wäre. Systemwidrig wäre es, auf Grund einer vermeintlich planwidrigen Regelungslücke ein Verfahrensrecht für normersetzende Absprachen zu entwickeln,[1104] das trotz ihres informalen Charakters strengere Verfahrensregeln aufstellt als für die formale Verordnunggebung. Dadurch würde erneut ein verzerrtes Bild entstehen und damit ein Ergebnis, das durch Rechtsfortbildung ausgeräumt werden müsste und nicht Effekt von Rechtsfortbildung sein darf.

2. Amtliche Publikationspflicht normativer Absprachen?

Art. 82 Abs. 1 S. 2 GG verlangt die *Verkündung* der Verordnungen, d.h. die Publizität des Ergebnisses. Vom Wortlaut sind informale Absprachen nicht erfasst. Ob die Publikation von Selbstverpflichtungserklärungen analog der Verkündung von Rechtsnormen nach Art. 82 Abs. 1 S. 2 GG geboten ist, ist umstritten. Die wohl überwiegende Meinung[1105] im Schrifttum nimmt eine generelle Veröffentlichungspflicht an, entgegen der gängigen Praxis: Mitteilungen über den Abschluss informaler Absprachen erfolgen nur ausnahmsweise durch Veröffentlichung des Absprachewortlauts im Bundesanzeiger[1106], regelmäßig lediglich in Presseerklärungen und politischen

---

[1103] *E. Schmidt-Aßmann*, DVBl. 1989, 533 (535 f.); *A. Helberg*, Normabwendende Selbstverpflichtungen ..., 1999, S. 244; *F. Hufen*, Fehler im Verwaltungsverfahren, 3. Aufl., 1998, S. 271 ff., Rz. 446 ff.; zum Rechtsfortbildungsauftrag in der Rechtsformenlehre allgemein *E. Schmidt-Aßmann*, Das allgemeine Verwaltungsrecht als Ordnungsidee, 1998, S. 259.

[1104] So *A. Helberg*, Normabwendende Selbstverpflichtungen ..., 1999, S. 244; *F. Hufen*, Fehler im Verwaltungsverfahren, 3. Aufl., 1998, S. 272, Rz. 447 fordert eine Verfahrensfehlerlehre sowohl für Einzelfallentscheidungen als auch für Rechtsnormen und normersetzende Absprachen.

[1105] *W. Brohm*, DÖV 1992, S. 1025 (1031); *J. Knebel/L. Wicke/G. Michael*, Selbstverpflichtungen ..., 1999, S. 266. Vgl. zu der Veröffentlichung im Bundesanzeiger (so BAnz. Nr. 40a v. 25. 2. 1989) auch *W. Hoffmann-Riem*, in: ders./ *E. Schmidt-Aßmann/G. F. Schuppert* (Hrsg.), Reform des allgemeinen Verwaltungsrechts. Grundfragen, 1993, S. 115 (159 fn. 146); vgl. auch *U. Dempfle*, Normvertretende Absprachen, 1994, S. 139; *H. Dreier*, StWuStPr 1993, S. 647 (654) m.w.N. in Fn. 62; zur Veröffentlichung auf gemeinschaftsrechtlicher Ebene (Umwelt-Informations-Richtlinie 90/313/EWG vom 7. 6. 1990, ABlEG Nr. L 158/56) vgl. *W. Frenz*, EuR 1999, S. 27 (45); *K. Rennings/K. L. Brockmann/H. Bergmann*, Nachhaltigkeit, Ordnungspolitik und freiwillige Selbstverpflichtung, 1996, S. 131 (184): z.B. Bundesanzeiger Nr. 40a vom 25. 2. 1989.

Reden, neuerdings auch im Rahmen der Öffentlichkeitsarbeit des Bundesministers für Umwelt durch das Informationsperiodikum die „Umwelt"[1107], letzteres aber nur durch zusammengefasste, sinngemäße Wiedergabe der Inhalte von Selbstverpflichtungserklärungen.[1108] Die rechtlichen Begründungen einer Publikationspflicht reichen von der Verfassungsgebotenheit[1109] bis zur Unentschiedenheit und bloßen rechtspolitischen Befürwortung[1110].

Weil der Zweck des Art. 82 Abs. 1 GG zumindest auch in der Rechtssicherheit der Kundgabe aller verbindlich geltenden Normen besteht, ist die analoge Anwendung für informale Absprachen nicht geboten, da diese keine verbindlich geltenden Rechtsnormen darstellen. Hinter der Regelung des Art. 82 Abs. 1 S. 2 GG steht aber auch ein allgemeinerer Grundsatz des Publizitätsinteresses. Das allgemeine Publizitätsinteresse gebietet es, jedes hoheitliche Handeln von gesellschaftlicher Bedeutung öffentlich zu machen, jedoch nicht in dieser formalisierten Weise. Das Publizitätsinteresse ist nur in speziellen Fällen streng formalisiert, d. h. wird Pflicht zur amtlichen Verkündung, nämlich in den Fällen formaler Normsetzung. Der Sinn des Art. 82 Abs. 1 S. 2 GG ist es vielmehr, eine verlässliche Dokumentation allgemeinverbindlicher Normen zu schaffen *und* damit das geschriebene positive Recht öffentlich zu machen. Gegen eine amtliche Verkündung informaler Absprachen spricht zudem, dass Rechtsunsicherheit dadurch entstehen könnte, dass mit einer „Verkündung" informaler Absprachen der Schein von formaler Rechtsgeltung entsteht.[1111]

Auch die Rechtsvergleichung bestätigt letztlich dieses Ergebnis: Eine Veröffentlichungspflicht für (verbindliche) normative Absprachen sieht zwar das *flämische* Dekret über Anforderungen an Umweltvereinbarungen vom 15. Juni 1994[1112] vor: Der endgültige Vertrag ist im Amtsblatt (Moniteur Belge) zu veröffentlichen und tritt vorbehaltlich abweichender Vereinbarung zehn Tage nach seiner Veröffentlichung in Kraft (Art. 6 §§ 6 und 7). Diese Regelung zieht aber die Konsequenz aus der rechtlichen Verbind-

---

[1106] Beispiel: BAnz. Nr. 40a v. 25. 2. 1989.
[1107] Beispiele: Umwelt 12/1996, S. 439; 7/8/1997, S. 312 f.; 1/1998, S. 32 f.
[1108] *J. Knebel/L. Wicke/G. Michael*, Selbstverpflichtungen ..., 1999, S. 115.
[1109] *J. Knebel/L. Wicke/G. Michael*, Selbstverpflichtungen ..., 1999, S. 266: „Die Veröffentlichung des Absprachewortlauts ist verfassungsgeboten".
[1110] *A. Helberg*, Normabwendende Selbstverpflichtungen ..., 1999, S. 238: „spricht nichts dagegen ...".
[1111] Anders *M. Schmidt-Preuß*, VVDStRL 56 (1997), S. 160 (205), Fn. 177.
[1112] Moniteur Belge, f. 94–1787/S-C – 35857, Staatsblatt, S. 18201; dazu: *European Commission*, Directorate General III.01 – Industry Contract no. ETD/95/84043, Study on Voluntary Agreements concluded between Industry and Public Authorities in the Field of Environment, Final Report and Final Report Annexes, Januar 1997, Annex 4, S. 5.

lichkeit solcher Absprachen, die dem deutschen Modell unverbindlicher normativer Absprachen nicht entspricht.

Der Zweck des Verkündungsgebotes nach Art. 82 Abs. 1 GG wird auch in der Möglichkeit demokratischer, d.h. parlamentarischer und öffentlicher Kontrolle und Kritik gesehen[1113]. Tatsächlich besteht die Gefahr, dass eine parlamentarische Mehrheit es duldet, dass die von ihr politisch getragene Bundesregierung nicht zuletzt deshalb informal vorgeht, um die Chancen der Kritik durch die Opposition zu schmälern. Tatsächlich sind die Gefahren der Umgehung des Parlamentes durch normersetzende Absprachen bereits im Zusammenhang mit der Verabschiedung des Wasch- und Reinigungsmittelgesetzes 1986 von der damaligen SPD-Opposition laut geworden,[1114] wenn auch letztlich zugunsten der Effektivität von Kooperationen zurückgestellt worden. Diese Gefahren bestehen auch bei verordnungsersetzenden Absprachen, da auch ihnen gegenüber der Bundestag Rechte, insbesondere das Recht der parlamentarischen Kontrolle der Bundesregierung, genießt und gegebenenfalls gesetzgeberische Maßnahmen ergreifen kann. Die Bundesregierung wurde damals im Bundestag ausdrücklich aufgefordert, Verordnungsentwürfe vorzulegen und gegebenenfalls Vereinbarungen „in angemessener Weise zu veröffentlichen"[1115].

Allerdings führt das Argument der Gefährdung des Oppositionsprinzips nicht zwingend zu einer Publikationspflicht analog der Verkündung von Rechtsnormen, selbst wenn man anerkennt, dass Art. 82 Abs. 1 S. 2 GG auch dem Schutz dieses Verfassungsprinzips dient. Vielmehr ist es verfassungsrechtlich lediglich geboten, dass auf irgendeine wirksame Weise sichergestellt ist, dass die Opposition und die Öffentlichkeit informiert werden. Hierzu reicht aber eine informale Information durch eine Presseerklärung aus.[1116]

Die Mitteilung der Europäischen Kommission fordert zwar die Veröffentlichung der Umweltvereinbarungen bzw. Selbstverpflichtungen im Amtsblatt oder in einem anderen der Öffentlichkeit zugänglichen Dokument, ist aber rechtlich nicht verbindlich. Spezialgesetzlich ist die EG-UmwAuditVO (2001) einschlägig, aber nicht verallgemeinerbar: Über die auditierten Unternehmen wird ein Register geführt, das in einem von der Kommission geführten EMAS-Verzeichnis öffentlich zugänglich gemacht wird (Art. 7

[1113] So *W. Brohm,* DÖV 1992, S. 1025 (1031).

[1114] *Kiem* (SPD), BT-Pl.Prot 10/246, S. 19039: „Für eine vom Parlament bestimmte Politik und für die Kontrolle der Regierung durch das Parlament ist diese Form des nicht öffentlichrechtlich geprägten Handelns an sich eine unangemessene Lösung."

[1115] *Kiem* (SPD), BT-Pl.Prot 10/246, S. 19040.

[1116] So im Ergebnis auch *T. Köpp,* Normvermeidende Absprachen zwischen Staat und Wirtschaft, 2001, S. 189 f.

Abs. 3 EG-UmwAuditVO (2001); vormals Veröffentlichung im AblEG nach Art. 9 S. 2 EG-UmwAuditVO (1993)). Art. 5 Abs. 2 EG-UmwAuditVO (1993)[1117] sagte explizit, dass die Umwelterklärungen „für die Öffentlichkeit verfasst" werden, was sich der Sache nach nicht geändert hat (vgl. jetzt Art. 1 Abs. 1, 3 Abs. 3 b) und Anh. III 3.1 S. 1 EG-UmwAuditVO (2001)). § 25 Abs. 1 S. 2 KrW-/AbfG (früher: § 14 Abs. 2 AbfG[1118]) könnte zwar analog für Absprachen gelten, die die im Bundesanzeiger zu veröffentlichenden Zielfestlegungen substituieren. Diese Spezialregelung lässt sich jedoch weder verallgemeinern, noch auf verordnungsersetzende Absprachen übertragen.

Eine rechtlich zwingende Veröffentlichung von verordnungsersetzenden Selbstverpflichtungen im Bundesanzeiger ergibt sich aber aus einem anderen Grund, nämlich mittelbar aus dem deutschen *Kartellrecht*: Nach § 11 Abs. 2 Nrn. 2 und 3 GWB sind Anträge auf Freistellung (§ 10 Abs. 1 i.V.m. §§ 7 und 8 GWB) und gegebenenfalls der Freistellungsbeschluss im Bundesanzeiger bekannt zu machen.[1119] Wie noch zu zeigen sein wird, folgt damit die Veröffentlichung im Bundesanzeiger aus der einfachrechtlichen Regelung eines Verfahrens, dessen Einleitung verfassungsrechtlich geboten ist: Der informal kooperierende Staat ist nämlich verfassungsrechtlich verpflichtet, auf die Durchführung eines Kartellverfahrens hinzuwirken; das gebietet der Schutz der Grundrechte möglicherweise benachteiligter Privater. Die Bundesregierung darf eine Selbstverpflichtung nur dann öffentlich dulden oder befürworten, wenn zuvor die Absprachebeteiligten einen Antrag auf Freistellung nach §§ 7 oder 8 GWB gestellt haben.

3. Anhörungsrechte im Verfahren der Rechtsetzung?

Das Grundgesetz sieht im Gesetzgebungsverfahren nicht zwingend die Beteiligung oder Anhörung von Verbänden vor. Deren formale Beteiligung ist verfassungsrechtlich nicht obligatorisch. Regelungen hierzu finden sich nur in § 70 GeschOBT sowie in deren Anlage 2. Allerdings gehört auch in Deutschland der Lobbyismus tatsächlich zu den Wesensmerkmalen der parlamentarischen Praxis[1120].

Auch im Verfahren der Verordnunggebung ist die Anhörung von Verbänden im Grundgesetz nicht geregelt, wohl aber Staatspraxis und letztlich ein

---

[1117] Hierzu *M. Schmidt-Preuß*, VVDStRL 56 (1997), S. 160 (187) Fn. 98.

[1118] Hierzu *W. Brohm*, DÖV 1992, S. 1025 (1031).

[1119] Dies sieht *W. Brohm*, DÖV 1992, S. 1025 (1027); entscheidet sich aber – allerdings unter der Rechtslage vor der 6. GWB-Novelle – gegen die Anwendbarkeit des GWB, was nun nicht mehr haltbar ist.

[1120] *H. Schulze-Fielitz*, Theorie und Praxis parlamentarischer Gesetzgebung, 1988, S. 264 ff.

Gebot der politischen Klugheit. Aus der GGO II, die nach § 67 i.V.m. §§ 24 ff. die frühzeitige Beteiligung der kommunalen Spitzenverbände, der Länder sowie von Vertretern der beteiligten Fachkreise und Verbände vorsieht, sind keine Mitwirkungsrechte Dritter abzuleiten. Ein Verstoß gegen sie ist kein rechtserheblicher Fehler des Rechtsetzungsverfahrens.[1121]

Einfachrechtlich ist die *Anhörung* beteiligter Kreise, d.h. eines jeweils auszuwählenden Kreises von „Vertretern der Wissenschaft, der Betroffenen, der beteiligten Wirtschaft ..." (§ 51 BImSchG; § 60 KrW-/AbfG)[1122] als Verfahrenselement der Verordnunggebung in zahlreichen speziellen Verordnungsermächtigungen vorgeschrieben (§§ 4, 7, 22, 23, 32–35, 38 Abs. 2, 40 Abs. 2, 43 BImSchG; §§ 23, 24 KrW-/AbfG). § 30 Abs. 1 und 2 GenTG verlangt für den Erlass von Rechtsverordnungen durch die Bundesregierung neben der Zustimmung des Bundesrates die *Anhörung der Kommission,* d.h. einer Sachverständigenkommission, nämlich der „Zentralen Kommission für die biologische Sicherheit beim Robert-Koch-Institut" (§ 4 GenTG). Ob die Verletzung dieser speziellen Anhörungsrechte als erheblicher Verfahrensfehler die Nichtigkeit der Verordnung zur Folge hat, ist umstritten,[1123] kann jedoch hier dahingestellt bleiben, wenn die Anhörungsrechte für normersetzende Absprachen nicht analog gelten.

Weil sich die Vorschriften auf das Verfahren formaler Verordnunggebung beziehen, kann es sich allenfalls um deren analoge Anwendung handeln. Dagegen spricht jedoch der grundsätzliche Einwand, dass der Gesetzgeber die Staatspraxis informalen, verordnungsersetzenden Verhandelns duldet und bewusst nicht verfahrensrechtlich regelt. Zwar mögen die beteiligungsrechtlichen Regeln der Verordnunggebung auch der Interessenoptimierung und Sachrichtigkeit der Verordnungen dienen. Zwar sind dies auch erstrebenswerte Ziele normersetzender Absprachen. Aber diese partielle Vergleichbarkeit allein kann eine Analogie nicht begründen. Die ermächtigte Verwaltung beschreitet durch informale Absprachen und Aktivierung selbstregulativer Kräfte neue Wege mit demselben Zweck der Interessenoptimierung, der Beteiligung Privater, der Steigerung von Akzeptanz und der Sachgerechtigkeit. Das darf ihr nicht genommen werden, wenn nicht der Gesetzgeber selbst hierfür Schranken setzt. Eine Reformalisierung[1124] informalen

---

[1121] *F. Ossenbühl,* Rechtsverordnung, in: HdBStR III (1988), § 64, S. 387 (416 f.)., Rn 64; *A. Helberg,* Normabwendende Selbstverpflichtungen ..., 1999, S. 240.

[1122] *L. Wicke/J. Knebel,* in: dies./G. Braeseke (Hrsg.), Umweltbezogene Selbstverpflichtungen der Wirtschaft, 1997, S. 1 (45).

[1123] Dafür statt aller *H.-H. Trute,* Vorsorgestrukturen und Luftreinhaltungsplanung im BImSchG, 1989, S. 343 ff.; dagegen *M. Hoffmann,* DVBl. 1996, S. 347 (349 f.); zahlreiche weitere Nachweise bei *A. Helberg,* Normabwendende Selbstverpflichtungen ..., 1999, S. 241.

Handelns in Bezug auf die Anhörungsrechte Privater mit den Methoden der Analogie ist nicht angezeigt.

Auch verfassungsrechtliche Argumente zwingen nicht zu einer Analogiebildung: Die einfachrechtlichen Beteiligungsrechte im Verfahren des Verordnungserlasses binden zwar die Bundesregierung nach Art. 20 Abs. 3 GG. Sie sind Teil des Parlamentsgesetzes, auf dem die Übertragung von Rechtsetzungszuständigkeiten beruht und von dem diese nach Art. 80 Abs. 1 GG abhängt. Eine analoge Anwendung der Einzelheiten der gesetzlichen Ermächtigung ist aber nur hinsichtlich der in Art. 80 Abs. 2 und 3 GG geregelten Bundesratsbeteiligung verfassungsrechtlich geboten.

Bisweilen wird versucht, einfachrechtlichen Beteiligungsrechten über die Grundrechte verfassungsrechtliche Bedeutung zu verleihen: So wird ihnen die Bedeutung von Grundrechtsschutz durch Verfahren zuerkannt[1125] und die Beteiligung von Privaten als Grundrechtsrepräsentation[1126] gedeutet. Mithilfe derartiger verfassungsrechtlicher Untermauerung wird sodann gefordert, die Beteiligung müsse auch für informale Kooperation gelten, wobei es dann inkonsequent erscheint, der Behörde nicht nur ein weites Auswahlermessen der zu Beteiligenden einzuräumen, sondern ihr zuzugestehen, zur Beschleunigung der Absprachprozesse „die Auswahl der Beteiligten zu begrenzen und die Beteiligung insbesondere zeitlich zu straffen"[1127].

Angezeigt ist vielmehr, die grundrechtliche Gebotenheit der Anhörung innerhalb von Rechtsetzungsverfahren und deren Substituierung bereits im Ansatz zu hinterfragen. Zwar gelten die Grundrechte auch bei der Rechtsetzung. Sowohl der Gesetzgeber als auch der Verordnunggeber sind nach Art. 1 Abs. 3 GG an sie gebunden. Aber Beteiligungsrechte im Rechtsetzungsverfahren gehen, soweit sie geregelt sind, weit über das hinaus, was die verfahrensrechtliche Seite der Grundrechte gebietet. Anhörungsrechte, soweit sie in einzelnen Verordnungsermächtigungen geregelt sind, mögen den Grundrechten in besonderer Weise Rechnung tragen und ihre effektive, verfahrensrechtliche Seite einfachgesetzlich ausgestalten. Dass die rechtsetzende Gewalt hingegen in dieser Weise verfassungsrechtlich gebunden wäre, sollte nicht angenommen werden. Die betreffenden Ermächtigungen wären auch ohne entsprechende Anhörungsrechte nicht verfassungswidrig, ihre analoge Anwendung also auch nicht verfassungsrechtlich geboten.

[1124] Dagegen im Ergebnis auch *W. Brohm,* DÖV 1992, S. 1025 (1030); vgl. auch *H.-W. Rengeling,* Das Kooperationsprinzip im Umweltrecht, 1988, S. 192; *T. Köpp,* Normvermeidende Absprachen zwischen Staat und Wirtschaft, 2001, S. 180, 184 ff.

[1125] *A. Helberg,* Normabwendende Selbstverpflichtungen ..., 1999, S. 242.

[1126] *H.-H. Trute,* Vorsorgestrukturen und Luftreinhaltungsplanung im BImSchG, 1989, S. 94 ff., 99; *A. Helberg,* Normabwendende Selbstverpflichtungen ..., 1999, S. 242.

[1127] *A. Helberg,* Normabwendende Selbstverpflichtungen ..., 1999, S. 242.

Die Beteiligung Betroffener ist im Normsetzungsverfahren grundsätzlich nicht normiert, nicht erforderlich und nicht einmal möglich, weil sich Normen als abstrakt-generelle Regelungen im Regelfall gerade dadurch auszeichnen, dass der Kreis potenziell Betroffener unbestimmt ist. Allenfalls bei so genannten Maßnahmegesetzen und im Bereich der untergesetzlichen Normen, insbesondere der Planungsnormen kann diskutiert werden, ob Betroffene, soweit sie bestimmbar sind, zu beteiligen sind. Nach geltendem Recht gibt es hierfür Ansätze im Rahmen der abstrakten Beteiligung der Bürger nach §§ 2 ff. BauGB. Fraglich ist hingegen, ob darüber hinaus allgemein eine analoge Anwendung der §§ 13 i.V.m. 28 VwVfG zu fordern ist. Begründet wird dies auch verfassungsrechtlich mit dem Gedanken des Grundrechtsschutzes durch Verfahren.[1128] Die Beteiligung sei eine verfahrensrechtliche Schutzpflicht gegenüber den Normbetroffenen.

Für die Bestimmung des Kreises rechtlich Betroffener wird vorgeschlagen, auf die Dogmatik zur Beschwerdebefugnis zu einer Rechtssatzverfassungsbeschwerde (§ 90 BVerfGG) und zur Normenkontrolle nach der Neufassung des § 47 Abs. 2 VwGO zurückzugreifen; nur die unmittelbare Berührung eigener Rechte durch die Norm soll Beteiligungsrechte am Normsetzungsverfahren begründen. Dies führt aber jedenfalls bei der hier zu diskutierenden Verordnunggebung durch die Bundesregierung zu unpraktikablen Ergebnissen. Das Beispiel der StVO[1129] zeigt, dass der Kreis derer, die unmittelbar von Normen betroffen sein können, unüberschaubar groß sein kann. Der Kreis der zu Beteiligenden sollte keinesfalls dem der Antragsberechtigten in Normenkontrollverfahren angeglichen werden. Lediglich umgekehrt müssen die zu Beteiligenden Rechtsschutz vor den Gerichten erfahren. Auch das Kriterium der unmittelbaren rechtlichen Betroffenheit weist in eine falsche Richtung: Bei den Beteiligungsrechten geht es vielmehr vor allem um die Frage der Drittbeteiligung, d.h. der Beteiligung lediglich mittelbar bzw. faktisch Betroffener.[1130] Nicht die Angleichung der Verfahren der Normsetzung an das Verwaltungsverfahren, sondern die Umkehr der Tendenz zu Einzelfallregelungen in Gestalt von Normen, ist angezeigt. Wenn Normen abstrakt-generell sind, ist lediglich „Beteiligung der Allgemeinheit", d.h. ein demokratisches, öffentliches Verfahren verfassungsrechtlich geboten.

Ein zwingendes Vernehmlassungsverfahren kennt Art. 147 BV-*Schweiz*. Im *flämischen Teil Belgiens* existiert ein (dem Gesetz gleichstehendes)[1131]

[1128] So *F. Hufen,* Fehler im Verwaltungsverfahren, 3. Aufl., 1998, S. 280 f., Rz. 464 f.

[1129] Anders *F. Hufen,* Fehler im Verwaltungsverfahren, 3. Aufl., 1998, S. 282, Rz. 465.

[1130] Hierzu beim Verwaltungsakt *F. Hufen,* Fehler im Verwaltungsverfahren, 3. Aufl., 1998, S. 123 f., Rz. 165.

Dekret über Anforderungen an Umweltvereinbarungen vom 15. Juni 1994[1132], das ein derartiges Verfahren für (verbindliche) normative Absprachen vorsieht: In Art. 6 des Dekrets ist die Durchführung eines öffentlichen Verfahrens vorgeschrieben: Zuerst muss eine Zusammenfassung des Entwurfs der Vereinbarung im Amtsblatt (Moniteur Belge) und den Medien veröffentlicht werden (Art. 6 § 1). Daraufhin kann jedermann 30 Tage lang Einsicht in den Entwurf nehmen und Bedenken vortragen (Art. 6 § 2). In derselben Frist sind bestimmte öffentliche Stellen (der „Conseil socio-économique" und der „Conseil flamand de l'Environnement et de la Nature") zu konsultieren (Art. 6 § 3). Vorgetragene Bedenken werden von der Regierung geprüft und an die Vertragspartner weitergegeben.[1133] Ähnliches gilt vom US-*Amerikanischen* Modell der so genannten „Negotiating Regulations"[1134] für verordnungsvorbereitende Absprachen. Für sie wird entsprechend dem Administrative Procedures Act von 1946[1135] eine öffentliche Anhörung („review and comment process"), in der jedermann die Gelegenheit zu Kritik und Anregungen hat durchgeführt. Dieses Verfahren bleibt, weil auf die normprägende Absprache das formale Verfahren des Verordnungserlasses folgt, unberührt. Art. 10 Abs. 3 des *dänischen Umweltgesetzes* (1991)[1136] sieht vor, Handels- und Umweltschutzorganisationen im Falle der Betroffenheit an den Vertragsverhandlungen zu beteiligen. Dabei ist bislang ungeklärt geblieben, welche Rechte (Anhörung oder Veto) den zu beteiligenden Organisationen dadurch im Einzelnen zukommen.[1137]

Diese Vorschriften stehen, soweit sie verfassungsrechtlich gelten, der bewusst zurückhaltenden Regelung im Grundgesetz entgegen und lassen sich, soweit sie einfachrechtlich geregelt sind, de lege lata nicht durch rechtsvergleichende Auslegung übertragen.

[1131] *J. Fluck/T. Schmitt,* VerwArch 99 (1998), S. 220 (249).

[1132] Moniteur Belge, f. 94–1787/S-C – 35857, Staatsblatt, S. 18201; dazu: *European Commission,* Directorate General III.01 – Industry Contract no. ETD/95/84043, Study on Voluntary Agreements concluded between Industry and Public Authorities in the Field of Environment, Final Report and Final Report Annexes, Januar 1997, Annex 4, S. 5.

[1133] Vgl. *G. Hucklenbruch,* Umweltrelevante Selbstverpflichtungen, 2000, S. 242.

[1134] *Ph. Harter,* Negotiating Regulations: A Cure for Malaise, 71 Geo. Law Journal 1981, 1.

[1135] 5 U. S. C. §§ 551–559, 701–706 (1982).

[1136] Miljöbeskyttelseloven (MBL) Nr. 358 vom 6. Juni 1991.

[1137] *G. Hucklenbruch,* Umweltrelevante Selbstverpflichtungen, 2000, S. 253 m. w. N.

§ 13 Normative Absprachen und demokratische Legitimation

Jede staatliche Gewalt legitimiert sich wesentlich aus dem Demokratieprinzip (Art. 20 Abs. 2 S. 1 GG). Das Demokratieprinzip entfaltet Legitimationskraft in personeller und sachlicher Weise. Die personelle Legitimation erschöpft sich nicht in der Wahl von Repräsentanten durch das Volk. Es gibt kein Demokratiemonopol des Parlaments, sondern alle Staatsgewalt (auch die der Exekutive) geht nach Art. 20 Abs. 2 S. 1 GG vom Volk aus.[1138] Die demokratische Legitimation der Exekutive ist im parlamentarischen Regierungssystem eine abgeleitete. Die parlamentarische Verantwortlichkeit der Bundesregierung und die Wahl des Bundeskanzlers durch den Bundestag vermitteln in einem System hierarchischer Verwaltung[1139] die demokratische Legitimation der Bundesverwaltung. Die sachliche Legitimation wird durch die Gesetzesbindung der Verwaltung vermittelt, da Gesetze ihrerseits von der demokratisch legitimierten Legislative geschaffen werden. Dieser Aspekt der Demokratie lässt sich als Herrschaft des Gesetzes (*Martin Kriele*) umschreiben.[1140]

Liegt ein Verstoß gegen das Demokratieprinzip vor, wenn die demokratisch gewählten Repräsentanten des Volkes ihre Verantwortung nicht wahrnehmen und sich Entscheidungen von nicht demokratisch legitimierten Verbänden abnehmen lassen?[1141] Führt die informale Kooperation mit der Wirtschaft dazu, dass Private Staatsgewalt mittelbar ausüben, die allein der personell legitimierten Exekutive und Legislative vorbehalten ist? Entstehen durch normative Absprachen Normen in einem weiteren Sinne, die der sachlichen demokratischen Legitimation entbehren?

I. Normative Absprachen als Gegenstand demokratischer Legitimation?

Gegenstand demokratischer Legitimation ist nach Art. 20 Abs. 2 GG „alle Staatsgewalt". Das Handeln Privater hingegen bedarf dieser Legitimation nicht. Das gilt auch dann, wenn Private im Dienste des Gemeinwohls und in Kooperation mit dem Staat handeln. Bei Kooperation zwischen Staat und Wirtschaft ist also nur der staatliche Beitrag demokratischer Legitima-

---

[1138] *J. Isensee*, in: Der Staat 20 (1981), S. 161 (163).

[1139] *H. Dreier*, Hierarchische Verwaltung im demokratischen Staat, 1991, S. 305; *U. Di Fabio*, VVDStRL 56 (1997), S. 235 (266).

[1140] *U. Di Fabio*, VVDStRL 56 (1997), S. 235 (265), dazu *P. Badura*, Diskussionsbeitrag, ebd., S. 305.

[1141] Vgl. *E.-W. Böckenförde*, Demokratische Willensbildung und Repräsentation, in: HdBStR II, 1987, § 30, S. 29 (44).

§ 13 Normative Absprachen und demokratische Legitimation 489

tion fähig und bedürftig.[1142] Ungenau ist es deshalb, Selbstverpflichtungen als „Ausüben von Staatsgewalt" einzuordnen, „was demokratischer Legitimation bedarf".[1143] Gegenstand der demokratischen Legitimation von Selbstverpflichtungen ist allein der staatliche Mitwirkungsakt.[1144] Er ist Ausübung von Staatsgewalt. Jedenfalls muss die Frage geklärt werden, ob die an normativen Absprachen beteiligten Hoheitsträger hierzu personell und sachlich i. S. d. Demokratieprinzips legitimiert sind.

Mit der formalen Benennung des Gegenstandes und Anknüpfungspunktes der demokratischen Legitimation ist es jedoch nicht getan. Vielmehr wird eine Trennung privater und staatlicher Beiträge der Komplexität informaler Kooperationen nicht gerecht.[1145] Im Konsens verschmelzen vielmehr private und staatliche Positionen zu einem einheitlichen Akt, nämlich der informalen Absprache. Deshalb muss der Staat den Konsens als Ganzes verantworten und legitimieren. Ihn trifft nach *Eberhard Schmidt-Aßmann* eine „überwirkende Legitimationsverantwortung"[1146]. Nicht nur sein positiver Beitrag zum Konsens, nicht nur seine Drohung mit Rechtsetzung, nicht nur sein Verzicht auf Rechtsetzung, sondern der Konsens und die Kooperation als Ganzes ist das Ergebnis der Ausübung rechtsetzender Gewalt. Bei dieser kooperativen Ausübung rechtsetzender Gewalt werden Private zu Teilhabern, ohne hierzu demokratisch legitimiert zu sein.

II. Demokratische Legitimation der kooperierenden rechtsetzenden Gewalt

1. Verletzung demokratischer Verantwortung durch Verzicht auf formelle Rechtsetzung?

Das Unterlassen einer einseitig hoheitlichen Regelung könnte eine Vernachlässigung der vom Volk den Repräsentanten zugewiesenen Aufgaben darstellen. Die Frage ist jedoch, wann die verfassungsrechtliche Grenze der „unzulässigen Selbstaufgabe des politischen Leitungsorgans"[1147] erreicht ist. Eine Verletzung von Verfassungsrecht ließe sich wohl nur konstatieren, wenn eine verfassungsrechtliche Schutzpflicht besteht, die nur durch for-

---

[1142] *U. Di Fabio*, VVDStRL 56 (1997), S. 235 (264); *W. Frenz*, Selbstverpflichtungen der Wirtschaft, 2001, S. 162.
[1143] *A. Helberg*, Normabwendende Selbstverpflichtungen ..., 1999, S. 288.
[1144] *J. Knebel/L. Wicke/G. Michael*, Selbstverpflichtungen ..., 1999, S. 262.
[1145] *H.-H. Trute*, DVBl. 1996, S. 950 ff.; zustimmend *E. Schmidt-Aßmann*, Das allgemeine Verwaltungsrecht als Ordnungsidee, 1998, S. 93.
[1146] *E. Schmidt-Aßmann*, Das allgemeine Verwaltungsrecht als Ordnungsidee, 1998, S. 94.
[1147] *M. Schmidt-Preuß*, VVDStRL 56 (1997), S. 160 (219).

male Rechtsetzung zu erfüllen ist. Dies wird regelmäßig bereits an der Konkretisierbarkeit verfassungsrechtlicher Schutzpflichten scheitern. Ein darüber hinausgehendes „staatliches Steuerungsmandat"[1148] lässt sich nicht in funktionale, kompetenzielle Schutz- bzw. Handlungspflichten fassen, die justiziabel wären.

Außerdem sind normative Absprachen mehr als ein Verzicht auf Rechtsetzung und mehr als bloße Subsidiarität gegenüber Selbstregulierung: Auch die kooperierende Bundesregierung übt rechtsetzende Gewalt aus und steuert das Verhalten der Wirtschaft normativ. Im kooperierenden Verfassungsstaat umfasst die Ausübung rechtsetzender Gewalt neben der Gesetzgebung und dem Erlass von Verordnungen auch normative Absprachen. Die informal kooperierenden Hoheitsträger müssen dabei demokratisch, d. h. personell und sachlich legitimiert sein, um die Inhalte und Folgen normativer Absprachen zu verantworten:

2. Grenzen der Übertragung von Rechtsetzungsaufgaben als Gebote personeller Legitimation

Die personelle Legitimation der Bundesregierung muss sich auch auf die rechtsetzenden Aufgaben beziehen. Personelle Legitimation lässt sich nicht beliebig ableiten. Das Modell der Legitimationskette bedarf der funktionellen Beschränkung. Insbesondere Rechtsetzungsaufgaben sind in der parlamentarischen Demokratie wesentlich dem unmittelbar vom Volk gewählten Parlaments zugewiesen. Das Demokratieprinzip prägt diesen Aspekt der Gewaltenteilung.

Es gibt Stimmen, die eine Übertragung von Rechtsetzungsaufgaben vom Parlament auf andere gänzlich ausschließen wollten. Bereits 1689 schrieb *John Locke:* „Da die Gewalt der Legislative in der positiven freiwilligen Machtverleihung und Einsetzung des Volkes gründet, kann sie auch keine andere sein, als durch diese positive Machtverleihung vermittelt wurde. Und das war lediglich, Gesetze zu geben, nicht aber Gesetzgeber zu schaffen – die Legislative kann also keinerlei Macht haben, ihre Gesetzgebungsgewalt zu übertragen und in andere Hände zu legen."[1149] Auch *C. Schmitt*[1150] vertrat 1928 eine ähnlich rigide Position: „Eine Übertragung der Gesetzgebungsbefugnis des Parlamentes auf Ausschüsse oder die Regie-

---

[1148] *M. Schmidt-Preuß,* VVDStRL 56 (1997), S. 160 (220).

[1149] *J. Locke,* The Second Treatise of Government (1689), Über die Regierung, 1974, XI/141, S. 109 f.; zum Prinzip „to make laws, not legislators" vgl. *W. Mößle,* Die Verordnungsermächtigung in der Weimarer Republik, in: H. Möller/M. Kittel (Hrsg.), Demokratie in Deutschland und Frankreich 1918–1933/40, 2002, S. 269 (282).

[1150] *C. Schmitt,* Verfassungslehre (1928), 7. Aufl. 1989, S. 316 f.

rung, Delegation und Ermächtigung zum Erlass von Gesetzen sind unzulässig und bei einem richtigen Bewusstsein der Bedeutung öffentlicher Diskussion undenkbar." Er begründete dies nicht nur mit der starken demokratischen Legitimation des Parlaments, sondern auch mit der gebotenen Öffentlichkeit parlamentarischer Gesetzgebung: „Die Öffentlichkeit der Verhandlungen ist der Kern des ganzen Systems."

Dieses strikte Verbot jeglicher Rechtsetzung jenseits der parlamentarischen Gesetzgebung entspricht jedoch nicht der deutschen Verfassungstradition[1151] und wird im Grundgesetz durch Art. 80 explizit durchbrochen. Zur Ausprägung des Demokratieprinzips unter dem Grundgesetz gehört auch Art. 80 GG. Dass Entscheidungsprozesse der rechtsetzenden Gewalt von der Legislative in die Exekutive wandern,[1152] ist nicht zwingend verfassungswidrig, sondern der ministeriellen Vorbereitung von Parlamentsgesetzen und der Ermächtigung zum Erlass von Rechtsverordnungen immanent.

Allerdings ist unter dem Grundgesetz zu fordern, dass die Bundesregierung nicht unter Umgehung des parlamentarischen Gesetzgebungsprozesses normative Absprachen trifft. Deshalb bedarf sie aus Gründen des Demokratieprinzips einer Ermächtigung durch das Parlament. Diese kann entweder in einer Verordnungsermächtigung nach Art. 80 GG oder in einer speziellen Kooperationsermächtigung analog Art. 80 GG liegen. Das Gesetzesinitiativrecht nach Art. 76 Abs. 1 GG als Kooperationsermächtigung zu interpretieren, wie dies eine weit verbreitete Auffassung im Schrifttum tut, stößt hingegen nicht zuletzt auch auf demokratietheoretische Bedenken. Dass die Bundesregierung Kooperationsaufgaben übernimmt, mag zwar funktionell geboten sein, sollte aber an eine entsprechende parlamentarische Ermächtigung geknüpft werden.

Schwieriger ist die Frage zu beantworten, welche inhaltlichen Grenzen das Demokratieprinzip der Kooperations-Ermächtigung der Bundesregierung durch das Parlament setzt:

3. Parlamentsvorbehalt und Wesentlichkeitstheorie als Gebote der sachlichen Legitimation

Der Parlamentsvorbehalt ist der demokratische Aspekt des Gesetzesvorbehaltes. Die Wesentlichkeitsrechtsprechung[1153] ist der Versuch, den Gesetzesvorbehalt, der als rechtsstaatliches[1154] und grundrechtsgebotenes[1155] Prinzip formaler Natur ist, als inhaltliches Kriterium zu erfassen und ihm

---

[1151] *G. Nolte,* AöR 118 (1993), 378 (394 ff.); das sieht auch *C. Schmitt,* ebenda, S. 188.
[1152] *W. Schmitt Glaeser,* Die grundrechtliche Freiheit des Bürgers zur Mitwirkung an der Willensbildung, in: HdBStR II § 31, 1987, S. 49 (68).

eine demokratische[1156] Komponente zuzubilligen. Danach müssen wesentliche legislative Entscheidungen vom Parlament selbst getroffen werden.[1157]

Im Schrifttum wurde die Auffassung vertreten, dass der überwiegende Teil normersetzender Absprachen gegen den Parlamentsvorbehalt verstößt: „Bei den sog. normersetzenden Absprachen geht es nämlich zumeist um wesentliche, staatspolitische Weichenstellungen wirtschafts- und umweltpolitischer Art ... Dazu ist und bleibt das Parlament berufen."[1158] Dieser Einschätzung ist nicht zuzustimmen. Die jedenfalls statistisch meisten normativen Absprachen in der Praxis erfolgen im Rahmen von Verordnungsermächtigungen und betreffen „unwesentliche" Entscheidungen, insbesondere die vielen sehr speziellen Reduktionsverpflichtungen im Umweltbereich. Der behauptete Rechtsverstoß bei verordnungsersetzenden Absprachen müsste darin liegen, dass sich entweder die verordnungsersetzenden Absprachen nicht im Rahmen der Verordnungsermächtigung bewegten oder die Verordnungsermächtigungen selbst gegen die Wesentlichkeitstheorie verstießen und verfassungswidrig wären.[1159] Dennoch bleibt die Frage, wo die Grenzen zu setzen sind.

Um hierüber eine Aussage zu treffen, müssen die Kriterien der Wesentlichkeitstheorie, die bis heute „noch nicht völlig geklärt"[1160] sind, hinterfragt werden. Insbesondere ist zu klären, mit welcher Strenge sie in den

---

[1153] BVerfGE 33, 303 Ls. 4 – Numerus clausus; E 34, 165 (192 f.) – Hessische Förderstufe; E 40, 237 (245 f.) – Rechtsschutz im Strafvollzug; E 49, 89 (126) – Kalkar I; E 98, 218 – Rechtschreibreform.

[1154] BVerfGE 34, 165 (192 f.).

[1155] BVerfGE 47, 46 (79) – Sexualkunde.

[1156] BVerfGE 49, 89 (126) – Kalkar I; differenzierend *Chr. Seiler,* Der einheitliche Parlamentsvorbehalt, 2000, S. 83 ff.; kritisch *G. Nolte,* AöR 118 (1993), 378 (407 f.).

[1157] Schon *R. Smend,* Verfassung und Verfassungsrecht (1928), in: Staatsrechtliche Abhandlungen, 3. Aufl., 1994, S. 119 (237) forderte im Bereich des Organisationsrechts für die „politisch wirksamen, integrierenden" Normen, „die eben deshalb den Einzelnen mehr angehen" einen „Beschlussbereich seiner parlamentarischen Repräsentanten".

[1158] *M. Schulte,* Schlichtes Verwaltungshandeln, 1995, S. 138 unter Berufung auf *W. Brohm,* DÖV 1992, S. 1025 (1033); von „außerordentlich bedeutsamen Bereichen" spricht *A. Finckh,* Regulierte Selbstregulierung im dualen System, 1998, S. 143.

[1159] Zu der strengen Rechtsprechung des BVerfG, die aber bis Ende der 1960er Jahre zu zahlreichenden Aufhebungen wegen mangelnder Bestimmtheit geführt hat (z.B. BVerfGE 1, 14 (59 ff.); E 23, 208 (223 ff.) und seit den 1970er Jahren die Wesentlichkeitstheorie in den Vordergrund rückt (BVerfGE 33, 303 Ls. 4 – Numerus clausus) vgl. *G. Nolte,* AöR 118 (1993), 378 (398 f., 400 f.); Zweifel speziell bezüglich des KrW-/AbfG erhebt *R. Breuer,* Diskussionsbeitrag in VVDStRL 54 (1995), S. 330 (333).

[1160] *K. W. Grewlich,* DÖV 1998, S. 54 (59).

Bereichen gilt, in denen Verordnungsermächtigungen typischerweise zu normersetzenden Absprachen führen.[1161] Bereits *Hermann Heller* stellte fest, „nicht die Logik und nicht eine theoretische Formel"[1162] könnten die Grenzen des Gesetzesvorbehaltes bestimmen. An der Richtigkeit dieser Feststellung hat sich seither nichts geändert. Hingegen wird bis heute darum gerungen, den Gesetzesvorbehalt verfassungsrechtlich zu erfassen,[1163] um ihn nicht wie Heller dem Bereich des Politischen zu überlassen. Heller verweist allein auf „Tradition, Zweckmäßigkeit, Machtlage und Rechtsbewusstsein."[1164]

Darüber vermag die Prinzipientheorie hinauszugelangen: Danach vermag das Wesentlichkeitskriterium „keine eigenständige Funktion zu erfüllen"[1165], es ist „nicht als Dogma"[1166], sondern als Prinzip zu verstehen, das durch *Gegenprinzipien* eingeschränkt werden kann. Es lässt sich keine allgemein gültige Grenze bestimmen für den Grad der Wesentlichkeit, ab dem der Parlamentsvorbehalt greift. Vielmehr gilt der komparative Satz: Je wesentlicher eine Entscheidung ist, desto eher ist sie dem Parlament vorbehalten. Ob im Ergebnis ein Verfassungsverstoß anzunehmen ist, hängt auch davon ab, ob und mit welchem Gewicht und welcher Intensität Gegenprinzipien betroffen sind. Als Gegenprinzipien können die Gebotenheit der Flexibilität staatlichen Handelns und die funktionelle Gewaltenteilung herangezogen werden.

Ein durchgreifender Vorteil normativer Absprachen besteht darin, dass mit ihrer Verhandelbarkeit und Informalität *Flexibilität* staatlichen Handelns gewonnen werden kann. Wenn die Dynamik des wissenschaftlichen und technischen Fortschritts ein flexibles Reagieren des Staates verlangt,[1167] dann rechtfertigt dies größere exekutive Entscheidungsspielräume und weiter gefasste Verordnungsermächtigungen. Das Parlamentsgesetz und das schwerfällige Verfahren, um es zu ändern, sind dann nicht die sachlich angemessene Entscheidungsebene. Normersetzende Absprachen können – wenn sie den Vorteil der Flexibilität für sich beanspruchen – insoweit ei-

---

[1161] Vgl. dazu *A. Helberg*, Normabwendende Selbstverpflichtungen ..., 1999, S. 288; *L. Wicke/J. Knebel*, in: dies./G. Braeseke (Hrsg.), Umweltbezogene Selbstverpflichtungen der Wirtschaft, 1997, S. 1 (44); *J. Knebel/L. Wicke/G. Michael*, Selbstverpflichtungen ..., 1999, S. 264.

[1162] *H. Heller*, VVDStRL 4 (1927), S. 98 (121).

[1163] *Chr. Seiler*, Der einheitliche Parlamentsvorbehalt, 2000, S. 103 ff.

[1164] *H. Heller*, VVDStRL 4 (1927), S. 98 (121).

[1165] *E. Schmidt-Aßmann*, Das allgemeine Verwaltungsrecht als Ordnungsidee, 1998, S. 167.

[1166] *F. Ossenbühl*, Vorrang und Vorbehalt des Gesetzes, in: HdBStR III, 1988, § 62, S. 315 (339) Rz. 46.

[1167] *E. Schmidt-Aßmann*, Das allgemeine Verwaltungsrecht als Ordnungsidee, 1998, S. 167.

nem milderen Maßstab der Wesentlichkeitstheorie zu unterwerfen sein: Zu fordern ist aber für sie uneingeschränkt, *dass* die kooperierende Exekutive entsprechend ermächtigt ist. Die Verfassungsinterpretation muss insoweit primär dem Parlament selbst zufallen, dem es vorbehalten sein muss, selbst dem Argument der Flexibilität derartige Bedeutung zu verleihen. Dies ist nämlich selbst eine „wesentliche" politische Frage – ein weiteres Argument gegen die Kooperation auf der Grundlage des bloßen Gesetzesinitiativrechts. Der Bundestag unterliegt bei seinen Ermächtigungen der Bundesregierung freilich den Grenzen des Verfassungsrechts und der Kontrolle durch das BVerfG. Die Anforderungen des Art. 80 Abs. 1 S. 2 GG sind je nach den Sachgegebenheiten verschieden.[1168] Dem Gesetzesvorbehalt sind sachstrukturelle Grenzen des für regelungsfeindliche oder nicht regelungsreife Sachbereiche, insbesondere im technologischen Bereich zu setzen.[1169]

Ein zweites Gegenprinzip liegt in der *funktionellen Gewaltenteilung*. Das Parlament ist strukturell nicht geeignet, normative Absprachen mit der Wirtschaft auszuhandeln. In der Verhandelbarkeit ist eine Rechtfertigung der repräsentativen Ausprägung des Demokratieprinzips zu sehen. Schon *Montesquieu* erkannte: „Der große Vorteil der Repräsentanten besteht darin, dass sie fähig sind, die Angelegenheiten zu verhandeln."[1170] Wenn das Bedürfnis, einen politischen Grundkonsens im Parlament zu verhandeln, durch das Bedürfnis übertroffen wird, im Gespräch zwischen dem Staat und der Wirtschaft Lösungen zu suchen und der Bundesregierung dabei Verhandlungsspielräume zu geben, können Kooperationsermächtigungen der Exekutive gerechtfertigt sein.

Auch im *grenzüberschreitenden* Charakter von Absprachen kann Rechtfertigung dafür liegen, die Erfordernisse demokratischer Legitimation zu lockern. Das gebietet das Prinzip des kooperativen Verfassungsstaates (*Peter Häberle*). Die Formalisierbarkeit von Legitimation durch das Mehrheitsprinzip wird dann grundsätzlich in Frage gestellt, wenn das Volk als quantifizierbare Bezugsgröße entgrenzt wird.[1171] Wenn gesellschaftliche Entschei-

---

[1168] BVerfGE 58, 257 (277 f.) – Schulentlassung; für Ermessenstatbestände: E 49, 89 (136 f.) – Kalkar I und E 76, 1 (74 f.) – Familiennachzug. Die Wesentlichkeitstheorie ist auch (missverständlich *T. Köpp*, Normvermeidende Absprachen zwischen Staat und Wirtschaft, 2001, S. 232) – aber nicht nur – bei Verordnungsermächtigungen zu prüfen.

[1169] *F. Ossenbühl*, Vorrang und Vorbehalt des Gesetzes, in: HdBStR III, 1988, § 62, S. 315 (347) Rz. 64 f.

[1170] *Montesquieu*, De l'Esprit des Lois (1748), Vom Geist der Gesetze, 2. Aufl. 1992, Band 1, S. 219.

[1171] Schon *Montesquieu*, De l'Esprit des Lois (1748), Vom Geist der Gesetze, 2. Aufl. 1992, Band 1, S. 19 f. äußerte hierzu kritisch: „Es ist wesentlich, die Zahl der Bürger festzusetzen, welche die Volksversammlung bilden sollen; sonst könnte man nicht wissen, ob das ganze Volk oder nur ein Teil des Volkes gesprochen hat.

dungen nicht auf der Ebene von Staaten zu treffen sind, wenn kleinere oder überstaatliche Einheiten für sich beanspruchen, die legitimere Entscheidungsebene zu sein, muss sich das Demokratieprinzip gleichsam neu behaupten und beweisen. So erfährt das Demokratieprinzip Modifizierungen durch das Subsidiaritätsprinzip und muss vor allen Dingen auf europäischer Ebene gestärkt werden. Wenn normative Absprachen dazu dienen, die Wirtschaft übernational zu einem bestimmten Verhalten zu bewegen, könnte das dafür sprechen, informale Legitimationsmaßstäbe anzulegen.

III. Teilhabe Privater an Entscheidungen der rechtsetzenden Gewalt

Private sind zur Teilhabe an Entscheidungen der rechtsetzenden Gewalt nicht demokratisch legitimiert. Ihr Handeln an sich bedarf auch keiner formellen demokratischen Legitimation, weil das Verhalten Privater selbst nicht Ausübung staatlicher Gewalt ist. Es bedarf aber einer verfassungsstaatlichen Legitimation, weil die Teilhabe Privater im Gemeinwohlkonsens mit der rechtsetzenden Gewalt verschmilzt. Die Legitimationsfrage kann nicht auf „Formen der institutionellen Verbindung von Privaten und Staat"[1172] beschränkt, sondern stellt sich jenseits geregelter Verfahren im Gegenteil mit besonderer Dringlichkeit. Im Konsens lassen sich nicht demokratische Legitimation der Staatsgewalt und grundrechtliche Partizipation „addieren". Normative Absprachen sind wesentlich nicht Ausübung grundrechtlicher Freiheit und lassen sich insgesamt weder demokratisch, noch grundrechtlich legitimieren.

Umstritten ist, ob deshalb die „ideellen Schichten"[1173] des Demokratieprinzips einzubeziehen sind. Das bedeutet, dass eine Stärkung von Partizipation, Kommunikation, Betroffenheit, Akzeptanz, Konsens und Öffentlichkeit als dem Demos zugewandt interpretiert werden. Die Konsequenz dieser Auffassung ist eine „gestufte Legitimationsordnung"[1174], die im Rahmen des Art. 20 Abs. 2 GG neben der demokratischen auch partizipatorische

---

In Sparta mussten es zehntausend Bürger sein. In Rom ..., das bald die meisten seiner Bürger außerhalb, bald ganz Italien und einen Teil der Welt in seinen Mauern sah, hatte man diese Zahl nicht festgesetzt; und das war eine der Hauptursachen für seinen Untergang."

[1172] So aber *W. Frenz,* Selbstverpflichtungen der Wirtschaft, 2001, S. 165.
[1173] *E. Schmidt-Aßmann,* Das allgemeine Verwaltungsrecht als Ordnungsidee, 1998, S. 94.
[1174] Vgl. *E. Schmidt-Aßmann,* in: W. Hoffmann-Riem/E. Schmidt-Aßmann/G. F. Schuppert (Hrsg.), Reform des allgemeinen Verwaltungsrechts. Grundfragen, 1993, S. 11 (35); vgl. auch *ders.,* Konfliktmittlung in der Dogmatik des deutschen Verwaltungsrechts, in: W. Hoffmann-Riem/E. Schmidt-Aßmann (Hrsg.), Bd. II, 1990, S. 9 (17).

und kooperative Legitimationsansätze zulässt. Gegen diesen Ansatz wird eingewandt, dass Topoi wie die Akzeptanz selbst nicht hinreichend verfassungsrechtlich abgesichert seien.[1175] Weder Partizipation, noch Betroffenheit oder Kompensation könnten als neue Legitimationskategorien i.S. des Art. 20 Abs. 2 GG neben die Demokratie treten. Akzeptanz und Konsens seien lediglich als Nebenbedingungen staatlichen Handelns erwünscht. Die Eindeutigkeit des Art. 20 Abs. 2 GG lasse „wenig Spielraum für das Hinzutreten anderer Legitimationsarten"[1176]. Das Schrifttum belegt jedoch, dass von Eindeutigkeit des Art. 20 Abs. 2 GG keine Rede sein kann.

Das Bestreiten ideeller Schichten des Demokratieprinzips kann nicht weiter führen, wenn Alternativen fehlen: Es geht nicht um die Suche nach der „besten" oder „richtigen" Legitimation, nicht um „mehr" oder „weniger" Demokratie. Das Ringen um Legitimation beginnt vielmehr erst mit den inneren Grenzen des Demokratieprinzips. Die Ergänzung des Ideals formalisierter Mehrheitsentscheidungen um informale Konkretisierungen des Gemeinwohls wird unumgänglich, wo Formalisierung zum Selbstzweck wird und seine Legitimationskraft verliert. Die Legitimationsfrage ist mit dem Demokratieprinzip nicht gelöst, sondern aufgegeben. Im kooperierenden Verfassungsstaat kann sie nicht mit dem Verweis auf das formalisierte Demokratieprinzip beantwortet werden. Das gilt vor allem für die Frage der Legitimation der Teilhabe Privater an normativen Absprachen, die sich überhaupt nur stellt, wenn man sich nicht formal mit der demokratischen Legitimation der dabei beteiligten Hoheitsträger begnügt.

Allerdings können Partizipation, Betroffenheit, Akzeptanz und Konsens nur in abgrenzbaren Kreisen legitimierend wirken. Das ist bei normativen Absprachen wegen deren Wirkung gegenüber Drittbetroffenen regelmäßig nicht der Fall. Das Öffentlichkeitsprinzip spricht im Gegenteil sogar gegen informale Absprachen. Auch der Wandel von einer „Abstimmungsdemokratie zu einer Verhandlungsdemokratie"[1177] ist eine überspitzte Beobachtung (die erst in den normativen Absprachen einen vorläufigen Höhepunkt erfährt[1178]) und kein Theoriemodell. Die Legitimation kann deshalb vorliegend nur dem Verfassungsprinzip der kooperativen Verantwortung entspringen. Das Verantwortungsprinzip wird zu einer weiteren Säule der verfassungsstaatlichen Legitimation neben dem Demokratieprinzip und neben den Grundrechten. Seine legitimierende Kraft steht nicht im Widerspruch zu Art. 20 Abs. 2 S. 2 GG, wenn man die Bürgerverantwortung als Verfassungsprinzip hinzunimmt: Neben aller Staatsgewalt geht auch alle Verant-

---

[1175] A. *Helberg*, Normabwendende Selbstverpflichtungen ..., 1999, S. 288.
[1176] J. *Knebel/L. Wicke/G. Michael*, Selbstverpflichtungen ..., 1999, S. 267.
[1177] L. *Neidhart*, Plebiszit und pluralitäre Demokratie, 1970, S. 287.
[1178] Ähnlich T. *Köpp*, Normvermeidende Absprachen zwischen Staat und Wirtschaft, 2001, S. 105.

wortung vom Volk aus. Das Prinzip kooperativer Verantwortung legitimiert dabei auch die Teilhabe Privater an der Ausübung rechtsetzender Gewalt im kooperierenden Verfassungsstaat (s. o. § 9).

§ 14 Gemeinschaftsrechtliche Fragen

Die Europäische Gemeinschaft ist Absprachen mit der Wirtschaft gegenüber grundsätzlich aufgeschlossen. Die Kommission ist darum bemüht, gerade bei diesem neuartigen Instrument die verschiedenen Erfahrungen in den einzelnen Mitgliedstaaten aufzugreifen. Sie hat Studien hierzu veröffentlicht.[1179] Die Kommission hat sich zur Aufgabe gemacht, diese verschiedenen Erfahrungen und Modelle zu europäisieren. Sie hat zu den Möglichkeiten verbindlicher Umweltverträge und unverbindlicher Selbstverpflichtungen dezidiert Stellung bezogen. Sie hat auch versucht, aus den Erkenntnissen im Rechtsvergleich Konsequenzen zu ziehen und hat mit der *Mitteilung Kom(96)561 endg. vom 27. November 1996*[1180] ein eigenes Modell vorgestellt, dessen Praktizierung sie in einer *Empfehlung 96/733/EG vom 9. Dezember 1996*[1181] offiziell, wenn auch rechtlich unverbindlich fordert.

Die *Europäisierung der Rechtswissenschaft* auch und gerade im Umgang mit derartigen neuen Instrumenten kann nur begrüßt werden. Wenn die Kommission dabei selbst rechtsvergleichend die Errungenschaften in den Mitgliedstaaten gegenüberstellt, leistet sie einen wichtigen Dienst, indem sie wechselseitige Rezeptionsprozesse und eine rechtliche Europäisierung fördert. Der kooperierende Verfassungsstaat hat die Chance, von vornherein *gemeineuropäisch* entwickelt zu werden. Die Modelle und Erfahrungen in den Mitgliedstaaten der EU können sich im Wettbewerb gegenseitig befruchten.

Dabei dürfen jedoch die derzeit vertretene Position der europäischen Kommission und ihre Funktion auch nicht überschätzt werden. Diese Position beruht weniger auf eigenen Erfahrungen mit Absprachen auf Gemeinschaftsebene, sondern vielmehr auf der selbst jeweils noch sehr vorläufigen Praxis in den Mitgliedstaaten. Die Mitgliedstaaten bleiben aufgefordert, weiterhin auch eigene Modelle zu entwickeln und zu praktizieren. Die Entwicklung des Instruments der normativen Absprache steht erst am Anfang.

[1179] Zusammengefasst in: Kom(96)561 endg. vom 27. November 1996, S. 25 ff.

[1180] Mitteilung der Kommission an den Rat und das Europäische Parlament über Umweltvereinbarungen, Kom(96)561 endg. vom 27. November 1996.

[1181] Empfehlung der Kommission über Umweltvereinbarungen zur Durchführung von Richtlinien der Gemeinschaft (96/733/EG) vom 9. Dezember 1996, ABlEG Nr. L 333, S. 59 ff.

Die Kommission sieht ihre Position selbst ausdrücklich als vorläufig an und kündigt an, sie werde ihre „Empfehlungen gegebenenfalls auf Grund der gesammelten Erfahrungen überarbeiten"[1182]. Die Position der Kommission verdient dabei Beachtung, aber in ihren Erwägungen und Ergebnissen auch Kritik.

I. Selbstverpflichtungen auf Gemeinschaftsebene?

1. Verbandskompetenz auf Grund begrenzter Einzelermächtigung

Auch für Absprachen zwischen der EG und der Wirtschaft, seien diese nun informaler und unverbindlicher Natur oder verbindliche Verträge, bedarf es einer *Verbandskompetenz* der EG.[1183] Die Europäische Gemeinschaft hat keine Kompetenz-Kompetenz. Für ihre Verbandskompetenz gilt das Prinzip der begrenzten Einzelermächtigung, jetzt textlich in Art. 5 (ex 3b) Abs. 1 EGV fixiert. Das Handeln der Gemeinschaft muss eine Rechtsgrundlage in den Gemeinschaftsverträgen haben, sei es auch aus Art. 308 (ex 235) EGV.

Bislang ist hierfür nur die Umweltkompetenz relevant geworden. Sie wurde durch die Einheitliche Europäische Akte von 1986 als Art. 130 r bis 130 s und Art. 100 a und 100 b in den EWG-Vertrag eingefügt und ist heute in Art. 2, 3 lit. 1, 6, 174 ff. EGV geregelt. In dem für Absprachen bislang diskutierten Umweltbereich kann die Verbandskompetenz darauf gestützt werden. Bei der Ausübung dieser Kompetenz ist das Subsidiaritätsprinzip des Art. 5 Abs. 2 EGV zu beachten. Bei Absprachen mit einzelnen Unternehmen und nationalen Wirtschaftsverbänden ist deshalb die Frage zu stellen, ob diese nicht ebenso gut auf nationaler Ebene erfolgen könnten. In der Regel wird sich im Umweltbereich aber grenzüberschreitendes Handeln rechtfertigen lassen.[1184]

Das Prinzip der begrenzten Einzelermächtigung braucht hier nicht als inhaltliche Beschränkung vertieft zu werden. Weil normative Absprachen als solche im Primärrecht nicht geregelt sind, ist jedoch die Frage zu stellen, ob aus dem Prinzip der begrenzten Einzelermächtigung auch ein formaler, instrumenteller numerus clausus folgt:

[1182] Mitteilung Kom(96)561 endg. vom 27. November 1996, S. 21.

[1183] *J. Knebel*, in: L. Wicke/J. Knebel/G. Braeseke (Hrsg.), Umweltbezogene Selbstverpflichtungen der Wirtschaft, 1997, S. 201 (207 f.); allgemein: *H. D. Jarass*, EuGRZ 1994, S. 209 ff.; *ders.*, AöR 121 (1996), S. 173 ff.

[1184] *J. Knebel*, ebenda, S. 201 (209).

2. Instrumentelle Kompetenz: numerus clausus der gemeinschaftsrechtlichen Handlungsformen?

Das Prinzip der begrenzten Einzelermächtigung begrenzt sowohl Kompetenzen als auch deren Ausübung. Das stellt Art. 5 (ex 3b) Abs. 3 EGV klar, der das Maß der Kompetenzwahrnehmung beschränkt. Die Relevanz der Frage lässt sich nicht dadurch entkräften, dass durch unverbindliche Absprachen „mangels Bindungswirkungen weder Allgemeininteressen der EG und der Mitgliedstaaten noch Individualinteressen Dritter beeinträchtigt werden können"[1185]. Auch konsensuale Instrumente berühren in erheblicher Weise hoheitliche und private Interessen. Stichworte wie „Freiwilligkeit" und „Einwilligung" bzw. „volenti non fit iniuria" sind nicht geeignet, das Prinzip der begrenzten Einzelermächtigung auszuhebeln.[1186] Freiwilligkeit wäre allenfalls bei Freiheit von hoheitlichem Druck relevant, bedeutet aber in diesem Zusammenhang allenfalls eine Alternative zu imperativem Zwang. Die Figur der Einwilligung versagt, weil die instrumentelle Kompetenz, so sie Grenzen setzt, nicht disponibel sein kann.

Keine Verallgemeinerung erlaubt Art. 137 Abs. 4 EGV, der den Mitgliedstaaten die Möglichkeit eröffnet, die Richtlinienumsetzung den mitgliedstaatlichen Sozialpartnern zu überlassen. Die Norm bestätigt eine Praxis für den speziellen Bereich des Arbeitsrechts, die bereits von der Rechtsprechung seit langem anerkannt war.[1187] An der mitgliedstaatlichen Umsetzungspflicht nach Art. 10, 249 EGV ändert die insoweit deklaratorische[1188] Vorschrift nichts. Anerkannt werden nur solche Kollektivverträge, die für alle Wirtschaftsbereiche flächendeckend geschlossen werden[1189] und eine normativ verbindliche Wirkung entfalten, gegebenenfalls auf Grund einer staatlichen Allgemeinverbindlichkeitserklärung.[1190] Allerdings besteht auch die Möglichkeit, dass der Mitgliedstaat die Richtlinie selbst für alle Arbeitnehmer umsetzt, die nicht durch Tarifverträge erfasst werden.[1191] Art. 137 Abs. 4 EGV erfasst nur eine bestimmte, nicht-staatliche Form der Richtlinienumsetzung im Spezialbereich des Arbeitsrechts. Die Regelung erlaubt keine Rückschlüsse auf informale, gegebenenfalls unverbindliche Absprachen in anderen Politikbereichen. Auch die Handlungsformen des Art. 249

[1185] Selbst an der eigenen Aussage (zu Recht) zweifelnd: *J. Knebel,* ebenda, S. 201 (213).
[1186] So aber *J. Knebel,* ebenda, S. 201 (209 f.).
[1187] EuGH Slg. 1985, 427 (434 f.) – Gleiches Entgelt für Männer und Frauen. Vgl. auch den noch weiter gehenden Art. 33 der Europäischen Sozialcharta.
[1188] *S. Krebber,* in: Chr. Calliess/M. Ruffert, EUV/EGV, Art. 137 EGV Rz. 28.
[1189] EuGH Slg. 1986, 2291 (2301 f.) – Wahrung von Ansprüchen.
[1190] *S. Krebber,* in: Chr. Calliess/M. Ruffert, EUV/EGV, Art. 137 EGV Rz. 30.
[1191] *R. Rebhahn,* in: J. Schwarze, EU-Kommentar, zu Art. 137 EGV, Rz. 47.

EGV werden dadurch nicht erweitert, sondern allenfalls die Varianten der Umsetzung von Richtlinien.

Dass Art. 175 (ex 130s) EGV zu Maßnahmen ermächtigt, ohne dabei auf die Handlungsformen des Art. 249 (ex 189) EGV Bezug zu nehmen,[1192] verbietet es nicht, in diesem Bereich die Frage der Handlungsformen zu stellen. Folgenden zwei Fragen kann nicht ausgewichen werden: Enthält Art. 249 EGV tatsächlich einen numerus clausus der Handlungsformen? Sind deshalb Umweltvereinbarungen als förmliche Verträge und/oder Selbstverpflichtungen als informale Instrumente ausgeschlossen?

Die erste Frage stellt sich seit langem auch bei den so genannten unbezeichneten Rechtsakten. Sie sind gängige Praxis und werden auch in der Literatur überwiegend im Grundsatz akzeptiert.[1193] Das Hauptproblem wird weniger in der möglichen Kompetenzüberschreitung als vielmehr darin gesehen, dass der Rechtsschutz der Nichtigkeitsklage auf „Handlungen" i. S. d. Art. 230 Abs. 1 (ex 173) EGV beschränkt ist. Zutreffend wird darauf hingewiesen, dass der Rechtsschutz in all den Fällen nicht verwehrt werden darf, in denen mögliche Kläger unmittelbar und individuell betroffen sind. Die Konsequenzen aus diesem Erst-Recht-Schluss zur Klagebefugnis nach Art. 230 Abs. 4 EGV werden durch einen Umkehrschluss zu Art. 230 Abs. 1 EGV begrenzt. Nach Art. 230 Abs. 1 EGV können Handlungen des Parlaments nur Klagegegenstand sein, wenn sie „Rechtswirkungen" haben; im Übrigen sind Empfehlungen und Stellungnahmen ausdrücklich sind von der Nichtigkeitsklage ausgenommen. Ungekennzeichnete Rechtsakte sind deshalb dann – und nur dann[1194] – mit der Nichtigkeitsklage angreifbar, wenn sie Rechtswirkungen entfalten, jedenfalls wenn sie rechtlich verbindlich sind. Das Rechtsschutzproblem lässt sich so lösen, die Frage der instrumentellen Kompetenz ist aber damit nicht beantwortet.

Die Kommission präferiert zwar das Modell der verbindlichen Verträge gegenüber unverbindlichen Selbstverpflichtungen, sieht jedoch im Rahmen der Formen verbindlicher Maßnahmen nach Art. 249 EGV (Verordnungen, Richtlinien und Entscheidungen) hierfür keine Möglichkeit[1195]. Demgegenüber hat sie keine grundsätzlichen Bedenken dagegen, unverbindliche Selbstverpflichtungen per Empfehlung (z.B. die *Empfehlung der Kommission 89/349/EWG* vom 13. April 1989 zur freiwilligen Verringerung der Fluorchlorkohlenwasserstoffe durch die europäische Aerosolindustrie[1196] so-

---

[1192] W. *Frenz*, Europäisches Umweltrecht, 1997, S. 24 f., Rz. 76 f.; *ders.*, Selbstverpflichtungen der Wirtschaft, 2001, S. 142.

[1193] M. *Ruffert*, in: Chr. Calliess/M. Ruffert, EUV/EGV, Art. 249 EGV Rz. 121 ff.; aus der Rechtsprechung: EuGH Slg. 1971, S. 263 – AETR.

[1194] EuGH Slg. 1980, 1949 (1961) – Calpac; Slg. 1980, 1299 (1309) – Westzucker; Slg. 1986, 1339 (1364 ff.) – Les Verts.

[1195] Mitteilung Ziff. 41: Kom(96)561 endg. vom 27. November 1996, S. 21.

wie die *Empfehlung der Kommission (1999/125/EG)* vom 5. Februar 1999 zur Reduzierung der CO_2-Emissionen von Pkw[1197]) zu fördern oder anzuerkennen oder „die Form einer sonstigen unverbindlichen Abmachung"[1198] zu praktizieren. Dieser Praxis ist im Ergebnis im Wesentlichen zuzustimmen, wenn auch die rechtliche Auffassung der Kommission undeutlich bleibt.

Die Argumentation der Kommission[1199] wirkt begriffsjuristisch verengt und auch nicht letztlich stimmig. Auch die Praxis unverbindlicher Selbstverpflichtungen und Absprachen lässt sich nicht auf die von der Kommission beschworene Handlungsformen-Doktrin stützen. Auf den ersten Blick scheint Art. 249 EGV zwar mit dem Instrument der „Empfehlung" eine Form bereitzustellen, die es der Kommission erlaubt, ein Verhalten anzuerkennen, das Inhalt einer Selbstverpflichtung ist. Aber hinter einer solchen Empfehlung steckt ein Moment der Kooperation. Das empfohlene Verhalten geht regelmäßig weder einseitig auf Vorstellungen der Kommission, noch ausschließlich auf eine autonome Selbstverpflichtung zurück, sondern ist mit der Wirtschaft informal abgesprochen. Wollte sich die Kommission tatsächlich streng an einen Formenkatalog nach Art. 249 EGV binden, so müsste sie sich solcher Absprachen aber enthalten.

Völlig zu Recht behauptet die Kommission auch gar nicht, dass die von ihr bereits praktizierte Anerkennung unverbindlicher Selbstverpflichtungen per Empfehlung die einzige mögliche Variante ist, sondern zieht daneben ausdrücklich auch „die Form einer sonstigen unverbindlichen Abmachung" für die Zukunft in Betracht. Das lässt sich aber allein mit Art. 249 EGV nicht begründen. Vielmehr handelt es sich um eine kooperative Variante der einseitigen, unverbindlichen Empfehlung. Diese lässt sich mit dem Prinzip kooperativer Verantwortung legitimieren, das als allgemeiner verfassungsstaatlicher Grundsatz auch auf Gemeinschaftsebene zu postulieren ist.

Konsequent angewandt bedeutet dies, dass nicht nur Empfehlungen im Sinne des Art. 249 Abs. 5 EGV durch unverbindliche Absprachen substituiert werden können, sondern dass auch die verbindlichen Handlungsformen der Verordnung, Richtlinie und der Entscheidung durch informale Absprachen oder aber durch verbindliche Umweltvereinbarungen substituiert werden könnten. Das Prinzip der begrenzten Einzelermächtigung gebietet es, dass die Gemeinschaft keine Handlungsformen entwickelt, die die Voraussetzungen des Art. 249 EGV umgehen oder die die Wirkungen der dort aufgezählten Instrumente überschreiten. Kein Anlass besteht hingegen dazu, Art. 249 EGV begriffsjuristisch zu verengen und einem strengen Formalis-

---

[1196] ABlEG 1989 Nr. L 144, S. 56.
[1197] ABlEG 1999 Nr. L 40/49.
[1198] Mitteilung Ziff. 41; Kom(96)561 endg. vom 27. November 1996, S. 21.
[1199] Kritische auch *W. Frenz,* EuR 1999, S. 27 (33, 38 ff.).

mus das Wort zu reden. Das ergibt sich auch aus Art. 5 (ex 3b) EGV, der die Grundnorm der Beschränkung der Kompetenzen (Abs. 1) und deren Ausübung (Abs. 3) ist.[1200] Normative Absprachen sprengen dann den von Art. 5, 249 EGV gesetzten Rahmen, wenn sie *Wirkungen* haben, die über diejenigen hinausgehen, die eine Verordnung, Richtlinie, Entscheidung oder Empfehlung hat. Auch bei solchen Überschreitungen ist die Nichtigkeitsklage gegen derartige „Handlungen" i. S. d. Art. 230 Abs. 1 EGV statthaft, wenn die Absprache der Gemeinschaft (der Kommission) zuzurechnen[1201] ist.

Wendet man diese Maßstäbe an, bestätigen sich im Ergebnis die Bedenken der Kommission gegen *verbindliche* Umweltvereinbarungen: Rechtlich verbindliche Zusagen der Wirtschaft würden sich dadurch auszeichnen, rechtlich vollziehbar und gerichtlich durchsetzbar zu sein. Keinesfalls dürfte die Kommission sich dabei neue eigene Vollzugskompetenzen anmaßen, sondern müsste die Umsetzung den Mitgliedstaaten überlassen, soweit der Grundsatz des mitgliedstaatlichen Vollzugs reicht.[1202] Im Einzelfall müsste geprüft werden, ob eine vertragliche Verpflichtung über die hinausginge, die durch unmittelbar verpflichtende Verordnungen entstünde. Offensichtlich sähe die Kommission den Vorteil europaweiter Umweltvereinbarungen jedoch darin, deren Abschluss und Durchsetzung zentral steuern zu können. Letzteres wäre aber allenfalls über ihre eigenen Vollzugskompetenzen[1203] möglich. In Betracht kämen insbesondere die Kompetenzen im Wettbewerbsrecht (Art. 85 (ex 89) EGV), die aber nicht der Durchsetzung, sondern primär der Bekämpfung von Absprachen dienen. Vor allem aber bestehen Bedenken gegen rechtliche Verpflichtungen, die die Gemeinschaft selbst auf Grund verbindlicher Umweltvereinbarungen begründen würde. Einen verbindlichen Verzicht auf Rechtsetzung z. B. erlaubt Art. 249 EGV tatsächlich nicht. Er hätte Wirkungen, die dem Instrumentarium des Art. 249 EGV, das auf die Verpflichtung der Mitgliedstaaten und Privater zugeschnitten ist, entgegenlaufen. Derartige Normverzichtsverträge nach dem Vorbild des Art. 8 des flämischen Dekrets über Anforderungen an Umweltvereinbarungen vom 15. Juni 1994 und des Art. 10 des dänischen Umweltgesetzes (MBL) von 1991 hat die Kommission im Blick. Sie kommen – ungeachtet weiterer rechtsstaatlicher Bedenken – jedenfalls de lege lata

---

[1200] W. *Frenz,* EuR 1999, S. 27 (38) lehnt aus diesem Grund eine Argumentation mit Art. 249 (ex 189) EGV schon im Ansatz ab.

[1201] Hierzu EuGH Slg. 1998 II, 357 (378 f.) – DIR; zustimmend *J. Schwarze,* in: ders., EU-Kommentar, zu Art. 230 EGV, Rz. 13.

[1202] Eingehend hierzu W. *Frenz,* Selbstverpflichtungen der Wirtschaft, 2001, S. 143 ff.; s. auch bereits R. *Breuer,* NVwZ 1998, S. 1001 (1007).

[1203] Hierzu *St. Schreiber,* Verwaltungskompetenzen der Europäischen Gemeinschaft, 1997.

nicht in Betracht. Das gilt auch für die meisten Mitgliedstaaten, was das Modell verbindlicher Umweltverträge möglicherweise von vornherein zum Scheitern verurteilt.

Die Entgegennahme und Unterstützung *unverbindlicher* Selbstverpflichtungen durch die Gemeinschaft verstößt hingegen nicht gegen die Vorgaben des Art. 249 EGV. Das liegt jedoch weder daran, dass Art. 249 EGV für sie nicht anwendbar wäre, noch daran, dass es sich bei solchen Unterstützungen zwingend um Empfehlungen i.S.d. Art. 249 Abs. 5 EGV handeln würde. Vielmehr sind auch unverbindliche Absprachen denkbar, deren Wirkungen in der Substitution von Verordnungen, Richtlinien und Entscheidungen liegen. Gegen informale Absprachen spricht auch nicht, dass „gerade EG-Politik maßgeblich als supranationales Recht auf Beständigkeit und Durchsetzbarkeit angewiesen ist."[1204] Die Effektivität solcher Absprachen und unverbindlicher Selbstverpflichtungen wird die Praxis erst zeigen und hängt, wofür die Kommission eintritt, von deren Ausgestaltung ab. Nicht vorschnell sollte wegen der Unverbindlichkeit solcher Absprachen der Rechtsschutz nach Art. 230 EGV ausgeschlossen werden. Vielmehr ist in jedem Einzelfall nach den Wirkungen solcher Absprachen zu fragen. Wenn es die vertikalen Dimensionen der Absprache, also insbesondere Rechtsetzungsdruck, der durch Gemeinschaftsorgane informal ausgeübt wird, abzuwehren gilt, dann liegen „Handlungen" i.S.d. Art. 230 Abs. 1 EGV vor. Gegen die horizontalen Dimensionen schützt das (europäische) Kartellrecht, auf das noch ausführlich eingegangen wird.

3. Organkompetenzen und Verfahren

Die *Organkompetenz* der Kommission lässt sich nicht allein auf ihr Vorschlagsrecht nach Art. 251 Abs. 2 EGV i.V.m. Art. 175 Abs. 1 EGV bzw. nach Art. 175 Abs. 2 EGV stützen. Das entspricht der Auffassung der Kommission, die auch in der Literatur[1205] Zustimmung gefunden hat.

Dies steht in einem bemerkenswerten Gegensatz zu der im deutschen Schrifttum herrschenden Ansicht, das Gesetzesinitiativrecht nach Art. 76 Abs. 1 GG gebe der Bundesregierung ein allgemeines Mandat zum Abschluss Parlamentsgesetze ersetzender Absprachen. Damit entsteht ein (nach hier vertretener Auffassung auch unter dem Grundgesetz bestehendes) Dilemma: Was für die funktionelle Eignung der Bundesregierung gilt, lässt

---

[1204] *J. Knebel,* in: L. Wicke/J. Knebel/G. Braeseke (Hrsg.), Umweltbezogene Selbstverpflichtungen der Wirtschaft, 1997, S. 201 (213).
[1205] Zutreffend *J. Knebel,* ebenda, S. 201 (210) auch zu den Bestrebungen der EG-Kommission vom 14. Februar 1996 mit Blick auf ein *allgemeines Mandat* zum Abschluss von Umweltabkommen; *W. Frenz,* EuR 1999, S. 27 (38).

sich auch auf die Europäische Kommission übertragen. Damit fehlt der Institution, die funktionell zum Aushandeln und zum Abschluss von Absprachen mit der Wirtschaft einzig geeignet ist, das Mandat hierzu.

Nicht weniger bemerkenswert ist der Ausweg, den die Praxis auf europäischer Ebene aus diesem Dilemma gefunden hat: Die Kommission akzeptiert es, sich durch den Rat auffordern zu lassen, in bestimmten Bereichen freiwillige Vereinbarungen mit der Wirtschaft zu schließen. Ein Beispiel für solche Kooperationsmandate ist die Entschließung 88/C 285/01[1206], mit der der Rat die Kommission auffordert, freiwillige Vereinbarungen mit der Wirtschaft zu schließen, um die Produkte zu ersetzen, die die Ozonschicht bedrohen. In seiner Entscheidung vom 6. Oktober 1998 hat der Rat dem Abschluss einer Vereinbarung der europäischen Kommission mit dem Verband der europäischen Automobilhersteller (ACEA) zur Reduktion von CO_2-Emissionen von Pkw zugestimmt,[1207] nachdem im Juli 1998 die europäische Automobilindustrie das Angebot machte, den Kraftstoffverbrauch freiwillig zu verringern, wenn die Europäische Kommission auf gesetzliche Schritte zur Durchsetzung des „Fünfliter"-Autos vorerst verzichte.[1208] Diese Ermächtigungen führten zu unverbindlichen Selbstverpflichtungen auf Gemeinschaftsebene und zur *Empfehlung der Kommission 89/349/EWG* vom 13. April 1989 zur freiwilligen Verringerung der Fluorchlorkohlenwasserstoffe durch die europäische Aerosolindustrie[1209] sowie zur *Empfehlung der Kommission (1999/125/EG)* vom 5. Februar 1999 zur Reduzierung der CO_2-Emissionen von Pkw[1210].

Das setzt voraus, dass die Kommission durch *spezielle Kooperationsermächtigungen* per Ratsentschließungen die Organkompetenz erlangen kann. Der Rat ist das zentrale Rechtsetzungsorgan der Gemeinschaft. Er selbst besitzt somit die Organkompetenz, die er per Aufforderung auf die Kommission überträgt. Primärrechtliche Kompetenzen schließen aber nicht automatisch die Kompetenz ein, ihre Ausübung auf andere Organe zu übertragen. Geregelt ist eine solche Übertragung von Kompetenzen des Rates auf die Kommission in Art. 202 EGV für Befugnisse zur Durchführung von Vorschriften, die der Rat erlässt. Das setzt aber Rechtsetzung durch den Rat voraus und umfasst nicht die Ausübung rechtsetzender Gewalt durch die Kommission. Fraglich ist, ob eine darüber hinausgehende Übertragung, wie sie unter dem Grundgesetz nach bzw. analog Art. 80 GG möglich ist, als ungeschriebene Übertragungskompetenz auch auf Gemeinschaftsebene gilt. Dagegen spricht, dass die Übertragbarkeit von Rechtsetzungskompetenzen

---

[1206] ABlEG 1988 Nr. C 285, S. 1.
[1207] Vgl. BT-Drucks. 14/711 vom 31. März 1999, S. 54.
[1208] FAZ vom 30. Juli 1998.
[1209] ABlEG 1989 Nr. L 144, S. 56.
[1210] ABlEG 1999 Nr. L 40/49.

als solche kein allgemeines verfassungsstaatliches Prinzip ist, sondern im Gegenteil nur ausnahmsweise möglich sein darf. Dass die Kommission und der Rat eine solche Möglichkeit unterstellen, lässt sich deshalb gemeinschaftsrechtlich nur mit dem Prinzip kooperativer Verantwortung rechtfertigen. Dessen Verwirklichung wiederum kann mit dem effet utile bekräftigt werden, der auch bei der Begründung und Verteilung von Kompetenzen eine nicht unerhebliche Rolle spielt.

Schließlich bleibt die Frage ob auch das Europäische Parlament einzubeziehen ist. Das ist zu fordern, wenn durch Kooperation Rechtsakte nach Art. 251 oder 252 EGV substituiert werden sollen. In den Fällen des Mitentscheidungsverfahrens nach Art. 251 EGV ist das Europäische Parlament gleichberechtigtes Rechtsetzungsorgan, beim Verfahren der Zusammenarbeit ist es jedenfalls zur Stellungnahme und zur Unterbreitung von Änderungsvorschlägen zu beteiligen. Dann muss entweder die Ermächtigung der Kommission als formeller Rechtsakt nach Art. 251/252 EGV erlassen werden oder dem Europäischen Parlament die Gelegenheit zur Stellungnahme zu den Absprachen gegeben werden, im Falle der Substitution des Mitentscheidungsverfahrens kann das Parlament sein Veto geltend machen. Normersetzende Absprachen als solche müssen die formellen Rechtsetzungsverfahren nicht durchlaufen. Eine analoge Anwendung der Art. 251 f. EGV verbietet sich, weil normative Absprachen mit einseitigen Rechtsakten nicht vergleichbar sind und die Durchführung der Verfahrens zu möglicherweise unüberwindlichen Hindernissen bei der Kooperation mit der Wirtschaft führen würde. Was für normative Absprachen auf nationaler Ebene unter dem Grundgesetz gilt, muss auch für Absprachen auf europäischer Ebene gelten: Während Rechtsetzungskompetenzen nicht umgangen werden dürfen, bestehen gegen die Entformalisierung im Vergleich zum Rechtsetzungsverfahren keine rechtsstaatlichen Bedenken. Durch entsprechende Beteiligung wird die politische Bedeutung des Parlaments, die durch die Art. 251 f. EGV konstituiert wird, auch durch informelle Absprachen nicht ausgehöhlt.

4. Gemeinschaftsgrundrechte als materiellrechtliche Grenzen

Die Grundrechte sind allgemeine Rechtsgrundsätze des Gemeinschaftsrechts. Sie setzen dem Handeln der Gemeinschaftsorgane Grenzen. Ansätze zu einer eigenen grundrechtlichen Dogmatik für die normativen Absprachen existieren soweit ersichtlich nicht.

Die europäische Grundrechtsdogmatik ist hier auf Impulse angewiesen, die bislang auch von nationaler Seite ausgeblieben sind. Es bleibt zu hoffen, dass die in Deutschland diskutierten Probleme mit dem Grundrechtsverzicht und dem Eingriffsbegriff in einer pragmatischeren europäischen Sichtweise gar nicht erst vertieft werden. Die europäische Grundrechtsdogmatik verschließt sich nicht gegenüber verschiedenen Zurechnungsmodellen und Grundrechtsdimensionen. Deshalb kann die hier vorgelegte Theorie des status negativus cooperationis, die nicht auf dem spezifisch deutschen Eingriffsbegriff fußt, ein Modell für die Grundrechtsdogmatik auf europäischer Ebene sein.

II. Primärrechtliche Grenzen nationaler Selbstverpflichtungen

1. Die Warenverkehrsfreiheit nach Art. 28 ff. EGV

Die Kommission weist darauf hin, dass Vereinbarungen über Produkte den *freien Warenverkehr* nur einschränken dürfen, wenn ausreichende Gründe zum Schutz der menschlichen Gesundheit oder der Umwelt vorliegen und eine willkürliche Diskriminierung oder verschleierte Handelsbeschränkung stattfindet[1211]. Dieser Rechtsauffassung ist grundsätzlich zuzustimmen.

Die Bedeutung der Warenverkehrsfreiheit als gemeinschaftsrechtliche Grenze für normative Absprachen sollte jedoch nicht überschätzt werden. Die Bindungen an das ebenfalls einschlägige europäische Kartellrecht sind strenger und gehen darüber hinaus. Weil im Falle normativer Absprachen das Kartellrecht ausnahmsweise auch auf das Verhalten der Mitgliedstaaten Anwendung findet, hat deren Bindung an die Grundfreiheiten keine zusätzliche Schutzrichtung. Auf die Anforderungen nach Art. 81 ff. EGV und auf deren Abgrenzung zu Art. 28 ff. EGV wird im Rahmen des Kapitels über das Kartellrecht als Auffangordnung (§ 15) ausführlich eingegangen. Aus einem weiteren Grund kann die Darstellung der Grundfreiheiten in dieser Arbeit kurz ausfallen:

Bemerkenswerterweise lassen sich normative Absprachen mit der Dogmatik zu den Grundfreiheiten erfassen, ohne dass es neuer Ansätze bedürfte. Das spricht dafür, dass diese Dogmatik im Vergleich zur deutschen Grundrechtsdogmatik offener ist. Das wiederum liegt daran, dass der Schutz der Grundfreiheiten so flexibel und umfassend sein muss, dass er in sämtlichen Rechtsordnungen der Mitgliedstaaten durchsetzbar ist und keine dogmatischen Lücken lässt. Diese Dogmatik musste von vornherein das gesamte Spektrum des hoheitlichen Instrumentariums rechtsvergleichend erfassen.

Die Offenheit dieser Dogmatik wird bereits in der Definition der Maßnahmen gleicher Wirkung i. S. des Art. 28 EGV nach der Dassonville-

---

[1211] Mitteilung Ziff. 27: Kom(96)561 endg. vom 27. November 1996, S. 16.

Rechtsprechung[1212] deutlich: Danach werden sämtliche Maßnahmen erfasst, die geeignet sind, den innergemeinschaftlichen Handel unmittelbar oder mittelbar, tatsächlich oder potenziell zu behindern. Hierzu gehören ohne weiteres auch informale Maßnahmen wie z. B. unverbindliche Empfehlungen[1213] oder Anregungen, die einem Mitgliedstaat zurechenbar sind.[1214] Es kommt nicht darauf an, ob die hoheitliche Maßnahme zwingenden Charakter hat.[1215]

Hinsichtlich der Zurechnungskriterien kann hier auf die Grundrechtsdogmatik verwiesen werden. Die in der Literatur vertretene Auffassung, autonome Selbstverpflichtungen seien ausgeschlossen,[1216] muss insoweit modifiziert werden, als deren nachträgliche Unterstützung durch einen Mitgliedstaat dessen Zurechnung jederzeit begründen kann. Die bloße Nachfrage der Verbraucher ist als solche jedoch nicht dem Mitgliedstaat zurechenbar.[1217]

Nach der Keck-Rechtsprechung[1218] sollen bloße Verkaufsmodalitäten im Gegensatz zu produktbezogenen Handelsbehinderungen ausgenommen werden. Hier könnte sich die Frage stellen, ob etwa Kennzeichnungspflichten verkaufs- oder produktbezogen sind.

Vom Verbot des Art. 28 (ex 30) EGV sind nach der Cassis-Rechtsprechung[1219] alle unterschiedslosen Maßnahmen ausgenommen, soweit sie notwendig sind, um zwingenden Erfordernissen gerecht zu werden. Zu diesen zwingenden Erfordernissen gehören die wirksame steuerliche Kontrolle, der Schutz der öffentlichen Gesundheit, der Lauterkeit des Handelsverkehrs und der Verbraucherschutz. Dogmatisch handelt es sich um Rechtfertigungsgründe als immanente Schranken.[1220] Inzwischen wird der Gesundheitsschutz jedoch im Rahmen der Ausnahmebestimmungen des Art. 30 (ex 36) EGV geprüft. Darüber hinaus muss die Maßnahme dem Verhältnismäßigkeitsgrundsatz genügen.[1221] Daraus ergeben sich jedoch keine über das Verfassungsrecht und das Kartellrecht hinausgehenden Grenzen.

[1212] EuGH Slg. 1974, 837 (852) – Staatsanwaltschaft/Dassonville, st. Rspr.

[1213] EuGH Slg. 1982, 4005 (4032) – Buy Irish.

[1214] *A. Faber,* Gesellschaftliche Selbstregulierungssysteme im Umweltrecht, 2001, S. 373 f.

[1215] *G. Hucklenbruch,* Umweltrelevante Selbstverpflichtungen, 2000, S. 210.

[1216] *A. Faber,* Gesellschaftliche Selbstregulierungssysteme im Umweltrecht, 2001, S. 374.

[1217] *G. Hucklenbruch,* Umweltrelevante Selbstverpflichtungen, 2000, S. 211.

[1218] EuGH Slg. 1993, I 6097 ff.

[1219] EuGH Slg. 1979, 649 (662) – Rewe/Bundesmonopolverwaltung für Branntwein.

[1220] *R. Streinz,* Europarecht, 5. Aufl., 2001, Rz. 700.

[1221] EuGH Slg. 1970, 1125 (1137). – Intern. Handelsgesellschaft; Slg. 1979, 1997 – Testa; vgl. hierzu *H. Kutscher,* Zum Grundsatz der Verhältnismäßigkeit im Recht

2. Grenzen von Umweltbeihilfen nach Art. 87 EGV

Die finanziellen Förderungen von Umweltvereinbarungen müssen die Grenzen des Art. 87 (ex 92) EGV einhalten[1222]. Weil dies kein spezifisches Problem normativer Absprachen darstellt, soll darauf hier nur kurz eingegangen werden. Die Einzelheiten des Beihilfenrechts lassen sich aus dem Wortlaut des Primärrechts nicht ablesen. Von maßgeblicher praktischer Relevanz sind die Vorgaben des neuen *Gemeinschaftsrahmens für staatliche Umweltbeihilfen vom 3. Februar 2001*[1223], der die Ausnahmen des Art. 87 Abs. 2 und 3 EGV, insbesondere Art. 87 Abs. 3 lit. c EGV betrifft.[1224] Für Umweltbeihilfen im Zusammenhang mit normativen Absprachen lassen sich daraus folgende Anhaltspunkte entnehmen:

Unter C. 14 fordert die Kommission ein Doppeltes: die Berücksichtigung der Funktionsfähigkeit des Marktwettbewerbes aber auch die Förderung einer nachhaltigen Entwicklung des Umweltschutzes.[1225] Anreizeffekte sollten die Unternehmen vor allem „ermutigen, die geltenden Normen zu übertreffen oder zusätzliche Investitionen durchzuführen, um ihre Anlagen umweltfreundlicher zu gestalten" (C. 18 b)[1226]

Hinsichtlich des Klimaschutzes stellt die Kommission fest, dass es Sache der Mitgliedstaaten sei, „die Politiken, Maßnahmen und Instrumente zu bestimmen, mit denen sie die im Rahmen des Kyoto-Protokolls festgeschriebenen Ziele erreichen wollen" (F. 70)[1227]. Dies muss allgemein für Umweltbeihilfen gelten, es sei denn sie unterfallen einem sekundärrechtlich geregelten Bereich: Keineswegs darf die Kommission über ihre Beihilfenpolitik die Mitgliedstaaten dazu zwingen, das von ihr präferierte Modell rechtsverbindlicher Umweltverträge zu praktizieren. Die Kommission muss vielmehr das Modell unverbindlicher Selbstverpflichtungen und normativer Absprachen, das sie ja selbst punktuell praktiziert auch als Politik der Mitgliedstaaten gleichwertig behandeln. Es widerspräche aber dem Telos des Beihilfenrechts und würde die Kompetenzen der Kommission überschreiten, wenn sie durch Voraussetzungen an Umweltbeihilfen indirekt Umweltpolitik als Formpolitik betriebe.

---

der Europäischen Gemeinschaften, in: ders. u. a. (Hrsg.), Der Grundsatz der Verhältnismäßigkeit in europäischen Rechtsordnungen, 1985, S. 89 ff.; *Pollak,* Verhältnismäßigkeitsprinzip und Grundrechtsschutz in der Judikatur des Europäischen Gerichtshofs und des Österreichischen Verfassungsgerichtshofs, 1991.

[1222] Mitteilung Ziff. 29: Kom(96)561 endg. vom 27. November 1996, S. 17.
[1223] AB1EG Nr. C 37/3.
[1224] Hierzu *M. S. Rydelski,* EuZW 2001, S. 458 (459).
[1225] AB1EG Nr. C 37/3 (5).
[1226] AB1EG Nr. C 37/3 (6).
[1227] AB1EG Nr. C 37/3 (13).

Wenn sich die Kommission vorbehält, von den Mitgliedstaaten Studien über die Auswirkungen auf die Umwelt zu verlangen (K. 83)[1228], dann gilt das auch und gerade für die finanzielle Unterstützung unverbindlicher Selbstverpflichtungen. Die Vorlage glaubwürdiger Monitoring-Berichte muss aber die Anforderungen an die Wirksamkeit der Beihilfen grundsätzlich erfüllen können.

III. Sekundärrecht und nationale Selbstverpflichtungen

1. Umsetzung von Richtlinien durch Selbstverpflichtungen

Das Problem der Umsetzung von Richtlinien durch Selbstverpflichtungen war im deutschen Schrifttum lange umstritten. Es wurde sowohl die sehr restriktive Auffassung vertreten, normersetzende Absprachen kämen überhaupt nicht zur Umsetzung von Richtlinien in Betracht[1229], als auch die Meinung, unverbindliche Selbstverpflichtungen könnten zur Umsetzung ausreichend sein.[1230] Ein Beispiel existiert hierzu aus der französischen Praxis, nämlich eine rechtsverbindliche Vereinbarung der französischen Verwaltung mit betroffenen Industriekreisen zur Umsetzung der *Richtlinie 85/ 339/EWG*[1231], die vom EuGH[1232] im Grundsatz akzeptiert wurde. Weder aus Art. 137 Abs. 4 EGV, noch aus der restriktiven Rechtsprechung des EuGH zur Umsetzung von Richtlinie durch die deutsche Figur der Verwaltungsvorschrift[1233] lassen sich keine Rückschlüsse ziehen. *Walter Frenz*[1234] hat gefordert, Selbstverpflichtungen unter Beteiligung staatlicher Stellen als Korrelat zur Ausweitung der unmittelbaren Wirkung von Richtlinien auch zu Lasten Privater, zuzulassen. Dagegen spricht aber, dass die Dimensionen

---

[1228] ABlEG Nr. C 37/3 (14).

[1229] *E. Bohne*, VerwArch 75 (1984), 343 (362); vgl. auch *H.-W. Rengeling*, Das Kooperationsprinzip im Umweltrecht, 1988, S. 173 f.

[1230] *J. Becker*, DÖV 1985, 1003 (1007); *U. Dempfle*, Normvertretende Absprachen, 1994, S. 134 ff.; in diese Richtung, wenn die Richtlinie keine Rechtsangleichung bezwecke: *J. Oebbecke*, DVBl. 1986, S. 793 (797); differenzierend: *M. Kohlhaas/B. Praetorius/R. Eckhoff/Th. Hoeren*, Selbstverpflichtungen der Industrie zur CO_2-Reduktion, 1994, S. 100 ff. zu einem konkreten (hypothetischen) Beispiel des Richtlinien Entwurfs der EG-Kommission zur CO_2-/Energieabgabe; vgl. auch *M. Schmidt-Preuß*, VVDStRL 56 (1997), S. 160 (220 f.) Fn. 230.

[1231] Richtlinie 85/339/EWG des Rates vom 27. Juni 1985 über Verpackungen für flüssige Lebensmittel, ABlEG Nr. L 176, S. 18; aufgehoben durch die Richtlinie 94/62/EG des Europäischen Parlaments und des Rates vom 20. Dezember 1994 über Verpackungen und Verpackungsabfälle, ABlEG Nr. L 365, S. 10.

[1232] EuGH Slg. 1994, I-4949.

[1233] EuGH Slg. 1991, I-2607 (2632); zur Einordnung in den vorliegenden Zusammenhang vgl. *W. Frenz*, Selbstverpflichtungen der Wirtschaft, 2001, S. 149.

[1234] *W. Frenz*, Selbstverpflichtungen der Wirtschaft, 2001, S. 151.

der unmittelbaren Wirkung von Richtlinien keinen Modellcharakter haben, sondern nur auf mangelhafte Umsetzung reagieren. Die Rechtsprechung des EuGH bezweckt zwar die effektive Geltung der Richtlinien, soll aber gerade nicht dazu führen, dass die Mitgliedstaaten sich immer mehr aus ihrer Umsetzungsverantwortung zurückziehen. Auch die verstärkte Stellung des Unionsbürgers ist – wie auch das Subsidiaritätsprinzip – zu vage, um daraus Schlüsse für Selbstverpflichtungen zu ziehen.[1235]

In der Mitteilung vom 27. November 1996[1236] vertritt die Kommission eine differenzierende, aber in ihrer Tendenz restriktive Auffassung, die bislang im Schrifttum überwiegend akzeptiert wurde.[1237] Die Position der Kommission lässt sich in folgende drei Grundaussagen zusammenfassen:

Erstens lehnt die Kommission das Modell der hoheitlichen Anerkennung von unverbindlichen Selbstverpflichtungen strikt ab. Selbst wenn sie im Einzelfall zur tatsächlichen Einhaltung der Richtlinienvorgaben führten, handele es sich um eine ungerechtfertigte Nichtumsetzung. Als Beleg beruft sich die Kommission dabei auf die Rechtsprechung des EuGH[1238], die Umsetzungsmaßnahmen und nicht nur die faktische Einhaltung der Richtlinie verlange. Als Umsetzungsmaßnahme komme *nur* der Abschluss *verbindlicher Umweltvereinbarungen* in Betracht[1239].

Zweitens kämen auch verbindliche Umweltvereinbarungen *nur* zur Umsetzung *bestimmter Richtlinien* in Betracht. Ungeeignet hierfür seien Richtlinien, die Rechte und Verpflichtungen für Einzelpersonen schaffen. In diesen Fällen müssten die Mitgliedstaaten Normen schaffen, die für jedermann gelten. Wegen ihrer inter-partes-Wirkung kämen Umweltvereinbarungen hierfür nicht in Frage, es sei denn sie würden (wie in Art. 10 Abs. 4 des dänischen Umweltgesetzes (1991) vorgesehen) für allgemeinverbindlich erklärt[1240]. Wenn die Kommission Richtlinien für eine konsensuale Umsetzung für geeignet hält, wolle sie dies in Zukunft ausdrücklich in ihrem Entwurf bestimmen[1241].

[1235] So aber *W. Frenz,* ebenda, S. 151.

[1236] Mitteilung der Kommission an den Rat und das Europäische Parlament über Umweltvereinbarungen, Kom(96)561 endg. vom 27. November 1996.

[1237] Ohne Einschränkung zustimmend: *J. Knebel/L. Wicke/G. Michael,* Selbstverpflichtungen ..., 1999, S. 90; *W. Frenz,* EuR 1999, S. 27 (40 ff.); *A. Faber,* Gesellschaftliche Selbstregulierungssysteme im Umweltrecht, 2001, S. 398; ohne die Problematik unverbindlicher Selbstverpflichtungen in Betracht zu ziehen zustimmend: *K. W. Grewlich,* DÖV 1998, S. 54 (60); aus der Praxis: *A. Merkel,* in: L. Wicke/ J. Knebel/G. Braeseke (Hrsg.), Umweltbezogene Selbstverpflichtungen der Wirtschaft, 1997, S. 87 (94); kritisch, jedoch ohne Gegenvorschläge: *J. Fluck/T. Schmitt,* VerwArch 99 (1998), S. 220 (249).

[1238] EuGH Slg. 1990, 851.

[1239] Mitteilung Ziff. 31: Kom(96)561 endg. vom 27. November 1996, S. 18 f.

[1240] Mitteilung Ziff. 32: Kom(96)561 endg. vom 27. November 1996, S. 19.

§ 14 Gemeinschaftsrechtliche Fragen 511

Drittens seien an verbindliche Umweltverträge zur Umsetzung der hierfür geeigneten Richtlinien folgende Anforderungen zu stellen: In der Regel müssten Umweltvereinbarungen *mit nationalen Rechtsvorschriften kombiniert* werden, um Rechtssicherheit zu gewährleisten. Die Vereinbarungsparteien könnten von den betreffenden Bestimmungen befreit werden[1242]. Der *zeitliche Rahmen* für die Umsetzung der Richtlinie müsse eingehalten werden. Wenn in Ausnahmefällen Zeitverluste dadurch entstünden, dass Vertragsverhandlungen zur Umsetzung von Vereinbarungen scheiterten, müssten die Mitgliedstaaten die rechtliche Verantwortung tragen[1243]. Unabhängig von anderen Notifizierungspflichten müssten die Mitgliedstaaten der Kommission die zum Zwecke der Richtlinienumsetzung abgeschlossenen Umweltvereinbarungen *mitteilen*[1244].

Die Auffassung der Kommission verdient nur zum Teil Zustimmung. Sie hätte zur Folge, dass das deutsche Modell unverbindlicher Selbstverpflichtungen zur Richtlinienumsetzung ausscheidet.[1245] Ob sich die Praxis in Deutschland deshalb künftig auf verbindliche Umweltverträge einstellen wird, oder ob hierfür die Bereitschaft der Wirtschaft fehlt, bleibt abzuwarten.[1246] Allerdings wären hierfür auch die rechtlichen Voraussetzungen zu schaffen. Gegen verbindliche Normverzichtsverträge bestünden verfassungsrechtliche Bedenken, die auch durch die Mitteilung der Kommission nicht überwunden werden können. Zwar hat der EuGH in einem Fall[1247] nationale Gerichte dazu verpflichtet, eine grundsätzlich nach Art. 249 Abs. 5

[1241] Mitteilung Ziff. 35: Kom(96)561 endg. vom 27. November 1996, S. 20; vgl. dazu *L. v. Wartenburg*, in: L. Wicke/J. Knebel/G. Braeseke (Hrsg.), Umweltbezogene Selbstverpflichtungen der Wirtschaft, 1997, S. 51 (60)

[1242] Mitteilung Ziff. 34: Kom(96)561 endg. vom 27. November 1996, S. 19.

[1243] Mitteilung Ziff. 36: Kom(96)561 endg. vom 27. November 1996, S. 20.

[1244] Mitteilung Ziff. 37: Kom(96)561 endg. vom 27. November 1996, S. 20.

[1245] *L. Wicke/J. Knebel,* Umweltbezogene Selbstverpflichtungen der Wirtschaft – Chancen und Grenzen für Umwelt, (mittelständische) Wirtschaft und Umweltpolitik, in: dies./G. Braeseke (Hrsg.), Umweltbezogene Selbstverpflichtungen der Wirtschaft, 1997, S. 1 (40).

[1246] Zumindest nicht für ausgeschlossen hält dies *A. Faber*, Gesellschaftliche Selbstregulierungssysteme im Umweltrecht, 2001, S. 398 f.; kritisch: *J. Knebel*, in: L. Wicke/J. Knebel/G. Braeseke (Hrsg.), Umweltbezogene Selbstverpflichtungen der Wirtschaft, 1997, S. 201 (215). Die deutsche Verpflichtung zur Entsorgung von Altbatterien vom 9. September 1988 wurde durch die Richtlinie 91/157/EWG des Rates vom 18. März 1991 und deren Anpassung an die technischen Fortschritt durch die Richtlinie 93/86/EWG der Kommission vom 4. Oktober 1993 inhaltlich bestätigt. Zu deren Umsetzung hat die Bundesregierung die BatterieV vom 27. März 1998 erlassen, die die Mindestanforderungen der Richtlinie abdecken soll und durch die Selbstverpflichtungsfortschreibung ergänzt wird; hierzu *G. Hucklenbruch*, Umweltrelevante Selbstverpflichtungen, 2000, S. 65 f.

[1247] EuGH Slg. 1989, 4407 (4421) – Grimaldi; zustimmend *R. Streinz*, Europarecht, 5. Aufl., 2001, Rz. 418.

EGV rechtlich unverbindliche Empfehlungen bei der Auslegung nationaler Rechtsvorschriften zu berücksichtigen. Die Kommission hat aber in diesem Fall deutlich gemacht, dass den Mitgliedstaaten uneingeschränkte Wahlfreiheit verbleibt, Richtlinien, für die eine konsensuale Umsetzung in Betracht käme, mit traditionell imperativem Zwang umzusetzen[1248].

Nicht zu widersprechen ist dem Grundansatz, dass die Umsetzung von Richtlinien effektiv sein muss und dass die Mitgliedstaaten ihre rechtliche Durchsetzung inter omnes gewährleisten müssen. Diesen Anforderungen genügen normative Absprachen, insbesondere unverbindliche Selbstverpflichtungen alleine nicht. Zustimmung verdient auch der Versuch der Kommission, dem Modell der Umweltvereinbarung dennoch keine allgemeine Absage bei der Richtlinienumsetzung zu erteilen, sondern ihm unter besonderen Voraussetzungen eine Bedeutung zuzuerkennen. Diese Voraussetzungen sind im Einzelnen aber noch kritikwürdig.

Keine Zustimmung verdient es, unverbindlichen Selbstverpflichtungen strikt die Eignung zur Richtlinienumsetzung zu versagen. Sie sind zwar mangels rechtlicher Durchsetzbarkeit alleine nicht ausreichend, könnten aber als normverdrängende Absprachen eine Bedeutung erlangen. Die gesetzliche Flankierung von Umweltabsprachen verlangt auch die Kommission, wenngleich – ohne weitere Präzisierung – nur „im Regelfall"[1249]. Wenn ein Mitgliedstaat eine gesetzliche Pflicht schafft, die unmittelbar vollziehbar und durchsetzbar ist (z. B. § 6 Abs. 1 und 2 und § 8 VerpackV) und dabei Selbstverpflichtungen eine normverdrängende Wirkung zuerkennt (§ 6 Abs. 3 und § 9 VerpackV), dann genügt die daraus folgende Verbindlichkeit den Anforderungen, die an die Umsetzung einer Richtlinie stellen wären. Für normverdrängende Absprachen ist dann nicht außerdem zu fordern, dass sie in dem Sinne rechtlich verbindliche Umweltverträge darstellen, dass der Mitgliedstaat ihre Inhalte durchsetzen kann. Beides zu fordern ist überzogen. Es reicht aus, wenn entweder rechtsverbindliche Verträge geschlossen werden, oder gesetzlich festlegt wird, unter welchen Voraussetzungen die normverdrängende Wirkung eintritt und andauert (§ 9 Abs. 2 VerpackV). Die Einhaltung der Selbstverpflichtung ist in letzterem Falle nicht durchsetzbare Rechtspflicht, sondern rechtliche Obliegenheit. Werden die Anforderungen nicht eingehalten, werden nicht die Inhalte der Selbstverpflichtung, sondern die der verdrängten Norm durchgesetzt.

Die *Richtlinie 2000/53/EG* des Europäischen Parlaments und des Rates vom 18. September 2000 über Altfahrzeuge (EG-Altfahrzeuge-RL)[1250] stellt

---

[1248] Mitteilung Ziff. 38: Kom(96)561 endg. vom 27. November 1996, S. 20 f.
[1249] Mitteilung Ziff. 34: Kom(96)561 endg. vom 27. November 1996, S. 19; hierzu *W. Frenz,* Selbstverpflichtungen der Wirtschaft, 2001, S. 154.
[1250] ABlEG Nr. L 269/34 vom 21. Oktober 2000.

§ 14 Gemeinschaftsrechtliche Fragen 513

den Versuch dar, das in der Mitteilung der Kommission entwickelte Konzept zur Umsetzung von Richtlinien durch Umweltvereinbarungen in die Praxis zu übertragen. In der Erwägung Nr. 28 zu der Richtlinie heißt es: „Die Mitgliedstaaten können sich dafür entscheiden, bestimmte Vorschriften im Wege von Vereinbarungen mit dem betroffenen Wirtschaftszweig umzusetzen, sofern bestimmte Voraussetzungen erfüllt sind."

Dies wird dann in dem der Umsetzung gewidmeten Art. 10 EG-Altfahrzeuge-RL präzisiert: Nach Art. 10 Abs. 3 S. 1 EG-Altfahrzeuge-RL ist die Umsetzung durch Umweltvereinbarungen hinsichtlich Art. 4 Abs. 1, Art. 5 Abs. 1, Art. 7 Abs. 1, Art. 8 Abs. 1 und 3 sowie Art. 9 Abs. 2 möglich. Darüber hinaus können „die Modalitäten für die Umsetzung des Art. 5 Abs. 4" auf konsensualem Wege präzisiert werden. Damit wird die Richtlinie der Ankündigung der Kommission gerecht, in Zukunft ausdrücklich festzulegen, wenn Richtlinien für eine konsensuale Umsetzung geeignet sein sollen[1251]. In der Richtlinie ist unmissverständlich vorgegeben, dass ihre Umsetzung in Teilen ausschließlich mit klassisch imperativen Mitteln, in anderen Teilen alternativ auch durch Umweltvereinbarungen erfolgen kann.

Neue Impulse für die Frage der Richtlinien-Umsetzung könnten von Art. 10 Abs. 3 S. 2 EG-Altfahrzeuge-Richtlinie ausgehen. In dieser Vorschrift sind in sechs Punkten „Anforderungen" an Vereinbarungen zur Umsetzung der Richtlinie festgelegt. Damit wird aus zwei Gründen eine *neue Stufe* in der gemeinschaftsrechtlichen Auseinandersetzung mit Umweltvereinbarungen erreicht: Erstens sind diese Anforderungen im Gegensatz zu jenen der Mitteilung von 1996 zumindest Teil einer rechtsverbindlichen Norm und zweitens sind sie mit jenen nur zum Teil identisch.

Die sechs Anforderungen lauten: die Vereinbarungen müssen durchsetzbar sein (a), die Ziele und Fristen der Verwirklichung benennen (b), amtlich veröffentlicht und der Kommission übermittelt werden (c). Weiter muss eine Überwachung der Ergebnisse organisiert und deren Feststellungen den zuständigen Behörden der Mitgliedstaaten und der Kommission mitgeteilt werden (d). Die Mitgliedstaaten müssen hoheitlich für die Umsetzung der Vereinbarungen Sorge tragen (e) und im Falle der Nichterfüllung durch Erlass von Rechts- und Verwaltungsvorschriften die entsprechenden Bestimmungen der Richtlinie umsetzen (f).

Dieses neuartige System konsensualer Richtlinienumsetzung wirft zahlreiche neue Rechtsfragen auf: Ist es überhaupt mit Art. 249 Abs. 3 EGV zu vereinbaren, dass in einer Richtlinie Modalitäten ihrer Umsetzung geregelt

---

[1251] Mitteilung Ziff. 35: Kom(96)561 endg. vom 27. November 1996, S. 20; vgl. dazu *L. v. Wartenburg,* in: L. Wicke/J. Knebel/G. Braeseke (Hrsg.), Umweltbezogene Selbstverpflichtungen der Wirtschaft, 1997, S. 51 (60)

werden? Widerspricht dies nicht dem Wesen der Richtlinie, die nach der Legaldefinition des Art. 249 Abs. 3 EGV nur „hinsichtlich des zu erreichenden Ziels verbindlich" ist, den Mitgliedstaaten jedoch „die Wahl der Form und der Mittel" überlässt? Ist die EG-Altfahrzeuge-RL deshalb gemeinschaftsrechtwidrig oder ist ihr Art. 10 Abs. 3 S. 2 als unverbindliche Empfehlung zu interpretieren?

Ungeachtet der grundsätzlichen Bedenken gegen einen solchen Umsetzungs-Artikel bereitet die Auslegung der Anforderungen a) und f) Schwierigkeiten: Auf den ersten Blick setzt Art. 10 Abs. 3 S. 2 lit. a) EG-Altfahrzeuge-RL voraus, dass Umweltvereinbarungen als rechtsverbindliche Verträge geschlossen werden. Zweifel daran, dass „durchsetzbar" zwingend „rechtlich und gerichtlich durchsetzbar" bedeutet, entstehen aber im Hinblick auf die Normierungspflicht in Art. 10 Abs. 3 S. 2 lit. f) EG-Altfahrzeuge-RL: Auf die rechtliche Erzwingbarkeit der Erfüllung einer Vereinbarung wird dort nicht eingegangen. Vielmehr wird im Falle der Nichterfüllung der Erlass von Normen verlangt.

Wenn mit Nichterfüllung jede Verfehlung eines Ziels oder Zwischenziels gemeint wäre, dann wäre in all den Fällen, in denen die rechtliche Durchsetzbarkeit relevant würde, außerdem ein Rechtsetzungsverfahren einzuleiten. Würde der Staat dann auf die rechtliche Durchsetzung verbindlicher Verträge verzichten und sich auf die Rechtsetzung konzentrieren, wäre die rechtliche Durchsetzbarkeit verbindlicher Verträge von vornherein Makulatur. Würden jedoch Rechtsdurchsetzung und Rechtsetzung nebeneinander treten, dann könnten diese miteinander kollidieren, was zur Aussetzung gerichtlicher Verfahren bis zum Abschluss des Rechtsetzungsverfahrens führen könnte. Wäre mit Nichterfüllung gemeint, dass die rechtliche Durchsetzung verbindlicher Verträge scheitert, dann wäre Art. 10 Abs. 3 S. 2 lit. f) EG-Altfahrzeuge-RL rein deklaratorischer Natur, da dann bereits eine Verletzung der Umsetzungspflicht durch den unterlegenen Mitgliedstaat feststünde.

Sprachliche Rätsel gibt Art. 10 Abs. 3 S. 2 lit. f) EG-Altfahrzeuge-RL auch deshalb auf, weil er von „der Nichterfüllung *der* Vereinbarung" spricht: Was soll dies bedeuten, wenn – wovon Art. 10 Abs. 3 EG-Altfahrzeuge-RL in S. 1 und S. 2 lit. a) ausgeht – zur Umsetzung der Richtlinie eine Vielzahl von Vereinbarungen geschlossen werden. Würde bereits die wie auch immer zu definierende Nichterfüllung einer einzelnen Vereinbarung die Normierungspflicht auslösen, müsste in Art. 10 Abs. 3 S. 2 lit. f) EG-Altfahrzeuge-RL von der „Nichterfüllung *einer* Vereinbarung" die Rede sein. Streng genommen wäre Art. 10 Abs. 3 S. 2 lit. f) EG-Altfahrzeuge-RL nur in den Fällen überhaupt anwendbar, in denen die gesetzliche Umsetzung durch eine einzige Vereinbarung substituiert wurde. Das widerspräche aber offenbar der Intention der Richtlinie, für deren Auslegung auch die Mitteilung der Kommission über Umweltvereinbarungen von 1996 heranzuziehen ist. Es ist somit „eine" Vereinbarung gemeint, was auch die englische Fassung („an agreement") und die niederländische Fassung („een convenant") belegen.

Mit Art. 10 Abs. 3 EG-Altfahrzeuge-RL ist es nicht gelungen, notwendige und hinreichende Anforderungen an eine konsensuale Umsetzung der Richtlinie zu benennen. Die Umsetzungspflicht darf vor allem durch die Vorschrift nicht aufgeweicht werden. Wie auch immer konsensuale Modelle aussehen werden, können Mitgliedstaat mit ihnen ihrer gemeinschaftsrechtlichen Pflicht nur genügen, „sofern (sic!) die mit dieser Richtlinie angestrebten Ziele erreicht (sic!) werden", wie Art. 10 Abs. 3 S. 1 EG-Altfahrzeuge-RL explizit sagt. Die tatsächliche Zielerreichung ist und bleibt zumindest *eine* Voraussetzung für normative Absprachen und auch für Richtlinienumsetzung. Um diese Voraussetzung zu erfüllen, müssen die Anstrengungen der Mitgliedstaaten über das hinausgehen, was die sechs Punkte des Art. 10 Abs. 3 S. 2 EG-Altfahrzeuge-RL als Mindestanforderungen normieren. Insbesondere wird die Frage zu klären sein, was die Mitgliedstaaten im Einzelnen zu tun haben, um Vereinbarungen und letztlich die Richtlinieninhalte tatsächlich durchzusetzen. Dazu wird es nicht ausreichen, dass sie Vereinbarungen treffen, die „durchsetz*bar*" sind, dass sie für die Überprüfung Sorge tragen und dass sie erst im Falle des Scheiterns konsensualer Lösungen als ultima ratio Normen erlassen.

Vielmehr stellt sich die Frage, ob Mitgliedstaaten gegebenenfalls verpflichtet sind, rechtlich durchsetzbare vertragliche Verpflichtungen der Industrie gegebenenfalls einzuklagen. Wäre der Erlass von Rechtsvorschriften die einzige Konsequenz der Nichterfüllung einer Vereinbarung, dann wären die Vereinbarungen letztlich überhaupt keine Richtlinienumsetzung, sondern würde die Umsetzung substituieren, verzögern und in Frage stellen. Auch stellt sich die Frage, ob die Mitgliedstaaten je nach Ausgestaltung der Absprache verpflichtet sind, diese mit Normen von vornherein zu flankieren. Diese Fragen lassen sich jedoch derzeit nur im Einzelfall mit Blick auf konkrete Absprachen beantworten und es ist zu begrüßen, dass in der Richtlinie hierzu vorerst keine weiteren Regelungen getroffen wurden. Es wird Aufgabe der Mitgliedstaaten sein, Absprachemodelle zu entwickeln, die zur Richtlinienumsetzung geeignet sind. Es liegt in ihrer gemeinschaftsrechtlichen Verantwortung, die tatsächliche Erreichung der mit der Richtlinie angestrebten Ziele zu gewährleisten. Der z.T. widersprüchliche Text des Art. 10 Abs. 3 EG-Altfahrzeuge-RL gibt hierfür nur sehr begrenzt Hilfestellungen.

Die aufgezeigten Widersprüche lassen sich nur auflösen, wenn man auf die Intention der Umsetzungsvorschrift des Art. 10 Abs. 3 EG-Altfahrzeuge-RL zurückgreift. Aus der Bestimmung lassen sich folgende Zwecke ablesen: Offenbar rückt die Richtlinie in Art. 10 Abs. 3 S. 2 lit. f) von der oben kritisierten Auffassung der Kommission ab, dass Vereinbarungen rechtsverbindlich *und* normverdrängend sein müssen, dass also die Vereinbarungen in jedem Fall von vornherein durch gesetzliche Auffangregelungen flankiert werden müssen. Deutlich wird auch, dass es letztlich darauf ankommt, dass die Mitgliedstaaten die Inhalte der Richtlinie „durchsetzen", auch wenn sie dafür das Instrument der Umweltvereinbarung einsetzen. Das entspricht den allgemeinen Anforderungen an die Umsetzung von Richtlinien und der hier vertretenen Auffassung zur Eignung normativer Absprachen hierfür.

Art. 10 Abs. 3 S. 2 lit. a) EG-Altfahrzeuge-RL ist deshalb so zu verstehen, dass die Durchsetzbarkeit der Vereinbarungen entweder durch die Form rechtlich verbindlicher Verträge oder durch abspracheverdrängte Normen sichergestellt werden kann. Dem Zweck der Vorschrift, die Umsetzung der Richtlinie zu sichern ist damit genügt. Auch der Sinn des Art. 10 Abs. 3 S. 2 lit. f) EG-Altfahrzeuge-RL wird dadurch verwirklicht, wobei der Erlass der Norm nicht erst „im Fall der Nichterfüllung" sondern bereits „für den Fall der Nichterfüllung" einer Vereinbarung erfolgt. Die Durchsetzung der Richtlinie kann sogar schneller und ohne die oben aufgezeigten Schwierigkeiten erfolgen, wenn Recht durch die antizipierte Normflankierung unmittelbar vollzogen werden kann und nicht erst erlassen werden muss. Eine Verletzung der Umsetzungspflicht kann deshalb in solchen Fällen nicht anzunehmen sein.

Es bleibt abzuwarten, zu welchen Schwierigkeiten die Anwendung des Art. 10 Abs. 3 EG-Altfahrzeuge-RL führen wird. Dieser erste Versuch, die Anforderungen einer konsensualen Umsetzung der Richtlinie in den sechs Punkten normativ festzulegen, ist in seinen Einzelheiten sehr skeptisch zu betrachten. Sich an den Wortlaut dieser Vorschrift zu halten, wird nicht geeignet und ausreichend sein, um eine angemessen gleichmäßige Umsetzung der Richtlinie in den Mitgliedstaaten zu gewährleisten. Um mit normativen Absprachen den Pflichten der Umsetzung einer Richtlinie zu genügen, wird es stets darauf ankommen, dass jeder Mitgliedstaat *rechtlich* gewährleistet, dass die Inhalte der Richtlinie *tatsächlich* verwirklicht werden. Daran hat auch Art. 10 Abs. 3 EG-Altfahrzeuge-RL nichts geändert.

2. Schutzverstärkungsklauseln

In gemeinschaftsrechtlich vollständig harmonisierten Bereichen kann sich die Frage stellen, ob Mitgliedstaaten hiervon abweichend einen höheren Schutzstandard beibehalten oder einführen dürfen. Die Zulässigkeit solcher Maßnahmen richtet sich je nach der Rechtsgrundlage und dem Anlass der Harmonisierung. Für Harmonisierungen nach Art. 95 (ex 100a) EGV gelten

§ 14 Gemeinschaftsrechtliche Fragen 517

die Schutzverstärkungsklauseln des Abs. 4 und Abs. 5 sowie die Bestimmung für sekundärrechtliche Schutzklauseln nach Abs. 10; für Harmonisierungen nach Art. 174 f. EGV gelten die Art. 176 (ex 130t) bzw. Art. 174 (ex 130s) Abs. 2 UAbs. 2 EGV.

Diese Klauseln nennen die Voraussetzungen dafür, dass einzelne Mitgliedstaaten verschärfte „Bestimmungen" (Art. 95 Abs. 4 und Abs. 5 EGV) erlassen bzw. „Schutzmaßnahmen" (Art. 176 EGV) ergreifen oder beibehalten. Zutreffend hat A. Faber[1252] darauf hingewiesen, dass Bestimmungen und Maßnahmen im Sinne dieser Vorschriften weit auszulegen sind und deshalb auch staatlich induzierte Selbstverpflichtungen darunter fallen müssen.[1253] Sonst könnten die Mitgliedstaaten durch informale Absprachen die Voraussetzungen der Schutzverstärkungsklauseln umgehen. Die Rechtfertigung und prozedurale Behandlung solcher nationaler Schutzverstärkungen unterliegt somit denselben Voraussetzungen wie formelle Rechtsetzung.

3. Mitteilungs- und Notifizierungspflichten

Im sekundärrechtlich geregelten Bereich müssen normative Absprachen nach Art. 95 Abs. 4 und Abs. 5 EGV mitgeteilt bzw. nach Art. 176 S. 3 EGV notifiziert werden. Der Sinn und Zweck der Notifizierungspflichten, nämlich ein unüberschaubares Durchbrechen der Rechtsangleichungen zu verhindern,[1254] gilt auch und gerade für informale Absprachen.

Eine allgemeine Notifizierungspflicht auf Grund der Richtlinie 83/189/EWG über ein Informationsverfahren auf dem Gebiet der Normen und technischen Vorschriften[1255] ist in der Fassung der Richtlinie 94/10/EG[1256] nicht mehr erforderlich, weil nach Art. 1 Nr. 9 Abs. 2 n.F. die danach notifizierungsbedürftigen De-facto-Regelungen nunmehr auf verbindliche „freiwillige Vereinbarungen, bei denen der Staat Vertragspartei ist und die im öffentlichen Interesse die Einhaltung von technischen Spezifikationen und sonstigen Vorschriften mit Ausnahme der Vergabevorschriften im öffentlichen Beschaffungswesen bezwecken", begrenzt ist. Damit sind Selbstverpflichtungen nach dem deutschen Modell ausgenommen, worauf das Bundesministerium für Umwelt hingewirkt hat,[1257] nachdem im Kommis-

---

[1252] A. Faber, Gesellschaftliche Selbstregulierungssysteme im Umweltrecht, 2001, S. 383 ff.
[1253] A. Faber, Gesellschaftliche Selbstregulierungssysteme im Umweltrecht, 2001, S. 386.
[1254] W. Frenz, Nationalstaatlicher Umweltschutz und EG-Wettbewerbsfreiheit, 1997, S. 95.
[1255] ABlEG 1983 Nr. L 109, S. 8.
[1256] ABlEG 1994 Nr. L 100, S. 30 (35).
[1257] Dazu G. Hucklenbruch, Umweltrelevante Selbstverpflichtungen, 2000, S. 212.

sionsentwurf der Richtlinie noch alle „freiwilligen Übereinkommen, an denen der Staat beteiligt ist"[1258], erfasst waren. Auch der Vereinbarung der im Rat vereinigten Vertreter der Regierungen vom 5. März 1973 über die Unterrichtung der Kommission und der Mitgliedstaaten im Hinblick auf die etwaige Harmonisierung von Dringlichkeitsmaßnahmen im Bereich des Umweltschutzes für das gesamte Gebiet der Gemeinschaft[1259] kann keine allgemeine Notifizierungspflicht entnommen werden.[1260]

Allerdings ergibt sich eine allgemeine Mitteilungspflicht aus dem Erfordernis der kartellrechtlichen Freistellung nach Art. 81 Abs. 3 (ex 85 Abs. 3) EGV, solange die Kommission hierfür noch ausschließlich zuständig ist[1261].

[1258] KOM (92) 491, ABlEG 1992 Nr. C 340, S. 7 (9).
[1259] ABlEG 1973, Nr. C 9, S. 1.
[1260] *G. Hucklenbruch,* Umweltrelevante Selbstverpflichtungen, 2000, S. 213.
[1261] Mitteilung Ziff. 28: Kom(96)561 endg. vom 27. November 1996, S. 16 f.

3. Teil

Konsequenzen: Rechtliche Einbindung normativer Absprachen

Im 2. Teil dieser Arbeit sind die verfassungsrechtlichen und gemeinschaftsrechtlichen Prämissen für die Ausübung rechtsetzender Gewalt im kooperierenden Verfassungsstaat behandelt worden. Sie einzulösen, ist zwar von Verfassungs wegen gefordert, aber die Lösungen sind nicht im Einzelnen nicht verfassungsrechtlich determiniert. Die gesamte Rechtsordnung ist deshalb auf ihren Geltungsanspruch gegenüber normativen Absprachen zu befragen. Es soll in diesem 3. Teil der Arbeit gezeigt werden, dass unsere Rechtsordnung de lege lata Normen bereithält, die die verfassungsrechtlichen Forderungen einlösen können. Vor allem ist das Kartellrecht als Auffangordnung für die horizontalen Wirkungen normativer Absprachen zu untersuchen. Nicht weniger wichtig wird es sein, die Konsequenzen für den Rechtsschutz zu ziehen.

§ 15 Das Kartellrecht als horizontale Auffangordnung

Das Kartellrecht könnte eine Auffangordnung[1] für normative Absprachen darstellen. Aufzufangen gilt es vor allem Grundrechtsbeeinträchtigungen, die dem Staat nach dem status negativus cooperationis zuzurechnen sind. Zur Wahrung der Grundrechte bedarf es eines rechtlichen Verfahrens, das vor allem auch die nicht an der Absprache mit dem Staat unmittelbar Beteiligten einbezieht. Durch informale Absprachen werden rechtsstaatliche Verfahren der Normsetzung und des Vollzugs substituiert. Ein Verwaltungsverfahren als Ordnungselement entfällt. Gegen normersetzende Absprachen sind auch Normenkontrollverfahren nicht statthaft. Das Kartellrecht könnte an den horizontalen Elementen normativer Absprachen ansetzen und ihnen rechtliche Grenzen setzen. Die Kartellbehörden könnten auf diese Weise Grundrechtsschutz durch Verfahren herstellen.

---

[1] Zu der Idee der Auffangordnung im wechselseitigen Verhältnis zwischen Öffentlichem Recht *E. Schmidt-Aßmann*, in: W. Hoffmann-Riem/ders. (Hrsg.), Öffentliches Recht und Privatrecht als wechselseitige Auffangordnungen, 1996, S. 7 ff. und die weiteren Beiträge in diesem Band.

Die kompetenzielle Folge einer kartellrechtlichen Auffangordnung ist die Einbeziehung der Kartellbehörden bei normativen Absprachen. Dafür spricht die funktionelle Gewaltenverteilung: Die Bundesregierung muss versuchen, die von ihr intendierten Gemeinwohlinteressen mit den von der Wirtschaft vertretenen Eigeninteressen zu einem konsensualen Ergebnis zu führen. Dabei besteht rein „strategisch" die Gefahr, dass die Verhandlungspartner auf eine Lösung zusteuern, die zwar dem Gemeinwohl dient und zugleich Eigeninteressen der Wirtschaft berücksichtigt, dabei aber zu Lasten Dritter geht. Es kann der Gewaltenteilung dienen, wenn sich die Bundesregierung bei den Verhandlungen auf die Gemeinwohlinteressen konzentrieren kann und der wettbewerbliche Schutz Nichtbeteiligter durch das BKartA gewährleistet wird.

Das Kartellrecht kann die Funktion als Auffangordnung für normative Absprachen nur erfüllen, wenn seine Kodifizierung und Dogmatik die verfassungsrechtlichen Prämissen einlösen kann. Dass das Kartellrecht von seinem Ansatz grundsätzlich geeignet ist, die grundrechtlichen Schutzinteressen aller Wettbewerbsteilnehmer zum Ausgleich zu bringen, liegt auf der Hand. Allerdings dürfte das Kartellrecht bei normativen Absprachen nicht außer Acht lassen, dass durch sie Gemeinwohlinteressen mit Billigung und Unterstützung der Bundesregierung verfolgt werden. Dieser Aspekt ist für das Kartellrecht zumindest atypisch.

Im Folgenden wird zu klären sein, ob normative Absprachen als atypische Kartelle erstens überhaupt in den Anwendungsbereich des Kartellrechts fallen, ob zweitens Gemeinwohlaspekte im materiellen Kartellrecht angemessene Berücksichtigung finden und ob drittens das Kartellverfahrensrecht einen Grundrechtsschutz durch Verfahren gewährleisten kann.

Im Schrifttum herrschen Unsicherheiten bei der kartellrechtlichen Beurteilung von Selbstverpflichtungen. Es wurde behauptet, das Kartellrecht sei „in der Praxis ... das wichtigste destabilisierende Moment"[2] normativer Absprachen und bestritten, ob es überhaupt anwendbar ist. Das liegt daran, dass die verfassungsrechtliche und die kartellrechtliche Betrachtung meist getrennt voneinander erfolgen. Absprachen, die den Anspruch erheben, im Interesse des Gemeinwohls geschlossen zu werden, stehen an der Schnittstelle zwischen Verfassungsrecht und Kartellrecht. Es ist gerade in diesem Bereich verfehlt, das Kartellrecht ohne seine verfassungsrechtlichen Implikationen zu betrachten. Ebenso falsch ist es aber, unter Hinweis auf die Gemeinwohlproblematik die Augen vor dem Kartellrecht zu verschließen. Bereits die parlamentarischen Beratungen zum GWB haben nach *Günter Dürig* nicht den Eindruck erweckt, „als habe man sich über verfassungsrechtliche Fragen viel Sorgen gemacht."[3] Obwohl *Hans Heinrich Rupp* be-

---

[2] *Chr. Engel*, StWuStPr 1998, S. 535 (553).

§ 15 Das Kartellrecht als horizontale Auffangordnung

reits 1968 die „Aufschlüsselung"[4] des Verfassungsrechts für dieses Rechtsgebiet forderte, setzen sich Defizite einer auch öffentlich-rechtlichen Kartellrechtsdogmatik nach *Hans Peter Ipsen* im Schrifttum fort: „Zivilisten und Ökonomen pflegen die Existenz und Relevanz des Verfassungsrahmens, in den alle legislative und exekutive Anwendung von Maßnahmen gegen Wettbewerbsbeschränkungen verwiesen ist, nicht zu erörtern."[5]

Die Darstellung der kartellrechtlichen Probleme stößt auf zwei weitere Schwierigkeiten: Erstens wird bis heute bestritten, dass das Kartellrecht überhaupt für normative Absprachen einschlägig und auf sie anwendbar ist. Deshalb sollen vorab die Grundfragen geklärt werden, warum die staatliche Beteiligung an Absprachen, ihr normersetzender Charakter und ihr Gemeinwohlbezug zwar atypisch für Kartelle ist, jedoch die Anwendung des Kartellrechts nicht von vornherein ausschließen darf.

Zweitens befindet sich das Kartellrecht zurzeit in einem Stadium des Umbruchs und der Neukodifikation. 1998 ist mit der sechsten GWB-Novelle das deutsche Kartellrecht grundlegend reformiert worden. Die Änderungen sind für die kartellrechtliche Dogmatik in Bezug auf normative Absprachen von entscheidender Bedeutung. Um dies deutlich zu machen, muss z.T. auf die Rechtslage nach dem GWB a.F. zum Vergleich verwiesen werden. Vor allem aber bezieht sich ein großer Teil der Literatur zu den Grundfragen der Anwendbarkeit des Kartellverbots auf das GWB a.F. Um dieses Schrifttum und seine Argumente angemessen zu würdigen, muss hier auf Aspekte zur alten Rechtslage eingegangen werden.

Die geplante und möglicherweise unmittelbar bevorstehende Revision der EWG-KartVO könnte, legt man den Entwurf der Kommission (EG-KartVO-KomE (2000))[6] zu Grunde, das System des europäischen Kartellrechts geradezu revolutionieren. Das würde auch tiefgreifende Auswirkungen auf das nationale Kartellrecht und die Aufgaben der nationalen Kartellbehörden und Gerichte haben. Der Anwendungsbereich des GWB könnte auf Grund einer generellen Vorrangklausel zu Gunsten der ausschließlichen Anwendbarkeit des europäischen Kartellrechts in Bedeutungslosigkeit versinken

---

[3] *G. Dürig,* NJW 1955, S. 729.
[4] *H. H. Rupp,* Verfassungsrecht und Kartelle, in: Wettbewerb als Aufgabe – Nach zehn Jahren Gesetz gegen Wettbewerbsbeschränkungen, 1968, S. 189.
[5] *H. P. Ipsen,* Kartellrechtliche Preiskontrolle als Verfassungsfrage, 1976, S. 27; ähnlich auch *R. Scholz,* ZHR 141 (1977), S. 522.
[6] Vorschlag für eine Verordnung des Rates zur Durchführung der in den Art. 81 und 82 EGV niedergelegten Wettbewerbsregeln und zur Änderung der Verordnungen (EWG) Nr. 1017/68, (EWG) Nr. 2988/74, (EWG) Nr. 4056/86 und (EWG) Nr. 3975/87 (Durchführungsverordnung zu den Art. 81 und 82 EGV), KOM (2000) 582 endg; hierzu vgl. auch die Stellungnahme des Wirtschafts- und Sozialausschusses vom 29. März 2001, ABlEG 1983 Nr. C 155, S. 73 ff.

(Art. 3 EG-Kart-VO-KomE (2000)). Den nationalen Kartellbehörden würden dafür neue Aufgaben zuwachsen, wenn das Freistellungsmonopol der Kommission einem primär von den Mitgliedstaaten zu vollziehenden System der Legalausnahmen wiche (Art. 10 ff. EG-Kart-VO-KomE (2000)).

Es ist zu befürchten, dass die Auseinandersetzung mit Einzelheiten der Dogmatik zur aktuellen Rechtslage durch einen Federstrich des EG-Gesetzgebers schon bald Makulatur wird: Für normative Absprachen auf nationaler Ebene könnte das GWB nahezu irrelevant werden und an seine Stelle könnte der nationale Vollzug der Art. 81 ff. EGV treten. Wegen dieser Perspektiven sollen hier Grundzüge einer kartellrechtlichen Behandlung normativer Absprachen entwickelt werden, die sowohl vor dem nationalen, als auch vor dem europäischen Kartellrecht Bestand haben. Diese Grundzüge sollen aus zwei Quellen gewonnen werden: aus Grundgedanken des Kartellrechts, die von den zu erwartenden Änderungen nicht betroffen sind und aus Grundgedanken des Verfassungsrechts, insbesondere der Grundrechte, die sowohl im nationalen Verfassungsrecht, als auch auf europäischer Ebene Geltung beanspruchen.

I. Grundfragen der Anwendbarkeit des Kartellrechts

1. Vorrang des öffentlichen Rechts vor dem Kartellrecht?

Die Auffassung, die das GWB für unanwendbar hält wegen des *öffentlich-rechtlichen Charakters* normvertretender Absprachen[7], ist abzulehnen. Eine wie auch immer begründete Abgrenzung zwischen öffentlichem Recht und Zivilrecht ist nicht geeignet, Absprachen zwischen Privaten jeglicher kartellrechtlichen Kontrolle zu entziehen. Der ohnehin problematischen Abgrenzung sollte über die notwendige Abgrenzung der Rechtswege hinaus keine derartige Bedeutung beigemessen werden. Sie ist viel zu pauschal, um derartige Konsequenzen zu rechtfertigen. Für das Europäische Kartellrecht und die Anwendbarkeit der Art. 81 ff. EGV darf die Unterscheidung zwischen den Rechtsformen des öffentlichem und des privaten Rechts schon deshalb nicht relevant werden, weil sie in den Rechtsordnungen Europas nicht einheitlich erfolgt und in ihrer starken (und bisweilen fragwürdig um des Kategorisierens willen übertriebenen) Ausprägung eine spezifisch deutsche Tradition darstellt. Von derlei darf die Anwendung des EGV nicht abhängen.[8]

---

[7] *J. H. Kaiser*, NJW 1971, S. 585 (588); *U. Dempfle*, Normvertretende Absprachen, 1994, S. 95 f.; *T. Köpp*, Normvermeidende Absprachen zwischen Staat und Wirtschaft, 2001, S. 118 ff., 245 ff.

[8] Das verkennt *T. Köpp*, Normvermeidende Absprachen zwischen Staat und Wirtschaft, 2001, S. 253, der der Unterscheidung in seiner Arbeit eine „in weiten Teilen

Aus der Tatsache, dass Normen vom Kartellrecht ausgenommen sind, ist in der Praxis[9] und Literatur[10] darauf geschlossen worden, dass auch *normersetzende* bzw. *normprägende* Absprachen einem Kartellprivileg unterfallen. In Kreisen der Bundesregierung wurde die kartellrechtliche Brisanz normativer Absprachen bisweilen unterschätzt: Weil das durch die Selbstverpflichtung implizierte gleichgerichtete Verhalten einer erzwungenen ordnungsrechtlichen Vorgabe entspreche, sei eine kartellrechtliche Problematik nicht zu erkennen.[11] Auch das BKartA hat in der Doppelstecker-Entscheidung festgestellt: „Wenn gesetzliche Sicherheitsbestimmungen zulässig sind, die sich auf dem Markt auswirken können, muss das Gleiche für Selbstbeschränkungen der Wirtschaft gelten, die ihrem objektiven Gehalt nach geeignet sind, diesem Zweck zu dienen, sofern sie nicht eine Umgehung der Zielsetzung des GWB darstellen."[12]

Dieser Auffassung ist nicht zu folgen. Zwar ist richtig, dass formale Rechtsetzung nicht dem Kartellrecht unterfällt, auch wenn sie in den Wettbewerb eingreift. Auch ist richtig, dass normative Absprachen in Ausübung rechtsetzender Gewalt geschlossen werden. Zwischen der einseitigen hoheitlichen Rechtsetzung und den sowohl vertikal als auch horizontal wirkenden normativen Absprachen bestehen aber mehrere für das Kartellrecht entscheidende Unterschiede: Erstens liegen in den horizontalen Elementen normativer Absprachen spezifische Gefahren für den Wettbewerb. Ein Konsens zwischen der Wirtschaft und dem Staat kann auch und gerade darauf beruhen, dass sich die Absprachebeteiligten Wettbewerbsvorteile erhoffen. Zweitens handelt es sich dabei nicht um Wettbewerbsbeeinträchtigungen, die von der demokratisch legitimierten rechtsetzenden Gewalt allein verantwortet werden, sondern um solche, die sie mehr oder weniger bewusst in Kauf nimmt, um im Interesse des Gemeinwohls einen Konsens mit der Wirtschaft zu erzielen. Drittens fehlt einer normativen Absprache, selbst wenn ihre Wettbewerbsauswirkungen mit denen einer durch sie substituierten Norm identisch wären, die formale demokratische Legitimation.

---

prägende Bedeutung" (S. 118) zumisst; zutreffend *W. Frenz,* Selbstverpflichtungen der Wirtschaft, 2001, S. 300.
[9] WuW/E BKartA 145 (149), in: WuW 10 (1960), S. 363 (367).
[10] So *A. Helberg,* Normabwendende Selbstverpflichtungen ..., 1999, S. 261, dessen kartellrechtliche Erwägungen jedoch an dem Mangel leiden, dass der Autor sich zwar explizit auf das GWB der 6. GWB-Novelle bezieht (S. 257 fn. 6, S. 262 fn. 22), der Sache nach aber die Rechtslage des GWB a.F. behandelt und die Änderungen (bereits des Wortlautes von § 1: S. 258) übersieht; ähnlich auch *T. Köpp,* Normvermeidende Absprachen zwischen Staat und Wirtschaft, 2001, S. 246 (Fn. 352).
[11] *A. Merkel,* in: L. Wicke/J. Knebel/G. Braeseke (Hrsg.), Umweltbezogene Selbstverpflichtungen der Wirtschaft, 1997, S. 87 (97 f.).
[12] WuW/E BKartA 145 (149), in: WuW 10 (1960), S. 363 (367).

Keineswegs darf von der Zulässigkeit eines potenziellen Gesetzes auf die rechtliche Unbedenklichkeit einer normersetzenden Absprache geschlossen werden. Für beide gelten ganz unterschiedliche Maßstäbe. Während der demokratisch legitimierte Gesetzgeber bei wirtschaftspolitischen Entscheidungen regelmäßig in den Wettbewerb eingreift und dabei nur an verfassungsrechtliche Maßstäbe gebunden ist, wurde das GWB für private Absprachen geschaffen, die sich – auch wenn sie der Sache nach einem öffentlichen Interesse dienen – jedenfalls nicht auf die Legitimation des Gesetzgebers berufen können. Dass die demokratische Legitimation des Gesetzgebers den Selbstverpflichtungen fehlt, bedeutet nicht, dass diese nicht anderweitig zu legitimieren sind. Aber es muss klargestellt werden, dass ihnen der normsubstituierende Charakter nicht per se eine Legitimation und kartellrechtliche Rechtfertigung verleiht. Es bleibt also festzuhalten, dass weder objektiv eine hypothetische Norm Legitimationswirkung entfaltet, noch subjektiv sich Private auf eine hoheitliche Kompetenz zum Normerlass berufen können. Damit ist noch keine Aussage darüber getroffen, ob nicht die informale Mitwirkung der Bundesregierung von den Kartellbehörden zu berücksichtigen ist und ob sich Private auf ein mit der Absprache verfolgtes öffentliches Interesse berufen können.

Die zur Rechtsetzung und zu normativen Absprachen ermächtigte Bundesregierung hat nicht auch die Kompetenz, für denselben Regelungsbereich die kartellrechtlichen Auswirkungen privater Absprachen zu beurteilen. Anderenfalls würden alle verordnungsermächtigten Behörden im Regelungsbereich ihrer Ermächtigungen zu Kartellbehörden in Bezug auf normative Absprachen. Dass eine entsprechende Verordnung nicht dem GWB unterfiele, liegt nicht daran, dass der ermächtigten Behörde für einen Regelungsbereich eine Wettbewerbskompetenz übertragen wurde, sondern schlicht daran, dass eine Verordnung (selbst wenn ihr Inhalt mit der Wirtschaft „ausgehandelt" sein mag) keine Absprache i.S.d. des Kartellrechts ist. Für Verordnungen trägt allein der Staat die Verantwortung. Diese unterliegen gegebenenfalls der Normenkontrolle. Selbstverpflichtungen sind damit nicht zu vergleichen.

Es ist verfehlt, die *Verordnungsermächtigung*, auf die der Staat seine Befugnis zur Beteiligung an normativen Absprachen stützen kann, als *lex specialis* zum GWB anzusehen.[13] Die Verordnungsermächtigung ermächtigt zu hoheitlichem Handeln, nach hier vertretener Ansicht auch zu kooperativem hoheitlichen Handeln. Nicht jedoch ermächtigt sie Private zu wettbewerbsbeschränkenden Absprachen. Diese könnten nur dann durch die staatliche Mitwirkung gedeckt werden, wenn letztere Gewähr dafür bietet, dass es nicht zu unverhältnismäßigen Verzerrungen des Wettbewerbs kommt. Mit

---

[13] *W. Brohm*, DÖV 1992, S. 1025 (1027).

der Beurteilung sind jedoch die auf Grund von Verordnungsermächtigungen zuständigen Behörden überfordert.

Dass das GWB nicht als bloße lex generalis gegenüber Verordnungsermächtigungen zurücktreten soll, letztere also nicht als lex specialis zu interpretieren sind, ergibt sich auch daraus, dass das GWB jedenfalls in seiner neuen Fassung (1998) Normen bereitstellt, die Kartelle im öffentlichen Interesse einer angemessenen Behandlung innerhalb des Kartellrechts unterziehen. Auch wenn eine Verordnungsermächtigung der ermächtigten Behörde grundsätzlich die Kompetenz verleiht, mit der Wirtschaft zu verhandeln und gegebenenfalls Selbstverpflichtungen zu akzeptieren, führt das nicht zu einer „Ausgrenzung aus dem Geltungsbereich des Wettbewerbsrechts"[14].

Auch sollte nicht generell der Anwendungsbereich des Kartellrechts gegenüber solchen Absprachen eingeschränkt werden, deren wettbewerbsbeschränkender Charakter *gesetzlichen Verpflichtungen systemimmanent* ist („Immanenztheorie")[15]. Zwar mag die Kartellbildung als solche gesetzlich gewollt oder zumindest geduldet sein, wenn zum Beispiel § 4 Abs. 2 BatterieV zur Einrichtung eines Rücknahmesystems verpflichtet.[16] Ähnliches gilt von abspracheverdrängbaren Normen der VerpackV und der AltautoV. Sicherlich müssen die Kartellbehörden solche Normen berücksichtigen.

Dogmatisch ist es zumindest missverständlich, von einem *Vorrang des öffentlichen Rechts vor dem Kartellrecht* zu sprechen, was leider immer wieder geschieht.[17] Es geht bei dem Verhältnis zwischen Kartellrecht und öffentlichem Recht nicht um eine formelle Frage der Normenhierarchie[18]: Betrachtungen darüber, ob die Norm, aus der sich gegebenenfalls eine wettbewerbsrechtliche Beschränkung ergibt, im Range einer Rechtsverordnung ist (und damit gegenüber dem GWB nachrangig wäre), oder aber ein Bundesgesetz (eventuell auch die Ermächtigung zur Rechtsverordnung) und die sich daran knüpfenden Erwägungen zur lex posterior-Regel werden der Kollisionsfrage nicht gerecht. Vielmehr geht es um eine sachgegenständ-

---

[14] So aber *K. W. Grewlich*, DÖV 1998, S. 54 (57).
[15] Dagegen *W. Frenz,* Selbstverpflichtungen der Wirtschaft, 2001, S. 367 f.
[16] Zur Systemimmanenz der Wettbewerbsbeschränkungen vgl. die Entwurfsbegründung BT-Drucks. 13/9516, S. 15.
[17] Aus der Rechtsprechung WuW/E BGH 1474 (1477) – Architektenkammer; 2141 (2144) – Apothekenwerbung; 2688 (2690 f.) – Warenproben in Apotheken; aus der Literatur: *M. Schmidt-Preuß,* in: G. F. Schuppert (Hrsg.), Jenseits von Privatisierung und „schlankem" Staat, 1999, S. 195 (206).
[18] So aber eine weitverbreitete Auffassung, exemplarisch: *R. Velte,* Duale Abfallentsorgung und Kartellverbot, 1999, S. 174 ff., 183; dagegen zu Recht *M. Schmidt-Preuß,* in: Festschrift für O. Lieberknecht, 1997, S. 549 (555 f.); *A. Finckh,* Regulierte Selbstregulierung im dualen System, 1998, S. 159 ff.

liche Abgrenzung. Aus der VerpackV ergibt sich aber allenfalls, dass überhaupt Kartelle gebildet werden sollen. Lediglich die Tatsache, dass es zu Absprachen kommt mag dann systemimmanent und kartellrechtlich unangreifbar sein. Von entscheidender Bedeutung muss jedoch sein, wie solche Kartelle ausgestaltet werden und ob die entstehenden Wettbewerbsbeschränkungen im Einzelfall systemimmanent sind, d.h. zwingend durch das öffentliche Recht vorgegeben.[19]

Würde man diese Fälle vom Anwendungsbereich des Kartellrechts ausnehmen, besteht die Gefahr, dass Kartelle unangreifbar würden, die der Gesetzgeber jedenfalls so nicht gewollt hat. Zu diesem Ergebnis kann jedoch die Vorrangthese nicht kommen wollen. Die Frage, ob ein konkretes Kartell in seiner Ausgestaltung von einer öffentlich-rechtlichen Norm gedeckt ist, sollte nicht als Vorfrage der Anwendbarkeit des Kartellrechts, sondern im Rahmen der Anwendung des Kartellrechts auf der Stufe der Rechtfertigung geprüft werden.

Im Schrifttum wurde auch versucht, den Topos der „praktischen Konkordanz" (*Konrad Hesse*)[20] für eine a limine-Kollisionslösung zwischen Kartellrecht und Umweltrecht fruchtbar zu machen.[21] Die Idee der praktischen Konkordanz ist jedoch ein Abwägungsprinzip, das nur dogmatisch zum Tragen kommen kann, wenn die Anwendbarkeit des Kartellrechts nicht abgeschnitten wird. Die Konsequenz muss eine Auslegung des Kartellrechts im Lichte des Umweltschutzes sein.[22] Zu den Grundzügen einer kartellrechtlichen Gemeinwohldogmatik wird noch ausführlich Stellung genommen.

2. Ausschluss des Kartellrechts wegen der Beteiligung des Staates an Absprachen?

Im Normalfall sind an Kartellen lediglich Private beteiligt. Normative Absprachen hingegen werden in der Regel unter Einflussnahme und Billigung des Staates getroffen. Allen Versuchen v.a. des Schrifttums zum deut-

---

[19] So auch *M. Schmidt-Preuß*, in: Festschrift für O. Lieberknecht, 1997, S. 549 (556), jedoch ohne die Vorrangthese deshalb aufzugeben; ähnlich *C. Franzius*, Die Herausbildung der Instrumente indirekter Verhaltenssteuerung im Umweltrecht der Bundesrepublik Deutschland, 2000, S. 178; *A. Finckh*, Regulierte Selbstregulierung im dualen System, 1998, S. 167, der von einem „Restwettbewerb" spricht.

[20] *K. Hesse*, Grundzüge des Verfassungsrechts …, 20. Aufl. 1995 (Neudruck 1999), Rz. 72.

[21] *H. Köhler*, BB 1996, S. 2577 (2579); *M. Schmidt-Preuß*, in: Festschrift für O. Lieberknecht, 1997, S. 549 (557).

[22] Zutreffend *K. Becker-Schwarze*, Steuerungsmöglichkeiten des Kartellrechts bei umweltschützenden Unternehmenskooperationen, 1997, S. 155; vgl. auch *M. Kloepfer*, JZ 1980, S. 781 (782); für das europäische Kartellrecht *W. Frenz*, Nationalstaatlicher Umweltschutz und EG-Wettbewerbsfreiheit, 1997, S. 65 ff., 67 f.

schen Kartellrecht, die Anwendbarkeit des Kartellrechts bei Selbstverpflichtungen wegen der staatlichen Initiative, Mitwirkung bzw. Unterstützung grundsätzlich in Frage zu stellen, ist eine Absage zu erteilen.[23] Staatlich inspirierten Absprachen sollte kein sog. „Kartellprivileg"[24] zugesprochen werden. Informale staatliche Beteiligung an Absprachen ist kein Freibrief für Kartellrecht.

Nach einer Ansicht fallen Selbstverpflichtungen begrifflich nicht unter § 1 GWB, weil sie „in erster Linie die Beziehungen zwischen Staat und Wirtschaft regeln"[25]. Zwar erfasst der Wortlaut des § 1 GWB, auch in seiner neuen Fassung (1998) nur Absprachen zwischen Privaten und nicht solche zwischen Privaten und dem Staat. Jedoch ist, sobald sich wenigstens zwei Private beteiligen, nicht zu leugnen, dass auch sie untereinander ein bestimmtes Verhalten absprechen. Die Absprachen zwischen Privaten als Koordinierungsakte von der Selbstverpflichtung zu trennen[26], ist künstlich und führt nicht weiter. Der Sternvertrag[27], bei dem ein gemeinsamer Zweck dadurch verfolgt wird, dass die Beteiligten nicht miteinander, sondern mit einem Dritten eine Absprache treffen, ist auch im Übrigen ein kartellrechtlich relevanter, anerkannter Typus.

Eine vermittelnde Ansicht stellt die Anwendbarkeit des § 1 GWB unter den Vorbehalt der jeweiligen Qualität der Mitwirkung[28] des Staates, indem sie zwischen *Graden des Verhandlungsspielraumes* bzw. des staatlichen Drucks differenziert.[29] Ab einer gewissen Intensität der staatlichen Steuerung, ab der Selbstverpflichtungen nicht mehr als „freiwillig" bezeichnet werden könnten,[30] wäre dann das Kartellrecht nicht mehr einschlägig. Dafür spricht zwar, dass in solchen Fällen die Absprache vom typischen Bild

---

[23] So im Ergebnis *H. Baumann,* Rechtsprobleme freiwilliger Selbstbeschränkung, Diss. Tübingen 1978, S. 74.
[24] *W. Brohm,* DÖV 1992, S. 1025 (1027 f.); ähnlich *C. Baudenbacher,* JZ 1988, S. 689 (694 f.); *K. W. Grewlich,* DÖV 1998, S. 54 (56 ff.).
[25] *J. Schlarmann,* NJW 1971, S. 1394.
[26] So kommt auch *J. Schlarmann,* NJW 1971, S. 1394 letztlich zum Ergebnis kartellrechtlicher Relevanz.
[27] *H.-J. Bunte,* in: E. Langen/H.-J. Bunte, Kommentar zum deutschen und europäischen Kartellrecht, 7. Aufl. 1994, zu § 1 GWB, Rz. 37; differenzierend *H. Herrmann,* Interessenverbände und Wettbewerbsrecht, 1984, S. 273 ff.
[28] Nicht geht es um die Frage der Anwendbarkeit des GWB auf den wirtschaftenden, d.h. in Wettbewerb zu Privaten tretenden Staates, sondern um das Phänomen indirekter, staatlicher Wirtschaftslenkung und dadurch begründeter Befreiung Privater von Anforderungen des Kartellrechts. *U. Dempfle,* Normvertretende Absprachen, 1994, S. 95 f.
[29] *A. Faber,* UPR 1997, S. 431 (436); vgl. auch *M. Schmidt-Preuß,* in: Festschrift für O. Lieberknecht, 1997, S. 549 (557), der auf mangelnde Intensität staatlichen Drucks abstellt.
[30] *J. Knebel/L. Wicke/G. Michael,* Selbstverpflichtungen …, 1999, S. 275 f.

des Kartells erheblich abweicht. Aber diese Abweichung betrifft vor allem die subjektive Motivation der Absprachebeteiligten, die gerade nicht ausschlaggebend für die Anwendbarkeit des Kartellrechts sein soll. Es geht im Kartellrecht nicht um die Pönalisierung von Absprachen und deshalb auch nicht um die Rechtfertigung eines Absprachverhaltens durch staatliche informale Unterstützung. Nicht der Blick auf die Absprachebeteiligten und ihre Motive, sondern auf die objektiven Wettbewerbsbeschränkungen und Nachteile für Dritte sollte im Mittelpunkt der Betrachtung stehen.

Nur wenn den Privaten überhaupt kein Spielraum verbliebe, wenn ihnen die Selbstverpflichtung also *hoheitlich diktiert* würde, könnte nicht mehr von einer Absprache zwischen Privaten gesprochen werden. Das ist nur der Fall, wenn die Wettbewerbsbeschränkung zwingend aus *einseitig hoheitlichem Handeln* resultiert. So ist eine Absprache zu einem Verhalten, das ohnehin gesetzlich vorgeschrieben ist, Privaten nicht *zurechenbar* und deshalb nicht kartellrechtlich relevant; es fehlt dann an der *Kausalität* zwischen der Absprache und der aus dem Verhalten folgenden Wettbewerbsbeschränkung.[31] Dabei kommt es darauf an, ob geltendes Recht, dessen Ausschöpfung erst zu der Wettbewerbsbeschränkung führt, tatsächlich keinen Handlungsspielraum eröffnet. Das ist aber bei den hier untersuchten Selbstverpflichtungen nicht der Fall.

Die hier vertretene Ansicht entspricht insoweit auch der neueren Praxis des BKartA: So hat es im Falle des Dualen Systems (DSD) die Anwendbarkeit des § 1 GWB insbesondere auf die Zusammenarbeit der Abnahme- mit den Verwertungsorganisationen ausdrücklich bejaht und auf „für den Wettbewerb vielfältige Gefährdungssituationen"[32] hingewiesen. Wettbewerbsbeschränkungen, die sich zwangsläufig aus der VerpackV ergäben, könnten nur Bestand haben, wenn sie auf ein Mindestmaß beschränkt blieben und den zwischenstaatlichen Handel nicht wesentlich beeinträchtigten. Auch während des Absprachprozesses zur Altautorücknahme-Selbstverpflichtung hat das BKartA mit Untersagungsverfügungen gedroht.[33]

Dem entspricht auch die Rechtslage im *europäischen Kartellrecht*: Die Art. 81, 82 EGV sind nur dann nicht anwendbar, wenn eine Wettbewerbsbeschränkung allein auf staatliche Maßnahmen zurückzuführen ist. Eine Absprache zu hoheitlich auferlegtem Verhalten fällt nicht unter das europäische Kartellverbot, wenn sie den Privaten im Ergebnis nicht zurechenbar ist.[34] Der notwendige Kausalzusammenhang zwischen einer Absprache und

---

[31] *G. v. Wallenberg*, Umweltschutz und Wettbewerb, 1980, S. 172 f.
[32] BKartA, Tätigkeitsbericht 1991/92, S. 38, BT-Drucks. 12/5200.
[33] Vgl. *J. Knebel/L. Wicke/G. Michael*, Selbstverpflichtungen ..., 1999, S. 236.
[34] *H. Schröter*, in: v.d. Groeben/Thiesing/Ehlermann (Hrsg.), Handbuch des Europäischen Rechts, (387. Lfg. Juli 1999), zu Art. 85 (jetzt 81) EGV Rz. 117.

§ 15 Das Kartellrecht als horizontale Auffangordnung

einer Wettbewerbsbeschränkung kann auch nachträglich entfallen, wenn der Handlungsspielraum auf Grund eines späteren staatlichen Eingriffs entfällt und die Absprache somit ins Leere geht.[35]

Das gilt jedoch nicht, wenn eine staatliche Maßnahme – z. B. eine Regelung der Mehrwertsteuer – lediglich die Voraussetzungen dafür schafft, eine begünstigende Stellung missbräuchlich auszunutzen. Die Zurechnung der Wettbewerbsbeschränkung ergibt sich dann aus einem vermeidbaren Eigenbeitrag Privater. So hat der EuGH entschieden, es sei „ausgeschlossen, mögliche Missbräuche damit zu rechtfertigen, dass eine beherrschende Stellung auf einer staatlichen Maßnahme beruhe."[36]

Die Zurechnung entfällt auch dann nicht, wenn nationale Behörden die Absprache lediglich gebilligt haben. Selbst eine ausdrückliche wettbewerbspolitische Genehmigung oder Duldung ist für die Anwendung des vorrangigen Gemeinschaftsrechts irrelevant. Das gilt erst recht für eine informale Billigung durch die Bundesregierung. Informale Unterstützung und Mitwirkung des Staates unterbricht grundsätzlich nicht die kartellrechtliche Zurechenbarkeit der Absprache. Selbst wenn die Initiative zu einer Absprache – wie bei Selbstverpflichtungen im Umweltbereich häufig – vom Staat ausgeht und auch deren Inhalt maßgeblich von staatlichem Druck beeinflusst wurde, entfällt noch nicht die Zurechnung der Absprache an die Privaten.

Nur wenn formales hoheitliches Handeln eine Absprache steuert, vermag dies die Zurechnung einer daraus folgenden Wettbewerbsbeschränkung an Private zu unterbrechen und ihre kartellrechtliche Verantwortlichkeit verhindern.[37] Denn nur dann besteht ein *rechtlicher Zwang* zur Absprache. Wenn man auch informalen Druck ausreichen ließe, entstünde eine untragbare Rechtslücke, ein kartellrechtsfreier Raum, der dem Markt nicht zuzumuten ist und von niemandem zu verantworten wäre. Nur wenn der Staat formales Recht setzt, übernimmt er die *Vollverantwortung* für daraus folgende Wettbewerbseingriffe, legalisiert sie und entzieht sie dem Anwendungsbereich des Kartellrechts. Die Bundesregierung, die informal eine verordnungssubstituierende Absprache unterstützt, trägt hierfür zwar *Mitverantwortung,* institutionell aber nur *Teilverantwortung,* nämlich für die mit der Absprache verfolgten öffentlichen Interessen und für die grundrechtlichen Auswirkungen. Die hoheitliche Verantwortung für Wettbewerbsbeschränkungen muss dann institutionell in die Hände der Kartellbehörden gelegt werden. Typischerweise liegt in normativen Absprachen nicht nur ein Akt staatlicher Wirtschaftslenkung, sondern zugleich ein durch Private beeinflusstes

---

[35] EuGH Slg. 1975, 1663 ff. – Suiker Unie.
[36] EuGH Slg. 1977, 2115 (2135) – INNO/ATAB („Tabakwaren").
[37] Ähnlich W. *Frenz,* Selbstverpflichtungen der Wirtschaft, 2001, S. 298.

wettbewerbsrelevantes Verhalten vor. Beides zu trennen und die Verantwortung nur den Privaten oder nur dem Staat zuzurechnen ist verfehlt.[38]

3. Anwendung der Art. 81 und/oder 28 EGV auf die Beteiligung des Staates an Absprachen?

Die Beteiligung des Staates an normativen Absprachen wirft eine zweite Frage der Anwendbarkeit des Kartellrechts auf: Kann die Bundesregierung selbst kartellrechtlich zur Verantwortung gezogen werden?

Mit Blick auf das *nationale Kartellrecht* ist das zu verneinen: Nur die horizontalen Dimensionen normativer Absprachen sind Gegenstand der kartellrechtlichen Überprüfung. Es ist undenkbar, dass das BKartA der Bundesregierung verbietet, kartellrechtswidrige Absprachen zu unterstützen. Das können allenfalls die Gerichte.

Die Frage stellt sich jedoch im *Gemeinschaftsrecht* auf Grund dessen Vorrangwirkung und auf Grund der Stellung der Europäischen Kommission. So wird eine Bindung der Mitgliedstaaten an das Kartellrecht diskutiert. Zwar ist auch das europäische Kartellrecht grundsätzlich an Private adressiert und nicht an die Mitgliedstaaten. Die Ausnahme hierzu ist Art. 86 EGV. Nach der Rechtsprechung des EuGH können aber auch die Mitgliedstaaten selbst an Art. 81[39] bzw. 82[40] EGV gebunden sein. Dogmatisch wird dies über Art. 10 Abs. 2 i.V.m. 3 lit. g EGV begründet. Die Mitgliedstaaten dürfen keine kartellbegünstigenden Maßnahmen erlassen.[41] Dies wird auch als „indirekte Geltung"[42] des Kartellrechts für die Mitgliedstaaten bezeichnet. Wenn eine spürbare Wettbewerbsbeschränkung dadurch entsteht, dass ein Mitgliedstaat wirtschaftliche Befugnisse an Private gesetzlich überträgt, kommt nach Auffassung der Kommission eine doppelte Vertragsverletzung, nämlich der Art. 3 lit. g und Art. 10 (ex 5) EGV durch die Mitgliedstaaten und der Art. 81 f. (ex 85 f.) EGV durch die Unternehmen, in Betracht[43]. Diese Auffassung ist m.E. zwar grundsätzlich kritikwürdig; ihr

---

[38] Deshalb ist die Ansicht von *T. Köpp,* Normvermeidende Absprachen zwischen Staat und Wirtschaft, 2001, S. 129 abzulehnen.

[39] EuGH Slg. 1987, 3801 (3826) – Vlaamse Reisbureaus; EuGH Slg. 1998 I, 3949 (3997 ff.) – Corsica Ferries France zu Art. 86 EGV a.F.

[40] EuGH Slg. 1977, 2115 (2144) – INNO/ATAB („Tabakwaren") zu Art. 86 EGV a.F.

[41] EuGH Slg. 1987, 3801; 1988, 4769 (4791) Rz. 16 – Van Eycke/ASPA; 1995 I, 2883 (2909 f.) – Centro Servizi/Spediporte.

[42] *Gleiss/Hirsch,* Kommentar zum EG-Kartellrecht, 4. Aufl. 1993, zu Art. 85 Abs. 1, Rz. 30.

[43] Mitteilung Ziff. 28: Kom(96)561 endg. vom 27. November 1996, S. 17.

§ 15 Das Kartellrecht als horizontale Auffangordnung   531

ist jedoch gerade in den hier interessierenden Fällen informaler Absprachen zwischen Wirtschaft und Staat ausnahmsweise zuzustimmen.

Folgende Gründe sprechen gegen eine grundsätzliche Bindung der Mitgliedstaaten an das europäische Kartellrecht:

Nach seinem *Wortlaut* richtet sich Art. 81 Abs. 1 EGV nur an Unternehmen und Unternehmensvereinigungen, nicht jedoch an Hoheitsträger. Auch die Nichtigkeit als *Rechtsfolge* des Kartellverbotes (Art. 81 Abs. 2 EGV) passt auf eine Bindung der Mitgliedstaaten nicht. Die Rechtsfolge der Nichtigkeit kann für staatliche Hoheitsakte, gar Normen nicht gelten. Weder die Kommission, noch der EuGH wären befugt, nationale Hoheitsakte, gar Ordnungsrecht wegen Verstoßes gegen den EGV als nichtig zu verwerfen. An die Mitgliedstaaten gerichtete Entscheidungen sind nur in Art. 86 Abs. 3 EGV vorgesehen. Auch Geldbußen und Zwangsgelder nach Art. 15 f. EWG-KartVO (1962) dürfen nur gegen Private verhängt werden. In Betracht kommt lediglich das Vertragsverletzungsverfahren gegen den Mitgliedstaat nach Art. 226 EGV sowie ein Pauschalbetrag bzw. Zwangsgeld nach Art. 228 Abs. 2 UA 2 EGV. Mithin sind die Rechtsfolgen der kartellrechtlichen Bestimmungen vorbehaltlich derer des Art. 86 EGV allein auf Private als Adressaten zugeschnitten.

Auch die *systematische* Auslegung bestätigt dies: Art. 86 Abs. 1 EGV regelt ausdrücklich die kartellrechtliche Bindung öffentlicher Unternehmen. Dass es hierfür eine eigene Regelung gibt, zeigt, dass sogar in dem Fall, dass der Staat selbst als Wettbewerber auftritt, seine Bindung nicht selbstverständlich ist. Auch die Effet-utile-Doktrin und Art. 10 Abs. 2 EGV sollten den wesentlichen Unterschied zwischen einer hoheitlichen und einer privaten Wettbewerbsbeschränkung nicht nivellieren.

Gegen eine Bindung der Mitgliedstaaten an das europäische Kartellrecht spricht auch die nach Art. 4 und 98 ff. EGV den Mitgliedstaaten verbleibende *Zuständigkeit für die Wirtschaftspolitik*. *Volker Emmerich* hat darauf hingewiesen, dass deren Ausübung „weithin identisch mit hoheitlichen Interventionen in den Wettbewerbsprozess"[44] ist und damit den kompetenziellen Konflikt auf den Punkt gebracht.

Ohnehin sind die Mitgliedstaaten an die *Grundfreiheiten* gebunden: Wenn durch Hoheitsakte Beschränkungen des grenzüberschreitenden Handels entstehen, enthält der EGV mit den Grundfreiheiten und insbesondere mit der weit ausgelegten[45] Warenverkehrsfreiheit in Art. 28 bis 30 EGV hierfür eigene Maßstäbe, ohne dass auf das Kartellrecht zurückgegriffen werden

---

[44] *V. Emmerich,* Kartellrecht, in: M. A. Dauses (Hrsg.), Handbuch des EU-Wirtschaftsrechts, Band 2, 2000, H I, Rz. 14.
[45] Vgl. EuGH Slg. 1974, 837 ff. – Dassonville.

müsste. Andernfalls werden auch die Ausnahmen des Art. 30 EGV und der Cassis-Rechtsprechung[46] durch Art. 81 Abs. 3 EGV überlagert.[47] Eine analoge Anwendung der Schranken der Warenverkehrsfreiheit im Wettbewerbsrecht[48] durchbricht das System des EGV und verkennt, dass Staat und Private unterschiedlichen Bindungen sowohl auf der Tatbestands- als auch auf der Rechtfertigungsebene unterliegen. Die Rechtfertigung von Ausnahmen der Warenverkehrsfreiheit sind in Art. 30 EGV ausschließlich gemeinwohlbezogen definiert. Gemeinwohlaspekte sind bei der kartellrechtlichen Rechtfertigung nach Art. 81 Abs. 3 EGV hingegen nur ein mittelbares Kriterium: hinzu muss die angemessene Verbraucherbeteiligung und die Erhaltung des Wettbewerbs für einen wesentlichen Teil der Waren kommen (Art. 81 Abs. 3 lit. b) EGV). Wenn nicht der Warenverkehr betroffen ist, kommt eventuell die Dienstleistungsfreiheit in Betracht.[49] So wie den Grundfreiheiten eine Drittwirkung grundsätzlich versagt wird,[50] sollte die Bindung der Mitgliedstaaten an Art. 81 f. EGV nur ausnahmsweise in Betracht gezogen werden.

Es bedarf also einer durchschlagenden Begründung, um *ausnahmsweise* hoheitliche Maßnahmen nicht nur an den Grundfreiheiten, sondern darüber hinaus am europäischen Kartellrecht zu messen. Hierfür muss ein *besonderes Bedürfnis* nachgewiesen werden, das die Gegenargumente überwindet. Betrachtet man die *Rechtsprechung* des EuGH genauer, dann fällt auf, dass die wettbewerbsrechtliche Bindung der Mitgliedstaaten in den Fällen relevant wurde, in denen die Warenverkehrsfreiheit nicht greift.[51] Der EuGH hat zutreffend festgestellt, dass „eine innerstaatliche Vorschrift, die in ihrer Anwendung die missbräuchliche Ausnutzung einer beherrschenden Stellung begünstigt, welche den Handel zwischen den Mitgliedstaaten zu beeinträchtigen geeignet ist, ... jedenfalls normalerweise mit den Art. 30 und 34 (EGV a. F.) unvereinbar"[52] ist. Aber es gibt auch Aussagen, die auf eine kumulative Anwendung der Grundfreiheiten und des Kartellrechts hindeuten: Der EuGH verbietet den Mitgliedstaaten, ein Kartell vorzuschreiben,

---

[46] EuGH Slg. 1979, 649 ff.
[47] Zu Recht verweist *V. Emmerich,* in: U. Immenga/E.-J. Mestmäcker (Hrsg.), EG-Wettbewerbsrecht Band I, 1997, zu Art. 85 Abs. 1 EGV, Rz. 84 zunächst auf Art. 30 und erst in zweiter Linie auf Art. 5 Abs. 2 EGV a. F.
[48] *W. Frenz,* Selbstverpflichtungen der Wirtschaft, 2001, S. 348 ff.
[49] EuGH Slg. 1987, 3801 (3831) – Vlaamse Reisbureaus: Dort ging es um Reisen, die als Dienstleistungen zu qualifizieren sind.
[50] EuGH Slg. 1987, 3801 (3830); anders mit beachtlichen Gründen und Nachweisen zu der keineswegs einheitlichen Rechtsprechung *E. Steindorff,* Drittwirkung der Grundfreiheiten im europäischen Gemeinschaftsrecht, in: FS Lerche, 1993, S. 575 ff.
[51] EuGH Slg. 1977, 2115 (2138) – INNO/ATAB („Tabakwaren").
[52] EuGH Slg. 1977, 2115 (2145 f.).

§ 15 Das Kartellrecht als horizontale Auffangordnung

zu erleichtern oder in seiner Wirkung zu verstärken. Dem ist nur zum Teil zuzustimmen.

Widerspruch verdient die Rechtsprechung, die den Mitgliedstaaten aus Gründen des Kartellrechts untersagt, ein bestehendes Kartell, das gemeinschaftswidrig ist, durch eine *inhaltsgleiche hoheitliche Regelung zu ersetzen*[53] oder es für allgemeinverbindlich[54] zu erklären.[55] Das führt zu dogmatischen Brüchen: Wenn der Staat den Unternehmen ein bestimmtes Verhalten definitiv vorschreibt, findet das Kartellrecht auf Private keine Anwendung, weil ihnen die Wettbewerbsbeschränkung dann nicht bzw. nicht mehr zuzurechnen ist. Gegenstand einer gemeinschaftsrechtlichen Überprüfung ist dann nicht das Verhalten der Privaten, sondern die hoheitliche Maßnahme.

An die Stelle der kartellrechtlichen Bindung der Privaten darf dann aber nicht die Anwendung des Kartellrechts auf die hoheitliche Maßnahme treten. Vielmehr setzen den hoheitlichen Maßnahmen die Grundfreiheiten Grenzen. Die Überprüfung hoheitlicher Maßnahmen anhand des europäischen Kartellrechts ist auch dann systemwidrig, wenn die Maßnahme inhaltsgleich an die Stelle eines gemeinschaftswidrigen Kartells tritt. Die so genannte „Akzessorietät der Interventionen"[56] setzt der Anwendbarkeit des Kartellrechts Grenzen. Wenn eine hoheitlichen Maßnahme die kartellrechtliche Zurechenbarkeit eines wettbewerbsbeschränkenden Verhaltens unterbricht, dann ist das Kartellrecht weder auf das Verhalten der Unternehmen, noch auf die hoheitliche Maßnahme anzuwenden. Eine mittelbare Bindung der Mitgliedstaaten an das Kartellrecht lässt sich über Art. 10 Abs. 2 EGV in den Fällen nicht begründen, in denen das Kartellrecht nicht einmal auf das Verhalten Privater anwendbar ist. Die Grundfreiheiten setzen den Maßnahmen der Mitgliedstaaten wirksame und angemessene Grenzen. Wenn Mitgliedstaaten Kartelle durch inhaltliche entsprechende Regelungen bestätigen, dann umgehen sie damit nicht das europäische Kartellrecht, sondern übernehmen die Verantwortung für die Wettbewerbsbeschränkung und müssen sich dabei ausschließlich an den Maßstäben der Grundfreiheiten und Grundrechte, gegebenenfalls auch des Sekundärrechts messen lassen.

---

[53] EuGH Slg. 1987, 3801 (3829) – Vlaamse Reisbureaus.
[54] EuGH Slg. 1985, 391 (424) – BNIC/Clair; Slg. 1987, 4789 (4815) – BNIC/Aubert.
[55] Zum Ganzen: *H. Schröter,* in: v.d. Groeben/Thiesing/Ehlermann (Hrsg.), Handbuch des Europäischen Rechts, (387. Lfg. Juli 1999), zu Art. 85 (jetzt 81) EGV Rz. 122.
[56] *V. Emmerich,* in: M. A. Dauses (Hrsg.), Handbuch des EU-Wirtschaftsrechts, Band 2, 2000, H I, Rz. 15, der allerdings auch der Rechtsprechung des EuGH eine restriktive Anwendung des Kartellrechts entnimmt.

Zustimmung verdient hingegen die Rechtsprechung, insoweit sie den Mitgliedstaaten versagt, Kartelle *zu erleichtern* oder in ihrer Wirkung zu *verstärken*. Es ist aber bislang nicht geklärt, unter welchen Voraussetzungen dies der Fall sein soll. Zu Recht fordert *Emmerich*[57] Abgrenzungskriterien für den Anwendungsbereich des effet utile im Bereich des Kartellrechts. Er schlägt vor, auf die *Wirkungen* abzustellen und fragt, „ob staatliche Maßnahmen dieselben Wirkungen wie das durch die Wettbewerbsregeln verbotene unternehmerische Verhalten haben" Damit benennt er eines der entscheidenden Abgrenzungskriterien, das jedoch durch weitere ergänzt werden muss: Ließe man die Wirkungen ausreichen, würden alle Hoheitsakte ohne weiteres denselben kartellrechtlichen Maßstäben wie unternehmerische Absprachen unterworfen und damit jegliche wirtschaftslenkende Tätigkeit der Mitgliedstaaten einer kartellrechtlichen Rechtfertigung unterwerfen. Entscheidend kommt es darauf an, wie die wettbewerbsbeschränkenden Wirkungen bedürfen. Zuzustimmen ist *Emmerichs* Intention, „zu verhindern, dass Unternehmen und Mitgliedstaaten letztlich gemeinsam den Wettbewerbsregeln jede Bedeutung nehmen können."

Diese Gefahr besteht vor allem, wenn Unternehmen Absprachen treffen, an denen der Staat unterstützend beteiligt ist. Fördert oder fordert[58] ein Mitgliedstaat Unternehmensabsprachen und nimmt dabei den Unternehmen den wettbewerbsrelevanten Handlungsspielraum nicht, dann ist der Mitgliedstaat dafür gemeinschaftsrechtlich verantwortlich, dadurch kein kartellrechtswidriges Verhalten zu unterstützen. In diesen Fällen sind die Absprachen uneingeschränkt am Maßstab des europäischen Kartellrechts zu überprüfen. Die Kommission kann dann nicht nur gegen die beteiligten Unternehmen und die horizontalen Wirkungen vorgehen, sondern außerdem den Mitgliedstaat für seine vertikalen unterstützenden Maßnahmen nach Art. 81 ff. EGV i.V.m. Art. 10 Abs. 2 EGV verantwortlich machen und gegebenenfalls im Wege des Vertragsverletzungsverfahrens auch gegen ihn vorgehen. Damit erweist sich nicht das (durch Absprachen gegebenenfalls substituierbare) wirtschaftslenkende Ordnungsrecht, sondern die informale staatliche Unterstützung normersetzender Absprachen als wesentlicher Anwendungsfall des effet utile im Rahmen des europäischen Kartellrechts.[59] Dieselbe parallele Verantwortung gilt, wenn der Staat hoheitliche Aufgaben der Wirtschaftslenkung auf Unternehmensverbände delegiert. Hier greift eventuell Art. 86

---

[57] *V. Emmerich*, ebenda, H I, Rz. 17.

[58] Ähnlich im Ergebnis für diese Fälle *H. Matthies,* Die Verantwortung der Mitgliedstaaten für den freien Warenverkehr im Gemeinsamen Markt, in: Festschrift für H. P. Ipsen, 1977, S. 669 (678), der allerdings letztlich zu einer Subsidiarität der Warenverkehrsfreiheit gelangt (682).

[59] Ähnlich *W. Frenz,* Nationalstaatlicher Umweltschutz und EG-Wettbewerbsfreiheit, 1997, S. 37.

Abs. 2 EGV zu Gunsten der Unternehmen,[60] aber gleichzeitig Art. 10 Abs. 2 EGV zu Lasten der Mitgliedstaaten.

Die hier vorgeschlagene Unterscheidung zwischen formalen und informalen Hoheitsakten mag überraschen, zumal als dogmatischer Ansatz innerhalb des Gemeinschaftsrechts. Der Vorrang des Gemeinschaftsrechts und dessen effektive und gleichmäßige Anwendung in allen Mitgliedstaaten verbieten es, die Anwendung einzelner Vorschriften des EGV von Differenzierungen der Handlungsformenlehre des national unterschiedlichen Verfassungs- und Verwaltungsrechts abhängig zu machen. Dieser Gefahr unterliegt der hier vorgeschlagene Ansatz jedoch aus mehreren Gründen nicht: Erstens sind die hier vorgeschlagenen Kategorien des formalen bzw. informalen hoheitlichen Handelns nicht im Sinne einer nationalen Rechtslehre zu verstehen, sondern gemeineuropäisch zu denken und in allen Mitgliedstaaten entsprechend zu verstehen. Zweitens kann die Unterscheidung aus dem Wortlaut und der Systematik der Art. 28 ff. in Art. 81 f. EGV gewonnen werden. Und drittens bedarf die Verantwortlichkeit der Mitgliedstaaten für kartellrechtlich relevante Absprachen einer besonderen Begründung. Diese besondere Begründung auf den gemeinschaftsrechtlichen effet utile zu stützen, ist nicht angezeigt, soweit das Gemeinschaftsrecht ausdrückliche und spezielle Regeln zur Verfügung stellt.

II. Grundfragen einer kartellrechtlichen Gemeinwohldogmatik

Für das Kartellrecht ist es atypisch, dass Absprachen im öffentlichen Interesse geschlossen werden. Wenn die Anwendbarkeit des Kartellrechts in diesen atypischen Fällen normativer Absprachen nicht ausgeschlossen ist, stellt sich die Frage, welche Rolle das Gemeinwohl bei der Anwendung des Kartellrechts hat.

1. Gemeinwohlklauseln im geschriebenen Kartellrecht

Im geltenden europäischen und nationalen Kartellrecht sind Gemeinwohlklauseln rar. Bei normativen Absprachen, die im Interesse des Gemeinwohls geschlossen werden, handelt es sich um atypische Kartelle. Das geschriebene Kartellrecht trägt diesen atypischen Fällen nur unzureichend Rechnung. Bisweilen scheint die Berücksichtigung des öffentlichen Interesses geradezu ein Fremdkörper im Kartellrecht zu sein.

---

[60] EuGH Slg. 1998, I 3949 (3996) – Corsica Ferries France zu Art. 90 Abs. 2 EGV a. F.

Im europäischen Kartellrecht nimmt Art. 86 Abs. 2 EGV ausnahmsweise die Erfüllung übertragener besonderer Aufgaben vom Wettbewerbsrecht aus, wenn Unternehmen „mit Dienstleistungen von allgemeinem wirtschaftlichem Interesse betraut sind". Aber damit sind nur solche Unternehmen gemeint, deren (Haupt-) Zweck die Erfüllung bestimmter gemeinwohldienlicher Aufgaben insbesondere der Daseinsvorsorge[61] ist. Ihnen muss eine gemeinwirtschaftliche Pflichtenbindung persönlich und inhaltlich eindeutig zugewiesen sein; dafür reicht die bloße Ausübung einer Dienstleistung im öffentlichen Interesse nicht.[62] Dazu werden etwa die Bahn, die Post und die Energieversorger gezählt.[63] Im Energieversorgungssektor wird die Vorschrift, auch mit Blick auf Art. 16 (ex 7 d) EGV kontrovers diskutiert.[64] Art. 16 (ex 7 d) EGV wertet den Stellenwert im Dienste von allgemeinem wirtschaftlichem Interesse zu einem Grundsatz innerhalb des Ersten Teils des EGV auf, lässt dabei jedoch Art. 86 EGV ausdrücklich unbeschadet.

Im Allgemeinen begrenzen Selbstverpflichtungen die wirtschaftliche Tätigkeit von Unternehmen und konstituieren sie nicht. Sie führen allenfalls zu einem punktuellen Dienst am Gemeinwohl. Die Aufgabenerfüllung muss im Übrigen durch einen formellen Hoheitsakt (durch Gesetz oder Satzung[65]) übertragen worden sein. Auch deshalb genügt die informale staatliche Billigung einer Selbstverpflichtung nicht als „Betrauung".

Eine dem Art. 30 EGV vergleichbare Gemeinwohlklausel enthalten die Art. 81 f. EGV nicht. Das lässt sich systematisch erklären: Die Grundfreiheiten richten sich primär an die Mitgliedstaaten und das Kartellrecht primär an Private. Wenn die Mitgliedstaaten einseitig regelnd in den Wettbewerb eingreifen, dann tun sie dies typischerweise im Interesse des Gemeinwohls. Kartelle hingegen werden typischerweise im wirtschaftlichen Interesse Privater geschlossen. Diese Trennung zwischen staatlichem Gemeinwohldienst und privater Verwirklichung von Eigeninteressen hat ihre geistigen Wurzeln in der Trennung von Staat und Gesellschaft. Diese Trennung wird im kooperierenden Verfassungsstaat partiell überwunden. Um den Chancen und Gefahren der Kooperation gerecht zu werden, muss sich das Kartellrecht dem Gemeinwohl stellen. Die Ausnahmeregelung des Art. 81 Abs. 3 EGV ist nicht explizit auf die Förderung öffentlicher Interessen ausgerichtet. Seine Tatbestandsmerkmale der angemessenen „Betei-

---

[61] *E. Forsthoff,* Die Verwaltung als Leistungsträger, 1938, S. 1 ff.
[62] *A. Rinne,* Die Energiewirtschaft zwischen Wettbewerb und öffentlicher Aufgabe, 1998, S. 71 f.
[63] *R. Schmidt,* Die Verwaltung 28 (1995), S. 281 (308).
[64] *P. J. Tettinger,* RdE 2001, S. 41 (45).
[65] *E.-J. Mestmäcker,* in: U. Immenga/E.-J. Mestmäcker (Hrsg.), EG-Wettbewerbsrecht Band II, 1997, zu Art. 37, 90, D Rz. 1; kritisch *H. Herrmann,* Interessenverbände und Wettbewerbsrecht, 1984, S. 318 f.

ligung der Verbraucher", der „Verbesserung der Warenerzeugung oder -verteilung" und der „Förderung des technischen oder wirtschaftlichen Fortschritts" schließen es jedoch zumindest nicht aus, Gemeinwohlbelange bei der Freistellung von Kartellen zu berücksichtigen. Das ist auch in der Praxis grundsätzlich anerkannt. Darauf wird im Einzelnen einzugehen sein.

Auch im nationalen Kartellrecht sind Gemeinwohlklauseln nur ausnahmsweise, nämlich im Verfahren der Ministererlaubnisse explizit geregelt: Der Bundesminister für Wirtschaft ist nach § 8 Abs. 1 GWB zur Freistellung von Kartellen „aus überwiegenden Gründen der Gesamtwirtschaft und des Gemeinwohls" und nach § 42 Abs. 1 GWB zur Erlaubnis von Zusammenschlüssen, die „durch ein überragendes Interesse der Allgemeinheit gerechtfertigt" sind, ermächtigt.

Aus Gründen, die noch näher zu erörtern sind, haben diese Ministererlaubnisse in der Praxis nur wenig Bedeutung erlangt. Im nationalen Kartellrecht ist die Dogmatik zur Berücksichtigung öffentlicher Interessen vor allem aus einem anderen Grund wesentlich von der Praxis des europäischen Kartellrechts zu Art. 81 Abs. 3 EGV abgewichen: Bis zur Einführung des § 7 GWB n.F. mit der sechsten GWB-Novelle (1998) existierte im deutschen Kartellrecht keine dem Art. 81 Abs. 3 EGV entsprechende Ausnahmeklausel. Es fehlte somit über Jahrzehnte ein Freistellungstatbestand, in den das BKartA öffentliche Interessen zumindest „hineininterpretieren" hätte können.

Es lässt sich somit vorläufig festhalten, dass das Kartellrecht nur vereinzelt explizite Gemeinwohlklauseln enthält, aber seine Freistellungsklauseln einer Berücksichtigung öffentlicher Interessen wenigstens vom Wortlaut her zugänglich sind.

2. Zur Bedeutung allgemeiner Gemeinwohlklauseln für das Kartellrecht

Gründe für die Gebotenheit der Berücksichtigung des öffentlichen Interesses können außerhalb und jenseits des Wortlautes der geschriebenen Kartellgesetze liegen. Die Prämissen einer „kartellrechtlichen Gemeinwohl-Dogmatik" wurden bislang kaum je offengelegt und nicht selten auch mit Auswirkungen auf das Ergebnis verkannt. Diese Prämissen sind im Europarecht und im Verfassungsrecht zu suchen. Einfachrechtlichen Ansätzen, wie sie im Schrifttum vertreten wurden, ist hingegen eine Absage zu erteilen.

Im *Gemeinschaftsrecht* hat der Belang des *Umweltschutzes* (Art. 6 EGV) den Charakter einer so genannten „Querschnittsklausel". Man könnte analog zur verfassungsrechtlichen „Staatszielbestimmung" auch von einer „*Gemeinschaftszielbestimmung*" sprechen. Der Begriff der Staatszielbestimmung verbietet sich auf europäischer Ebene mangels Staatsqualität der Gemeinschaft bzw. Union. Aber analog zu den Staatsaufgaben und -zielen lassen sich Gemeinschaftsaufgaben (Art. 2 EGV) und -ziele ausmachen. Art. 6 EGV ist ein solches Gemeinschaftsziel, das in jegliche Tätigkeit der Gemeinschaft einzubeziehen ist. Die Bestimmung ist mit der Neufassung des EGV (Amsterdam 1997) aus dem Zusammenhang des Art. 174 (Art. 130r EGV a. F.) herausgelöst worden. Sie war als Art. 130r Abs. 2 UAbs. 1 S. 2 EGV a. F. durch den Maastricht-Vertrag (1992) in den EGV aufgenommen worden und hieß: „Die Erfordernisse des Umweltschutzes müssen bei der Festlegung und Durchführung anderer Gemeinschaftspolitiken einbezogen werden." Damit war die Formulierung der Umwelt-Querschnittsklausel des Art. 130 r Abs. 2 S. 2 EGV in der Fassung der Einheitlichen Europäischen Akte v. 17./28. Februar 1986[66] („Die Erfordernisse des Umweltschutzes sind Bestandteil der anderen Politiken der Gemeinschaft") ersetzt und präzisiert worden.

Bereits der ursprünglichen Formulierung von 1986 war Rechtssatzqualität zugesprochen worden.[67] Ihrem Gehalt wurde durch die neue Formulierung 1992 eine zusätzliche Dynamik verliehen[68]. Durch die Herausstellung als Art. 6 EGV (1997) wurde die Bedeutung des Umweltschutzes abermals bekräftigt. Der Umweltschutz ist im Gemeinschaftsrecht ein Rechtsprinzip: sowohl in dem Sinne, dass es sich um einen allgemeinen, übergreifenden Grundsatz handelt, als auch im rechtstheoretischen Sinne[69], dass er als Gesichtspunkt gegenüber kollidierenden Werten abzuwägen ist. Es ist wegen Art. 6 EGV geboten, die Belange des Umweltschutzes auch im Rahmen des europäischen Kartellrechts, insbesondere bei der Auslegung des Art. 81 Abs. 3 EGV, zu berücksichtigen.

Weniger zwingend, aber immerhin denkbar ist auch eine Berücksichtigung der im Rahmen der *Gemeinschaftsaufgaben* des Art. 2 EGV genannten Gemeinwohlbelange im Rahmen des europäischen Kartellrechts, etwa ein „hohes Beschäftigungsniveau", ein „hohes Maß an sozialem Schutz" oder „die Gleichstellung von Männern und Frauen". Wenn Unternehmensabsprachen z. B. die Chancengleichheit von Frauen und Männern in der Pri-

---

[66] BGBl. II S. 1104.

[67] Vgl. *D. Ehle,* Die Einbeziehung des Umweltschutzes in das Europäische Kartellrecht, 1996, S. 28 m. w. N.

[68] *D. Ehle,* Die Einbeziehung des Umweltschutzes in das Europäische Kartellrecht, 1996, S. 28.

[69] Grundlegend *R. Dworkin,* Taking Rights Seriously, 1977; deutsch: Bürgerrechte ernstgenommen, 1984, S. 58; *R. Alexy,* in:Beiheft 1 z. Rechtstheorie (1979), S. 59 ff. sowie *ders.,* Beiheft 25 (1985) zu ARSP, S. 13 ff.; vgl. hierzu *M. Morlok,* Was ist und zu welchem Ende studiert man Verfassungstheorie?, 1988, S. 121 ff.; *L. Michael,* Der allgemeine Gleichheitssatz als Methodennorm komparativer Systeme, 1997, S. 95 ff.

§ 15 Das Kartellrecht als horizontale Auffangordnung

vatwirtschaft fördern, wie in Deutschland die Vereinbarung zwischen der Bundesregierung und den Spitzenverbänden der deutschen Wirtschaft vom 2. Juli 2001, dann ist es nicht ausgeschlossen, im Rahmen des Art. 81 Abs. 3 EGV auf Art. 2 EGV zu verweisen.

Im nationalen Kartellrecht ist für Selbstverpflichtungen im Umweltbereich die *Staatszielbestimmung des Art. 20a GG* einschlägig, die die Umwelt allgemein, d. h. für die ganze dem Grundgesetz unterstellte nationale Rechtsordnung, unter den Schutz des Staates stellt. Diese verfassungsrechtliche Norm gilt unmittelbar und richtet sich ausdrücklich auch an die vollziehende Gewalt und die Rechtsprechung. Das heißt freilich nicht, dass nunmehr jegliche einfachrechtliche Konkretisierung des Umweltschutzes entbehrlich wäre. Vielmehr soll der verfassungsrechtlich gebotene Schutz durch die zweite und dritte Gewalt „nach Maßgabe von Gesetz und Recht" verwirklicht werden. Somit bleiben die einfachrechtlichen Normen des Umweltrechts als Maßstäbe exekutiven Handelns maßgeblich. Das Gewaltenteilungsgefüge, das selbst unter dem Schutz der Verfassung steht, darf nicht über das Staatsziel unterlaufen oder gar ausgehebelt werden. Das bedeutet für das Kartellrecht, dass Staatsziele die gesetzliche Bindung der Kartellbehörden und der Gerichte an das GWB nicht hinfällig machen. Aber im Rahmen der Auslegung[70] und der verfassungsrechtlich zulässigen Rechtsfortbildung wirken Staatsziele als verbindliche Direktiven unmittelbar auf Entscheidungen der zweiten und dritten Gewalt. Im Rahmen ihrer Kompetenzen müssen alle Hoheitsträger zur Verwirklichung von Staatszielen beitragen.

Auch grundrechtlich begründete *Schutzpflichten* kommen in Betracht. So dienen zahlreiche Selbstverpflichtungen der Sicherheit und körperlichen Unversehrtheit von Personen und damit dem Schutz des Rechtsgutes von Art. 2 Abs. 2 GG. Auch solche Schutzpflichten richten sich nicht nur an den Gesetzgeber, sondern gelten grundsätzlich – wie die Grundrechte allgemein, Art. 1 Abs. 3 GG – für alle drei Gewalten.

An dieser Stelle liegt ein *rechtsvergleichender* Blick auf das US-amerikanische Antitrust-Recht nahe. Dessen weitreichendes Kartellverbot auf Grund des Sherman Acts vom 2. Juni 1870 wird seit der Entscheidung im Fall Standard Oil von 1911 unter dem Vorbehalt einer so genannten „*rule of reason*" gehandhabt. Diese ungeschriebene Einschränkung rekurriert auf den Zweck des Kartellrechts, (nur) solche monopolistischen Erscheinungen zu unterbinden, die gemeinwohlschädliche Folgen haben.[71]

---

[70] Mangels tatbestandlicher Öffnung des § 1 GWB gegen ein aus ihm folgendes Umweltprivileg *J. Knebel/L. Wicke/G. Michael,* Selbstverpflichtungen ..., 1999, S. 233 f.

[71] Standard Oil Co. Of New Jersey v. U. S., 221 U. S. 160, 62 (1911).

Diese Praxis lässt sich jedoch auf die hier diskutierten Probleme des GWB nicht übertragen: Im deutschen GWB besteht dank des Ausnahmekatalogs und dessen geschriebener Generalklausel des § 8 Abs. 1 GWB i. V. m. Art. 20a GG weniger Bedürfnis zu einer solchen Regel. Die Rezeption dieser amerikanischen Doktrin ist zu Recht von der deutschen Literatur und Rechtsprechung jedenfalls seit In-Kraft-Treten des GWB abgelehnt worden.[72] Das gilt erst recht seit der 6. GWB-Novelle (1998). Es handelt sich im deutschen Kartellrecht genau betrachtet nicht (mehr) um ein Problem der Anerkennung ungeschriebener Ausnahmen durch (richterliche) Rechtsfortbildung. Viele US-amerikanische „Self-regulations" wurden nach der Parker-exemtion[73] vom Antitrustrecht ausgenommen[74]: Danach kommt es darauf an, dass die von den Beteiligten verfolgten Zwecke in einem Bundesstaat rechtlichen Vorrang vor wettbewerblichen Zielen genießen. Auch diese Praxis lässt sich nicht auf das deutsche Kartellrecht übertragen. Der letztgenannte Aspekt könnte es nahe legen, die rule of reason im europäischen Kartellrecht anzuwenden, auch dank der Beeinflussung des Gemeinschaftsrechts durch das angloamerikanische Recht im allgemeinen.[75] Aber dies kann das hier zu behandelnde Problem nicht lösen: Die rule of reason ist auch im amerikanischen Recht nur ausnahmsweise[76] zur Berücksichtigung außerökonomischer Zwecke des Gemeinwohls herangezogen worden. Außerdem dient sie nicht der Rechtfertigung wettbewerbsbeschränkender Maßnahmen, sondern wird zur Bestimmung des wettbewerbsbeschränkenden Charakters von Absprachen herangezogen.[77]

Verfehlt sind die Ansätze, die außerkartellrechtliche Gebotenheit der Berücksichtigung öffentlicher Interessen bei der kartellrechtlichen Beurteilung mit dem *geschriebenen einfachen Recht* zu begründen: Die Forderung, § 1 GWB im Lichte der Gesamtrechtsordnung[78] auszulegen, kann für sich genommen nicht dazu führen, jedwedes in der Gesamtrechtsordnung (wie auch immer) geschützte Rechtsgut in einer Güterabwägung kartellrechtlich zu berücksichtigen. Über die verfassungsrechtlichen Implikationen hinaus

---

[72] *G. v. Wallenberg,* Umweltschutz und Wettbewerb, 1980, S. 171b m. w. N.; *M. Schmidt-Preuß,* in: Festschrift für O. Lieberknecht, 1997, S. 549 (558 f.); *V. Emmerich,* Kartellrecht, 8. Aufl. 1999, § 4 (S. 53).

[73] Parker v. Brown, 317 U. S. 341 (1943).

[74] *H. Herrmann,* Interessenverbände und Wettbewerbsrecht, 1984, S. 98 f., 223 ff.

[75] *D. Ehle,* Die Einbeziehung des Umweltschutzes in das Europäische Kartellrecht, 1996, S. 112.

[76] Als Ausnahmefall wird in der Literatur der Fall Chicago Board of Trade, 246 U. S. 331 (1918) genannt.

[77] *D. Ehle,* Die Einbeziehung des Umweltschutzes in das Europäische Kartellrecht, 1996, S. 115.

[78] *J. H. Kaiser,* NJW 1971, S. 585 (588).

ist eine solche Berücksichtigung nicht ohne weiteres geboten. Der Umweltschutz mit ordnungsrechtlichen Vorschriften zeigt zwar, dass der Gesetzgeber diesem öffentlichen Interesse selbst nachkommt. Aus dieser Erkenntnis lässt sich jedoch nicht schließen, dass er damit auch jedwedes andere Instrument, das diesem Zweck dient, legitimieren wollte. Es ist gerade Aufgabe des Gesetzgebers, durch die Ausgestaltung des einfachen Rechts selbst zu entscheiden, mit welchen Mitteln, in welchem Maße und zu welchem Preis dem Gemeinwohl Rechnung getragen wird.

Auch ist es verfehlt, den Gedanken der *Einheit der Rechtsordnung*[79] überzustrapazieren. *Gabriele v. Wallenberg* hat behauptet, es könne nicht Aufgabe der Kartellbehörden bzw. Sinn des GWB sein, gesellschaftspolitische Zielsetzungen des Gesetzgebers zunichte zu machen. Deshalb seien solche Zielsetzungen, soweit sie in Gesetzen auszumachen seien, auch kartellrechtlich zu berücksichtigen. Mit dieser Argumentation würden aber Zielsetzungen des Gesetzgebers verallgemeinert, die dieser nur partiell einfachrechtlich umgesetzt und eben nicht kartellrechtlich in Recht gegossen hat. Es muss dem Gesetzgeber vorbehalten bleiben, bestimmte Zielsetzungen Stück für Stück und d. h. gegebenenfalls auch nur punktuell in Teilgebieten des Rechts umzusetzen. Eine materielle Änderung des GWB wird durch Umweltgesetze i. V. m. dem Gedanken der Einheit der Rechtsordnung nicht herbeigeführt. Der so genannte „Vorrang des öffentlichen Rechts" greift „nur insoweit ..., als in casu eine konkrete Regelung vorliegt."[80] Das ist beim Ordnungsrecht im Hinblick auf das Kartellrecht regelmäßig nicht der Fall.

Hoheitliches Handeln wird auch nicht dadurch *widersprüchlich*[81], dass es ein Ziel grundsätzlich anerkennt, dieses jedoch auf ganz bestimmte Weise verwirklichen will: Der Staat, der durch hoheitliche Maßnahmen dem Umweltschutz dient, ist keinesfalls gehalten, darüber hinausgehende private Initiativen in jedem Falle zu akzeptieren. Selbstverständlich ist gemeinwohlförderliches Verhalten Privater an sich erlaubt und erwünscht. Umweltschutz ist nicht nur erlaubt, wenn er einfachgesetzlich geboten ist. Während der Gesetzgeber an die Verfassung, der Verordnunggeber an diese sowie die Verordnungsermächtigung, die Verwaltung an entsprechende Ermächtigungen gebunden ist, müssen sich private Initiativen an den Rahmen der (sonstigen) Gesetze halten. Stoßen sie an die Grenzen des Kartellrechts, so fallen diese nicht schon deshalb automatisch, weil der Staat das Umweltinteresse selbst verfolgt.

---

[79] *G. v. Wallenberg,* Umweltschutz und Wettbewerb, 1980, S. 132 f.
[80] *M. Schmidt-Preuß,* VVDStRL 56 (1997), S. 160 (216) Fn. 213 m. w. N zur Gegenansicht.
[81] *G. v. Wallenberg,* Umweltschutz und Wettbewerb, 1980, S. 131.

Es bleibt festzuhalten, dass nicht die kartellrechtliche Berücksichtigung jedes öffentlichen Interesses geboten ist, sondern nur, wenn es sich um ein Schutzgut des Gemeinschafts- bzw. Verfassungsrechts handelt. Auch die im amerikanischen Antitrustrecht geltende rule of reason lässt sich nicht auf das europäische oder deutsche Kartellrecht übertragen. Anknüpfungen an einfachrechtliche Gemeinwohlklauseln mit dem Argument der Einheit der Rechtsordnung ist eine Absage zu erteilen.

3. Kompetenzielle Abgrenzung zwischen der Bundesregierung und dem BKartA im kooperierenden Verfassungsstaat

Bei normativen Absprachen kommt aber neben Anknüpfungen an geschriebenes Recht vor allem die Berücksichtigung der *informalen Ausübung rechtsetzender Gewalt* durch die Bundesregierung in Betracht. Wird dadurch auch nicht der Anwendungsbereich des Kartellrechts ausgeschlossen, stellt sich die Frage, ob die Intentionen der Bundesregierung, die durch die vertikalen Elemente normativer Absprachen deutlich werden, bei der Anwendung des Kartellrechts zu berücksichtigen sind. Normative Absprachen stellen mehr dar als lediglich negative Nichtausübung rechtsetzender Gewalt. In ihnen werden vielmehr positiv Gemeinwohlziele konkretisiert. Dies ist durch das Prinzip der kooperativen Verantwortung und im Rahmen der Kompetenzen der Bundesregierung im kooperierenden Verfassungsstaat legitimiert. Weil die Legitimation nicht demokratisch und formal abgesichert ist und weil Private dabei an Entscheidungen konsensual teilhaben, ist die Anwendbarkeit des Kartellrechts nicht ausgeschlossen.

Dadurch entsteht ein Kompetenzkonflikt zwischen der informalen Ausübung rechtsetzender Gewalt durch die Bundesregierung und der Kartellrechtskontrolle durch das BKartA, der funktionellrechtlich zu lösen ist. Wenn man die Aufgaben und Funktionen der Bundesregierung und das BKartA miteinander vergleicht, ergibt sich folgende kompetenzielle Abgrenzung:

Die Bundesregierung kann sich auf ihre Kompetenzen zur Ausübung rechtsetzender Gewalt, insbesondere auf Verordnungsermächtigungen, berufen. Verordnungsermächtigen geben ihr im kooperierenden Verfassungsstaat auch die Kompetenz zu entsprechender informaler und kooperativer Konkretisierung des Gemeinwohls. Die Gemeinwohlziele der Bundesregierung muss das BKartA als solche akzeptieren und darf nicht eigene, z.B. umweltpolitische Vorstellungen an deren Stelle setzen. Diese Bindung des BKartA erfasst aber nicht die horizontalen wettbewerblichen Auswirkungen normativer Absprachen. Sie sind zwar dem Staat zuzurechnen, aber das BKartA ist an deren Einschätzung durch die Bundesregierung nicht gebunden.

Die notwendige Abwägung zwischen öffentlichen und wettbewerblichen Interessen muss im Rahmen des Kartellrechts die Kartellbehörde treffen. Für den Fall, dass das BKartA eine normative Absprachen kartellrechtlich verwirft, sieht § 8 GWB selbst einen Ausweg vor, der der übergeordneten Stellung der Bundesregierung gerecht wird: Der Bundesminister für Wirtschaft kann selbst als Kartellbehörde eine solche Absprache freistellen, wenn eine freistellende Entscheidung des BKartA nach §§ 2 bis 7 GWB nicht möglich ist. Wenn sich auch der Bundesminister für Wirtschaft weigert, bleibt immerhin die Möglichkeit, dass z.B. der Bundesminister für Umwelt seine Ziele per Rechtsverordnung verfolgt, die sich einer kartellrechtlichen Überprüfung entzieht. Dieses Kompetenzgefüge, das sich aus geschriebenen Kompetenzen der Bundesregierung und des BKartA entwickeln lässt, wird normativen Absprachen und ihren Gemeinwohldimensionen gerecht. Das BKartA muss sich „political self-restraint" auferlegen.

In der Literatur sind die Chancen eines solchen Zusammenwirkens der Kompetenzen der Bundesregierung und des BKartA bislang unterschätzt worden. Statt beide Sichtweisen zu versöhnen wird davor gewarnt, die Bundesregierung könne zur Kartellbehörde oder das BKartA zur Umweltbehörde werden. Nach *Ulrich Immenga* darf den Kartellbehörden nicht die Wahrnehmung außerwettbewerblicher Aufgaben übertragen werden, weil ihnen dafür die demokratische Legitimation fehle.[82] Spätestens jedoch mit Art. 20a GG erhalten die Kartellbehörden die umstrittene demokratische Legitimation zur Berücksichtigung umweltschützender Zwecke von Absprachen. Das Staatsziel, das sich ausdrücklich an die gesamte vollziehende Gewalt richtet, führt dazu, dass jede Behörde eine Umweltbehörde ist. *Ressortkonflikte* zwischen Bundesministern sind lediglich allgemein im Rahmen des Art. 65 S. 2 und 3 GG verfassungsrechtlich normiert. Nicht jegliche Betroffenheit umweltpolitischer Belange fällt in den alleinigen Verantwortungsbereich des Bundesministers für Umwelt.

Das Problem der Ressortkonflikte wurde in der Literatur insbesondere im Zusammenhang mit der Anwendung des § 8 Abs. 1 GWB diskutiert. Bei dessen Auslegung stellt sich die Frage, ob Gründe „der Gesamtwirtschaft und des Gemeinwohls" kumulativ vorliegen müssen oder aber alternativ ausreichen. Letzteres wurde mit dem Argument bestritten, das Ausreichen von Gemeinwohlaspekten würde dem Bundesministerium für Wirtschaft eine ihm nicht zustehende Kompetenz für umweltpolitische Fragen zuweisen. Die Auslegung des § 8 GWB dürfe nicht zu einer ungewollten, bedenklichen Machtkonzentration des Wirtschaftsministers z.B. in umwelt-

---

[82] *U. Immenga*, Politische Instrumentalisierung des Kartellrechts, in: Recht und Staat, Nr. 461, 1976, S. 21.

politischen Fragen, die im Falle der staatlichen Normierung nicht in sein Ressort fallen würden, führen.

Den Kompetenzkonflikt zwischen dem Bundesminister für Wirtschaft und dem Bundesminister für Umwelt gab es zum Zeitpunkt der Schaffung des § 8 GWB nicht, da damals noch kein Bundesministerium für Umwelt existierte. Zunächst war der Bundesminister des Innern für Umweltpolitik zuständig und ein Kompetenzkonflikt mangels Bedeutung weniger offenbar. § 8 GWB wurde aber seitdem nicht geändert. Kann man daraus schließen, dass es insoweit bei einer Kompetenzzuweisung bleibt? Dagegen spricht, dass der Gesetzgeber mangels Notwendigkeit mit § 8 GWB keine Kompetenzkonflikte regeln wollte.

Näher betrachtet werden dem Bundesministerium für Umwelt jedoch durch § 8 GWB keine Kompetenzen abgeschnitten: Bei der Entscheidung nach § 8 GWB geht es allein um den wirtschaftspolitischen Aspekt einer normativen Absprache. Während der Bundesminister für Umwelt darüber entscheidet, ob die umweltpolitischen Aspekte der Absprache billigenswert sind, muss der Bundesminister für Wirtschaft deren kartellrechtliche Folgen verantworten. Das wiederum fällt gerade nicht in die Kompetenz des Bundesministeriums für Umwelt. Ihm bleibt es unbenommen, auch wenn die Absprache kartellrechtlich vom Bundesminister für Wirtschaft nicht im Rahmen von § 8 GWB freigestellt wird, im Rahmen seiner Zuständigkeit entsprechende Verordnungen zu erlassen oder eine Gesetzesinitiative zu ergreifen. Die Durchsetzung einer bestimmten umweltpolitischen Zielsetzung kann der Bundesminister für Wirtschaft somit nicht blockieren, sondern lediglich einen kartellrechtlich problematischen Weg der Verwirklichung umweltpolitischer Ziele durch Absprachen verhindern.

Auch die Meinung, die Entscheidung nach § 8 GWB müsse, soweit sie ressortübergreifende Frage betreffe, dem Bundeskanzler zufallen,[83] ist abzulehnen. Gemeinwohlklauseln erweitern die Ressortzuständigkeiten und mögen zu Überschneidungen führen. Das ist gewollt und notwendig. Art. 65 GG ist nicht so zu verstehen, dass nur der Bundeskanzler berufen ist, das Gemeinwohl in ressortübergreifenden Fragen zu beurteilen. Gemeinwohlklauseln sind also nicht restriktiv zu interpretieren und nicht auf die Berücksichtigung des ressortbezogenen Gemeinwohls zu beschränken.

De lege ferenda (§ 39 Abs. 4 UGB-KomE) wurde erwogen, das Einvernehmen anderer Ministerien für eine *Erlaubnis* der Absprache durch den Bundesminister für Wirtschaft zu verlangen. Faktisch besteht hierfür jedoch kaum ein Bedürfnis, da die jeweils infrage kommenden Ressorts am Absprachenprozess ohnehin beteiligt sind und in der Regel dessen Ergebnis und

---

[83] A. *Helberg*, Normabwendende Selbstverpflichtungen ..., 1999, S. 260.

seine Anerkennung durch den Bundesminister für Wirtschaft unterstützen würden.[84]

Umgekehrt wäre m.E. vielmehr zu erwägen, vor der Versagung einer *Genehmigung* nach § 8 GWB die Anhörung anderer Ressorts zu verlangen. So würde verhindert, dass der Bundesminister für Wirtschaft den Gemeinwohlbelangen, die dem kartellrechtlichen Interesse entgegenstehen, zu geringe Bedeutung beimisst. Die Formalisierung solcher Verständigung mag nicht dringlich sein, da der Bundesminister für Wirtschaft kaum ohne Kenntnis der Hintergründe des Absprachepozesses entscheiden wird, an diesem ja bisweilen selbst beteiligt wurde. Aber sie wäre einer transparenten und abgewogenen Entscheidung zuträglich.

Ein ähnliches Ergebnis würde mit dem Vorschlag *Knebels*[85] erreicht, die Zuständigkeit auf den Bundesminister für Umwelt zu übertragen und dessen Entscheidung vom Einvernehmen des Bundesministers für Wirtschaft abhängig zu machen. Sowohl das hier vorgeschlagene Verfahren als auch Knebels Weg gewährleisten, dass der Bundesminister für Wirtschaft die Chance hat, eine Absprache aus wirtschaftspolitischen Erwägungen zu verhindern und dass der Bundesminister für Umwelt stets die Vorteile einer Absprache für den Umweltschutz geltend machen kann.

Die Vorschläge unterscheiden sich voneinander in der Primärzuständigkeit und Verfahrenshoheit. *Knebel* begründet die Primärzuständigkeit des Bundesministers für Umwelt damit, dass die Entscheidung über Selbstverpflichtungen nicht die wirtschaftspolitische, sondern eine umweltpolitische Verantwortung betreffe. Dieser Einschätzung ist aber auch dann nicht zuzustimmen, wenn die Zwecke der Selbstverpflichtung umweltpolitischer Natur sind. Bei der Entscheidung im Rahmen des § 8 GWB geht es aber um die Gefahren für den Wettbewerb, die gerade dadurch entstehen, dass private Absprachen an die Stelle von hoheitlichen Regelungen treten. Die Verantwortung für diesen Aspekt ist eine wirtschaftspolitische und sollte deshalb primär in der Zuständigkeit des Bundesministers für Wirtschaft bleiben. Hierfür spricht auch, dass sonst in beiden Ministerien kartellrechtliche Zuständigkeiten zu verteilen wären. Dasselbe müsste auch für die Betroffenheit anderer Ressorts (z.B. Gesundheit) gelten. Soweit Selbstverpflichtungen den Vorteil haben, die Verwaltung zu entlasten, sollte de lege ferenda eine Verkomplizierung des Verfahrens und die Schaffung dezentraler Zuständigkeiten vermieden werden.

Was für die kompetenziellen Grenzen des Bundesministers für Wirtschaft im Rahmen seiner Befugnisse nach § 8 GWB gilt, muss erst recht für die

---

[84] Kritisch auch *J. Knebel/L. Wicke/G. Michael*, Selbstverpflichtungen …, 1999, S. 252.

[85] *J. Knebel/L. Wicke/G. Michael*, Selbstverpflichtungen …, 1999, S. 257.

Kompetenzen des BKartA gelten: Die Kartellbehörde ist hinsichtlich der Einschätzung der Gemeinwohldienlichkeit einer normativen Absprache an die Auffassung der Bundesregierung bzw. des Ressortministers gebunden. Sie darf der Absprache die grundsätzliche Eignung, einem öffentlichen Interesse zu dienen, nicht absprechen, darf die Schutz- und Förderungswürdigkeit eines Gemeinwohlbelanges als solche nicht in Frage stellen und muss gegebenenfalls auch die politische Einschätzung des Belanges als wichtig, dringlich, überragend etc. akzeptieren und ihrer eigenen Entscheidung zugrundelegen.

Der Kartellbehörde fällt hingegen die Aufgabe zu, die Wettbewerbsbeschränkungen einzuschätzen und in ihrer Schwere zu würdigen. Weiterhin muss sie die Entscheidung treffen, ob sich unter Zugrundelegung der oben genannten Prämissen das öffentliche Interesse kartellrechtlich gegen die Wettbewerbsinteressen durchsetzt. Wie sogleich zu zeigen sein wird, handelt es sich dabei um eine Abwägungsentscheidung. Kompetenzielle Bedenken dagegen, eine solche Abwägung der Kartellbehörde anzuvertrauen, bestehen aus zwei Gründen nicht. Erstens ist die Kompetenz der Kartellbehörde zur Gemeinwohlkonkretisierung durch die Einschätzungsprärogative der Bundesregierung bzw. des Ressortministers beschränkt und zweitens bleibt letzteren die Möglichkeit, das öffentliche Interesse per formale Rechtsetzung zu verwirklichen und einer kartellrechtlichen Überprüfung zu entziehen. Wenn hingegen normative Absprachen formale Rechtsetzung substituieren sollen, ist es funktionell angemessen, die daraus folgenden Wettbewerbsbeschränkungen der Überprüfung der Kartellbehörde anzuvertrauen und vorzubehalten.

4. Dogmatische Verortung des Gemeinwohls im Kartellrecht

Dass es geboten sein kann, das Gemeinwohl über dessen ausdrückliche Erwähnung im geschriebenen Kartellrecht hinaus zu berücksichtigen, wirft die Anschlussfrage auf, wo eine solche kartellrechtliche Gemeinwohldogmatik zu verorten ist. Die Praxis hat diese Frage bisweilen vernachlässigt und nach der Devise gehandelt, es sei die Hauptsache, dass sich Absprachen im Interesse des Gemeinwohls letztlich gegen das Kartellverbot behaupten. Dabei ist sie in Begründungen und auch im Ergebnis nicht selten über das Ziel hinausgeschossen. Das wiederum hat die Berücksichtigung des Gemeinwohls als solche in Misskredit gebracht.

Bevor die Änderungen der 6. GWB-Novelle zum Anlass genommen werden, auch in Sachen Gemeinwohl einen dogmatischen Neuanfang zu machen, sollte deshalb die überkommene Dogmatik aufgearbeitet werden. Es muss vermieden werden, Missverständnisse und kritikwürdige Ansichten zu perpetuieren und es sollte die Chance ergriffen werden, an weiterführende Ansätze anzuknüpfen.

Die dogmatischen Begründungen für die verschiedenen Auffassungen fallen so weit auseinander, dass sie sich nur schwer miteinander vergleichen lassen. Eine kritische Auseinandersetzung wird dadurch erschwert, dass sich die Lösungsvorschläge nicht nur gegenseitig ausschließen, sondern an unterschiedliche Normen anknüpfen, die in einem Abhängigkeitsverhältnis zueinander stehen. Die Berücksichtigung der Verfolgung öffentlicher Interessen im Kartellrecht kann auf verschiedenen Ebenen dogmatisch eine Rolle spielen: Die Frage der Anwendbarkeit der Kartellverbote des Art. 81 Abs. 1 EGV bzw. § 1 GWB ist einer Erörterung der Ausnahmetatbestände logisch vorgelagert.

Im *europäischen Kartellrecht* werden öffentliche Interessen – soweit sie nicht unter eine der Freistellungs-Verordnungen fallen – durch (weite) Auslegung des Art. 81 Abs. 3 EGV berücksichtigt. Die grundsätzliche Anwendbarkeit des Kartellrechts wurde – anders als im Schrifttum zum GWB – nie bezweifelt. Auf europäischer Ebene ist aber noch ungeklärt, ob der Umweltschutz und andere Gemeinwohlbelange nur im Rahmen der Auslegung des Art. 81 Abs. 3 EGV zu berücksichtigen sind, oder aber eigenständige Freistellungsgründe darstellen können – ähnlich der Cassis-Rechtsprechung, die selbständig neben den Ausnahmetatbestand des Art. 30 (ex 36) EGV trat. Eine dogmatische *Verselbständigung der Gemeinwohlbelange* im Kartellrecht verdient Kritik. Es wäre zu befürchten, dass dann – wiederum parallel zur Dogmatik der Cassis-Rechtsprechung – ein neuer Tatbestandsausschluss (hier des Art. 81 Abs. 1 EGV) konstruiert würde. Dies widerspräche dem System der Freistellung nach Art. 81 Abs. 3 EGV.[86] Die im deutschen Kartellrecht überwundene Doppelstecker-Praxis des BKartA, die ebenfalls am Schutzbereich des Kartellverbotes ansetzte, sollte keinesfalls im europäischen Kartellrecht Nachahmung finden.

In diese problematische Richtung geht aber nunmehr die Rechtsprechung des EuGH mit seinem Urteil vom 19. Februar 2002.[87] Der EuGH konstatiert, dass „nicht jede Vereinbarung zwischen Unternehmen oder Beschluss einer Unternehmensvereinigung, durch die die Handlungsfreiheit beschränkt wird, automatisch vom Verbot des Art. 85 (jetzt 81) Abs. 1 EGV erfasst wird"; vielmehr sei „bei der Anwendung dieser Vorschrift im Einzelfall ... der Gesamtzusammenhang, in dem der fragliche Beschluss zustande gekommen ist oder seine Wirkungen entfaltet und insbesondere dessen Zielsetzung zu würdigen"[88]. Dabei berücksichtigt die Rechtsprechung Zwecke,

---

[86] *W. Frenz,* Nationalstaatlicher Umweltschutz und EG-Wettbewerbsfreiheit, 1997, S. 54.

[87] Urteil vom 19. Februar 2002 Rs. C – 309/99 – Wouters gegen Algemene Raad.

die der Generalanwalt zutreffend als „Allgemeininteressen"[89] bezeichnet hat. In dem Fall ging es um die Notwendigkeit der Schaffung von Vorschriften über Organisation, Befähigung, Standespflichten, Kontrolle und Verantwortlichkeit von Rechtsanwälten, die dazu dienen, den Empfängern juristischer Dienstleistungen und der Rechtspflege die erforderliche Gewähr für Integrität und Erfahrung zu bieten. Während der Generalanwalt solche Gemeinwohlbelange dogmatisch in Art. 81 Abs. 3 bzw. 86 Abs. 2 EGV verorten wollte und eine rule of reason jenseits wettbewerbsförderlicher Absprachen ablehnt, hat der EuGH einen ungeschriebenen Ausnahmetatbestand angenommen. Dem ist nicht zuzustimmen.

Der Vergleich mit der Cassis-Rechtsprechung liefert noch einen weiteren Grund gegen[90] eine dogmatische Verselbständigung der Gemeinwohlbelange im Kartellrecht: Die Ausnahmen zu den Grundfreiheiten einerseits und zum Kartellverbot andererseits sollten keinesfalls aneinander angeglichen werden. Einer analogen Anwendung des Art. 30 (ex 36) EGV[91] und erst recht der Cassis-Rechtsprechung auf die Art. 81 f. EGV ist zu widersprechen. Weil die Grundfreiheiten primär an die Mitgliedstaaten adressiert sind und weil bei deren Maßnahmen regelmäßig öffentlichen Interessen dienen sollen, sind Gemeinwohlbelange gegenüber Einschränkungen der Grundfreiheiten abzuwägen. Im Kartellrecht hingegen ist die Verfolgung öffentlicher Interessen nicht nur atypisch, sondern trifft bei normativen Absprachen mit der Verfolgung privater, ökonomischer Ziele zusammen. Zwar soll es Privaten keineswegs verwehrt sein, Gemeinwohlbelange zu unterstützen. Auch muss dies kartellrechtlich Berücksichtigung finden. Damit darf jedoch nicht die spezifische Interessenkollision des Kartellrechts verdrängt werden. Vielmehr ist diese durch die immanente Berücksichtigung von Gemeinwohlbelangen i. S. einer kartellrechtlichen Gemeinwohldogmatik zu ergänzen. Deshalb sollten die in Art. 81 Abs. 3 EGV genannten Kriterien der angemessenen Verbraucherbeteiligung, der Verbesserung der Warenerzeugung oder verteilung, der Förderung des technischen oder wirtschaftlichen Fortschritts und der Erhaltung des Wettbewerbs nicht durch die Anerkennung von Gemeinwohlbelangen ersetzt, sondern im Lichte von Gemeinwohlbelangen ausgelegt werden.

Dies gebietet auch die begrenzte funktionelle Kompetenz der Kartellbehörden für den Schutz des Wettbewerbs. Eine dogmatische Verselbständi-

---

[88] EuGH Urteil vom 19. Februar 2002 Rs. C – 309/99 Rz. 97.

[89] Schlussantrag des Generalanwaltes *Ph. Léger* zum Urteil vom 19. Februar 2002 Rs. C – 309/99 Rz. 99 ff.

[90] Anders: *R. Velte,* Duale Abfallentsorgung und Kartellverbot, 1999, S. 321, im Ergebnis jedoch auch gegen eine Tatbestandsreduktion.

[91] Dafür *W. Frenz,* Nationalstaatlicher Umweltschutz und EG-Wettbewerbsfreiheit, 1997, S. 58 ff.

§ 15 Das Kartellrecht als horizontale Auffangordnung

gung von Gemeinwohlbelangen im Kartellrecht könnte leicht dazu führen, dass Kartellbehörden statt Wettbewerbspolitik Umweltpolitik betreiben. Derartigen Entwicklungen ist vorzubeugen. Schließlich spricht auch die wettbewerbsrechtliche Kompetenz der Gemeinschaft dagegen, den Mitgliedstaaten und Unternehmen Handlungsspielräume zuzugestehen, die der Cassis-Rechtsprechung entsprechen.[92]

Im *deutschen Kartellrecht* hingegen ist die Dogmatik zur Berücksichtigung des Gemeinwohls geradezu verworren: Im GWB fehlte bis zur 6. GWB-Novelle (1998) eine dem Art. 81 Abs. 3 EGV entsprechende Freistellungsklausel, wie sie jetzt § 7 GWB enthält. Die langjährige *Praxis des BKartA* behalf sich mit einer dogmatisch sehr problematischen Restriktion der Anwendbarkeit des § 1 GWB ohne damit auf die Ausnahmetatbestände der §§ 2 ff. GWB näher eingehen zu müssen. Diese auch von der Literatur jahrzehntelang überwiegend geduldete, wenn nicht befürwortete ungeschriebene *Restriktion* des § 1 GWB[93] im Rahmen einer „*Rechtsgüterabwägung*"[94] soll hier – obwohl dogmatisch überholt – zuerst erörtert werden: Erstens offenbaren sich in dieser Praxis des BKartA, das damit ein flexibles Einschreitensermessen in Anspruch nahm[95] und in der Auseinandersetzung des Schrifttums mit ihr Grundprobleme des Verhältnisses zwischen dem Kartellrecht und dem öffentlichen Interesse. Zweitens reagierte der Gesetzgeber mit der Schaffung des § 7 GWB n.F. auf diese Praxis, sodass die Auslegung dieser neuen Vorschrift vor dem Hintergrund der alten Rechtslage erfolgen muss.

Die Praxis des BKartA hat auch in der politischen Praxis Spuren hinterlassen: Von der Bundesregierung ist die kartellrechtliche Relevanz von Selbstverpflichtungen bisweilen bedenklich heruntergespielt worden. Zeitweise herrschte im Bundesministerium für Umwelt die Ansicht, dass im Bereich des Umweltschutzes der Markt ohnehin nicht seine Effizienzeigenschaften entfalte und deshalb der Wettbewerb in diesem Bereich auch nicht schützenswert sei.[96] Diese Auffassung verkennt sowohl die Chancen eines Umweltschutzes durch den Markt, als auch dessen kartellrechtliche Gefahren. Sie führt zu einem kartellrechtlichen „Umweltprivileg"[97], das es de lege lata nicht gibt und de lege ferenda nicht geben sollte.

---

[92] *R. Velte,* Duale Abfallentsorgung und Kartellverbot, 1999, S. 322.
[93] So *J. H. Kaiser,* NJW 1971, S. 585 (588); kritisch *U. Immenga,* in: Immenga/Mestmäcker, GWB, 2. Aufl., 1992, zu § 1 Rz. 376.
[94] *U. Immenga,* in: Immenga/Mestmäcker, GWB, 2. Aufl., 1992, zu § 1 Rz. 374 ff., insbes. 379 m.w.N.
[95] Vgl. *M. Schmidt-Preuß,* VVDStRL 56 (1997), S. 160 (217).
[96] *A. Merkel,* in: L. Wicke/J. Knebel/G. Braeseke (Hrsg.), Umweltbezogene Selbstverpflichtungen der Wirtschaft, 1997, S. 87 (97).

550   3. Teil: Rechtliche Einbindung normativer Absprachen

Allen Versuchen, das Kartellrecht bei Absprachen im öffentlichen Interesse in toto für *unanwendbar* zu erklären, ist eine Absage zu erteilen. Pauschale Argumente konnten die Praxis des BKartA nicht dogmatisch begründen. Weder der *Vorrang selbstregulativer Eigenvornahme*[98], noch die Behauptung einer Ausnahme bei *Verwirklichung öffentlicher Aufgaben*[99] bzw. für Absprachen *öffentlich-rechtlichen Charakters*[100] konnten befriedigen.

§ 1 Abs. 1 S. 2 GWB a.F. verwies ausdrücklich auf die „in diesem Gesetz" bestimmten Ausnahmen. Die Meinung, in Anlehnung an § 134 Abs. 1 BGB hierin einen Verweis auf Normen der gesamten Rechtsordnung zu sehen,[101] wurde aufgegeben[102] und wird soweit ersichtlich nicht mehr vertreten.[103] Die Streichung des Verweises hat nichts daran geändert, dass es sich bei den §§ 2 bis 8 GWB n.F. um enumerative Ausnahmen vom Kartellverbot handelt. Eine teleologische Reduktion[104] des § 1 GWB n.F. ist angesichts des geregelten Ausnahmekatalogs und insbesondere wegen des als Auffangtatbestand formulierten § 8 Abs. 1 GWB[105] und der neuen Klausel des § 7 GWB noch weniger als je zuvor möglich.

Die Reduktion des BKartA bezog sich auf § 1 GWB a.F. § 1 Abs. 1 S. 1 GWB a.F. lautete: „Verträge, die Unternehmen oder Vereinigungen von Unternehmen zu einem gemeinsamen Zwecke schließen, und Beschlüsse von Vereinigungen von Unternehmen sind unwirksam, soweit sie geeignet sind, die Erzeugung oder die Marktverhältnisse für den Verkehr mit Waren oder gewerblichen Leistungen durch Beschränkungen des Wettbewerbs zu beeinflussen." Dieser Tatbestand wurde seit jeher deshalb überwiegend extensiv ausgelegt.[106] Er wurde inzwischen an die Formulierung des Art. 81 Abs. 1 EGV angeglichen; § 1 GWB n.F. lautet nunmehr: „Vereinbarungen zwischen miteinander im Wettbewerb stehenden Unternehmen, Beschlüsse von Unternehmensvereinigungen und aufeinander abgestimmte Verhaltenswei-

---

[97] Dagegen *J. Knebel/L. Wicke/G. Michael*, Selbstverpflichtungen ..., 1999, S. 275; *A. Faber*, Gesellschaftliche Selbstregulierungssysteme im Umweltrecht, 2001, S. 341.

[98] So aber *M. Schmidt-Preuß*, VVDStRL 56 (1997), S. 160 (217).

[99] *U. Di Fabio*, VVDStRL 56 (1997), S. 235 (255).

[100] *A. Helberg*, Normabwendende Selbstverpflichtungen ..., 1999, S. 289; dagegen bereits *H. Baumann*, Rechtsprobleme freiwilliger Selbstbeschränkung, Diss. Tübingen 1978, S. 74.

[101] *E. Langen*, Kommentar zum Kartellgesetz, 4. Aufl., 1967, zu § 1 Rz. 97 ff.

[102] *E. Langen/E. Niederleithinger/U. Schmidt*, Kommentar zum Kartellgesetz, 5. Aufl., 1977, zu § 1 Rz. 44.

[103] Vgl. *G. v. Wallenberg*, Umweltschutz und Wettbewerb, 1980, S. 138 ff.

[104] Entsprechend der von *G. Schricker*, Gesetzesverletzung und Sittenverstoß, 1970, S. 250 ff. für § 1 UWG vertretenen Normzwecktheorie.

[105] *G. v. Wallenberg*, Umweltschutz und Wettbewerb, 1980, S. 141.

[106] *G. v. Wallenberg*, ebenda, 1980, S. 146 ff. m.w.N.

sen, die eine Verhinderung, Einschränkung oder Verfälschung des Wettbewerbs bezwecken oder bewirken, sind verboten." Damit ist es jedoch der Sache nach beim Grundsatz eines umfassenden Kartellverbots geblieben. Nicht die Neuformulierung des § 1 GWB, sondern die Hinzufügung des § 7 GWB wird zu wesentlichen dogmatischen Neuerungen führen.

Das BKartA hat im *Doppelstecker-Fall*[107] eine *Güterabwägung zur Begrenzung des Schutzbereichs von § 1 GWB* vorgenommen und eine Selbstverpflichtung der Elektroindustrie vom Kartellverbot freigestellt. Es handelt sich um eine Leitentscheidung, auf die sich das BKartA in seiner eigenen Praxis jahrzehntelang berufen hat[108] und die bis heute tiefe Spuren in der kartellrechtlichen Dogmatik hinterlassen hat.

Der Entscheidung lag folgender Sachverhalt zugrunde: Am 24. Februar 1955 unterzeichneten die Vertreter von insgesamt 18 Verbänden eine „Übereinkunft zur Förderung VDE-gemäßer elektrotechnischer Erzeugnisse und Installationen", die im vollen Wortlaut im Bundesanzeiger[109] veröffentlicht wurde. Die Unterzeichneten dieser Übereinkunft berufen sich in deren Präambel auf das „Bewusstsein ihrer Verantwortlichkeit gegenüber der Allgemeinheit ... zum Zwecke weiterer Verbreiterung der Kenntnisse über die VDE-Bestimmungen". Die Verbände sollen ihren Mitgliedern nach der Übereinkunft die Beachtung der geltenden VDE-Bestimmungen empfehlen, öffentlich auf die Gefahren bei ihrer Nichtbeachtung aufmerksam machen und sich gegenseitig über bekannt werdende Verstöße unterrichten und bei deren Abstellung unterstützen. Zur Umsetzung dieser Selbstverpflichtung bildeten die Verbände einen „Aktionsausschuss Sichere Elektrizitätsanwendung (SEA)"[110]. Im Zusammenhang mit dieser Übereinkunft wurde vor allem die VDE-Bestimmung[111], die Abzweigstecker (so genannte „Doppelstecker") für unzulässig erklärt und deren Herstellung nach dem 31. Oktober 1959 unterbindet, bzw. die Empfehlung der Beachtung auch dieser Bestimmung streitig. VDE-Bestimmungen sind anerkannte Regeln der Elektrotechnik im Sinne des § 1 der Zweiten Durchführungsverordnung zum Energiewirtschaftsgesetz vom 31. August 1937[112] und dienen z.B. der Beweiserleichterung bei der Beurteilung von Fahrlässigkeiten[113]. Die VDE-Bestimmungen werden vom Verband Deutscher Elektrotechniker mit Zustimmung des Bundesministers für Wirtschaft bearbeitet und herausgege-

---

[107] WuW/E BKartA 145, in: WuW 10 (1960), S. 363 (365).
[108] Ausdrücklich BKartA, Tätigkeitsbericht 1962, S. 57, BT-Drucks. IV/1220; BKartA, Tätigkeitsbericht 1976, S. 9, BT-Drucks. 8/704.
[109] BAnz Nr. 160 vom 20. August 1955.
[110] WuW/E BKartA 145 (147), in: WuW 10 (1960), S. 363 (365).
[111] § 31 Nc Nr. 8 der VDE 0100/11.58.
[112] RGBl. I S. 918.
[113] *D. v. Renthe-Fink,* WuW 10 (1960), S. 254 (255).

ben.[114] Sie werden von Fachleuten erarbeitet, die in diesem Fall überwiegend nicht „an der Herstellung und dem Vertrieb von Abzweigsteckern interessiert"[115] waren. VDE-Bestimmungen werden im Bundesanzeiger angekündigt und nach einer bestimmten Frist, innerhalb der jedermann bei der VDE-Vorschriftenstelle Einspruch erheben und Anregungen einreichen kann, und nach „In-Kraft-Setzung" im Namen des Vorstandes des Verbandes im Bundesanzeiger bekanntgegeben.[116] Sie sind zwar selbst keine gesetzlichen Verbote, werden aber z.B. bei der Bestimmung von Fahrlässigkeitsmaßstäben rechtlich anerkannt.

Mit dem In-Kraft-Treten des GWB stellte sich die Frage der kartellrechtlichen Anerkennung solcher Selbstverpflichtungen. Die Anerkennung durch eine lex anterior, zumal durch vorkonstitutionelles Recht, sowie die Praxis des Bundesministers für Wirtschaft konnte dabei die kartellrechtliche Freistellung nicht rechtfertigen. Die Doppelstecker-Entscheidung ist bereits im Ansatz dogmatisch angreifbar:

Es mochte Gründe dafür geben, dass das BKartA – um den Katalog der gesetzlichen Ausnahmen der §§ 2 bis 7 GWB nicht aufzuweichen – seine Erwägungen auf der Ebene des Schutzbereiches von § 1 GWB verortete (Sicherheitsbestimmungen fielen „aus dem Schutzbereich des § 1 GWB"[117]). Leider verschleierte es jedoch die Kopflastigkeit dieser Argumentation, indem es Parallelen zur Schutzbereichsabgrenzung zum UWG zog.[118] Bei der Abgrenzung zwischen § 1 GWB und § 1 UWG handelt es sich um eine echte Schutzbereichskonkurrenz. Beide Normen schützen den Wettbewerb im Interesse der Wettbewerber und Verbraucher, beide Normen setzen den Wettbewerbern zugleich Grenzen. Ihre Verbote zielen auf unterschiedliche Missbräuche des Marktes. Ihre Abgrenzung entscheidet über verschiedene Aspekte, unter denen Beschränkungen des Wettbewerbs Schranken gesetzt werden.

Die vom BKartA gezogene Parallele führt in die Irre, weil es vorliegend nicht um die Abgrenzung verschiedener Tatbestände zum Schutze des Wettbewerbs geht, sondern um die Konkurrenz des Wettbewerbsschutzes mit einem dem Wettbewerb entgegenlaufenden Zweck, hier dem Sicherheitsinteresse. Das BKartA[119] hat selbst festgestellt, dass das Doppelstecker-Kartell die Marktverhältnisse in kartellrechtlich relevanter Weise beeinflusse,

---

[114] So ein Schreiben des Bundesministers für Wirtschaft 18. Januar 1950 an den Verband, wiedergegeben in WuW/E BKartA 145 (146), in: WuW 10 (1960), S. 363 (364).

[115] WuW/E BKartA 145 (151), in: WuW 10 (1960), S. 363 (369).

[116] Die Einzelheiten des Zustandekommens sind dokumentiert in WuW/E BKartA 145 (146), in: WuW 10 (1960), S. 363 (364).

[117] WuW/E BKartA 145 (152), in: WuW 10 (1960), S. 363 (370).

[118] WuW/E BKartA 145 (148 f.), in: WuW 10 (1960), S. 363 (366 f.).

was „an sich auch durch Beschränkung des Wettbewerbs" zu Stande komme. Sodann formuliert es, das Selbstbeschränkungsabkommen werde „von dem Verbot des § 1 GWB *freigestellt*". Das wäre streng genommen ja gar nicht notwendig gewesen, wenn dessen Schutzbereich tatsächlich gar nicht eröffnet gewesen wäre. Letztlich blieb also dogmatisch im Dunkeln, was für eine Art von Einschränkung § 1 GWB in der Doppelstecker-Entscheidung erfuhr.

In einer kurz darauf ergangenen Entscheidung zu einer Selbstverpflichtung des Verbandes der Deutschen Gas- und Wasserinstallationen (betreffend eine Richtlinie vom 3. Februar 1958, die den Abschluss von Verträgen nur mit ausdrücklich ermächtigten Installateuren empfiehlt) sprach das BKartA von einer „Wettbewerbsbeschränkung", die „durch das allgemeine öffentliche Interesse *gerechtfertigt*"[120] sei. Auch in der Literatur wurde versucht, anstatt einer Ausnahme auf Tatbestandsebene einen *Rechtfertigungsgrund*[121] für Kartelle im öffentlichen Interesse zu konstruieren. Gegen die Annahme eines entsprechenden Rechtfertigungstatbestandes spricht, dass die Rechtswidrigkeit anders als im Deliktsrecht keine eigenständige Kategorie innerhalb des Kartellverbots darstellt. Das Kartellverbot hat für sich genommen – d.h. abgesehen von der Frage der Ordnungswidrigkeitsahndung – lediglich die Nichtigkeit des Kartells zur Folge. Damit kann die Berufung auf die kartellrechtswidrige Vereinbarung rechtlich nicht durchgesetzt werden. § 1 GWB wird deshalb wie die Nichtigkeitstatbestände des BGB (z.B. §§ 105, 116 ff., 134, 138 etc.) als „Rechtsschutzverweigerungsnorm"[122] bezeichnet.

Wie wenig Wert das BKartA bis in die 1980er Jahre auf dogmatische Durchdringung dieser Grundsatzfragen legte, zeigen Entscheidungen, in denen es dahingestellt sein ließ, ob die Voraussetzungen des § 1 GWB vorliegen, um „in Anwendung von § 47 OWiG oder auch (sic!) § 37a Abs. 1 von kartellrechtlichen Maßnahmen ab(zu)sehen"[123]. Das BKartA hat beim Verzicht auf eine Verfolgung als Ordnungswidrigkeit auf das Fehlen des hierfür erforderlichen öffentlichen Interesses verwiesen[124] und dabei das ihm nach § 47 Abs. 1 OWiG zugewiesene Ermessen ausgeübt.[125] Dabei verschwim-

---

[119] WuW/E BKartA 145 (149), in: WuW 10 (1960), S. 363 (366 f.) – Hervorhebung nicht im Original.

[120] BKartA, Tätigkeitsbericht 1962, S. 57, BT-Drucks. IV/1220 – Hervorhebung nicht im Original.

[121] So A. *Spengler,* Über die Tatbestandsmäßigkeit und Rechtswidrigkeit von Wettbewerbsbeschränkungen, 1960, S. 35 ff.; kritisch U. *Immenga,* in: Immenga/Mestmäcker, GWB, 2. Aufl., 1992, zu § 1 Rz. 375.

[122] A. *Spengler,* ebenda, S. 28 ff.; zustimmend G. v. *Wallenberg,* Umweltschutz und Wettbewerb, 1980, S. 145.

[123] BKartA, Tätigkeitsbericht 1983/84, S. 86, BT-Drucks. 10/3550.

men die Argumente des fehlenden (!) öffentlichen Interesses an der Durchsetzung von Kartellverboten und des behaupteten (!) öffentlichen Interesses, das bereits einem Verbot entgegenstünde. Es ist dogmatisch nicht haltbar, die Frage der grundsätzlichen Kartellrechtswidrigkeit unbeantwortet zu lassen.

Anfang der 1990er Jahre, also noch im Vorfeld der 6. GWB-Novelle von 1998, schien das BKartA von seiner Praxis jedoch abzurücken[126]: Im Falle des Dualen Systems (DSD) wies es auf „für den Wettbewerb vielfältige Gefährdungssituationen"[127] hin. Es bejahte ausdrücklich die Anwendbarkeit des § 1 GWB insbesondere auf die Zusammenarbeit der Abnahme- mit den Verwertungsorganisationen und drohte damit, dass nur Wettbewerbsbeschränkungen, die sich zwangsläufig aus der VerpackV ergäben, auf ein Mindestmaß beschränkt blieben und den zwischenstaatlichen Handel nicht wesentlich beeinträchtigten, Bestand haben könnten. Auch während des Abspracheprozesses zur Altautorücknahme-Selbstverpflichtung hat das BKartA mit Untersagungsverfügungen gedroht und damit auf den Inhalt der Erklärung Einfluss zu Gunsten des Wettbewerbs genommen. In der Praxis zeichnet sich somit die Tendenz zur Duldung unter der Voraussetzung, auf die Ausgestaltung der jeweiligen Absprachen Einfluss nehmen zu können[128] ab. Damit reagiert das BKartA auf informale Weise auf die informale Praxis der Selbstverpflichtungen.

Es bleibt somit festzuhalten: Die dogmatische Begründung für eine Restriktion des § 1 GWB war seit jeher fragwürdig. Wenn nunmehr das BKartA von seiner Praxis abgerückt ist und der Gesetzgeber diese mit der 6. GWB-Novelle[129] obsolet gemacht hat, muss bei dem dogmatischen Neuanfang darauf geachtet werden, dass die Argumentation im Doppelsteckerfall nicht in neuem Gewande perpetuiert wird.

Aus der bisherigen Diskussion lassen sich jedoch auch wichtige Erkenntnisse für die notwendig gewordene dogmatische Neubestimmung ziehen. Das liegt gerade daran, dass die Lösungen des Problems vor Schaffung des § 7 GWB n.F. am Rande der Auslegung des Gesetzestextes lagen (oder darüber sogar hinausgingen). Für sie bedurfte es gewichtiger Gründe. Der Grund aller Lösungen lag in der richtigen Erkenntnis, *dass* es geboten sei,

---

[124] WuW/E BKartA 370 – Handfeuerlöscher; zustimmend *W. Kartte,* NJW 1963, S. 622 (625); zur Gegenmeinung vgl. *G. v. Wallenberg,* Umweltschutz und Wettbewerb, 1980, S. 135 f.

[125] *G. v. Wallenberg,* Umweltschutz und Wettbewerb, 1980, S. 136.

[126] *J. Knebel/L. Wicke/G. Michael,* Selbstverpflichtungen ..., 1999, S. 235 f.

[127] BKartA, Tätigkeitsbericht 1991/92, S. 38, BT-Drucks. 12/5200.

[128] *J. Knebel/L. Wicke/G. Michael,* Selbstverpflichtungen ..., 1999, S. 235 f.

[129] Für eine Lösung über § 7 GWB n.F. auch *M. Schmidt-Preuß,* in: G. F. Schuppert (Hrsg.), Jenseits von Privatisierung und schlankem Staat, 1999, S. 195 (202).

öffentliche Interessen auch im Kartellrecht zu berücksichtigen. Als Zwischenergebnis lässt sich festhalten: Die Berücksichtigung des Gemeinwohls ist bei der Auslegung der Ausnahmetatbestände und Freistellungsklauseln zum Kartellverbot zu verorten.

5. Grundzüge einer kartellrechtlichen Abwägungsdogmatik

Die Gebotenheit der Berücksichtigung des Gemeinwohls führt auch im Kartellrecht zu Abwägungsvorgängen. Auch können umgekehrt verfassungsrechtliche Gründe für ein Kartellverbot sprechen. Das heißt jedoch nicht, dass das Kartellrecht in rein verfassungsrechtlichen Abwägungsvorgängen aufginge und seine eigenen Maßstäbe dadurch überlagert würden. Zwingend zu berücksichtigende Gemeinwohlbelange und Grundrechte geben dem Kartellrecht lediglich Direktiven und setzen seiner Anwendung nur punktuell Grenzen. Um die Grundzüge einer kartellrechtlichen Abwägungsdogmatik zu umreißen, seien hier vier Thesen aufgestellt.

These 1: Eine kartellrechtliche Abwägungsdogmatik muss ihren Ausgangspunkt in den Kartellgesetzen haben, die ihrerseits verfassungsrechtliche Wertungen konkretisieren.

Verfassungsrechtliche Aspekte des Kartellrechts wurden bislang vor allem hinsichtlich der *grundrechtlichen* Vorgaben und Hintergründe der Wettbewerbsfreiheit beachtet: Eingriffe in die Wettbewerbsfreiheit sind, soweit sie eine berufsregelnde Tendenz[130] haben, vor Art. 12 Abs. 1 GG zu rechtfertigen, im Übrigen vor Art. 2 Abs. 1 GG[131]. Die Vertragsfreiheit der Absprachebeteiligten ist als Unternehmensfreiheit (Art. 12 Abs. 1 bzw. Art. 2 Abs. 1 GG) ebenso wie die Wettbewerbsfreiheit der Benachteiligten geschützt. Das Kartellrecht will beide grundrechtlich geschützten Interessen zum Ausgleich bringen. Nach *Ludwig Raiser* zog der Gesetzgeber mit dem GWB „die rechtliche Konsequenz aus der Einsicht, dass das Gestaltungsmittel des Vertrages auch der Unterdrückung der Freiheit dienen kann, dann aber in Widerspruch zum allgemeinen Freiheitsrecht des Art. 2 Abs. 1 GG gerät und keinen Schutz mehr verdient."[132]

Gerade die *Vertragsfreiheit*, die selbst zu Bindungen führt, ist stets vor sich selbst zu schützen, neigt doch ihr Gebrauch zum Missbrauch. Die Wettbewerbsfreiheit bedarf des Schutzes von außen, da freier Wettbewerb sich leicht selbst zerstört. Zwischen freiheitlicher Verwirklichung, wirtschaftlicher Stärke und freiheitsgefährdender Unterdrückung wirtschaftlicher Schwäche ist die Grenze zu ziehen. Der Grat zwischen Freiheit und

---
[130] BVerfGE 32, 311 (317) zu § 1 UWG; E 46, 120 (137).
[131] Stets hierauf stellt das BVerwG ab (E 30, 191 (198); 65, 167 (174)).
[132] *L. Raiser*, Vertragsfreiheit heute, JZ 1958, S. 1 (6).

Unfreiheit ist bei der wirtschaftlichen Freiheit schmal, fallen hier doch Freiheitsausübung und Freiheitsbeschränkung geradezu typischerweise zusammen. Diese Gratwanderung beschreiten zwingende Vorschriften des bürgerlichen Rechts ebenso wie das Kartellrecht. In einen weiter greifenden verfassungsrechtlichen Zusammenhang hat *Wolfgang Fikentscher* das Kartellrecht gestellt, dem er drei Funktionen zuspricht: In seiner rechtlichen Funktion schütze es die Vertragsfreiheit unter dem Aspekt sowohl der Abschluss- als auch der Inhaltsfreiheit. Seine wirtschaftspolitische Funktion bestehe in der Sicherung und Bewahrung eines freien Marktes. Außerdem habe das Kartellrecht die demokratiepolitische Funktion, der Entstehung und Konzentration wirtschaftlicher Macht entgegenzuwirken und die gleichmäßige Verteilung von Einkommen und Wohlstand zu gewährleisten. Das Kartellrecht werde deshalb auch als wirtschaftliches Grundgesetz bezeichnet, das eine „verfassungsrechtliche Grundvoraussetzung" darstelle und „untrennbar mit grundlegenden Freiheitsbegriffen verbunden" sei.[133] Schon *Montesquieu* erkannte, dass die Demokratie „auf dem Handel beruht" und dass „übermäßiger Reichtum diesen Handelsgeist zerstört."[134]

Diese verfassungsrechtlichen Erwägungen stehen gleichsam hinter den Kartellgesetzen. Das Kartellrecht ist – wie das Verwaltungsrecht – „konkretisiertes Verfassungsrecht" i. S. *Fritz Werners*[135]. D. h. jedoch nicht, dass das gesamte Kartellrecht vom Verfassungsrecht bis in die Einzelheiten determiniert wird. Vielmehr ist von der „Eigenständigkeit" des einfachen Kartellrechts auszugehen, so wie dies *Eberhard Schmidt-Aßmann* für das Verwaltungsverfahrensrecht gefordert hat[136].

Allenfalls verfassungspolitisch könnte erwogen werden, die verfassungsrechtliche Bedeutung des Kartellrechts als Wirtschaftsverfassungsrecht aufzuwerten und dem BKartA eine entsprechende Stellung zuzuerkennen.[137] De constitutione lata ist aber die verfassungsrechtliche Dimension des Kartellrechts auf die verfassungskonforme Auslegung einfachen Rechts beschränkt. Auch der Rang des europäischen Kartellrechts, das als Primärrecht (Art. 81 ff. EGV) und Sekundärrecht (EG-Kart-VO (1962)) dem Verfassungsrecht sogar vorgeht und damit als Element „Europäischen Verfassungsrechts" bezeichnet werden könnte, ändert daran nichts.

---

[133] W. *Fikentscher*, Recht und wirtschaftliche Freiheit, 1. Band: Die Freiheit des Wettbewerbs, 1992, S. 173.

[134] *Montesquieu*, De l'Esprit des Lois (1748), Vom Geist der Gesetze, 2. Aufl. 1992, Band 1, S. 70.

[135] F. *Werner*, DVBl. 1959, S. 527 ff.

[136] So E. *Schmidt-Aßmann*, Verwaltungsverfahren, in: HdBStR III, 1988, § 70, S. 623 Rn. 20.

[137] Immerhin wirft Chr. *Engel*, StWuStPr 1998, S. 535 (564) jedoch die Frage auf, ob das Kartellrecht als materielles Wirtschaftsverfassungsrecht im deutschen Verfassungsrecht Verfassungsrang beanspruchen.

§ 15 Das Kartellrecht als horizontale Auffangordnung 557

These 2: Während das Kartellrecht bereits typischerweise die wirtschaftlichen Freiheiten der Wettbewerber gegeneinander abgrenzt, führt die grundrechtliche Mitverantwortung des Staates für normative Absprachen (status negativus cooperationis) zu einer Verdichtung der verfassungsrechtlichen Maßgaben.

Die *typischen* Fälle des Kartellrechts beziehen sich auf Verhältnisse Privater zueinander. Die Grundrechte entfalten nur ihre so genannte *Drittwirkung*. Nach der Rechtsprechung des BVerfG sind die Grundrechte bei der Auslegung einfachen Rechts, insbesondere bei Generalklauseln zu berücksichtigen. Dies ist der Ausgangspunkt und Hintergrund der Formel von der „objektiven Wertordnung" im Lüth-Urteil[138]. Dies gilt auch für die Auslegung des Kartellrechts. Eine grundrechtliche *Schutzpflicht,* die die Kartellbehörden zwänge, gegen Kartelle vorzugehen, wird nur bei extremen Wettbewerbsgefährdungen und praktisch kaum je festzustellen sein. Die Bestimmungen des GWB sind verfassungskonform innerhalb dieser Grenzen auszulegen. Dabei ist das genaue Maß des Schutzes nicht verfassungsrechtlich determiniert. Gegen Verfassungsrecht verstieße lediglich eine Auslegung, die einen der genannten verfassungsrechtlichen Belange in seinem Wesen grundsätzlich verkennt und deshalb im Einzelfall zu einem materiell gewichtigen Eingriff führt.[139] Das BVerfG könnte kontrollieren, ob kartellrechtliche Entscheidungen auf einer unrichtigen verfassungsrechtlichen Auffassung „beruhen und auch in ihrer materiellen Bedeutung für den konkreten Rechtsfall von einigem Gewicht sind"[140].

Normative Absprachen sind *atypische* Kartelle, bei denen die grundrechtliche Gefährdungslage grundlegend anders zu beurteilen ist. Für normative Absprachen trägt der Staat regelmäßig grundrechtliche Mitverantwortung (status negativus cooperationis). Dies erlaubt der Kartellbehörde, ja verpflichtet sie dazu, die grundrechtlich garantierte Wettbewerbsfreiheit mit besonderer Intensität zu schützen. Die von normativen Absprachen benachteiligten Wettbewerber haben ausnahmsweise einen grundrechtlichen Anspruch darauf, dass ein Kartellverfahren zu ihrem Schutz durchgeführt wird und dass dabei Selbstverpflichtungen einer strengen grundrechtlichen Kontrolle unterworfen werden.

These 3: Soweit die Berücksichtigung des Gemeinwohls verfassungsrechtlich bzw. gemeinschaftsrechtlich geboten ist, müssen öffentliche Interessen ins Verhältnis sowohl zu der durch das Kartellrecht geschützten Wettbewerbsfreiheit als auch zu den spezifischen (These 2) grundrechtlichen Positionen gesetzt werden.

---
[138] BVerfGE 7, 198 (206).
[139] St. Rspr. vgl. BVerfGE 89, 214 (230) – Bürgschaftsverträge m.w.N.
[140] BVerfGE 89, 214 (230) – Bürgschaftsverträge, st. Rspr.

Die von der Kartellbehörde vorzunehmende Abwägung muss verschiedene Gesichtspunkte würdigen, die zum Teil verfassungsrechtlichen bzw. gemeinschaftsrechtlichen, zum Teil kartellrechtlichen Ursprungs sind.

Inwieweit und warum die Berücksichtigung des Gemeinwohls verfassungsrechtlich bzw. gemeinschaftsrechtlich geboten sein kann, wurde bereits gewürdigt. An dieser Stelle sei lediglich noch einmal betont, dass die Berücksichtigung öffentlicher Interessen durch die Kartellbehörden über das Maß des verfassungsrechtlich Gebotenen hinausgehen kann. Die Kartellbehörden haben darüber hinaus öffentliche Interessen zu berücksichtigen, wenn diese ausdrücklich (§ 8 Abs. 1 oder § 42 Abs. 1 GWB) oder mittelbar (Art. 81 Abs. 3 EGV oder § 7 GWB) in den Kartellgesetzen Niederschlag gefunden haben.

Ähnliches gilt für die grundrechtlichen Positionen: Mögen bei normativen Absprachen die grundrechtlichen Maßstäbe auch verschärft sein, so bleibt es den Kartellbehörden freilich nicht verwehrt, auch darüber hinaus wettbewerbliche Interessen im Rahmen der Kartellgesetze zu schützen. Die Grundrechte gewähren hier lediglich einen Mindeststandard, mag dieser auch beim status negativus cooperationis recht hoch sein.

Eine kartellrechtliche Grundrechts- und Gemeinwohldogmatik muss diesem Ineinandergreifen einfachrechtlicher und verfassungsrechtlicher Maßstäbe gerecht werden. Dabei sollte in Zukunft stärker berücksichtigt werden, dass verfassungsrechtliche Maßstäbe bei normativen Absprachen gleichsam von zwei Seiten auf das Kartellrecht einwirken: Als Gemeinwohlinteressen sprechen sie gegen, als Grundrechtsinteressen (auch) für Kartellverbote. Der verfassungsrechtliche Rahmen führt deshalb keineswegs im Ergebnis zu einer beschränkten kartellrechtlichen Kontrolle normativer Absprachen.

Ansätze zu einer spezifisch kartellrechtlichen Gemeinwohldogmatik hat das BKartA schon in seinen frühen Entscheidungen erkennen lassen. Es hat dabei Anforderungen an das Zustandekommen und den Inhalt normativer Absprachen gestellt. Sie sollen einer kartellrechtlichen Überprüfung nur standhalten, wenn Selbstbeschränkungsabkommen der Wirtschaft „mit der größten *Verantwortung erlassen* werden, *ausschließlich* dem Sicherheits- und Ordnungszweck dienen, *nicht Vorwand* für marktpolitische Maßnahmen sind und der *Öffentlichkeit* zur Erhebung von Einwendungen Gelegenheit gegeben wird."[141] Diese Anforderungen sind zum Teil zu begrüßen und auch in Zukunft fruchtbar zu machen.

---

[141] WuW/E BKartA 145 (149), in: WuW 10 (1960), S. 363 (367) – Hervorhebung nicht im Original.

In der Literatur wurde kritisiert, dass es nicht auf die nicht justiziablen inneren Beweggründe der Beteiligten ankommen dürfe.[142] Der Vorwurf wird der Entscheidung jedoch m.E. nicht gerecht. Das BKartA betont selbst unter Berufung auf die Rechtsprechung des BGH: „Die Absichten der Beteiligten, nur einen Sicherheitszweck zu erstreben, ist nicht entscheidend; es kommt allein auf die objektive Eignung zur Beeinflussung des Marktes an."[143] Ob dem Sicherheits- und Ordnungszweck gedient wird, ist deshalb objektiv zu beurteilen und wird vom BKartA auch in dieser Weise geprüft.[144] Dass der Sicherheitsgewinn des Kartells der Sache nach in der Literatur[145] bezweifelt wurde, soll hier als Einzelfallproblem nicht vertieft werden. Die vom BKartA geforderte große „Verantwortung"[146] und „Sorgfalt"[147] der Absprachebeteiligten führen nicht zu einer Mutmaßung über lautere Motive und subjektive Beweggründe, sondern werden am Verfahren des Zustandekommens und an dem Inhalt der Absprache sowie an deren Auswirkungen gemessen. Dass Selbstverpflichtungen, die diesen Anforderungen genügen, als das Werk „von verantwortlichen Staatsbürgern" gewürdigt werden, dient der argumentativen Rechtfertigung des Entscheidungsergebnisses. Die Voraussetzungen für die kartellrechtliche Anerkennung derartiger Selbstverpflichtungen sind rein objektiv formuliert. Hier liegen frühe Belege für das Prinzip der kooperativen Verantwortung!

In anderer Hinsicht stellt das BKartA jedoch m.E. zu strenge Anforderungen: Die Forderung, dass Selbstverpflichtungen „ausschließlich dem Sicherheits- und Ordnungszweck dienen"[148] sollen, geht an der Sache vorbei. Selbstverpflichtungen versprechen vor allem dann Erfolg, wenn ihre Einlösung auch in wirtschaftlichem Interesse der Unternehmen liegt. Auch Schadensvermeidung gehört hierzu, soweit den Unternehmen Haftungsansprüche und Imageverluste drohen. Auch die Senkung von Versicherungsprämien kann in solchen Fällen den Beteiligten unmittelbare ökonomische Vorteile bringen. Dieses Interesse ist vom BKartA zu Recht auch bereits im Handfeuerlöscher-Fall[149] – allerdings unter dem Aspekt der Nichtverfolgung als Ordnungswidrigkeit – anerkannt worden. Die Ausschließlichkeit außerökonomischer Zwecke ist nicht entscheidend.

---

[142] W. Horstmann, Selbstbeschränkungsabkommen und Kartellverbot, Diss. Marburg 1977, S. 45; zustimmend G. v. Wallenberg, Umweltschutz und Wettbewerb, 1980, S. 193.
[143] WuW/E BKartA 145 (148), in: WuW 10 (1960), S. 363 (366).
[144] WuW/E BKartA 145 (150 f.), in: WuW 10 (1960), S. 363 (368 f.).
[145] D. v. Renthe-Fink, WuW 10 (1960), S. 254 (256 f.).
[146] WuW/E BKartA 145 (149, 150), in: WuW 10 (1960), S. 363 (367, 368).
[147] WuW/E BKartA 145 (150), in: WuW 10 (1960), S. 363 (368).
[148] WuW/E BKartA 145 (149), in: WuW 10 (1960), S. 363 (367).
[149] WuW/E BKartA 370 (372), in: WuW 11 (1961), S. 582 (584).

Wichtig hingegen ist, dass diese nicht bloßer *Vorwand*[150] für intendierte Wettbewerbsbeschränkungen sind. Insofern kommt es durchaus auf die Art der Verknüpfung von privaten und öffentlichen Interessen an. Schon die Definition der einbezogenen Produkte kann bestimmten Herstellern Wettbewerbsvorteile verschaffen. So wurde zunächst erwogen, die Selbstverpflichtung zur Rücknahme von Altautos an die Verwendung von Originalersatzteilen zu knüpfen. Hier hätten große Automobilkonzerne ihre Kunden stärker an sich binden können. Auch wurde die Autorisierung ausgewählter Entsorgungsunternehmer durch die Fahrzeughersteller vorgeschlagen. Hiergegen hat sich das BKartA zu Recht ausgesprochen.[151] Die an sich gemeinwohlförderliche kostenlose Rücknahme ist auch grundsätzlich im Interesse der Kunden. Die Koppelung der Rücknahme an die Treue der Kunden wäre aber mit einem Wettbewerbsnachteil für Fremdhersteller von Ersatzteilen verbunden gewesen und hätte auch unmittelbar zu Nachteilen für die Kunden geführt.

Bei der Gesamtbewertung von Absprachen darf der Aspekt von Wettbewerbsbeschränkungen nie isoliert betrachtet werden. Ökonomische Privatinteressen und ökologische Gemeinwohlinteressen können einander ergänzen (Beispiel: Energiespareffekte), stehen sich bisweilen aber auch diametral gegenüber (Beispiel: aufwändige Investitionen). Nimmt man die wettbewerbliche Seite der Privatinteressen in den Blick, stehen sich ökonomische Interessen gegenüber (Beispiel: Wettbewerbsverzerrungen durch mehr oder weniger spürbare Auswirkungen aufwändiger Investitionen).

Allerdings ist die Trennlinie des Missbrauchs schwer zu ziehen, weil die *Parallelität von ökonomischen und öffentlichen Interessen* auch die Chance für die Verwirklichung von Selbstverpflichtungen darstellt. Beliebtheit und Erfolg von Selbstverpflichtungen gerade im Umweltbereich sind ein Anzeichen dafür, dass hier unternehmerische Eigeninteressen zumindest mitverfolgt werden. Eine zunehmende Gemeinwohlorientierung der Wirtschaft geht mit einer Ökonomisierung der Gemeinwohlinteressen einher. Die Grenze zwischen außerökonomischen Gemeinwohlinteressen und wirtschaftlichen Zwecken wird immer fließender.

Die ökonomischen Anreize zur Verfolgung ökologischer Interessen sollten als solche nicht verpönt werden. Zielen private und öffentliche Interessen in eine Richtung, so wird deren Verwirklichung ohne hoheitlichen Zwang nur wahrscheinlicher. Das kartellrechtliche Problem liegt nicht in der Verknüpfung öffentlicher und privater Interessen, sondern in der Unterscheidung zwischen wünschenswertem ökonomischen Anreiz für möglichst

---

[150] Kritisch gegenüber „(angeblich) im Interesse des Umweltschutzes" geschlossenen Abkommen *V. Emmerich,* Kartellrecht, 8. Aufl. 1999, § 4, 5 (S. 58) m.w.N.
[151] BKartA, Tätigkeitsbericht 1991/92, S. 38 f., BT-Drucks. 12/5200.

viele Wettbewerber und wettbewerbsschädigendem Eigeninteresse lediglich einzelner Unternehmen. Diese Unterscheidung ist aber keine Besonderheit normersetzender Absprachen, sondern die Grundfrage jeder kartellrechtlichen Prüfung. Die Einschlägigkeit des Kartellrechts entscheidet sich also allein an den Auswirkungen einer Absprache auf den Wettbewerb und somit unabhängig von außerökonomischen Gesichtspunkten.

These 4: Die Struktur des Abwägungsvorganges wird auch bei der kartellrechtlichen Gemeinwohldogmatik durch den Grundsatz der Verhältnismäßigkeit mit den Prüfungsschritten der Geeignetheit, Erforderlichkeit und Angemessenheit geprägt.

Die von der Kartellbehörde vorzunehmende Abwägung muss strukturell dem Grundsatz der Verhältnismäßigkeit entsprechen. Dem genügen die frühen Entscheidungen des BKartA zur Berücksichtigung öffentlicher Interessen nicht. Der Sache nach erkannte das BKartA zwar, dass es hier um widerstreitende Interessen geht[152] und formulierte im Duktus einer Grundrechtsschranke: „Das Recht auf freie wirtschaftliche Betätigung findet seine Grenze an dem Sicherheitsbedürfnis des Einzelnen."[153] Diesem Ansatz ist – auch aus verfassungsrechtlicher Perspektive – nachdrücklich zuzustimmen.

Unbefriedigend ist jedoch, dass das BKartA[154] es ausreichen lässt, „dass ein sicherheitswidriger Zustand ernstlich entstehen kann und die getroffenen Abwehrmaßnahmen zu seiner Verhütung *geeignet* sind". Sie müssen „ihrem objektiven Gehalt nach geeignet" sein, denselben Zweck zu erfüllen, wie eine hypothetische gesetzliche Sicherheitsbestimmung, die sich ebenfalls auf dem Markt auswirken würde. Dabei dürfe die Zielsetzung des GWB nicht umgangen werden. Die Erforderlichkeit und Verhältnismäßigkeit i.e.S., also eine echte Güterabwägung wird nicht gefordert.[155]

Folgte man dem BKartA, so wäre die kartellrechtliche Kontrolle von Selbstverpflichtungen lediglich in den Fällen möglich, in denen sich das Kartell als ungeeignet erweist, dem behaupteten Zweck zu dienen und mit-

---

[152] Zutreffend auch *H.-J. Bunte,* in: E. Langen/H.-J. Bunte, Kommentar zum deutschen und europäischen Kartellrecht, 7. Aufl. 1994, zu § 1 GWB, Rz. 83 f.
[153] WuW/E BKartA 145 (149), in: WuW 10 (1960), S. 363 (367).
[154] WuW/E BKartA 145 (149), in: WuW 10 (1960), S. 363 (367) – Hervorhebung nicht im Original.
[155] Gegen die Autorisierung ausgewählter Entsorgungsunternehmer durch die Fahrzeughersteller im Rahmen der Selbstverpflichtung der deutschen Automobilindustrie zur Altautorücknahme hat sich das BKartA (Tätigkeitsbericht 1991/92, S. 38 f., BT-Drucks. 12/5200) allerdings mit dem Argument ausgesprochen, dass „derartig exklusive Beziehungen ... für die Realisierung des Entsorgungskonzepts nicht zwingend erforderlich" seien; dabei handelt es sich aber um einen Fall der Verhinderung einer Umgehung der Ziele des GWB, um marktpolitische Vorschläge unter bloßem Vorwand umweltpolitischer Ziele.

hin unter dem bloßen Vorwand eines öffentlichen Interesses geschlossen wurde. Eine so weit gehende Einschränkung des Schutzbereichs von § 1 GWB ist jedoch weder als dessen verfassungskonforme Auslegung geboten, noch mit dem Argument des objektiven Willens des Gesetzgebers, des Gesetzestelos' zu rechtfertigen.

Das BKartA hat diese m.E. zu unkritische Haltung unter ausdrücklicher Berufung auf seine im Doppelstecker-Fall entwickelten Grundsätze bestätigt und fortgeführt, als es die „Richtlinien 1975" des Verbandes der Cigarettenindustrie vom Anwendungsbereich schon deshalb ausnahm, weil „allgemeinen gesundheitspolitischen Forderungen Rechnung getragen werden soll"[156] und „ein höherrangiges Rechtsgut *berührt*"[157] sei. Die vom BKartA[158] behauptete „Güter- und Interessen*abwägung*" findet – wenn überhaupt – nur abstrakt und nicht einzelfallbezogen statt: „Dem Schutz des Wettbewerbs ... geht für den hier maßgeblichen *Bereich* der Werbung die menschliche Gesundheit als höherrangiges, außerwirtschaftliches Rechtsgut vor." Beim Verzicht auf kartellrechtliches Einschreiten gegen die Verpflichtung zur Begrenzung des Einsatzes von Nitrilotriacetat (NTA) in Waschmitteln vom August 1984 ließ das BKartA deren *„umweltpolitische Zielsetzung"*[159] ausreichen.

Die Schwierigkeiten mit einer umfassenden Abwägung beruhen nicht zuletzt auf der dogmatischen Schwäche der Verortung des Problems im Schutzbereich: Wenn dieser im Ergebnis gar nicht eröffnet sein soll, dann ist es nur konsequent, vor der Art und Schwere der Wettbewerbsbeschränkung gleichsam die Augen zu verschließen. Indes wäre es einzig sachgerecht, die Nachteile und Gefahren auch solcher Wettbewerbsbeschränkungen zu bedenken, die einem öffentlichen Interesse dienen. Der Schutzzweck des GWB gebietet es, die Einschränkung des Wettbewerbs zu bewerten und wenigstens die Frage zu stellen, ob im konkreten Fall das Kartell einem öffentlichen Interesse nicht nur zu dienen geeignet ist, sondern ob auch kein weniger in den Wettbewerb eingreifendes Mittel ersichtlich war, das jenem Zweck ebenso wirksam diente und ob der Grad der durch das Kartell bewirkten Zweckerreichung und der abstrakte Wert des betroffenen öffentlichen Interesses so schwer wiegen, dass sie den Grad der Wettbewerbsbeschränkungen im Einzelfall rechtfertigen.

---

[156] BKartA, Tätigkeitsbericht 1966, S. 58, BT-Drucks. V/1950.

[157] BKartA, Tätigkeitsbericht 1976, S. 9, BT-Drucks. 8/704 – Hervorhebung nicht im Original.

[158] BKartA, Tätigkeitsbericht 1976, S. 79, BT-Drucks. 8/704 – Hervorhebung nicht im Original.

[159] BKartA, Tätigkeitsbericht 1983/84, S. 86, BT-Drucks. 10/3550; entsprechend auch BKartA, Tätigkeitsbericht 1985/86, S. 70, BT-Drucks. 11/554. Zu diesem Beispiel siehe S. 53.

§ 15 Das Kartellrecht als horizontale Auffangordnung 563

Der Hinweis auf den abstrakten Wert des Sicherheitsinteresses und die Eignung eines Kartells, diesem hohen Gut zu dienen, kann also lediglich der Ausgangspunkt für die eventuelle Rechtfertigung eines Kartells sein, aber als solches nicht von vornherein jegliche kartellrechtliche Beurteilung entbehrlich machen.

Im Doppelstecker-Fall[160] gibt es Hinweise dafür, dass das Kartell auch den strengeren Anforderungen einer umfassenden Verhältnismäßigkeitsprüfung genügt hätte. Das BKartA erwähnt z. B. unter dem Aspekt der Sorgfalt der VDE-Kommission, dass diese „andere Möglichkeiten der Gefahrbeseitigung erörtert" habe, nämlich Verwendungshinweise anstelle des Herstellungsverbotes für Doppelstecker, also mildere Mittel. Auch benennt das BKartA schließlich konkrete Dimensionen der Gefahr von Doppelsteckern, indem es auf drei tödliche Unfälle verweist und „die Anzahl dieser Unglücksfälle (als) verhältnismäßig gering" bezeichnet. Die Schwäche der Entscheidung liegt also in der Formulierung der abstrakten Voraussetzungen für eine Freistellung, über die das BKartA dann selbst zumindest in Ansätzen hinausgeht.

Hier ist eine *echte Güterabwägung* zu fordern. Erst die Prüfung der Verhältnismäßigkeit kann die Versagung des kartellrechtlichen Schutzes rechtfertigen, nicht bereits die Eignung einer Absprache zur Verfolgung außerökonomischer Zwecke. Bei der dogmatischen Neubesinnung sollte auf diesen Aspekt geachtet werden.

Dabei sollte nicht der Fehler begangen werden, wegen der Betroffenheit öffentlicher Interessen und der strukturellen Parallelen der Verhältnismäßigkeitsprüfung in allen Rechtsgebieten pauschal auf den verfassungsrechtlichen oder gemeinschaftsrechtlichen Grundsatz der Verhältnismäßigkeit zu verweisen.[161] Für eine *spezifisch kartellrechtliche* Verhältnismäßigkeitsprüfung gibt es auch *textliche Anknüpfungspunkte*: So verlangt Art. 81 Abs. 3 EGV mit seiner *Unerlässlichkeitsklausel* eine spezielle Erforderlichkeitsprüfung, also die Prüfung milderer Mittel. Ähnlich fordert § 7 GWB, dass „die Verbesserung von den beteiligten Unternehmen auf andere Weise nicht erreicht werden kann".

---

[160] WuW/E BKartA 145 (151), in: WuW 10 (1960), S. 363 (369).
[161] Undeutlich *R. Velte,* Duale Abfallentsorgung und Kartellverbot, 1999, S. 339.

III. Dogmatische Einzelfragen

1. Abgrenzung zwischen europäischem und nationalem Kartellrecht und ihr Verhältnis im Kollisionsfall

Die Abgrenzung zwischen dem europäischen und dem deutschen Kartellrecht richtet sich nach der sachlich-räumlichen Dimension der Absprache und ihrer Auswirkungen. Im Zentrum der Abgrenzungskriterien steht die Frage, ob der „Handel zwischen Mitgliedstaaten" (Art. 81 Abs. 1 EGV – so genannte „Zwischenstaatlichkeitsklausel") betroffen ist. Die Abgrenzung soll hier entgegen der Praxis nicht als Tatbestandsmerkmal nach der Frage der Wettbewerbsbeschränkung,[162] sondern als Frage des sachlichen Anwendungsbereichs vorweg erörtert werden. Nur wenn Unternehmen jenseits der Grenzen zwischen den Mitgliedstaaten der Gemeinschaft weder aktiv an Vereinbarungen beteiligt, noch passiv von ihnen betroffen sind, entfällt die Anmeldepflicht nach Art. 4 Abs. 2 Nr. 1 der Verordnung (EWG) Nr. 17/62 des Rates (EWG-KartVO (1962))[163].

EG-Kartellrecht ist anwendbar, wenn an der Vereinbarung oder Verhaltensabstimmung Unternehmen aus verschiedenen EG-Ländern *aktiv beteiligt* sind[164]. Das ist der Fall bei bilateralen und multilateralen Unternehmensabsprachen innerhalb der Gemeinschaft. Auch die Beteiligung von Tochtergesellschaften ausländischer Unternehmen reicht aus. Ihre (Selbst-)Verpflichtung hat indirekt auch Einfluss auf die im Ausland ansässigen Muttergesellschaften. Soweit diese grenzüberschreitenden Auswirkungen im Anwendungsbereich des Gemeinschaftsrechts liegen, ist das EG-Kartellrecht anwendbar und genießt Anwendungsvorrang gegenüber dem GWB.

Auch die *passive Betroffenheit* EU-ausländischer Unternehmen löst die Anwendbarkeit des europäischen Kartellrechts aus. Das europäische Kartellrecht kann so auch bei rein nationalen Vereinbarungen[165] greifen. Passive Betroffenheit kann bei Selbstverpflichtungen in zwei Varianten ausgelöst werden.

---

[162] *E. Rehbinder,* in: U. Immenga/E.-J. Mestmäcker (Hrsg.), EG-Wettbewerbsrecht Band I, 1997, Einleitung E II, Rz. 8.

[163] Verordnung (EWG) Nr. 17/62 des Rates: Erste Durchführungsverordnung zu den Artikeln 85 und 86 der Vertrages vom 6. Februar 1962, BGBl. II S. 93, AB1EG S. 204 in der Fassung des Beschlusses vom 1. Januar 1995 (AB1EG Nr. L 1/1) und der Verordnung vom 10. Juni 1999 (AB1EG Nr. L 148/5 f.).

[164] *M. Kohlhaas/B. Praetorius/R. Eckhoff/Th. Hoeren,* Selbstverpflichtungen der Industrie zur CO_2-Reduktion, 1994, S. 146; *E. Rehbinder,* in: U. Immenga/E.-J. Mestmäcker (Hrsg.), EG-Wettbewerbsrecht Band I, 1997, Einleitung E II, Rz. 30.

[165] *E. Rehbinder,* in: U. Immenga/E.-J. Mestmäcker (Hrsg.), EG-Wettbewerbsrecht Band I, 1997, Einleitung E II, Rz. 31.

Erstens kann die *Verbandsmitgliedschaft* die Unternehmen zu Adressaten bzw. passiven Beteiligten von Selbstverpflichtungen machen, d.h. diese zu einem absprachegemäßen Verhalten verpflichten. Es reicht aus, dass eine branchenweite Absprache auch ausländische Zweigniederlassungen erfasst, was regelmäßig bei Absprachen, die sich auf das gesamte Gebiet eines Mitgliedstaates erstrecken, der Fall ist[166]. In Deutschland ansässige Tochtergesellschaften ausländischer Unternehmen gehören den hiesigen Fachverbänden in der Regel an.[167]

Zweitens können EU-ausländische Unternehmen als *Dritte* von den Auswirkungen der Absprache betroffen und in ihrem Wettbewerb beschränkt werden. Zur Anwendbarkeit des europäischen Kartellrechts kommt es nicht darauf an, dass ausländische Unternehmen einen spezifischen Wettbewerbsnachteil erleiden. Vielmehr reicht es, wenn zumindest auch EU-ausländische Unternehmen wettbewerblich mitbetroffen sind. Es ist unerheblich, ob der Handel behindert oder ob er gefördert wird.[168] Nach der Rechtsprechung ist eine hinreichende Wahrscheinlichkeit zu ermitteln, „dass die Vereinbarung unmittelbar oder mittelbar, tatsächlich oder der Möglichkeit nach, den Handel zwischen den Mitgliedstaaten beeinflussen kann."[169]

Die Wettbewerbsverzerrung muss entweder bezweckt oder bewirkt sein. Wenn eine Absicht erkennbar ist, kommt es auf tatsächliche Auswirkungen nicht mehr an. Andernfalls muss die effektive Gefährdung jedoch „spürbar" sein.[170] Die Bagatellgrenze liegt nach einer Bekanntmachung der Kommission[171] bei fünf Prozent des Marktanteils der beteiligten Parteien im Gemeinsamen Markt bei horizontalen Vereinbarungen (auf derselben Produktions- und Handelsstufe) bzw. zehn Prozent bei vertikalen Vereinbarungen (zwischen Unternehmen verschiedener Wirtschaftsstufen).

Ausschließlich deutsches Kartellrecht gilt, wenn die Absprache keinen grenzüberschreitenden Bezug hat. Welche Bedeutung die hoheitliche Einflussnahme auf Absprachen für die Anwendbarkeit bzw. Anwendung des europäischen und deutschen Kartellrechts hat, wird noch gesondert erörtert. Streng von der Frage der Anwendbarkeit des europäischen Kartellrechts *auf* hoheitliches Handeln der Mitgliedstaaten zu trennen[172] ist die Frage von

---

[166] EuGH Slg. 1972, 977 (991) – Cementhandelaren; Slg. 1985, 2545 (2572) – Remia.
[167] *M. Kohlhaas/B. Praetorius/R. Eckhoff/Th. Hoeren,* Selbstverpflichtungen der Industrie zur CO_2-Reduktion, 1994, S. 146.
[168] *E. Rehbinder,* in: U. Immenga/E.-J. Mestmäcker (Hrsg.), EG-Wettbewerbsrecht Band I, 1997, Einleitung E II, Rz. 12.
[169] EuGH Slg. 1966, 281 (303) – Maschinenbau Ulm.
[170] *Th. Oppermann,* Europarecht, 2. Aufl., 1999, § 14 I. 2. a) cc) Rz. 1036, S. 395.
[171] Bagatellbekanntmachung vom 30. 1. 1997, AB1EG C 29 S. 6 ff.

der Anwendung europäischen Kartellrechts gegenüber Privaten *durch* nationale Behörden. Letztere richtet sich nach Art. 9 Abs. 3 der EWG-KartVO (1962) (vgl. auch § 96 GWB n.F.), wonach die nationalen Behörden so lange für Verbote (nicht für Freistellungen nach Art. 81 Abs. 3 EGV) auf Grund europäischen Kartellrechts zuständig bleiben, wie die Kommission kein eigenes Verfahren eingeleitet hat.[173]

Die Anwendbarkeit des deutschen Kartellrechtes kann auch wegen *Kollision* mit dem Gemeinschaftsrecht ausgeschlossen sein: Die Frage betrifft einen Unterfall des allgemeinen Verhältnisses zwischen dem Gemeinschaftsrecht und nationalem Recht.[174] Danach muss der Vorrang des Gemeinschaftsrechts im Bereich seiner Geltung sichergestellt werden. Die Verhältnisfrage zwischen europäischem und nationalem Kartellrecht ist nach Art. 83 Abs. 2 lit. e) EGV durch Verordnungen oder Richtlinien näher regelbar. Dies ist bislang jedoch (aus gutem Grund) nicht erfolgt. Allerdings ist eine Regelung in Art. 3 EG-Kart-VO-KomE (2000) für die Zukunft vorgeschlagen worden, nach der in allen Fällen der Einschlägigkeit des europäischen Kartellrechts in Zukunft allein dieses anwendbar wäre. Dies ist im Schrifttum sehr kritisiert worden.[175] Zu Unrecht beruft sich die Kommission mit ihrem Vorschlag auf die Walt Wilhelm-Rechtsprechung des EuGH. Diese Rechtsprechung kommt zu einem differenzierteren Ergebnis. Es bleibt abzuwarten, ob in einer zukünftigen EG-Kart-VO tatsächlich die ständige Rechtsprechung auf den Text gebracht, die EG-Kart-VO (1962) in diesem Punkte also lediglich „nachgeführt"[176] wird, oder ob sich mit der Neuregelung eine systematische Wende in der Verhältnisfrage vollzieht.

Nach derzeitiger Rechtslage genießen alle *Verbote* auf Grund der Art. 81, 82 EGV Vorrang, d.h. eine gemeinschaftsrechtlich nichtige Absprache darf nicht durch innerstaatliches Recht anerkannt werden.[177] Vorrang genießen aber auch gemeinschaftsrechtliche *Erlaubnisse* zu kartellrechtlich relevantem Verhalten. Das GWB kommt deshalb im Anwendungsbereich des europäischen Kartellrechts nicht ohne weiteres kumulativ zur Anwendung, wenn es zusätzliche, strengere Regeln aufstellt.[178] Das gilt jedenfalls, wenn für

---

[172] *Gleiss/Hirsch,* Kommentar zum EG-Kartellrecht, 4. Aufl. 1993, Einl., Rz. 89.

[173] Vgl. hierzu auch die Bekanntmachung der Kommission über die Zusammenarbeit zwischen der Kommission und den Gerichten der Mitgliedstaaten bei der Anwendung der Art. 85 und 86 EWGV (93/C39/05) vom 13. Februar 1993, AblEG Nr. C 39/6.

[174] EuGH Slg. 1969, 1 – Walt Wilhelm.

[175] *A. Bartosch,* EuZW 2001, S. 101 (103 f.).

[176] Bezüglich der schweizer Verfassungsrevision *K. Eichenberger,* in: NZZ vom 12. Mai 1986.

[177] *E. Rehbinder,* in: U. Immenga/E.-J. Mestmäcker (Hrsg.), EG-Wettbewerbsrecht Band I, 1997, Einleitung F, Rz. 14.

[178] EuGH Slg. 1969, 1 (13 ff.) – Walt Wilhelm; Slg. 1980, 2327 – Parfüme.

§ 15 Das Kartellrecht als horizontale Auffangordnung

den Einzelfall geklärt ist, dass ein Verhalten gemeinschaftsrechtlich erlaubt ist. Das ist der Fall, wenn eine *Einzel- oder Gruppenfreistellung* nach Art. 81 Abs. 3 EGV vorliegt.[179]

Anders verhält es sich, wenn lediglich ein *Negativattest* der Kommission i. S. von Art. 2 EWG-KartVO (1962) vorliegt, insbesondere wenn diese den zwischenstaatlichen Wettbewerb als nicht betroffen ansieht. Welche Qualität die gemeinschaftsrechtliche Rechtslage gegenüber der nationalen hat, richtet sich somit nach der Qualität des gemeinschaftsrechtlichen Verfahrens, das im Einzelfall durchgeführt wurde. Die Frage, ob nationales Kartellrecht durch das Gemeinschaftsrecht gesperrt wird, richtet sich nach dessen konkretem Vollzug durch die Kommission (so genannte „verfahrensrechtliche Lösung").[180]

Die verfahrensrechtliche Lösung ist eine Konsequenz der Theorie und Praxis des geltenden Kartellverfahrens: Sie knüpft am Freistellungsmonopol der Kommission an und schließt die Lücke, die das immense Vollzugsdefizit der Kommission als Kartellbehörden hinterlässt. Die Lücke wird mit einem differenzierten Vollzug nationalen und europäischen Kartellrechts durch die Kartellbehörden der Mitgliedstaaten ausgefüllt. An der verfahrensrechtlichen Lösung könnte in Zukunft nicht festgehalten werden, wenn mit der Revision der EWG-KartVO (1962) an die Stelle des Freistellungsmonopols der Kommission ein System von Legalausnahmen tritt, das durch die Behörden der Mitgliedstaaten auszulegen wäre.[181] Auch wenn sich also der umstrittene Vorschlag des Art. 3 EG-Kart-VO-KomE (2000) nicht durchsetzen sollte, müsste nach neuen Abgrenzungskriterien gefragt werden. Hierzu könnten die weiteren Abgrenzungskriterien von Bedeutung bleiben:

Auch bei den Einzel- oder Gruppenfreistellungen reicht der Vorrang des Gemeinschaftsrechts nur so weit, wie ein Konflikt mit Maßstäben des nationalen Rechts der Sache nach entsteht. Das bedeutet, dass im Einzelfall zu ermitteln ist, welches genaue Verhalten unter welchen Gesichtspunkten gemeinschaftsrechtlich erlaubt wurde. Nach der „*Kernbereichslehre*" setzt

---

[179] Zum umgekehrten Fall: EuGH Slg. 1980, 2327 (2374 f.) – Giry und Guerlain; *H. Schröter/P. Delsaux,* in: v. d. Groeben/Thiesing/Ehlermann (Hrsg.), Handbuch des Europäischen Rechts, (387. Lfg. Juli 1999), Vorb. zu Art. 85–89 (jetzt 81–85) EGV Rz. 60.

[180] *E. Rehbinder,* in: U. Immenga/E.-J. Mestmäcker (Hrsg.), EG-Wettbewerbsrecht Band I, 1997, Einleitung F, Rz. 5.

[181] Hierzu vgl. das Weißbuch der Kommission über die Modernisierung der Vorschriften zur Anwendung der Art. 85 und 86 EGV vom 28. April 1999 (ABlEG Nr. C 132/1) und den Vorschlag für eine Durchführungsverordnung zu den Art. 82 und 82 EGV, KOM (2000) 582 endg. sowie hierzu *A. Bartosch,* EuZW 2001, S. 101 ff.

sich nur die sachliche und rechtliche Substanz der Kommissionsentscheidung zwingend gegenüber dem nationalen Recht durch.[182] Danach darf zwar eine gemeinschaftsrechtlich freigestellte Absprache als solche nicht von nationalen Behörden aus wettbewerbspolitischen Gründen verboten werden. Das schließt jedoch nicht aus, dass nationale Behörden eine *Missbrauchsaufsicht* (§ 12 GWB n. F.) durchführen und gegebenenfalls die missbräuchliche Durchführung der freigestellten Absprache unterbinden oder auch andere als wettbewerbspolitische Maßstäbe an das Verhalten anlegen.[183] Dabei muss jedoch genau geprüft werden, inwieweit sich das zu verbietende Verhalten tatsächlich von dem Bereich der Freistellung entfernt oder rechtlich außerhalb kartellrechtlicher Erwägungen überprüft werden muss.

Innerhalb des Gemeinschaftsrechts sind die Art. 65 ff. lex specialis gegenüber den Art. 81 ff. EGV und schließen die Anwendbarkeit des GWB – vorbehaltlich der Regelungen in der VO (EWG) Nr. 4064/89[184] über Unternehmenszusammenschlüsse – aus.[185]

2. Problemstellung: Chancen und Gefahren normativer Absprachen für den Wettbewerb

Im Regelfall beteiligen sich mehrere Unternehmen oder gar ganze Branchen an Selbstverpflichtungen. Bereits deren *Zielsetzung* kann Wettbewerbsbeschränkungen hervorrufen, wenn nämlich ein gleichgerichtetes Verhalten der Beteiligten verabredet wird und insoweit der Wettbewerb zwischen ihnen entfällt.[186] Derartige Absprachen zwischen den Wettbewerbern einer Branche über ein abgestimmtes Verhalten können Konzentrationstendenzen und das Abschirmen von Märkten zur Folge haben.[187]

Die Einschätzung solcher Wettbewerbsbeschränkungen durch Selbstverpflichtungen im Umweltbereich fällt bisweilen dramatisch aus. Zum Teil wird vor „der Entstehung ‚ökologischer Kartelle'" gewarnt, die schließlich

---

[182] *H.-J. Bunte,* WuW 1989, 7 (17 f.); *E. Rehbinder,* in: U. Immenga/E.-J. Mestmäcker (Hrsg.), EG-Wettbewerbsrecht Band I, 1997, Einleitung F, Rz. 21, 26.

[183] *E. Rehbinder,* in: U. Immenga/E.-J. Mestmäcker (Hrsg.), EG-Wettbewerbsrecht Band I, 1997, Einleitung F, Rz. 18.

[184] AB1EG 1988 L 395 S. 1 ff.

[185] *H. Schröter/P. Delsaux,* in: v. d. Groeben/Thiesing/Ehlermann (Hrsg.), Handbuch des Europäischen Rechts, (387. Lfg. Juli 1999), Vorb. zu Art. 85–89 (jetzt 81–85) EGV Rz. 57.

[186] *A. Merkel,* in: L. Wicke/J. Knebel/G. Braeseke (Hrsg.), Umweltbezogene Selbstverpflichtungen der Wirtschaft, 1997, S. 87 (97).

[187] *K. Rennings/K. L. Brockmann/H. Bergmann,* Nachhaltigkeit, Ordnungspolitik und freiwillige Selbstverpflichtung, 1996, S. 131 (160).

gar zu einem „schleichenden Prozess in eine andere Wirtschaftsordnung"[188] führen könnten. Tatsächlich sollten die möglichen Auswirkungen nicht unterschätzt werden. Nicht nur kann ein Verzicht auf staatliche Regelung zu Gunsten informaler Absprachen zu unerwünschten Monopolisierungen führen. Vielmehr erhöht dies die Steuerungsmacht einzelner Privater abermals. Diese Spiralwirkung kann sowohl Wettbewerber schädigen, als auch die Steuerungschancen des Staates untergraben.

Deshalb wird gefordert, die Kartellbehörden (frühzeitig) einzuschalten.[189] Zeichne sich keine Lösung ab, solle der Staat eine Selbstverpflichtung nicht akzeptieren und Ordnungsrecht schaffen. Eine besonders kritische Haltung nimmt der Umweltrat ein: „In jedem Falle ungeeignet sind solche Lösungen dann, ... wenn sie zu erheblichen Wettbewerbsbeschränkungen ... führen. Die jetzt vorliegenden oder bekannt gewordenen Selbstverpflichtungen vermitteln nicht den Eindruck, dass sie geeignet sind, den gestellten Anforderungen gerecht zu werden. ... Im Übrigen weist der Umweltrat darauf hin, dass kein Weg daran vorbei führt, dass sich Selbstverpflichtungen der Wirtschaft der Überprüfung durch Kartellbehörden nach §§ 1 ff. GWB und Art. 85 EGV stellen müssen."[190]

Aber es gibt auch Stimmen gegen eine kartellrechtliche Kontrolle normersetzender Absprachen. So wurde beklagt, „... die wirtschaftsrechtliche Diskussion (werde) ins Kartellrecht und damit in die Irre gelenkt"[191]. Die Grundsatzfrage, ob das geltende Recht überhaupt und gegebenenfalls welche rechtlichen Maßstäbe dem Phänomen der normersetzenden bzw. normprägenden Absprachen gerecht werden, muss auch für das Kartellrecht beantwortet werden.

Die Uneinigkeit hierüber schlägt sich in der kartellrechtlichen Literatur sogar in deren Begriff der Selbstverpflichtung nieder. So wurden Selbstbeschränkungsabkommen als Wettbewerbsbeschränkungen definiert, „die von den Beteiligten nicht zur Erzielung eigener Marktvorteile, sondern zur Förderung allgemeinwirtschaftlicher Zwecke oder zu Gunsten Dritter vereinbart werden"[192] bzw. „die nicht oder nicht hauptsächlich im Eigeninteresse der Beteiligten liegen, sondern im Interesse der Allgemeinheit abgeschlos-

---

[188] *Der Rat von Sachverständigen für Umweltfragen,* Umweltgutachten 1996, S. 65, Tz. 64.

[189] *A. Merkel,* in: L. Wicke/J. Knebel/G. Braeseke (Hrsg.), Umweltbezogene Selbstverpflichtungen der Wirtschaft, 1997, S. 87 (98).

[190] *Der Rat von Sachverständigen für Umweltfragen,* Umweltgutachten 1996, S. 98, Tz. 167.

[191] *E. Bohne,* VerwArch 75 (1984), 343 (372).

[192] H. Müller-Henneberg/C. Hootz/Th. E. Abeltshäuser (Hrsg.), Gemeinschaftskommentar zum Gesetz gegen Wettbewerbsbeschränkungen und zum Europäischen Kartellrecht, 5. Aufl., 1999, zu § 8 Rz 5.

sen werden"[193]. Z. T. werden sie auch als Regelungen der Beziehungen zwischen Staat und Wirtschaft, d. h. als Verpflichtung der Unternehmen der Regierung gegenüber qualifiziert.[194] Dagegen wird eingewandt, dass sich die Unternehmen vielmehr untereinander verpflichteten.[195] Hier wird von beiden Meinungen verkannt, dass sich vertikale und horizontale Elemente nicht gegenseitig ausschließen und dass eine Vielfalt von Absprachetypen zu unterscheiden ist.

Normative Absprachen können sowohl *Gefahren* als auch *Chancen* für den Wettbewerb hervorrufen. Die kartellrechtliche Bewertung normativer Absprachen führt zu einem wettbewerbspolitischen Paradox:[196] Einerseits sollen informale Selbstverpflichtungen gegenüber hoheitlichen Regelungen ein Mehr an Wettbewerb ermöglichen, andererseits können gerade die von mächtigen Unternehmen dominierten Lösungen zu besonderen Wettbewerbsverzerrungen führen.

So kann es sein, dass sich Großunternehmen zu Maßnahmen verpflichten, die sich in großem Maßstab kostengünstiger umsetzen lassen und die andere Wettbewerber so nicht realisieren können. Die Umsetzung einer derartigen Selbstverpflichtung verschafft dann den ohnehin starken Wettbewerbern zusätzliche Wettbewerbsvorteile gegenüber schwächeren Konkurrenten. Man spricht hier vom *Mittelstandsproblem* normersetzender Absprachen. So erfordern zum Beispiel Rücknahmepflichten bei Altautos den Aufbau eines aufwändigen flächendeckenden Annahme- und Weiterverwertungssystems, was kleineren Unternehmen noch schwerer als den Marktführern fallen wird. Anders als bei anderen Absprachen sind nicht nur Dritte betroffen: Benachteiligt können sowohl an der Absprache beteiligte, als auch an ihr unbeteiligte Unternehmen sein. So beklagte bei der Selbstverpflichtung der Arzneimittelhersteller im Gegenzug zum Verzicht der Bundesregierung auf eine Gesetzesinitiative vom 8. November 2001 der Hauptgeschäftsführer beim Bundesfachverband der Arzneimittel-Hersteller, dass die Interessen des Mittelstandes nicht ausreichend berücksichtigt würden.[197] Das Problem bei den informalen Absprachen besteht darin, dass es „keine eingespielten Verfahren zum Interessenausgleich zwischen großen Unternehmen und dem Mittelstand"[198] gibt.

---

[193] W. *Horstmann*, Selbstbeschränkungsabkommen und Kartellverbot, Diss. Marburg 1977, S. 25.
[194] J. *Schlarmann*, NJW 1971, S. 1394.
[195] G. v. *Wallenberg*, Umweltschutz und Wettbewerb, 1980, S. 192.
[196] M. *Schmidt-Preuß*, in: Festschrift für O. Lieberknecht, 1997, S. 549 (554).
[197] SZ vom 10./11. November 2001, S. 4 und 5.
[198] A. *Merkel*, in: L. Wicke/J. Knebel/G. Braeseke (Hrsg.), Umweltbezogene Selbstverpflichtungen der Wirtschaft, 1997, S. 87 (98).

§ 15 Das Kartellrecht als horizontale Auffangordnung   571

Bisweilen wurde auch beklagt, dass dem öffentlichen Interesse dann weniger wirksam gedient ist, wenn zum Schutz des Mittelstandes das Niveau von Selbstverpflichtungen gedrückt wurde. So wurde kritisiert, dass in Sachen Altautorücknahme einzelne Unternehmen zu großen Zugeständnissen bereit waren, hinter denen die Automobilverbände bei ihren Verhandlungen dann jedoch zurückblieben.[199] Das mag zum Schutz kleinerer Unternehmen durch die Verbände so geschehen sein.

Die *Flexibilität* informaler Absprachen kann im Idealfall aber auch dazu genutzt werden, die Lasten ihrer Umsetzung differenziert zu verteilen, ohne das Niveau der Selbstverpflichtung insgesamt zu gefährden. Bisweilen ist nicht die starre Gleichbelastung, sondern eine *Entlastung* schwächerer Konkurrenten wettbewerbsneutral. Neben der Mittelstandsgefährdung sind deshalb auch die *Chancen einer besonderen Schonung des Mittelstandes* als Vorteile von Selbstverpflichtungen hervorzuheben (wofür es Beispiele[200] gibt): Wenn sich bei den Reduktions-Verpflichtungen eine Branche zu einer Gesamtquote verpflichtet, können die großen, marktführenden Unternehmen die Hauptlast der Reduktion relativ kostengünstig tragen und damit die kleinen und mittelständischen Unternehmen (vorläufig) entlasten.[201] Letztere können gegebenenfalls zeitversetzt entsprechende Maßnahmen realisieren. So kann der Mittelstand den Kostendruck durch langfristigere Planung zeitlich auffangen. Außerdem kann er auch von den Pioniererfahrungen der Vorreiter und von deren investitionsintensiver Entwicklung neuer Techniken profitieren. Die ökonomische Effizienz spricht für eine Aufteilung, die dort die größten Anstrengungen fordert, wo dies zu den geringsten Kosten möglich ist. Eine solche Aufteilung kann durch Zertifikationssysteme, aber auch über Verhandlungen zwischen den Verbandsmitgliedern ohne einen expliziten Aufteilungsmechanismus erreicht werden. Wenn die Aufteilungsregeln von jedem Verbandsmitglied tatsächlich freiwillig akzeptiert werden, sind auch keine Wettbewerbsverzerrungen zu erwarten.[202] Wenn die notwendigen Investitionen selbst die starken Wettbewerber übermäßig belasten, kann der Staat auch ihnen finanzielle Hilfen gewähren.

---

[199] *K. Rennings/K. L. Brockmann/H. Bergmann,* Nachhaltigkeit, Ordnungspolitik und freiwillige Selbstverpflichtung, 1996, S. 131 (153).
[200] *S. Lautenbach/U. Steger/P. Weihrauch,* Evaluierung freiwilliger Branchenvereinbarungen im Umweltschutz, in BDI (Hrsg.), Freiwillige Kooperationslösungen im Umweltschutz – Ergebnisse eines Gutachtens und Workshops, Köln 1992, S. 1 (50, 70).
[201] *L. Wicke/J. Knebel,* in: dies./G. Braeseke (Hrsg.), Umweltbezogene Selbstverpflichtungen der Wirtschaft, 1997, S. 1 (17).
[202] *A. Merkel,* in: L. Wicke/J. Knebel/G. Braeseke (Hrsg.), Umweltbezogene Selbstverpflichtungen der Wirtschaft, 1997, S. 87 (99 f.).

Dabei soll hier nicht der Eindruck erweckt werden, dass Selbstverpflichtungen lediglich eine Angelegenheit von Großunternehmen sind oder sein sollten. Zum Erreichen hochgesteckter Ziele sind oft Anstrengungen aller erforderlich. So leisten mittelständische Betriebe einen erheblichen Beitrag zur Verwirklichung der gegebenen Zusagen bei der Klimaerklärung.[203] Bei den sog. „Phasing-out-Verpflichtungen" muss schließlich jeder Produzent die Verwendung bestimmter Stoffe auf Null reduzieren. Nicht bei jeder belastenden Anstrengung, sondern nur wenn zu Lasten des Mittelstandes eine eklatante Wettbewerbsverzerrung zu befürchten ist, sollte vom spezifischen „Mittelstandsproblem" gesprochen werden. Vor allem ist darauf zu achten, dass das Argument des Wettbewerbsschutzes nicht seinerseits missbraucht wird, um Anstrengungen zu Gunsten eines öffentlichen Interesses zu unterlassen. Hier muss der Staat gegebenenfalls mit einer hoheitlichen Regelung drohen und die Verantwortung für Wettbewerbsbeschränkungen übernehmen bzw. diese ausgleichen. Zwischen dem öffentlichen Interesse und den Wettbewerbsbeschränkungen ist, wenn letztere unvermeidlich sind, abzuwägen.

Die flexible und rechtlich unverbindliche Verteilung der Lasten birgt auch das *Trittbrettfahrerproblem* in sich. Solches Verhalten kann seinerseits zu *Wettbewerbsverzerrungen* führen. Das Problem entsteht dadurch, dass die Einlösung vieler Selbstverpflichtungen mehr Kosten verursacht, als wirtschaftliche Vorteile verspricht. Dem Phänomen ist dadurch zu begegnen, dass möglichst alle potenziell Betroffenen an der Absprache beteiligt werden und auf alle Beteiligten (informaler) Druck ausgeübt wird, die Verpflichtungen auch einzulösen. Wenn dies nicht gelingt, bleibt nur der Weg zu einer allgemeinverbindlichen Norm. Meist sind es kleinere Unternehmen, die so den Windschatten der Anstrengungen größerer Wettbewerber ausnutzen. Aber es gibt auch „vereinzelt gravierende Gegenbeispiele"[204], bei denen auch große Unternehmen sich nicht beteiligen. Trittbrettfahrer spekulieren darauf, dass der Staat seine Androhungen gesetzlicher Regelungen nicht wahrmacht und abspracheverdrängte Normen (z. B. die in der VerpackV vorgeschriebenen Mehrwegquoten) nicht durchsetzt.[205]

Wenn *kollektive Umsetzungsmechanismen* erforderlich sind (Beispiel: Rücknahmepflichten), können zusätzliche Wettbewerbsprobleme auftre-

---

[203] *L. v. Wartenburg,* in: L. Wicke/J. Knebel/G. Braeseke (Hrsg.), Umweltbezogene Selbstverpflichtungen der Wirtschaft, 1997, S. 51 (55).

[204] *L. Wicke/J. Knebel,* in: dies./G. Braeseke (Hrsg.), Umweltbezogene Selbstverpflichtungen der Wirtschaft, 1997, S. 1 (17) bringen das Beispiel des Lebensmitteldiscounters Aldi, der sich weigerte, Mehrwegprodukte in sein Sortiment aufzunehmen und mithin das DSD-System des grünen Punktes boykottiere; dadurch sinke die vorgeschriebene Mehrwegquote, was die Existenz des gesamten Systems gefährde.

[205] *L. Wicke/J. Knebel,* ebenda, S. 1 (23).

ten.[206] Wenn die Erfüllung von Selbstverpflichtungen eine engere Zusammenarbeit von Unternehmen herausfordert, kann das zu *Monopolisierungstendenzen* führen. Das gilt insbesondere, wenn selbst große Unternehmen miteinander bzw. mit Dritten kooperieren (müssen). Solche Tendenzen können mit Ausschreibungserfordernissen allenfalls abgemildert werden.[207] Diese Probleme sind in der Materie der Rücknahmepflichten angelegt und resultieren nicht aus dem Phänomen der Selbstverpflichtungen. Aber sie unterliegen dem Kartellrecht, wenn nicht der Staat kollektive Umsetzungsmechanismen zwingend vorschreibt.

Eine weitere Auswirkung auf den Wettbewerb kann in dem so genannten *Mitnahmeeffekt* liegen. Dies ist der Fall, wenn Selbstverpflichtungen dazu missbraucht werden, anlässlich erhöhter Standards kollektiv das Preisniveau zu erhöhen. Dies ist z.B. in der Diskussion um den „Dosengroschen" (1995/96) deutlich geworden.[208] Es ist aber häufig schwer, die Grenze für solchen Missbrauch zu ziehen: zwischen der bloßen Weitergabe erhöhter Produktions- oder Vertriebskosten an den Verbraucher einerseits und Preisabsprachen, die nicht mit der Selbstverpflichtung zusammenhängen andererseits. Im Übrigen motivieren wirtschaftliche Anreize die beteiligten Unternehmen dazu, eine Selbstverpflichtung tatsächlich umzusetzen und stellen damit ein wesentliches Element für die Effektivität von Selbstverpflichtungen dar.

Als Zwischenergebnis bleibt festzuhalten, dass *jede* Selbstverpflichtung, die einen umweltpolitischen Effekt haben soll, auf eine Weise in den Wettbewerb eingreift.[209] Selbstverpflichtungen versprechen nur dann einen Erfolg, wenn sie das Wettbewerbsverhalten der Verbraucher beeinflussen und für die Unternehmen einen Anreiz schaffen, im so veränderten Wettbewerb zu profitieren oder mindestens Nachteile einer gesetzlichen Regelung abzuwenden. Deshalb gehört es zu den zentralen rechtlichen Fragen, inwieweit das Kartellrecht Selbstverpflichtungen Grenzen setzt. Dabei werden vermeidbare Wettbewerbsbeschränkungen zu verhindern und unvermeidliche gegenüber dem mit ihnen verfolgten öffentlichen Interesse abzuwägen sein.

---

[206] *A. Merkel,* in: L. Wicke/J. Knebel/G. Braeseke (Hrsg.), Umweltbezogene Selbstverpflichtungen der Wirtschaft, 1997, S. 87 (100).
[207] *A. Merkel,* ebenda, S. 87 (101).
[208] *J. Knebel/L. Wicke/G. Michael,* Selbstverpflichtungen ..., 1999, S. 226.
[209] So zutreffend *M. Kloepfer,* JZ 1980, S. 781 (783); *J. Knebel/L. Wicke/ G. Michael,* ebenda, S. 225; kritisch *D. Ehle,* Die Einbeziehung des Umweltschutzes in das Europäische Kartellrecht, 1996, S. 83.

3. Dogmatik und Praxis des europäischen Kartellrechts

a) Das Kartellverbot des Art. 81 Abs. 1 EGV

Art. 81 Abs. 1 EGV setzt subjektiv voraus, dass *Unternehmen oder Unternehmensvereinigungen* handeln. Das ist bei den Selbstverpflichtungen stets der Fall: zum Teil verpflichten sich Unternehmen unmittelbar, zum Teil werden Selbstverpflichtungen von Verbänden erklärt. Sodann müssen die Beteiligten entweder eine *Vereinbarung* geschlossen, oder ihr *Verhalten abgestimmt* haben. Auch das ist im Ergebnis unproblematisch gegeben. Zwar ist umstritten, inwieweit Vereinbarungen verbindlich sein müssen. Die Empfehlungen, die im Falle von Selbstverpflichtungen von Verbänden an ihre Mitglieder gegeben werden, sind allenfalls faktisch verbindlich. Ob solche gentlemen's agreements als Vereinbarungen[210] oder aber als abgestimmte Verhaltensweisen unter das Kartellverbot fallen, soll als akademischer Streit nicht weiter vertieft werden. Die weiter erforderliche *Wettbewerbsbeschränkung* setzt eine Einschränkung der wirtschaftlichen Handlungsfreiheit der beteiligten Unternehmen voraus.[211] Sie ergibt sich bei Selbstverpflichtungen aus dem jeweils versprochenen Tun bzw. Unterlassen. Eine darüber hinausgehende Auswirkung auf die Auswahl- oder Betätigungsmöglichkeiten Dritter ist nicht erforderlich,[212] aber regelmäßig ebenfalls gegeben. In der Regel werden die Wettbewerbsbeschränkungen sowohl bezweckt als auch bewirkt.

b) Gruppenfreistellungen

Eine *Gruppenfreistellung* nach europäischem Kartellrecht wird für normative Absprachen in der Regel nicht in Betracht kommen: Gruppenfreistellungen[213] sind möglich auf Grund spezieller Gruppenfreistellungsverordnungen. Eine solche existiert unter anderem für Vereinbarungen über Forschung und Entwicklung[214]. Mit diesen Freistellungen soll der Austausch von Forschungsergebnissen sowie deren gemeinsame Erzielung und Verwertung (Art. 1 VO (EWG) Nr. 418/85) ermöglicht werden. Ziel ist die Förderung der Forschung.[215] Die Verbraucher können durch die schnellere

---

[210] *V. Emmerich,* in: U. Immenga/E.-J. Mestmäcker (Hrsg.), EG-Wettbewerbsrecht Band I, 1997, zu Art. 85 Abs. 1 EGV, Rz. 72.

[211] *V. Emmerich,* ebenda, Rz. 140.

[212] *D. Ehle,* Die Einbeziehung des Umweltschutzes in das Europäische Kartellrecht, 1996, S. 105; *V. Emmerich,* ebenda, Rz. 157.

[213] Vgl. hierzu *U. Geers,* Die Gruppenfreistellung im EG-Kartellrecht, 2000.

[214] VO (EWG) Nr. 418/85 (ABlEG 1985 L 53 S. 5 ff.), Geltungsdauer der VO bis 31. 12. 2000; hierzu *W. Möschel,* RIW 1985, S. 261 ff.

Verbesserung von Produkten dank derartiger Zusammenarbeit profitieren. Voraussetzung für die Freistellung ist, dass sämtliche Ergebnisse der Arbeiten allen Vertragspartnern zugänglich sein müssen (Art. 2 lit. b VO (EWG) Nr. 418/85). Diese Voraussetzungen erfüllen normersetzende Absprachen im Umweltbereich in der Regel nicht.[216] Außerdem besteht für freigestellte Absprachen eine zeitliche (Art. 3 Abs. 1 VO (EWG) Nr. 418/85: 5 Jahre) und eine quantitative (Art. 3 Abs. 3 VO (EWG) Nr. 418/85: 20 Prozent der Gesamtheit der Erzeugnisse auf dem betreffenden Markt) Obergrenze. Auch die Gruppenfreistellung für Vereinbarungen über Technologietransfers[217] dürfte für Selbstverpflichtungen kaum relevant werden.

c) Freistellung nach Art. 81 Abs. 3 EGV

Im Mittelpunkt der gemeinschaftsrechtlichen Überprüfung normative Absprachen steht deshalb die Ausnahmeklausel des *Art. 81 Abs. 3 EGV*. Für Freistellungen nach der Ausnahmeregelung des Art. 81 Abs. 3 EGV ist de lege lata nach der EG-Kart-VO (1962) ausschließlich die Kommission zuständig. Diese ist jedoch völlig überlastet. Deshalb treten immer mehr die Gruppenfreistellungen sowie Verwaltungsschreiben, so genannte „comfort letters" in den Vordergrund. Dies geschieht „oft am Rande des Vertrages"[218]. Die Entscheidungspraxis der Kommission ist großzügig[219] aus industriepolitischen Erwägungen. Immer weniger erscheint Art. 81 Abs. 1 EGV als Regel und Art. 81 Abs. 3 EGV als Ausnahme.[220] Nach dem EG-Kart-VO-KomE (2000) wären zukünftig die Mitgliedstaaten für den Vollzug des Art. 81 Abs. 3 EGV zuständig.

Die Ausnahmeregelung des Art. 81 Abs. 3 EGV setzt alternativ voraus, dass die Absprache entweder „zur Verbesserung der Warenerzeugung oder -verteilung oder zur Förderung des technischen oder wirtschaftlichen Fortschritts" beiträgt und fordert jeweils kumulativ die Unerlässlichkeit der Wettbewerbsbeschränkungen zur Verwirklichung dieser Ziele, die „angemessene Beteiligung der Verbraucher an dem entstehenden Gewinn" sowie die Erhaltung des Wettbewerbs für einen wesentlichen Teil der betreffenden Waren.

---

[215] *H.-J. Bunte/H. Sauter,* EG-Gruppenfreistellungsverordnungen, Kommentar, 1988, S. 447.
[216] Das verkennt *D. Ehle,* Die Einbeziehung des Umweltschutzes in das Europäische Kartellrecht, 1996, S. 130.
[217] VO (EG) Nr. 240/96 (ABlEG 1996 L 31 S. 2 ff.).
[218] *V. Emmerich,* in: M. A. Dauses (Hrsg.), Handbuch des EU-Wirtschaftsrechts, Band 2, 2000, H I, Rz. 166a.
[219] Vgl. *R. Velte,* Duale Abfallentsorgung und Kartellverbot, 1999, S. 331 ff.
[220] Dagegen *V. Emmerich,* in: M. A. Dauses (Hrsg.), Handbuch des EU-Wirtschaftsrechts, Band 2, 2000, H I, Rz. 166b.

576   3. Teil: Rechtliche Einbindung normativer Absprachen

Die *Verbesserung der Warenerzeugung* beschreibt einen Rationalisierungsfaktor und kann in Kosteneinsparungen, in Verbesserungen des Warenangebots oder der Wahlmöglichkeiten der Verbraucher, in der Erschließung neuer Märkte und Schaffung bzw. Erhaltung von Arbeitsplätzen, aber auch in der Verbesserung der *Qualität der Produkte,* in der Optimierung von Herstellungsverfahren sowie in der Bündelung neuer Techniken in einem Erzeugnis liegen.[221]

Bei Selbstverpflichtungen im Umweltbereich stellt sich zunächst die Frage, ob durch sie die Produktqualität verbessert wird. Nach heutiger Lebensauffassung zählt die *Umweltverträglichkeit* zu den Qualitätsmerkmalen von Produkten. Auch nach Auffassung der Kommission können Umweltvereinbarungen nach Art. 81 Abs. 3 (ex 85 Abs. 3) EGV freigestellt werden, wenn die festgelegten Umweltziele daraus folgenden Wettbewerbsbeschränkungen überwiegen (Mitteilung Ziff. 28)[222]. Verfehlt ist die Auffassung, Umweltgesichtspunkte könnten in dieser geschlossenen Regelung keine Berücksichtigung finden.[223] Art. 81 Abs. 3 EGV ist nicht nur ökonomisch, sondern auch ökologisch qualitativ zu interpretieren.[224] Das gebietet nunmehr auch die Umwelt-Querschnittsklausel des Art. 6 EGV. Der Umweltvorteil ist jedenfalls relevant, wenn er entweder im Produkt selbst bzw. in seinem Gebrauch oder aber im Herstellungsprozess spürbar wird. Dabei kann und muss auch der Entsorgungsfaktor berücksichtigt werden. Zur Verbesserung der Warenqualität gehört auch die Erhöhung ihres *Sicherheitsstandards.*

Die Wettbewerbsidee ist allerdings davon geprägt, dass der Verbraucher über die Kriterien für Waren*qualität* selbst entscheidet und die Waren*vielfalt* ihm dies am besten ermöglicht. Der Verbraucher bestimmt durch seine Nachfrage, welches Produkt Erfolg am Markt hat. Deshalb ist der Wettbewerb selbst als Qualitätskatalysator zu begreifen. Bei Selbstverpflichtungen wird dem Verbraucher die Entscheidung über bestimmte Qualitätsmerkmale von Produkten abgenommen: Während nach der Wettbewerbsidee grundsätzlich Produktqualität durch Erhöhung und Erhaltung der Produktvielfalt gesteigert wird, ermöglicht es Art. 81 Abs. 3 EGV, auch solche Produktqualitätssteigerungen vom Kartellverbot freizustellen, die zu einer Beschränkung der Warenvielfalt führen. Hier bedingen Produktvielfalt und Produktqualität einander nicht, sondern stehen sich gegenüber, wobei es notwendig wird, letztere mit anderen objektiven Kriterien als dem des

---

[221] *V. Emmerich,* ebenda, H I, Rz. 170a.
[222] Kom(96)561 endg. vom 27. November 1996, S. 16 f.
[223] *J. Knebel,* in: L. Wicke/J. Knebel/G. Braeseke (Hrsg.), Umweltbezogene Selbstverpflichtungen der Wirtschaft, 1997, S. 201 (214).
[224] So bereits *I. Pernice,* EuZW 1992, S. 139 (141); zustimmend *A. Faber,* Gesellschaftliche Selbstregulierungssysteme im Umweltrecht, 2001, S. 362 f.

Marktverhaltens der Verbraucher zu bestimmen. Bei den Selbstverpflichtungen, die die Produktqualität erhöhen sollen, kommen beide Typen vor. Die Produktvielfalt wird im Falle zahlreicher Selbstverpflichtungen bewusst beschränkt, indem auf die Herstellung bestimmter Produkte bzw. Verwendung bestimmter Verfahren verzichtet wird. Ist hingegen die Entwicklung neuer, umweltverträglicher Produkte geplant, kann das auch zu einer Erweiterung des Warenangebots führen.[225]

Die Grenze zwischen der Minderung der Produktvielfalt um eine bestimmte Art von Erzeugnissen, die lediglich mittelbar zur Entwicklung von Ersatzprodukten und damit zu neuer Produktvielfalt führt und einer Erweiterung der Produktpalette um ein Erzeugnis, zu dessen Herstellung bzw. Verwendung sich die Beteiligten verpflichten, ist jedoch schwer zu ziehen. Formal zwischen dem „Gebot" bestimmter Qualitätsstandards und dem „Verbot" bestimmter Produkte oder Produktionsverfahren zu unterscheiden, geht an der Sache vorbei, da die Formulierung von Geboten und Verboten weitgehend austauschbar ist. Für das Wettbewerbsrecht sollte von entscheidender Bedeutung sein, ob der Effekt der Verringerung der Warenvielfalt oder der Entwicklung neuer Waren und damit die Entstehung neuen Wettbewerbs im Vordergrund steht. Die letztendliche Einschränkung der Produktpalette wiegt schwerer, als deren bloße Verschiebung. Aber auch letztere stellt einen Eingriff in die Wettbewerbsfreiheit dar, weil nicht der Markt über die Akzeptanz neuer Qualitätsstandards entschieden hat. Bei der Frage der Güterabwägung, der Rechtfertigung eines Eingriffs in den Wettbewerb, soll neben der objektiven Produktqualität berücksichtigt werden, ob die Produktvielfalt langfristig zu- oder abnimmt. In letzterem Falle muss dies mit entsprechend gewichtigen entgegenstehenden (Gemeinwohl-) Interessen im Rahmen der Abwägung gerechtfertigt werden.

Es gehört zu den Zielen des europäischen Wettbewerbsrechts, die ständige Erneuerung im Sinne *technischen und wirtschaftlichen Fortschrittes* zu fördern. Grundsätzlich soll solcher Fortschritt gerade durch die im Wettbewerb miteinander stehenden Unternehmen erreicht werden.[226] Gleichzeitig stellt dieses Interesse aber auch einen Rechtfertigungsgrund für Eingriffe in den Wettbewerb dar. Wenn dieses übergeordnete Ziel ausnahmsweise durch wettbewerbsbeschränkende Absprachen verfolgt wird, kommt eine Freistellung nach Art. 81 Abs. 3 EGV in Betracht. Das bedeutet jedoch nicht, dass die Wettbewerbsfreiheit keinen Eigenwert hätte. Sie bezweckt nicht aus-

---

[225] So das BKartA, Tätigkeitsbericht 1983/84, S. 86, BT-Drucks. 10/3550 hinsichtlich der Selbstverpflichtung der Chemischen Industrie zur Verwendung kindergesicherter Verpackungen.
[226] *D. Ehle,* Die Einbeziehung des Umweltschutzes in das Europäische Kartellrecht, 1996, S. 133; *Th. Oppermann,* Europarecht, 2. Aufl., 1999, § 14 I. 2. Rz. 1030, S. 393.

schließlich den technischen und wirtschaftlichen Fortschritt, geht also nicht in diesem Ziel auf und findet in ihm auch nicht automatisch seine Grenze. Vielmehr ist die Fortschrittsidee neben dem Schutz der persönlichen wirtschaftlichen Entfaltungsfreiheit jedes Wettbewerbers und dem Schutz der Verbraucher eines mehrerer Prinzipien des Wettbewerbs. Sie kann im Ausnahmefall mit der Wettbewerbsfreiheit konfligieren und diese sogar zurückdrängen, wenn dies angemessen erscheint, die Verbraucher angemessen beteiligt wurden und der Wettbewerb nicht für einen wesentlichen Teil der betreffenden Waren ausgeschaltet wird (Art. 81 Abs. 3 UAbs. 2 EGV).

Es kommt darauf an, dass nicht nur die Unternehmen, sondern auch die *Verbraucher* von den Vorteilen der wettbewerbsbeschränkenden Absprache spürbar profitieren. In der Literatur wurde kritisiert, dass die Kommission diese Voraussetzung immer mehr vernachlässigt.[227] In der Tat ist es mit Art. 81 Abs. 3 EGV schwerlich vereinbar, industriepolitische Erwägungen als Rechtfertigung für Wettbewerbsbeschränkungen ausreichen zu lassen. Die pauschale Erwägung, dass jeder industriepolitische Gewinn der Gesellschaft und damit mittelbar auch dem Verbraucher zugute komme, wird dem Geist des europäischen Kartellrechts nicht gerecht. Der Vorteil einer wettbewerbsbeschränkenden Absprache muss vielmehr unmittelbar auch für die Verbraucher greifbar sein. Das heißt jedoch nicht, dass umgekehrt jede Beschränkung der Warenvielfalt an diesem Kriterium scheitern muss. Wäre die Produktvielfalt des Marktes und damit die Entscheidungsfreiheit des Verbrauchers als absoluter Höchstwert des Kartellrechts gewollt gewesen, hätte dies auch im Wortlaut der Ausnahmeregelung Niederschlag finden müssen. Dort ist jedoch das Interesse des Verbrauchers allgemein und nicht allein seine Entscheidungsfreiheit geschützt. Deshalb ist die Freiheit des Verbrauchers, sich z. B. für ein umweltschädliches Produkt zu entscheiden, das für ihn selbst und für die Gesellschaft Nachteile mit sich bringt, nicht von der Verbraucherschutzklausel des Art. 81 Abs. 3 EGV geschützt.

Die Frage, was dem Interesse des Verbrauchers dient, obliegt der Entscheidung der Kartellbehörde, nach der EG-Kart-VO (1962) der Kommission. Die Entscheidung wird nicht dem freien Markt überlassen. Die Kommission darf und muss den Verbraucher vor sich selbst schützen oder besser sie muss akzeptieren, wenn Hersteller die Verbraucher vor sich selbst schützen, d.h. sie muss die Ausnahmeregelung des Art. 81 Abs. 3 EGV anwenden, wenn eine Absprache die Produktvielfalt zum Schutze des Verbrauchers einschränkt. Das ist nicht nur der Fall, wenn der Verbraucher *bei der Nutzung des Produkts einen Umweltvorteil* hat, wie dies z. B. bei dem Erwerb recyclingfreundlicherer Autos der Fall ist.[228] Es reicht vielmehr auch,

---

[227] V. *Emmerich,* in: M. A. Dauses (Hrsg.), Handbuch des EU-Wirtschaftsrechts, Band 2, 2000, H I, Rz. 171.

wenn der Umweltvorteil bei der Herstellung des Produkts erzielt wird und damit nicht nur den Verbrauchern, sondern darüber hinaus der *Gesellschaft*, ja sogar globalen Interessen und künftigen Generationen zugute kommt.

Die kartellrechtliche *Praxis der Kommission* hat in neuerer Zeit den Umweltschutz anerkannt.[229] Als Beispiele lassen sich Absprachen mit folgenden Zwecken nennen: die Ermöglichung einer neuen Technologie zur Energieerzeugung, die einen höheren Nutzungsgrad und mehr Umweltfreundlichkeit durch Gas statt Kohle aufweist[230]; die Kooperation zur Entwicklung von Batterien für Kraftfahrzeuge und damit zur Entlastung der Umwelt von Abgasen und Motorlärm[231]; die Entwicklung neuer Erzeugnisse (z. B. Pumpen), die *Energieeinsparungen* bringen und Verschmutzungen verhindern[232]. Voraussetzung für eine Freistellung ist, dass sich die Vorteile für den Umweltschutz direkt auf die Absprache zurückführen lassen.[233] Grenzfälle stellen solche Absprachen dar, die nicht die Entwicklung und Herstellung, sondern nur den Absatz umweltfreundlicher Produkte betreffen. Sie können nicht freigestellt werden, wenn diese Produkte auch ohne die Absprache vertrieben würden, wohl aber, wenn sie den Absatz umweltfreundlicher Produkte erst ermöglichen, wobei die Kommission bei der erforderlichen Prognose in letzterem Fall einen strengen Maßstab anlegt[234] oder der Entsorgung dienen.[235]

Damit werden von der Kommission also auch Gemeinwohlvorteile anerkannt, die sich nicht zugleich entweder im Produkt selbst bzw. in seinem Gebrauch oder aber im Herstellungsprozess niederschlagen. Allerdings ist noch nicht geklärt, inwieweit die Kommission ökologische Gründe auch als tragende Freistellungsgründe anerkennt.[236] In der Literatur wurde daran

---

[228] A. *Faber,* Gesellschaftliche Selbstregulierungssysteme im Umweltrecht, 2001, S. 363.

[229] *Gleiss/Hirsch,* Kommentar zum EG-Kartellrecht, 4. Aufl. 1993, zu Art. 85 Abs. 3, Rz. 1895; ausführlich *D. Ehle,* Die Einbeziehung des Umweltschutzes in das Europäische Kartellrecht, 1996, S. 138 ff.

[230] Kommission, Entscheidung vom 8. Dezember 1983, ABlEG Nr. L 376/17 (19 f.) – Carbon Gas Technologie; hierzu *D. Ehle,* ebenda, S. 139 f.

[231] Kommission, Entscheidung vom 11. Oktober 1988, ABlEG Nr. L 301/68 (72) – BBC Brown Bovery; hierzu *D. Ehle,* ebenda, S. 140 f.

[232] Kommission, Entscheidung vom 12. Dezember 1990, ABlEG 1991 Nr. L 19/25 (34) – KSB/Goulds/Lowara/ITT; hierzu *D. Ehle,* ebenda, S. 141 f.

[233] *Gleiss/Hirsch,* Kommentar zum EG-Kartellrecht, 4. Aufl. 1993, zu Art. 85 Abs. 3, Rz. 1895.

[234] Kommission, Entscheidung vom 19. Dezember 1990, ABlEG 1991 Nr. L 152/54 (59) – ANSAC.

[235] Sache IV 34493-DSD (97/C 100/04), ABlEG Nr. C 100/4 vom 27. März 1997 – DSD.

[236] Kritisch *D. Ehle,* Die Einbeziehung des Umweltschutzes in das Europäische Kartellrecht, 1996, S. 148.

Kritik geübt.[237] Eine solche extensive Auslegung, die industriepolitische Erwägungen anstellt und volkswirtschaftliche Aspekte der Arbeitslosigkeit und umweltpolitische Belange als solche berücksichtigt, lässt sich wegen der letztlichen Gebotenheit der Berücksichtigung des Gemeinwohls rechtfertigen. Das gilt jedenfalls für die hier zu diskutierenden Belange des Umweltschutzes und des Gesundheitsschutzes. Den Kritikern ist allerdings beizupflichten, dass es wünschenswert wäre, solche Erwägungen in die Tatbestandsmerkmale des Art. 81 Abs. 3 EGV einzubinden. Die weitere Entwicklung bleibt abzuwarten.[238]

Außer dem Umweltschutz sind in der Praxis auch weitere Gemeinwohlbelange innerhalb von Art. 81 Abs. 3 (ex 85 Abs. 3) EGV berücksichtigt worden. So hat der EuGH die Erhaltung bzw. Schaffung von *Arbeitsplätzen* anerkannt, da dieser Aspekt von volkswirtschaftlicher Bedeutung ist.[239] Bisweilen setzt die Kommission Verbraucher- und Gemeinwohlinteressen regelrecht gleich.[240] So liegt ihrer Ansicht nach die Einführung eines pannensicheren Reifens im Interesse der Verbraucher, weil die Vermeidung von Verkehrsunfällen im privaten und im öffentlichen Interesse liege.[241] Als öffentliches Interesse stand hier die *Sicherheit für Leib und Leben* der Verkehrsteilnehmer auf dem Spiel. Eine grundsätzlich abweichende Beurteilung der gemeinschafts-grundrechtlichen Implikationen gegenüber der Rechtslage im deutschen Kartellrecht ist nicht zu konstatieren.[242]

Außerdem können Gemeinwohlgründe für die Kommission Anlass sein, über eine Anmeldung auf Formblatt A/B nicht zu entscheiden und dadurch die Praktizierung des Kartells ohne eine formelle Entscheidung nach Art. 81 Abs. 3 EGV faktisch zu dulden.[243] Diese Praxis ist dogmatisch fragwürdig und erinnert an die überholte Doppelstecker-Doktrin des BKartA. Sie hat jedoch ihre Ursache in der dramatischen Überlastung der Kommission. Dogmatische Kritik wird deshalb wenig an der Praxis ändern können, es sei denn im Rahmen von Reformüberlegungen zur Entlastung der Brüsseler Administration.

---

[237] *W. Frenz,* Selbstverpflichtungen der Wirtschaft, 2001, S. 338 f.

[238] Kritisch *W. Frenz,* Nationalstaatlicher Umweltschutz und EG-Wettbewerbsfreiheit, 1997, S. 54.

[239] EuGH Slg. 1977, 1875 (1915) – Metro/Saba I; Slg. 1985, 2545 (2577) – Remia; zustimmend *Gleiss/Hirsch,* Kommentar zum EG-Kartellrecht, 4. Aufl. 1993, zu Art. 85 Abs. 3, Rz. 1893.

[240] *Gleiss/Hirsch,* Kommentar zum EG-Kartellrecht, 4. Aufl. 1993, zu Art. 85 Abs. 3, Rz. 1916.

[241] Komm. 11. Oktober 1988, ABlEG Nr. L 305/33 (40) – Continental/Michelin.

[242] Hierzu *Ch. Tsiliotis,* Der verfassungsrechtliche Schutz der Wettbewerbsfreiheit und seine Einwirkung auf die privatrechtlichen Beziehungen, 2000, S. 650 ff.

[243] *R. Bechtold,* Kartellgesetz, Gesetz gegen Wettbewerbsbeschränkungen, 1993, zu § 8, Rz. 5.

Eine Absprache ist im kartellrechtlichen Sinne nur *unerlässlich* i. S. d. Art. 81 Abs. 3 lit. a EGV, wenn es keine Lösung gäbe, die den Wettbewerb weniger belastet. Dabei handelt es sich um eine spezielle *kartellrechtliche Erforderlichkeitsklausel* im Rahmen der Verhältnismäßigkeitsprüfung. Die Kriterien sind aus der Dogmatik des Grundsatzes der Verhältnismäßigkeit vertraut: Wie bei der Prüfung des mildesten Mittels im Rahmen der Erforderlichkeit müssen solche Alternativen den verfolgten legitimen Zwecken in gleichem Maße zu dienen geeignet sein. Im Einzelfall wird zu prüfen sein, ob alternative Ausgestaltungen und Inhalte normativer Absprachen als milderes Mittel vorrangig wären. Z. B. Informationsverpflichtungen und Werbeverbote sind mildere, weniger in den Wettbewerb eingreifende Mittel, als Reduktionsverpflichtungen. Allerdings sind sie im Regelfall nicht gleich effektiv.

An dieser Stelle stellt sich im Hinblick auf normersetzende Absprachen noch die grundsätzliche Frage, ob auch *hoheitliche Regelungen als Alternative* in Betracht zu ziehen sind. Diese Frage wirft zahlreiche dogmatische Probleme auf: Das Argument, normative Mittel würden per se nicht bzw. weniger in den Wettbewerb eingreifen als private Absprachen, ist nicht geeignet, über die Unerlässlichkeitsklausel zu einer generellen Kartellrechtswidrigkeit normativer Absprachen zuführen. Keineswegs dürfte formal damit argumentiert werden, dass Normen am Wettbewerbsrecht nicht zu messen wären und schon deshalb im kartellrechtlichen Sinne ein milderes Mittel darstellen müssten. Wenn Normen überhaupt als Alternative kartellrechtlich in Betracht gezogen werden können, dann müsste die Schwere ihres Wettbewerbseingriffs vielmehr in einem übergeordneten Sinne berücksichtigt werden. Dogmatisch gesprochen müsste die Schwere eines hypothetischen Eingriffs in die Warenverkehrsfreiheit (Art. 28 EGV) durch hoheitliche Regelung mit der Schwere des Wettbewerbseingriffs durch die normative Absprache verglichen werden. Ob die Unerlässlichkeitsklausel des europäischen Kartellrechts insoweit über den Anwendungsbereich des Kartellrechts hinausweisen kann, braucht auf Grund folgender Erwägungen nicht letztlich entschieden zu werden.

Kein Argument gegen die Berücksichtigung gesetzlicher Alternativen ist es, dass die Privaten, deren Absprache am Kartellverbot zu messen ist, selbst nicht in der Lage wären, Normen in Kraft zu setzen. Im Gegensatz zu der Formulierung des § 7 GWB ist in Art. 81 Abs. 3 EGV nicht vorausgesetzt, dass mildere Mittel „von den beteiligten Unternehmen auf andere Weise" erreicht werden könnten. Es wäre keineswegs undenkbar, Privaten etwas zu verbieten, was Mitgliedstaaten nicht zu verbieten wäre.

Problematisch wäre aber weiterhin, dass die Mitgliedstaaten durch eine derartige Handhabung der Unerlässlichkeitsklausel, indirekt aufgefordert werden könnten, Normen bestimmten Inhaltes zu erlassen. Wenn ein Mitgliedstaat an einer normativen Absprache beteiligt ist bzw. eine Selbstverpflichtung unterstützt, dann gerade deshalb, weil er bestimmte politische Ziele erreichen will. Kein Mitgliedstaat darf von der Kommission zu solchen hoheitlichen Maßnahmen gezwungen werden, um die mit der Absprache verfolgten Zwecke nicht aufgeben zu müssen. Eine derartige Gemeinwohlkompetenz kommt der Kommission nicht zu, es sei denn, es handelt sich um ein Ziel der Gemeinschaft.

Schließlich ist es auch sachlich keineswegs gerechtfertigt, gesetzliche Eingriffe in den Wettbewerb grundsätzlich für weniger schwer zu halten als inhaltlich entsprechende Absprachen Privater. Das Argument, Ordnungsrecht sei per se wettbewerbskonform, weil es für alle gleiche Rahmenbedingungen schaffe,[244] ist nicht haltbar. Definierte man den kartellrechtlich geschützten Wettbewerb als den Wettbewerb, der innerhalb der Grenzen der Gesetze stattfindet, fielen gesetzliche Wettbewerbsbeschränkungen aus der Betrachtung heraus. Sie engten sozusagen den Definitionsrahmen des Wettbewerbs ein und führten damit nicht zu Verzerrungen innerhalb dieser Grenzen. Diese formale Betrachtung täuscht jedoch darüber hinweg, dass Gesetze, die formal für alle gelten, die Adressaten in materiell unterschiedlicher Weise belasten bzw. begünstigen können. Dieses Phänomen wird verfassungsrechtlich durch Art. 3 Abs. 1 GG gesteuert, der nicht nur die bereits rechtsstaatlich garantierte formale Gesetzesbindung, sondern auch materielle Gerechtigkeitsgehalte verbürgt. Gemeinschaftsrechtlich greifen die Grundfreiheiten, die man dogmatisch als spezielle Gleichheitssätze des Gemeinschaftsrechts bezeichnen könnte. Auch starre Regeln können in den Wettbewerb eingreifen, indem sie die Wettbewerber in unterschiedlichem Maße treffen.

Dennoch kann in den Fällen, in denen eine Absprache einen bereits vorliegenden Gesetz- bzw. Verordnungsentwurf substituiert, auf dessen *Inhalte* im Rahmen der Unerlässlichkeitsklausel zurückgegriffen werden. Nicht, weil es sich dabei um eine hypothetische Norm handelt, sondern weil in dem Entwurf gegebenenfalls wettbewerbsneutralere bzw. -schonendere Maßnahmen vorgeschlagen sind, können letztere zum Anlass genommen werden, die Absprache für nicht unerlässlich zu erklären. Normentwürfe sind nicht nur wissenschaftlich i.S. des Möglichkeitsdenkens[245] von Interesse, sondern können auch eine Fundgrube für in Betracht kommende mildere Mittel sein, deren Erwägung im Rahmen von Erforderlichkeitsprüfungen rechtlich geboten sein kann.

---

[244] *A. Merkel,* in: L. Wicke/J. Knebel/G. Braeseke (Hrsg.), Umweltbezogene Selbstverpflichtungen der Wirtschaft, 1997, S. 87 (97).
[245] *P. Häberle,* Verfassungslehre als Kulturwissenschaft, 2. Aufl. 1998, S. 558 ff.

§ 15 Das Kartellrecht als horizontale Auffangordnung 583

Es lässt sich also als Zwischenergebnis festhalten: Hypothetische Normen sind keine Alternativen, die im Rahmen der Unerlässlichkeitsklausel des Art. 81 Abs. 3 EGV in Betracht zu ziehen sind. Jedoch können gegebenenfalls Normentwürfe, deren Verwirklichung durch Absprachen substituiert wurde, inhaltliche Anregungen dafür geben, wie die Selbstverpflichtung das verfolgte öffentliche Interesse wettbewerbsschonender hätte erreichen können.

Das Kriterium der *Angemessenheit* erfordert, die Schwere der Wettbewerbsbeeinträchtigung gegen den Verbrauchervorteil abzuwägen. Dabei ist daran zu erinnern, dass die Kommission einen weiten Beurteilungsspielraum hat, der auch durch das EuG und den EuGH nur beschränkt überprüft werden kann.[246] Die gerichtliche Kontrolle wird mit dem Argument, dass es sich um komplexe wirtschaftliche Gegebenheiten handele, auf Verfahrens-, Ermessens- und offensichtliche Beurteilungsfehler beschränkt.[247] Ein offensichtlicher Beurteilungsfehler liegt jedoch m.E. vor, wenn die Kommission an Stelle der Prüfung eines Verbrauchervorteils industriepolitische Erwägungen ausreichen lässt. Sollte de lege ferenda das Freistellungsmonopol der Kommission fallen und den Mitgliedstaaten die Aufgabe einer repressiven Kartellaufsicht zufallen, wie dies der EG-Kart-VO-KomE (2000) vorsieht, müsste allerdings auch die Frage der Prüfungsdichte gerichtlicher Entscheidungen völlig neu gestellt werden.[248]

Weiterhin muss zur Anerkennung einer Ausnahme nach Art. 81 Abs. 3 lit. b EGV der *Fortbestand eines funktionsfähigen Wettbewerbs* gewährleistet sein. Auf die Bedenklichkeitsgrenze, die die Kommission derzeit erst ab 50% Marktanteil in Betracht zieht, sowie auf die sonstigen hierbei relevanten Marktverhältnisse,[249] soll hier nicht näher eingegangen werden. Großzügig verfährt die Kommission gegenüber der Zusammenarbeit von Unternehmen zur Entwicklung und Durchsetzung neuer Technologien. Insbesondere mit dem Argument, dass selbst Großunternehmen allein mit derartigen Anstrengungen überfordert wären, neigt die Kommission zur Befürwortung, ja Förderung derartiger Kooperationen.[250] Angesichts dessen wurde bereits von einer „Kooperationseuphorie der Kommission"[251] gesprochen.

---

[246] *V. Emmerich,* in: M. A. Dauses (Hrsg.), Handbuch des EU-Wirtschaftsrechts, Band 2, 2000, H I, Rz. 169a.
[247] EuGH Slg. 1987, 4487 (4583) – Reynolds; so auch das EuG, vgl. Slg. 1994 II, 49 (90) – Europay.
[248] *A. Bartosch,* EuZW 2001, S. 101 (106 f.).
[249] Vgl. *V. Emmerich,* Kartellrecht, in: M. A. Dauses (Hrsg.), Handbuch des EU-Wirtschaftsrechts, Band 2, 2000, H I, Rz. 173 f.
[250] Vgl. hierzu als Beispiel die Kohlevergasungstechnologie: hierzu Entscheidung vom 8. Dezember 1983, ABlEG 1983 Nr. L 376, S. 17, WuW 1984, 216; weitere Beispiele bei *V. Emmerich,* ebenda, Rz. 176b.

584   3. Teil: Rechtliche Einbindung normativer Absprachen

4. Dogmatischer Neuansatz nach dem GWB (1998)

Die 6. GWB-Novelle (1998) macht einen dogmatischen Neuansatz für die kartellrechtliche Beurteilung normativer Absprachen möglich und notwendig. Im Folgenden soll vor dem Hintergrund der bisherigen Praxis des BKartA dargestellt werden, wie in Zukunft Selbstverpflichtungen nach dem nationalen Kartellrecht zu beurteilen sind.

a) Das Kartellverbot des § 1 GWB

Für die Tatbestandsvoraussetzungen des mit der 6. GWB-Novelle an Art. 81 Abs. 1 EGV angeglichenen *§ 1 GWB n. F.* ergeben sich hierzu keine wesentlichen Unterschiede. Darüber hinaus kann bei Verbandsempfehlungen *§ 22 Abs. 1 S. 1 GWB* greifen, wenn dadurch kartellgesetzliche Verbote oder kartellbehördliche Verfügungen umgangen werden oder umgangen werden sollen. Das kann relevant werden, wenn ein gleichförmiges, wettbewerbsschädliches Verhalten vorliegt und nur eine Absprache oder Verhaltensabstimmung zwischen den Unternehmen nicht nachgewiesen werden kann, sondern vielmehr ausschließlich auf eine Verbandsempfehlung zurückzuführen ist. Dies und ein Verbot von Vertikalvereinbarungen nach § 16 GWB[252] ist bereits im Zusammenhang mit den Verbändevereinbarungen im Energieversorgungssektor diskutiert worden.[253] Darauf ist hier nicht vertieft einzugehen, weil diese Problematik für Selbstverpflichtungen und normative Absprachen bislang untypisch ist. Allerdings ist die weitere Entwicklung auch im Abfallbereich auch in dieser Hinsicht kritisch zu verfolgen.

b) Freistellung nach §§ 2 bis 5 GWB

Auf den ersten Blick könnten Selbstverpflichtungserklärungen *Normen- und Typenkartelle* i. S. d. §§ 2 Abs. 1, 9 Abs. 1 GWB n. F. (früher § 5 Abs. 1 GWB a. F.[254]) sein. Nicht gemeint sind mit „Normen und Typen" i. S. d. dieser Vorschriften verbindliche Rechtsnormen. Wird lediglich deren Einhaltung vereinbart, ist bereits § 1 GWB nicht anwendbar. Gemeint sind vielmehr technische Normungen. Das ist so weit unbestritten. Ein Teil der Literatur will auch Selbstverpflichtungen als Normungen in einem weiteren Sinne erfasst wissen.[255] Dabei wird jedoch verkannt, dass sich Selbstver-

---

[251] V. *Emmerich,* ebenda, Rz. 177.
[252] A. *Lückenbach,* RdE 2000, S. 101 (102).
[253] A.-R. *Börner,* RdE 2000, S. 94 (97 ff.).
[254] J. *Knebel/L. Wicke/G. Michael,* Selbstverpflichtungen ..., 1999, S. 256 gehen fälschlich vom Wegfall der Vorschrift aus.

pflichtungen in ihrer Intention wesentlich von technischen Normungen unterscheiden.[256]

Technische Normung bezweckt die Vereinheitlichung technischer Standards. Solche Standardisierung macht Produkte kompatibel. Zwar kann die Umstellung der Produktionen zunächst für einzelne Wettbewerber zu erhöhten Kosten und Wettbewerbsnachteilen führen. Aber langfristig wird der Wettbewerb durch die Kompatibilität der Produkte beflügelt. Telos des § 2 Abs. 1 GWB n. F. ist es, solche vorübergehenden Wettbewerbsbeschränkungen in Kauf zu nehmen, die letztlich den Wettbewerb fördern. Es handelt sich dabei um wirtschaftspolitische Erwägungen des Gesetzgebers.

Auch Selbstverpflichtungen stellen Standards auf und können die Produktpalette vereinheitlichen. Dies geschieht jedoch im öffentlichen Interesse. Die Kompatibilität von Produkten wird dadurch weder bezweckt noch in der Regel tatsächlich gefördert. Somit entfällt die Aussicht, den Wettbewerb aus diesem Grunde zu steigern. Damit werden der wirtschaftspolitische Hintergrund und die innere Rechtfertigung des § 2 Abs. 1 GWB n. F. verfehlt. Nach teleologischer Auslegung fallen Selbstverpflichtungen deshalb nicht unter diese Vorschrift. Auch die systematische Einordnung der Normen- und Typenkartelle – früher bei den Rationalisierungskartellen (§ 5 GWB a. F.), jetzt bei den Konditionenkartellen (§ 2 Abs. 2 GWB n. F.) – bestätigt den wirtschaftspolitischen Kontext der Regelung. Im Übrigen passt das Erfordernis der Stellungnahme eines Rationalisierungsverbandes (§ 9 Abs. 1 S. 2 GWB n. F.), zu dessen „satzungsmäßigen Aufgaben es gehört, Normungs- und Typenvorhaben durchzuführen" (§ 9 Abs. 1 S. 3 GWB n. F.), nicht zu einem Freistellungsverfahren für Selbstverpflichtungen.[257] Schließlich ist auch die Intention des Änderungsgesetzgebers zu respektieren, der Gemeinwohlinteressen nur im Rahmen des § 8 GWB berücksichtigt wissen wollte.[258]

Bei einzelnen Selbstverpflichtungen ist aber an eine Anmeldung als *Konditionenkartell* nach § 2 Abs. 2 GWB n. F. beim BKartA zu denken. Danach sind Kartelle freistellbar, die die „einheitliche Anwendung allgemeiner Geschäfts-, Lieferungs- und Zahlungsbedingungen" regeln. In Betracht kommt dies allerdings nur bei einem Typus von Selbstverpflichtungen: den Rücknahme-, Recycling-, Verwertungs- und Entsorgungsverpflichtungen. Als Beispiel wäre hier die Verpflichtung der deutschen Automobilindustrie

---

[255] So *Rieger,* Das Problem der Güterabwägung bei der Anwendung des Kartellverbotes, Diss. 1967, S. 140; *M. Kloepfer,* JZ 1980, S. 781 (788).
[256] So im Ergebnis auch *J. Knebel/L. Wicke/G. Michael,* Selbstverpflichtungen ..., 1999, S. 240 ff.
[257] Zutreffend *J. Knebel/L. Wicke/G. Michael,* Selbstverpflichtungen ..., 1999, S. 241.
[258] BT-Drucks. 13/9720, S. 33.

zur umweltgerechten Altautoverwertung vom 21. Februar 1996, modifiziert im November 1996[259] zu nennen. In diesem einen Fall ist tatsächlich eine Anmeldung nach § 2 Abs. 1 GWB a.F. erfolgt. Das BKartA hat dem – mit der Folge der Wirksamkeit nach § 2 Abs. 3 GWB a.F. (jetzt § 9 Abs. 3 S. 1 GWB) – nicht innerhalb drei Monaten widersprochen.[260]

Dieses Beispiel stammt noch aus der Zeit kurz vor der 6. GWB-Novelle (1998). Deshalb stellt sich die Frage, ob hieran dogmatisch festzuhalten ist. Die Tatbestandselemente des § 2 Abs. 1 GWB a.F. entsprechen wörtlich denen des § 2 Abs. 2 GWB n.F. Dogmatischer Änderungen könnten sich jedoch aus den im GWB (1998) neu geregelten Konkurrenzen ergeben: Zwischen § 2 Abs. 2, § 7 und § 8 GWB besteht ein Verhältnis gestufter Spezialität: Wenn § 2 Abs. 2 GWB greift, ist § 7 GWB ausgeschlossen, wie dessen Abs. 2 klarstellt. § 7 Abs. 2 GWB soll klarstellen, dass die Vorschrift „kein allgemeiner Auffangtatbestand"[261] ist. § 8 GWB wiederum ist nur anwendbar, wenn die Voraussetzungen der §§ 2 bis 7 nicht vorliegen. Die Auslegung des § 2 Abs. 2 GWB könnte hiervon unmittelbar betroffen sein: Zwar steht diese Norm an der Spitze der Konkurrenzen, indem ihr Vorrang vor §§ 7 und 8 GWB eingeräumt wird. Die Dogmatik darf jedoch nicht dazu führen, dass letztere durch eine weite Auslegung des § 2 Abs. 2 GWB überflüssig werden. Die weite Auslegung des § 2 Abs. 1 GWB a.F. stand unter anderen systematischen und dogmatischen Prämissen, als die zukünftige Praxis des § 2 Abs. 2 GWB n.F., weil erst mit der 6. GWB-Novelle (1998) ein neuer Freistellungtatbestand (§ 7 GWB) geschaffen wurde.

Die deshalb ebenfalls neu geschaffene Konkurrenzregelung wirft Probleme auf: Wie dargestellt, können insbesondere Selbstverpflichtungen, die die Rücknahme und Entsorgung von Produkten betreffen, unter § 2 Abs. 2 GWB fallen. Die Anwendung von § 7 GWB wäre dann gesperrt. Das würde jedoch dazu führen, dass die neu geschaffenen Tatbestandsmerkmale „Rücknahme oder Entsorgung" in § 7 GWB von vornherein leer laufen. Der Gesetzgeber kann aber gerade das kaum gewollt haben.

Die Motive beweisen, dass er das Problem auch gesehen hat. Ihm ist es jedoch nicht gelungen, § 7 Abs. 2 GWB entsprechend klar zu fassen. Vielmehr ist aus den Motiven eine Auslegungsdirektive zu erahnen: „Vereinbarungen und Beschlüsse, die der Erfüllung von Pflichten nach dem Kreislaufwirtschafts- und Abfallgesetz oder einer auf Grund dieses Gesetzes er-

---

[259] Zu diesem Beispiel siehe S. 63; *A. Faber,* UPR 1997, S. 431 (432); *J. Knebel/L. Wicke/G. Michael,* Selbstverpflichtungen ..., 1999, S. 482 ff.

[260] Bundesanzeiger v. 16.8.1997, Nr. 152, S. 10471; vgl. hierzu auch *A. Faber,* UPR 1997, S. 431 (437).

[261] BT-Drucks. 13/9720, S. 48.

§ 15 Das Kartellrecht als horizontale Auffangordnung

lassenen Rechtsverordnung dienen, stellen ihrem Typus nach regelmäßig (sic!) keine Konditionen-, Realisierungs-, Rationalisierungs- oder Einkaufskartelle dar."[262] Als Feststellung ist diese Aussage von geringem Wert. Freilich fallen nur manche der Rücknahme- und Entsorgungsabsprachen unter die Konditionenkartelle. Sollte mit der vom Gesetzgeber behaupteten „Regelmäßigkeit" eine Sollens-Aussage getroffen werden? Wollte der Gesetzgeber andeuten, dass in diesen Fällen § 2 Abs. 2 GWB eng auszulegen ist?

Weiter heißt es: „Für sie greift insoweit (sic!) die Sperrwirkung des § 7 Abs. 2 nicht ein, sie sind deshalb (sic!) nach § 7 Abs. 1 zu beurteilen."[263] Die Feststellung, dass die Sperrwirkung des § 7 Abs. 2 nicht greift, „insoweit" die Spezialtatbestände nicht vorliegen, ist rein tautologischer Natur. Indes ist der letzte Halbsatz als Sollens-Aussage („sind ... zu beurteilen") formuliert. Er bezieht sich – wie der vorangegangene Halbsatz – grammatikalisch auf sämtliche Rücknahme- und Entsorgungskartelle („sie"). Und er enthält keine entsprechende Einschränkung, die ihn wiederum entwerten würde (etwa: „sie sind *dann* ... zu beurteilen"). Der Gesetzgeber wollte somit die Anwendbarkeit des § 7 Abs. 1 GWB für die Fälle der „Rücknahme oder Entsorgung" von der Sperrwirkung befreit sehen, ohne im Gesetzeswortlaut zwischen ihnen und den weiteren Tatbestandsmerkmalen differenzieren zu müssen. Die Formulierung „sie sind *deshalb* ... zu beurteilen" lässt auch Rückschlüsse auf den Sinn der vorangegangenen Feststellungen zu: Der Gesetzgeber wollte nicht völlig ausschließen, dass einzelne der genannten Kartelle doch unter § 2 Abs. 2 GWB fallen und er wollte dessen Anwendbarkeit nicht einschränken. Seine Feststellungen hält er deshalb bewusst im Vagen („regelmäßig"; „insoweit"). Ihm ging es nur um die Sicherstellung der Anwendbarkeit des § 7 Abs. 1 GWB.

Daraus folgt: Aus den Motiven zu § 7 Abs. 2 GWB ist nicht auf eine restriktive Auslegung des § 2 Abs. 2 GWB zu schließen. Vielmehr sind „insoweit" ausnahmsweise § 2 Abs. 2 und § 7 Abs. 1 GWB nebeneinander anzuwenden. Das hat zur Konsequenz, dass Rücknahme- und Entsorgungsabsprachen, die tatbestandlich unter § 2 Abs. 2 GWB fallen, aber wegen ihres Bezugs auf Preise oder Preisbestandteile nach dieser Vorschrift nicht freistellbar sind, nicht von vornherein von einer Freistellung nach § 7 Abs. 1 GWB ausgeschlossen sind.

Umweltvereinbarungen können nicht als *Rationalisierungskartelle* mit dem Argument ihrer volkswirtschaftlichen Effizienz als „Rationalisierung wirtschaftlicher Vorgänge" i.S.d. § 5 GWB n.F. privilegiert werden. Unter Rationalisierung wurde seit jeher (d.h. bezogen auf die Vorgängerregelung

---

[262] BT-Drucks. 13/9720, S. 49.
[263] BT-Drucks. 13/9720, S. 49.

des § 5 Abs. 2 GWB a. F.) vom BKartA und auch der herrschenden Lehre unter Berufung auf den historischen Gesetzgeber lediglich die betriebswirtschaftliche Rationalisierung, nicht jedoch die Einsparung so genannter social costs verstanden.[264] Dies wird durch den Wortlaut des § 5 Abs. 1 S. 1 GWB n. F. bestätigt: Unverändert müssen derartige Kartelle „die Leistungsfähigkeit oder Wirtschaftlichkeit der beteiligten Unternehmen" fördern.

c) Freistellung nach § 7 GWB

Mit § 7 GWB n. F. ist nunmehr ein dem Art. 81 Abs. 3 EGV nachgebildeter neuer Auffangtatbestand geschaffen worden. Dies wurde in der Literatur als „Paradigmenwechsel"[265] oder wenigstens „partieller Systemwechsel"[266] bezeichnet. Damit wird die bisherige Praxis des BKartA einer Restriktion des § 1 GWB obsolet.[267] Grundsätzlich kann auf die Ausführungen zu Art. 81 Abs. 3 EGV verwiesen werden, wonach normative Absprachen freigestellt werden können. Nur soweit § 7 GWB in der Systematik und im Wortlaut von Art. 81 Abs. 3 EGV abweicht, ist zu erörtern, welche Unterschiede sich daraus ergeben.

In der nebenstehenden Übersicht sind die Tatbestandsmerkmale der beiden Freistellungsklauseln gegenübergestellt, wobei die Formulierungsunterschiede durch Kursivdruck hervorgehoben sind.

Dass Art. 81 Abs. 3 EGV neben Vereinbarungen und Beschlüssen ausdrücklich auch *abgestimmte Verhaltensweisen* erfasst, spielt im Zusammenhang mit Selbstverpflichtungen keine Rolle, da es sich bei diesen um explizite Erklärungen handelt. Die Nicht-Erwähnung von *Gruppen* von Kartellen schließt es nicht aus, auch nach deutschem Kartellrecht parallele Absprachen freizustellen.

Von Bedeutung hingegen ist die unterschiedliche Formulierung der jeweils erfassten Kartellziele in den beiden Freistellungsklauseln. Übereinstimmend erfassen beide Normen die Verbesserung der Warenerzeugung oder -verteilung. Hingegen tritt an die Stelle der *Förderung des technischen oder wirtschaftlichen Fortschritts* (Art. 81 Abs. 3 EGV) die Verbesserung der *Entwicklung,* Erzeugung, Verteilung, *Beschaffung, Rücknahme und Entsorgung* von Waren *und Dienstleistungen* (§ 7 GWB).

Der Gesetzgeber hatte mit den Tatbestandsmerkmalen der „Rücknahme und Entsorgung" vor allem Kartelle im Blick, „die der Erfüllung von

---

[264] G. v. *Wallenberg,* Umweltschutz und Wettbewerb, 1980, S. 149 f.
[265] J. *Knebel/L. Wicke/G. Michael,* Selbstverpflichtungen ..., 1999, S. 246.
[266] V. *Emmerich,* Kartellrecht, 8. Aufl. 1999, § 10, 5 a), S. 91.
[267] W. *Frenz,* Selbstverpflichtungen der Wirtschaft, 2001, S. 376.

§ 15 Das Kartellrecht als horizontale Auffangordnung

Art. 81 Abs. 3 EGV	§ 7 GWB n. F.
Vereinbarungen, Beschlüsse, *abgestimmte Verhaltensweisen oder Gruppen von solchen*	Vereinbarungen und Beschlüsse
zur Verbesserung der Warenerzeugung oder verteilung oder zur *Förderung des technischen oder wirtschaftlichen Fortschritts*	zu einer Verbesserung der *Entwicklung*, Erzeugung, Verteilung, *Beschaffung, Rücknahme und Entsorgung* von Waren *und Dienstleistungen*
unter angemessener Beteiligung der Verbraucher an dem entstehenden Gewinn	unter angemessener Beteiligung der Verbraucher an dem entstehenden Gewinn
ohne ... Beschränkungen, ... die für die Verwirklichung der Ziele nicht unerlässlich sind	wenn die Verbesserung *von den beteiligten Unternehmen* auf andere Weise nicht erreicht werden kann
(keine ausdrückliche Angemessenheitsklausel über die Verbraucherbeteiligung hinaus)	in *angemessenem Verhältnis zu der damit verbundenen Wettbewerbsbeschränkung*
ohne ... Möglichkeiten ..., für einen wesentlichen Teil der Waren den Wettbewerb auszuschalten	nicht zur Entstehung oder Verstärkung einer marktbeherrschenden Stellung führt

Pflichten nach dem KrW-/AbfG oder nach einer auf Grund dieses Gesetzes erlassenen Rechtsverordnung dienen"[268]. Damit wollte der Gesetzgeber sowohl an die einfachgesetzliche Produktverantwortung nach dem KrW-/AbfG anknüpfen, als auch der allgemeinen Umweltschutzklausel des Art. 6 EGV gerecht werden.

Auf den Freistellungsaspekt der „Förderung des technischen oder wirtschaftlichen Fortschritts" (Art. 81 Abs. 3 EGV) wurde in der deutschen Regelung des § 7 GWB n. F. verzichtet. Er wurde durch das neue Tatbestandsmerkmal der Verbesserung der „Entwicklung" von Waren ersetzt. Forschungs- und Entwicklungskooperationen sollen damit aber gegebenenfalls auch vom deutschen Kartellverbot ausgenommen bleiben. Während die bloße Forschungskooperation, solange nicht feststehe, ob sie zum Erfolg führt, gar nicht unter § 1 GWB falle, seien auch Kooperationen mit konkreter gemeinsamer Vermarktungsstrategie nach § 7 GWB freistellbar, wenn wegen des hohen technologischen bzw. wirtschaftlichen Risikos entsprechende Forschung von einem Unternehmen allein nicht durchzuführen wäre.[269] Der Streit, ob die Entwicklung neuer Technologien Kartellbildun-

---

[268] BT-Drucks. 13/9720, S. 33.

gen rechtfertigen kann (so das Bundesumweltministerium) oder ob gerade die Kartellbildung einen funktionierenden Wettbewerb als Motor für neue Entwicklungen gefährdet (so das Bundeskartellamt),[270] ist somit vom Gesetzgeber gelöst worden.

Zwar hat der Gesetzgeber mit § 7 GWB n. F. eine an Art. 81 Abs. 3 EGV angelehnte Norm geschaffen und es läge nahe, die dogmatischen Probleme des deutschen Kartellrechts mit einer nunmehr weiten Auslegung des § 1 GWB und einer an die Praxis der Kommission zu Art. 81 Abs. 3 GG angelehnten Auslegung des § 7 GWB zu lösen. Indes würde dies dem *ausdrücklichen Willen des Gesetzgebers* entgegenlaufen. Mit Nachdruck betont die Regierungsbegründung[271], dass mit § 7 GWB *nicht* beabsichtigt war, „eine industriepolitische oder gemeinwohlorientierte Öffnungsklausel" zu schaffen. Die „Berücksichtigung solcher Aspekte" sollte „weiterhin nur im Rahmen des § 8 (Ministererlaubnis)" möglich sein. Mit seiner Intention begründet der Gesetzgeber auch Wortlautabweichungen von Art. 81 Abs. 3 EGV. Deshalb wurde das Tatbestandsmerkmal der „Förderung des technischen oder wirtschaftlichen Fortschritts" (Art. 81 Abs. 3 EGV) in der deutschen Regelung des § 7 GWB n. F. durch das neue Tatbestandsmerkmal der Verbesserung der „Entwicklung" von Waren ersetzt.

Ob es dem Gesetzgeber gelungen ist, seine Absicht in der abweichenden Formulierung des § 7 GWB zu verdeutlichen, mag dahingestellt bleiben. Zu rein industriepolitischen Erwägungen ermächtigt auch der Wortlaut des Art. 81 Abs. 3 EGV nicht, wenn man ernst nähme, dass auch das Kriterium des „wirtschaftlichen Fortschritts" nicht von der zusätzlichen Voraussetzung der angemessenen Beteiligung der Verbraucher an den Vorteilen des Kartells befreit. In Wahrheit sich die Kommission industriepolitische Erwägungen angestellt, die ihr nicht zustehen.

Die Motive sind insofern missverständlich bzw. schlagen sich nicht im Wortlaut der Norm nieder, als § 7 GWB Tatbestandsmerkmale enthält, deren Erfüllung *Gemeinwohldienlichkeit impliziert*. Soweit § 7 GWB Gemeinwohlbelange konkretisiert, sollten diese keineswegs durch restriktive Auslegung unberücksichtigt bleiben. Lediglich wollte der Gesetzgeber eine extensive Auslegung unter Berücksichtigung darüber hinausgehender Gemeinwohlaspekte verhindern. Soweit mit den in § 7 GWB geregelten Produktverbesserungen *zugleich einem öffentlichen Interesse* gedient wird, kann dies bei der Abwägung zu Gunsten einer Freistellung berücksichtigt

---

[269] BT-Drucks. 13/9720, S. 48.

[270] *K. Rennings/K. L. Brockmann/H. Bergmann,* Nachhaltigkeit, Ordnungspolitik und freiwillige Selbstverpflichtung, 1996, S. 131 (162).

[271] BT-Drucks. 13/9720, S. 33; zustimmend *K. Stockmann,* Rechtsgrundlagen, in: G. Wiedemann, Handbuch des Kartellrechts, 1999, § 7, Rz. 100, S. 156.

§ 15 Das Kartellrecht als horizontale Auffangordnung   591

werden. Dies ist sogar verfassungsrechtlich geboten, wenn es sich dabei um ökologische Vorteile handelt, die unter dem besonderen Schutz des Art. 20a GG stehen. Damit kommt dem § 7 GWB in Zukunft große Bedeutung zu. Es ist keinesfalls so, dass mit der historischen Auslegung eine „scheinbar geöffnete Tür der Freistellung sofort wieder zugeschlagen"[272] werden muss.

Einer extensiven Auslegung des § 7 GWG als allgemeiner Gemeinwohlgeneralklausel stehen hingegen ihr Wortlaut, seine historische Auslegung und sein systematisches Verhältnis zu § 8 GWV entgegen: Der deutsche Gesetzgeber war in der misslichen Lage, durch seine Formulierung eine Behördenpraxis ausschließen zu wollen, die im Falle der Kommission nicht auf dem Wortlaut des Art. 81 Abs. 3 EGV beruht und die im Falle des BKartA gar durch eine jenseits geschriebenen Kartellrechts entwickelte Restriktion der Generalklausel des § 1 GWB entstanden ist.

Dem nationalen Gesetzgeber steht es nicht zu, die Kommission in ihrer Auslegung des Art. 81 Abs. 3 EGV zu kritisieren. Sein Wille, dem § 7 GWB – trotz dessen an Art. 81 Abs. 3 EGV angelehnten Wortlauts und Inhalts – eine Bedeutung zu geben, die in Einzelfragen nicht parallel zum europäischen Kartellrecht verläuft, ist zu respektieren. Das gilt, auch wenn sich der intendierte Unterschied nicht zwingend aus der Formulierung ergibt. Die Gesetzesmaterialien können hier eine erhöhte Bindungskraft entfalten, weil es dem Gesetzgeber sonst nicht möglich wäre, eine Rechtspraxis abzustellen oder von vornherein auszuschließen, die sich nicht allein aus dem Gesetz ergibt, ohne in das Gesetz eine ausdrückliche Einschränkung von Befugnissen aufzunehmen („Das BKartA ist nicht befugt …").

Im deutschen Kartellrecht sind somit neue dogmatische Wege zu beschreiten. Eine extensive Auslegung des § 7 GWB nach dem Vorbild des Art. 81 Abs. 3 EGV ist deshalb entbehrlich, weil § 8 GWB die von der Kommission in Brüssel administrativ gefüllte Lücke gesetzlich füllt. Die von manchen[273] erwartete Verwaltungspraxis einer extensiven Auslegung des § 7 GWB würde die Vorschrift des § 8 GWB erneut zu einem Schattendasein verurteilen und damit den vom Gesetzgeber bewusst aufrechterhaltenen Unterschied zum europäischen Kartellrecht nivellieren. Indem der Gesetzgeber die großzügige Verwaltungspraxis der Doppelstecker-Entscheidung durchbrechen und dem neu geschaffenen § 7 GWB einen beschränkten Anwendungsbereich zuordnen wollte, war eine „Vergrößerung des Verantwortungsbereichs"[274] des BKartA gerade nicht bezweckt, sondern viel-

---

[272] So aber *A. Faber,* Gesellschaftliche Selbstregulierungssysteme im Umweltrecht, 2001, S. 350.
[273] *J. Knebel/L. Wicke/G. Michael,* Selbstverpflichtungen …, 1999, S. 247; zutreffend *W. Frenz,* Selbstverpflichtungen der Wirtschaft, 2001, S. 376.
[274] *J. Knebel/L. Wicke/G. Michael,* Selbstverpflichtungen …, 1999, S. 247.

mehr eine Aufgabenverteilung zwischen dem BKartA und dem für § 8 GWB zuständigen Bundesminister für Wirtschaft.

Aus demselben Grunde der Verteilung der Verantwortung hat der Gesetzgeber bei den Strukturkrisenkartellen das Tatbestandsmerkmal der „Gesamtwirtschaft und des Gemeinwohls" (§ 4 GWB a.F.) gestrichen und durch die „Berücksichtigung der Wettbewerbsbedingungen in den betroffenen Wirtschaftszweigen" (§ 6 GWB n.F.) ersetzt, damit in Zukunft „außerwettbewerbliche Gründe der Gesamtwirtschaft und des Gemeinwohls nicht vom Bundeskartellamt, sondern nur vom Bundesminister für Wirtschaft im Rahmen der Ministererlaubnis geprüft werden dürfen"[275]. Auf der anderen Seite sollte diese Verteilung der Aufgaben den Bundesminister für Wirtschaft davon abhalten, von den ohnehin rechtlich umstrittenen Weisungen[276] an das BKartA Abstand zu nehmen. Es ist zu hoffen, dass das BKartA nicht weiter versucht, Entscheidungen jenseits des oben skizzierten Verantwortungsbereichs an sich zu ziehen und damit den Bundesminister für Wirtschaft zu veranlassen, über Einzelweisungen Einfluss zu nehmen.

Eine aus Gründen des Gemeinwohls extensive Auslegung des § 7 GWB verbietet sich somit. Nicht allein weil Kartelle dem Gemeinwohl dienen, sondern nur soweit sie den vom Wortlaut des § 7 GWB erfassten Zwecken dienen, sind sie vom BKartA freistellbar. Treffen die Tatbestandsmerkmale des § 7 GWB mit Gemeinwohlinteressen zusammen, dann ist dem allerdings bei der Abwägung Rechnung zu tragen. Insbesondere erfüllen *produkt- oder prozessbezogene* Selbstverpflichtungen die Voraussetzungen des § 7 GWB. Selbstverpflichtungen, die sich hingegen nur auf die Werbung für Produkte beziehen oder allgemeine Zusagen zur Emissionsreduzierung enthalten, können allenfalls nach § 8 GWB legalisiert werden.[277]

Im Gegensatz zu Art. 81 Abs. 3 lit. a EGV sind im Rahmen des § 7 GWB schon vom Wortlaut her hoheitliche Regelungen nicht als *mildere Mittel* zu erwägen. Zwar enthält auch § 7 GWB eine Erforderlichkeitsklausel. Diese ist aber ausdrücklich auf Alternativen beschränkt, die „von den beteiligten Unternehmen auf andere Weise ... erreicht werden" können. Selbst wenn die Unternehmen durch ihre Absprache den Erlass einer Norm bewusst abgewendet haben, steht die normative Alternative nicht im positiven Sinne in ihrer Macht. Nur alternative Ausgestaltungen der Absprache sind deshalb im deutschen Kartellrecht zu erörtern.[278] Da aber auch bei

---

[275] Bt. Drucks. 13/9720, S. 47.
[276] Vgl. *H. Herrmann,* Interessenverbände und Wettbewerbsrecht, 1984, S. 291 ff.
[277] *J. Knebel/L. Wicke/G. Michael,* Selbstverpflichtungen ..., 1999, S. 247.
[278] Anders auf Grundlage des GWB a.F. *R. Velte,* Duale Abfallentsorgung und Kartellverbot, 1999, S. 253 f.

§ 15 Das Kartellrecht als horizontale Auffangordnung   593

Art. 81 Abs. 3 EGV letztlich nur inhaltliche Alternativen zu erwägen sind, ergeben sich im Ergebnis daraus keine Unterschiede.

Weiter fällt im Textvergleich der beiden Normen auf, dass nur § 7 GWB ausdrücklich voraussetzt, dass „die Verbesserung ... in *angemessenem Verhältnis zu der damit verbundenen Wettbewerbsbeschränkung* steht". Beide Vorschriften hingegen verlangen die „angemessene" Beteiligung der Verbraucher an dem entstehenden Gewinn. Auf den ersten Blick scheint es, als ob im deutschen Kartellrecht eine *zusätzliche Angemessenheitsprüfung* stattfinden muss. Genauer betrachtet, ist aber dafür kein Ansatzpunkt ersichtlich:

Jede Angemessenheit bedarf einer Bezugsgröße, der gegenüber „anzumessen" ist. Die in beiden Regelungen vorausgesetzte Angemessenheit der Verbraucherbeteiligung bezieht sich auf den „entstehenden Gewinn". Er soll nicht nur den Unternehmen, sondern auch den Verbrauchern in angemessener Weise zugute kommen. Unter Gewinn ist nicht nur der betriebswirtschaftliche Gewinn zu verstehen. Es handelt sich also nicht um einen rein quantitativen, monetären Vergleich zwischen Unternehmensgewinnen und Preisvorteilen. Vielmehr sind auch Gewinne für die Qualität der Produkte, auch für ihre Umweltverträglichkeit zu berücksichtigen.[279] Eine *rein monetäre Betrachtung* der Verbraucherbeteiligung würde dem Sinn und Zweck des § 7 GWB ebenso wie des Art. 81 Abs. 3 EGV zuwiderlaufen, die auf eine „Verbesserung" und nicht auf eine „Verbilligung" von Produkten abzielen. Es wäre kontraproduktiv, den Unternehmen dabei ökonomische Gewinne gleichsam aus Prinzip zu neiden und damit den Anreiz einer Verknüpfung ökonomischer Vorteile mit ökologischen Gewinnen zu verspielen. Eine rein ökonomische Betrachtung[280] des Kartellrechts verbietet sich, soweit die Berücksichtigung von Gemeinwohlbelangen geboten ist. Auch die Auslegung des Merkmals der angemessenen Verbraucherbeteiligung ist Element einer kartellrechtlichen Gemeinwohldogmatik.

Die logische Konsequenz ist, dass die Angemessenheitsprüfung letztlich inkommensurable Größen gegenüberstellt.[281] Justiziable Methoden zur Quantifizierung von Marktergebnissen sind nicht nur nicht in Sicht[282]; derartige Quantifizierungen sind auch gar nicht erstrebenswert. Vor allem die Gewinne für das Gemeinwohl, insbesondere die in § 7 GWB genannten ökologischen Vorteile, sollten nicht quantifiziert, sondern qualifiziert werden.

---

[279] *J. Kiecker,* in: E. Langen/H.-J. Bunte, Kommentar zum deutschen und europäischen Kartellrecht, Band 1, 9. Aufl. 2001, zu § 7 GWB, Rz. 33.

[280] Gegen eine Ökonomisierung des rechtlichen Denkens insgesamt *P. Häberle,* Verfassungslehre als Kulturwissenschaft, 2. Aufl., 1998, S. 588.

[281] *J. Kiecker,* in: E. Langen/H.-J. Bunte, Kommentar zum deutschen und europäischen Kartellrecht, Band 1, 9. Aufl. 2001, zu § 7 GWB, Rz. 45.

[282] So *J. Kiecker,* ebenda, Rz. 45.

Gefragt ist nicht eine „freie Würdigung der Vor- und Nachteile"[283], sondern eine rational strukturierte und nachvollziehbare Abwägung nach dem Argumentationsmuster der *Verhältnismäßigkeit,* das v. a. im öffentlichen Recht entwickelt und verfeinert wurde:

Dazu sind zuallererst die Größen zu benennen, die in ein Verhältnis zueinander zu setzen sind. Hierzu gehören auf der einen Seite die in § 7 GWB genannten Kriterien der *Produktverbesserung,* die mittelbar auch Gemeinwohlvorteile darstellen. Sie müssen den Verbrauchern zugute kommen. Auf der anderen Seite stehen nicht allein die betriebswirtschaftlichen Gewinne einzelner Unternehmen, die für sich genommen kein Malus darstellen. Vielmehr sind die Nachteile für den Wettbewerb in Ansatz zu bringen. Die Schwere der *Wettbewerbsbeschränkung* muss ins Verhältnis zum Wert der Produktverbesserungen gesetzt werden.

Welchen Stellenwert die Produktverbesserung bei der Abwägung haben, ist nach abstrakten und konkreten Kriterien zu bemessen: Abstrakt ist in Rechnung zu stellen, ob die Produktverbesserungen ausschließlich einzelnen Verbrauchern zugute kommen oder ob sie einen gesamtgesellschaftlichen Gewinn für das Gemeinwohl darstellen und somit außerdem im öffentlichen Interesse sind. Bei normativen Absprachen hat die Bundesregierung eine Einschätzungs- und Bewertungsprärogative hinsichtlich der Gemeinwohlvorteile einer Selbstverpflichtung und der politischen Priorität solcher Ziele. Das BKartA muss bei seiner Entscheidung nach § 7 GWB dann diese Wertung zugrundelegen und sie ins Verhältnis zu den von ihm zu würdigenden Wettbewerbsbeschränkungen setzen. Nur wenn dieses Verhältnis angemessen ist, kann ein Kartell gerechtfertigt sein. Die ergänzte Formulierung in § 7 GWB benennt somit lediglich die Kehrseite der angemessenen Verbraucherbeteiligung und ist somit tautologischer bzw. klarstellender Natur. Gegenüber der herrschenden Auslegung des Art. 81 Abs. 3 EGV ergibt sich der Sache nach kein Unterschied.

d) Ministerkartellerlaubnis nach § 8 Abs. 1 GWB

§ 8 Abs. 1 GWB erfasst als Auffangtatbestand solche Fälle, die nicht unter die Ausnahmebestimmungen der §§ 2 bis 7 GWB zu subsumieren sind. Er trägt im Gegensatz zu den anderen Freistellungstatbeständen dem Gemeinwohlgedanken ausdrücklich und allgemein Rechnung. Danach kann der Bundeswirtschaftsminister auf Antrag eine Erlaubnis des Kartells erteilen.

---

[283] *J. Kiecker,* ebenda, Rz. 45.

§ 8 Abs. 1 GWB setzt voraus, dass „ausnahmsweise die Beschränkung des Wettbewerbs aus überwiegenden Gründen der Gesamtwirtschaft und des Gemeinwohls notwendig ist". Die Gemeinwohldienlichkeit eines Kartells ist somit lediglich eine der beiden genannten Voraussetzungen. Deren Und-Verknüpfung wird bisweilen als *kumulative* Anforderung interpretiert.[284] Zu lesen wäre die Vorschrift nach dieser Maßgabe also so: „... aus überwiegenden Gründen der Gesamtwirtschaft und weiteren Gründen des Gemeinwohls" und nicht in *alternativer* Auslegung „... aus überwiegenden Gründen der Gesamtwirtschaft oder anderen Gründen des Gemeinwohls" bzw.[285] „... aus überwiegenden Gründen der Gesamtwirtschaft sowie anderen Gründen des Gemeinwohls". Das Argument, dass die Gesamtwirtschaft selbst im Interesse des Gemeinwohls sei und deshalb zwischen beiden nicht scharf zu trennen sei,[286] spricht ebenso wenig für eine alternative, wie für eine kumulative Auslegung.

Für eine *alternative* Auslegung spricht, dass § 8 GWB eine Auffangnorm gegenüber den §§ 2 bis 7 GWB darstellt, die ihrerseits keine außerökonomischen Rechtfertigungen zulassen. Hieraus wird geschlossen, der Regelungsbedarf[287] für § 8 GWB bestehe gerade darin, Gründe des Gemeinwohls ausreichen zu lassen. Auch die Meinung, dass Belange der Gesamtwirtschaft mit zu berücksichtigen sind,[288] ist im Ergebnis eine Variante der alternativen Auslegung: danach müssen Gründe der Gesamtwirtschaft nicht für das Kartell sprechen, dürfen aber diesem auch nicht entgegenstehen.

Die systematische Auslegung scheint dagegen zu sprechen: Eine Oder-Verknüpfung zwischen gesamtwirtschaftlichen Vorteilen und überragenden Interessen der Allgemeinheit kennt hingegen der erst 1973 geschaffene § 24 Abs. 3 S. 1 GWB a.F., jetzt § 42 Abs. 1 S. 1 GWB n.F., der Ministererlaubnisse zu Unternehmenszusammenschlüssen regelt. Aber auch wenn diese Norm zeigt, dass der Gesetzgeber (inzwischen) Gemeinwohlbelange auch als alleiniges Kriterium zur Begründung kartellrechtlicher Ausnahmen zulässt, ginge es doch zu weit, diese Tendenz als Rechtsgedanken

---

[284] *G. v. Wallenberg,* Umweltschutz und Wettbewerb, 1980, S. 152; *A. Faber,* Gesellschaftliche Selbstregulierungssysteme im Umweltrecht, 2001, S. 346.

[285] Unter alternativer Auslegung sei nicht verstanden, dass eine Abwägung der Belange getrennt voneinander zu erfolgen hat, wenn auch die Gesamtwirtschaft geschützt werden soll. Vielmehr sind schließlich alle Belange zu saldieren. Darauf hat *R. Velte,* Duale Abfallentsorgung und Kartellverbot, 1999, S. 223 f. zu Recht hingewiesen, der dies jedoch als eigenständige, dritte Auffassung vertritt, damit jedoch die Vertreter der alternativen Auffassung m.E. missversteht.

[286] Vgl. *G. v. Wallenberg,* Umweltschutz und Wettbewerb, 1980, S. 158.

[287] So *J. Kiecker,* in: E. Langen/H.-J. Bunte, Kommentar zum deutschen und europäischen Kartellrecht, Band 1, 9. Aufl. 2001, zu § 8 GWB, Rz. 6; vgl. auch *U. Immenga,* in: Immenga/Mestmäcker, GWB, 2. Aufl., 1992, zu § 8 Rn. 32 m.w.N.

[288] *M. Kloepfer,* JZ 1980, S. 781 (789).

durch Auslegung auf den nicht gleichzeitig geänderten und auch seither nicht entsprechend angeglichenen § 8 Abs. 1 GWB zu übertragen.

Allerdings hat der Gesetzgeber mit der 6. GWB-Novelle dem Wortlaut des unveränderten § 8 GWB erneute Bedeutung verliehen, weil es seine Absicht war, dessen Auslegung durch die Praxis zu bestätigen und die Anwendung der Vorschrift für die Zukunft wieder zu beleben. Die Regierungsbegründung[289] ausdrücklich nicht § 7 GWB, wohl aber im Umkehrschluss § 8 GWB für „eine industriepolitische oder (sic!) gemeinwohlorientierte Öffnungsklausel", indem sie die „Berücksichtigung solcher Aspekte ... weiterhin (sic!) nur im Rahmen des § 8 (Ministererlaubnis)" verortet. Damit bestätigt er die Praxis des Bundesministers für Wirtschaft:

Auch der Bundesminister für Wirtschaft hat § 8 GWB unter alleiniger Berücksichtigung einer außerökonomischen Rechtfertigung angewendet.[290] Obwohl also der Bundesminister für Wirtschaft nicht der strengen, kumulativen Auslegung des § 8 GWB folgte, hat sich dieser Weg in der Praxis für Selbstverpflichtungen nicht durchgesetzt. § 8 GWB wurde vielmehr nur sehr selten angewandt, soweit ersichtlich[291] wurden nur vier Erlaubnisse erteilt: betreffend das Kohle-Öl-Kartell 1959[292], die Mühlenkartelle 1969[293], die Zigarettenwerbung 1972[294] und Ärztemuster 1975/1981[295]. In zwei Fällen[296], die aber keine Selbstverpflichtungen betreffen, wurde der Antrag abgelehnt.

Dies hat jedoch nicht seinen Grund in einer dogmatisch begründeten Abkehr von § 8 GWB, sondern im Verfahren: Die Beschreitung dieses Weges setzt nach § 10 Abs. 1 S. 1 GWB n.F. (früher § 8 Abs. 1 GWB a.F.) eine entsprechende Antragstellung beim Bundesminister für Wirtschaft voraus. Weil die Praxis des BKartA durch die Güterabwägung auf der Ebene der Anwendbarkeit des § 1 GWB Selbstverpflichtungen gegenüber so großzü-

---

[289] BT-Drucks. 13/9720, S. 33; zustimmend *K. Stockmann*, Rechtsgrundlagen, in: G. Wiedemann, Handbuch des Kartellrechts, 1999, § 7, Rz. 100, S. 156.

[290] Verfügung des Bundesministers für Wirtschaft und Finanzen v. 14. März 1972 - W/I B 5–811307 -, WuW/E BMWi 145; vgl. BAnz. Nr. 224 v. 2. Dezember 1971, S. 1 und Nr. 229 v. 7. Dezember 1972, S. 2 f.

[291] *R. Bechtold*, Kartellgesetz, Gesetz gegen Wettbewerbsbeschränkungen, 1993, zu § 8, Rz. 1.

[292] WuW/E BMWi 117 f.

[293] WuW/E BMWi 135 ff.; zur Befristung S. 151.

[294] Verfügung des Bundesministers für Wirtschaft und Finanzen v. 14. März 1972 - W/I B 5–811307 -, WuW/E BMWi 143 ff.; vgl. BAnz. Nr. 224 v. 2. Dezember 1971, S. 1 und Nr. 229 v. 7. Dezember 1972, S. 2 f.; vgl. dazu *J. Oebbecke,* DVBl. 1986, S. 793 f.

[295] Verfügung v. 31.3.1981 – WuW/E BMWi 175 ff.; siehe auch WuW/E BMWi 153 f., 183 f.

[296] Hierzu *J. Knebel/L. Wicke/G. Michael*, Selbstverpflichtungen ..., 1999, S. 237.

§ 15 Das Kartellrecht als horizontale Auffangordnung   597

gig verfuhr, bestand lange kein Anlass für die Beteiligten, ihre Absprachen vom Bundesminister für Wirtschaft genehmigen zu lassen. Der Bundesminister für Wirtschaft hätte vor der Anwendung des § 8 GWB vorrangig die Anwendbarkeit des § 1 GWB prüfen und die großzügige Praxis des BKartA eventuell gekippt, um die Entscheidungen an sich zu ziehen. Dazu wollten ihm die Absprachebeteiligten keinen Anlass geben.

In der Literatur wird sogar z. T. gefordert, dass der Ministerentscheidung eine Prüfung durch das BKartA vorausgeht.[297] Dies ist jedoch abzulehnen. Zwar dürfen nach § 8 Abs. 1 GWB materiell die Voraussetzungen der §§ 2 bis 7 GWB nicht vorliegen. Die Feststellung der Erfüllung dieser „negativen Voraussetzung" obliegt jedoch dem zuständigen Bundesminister für Wirtschaft. Ein zweistufiges Verfahren wird weder in den verfahrensbezogenen Vorschriften der §§ 9 bis 11 GWB geregelt, noch lässt es sich in § 8 GWB hineininterpretieren. Dies wird auch durch den gesetzgeberischen Willen bestätigt, mit der 6. GWB-Novelle materielle und formelle Regelungen trennen zu wollen.[298]

Die Genehmigung nach § 8 GWB wäre (nach § 10 Abs. 4 S. 1 GWB n. F. zwingend) im Übrigen befristet zu erteilen, im Regelfall auf fünf Jahre (§ 10 Abs. 4 S. 1 GWB n. F.; früher drei Jahre, § 11 Abs. 1 GWB a. F.). Gegenüber der Doppelstecker-Praxis des BKartA wäre dies gleichsam ein Freifahrschein lediglich der zweiten Klasse gewesen. Nunmehr stellt sich seit langem erstmals wieder das Verfahren nach § 8 GWB als realistischer Weg dar.

Auch spricht gegen eine angesichts der Zahl der Selbstverpflichtungen *häufige Anwendung* des § 8 GWB nicht dessen Formulierung, nur „ausnahmsweise" zu greifen.[299] Damit ist nicht gemeint, dass die Fälle „völlig aus dem Rahmen des Normalen fallen"[300] müssen, was für Selbstverpflichtungen (im Gegensatz zur Entstehungszeit des GWB) heute nicht mehr behauptet werden kann. Vielmehr ist damit gemeint, dass die Entscheidung auf Gründen beruhen soll, die die in §§ 2 bis 7 GWB genannten, der Beurteilung durch das BKartA anvertrauten, Belange sprengen. Es handelt sich nicht um eine rein kartellrechtliche Entscheidung, sondern um eine Gemeinwohlentscheidung aus politischen Gründen, die Absprachen jeglicher weiteren kartellrechtlichen Kontrolle (auf nationaler Ebene) entzieht. Das macht den Ausnahmecharakter der Vorschrift aus und spricht auch dagegen, dass

---

[297] *J. Knebel/L. Wicke/G. Michael,* Selbstverpflichtungen ..., 1999, S. 238.
[298] Vgl. Bt. Drucks. 13/9720, S. 49
[299] *R. Velte,* Duale Abfallentsorgung und Kartellverbot, 1999, S. 222.
[300] So jedoch *M. Friedrich,* Möglichkeiten und kartellrechtliche Grenzen umweltschutzfördernder Kooperation zwischen Unternehmen, Diss. 1977, S. 186; dagegen bereits *H. Baumann,* Rechtsprobleme freiwilliger Selbstbeschränkung, Diss. Tübingen 1978, S. 95 f.; *R. Velte,* Duale Abfallentsorgung und Kartellverbot, 1999, S. 222.

das BKartA Entscheidungen von entsprechender Tragweite mit einer Reduktion des § 1 GWB oder zukünftig mit einer extensiven Auslegung des § 7 GWB an sich zieht.

§ 8 GWB hat nicht nur den Sinn, Ausnahmefälle zu regeln, die nicht unter die §§ 2 bis 7 GWB fallen, sondern soll die Verantwortung für eine wirtschaftspolitische Entscheidung zu Gunsten des Gemeinwohls *instanziell* höher aufzuhängen, nämlich dem Bundesminister anstelle der Kartellbehörde anvertrauen. Damit trägt das Gesetz dem politischen Charakter einer solchen Entscheidung und der Möglichkeit der parlamentarischen Kontrolle der Bundesregierung[301] Rechnung. Der Bundesminister für Wirtschaft ist die *funktional angemessene* und gesetzlich vorgesehene Instanz, um so weitgehende politische Entscheidungen zu treffen und zu verantworten. Ob ein Wettbewerbseingriff durch Gemeinwohlinteressen gerechtfertigt ist, ist eine wirtschaftspolitische Frage, die auf der Ebene des Bundesministers getroffen werden sollte.

Selbst wenn man weiter eine kumulative Auslegung der Tatbestandsmerkmale des § 8 GWB forderte,[302] hätten Selbstverpflichtungen eine Chance auf Freistellung. Es wäre dann erforderlich, das gleichzeitige Vorliegen überwiegender Gründe der Gesamtwirtschaft zu prüfen. Von entscheidender Bedeutung wäre dabei die Frage, ob die Kostenersparnisse, die bei Verwirklichung von Gemeinwohlzielen der Gesellschaft zugute kommen (so genannte social costs) beim Belang der Gesamtwirtschaft Berücksichtigung finden. Das würde dazu führen, dass § 8 Abs. 1 GWB jedenfalls in den Fällen anwendbar wäre, in denen der Schutz der Umwelt oder der Gesundheit Schäden verhindern kann, deren Beseitigung notwendig wäre und Kosten verursachen würde.

Es ist zwar umstritten, ob einer Berücksichtigung solcher social costs der Wille des historischen Gesetzgebers[303] und der Ausnahmecharakter der Vorschrift[304] entgegensteht. Indes spricht der Ausnahmecharakter m.E. gerade für das gegenteilige Ergebnis. An dieser Stelle handelt es sich im Übrigen um ein Auslegungsproblem, das *verfassungskonform* zu lösen ist und bezüglich des Umweltschutzes im Lichte des Art. 20a GG zu einer

---

[301] Ursprünglich war geplant, die Entscheidung der Bundesregierung als solcher anzuvertrauen, vgl. hierzu *M. Friedrich,* ebenda, S. 183 f.

[302] So zuletzt *A. Faber,* Gesellschaftliche Selbstregulierungssysteme im Umweltrecht, 2001, S. 346.

[303] Die Vieldeutigkeit der Motive hat *M. Friedrich,* Möglichkeiten und kartellrechtliche Grenzen umweltschutzfördernder Kooperation zwischen Unternehmen, Diss. 1977, S. 182 ff. nachgewiesen; vgl. auch *A. Faber,* UPR 1997, S. 431 (437); anders *G. v. Wallenberg,* Umweltschutz und Wettbewerb, 1980, S. 169.

[304] So *G. v. Wallenberg,* Umweltschutz und Wettbewerb, 1980, S. 169 ff.

neuen Betrachtung Anlass gibt. Auch an dieser Stelle ist eine kartellrechtliche Gemeinwohldogmatik gefordert.

Der Sache nach handelt es sich um die verfassungskonforme Auslegung der Begriffe Gemeinwohl und Gesamtwirtschaft in § 8 Abs. 1 GWB[305], innerhalb derer der Bundesminister für Wirtschaft die verfassungsrechtlichen Dimensionen der Wettbewerbsfreiheit der von der Absprache Betroffenen (Art. 12 Abs. 1 bzw. 2 Abs. 1 GG) ebenso wie der Vertragsfreiheit der Absprachebeteiligten (Art. 12 Abs. 1 bzw. 2 Abs. 1 GG), aber auch des Schutzes der Umwelt (Art. 20a GG) oder sonstiger Gemeinwohlbelange, soweit diese unter dem besonderen Schutz der Verfassung stehen, zu berücksichtigen hat. Die Anwendung des GWB darf Absprachen nicht verbieten, ohne deren Umweltdienlichkeit in verfassungsrechtlich gebotener Weise zu erwägen. Es muss eine Abwägung zwischen dem Nutzen für die Umwelt gegenüber den Nachteilen für den Wettbewerb stattfinden.[306]

e) Anerkennung als Wettbewerbsregeln i.S.d. § 24 GWB

Entgegen der bisherigen Praxis kommt eine Anerkennung von Selbstverpflichtungen als Wettbewerbsregeln i.S.d. §§ 24 ff. GWB n.F. in Betracht.[307] Diese Vorschriften führen insofern zu Unrecht ein Schattendasein, obwohl das BKartA diesen Weg bereits in den 1960er Jahren bei der Beurteilung von Wettbewerbsrichtlinien des „Verbandes der Cigarettenindustrie" in die Diskussion geworfen hat, der Frage aber mangels eines Antrags auf entsprechende Überprüfung nicht nachgehen konnte.[308] Das BKartA deutete damals an, auf diesem Weg auch solche Selbstverpflichtungen anerkennen zu können, die es nicht ohne weiteres mit dem Argument der Güterabwägung aus dem Anwendungsbereich des § 1 GWB ausschloss. Manche Aspekte der Wettbewerbsrichtlinien (Ausschluss jeder an Jugendliche gerichteten Werbung, Verbot gesundheitlicher Aussagen in Verbindung mit Zigarettenwerbung, Verbot der Werbung mit Aussagen oder Darstellung prominenter Persönlichkeiten, Leistungssportler und junger Personen, Verbot der Werbung für übermäßigen Konsum) duldete es damals, andere Aspekte der Richtlinien (betreffend die Anzeigen- und Beilagenwerbung) erklärte es

---

[305] Kritisch wegen vermeintlicher Überstrapazierung des Wortlautes von § 8 GWB A. *Faber*, Gesellschaftliche Selbstregulierungssysteme im Umweltrecht, 2001, S. 346.

[306] Im Ergebnis bereits vor der Schaffung des Art. 20a GG ebenso, jedoch mit anderer Begründung G. v. *Wallenberg*, Umweltschutz und Wettbewerb, 1980, S. 187 ff.

[307] Kritisch *K. Biedenkopf*, BB 66, S. 1113 (1117 f.); zustimmend *J. H. Kaiser*, NJW 1971, S. 585 (588).

[308] BKartA, Tätigkeitsbericht 1966, S. 58, BT-Drucks. V/1950.

jedoch insoweit für bedenklich, schloss dabei aber eine Anerkennung als Wettbewerbsregeln nicht aus.

Die insgesamt großzügige Duldungspraxis des BKartA auf der Linie seiner Doppelstecker-Entscheidung ließ bei der Wirtschaft nie ein Bedürfnis aufkommen, den Weg der Anerkennung von Wettbewerbsregeln im Falle von Selbstverpflichtungen zu beschreiten. Deshalb wurden die Vorschriften der §§ 28 ff. GWB a. F. in Bezug auf Selbstverpflichtungen kaum mehr beachtet, die Diskussion der Problematik war auf die Restriktion des § 1 GWB a. F. vorverlagert. Da diese Praxis aufgegeben und vom Gesetzgeber mit der 6. GWB-Novelle ausgeschlossen wurde, stellt sich die Frage nach den Wettbewerbsregeln neu und könnte nunmehr auch praktisch erhebliche Bedeutung erlangen.

Nach § 24 Abs. 1 GWB n. F. können *nur Wirtschafts- und Berufsvereinigungen* Wettbewerbsregeln aufstellen. Damit kommen nur solche Selbstverpflichtungen in Betracht, die von Verbänden aufgestellt werden. Aus der Nachweispflicht des § 24 Abs. 4 S. 2 Nr. 2 GWB ergibt sich für das Verfahren, dass die Regeln auch *satzungsmäßig* aufgestellt sein müssen.

§ 24 Abs. 2 GWB definiert, was *Wettbewerbsregeln* sind. Es muss sich um „Bestimmungen" handeln, „die das Verhalten von Unternehmen im Wettbewerb regeln". „Bestimmungen" müssen schriftlich fixiert sein. Dies bestätigt auch die Pflicht zum schriftlichen Nachweis des Wortlautes der Regeln (§ 24 Abs. 4 S. 1 Nr. 4 GWB). Mündliche Selbstverpflichtungen werden in dieser Arbeit aber ohnehin nicht berücksichtigt, so dass sich insoweit keine Einschränkung ergibt. Die Voraussetzung einer Verhaltensregelung im Wettbewerb ist bei Selbstverpflichtungen der Wirtschaft erfüllt.

§ 24 Abs. 2 GWB nennt alternativ zwei Intentionen, von denen wenigstens eine mit den Wettbewerbsregeln verfolgt werden muss: Wettbewerbsregeln müssen bezwecken, einem Verhalten entgegenzuwirken, das entweder „den Grundsätzen des lauteren oder der Wirksamkeit des leistungsgerechten Wettbewerbs" zuwiderläuft.

Selbstverpflichtungen bezwecken, bestimmte Verhaltensweisen zu stoppen, die gemeinwohlschädlich sind. Sie sollen die Umweltschädlichkeit oder Gefährlichkeit bestimmter Produkte oder Herstellungsverfahren ganz ausschließen oder graduell verringern, die (bislang) gesetzlich nicht verboten sind. Anerkannt ist, dass polizeiwidriges Verhalten (das gegen das geltende Sicherheitsrecht einschließlich dessen Generalklauseln verstößt) *unlauter* ist und Gegenstand von Wettbewerbsregeln sein kann.[309]

---

[309] *H. Baumann,* Rechtsprobleme freiwilliger Selbstbeschränkung, Diss. Tübingen 1978, S. 119; *K.-P. Schultz,* in: E. Langen/H.-J. Bunte, Kommentar zum deutschen und europäischen Kartellrecht, Band 1, 9. Aufl. 2001, zu § 24 GWB, Rz. 11.

In der Regel ist ein Verhalten, das sich im Rahmen der geltenden Umweltgesetze bewegt, nicht schon deshalb unlauter, weil es umweltschädlich ist.[310] Daran ändert sich auch nichts, wenn ein gesetzliches Verbot des Verhaltens diskutiert wird. Eine Selbstverpflichtung, die ein solches Verbot substituiert, kann sich deshalb nicht darauf berufen, unlauterem Wettbewerb entgegenwirken zu wollen. Eine hiervon zu trennende Frage ist es, ob sich Unternehmen, die sich einer Selbstverpflichtung unterworfen haben, dann unlauter verhalten, wenn sie gegen deren Standards verstoßen.

In Bezug auf die Verbändevereinbarungen im Energieversorgungssektor wurde im Schrifttum vertreten, sie würden allenfalls mittelbar der Lauterkeit dienen, so dass allenfalls eine analoge Anwendung der §§ 24 ff. GWB in Betracht kommen.[311] Mit dieser Auffassung drohen aber die gesetzlichen Voraussetzungen zu verschwimmen. Es sollte auch für diese Fälle eine Lösung die Auslegung der gesetzlichen Voraussetzungen gesucht werden. Von großer Bedeutung ist dabei die zweite Variante:

Der Schutz des *leistungsgerechten Wettbewerbs* durch Wettbewerbsregeln ist erst mit der 2. GWB-Novelle nachträglich hinzugekommen. Bis heute ist umstritten, was damit gemeint ist. Nach der Vorfeldtheorie[312] können Wettbewerbsregeln unter dem Aspekt der Leistungsgerechtigkeit Verhaltensweisen bekämpfen, denen eine bloße Missbrauchstendenz im Vorfeld der Verbote des Kartell- und Lauterkeitsrechts innewohnt. In der Praxis wird der Begriff sehr weit ausgelegt und strukturpolitische Zielsetzungen von Wettbewerbsregeln werden anerkannt.[313] In der Literatur wird daran kritisiert, dass Wettbewerbsregeln als Verhaltensnormen nicht an bestimmten Marktergebnissen und -strukturen, sondern an der Bedenklichkeit eines Verhaltens anknüpfen müssen.[314] Welches Verhalten bedenklich ist und deshalb durch Wettbewerbsregeln unterdrückt werden darf, soll sich konkret am Lauterkeitsbegriff orientieren. Das bekämpfte Verhalten muss eine „eindeutige Tendenz zur Unlauterkeit"[315] aufweisen.

Der Streit braucht hier nicht entschieden zu werden: Nach allen Meinungen wäre es denkbar, umweltschädliches Verhalten durch Wettbewerbsregeln zu bekämpfen. Ob man den Umweltschutz als ihre strukturpolitische Zielsetzung betrachtet oder die Umweltschädlichkeit des Verhaltens als be-

---

[310] *T. Brandtner/G. Michael*, NJW 1992, S. 278 ff.; *R. Friedrich*, Umweltschutz durch Wettbewerbsrecht, WRP 1996, S. 1 ff.; *J. Knebel/L. Wicke/G. Michael*, Selbstverpflichtungen ..., 1999, S. 243.
[311] *A.-R. Börner*, RdE 2000, S. 94 (99).
[312] Grundlegend *L. Raiser*, GRUR Int. 1973, S. 443 (445 f.); ausführlich hierzu *H. Herrmann*, Interessenverbände und Wettbewerbsrecht, 1984, S. 407 ff.
[313] Vgl. WuW/E BKartA 1633 und 1760.
[314] *V. Emmerich*, Kartellrecht, 8. Aufl. 1999, § 11, S. 99 f.
[315] *V. Emmerich*, Kartellrecht, 8. Aufl. 1999, § 11, S. 100.

denklich und tendenziell unlauter, ist eine Frage der Perspektive. Es kommt darauf an, dass die „Konzentration des Wettbewerbs auf Preis und Qualität der Leistung"[316] gefördert wird. Umweltschutz und Produktsicherheit lassen sich in den Leistungsbegriff implementieren:

Der Schutz des Leistungswettbewerbs beruht auf der Idee, dass sich im funktionsgerechten Wettbewerb grundsätzlich Leistung, d. h. Produktqualität durchsetzt, dass aber auch leistungsfremde Marktvorsprünge den Wettbewerb prägen können. Wettbewerbsregeln können den Zweck haben, die Auslesefunktion des Leistungswettbewerbs vor Verhaltensweisen zu schützen, die nicht der Durchsetzung der besten Leistung dienen, sondern im Gegenteil andere Marktbeteiligte daran hindern, die Qualität ihrer Produkte zu steigern oder aufrechtzuerhalten.[317] Wettbewerbsregeln fallen dann unter § 24 Abs. 2 (2. Alt.) GWB, wenn sie verhindern wollen, dass sich Unternehmen Wettbewerbsvorteile verschaffen, indem sie ihre Qualitätsstandards niedrig halten. Der Leistungsbegriff muss nach heutiger Anschauung und im Lichte des Art. 20a GG auch die Umweltfreundlichkeit von Produkten und ihrer Herstellung umfassen. Hier gilt dasselbe, was auch für die Produktqualität i. S. d. Art. 81 Abs. 3 EGV bzw. § 7 GWB gilt.

Somit kommen jedenfalls diejenigen Selbstverpflichtungen als Wettbewerbsregeln in Betracht, die bezwecken, die Qualität der Produkte oder Herstellungsprozesse zu steigern und damit ein leistungsorientiertes „Verhalten im Wettbewerb anzuregen" (§ 24 Abs. 2 GWB). Die Verhaltensregeln müssen hinreichend bestimmt sein.[318] Nicht erfasst werden hingegen allgemeine Erklärung, die z. B. die Reduzierung von Schadstoffemissionen versprechen, ohne dies an bestimmten Produkten oder Verfahren festzumachen.[319]

Die §§ 25 ff. GWB stellen für die Freistellung von Wettbewerbsregeln ein *Verfahren* bereit, das in besonderem Maße der Behandlung von Selbstverpflichtungen gerecht wird.[320] Das Verfahren ist zwar aus Sicht der Antragsteller auf den ersten Blick relativ aufwändig. Jedoch sollten die nach § 24 Abs. 3 GWB antragsbefugten Wirtschafts- und Berufsvereinigungen die Möglichkeit der Anhörung nicht beteiligter Unternehmen und Verbände (§ 25 S. 1 GWB) durch das BKartA als nach § 48 Abs. 2 GWB zuständiger Kartellbehörde und auch einer öffentlichen mündlichen Verhandlung

---

[316] *V. Emmerich*, Kartellrecht, 8. Aufl. 1999, § 11, S. 100.

[317] Vgl. BKartA, Tätigkeitsbericht 1977, S. 35.

[318] *H. Baumann*, Rechtsprobleme freiwilliger Selbstbeschränkung, Diss. Tübingen 1978, S. 124 ff.

[319] So auch *J. Knebel/L. Wicke/G. Michael*, Selbstverpflichtungen ..., 1999, S. 244.

[320] *J. Knebel/L. Wicke/G. Michael*, Selbstverpflichtungen ..., 1999, S. 245 bezeichnen diesen Weg deshalb zu Recht als „prozedural recht attraktiv".

mit dem Anhörungsrecht für jedermann nach § 25 S. 2 GWB nicht scheuen. Das Verfahren, spätestens aber die Bekanntmachung der Anerkennung im Bundesanzeiger (§ 27 Abs. 2 GWB) sowie die Auslegung der Wettbewerbsregeln zur öffentlichen Einsichtnahme (§ 27 Abs. 3 GWB) kann Selbstverpflichtungen eine *Publizität* verschaffen, die von den beteiligten Verbänden geradezu als Glücksfall betrachtet werden sollte. Gleichzeitig kann die der Selbstverpflichtung häufig fehlende *Verfahrenstransparenz* und gegebenenfalls ein Mangel der *Beteiligung Drittbetroffener* zumindest unter kartellrechtlichen Gesichtspunkten nachgeholt werden.[321]

Langfristig betrachtet hat das Verfahren für die Verbände sogar den wesentlichen prozeduralen Vorteil, dass die kartellrechtliche Freistellung von Selbstverpflichtungen als Wettbewerbsregeln nach § 26 Abs. 2 GWB im Gegensatz zu den Freistellungen nach §§ 7 und 8 i.V.m. 10 Abs. 4 GWB *unbefristet* erfolgt. Es besteht für die Verbände lediglich die Pflicht zur Mitteilung von Änderung und Ergänzungen (§ 24 Abs. 5 GWB) und für die Kartellbehörde die Möglichkeit der Rücknahme bzw. des Widerrufs nach § 26 Abs. 4 GWB.

f) „Duldungsmodell" nach § 32 GWB?

Was geschieht, wenn die Absprachewilligen es unterlassen, einen Antrag auf Freistellung oder Anerkennung normativer Absprachen zu stellen, ist die Gretchen-Frage der Kartellrechtspraxis.

Materiellrechtlich gilt dann das Kartellverbot des § 1 GWB. Für die Praxis ist jedoch von letztlich entscheidender Bedeutung, ob das Kartellverbot durchgesetzt wird. Mögliche Sanktionen sind in den §§ 32 bis 34 GWB geregelt. Nach § 32 (ex 37a) GWB „kann" die Kartellbehörde einer Untersagungsverfügung treffen. Ob dies tatsächlich geschieht, hängt von der Ausübung ihres Einschreitensermessens ab. Dass es ein solches Einschreitensermessen gibt, dass die Kartellbehörde mithin nicht gegen jedes Kartell einschreiten muss und dass vor allem Dritte keinen rechtlich durchsetzbaren Anspruch darauf haben, dass die Kartellbehörde von Amts wegen einschreitet, all das soll hier im Grundsatz nicht bestritten werden. Dass in den Fällen normativer Absprachen, die innerhalb des Kartellrechts atypische Ausnahmen darstellen, diese verfahrensrechtlichen Grundsätze aus verfassungsrechtlichen Gründen zu modifizieren sind, soll noch erörtert werden.

An dieser Stelle ist hingegen die Frage zu erörtern, ob auf den Ermessenstatbestand des § 32 GWB eine *Duldungspraxis* des BKartA gegenüber nor-

---

[321] Zu den formalisierten und informellen Besprechungen im Rahmen des Freistellungsverfahrens vgl. *H. Herrmann,* Interessenverbände und Wettbewerbsrecht, 1984, S. 106.

604   3. Teil: Rechtliche Einbindung normativer Absprachen

mativen Absprachen gestützt werden kann. So wurde das Duale System Deutschland (DSD) auf dem Boden einer ausdrücklichen und an bestimmte Anforderungen geknüpften Duldung des BKartA[322] errichtet,[323] während die Gründung eines Entsorgungssystems für Transportverpackungen untersagt[324] wurde. Diese Praxis wurde in der Literatur gar als „Duldungsmodell"[325] bezeichnet. Mit einer Duldungspraxis, die Modellcharakter annimmt, würde jedoch über die Hintertür die zum Glück überwundene Restriktion des § 1 GWB wieder eingeführt, lediglich dogmatisch von der Vorfrage der Anwendbarkeit des Kartellverbotes auf dessen Durchsetzung verschoben.[326] Tatsächlich wurde das Duldungsmodell als eigenständiger „Legalisierungsansatz"[327], der neben die die Freistellungsverfahren und Freistellungstatbestände treten soll, vorgeschlagen. Damit wird die verfahrensrechtliche Norm des § 32 GWB als materielle Norm „zweckentfremdet"[328].

Diesem Ansatz ist entschieden zu widersprechen. Er ist vor dem Hintergrund der Duldung des DSD durch das BKartA und noch auf der Rechtsgrundlage des alten GWB vor der 6. GWB-Novelle (1998) entstanden[329] und sollte allenfalls als Not- und Übergangslösung betrachtet werden. Dem Duldungsmodell stehen folgende Bedenken entgegen: Wenn man § 32

---

[322] BKartA, Tätigkeitsbericht 1991/92, S. 130 ff., BT-Drucks. 12/5200; Schreiben des BKartA an das DSD, WuW 1992, S. 33 f.; BKartA, Tätigkeitsbericht 1993/94, S. 128, BT-Drucks. 13/1660; Stellungnahme der Bundesregierung ebd. S. IV.

[323] Dazu *Der Rat von Sachverständigen für Umweltfragen,* Umweltgutachten 1994, S. 197, Tz. 507; aus der Literatur: *S. Thomé-Kozmiensky,* Die Verpackungsverordnung. Rechtmäßigkeit, „Duales System", Europarecht, 1994, S. 98–122; *M. Schmidt-Preuß,* in: Festschrift für O. Lieberknecht, 1997, S. 549 ff.; *K. Becker-Schwarze,* Steuerungsmöglichkeiten des Kartellrechts bei umweltschützenden Unternehmenskooperationen, 1997, S. 179 ff.; *W. Brück,* in: L. Wicke/J. Knebel/G. Braeseke (Hrsg.), Umweltbezogene Selbstverpflichtungen der Wirtschaft, 1997, S. 105 (112); *M. Kloepfer,* Umweltrecht, 2.Aufl. 1998, S. 464.

[324] BKartA, Beschluss vom 24. Juni 1993, B 10-763400-A-82/93, WuW/E BKartA 2561 – Entsorgung von Transportverpackungen.

[325] *M. Schmidt-Preuß,* in: Festschrift für O. Lieberknecht, 1997, S. 549 (561 ff.).

[326] Wie hier kritisch: *V. Emmerich,* in: Immenga/Mestmäcker, GWB, 2. Aufl., 1992, zu § 37a Rz. 15; *R. Velte,* Duale Abfallentsorgung und Kartellverbot, 1999, S. 172; hingegen sieht *K. Becker-Schwarze,* Steuerungsmöglichkeiten des Kartellrechts bei umweltschützenden Unternehmenskooperationen, 1997, S. 173 hierin einen wesentlichen Fortschritt.

[327] *M. Schmidt-Preuß,* in: Festschrift für O. Lieberknecht, 1997, S. 549 (561).

[328] *K. Becker-Schwarze,* Steuerungsmöglichkeiten des Kartellrechts bei umweltschützenden Unternehmenskooperationen, 1997, S. 178, die jedoch im Ergebnis vor einer solchen zweckwidrigen Interpretation nicht zurückschreckt.

[329] Sowohl *M. Schmidt-Preuß,* in: Festschrift für O. Lieberknecht, 1997, S. 549 (561) als auch *K. Becker-Schwarze,* ebenda, S. 172 ff. beziehen sich auf die zugegebenermaßen missliche alte Gesetzeslage.

GWB als eigenständige Legalisierungsnorm begriffen, werden die *Voraussetzungen der Freistellungstatbestände* nach §§ 2 bis 8 GWB umgangen, die – jedenfalls in der neuen Fassung des GWB (1998) – auch den kartellrechtlich atypischen normativen Absprachen gerecht werden. Auch die daran geknüpften *Freistellungsverfahren* (§ 10 GWB) würden in Frage gestellt.[330] Insbesondere würde die *Befristung* der Freistellung nach § 10 Abs. 4 GWB umgangen.

Das Postulat größtmöglicher Aktivierung selbstregulativer Eigenvornahme (*M. Schmidt-Preuß*) ist nicht geeignet, das Duldungsmodell als Ausnahmemodell für Selbstverpflichtungen zu legitimieren.[331] Im Gegenteil ist wegen der grundrechtlichen Mitverantwortung des Staates für normative Absprachen gerade in diesen Fällen die Durchführung eines Freistellungsverfahrens geboten. Gerade dann, wenn die Bundesregierung an Kartelle unterstützt, muss wenigstens sichergestellt sein, dass diese nicht gegen das Kartellverbot verstoßen. Dafür muss ein hierfür im GWB vorgesehenes Verfahren durchgeführt werden.

Keineswegs darf die *Informalität* normativer Absprachen als Argument dafür genommen werden, auch im Bereich des Kartellrechts und Kartellverfahrens informale Lösungen zu suchen. Für das Kartellrecht sind informale Absprachen als solche keineswegs atypisch. Das Kartellrecht hat gerade den Sinn, mit formalen, rechtsstaatlichen Mitteln auf informale, innerhalb der Wirtschaft abgesprochene Wettbewerbsverzerrungen zu reagieren. Das schließt freilich nicht aus, dass bereits während normative Absprachen mit der Bundesregierung ausgehandelt werden, auch „Vorabverhandlungen" mit dem BKartA durchgeführt werden, wie dies bei der Altauto-Selbstverpflichtung 1996 geschehen ist.[332] Entscheidend ist, dass solche informalen Gespräche die formale Legalisierung nicht ersetzen, sondern lediglich vorbereiten dürfen. So erfolgte in dem Beispiel eine Freistellung als Konditionenkartell (s. o.).

Gegen die Duldungspraxis bestehen *rechtsstaatliche Bedenken*.[333] Eine so weitreichende Ermessensermächtigung ist nicht tolerabel. Der Versuch, die Duldungspraxis im Falle des DSD damit zu rechtfertigen, dass hier der Verordnunggeber bereits dem Grunde nach ein selbstregulatives Steuerungsmodell legitimiert habe,[334] überzeugt nicht. Bei der kartellrechtlichen Prü-

---

[330] Ähnlich *R. Velte*, Duale Abfallentsorgung und Kartellverbot, 1999, S. 172.
[331] So aber *M. Schmidt-Preuß*, in: Festschrift für O. Lieberknecht, 1997, S. 549 (562).
[332] *A. Faber*, Gesellschaftliche Selbstregulierungssysteme im Umweltrecht, 2001, S. 342.
[333] *Der Rat von Sachverständigen für Umweltfragen*, Umweltgutachten 1998, Tz. 298; *R. Velte*, Duale Abfallentsorgung und Kartellverbot, 1999, S. 172; *A. Faber*, ebenda, S. 347 m. w. N.

fung kommt es vor allem darauf an, ob die Ausgestaltung des Systems zu Wettbewerbsverzerrungen führt, die keineswegs notwendigerweise mit der Grundentscheidung zu Gunsten einer Selbstregulierung verbunden sind.[335]

Das Duldungsmodell wird letztlich auch den Interessen der Absprachewilligen nicht gerecht, da es zu erheblichen *Rechtsunsicherheiten* führt.[336] Ungeklärt sind nämlich auch die Folgen einer solchen Duldung geblieben. Nach einer Ansicht kann eine solche Duldung „prinzipiell jederzeit wieder in Frage gestellt werden"[337]. Nach anderer Ansicht ist einer „aktiven Duldung" der *Vertrauensschutz* eines begünstigenden Verwaltungsaktes zuzuerkennen.[338] Damit würden jedoch die Voraussetzungen eines Widerrufs nach § 12 Abs. 2 GWB umgangen, was abermals gegen das Duldungsmodell spricht. Diese wettbewerbsrechtlichen Unsicherheiten sind beim DSD wegen dessen ökonomischer Dimension[339] äußerst unbefriedigend. Letztlich werden die wegen solcher Unwägbarkeiten einzukalkulierenden Rücklagen („Zitterprämien") auf den Verbraucher abgewälzt. Rechtliche Probleme entstehen auch bei der Bewertung von Folgeverträgen, die an kartellrechtswidrige und gegebenenfalls geduldete Absprachen anknüpfen.[340]

Diese Unsicherheiten haben eine Kehrseite: Im Schrifttum wurde völlig zutreffend herausgearbeitet, dass eine Tolerierung nach § 32 GWB auf diese Weise zu einem *Steuerungsinstrument* würde.[341] Ein solches Steuerungsinstrument muss aber vorrangig in den Verfahren der befristeten und d.h. regelmäßig wiederkehrenden Freistellungsverfahren nach § 10 GWB

---

[334] *M. Schmidt-Preuß,* in: Festschrift für O. Lieberknecht, 1997, S. 549 (561).

[335] Aus diesem Grunde hält *M. Schmidt-Preuß,* ebenda, S. 549 (556) auch zutreffend für anwendbar.

[336] *A. Faber,* Gesellschaftliche Selbstregulierungssysteme im Umweltrecht, 2001, S. 347.

[337] *W. Brück,* in: L. Wicke/J. Knebel/G. Braeseke (Hrsg.), Umweltbezogene Selbstverpflichtungen der Wirtschaft, 1997, S. 105 (112); vgl. auch *V. Emmerich,* in: Immenga/Mestmäcker, GWB, 2. Aufl., 1992, zu § 37a Rz. 16.

[338] *M. Schmidt-Preuß,* in: Festschrift für O. Lieberknecht, 1997, S. 549 (563) unter Berufung auf die „Aral-Doktrin" des KG, WuW/E OLG 3685 (3687 ff.) = BB 1986, S. 1801; differenzierend *R. Velte,* Duale Abfallentsorgung und Kartellverbot, 1999, S. 167 ff.

[339] Drastisch *W. Brück,* in: L. Wicke/J. Knebel/G. Braeseke (Hrsg.), Umweltbezogene Selbstverpflichtungen der Wirtschaft, 1997, S. 105 (112): „Ich frage mich, ob es ein weiteres Unternehmen gibt, das einen Jahresumsatz von etwa 4 Milliarden Mark, eine investierte Infrastruktur im Wert von 7 Milliarden Mark und geschätzt etwa 17.000 Arbeitsplätze auf einer derart brüchige Rechtsgrundlage realisiert hat."

[340] Dazu OLG Frankfurt, WiB 1996, S. 1068 (1070) mit kritischer Anmerkung von *V. Emmerich;* bedenkenlos: *M. Schmidt-Preuß,* in: Festschrift für O. Lieberknecht, 1997, S. 549 (562).

[341] *K. Becker-Schwarze,* Steuerungsmöglichkeiten des Kartellrechts bei umweltschützenden Unternehmenskooperationen, 1997, S. 172.

gesehen werden. Hoheitliche Steuerung ist bei normativen Absprachen auf die Kompetenzen der Bundesregierung und des BKartA zu verteilen. Die Bundesregierung (bzw. der Ressortminister) steuert die Gemeinwohldienlichkeit der Selbstverpflichtungen informal. Das BKartA (bzw. im Falle des § 8 GWB der Bundesminister für Wirtschaft) steuert die Wettbewerbskonformität der Absprache, wobei das GWB *diese* Steuerung formalisiert hat. Die auf der Rechtslage des GWB a.F. basierende Steuerungstheorie[342] ist nicht (mehr) haltbar, jedenfalls soweit § 7 GWB greift.

Die abschreckende Wirkung des Kartellverbotes hängt von der Regelung der Sanktionen in den §§ 32 bis 34 GWB und von der Praxis der Durchsetzung dieser Regelungen ab. Ob die Absprachewilligen den Schwebezustand des Kartellverbotes und die mit ihm verbundenen Rechtsunsicherheiten hinnehmen, oder aber einen Antrag auf Einleitung eines Freistellungs- oder Anerkennungsverfahrens stellen, hängt von folgender Risikoabwägung ab: Übersteigt das Risiko, dass die Kartellbehörde den Freistellungsantrag nach § 10 Abs. 2 GWB ablehnt, obwohl das Kartell sonst faktisch unsanktioniert geblieben wäre, jenes Risiko, Investitionen wegen einer späteren Durchsetzung des Kartellverbotes umsonst gemacht zu haben? Dieses Kalkül muss bei normativen Absprachen von vornherein dadurch abgeschnitten werden, dass die Bundesregierung ihre Unterstützung davon abhängig macht, dass die Kartellwilligen einen formalen Antrag auf Freistellung des Kartells stellen. Auch für die Industrie ist Rechtssicherheit von hohem Interesse. Letztlich kann eine Teilformalisierung durch das Kartellrecht als Auffangordnung die Attraktivität normativer Absprachen noch steigern.

Neuere Stimmen aus den Reihen des BKartA lassen hoffen, dass die Duldungspraxis gegenüber normativen Absprachen keine Zukunft hat. So ist mit *Jürgen Kiecker* „zu wünschen, dass durch die nun bestehende Möglichkeit der Legalisierung von Rücknahme- und Entsorgungskartellen (nach § 7 GWB) die in der Umweltpolitik bestehenden Bestrebungen, kartellrechtlich bedenkliche Selbstverpflichtungen der Wirtschaft als Politiksurrogate zu initiieren und den Wettbewerbsbehörden insoweit die Tolerierung abzufordern, aufgegeben wird."[343] Dies und damit das rechtliche Schicksal normativer Absprachen wird wesentlich von der zukünftigen Praxis des BKartA abhängen.

---

[342] *K. Becker-Schwarze,* ebenda, S. 172 argumentiert auf dem Boden der §§ 8 und 37a GWB a.F.

[343] *J. Kiecker,* in: E. Langen/H.-J. Bunte, Kommentar zum deutschen und europäischen Kartellrecht, Band 1, 9. Aufl. 2001, zu § 7 GWB, Rz. 31.

IV. Grundfragen des Kartellverfahrensrechts

1. Kartellverfahrensrecht

Das Kartellverfahrensrecht dient der Verwirklichung des materiellen Kartellrechts und muss der Durchsetzung der Rechte sowohl der Kartellwilligen als auch der Kartellbetroffenen gerecht werden. Ausgangspunkt des materiellen Kartellrechts ist dabei das grundsätzliche Kartellverbot des § 1 GWB.

Kartellwillige können nach § 10 Abs. 1 GWB den Antrag auf Freistellung des Kartells vom Verbot (hier nach §§ 7 f. GWB) bzw. nach § 24 Abs. 3 GWB auf dessen Anerkennung als Wettbewerbsregel stellen. Nach § 10 Abs. 1 S. 3 GWB ist jedem kartellrechtlichen Freistellungsantrag nach § 8 GWB „eine Stellungnahme der betroffenen inländischen Erzeuger und Abnehmer beizufügen, es sei denn, eine solche ist nicht zu erlangen." Die Freistellung erfolgt in einem Verwaltungsverfahren vor den Kartellbehörden (hier in der Regel vor dem Bundeskartellamt). Für dieses Verfahren gelten die Vorschriften des GWB und ergänzend die des VwVfG.

Wenn die Kartellwilligen – wie bei den Selbstverpflichtungen bislang regelmäßig – keinen Antrag vor den Kartellbehörden stellen, bleibt es materiellrechtlich bei dem Kartellverbot des § 1 GWB. Eine Berufung auf das Kartell, also dessen rechtliche Durchsetzung ist wegen dessen Nichtigkeit versagt. Diese Rechtsfolge geht jedoch bei den hier zu untersuchenden, im Wesentlichen ohnehin nicht rechtsverbindlichen informalen Absprachen weitgehend ins Leere. Wenn es den Kartellwilligen auf die rechtliche Durchsetzbarkeit ihrer Absprache ankommt, müssen sie diese rechtsverbindlich treffen und ein Kartellverfahren zur Freistellung bzw. Anerkennung als Wettbewerbsregel durch entsprechenden Antrag herbeiführen. Von größerer Bedeutung ist jedoch die Frage, wie das Kartellverbot durchgesetzt werden kann, wenn sich die Kartellwilligen faktisch an die Absprache halten und welche Rechte dabei die Kartellbetroffenen geltend machen können.

Es gibt nebeneinander drei Möglichkeiten der Durchsetzung des Kartellverbots: In einem Kartellverfahren kann die Kartellbehörde eine Untersagung nach § 32 GWB verfügen. Weiter kann die Kartellbehörde ein Ordnungswidrigkeitsverfahren einleiten und Bußgelder nach § 81 Abs. 1 Nr. 1 und Abs. 4 Nr. 1 GWB verhängen. Schließlich können Kartellbetroffene einen Unterlassungsanspruch nach § 33 GWB auf dem Zivilrechtsweg durchsetzen, wobei die Landgerichte erstinstanzlich zuständig sind (§ 87 Abs. 1 GWB). Fraglich ist, ob diese Verfahren dem Schutz der Rechte der Kartellbetroffenen gerecht werden bzw. ob eine verfassungskonforme Auslegung der Vorschriften in Betracht kommt.

2. Schutz der grundrechtlich Betroffenen durch das Kartellverfahrensrecht

Das Problem des Rechtsschutzes Drittbetroffener im Kartell(verfahrens)recht ist seit langem umstritten.[344] Schon früh hat *Rupert Scholz* für Fälle des § 8 Abs. 1 GWB ein subjektiv-öffentliches Recht der Kartellbetroffenen grundrechtlich begründet und die verfahrensrechtlichen Konsequenzen gefordert.[345]

§ 33 GWB setzt voraus, dass die Schutznorm des GWB Drittschutz bezweckt. Das ist für § 1 umstritten. In der Literatur wurde der Schutzcharakter des § 1 GWB damit begründet, dass durch die Freistellung den kartellzivilrechtlichen Ansprüchen der Boden entzogen wird.[346] Deshalb müssten Konkurrenten auch eine Beschwerdebefugnis nach § 63 Abs. 2 GWB haben. Dabei handelt es sich jedoch um einen Zirkelschluss. Kartellzivilrechtliche Ansprüche setzen nach § 33 GWB drittschützende Normen voraus, deren drittschützender Charakter nicht damit begründet werden kann, dass sonst zivilrechtliche Ansprüche verloren gingen. Auch die Ansicht, Kartellbetroffene dürften nicht schlechter gestellt sein, als die Kartellwilligen, die auf das Telos des GWB gestützt wurde, legt zu Grunde, dass § 1 GWB (auch) dem Individualschutz dient.[347]

Dies lässt sich aber mit der Systematik des GWB nicht in dieser Verallgemeinerung belegen: Wenn die Generalklausel des § 1 GWB Drittschutz bei jeglicher tatsächlichen Betroffenheit von einem Kartell auslösen würde, hätte § 33 GWB unmittelbar auf ihn verweisen können. Allerdings kann dadurch, dass § 1 GWB nunmehr als Verbotsnorm formuliert ist, nicht mehr an der überkommenen Auffassung festgehalten werden, dass § 1 GWB grundsätzlich keinen Drittschutz bezweckt und nur bei gezielter Benachteiligung individualisierbarer Abnehmer und Lieferanten zum Schutzgesetz i. S. des § 33 GWB wird.[348] Diese Auffassung führte ohnehin zu dem widersinnigen Ergebnis, dass zivilrechtliche Klagen auf Unterlassen und Scha-

---

[344] H. Baumann, Rechtsprobleme freiwilliger Selbstbeschränkung, Diss. Tübingen 1978, S. 101 ff.

[345] R. Scholz, Wirtschaftsaufsicht und subjektiver Konkurrentenschutz, 1971, S. 172 ff., 190; zur Gegenansicht H. Baumann, Rechtsprobleme freiwilliger Selbstbeschränkung, Diss. Tübingen 1978, S. 102 m. w. N.

[346] K. P. Mailänder, Die Befugnisse der Marktbeteiligten zur Rechtsbeschwerde im Kartellverfahren, WuW 1965, S. 657 (678 ff.); zustimmend H. Baumann, Rechtsprobleme freiwilliger Selbstbeschränkung, Diss. Tübingen 1978, S. 106.

[347] H. Baumann, Rechtsprobleme freiwilliger Selbstbeschränkung, Diss. Tübingen 1978, S. 110.

[348] Ähnlich J. Bornkamm, in: E. Langen/H.-J. Bunte, Kommentar zum deutschen und europäischen Kartellrecht, Band 1, 9. Aufl. 2001, zu § 33 GWB, Rz. 11 f.

densersatz umso weniger zu fürchten waren, je umfassender Kartellabsprachen auf einen unbestimmten Kreis Betroffener wirkten.[349]

Die Systematik des GWB gebietet es unverändert, den drittschützenden Charakter im Einzelfall als Anspruchsvoraussetzung zu prüfen.[350] Der einfache Gesetzgeber ist auch nicht von Verfassungs wegen gehalten, Rechtsschutz gegen jegliche wettbewerbsrechtliche Benachteiligung zu gewähren. Allerdings greift eine spezielle Schutzpflicht in den hier zu untersuchenden Fällen normersetzender Absprachen, wenn der Staat aus Kooperation für sie grundrechtliche Mitverantwortung trägt. Die Grundrechtsrelevanz ist das hier entscheidende Kriterium, das zwingend Drittschutz auslöst. Dies gebietet die verfassungskonforme Auslegung des § 33 GWB.

Eine Klage auf Unterlassung verspricht somit Erfolg, solange die Kartellwilligen nicht ihrerseits in einem Kartellverfahren die Freistellung bzw. Anerkennung des Kartells beantragt haben. Selbst wenn es als einigermaßen gesichert gelten kann, dass die überkommene Praxis der ungeschriebenen Ausnahmen von § 1 GWB im öffentlichen Interesse endgültig aufgegeben ist, bleibt für die Kartellbetroffenen ein Prozessrisiko und Kostenrisiko[351]. Hinzu kommt der Aufwand, den die Einleitung und Führung eines Zivilprozesses, dessen Erfolg vom Vortrag der Parteien abhängt, bedeutet. Vor allem aber bleibt für Kartellbetroffene eine faktische Hemmschwelle, gegen die Kartellwilligen zu klagen, insbesondere wenn es sich nicht um Konkurrenten, sondern um Geschäftspartner handelt: Die Kartellbetroffenheit ist als solche von faktischen und wirtschaftlichen Abhängigkeiten geprägt. Die Möglichkeit der Einleitung eines kontradiktorischen Verfahrens, wird dem Schutz Kartellbetroffener deshalb nur zu einem Teil gerecht.

Die §§ 7 und 8 GWB sind keine Schutzgesetze i.S.d. § 33 GWB. Wird eine Freistellung vom BKartA bzw. vom Bundesminister für Wirtschaft abgelehnt, bleibt es beim Kartellverbot des § 1 GWB mit den genannten Konsequenzen kartellzivilrechtlicher Ansprüche. Wenn ein Kartellverfahren durchgeführt und dem Antrag auf Freistellung entsprochen wurde, kann eine auf § 33 GWB gestützte Klage schon deshalb nicht Erfolg haben, weil das Kartellverbot nach § 1 GWB dann nicht gilt. Rechtsschutz der Kartellbetroffenen gegen die Entscheidungen der Kartellbehörden ist nur auf dem Wege der Beschwerde zum Oberlandesgericht nach § 63 GWB und die

---

[349] So bereits zur Rechtslage vor der 6. GWB-Novelle *V. Emmerich,* in: Immenga/Mestmäcker, GWB, 2. Aufl., 1992, zu § 35 Rz. 31; jetzt 3. Aufl. 2000.

[350] Im Ergebnis so auch *J. Bornkamm,* in: E. Langen/H.-J. Bunte, Kommentar zum deutschen und europäischen Kartellrecht, Band 1, 9. Aufl. 2001, zu § 33 GWB, Rz. 10.

[351] Ähnlich *H. Baumann,* Rechtsprobleme freiwilliger Selbstbeschränkung, Diss. Tübingen 1978, S. 111.

§ 15 Das Kartellrecht als horizontale Auffangordnung 611

Rechtsbeschwerde zum Bundesgerichtshof nach § 74 GWB denkbar. Darauf wird noch einzugehen sein.

Die Einleitung eines Kartellverfahrens mit dem Ziel der Untersagung nach § 32 GWB erfolgt nach § 54 Abs. 1 S. 1 GWB von Amts wegen. Antragsmöglichkeiten im Sinne des § 54 Abs. 1 S. 1 GWB, die ein Kartellverfahren zwingend in Gang setzen, sind im GWB abschließend geregelt und sind den Kartellwilligen vorbehalten. Die Rolle Kartellbetroffener und Dritter behandelt der neu geschaffene § 54 Abs. 1 S. 2 GWB: sie können sich mit einem entsprechenden „Ersuchen" an die Kartellbehörde wenden, die sodann ein Verfahren von Amts wegen einleiten „kann". Der Gesetzgeber bezweckte hiermit lediglich eine Klarstellung.[352] In der Literatur wird der Vorschrift deshalb kaum Bedeutung zugemessen: die Kartellbehörde sei nicht verpflichtet, im Interesse einzelner tätig zu werden; ihr weiter Ermessensspielraum nach § 32 GWB werde nicht eingeschränkt.[353] Dieser Auffassung mag für den Regelfall zuzustimmen sein. Auch kann nicht aus der Tatsache, dass die Absprachen Normen ähneln, auf eine mögliche Rechtsverletzung geschlossen werden.[354]

Soweit jedoch der Staat grundrechtliche Verantwortung für Absprachen trägt, muss das Einschreitensermessen aus verfassungsrechtlichen Gründen reduziert werden. Daraus wird eine – auch einklagbare[355] – Verpflichtung zur Einleitung eines Kartellverfahrens, wenn sich grundrechtlich Betroffene mit einem entsprechenden Ersuchen an die Kartellbehörde wenden. In diesem Verfahren hat die Kartellbehörde die Verfahrenshoheit und ermittelt von Amts wegen. Die Kartellbetroffenen sind zu beteiligen, ohne dass ihnen eine dem Zivilprozess vergleichbare Beibringungslast obliegt. Die spezifische grundrechtliche Gefährdung Kartellbetroffener zwingt zu dieser verfahrensrechtlichen Konsequenz, weil nur die Durchführung eines Verwaltungsverfahrens unter ihrer Beteiligung, der wirksamen tatsächlichen Durchsetzung ihrer Rechte gerecht wird. Die Pflicht zur Einleitung eines Kartellverfahrens von Amts wegen geht aber noch weiter: Nicht nur ein Ersuchen nach § 54 Abs. 1 S. 2 GWB zwingt die Kartellbehörde zum Einschreiten.

---

[352] Regierungsbegründung, BTDrucks. 13/9720, 64.
[353] *K.-P. Schultz*, in: E. Langen/H.-J. Bunte, Kommentar zum deutschen und europäischen Kartellrecht, Band 1, 9. Aufl. 2001, zu § 54 GWB, Rz. 8.
[354] So jedoch *H. Baumann*, Rechtsprobleme freiwilliger Selbstbeschränkung, Diss. Tübingen 1978, S. 104.
[355] Für eine ausnahmsweise Einklagbarkeit (wenn auch ohne die grundrechtliche Begründung) bereits *K. Becker-Schwarze*, Steuerungsmöglichkeiten des Kartellrechts bei umweltschützenden Unternehmenskooperationen, 1997, S. 177 f.

3. Verfassungsrechtliche Gebotenheit der Durchführung eines Kartellverfahrens

Es ist verfassungsrechtlich, insbesondere grundrechtlich geboten, dass normative Absprachen von Amts wegen einer kartellrechtlichen Überprüfung durch die zuständigen Kartellbehörden unterzogen werden. Dies ist die verfahrensrechtliche und institutionelle Konsequenz aus den verfassungsrechtlichen Dimensionen des Kartellrechts. Sobald das Kartellrecht greift, gilt der Grundsatz der Nichtigkeit von Kartellen. Die rechtliche Anerkennung ist davon abhängig, dass die Kartellwilligen eine Freistellung durch die Kartellbehörden beantragen. Normative Absprachen dürfen nicht – unter Verzicht der Kartellwilligen auf die Rechtssicherheit rechtlicher Anerkennung – im Schwebezustand der Nichtigkeit bleiben:

Die Durchführung eines Kartellverfahrens und damit die rechtliche Anerkennung ist bei normativen Absprachen verfassungsrechtlich deshalb geboten, weil der Staat an ihnen beteiligt ist. Der Staat darf normative Absprachen nicht unterstützen und dulden, dass die Beteiligten diese keiner kartellrechtlichen Überprüfung unterziehen. Der kooperierende Rechtsstaat ist verfassungsrechtlich verpflichtet, eine kartellrechtliche Kontrolle normativer Absprachen durchzuführen. Seiner grundrechtlichen Mitverantwortung für normative Absprachen (status negativus cooperationis) wird er institutionell nur gerecht, wenn hierfür die Kartellbehörden eingeschaltet werden. An diese verfassungsrechtlichen Gebote sind sowohl die Bundesregierung als auch die Kartellbehörden gebunden. Die Kartellbehörden müssen von Amts wegen Verfahren durchführen und die Bundesregierung ist ihrerseits verpflichtet, solche Verfahren anzuregen und ihre Unterstützung für die Absprachen von deren Durchführung abhängig zu machen.

Daran ändert sich nichts, wenn das Freistellungssystem einem Prinzip der Legalausnahmen weichen sollte, auch nicht, wenn eine neue EG-KartVO die Anwendbarkeit des GWB und sein System Freistellungssystem für unanwendbar erklären würde und als Gemeinschaftsrecht auch nationalem Verfassungsrecht vorrangig wäre. Die hier erhobene Forderung ist nämlich nicht nur mit nationalem Verfassungsrecht begründbar, sondern auch in primärem Gemeinschaftsrecht verankert, das seinerseits die Auslegung und Anwendung einer wie auch immer ausgestalteten EG-KartVO prägt.

Art. 81 Abs. 3 EGV setzt für Ausnahmen vom Kartellverbot des Art. 81 Abs. 1 EGV voraus, dass letzterer hinsichtlich einzelner Kartelle oder Kartellgruppen „für nicht anwendbar erklärt" wird. Es wird deshalb im Schrifttum ernsthaft bezweifelt, ob der Systemwechsel vom Freistellungsvorbehalt zu Legalausnahmen nicht gegen Primärrecht verstoßen bzw. dessen Änderung voraussetzen würde. Wenn das Prinzip der Legalausnahmen überhaupt mit Art. 81 Abs. 3 EGV vereinbar wäre und die ex post-Kontrolle zum Regelfall würde, dann kann aber keinesfalls sekundär-rechtlich strikt ausgeschlossen werden, eine ex ante-Kontrolle durchzuführen. Die Durchführung eines Freistellungsverfahrens, die nach derzeitiger Rechtslage der EWG-KartVO (1962) und nach überkommenem Verständnis des Art. 81 Abs. 3 EGV den Regelfall darstellt, muss wenigstens in Ausnahmefällen möglich bleiben. Normative Absprachen sind derartige Ausnahmen und die Durchführung einer ex ante-Kontrolle ist aus anderen Gründen sogar geboten:

Ein Grund hierfür liegt in der ausnahmsweisen Bindung der Mitgliedstaaten an die Art. 81 f. EGV. Im Normalfall bindet das europäische Kartellrecht lediglich Private, während wirtschaftspolitische Maßnahmen der Mitgliedstaaten nur an den Grundfreiheiten und Grundrechten zum messen sind. Wenn Mitgliedstaaten jedoch Wirtschaftspolitik mit dem Instrument der informalen Beteiligung an Absprachen betreiben, die ihrerseits dem Kartellrecht unterfallen, dann müssen sie auch ihren eigenen Beitrag zu den Absprachen an den Maßstäben der Art. 81 f. EGV ausrichten. Das gebietet der Grundsatz der Gemeinschaftstreue (Art. 10 Abs. 2 EGV). Der Bindung an Art. 81 f. i. V. m. 10 Abs. 2 EGV können die Mitgliedstaaten aber nur gerecht werden, wenn sie ihrerseits sicherstellen, dass die Absprachen einer kartellrechtlichen Prüfungen unterzogen werden. Dazu ist die an Absprachen primär beteiligte Bundesregierung jedoch institutionell nicht selbst berufen. Das Gemeinschaftsrecht gebietet es hier vielmehr, dass die Kartellbehörden normative Absprachen einer Überprüfung unterziehen. Dass dies geschieht, muss wiederum Bundesregierung ihrerseits gewährleisten, wenn sie normative Absprachen trifft.

Verfassungsrechtlich lässt sich das Gebot einer kartellrechtlichen Überprüfung normativer Absprachen mit dem grundrechtlichen status negativus cooperationis begründen. Dieser ist auch auf die Dogmatik der Grundrechte des Gemeinschaftsrechts zu übertragen. Die ungeschriebenen Grundrechte als gemeinsame Überlieferungen der Mitgliedstaaten, in der Europäischen Grundrechtecharta textlich und politisch bekräftigt, sind bei der Auslegung und Anwendungen des sekundären Gemeinschaftsrechts zu berücksichtigen. Auch wenn eine zukünftige EG-KartVO das Prinzip der Legalausnahmen für den Regelfall einführen würde, bliebe es bei dem Gebot einer Überprüfung normativer Absprachen durch die (nationalen) Kartellbehörden.

Weil der Ablauf von Kooperationsprozessen nur begrenzt beeinflussbar ist[356], sind „ergänzende Beteiligungs- und Entscheidungsverfahren, in denen legitime, aber in exklusiven Kooperationsprozessen vernachlässigte Interessen eingebracht und problematische Kooperationsergebnisse korrigiert werden können"[357] umso notwendiger. Die verfahrensrechtliche Konse-

---

[356] *A. Benz,* Kooperative Verwaltung, 1994, S. 354 und passim.
[357] *A. Benz,* Kooperative Verwaltung, 1994, S. 35.

quenz aus der grundrechtlichen Mitverantwortung des Staates für Absprachen ist eine Schutzpflicht zur behördlichen Einleitung eines Kartellverfahrens. Diese verfahrensrechtliche Konsequenz sieht wie folgt aus: die Behörde, die die grundrechtliche Mitverantwortung des Staates für eine normersetzende oder normprägende Absprache auslöst (also im Regelfall Bundesministerien bzw. die Bundesregierung), muss darauf hinwirken, dass die Kartellwilligen selbst die Einleitung eines Kartellverfahrens mit dem Ziel der Freistellung bzw. Anerkennung beantragen. Wenn sich die Kartellwilligen hierzu nicht bereitfinden, hat das für die informal kooperierende Behörde (das Bundesministerium bzw. für die Bundesregierung) eine doppelte Konsequenz:

Erstens darf sie die Absprache, auch wenn sie diese für gemeinwohldienlich hält, nicht weiter unterstützen, darf sie also weder verbal in der Öffentlichkeit befürworten, noch tatsächlich oder finanziell fördern. Zweitens muss sie eine Mitteilung an das BKartA machen, das seinerseits verpflichtet ist, ein Kartellverfahren wenigstens auf Untersagung durchzuführen. Eine Freistellung – insbesondere nach § 7 GWB – kommt dann nicht in Betracht, solange kein entsprechender Antrag der Kartellwilligen (§ 10 Abs. 1 S. 1 GWB) vorliegt.

Ein Ersuchen der Kartellbetroffenen nach § 54 Abs. 1 S. 2 GWB löst vor diesem Hintergrund betrachtet also nicht erst eine Einschreitenspflicht aus, sondern gibt dem BKartA lediglich Anlass, seiner ohnehin bestehenden Einschreitenspflicht nachzukommen. Das Einschreitensermessen ist nach § 32 GWB aus verfassungsrechtlichen Gründen gegebenenfalls reduziert. Für das BKartA stellen Hinweise der Bundesregierung bzw. der Kartellbetroffenen Anregungen dar, ein Verfahren durchzuführen, zu dessen Einleitung es ohnehin verpflichtet ist. Die kartellverfahrensrechtliche Einschreitenspflicht muss freilich die Ausnahme bleiben und darf den Grundsatz des Einschreitensermessens, der sich aus den §§ 32 und 54 Abs. 1 GWB ergibt, nicht in Frage stellen. Die Ausnahme bleibt auf die kartellrechtlich untypischen Fälle der Beteiligung des Staates an kartellrechtlich relevanten Absprachen beschränkt und ist die verfahrensrechtliche Konsequenz der Grundrechtsrelevanz solcher informaler Kooperationen.

Eine weitere Modifizierung des im GWB geregelten kartellrechtlichen Verfahrens ist – wiederum aus verfassungsrechtlichen Gründen – hinsichtlich der Beteiligung geboten. Die Kartellbetroffenen müssen, soweit sie Grundrechtsschutz genießen, auf ihren Antrag hin beigeladen werden. Das Beiladungsermessen, das grundsätzlich keinen Rechtsanspruch auf Beiladung kennt,[358] reduziert sich in diesen Fällen auf Null. Eine solche Ermessensre-

---

[358] *K.-P. Schultz,* in: E. Langen/H.-J. Bunte, Kommentar zum deutschen und europäischen Kartellrecht, Band 1, 9. Aufl. 2001, zu § 54 GWB, Rz. 32.

duzierung ist bislang in der Literatur lediglich in Fällen anerkannt, in denen Rechte durch die in Aussicht genommene Verwaltungsverfügung beeinträchtigt werden könnten.[359] In den Fällen normersetzender Absprachen hingegen folgt die Beiladungspflicht aus der möglichen Rechtsverletzung, die bereits auf der Absprache selbst und der staatliche Beteiligung an ihr beruht.

Außerdem ist auf entsprechenden Antrag hin gegebenenfalls die Bundesregierung bzw. das Bundesministerium zu beteiligen, das an der Absprache mitgewirkt hatte. Die Beteiligung dieser Behörden erfolgt nach § 54 Abs. 2 Nr. 3 GWB, weil sie Organe des Bundes sind, der seinerseits eine (juristische) Person ist. Diese Beteiligung ist vor allen Dingen in den Verfahren von Bedeutung, in denen die Kartellwilligen ordnungsgemäß einen Antrag auf Freistellung bzw. Anerkennung der Absprache gestellt haben. Die Bundesregierung erhält so Gelegenheit, das von der Absprache verfolgte öffentliche Interesse aus ihrer Sicht darzulegen. Das BKartA als Kartellbehörde ist insoweit an diese Darlegung inhaltlich gebunden, als es um die Einschätzung und Gewichtung des außerkartellrechtlichen öffentlichen Interesses geht. Wenn z. B. der Bundesminister für Umwelt die Auffassung vertritt, dass eine Absprache in besonderer Weise der Verwirklichung von Umweltbelangen dient, darf das BKartA die Absprache nicht schon deshalb ablehnen, weil es deren Umweltdienlichkeit als solche verneinen würde. Das BKartA muss sich vielmehr auf die kartellrechtlichen Fragestellungen beschränken und ist hinsichtlich der (übrigen) öffentlichen Interessen der Absprachen an die Beurteilung der Fachbehörden gebunden. Allerdings darf und muss das BKartA schließlich zwischen den mit der Absprache verfolgten öffentlichen Interessen und den kartellrechtlichen Belangen abwägen. Es darf somit die Freistellung oder Anerkennung einer Absprache verneinen und ihre Untersagung verfügen, wenn es die Wettbewerbseinschränkungen für noch erheblicher hält, als die von den Antragstellern und der Fachbehörde geltend gemachten öffentlichen Interessen.

Die Durchführung eines Kartellverfahrens dient in diesen Fällen in besonderer Weise der Durchsetzung der Grundrechte insbesondere der Kartellbetroffenen. Das BKartA ist deshalb gehalten, grundrechtliche Erwägungen in seine Entscheidung einzubeziehen und Grundrechtsverletzungen zu verhindern. Es kann einer Absprache auch allein deshalb die Freistellung verweigern, weil sie unter Mitwirkung eines unzuständigen Hoheitsträgers zu Stande gekommen ist und formell verfassungswidrig ist, weil die hoheitliche Mitwirkung damit gegen den Gesetzesvorbehalt und die Grundrechte verstößt. Den Kartellwilligen bleibt es dann freilich unbenommen, eine entsprechende Absprache ohne staatliche Unterstützung zu treffen und deren Freistellung zu beantragen.

---

[359] *K.-P. Schultz,* ebenda, zu § 54 GWB, Rz. 33.

§ 16 Verwaltungsrechtliche Einbindung normativer Absprachen

I. Verfassungsrechtliche und methodische Prämissen

Im zweiten Teil dieser Arbeit hat sich gezeigt, dass normative Absprachen nicht ganz ohne rechtliche Einbindung bleiben dürfen. Informale Kooperation der rechtsetzenden Gewalt ist zwar nicht per se verfassungswidrig, entzieht sich jedoch ebenso wenig dem Geltungsanspruch grundlegender Kategorien des Verfassungsrechts. Der kooperierende Verfassungsstaat öffnet sich normativen Absprachen und bindet sie rechtlich ein.

Unmittelbar aus dem Verfassungsrecht lassen sich jedoch nur einzelne rechtliche Anforderungen ableiten: Die Kompetenzen der Bundesregierung zur informalen Kooperation mit der Wirtschaft sind aus der in der Verfassung selbst geregelten Ordnung der Organkompetenzen der rechtsetzenden Gewalt zu entwickeln. Sie werden durch den grundrechtlichen, rechtsstaatlichen und demokratischen Gesetzesvorbehalt begrenzt. Zwar bedürfen diese verfassungsrechtlichen Anforderungen der Modifizierung, um auf die kooperierende rechtsetzende Gewalt übertragen zu werden. Aber es lassen sich aus dem Verfassungsrecht Regeln ableiten, die direkte Geltung beanspruchen.

Mittelbar aus dem Verfassungsrecht sind weitere Konsequenzen zu ziehen: Vor allem die Grundrechte fordern einen angemessenen Schutz Betroffener, insbesondere der nicht an Absprachen beteiligten Unternehmen. Solche verfassungsrechtlichen Forderungen lassen sich zwar verfassungsrechtlich erheben, aber die Lösungen nicht aus dem Verfassungsrecht ableiten. Die objektiv-rechtlichen Gründe für eine Formalisierung des Rechts, wie sie vor allem im Gesetzgebungsverfahren zum Ausdruck kommen, stehen normativen Absprachen nicht entgegen. Die analoge Anwendung von Regeln des Verfahrens der Rechtsetzung auf normative Absprachen ist – abgesehen von den kompetenziellen Garantien – nicht angezeigt, eine Formalisierung des Informalen insoweit nicht geboten.

Die Frage bleibt deshalb, welcher subjektiv-rechtliche Schutz gegenüber normativen Absprachen zu gewähren ist. Verfassungsrechtlich ist solcher Schutz im Rahmen der Grundrechte geboten, seine Einlösung und Ausgestaltung im Einzelnen hingegen dem einfachen Recht überlassen. Weil normative Absprachen bislang vor allem aus öffentlichrechtlicher Perspektive untersucht wurden, schien es vielen Autoren nahe zu liegen, das Verwaltungsrecht heranzuziehen. Vor allem die Dissertation von *Andreas Helberg* wagte den Versuch, mit Einzelanalogien und Gesamtanalogien zum Verwaltungsverfahrensgesetz und mit kreativer Rechtsfortbildung normative Absprachen rechtlich einzubinden.

Eine Analogiebildung setzt zunächst eine *Rechtslücke* voraus. Die Feststellung, dass normative Absprachen weder von den Regeln der Normsetzung noch von denen des Verwaltungsvollzugs erfasst werden, begründet noch nicht zwingend die Existenz einer Rechtslücke. Von den meisten Autoren, die eine Analogiebildung zu Verfahrensvorschriften des Verfassungs- und Verwaltungsrechts fordern, wird übersehen bzw. zu Unrecht bestritten, dass das Kartellrecht und damit das *Kartellverfahrensrecht* grundsätzlich anwendbar ist. Um Lücken vor allem mit Blick auf die *Beteiligung der Absprachebetroffenen* zu schließen, liegt eine *verfassungskonforme Auslegung* des vom Grundsatz her anwendbaren Kartellrechts näher, als Analogien zum Verwaltungsverfahren oder gar die rechtsschöpferischen Neuschaffung eines Verfahrensrechts für normersetzende Absprachen.

Ob dabei eine Analogiebildung gefordert ist, hängt außerdem davon ab, ob diese Rechtslücke *planwidrig*, d.h. vom Gesetzgeber unbeabsichtigt ist. Das ist für eine Formalisierung informaler Absprachen im Grundsatz mit dem Argument behauptet worden, der Gesetzgeber zögere wegen der rechtswissenschaftlichen Ungeklärtheit der komplexen Probleme normersetzender Absprachen.[360] Die Frage der Planwidrigkeit einer Lücke darf aber nicht am Stand der Rechtswissenschaft, sondern muss am (mutmaßlichen) Willen des Gesetzgebers bemessen werden. Die Staatspraxis tendiert zum Informalen. Diese Tendenz blieb von Regierungswechseln unberührt und entspricht einer fast einhelligen politischen Zustimmung; sie ist dem Gesetzgeber sehr wohl bewusst. Ihr entgegenzuwirken fehlt es nicht an Möglichkeiten und Vorschlägen. Die Empfehlung der Europäischen Kommission könnte hierfür ebenso als Beispiel genannt werden, wie die Entwürfe zu einem allgemeinen Teil eines Umweltgesetzbuches. Solange der Gesetzgeber informales Handeln der Bundesregierung duldet, muss deshalb im Grundsatz von einer gewollten Regelungslücke gesprochen werden. Analogien ist deshalb grundsätzlich eine Absage zu erteilen. Ein Verfahrensrecht für normersetzende Absprachen kann de lege lata nur auf verfassungsrechtliche Argumente gestützt werden. Außerdem sind die einfachrechtlichen Regelungen zum Verfahrensrecht in hohem Maße von Zweckmäßigkeitserwägungen geprägt. Sie zu entscheiden, obliegt dem Gesetzgeber[361] einerseits und in Ermangelung gesetzlicher Regelungen der nicht rechtlich gebunden Prärogative der Exekutive.

So schwierig es ist, normative Absprachen in den Kategorien des Verfassungsrechts zu erfassen, so nah liegt die einfachrechtliche Einbindung: Das Kartellrecht bietet eine Auffangordnung, die lediglich punktuell verfassungskonformer Modifizierung bedarf, um das zu leisten, was mühsam über

---

[360] A. *Helberg*, Normabwendende Selbstverpflichtungen …, 1999, S. 234 f.
[361] Das sieht im Ansatz auch A. *Helberg*, Normabwendende Selbstverpflichtungen …, 1999, S. 236.

das allgemeine Verwaltungsrecht hergeleitet werden müsste. Auch das Europäische Kartellrecht ist als Auffangordnung für normative Absprachen geeignet und ist im Lichte der gemeinschaftsrechtlich geltenden Grundrechte entsprechend auszulegen. *Helberg* verneint hingegen die Anwendbarkeit des Kartellrechts und argumentiert vor dem Hintergrund einer ansonsten klaffenden Rechtslücke. Diese unterschiedlichen Prämissen liegen seiner und der folgenden Betrachtung zu Grunde.

II. Analogien zum allgemeinen Verwaltungsverfahrensrecht?

Konkrete Mindestanforderungen an das Verfahren stellen die Grundrechte zwar nur ausnahmsweise. Das muss auch für das Verwaltungsverfahren des Normvollzugs gelten. Das Verwaltungsverfahrensrecht bewahrt Eigenständigkeit gegenüber dem Verfassungsrecht, auch wenn es dessen partielle Ausprägung ist. Dennoch sind bei informalen, normativen Absprachen Verfahrensrechte einzelner Privater grundrechtlich geboten. Ausschlaggebend sind weder die schwachen grundrechtlichen Implikationen des Verfahrens der Normsetzung, noch einzelne grundrechtlich gebotene Inhalte des Verwaltungsverfahrens. Vielmehr ist die verfahrensrechtliche Seite der Grundrechte deshalb aufgerufen, weil das Verwaltungsverfahren, das den konkret Betroffenen umfangreiche Rechte gewährt, als solches substituiert ist.

Das Problem besteht also nicht darin, dass einzelne einfachrechtlich geregelte Verfahrensgarantien nicht unmittelbar anwendbar sind und deshalb auf ihre Analogiefähigkeit und auf ihren verfassungsrechtlichen Kern befragt werden müssten. Weil das System des Verwaltungsverfahrens und des in ihm verwirklichten verfahrensrechtlichen Grundrechtsschutzes als Ganzes ausfällt, ist eine grundsätzliche Weichenstellung erforderlich. Diese Weichenstellung muss vor allem sicherstellen, dass überhaupt ein Verfahren stattfindet, in dem verfahrensrechtlicher Schutz möglich wird. Bevor nach einzelnen Garantien gefragt wird, muss ein Rahmen gefunden werden, der die grundrechtliche Problematik erfassen kann.

Es muss ein Verfahren stattfinden, das vom Ansatz her geeignet ist, der grundrechtlichen Problematik informaler, normativer Absprachen gerecht zu werden. Dieses Verfahren muss die Möglichkeit bieten, den Kreis der grundrechtlich von den Absprachen Betroffenen einzubeziehen. Es muss ein Verfahren gefunden werden, das die Möglichkeit bietet, die Interessen grundrechtlich Betroffener angemessen zu würdigen. In diesem Verfahren muss diesen Grundrechtsbetroffenen die Chance gegeben werden, ihre Rechte wahrzunehmen.

Der Versuch, alle Grundrechtsbetroffenen bereits in den Abspracheprozess einzubinden, muss zum Scheitern verurteilt sein. Ein solcher Ansatz müsste den informalen Absprachenprozess formalisieren und würde es mangels einer einfachrechtlichen Regelung erforderlich machen, über die verfassungsrechtliche Gebotenheit jedes einzelnen Aspektes Gewissheit zu erlangen. Das würde das Wesen und die Vorteile informaler Absprachen als solche in Frage stellen. Außerdem bestehen Zweifel, ob eine Rechtsfortbildung auf diesem dogmatischen Pfad in angemessener Zeit überhaupt zu leisten ist. Die bisherige Diskussion um normsetzende Absprachen zeigt, dass es an Problembewusstsein nicht fehlt und nicht an Forderungen, die konkreten Fragen zu lösen. Die Forderung der Entwicklung eines Verwaltungskooperationsrechts[362] kann und muss jedoch mit Blick auf normative Absprachen eigene Wege beschreiten. Ein praxistauglicher Konsens über Lösungsansätze wird sich nur auf der Grundlage eines dogmatischen Rahmens finden lassen, der weder im Verfahren der Rechtsetzung, noch im Verwaltungsverfahren des Normvollzuges zu suchen ist.

Nur das Kartellverfahren und die angemessene Einbeziehung grundrechtlich Betroffener erfüllt de lege lata diese Voraussetzungen. Das Kartellverfahren ist einzig dazu geeignet, Grundrechtsschutz gegenüber normativen Absprachen zu bieten, die weder Rechtsnormen sind, noch von der Verwaltung vollzogen werden. Das Kartellverfahren ist darauf zugeschnitten, Private vor privat verabredeten Verhaltensweisen, also privaten Normen im weiteren Sinne zu schützen und vor dem Druck, der durch den privaten Vollzug von Kartellen verursacht wird.

Analogien zum Verwaltungsverfahrensgesetz[363] hingegen gehen an der Sache vorbei: Mag auch die Begrenzung des Anwendungsbereichs des Verwaltungsverfahrensgesetzes in § 9 VwVfG zunehmend fragwürdig erscheinen,[364] rechtfertigt diese allgemeine Feststellung es nicht, pauschal das gesamte VwVfG analog auf das schlichte Verwaltungshandeln anzuwenden. Die Analogie lässt sich zwar nicht damit abtun, dass sich der Parteiwille zum Informalen[365] gegen jede Formalisierung richte und dass das VwVfG nur für bestimmte Rechtsformen gelte. Beide Argumente greifen zu kurz[366]: Die Berücksichtigung des Willens der Beteiligten setzt voraus, dass verfahrensrechtliche Garantien disponibel sind. Die Frage der Verzichtbarkeit ist aber ohnehin irrelevant, wenn die betreffenden Vorschriften gar nicht anwendbar sind. Die Anwendbarkeit des VwVfG ist logisch vorran-

---

[362] *G. F. Schuppert*, in: Die Verwaltung 31 (1998), S. 415 (442 ff.).
[363] So zuletzt *C. Franzius*, Die Herausbildung der Instrumente indirekter Verhaltenssteuerung im Umweltrecht der Bundesrepublik Deutschland, 2000, S. 173.
[364] *F. Hufen*, Fehler im Verwaltungsverfahren, 3. Aufl., 1998, S. 86, Rn. 103, *F. Schoch*, Die Verwaltung 25 (1992), S. 21 (50).
[365] *H.-W. Rengeling*, Das Kooperationsprinzip im Umweltrecht, 1988, S. 97 f.
[366] So im Ergebnis zutreffend *A. Helberg*, Normabwendende Selbstverpflichtungen..., 1999, S. 243.

gig, ist aber mit dem Hinweis auf die Vorschrift des § 9 VwVfG nur hinsichtlich der direkten Geltung beantwortet.

Nur einzelne Vorschriften des Verwaltungsverfahrensgesetzes bringen einen allgemeinen Rechtsgedanken zum Ausdruck und sind deshalb auch auf schlichtes Verwaltungshandeln analog anzuwenden. *M. Schulte* nennt als Beispiele für analogiefähige Regelungen die §§ 20, 21 (Befangenheit), 40 (Ermessen) VwVfG. Auf Handeln der rechtsetzenden Gewalt lassen sich diese Normen aber schwerlich übertragen. Wenn ein Minister bei Absprachen gegen die rechtsstaatliche Unparteilichkeit verstößt, helfen – abgesehen von den politischen Folgen skandalträchtiger Umstände – die Regelungen des Befangenheitsrechts wenig. Das Ermessen der Vollzugsbehörden nach § 40 VwVfG hat gegenüber der rechtsetzenden Gewalt der Bundesregierung, die den Grenzen des Art. 80 Abs. 1 S. 2 GG unterworfen ist, keine Bedeutung. Eine Übertragung der Grundsätze des Verwaltungsverfahrens auf das Handeln der Verbände und der mit dem Controlling beauftragten externen Institutionen wäre theoretisch denkbar. Aber dogmatisch führt dieser Weg nur zu neuen Problemen: Institutionell wäre eine Art informaler Gründung von Körperschaften zu legitimieren und die Frage zu beantworten, wer diese verfahrensrechtliche Bindungen überprüfen können soll. Die bestehende Rechtsordnung gibt mit dem Kartellrecht materielle Antworten und hält Verfahren und ein institutionelles System bereit, das solche Erwägungen ausschließen muss.

In der Literatur wird immer wieder die analoge Anwendung der Vorschriften über den *Verwaltungsvertrag* gefordert.[367] Gegen eine analoge Anwendung der §§ 54 ff. VwVfG auf informale Absprachen zwischen Verwaltung und Privaten spricht, dass diese Vorschriften wesentlich an rechtliche Wirkungen von Verträgen anknüpfen, die mit den faktischen Wirkungen informaler Absprachen nicht vergleichbar sind.[368] Außerdem hätte eine solche Analogie die umfassende Formalisierung des Informalen zur Folge.[369] Diese grundsätzliche Konsequenz kann einfachrechtlich mit den Methoden der Analogiebildung nicht begründet werden.

Hinsichtlich der Beteiligung Dritter nach § 13 Abs. 1, 2 VwVfG und der Akteneinsicht nach § 29 Abs. 1 VwVfG fehlt es bereits an einer planwidrigen Regelungslücke. Der Kreis der Beteiligten i. S. des § 13 VwVfG hängt im Übrigen wesentlich von der Einleitung eines Verwaltungsverfahrens

---

[367] *Ph. Kunig,* DVBl. 1992, S. 1193 (1199); *R. Breuer,* in: Hoffmann-Riem, Wolfgang/Schmidt-Aßmann, Eberhard (Hrsg.), Konfliktbewältigung durch Verhandlungen, Bd. I, 1990, S. 231 (246) m. w. N.; *W. Frenz,* Selbstverpflichtungen der Wirtschaft, 2001, S. 226.

[368] So *M. Schulte,* Schlichtes Verwaltungshandeln, 1995, S. 137; *A. Faber,* Gesellschaftliche Selbstregulierungssysteme im Umweltrecht, 2001, S. 327 f. m. w. N.

[369] *M. Schulte,* Schlichtes Verwaltungshandeln, 1995, S. 137.

§ 16 Verwaltungsrechtliche Einbindung normativer Absprachen   621

ab.[370] Bisweilen werden Forderungen nach Analogien zu Normen des Verwaltungsverfahrensrechts (insbesondere über die Beteiligung und Anhörung nach §§ 13 Abs. 2, 28 Abs. 1 VwVfG) mit verfassungsrechtlichen Argumenten untermauert, so z.B. unter Bezugnahme auf den allgemeinen Gleichheitssatz.[371] Methodisch sollte zwischen der einfachrechtlichen Analogie und der verfassungsrechtlich gebotenen Rechtsfortbildung unterschieden werden.[372] Unbefriedigend ist es, wenn etwa die Rechtsprechung es offen lässt, „ob § 28 VwVfG ... entsprechend anzuwenden ist oder ob der – allgemeingültige – Rechtsgrundsatz des Art. 103 GG die Gewährung rechtlichen Gehörs gebietet."[373] Selbst wenn das Verfassungsrecht bestimmte Mindestanforderungen an das Verfahren stellt, ist die Frage nicht zu überspringen, welches der dogmatisch nächste Weg ist, um den verfassungsrechtlichen Geboten nachzukommen. Dies ist nicht der Weg der Analogie zum VwVfG.

Argumente für die *Ähnlichkeit* und deshalb Analogiegeeignetheit zwischen dem Verwaltungsverfahren und informalen Absprachen werden mit Blick auf deren Wirkungen, aber auch mit Blick auf die Entstehungsprozesse vorgebracht.[374] Dabei stellen sich die Fragen, inwieweit rechtliche mit faktischen Wirkungen vergleichbar sind und inwieweit informale Kooperation kooperativen Formen des Verwaltungsverfahrensrechts, insbesondere dem Verwaltungsvertrag ähnelt.

So versucht *A. Helberg*[375] eine Begründung dafür zu geben, dass z.B. analog § 58 Abs. 1 VwVfG Drittbetroffene normersetzenden Absprachen zustimmen müssen. Die Ähnlichkeit begründet er damit, dass Drittbetroffenheit sowohl bei Verwaltungsverträgen als auch bei normersetzenden Absprachen auf faktischen Wirkungen beruhe. Abgesehen davon, dass man auch insoweit an Rechtsbeeinträchtigungen anknüpfen muss, scheitert der Ansatz bei den normersetzenden Absprachen – wie *Helberg* selbst feststellt – meist daran, dass „der Kreis der Betroffenen nur schwer oder gar nicht von vornherein bestimmt werden kann". *Helberg* beschränkt sein Postulat analoger Anwendung des § 58 Abs. 1 VwVfG auf Einzelfälle, in denen die Drittbeteiligung ausnahmsweise „doch möglich" ist. Diese Argumentation

---

[370] G. *Robbers*, DÖV 1987, S. 272 (278 f.); zustimmend *M. Schulte*, ebenda, S. 137.
[371] E. *Bohne*, Der informale Rechtsstaat, 1981, S. 150; ders., VerwArch 75 (1984), 343 (352), W. *Hoffmann-Riem*, Selbstbindungen der Verwaltung, VVDStRL 40 (1982), S. 187 (212, 224); hierzu *M. Schulte*, ebenda, S. 110 ff.
[372] K. *Larenz*, Methodenlehre der Rechtswissenschaft, 6. Aufl., 1991, S. 381.
[373] LG Stuttgart, NJW 1989, S. 2257 (2260 f.).
[374] A. *Helberg*, Normabwendende Selbstverpflichtungen ..., 1999, S. 244.
[375] A. *Helberg*, Normabwendende Selbstverpflichtungen ..., 1999, S. 246.

zeigt, wie dünn der Boden der Vergleichbarkeit ist, auf dem Analogien in der Literatur gezogen werden.

Die ganze Argumentation krankt daran, dass Ähnlichkeiten normersetzender Absprachen auch mit dem Normvollzug gerade *nicht* zu deren wesentlichen Eigenheiten zählen. Vielmehr ist es die denkbar größte Ferne vom Normvollzug: Das Verwaltungsverfahrensrecht wird als solches schon im Ansatz substituiert, weil es in Ermangelung vollziehbarer Normen gegenstandslos wird. Selbst wenn man hier eine Lücke erkennt, ist damit nicht die Ähnlichkeit begründet. Eine Lücke allein begründet jedoch keine Analogie, insbesondere wenn man grundsätzlich schon deren Planwidrigkeit ablehnt. Außerdem ist gerade diese vermeintliche Lücke durch das Kartellrecht de lege lata ausgefüllt. Das Verbot von Verträgen zu Lasten Dritter ist im Übrigen dogmatisch viel unbestimmter, als die Kartellrechtsordnung, die sich diesem Phänomen in differenzierter Weise widmet. Das Gleiche gilt für den Verwaltungsakt mit Drittwirkung, der Dritten einen Anspruch auf Verfahrensteilhaben, der auch verwaltungsgerichtlich durchsetzbar ist,[376] geben kann.

Es lässt sich somit festhalten, dass nicht das Verwaltungsverfahrensrecht, sondern das Kartellrecht die einschlägige Auffangordnung darstellt, um normative Absprachen rechtlich einzubinden. Das Kartellrecht ist dazu prädestiniert, Schutz gegenüber den horizontalen Wirkungen normativer Absprachen zu gewähren. Die rechtsstaatliche, insbesondere grundrechtliche Verantwortlichkeit des Staates kann dadurch verwirklicht werden, dass das Kartellverfahrensrecht verfassungskonform ausgelegt wird. Den vertikalen Aspekten normativer Absprachen sind, weil die Bundesregierung in Ausübung rechtsetzender Gewalt tätig wird, ebenfalls nicht durch das Verwaltungsverfahrensrecht, sondern durch das Recht der Normsetzung, insbesondere die grundgesetzliche Kompetenzordnung Grenzen gesetzt.

III. Rechtliche Einbindung des Monitorings?

Keine allgemeinen Regeln lassen sich bislang über das vertikale Rechtsverhältnis der Erfolgskontrolle über die Einhaltung von Selbstverpflichtungen aufstellen. Kompetenziell ist die Erfolgskontrolle bei der rechtsetzenden Gewalt zu verorten, weil sie der Vorbereitung weiterer informaler oder formaler Ausübung rechtsetzender Gewalt dient. Allerdings handelt es sich um ein vertikales Rechtsverhältnis zwischen dem Staat und den Kontrollierten, das einem subordinationsrechtlichen Verwaltungsrechtsverhältnis stark ähnelt.

---

[376] *R. Pitschas,* Verwaltungsverantwortung und Verwaltungsverfahren, 1990, S. 672.

§ 16 Verwaltungsrechtliche Einbindung normativer Absprachen   623

In diesem Bereich ist eine analoge Anwendung des VwVfG denkbar. Allerdings hängt schon ein Bedürfnis hierfür davon ab, dass der Staat hier in einer Weise aktiv wird, die Rechte des Einzelnen berühren. Ein Grundsatz staatlicher „Letztkontrolle"[377] ist von *Matthias Schmidt-Preuß* postuliert worden. Aus ihr soll neben der Begleitkontrolle und Beobachtungspflicht auch eine „Zugriffsoption"[378] des Staates folgen. Andere sprechen von einer „Reservefunktion"[379] staatlicher Steuerung und von staatlicher „Reservebefugnis"[380].

Für das Monitoring hat sich aber bislang kein Modell durchgesetzt, dessen rechtliche Einbindung verallgemeinerbar wäre. Wie in der Bestandesaufnahme belegt existieren Beispiele für unternehmens- und verbandsinterne Kontrollen, aber auch solche für eine externe, private Fremdkontrolle. Gegen verbandsinterne Kontrollen bestehen Bedenken unter dem Aspekt des Art. 9 Abs. 1 GG. Das Verhältnis zwischen den kontrollierten Unternehmen und privaten Kontrolleuren ist privatrechtlich ausgestaltet und beruht nicht auf rechtlichem Zwang.

In diesen Fällen beschränkt sich die Letztkontrolle des Staates auf, Berichte über die Durchführungsergebnisse zur Kenntnis zu nehmen, zu bewerten und gegebenenfalls Schlüsse aus ihnen zu ziehen. Die regelmäßige Berichterstattung wird häufig bei normativen Absprachen vereinbart. Rechtlich durchsetzbar ist sie nicht. Rechtliche Probleme können sich allenfalls hinsichtlich des Datenschutzes[381] ergeben, wenn Unternehmen betriebsinterne Daten zur Verfügung stellen. Insoweit gelten die Datenschutzgesetze. Besonderheiten normativer Absprachen sind dabei nicht zu beachten, weshalb hier eine Vertiefung entbehrlich ist.

Eine Art staatliche Aufsicht[382], gegebenenfalls „kooperative Staatsaufsicht"[383] über das Monitoring[384] oder eine staatliche Eigenkontrolle, die eine rechtliche Einbindung erfordern würde, spielen bislang in der Staats-

---

[377] *M. Schmidt-Preuß,* VVDStRL 56 (1997), S. 160 (184).
[378] *M. Schmidt-Preuß,* VVDStRL 56 (1997), S. 160 (174); zu einem „Rückholrecht" von Staatsfunktionen vgl. bereits *F. Ossenbühl,* VVDStRL 29 (1971), S. 137 (190).
[379] *H. Dreier,* StWuStPr 1993, S. 647 (654).
[380] *J. Knebel/L. Wicke/G. Michael,* Selbstverpflichtungen und normersetzende Umweltverträge als Instrumente des Umweltschutzes, 1999, S. 267.
[381] *J. Knebel/L. Wicke/G. Michael,* Selbstverpflichtungen ..., 1999, S. 266.
[382] Hierzu *W. Spannowsky,* Grenzen des Verwaltungshandelns durch Verträge und Absprachen, 1994, S. 521 (XVI); *W. Hoffmann-Riem,* Diskussionsbeitrag, in: VVDStRL 56 (1997), S. 294: „Zu erfinden ist eine neue, steuerungsgeeignete Aufsicht, eine Art Steuerungsaufsicht ..."
[383] *W. Kahl,* Die Staatsaufsicht, 2000, S. 522 f.
[384] So bei der Klimaschutzerklärung des Bundesverbandes der Deutschen Industrie v. 27.3.1996; vgl. hierzu *M. Schmidt-Preuß,* Verwaltung und Verwaltungsrecht

praxis kaum eine Rolle.[385] Das Modell der Rechtsaufsicht über informelle Absprachen scheitert daran, dass es an präzisen gesetzlichen Regelungen gerade fehlt, an deren Maßstab die Rechtsaufsicht erfolgen müsste.[386] Das UAG[387] beweist allerdings, dass eine Verrechtlichung der „Kontrolle der Kontrolle"[388] (*Schmidt-Preuß*) denkbar wäre. Darauf wurde bereits ausführlich eingegangen. Ob sich das Modell durchsetzen wird und Vorbild für kollektive Selbstverpflichtungen wird, bleibt abzuwarten.

Die Bildung gemeinsamer, insbesondere paritätisch besetzter Gremien, die die Durchführung von Selbstverpflichtungen kontrollieren und weitere Schritte beraten, ist ebenfalls in der Praxis nur ausnahmsweise erfolgt. Die mit solchen Gremien zusammenhängenden Rechtsfragen würden den Rahmen dieser Arbeit sprengen. Wenn sich die Kooperationspraxis in diese Richtung bewegen sollte, müsste dieses Phänomen ebenfalls in die Theorie des kooperierenden Verfassungsstaates eingebunden werden.

IV. Auskunftsansprüche nach dem UIG

§ 4 UIG[389] gibt jedermann einen Anspruch auf Zugang zu Umweltinformationen. Ein entsprechender Antrag (§ 5 Abs. 1 UIG) muss innerhalb von zwei Monaten beschieden werden (§ 5 Abs. 2 UIG). Abgesehen von dem in vierjährigen Abständen zu erstellenden Umweltbericht der Bundesregierung (§ 11 UIG) sind Behörden nach diesem Gesetz nicht von sich aus zu Veröffentlichungen verpflichtet. Das Gesetz gibt vielmehr einer interessierten Öffentlichkeit das Recht, an solche Umweltinformationen zu gelangen, die nicht allgemein zu veröffentlichen sind.

A. *Helberg* hat gefordert, normabwendende Selbstverpflichtungen zum Gegenstand des UIG zu machen.[390] Dabei verschweigt er jedoch wesentliche gesetzliche Voraussetzungen, die einen Anspruch aus § 4 Abs. 1 UIG im Ergebnis entgegenstehen können.

Ein Auskunftsanspruch gegen die selbstverpflichteten privaten Unternehmen nach § 2 Nr. 2 UIG kommt nicht in Betracht, da diese regelmäßig

---

zwischen gesellschaftlicher Selbstregulierung und staatlicher Steuerung, VVDStRL 56 (1997), S. 160 (220 m.w.N.).

[385] Vgl. in der Bestandsaufnahme § 3.

[386] Zu diesem Problem vgl. *H. Dreier*, Hierarchische Verwaltung im demokratischen Staat, 1991, S. 288.

[387] *E. Schmidt-Aßmann*, Das allgemeine Verwaltungsrecht als Ordnungsidee, 1998, S. 26 nennt dies ein „auf Kooperation gegründetes Überwachungssystem".

[388] *M. Schmidt-Preuß*, VVDStRL 56 (1997), S. 160 (201).

[389] Umweltinformationsgesetz vom 8. Juli 1994, BGBl I S. 1490.

[390] A. *Helberg*, Normabwendende Selbstverpflichtungen ..., 1999, S. 223 f., 289.

§ 16 Verwaltungsrechtliche Einbindung normativer Absprachen

nicht im Sinne dieser Vorschrift unter behördlicher Aufsicht öffentlich-rechtliche Aufgaben wahrnehmen. Richtig ist hingegen, dass nach § 2 Nr. 1 UIG die Bundesregierung bzw. Bundesminister als Behörden des Bundes grundsätzlich dem UIG unterliegen. Eine wesentliche Einschränkung ergibt sich jedoch daraus, dass diese als oberste Bundesbehörden nach § 3 Abs. 1 S. 2 Nr. 1 UIG vom Anwendungsbereich des Gesetzes begrifflich ausgeschlossen sind, „soweit sie im Rahmen der Gesetzgebung oder beim Erlass von Rechtsverordnungen tätig werden."

Die informale Tätigkeit der Bundesregierung muss bei verordnungsabwendenden Absprachen auf einer Verordnungsermächtigung beruhen. D. h. jedoch nicht zwingend, dass die informale Absprache deshalb „beim Erlass von Rechtsverordnungen" erfolgt. Dagegen spricht das formale Argument, dass die informale Absprache den Erlass von Rechtsverordnungen nicht enthält oder bezweckt, sondern vielmehr abwendet. Eine so formale Betrachtungsweise widerspricht aber dem Sinn und Zweck des § 3 Abs. 1 S. 2 Nr. 1 UIG,[391] der die rechtsetzenden Behörden so lange von der Belastung durch Auskunftsansprüche befreien will, als das begehrte Informationsmaterial ihrer rechtsetzenden Tätigkeit dient. § 3 Abs. 1 S. 2 Nr. 1 UIG bezieht sich somit auf die gesamte Vorbereitung und Entwurfsphase rechtsetzender Tätigkeit. Der Prozess normersetzender Absprachen fällt sowohl zeitlich als auch sachlich unter § 3 Abs. 1 S. 2 Nr. 1 UIG, solange die Bundesregierung ernstlich in Betracht zieht, von ihrer Verordnungsermächtigung nicht nur informal, sondern doch formal Gebrauch zu machen. Das ist bei verordnungsersetzenden Absprachen regelmäßig bis zu dem Zeitpunkt der Fall, in dem die Bundesregierung eine Selbstverpflichtung vorläufig akzeptiert und deshalb von rechtsetzender Tätigkeit Abstand nimmt.

Als Zwischenergebnis lässt sich somit festhalten, dass die Bundesregierung bis zum Zeitpunkt des Abschlusses informaler, normativer Absprachen selbst von Einzelfall zu Einzelfall entscheiden muss, ob sie eine rechtsetzende Tätigkeit in Betracht zieht und die begehrten Daten einer solchen dienen. In dem Augenblick, in dem die Bundesregierung jedoch vorläufig die Absicht aufgibt, rechtsetzend tätig zu werden, unterfällt sie dem UIG und kann sich nicht auf § 3 Abs. 1 S. 2 Nr. 1 UIG berufen. Ein Informationsanspruch kommt also regelmäßig erst dann in Betracht, wenn normative Absprachen zu einem vorläufigen Ergebnis geführt haben und die Bundesregierung eine Selbstverpflichtung akzeptiert hat.

Selbstverpflichtungen und normative Absprachen im Bereich des Schutzes der Gewässer, der Luft, des Bodens, der Tier- und Pflanzenwelt und der natürlichen Lebensräume (§ 3 Abs. 2 Nr. 1 UIG) fallen unter die „Tätig-

---

[391] Anders im Ergebnis A. *Helberg,* ebenda, S. 224; wie hier: T. *Köpp,* Normvermeidende Absprachen zwischen Staat und Wirtschaft, 2001, S. 188.

keiten oder Maßnahmen zum Schutze dieser Umweltbereiche einschließlich verwaltungstechnischer Maßnahmen und Programme zum Umweltschutz" i. S. von § 3 Abs. 2 Nr. 3 UIG. Gegenstand eines Auskunftsverlangens können sowohl die sich aus der Selbstverpflichtung selbst ergebenden Daten als auch Daten sein, die Behörden im Rahmen des Monitorings und Controllings von der Wirtschaft erhalten.

Einem Auskunftsanspruch stehen jedoch in der Regel die Ausschlussgründe der §§ 7 und 8 UIG entgegen:[392] Nach § 7 Abs. 1 Nr. 3 (2. Fall) UIG ist der Anspruch ausgeschlossen, „wenn der Erfolg behördlicher Maßnahmen im Sinne des § 3 Abs. 2 Nr. 3 gefährdet" wird. Zwar ist die Information der Öffentlichkeit nicht nur eine Belastung der beteiligten Unternehmen, sondern kann auch deren positiver Außendarstellung dienen.[393] Das von gegenseitigem Vertrauen geprägte Kooperationsverhältnis zwischen Staat und Wirtschaft darf aber nicht dadurch gefährdet werden, dass der Staat gegen den Willen Privater Informationen preisgibt. Außerdem gilt nach § 7 Abs. 4 UIG, dass Informationen über die Umwelt, die ein privater Dritter der Behörde ohne rechtliche Verpflichtung übermittelt hat, nicht ohne dessen Einwilligung zugänglich gemacht werden dürfen. Eine *rechtliche* Verpflichtung zur Übermittlung von Daten entsteht aus informalen Absprachen gerade nicht. Der Auskunftsanspruch hängt also von der Einwilligung der Betroffenen ab. Schließlich sind Betriebs- und Geschäftsgeheimnisse nach § 8 Abs. 1 UIG geschützt.[394]

Rechtspolitisch ist zu empfehlen, dass der Staat die Möglichkeit der Weitergabe von Daten an Dritte im Rahmen des UIG bereits zum Gegenstand der informalen Absprache macht. Die Bundesregierung sollte sich die nach § 7 Abs. 4 UIG erforderliche Einwilligung der Beteiligten zur Weitergabe von freiwillig übermittelten Daten im Vorhinein geben lassen. Soweit sie dabei mit Verbänden verhandelt, die die Weitergabe von Informationen zusagen, die ihrerseits von nicht an der Absprache unmittelbar beteiligten Unternehmen zur Verfügung gestellt werden, sollte vereinbart werden, dass jede Information mit einer entsprechenden individuellen Einverständniserklärung verbunden wird.

---

[392] So zutreffend *J. Knebel/L. Wicke/G. Michael*, Selbstverpflichtungen ..., 1999, S. 110 f.

[393] *A. Merkel*, in: L. Wicke/J. Knebel/G. Braeseke (Hrsg.), Umweltbezogene Selbstverpflichtungen der Wirtschaft, 1997, S. 87 (102).

[394] Dazu *J. Stabel*, Kooperations- versus Geheimhaltungsprinzip: Zur Informationsdistribution im Umweltrecht, 1997, S. 145 ff.

§ 17 Rechtsschutz im kooperierenden Verfassungsstaat

Welchen Rechtsschutz gibt es im Zusammenhang mit normativen Absprachen? Dies ist eine im Schrifttum zu Unrecht völlig vernachlässigte Fragestellung. Das hat zwei Ursachen: Erstens sind die Fragen, wie normative Absprachen überhaupt rechtlich zu beurteilen sind, noch zu ungeklärt, so dass die Anschlussfrage nach der Durchsetzung gegebenenfalls verletzter Rechte meist gar nicht gestellt wird. Zweitens herrscht ausgesprochen oder unausgesprochen die Ansicht vor, dass Rechtsschutz in diesem Bereich schon im Ansatz versagen muss.

Diesen zweiten Aspekt hat *Rainer Wolf* auf die Formel gebracht: „Gegen Nicht-Recht gibt es keinen durchgreifenden Rechtsschutz."[395] Diese Ansicht ist Ausdruck und Folge einer negativen Betrachtungsweise. Normative Absprachen werden wesentlich dadurch charakterisiert, dass sie formelles Recht substituieren. Daraus wird geschlossen, dass der gegen formelles Recht gewährte[396] und auf formelle Rechte zugeschnittene Rechtsschutz gegen normative Absprachen nicht greifen kann.

Die Rechtswissenschaft muss jedoch darüber hinauskommen, normative Absprachen als Substitution und Gegensatz zu formeller Rechtsetzung zu begreifen. Ihre Charakterisierung als „Nicht-Recht" mag ihre Andersartigkeit bezeichnen. Viel wichtiger als die Frage, was normative Absprachen nicht sind, ist jedoch die Frage, was sie stattdessen darstellen. Das, was sie positiv ausmacht, muss daraufhin überprüft werden, ob es Gegenstand des Rechtsschutzes sein kann. Die Qualifizierung normative Absprachen als „Nicht-Recht" mag sie als Maßstab von Rechtsstreitigkeiten ausschließen, macht sie aber noch nicht zum untauglichen Gegenstand des Rechtsschutzes.

Absprachen können – auch wenn sie Rechtsetzung substituieren und selbst nicht Recht sind – Rechte verletzen. Wenn dagegen jeglicher Rechtsschutz ausgeschlossen wäre, müsste die Frage gestellt werden, ob eine solche Rechtsschutzlücke verfassungsrechtlich tragbar ist.[397] Bemerkenswert hierzu ist die Tendenz französischer Verwaltungsgerichte, in Vereinbarungen einseitige Rechtsakte hinein zu interpretieren, die dann Anfechtungskla-

---

[395] *R. Wolf,* in: W. Hoffmann-Riem/E. Schmidt-Aßmann (Hrsg.), Konfliktbewältigung durch Verhandlungen, Bd. II, 1990, S. 129 (142); vgl. auch *M. Kloepfer,* JZ 1991, S. 737 (743).

[396] *D. Grimm,* in: ders. (Hrsg.), Wachsende Staatsaufgaben – sinkende Steuerungsfähigkeit des Rechts, 1990, S. 291 (300 f.); *R. Wolf,* in: W. Hoffmann-Riem/ E. Schmidt-Aßmann (Hrsg.), Konfliktbewältigung durch Verhandlungen, Bd. II, 1990, S. 129 (142) hat dabei die Normenkontrollverfahren im Blick.

[397] Das Problem erkennt *D. Grimm,* ebenda, S. 291 (300 f.).

gen ausgesetzt sein können.³⁹⁸ Wie sich zeigen wird, ist dies nach der deutschen Dogmatik gar nicht nötig.

Angemessener Rechtsschutz ist ein verfassungsrechtliches Gebot. Zum Rechtsstaat gehört der effektive Schutz des Rechts durch die dritte Gewalt. Gegenüber der Verletzung subjektiver Rechte durch die öffentliche Gewalt ist der Rechtsweg durch Art. 19 Abs. 4 S. 1 GG garantiert. Diesen Anforderungen darf sich der Staat nicht dadurch entziehen, dass er informal statt formal, kooperativ statt einseitig handelt. Rechtsschutz ist jedoch nicht Selbstzweck, sondern ist variabel an den zu schützenden Rechten auszurichten. Rechtsschutz bei normativen Absprachen kann deshalb nur Schutz derjenigen Rechte bieten, die bei solchem informalen Handeln bestehen bzw. entstehen.

Grundlage dieser Betrachtung muss die Grundrechtsdogmatik sein. Eine wesentliche Ursache der dogmatischen Schwierigkeiten mit dem Rechtsschutz liegt in den Wirren der Grundrechtsdogmatik und deren Verhaftung am Eingriffsbegriff, der hier versagen muss. Die Konsequenzen hat *Dieter Grimm* benannt: „Wo kein Eingriff, da kein Gesetzesvorbehalt; wo kein Gesetzesvorbehalt, da keine Gesetzesbindung der Verwaltung, und wo keine Gesetzesbindung der Verwaltung, da keine Gesetzmäßigkeitskontrolle durch die Gerichte."³⁹⁹ Diese Kette dogmatischer Lücken muss an ihrem Ursprung, der Grundrechtsgeltung, durchbrochen werden. Dazu soll der status negativus cooperationis ein Ansatz sein. Seine prozessualen Konsequenzen gilt es nun zu ziehen.

In welcher Weise Rechtsschutz verfassungsrechtlich geboten ist, hängt davon ab, wer den Schutz welchen Rechts wem gegenüber geltend zu machen begehrt. Die Frage des Rechtsschutzes kann deshalb nicht pauschal für informale Absprachen beantwortet werden. Es ist vielmehr zwischen verschiedenen Rechtsschutzzielen zu differenzieren.

I. Rechtliche Durchsetzung von Inhalten informaler Absprachen?

Soweit informale Absprachen rechtlich unverbindlich sind, gibt es keinen Ansatz für die rechtliche Durchsetzung ihrer Inhalte. Wo keine Rechte entstehen, geht Rechtsschutz notwendig ins Leere. Bestehen Zweifel, ob eine Absprache ausnahmsweise ein verbindliches „Rechtsverhältnis" begründet hat, kann diese Frage gegebenenfalls mit der Feststellungsklage geklärt werden.⁴⁰⁰

---

[398] *Chr. Autexier,* in: VVDStRL 52 (1993), S. 285 (294 f.) spricht von einer Technik der Requalifizierung.

[399] *D. Grimm,* in: ders. (Hrsg.), Staatsaufgaben, 1996, S. 613 (636).

Eine denkbare Rechtsverletzung, die wiederum Rechtsschutz erforderte, könnte allenfalls darin liegen, dass der Staat gerade deshalb informal kooperiert, weil er die Entstehung von Rechten scheut und die mit ihnen verbundene Rechtsschutzgarantie umgehen möchte. Tatsächlich wird in der Vermeidung von Rechtsstreitigkeiten einer der Vorteile informaler Kooperation gesehen. Der Staat will drohenden Rechtssatzverfassungsbeschwerden dadurch entgehen, dass er sich, statt die umstrittene Norm in Kraft treten zu lassen, auf eine unverbindliche Selbstverpflichtung einlässt. Darüber hinaus entgeht er dem Verwaltungsaufwand des Normvollzugs und dem gegen den Vollzug eröffneten Rechtsweg zu den Verwaltungsgerichten. Liegt darin eine Verletzung des Art. 19 Abs. 4 GG?

Die Vermeidung von Rechtsstreitigkeiten kann die tatsächliche Durchsetzung der angestrebten Ziele effektivieren und beschleunigen. Die Rechtsprechung des BVerfG hat Verkürzungen des Rechtsschutzes bisweilen mit dem Argument der Beschleunigung gerechtfertigt.[401] Es ist jedoch Vorsicht geboten, dabei nicht einem Zirkelschluss zu unterliegen: Die Verkürzung des Rechtsschutzes selbst hat Beschleunigungseffekt. Wenn dieser Beschleunigungseffekt allein die Verkürzung des Rechtsschutzes rechtfertigen könnte, wäre damit jede Verkürzung des Rechtsschutzes zu rechtfertigen und die Rechtsschutzgarantie wäre sinnentleert. Die Beschleunigung an sich kann also kein Rechtfertigungsgrund für die Verkürzung von Rechtsschutz sein. Es kommt vielmehr darauf an, dass für die Beschleunigung wiederum bedeutsame verfassungsrechtliche Gründe sprechen, die Beschleunigung also der Durchsetzung verfassungsrechtlicher Werte dient, wie es das BVerfG im Falle der Wiedervereinigung zu Gunsten von Planungsgesetzen angenommen hat.[402] Bei normativen Absprachen käme das Argument in Betracht, dass viele Selbstverpflichtungen einer Beschleunigung der Verwirklichung von Umweltschutzzielen, die über Art. 20a GG Verfassungsrang genießen, dienen sollen.

Jedoch ist diese Argumentation aus einem anderen Grunde letztlich entbehrlich: Dass durch informale Absprachen mit dem Staat keine einklagbaren Rechte begründet werden, wird dadurch aufgewogen, dass auch durch sie auch vollziehbares Ordnungsrecht und damit verbindliche Rechtspflichten abgewendet werden. Insoweit werden Einschränkungen des Rechtsschutzes, die allein darin bestehen, dass einklagbare Rechte gar nicht erst begründet werden, durch den jeweiligen Grad der Unverbindlichkeit kompensiert. Ein Bedürfnis nach Rechtsschutz[403] ist in dieser Hinsicht nicht erkennbar.

---

[400] *W. Frenz,* Selbstverpflichtungen der Wirtschaft, 2001, S. 289.
[401] BVerfGE 95, 1 – Lex Stendal.
[402] Zu einer solchen Argumentation vgl. *L. Michael,* AöR 124 (1999), S. 583 (600).

II. Abwehr des Drucks auf Private

Ganz anders müssen die Fälle beurteilt werden, in denen Private Rechtsschutz gegen den Druck, der durch informale Absprachen auf sie entsteht, suchen. Hier spielt die rechtliche Unverbindlichkeit der Absprachen keine Rolle, weil es nicht um den Schutz von etwaigen Rechten, die durch informale Absprachen eben nicht begründet werden, geht, sondern um den Schutz von Rechten, insbesondere von Grundrechten, die dem Bürger von Verfassungs wegen als subjektive Rechte zustehen. Insoweit dürfen Private, auch wenn sie sich selbst an der informalen Absprache beteiligen, nicht mit Rechtsschutzverweigerung bestraft werden.

Der Staat darf sich nicht zu Lasten des Rechtsschutzes darauf berufen, es handele sich nur um Gentlemen's Agreements. Im Zivilrecht wird formnichtigen Verträgen der Rechtsschutz grundsätzlich verweigert, wenn Private den rechtlich verbindlichen Formen des Vertrages bewusst aus dem Wege gehen und auf das Wort eines „Edelmanns" vertrauen:[404] Wer sich statt auf den Schutz der Rechtsordnung auf einen Edelmann verlässt, soll sich auch an diesen halten. Nun wäre aber im Falle der informalen Absprachen zwischen Staat und Wirtschaft auch der Staat ein Edelmann. Der Staat aber kann sich nicht als Edelmann in den Schatten des Rechts zurückziehen. Seine Bindungen entstehen nicht erst auf Grund autonomer Willenserklärungen und vertraglicher Bindungen. Jedes verfassungsstaatliche Handeln ist vielmehr per se verfassungsrechtlich gebundenes Handeln.

Der Staat ist dem Rechtsschutz im grundrechtsrelevanten Bereich nach Art. 19 Abs. 4 GG zwingend verpflichtet. Er darf sich der Rechtsschutzgarantie nicht durch Formenwahl entledigen. Eine Umgehung seiner verfassungsrechtlichen Bindung muss rechtlich ausgeschlossen bleiben. Das ist die prozessuale Konsequenz des status negativus cooperationis. Die Verantwortung des Staates im Rahmen informaler Kooperation – um es insoweit mit der Sprache des allgemeinen Bürgerlichen Rechts auszudrücken – beruht auf einem vom Rechtsgeschäft wesensverschiedenen rechtlich relevantem Verhalten[405], dessen Rechtsrelevanz das öffentliche Recht bestimmt.

Selbst wenn die informale Absprache der Vermeidung von Rechtsstreitigkeiten dient, liegt darin kein prozessual wirksamer Ausschluss der Klagbarkeit durch Parteivereinbarung. Es kann hier dahingestellt bleiben, inwieweit so genannte Stillhalteabkommen i.S. eines pactum de non petendo, die im Zivilprozessrecht (wenn auch nicht unbestritten) anerkannt wurden,[406] im

---

[403] *U. Dempfle,* Normvertretende Absprachen, 1994, S. 33.
[404] RG 117, 121 ff. – Edelmann-Fall.
[405] Hierzu *W. Flume,* AcP 161, S. 52 ff.; *ders.,* Allgemeiner Teil des Bürgerlichen Rechts, Band II: Das Rechtsgeschäft, 3. Aufl. 1979, S. 113 ff.

Verwaltungsprozess überhaupt denkbar sind. Denn es würde bereits an den hierfür zivilprozessual geforderten strengen Voraussetzungen mangeln: Abgesehen vom Erfordernis der Verfügbarkeit der Ansprüche muss eine solche Vereinbarung mit Rechtsbindungswillen geschlossen und auf ein bestimmtes Rechtsverhältnis bezogen werden. Daran fehlt es bereits bei den informalen, rechtlich unverbindlichen Absprachen. Dem Rechtsschutzinteresse steht kein wirksamer Verzicht auf gerichtlichen Rechtsschutz entgegen.[407]

Die Einschätzungen im Schrifttum darüber, wie es um den Rechtsschutz in diesen Fällen steht, gehen weit auseinander. Zum Teil wird behauptet, dass durch die Verwaltungsgerichte und vor dem BVerfG im Rahmen von § 40 VwGO und Art. 93 Abs. 1 Nr. 4a GG umfassender Rechtsschutz gegen Absprachen gewährleistet werde.[408] Zum Teil wird dagegen befürchtet, dass der Rechtsschutz gegenüber informalem Handeln „zumindest erheblich erschwert"[409] wird. Bislang sei „kein geschlossenes und effektives Instrumentarium materiellen und prozessualen Rechtsschutzes im Bereich weicher Regulierung entwickelt"[410] worden. Besonderes Interesse verdienen die Ansätze, die von einer Beschränkung des Rechtsschutzes ausgehen und diese dogmatisch zu erklären oder zu rechtfertigen suchen.

So wird behauptet, staatliches Handeln entziehe sich „der grundrechtlichen Eingriffstypik, auf die effektiver Rechtsschutz angewiesen."[411] sei. Führt die Konturenlosigkeit informalen Handelns zur Rechtsschutzlosigkeit[412] und sind deshalb „neuartige Rechtsschutzmöglichkeiten"[413] angezeigt? Zum Teil wird auch der gegenteilige Schluss gezogen: Ein Verstoß gegen Art. 19 Abs. 4 GG sei trotz des mit Selbstverpflichtung verbundenen Rechtsschutzverlustes grundsätzlich abzulehnen, weil eine Rechtsverletzung

---

[406] Hierzu *E. Schumann*, in: F. Stein/M. Jonas, Zivilprozessordnung, 2. Band, Teilband 1, 20. Aufl., 1987, III vor § 253, Rz. 90; aus der Rechtsprechung: RGZ 80, 189; BGH VersR 1995, 192.

[407] Zu den denkbaren Fällen bei Verwarnungsgeldern nach § 56 OWiG vgl. *W. Schmitt Glaeser/H.-D. Horn*, Verwaltungsprozessrecht, 15. Aufl., 2000, S. 92, Rz. 135.

[408] *U. Dempfle*, Normvertretende Absprachen, 1994, S. 140 ff.

[409] *H. Bauer*, VerwArch 78 (1987), S. 241 (255).

[410] *Der Rat von Sachverständigen für Umweltfragen*, Umweltgutachten 1994, S. 65, Tz. 72.

[411] *U. Di Fabio*, VVDStRL 56 (1997), S. 235 (262); s. auch *D. Grimm*, in: ders. (Hrsg.), Staatsaufgaben, 1996, S. 613 (636).

[412] *U. Di Fabio*, VVDStRL 56 (1997), S. 235 (275); relativierend: *G.-F. Schuppert*, Diskussionsbeitrag, in: VVDStRL 56 (1997), S. 298.

[413] *M. Kloepfer*, § (Titel des Beitrags ergänzt, Zitat korrekt) Alte und neue Handlungsformen staatlicher Steuerung im Umweltbereich in: König/Dose (Hrsg.), Instrumente und Formen staatlichen Handelns, 1993, S. 329 (352 f.); *M. Schmidt-Preuß*, VVDStRL 56 (1997), S. 160 (192); *Korinek*, Diskussionsbeitrag, in: VVDStRL 56 (1997), S. 286.

„bei den bisherigen Selbstverpflichtungen augenscheinlich noch nicht vorgekommen" sei; im Übrigen seien die Lücken im Rechtsschutz durch ein „Optimum verfahrensabgesicherter Transparenz"[414] zu kompensieren. Ein derartiger Offenbarungseid vor dem Rechtsschutzsystem ist weder rechtsstaatlich erträglich, noch ist er in der Sache veranlasst.

Die Ungeklärtheit dieser Fragen ist die fatale Folge der Ungeklärtheit der grundrechtsdogmatischen Einordnung von informalen Absprachen und Selbstverpflichtungen. Die Anforderungen, die Art. 19 Abs. 4 GG an den Rechtsschutz gegenüber informalen Absprachen stellt, müssen an die Grundrechtsrelevanz dieser Absprachen anknüpfen. Die verfassungskonforme Auslegung des Verwaltungs- und Verfassungsprozessrechts steht und fällt mit der Möglichkeit von Grundrechtsverletzungen.

Deshalb sind an dieser Stelle die prozessualen Konsequenzen aus der hier vertretenen grundrechtlichen Mitverantwortung des Staates für Kooperation (status negativus cooperationis) zu ziehen. Die Lücke, die diese Dimension der Grundrechte in der Grundrechtsdogmatik schließt, ist der Ausgangspunkt dafür, etwaige Lücken im Rechtsschutzsystem ebenfalls zu schließen. Als Zwischenergebnis kann festgehalten werden, dass die Geltung der Rechtsschutzgarantie des Art. 19 Abs. 4 GG die zwingende Konsequenz der hier vertretenen Grundrechtsrelevanz informaler Absprachen ist.

Die Schwierigkeit, diese Rechtsschutzgarantie einzulösen, besteht darin, den jeweiligen prozessualen Gegenstand zu bestimmen. Das mag bei formalen Grundrechtseingriffen leichter sein. Indes besteht keinerlei Anlass, vor diesem Problem dogmatisch zu kapitulieren.[415] Der Rechtsweg vor den Verwaltungsgerichten ergänzt den Rechtsschutz, der nach den Vorschriften des GWB dem Kartellverfahren folgt. Schließlich steht (subsidiär) die Möglichkeit der Individual-Verfassungsbeschwerde[416] offen.

1. Rechtsschutz gegen horizontale Wirkungen nach dem GWB

Es wurde behauptet, lediglich die „abstrakte Frage ..., ob der Staat überhaupt drohen darf, und wenn ja, ob gerade mit diesem Mittel" könne vor die Gerichte gebracht werden, während über die „Belastungswirkung einzel-

---

[414] So *J. Knebel/L. Wicke/G. Michael*, Selbstverpflichtungen ..., 1999, S. 267.

[415] So jedoch *Der Rat von Sachverständigen für Umweltfragen*, Umweltgutachten 1994, S. 65, Tz. 72: „Mangels formaler Eingriffsqualität global wirkender, freiwillig übernommener und/oder durch private Normung getroffener Regelungen fehlt es vielfach an einem Ansatzpunkt für eine gerichtliche Überprüfung dahingehend, ob die mit ihnen verbundenen Belastungen nach Art und Ausmaß unnötig oder sonstwie übermäßig sind."

[416] *M. Schmidt-Preuß*, VVDStRL 56 (1997), S. 160 (191).

ner Regeln" nicht gerichtlich gestritten werden könne.⁴¹⁷ Dabei werden jedoch die Möglichkeiten kartellrechtlichen Rechtsschutzes unterschätzt:

Kartellgeschädigte können unter den Voraussetzungen des § 33 GWB gegen die Schädiger eine zivilrechtliche Klage auf Unterlassung und Schadensersatz erheben, für die in erster Instanz die Landgerichte nach § 87 Abs. 1 GWB ausschließlich zuständig sind. Gegen Endurteile der Landgerichte ist die Berufung zum Oberlandesgericht nach § 91 Abs. 2 GWB sowie gegen dessen Endurteile die Revision zum Bundesgerichtshof nach § 94 Abs. 1 Nr. 3 a) GWB statthaft. Hiergegen käme eine Urteilsverfassungsbeschwerde zum BVerfG in Betracht. Dies ist der direkte und am weitesten reichende Weg, auf dem sich Private, die durch Selbstverpflichtungen geschädigt werden, wehren können.

Dieser Weg hat allerdings den Nachteil, dass Kartellbetroffene es häufig nicht nur wegen des drohenden Aufwandes und des Kostenrisikos, sondern wegen wirtschaftlicher Abhängigkeiten scheuen werden, direkt gegen Kartelle vorzugehen.

Von zentraler Bedeutung ist deshalb, ob der Staat von Amts wegen nach § 54 Abs. 1 S. 1 GWB ein Kartellverfahren einleitet und rechtswidrige Kartelle gegebenenfalls nach § 32 GWB untersagt. Kartellbetroffene und Dritte können sich nach § 54 Abs. 1 S. 2 GWB mit einem entsprechenden „Ersuchen" an die Kartellbehörde wenden, die sodann ein Verfahren von Amts wegen einleiten „kann". Nach hier vertretener Auffassung ist das grundsätzlich der Kartellbehörde zuzugestehende Einschreitensermessen bei den vorliegenden Kartellen ausnahmsweise auf Null reduziert, weil der Staat für Kartelle auf Grund normativer Absprachen grundrechtliche Verantwortung trägt. Die Kartellbehörde ist auf Ersuchen in diesen Fällen verpflichtet, ein Kartellverfahren von Amts wegen einzuleiten und in diesem Verfahren die Kartellbetroffenen zu beteiligen.

Gegen die Ablehnung oder schlichte Unterlassung der Einleitung eines Kartellverfahrens ist nach § 63 Abs. 3 GWB die Beschwerde zum Oberlandesgericht (§ 63 Abs. 4 GWB) statthaft. Gegen die in der Hauptsache erlassenen Beschlüsse des Oberlandesgerichts ist nach § 74 GWB die Rechtsbeschwerde zum Bundesgerichtshof statthaft, wenn sie durch das Oberlandesgericht zugelassen worden ist, anderenfalls die Nichtzulassungsbeschwerde nach § 75 GWB. Bei der Beschwerdeberechtigung nach § 63 Abs. 2 GWB ist auf einen materiellen Beteiligtenbegriff abzustellen,⁴¹⁸ d.h. nicht darauf, ob der Beschwerdeführer tatsächlich beteiligt wurde, sondern darauf, ob er

---

⁴¹⁷ *Chr. Engel*, StWuStPr 1998, S. 535 (560).
⁴¹⁸ *R. Scholz*, Wirtschaftsaufsicht und subjektiver Konkurrentenschutz, 1971, S. 197 f.; zustimmend *H. Baumann*, Rechtsprobleme freiwilliger Selbstbeschränkung, Diss. Tübingen 1978, S. 105.

zu beteiligen gewesen wäre. Bereits 1971 forderte *R. Scholz* unter Hinweis auf Art. 19 Abs. 4 GG die Möglichkeit der Verpflichtungs-, Anfechtungs- und Feststellungsbeschwerde sowie entsprechender Klagen für betroffene Dritte.[419] Diese Forderung muss für normersetzende Absprachen bekräftigt werden,[420] soweit der Staat auf Grund kooperativen Verhaltens hierfür grundrechtliche Verantwortung trägt.

Das Begehren der Einleitung eines Kartellverfahrens ist somit nicht auf dem Verwaltungsrechtsweg, sondern über den ordentlichen Rechtsweg gerichtlich durchsetzbar. Selbst wenn man die horizontalen Absprachen zwischen Privaten vor dem Hintergrund staatlicher Drohungen und wegen ihres gemeinwohlbezogenen Gegenstandes als öffentlich-rechtlich qualifiziert,[421] ist hinsichtlich der kartellrechtlichen Fragen eine abdrängende Sonderzuweisung an die ordentlichen Gerichte anzunehmen.

Nach hier vertretener Auffassung ist darüber hinaus die Bundesregierung wegen ihrer grundrechtlichen Mitverantwortung verpflichtet, von sich aus auf die Absprachebeteiligten einzuwirken, selbst die Einleitung eines Kartellverfahrens mit dem Ziel der Freistellung bzw. Anerkennung beantragen. Diese Hinwirkungspflicht ist jedoch nicht selbstständig einklagbar; ebenso wenig die Pflicht der Bundesregierung, im Fall der Weigerung der Kartellwilligen, eine Mitteilung an das BKartA zu machen. Der nach Art. 19 Abs. 4 GG gebotene Rechtsschutz erfolgt vielmehr über die soeben dargestellte Möglichkeit eines eigenen „Ersuchens" nach § 54 Abs. 1 S. 2 GWB unmittelbar an die Kartellbehörde auf Einleitung eines Kartellverfahrens und den dabei eröffneten Rechtsweg.

Außerdem ist die Bundesregierung verpflichtet, dem Kartell so lange jegliche Unterstützung zu untersagen, wie sich die Kartellwilligen der eigenen Beantragung eines Kartellverfahrens mit dem Ziel der Freistellung bzw. Anerkennung verweigern. Selbst wenn die Bundesregierung das Kartell für gemeinwohldienlich hält, darf sie es so lange weder verbal in der Öffentlichkeit befürworten, noch tatsächlich oder finanziell fördern. Rechtsschutz gegen diese Unterlassenspflicht der Bundesregierung und gegen die vertikalen Absprachen bzw. Unterstützungen ist jedoch nicht über die Verfahren nach dem GWB, sondern auf dem Verwaltungsrechtsweg zu erlangen:

---

[419] *R. Scholz,* Wirtschaftsaufsicht und subjektiver Konkurrentenschutz, 1971, S. 197 ff.

[420] Für eine ausnahmsweise Einklagbarkeit (wenn auch ohne die grundrechtliche Begründung) bereits *K. Becker-Schwarze,* Steuerungsmöglichkeiten des Kartellrechts bei umweltschützenden Unternehmenskooperationen, 1997, S. 177 f.

[421] Ausführlich hierzu *T. Köpp,* Normvermeidende Absprachen zwischen Staat und Wirtschaft, 2001, S. 118 ff., der allerdings die Qualifikation – insbesondere hinsichtlich ihrer Auswirkungen auf das Kartellrecht – überbetont. Auch überzeugt der Umkehrschluss daraus, dass öffentliche Rechtsträger untereinander privatrechtlich handeln können (S. 127) nicht.

2. Verwaltungsrechtsweg gegen vertikale Wirkungen nach der VwGO

Die Eröffnung des Verwaltungsrechtswegs bestimmt sich nach § 40 VwGO. Dieser setzt zunächst eine *öffentlich-rechtliche Streitigkeit* voraus. Die Rechtsnatur normersetzender und normprägender Absprachen als öffentlich-rechtlich ist anerkannt.[422] Wenn Private gegen den Staat, hier v. a. den Bund, für den regelmäßig die Bundesregierung als oberstes Bundesorgan handelt, hinsichtlich dessen Beteiligung an normativen Absprachen klagen, liegt eine öffentlich-rechtliche Streitigkeit vor.

Auch wenn die Bundesregierung normative Absprachen aushandelt, handelt es sich nicht um solche Regierungsakte, die sich wegen ihres rein politischen Charakters jeder richterlichen Beurteilung entziehen.[423] Vielmehr unterliegen normersetzende Absprachen einer Fülle von Normen, deren Einhaltung justiziabel ist. Das reicht von den kompetenziellen Grenzen des Art. 80 GG bis zu den materiellen Anforderungen der Grundrechtsbindung.

Es handelt sich *nicht* um Streitigkeiten *verfassungsrechtlicher* Art. Zwar werden durch normative Absprachen Rechtsnormen substituiert, die selbst nicht Gegenstand verwaltungsgerichtlicher Kontrolle sein können. Das gilt sowohl für Parlamentsgesetze als auch für die hier relevanten Rechtsverordnungen der Bundesregierung, die nicht der Normenkontrolle nach § 47 VwGO unterliegen. Für die substituierten Normen stünde allein eine Klage vor dem BVerfG offen, für Private in Form der Rechtssatzverfassungsbeschwerde. Auf den dogmatischen Streit darüber, ob es sich bei der Rechtssatzverfassungsbeschwerde um eine Streitigkeit verfassungsrechtlicher Art i. S. von § 40 Abs. 1 S. 1 VwGO oder wegen Art. 93 Abs. 1 Nr. 4a GG um eine abdrängende Sonderzuweisung (§ 40 Abs. 1 S. 1 Hs. 2 und S. 2 VwGO)[424] handelt, braucht nicht näher eingegangen zu werden. Denn für die informale Substitution von Normen kommt eine Rechtssatzverfassungsbeschwerde nicht in Frage. Auch wenn die Bundesregierung in Ausübung rechtsetzender Gewalt handelt, ist verwaltungsgerichtliche Kontrolle nicht ausgeschlossen. Es fehlt für eine Streitigkeit verfassungsrechtlicher Art i. S. von § 40 Abs. 1 S. 1 VwGO an der von der herrschenden Auffassung geforderten doppelten Verfassungs-Unmittelbarkeit[425], wenn Private gegen

---

[422] *A. Helberg,* Normabwendende Selbstverpflichtungen …, 1999, S. 54 ff., 287.

[423] Hierzu vgl. *W. Schmitt Glaeser/H.-D. Horn,* Verwaltungsprozessrecht, 15. Aufl., 2000, S. 42, Rz. 40; *T. Köpp,* Normvermeidende Absprachen zwischen Staat und Wirtschaft, 2001, S. 257.

[424] So *W. Schmitt Glaeser/H.-D. Horn,* ebenda, S. 54, Rz. 56. Dagegen spricht allerdings, dass § 90 Abs. 2 BVerfGG die Erschöpfung des Rechtswegs voraussetzt, dessen Nicht-Eröffnung sich erst aus der VwGO ergibt, freilich nicht allein aus § 40, sondern auch im Umkehrschluss des § 47.

den Bund klagen. Auf beiden Seiten müssten vielmehr Verfassungsorgane oder politische Parteien oder Teile von ihnen beteiligt sein. Selbst den an Entscheidungen der rechtsetzenden Gewalt teilhabenden Verbänden kommt eine solche Stellung nicht zu, erst recht nicht den von ihnen vertretenen Unternehmen oder Außenseitern und Zulieferern. Wenn sie klagen, verbietet sich jede Erwägung zu einer restriktiven Auslegung der Eröffnung des Verwaltungsrechtswegs, soweit Art. 19 Abs. 4 GG berührt ist.

Eine verfassungsrechtliche Streitigkeit bzw. eine *abdrängende Sonderzuweisung* (§ 40 Abs. 1 S. 1 Hs. 2 und S. 2 VwGO) liegt hingegen bei Klagen von Hoheitsträgern gegen die Bundesregierung, insbesondere durch gegebenenfalls übergangene Mitglieder der Bundesregierung, den zu Unrecht nicht eingeschalteten Bundesrat oder Bundestag, für die ein Organstreitverfahren vor dem BVerfG nach Art. 93 Abs. 1 Nr. 1 GG i.V.m. § 13 Nr. 5, 63 BVerfG in Betracht kommt (siehe unten).

Eine abdrängende Sonderzuweisung liegt vor allem aber bei Klagen gegen Maßnahmen der Kartellbehörden nach dem GWB vor, weil danach sowohl für Verwaltungssachen (§ 54 ff. GWB) als auch bürgerliche Rechtsstreitigkeiten (§ 87 ff. GWB) der ordentliche Rechtsweg eröffnet ist. Es handelt sich dabei zwar mitunter um verwaltungsrechtliche Streitigkeiten und die gerichtliche Kontrolle eines Verwaltungsverfahrens, aber die speziell für kartellrechtliche Streitigkeiten geregelten Verfahren verdrängen die Zuständigkeit der Verwaltungsgerichte nach § 40 Abs. 1 VwGO.

Gegenstand einer verwaltungsgerichtlichen Klage kann das Verhalten der rechtsetzenden Gewalt sein: Zweifelhaft ist, ob eine „staatliche Drohgebärde"[426] für sich genommen angegriffen werden kann. Sie ist nicht ein unselbständiger Akt im Rahmen der informalen Ausübung rechtsetzender Gewalt. Denkbar sind jedoch Klagen gegen die rechtswidrige Unterstützung von normativen Absprachen und Selbstverpflichtungen.

Die Rechtswidrigkeit der Unterstützung von Selbstverpflichtungen kann sich formal allein daraus ergeben, dass sich die Kartellwilligen nicht bereit erklären, die Freistellung bzw. Anerkennung in einem Kartellverfahren zu beantragen. Die Rechtswidrigkeit kann sich aber vor allem auch aus dem Inhalt der Selbstverpflichtungserklärung ergeben, insbesondere daraus, dass sie in nicht zu rechtfertigender Weise Grundrechte beeinträchtigt. In diesen Fällen gebietet und garantiert Art. 19 Abs. 4 GG Rechtsschutz der Grundrechtsträger dagegen, dass der Staat eine derartige Absprache oder Selbst-

---

[425] *W. Schmitt Glaeser/H.-D. Horn,* Verwaltungsprozessrecht, 15. Aufl., 2000, S. 53, Rz. 56.

[426] Sie erkennt *Chr. Engel,* StWuStPr 1998, S. 535 (554) als Gegenstand einer Verfassungsbeschwerde an.

verpflichtung verbal in der Öffentlichkeit befürwortet oder diese tatsächlich oder finanziell fördert.

Statthaft ist in diesen Fällen eine allgemeine Leistungsklage, genauer eine allgemeine Leistungs-Unterlassungs-Klage[427] nach §§ 40, 43 Abs. 2 VwGO. Sie ist gegenüber schlichtem Verwaltungshandeln in Fällen behördlicher Warnungen[428] und auch Empfehlungen[429] allgemein anerkannt. Nichts anderes kann für normative Absprachen gelten. Gegenüber erfolgter Unterstützung sind Folgenbeseitigungsansprüche denkbar.[430]

Es besteht kein Anlass, die neuen Handlungsformen hinsichtlich des Rechtsschutzes dem Verwaltungsakt gleichzustellen.[431] Jedenfalls ist nicht die dogmatische Konsequenz von Anfechtungs- und Verpflichtungsklagen zu ziehen. Auch die im Schrifttum erwogene prozessuale Lösung über die allgemeine Feststellungsklage[432] ist wegen der Subsidiarität der Feststellungs- gegenüber der Leistungsklage nach § 43 Abs. 2 VwGO jedenfalls nicht primär in Betracht zu ziehen.

Eine Klagebefugnis ist für die allgemeine Leistungsklage nicht geregelt. Für die besonderen Sachentscheidungsvoraussetzungen existiert eine Lücke. Für den Spezialfall der „Leistung" eines Verwaltungsaktes, für den die Verpflichtungsklage statthaft ist, gilt § 42 Abs. 2 VwGO. Die dort geregelte Klagebefugnis ist systematischer Angelpunkt des deutschen – im Gegensatz zum französischen – Verwaltungsprozessrechts. Die VwGO knüpft an subjektive öffentliche Rechte an und geht über die Rechtsschutzgarantie des Art. 19 Abs. 4 GG nicht wesentlich hinaus. Inzwischen hat der Gesetzgeber dies durch Angleichung des § 47 Abs. 2 VwGO bekräftigt. Der Kläger muss deshalb auch bei der allgemeinen Leistungsklage analog § 42 Abs. 2 VwGO seine eigene Rechtsverletzung plausibel behaupten.[433] Die Möglichkeit hierfür ergibt sich aus der grundrechtlichen Mitverantwortung des Staates für die Absprachen. Die rechtliche Unverbindlichkeit der Absprachen schließt Rechtsverletzungen nicht aus.[434] Außerdem muss der Kläger sich

---

[427] *W. Schmitt Glaeser/H.-D. Horn*, Verwaltungsprozessrecht, 15. Aufl., 2000, S. 240, Rz. 378.

[428] Aus der Rechtsprechung: BVerwGE 82, 76 – Jugendsekten; aus der Literatur: *W. Schmitt Glaeser/H.-D. Horn*, Verwaltungsprozessrecht, 15. Aufl., 2000, S. 240 ff., Rz. 379, 383.

[429] BVerwGE 89, 281 – Nichtnennung von Unternehmensberater bei einer Empfehlung.

[430] Hierzu allgemein *W. Schmitt Glaeser/H.-D. Horn*, Verwaltungsprozessrecht, 15. Aufl., 2000, S. 242, Rz. 384.

[431] So *U. Di Fabio*, VVDStRL 56 (1997), S. 235 (272).

[432] *M. Schmidt-Preuß*, VVDStRL 56 (1997), S. 160 (191); anders *T. Köpp*, Normvermeidende Absprachen zwischen Staat und Wirtschaft, 2001, S. 257 f.

[433] Aus der Rechtsprechung: BVerwGE 36, 192 (199); E 62, 11 (14); aus der Literatur: *F. Hufen*, Verwaltungsprozessrecht, 4. Aufl., 2000, S. 345.

mit seinem Begehren zuvor an die Bundesregierung gewendet haben.[435] Über dieses Erfordernis des allgemeinen Rechtsschutzbedürfnisses hinaus ist weder die Durchführung eines Widerspruchsverfahrens, noch die Beachtung von Klagefristen nötig.

Diese Rechtsschutzfunktion gegen die Vertikalen Dimensionen von Absprachen erfüllt auf der Ebene des Gemeinschaftsrechts die Nichtigkeitsklage nach Art. 230 EGV.[436]

3. Verfassungsbeschwerde zum BVerfG

Weil die Klagemöglichkeiten nach dem GWB und der VwGO den von Art. 19 Abs. 4 GG geforderten Grundrechtsschutz umfassend abdecken, Rechtswege i. S. des § 90 Abs. 2 BVerfGG also eröffnet sind, kann die Verfassungsbeschwerde zum BVerfG nur subsidiär erhoben werden.

Der ungeschriebene Grundsatz der Subsidiarität der Verfassungsbeschwerde geht über das in § 90 Abs. 2 BVerfGG geregelte Erfordernis der Rechtswegerschöpfung hinaus: Der Beschwerdeführer muss nicht nur ein Verfahren ohne Erfolg durch die Instanzen verfolgt haben, sondern muss vor Anrufung des BVerfG sämtliche Rechtsmittel ausgeschöpft haben, mit denen er sein Ziel erreichen könnte. Deshalb stellt sich hier die Frage, ob der Beschwerdeführer zunächst sowohl auf kartellrechtlichem Wege als auch mit einer allgemeinen Leistungsklage auf dem Verwaltungsrechtsweg gegen die Absprache vorgehen muss. Dies ist zu verneinen. Beide Wege haben unterschiedliche Ziele. Auf dem kartellrechtlichen Wege kann der Beschwerdeführer versuchen, der Selbstverpflichtung und dem Kartellverhalten Privater Einhalt zu gebieten. Mit der allgemeinen Leistungsklage hingegen kann er das informale Handeln des Staates zu unterbinden versuchen. Beide Ziele können dem Schutz seiner Grundrechte dienen. Sie können jedoch getrennt voneinander verfolgt werden und führen auch getrennt voneinander im Falle der Erfolglosigkeit zur Möglichkeit einer Verfassungsbeschwerde.

Die Verfassungsbeschwerde gegen normersetzende Absprachen und Selbstverpflichtungen ist somit als Urteilsverfassungsbeschwerde denkbar. Die mögliche Grundrechtsverletzung ergibt sich aus der grundrechtlichen Mitverantwortung des Staates für normative Absprachen. Obwohl es sich um Urteilsverfassungsbeschwerden handelt, bedarf es an dieser Stelle eines Hinweises darauf, dass die Beschwerdeführer gegebenenfalls selbst, unmit-

---

[434] Hierzu *W. Frenz,* Selbstverpflichtungen der Wirtschaft, 2001, S. 287.
[435] *W. Schmitt Glaeser/H.-D. Horn,* Verwaltungsprozessrecht, 15. Aufl., 2000, S. 244, Rz. 388.
[436] Hierzu bereits unter § 14 I 2.

telbar und gegenwärtig durch das informale Handeln des kooperierenden Staates, gegen das Rechtsschutz vor den ordentlichen Gerichten bzw. den Verwaltungsgerichten versagt wurde, betroffen sein können. Nicht nur die Absprachebeteiligten, sondern auch Dritte, die durch die Selbstverpflichtung in ihren Grundrechten beeinträchtigt werden, sind selbst betroffen. Unmittelbar sind sie betroffen, sobald die Absprache Wirkungen zeitigt. Das kann je nach Absprachinhalt bereits mit dem Abschluss der informalen Absprache oder auch erst mit deren Umsetzung der Fall sein. Die gegenwärtige Betroffenheit liegt vor, sobald und solange die Grundrechtsbeeinträchtigung wirkt.

III. Organstreitigkeiten, Bund-Länder-Streitigkeiten, abstrakte Normenkontrolle, Vertragsverletzungsverfahren

Gegenüber dem informal kooperierenden Staat ist nicht nur Individualrechtsschutz garantiert. Auch kann informale Kooperation von Behörden die Rechte anderer Hoheitsträger berühren. Auch hierfür ist Rechtsschutz zu gewähren.

In Betracht kommen vor allem Organstreitigkeiten vor dem BVerfG nach Art. 93 Abs. 1 Nr. 1 GG i.V.m. §§ 13 Nr. 5, 63 BVerfGG.[437] Diese Möglichkeit ist insbesondere eröffnet, wenn der absprachebeteiligte Bundesminister die Bundesregierung, bzw. andere Bundesminister nicht in dem gebotenen Umfang beteiligt, oder wenn die Bundesregierung in den Fällen, in denen der Bundesrat oder Bundestag einzuschalten ist, eines dieser obersten Bundesorgane umgeht. Alle diese Organe oder Organteile sind parteifähig nach § 63 BVerfGG. Auch informales Handeln kann Streitgegenstand sein, d.h. Maßnahme oder Unterlassen i.S.d. § 64 Abs. 1 BVerfGG. Außerdem könnte das Organstreitverfahren Bedeutung bei verfassungswidrigen normprägenden Absprachen erlangen: Weil allenfalls Verstöße innerhalb des Gesetzgebungsverfahrens zur Nichtigkeit des Gesetzes führen, spielen normprägende Absprachen in Normenkontrollverfahren und Rechtssatzverfassungsbeschwerden allenfalls indirekt eine Rolle, wenn sie das Verfahren verändern oder sein Wesen verändern.

Von entscheidender Bedeutung ist die Antragsbefugnis nach § 64 Abs. 1 BVerfGG. Die gegebenenfalls verletzten Beteiligungsrechte müssen solche Organrechte sein, die dem Antragsteller „durch das Grundgesetz übertragen" sind. Anders als auf der Stufe der Parteifähigkeit reichen Rechte auf Grund von Geschäftsordnungen (§ 63 BVerfGG) hier nicht aus. Allein die Tatsache, dass eine einfachgesetzliche Verordnungsermächtigung bzw. eine

---

[437] *T. Köpp*, Normvermeidende Absprachen zwischen Staat und Wirtschaft, 2001, S. 256.

selbständige Kooperationsermächtigung bestimmt, dass das Bundeskabinett, einzelne Ressorts, der Bundesrat oder der Bundestag zu beteiligen sind, verleiht diesen keine verfassungsmäßigen Rechte. Jedoch kann sich die verfassungsrechtliche Dimension dieser Organrechte mittelbar aus Art. 80 GG ergeben.

Dass Art. 80 GG das Verfahren der Verordnunggebung nicht selbst detailliert regelt, soll eine flexible Ausgestaltung des Verfahrens ermöglichen, nicht jedoch die an ihm beteiligten obersten Bundesorgane in ihren Rechten vom verfassungsrechtlich garantierten Organschutz ausnehmen. Deshalb erhalten die Beteiligungsrechte in der Ausgestaltung durch das Parlament mittelbar Verfassungsrang. Dies ist die Kehrseite der Möglichkeit, dass überhaupt Rechtsetzungskompetenzen auf die Exekutive übertragen werden: Diese Übertragung steht unter dem Vorbehalt der Einhaltung des dabei konkret vorgesehenen Verfahrens. Das ohnehin wenig verfassungsrechtlich determinierte Verfahren der Verordnunggebung darf nicht dadurch entrechtlicht werden, dass den an ihm beteiligten Organen der Rechtsschutz des Organstreits vor dem BVerfG versagt bleibt. Hinsichtlich der Beteiligung des Bundesrates ergibt sich die Antragsbefugnis nach § 64 Abs. 1 BVerfGG nicht nur aus Art. 80 Abs. 2 GG, sondern außerdem aus Art. 80 Abs. 3, weil durch informale Absprachen das verfassungsrechtlich verankerte Initiativrecht des Bundesrates faktisch erheblich an Bedeutung verlieren kann.

Ein Organstreitverfahren steht auch der Bundesregierung offen, wenn andere Hoheitsträger Selbstverpflichtungen aushandeln, die Verordnungen substituieren, zu deren Erlass die Bundesregierung ermächtigt wäre. Zu denken ist hier an den Streit um die Zustimmung des Bundesrates zu der Dosen-Pfand-Verordnung im Juni 2001: Hier ergriffen die Landesregierung von Nordrhein-Westfalen und die bayerische Staatsregierung Initiativen, die Wirtschaft zu erneuten Selbstverpflichtungen zu ermutigen, die eine von der Bundesregierung beschlossene Dosen-Pfand-Verordnung hinfällig machen könnten.[438]

Auch der Bundestag kann gegen Absprachen der Bundesregierung, die Parlamentsgesetze ersetzen und nach hier vertretener Auffassung von deren Gesetzesinitiativrecht nach Art. 76 Abs. 1 GG nicht gedeckt sind, einen Organstreit anstrengen: Eigene Rechte des Bundestages werden durch solche Absprachen verletzt, obwohl es dem Bundestag unbenommen bleibt, eine eigene Gesetzesinitiative einzubringen und ein Gesetz, das die Bundesregierung substituieren will, zu verabschieden. Eine solche Initiative bzw. ihr Erfolg gegen den ausdrücklichen Willen der Bundesregierung wird mit der Absprache jedoch politisch unwahrscheinlich. Selbst wenn man solches Unterlassen als bloß politische und rechtlich nicht relevante Folge auffasst,

---

[438] SZ vom 20. Juni 2001, S. 1 und 4.

§ 17 Rechtsschutz im kooperierenden Verfassungsstaat

weil dem Bundestag das „Recht" zur Initiative nicht abgeschnitten wird, ergibt sich ein Anknüpfungspunkt für einen Organstreit aus einem anderen Organ-„Recht": Das Recht des Bundestages, über Gesetzesinitiativen der Bundesregierung zu beraten und zu beschließen (Art. 77 Abs. 1 S. 1 GG), seine zentrale legislative Funktion wird durch Absprachen, die solche Gesetzgebung materiell und formal substituieren, berührt. Die Verteilung der Gewalten wird dadurch im Kern verschoben, weil die Legislative der Erfüllung ihrer verfassungsmäßigen Aufgaben und ihrer im Gesetzgebungsverfahren dafür zugestandenen Zuständigkeit beraubt wird.[439] Insbesondere wird dabei auch das Oppositionsprinzip berührt, weil die Opposition im Bundestag nicht im Rahmen des Gesetzgebungsverfahrens einbezogen wird, sondern vor die vollendeten Tatsachen der Absprache gestellt wird.

Wenn informales Handeln des Bundes in Kompetenzen der Länder oder umgekehrt eingreift, sind Bund-Länder-Streitigkeiten nach Art. 93 Abs. 1 Nr. 3 GG i. V. m. §§ 13 Nr. 7, 68 ff. BVerfGG denkbar.[440]

Zweifelhaft ist, ob analog Art. 93 Abs. 1 Nr. 2 GG i. V. m. §§ 13 Nr. 6, 76 ff. BVerfGG eine abstrakte Normenkontrolle informale, normersetzende Absprachen und Selbstverpflichtungen zum Gegenstand haben kann. Dafür spricht, dass der Normbegriff bei der im Gegensatz zur konkreten Normkontrolle weit verstanden wird und nicht nur Parlamentsgesetz, sondern auch Verordnungen und Satzungen umfasst. Normative Absprachen beruhen zwar auf der Ausübung rechtsetzender Gewalt, sind mangels rechtlicher Allgemeinverbindlichkeit aber keine Normen: weder im formellen, noch im materiellen Sinne. Für eine analoge Anwendung der Vorschriften zur abstrakten Normenkontrolle spricht, dass die Überprüfung der förmlichen und sachlichen Vereinbarkeit normativer Absprachen mit dem Grundgesetz sonst auf anderem Wege nicht in einem entsprechenden Verfahren möglich wäre. So ginge den bei diesem Verfahren Antragsberechtigten (Art. 93 Abs. 1 Nr. 2 GG, § 76 BVerfGG), nämlich der Bundesregierung, insbesondere aber den Landesregierungen sowie dem Drittel der Mitglieder des Bundestages die Chance verloren, legislatives Handeln vom BVerfG überprüfen zu lassen, wenn es nicht zur formalen Rechtsetzung reift. Diese Lücke im Rechtsschutzsystem könnte sogar zum Abschluss informaler Absprachen ermutigen.

Dagegen spricht nicht, dass die abstrakte Normenkontrolle keine Normentwürfe zum Gegenstand haben kann, sondern frühestens mit der Verkündung der Norm statthaft ist.[441] Die Überprüfung von normativen Abspra-

---

[439] Vgl. zu dieser Grenze BVerfGE 9, 268 – Bremer Personalvertretung; E 34, 52 (59) – Hessisches Richtergesetz.
[440] BVerfG v. 19. Februar 2002-2 BvG 2-2/00, Tz. 68 – Atomkonsens; *T. Köpp*, Normvermeidende Absprachen zwischen Staat und Wirtschaft, 2001, S. 256.

chen würde im Gegensatz zur Überprüfung von Normentwürfen nicht zu einer nicht (mehr[442]) geregelten Gutachtenkompetenz des BVerfG führen und wäre nicht aus diesem Grunde abzulehnen. Die legislative Willensbildung ist vielmehr auch beim Abschluss informaler Absprachen vorläufig abgeschlossen und ihre Überprüfung hätte somit nicht lediglich vorbeugenden Charakter.[443]

Dennoch überwiegen die Gründe gegen eine analoge Anwendung: Die abstrakte Normenkontrolle hat die Funktion, Unsicherheiten darüber, ob eine Norm gilt oder nichtig ist, allgemeinverbindlich klären zu können. Sie setzt keine mögliche Rechtsverletzung der Antragsteller voraus, sondern dient vor allem der Herstellung von Rechtssicherheit. Das zeigt sich darin, dass Art. 93 Abs. 1 Nr. 2 GG nicht nur bei Zweifeln an der Geltung einer Norm, sondern auch bei Meinungsverschiedenheiten hierüber greift: § 76 Nr. 2 BVerfGG gibt deshalb auch Antragsberechtigten die Antragsbefugnis, die im Gegensatz zur Praxis anderer Hoheitsträger die Norm für gültig halten. „Rechts"-Sicherheit ist bei Selbstverpflichtungen, die ohnehin keinen hoheitlichen Geltungsanspruch haben, jedoch in diesem formalen Sinne gar nicht herstellbar.

Dennoch wäre widerspräche es der Konzeption des deutschen Verfassungsrechts, wenn abstrakter Rechtsschutz hier versagte: Dem politischen Diskurs der Rechtsetzung ist der juristische Diskurs über die Richtigkeit des Norminhalts an die Seite zu stellen.[444] Diesem System darf auch die informal privatisierte Rechtsetzung nicht entweichen, ohne dass es wenigstens im Ansatz ein Substitut der Normenkontrolle gäbe:[445]

An die Stelle der abstrakten Normenkontrolle vor dem BVerfG tritt das Kartellverfahren. Zwar haben die nach Art. 93 Abs. 1 Nr. 2 GG Antragsberechtigten kein formales Antragsrecht auf Einleitung eines Kartellverfahrens. Dies wird jedoch dadurch kompensiert, dass die Kartellbehörde im Gegensatz zum BVerfG eines solchen Antrags zur Einleitung eines Verfahrens auch nicht bedarf, sondern von Amts wegen nach § 54 GWB tätig werden kann. Nur das Verfahren mit einem positiven Ergebnis der Freistellung bzw. Anerkennung eines Kartells bedarf eines entsprechenden Antrags durch die Kartellwilligen. Jede Behörde – nicht nur die in Art. 93 Abs. 1 Nr. 2 GG genannten – kann im Übrigen formlos beim BKartA die Einlei-

---

[441] So die st. Rechtsprechung seit BVerfGE 1, 396 (413) und herrschende Auffassung im Schrifttum, vgl. statt aller *Chr. Petalozza,* Verfassungsprozessrecht, 3. Aufl., 1991, § 8, Rz. 8, S. 124; anders allerdings *N. Holzer,* Präventive Normenkontrolle durch das BVerfG, 1978, S. 93 ff.

[442] Seit Abschaffung des § 97 BVerfGG a.F.

[443] Anders *Chr. Engel,* StWuStPr 1998, S. 535 (546).

[444] *Chr. Engel,* StWuStPr 1998, S. 535 (560).

[445] Anders *Chr. Engel,* StWuStPr 1998, S. 535 (560 f.).

tung eines Kartellverfahrens anregen, das (spätestens) daraufhin von Amts wegen eingeleitet werden müsste.

Wenn die Absprache gegen europäisches Gemeinschaftsrecht, insbesondere gegen das Kartellrecht der Art. 81 ff. EGV, verstößt, können die Kommission (Art. 226 EGV) und die Mitgliedstaaten (Art. 227 EGV) ein Vertragsverletzungsverfahren (Art. 228 EGV) vor dem EuGH anstrengen.

IV. Rechtsschutz gegen abspracheersetzende oder normprägenden Absprachen entsprechende Normen

Schließlich ist noch darauf einzugehen, welcher Rechtsschutz gegenüber Normen gewährt wird, die an Stelle von normersetzenden Absprachen oder zur Umsetzung normprägender Absprachen erlassen werden. Ein Beispiel hierfür ist das „Gesetz zur geordneten Beendigung der Kernenergienutzung zur gewerblichen Erzeugung von Elektrizität"[446] vom 22. April 2002, das die Vorgaben des Atomkonsenses vom 14. Juni 2000/11. Juni 2001 verwirklicht. Die informale Vorgeschichte von Normen kann von entscheidender prozessualer Bedeutung sein. Dabei ist ein wesentlicher Unterschied zwischen lediglich informal ausgehandelten Gesetzen einerseits und solchen Gesetzen, die inhaltlich einer normprägenden Absprache zwischen der Wirtschaft und der Bundesregierung entsprechen, andererseits zu machen.

Gegen Lobbyismus, der lediglich inhaltlich *Einfluss* auf das Zustandekommen von Normen nimmt, ist von Verfassungswegen nichts einzuwenden. Soweit diese Einflussnahme den von der Verfassung vorgesehenen Gesetzgebungsprozess informal begleitet, wird das Gesetzgebungsverfahren nicht in Frage gestellt. Wenn jedoch Private an normprägenden Absprachen *beteiligt*[447] sind, kann das Gesetzgebungsverfahren dadurch unter einen Ratifizierungsdruck geraten.[448] Soweit normative Absprachen Organrechte verletzen, sind – wie oben bereits erörtert – Organklagen vor dem BVerfG statthaft. Fraglich ist aber, ob die Norm selbst verfassungswidrig sein kann, oder ob die verfassungsrechtlichen Bedenken gegen parlamentsgesetzvorbereitende Absprachen mit der Durchführung des Gesetzgebungsverfahrens geheilt werden.

---

[446] BGBl I, S. 1351. Dazu: *G. Kühne/Chr. Brodowski,* NJW 2002, S. 1458 ff.; zum Entwurf bereits sehr kritisch: *H. Wagner,* NVwZ 2001, S. 1089 ff.

[447] Zu diesem Unterschied: *D. Grimm,* Verbände und Verfassung, in: ders., Die Zukunft der Verfassung, 1991, S. 241 (248); deutlicher noch: *ders.,* in: ders. (Hrsg.), Staatsaufgaben, 1994, S. 613 (631, 635).

[448] Zu dem Phänomen ausgehandelter Gesetze, denen „das nachfolgende parlamentarische Verfahren ... lediglich das amtliche Siegel" aufdrückt vgl. bereits *K. Loewenstein,* Verfassungslehre (1959), 4. Aufl. 2000, S. 384.

Die Zulässigkeit von Normenkontrollen einschließlich der Rechtsatzverfassungsbeschwerde wird jedenfalls durch Inhalte normprägender Absprachen nicht eingeschränkt. Insbesondere kann die informale Erklärung von Absprachebeteiligten, gegen eine Norm bestimmten Inhalts nicht Rechtssatzverfassungsbeschwerde vor dem BVerfG erheben zu wollen, nicht rechtsverbindlich sein. Wie bereits ausgeführt ist ein pactum de non petendo nicht auf rechtlich unverbindliche Absprachen zu stützen. Keineswegs entfällt das Rechtsschutzbedürfnis für Rechtssatzverfassungsbeschwerden, wenn Absprachebeteiligte angekündigt haben, auf die Erhebung einer solchen Verfassungsbeschwerde verzichten zu wollen. Es entfällt auch dann nicht, wenn diese Absichtserklärung auf den Inhalt der Norm Einfluss genommen hat. Ein antizipierter Verzicht auf eine Verfassungsbeschwerde ist im Rahmen informaler Absprachen undenkbar.

Eine normprägende Absprache, insbesondere eine *Absprache zur Normsetzung,* kann einen *Fehler im Rechtsetzungsverfahren* darstellen, der zur Nichtigkeit der Norm führt und Erfolgsaussichten in Normenkontrollverfahren und Rechtssatzverfassungsbeschwerden begründen kann. Ansatzpunkt hierfür kann die *Ausübung des Gesetzesinitiativrechts* sein. Wenn eine normprägende Absprache und die aus ihr hervorgehende Gesetzesinitiative faktisch dazu führt, dass das Gesetzgebungsverfahren zu einer bloßen Ratifizierung einer informalen Absprache führt und wenn dies nicht aus besonderen verfassungsrechtlichen Gründen gerechtfertigt erscheint, dann beruht das Gesetzgebungsverfahren auf einer verfassungswidrigen Ausübung des Initiativrechts.[449]

Wenn Anhaltspunkte dafür bestehen, dass das Gesetzgebungsverfahren zu anderen Inhalten hätte führen können, dann muss dieser Verfahrensfehler zur Nichtigkeit der Norm führen. Das ist insbesondere anzunehmen, wenn eine die Regierung tragende Fraktion nur deshalb keine Änderungsvorschläge macht, weil sie sonst das gesamte Konsenspaket zum Einsturz bringen würde und der Bundesregierung damit schweren politischen Schaden zufügen würde. Derartiger Ratifizierungsdruck kann insbesondere dadurch entstehen, dass eine normprägende Absprache konkrete Zugeständnisse Privater enthält. Die bloße Inaussichtstellung, gegen eine Norm bestimmten Inhalts nicht vor dem BVerfG vorzugehen, wird hierzu nicht zu zählen sein, wohl aber die Klagerücknahme eines aussichtsreichen Schadensersatzprozesses, oder die Rücknahme eines Antrags in einem extrem folgenreichen Verwaltungsverfahren, wie im Fall des Atomkonsenses[450]. Das Drohpotential, das hinter einer normprägenden Absprache von Seiten der Privaten

---

[449] Anders *T. Köpp,* Normvermeidende Absprachen zwischen Staat und Wirtschaft, 2001, S. 277; Folgewirkungen zieht hingegen *W. Frenz,* Selbstverpflichtungen der Wirtschaft, 2001, S. 292 in Betracht.

[450] Zu diesem Beispiel siehe S. 65, 105 ff.

steht, sowie der Druck, der deshalb von der Bundesregierung an den Bundestag weitergegeben wird, muss hier im Einzelfall gewürdigt werden. Danach wird zu entscheiden sein, ob lediglich Organrechte der an der Gesetzgebung beteiligten Organe durch eine normprägende Absprache verletzt sind, oder ob das im Übrigen korrekt durchgeführte Gesetzgebungsverfahren in einem Maße zu einer „Scheinlegitimation" degradiert ist, dass die Norm selbst an diesem Mangel leidet und verfassungswidrig ist.

Die Wahrscheinlichkeit, dass das parlamentarische Verfahren ohne solchen Zustimmungsdruck zu anderen Ergebnissen geführt hätte, kann jedoch dadurch widerlegt werden, dass das Parlament Gelegenheit hatte, sich vor und während des Abspracheprozesses einzuschalten. Dazu reicht die abstrakte Möglichkeit der parlamentarischen Kontrolle der Bundesregierung nicht aus. Vielmehr ist zu fordern, dass die Bundesregierung über jeden maßgeblichen Fortschritt bei der Verhandlung normprägender Absprachen unverzüglich informiert hat und dass die endgültige Fassung der normprägenden Absprache keine wesentlichen Inhalte enthält, die dem Parlament nicht vorher bekannt waren. Will das Parlament der Bundesregierung Verhandlungsspielräume bis zuletzt einräumen, bedarf es einer entsprechend weit gefassten Kooperationsermächtigung, also eines vom Bundestag erteilten Verhandlungsmandates der Bundesregierung. Im Falle des Atomkonsenses wurde am 29. Juni 2000 eine Regierungserklärung[451] abgegeben mit anschließender Debatte auf Grundlage der Ergebnisse des Konsenses vom 14. Juni 2000, der nach der Zustimmung der Aufsichtsräte der Unternehmen erst am 11. Juni 2001 abschließend unterschrieben wurde. Damit hatte der Bundestag hinreichend Gelegenheit, die politische Weichenstellung zu verhandeln und gegebenenfalls auch noch zu korrigieren.

Die formelle Verfassungsmäßigkeit einer Norm ist nicht dadurch gewährleistet, dass ein Gesetzgebungsverfahren zum Schein durchgeführt wurde. Die formellen Regelungen des Verfahrens sind nicht Selbstzweck, sondern dienen vielmehr der demokratischen und rechtsstaatlichen Legitimation von Rechtsetzung. Das hat eine doppelte Konsequenz: einerseits führt nicht jeder Verfahrensverstoß zur Verwerfung einer Norm – andererseits ist ein Gesetzgebungsverfahren nur dann formal korrekt durchgeführt, wenn nicht nur äußerlich die Verfahrensschritte eingehalten wurden, sondern auch der Sinn und das Wesen dieses Verfahrens dadurch verwirklicht wird.

Jedenfalls wenn das Parlament zu keiner Zeit, also auch nicht vor Abschluss der Absprache die Gelegenheit hatte, die Norm inhaltlich wesentlich mitzugestalten, ist seine Funktion als Zentrum der Beratung und Beschlussfassung über Gesetze sinnentleert. Eine Gesetzesinitiative, die auf Grund einer normprägenden Absprache das Parlament unter Zustimmungs-

---

[451] BT-Pl.Prot. XIV, S. 10423 ff.

druck setzt, muss dann dazu führen, dass die gesamte Durchführung des Gesetzgebungsverfahrens unter einem Formmangel leidet.

Ein besonders kritischer Maßstab muss auch an die Kontrolle der materiellen Verfassungsmäßigkeit von Normen angelegt werden, die normprägenden Absprachen inhaltlich entsprechen: Mit besonderer Sorgfalt ist zu hinterfragen, ob Grundrechte verletzt werden. Wenn Anhaltspunkte dafür bestehen, dass auf Grund einer besonders starken Verhandlungsposition einzelner Absprachebeteiligter andere Grundrechtsträger benachteiligt werden, kann ein Grundrechtsverstoß anzunehmen sein.

Zu erwähnen ist auch noch die Verbändeanhörung des Bundesumweltministers am 6. August 2001.[452] Sie ist deshalb von Bedeutung, weil nicht alle Energieversorgungsunternehmen an dem Konsens beteiligt waren. Die sechste Phase endet mit dem Inkrafttreten am Tage nach der Verkündung des „Gesetzes zur geordneten Beendigung der Kernenergienutzung zur gewerblichen Erzeugung von Elektrizität"[453] vom 22. April 2002, das die Vorgaben der Absprache verwirklicht.

Für derartige Grundrechtsverstöße muss auf Grund des status negativus cooperationis ein besonders strenger Maßstab angelegt werden.

§ 18 Staatshaftungsrechtliche Aspekte

Haftet der informal kooperierende Staat für Schäden, die Privaten im Zusammenhang mit normativen Absprachen entstehen? Diese Frage kann dogmatisch nicht beantwortet werden, ohne den Meinungsstand zu den staatshaftungsrechtlichen Konsequenzen des formalen und einseitig imperativen staatlichen Handelns zu berücksichtigen. Das Staatshaftungsrecht ist bis heute von den Grundfragen bis in die Einzelheiten umstritten. Hierzu kann an dieser Stelle nicht umfassend Stellung genommen werden. Im Folgenden sollen jedoch Lösungswege aufgezeigt werden, die sich für die speziellen Fälle normativer Absprachen vor dem allgemeinen Hintergrund der umstrittenen Dogmatik anbieten.

Weil normative Absprachen formale Normsetzung substituieren, sind sie der rechtsetzenden Gewalt zuzurechnen. Die Haftung für legislatives Unrecht ist besonders umstritten. Eine Haftung des Staates für normative Absprachen kommt nur in Betracht, wenn man Staatshaftung für legislatives Unrecht entweder entgegen der bisherigen Rechtsprechung grundsätzlich anerkennen würde, oder normative Absprachen unter eine der anerkannten

---

[452] *H. Wagner,* NVwZ 2001, S. 1089 (1090).
[453] BGBl I, S. 1351. Dazu: *G. Kühne/Chr. Brodowski,* NJW 2002, S. 1458 ff.; zum Entwurf bereits sehr kritisch: *H. Wagner,* NVwZ 2001, S. 1089 ff.; kritisch zum Konsens bereits *F. Schorkopf,* NVwZ 2000, S. 1111 ff.

Ausnahmen fallen, oder wenn für normative Absprachen die Erweiterung der Ausnahmen in Betracht kommt.

I. Amtshaftung für normative Absprachen

Der Amtshaftungsanspruch aus Art. 34 GG i.V.m. § 839 BGB setzt voraus, dass ein Amtswalter in Ausübung eines öffentlichen Amtes handelt. Voraussetzung eines Amtshaftungsanspruchs ist somit bei normativen Absprachen, dass ein Amtswalter (Beamter im haftungsrechtlichen Sinne) an ihnen beteiligt ist. Dies ist für Angehörige der öffentlichen Gewalt unproblematisch der Fall, unabhängig davon, ob sich diese in einem öffentlich-rechtlichen oder privatrechtlichen Dienstverhältnis oder in einem öffentlich-rechtlichen Amtsverhältnis (wie die Mitglieder der Bundesregierung) befinden.[454] Die an normativen Absprachen beteiligten Privatpersonen kommen hingegen nicht als Amtswalter in Betracht. Für ihr Handeln kann der Staat zwar grundrechtliche Mitverantwortung tragen (status negativus cooperationis). Ihr Verhalten ist jedoch nicht allein deshalb dem Staat auch im haftungsrechtlichen Sinne zuzurechnen.

Die von der Rechtsprechung entwickelten beweglichen Kriterien hinsichtlich der Verwaltungshelfer lauten: Je stärker die hoheitliche Rechtsnatur der Aufgabe im Vordergrund steht, je enger die Verbindung zwischen der hoheitlichen Aufgabe und dem Verhalten Privater ist und je begrenzter der Entscheidungsspielraum der Privaten ist, desto eher liegt ein Beamter im haftungsrechtlichen Sinne vor.[455] Diese Kriterien setzen bereits hinreichend konkretisierte hoheitliche Aufgaben voraus, in deren Erfüllung sich Private gegebenenfalls einbinden lassen. Dies ist bei normativen Absprachen aber nicht ersichtlich. Die Wirtschaft wird nicht in einen behördlichen Pflichtenkreis eingebunden, sie ist nicht Erfüllungsgehilfe im Hoheitsbereich. Ihre Selbstverpflichtung auf den partiellen Dienst am Gemeinwohl ist keine rechtliche Bindung an das Gemeinwohl. Die Autonomie und Privatnützigkeit selbstverpflichteten Handelns wird durch normative Absprachen nicht in Frage gestellt. Die Haftung Privater ist auf die privatrechtlichen Ansprüche, insbesondere nach § 33 GWB beschränkt und nicht auf den Staat überzuleiten.

Ein öffentliches Amt liegt vor, wenn öffentliche Aufgaben in den Formen des öffentlichen Rechts wahrgenommen werden.[456] Die Zuweisung einer staatlichen Aufgabe kann der jeweiligen Verordnungsermächtigung

---

[454] *K. Windhorst,* in: S. Detterbeck/K. Windhorst/H.-D. Sproll, Staatshaftungsrecht, 2000, S. 96 f.
[455] BGHZ 121, 161 (165 f.).
[456] BGHZ 129, 23 (24).

entnommen werden, in deren Rahmen die Bundesregierung normative Absprachen trifft. Das Erfordernis der öffentlich-rechtlichen „Form" zielt nicht auf eine Ausgrenzung informalen Handelns, sondern inhaltlich auf den öffentlich-rechtlichen Funktionszusammenhang. Damit sind auch normative Absprachen erfasst, die von staatlicher Seite unter Inanspruchnahme öffentlich-rechtlichen Sonderrechts, nämlich der Ermächtigung zur Rechtsetzung, getroffen werden.

Vom Amtshaftungsanspruch wird nur solches Fehlverhalten erfasst, das in Ausübung des öffentlichen Amtes geschieht. Das liegt bei normativen Absprachen dann vor, wenn das Fehlverhalten in einem äußeren und inneren Zusammenhang mit der öffentlichen Aufgabe der Rechtsetzung erfolgt.

Weiter muss eine Amtspflichtverletzung vorliegen. In Betracht kommt vor allem die Amtspflicht zu rechtmäßigem Verhalten, also die Verletzung von Rechtsnormen. Hierzu gehören sowohl Normen des materiellen Rechts als auch formelle Anforderungen an ein zuständigkeits- und verfahrensgemäßes Verhalten. Umfasst sind sämtliche rechtlichen Grenzen informaler normativer Absprachen.

Problematisch ist die Anwendung der darüber hinaus anerkannten „Amtspflicht zu konsequentem Verhalten"[457]. Fraglich ist, ob der Staat für eine Abweichung von eigenen informalen Absprachen haftet. Eine solche Amtspflicht darf nicht weiter gehen, als der Vertrauensschutz, der den kooperierenden Staat bindet. Das Staatshaftungsrecht darf nicht über eine Anknüpfung an zivilrechtliche Institute, insbesondere an den Grundsatz von Treu und Glauben, die strengen Voraussetzungen des (verfassungsrechtlichen) Vertrauensschutzes aushebeln. Eine Amtspflichtverletzung wird deshalb unter diesem Gesichtspunkt nur in Frage kommen, wenn der Vertrauensschutz greift. Das kann nach hier vertretener Auffassung der Fall sein, wenn der Staat unvorhersehbar einseitige hoheitliche Regelungen trifft, die solchen Inhalten der Selbstverpflichtung zuwiderlaufen, die er zuvor informal positiv unterstützt hat. Keinesfalls kann jedoch die unverbindliche Ankündigung zukünftigen Handelns Auslöser von Vertrauensschutz oder gar von Amtshaftung sein.[458]

Die Entstehung von Amtshaftungsansprüchen steht und fällt bei normativen Absprachen mit dem Erfordernis der Drittbezogenheit der verletzten Amtspflicht. Dieses Erfordernis ist zwar als solches im Schrifttum immer wieder im Grundsatz kritisiert worden[459] und mag als Achillesferse der Amtshaftung rechtspolitisch unbefriedigend sein, ist jedoch nach geltendem

---

[457] *Ph. Kunig,* DVBl. 1992, S. 1193 (1201); kritisch: *J. Burmeister,* VVDStRL 52 (1993), S. 190 (242); *T. Köpp,* Normvermeidende Absprachen zwischen Staat und Wirtschaft, 2001, S. 160.

[458] Zutreffend *J. Burmeister,* VVDStRL 52 (1993), S. 190 (242).

positiven Recht im Wortlaut nicht nur des § 839 Abs. 1 S. 1 BGB, sondern auch des Art. 34 S. 1 GG verankert und mit verfassungsrechtlichen Argumenten de constitutione lata nicht im Ansatz zu bestreiten. Die Forderung, das Haftungsrecht dem Primärrechtsschutz anzugleichen, kann deshalb weder aus dem Rechtsstaatprinzip noch aus den Grundrechten zwingend hergeleitet werden und kann als Argument de lege lata nicht greifen.

Die Rechtsprechung[460] lehnt es deshalb zu Recht ab, eine Amtshaftung für legislatives Unrecht gegen den Wortlaut des § 839 Abs. 1 S. 1 BGB und des Art. 34 S. 1 GG im Grundsatz anzuerkennen. Grundsätzlich ist legislatives Handeln nämlich nicht dem Schutz Einzelner, sondern der Allgemeinheit verpflichtet. Dagegen spricht auch nicht die Bindung der Legislative an die Grundrechte (Art. 1 Abs. 3 GG), die ihrerseits den Schutz des Einzelnen garantieren. Wäre jedes grundrechtswidrige Verhalten eine Amtspflichtverletzung, würde – jedenfalls bei Zugrundelegung der Rechtsprechung zu Art. 2 Abs. 1 GG als Auffanggrundrecht – der in Art. 34 GG intendierten Begrenzung der Amtshaftung jegliche Bedeutung genommen. Auch eine Amtshaftung für jede materiell grundrechtswidrige Norm oder für jeden Verstoß gegen Grundrechte unter Ausschluss des Art. 2 Abs. 1 GG kann nicht zwingend aus der Verfassung hergeleitet werden.

Nach der Rechtsprechung muss eine qualifizierte und individualisierte Beziehung zwischen dem Normgeber und dem Normadressat begründet werden,[461] was nur ausnahmsweise bei Einzelfall- oder Maßnahmegesetzen der Fall ist. An dieser Rechtsprechung irritiert, dass der Ansatzpunkt der drittgerichteten Amtspflicht bei der Norm gesucht wird, die ihrerseits Recht verletzt. Richtigerweise muss jedoch auf den Drittschutz höherrangiger Normen abgestellt werden, d.h. auf die Normen, gegen die Rechtsetzung gegebenenfalls verstößt. In Betracht kommen Verordnungsermächtigungen und das Verfassungsrecht. Dieser Ansatz kommt der Dogmatik zu dem vom EuGH entwickelten gemeinschaftsrechtlichen Amtshaftungsanspruch[462] nahe: Dieser Anspruch soll zwar im Grundsatz auch für legislatives Unrecht bestehen, ist jedoch an die Voraussetzung eines hinreichend qualifizierten Rechtsverstoßes gebunden. Bei der legislativen Umsetzung von Richtlinien kann sich ein solcher qualifizierter Rechtsverstoß aus dem Zweck der Richtlinie, dem Einzelnen gegebenenfalls Rechte zu verleihen,

---

[459] Vgl. *A. Blankenagel*, DVBl. 1981, S. 15 ff.; *K. Windhorst*, in: S. Detterbeck/ K. Windhorst/H.-D. Sproll, Staatshaftungsrecht, 2000, S. 130.
[460] BGH, NJW 1989, 101 f.; BayObLG, NJW 1997, 1514 f.
[461] BGHZ 56, 40 (46); 134, 30 (32) – st. Rspr.
[462] EuGH Slg. 1991, 5357 – Francovich; Slg. 1996, 1029 – Brasserie du Pêcheur; Slg. 1996, 1631 – British Telecom; Slg. 1996, 2553 – Hedley Lomas; zur Einordnung in das nationale Staatshaftungsrecht BGHZ 134, 30 – Brasserie; aus der Literatur *J. Geiger*, Der gemeinschaftsrechtliche Grundsatz der Staatshaftung, 1997.

begründen lassen.⁴⁶³ Vorausgesetzt wird also eine dem Einzelnen gegenüber bestehende Normsetzungspflicht. Diese lässt sich aus Richtlinien manchmal, aus dem Verfassungsrecht aber nur ganz ausnahmsweise ableiten.

Verordnungsermächtigungen wird de lege lata so weit ersichtlich kein drittschützender Charakter zu entnehmen sein. In Betracht kommen somit nur die Grundrechte. Aus den oben erwähnten Gründen muss dieser Ansatz jedoch auf Ausnahmefälle beschränkt werden und darf de constitutione lata nicht zu einer Amtshaftung für jeden Grundrechtseingriff führen. Anknüpfen ließe sich – auch in Anlehnung an den gemeinschaftsrechtlichen Amtshaftungsanspruch – an die Dogmatik zu den Schutzpflichten: Wenn die Auslegung der Grundrechte eine Schutzpflicht des Staates ergibt, die sich auf den Ersatz entstandener Schäden erstreckt, kann Amtshaftung grundrechtlich geboten sein.

Eine solche grundrechtliche Schutzpflicht lässt sich – wenn die Voraussetzungen im Einzelfall vorliegen – bei normersetzenden Absprachen aus der speziellen grundrechtlichen Mitverantwortung des status negativus cooperationis begründen. Die Amtshaftung für normative Absprachen würde dann auch im Ergebnis nicht mit der restriktiven Rechtsprechung, die für formelle Rechtsetzung vorliegt, kollidieren. Sie wäre auf Sonderfälle beschränkt, in denen normative Absprachen in diskriminierender Weise zu Lasten einzelner Privater erfolgen, denen gegenüber der Staat eine qualifizierte grundrechtliche Schutzpflicht hat. Das Argument, dass Rechtsetzung nur im öffentlichen Interesse geschieht, lässt sich für normative Absprachen wegen der Vermischung privater und öffentlicher Interessen und der Teilhabe Privater an der Gemeinwohlkonkretisierung nicht aufrechterhalten. Zu demselben Ergebnis kommt die Auffassung, dass § 1 GWB auch dem Individualschutz dient, und darauf – jedenfalls für Marktpartner und Konkurrenten – einen Schadensersatzanspruch aus Amtspflichtverletzung nach § 839 BGB stützt.⁴⁶⁴

Die Amtspflichtverletzung muss kausal für den Schaden des Dritten sein. Ein adäquater Ursachenzusammenhang ist bei normativen Absprachen nur dann gegeben, wenn für das staatliche Handeln kein nicht nachprüfbarer Spielraum bestand. Dieser Einschränkung kommt bei legislativem Handeln und auch bei normersetzenden Absprachen eine erhebliche Bedeutung zu. Rechtsetzende Gewalt ist wesentlich durch politische Alternativen geprägt. Die Haftung darf nicht weiter gehen als die judikative Inhaltskontrolle gegenüber der Rechtsetzung.

---

[463] EuGH Slg. 1996, 4845 (4880) – Dillenkofer.
[464] *H. Baumann*, Rechtsprobleme freiwilliger Selbstbeschränkung, Diss. Tübingen 1978, S. 113 f.

Das de lege lata vorausgesetzte Verschulden wird regelmäßig gegeben sein, wenn ein hinreichend qualifizierter Rechtsverstoß im oben beschriebenen Sinne vorliegt und die Schädigung einzelner vorhersehbar war.

Die Haftung des Staates wird de lege lata durch § 839 Abs. 1 S. 2 BGB, das so genannte Fiskusprivileg, wesentlich eingeschränkt: In den Fällen, in denen auch die privaten Absprachebeteiligten den Dritten für Schäden haften, insbesondere bei der kartellzivilrechtlichen Haftung aus § 33 GWB, ist die Amtshaftung subsidiär. Die Amtshaftung greift dann nur, wenn der Staat aus Vorsatz haftet oder wenn anderweitiger Ersatz nicht durchgesetzt werden kann oder wenn dies nicht zumutbar ist. Gegen die Zumutbarkeit kann bei normativen Absprachen sprechen, dass gerade die Geltendmachung und Durchsetzung zivilrechtlicher Ansprüche im Wettbewerb geschäftsschädigend sein kann. Es würde der Schutzpflicht des kooperierenden Staates vor wettbewerblicher Benachteiligung Einzelner zuwiderlaufen, wenn im Rahmen des Haftungsrechts eine weitere wettbewerbliche Benachteiligung der Geschädigten und eine Privilegierung der Absprachebeteiligten entstünden. § 839 Abs. 1 S. 2 BGB ist entsprechend verfassungskonform restriktiv auszulegen.

Nach § 839 Abs. 3 BGB muss der Geschädigte vorrangig versuchen, den Schaden durch Gebrauch eines Rechtsmittels abzuwenden. Als Rechtsmittel kommen in diesem Rahmen lediglich die Rechtsmittel gegen das hoheitliche Handeln, nicht jedoch ein kartellrechtliches Vorgehen gegen Private in Betracht. Nach herrschender Auffassung sind aber Unterlassungs- und Folgenbeseitigungsklagen nicht vorrangig, weil sie sich nicht gegen die Rechtsverletzung selbst, sondern gegen deren Folgen richten.[465]

II. Unterlassungs- und Folgenbeseitigungsanspruch

Der Folgenbeseitigungsanspruch ist ein von der Wissenschaft entwickeltes Institut[466] und inzwischen gewohnheitsrechtlich anerkannt und verfestigt.[467] Auf seine Herleitung aus der Gesetzmäßigkeit der Verwaltung (Art. 20 Abs. 3 GG), den Grundrechten, Analogien zu §§ 717 Abs. 2, 945, 302 Abs. 4, 600 Abs. 2 ZPO oder zu §§ 1004, 861, 862, 12 BGB soll hier nicht eingegangen werden. Ein Folgenbeseitigungsanspruch ist auch für rechtswidrige normative Absprachen in der Literatur gefordert worden.[468]

---

[465] *K. Windhorst*, in: S. Detterbeck/K. Windhorst/H.-D. Sproll, Staatshaftungsrecht, 2000, S. 191 f.

[466] Grundlegend *O. Bachof*, Die verwaltungsrechtliche Klage auf Vornahme einer Amtshandlung (1951), 2. Aufl. 1968, S. 117 ff.

[467] BGHZ 130, 332; BVerwG, NVwZ 1994, S. 276.

Dem ist grundsätzlich zuzustimmen. Allerdings müssen dazu die Voraussetzungen im Einzelnen vorliegen:

Als hoheitliches Verhalten kommen auch und gerade schlichtes bzw. informales Verwaltungshandeln und Realakte in Betracht. Auch informale normative Absprachen müssen hierzu gezählt werden. Weiter muss eine geschützte, insbesondere verfassungsrechtlich begründete Rechtsposition beeinträchtigt sein. Dies ist für Grundrechtseingriffe allgemein anerkannt[469] und lässt sich auf die Verletzung den hier entwickelten status negativus cooperationis übertragen. Allerdings ist im Rahmen der haftungsbegründenden Kausalität zu fordern, dass die Rechtsbeeinträchtigung unmittelbar auf hoheitliches Verhalten zurückzuführen ist. Die grundrechtliche Mitverantwortung des Staates für das Verhalten der mit ihm kooperierenden Privaten schlägt sich deshalb nicht in einem entsprechend weiten Folgenbeseitigungsanspruch nieder. Die Pflicht des Staates, Rechtsbeeinträchtigungen Privater untereinander abzuwenden, ergibt sich dogmatisch vielmehr aus dem Kartellrecht und führt gegebenenfalls zu kartellrechtlicher Unterbindungspflicht. Der Folgenbeseitigungsanspruch erfasst hingegen lediglich die unmittelbaren Folgen der hoheitlichen Beteiligung an informalen Absprachen.

Es muss ein rechtswidriger Zustand entstanden sein und seine Folgen noch andauern, die den Anspruchsberechtigten beeinträchtigen. An der Rechtswidrigkeit kann es bei normativen Absprachen dann fehlen, wenn das Kartell freigestellt wurde oder inzwischen ein formeller Rechtsakt, z.B. eine Rechtsverordnung, erlassen wurde, die den Zustand nachträglich legalisiert.

Der Folgenbeseitigungsanspruch ist ausgeschlossen, wenn die Beseitigung der Unrechtslasten aus tatsächlichen oder rechtlichen Gründen unmöglich ist. Konflikte können dabei allenfalls zum Vertrauensschutz zu Gunsten der Absprachebeteiligten entstehen. Rechtlich geschütztes Vertrauen kann jedoch dann gar nicht erst entstehen, wenn die Absprachebeteiligten die Rechtswidrigkeit der Absprache erkennen mussten. In anderen Fällen sind die Interessen der Betroffenen gegeneinander abzuwägen. Außerdem muss die Wiederherstellung des rechtmäßigen Zustandes für den verpflichteten Hoheitsträger zumutbar sein. Die Geltendmachung eines Folgenbeseitigungsanspruchs kann unzulässige Rechtsausübung darstellen, wenn die Legalisierung des Zustandes unmittelbar bevorsteht.[470] Nach der Rechtsprechung kann auch ein Mitverschulden den Anspruch ausschließen.[471]

---

[468] *H. Baumann*, Rechtsprobleme freiwilliger Selbstbeschränkung, Diss. Tübingen 1978, S. 107.

[469] *H.-D. Sproll*, in: S. Detterbeck/K. Windhorst/H.-D. Sproll, Staatshaftungsrecht, 2000, S. 228.

Zum Anspruchsinhalt gehört jedenfalls das Unterlassen der staatlichen Beteiligung an einer rechtswidrigen Absprache bzw. der rechtswidrigen Unterstützung einer Selbstverpflichtung. Fraglich ist, ob auch ein Anspruch auf Widerruf besteht. Ein solcher Anspruch ist für ehrverletzende oder sonstige rechtsverletzende Äußerungen öffentlicher Bediensteter anerkannt, jedoch auf den Widerruf beweiszugänglicher Tatsachen beschränkt und für Werturteile ausgeschlossen.[472] Da die schlichte Befürwortung und Billigung von Selbstverpflichtungen regelmäßig nicht mit Tatsachenbehauptungen verbunden ist, kommt nach dieser Auffassung ein Widerruf nicht in Betracht.

Der Anspruch ist mit der allgemeinen Leistungsklage vor den Verwaltungsgerichten geltend zu machen.

§ 19 Informale Konsequenzen der rechtlichen Einbindung

Die rechtlichen Grenzen des Verfahrensrechts und des Kartellrechts können in der Praxis Rückwirkungen auf die informalen Gespräche auslösen. Insbesondere kann damit gerechnet werden, dass die Hoheitsträger, deren formelle Beteiligung als erforderlich gilt, auch informal hinzugezogen werden. Das gilt nach hier vertretener Ansicht vor allem für den Bundesrat und das BKartA.

Mitglieder des Bundesrates könnten bereits im Absprachprozess oder parallel zu ihm informal hinzugezogen werden. Dass mit einer solchen informalen Beteiligung weiterer Hoheitsträger der Absprachprozess schwerfälliger werden kann, ist in Kauf zu nehmen. Im Zweifel ist die informale Beteiligung aber eine relative Beschleunigung wegen der sonst zu befürchtenden Unsicherheiten im Rahmen der gebotenen formellen Beteiligung. Dies hängt freilich von den politischen Gegebenheiten ab. Insbesondere die Beteiligung von Vertretern des Bundesrates wird nur dann zum politischen Gebot, wenn politische Widerstände zu erwarten sind. Das wird vor allem der Fall sein, wenn Länderinteressen in besonderer Weise betroffen sind und dann, wenn die Mehrheitsverhältnisse im Bundesrat von der Regierungsmehrheit verschieden sind. In diesem Falle einer drohenden Blockadesituation empfiehlt sich eine Beteiligung vor allem auch von Vertretern der so genannten B-Länder.

---

[470] BVerwGE 94, 100 (103).
[471] BVerwG, NJW 1985, S. 1481.
[472] Aus der Rechtsprechung BVerwG, NJW 1984, S. 2591; aus der Literatur *F. Ossenbühl*, Staatshaftungsrecht, 5. Aufl., 1998, S. 306.

Im Idealfall wird das BKartA „zu einem weiteren staatlichen Partner des politischen Vertrages"[473], indem die Beteiligten frühzeitig den Inhalt der Abrede mit ihm informal abstimmen. Dies könnte zum Regelfall werden, wenn sich die Auffassung der Gebotenheit eines Kartellverfahrens in der Praxis durchsetzt.

Derartige informale Beteiligung wäre rechtsstaatlich nicht bedenklich. Der Rolle des BKartA widerspricht es nicht, informal an Absprachprozessen beteiligt werden. Bedenken könnten sich allenfalls daraus ergeben, dass dadurch das BKartA dem Blickwinkel eines unabhängigen, neutralen Beobachters verlieren könnte. Dieser Gefahr kann jedoch dadurch begegnet werden, dem BKartA eine entsprechend starke, eigenständige Funktion zuzuerkennen. Das BKartA genießt nicht verfassungsrechtliche Unabhängigkeit wie ein Gericht (Art. 97 Abs. 1 GG) oder Rechnungshof (Art. 114 Abs. 2 GG) oder wie eine Zentralbank (Art. 88 GG, Art. 108 EGV). Daran ändert sich auch nichts dadurch, dass das BKartA gegenüber normativen Absprachen eine Funktion erfüllt, die gegenüber formeller Rechtsetzung die Gerichte im Rahmen der Normenkontrollen ausüben.

Allenfalls verfassungspolitisch könnte erwogen werden, die verfassungsrechtliche Bedeutung des Kartellrechts als Wirtschaftsverfassungsrecht aufzuwerten und dem BKartA eine entsprechende Stellung zuzuerkennen.[474] De constitutione lata ist aber die verfassungsrechtliche Dimension des Kartellrechts auf die verfassungskonforme Auslegung einfachen Rechts beschränkt. Auch der Rang des europäischen Kartellrechts, das als Primärrecht (Art. 81 ff. EGV) und Sekundärrecht (EG-Kart-VO (1962)) dem Verfassungsrecht sogar vorgeht und damit als Element „Europäischen Verfassungsrechts" bezeichnet werden könnte, ändert daran nichts.

Nach dem EG-Kart-VO-KomE (2000) soll die Funktion der nationalen Kartellbehörden wesentlich gestärkt werden. Wenn das Freistellungsmonopol der Kommission fällt, erhöht dies noch das Gewicht, das „Drohpotential" des BKartA gegenüber normativen Absprachen. Auch wenn danach die repressive Kontrolle zum Regelfall würde, ändert sich an der ausnahmsweisen Gebotenheit einer präventiven Freistellung aller normativen Absprachen mit dem Staat nichts. So wie nach einem Wort *Peter Häberles* jedes Gericht ein Verfassungsgericht und ein Gemeinschaftsgericht ist, weil es (auch) Verfassungsrecht und Gemeinschaftsrecht judizieren muss, so ist auch jede Behörde eine Verfassungsbehörde, und die nationalen Kartellbehörden sind zukünftig in noch stärkerem Maße als zuvor Gemeinschafts-

---

[473] *Chr. Engel,* StWuStPr 1998, S. 535 (553).
[474] Immerhin wirft *Chr. Engel,* StWuStPr 1998, S. 535 (564) die Frage auf, ob das Kartellrecht als materielles Wirtschaftsverfassungsrecht im deutschen Recht Verfassungsrang beanspruchen.

behörden. Diese Funktion muss das BKartA gegenüber normativen Absprachen erfüllen, sei es innerhalb formeller Kartellverfahren, sei es bereits bei der informalen Beteiligung an den Verhandlungen solcher Absprachen.

§ 20 Verfassungs- und rechtspolitische Erwägungen

I. Bedürfnisse zur Korrektur der derzeitigen Staatspraxis durch den Gesetzgeber?

Der kooperierende Verfassungsstaat ist keine verfassungspolitische Forderung, sondern eine verfassungsrechtliche These: nämlich, dass auch der informal kooperierende Staat ein Verfassungsstaat bleibt, in dem das Recht und insbesondere das Verfassungsrecht Geltung beansprucht. Ziel dieser Arbeit war es, diese These im geltenden deutschen und europäischen Recht und mit Blick auf gemeineuropäische Grundstrukturen zu verteidigen. Das Ergebnis dieser Arbeit ist, dass die Prinzipien des kooperierenden Verfassungsstaates aus dem geltenden Recht entwickelt und verwirklicht werden können. Es handelt sich um einen Verfassungswandel, also eine Bedeutungsfortentwicklung der Verfassung ohne Textänderung.

Die gegenwärtige, blühende bzw. wuchernde Absprachepraxis der rechtsetzenden Gewalt in der Bundesrepublik Deutschland genügt diesen Anforderungen zum Teil: Die Legitimation dieser Praxis beruht auf dem Verfassungsprinzip kooperativer Verantwortung. Die meisten Absprachen sind zwar grundrechtsrelevant, lassen sich aber rechtfertigen. Soweit es um verordnungsersetzende Absprachen geht, hat die Bundesregierung im Rahmen entsprechender Ermächtigungen eine Kompetenz zur informalen Kooperation. Allerdings müsste sie in den meisten Fällen den Bundesrat einschalten, weil sie sonst Art. 80 Abs. 2 GG umgeht. Außerdem müsste die kartellrechtliche Kontrolle normativer Absprachen intensiviert und formalisiert werden. Dies könnte im Ergebnis regelmäßig zur Freistellung bzw. Anerkennung führen und böte auch für die beteiligten Verbände und Unternehmen ein wünschenswertes Maß an Rechtssicherheit und für Außenseiter in problematischen Fällen Verfahrens- und Rechtsschutz.

Eine darüber hinausgehende rechtliche Formalisierung normativer Absprachen ist de constitutione lata nicht geboten und auch verfassungspolitisch nicht zu wünschen. Sonst könnten die Vorteile und Chancen des Informalen gefährdet werden und – wie in Flandern – das Instrument der Absprache unpraktikabel machen. Das Gegenteil erlaubt und bezweckt der kooperierende Verfassungsstaat. Außerdem wäre zu erwarten, dass sich die Praxis nur neue informale Wege suchen würde, die im Zweifelsfall nicht öffentlicher, nicht rechtsstaatlicher und nicht drittschützender wären.

Allenfalls bleibt vorerst das Monitoring-Konzept rechtlich „unterbelichtet". In dieser Arbeit wurde die Externalisierung des Monitoring gefordert, d.h. die institutionelle Trennung von den Verbänden, die die Selbstverpflichtungen aushandeln und die Interessen ihrer Mitglieder vertreten sollen. Vieles spricht dafür, bei einem privatisierten Monitoring-Konzept zu bleiben, bei dem private Institute Gutachten über die Einhaltung von Selbstverpflichtungen erstellen und die Ergebnisse sowohl der Wirtschaft als auch dem Staat präsentieren. Die Beurteilung dieser Gutachten und die möglichen Konsequenzen, nämlich gegebenenfalls die Inhalte der normativen Absprache zu überarbeiten oder einseitig Rechtsnormen zu erlassen, fällt in die Kompetenz der Organe der rechtsetzenden Gewalt. Die zukünftigen praktischen Erfahrungen werden lehren, ob sich dieses Konzept weiter bewährt.

An denkbaren Alternativen fehlt es nicht: Vor allem sollte daran gedacht werden, das Modell des Umweltaudit fruchtbar zu machen. Dabei handelt es sich wie dargestellt um die rechtliche Einbindung eines privatisierten Monitoring-Konzepts mit Elementen staatlicher Aufsicht. Es würde sich anbieten, diese bzw. derartige Umweltgutachter mit der Kontrolle über die Einhaltung normativer Absprachen zu beauftragen. Auch weitere Modelle der Zertifizierung, die im Rahmen der EG-UmwAuditVO (2001) anerkannt werden, könnten dienstbar gemacht werden.

Denkbar wäre auch, das Modell der funktionalen Selbstverwaltung zu erweitern. Allerdings würde dies die derzeitige Praxis der Selbstverpflichtungen als Teile normativer Absprachen mit dem Staat in doppelter Weise verändern: Erstens würde dies zu einer Verrechtlichung und vor allem zu öffentlich-rechtlichen Organisationsformen führen. Zweitens müsste den Selbstverwaltungseinheiten in einem abstrakt zu bestimmenden Bereich Eigenverantwortung übertragen werden. Der Nachteil wäre, dass dann die rechtsetzende Gewalt gerade nicht informal, kooperativ und flexibel das Gemeinwohl in Absprachen mit der Wirtschaft konkretisieren könnte. Die öffentlichen Interessen, um die es bei normativen Absprachen geht, sollten gerade nicht einer so genannten mittelbaren Staatsverwaltung pauschal überlassen bleiben.

Schließlich wäre eine staatliche Kontrolle der Einhaltung von Selbstverpflichtungen durch die Vollzugsbehörden denkbar. Allerdings sprechen auch hiergegen erhebliche Gründe: Der Vorteil der Privatisierung und Entlastung des Staates würde geopfert. Die Grenzen zwischen staatlich vollziehbarem Ordnungsrecht und unverbindlichen Selbstverpflichtungen, zwischen informaler Rechtsetzung und Vollzug würden verschwimmen. Die Bindungen der vollziehenden Gewalt müssten neu bestimmt werden.

Das von der Kommission präferierte, aber nicht selbst praktizierte Modell verbindlicher Umweltabsprachen verdient Skepsis: Es ist die Frage, ob

§ 20 Verfassungs- und rechtspolitische Erwägungen

es praktikabel ist, d.h. ob die Praxis nicht die rechtlichen Hürden, die dabei zu nehmen wären, scheuten. Das Modell sollte jedenfalls nicht an Stelle des deutschen Modells unverbindlicher Selbstverpflichtungen und normativer Absprachen treten, sondern allenfalls punktuell als Alternative erwogen werden. Dabei sollten aus den negativen und positiven Erfahrungen in den Nachbarstaaten Schlüsse gezogen werden.

Es wäre denkbar, die verfassungsgerichtliche Kontrolle normativer Absprachen durch ein dem Verfahren der abstrakten Normenkontrolle entsprechendes Verfahren zu verstärken. Ob hierzu allerdings ein vordringliches Bedürfnis besteht, muss bezweifelt werden. Dabei sollte gegebenenfalls nicht nur die Vereinbarkeit normative Absprachen mit dem Grundgesetz, sondern auch mit sonstigem Bundesrecht überprüft werden, weil formales Recht grundsätzlich informal Absprachen vorgeht (s.o. § 12). Dies könnte in einem Art. 93 Abs. 1 Nr. 2 b GG und durch entsprechende Ergänzung des BVerfGG erfolgen: „Das Bundesverfassungsgericht entscheidet ... 2b. bei Meinungsverschiedenheiten oder Zweifeln über die förmliche oder sachliche Vereinbarkeit von normativen Absprachen des Bundes oder der Länder mit diesem Grundgesetze sowie mit sonstigem Bundesrechte auf Antrag der Bundesregierung, einer Landesregierung oder eines Drittels der Mitglieder des Bundestages." Rechtspolitisch wünschenswert wäre dann auch eine Klage- bzw. Antragsbefugnis von Wirtschafts-, Umwelt- und Verbraucherschutzverbänden. Dadurch würden die zuletzt erweiterten Verbandsklagebefugnisse (§ 61 BNatSchG n.F.; § 13 BehindertengleichstellungsG, UnterlassungsklageG) konsequent fortgebildet.

Das vielleicht wichtigste verfassungspolitische Bedürfnis liegt in den Problemen der Kompetenzordnung der rechtsetzenden Gewalt: Es ist unbefriedigend, wenn Gesetzgebungskompetenzen der Länder ausgehöhlt werden, die Parlamente der Länder damit an Bedeutung verlieren. Es ist nicht weniger unbefriedigend, wenn dies damit kompensiert wird, dass die Länder über den Bundesrat an weiten Teilen der Gesetzgebung des Bundes zu beteiligen sind und es dadurch zu Blockadesituationen kommt. Eine Entflechtung dieses Systems, dessen Tendenz durch Art. 23 n.F. und Art. 80 Abs. 3 n.F. GG noch verstärkt wurde, wäre wünschenswert. Sowohl die Schwächung des Wettbewerbselementes im Föderalismus als auch die Gefahr einer Blockadesituation im Bundesrat sind Momente der Ineffizienz. Nicht zuletzt diese Ineffizienz ist eine der Ursachen der informalen Ausübung rechtsetzender Gewalt durch die Bundesregierung. Dass dabei der Bundesrat umgangen wird, zeigt, dass die geltende Kompetenzordnung den Bedürfnissen der Wirklichkeit nicht gerecht wird. Weil die Verfassung ihren effektiven Geltungsanspruch nicht aufgeben kann, darf diese Situation nicht informal gelöst werden.

Wünschenswert wäre, die rechtsetzende Gewalt des Bundes und der Länder zu entflechten und sowohl der Bundesregierung ohne Beteiligung des Bundesrates als auch den Landesregierungen die Chance zu geben, sowohl durch Rechtsverordnungen als auch durch normative Absprachen steuernd zu wirken. Dazu wären entsprechende Ermächtigungen auch de constitutione lata (Art. 80 Abs. 2 GG: „vorbehaltlich anderweitiger bundesgesetzlicher Regelung") denkbar (s. o. § 11), wenngleich regelmäßig nicht ihrerseits ohne Zustimmung des Bundesrates. Für eine solche Zustimmung könnte aber ein Anreiz geschaffen werden: Nicht nur die Bundesregierung sollte dadurch Macht gewinnen. Eine Stärkung der Eigenkompetenzen der Länder wäre gerade im Bereich normativer Absprachen nicht nur aus Gründen des Wettbewerbsföderalismus, sondern auch deshalb wünschenswert, weil gerade informale Kooperationen im kleinen Rahmen überschaubarer und besser zu steuern sind. Ein Konsens zwischen Bund und Ländern zu einer Entflechtung der Kompetenzen der rechtsetzenden Gewalt im kooperierenden Verfassungsstaat würde für Bund und Länder Vorteile bringen: Nicht nur sollte die Bundesregierung vermehrt zum Erlass von Rechtsverordnungen (bzw. zu Absprachen) ohne Zustimmung des Bundesrates, sondern im Gegenzug auch die Landesregierungen in bestimmten Bereichen der Politik entsprechend ermächtigt werden. Eine Verständigung hierüber wäre als Absprache informaler, politischer Natur denkbar und wünschenswert. Eine solche Absprache könnte zu einem Motor der Verwirklichung des kooperierenden Verfassungsstaates werden und den Bundesstaat stärken, ohne dass es hierzu einer Verfassungsänderung bedürfte.

II. „Nachführung" des geltenden Rechts im kooperierenden Verfassungsstaat?

Auch wenn der kooperierende Verfassungsstaat nicht von Textänderungen abhängt, wäre eine „Nachführung" des Grundgesetzes in Bezug auf normative Absprachen denkbar. D. h. im Text des Grundgesetzes könnte an verschiedenen Stellen der Verfassungswandel bestätigt werden:

Zu denken wäre zunächst an das Prinzip kooperativer Verantwortung: Ein Verantwortungsartikel nach dem Vorbild des Art. 6 BV-Schweiz (1999) wäre im Grundgesetz verfassungspolitisch wünschenswert. Allerdings würde sich ein solcher Artikel im System des GG nicht leicht einfügen lassen. Der dem Schweizer Vorbild entsprechende und an sich „richtige" Ort wäre noch vor den Grundrechten – also ein „Artikel Null". Die Bürgerverantwortung sollte von den Grundrechten getrennt bleiben und nicht als „Notlösung" in die Präambel aufgenommen werden. Auch ein Art. 20 b GG der Bürgerverantwortung wäre unter dem Abschnitt „II. Der Bund und die Länder" nicht systematisch. Verfassungspolitisch wünschenswert wäre

§ 20 Verfassungs- und rechtspolitische Erwägungen 659

die Verknüpfung von Bürgerverantwortung und Subsidiarität zu einer textlichen Bestätigung des Prinzips kooperativer Verantwortung. Ein solcher Artikel könnte lauten: „Jede Person nimmt Verantwortung für sich selber war und trägt nach ihren Kräften zur Bewältigung der Aufgaben in Staat und Gesellschaft bei. Der Bund und die Länder fördern private, insbesondere auch kooperative Initiativen und unterstützen Selbstverpflichtungen im Dienste des Gemeinwohls."

Die Ausübung rechtsetzender Gewalt durch informale Auferlegung von Eigenverantwortung könnte ebenfalls im Grundgesetz bestätigt werden. Dabei sollte zugleich klargestellt werden, dass die Bundesregierung hierzu einer gesetzlichen Ermächtigung bedarf. Ein entsprechender Artikel wäre nach Art. 80 GG (noch vor Art. 80 a GG) zu platzieren und könnte lauten: „Durch Gesetz können die Bundesregierung, ein Bundesminister oder die Landesregierungen ermächtigt werden, normative Absprachen mit Privaten zu treffen. Art. 80 Abs. 1 Sätze 2 bis 4 gelten entsprechend. Normative Absprachen können vorbehaltlich des Art. 79 Abs. 1 Satz 1 an die Stelle des Gesetzgebungsverfahrens treten oder eine Vorlage vorbereiten, die der Zustimmung der jeweils für die Bundesgesetzgebung zuständigen Körperschaften in der Form eines Bundesgesetzes bedarf. Verordnungsermächtigungen im Sinne des Art. 80 gelten zugleich als Ermächtigung zum Abschluss normativer Absprachen."

Entgegen der herrschenden Auffassung reicht das Gesetzesinitiativrecht der Bundesregierung nach Art. 76 Abs. 1 GG nicht als Kompetenzgrundlage für Kooperationen aus. Eine Verfassungsänderung dahingehend, dass die Bundesregierung ein allgemeines normatives Kooperationsmandat mit der Wirtschaft erhält, wäre aber verfassungspolitisch nicht zu wünschen: Das Parlament würde dadurch weiter faktisch entmachtet. Es entstünde quasi neben der gesetzgebenden Gewalt i. S. d. Art. 1 Abs. 2, Art. 20 Abs. 2 und 3 und Art. 70 ff. GG eine selbständige, von der Legislative, d. h. vom Parlament unabhängige kooperierende Gewalt. Das allerdings würde die Gewaltenteilung tiefer verändern, als es notwendig ist. Einfachgesetzliche und i. S. d. Art. 80 Abs. 1 S. 2 GG begrenzte Ermächtigungen der Bundesregierung zur Kooperation sind praktikabel und geeignet, den kooperierenden Verfassungsstaat zu verwirklichen. Dass die Bundesregierung funktional am besten geeignet ist, um normative Absprachen zu treffen, sollte das Parlament nicht mehr als notwendig schwächen.

42*

Ausblick und Schluss

Der kooperierende Verfassungsstaat steht erst am Beginn seiner Entfaltung. Die Dogmatik der Bindungen rechtsetzender Gewalt im kooperierenden Verfassungsstaat muss so flexibel sein, wie ihr Gegenstand. Eine solche Dogmatik lässt sich nicht einmalig ex cathedra behaupten, sondern muss sich in der Praxis immer neu bewähren und muss stets Wirklichkeitswissenschaft gegenüber einer ständigen und schnellen Entwicklung bleiben. Die These vom kooperierenden Verfassungsstaat bleibt Auftrag und Programm:

Die Rechtswissenschaft muss Kooperationen des Staates mit der Wirtschaft weiter kritisch begleiten und die Balance zwischen den Chancen des Informalen und den Geboten des Rechtsstaates halten. Dazu sind neben den Verfassungsrechtlern und Europarechtlern auch die Kartellrechtler aufgefordert. Gerade für die Praxis des Kartellrechts können sich durch eine Neufassung des Kartellverfahrens für das EG-Kartellrecht neue Perspektiven und Herausforderungen ergeben. Wenn der kooperierende Verfassungsstaat zum gemeineuropäischen Prinzip reifen soll, muss neben dem Recht und der Praxis der Europäischen Gemeinschaft auch die Entwicklung in den Mitgliedstaaten weiter aufmerksam verfolgt werden. Auch die amerikanischen Modelle und Erfahrungen mit normprägenden Absprachen sollten im Rechtsvergleich stärkere Beachtung als bisher finden. Auch grenzüberschreitende normative Absprachen lassen einen Bedeutungszuwachs erwarten. Zu denken ist nicht nur an den internationalen Umweltschutz, sondern auch an den Bereich der elektronischen Informationstechnik. Hier werden die Prinzipien des kooperierenden Verfassungsstaates mit denen des kooperativen Verfassungsstaates (*Peter Häberle*) zu verschränken sein.

Der kooperierende Verfassungsstaat stellt auch die nationale Verfassungsdogmatik vor zahlreiche Herausforderungen, die hier nicht behandelt werden konnten: Nicht nur die rechtsetzende Gewalt, sondern nicht weniger die vollziehende Gewalt übt sich ständig in informalen Kooperationen mit Privaten. Dabei stellen sich parallele, aber nicht identische Fragen der Legitimation, der Grundrechtsgeltung, der Kompetenzen, des Rechtsstaates, der Gesetzesbindung und vor allem auch des Verwaltungsverfahrens. Diese Grundfragen des öffentlichen Rechts müssen vor dem Hintergrund der Kooperation, der Privatisierung, der Europäisierung und Internationalisierung beantwortet werden. Herausgegriffen sei hier nur die Grundrechtsfrage als einem der Dreh- und Angelpunkte:

Die Forderung *Eberhard Schmidt-Aßmanns,* nicht weniger als „das gesamte Verwaltungshandeln ... grundrechtlich systematisch neu zu vermessen"[1], kann nur eingelöst werden, wenn hierzu induktiv und bereichsspezifisch nach und nach Modelle vorgelegt werden. Schließlich muss aber auch daran gearbeitet werden, die Grundrechtsdogmatik in einem schlüssigen System zusammenzuhalten bzw. neu zusammenzuführen. Der Eingriffsbegriff, die Drittwirkung und die Schutzpflichten und ihre dogmatischen Probleme werden nicht obsolet. Fragen des grundrechtlichen Gesetzesvorbehaltes, der Verhältnismäßigkeit und des Rechtsschutzes stellen sich für jede Art der Grundrechtsbeeinträchtigung. Dies wirft noch zahlreiche grundsätzliche Fragen auf, die einer Beantwortung harren. Die hoch entwickelte Grundrechtsdogmatik unter dem Grundgesetz darf nicht dazu verleiten, europäische Perspektiven außer Acht zu lassen. Die EMRK und die Grundrechte auf Gemeinschaftsebene, aber auch die Dogmatik der Grundfreiheiten werfen parallele Probleme auf, die gemeineuropäisch zu lösen sind.

Kooperation und Informalität verlangen nicht nur nach neuen verfassungsstaatlichen Lösungen, sondern lassen auch das „klassische", d.h. einseitige und formale Handeln des Staates in einem neuen Licht erscheinen. Die Rechtswissenschaft muss die grundrechtlichen und rechtsstaatlichen Garantien des Verfahrens bewahren, muss dabei aber die „Konkurrenz des Informalen" als Herausforderung annehmen. Es darf nicht dazu kommen, dass in der Praxis einseitiges, formales Handeln grundsätzlich den Stempel des Unflexiblen und Schwerfälligen erhält und demgegenüber informale Kooperation zu einem Ausweichmechanismus für unpraktikable Verfahrensdogmatik gerät. Das gilt nicht nur für die Verwaltungsrechtsdogmatik, sondern auch für den Bereich der Rechtsetzung. Das Instrument der Verordnungsermächtigung nimmt an praktischer Bedeutung immer mehr zu – nicht nur mit Blick auf ihren Gebrauch als Drohmittel für Selbstverpflichtungen. Die Verfassungsrechtswissenschaft wird dies aufarbeiten müssen. Auch die Parallelen zur gemeinschaftsrechtlichen Verordnung eröffnen Perspektiven zu einer gemeinschaftsrechtlichen und gemeineuropäischen Theorie der rechtsetzenden Gewalt.

Der kooperierende Verfassungsstaat darf diesen Problemen nicht ausweichen, er darf sie nicht allein einer informalen Staatspraxis und deren normativer Kraft des Faktischen überlassen. Das Prinzip kooperativer Verantwortung ist die Grundlage der Legitimation des kooperierenden Verfassungsstaates, nicht weniger – aber auch nicht mehr. Sie ersetzt nicht die verfassungsstaatliche Einbindung der Kooperation, sondern ermöglicht sie erst. Das Prinzip kooperativer Verantwortung ist selbst als Aufgabe zu verstehen. Kooperation ist zwar nicht allgemein verfassungsrechtlich geboten,

---

[1] *E. Schmidt-Aßmann,* in: FS für K. Redeker, 1993, S. 225 (238).

aber doch situationsspezifisch verfassungsrechtlich erwünscht. Der kooperierende Verfassungsstaat ist nicht nur Verfassungsstaat, *obwohl,* sondern auch *weil* er kooperiert.

Zusammenfassung

Einleitung

Der Begriff des kooperierenden Verfassungsstaates ist als These zu verstehen: Auch wenn der Staat mit der Wirtschaft informal kooperiert, bleibt er ein Verfassungsstaat, in dem das Recht und insbesondere das Verfassungsrecht Geltung beanspruchen. Es ist jedoch erforderlich, die auf einseitiges Handeln zugeschnittenen dogmatischen Kategorien des öffentlichen Rechts neu zu fassen. Das betrifft Legitimationsfragen, die Grundrechtsgeltung, die Kompetenzordnung, rechtsstaatliche Garantien, das Demokratieprinzip und auch den Rechtsschutz. Wenn das informale mit dem kooperativen Moment zusammentrifft und Absprachen auf der Ebene der Rechtsetzung ansetzen, dann entfernt sich das so weit von dem Modell der formalen Gesetzgebung und des Verwaltungsvollzugs, dass hierfür „neue Wege der Verfassungstheorie zu finden und zu beschreiten" (*K. Hesse*) sind. Rein positivistische, deduktive Ansätze lassen nur die Alternative, informales Handeln entweder gänzlich zu verbieten oder aber für völlig ungebunden (weil nicht ausdrücklich geregelt) zu halten. Die Maßstäbe des kooperierenden Verfassungsstaates können methodisch nur induktiv gewonnen werden.

1. Teil: Begriffsklärung – Bestandsaufnahme – Vorverständnis

§ 1 Zentrale Instrumente der informalen Kooperation zwischen Wirtschaft und Staat sind die Selbstverpflichtung und die normative Absprache. Selbstverpflichtungen sind Zusagen von Unternehmen oder Wirtschaftsverbänden zu einem bestimmten Verhalten oder zur Erreichung bestimmter Gemeinwohlziele, die (trotz ihrer gängigen, irreführenden Bezeichnung als „Verpflichtung") rechtlich unverbindlich sind gegenüber der Öffentlichkeit oder gegenüber Behörden abgegeben werden, ohne dass zuvor formaler hoheitlicher Zwang ausgeübt wurde. Normative Absprachen sind informaler Natur und haben innerhalb der Wirtschaft horizontale sowie gegenüber dem Staat vertikale Dimensionen. Sie sind von normvollziehenden Absprachen zu unterscheiden. Normative Absprachen umfassen normersetzende Absprachen und normprägende Absprachen. Die normersetzenden Absprachen lassen sich wiederum nach normabwendenden, normverdrängenden und normflankierenden Absprachen unterscheiden. Normprägende Absprachen umfassen normantizipierende Absprachen sowie Absprachen zur Normsetzung.

§ 2 Die meisten Beispiele für normative Absprachen und Selbstverpflichtungen betreffen den Umweltschutz. Aber es existieren auch zahlreiche Beispiele aus anderen Sachbereichen, z.B. dem Verbraucherschutz, dem Medienbereich und zu sozialen Themen.

§ 3 Die Typisierung normativer Absprachen nach rechtlichen Kriterien dient der differenzierten Behandlung von Rechtsfragen. So sind zahlreiche graduelle Abstufungen staatlicher Einflussnahme zu erkennen, die insbesondere bei der Zurechnung von Grundrechtsbeeinträchtigungen unterschiedlich zu bewerten sind. So ist die Unterscheidung danach, welche Hoheitsträger an Absprachen beteiligt sind, der kompetenziellen Beurteilung zu Grunde zu legen. So werden verschiedene Typen von Normen substituiert und somit auch unterschiedliche Normsetzungsverfahren. So sind unterschiedliche Modelle der Durchführung und des Monitorings von Selbstverpflichtungen auszumachen, was für die grundrechtliche und kartellrechtliche Beurteilung der horizontalen Wirkungen normativer Absprachen von Bedeutung ist.

§ 4 Spezialgesetzliche Regelungen, die normative Absprachen betreffen, existieren nur punktuell. Sie beweisen aber, dass der moderne Gesetz- und Verordnungsgeber das Modell normativer Absprachen nicht nur duldet, sondern in einzelnen Bereichen in seinen Willen aufgenommen hat. Insbesondere die in § 22 KrW-/AbfG normierte Produktverantwortung i.V.m. den Verordnungsermächtigungen nach §§ 23 ff. KrW-/AbfG, die VerpackV, die AltautoV (1997), die BattV und die EG-UmwAuditVO (2001) sowie das UAG stehen für eine einfachrechtliche Tendenz zu mehr Kooperation und mehr Selbstverpflichtung. Diese Tendenz ist auch für die verfassungsrechtlichen Fragen nicht ohne Bedeutung: Das BVerfG scheint diese Tendenz im Verpackungsteuer-Urteil zu billigen oder übt ihr gegenüber zumindest verfassungsgerichtliche Zurückhaltung.

§ 5 Die Bestandsaufnahme zur Kooperationspraxis der Europäischen Gemeinschaft zeigt – zumindest aus deutscher Sicht – ein zwiespältiges Bild: Einerseits befürwortet die Kommission Selbstverpflichtungen und normativer Absprachen als Instrument vor allem der Umweltpolitik. Andererseits favorisiert sie das Modell verbindlicher Verträge zwischen Wirtschaft und Staat und wendet sich damit gegen die deutsche Praxis unverbindlicher Selbstverpflichtungen und informaler Absprachen.

§ 6 Die rechtsvergleichende Bestandsaufnahme zeigt, dass in den Staaten Europas und in den USA eine Fülle von Modellen für normative Absprachen mit sehr unterschiedlichen Erfahrungen praktiziert werden. Ob sich das Modell verbindlicher Umweltverträge durchsetzen wird, muss angesichts der Erfahrungen z.B. in Flandern bezweifelt werden. Die Möglichkeit gesetzlicher Kooperationsermächtigungen, wie sie in der Schweiz oder in Dänemark punktuell existieren, könnte sich in die deutsche Praxis integrieren lassen.

§ 7 Das Vorverständnis, d.h. die Einschätzung der Vor- und Nachteile normativer Absprachen ist für deren rechtliche Beurteilung von nicht erheblicher Bedeutung und wird deshalb offengelegt. Angesichts der Fülle von unterschiedlichen Beispielen und Erfahrungen verbietet sich eine pauschale Bewertung. Sowohl gegenüber euphorischer Begeisterung als auch gegenüber kategorischer Ablehnung ist Skepsis geboten. Nur eine differenzierte und fallbezogene Betrachtung der Gründe für informale Kooperation zwischen Staat und Wirtschaft und ihrer Gefahren wird dem Phänomen gerecht. Dabei sind die Effektivität und Effizienz zu würdigen. Von Selbstverpflichtungen können Innovation und Beschleunigung im Dienste öffentlicher Interessen, aber auch Hemmnisse und Verzögerung ausgehen. Die Flexibilität politischer Steuerung spricht weder pauschal für noch gegen Selbstverpflichtungen als Alternativen zum Ordnungsrecht.

2. Teil: Verfassungs- und gemeinschaftsrechtliche Bindungen der kooperierenden rechtsetzenden Gewalt

§ 8 Unter rechtsetzender Gewalt wird funktionell die staatliche Setzung von Recht verstanden, an deren Ausübung organisatorisch auch die Exekutive, nämlich die Bundesregierung im Rahmen ihres Gesetzesinitiativrechts und im Rahmen von Verordnungsermächtigungen beteiligt ist. Normative Absprachen sind informale Akte, die der Ausübung rechtsetzender Gewalt zuzuordnen sind, obwohl durch sie kein verbindliches Recht gesetzt wird. Die rechtsetzende Gewalt im kooperierenden Verfassungsstaat übt ihre Steuerungsfunktion nicht nur durch klassische Gesetz- und Verordnungsgebung, sondern auch durch den Abschluss normativer Absprachen zwischen Staat und Wirtschaft aus.

§ 9 Selbstverpflichtungen und normative Absprachen konkretisieren stets Gemeinwohlfragen. Die demokratische Legitimation formaler Rechtsetzung ist auf eine rechtsetzende Gewalt bezogen, die einseitig, wenn auch unter dem Einfluss des Lobbyismus, handelt. Bei normativen Absprachen erhalten Private eine Rolle, die über die Beeinflussung der rechtsetzenden Gewalt wesentlich hinausgeht. Private werden nicht nur mit ihren Interessen und Vorschlägen gehört, sondern vor allem auch an der Ausarbeitung politischer Lösungen und an der Beschlussfassung über sie beteiligt. Gesellschaftliche Kräfte werden dadurch zu Teilhabern an der Ausübung rechtsetzender Gewalt. Eine solche Teilhabe ist nicht als Ausübung grundrechtlicher oder demokratischer Freiheit zu legitimieren. In der pluralistischen Gesellschaft gehört zur bürgerlichen Freiheit die Partizipation an der öffentlichen Willensbildung, nicht jedoch die Mitentscheidung im Konsens mit

Organen der rechtsetzenden Gewalt. Dieser Vorgang der Kooperation Privater mit der rechtsetzenden Gewalt muss sich der Legitimationsfrage stellen. Zu legitimieren ist sowohl die informelle Ausübung rechtsetzender Gewalt durch den Staat als auch die Beteiligung Privater an ihr.

Staat und Teile der Gesellschaft gehen bei normativen Absprachen ein Kooperationsverhältnis ein. Eine Identität oder Teilidentität von Staat und Gesellschaft darf nicht entstehen, weil sie zum Totalitarismus führt. Begrenzt werden muss sowohl eine Verstaatlichung der Gesellschaft als auch eine Vergesellschaftung des Staates. Es existiert aber kein Theorem der Trennung von Staat und Gesellschaft, aus dem das Gebot eines pluralistischen Nebeneinander und das Verbot eines kooperativen Miteinander abzuleiten wäre.

Die Legitimationsfrage für normative Absprachen ist bislang nicht befriedigend gelöst worden. Dem Postulat der größtmöglichen Aktivierung gesellschaftlicher Selbstregulierung (*Matthias Schmidt-Preuß*) ist im Ergebnis zuzustimmen, nicht jedoch den bisherigen Begründungsansätzen für diese These:

Die soziale Marktwirtschaft ist als Verfassungsprinzip nicht gesichert und kann jedenfalls nicht andere Legitimationsgrundlagen der Verfassungsordnung in Frage stellen.

Der Beitrag Privater zu normativen Absprachen lässt sich nicht als Grundrechtsausübung legitimieren. Unter Berufung auf klassische Modelle der Grundrechtslehren lässt sich die Kooperation zwischen Wirtschaft und Staat bei der Rechtsetzung nicht erklären. Das gilt für die abwehrrechtlichen Grundrechtsfunktion und ihre Kehrseiten genauso wie für den „status activus prozessualis" (*Peter Häberle*), für den „status libertatis der Grundrechte" (*Hans Heinrich Rupp*) und für den „status procuratoris" (*Johannes Masing*). Auch die demokratische bzw. politische Freiheit (*Walter Schmitt Glaeser*) legitimiert nur die Teilhabe gesellschaftlicher Gruppen an der überkommenen pluralistischen Konkretisierung des Gemeinwohls.

Auch das Subsidiaritätsprinzip reicht nicht zur Legitimation. Soweit es aus den Grundrechten abzuleiten ist, verbietet es sich, aus ihm Konsequenzen zu ziehen, die über das hinausgehen, was die bereits erörterten Grundrechtslehren leisten. Weil sich aus dem Freiheitsprinzip normative Absprachen nicht legitimieren lassen, versagt auch das Subsidiaritätsprinzip insoweit. Selbstverpflichtungserklärungen und normersetzende Absprachen werfen neue Fragen auf, für deren Beantwortung das Subsidiaritätsprinzip keine Lösung enthält, sondern allenfalls die Richtung weist. Nach Art. 7 Abs. 1 Landesverfassung Vorarlberg (1984) und Art. 27 Abs. 3 Kantonsverfassung Appenzell A.Rh. (1995) gibt das Subsidiaritätsprinzip dem Staat die Kompetenz und Aufgabe, selbstregulierende Kräfte anzuregen und zu unterstützen. Eine Gemeinwohltheorie des kooperierenden Verfassungsstaates kann darauf nicht gestützt werden.

Kooperationsgebote aus dem Bereich des besonderen Verwaltungsrechts lassen sich nicht auf die Problematik normativer Absprachen übertragen. Ein Kooperationsprinzip der Rechtsetzung lässt sich aus dem Grundgesetz nicht ableiten. Der nach innen hin „kooperierende Verfassungsstaat" kann zwar als Kehrseite des nach außen hin international „kooperativen Verfassungsstaates" (*Peter Häberle*) verstanden werden. Der kooperative Verfassungsstaat kann aber auf verfassungsrechtliche Öffnungsklauseln und die Tatsache gestützt werden, dass es völkerrechtlich zum Vertrag keine Alternative imperativer Steuerung gibt. Beides lässt sich von der Kooperation mit der Wirtschaft jedoch nicht behaupten.

Der Geltungsgrund für das Prinzip des kooperierenden Verfassungsstaates liegt vielmehr im Prinzip Verantwortung. *Verantwortung* ist als Verfassungskategorie anzuerkennen, mit der normative Absprachen und ihre Legitimation zu erfassen sind. Mit Selbstverpflichtungen *übernimmt* die Wirtschaft ohne rechtlichen Zwang Verantwortung für die Erfüllung bestimmter Gemeinwohlaufgaben. Die so übernommene Verantwortung tritt an die Stelle von *Rechtspflichten*. In Absprachen wird der Wirtschaft aber auch Verantwortung vom Staat *auferlegt*. Diese normative Verantwortung unterscheidet sich der Rechtspflicht dadurch, dass sie nicht vollstreckbar und nicht einklagbar ist. Verantwortung ist dennoch eine *normative Kategorie*. Die durch Selbstverpflichtungen übernommene Verantwortung hat mit dem Ordnungsrecht gemeinsam, Verhalten zu steuern und erhebt den Anspruch, Gemeinwohl zu konkretisieren. In normativen Absprachen werden Gemeinwohlziele festgelegt bzw. Verhaltensstandards vereinbart. Es handelt sich um informale Rechtsetzung.

Die hier vorgeschlagene Gemeinwohltheorie des kooperierenden Verfassungsstaates gründet darauf, dass die Wahrnehmung von Verantwortung zu Kooperationsprozessen führt. Verantwortung als Verfassungskategorie kennt den Staat, das Volk und den Bürger als Verantwortungsträger: Staatliche Verantwortung ist demokratische, repräsentative Verantwortung und ist von der Verantwortung des Volkes abgeleitet. Alle staatliche Verantwortung geht vom Volke aus. Die Bürgerverantwortung ist als Prinzip einer vergleichenden Verfassungslehre zu erschließen. Ihre geistesgeschichtlichen Wurzeln sind bei *Hans Jonas* und *Immanuel Kants* zu finden. Die neueren Schweizer Verfassungstexte auf Kantons- und Bundesebene (Art. 8 Abs. 2 KV Bern (1993), Art. 26 Abs. 1 KV Appenzell A.Rh. (1995) und Art. 6 BV-Schweiz (1999)), die Charta von Paris für ein neues Europa vom November 1990, in Deutschland Art. 20 a GG und Beispiele des besonderen Verwaltungsrechts (§ 14 Abs. 2 VersG, § 22 KrW-/AbfG) sowie die Judikatur des BVerfG (Brokdorf-Beschluss und Verpackungsteuer-Urteil) bringen das Verantwortungsprinzip auf verschiedenen „Textstufen" (*Peter Häberle*) zum Ausdruck.

Bürger, Volk und Staat tragen je für sich gesellschaftliche Verantwortung. Ihre Verantwortungen verhalten sich zueinander nicht im Modus des „Entweder-oder", sondern des „Sowohl-als-auch". *Kooperative Verantwortung* entsteht, wenn mehrere Verantwortungsträger ihre Verantwortung dadurch einlösen, dass sie zusammenarbeiten. Verantwortung ist ein verfassungsrechtlicher Legitimationsbegriff, der nicht hoheitliche Kompetenzen neu schafft, sondern diese voraussetzt und ihre Ausübung modifiziert: Hoheitsträger werden zur Auferlegung von Verantwortung legitimiert, wenn und soweit sie auch zur Begründung von Rechtspflichten ermächtigt sind. Mit diesem Verantwortungsbegriff lässt sich auch die Teilhabe Privater an Entscheidungen der rechtsetzenden Gewalt im kooperierenden Verfassungsstaat legitimieren. Die Auferlegung von Verantwortung kann nur dadurch wirksam werden, dass diejenigen, die in die Verantwortung genommen werden, an der Begründung ihrer Verantwortung aktiv teilhaben.

§ 10 Der kooperierende Verfassungsstaat ist an die Grundrechte gebunden. Seine Grundrechtsbindung kann mit der überkommenen Grundrechtsdogmatik nicht beschrieben werden. Diese Dogmatik ist mit der Trias „Eingriff-Drittwirkung-Schutzpflicht" umrissen. Der Eingriffsbegriff ist auf einseitiges staatliches Handeln zugeschnitten. Faktische Eingriffe umfassen zwar informales Handeln und mittelbare Beeinträchtigungen, nicht aber Kooperationen des Staates. Die Drittwirkung setzt Grundrechtsbeeinträchtigungen durch Private Grenzen, ist aber auf deren autonomes und nicht auf staatlich inspiriertes Verhalten ausgerichtet. Die Schutzpflicht zwingt den Staat, ein unterlassenes Mittel zu ergreifen, trifft den kooperierenden Staat aber nur ausnahmsweise. Die Zurechnung von Grundrechtsbeeinträchtigungen, die bei oder auf Grund von Kooperationen zwischen Staat und Wirtschaft entstehen, lässt sich mit der überkommenen Theorie nicht erklären.

Die Grundrechtstheorie beruht im Bereich der Abwehrrechte auf einem Modell der Trennung von Staat und Gesellschaft. Die institutionelle Grundrechtstheorie (*P. Häberle*) hat dieses Modell zwar in Frage gestellt, die Dogmatik des status negativus aber unberührt gelassen und um einen status activus prozessualis ergänzt. Die Auswirkungen der Kooperationen zwischen Staat und Gesellschaft rufen nach Abwehrrechten. Die Dogmatik zum status negativus muss durch einen *status negativus cooperationis* ergänzt werden. Informale Rechtsetzung korrespondiert einer grundrechtlichen Mitverantwortung des Staates für die Absprache. Seine Grundrechtsbindung erfasst grundsätzlich alle absehbaren Grundrechtsbeeinträchtigungen, die aus der Selbstverpflichtung der Wirtschaft erwachsen: sie sind dem Staat zuzurechnen.

Zusammenfassung

Die Grundrechtsdogmatik für normative Absprachen muss zwischen verschiedenen Gruppen von Betroffenen differenzieren: den unmittelbar an Absprachen beteiligten Unternehmen, den Verbänden, den durch sie repräsentierten Unternehmen, den nicht durch sie repräsentierten Unternehmen, die mit jenen im Wettbewerb stehen (Außenseitern), den Zulieferern und Abnehmern und schließlich den Verbrauchern.

Den selbstverpflichteten Unternehmen gegenüber haben normative Absprachen typischerweise eine berufsregelnde Tendenz. Werden bestimmte Produktionsprozesse verändert oder verboten, dann ist der Schutzbereich des Art. 12 Abs. 1 GG eröffnet. Außerdem schützt Art. 12 Abs. 1 GG vor Wettbewerbsverzerrungen, die durch Selbstverpflichtungen entstehen. Die Teilhabe von Verbänden an Entscheidungen der rechtsetzenden Gewalt und die Auferlegung der Gemeinwohlverantwortung bei der Umsetzung von Selbstverpflichtungen führt zu einem Funktionswandel der Verbände, der vor Art. 9 Abs. 1 GG zu rechtfertigen ist. Betroffen sind insoweit die Verbände selbst, ihre Mitglieder und auch Außenseiter.

Ein eventueller Grundrechtsverzicht Absprachebeteiligter kann nur als negative Freiheitsausübung verstanden werden. Der Betroffene müsste nicht nur ohne rechtlichen Zwang, sondern ohne äußeren Druck handeln. In seiner Rechtsbeschränkung müsste sich also gerade sein freier Wille verwirklichen. Darüber hinaus ist zu fordern, dass die Motive für einen Grundrechtsverzicht mit der Verfassung vereinbar sind. Der Verzicht muss gleichsam verhältnismäßig sein.

Ein Grundrechtsverzicht ist in allen Fällen ausgeschlossen, in denen der Konsens auf staatlichem und wettbewerblichem Druck beruht. Hoheitlicher Druck wird auch nicht durch inhaltliche Mitwirkungsmöglichkeiten kompensiert. Der Auffassung, für einen Grundrechtsverzicht in Ausübung wirtschaftlicher Freiheit reiche es aus, dass den Beteiligten eine Handlungsalternative bleibt, kann nicht zugestimmt werden. Die „Handlungsalternativen" sind – anders als bei normvollziehenden Absprachen – politischer, nicht grundrechtlicher Natur. Selbstbindung stellt nur dann negative Betätigung wirtschaftlicher Freiheit dar, wenn der Grundrechtsträger dadurch selbstgesetzte wirtschaftliche Zwecke verfolgt. Die Wirtschaft erhält bei normativen Absprachen die Teilhabe an Entscheidungen der rechtsetzenden Gewalt. Diese „Gegenleistung" ist von Seiten des Staates her nicht disponibel. Sonst erlangte der „Verkauf von Hoheitsakten"[1] (*Herbert Krüger*) Grundrechtsstatus. Informale Ausübung rechtsetzender Gewalt ist aber ausschließlich durch das Prinzip kooperativer Verantwortung zu legitimieren. Dieses Prinzip befreit den Staat weder aus seiner Gemeinwohlverantwortung, noch aus seiner Grundrechtsbindung. Die Bundesregierung darf nicht politische

---

[1] *H. Krüger*, DVBl. 1955, S. 380 ff., 450 ff., 518 (520).

Teilhabe anbieten, um sich von ihrer Grundrechtsbindung zu befreien. Allenfalls tatsächliche oder finanzielle Unterstützung selbstverpflichteter Unternehmen durch den Staat könnte ein Motiv für deren Grundrechtsverzicht sein. Die Frage der dogmatischen Folgen eines solchen Verzichts ist in einem Maße ungeklärt und denkbare Lösungsvorschläge so problematisch, dass dies die Figur des Grundrechtsverzichts in seiner praktischen Anwendung insgesamt fragwürdig erscheinen lässt.

Grundrechtsbindung der kooperierenden rechtsetzenden Gewalt setzt voraus, dass diese die Bereitschaft der Wirtschaft, eine Selbstverpflichtung einzugehen bzw. zu befolgen, beeinflusst hat. Dies ist in folgenden Fallgruppen zu erkennen: Der Staat trägt Mitverantwortung für normflankierte und normverdrängende sowie für von ihm informal inhaltlich beeinflusste Absprachen, für Selbstverpflichtungen, die auf hoheitliche Initiative bzw. Inspiration zurückgehen sowie für solche, die Hoheitsträger in Ausübung ihres Amtes mit unterzeichnet, öffentlich begrüßt, tatsächlich oder finanziell unterstützt haben. Dabei kann dem Staat auch der Schein seiner Unterstützung zuzurechnen sein.

Gegenüber Außenseitern sind dem Staat Grundrechtsbeeinträchtigungen in Anlehnung an strafrechtsdogmatische Figuren, insbesondere zur mittelbaren Täterschaft und zur Garantenstellung aus Ingerenz zuzurechnen. Dadurch können die Lücken in der Grundrechtsdogmatik, die auf das klassische Bild eines einseitig und somit allein handelnden Staates zugeschnitten ist, geschlossen werden.

Grundsätzlich unterliegt die staatliche Beteiligung an normativen Absprachen dem Gesetzesvorbehalt. Schwächere Grade hoheitlicher Einflussnahme, insbesondere politische und rechtliche Stellungnahmen lösen abgestufte, schwächere Grundrechtsmitverantwortung aus und unterliegen nicht ihrerseits dem Gesetzesvorbehalt. Das von *Eberhard Schmidt-Aßmann* geforderte Stufenmodell für die Grundrechtsgeltung ist hier fruchtbar zu machen.

Darüber hinaus sind die Grundrechtsbeeinträchtigungen am Grundsatz der Verhältnismäßigkeit zu messen. Der Staat muss beobachten, ob die Gemeinwohlziele von Selbstverpflichtungen tatsächlich erreicht werden, und zwar in dem Maße, in dem die Rechtfertigung von Grundrechtsbeeinträchtigungen auf der Gemeinwohldienlichkeit aufbaut und von dieser abhängt. Art. 9 Abs. 1 GG i.V.m. dem Erforderlichkeitsprinzip verbietet es dem Staat, darauf hinzuwirken, dass Wirtschaftsverbände sich dazu bereit erklären, Gemeinwohlinteressen, die Inhalt der Absprache sind, gegebenenfalls gegen Widerstände einzelner Mitglieder durchzusetzen. Mit dem Monitoring sind deshalb verbandsexterne Institutionen zu beauftragen. Der Staat hat eine qualifizierte Schutzpflicht gegenüber Außenseitern und Geschäftspartnern. Er trägt eine Vermeidepflicht für jede nicht gerechtfertigte Grundrechtsbeeinträchtigung, die ihnen durch vertikale oder horizontale Wirkungen normativer Absprachen entstehen kann. Der Staat muss auf Beitrittsklauseln zu Selbstverpflichtungen hinwirken, die deutlich machen, dass ein Beitritt zur Selbstverpflichtung nicht den Beitritt zu einem Verband voraussetzt und dass der Verband beitretenden Außenseitern jede seinen Mitgliedern zukommende Unterstützung bezüglich der Selbstverpflichtung gewährt. Der Staat muss auf wettbewerbsneutrale Lösungen hinwirken. Deshalb ist es verfahrensrechtlich geboten, dass eine von dem federführenden Ministerium verschiedene Behörde die grundrechtlichen Interessen der Außenseiter und Geschäftspartner vertritt oder zumindest im Nachhinein die Wettbewerbsauswirkungen der Absprache überprüft. Der Staat kommt diesen Anforderungen mit der Durchführung eines Freistellungsverfahrens und kartellrechtlicher Kontrolle durch die zuständige Kartellbehörde nach.

§ 11 Die Kompetenzordnung gehört zu den Grundfunktionen jeder Verfassung. Die Ausübung hoheitlicher Gewalt muss auch im kooperierenden Verfassungsstaat auf entsprechende Kompetenzen gestützt werden. Kompetenzen für die informale Ausübung rechtsetzender Gewalt sind im Grundgesetz nicht ausdrücklich geregelt, sondern müssen induktiv vor dem Hintergrund der für die formale Rechtsetzung im Grundgesetz geregelten Kompetenzen entwickelt werden. Das Argument der Kompetenzkompensation vermag die grundgesetzliche Kompetenzordnung nicht außer Kraft zu setzen.

Die Verbandskompetenz für normative Absprachen ist dem Bund zuzuordnen, soweit ihm eine ausschließliche oder konkurrierende Gesetzgebungskompetenz zusteht. Vollzugskompetenzen der Länder nach Art. 83 GG werden durch normative Absprachen des Bundes nicht berührt, auch wenn durch die Substitution von Normen deren Vollzug entbehrlich wird. Gegen Mischformen aus normativen und normvollziehenden Absprachen bestehen jedoch erhebliche verfassungsrechtliche Bedenken.

Das formale Verfahren der Rechtsetzung teilt sich in verschiedene Phasen, an denen die Organe der rechtsetzenden Gewalt mit je unterschiedlichen Funktionen beteiligt sind. Es ist zwischen den Phasen der Initiative, der Beratung und Beschlussfassung, der Anhörungen und Zustimmungen sowie der Ausfertigung zu unterscheiden. Zwar fällt die normative Absprache bezogen auf das Verfahren formaler Rechtsetzung in die Phase der Initiative bzw. der Vorbereitung von Initiativen. Dennoch tragen die Konsensgespräche zwischen der Bundesregierung und der Wirtschaft Verhandlungscharakter und die normative Absprachen selbst Beschlusscharakter. In der Absprache wird nicht nur die negative Entscheidung des Verzichts auf formale Rechtsetzung, sondern eine positive Entscheidung der Gemeinwohlkonkretisierung getroffen. Die Kompetenz der rechtsetzenden Gewalt im kooperierenden Verfassungsstaat kann deshalb nicht allein auf Initiativrechte zur Rechtsetzung gestützt werden.

Die Bundesregierung ist nach dem Prinzip funktioneller Gewaltenteilung organisatorisch am besten geeignet, um normative Absprachen auszuhandeln und abzuschließen. Hierfür kommen anderer Bundesorgane, insbesondere der Bundestag und der Bundesrat nicht in vergleichbarer Weise in Betracht.

Verordnungsersetzende Absprachen können auf Verordnungsermächtigungen nach Art. 80 GG gestützt werden. Wenn die Bundesregierung als Ganze ermächtigt ist, bedarf es eines Beschlusses des Kabinetts. Wenn der Bundesrat einer Verordnung nach Art. 80 Abs. 2 GG zustimmen müsste, darf sein Vetorecht nicht durch normersetzende Absprachen umgangen werden. Normverdrängende Absprachen fallen hingegen in die Kompetenz des Vollzugs.

Parlamentsgesetze ersetzende Absprachen der Bundesregierung können nicht auf deren Initiativrecht nach Art. 76 Abs. 1 GG gestützt werden. Aber es sind Wege denkbar, die es ermöglichen, der Bundesregierung auch jenseits von Verordnungsermächtigungen eine Kooperationskompetenz zuzuweisen: De constitutione lata et de lege ferenda könnte die Bundesregierung durch spezielle Kooperationsermächtigungen vom Bundestag zum Abschluss von normativen Absprachen ermächtigt werden. Auch normprägende Absprachen setzen eine solche Kooperationsermächtigung voraus, wenn der Bundestag in dem folgenden formalen Gesetzgebungsverfahren durch die Absprache unter einen besonderen Zustimmungsdruck gerät.

§ 12 Auch der kooperierende Verfassungsstaat muss rechtsstaatliche Garantien gewährleisten. Aus dem Rechtsstaatsprinzip ist kein Rechtsformvorbehalt für die Ausübung der rechtsetzenden Gewalt abzuleiten. Geltende formale Gesetze und Verordnungen gehen jedoch informalen Absprachen vor, d.h. informale Absprachen dürfen nicht in inhaltlichem Widerspruch zu geltendem Recht stehen. Das Prinzip der Gewaltenteilung ist jedenfalls dann nicht verletzt, wenn man normativen Absprachen der Bundesregierung eine entsprechende gesetzliche Ermächtigung zugrundelegt. Auch einer Erweiterung des Gewaltenteilungsprinzips auf die Ausübung gesellschaftlicher Macht durch Verbände stehen normative Absprachen nicht entgegen, insbesondere wenn sie den Anforderungen des Art. 9 Abs. 1 GG und des status negativus cooperationis genügen.

Vertrauensschutz bindet die kooperierende rechtsetzende Gewalt, ohne dass dadurch die rechtliche Unverbindlichkeit und Flexibilität normativer Absprachen unterlaufen wird. Nicht die negative Inaussichtstellung, auf formale Rechtsetzung zu verzichten, sondern die positive Unterstützung normativer Absprachen kann Vertrauen begründen, das dem Staat zuzurechnen ist. Wenn die Wirtschaft auf Grund normativer Absprachen erhebliche Investitionen tätigt, ist ihr Vertrauen darauf schutzwürdig, dass diese nicht ohne weiteres durch entgegengesetzte staatliche Maßnahmen zunichte gemacht werden. Dadurch wird die Ausübung rechtsetzender Gewalt jedoch nicht stärker eingeschränkt, als durch formale, vertrauensbegründende hoheitliche Akte.

Abgesehen von den Geboten der Kompetenzordnung sind die Regeln des Verfahrens der Rechtsetzung nicht auf normative Absprachen zu übertragen. Eine Formalisierung des Informalen ist insoweit nicht geboten.

§ 13 Gegenstand demokratischer Legitimation ist die Ausübung aller Staatsgewalt. Das Handeln Privater an sich ist demokratischer Legitimation weder fähig noch bedürftig. Die Teilhabe Privater an Entscheidungen der rechtsetzenden Gewalt stellt das Demokratieprinzip dennoch vor eine große Herausforderung. Den Staat trifft eine „überwirkende Legitimationsverantwortung" (*Schmidt-Aßmann*). Nicht nur sein positiver Beitrag zum Konsens, nicht nur seine Drohung mit Rechtsetzung, nicht nur sein Verzicht auf Rechtsetzung, sondern der Konsens und die Kooperation als Ganzes ist das Ergebnis der Ausübung rechtsetzender Gewalt.

In der informalen und kooperativen Ausübung rechtsetzender Gewalt liegt keine unzulässige Selbstaufgabe des Staates, die gegen das Demokratieprinzip im kooperierenden Verfassungsstaat verstieße.

Art. 80 GG erlaubt eine begrenzte Übertragung der rechtsetzenden Gewalt auf die Bundesregierung, setzt hierfür jedoch eine entsprechende Ermächtigung durch Bundesgesetz voraus. Die Grenzen des Parlamentsvorbehalts und der Wesentlichkeitstheorie lassen sich nicht absolut bestimmen. Sie sind vielmehr im Lichte von Gegenprinzipien zu ermitteln. Die Flexibilität staatlichen Handelns und die funktionelle Eignung der Bundesregierung zur Kooperation können es gebieten, größere exekutive Entscheidungsspielräume zu schaffen. Die Entscheidung hierüber obliegt jedoch primär dem Parlament, in dessen Hand es liegt, entsprechende Ermächtigungen zu schaffen.

Die Teilhabe Privater an der kooperativen Gemeinwohlkonkretisierung ist nicht mit dem Demokratieprinzip, sondern mit dem Prinzip kooperativer Verantwortung zu legitimieren. Dieses Prinzip tritt als verfassungsstaatliche Säule der Legitimation neben das Demokratieprinzip und die Grundrechte.

§ 14 Die Europäische Kommission befürwortet Absprachen mit der Wirtschaft grundsätzlich, präferiert dabei jedoch ein Modell verbindlicher Verträge, also nicht die deutsche Praxis unverbindlicher Selbstverpflichtungen und normativer Absprachen. Die eigene Absprachepraxis der Kommission hingegen besteht bezeichnenderweise aus Empfehlungen unverbindlicher Selbstverpflichtungen. Die in dieser Arbeit für die nationale Ebene vorgeschlagenen speziellen Kooperationsermächtigungen könnten sich an der Praxis der Europäischen Gemeinschaft orientieren: Zum Abschluss normativer Absprachen lässt sich die Kommission gegebenenfalls vom Rat durch entsprechende Entschließung auffordern.

Gemeinschaftsrechtliche Grenzen nationaler Selbstverpflichtungen sind – abgesehen vom Kartellrecht – vor allem in der Warenverkehrsfreiheit und dem Recht der Umweltbeihilfen zu suchen.

Zur umstrittenen Frage, ob Selbstverpflichtungen zur Umsetzung von Richtlinien geeignet sein können, vertritt die Kommission eine differenzierte, in sich jedoch widersprüchliche Position. In der EG-Altfahrzeuge-RL ist eine Umsetzung durch Vereinbarungen ausdrücklich vorgesehen. Das wirft neue Rechtsfragen auf.

3. Teil: Konsequenzen:
Rechtliche Einbindung normativer Absprachen

§ 15 Das Kartellrecht ist die geeignete Auffangordnung für die horizontalen Wirkungen normativer Absprachen. Die Anwendung des Kartellrechts kann den verfassungsrechtlich, insbesondere grundrechtlich geforderten Verfahrensschutz für benachteiligte Unternehmen bieten.

Normative Absprachen sind atypische Kartelle, auf die das Kartellrecht grundsätzlich Anwendung findet. Weder die staatliche Beteiligung an Absprachen, noch deren normersetzender Charakter, noch deren Gemeinwohlbezug stellen die Einschlägigkeit des Kartellrechts in Frage. Die Beteiligung sowohl des Staates als auch der Wirtschaft an normativen Absprachen setzt einen Verhandlungsspielraum auf beiden Seiten voraus. Dadurch wird parallel die grundrechtliche Mitverantwortung des Staates und die kartellrechtliche Verantwortung der Unternehmen ausgelöst. Das hat zur Folge, dass normative Absprachen grundsätzlich dem Kartellverbot (§ 1 GWB und Art. 81 Abs. 1 EGV) als Ausgangspunkt der kartellrechtlichen Betrachtung unterliegen. Eine restriktive Auslegung des § 1 GWB, wie sie der jahrzehntelangen Praxis entsprach, ist vom BKartA zu Recht aufgegeben worden und lässt sich mit der 6. GWB-Novelle (1998) auch nicht mehr vertreten. Das GWB (1998) ebenso wie die Art. 81 ff. EGV fordern eine Lösung auf der Ebene der Rechtfertigung und Freistellung.

Die angemessene kartellrechtliche Behandlung normativer Absprachen setzt eine spezifisch kartellrechtliche Gemeinwohldogmatik voraus. Normative Absprachen können durch ein mit ihnen verfolgtes öffentliches Interesse kartellrechtlich gerechtfertigt werden, so dass sie im Ergebnis kartellrechtlich nicht verboten sind. Das setzt voraus, dass die wettbewerbliche

Beschränkung den Verbrauchern zugute kommt und dass sie notwendig und angemessen ist, um dem Gemeinwohl zu dienen.

Das BKartA hat hinsichtlich der Gemeinwohldienlichkeit normativer Absprachen die Beurteilung durch die Bundesregierung zu Grunde legen. Das gebietet die funktionelle und kompetenzielle Verteilung der Zuständigkeiten. Allerdings muss die Kartellbehörde die Abwägung der Gemeinwohlbelange mit den Wettbewerbsauswirkungen selbst vornehmen. Wenn das BKartA eine Freistellung (insbesondere nach § 7 GWB) nicht für möglich hält, kann der Bundesminister für Wirtschaft unter den Voraussetzungen des § 8 GWB dem Gemeinwohl Rechnung tragen. Wenn auch das nicht erfolgt, bleibt noch die Möglichkeit einer Verordnung oder eines Gesetzes, um dem Gemeinwohl entsprechend Rechnung zu tragen.

Die Durchführung eines formalen Kartellverfahrens mit einer Entscheidung über die Freistellung ist dem so genannten Duldungsmodell nach § 32 GWB vorzuziehen. Das ist nicht nur kartellrechtlich, sondern im Falle normativer Absprachen auch rechtsstaatlich geboten. Im Gegensatz zum Normalfall nicht staatlich inspirierter Kartelle haben Dritte einen subjektivrechtlichen Anspruch auf Einleitung eines Kartellverfahrens und auf Beteiligung an ihm. Das gebietet die grundrechtskonforme Auslegung des Kartellverfahrensrechts für Selbstverpflichtungen als atypische Kartelle.

§ 16 für eine verwaltungsrechtliche Betrachtung normativer Absprachen bestehen – vorbehaltlich spezialgesetzlicher Regelungen – nur wenige Anhaltspunkte. Gegen eine analoge Anwendung des VwVfG sprechen nicht nur die Wesensverschiedenheit zwischen Rechtsetzung und Vollzug, sondern bereits der Mangel einer Regelungslücke. Das Kartellrecht ist die geeignetere Auffangordnung, die ein Bedürfnis für eine verwaltungsrechtliche Formalisierung weitgehend entfallen lässt. Für eine rechtliche Einbindung etwaiger vertikaler Wirkungen des Monitorings fehlt bislang der praktische Anlass.

§ 17 Im kooperierenden Verfassungsstaat muss Rechtsschutz gegen normative Absprachen gewährt werden. Das wird dadurch möglich, dass die informale, kooperative Ausübung rechtsetzender Gewalt nicht lediglich negativ als „Nicht-Recht", sondern positiv als Gemeinwohlkonkretisierung begriffen wird, für die der Staat nach dem status negativus cooperationis grundrechtliche Mitverantwortung trägt. Nicht die Einlösung rechtlich unverbindlicher Zusagen ist justitiabel. Wohl aber gilt Art. 19 Abs. 4 GG für die Grundrechtsbeeinträchtigungen, die aus normativen Absprachen erwachsen. Hierzu stehen neben den Verfahren nach dem GWB auch die allgemeine Leistungsunterlassungsklage nach der VwGO und (subsidiär) die Verfassungsbeschwerde offen. Die kompetenziellen Konflikte zwischen den Organen der rechtsetzenden Gewalt können im Wege des Organstreits vor dem BVerfG ausgetragen werden.

§ 18 Es ist denkbar, dass normative Absprachen ausnahmsweise die Staatshaftung auslösen. In Betracht kommen die Amtshaftung – allerdings für eine neue Art legislativen Unrechts – und der Folgenbeseitigungsanspruch.

§ 19 Die in dieser Arbeit erhobenen Forderungen insbesondere nach Beachtung der kompetenziellen Grenzen und des Kartellverfahrensrechts könnten mittelbar auch informale Konsequenzen nach sich ziehen. Insbesondere die Beteiligung von Vertretern des Bundesrates und des BKartA empfiehlt sich bereits während des Absprocheprozesses, um letztlich zu schnelleren und besseren Ergebnissen zu kommen.

§ 20 Verfassungs- und rechtspolitische Erwägungen sind vor dem Hintergrund anzustellen, dass die Prinzipien des kooperierenden Verfassungsstaates aus dem geltenden deutschen und europäischen Recht und insbesondere Verfassungsrecht gewonnen werden können. Bedürfnisse für Änderungen ergeben sich in erster Linie hinsichtlich der Kompetenzverteilung der rechtsetzenden Gewalt im Bundesstaat. Insbesondere die Aushöhlung von Länderkompetenzen einerseits und der Gefahr von Blockadesituationen im Bundesrat ist unbefriedigend. Gerade der Bereich normativer Absprachen und der Ermächtigungen zu ihnen nach bzw. analog Art. 80 GG könnten Chancen zu einer Entflechtung und Effektivierung der Kompetenzordnung eröffnen. Hierzu werden Vorschläge gemacht. Auch zu einer „Nachführung" des Grundgesetzes, z. B. durch eine Regelung zur Bürgerverantwortung oder zu einer Ergänzung des Art. 80 GG werden Vorschläge gemacht.

Ausblick

Die These vom kooperierenden Verfassungsstaat eröffnet weitere Perspektiven für das nationale und europäische Verfassungs- und Verwaltungsrecht.

Literaturverzeichnis

Achterberg, Nobert, Die Rechtsordnung als Rechtsverhältnisordnung. Grundlegung der Rechtsverhältnistheorie, Berlin 1982.

Alexy, Robert, Zum Begriff des Rechtsprinzips, in: Krawietz, Werner u. a. (Hrsg.): Argumentation und Hermeneutik in der Jurisprudenz, Beiheft 1 zur Rechtstheorie (1979), S. 59 ff.

– Theorie der Grundrechte, Baden-Baden 1985.

– Rechtsregeln und Rechtsprinzipien, Beiheft 25 (1985) zu ARSP, S. 13 ff.

Amelung, Knut, Die Einwilligung in die Beeinträchtigung eines Grundrechtsgutes, Berlin 1988.

Annaheim, Jörg, Die Gliedstaaten im amerikanischen Bundesstaat, Berlin 1992.

Aristoteles, Politik III, 9, in: Hellmut Flashar (Hrsg.), Aristoteles' Werke in deutscher Übers. (erl. u. übers. v. Eckart Schütrumpf), Band 9, Darmstadt 1991.

Autexier, Christian J., Verträge und Absprachen zwischen Verwaltung und Privaten in Frankreich – Landesbericht, in: VVDStRL 52 (1993), S. 285 ff.

Axer, Peter, Normsetzung der Exekutive in der Sozialversicherung, Tübingen, 2000.

Bachof, Otto, Die verwaltungsrechtliche Klage auf Vornahme einer Amtshandlung – zugleich eine Untersuchung über den öffentlichrechtlichen Folgenbeseitigungsanspruch nach Aufhebung eines rechtswidrigen Verwaltungsaktes (1951), 2. Aufl., Tübingen 1968.

Badura, Peter, Die verfassungsrechtliche Pflicht des gesetzgebenden Parlaments zur „Nachbesserung" von Gesetzen, in: Müller, Georg/Rhinow, René/Schmid, Gerhard/Wildhaber, Luzius (Hrsg.), Festschrift für Kurt Eichenberger, Basel/Frankfurt a. M. 1982, S. 481 ff.

– Die parteienstaatliche Demokratie und die Gesetzgebung, Berlin/New York 1986.

– Das normative Ermessen beim Erlass von Rechtsverordnungen und Satzungen, in: Selmer, Peter/Münch, Ingo von (Hrsg.), Gedächtnisschrift für Wolfgang Martens, Berlin/New York 1987, S. 25 ff.

– Diskussionsbeitrag in VVDStRL 47 (1989), S. 94.

– Urteilsanmerkung zu BVerwG, Urteil v. 27. 3. 1992 – 7C21.91 –, JZ 1993, 33, in: JZ 1993, S. 37 ff.

– Staatsrecht, 2. Aufl., München 1996.

– Diskussionsbeitrag, in: VVDStRL 56 (1997), S. 305.

Bahntje, Udo, Gentlemen's Agreement und Abgestimmtes Verhalten, Hamburg 1982.

Bandt, Olaf, Selbstverpflichtungen im Abfallwirtschaftsbereich – Beurteilung aus der Sicht des Bundes für Umwelt und Naturschutz Deutschland e. V. (BUND), in: Wicke, Lutz/Knebel, Jürgen/Braeseke, Grit (Hrsg.), Umweltbezogene Selbstverpflichtungen der Wirtschaft – umweltpolitischer Erfolgsgarant oder Irrweg?, Bonn 1997, S. 125 ff.

Bartosch, Andreas, Von der Freistellung zur Legalausnahme: Der Vorschlag der Kommission für eine „neue Verordnung Nr. 17", EuZW 2001, S. 101 ff.

Bartsch, Torsten, Erfahrungen mit Umwelt-/Öko-Audits in den USA. Schutzschild vor Haftung oder gefährliches Schwert?, ZUR 1995, S. 14 ff.

Battisti, Siegfried, Freiheit und Bindung. Wilhelm von Humboldts „Idee zu einem Versuch" und das Subsidiaritätsprinzip, Berlin 1987.

Baudenbacher, Carl, Kartellrechtliche und verfassungsrechtliche Aspekte gesetzesersetzender Vereinbarungen zwischen Staat und Wirtschaft. Ein Beitrag zu staatlich inspirierten Selbstbeschränkungsabkommen, JZ 1988, S. 689.

Bauer, Hartmut, Informelles Verwaltungshandeln im öffentlichen Wirtschaftsrecht, VerwArch 78 (1987), S. 241 ff.

– Zur notwendigen Entwicklung eines Verwaltungskooperationsrechts – Statement –, in: Schuppert, Gunnar Folke (Hrsg.), Jenseits von Privatisierung und „schlankem" Staat: Verantwortungsteilung als Schlüsselbegriff eines sich verändernden Verhältnisses von öffentlichem und privatem Sektor, Baden-Baden 1999, S. 251 ff.

Baumann, Hans, Rechtsprobleme freiwilliger Selbstbeschränkung, Diss. Tübingen 1978.

Bechtold, Rainer, Kartellgesetz, Gesetz gegen Wettbewerbsbeschränkungen, München 1993.

Becker, Jürgen, Informales Verwaltungshandeln zur Steuerung wirtschaftlicher Prozesse im Zeichen der Deregulierung, DÖV 1985, S. 1003 ff.

Becker-Schwarze, Kathrin, Steuerungsmöglichkeiten des Kartellrechts bei umweltschützenden Unternehmenskooperationen. Das Beispiel der Verpackungsverordnung, Baden-Baden 1997.

Beckmann, Martin, Produktverantwortung, UPR 1996, S. 41 ff.

Bender, Bernd, Abschied vom Atomstrom? – Einige Bemerkungen zur Problematik eines forcierten Ausstiegs aus der Kernenergie, DÖV 1988, S. 813 ff.

Benz, Arthur, Normanpassung und Normverletzung im Verwaltungshandeln, in: ders./Seibel, Wolfgang (Hrsg.), Zwischen Kooperation und Korruption, Baden-Baden 1992, S. 31 ff.

– Kooperative Verwaltung. Funktionen, Voraussetzungen und Folgen, Baden-Baden 1994.

Benz, Arthur/*Seibel,* Wolfgang (Hrsg.), Zwischen Kooperation und Korruption, Baden-Baden 1992.

Berg, Wilfried, Konkurrenzen schrankendivergierender Freiheitsrechte im Grundrechtsabschnitt des Grundgesetzes, Berlin/Frankfurt a.M. 1968.
- Die verwaltungsrechtliche Entscheidung bei ungewissem Sachverhalt, 1980.
- Hilfsdienste der Wirtschaft für den Staat, in: Achterberg, Norbert/Krawietz, Werner/Wyduckel, Dieter (Hrsg.), Recht und Staat im sozialen Wandel. Festschrift für Ulrich Scupin, Berlin 1983, S. 519 ff.
- Über den Umweltstaat, in: Burmeister, Joachim (Hrsg.), Verfassungsstaatlichkeit. Festschrift für Klaus Stern, München 1997, S. 421 ff.
- Die behördliche Warnung – eine neue Handlungsform des Verwaltungsrechts? ZLR 17 (1990), S. 565 ff.

Berg, Wilfried,/*Hösch,* Ulrich, Die Produktverantwortung nach § 22 KrW-/AbfG, in: Jahrbuch des Umwelt- und Technikrechts (UTR) 1997, S. 83 ff.

Bergner, Daniel, Grundrechtsschutz durch Verfahren, München 1998.

Berka, Walter, Bürgerverantwortung im demokratischen Verfassungsstaat, VVDStRL 55 (1996), S. 48 ff.

Bernuth, Wolf Heinrich, Umweltschutzfördernde Unternehmenskooperationen und das Kartellverbot des Gemeinschaftsrechts, Baden-Baden 1996.

Bethke, Herbert, Zur Problematik von Grundrechtskollisionen, München 1977.
- Der Grundrechtseingriff, VVDStRL 57 (1998), S. 7 ff.

Beyer, Wolfgang, Der öffentlich-rechtliche Vertrag, informales Handeln der Behörden und Selbstverpflichtungserklärungen Privater als Instrumente des Umweltschutzes, Diss. Köln 1986.

Biedenkopf, Kurt, Zur Selbstbeschränkung auf dem Heizölmarkt, BB 1966, S. 1113 ff.

Blankenagel, Alexander, Die „Amtspflicht gegenüber einem Dritten" – Kasuistik ohne Systematik?, DVBl. 1981, S. 15 ff.

Bleckmann, Albert, Subordinationsrechtlicher Verwaltungsvertrag und Gesetzmäßigkeit der Verwaltung, VerwArch 63 (1972), 404.
- Probleme des Grundrechtsverzichts, JZ 1988, S. 57 ff.

Blümel, Willi, Fachplanung durch Bundesgesetz (Legalplanung), DVBl. 1997, 204 ff.

Böckenförde, Ernst-Wolfgang, Die verfassungstheoretische Unterscheidung von Staat und Gesellschaft als Bedingung der individuellen Freiheit, Opladen 1973.
- Die Methoden der Verfassungsinterpretation, NJW 1976, S. 2089 ff.
- Die Bedeutung der Unterscheidung von Staat und Gesellschaft im demokratischen Sozialstaat der Gegenwart, in: Festschrift für W. Hefermehl, Stuttgart/Berlin/Köln/Mainz 1972, S. 11 ff., auch in: ders. (Hrsg.), Staat und Gesellschaft, 1976, S. 395 ff.
- (Hrsg.), Staat und Gesellschaft, Darmstadt 1976.
- Gesetz und gesetzgebende Gewalt. Von den Anfängen der deutschen Staatsrechtslehre bis zur Höhe des staatsrechtlichen Positivismus, 2. Aufl., Berlin 1981.

- Demokratie und Repräsentation. Zur Kritik der heutigen Demokratiediskussion, Hildesheim 1983.
- Demokratische Willensbildung und Repräsentation, in: HdBStR II, Heidelberg 1987, S. 29 ff.
- Demokratie als Verfassungsprinzip, in: HdBStR I, 2. Aufl. 1995, § 22, S. 887 ff.

Böhm-Amtmann, Edeltraud, „Umweltpakt Bayern, Miteinander die Umwelt schützen", EG-Öko-Audit-Verordnung und Substitution von Ordnungsrecht, ZUR 1997, S. 178 ff.

- Probleme des Atomausstiegs aus der Sich der vollziehenden Landesverwaltung, in: Walter Bayer/Peter Michael Huber, Rechtsfragen zum Atomausstieg, Berlin 2000, S. 19 ff.

Bohne, Eberhard, Der informale Rechtsstaat. Eine empirische und rechtliche Untersuchung zum Gesetzesvollzug unter Berücksichtigung des Immissionsschutzes, Berlin 1981.

- Privatisierung des Staates, Absprachen zwischen Industrie und Regulierung in der Umweltpolitik, JbRSoz Bd. 8, 1982, S. 266 ff.
- Informales Verwaltungs- und Regierungshandeln als Instrument des Umweltschutzes, VerwArch 75 (1984), S. 343 ff.

Borgmann, Klaus, Rechtliche Möglichkeiten und Grenzen eines Ausstiegs aus der Kernernergie, Berlin 1994.

Börner, Achim-Rüdiger, Erste Überlegungen zu den privaten Normierungen der Stromdurchleitung: Stringenz und Kartellrecht (2 Teile), RdE 2000, S. 55 ff., S. 94 ff.

Bothe, Michael, Zulässigkeit landesrechtlicher Abfallabgaben, NJW 1998, S. 2333 f.

Bracher, Christian-Dietrich, Gefahrenabwehr durch Private, Berlin 1987.

Brandt, Edmund/*Ruchay,* Dietrich/*Weidemann,* Clemens (Hrsg.), Kommentar zum KrW-/AbfG, Band II Loseblatt, Stand 1999.

Brandtner, Thilo/*Michael,* Gerhard, Wettbewerbsrechtliche Verfolgung von Umweltrechtsverstößen, NJW 1992, S. 278 ff.

Breuer, Rüdiger, Direkte und indirekte Rezeption technischer Regeln durch die Rechtsordnung, AöR 101 (1976), S. 46 ff.

- Strukturen und Tendenzen des Umweltschutzrechts, in: Der Staat 20 (1981), S. 393 ff.
- Verwaltungsrechtliche Prinzipien und Instrumente des Umweltschutzes, Bergisch-Gladbach u. a. 1989.
- Verhandlungslösungen aus der Sicht des deutschen Umweltschutzrechts, in: Hoffmann-Riem, Wolfgang/Schmidt-Aßmann, Eberhard (Hrsg.), Konfliktbewältigung durch Verhandlungen, Bd. I, 1990, S. 231 ff.
- Empfiehlt es sich, ein Umweltgesetzbuch zu schaffen, gegebenenfalls mit welchen Regelungsbereichen, in: Verhandlungen des 59. dt. Juristentages, 1992, Bd. I, B 92 ff.

- Entwicklungen des europäischen Umweltrechts – Ziele, Wege und Irrwege, Berlin/New York 1993.
- Diskussionsbeitrag in VVDStRL 52 (1993), S. 358 ff.
- Diskussionsbeitrag in VVDStRL 54 (1995), S. 330 ff.
- Diskussionsbeitrag in VVDStRL 56 (1997), S. 328 ff.
- Der Entwurf einer EG-Wasserrahmenrichtlinie. Die Sicht des Staatsorganisationsrechts, NVwZ 1998, S. 1001 ff.
- Umweltschutzrecht, in: Schmidt-Aßmann, Eberhard (Hrsg.), Besonderes Verwaltungsrecht, 11. Aufl., Berlin/New York 1999, S. 473 ff.

Brohm, Winfried, Rechtsgrundsätze für normersetzende Absprachen, DÖV 1992, S. 1025 ff.
- Rechtsstaatliche Vorgaben für informelles Verwaltungshandeln, DVBl. 1994, S. 133 ff.

Brönneke, Tobias, Umweltverfassungsrecht. Der Schutz der natürlichen Lebensgrundlagen im Grundgesetz sowie in den Landesverfassungen Brandenburgs, Niedersachsens und Sachsens, Baden-Baden 1999.

Brück, Wolfram, Umweltschutz zwischen Freiwilligkeit und Zwang – Thesen zur Weiterentwicklung des umweltpolitischen Instrumentariums am Beispiel der Verpackungsverordnung, in: Wicke, Lutz/Knebel, Jürgen/Braeseke, Grit (Hrsg.), Umweltbezogene Selbstverpflichtungen der Wirtschaft – umweltpolitischer Erfolgsgarant oder Irrweg?, Bonn 1997, S. 105 ff.

Brugger, Winfried, Kommunitarismus als Verfassungstheorie des Grundgesetzes, AöR 123 (1998), S. 337 ff.
- Gemeinwohl als Ziel von Staat und Recht, in: Murswiek, Dietrich/Storost, Ulrich/Wolff, Heinrich Amadeus (Hrsg.), Staat – Souveränität – Verfassung, Festschrift für Helmut Quaritsch, Berlin 2000, S. 45 ff.

Buhck, Henner, Überwachungsgemeinschaften im Umweltrecht. Eine insbesondere verfassungsrechtliche Untersuchung der Einsatzmöglichkeiten von Überwachungsgemeinschaften im Bereich des Umweltrechts, Berlin 1997.

Bulling, Manfred, Kooperatives Verwaltungshandeln (Vorverhandlungen, Arrangements, Agreements und Verträge) in der Verwaltungspraxis, DÖV 1989, S. 277 ff.
- Umweltschutz und Wirtschaftsüberwachung, in: Hill, Hermann (Hrsg.), Verwaltungshandeln durch Verträge und Absprachen, 1990, S. 147 ff.

Bullinger, Martin, Zwecke und Neuerungen des bevorstehenden japanischen Verwaltungsverfahrensgesetzes, VerwArch 84 (1993), S. 65 ff.

Bundesminister für Umwelt, Naturschutz und Reaktorsicherheit (Hrsg.), Umweltbrief Nr. 33 v. 17. 12. 1986.
- (Hrsg.), Umweltgesetzbuch (UGB-KomE) Entwurf der Sachverständigenkommission, 1998.

– (Hrsg.), Beschluss der Bundesregierung zur Verminderung der energiebedingten CO_2-Emissionen bis zum Jahr 2005, Kabinettsbeschluss vom 7. November 1990, 3. Aufl., Bonn 1992.

– (Hrsg.), Verminderung der energiebedingten CO_2-Emissionen in der Bundesrepublik Deutschland, Kabinettsbeschluss vom 11. Dezember 1991, 2. Aufl., Bonn 1992.

– (Hrsg.), Beschluss der Bundesregierung vom 29. September 1994 zur Verminderung der CO_2-Emissionen und anderer Treibhausgasemissionen in der Bundesrepublik Deutschland, Bonn 1994.

Bunte, Hermann-Josef, Das Verhältnis von deutschem zu europäischem Kartellrecht, WuW 1989, S. 7 ff.

Bunte, Hermann-Josef/*Sauter,* Herbert, EG-Gruppenfreistellungsverordnungen, Kommentar, München 1988.

Burgi, Martin, Funktionale Privatisierung und Verwaltungshilfe. Staatsaufgabendogmatik – Phänomenologie – Verfassungsrecht, Tübingen 1999.

Burmeister, Joachim, Verträge und Absprachen zwischen Verwaltung und Privaten, VVDStRL 52 (1993), S. 190 ff.

Buschmann, Wolfgang, Kooperationspflichten im Versammlungsrecht, Frankfurt a. M. 1990.

Bydlinski, Franz, (Hrsg.), Das bewegliche System im geltenden und künftigen Recht, Wien 1986.

Calliess, Christian, Subsidiaritäts- und Solidaritätsprinzip in der Europäischen Union, 2. Aufl., Neuwied 1999.

Calliess, Christian/*Ruffert,* Matthias, (Hrsg.), Kommentar zu EU-Vertrag und EG-Vertrag, Neuwied 1999.

Canaris, Claus-Wilhelm, Grundrechte und Privatrecht, AcP 184 (1984), S. 201 ff.

– Die Vertrauenshaftung im deutschen Privatrecht, München 1971.

– Grundrechte und Privatrecht, Heidelberg/New York 1999.

Christ, Patrick, Rechtsfragen der Altautoverwertung, Baden-Baden 1998.

Danwitz, Thomas von, Die Gestaltungsfreiheit des Verordnungsgebers. Zur Kontrolldichte verordnungsgeberischer Entscheidungen, Berlin 1989.

– Zur Funktion und Bedeutung der Rechtsverhältnislehre, Die Verwaltung 1997, S. 339 ff.

Dauses, Manfred A., (Hrsg.), Handbuch des EU-Wirtschaftsrechts, Band 2, München 2000.

Dempfle, Ulrich, Normvertretende Absprachen, Pfaffenweiler 1994.

Depenheuer, Otto, Bürgerverantwortung im demokratischen Verfassungsstaat, VVDStRL 55 (1996), S. 90 ff.

Detterbeck, Steffen/*Windhorst,* Kay/*Sproll,* Hans-Dieter, Staatshaftungsrecht, München 2000.

Dietlein, Johannes, Die Lehre von den grundrechtlichen Schutzpflichten, Berlin 1992.
- Das Untermaßverbot, ZG 1995, S. 131 ff.

Di Fabio, Udo, System der Handlungsformen und Fehlerfolgenlehre, in: Becker-Schwarze, Kathrin/Köck, Wolfgang/Kupka, Thomas/Schwanenflügel, Matthias von (Hrsg.), Wandel der Handlungsformen im Öffentlichen Recht, Stuttgart/München/Hannover/Berlin 1991, S. 47 ff.
- Risikoentscheidungen im Rechtsstaat, Tübingen 1994.
- Die Verfassungskontrolle indirekter Umweltpolitik am Beispiel der Verpackungsverordnung, NVwZ 1995, S. 1 ff.
- Verwaltung und Verwaltungsrecht zwischen gesellschaftlicher Selbstregulierung und staatlicher Steuerung, VVDStRL 56 (1997), S. 235 ff.
- Selbstverpflichtungen der Wirtschaft – Grenzgänger zwischen Freiheit und Zwang, JZ 1997, S. 969 ff.; auch in: Kloepfer, Michael (Hrsg.), Selbst-Beherrschung im technischen und ökologischen Bereich, Berlin 1998, S. 119 ff.
- Privatisierung und Staatsvorbehalt – Zum Schlüsselbegriff der öffentlichen Aufgabe, JZ 1999, S. 585 ff.
- Der Ausstieg aus der wirtschaftlichen Nutzung der Kernenergie – Europarechtliche und verfassungsrechtliche Vorgaben, Köln/Berlin/Bonn/München, 2000.

Dittmann, Bernd, Erklägung der deutschen Wirtschaft zur Klimavorsorge – Chance oder Problemfall?, in: Wicke, Lutz/Knebel, Jürgen/Braeseke, Grit (Hrsg.), Umweltbezogene Selbstverpflichtungen der Wirtschaft – umweltpolitischer Erfolgsgarant oder Irrweg?, Bonn 1997, S. 163 ff.

Dose, Nicolai, Kooperatives Recht, in: Die Verwaltung 27 (1994), S. 91 ff.

Dostojewskij, Fjodor M., Die Brüder Karamasow (1879/80), deutsch von H. Ruoff/R. Hoffmann, München 1978.

Dragunski, Robert, Kooperation von Verwaltungsbehörden mit Unternehmen im Lebensmittelrecht, Bayreuth 1997.

Dreier, Horst, Hierarchische Verwaltung im demokratischen Staat, Tübingen 1991.
- Informales Verwaltungshandeln, in: Staatswissenschaften und Staatspraxis 1993, S. 647 ff.
- Diskussionsbeitrag, in: VVDStRL 52 (1993), S. 337.
- (Hrsg.), Grundgesetz Bd. I, Tübingen 1996, Bd. II, Tübingen 1998.
- (Hrsg.), Rechtssoziologie am Ende des 20. Jahrhunderts. Gedächtnissymposion für Edgar Michael Wentz, Tübingen 2000.

Dürig, Günter, Art. 9 Grundgesetz in der Kartellproblematik, NJW 1955, S. 729 ff.
- Der Grundrechtssatz von der Menschenwürde. Entwurf eines praktikablen Wertsystems der Grundrechte aus Art. 1 Abs. 1 i.V.m. 19 Abs. 2 des Grundgesetzes, AöR 81 (1956), S. 117 ff.
- Grundrechte und Zivilrechtsprechung, in: Theodor Maunz (Hrsg.), Festschrift für Hans Nawiasky, München 1956, S. 157 ff.

– Diskussionsbeitrag, in: VVDStRL 29 (1971), S. 126.

Dworkin, Ronald, Taking Rights Seriously, 1977; deutsch: Bürgerrechte ernstgenommen, Frankfurt a.M. 1984.

Eberle, Carl-Eugen, Arrangements im Verwaltungsverfahren, Die Verwaltung 17 (1984), S. 439 ff.

Ehle, Dirk, Die Einbeziehung des Umweltschutzes in das Europäische Kartellrecht – Eine Untersuchung zu Art. 85 EGV unter besonderer Berücksichtigung kooperativer abfallrechtlicher Rücknahme- und Verwertungssysteme, Köln/Berlin/Bonn/München 1996.

Ehlers, Dirk, Die Handlungsformen bei der Vergabe von Wirtschaftssubventionen, VerwArch 74 (1983), S. 112 ff.

– Verwaltung in Privatrechtsform, Berlin 1984.

– Rechtsverhältnisse in der Leistungsverwaltung, DVBl. 1986, 912 ff.

– Die Einwirkung des Rechts der europäischen Gemeinschaften auf das Verwaltungsrecht, DVBl. 1991, S. 605 ff.

Ehmke, Horst, Wirtschaft und Verfassung. Die Verfassungsrechtsprechung des Supreme Court zur Wirtschaftsregulierung, Karlsruhe 1961.

– Prinzipien der Verfassungsinterpretation, in: VVDStRL 20 (1963), S. 53 ff.

– „Staat" und „Gesellschaft" als verfassungstheoretisches Problem, in: Hesse, Konrad/Reicke, Siegfried/Scheuner, Ulrich (Hrsg.), Festschrift für Rudolf Smend, Tübingen 1962, S. 23 ff., auch in: ders., Beiträge zur Verfassungstheorie und Verfassungspolitik (hrsgg. von Häberle, Peter), 1981, S. 300 ff. und in: Böckenförde, Ernst-Wolfgang (Hrsg.), Staat und Gesellschaft, 1976, S. 241 ff.

Ehrenzeller, Bernd u.a. (Hrsg.), St. Galler Kurzkommentar zur neuen Bundesverfassung, i.E.

Ekardt, Felix, Steuerungsdefizite im Umweltrecht. Ursachen unter besonderer Berücksichtigung des Naturschutzrechts und der Grundrechte. Zugleich zur Relevanz religiösen Säkularisats im öffflichen Recht, Sinzheim 2001.

Ellwein, Thomas, Norm, Normalität und das Anormale, in: Benz, Arthur/Seibel, Wolfgang (Hrsg.), Zwischen Kooperation und Korruption, 1992, S. 19.

Emmerich, Volker, Kartellrecht, 8. Aufl., München 1999.

– Kartellrecht, in: Dauses, Manfred A. (Hrsg.), Handbuch des EU-Wirtschaftsrechts, Band 2, H I, München 2000.

Enders, Christoph, Ökonomische Prinzipien im Dienst des Umweltrechts? – Rechtliche Funktionsbedingungen des Emissionsrechtehandels –, DÖV 1998, S. 184 ff.

Engel, Christoph, Die Einwirkungen des Europäischen Gemeinschaftsrechts auf das deutsche Verwaltungsrecht, Die Verwaltung 25 (1992), S. 437 ff.

– Diskussionsbeitrag, in: VVDStRL 56 (1997), S. 301.

– Selbstregulierung im Bereich der Produktverantwortung, in: Staatswissenschaften und Staatspraxis 1998, S. 535 ff.

Engel, Christoph/*Morlok,* Martin (Hrsg.), Öffentliches Recht als Gegenstand ökonomischer Forschung, Tübingen 1998.

Epiney, Astrid, Umweltrecht in der Europäischen Union, Köln/Berlin/Bonn/ München 1997.

Erfmeyer, Klaus, Die Rechtsnatur „heimlicher" behördlicher Maßnahmen, DÖV 1999, S. 719 ff.

Faber, Angela, Altautoentsorgung: Umweltschutz und Wettbewerb, UPR 1997, S. 431 ff.

– Gesellschaftliche Selbstregulierungssysteme im Umweltrecht – unter besonderer Berücksichtigung der Selbstverpflichtungen, Köln 2001.

Falke, Josef, „Umwelt-Audit"-Verordnung. Grundsätze und Kritikpunkte, ZUR 1995, S. 4 ff.

Finckh, Andreas, Regulierte Selbstregulierung im dualen System. Die Verpackungsverordnung als Instrument staatlicher Steuerung, Baden-Baden 1998.

Fikentscher, Wolfgang, Recht und wirtschaftliche Freiheit, 1. Band: Die Freiheit des Wettbewerbs, Tübingen 1992.

Flasbarth, Jochen, Umweltbezogene Selbstverpflichtungen der Wirtschaft aus der Sicht des Naturschutzbundes Deutschland e.V. (NABU), in: Wicke, Lutz/Knebel, Jürgen/Braeseke, Grit (Hrsg.), Umweltbezogene Selbstverpflichtungen der Wirtschaft – umweltpolitischer Erfolgsgarant oder Irrweg?, Bonn 1997, S. 63 ff.

Fleiner, Fritz/*Giacometti,* Z., Schweizerisches Bundesstaatsrecht, Zürich 1949 (Nachdr. 1978).

Fleiner-Gerster, Thomas/*Öhlinger,* Theo/*Krause,* Peter, Rechtsverhältnisse in der Leistungsverwaltung, VVDStRL 45 (1987), S. 152 ff.

Fluck, Jürgen, (Hrsg.), Kreislaufwirtschafts-, Abfall- und Bodenschutzrecht, Loseblatt, Heidelberg Stand Januar 2000.

Fluck, Jürgen/*Schmitt,* Thomas, Selbstverpflichtungserklärungen und Umweltvereinbarungen – rechtlicher Königsweg deutscher und europäischer Umweltpolitik, VerwArch 1998, S. 220 ff.

Flume, Werner, Das Rechtsgeschäft und das rechtlich relevante Verhalten, AcP 161, S. 52 ff.

– Allgemeiner Teil des Bürgerlichen Rechts, Band II: Das Rechtsgeschäft, 3. Aufl., Berlin/Heidelberg/New York 1979.

Franzius, Claudio, Die Herausbildung der Instrumente indirekter Verhaltenssteuerung im Umweltrecht der Bundesrepublik Deutschland, Berlin 2000.

Frenz, Walter, Europäisches Umweltrecht, München 1997.

– Nationalstaatlicher Umweltschutz und EG-Wettbewerbsfreiheit. Beschränkungen von Art. 85, 86 EGV und ihre Rechtfertigung durch den Umweltschutz als eigenständigen Rechtfertigungsgrund im Lichte des Subsidiaritätsprinzips, Köln/ Berlin/Bonn/München 1997.

- Freiwillige Selbstverpflichtungen/Umweltvereinbarungen zur Reduzierung des Energieverbrauchs im Kontext des Gemeinschaftsrechts, EuR 1999, S. 27 ff.
- Kommentar zum KrW-/AbfG, 2. Aufl., Köln/Berlin/Bonn/München 1998.
- Selbstverpflichtungen der Wirtschaft, Tübingen 2001.
- Atomkonsens und Landesvollzugskompetenz, NVwZ 2002, S. 561 ff.

Friedrich, Manfred, Möglichkeiten und kartellrechtliche Grenzen umweltschutzfördernder Kooperation zwischen Unternehmen, Diss. Bochum 1977.

Friedrich, Roland O., Umweltschutz durch Wettbewerbsrecht, WRP 1996, S. 1 ff.

Forsthoff, Ernst, Die Verwaltung als Leistungsträger, Stuttgart 1938.

- Zur Problematik der Verfassungsauslegung, Stuttgart 1961.
- Der Staat in der Industriegesellschaft, München 1971.

Fujita, Tokiyasu, Gyoseishido. Rechtsprobleme eines Hauptmittels der gegenwärtigen Verwaltung in Japan, Die Verwaltung 15 (1982), S. 226 ff.

Furrer, Andreas, Die Einbindung der Wirtschaft in umweltrechtliche Massnahmen am Beispiel der Umweltvereinbarung, Normung und Umwelthaftung. Neue Ansätze im Recht der EU und ihre Rückwirkungen auf die Schweiz, Bern 1999.

Gallwas, Hans-Ullrich, Faktische Beeinträchtigungen im Bereich der Grundrechte, Berlin 1970.

- Die Erfüllung von Verwaltungsaufgaben durch Private, VVDStRL 29 (1971), S. 121 ff.
- Diskussionsbeitrag, in: VVDStRL 57 (1998), S. 116.

Geers, Ulrich, Die Gruppenfreistellung im EG-Kartellrecht, Münster/Hamburg/London 2000.

Geiger, Jutta, Der gemeinschaftsrechtliche Grundsatz der Staatshaftung, Baden-Baden 1997.

Geiger, Willi, Menschenrecht und Menschenbild in der Verfassung der Bundesrepublik Deutschland, in: Zeidler, Wolfgang/Maunz, Theodor/Roellecke, Gerd (Hrsg.), Festschrift für Hans Joachim Faller, München 1984, S. 3 ff.

Geis, Max-Emanuel, Geheime Offenbarung oder Offenbarungseid?, in: Recht der Jugend und des Bildungswesens (RdJB) 1995, S. 373 ff.

- Diskussionsbeitrag, in: VVDStRL 56 (1997), S. 288.

Gerken, Lüder/*Renner,* Andreas, Ordnungspolitische Grundfragen einer Politik der Nachhaltigkeit, Baden-Baden 1995.

Gleiss/Hirsch, Kommentar zum EG-Kartellrecht, hrsgg. von Hirsch, Martin/Burkert, Thomas O. J., 4. Aufl., Heidelberg 1993.

Görgens, Egon/*Troge,* Andreas, Rechtliche verbindliche Branchenabkommen zwischen Staat und Branchen als umweltpolitisches Instrument in der Bundesrepublik Deutschland. Gutachten im Auftrag des Umweltbundesamtes Berlin, Berlin 1982.

Gottberg, Joachim von, Freiwillige Selbstkontrolle Fernsehen (FSF) (Hrsg.), Jugendschutz in den Medien, 1995.

Grabitz, Eberhard, Freiheit und Verfassungsrecht, Tübingen 1976.

Gramm, Christof, Privatisierung und notwendige Staatsaufgaben, Berlin 2000.

Grewlich, Klaus W., Umweltschutz durch „Umweltvereinbarungen" nach nationalem Recht und Europarecht, DÖV 1998, S. 54 ff.

Grimm, Dieter, Das Grundgesetz nach vierzig Jahren, NJW 1989, S. 1305 ff.

– (Hrsg.), Wachsende Staatsaufgaben – sinkende Steuerungsfähigkeit des Rechts, Baden-Baden 1990.

– Der Wandel der Staatsaufgaben und die Krise des Rechtsstaats, in: ders. (Hrsg.), Wachsende Staatsaufgaben – sinkende Steuerungsfähigkeit des Rechts, Baden-Baden 1990, S. 291 ff.

– Die Zukunft der Verfassung, Frankfurt a. M. 1991.

– Diskussionsbeitrag, in: VVDStRL 52 (1993), S. 324.

– Der Wandel der Staatsaufgaben und die Zukunft der Verfassung, in: ders. (Hrsg.), Staatsaufgaben, Baden-Baden 1994/1996, S. 613 ff.

– (Hrsg.), Staatsaufgaben, Baden-Baden 1996.

Groeben, v. d./*Thiesing/Ehlermann* (Hrsg.), Handbuch des Europäischen Rechts, Baden-Baden, Loseblatt (387. Lfg. Juli 1999).

Gröschner, Rolf, Öffentlichkeitsaufklärung als Behördenaufgabe, DVBl. 1990, S. 619.

– Das Überwachungsrechtsverhältnis, Tübingen 1992.

– Vom Nutzen des Verwaltungsrechtsverhältnisses, Die Verwaltung 1997, S. 301 ff.

– Der homo oeconomicus und das Menschenbild des Grundgesetzes, in: Christoph Engel/Martin Morlok (Hrsg.), Öffentliches Recht als Gegenstand ökonomischer Forschung, Tübingen 1998.

Grüter, Manfred, Umweltrecht und Kooperationsprinzip in der Bundesrepublik Deutschland, Düsseldorf 1990.

Gusy, Christoph, Wertungen und Interessen in der technischen Normung, UPR 1986, S. 241 ff.

– Konfliktmittlung beim Erlaß von Verwaltungsvorschriften, in: Hoffmann-Riem, Wolfgang/Schmidt-Aßmann, Eberhard (Hrsg.), Konfliktbewältigung durch Verhandlungen, Bd. II, 1990, S. 109 ff.

Häberle, Peter, Die Wesensgehaltgarantie des Art. 19 Abs. 2 Grundgesetz, Karlsruhe 1962, 3. Aufl. 1983.

– Unmittelbare staatliche Parteifinanzierung nach dem GG – BVerfG 20, 56, JuS 1967, S. 64 ff.

– Öffentliches Interesse als juristisches Problem, Bad Homburg 1970.

– Grundrechte im Leistungsstaat, VVDStRL 30 (1972), S. 43 ff.

– Berufsständische Satzungsautonomie und staatliche Gesetzgebung. Zur Facharztentscheidung des BVerfG vom 9.5.1972, DVBl. 1972, S. 909 ff., in: DVBl. 1972, S. 909 ff.

- Zeit und Verfassung, in: ZfP 21 (1974), S. 111 ff.; auch in: ders., Verfassung als öffentlicher Prozeß, 3. Aufl. 1998, S. 59 ff.
- Die offene Gesellschaft der Verfassungsinterpreten – Ein Beitrag zur pluralistischen und „prozeduralen" Verfassungsinterpretation, JZ 1975, S. 297 ff.; auch in: ders., Verfassung als öffentlicher Prozess, 3. Aufl. 1998, S. 155 ff.
- Verfassungstheorie zwischen Dialektik und Kritischem Rationalismus, Zeitschrift für Rechtstheorie 7 (1976); auch in: ders., Verfassung als öffentlicher Prozess, 3. Aufl. 1998, S. 303 ff.
- Diskussionsbeitrag, in: VVDStRL 36 (1978), S. 129 f.
- Das Verwaltungsrechtsverhältnis – eine Problemskizze, in: Das Sozialrechtsverhältnis. 1. Sozialrechtslehrertagung Kassel, 16. Mai 1979, o.O. o.J. (Schriftenreihe des Deutschen Sozialgerichtsverbandes, Band XVIII), S. 60 ff.; auch in: Die Verfassung des Pluralismus, 1980, S. 248 ff.
- Die Verfassung des Pluralismus, Königstein/Ts. 1980.
- Klassikertexte im Verfassungsleben, Berlin 1981.
- Verfassungsstaatliche Staatsaufgabenlehre, AöR 111 (1986), S. 595 ff.
- Die verfassunggebende Gewalt des Volkes im Verfassungsstaat – eine vergleichende Textstufenanalyse, in: AöR 112 (1987), S. 54 ff.
- Grundrechtsgeltung und Grundrechtsinterpretation im Verfassungsstaat – Zugleich zur Rechtsvergleichung als „fünfter" Auslegungsmethode, JZ 1989, S. 913 ff.; auch in: Rechtsvergleichung im Kraftfeld des Verfassungsstaates, S. 27 ff.
- Grundrechte und parlamentarische Gesetzgebung im Verfassungsstaat – das Beispiel des deutschen Grundgesetzes, in: AöR 114 (1989), S. 361 ff.
- Textstufen als Entwicklungswege des Verfassungsstaates, in: Jekewitz, Jürgen/ Klein, Karl Heinz u. a. (Hrsg.), Des Menschen Recht zwischen Freiheit und Verantwortung, Festschrift für Karl Josef Partsch zum 75. Geb., 1989, S. 555 ff. (auch in: ders., Rechtsvergleichung im Kraftfeld des Verfassungstaates, S. 3 ff.).
- Der Entwurf der Arbeitsgruppe „Neue Verfassung der DDR" des Runden Tisches (1990), in: JöR 39 (1990), S. 319 ff.;.
- Gemeineuropäisches Verfassungsrecht, EuGRZ 1991, S. 261 ff.
- Rechtsvergleichung im Kraftfeld des Verfassungsstaates, Berlin 1992.
- Gibt es eine europäische Öffentlichkeit?, ThürVBl 1998, S. 121 ff.
- Verfassungslehre als Kulturwissenschaft, 2. Aufl., Berlin 1998.
- Verfassung als öffentlicher Prozeß (1978), 3. Aufl., Berlin 1998.
- Effizienz und Verfassung, in: ders. Verfassung als öffentlicher Prozeß, 3. Aufl., Berlin 1998, S. 290 ff.
- Europäische Verfassungslehre in Einzelstudien, Baden-Baden 1999.
- Verfassungsvergleichung und Verfassunggebung – der Beitrag der Rechtswissenschaft zum Entstehungsvorgang der Europäischen Verfassung(en); in: ders., Europäische Verfassungslehre in Einzelstudien, 1999, S. 39 ff.

- Die europäische Verfassungsstaatlichkeit, in: ders., Europäische Verfassungslehre in Einzelstudien, 1999, S. 64.
- Gibt es eine europäische Öffentlichkeit?, Berlin 2000.
- Öffentliches Interesse revisited, in: Winter, Gerd (Hrsg.), Das Öffentliche heute, 2002, S. 157 ff.
- Die Verfassung „im Kontext", in: Thürer, Daniel/Aubert, Jean- François/Müller, Jörg Paul (Hrsg.), Verfassungsrecht der Schweiz, Zürich 2001, § 2, S. 17.
- Das Menschenbild im Verfassungsstaat, 2. Aufl., Berlin 2001.
- Gibt es ein europäisches Gemeinwohl? – eine Problemskizze, in: Hans-Joachim Cremer u. a., Tradition und Weltoffenheit des Rechts, Festschrift für Helmuth Steinberger, Berlin/Heidelberg/New York u. a. 2002, S. 1153 ff.

Habermas, Jürgen, Faktizität und Geltung (1992), 4. Aufl., Frankfurt a. M. 1994.

Haigh, Nigel/*Kraemer*, R. Andreas, „Sustainable Development" in den Verträgen der Europäischen Union, ZUR 1996, S. 239 ff.

Hain, Karl-Eberhard, Der Gesetzgeber in der Klemme zwischen Übermaß- und Untermaßverbot?, DVBl. 1993, S. 982 ff.

Hart, H. L. A., Punishment and Responsibility, New York/Oxford 1968.

Harter, Philip, Negotiating Regulations: A Cure for Malaise, 71 Geo. Law Journal 1981, S. 1 ff.

Hegel, Georg Wilhelm Friedrich, Grundlinien der Philosophie des Rechts (1821), Werke Band 7, Frankfurt a. M. 1986.

Heintzen, Markus, Subsidiaritätsprinzip und Europäische Gemeinschaft, JZ 1991, S. 317 ff.
- Die „Herrschaft" über die Gemeinschaftsvertäge, AöR 119 (1994), S. 564 ff.

Helberg, Andreas, Normabwendende Selbstverpflichtungen als Instrumente des Umweltrechts. Verfassungs- und verwaltungsrechtliche Voraussetzungen und Grenzen, Sinzheim 1999.

Heller, Hermann, Der Begriff des Gesetzes in der Reichsverfassung, VVDStRL 4 (1927), S. 98 ff.
- Staatslehre (1934), 6. Aufl., Tübingen 1983.

Hengstschläger, Johannes, Verträge und Absprachen zwischen Verwaltung und Privaten (Länderbericht Österreich), VVDStRL 52 (1993), S. 298 ff.

Henneke, Hans-Günter, Informelles Verwaltungshandeln im Wirtschaftsverwaltungs- und Umweltrecht, NuR 6 (1991), S. 267 ff.

Hermes, Georg, Das Grundrecht auf Schutz von Leben und Gesundheit, Heidelberg 1987.
- Staatliche Infrastrukturverantwortung – Rechtliche Grundstrukturen netzgebundener Transport- und Übertragungssysteme zwischen Daseinsvorsorge und Wettbewerbsregulierung am Beispiel der leistungsgebundenen Energieversorgung in Europa, Tübingen 1998.

Herrmann, Harald, Interessenverbände und Wettbewerbsrecht – Ein deutsch-amerikanischer Vergleich zum Recht der unberechtigten Verfahrenseinteilung, Selbstbeschränkungsabkommen und Wettbewerbsregeln, Baden-Baden 1984.

Herzog, Roman, Ziele, Vorbehalte und Grenzen der Staatstätigkeit, in: HdBStR III, 1988, § 58, S. 83 ff.

Hesse, Konrad, Der unitarische Bundesstaat, Karlsruhe 1962

- Bemerkungen zur heutigen Problematik und Tragweite der Unterscheidung von Staat und Gesellschaft, DÖV 1975, S. 437 ff.

- Die verfassungsgerichtliche Kontrolle der Wahrnehmung grundrechtlicher Schutzpflichten des Gesetzgebers, in: Festschrift für Ernst Gottfried Mahrenholz, Baden-Baden 1994, S. 541 ff.

- Grundzüge des Verfassungsrechts der Bundesrepublik Deutschland, 20. Aufl., Heidelberg 1995 (Neudruck 1999).

- Die Welt des Verfassungsstaates – Einleitende Bemerkungen, in: Morlok, Martin, (Hrsg.), Erträge des wissenschaftlichen Kolloquiums zu Ehren von Peter Häberle aus Anlass seines 65. Geburtstages, Baden-Baden 2001, S. 11 ff.

Hill, Hermann (Hrsg.), Verwaltungshandeln durch Verträge und Absprachen, Baden-Baden 1990.

- Kooperatives Verwaltungshandeln (Vorverhandlungen, Arrangements, Agreements und Verträge) in der Verwaltungspraxis, DÖV 1989.

Hirschberg, Lothar, Der Grundsatz der Verhältnismäßigkeit, Göttingen 1981.

Hirschfeld, Sven Michael, Staatlich initiierte Monopole und Verfassungsrecht – das Beispiel der Verpackungsverordnung. Beschreibung und Bewertung einer neuartigen legislativen Steuerungstechnik, gleichzeitig eine Untersuchung zur Rechtmäßigkeit der Verpackungsverordnung, Baden-Baden 1997.

Hoeren, Thomas, Selbstregulierung im Banken- und Versicherungsrecht, Karlsruhe 1995.

Hoffmann, Michael, Verfassungsrechtliche Anforderungen an Rechtsverordnungen zur Produktverantwortung nach dem Kreislaufwirtschafts- und Abfallgesetz, DVBl. 1996, S. 347 ff.

Hoffmann-Riem, Wolfgang, Selbstbindungen der Verwaltung, VVDStRL 40 (1982), S. 187 ff.

- Konfliktmittler in Verwaltungsverhandlungen, Heidelberg 1989.

- Verhandlungslösungen und Mittlereinsatz im Bereich der Verwaltung: Eine vergleichende Einführung, in: ders./Schmidt-Aßmann, Eberhard (Hrsg.), Konfliktbewältigung durch Verhandlungen, Bd. I, Baden-Baden 1990, S. 13 ff.

- Verwaltungsrechtsreform – Ansätze am Beispiel des Umweltschutzes –, in: ders./Schmidt-Aßmann, Eberhard/Schuppert, Gunnar Folke (Hrsg.), Reform des allgemeinen Verwaltungsrechts. Grundfragen, 1993, S. 115 ff.

- Ermöglichung von Flexibilität und Innovationsoffenheit im Verwaltungsrecht, in: ders./Schmidt-Aßmann, Eberhard (Hrsg.), Innovation und Flexibilität des Verwaltungshandelns, Baden-Baden 1994, S. 9 ff.

- Vom Staatsziel Umweltschutz zum Gesellschaftziel Umweltschutz. Zur Notwendigkeit hoheitlicher Regulierung gesellschaftlicher Selbstregulierung, illustriert an Beispielen aus der Energiewirtschaft, in: Die Verwaltung 28 (1995), S. 425 ff.
- Verfahrensprivatisierung als Modernisierung, in: ders./Schneider, Jens-Peter (Hrsg.), Verfahrensprivatisierung im Umweltrecht, Baden-Baden 1996, S. 9 ff.
- Tendenzen in der Verwaltungsrechtsentwicklung, DÖV 1997, S. 433 ff.
- Diskussionsbeitrag, in: VVDStRL 56 (1997), S. 291.
- Effizienz als Herausforderung an das Verwaltungsrecht – Einleitende Problemskizze in: ders./Schmidt-Aßmann, Eberhard (Hrsg.), Effizienz als Herausforderung an das Verwaltungsrecht, Baden-Baden 1998, S. 11 ff.

Hoffmann-Riem, Wolfgang/*Schmidt-Aßmann,* Eberhard (Hrsg.), Konfliktbewältigung durch Verhandlungen, Zwei Bände, Baden-Baden 1990.
- (Hrsg.), Innovation und Flexibilität des Verwaltungshandelns, Baden-Baden 1994.
- (Hrsg.), Öffentliches Recht und Privatrecht als wechselseitige Auffangordnungen, Baden-Baden 1996.
- (Hrsg.), Effizienz als Herausforderung an das Verwaltungsrecht, Baden-Baden 1998.

Hoffmann-Riem, Wolfgang/*Schmidt-Aßmann,* Eberhard/*Schuppert,* Gunnar Folke (Hrsg.), Reform des allgemeinen Verwaltungsrechts. Grundfragen, Baden-Baden 1993.

Hoffmann-Riem, Wolfgang/*Schneider,* Jens-Peter, (Hrsg.), Verfahrensprivatisierung im Umweltrecht, Baden- Baden 1996.

Hofmann, Hasso, Technik und Umwelt (1994), in: ders., Verfassungsrechtliche Perspektiven, Tübingen 1994, S. 441 ff.

Holzer, Norbert, Präventive Normenkontrolle durch das BVerfG, Baden-Baden 1978.

Horn, Hans-Detlef, Staat und Gesellschaft in der Verwaltung des Pluralismus, in: Die Verwaltung 1993, S. 545 ff.
- Die grundrechtsunmittelbare Verwaltung, Tübingen 1999.

Horstmann, Wolfgang, Selbstbeschränkungsabkommen und Kartellverbot, Diss. Marburg 1977.

Huber, Peter Michael, Grundrechtsschutz durch Organisation und Verfahren als Kompetenzproblem in der Gewaltenteilung und im Bundesstaat, München 1988.
- Diskussionsbeitrag, in: VVDStRL 57 (1998), S. 142.

Hucklenbruch, Gabriele, Umweltrelevante Selbstverpflichtungen – ein Instrument progressiven Umweltschutzes?, Berlin 2000.

Hufen, Friedhelm, Heilung und Unbeachtlichkeit grundrechtsrelevanter Verfahrensfehler?, NJW 1982, S. 2160 ff.

- Die Grundrechte und der Vorbehalt des Gesetzes, in: Dieter Grimm (Hrsg.), Wachsende Staatsaufgaben – sinkende Steuerungsfähigkeit des Rechts, Baden-Baden 1990, S. 273 ff.
- Kooperation von Behörden und Unternehmen im Lebensmittelrecht, ZLR 20 (1993), S. 233 ff.
- Fehler im Verwaltungsverfahren, 3. Aufl., Baden-Baden 1998.
- Verwaltungsprozessrecht, 4. Aufl., München 2000.

Humboldt, Wilhelm von, Ideen zu einem Versuch, die Grenzen der Wirksamkeit des Staates zu bestimmen (1792), Nürnberg 1954.

Huster, Stefan, Rechte und Ziele, Berlin 1993.

- Gleichheit und Verhältnismäßigkeit, JZ 1994, S. 541 ff.

Immenga, Ulrich, Politische Instrumentalisierung des Kartellrechts, Antrittsvorlesung, in: Recht und Staat, Nr. 461, Tübingen 1976.

Immenga, Ulrich/*Mestmäcker,* Ernst-Joachim (Hrsg.), GWB, 2. Aufl., München 1992, 3. Aufl., München 2000.

- (Hrsg.), EG-Wettbewerbsrecht, Band I und II, München 1997.

Isensee, Josef, Subsidiaritätsprinzip und Verfassungsrecht, Berlin 1968, 2. Aufl. 2001.

- Grundrechte und Demokratie. Die polare Legitimation im grundgesetzlichen Gemeinwesen, in: Der Staat 20 (1981), S. 161 ff.
- Gemeinwohl und Staatsaufgaben im Verfassungsstaat, in: HdBStR III, 1988, § 57, S. 3.
- Staat und Verfassung, in: HdBStR I, 2. Aufl., Heidelberg 1995, S. 591 ff.
- Bildersturm durch Grundrechtsinterpretation, ZRP 1996, S. 10 ff.
- Diskussionsbeitrag, in: VVDStRL 57 (1998), S. 109.

Isensee, Josef/*Kirchhof,* Paul (Hrsg.), Handbuch des Staatsrechts der Bundesrepublik Deutschland, Band 1 (zit.: HdBStR I), 2. Aufl., Heidelberg 1995.

- (Hrsg.), Handbuch des Staatsrechts der Bundesrepublik Deutschland, Band 2 (zit.: HdBStR II), Heidelberg 1987.
- (Hrsg.), Handbuch des Staatsrechts der Bundesrepublik Deutschland, Band 3 (zit.: HdBStR III), Heidelberg 1988.

Jarass, Hans Dieter, Grundrechte als Wertentscheidungen bzw. objektiv-rechtliche Prinzipien und die Rechtsprechung des Bundesverfassungsgerichts, AöR 110 (1985), S. 363 ff.

- EG-Kompetenzen und das Prinzip der Subsidiarität nach Schaffung der Europäischen Union, EuGRZ 1994, S. 209 ff.
- Die Kompetenzverteilung zwischen der Europäischen Gemeinschaft und den Mitgliedstaaten, AöR 121 (1996), S. 173 ff.
- Die Widerspruchsfreiheit der Rechtsordnung als verfassungsrechtliche Vorgabe, AöR 126 (2001), S. 588 ff.

– Die Grundrechte: Abwehrrechte und objektive Grundsatznormen, in: Peter Badura/Horst Dreier (Hrsg.), Festschrift 50 Jahre Bundesverfassungsgericht, Band 2, Tübingen 2001, S. 34 ff.

Jarass, Hans Dieter/*Pieroth,* Bodo, Kommentar zum Grundgesetz, 5. Aufl., München 2000.

Jellinek, Georg, Allgemeine Staatslehre, 3. Aufl., Berlin 1914.

– System der subjektiven öffentlichen Rechte, 2. Aufl., Tübingen 1919, Neudr. Aalen 1964.

Jellinek, Walter, Diskussionsbeitrag, in: VVDStRL 3 (1927), S. 59.

Jesch, Dietrich, Gesetz und Verwaltung, 2. Auflage, Tübingen 1968.

Jescheck, Hans-Heinrich/*Weigend,* Thomas, Lehrbuch des Strafrechts, Allgemeiner Teil, 5. Aufl., Berlin 1996.

Jonas, Hans, Das Prinzip Verantwortung. Versuch einer Ethik für die technologische Zivilisation, Frankfurt a. M. 1979.

Kägi, Werner, Die Verfassung als rechtliche Grundordnung des Staates. Untersuchungen über die Entwicklungstendenzen im modernen Verfassungsrecht, Zürich 1945.

Kahl, Wolfgang, Möglichkeiten und Grenzen des Subsidiaritätsprinzips nach Art. 3 b EGV, AöR 118 (1993), S. 414 ff.

– Die Staatsaufsicht, Tübingen 2000.

Kaiser, Joseph H., Die Repräsentation organisierter Interessen, Berlin 1956.

– Industrielle Absprachen im öffentlichen Interesse, NJW 1971, S. 585 ff.

Kant, Immanuel, Grundlegung zur Metaphysik der Sitten (1785), in: Weischedel, Wilhelm (Hrsg.), Werke, Bd. VII, Frankfurt 1968, S. 11 ff.

– Kritik der praktischen Vernunft (1788), in: Weischedel, Wilhelm (Hrsg.), Werke, Bd. VII, Frankfurt 1968, S. 107 ff.

– Über den Gemeinspruch: Das mag in der Theorie richtig sein, taugt aber nicht für die Praxis, (1793, A 201 ff.), in: Weischedel, Wilhelm (Hrsg.), Werke, Bd. XI, Frankfurt 1968, S. 125 ff.

– Die Metaphysik der Sitten (1797), in: Weischedel, Wilhelm (Hrsg.), Werke, Bd. VIII, Frankfurt 1968, S. 309 ff.

– Logik (1800), in: Weischedel, Wilhelm (Hrsg.), Werke, Bd. VIII, Frankfurt 1968, S. 417 ff.

Kartte, Wolfgang, Zum Anwendungsbereich des § 81 Abs. 2 GWB, NJW 1963, S. 622 ff.

Kaufmann, Erich, Die Gleichheit vor dem Gesetz im Sinne des Art. 109 der Reichsverfassung, VVDStRL 3 (1927), S. 2 ff.

Kilian, Michael, Nebenhaushalte des Bundes, Berlin 1993.

Kind, Martin, Umweltabspachen – eine neue Handlungsform des Staates? ÖJZ 53 (1998), S. 893 ff.

Kirchhof, Paul, Verwalten durch „mittelbares" Einwirken, Köln/Berlin/Bonn/München 1977.
- Mittel staatlichen Handelns, in: HdBStR III, 1988, § 59, S. 121 ff.
- Der allgemeine Gleichheitssatz, in: HdBStR V, 1992, § 124, S. 911 ff.

Kischel, Uwe, Systembindung des Gesetzgebers und Gleichheitssatz, AöR 124 (1999), S. 174 ff.

Klein, Eckart, Die verfassungsrechtliche Problematik des ministerialfreien Raumes, 1974.
- Die Kompetenz- und Rechtskompensation, DVBl. 1981, S. 661 ff.

Klöck, Oliver, Deregulierung im Abfallrecht – eine Erfolgsstory?, UPR 1999, S. 139 ff.

Kloepfer, Michael, Grundrechte als Entstehungssicherung und Bestandsschutz, München 1970.
- Vorwirkung von Gesetzen, München 1974.
- Umweltschutz als Kartellprivileg?, JZ 1980, S. 781 ff.
- Gesetzgebung im Rechtsstaat, VVDStRL 40 (1982), S. 63 ff.
- Umweltrecht, 1. Aufl. 1989, 2. Aufl. München 1998.
- (Hrsg.), Umweltstaat, Berlin u.a. 1989.
- Zu den neuen umweltrechtlichen Handlungsformen des Staates, JZ 1991, S. 737 ff.
- (Hrsg.), Selbst-Beherrschung im technischen und ökologischen Bereich. Selbststeuerung und Selbstregulierung in der Technikentwicklung und im Umweltschutz. Erstes Berliner Kolloquium der Gottlieb Daimler- und Karl Benz-Stiftung, Berlin 1998.
- Diskussionsbeitrag, in: VVDStRL 57 (1998), S. 121.

Kloepfer, Michael/*Elsner,* Thomas, Selbstregulierung im Umwelt- und Technikrecht, DVBl. 1996, S. 964 ff.

Kluth, Winfried, Funktionale Selbstverwaltung, Tübingen 1997.

Knebel, Jürgen, EU-rechtliche Beurteilung der umweltbezogenen Selbstverpflichtung, in: Knebel, Jürgen/Wicke, Lutz/Michael, Gerhard (Hrsg.), Umweltbezogene Selbstverpflichtungen der Wirtschaft – umweltpolitischer Erfolgsgarant oder Irrweg?, Bonn 1997, S. 201 ff.

Knebel, Jürgen/*Wicke,* Lutz/*Michael,* Gerhard, unter Mitarbeit von *Zickert,* Katrin und *Braeseke,* Grit, Selbstverpflichtungen und normersetzende Umweltverträge als Instrumente des Umweltschutzes, Forschungsbericht im Auftrag des Umweltbundesamtes (5/99), Berlin 1999.

Koch, Hans-Joachim, Die neue Verpackungsverordnung, NVwZ 1998, S. 1155 ff.

Köck, Wolfgang, Die Entdeckung der Organisation durch das Umweltrecht. Reflexionen zur „Öko-Audit"-VO der EG, ZUR 1995, S. 1 ff.

- Das Pflichten- und Kontrollsystem des Öko-Audit-Konzepts nach der Öko-Audit-Verordnung und dem Umweltauditgesetz, VerwArch 87 (1996), S. 644 ff.
- Industrieanlagenüberwachung und Öko-Audit. Zur Einführung, ZUR 1997, S. 177 f.

Koenig, Christian, Die gesetzgeberische Bindung an den allgemeinen Gleichheitssatz – Eine Darstellung des Prüfungsaufbaus zur Rechtsetzungsgleichheit, JuS 1995, S. 313 ff.

Köhler, Helmut, Abfallrückführungssysteme der Wirtschaft im Spannungsfeld von Umweltrecht und Kartellrecht, BB 1996, S. 2577 ff.

Koller, Heinrich/*Biaggini,* Giovanni, Die neue schweizerische Bundesverfassung/ Neuerungen und Akzentuierungen im Überblick, EuGRZ 2000, S. 337 ff.

Konow, Gerhard, Zum Subsidiaritätsprinzip des Vertrages von Maastricht, DÖV 1993, S. 405 ff.

Konzak, Olaf, Die Änderungsvorbehaltsverordnung als neue Mitwirkungsform des Bundestags beim Erlass von Rechtsverordnungen, DVBl. 1994, S. 1107.

Kopp, Ferdinand, Das Menschenbild im Recht und in der Rechtswissenschaft, in: Bartlsperger, Richard/Ehlers, Dirk/Hofmann, Werner/Pirson, Dietrich (Hrsg.), Festschrift für Klaus Obermayer, München 1986, S. 53 ff.

Köpp, Tobias, Normvermeidende Absprachen zwischen Staat und Wirtschaft, Berlin 2001.

Korinek, Karl, Diskussionsbeitrag, in: VVDStRL 56 (1997), S. 285.

Kotzur, Markus, Theorieelemente des internationalen Menschenrechtsschutzes, Berlin 2001.

- Grenznachbarschaftliche Zusammenarbeit in Europa. Der Beitrag von Art. 24 Abs. 1a GG zu einer Lehre vom kooperativen Verfassungs- und Verwaltungsstaat, Berlin i. E.

Krebs, Walter, Verwaltungsorganisation, in: HdBStR III, 1988, § 69, S. 567 ff.

- Verträge und Absprachen zwischen Verwaltung und Privaten, VVDStRL 52 (1993), S. 248 ff.

Krüger, Herbert, Die Auflage als Instrument der Wirtschaftsverwaltung, DVBl. 1955, S. 380 ff., 450 ff., 518 ff.

- Von der Notwendigkeit einer freien und auf lange Sicht angelegten Zusammenarbeit zwischen Staat und Wirtschaft, Münster 1966.
- Allgemeine Staatslehre, 2. Aufl., Stuttgart/Berlin/Köln/Mainz 1966.

Kuck, Michael P./*Riehl,* Markus F., Umweltschutz durch staatliche Einflussnahme auf die stoffliche Beschaffenheit von Konsumentenprodukten, Baden-Baden 2000.

Kühne, Gunther/*Brodowski,* Christian, Das neue Atomrecht, NJW 2002, S. 1458 ff.

Kunig, Philip, Verträge und Absprachen zwischen der Verwaltung und Privaten, DVBl. 1992, S. 1193 ff.

Kunig, Philip/*Paetow,* Stefan/*Versteyl,* Ludger-Anselm (Hrsg.), Kommentar zum KrW-/AbfG, München 1998.

Ladeur, Karl-Heinz, Das Umweltrecht der Wissengesellschaft, Berlin 1995.

Langen, Eugen, Kommentar zum Kartellgesetz, 4. Auf., Neuwied/Berlin 1964 ff.

Langen, Eugen (Begründer)/*Bunte,* Hermann-Josef (Hrsg.), Kommentar zum deutschen und europäischen Kartellrecht, 7. Auf., Neuwied 1994, 9. Aufl., Neuwied 2001.

Langen, Eugen/*Niederleithinger,* Ernst/*Schmidt,* Ulrich, Kommentar zum Kartellgesetz, 5. Auf., Neuwied/Darmstadt 1977.

Langerfeld, Michael, Die neue EG-Öko-Audit-Verordnung: Evolution oder Revolution?, UPR 2001, S. 220 ff.

Langhart, Albrecht, Rahmengesetz und Selbstregulierung, Zürich 1993.

Lautenbach, Sylvia/*Weihrauch,* Ulrich, Evaluierung freiwilliger Branchenvereinbarungen im Umweltrecht. Freiwillige Kooperationslösungen im Umweltschutz, hrsgg. vom Bundesverband der Deutschen Industrie e. V., Köln 1992.

Lawrence, Christian, Grundrechtsschutz, technischer Wandel und Generationensverantwortung – Verfassungsrechtliche Determinanten des „Restrisikos" der Atomkraft, Berlin 1989.

Lecheler, Helmut, Verträge und Absprachen zwischen der Verwaltung und Privaten, BayVBl. 1992, S. 545 ff.

– Das Subsidiaritätsprinzip, Berlin 1993.

Lege, Joachim, Nochmals: Staatliche Warnungen, DVBl. 1999, S. 569 ff.

Leisner, Anna, Kontinuität als Verfassungsprinzip unter besonderer Berücksichtigung des Steuerrechts, Tübingen 2002.

Leisner, Walter, Grundrechte und Privatrecht, München 1960.

– Effizienz als Rechtsprinzip, Tübingen 1971.

– Umweltschutz durch Eigentümer unter besonderer Berücksichtigung des Agrarrechts. Zur Lehre von der Eigentümerverantwortung, Berlin 1987.

Lerche, Peter, Übermaß und Verfassungsrecht. Zur Bindung des Gesetzgebers an die Grundsätze der Verhältnismäßigkeit und der Erforderlichkeit, Köln/Berlin/München/Bonn 1961.

– Vorbereitung grundrechtlichen Ausgleichs durch gesetzgeberisches Verfahren, in: ders./Schmidt-Aßmann, Eberhard/Schmitt Glaeser, Walter (Hrsg.), Verfahren als staats- und verwaltungsrechtliche Kategorie, Heidelberg 1984, S. 97 (101 f.).

Lerche, Peter/*Schmitt Glaeser,* Walter/*Schmidt-Aßmann,* Eberhard (Hrsg.), Verfahren als staats- und verwaltungsrechtliche Kategorie, Heidelberg 1984.

Lersner, Heinrich von, Verwaltungsrechtliche Instrumente des Umweltschutzes, Berlin/New York 1983.

Link, Christoph, Stat Crux?, NJW 1995, S. 3353 ff.

Locke, John, Über die Regierung (The Second Treatise of Government 1689), übers. von D. Tidow, Stuttgart 1974.

Loewenstein, Karl, Verfassungslehre (1959), 4. Aufl., Tübingen 2000, Übersetzung der amerikanischen Ausgabe: Political Power and the Governmental Process (1956) von Rüdiger Boerner.

Löffler, Klaus, Parlamentsvorbehalt im Kernenergierecht – Eine Untersuchung zur parlamentarischen Verantwortung für neue Technologien, Baden-Baden 1985.

Lorz, Ralph Alexander, Modernes Grund- und Menschenrechtsverständnis und die Philosophie der Freiheit Kants, Stuttgart u.a., 1993.

– Interorganrespekt im Verfassungsrecht, Tübingen 2001.

Löwer, Wolfgang, Rechtsverhältnisse in der Leistungsverwaltung, NVwZ 1986, 793 ff.

Lübbe-Wolff, Gertrude, Die Grundrechte als Eingriffsabwehrrechte. Struktur und Reichweite der Eingriffsdogmatik im Bereich staatlicher Leistungen, Baden-Baden 1988.

– Konfliktmittlung beim Erlaß technischer Regeln, in: Hoffmann-Riem, Wolfgang/ Schmidt-Aßmann, Eberhard (Hrsg.), Konfliktbewältigung durch Verhandlungen, Bd. II, 1990, S. 87 ff.

– Das Kooperationsprinzip im Umweltrecht, in: Benz, Arthur/Seibel, Wolfgang (Hrsg.), Zwischen Kooperation und Korruption, 1992, S. 209 ff.

– Die EG-Verordnung zum Umwelt-Audit, DVBl. 1994, S. 361 ff.

– Beschleunigung von Genehmigungsverfahren auf Kosten des Umweltschutzes – Anmerkungen zum Bericht der Schlichter-Kommission, ZUR 1995, S. 57 ff.

– Das Umweltauditgesetz, NuR 1996, S. 217 ff.

– Öko-Audit und Deregulierung, Eine kritische Betrachtung, ZUR 1996, S. 173.

– Recht und Moral im Umweltschutz, Baden-Baden 1999.

Lückenbach, Andreas, „Anzuerkennendes Interesse" für Wettbewerbsbeschränkungen in Lieferverträgen zwischen Energieversorgungsunternehmen? – eine Untersuchung der höchstrichterlichen Rechtsprechung zu § 1 GWB (a.F.), RdE 2000, S. 101 ff.

Luhmann, Niklas, Funktionen und Folgen formaler Organisation, 1964, S. 304 ff.

– Grundrechte als Institution. Ein Beitrag zur politischen Soziologie, Berlin 1965.

– Recht und Automation in der öffentlichen Verwaltung, Berlin 1966.

– Zweckbegriff und Systemrationalität (1968), 6. Aufl., Frankfurt a.M. 1999.

Lütkes, Stefan, Das Umweltauditgesetz – UAG, NVwZ 1996, S. 230 ff.

Marburger, Peter, Die Regeln der Technik im Recht, Köln/Berlin/Bonn/München 1979.

– Atomrechtliche Schadensvorsorge, 2. Aufl., Köln/Berlin/Bonn/München 1985.

Marti, Arnold, Selbstregulierung anstelle staatlicher Gesetzgebung?, Schweizer ZBl 101 (2000), S. 561 ff.

Masing, Johannes, Die Mobilisierung des Bürgers für die Durchsetzung des Rechts. Europäische Impulse für eine Revision der Lehre vom subjektiv-öffentlichen Rechts, Berlin 1997.

Matthies, Heinrich, Die Verantwortung der Mitgliedstaaten für den freien Warenverkehr im Gemeinsamen Markt, in: Stödter, Rudolf/Thieme, Werner (Hrsg.), Hamburg – Deutschland – Europa, Festschrift für Hans Peter Ipsen, Tübingen 1977, S. 669 ff.

Maunz, Theodor/*Dürig,* Günther/*Herzog,* Roman (Hrsg.), Kommentar zum Grundgesetz, Loseblatt, München Stand 2000.

Maurer, Hartmut, Staatsrecht I, 2. Aufl., München 2001.

Mayer, Christian, Die Nachbesserungspflicht des Gesetzgebers, Baden-Baden 1996.

Mayntz, Renate, Politische Steuerung: Aufstieg, Niedergang und Transformation einer Theorie, in: Beyme, Klaus von /Offe, Claus (Hrsg.), Politische Theorie der Ära der Transformation, PVS-Sonderheft 26, Opladen 1995, S. 148 ff.

– Policity-Netzwerke und die Logik von Verhandlungssystemen, in: Héritier, Adrienne (Hrsg.), Policity-Analyse, PVS-Sonderheft 24, Opladen 1993, S. 39 ff.

Mayntz, Renate/*Scharpf,* Fritz W. (Hrsg.), Gesellschaftliche Selbstregulierung und politische Steuerung, Frankfurt/New York 1995.

Meder, Theodor, Die Verfassung des Freistaates Bayern, 4. Aufl., Stuttgart/München/Hannover 1992.

Menzel, Hans-Joachim, Legitimation staatlicher Herrschaft durch Partizipation Privater?, Berlin 1980.

Merkel, Angela, Der Stellenwert von umweltbezogenen Selbstverpflichtungen der Wirtschaft im Rahmen der Umweltpolitik der Bundesregierung, Umwelt Nr. 3/1997, S. 88 f.

– Umweltbezogene Selbstverpflichtungen – *ein* wichtiger Baustein moderner Umweltpolitik, in: Wicke, Lutz/Knebel, Jürgen/Braeseke, Grit (Hrsg.), Umweltbezogene Selbstverpflichtungen der Wirtschaft – umweltpolitischer Erfolgsgarant oder Irrweg?, Bonn 1997, S. 73 ff.

Merten, Detlef, Bürgerverantwortung im demokratischen Verfassungsstaat, VVDStRL 55 (1996), S. 7 ff.

Meyer, Hans, Diskussionsbeitrag, in: VVDStRL 57 (1998), S. 148 f.

Meysen, Thomas, Die Haftung aus Verwaltungsrechtsverhältnis. Zugleich ein Beitrag zur Figur des „verwaltungsrechtlichen Schuldverhältnisses", Berlin 2000.

Michael, Lothar, Der allgemeine Gleichheitssatz als Methodennorm komparativer Systeme, Berlin 1997.

– Die Wiedervereinigung und die europäische Integration als Argumentationstopoi in der Rechtsprechung des Bundesverfassungsgerichts, AöR 124 (1999), S. 583 ff.

– Methodenvergleichung zwischen den Disziplinen des Rechts als Aufgabe der Rechtstheorie, in: Bernd Schilcher, Peter Koller, Bernd-Christian Funk (Hrsg.),

Regeln, Prinzipien und Elemente im System des Rechts, Verlag Österreich, Juristische Schriftenreihe Band 125, Wien 2000, S. 267 ff.

– Methodenfragen der Abwägungslehre, JöR 48 (2000), S. 169 ff.

– Die drei Argumentationsstrukturen des Grundsatzes der Verhältnismäßigkeit. Zur Dogmatik des Über- und Untermaßverbotes und der Gleichheitssätze, JuS 2001, S. 148 ff.

– Verbote von Religionsgemeinschaften, JZ 2002, S. 482 ff.

Mohl, Robert von, Encyclopädie der Staatswissenschaften, 2. Aufl., Tübingen 1872.

Montesquieu, Charles-Louis de Secondat (Baron de la Brède et de Montesquieu), De l'Esprit des Lois (1748), Vom Geist der Gesetze (übers. und hrsgg. von Ernst Forsthoff), 2. Aufl., Tübingen 1992, 2 Bände.

Morlok, Martin, Was ist und zu welchem Ende studiert man Verfassungstheorie?, 1988.

– Vom Reiz und vom Nutzen, von den Schwierigkeiten und den Gefahren der Ökonomischen Theorie für das öffentliche Recht, in: Engel, Christoph/Morlok, Martin (Hrsg.), Öffentliches Recht als Gegenstand ökonomischer Forschung, Tübingen 1998, S. 1 ff.

– (Hrsg.), Die Welt des Verfassungsstaates, Erträge des wissenschaftlichen Kolloquiums zu Ehren von Peter Häberle aus Anlass seines 65. Geburtstages, Baden-Baden 2001.

Moser, Johann Jakob, Von der Teutschen Reichs-Stände Landen, 1769.

Mößle, Wilhelm, Regierungsfunktionen des Parlaments, München 1986.

– Inhalt, Zweck und Ausmaß, Berlin 1990.

– Die Verordnungsermächtigung in der Weimarer Republik, in: Möller, Horst/Kittel, Manfred (Hrsg.), Demokratie in Deutschland und Frankreich 1918–1933/40, München 2002, S. 269 ff.

Möstl, Markus, Die staatliche Garantie für die öffentliche Sicherheit und Ordnung – Sicherheitsgewährleistung im Verfassungsstaat, im Bundesstaat und in der Europäischen Union, Tübingen 2002.

– Probleme der verfassungsprozessualen Geltendmachung gesetzgeberischer Schutzpflichten, DÖV 1998, S. 1029 ff.

Müller, Markus M./*Sturm,* Roland, Ein neuer regulativer Staat in Deutschland? Die neuere Theory of Regulatory State und ihre Anwendbarkeit in der deutschen Staatswissenschaft, in: Staatswissenschaften und Staatspraxis 1998, S. 507 ff.

Münch, Ingo von/*Kunig,* Philip (Hrsg.), GG, Band 1, 5. Aufl., München 2000.

Müller-Henneberg, Hans/*Hootz,* Christian/*Abeltshäuser,* Thomas E. (Hrsg.), Gemeinschaftskommentar zum Gesetz gegen Wettbewerbsbeschränkungen und zum Europäischen Kartellrecht, 5. Aufl., Köln/Berlin/Bonn/München 1999.

Müller-Vorbehr, Jörg, Positive und negative Religionsfreiheit, JZ 1995, S. 996 ff.

Murswiek, Dietrich, Die staatliche Verantwortung für die Risiken der Technik – Verfassungsrechtliche Grundlagen und immissionsschutzrechtliche Ausformung, Berlin 1985.

– Freiheit und Freiwilligkeit im Umweltrecht. Mehr Umweltschutz durch weniger Reglementierung?, JZ 1988, S. 985 ff.

– Umweltschutz als Staatszweck, Bonn 1995.

– Diskussionsbeitrag, in: VVDStRL 57 (1998), S. 148.

Nawiasky, Hans, Die Gleichheit vor dem Gesetz im Sinne des Art. 109 der Reichsverfassung, VVDStRL 3 (1927), S. 25 ff.

Neidhart, Leonhard, Plebiszit und pluralitäre Demokratie, Bern 1970.

Nickel, Dietmar, Absprachen zwischen Staat und Wirtschaft – die öffentlich-rechtlichen Aspekte der Selbstbeschränkungsabkommen der deutschen Industrie, Hamburg 1979.

Nickusch, Karl-Otto, Die Normativfunktion technischer Ausschüsse und Verbände als Problem der Rechtsquellenlehre, Diss. München 1964.

Nolte, Georg, Ermächtigung der Exekutive zu Rechtsetzung. Lehren aus der deutschen und der amerikanischen Erfahrung, AöR 118 (1993), 378 ff.

Nüßgens, Karl/*Boujong,* Karlheinz, Eigentum, Sozialbindung, Enteignung, München 1987.

Oebbecke, Janbernd, Die staatliche Mitwirkung an gesetzesabwendenden Vereinbarungen, DVBl. 1986, S. 793.

Ossenbühl, Fritz, Die Erfüllung von Verwaltungsaufgaben durch Private, VVDStRL 29 (1971), S. 137 ff.

– Staatshaftungsrecht, 5. Aufl., München 1998.

– Gesetz und Recht – Die Rechtsquellen im demokratischen Rechtsstaat, in: HdBStR III (1988), § 61, S. 281 ff.

– Vorrang und Vorbehalt des Gesetzes, in: HdBStR III, 1988, § 62, S. 315 ff.

– Verfahren der Gesetzgebung, in: HdBStR III (1988), § 63, S. 351 ff.

– Rechtsverordnung, in: HdBStR III (1988), § 64, S. 387 ff.

– Diskussionsbeitrag, in: VVDStRL 56 (1997), S. 285.

– Verfassungsrechtliche Fragen eines Ausstiegs aus der friedlichen Nutzung aus der Kernenergie, AöR 124 (1999), S. 1 ff.

Otto, Harro, Grenzen der Fahrlässigkeitshaftung im Strafrecht, JuS 1974, 702.

– Selbstgefährdung und Fremdverantwortung, Jura 1984, S. 536 ff.

– Grundkurs Strafrecht, Allgemeine Strafrechtslehre, 6. Aufl., Berlin/New York 2000.

Papier, Hans-Jürgen, Die Entwicklung des Verfassungsrechts seit der Einigung und seit Maastricht, NJW 1997, S. 2841 ff.

Pauly, Walter, Grundlagen einer Handlungsformenlehre im Verwaltungsrecht, in: Becker-Schwarze, Kathrin/Köck, Wolfgang/Kupka, Thomas/Schwanenflügel, Matthias von (Hrsg.), Wandel der Handlungsformen im Öffentlichen Recht, Stuttgart/München/Hannover/Berlin 1991, S. 25 ff.

Peglau, Reinhard, Die Normung von Umweltmanagementsystemen und Umweltauditing im Kontext der EG-Öko-Audit-Verordnung, ZUR 1995, S. 19 ff.

Pernice, Ingolf, Rechtlicher Rahmen der europäischen Unternehmenskooperation im Umweltbereich unter besonderer Berücksichtigung von Art. 85 EWGV, EuZW 1992, S. 139 f.

– Maastricht, Staat und Demokratie, in: Die Verwaltung 26 (1993), S. 449 ff.

Petalozza, Christian Graf von, Verfassungsprozessrecht, 3. Aufl., München 1991.

Peters, Hans, Die freie Entfaltung der Persönlichkeit als Verfassungsziel, in: Festschrift für Rudolf Laun, Hamburg 1953, S. 669 ff.

Petersen, Frank/*Rid,* Urban, Das neue Kreislaufwirtschafts- und Abfallgesetz, NJW 1995, S. 7 ff.

Pielow, Johann-Christian, Der Rechtsstatus von Stromversorgungsnetzen: „Öffentliche Einrichtung" oder Grundrechtsschutz des Betreibers?, RdE 2000, S. 45 ff.

Pieper, Stefan Ulrich, Subsidiarität. Ein Beitrag zur Begrenzung der Gemeinschaftskompetenzen, Köln/Berlin/Bonn/München 1994.

Pietzcker, Jost, Die Rechtsfigur des Grundrechtsverzichts, Der Staat 17 (1978), S. 527 ff.

– Selbstbindungen der Verwaltung, NJW 1981, S. 2087 ff.

– Verwaltungsverfahren zwischen Verwaltungseffizienz und Rechtsschutzauftrag, VVDStRL 41 (1983), S. 193 ff.

– Mitverantwortung des Staates, Verantwortung des Bürgers, JZ 1985, S. 209 ff.

– Drittwirkung – Schutzpflicht – Eingriff, in: Maurer, Hartmut i. V. m. Häberle, Peter/Schmitt Glaeser, Walter/Vitzthum, Wolfgang Graf (Hrsg.), Festschrift für Günter Dürig zum 70. Geburtstag, München 1990, S. 345 ff.

– Mittlergestütztes Entscheiden in anderen Zusammenhängen, so bei der Normsetzung oder bei der Lösung von wissenschaftlichen Kontroversen, in: Hoffmann-Riem, Wolfgang/Schmidt-Aßmann, Eberhard (Hrsg.), Konfliktbewältigung durch Verhandlungen, Bd. I, 1990, S. 263 ff.

– Das Verwaltungsrechtsverhältnis – Archimedischer Punkt oder Münchhausens Zopf?, Die Verwaltung 1997, S. 281 ff.

Pitschas, Rainer, Verwaltungsverantwortung und Verwaltungsverfahren. Strukturprobleme, Funktionsbedingungen und Entwicklungsperspektiven eines konsensualen Verwaltungsrechts, München 1990.

Popper, Karl R., The Open Society and Its Enimies (1945), Die offene Gesellschaft und ihre Feinde, 7. Aufl., Tübingen 1992.

Preuß, Ulrich K., Politische Verantwortung und Bürgerloyalität. Von den Grenzen der Verfassung und des Gehorsams in der Demokratie, Frankfurt a. M. 1984.

Pufendorf, Samuel von, De statu imperii germanici (1667), Die Verfassung des Deutschen Reiches (übers. und hrsgg. von Horst Denzer), Frankfurt a.M. 1994.

– De officio hominis et civis juxta legem naturalem (1673), Über die Pflichten des Menschen und Bürgers nach dem Recht der Natur (übers. und hrsgg. von Klaus Luig), Frankfurt a.M. 1994.

Püttner, Günter, Die Einwirkungspflicht – Zur Problematik öffentlicher Einrichtungen in Privatrechtsform, DVBl. 1975, S. 353 ff.

– Diskussionsbeitrag, in: VVDStRL 57 (1998), S. 129.

Raiser, Ludwig, Marktbezogene Unlauterkeit, GRUR Int. 1973, S. 443 ff.

– Vertragsfreiheit heute, JZ 1958, S. 1 ff.

Ramsauer, Ulrich, Die faktischen Beeinträchtigungen des Eigentums, Berlin 1980.

– Die Bestimmung des Schutzbereichs von Grundrechten nach dem Normzweck, VerwArch 72 (1981), S. 89 ff.

Der Rat von Sachverständigen für Umweltfragen, Umweltgutachten 1994 – Für eine dauerhaft-umweltgerechte Entwicklung, Stuttgart 1994.

– Umweltgutachten 1996 – Zur Umsetzung einer dauerhaft-umweltgerechten Entwicklung, Stuttgart 1996.

– Umweltgutachten 1998 – Umweltschutz: Erreichtes sichern – neue Wege gehen, Stuttgart 1998.

Rawls, John, A Theory of Justice (1971), dt. Eine Theorie der Gerechtigkeit, Frankfurt a.M. 1975.

Rehbinder, Eckard, Das Vollzugsdefizit im Umweltrecht und das Umwelthaftungrecht, Leipzig 1996.

Reinhard, Michael, Die Überwachung durch Private in Umwelt- und Technikrecht, AöR 118 (1993), S. 617 ff.

Renan, Ernest, Qu'est-ce qu'une nation?, 2. Aufl., Paris 1882.

Rengeling, Hans-Werner, Das Kooperationsprinzip im Umweltrecht, 1988.

– Gesetzgebungskompetenzen für den integrierten Umweltschutz. Die Umsetzung inter- und supranationalen Umweltrechts und die Gesetzgebungskompetenzen nach dem Grundgesetz, 1999.

Rennings, Klaus/*Brockmann,* Karl Ludwig/*Bergmann,* Heidi, Ordnungspolitische Bewertung freiwilliger Selbstverpflichtungen der Wirtschaft im Umweltschutz, in: dies. u. a., Nachhaltigkeit, Ordnungspolitik und freiwillige Selbstverpflichtung, Heidelberg 1996, S. 131 ff.

Renthe-Fink, D. v., Ist die „Doppelstecker-Empfehlung" des VDE ordnungswidrig?, WuW 10 (1960), S. 254 ff.

Rest, Alfred, Neue Mechanismen der Zusammenarbeit und Sanktionierung im internationalen Umweltrecht, NuR 1994, S. 271 ff.

Rinne, Alexander, Die Energiewirtschaft zwischen Wettbewerb und öffentlicher Aufgabe – Zugleich ein Beitrag zu Art. 90 Abs. 2 EGV, Baden-Baden 1998.

Ritter, Ernst-Hasso, Der kooperative Staat, AöR 104 (1979), S. 389 ff.

– Das Recht als Steuerungsmedium im kooperativen Staat, in: Grimm, Dieter (Hrsg.), Wachsende Staatsaufgaben – sinkende Steuerungsfähigkeit des Rechts, 1990, S. 69 ff.

Robbers, Gerhard, Der Grundrechtsverzicht. Zum Grundsatz „volenti non fit iniuria" im Verfassungsrecht, JuS 1985, S. 925 ff.

– Schlichtes Verwaltungshandeln, DÖV 1987, S. 272 ff.

Röhl, Hans Christian, Verwaltungsverantwortung als dogmatischer Begriff?, in: Die Wissenschaft vom Verwaltungsrecht, zum 60. Geburtstag von Eberhard Schmidt-Aßmann, Die Verwaltung, Beiheft 2, 1999, S. 33 ff.

Ronellenfitsch, Michael, Selbstverantwortung und Deregulierung im Ordnungs- und Umweltrecht, Berlin 1995.

Roßnagel, Alexander, Zum rechtlichen und wirtschaftlichen Bestandsschutz von Atomkraftwerken – Ist ein „Ausstieg aus der Atomenergie" rechtlich möglich?, JZ 1986, S. 716 ff.

Roth, Andreas, Verwaltungshandeln mit Drittbetroffenheit und Gesetzesvorbehalt, Berlin 1991.

Roth, Wolfgang, Faktische Eingriffe in Freiheit und Eigentum. Struktur und Dogmatik des Grundrechtstatbestandes und der Eingriffsrechtfertigung, Berlin 1994.

Rousseau, Jean-Jacques, Vom Gesellschaftsvertrag oder Grundsätze des Staatsrechts (1762), übersetzt und herausgegeben von Brockard, Hans/Pietzcker, Eva, Stuttgart 1977.

Roxin, Claus, Pflichtwidrigkeit und Erfolg bei fahrlässigen Delikten, ZStW 74 (1962), 411 ff.

– Täterschaft und Tatherrschaft (1967), 4. Aufl., Berlin u. a. 1984.

– Strafrecht Allgemeiner Teil, Bd. 1, 3. Aufl., München 1997.

Ruchay, Dietrich, Die Erfolgschancen neuer abfallwirtschaftlicher Selbstverpflichtungen als Alternative zu Rechtsverordnungen nach dem Kreislaufwirtschaftgesetz aus der Sicht des Bundes, in: Wicke, Lutz/Knebel, Jürgen/Braeseke, Grit (Hrsg.), Umweltbezogene Selbstverpflichtungen der Wirtschaft – umweltpolitischer Erfolgsgarant oder Irrweg?, Bonn 1997, S. 153 ff.

Ruffert, Matthias, Regulierung im System des Verwaltungsrechts, AöR 124 (1999), S. 237 ff.

Rupp, Hans Heinrich, Die Unterscheidung von Staat und Gesellschaft, in: HdBStR I § 28, 2. Aufl., Heidelberg 1995, S. 1187 ff.

– Rechtsverordnungsbefugnis des Deutschen Bundestages?, NVwZ 1993, S. 756.

Rydelski, Michael Sánchez, Umweltschutzbeihilfen, EuZW 2001, S. 458.

Sachs, Michael, „Volenti non fit iniuria" – Zur Bedeutung des Willens der Betroffenen im Verwaltungsrecht –, VerwArch 76 (1985), S. 398 ff.

– Die relevanten Grundrechtsbeeinträchtigungen, JuS 1995, S. 303 ff.

- Diskussionsbeitrag, in: VVDStRL 57 (1998), S. 146 f.
- (Hrsg.), Grundgesetz, Kommentar, 2. Aufl., München 1999.

Saladin, Peter, Verantwortung als Staatsprinzip. Ein neuer Schlüssel zur Lehre vom modernen Rechtsstaat, Bern/Stuttgart 1984.

Sante, Ulrich-Andreas, Verfassungsrechtliche Aspekte eines vom Gesetzgeber angeordneten Ausstiegs aus der friedlichen Nutzung der Kernenergie, Frankfurt a. M. u. a. 1990.

Schachtschneider, Karl Albrecht, Diskussionsbeitrag, in: VVDStRL 57 (1998), S. 136.

Schafhausen, Fransjosef, Die Erklärung der deutschen Wirtschaft zur Klimavorsorge: Instrumentenmix als Ansatz für eine nachhaltig wirksame Umweltvorsorgepolitik, in: Wicke, Lutz/Knebel, Jürgen/Braeseke, Grit (Hrsg.), Umweltbezogene Selbstverpflichtungen der Wirtschaft – umweltpolitischer Erfolgsgarant oder Irrweg?, Bonn 1997, S. 171 ff.

Scharpf, Fritz W., Die Handlungsfähigkeit des Staates a. E. des zwanzigsten Jahrhunderts, in: PVS 1991, S. 621 ff.

Schellack, Rüdiger, Die Selbstbeschränkung der Mineralölwirtschaft, Diss. Freiburg i. Br., 1968.

Schendel, Frank Andreas, Selbstverpflichtungen der Industrie als Steuerungsinstrument im Umweltschutz, NVwZ 2001, S. 494 ff.

Schenke, Wolf-Rüdiger, Die Verfassungsorgantreue, Berlin 1977.

Scherer, Joachim, Rechtsprobleme normersetzender „Absprachen" zwischen Staat und Wirtschaft am Beispiel des Umweltrechts, DÖV 1991, S. 1 ff.

Scherzberg, Arno, Grundrechtsschutz und „Eingriffsintensität", Berlin 1989.

Schlarmann, Josef, Die kartellrechtliche Behandlung von Selbstbeschränkungsabkommen, NJW 1971, S. 1394.

Schmidhäuser, Eberhard, Was ist aus der finalen Handlungslehre geworden?, JZ 1986, S. 109 ff.

Schmidt, Marek, Standesrecht und Standesmoral, Baden-Baden 1993.

Schmidt, Reiner, Privatisierung und Gemeinschaftsrecht, in: Die Verwaltung 28 (1995), S. 281 ff.

Schmidt-Aßmann, Eberhard, Das allgemeine Verwaltungsrecht als Ordnungsidee und System, 1982.

- Verwaltungsverfahren, in HdBStR III, 1988, § 70, S. 623 ff.
- Die Lehre von den Rechtsformen des Verwaltungshandelns, DVBl. 1989, S. 533 ff.
- Konfliktmittlung in der Dogmatik des deutschen Verwaltungsrechts, in: Hoffmann-Riem, Wolfgang/Schmidt-Aßmann, Eberhard (Hrsg.), Konfliktbewältigung durch Verhandlungen, Bd. II, Baden-Baden 1990, S. 9 ff.

- Grundrechtswirkungen im Verwaltungsrecht, in: Bender, Bernd/Breuer, Rüdiger/ Ossenbühl, Fritz/Sendler, Horst (Hrsg.), Rechtsstaat zwischen Sozialgestaltung und Rechtsschutz, Festschrift für Konrad Redeker zum 70. Geburtstag, München 1993, S. 225 ff.
- Zur Reform des Allgemeinen Verwaltungsrechts – Reformbedarf und Reformansätze –, in: Hoffmann-Riem, Wolfgang/Schmidt-Aßmann, Eberhard/Schuppert, Gunnar Folke (Hrsg.), Reform des allgemeinen Verwaltungsrechts. Grundfragen, Baden-Baden 1993, S. 11 ff.
- Diskussionsbeitrag, in: VVDStRL 52 (1993), S. 326.
- Öffentliches Recht und Privatrecht: Ihre Funktionen als wechselseitige Auffangordnungen. Einleitende Problemskizze, in: Hoffmann-Riem, Wolfgang/ders. (Hrsg.), Öffentliches Recht und Privatrecht als wechselseitige Auffangordnungen, Baden-Baden 1996, S. 7 ff.
- Das allgemeine Verwaltungsrecht als Ordnungsidee, Berlin u. a. 1998.
- Effizienz als Herausforderung an das Verwaltungsrecht, in: Hoffmann-Riem, Wolfgang/Schmidt-Aßmann, Eberhard (Hrsg.), Effizienz als Herausforderung an das Verwaltungsrecht, Baden-Baden 1998 S. 245 ff.
- Diskussionsbeitrag, in: VVDStRL 56 (1997), S. 295.
- (Hrsg.), Besonderes Verwaltungsrecht, 11. Aufl. 1999.

Schmidt-De Caluwe, Reimund, Der Verwaltungsakt in der Lehre Otto Mayers, Tübingen 1999.

Schmidt-Preuß, Matthias, Kollidierende Privatinteressen im Verwaltungsrecht. Das Subjektive öffentliche Recht im multipolaren Verwaltungsrechtsverhältnis, Berlin 1992.

- Soziale Marktwirtschaft und Grundgesetz, DVBl. 1993, S. 236 ff.
- Verwaltung und Verwaltungsrecht zwischen gesellschaftlicher Selbstregulierung und staatlicher Steuerung, VVDStRL 56 (1997), S. 160 ff.
- Verpackungsverordnung und Kartellrecht, in: Niederleithinger, Ernst/Werner, Rosemarie/Wiedemann, Gerhard (Hrsg.), Festschrift für Otfried Lieberknecht, München 1997, S. 549 ff.
- Duale Entsorgungssysteme als Spiegelbild dualer Verantwortung: Von der Verpackungsverordnung zum Kreislaufwirtschaftsgesetz, in: Schuppert, Gunnar Folke (Hrsg.), Jenseits von Privatisierung und „schlankem" Staat: Verantwortungsteilung als Schlüsselbegriff eines sich verändernden Verhältnisses von öffentlichem und privatem Sektor, Baden-Baden 1999, S. 195 ff.
- Die Entwicklung des deutschen Umweltrechts als verfassungsgeleitete Umsetzung der Maßgaben supra- und internationaler Umweltpolitik, JZ 2000, S. 581 ff.

Schmitt, Carl, Verfassungslehre, Berlin 1928 (Nachdruck 7. Aufl. 1989).

Schmitt Glaeser, Walter, Partizipation an Verwaltungsentscheidungen, VVDStRL 31 (1973), S. 179 ff.

- Die Position der Bürger als Beteiligte im Entscheidungsverfahren gestaltender Verwaltung, in: Lerche, Peter/Schmitt Glaeser, Walter/Schmidt-Aßmann, Eberhard (Hrsg.), Verfahren als staats- und verwaltungsrechtliche Kategorie, 1984, S. 35 ff.

– Die grundrechtliche Freiheit des Bürgers zur Mitwirkung an der Willensbildung, in: HdBStR II § 31, Heidelberg 1987, S. 49 ff.

Schmitt Glaeser, Walter/*Horn,* Hans-Detlef, Verwaltungsprozessrecht, 15. Aufl., Stuttgart u. a. 2000.

Schneider, Hans-Peter, Gesetzgebung und Einzelfallgerechtigkeit, ZRP 1998, S. 323 ff.

Schneider, Jens-Peter, Öko-Audit als Scharnier einer ganzheitlichen Regulierungsstrategie, in: Die Verwaltung 28 (1995), S. 361 ff.

– Kooperative Verwaltungsverfahren, VerwArch 87 (1996), S. 38 ff.

Schnutenhaus, Jörn, Die Umsetzung der Öko-Audit-Verordnung in Deutschland, ZUR 1995, S. 9 ff.

Schoch, Friedrich, Der Verfahrensgedanke im allgemeinen Verwaltungsrecht. Anspruch und Wirklichkeit nach 15 Jahren VwVfG, Die Verwaltung 25 (1992), S. 21.

– Der Verwaltungsakt zwischen Stabilität und Flexibilität, in: Hoffmann-Riem, Wolfgang/Schmidt-Aßmann, Eberhard (Hrsg.), Innovation und Flexibilität des Verwaltungshandelns, 1994, S. 199 ff.

– Der Gleichheitssatz, DVBl. 1988, 863 ff.

Scholz, Rupert, Schlanker Staat tut not!, in: Ruland, Franz (Hrsg.), Verfassung, Theorie und Praxis des Sozialstaats, Festschrift für Hans F. Zacher zum 70. Geburtstag, Heidelberg 1998, S. 987 ff.

– Wirtschaftsaufsicht und subjektiver Konkurrentenschutz, Berlin 1971.

Scholz, Rupert/*Aulehner,* Josef, Umweltstrategien im Verpackungsrecht. Mehrwegquote, Zwangspfand oder Lizensierung?, Berlin 1998.

Schorkopf, Frank, Die „vereinbarte" Novellierung des Atomgesetzes, NVwZ 2000, S. 1111 ff.

Schrader, Christian, Das Kooperationsprinzip – ein Rechtsprinzip?, DÖV 1990, S. 326 ff.

– Produktverantwortung, Ordnungsrecht und Selbstverpflichtungserklärungen am Beispiel der Altautoentsorgung, NVwZ 1997, S. 943 ff.

Schreiber, Stefanie, Verwaltungskompetenzen der Europäischen Gemeinschaft, Baden-Baden 1997.

Schricker, Gerhard, Gesetzesverletzung und Sittenverstoß, München 1970.

Schubert, Jörg, Das „Prinzip Verantwortung" als verfassungsrechtliches Rechtsprinzip, Baden-Baden 1998.

Schulte, Martin, Schlichtes Verwaltungshandeln, Tübingen 1995.

Schulze-Fielitz, Helmuth, Der informale Verfassungsstaat, 1984.

– Theorie und Praxis parlamentarischer Gesetzgebung, Berlin 1988.

- Das Flachglas-Urteil des Bundesverwaltungsgerichts – BVerwGE 45, 309, Jura 1992, S. 201 ff.
- Informales oder illegales Verwaltungshandeln?, in: Benz, Arthur/Seibel, Wolfgang (Hrsg.), Zwischen Kooperation und Korruption, 1992, S. 233 ff.
- Kooperatives Recht im Spannungsfeld von Rechtsstaatsprinzip und Verfahrensökonomie, DVBl. 1994, S. 657 ff.
- Zeitoffene Gesetzgebung, in: Hoffmann-Riem, Wolfgang/Schmidt-Aßmann, Eberhard (Hrsg.), Innovation und Flexibilität des Verwaltungshandelns, 1994, S. 139 ff.
- Kooperatives Recht im Spannungsfeld von Rechtsstaatsprinzip und Verfahrensökonomie, in: Dose, Nicolai/Voigt, Rüdiger (Hrsg.), Kooperatives Recht, Baden-Baden 1995, S. 225 ff.

Schulze-Osterloh, Lerke, Das Prinzip der Eigentumsopferentschädigung im Zivilrecht und im öffentlichen Recht – Untersuchungen zu Inhalt und Geltungsbereich des verfassungsrechtlichen Entschädigungsgebots nach Art. 14 GG, Berlin 1980.

Schuppert, Gunnar Folke, Die Erfüllung öffentlicher Aufgaben durch verselbständigte Verwaltungseinheiten, Göttingen 1981.

- Diskussionsbeitrag, in: VVDStRL 56 (1997), S. 297.
- Die öffentliche Verwaltung im Kooperationsspektrum staatlicher und privater Aufgabenerfüllung: zum Denken in Verantwortungsstufen, in: Die Verwaltung 31 (1998), S. 415 ff.
- Zur notwendigen Neubestimmung der Staatsaufsicht im verantwortungsteilenden Verwaltungsstaat, in: ders. (Hrsg.), Jenseits von Privatisierung und schlankem Staat: Verantwortungsteilung als Schlüsselbegriff eines sich verändernden Verhältnisses von öffentlichem und privatem Sektor, 1999, S. 299 ff.
- (Hrsg.), Jenseits von Privatisierung und „schlankem" Staat: Verantwortungsteilung als Schlüsselbegriff eines sich verändernden Verhältnisses von öffentlichem und privatem Sektor, Baden-Baden 1999.
- Soziologie der Verwaltung, in: Dreier, Horst (Hrsg.), Rechtssoziologie am Ende des 20. Jahrhunderts, 2000, S. 206 ff.

Schwabe, Jürgen, Probleme der Grundrechtsdogmatik, Darmstadt 1977.

Schwarze, Jürgen, (Hrsg.), EU-Kommentar, Baden-Baden 2000.

Schweizer, Rainer J., Verträge und Absprachen zwischen Verwaltung und Privaten (Landesbericht Schweiz), VVDStRL 52 (1993), S. 314 ff.

- Die erneuerte schweizerische Bundesverfassung vom 18. April 1999, JöR 48 (2000), S. 262 ff.

Seiler, Christian, Der einheitliche Parlamentsvorbehalt, Berlin 2000.

Sendler, Horst, Grundrecht auf Widerspruchsfreiheit der Rechtsordnung? – Eine Reise nach Absurdistan?, NJW 1998, S. 2875 ff.

Shiono, Hiroshi, Anmerkungen zum Entwurf eines Verwaltungsverfahrensgesetzes in Japan, VerwArch 84 (1993), S. 45 ff.

Sieber, Ulrich, Die Abgrenzung von Tun und Unterlassen bei der „passiven" Gesprächsteilnahme, JZ 1983, S. 431 ff.

Smend, Rudolf, Bürger und Bourgeois im deutschen Staatsrecht (1933), in: Staatsrechtliche Abhandlungen, 3. Aufl., Berlin 1994, S. 309 ff.

– Die politische Gewalt im Verfassungsstaat und das Problem der Staatsform, Festschrift für Wilhelm Kahl, Tübingen 1923, in: ders., Staatsrechtliche Abhandlungen und andere Aufsätze, 3. Aufl., Berlin 1994, S. 68 ff.

– Verfassung und Verfassungsrecht (1928), in: Staatsrechtliche Abhandlungen, 3. Aufl., Berlin 1994, S. 119 ff.

– Staatsrechtliche Abhandlungen, 3. Aufl., Berlin 1994.

Sommermann, Karl-Peter, Staatsziele und Staatszielbestimmungen, Tübingen 1997.

Spannowsky, Willy, Grenzen des Verwaltungshandelns durch Verträge und Absprachen, Berlin 1994.

Spengler, Albrecht, Über die Tatbestandsmäßigkeit und Rechtswidrigkeit von Wettbewerbsbeschränkungen, Düsseldorf 1960.

Stabel, Jan, Kooperations- versus Geheimhaltungsprinzip: Zur Informationsdistribution im Umweltrecht, Bayreuth 1997.

Starck, Christian, Der Gesetzesbegriff des Grundgesetzes, Baden-Baden 1970.

Stein, Friedrich/*Jonas* Martin, Zivilprozessordnung, 2. Band, Teilband 1, 20. Aufl., Tübingen 1987.

Steinberg, Rudolf, Diskussionsbeitrag, in: VVDStRL 56 (1997), S. 291.

– Der ökologische Verfassungsstaat, Frankfurt am Main 1998.

Steindorff, Ernst, Drittwirkung der Grundfreiheiten im europäischen Gemeinschaftsrecht, in: Badura, Peter/Scholz, Rupert (Hrsg.), Festschrift für Peter Lerche, München 1993, S. 575 ff.

Steiner, Udo, Öffentliche Verwaltung durch Private. Allgemeine Lehren, Hamburg 1975.

Stern, Klaus, Das Staatsrecht der Bundesrepublik Deutschland, Band III: Allgemeine Lehren der Grundrechte, 1. Halbband, München 1988.

– Das Gebot der Ungleichbehandlung, in: Maurer, Hartmut i.V.m. Häberle, Peter/Schmitt Glaeser, Walter/Vitzthum, Wolfgang Graf (Hrsg.), Festschrift für Günter Dürig zum 70. Geburtstag, München 1990, S. 207 ff.

Stettner, Rupert, Die Verpflichtung des Gesetzgebers zu erneutem Tätigwerden bei fehlerhafter Prognose, DVBl. 1982, S. 1123 ff.

– Grundfragen einer Kompetenzlehre, Berlin 1983.

Stockmann, Kurt, Rechtsgrundlagen, in: Wiedemann, Gerhard (Hrsg.), Handbuch des Kartellrechts, München 1999.

Stolleis, Michael, Gemeinwohlformeln im nationalsozialistischen Recht, 1974.

Storm, Peter-Christoph, Umweltgesetzbuch (UGB-KomE): Einsichten in ein Jahrhundertwerk, NVwZ 1999, S. 35 ff.

Streinz, Rudolf, Der Einfluss des europäischen Verwaltungsrechts auf das Verwaltungsrecht der Mitgliedstaaten, in: Schweitzer, Michael (Hrsg.), Europäisches Verwaltungsrecht, Wien 1991, S. 241 ff.

– Auswirkungen des Rechts auf „Sustainable Development" – Stütze oder Hemmschuh? – Ansätze und Perspektiven im internationalen, europäischen und Weltwirtschaftsrecht, Die Verwaltung 31 (1998), S. 449 ff.

– Europarecht, 5. Aufl., Heidelberg 2001.

Sturm, Gerd, Probleme eines Verzichts auf Grundrechte, in: G. Leibholz, H. J. Faller, P. Mikat, H. Reis (Hrsg.), Menschenwürde und freiheitliche Rechtsordnung, Festschrift für Willi Geiger zum 65. Geburtstag, Tübingen 1974, S. 173 ff.

Susskind, Lawrence/*MacMahon,* G., Theorie und Praxis ausgehandelter Normsetzung in den USA, in: Hoffmann-Riem, Wolfgang/Schmidt-Aßmann, Eberhard (Hrsg.), Konfliktbewältigung durch Verhandlungen, Bd. I, 1990, S. 67 ff.

Tettinger, Peter J., Diskussionsbeitrag, in: VVDStRL 57 (1998), S. 116.

– Energierecht – nurmehr ein Anhängsel zum Wettbewerbsrecht?, RdE 2001, S. 41 ff.

Thomas von Aquin, De regno, Über die Herrschaft der Fürsten, übers. v. F. Schreyvogel, Stuttgart 1975.

Thomé-Kozmiensky, Sophie, Die Verpackungsverordnung. Rechtmäßigkeit, „Duales System", Europarecht, Berlin 1994.

Thomsen, Silke, Rechtsverordnungen unter Änderungsvorbehalt des Bundestages?, DÖV 1995, S. 989.

Tietje, Christian, Internationalisiertes Verwaltungshandeln, Berlin 2001.

Tomuschat, Christian, Der Verfassungsstaat im Geflecht der internationalen Beziehungen, in: VVDStRL 36 (1978), S. 7 ff.

Triepel, H. Diskussionsbeitrag, in: VVDStRL 3 (1927), S. 50.

Troge, Andreas, Erfolgs- und Problemfälle umweltbezogener Selbstverpflichtungen aus der Sicht des Umweltbundesamtes, in: Wicke, Lutz/Knebel, Jürgen/Braeseke, Grit (Hrsg.), Umweltbezogene Selbstverpflichtungen der Wirtschaft – umweltpolitischer Erfolgsgarant oder Irrweg?, Bonn 1997, S. 133 ff.

Trute, Hans-Heinrich, Vorsorgestrukturen und Luftreinhaltungsplanung im BImSchG, Heidelberg 1989.

– Die Verwaltung und das Verwaltungsrecht zwischen gesellschaftlicher Selbstregulierung und staatlicher Steuerung, DVBl.1996, S. 950 ff.

– Verantwortungsteilung als Schlüsselbegriff eines sich verändernden Verhältnisses von öffentlichem und privatem Sektor, in: Schuppert, Gunnar Folke (Hrsg.), Jenseits von Privatisierung und „schlankem" Staat: Verantwortungsteilung als Schlüsselbegriff eines sich verändernden Verhältnisses von öffentlichem und privatem Sektor, Baden-Baden 1999, S. 13 ff.

Tsai, Tzung-Jen, Die verfassungsrechtliche Umweltschutzpflicht des Staates. Zugleich ein Beitrag zur Umweltschutz Klausel des Art. 20a GG, Berlin 1996.

Tsiliotis, Charalambos, Der verfassungsrechtliche Schutz der Wettbewerbsfreiheit und seine Einwirkung auf die privatrechtlichen Beziehungen: eine grundrechtliche Untersuchungen im deutschen Wirtschaftsverfassungsrecht mit einer Erweiterung im Wirtschaftsverfassungsrecht der EG/EU, Berlin 2000.

Uerpmann, Robert, Das öffentliche Interesse – Seine Bedeutung als Tatbestandsmerkmal und als dogmatischer Begriff, Tübingen 2000.

Uhle, Arnd, Parlament und Rechtsverordnung, Berlin 1999.

Unruh, Peter, Zur Dogmatik der grundrechtlichen Schutzpflichten, Berlin 1996.

Velte, Rainer, Duale Abfallentsorgung und Kartellverbot. Eine Untersuchung zur Zulässigkeit von Umweltschutzkartellen nach deutschem und europäischem Recht am Beispiel des Dualen Systems für Verkaufsverpackungen, Baden-Baden 1999.

Vogel, Klaus, Die Verfassungsentscheidung des Grundgesetzes für eine internationale Zusammenarbeit, in: Recht und Staat in Geschichte und Gegenwart 292, Tübingen 1964.

– Diskussionsbeitrag, in: VVDStRL 36 (1978), S. 145.

Volkmann, Uwe, Umweltrechtliches Integrationsprinzip und Vorhabengenehmigungen, Verwaltungs-Archiv 89 (1998), S. 363 ff.

Voss, Gerhard, Die wichtigsten abfallwirtschaftlichen Anwendungsfälle von umweltbezogenen Selbstverpflichtungen aus der Sicht der Wirtschaft, in: Wicke, Lutz/ Knebel, Jürgen/Braeseke, Grit (Hrsg.), Umweltbezogene Selbstverpflichtungen der Wirtschaft – umweltpolitischer Erfolgsgarant oder Irrweg?, Bonn 1997, S. 115 ff.

Voßkuhle, Andreas, Das Kompensationsprinzip. Grundlagen einer prospektiven Ausgleichsordnung für die Folgen privater Freiheitsbetätigung – Zur Flexibilisierung des Verwaltungsrechts am Beispiel des Umwelt- und Panungsrechts, Tübingen 1999.

– Gesetzgeberische Regelungsstrategien der Verantwortungsteilung zwischen öffentlichem und privatem Sektor, in: Schuppert, Gunnar Folke (Hrsg.), Jenseits von Privatisierung und „schlankem" Staat: Verantwortungsteilung als Schlüsselbegriff eines sich verändernden Verhältnisses von öffentlichem und privatem Sektor, Baden-Baden 1999, S. 47 ff.

Waechter, Kay, Kooperationsprinzip, gesellschaftliche Eigenverantwortung und Grundpflichten. Verrechtlichung von ethischen Pflichten durch indirekte Steuerung, in: Der Staat 38 (1999), S. 279 ff.

Wagener, Frido, Der öffentliche Dienst der Gegenwart, VVDStRL 37 (1979), S. 215 ff.

Wagner, Hellmut, Atomkompromiss und Ausstiegsgesetz, NVwZ 2001, S. 1089 ff.

Wahl, Rainer, Verwaltungsverfahren zwischen Verwaltungseffizienz und Rechtsschutzauftrag, VVDStRL 41 (1983), S. 153 ff.

– Diskussionsbeitrag, in: VVDStRL 57 (1998), S. 118.

Wallenberg, Gabriele von, Umweltschutz und Wettbewerb, München 1980.

Wartenburg, Ludolf von, Der Stellenwert der umweltbezogenen Selbstverpflichtung aus der Sicht der deutschen Wirtschaft, speziell der mittelständischen Unternehmen, in: Wicke, Lutz/Knebel, Jürgen/Braeseke, Grit (Hrsg.), Umweltbezogene Selbstverpflichtungen der Wirtschaft – umweltpolitischer Erfolgsgarant oder Irrweg?, Bonn 1997, S. 51 ff.

Weber-Dürler, Beatrice, Der Grundrechtseingriff, VVDStRL 57 (1998), S. 57 ff.

Weidemann, Clemens, Umweltschutz und Abfallrecht, NVwZ 1995, 631 ff.

Weiß, Wolfgang, Privatisierung und Staatsaufgaben, Tübingen 2002.

Welzel, Hans, Das Deutsche Strafrecht. Eine systematische Darstellung, 11. Aufl., Berlin 1969.

Wendt, Rudolf, Der Gleichheitssatz, NVwZ 1988, 778 ff.

Werner, Fritz, Verwaltungsrecht als konkretisiertes Verfassungsrecht, DVBl. 1959, S. 527 ff.

Wicke, Lutz/*Knebel,* Jürgen, Umweltbezogene Selbstverpflichtungen der Wirtschaft – Chancen und Grenzen für Umwelt, (mittelständische) Wirtschaft und Umweltpolitik, in: dies./Braeseke, Grit (Hrsg.), Umweltbezogene Selbstverpflichtungen der Wirtschaft – umweltpolitischer Erfolgsgarant oder Irrweg?, Bonn 1997, S. 1 ff.

Wiedemann, Gerhard (Hrsg.), Handbuch des Kartellrechts, München 1999.

Wilburg, Walter, Die Elemente des Schadensrechts, 1941, Nachdr. Frankfurt a. M. 1970.

– Entwicklung eines beweglichen Systems im bürgerlichen Recht, 1951.

– Zusammenspiel der Kräfte im Aufbau des Schuldrechts, AcP 163, S. 346 ff.

Wolf, Joseph Georg, Der Normzweck im Deliktsrecht, Göttingen 1962.

Wolf, Rainer, Normvertretende Absprachen und normvorbereitende Diskurse: Konfliktmanagement im „hoheitsreduzierten Staat" – Aufgaben für Konfliktmittler?, in: W. Hoffmann-Riem/E. Schmidt-Aßmann (Hrsg.), Konfliktbewältigung durch Verhandlungen, Bd. II, 1990, S. 129 ff.

Wolff, Hans J./*Bachof,* Otto/*Stober,* Rolf, Verwaltungsrecht Band 1, 11. Aufl., München 1999.

Würfel, Wolfgang, Informelle Absprachen in der Abfallwirtschaft. Ausdruck rechtlicher Regelungsschwäche oder ein im Abfallrecht verankertes Instrument der Exekutive?, Freiburg i.B. 1994.

Zacher, Hans F., Freiheit und Gleichheit in der Wohlfahrtspflege, Köln/Berlin/Bonn/München 1964.

Zezschwitz, Friedrich von, Wirtschaftsrechtliche Lenkungstechniken, JA 1978, S. 497 ff.

Zippelius, Reinhold, Der Gleichheitssatz, VVDStRL 47 (1989), S. 7 ff.

Sachverzeichnis

Abhängigkeit 224 ff., 470
Abhängigkeiten 250, 291
Abnehmer, gewerbliche 412
Absprache 21, 37
Absprache, vertikale 35
Absprachebeteiligte 219
abspracheflankierende Normen 43, 152
Absprachen 32
Absprachen zur Normsetzung 45
Absprachen, abspracheersetzende 643
Absprachen, grenzüberschreitende normative 660
Absprachen, normabwendende 40, 41
Absprachen, normantizipierende 44
Absprachen, normative 37 ff., 458
Absprachen, normersetzende 32, 37, 38, 40 ff., 266, 458, 478, 643
Absprachen, normflankierende 43, 152, 357
Absprachen, normflankierte 37, 40, 43, 357, 364
Absprachen, normprägende 37, 44 f., 105 ff., 433, 453 ff., 478, 643
Absprachen, normverdrängende 37, 40, 42, 357, 364, 449
Absprachen, normvermeidende 40
Absprachen, normvertretende 41
Absprachen, normvollziehende 37 ff.
Absprachen, normvollzugsabwendende 37
Absprachen, normvollzugsbezogene 38
Absprachen, Parlamentsgesetze ersetzende 449 ff.
Absprachen, regulative 37
Absprachen, verordnungsersetzende 438 ff., 466
Absprachenprozess 262, 362, 654
Absprachetreue 27

Absprachetypen 438
Abwägung 236, 371
Abwägungsdogmatik, kartellrechtliche 555
Abwehrrechte 260
Aktionsprogramm, fünftes für die Umwelt 136, 178, 184, 186
Akzeptanz 211, 484, 495
Alleintäter 391
Allgemeingültigkeit 476
Allgemeinheit des Gesetzes 476
Allgemeinverbindlichkeitserklärung 476, 499
Altautoverordnung (1997) 43, 64, 152 f., 181, 190, 358, 525
Altautoverwertung 88
Altlastensanierung 65
Amtshaftung 647 ff.
Amtshaftung, gemeinschaftsrechtliche 649
Amtspflichtverletzung 648
Änderbarkeit 225 ff.
Androhung 246
Androhungsgesetz 143
Angemessenheit 371, 561, 583
Anhörung von Verbänden 483
Anhörungsrechte 483
Ankündigung 474
Anreizmechanismen 165 ff.
Anstiftung 392
Appellwirkung 152
Appenzell A.Rh., Kantonsverfassung (1995) 269, 275, 279, 301
Äquivalenz 342
Arbeitsgemeinschaften 88
Arrangements 290
Arzneimittelrecht 78

Sachverzeichnis

Atomkonsens 45, 65, 105 ff., 287, 422 ff., 473, 645
Außenseiter 378, 383
Außenseiterinteressen 396
Auffangordnung 519
Aufgabenverantwortung 298
Ausfertigung 426, 442
Ausgleichsmaßnahmen 363
Ausübung grundrechtlicher Freiheit 495
Ausübung rechtsetzender Gewalt 229 ff., 232, 235
Ausübung rechtsetzender Gewalt, kooperative 232 ff., 356
Authentizität 360
autonome Selbstverpflichtung s. unter Selbstverpflichtung
Autonomie des Bürgers 312
Autonomie des Einzelnen 327
Autonomie des Individuums 258
Autonomie des Willens 303
Autonomie im Entscheidungsprozess 327

Begleitkontrolle 346, 368
Beherrschbarkeit 398
Beihilfe, psychische 394
Beitrittsklauseln 86, 395
Bekanntmachung 140
Belgien 195 ff.
Beobachtungspflicht 346, 368, 397
Bern, Kantonsverfassung (1993) 301
Beschleunigung 218 ff., 429
Beschlusscharakter 431
Beschlussfassung 426
Bestimmtheit des Gesetzes 476
Bestimmtheitsgrundsatz 477
Beteiligte auf hoheitlicher Seite 90 ff.
Beteiligte auf privater Seite 84 ff.
Beteiligung des Bundestages 447
Beteiligung des Staates 30, 526
Beteiligung von Verbänden 265
Beteiligungsverfahren 479
Beteiligungszwang 396
Betriebsbeauftragte 157

Betroffenheit 495
bewegliche Systeme 343
Bewusstseinswandel 211, 302
Blockadesituation 657
Bourgeois 243
Bund-Länder-Streitigkeit 641
Bundesrat 442 ff.
Bundesregierung 434 ff., 466
Bundesstaat, kooperierender 418
Bundestag 447 ff., 452
Bürgergesellschaft 250
Bürgerverantwortung 304, 310, 658
business as usual 217

Chancengleichheit 82, 396
Citoyen 243
clausula rebus sic stantibus 473
compliance audit 153, 168, 173
Conseil d'Etat 462

Dänemark 194 ff.
dänisches Umweltgesetz (1991) 42, 105, 144, 194, 450, 487, 502, 511
Demokratie als Herrschaft auf Zeit 470
Demokratie, repräsentative 300
Demokratieprinzip 295, 325, 488 ff.
Demokratieprinzip, ideelle Schichten 495
Demokratietheorie 261
demokratische Legitimation 161
demokratische Teilhabe 261
demokratische Verantwortung 295 ff.
Deregulierung 167, 227 f.
Deutsches Institut für Normung e.V. (DIN) 177
Distanzverlust 214, 275 ff.
Doppelstecker-Fall 551
Drittbetroffene 496, 609
Drittbezogenheit 648
Drittschutz 609
Drittwirkung 321, 383, 661
Drittwirkung, mittelbare 386
Drohmittel 661

Drohpotential 98, 260, 654
Drohung mit Rechtsetzung 97 ff.
Druck durch die Wirtschaft 475
Druck, hoheitlicher 329, 630
Druck, öffentlicher 361
Druck, politischer 361
Druck, staatlicher 380
Druck, wettbewerblicher 329
Druckmittel 439
Duales System (DSD) 142, 528
Duldungsmodell 603
Durchsetzung, rechtliche 628

Effektivität 204, 290
effet utile 505
Effizienz 204, 227, 290, 461, 571
EG-Altfahrzeuge-RL 189, 513
EG-UmwAuditVO 153 ff., 482, 656
EG-Verpackungs-RL 183
Eigenkompetenzen der Länder 658
Eigennützigkeit 242
Eigentumsfreiheit 263
Eigentumsschutz 413
Eigenverantwortung 145 ff., 211, 355, 396, 435, 467
Eigenverantwortung, Begründung von 235
Einflussnahme, inhaltliche 358
Eingriff 320, 337 f.
Eingriff durch Kooperation 337 ff., 381 ff.
Eingriff, hypothetischer 370
Eingriff, mittelbarer 381 ff.
Eingriff, potenzieller 260
Eingriffsbefugnis 260
Eingriffsbegriff 335, 661
Eingriffsdogmatik 382
Eingriffsintensität 370
Eingriffsverantwortung 344
Einheit der Rechtsordnung 541
einseitige Erklärungen 33
Einzelfallgesetz 476
Empfehlung 96/733/EG 497

Empfehlung der Kommission (1999/125/EG) 504
Empfehlung der Kommission 89/349/EWG 504
Empfehlung der Kommission über Umweltvereinbarungen 185
EMRK 661
Energieversorgungssektor 65 f., 536
Entflechtung von Kompetenzen 658
Entschließung des Rates 88/C 285/01 184
environment audits 153
Erfolgskriterien 188
Erforderlichkeit 281, 369, 395, 408, 561
Erforderlichkeitsklausel, kartellrechtliche 581
Erfüllungsanspruch 469
Erfüllungsverantwortung 313
Ergebnisverantwortung 297
Europa, kein Staat 459
Europäische Gemeinschaft 183 ff., 497 ff., 660
Europäische Gemeinschaft als Rechtsgemeinschaft 459
Europäische Kommission 183 ff., 504
europäische Öffentlichkeit 236
Europäische Union 268
Europäisches Parlament 505
Europäisierung 457
Europäisierung der Rechtswissenschaft 497
Europarecht 660
Exekutive 230
Existenzvernichtung 413
experimentelle Gesetzgebung 473

faktische Bindung 235
Faktizität 468
Finalität 359
financial audits 153
Fiskusprivileg 651
Flandern 195 ff., 655

Sachverzeichnis

Flandern, Dekret über Umweltvereinbarungen (1994) 25, 196, 448, 481, 487, 502
Flexibilität 224 ff., 290, 429, 468, 493, 571
Föderalismus 268
Folgenbeseitigungsanspruch 637, 651 ff.
Formalisierung des Informalen 423
Formbildungen 462
Formenlehre 30
Formenwahl 463
Frankreich 197
Freiheit, bürgerliche 251, 258 ff.
Freiheit, demokratische 264
Freiheit, gesellschaftliche 326, 333
Freiheit, grundrechtliche 324
Freiheit, individuelle 238
Freiheit, politische 264
Freiheitsausübung 260
Freiheitsbeschränkung 326
Freistellung, kartellrechtliche 567, 575, 584
Freistellungsverfahren 613
Freiwillige Selbstkontrolle Fernsehen (FSF) 81
Freiwillige Selbstkontrolle Kino (FSK) 80, 180
Freiwillige Selbstkontrolle Multimedia 79
Freiwilligkeit 28, 290, 325, 328, 499, 527
Freiwilligkeit, reale 328
Fremdkontrolle 125, 127 ff., 131 ff.
Fremdverpflichtung 27
funktionell-rechtliches Denken 386
funktionelle Eignung 466
funktionelle Gewaltenteilung 494
funktionelles Verständnis 418
Funktionswandel 458

Garantenpflichten 24
Garantenstellung 393
Geeignetheit 368, 405, 561

Gefahrenabwehr 217, 350
Gegenleistung 331
Gegenzeichnung 426
Geltungsanspruch des Rechts 461
Geltungsdauer 137 ff.
Geltungsvorrang des formalen Rechts 465
gemeineuropäische Grundstrukturen 655
Gemeinschaftsaufgaben 538
Gemeinschaftsrecht 459, 497 ff.
Gemeinschaftstätigkeit. 268
Gemeinschaftszielbestimmung 537
Gemeinwohl 22, 234 ff., 276, 318, 377, 396
Gemeinwohl als Aufgabe 235 ff.
Gemeinwohl als gemeines Bestes 215, 235, 238, 241, 252
Gemeinwohl als Gemeinplatz 238
Gemeinwohl als Legitimationsfrage 237 ff.
Gemeinwohl, europäisches 236
Gemeinwohl, im Kartellrecht 547
Gemeinwohl, Konkretisierung 235
Gemeinwohl, Verwirklichung 236
Gemeinwohldogmatik, kartellrechtliche 535
Gemeinwohlinteressen 520
Gemeinwohlklauseln im Kartellrecht 535
Gemeinwohlkompetenz, private 260
Gemeinwohlpflicht 257
Gemeinwohlphobie 239
Gemeinwohltheorie im kooperierenden Verfassungsstaat 313 ff., 315, 318 ff.
Gemeinwohltheorie, pluralistische 235
Gemeinwohlverantwortung 235, 337
Gemeinwohlziele 236, 294 ff.
Gentlemen's Agreements 27
Gerechtigkeit 267, 462
Geschäftspartner 412
Gesellschaftsvertrag 310, 333
Gesetzesbindung 628, 660
Gesetzesinitiative 430
Gesetzesinitiativrecht 449 ff.

Gesetzestreue 258
Gesetzesvorbehalt 364 ff., 491, 628, 661
gesetzgebende Gewalt 430
Gesetzgebung 230
Gesetzmäßigkeitskontrolle 628
Gewährleistungsverantwortung 346, 369
Gewaltenteilung 296, 466, 659
Gewaltenteilung, funktionelle 434, 494
Gewaltenteilung, gesellschaftliche 467
Gewaltentrennung 465
Gewaltenverschiebung 466
Gewaltenverteilung 465
Gewalttypus 229
Gewässerschutz 68
Glaubwürdigkeit 470
Gleichheit 401
Gleichheitssatz 399, 400 ff.
Gleichheitssatz, neue Formel 404
Gleichstellung 22
Grundfreiheiten 506
Grundpflicht 257 ff., 311
Grundrechte 259, 271, 467
Grundrechte als Abwehrrechte 260 f., 321, 389
Grundrechte auf Gemeinschaftsebene 661
Grundrechte und Menschenwürde 309
Grundrechte, Eingriffsbegriff, klassischer 338
Grundrechte, Schutzbereichsfragen 323
Grundrechte, Schutzpflichten 346
Grundrechte, verfahrensrechtliche Dimension 397
Grundrechtsausübung 260 f.
Grundrechtsausübung, negative 334
Grundrechtsbeeinträchtigung 668
Grundrechtsbeziehung, mehrpolige 381
Grundrechtsbindung 320 ff.
Grundrechtsdogmatik 320, 387
Grundrechtsdogmatik, Grenzen 324 ff., 380 ff.
Grundrechtseingriff 337
Grundrechtseingriff, Finalität 338

Grundrechtsfrage 660
Grundrechtsgebrauch, negativer 327
Grundrechtsgeltung 660
Grundrechtsgeltung, effektive 327
Grundrechtsschutz 329, 464
Grundrechtsschutz durch Verfahren 520
Grundrechtsschutz, effektiver 386
Grundrechtsschutz, lückenloser 386
Grundrechtstheorie 261, 337
Grundrechtsverantwortlichkeit 361, 364
Grundrechtsverzicht 324, 365, 376
Grundrechtsverzicht, Folgen 333
Gruppenfreistellung 574
Gruppeninteressen 262
Gruppennachteile 404
Guidelines for Covenants 25, 193
Güterabwägung 563

Handlungsalternativen 331
Handlungsformen, gemeinschaftsrechtliche 499
Handlungsformenlehre 461, 463
Handlungsspielraum 28, 475
Harmonisierung 517
Härtefallklauseln 386, 473
hoheitlicher Druck 235
homo cooperativus 244
homo noumenon 302
homo oeconomicus 243, 245
homo politicus 243
horizontale Elemente 35
horizontale Wirkungen 632

Imagegewinn 165, 210
Imageverlust 356
Industrienormen 174 ff.
informale Absprachen 37, 232
informale Instrumente 458
informale Konsequenzen der rechtlichen Einbindung 653
informale Kooperation 232
informaler Charakter 232
informaler Rechtsstaat 460
informales Handeln 458, 460

Informationsverpflichtungen 72
informelles Verwaltungshandeln 459
Ingerenz 393
Ingerenzverantwortung 388
Initiative 96
Initiative, hoheitliche 359
Initiativrecht 232, 427, 430, 432, 437, 443, 449, 466, 503, 659
Inspiration 96
Inspiration, hoheitliche 359
Institutionalisierung 463
Internationale Organisation für Standardisierung (ISO) 177
Interventionspunkte 357
ISO 9000 175
ISO 14001 176

Japan 200
Justiziabilität 271, 347

Kantonsverfassung s. unter Appenzell a. Rh.
Kartellaufsicht 467
Kartellbehörden 397
Kartelle, atypische 557
Kartellprivileg 527
Kartellrecht 361, 506, 519 ff., 660
Kartellrecht und öffentliches Recht 522
Kartellrecht, Anwendbarkeit 522
Kartellrecht, Gemeinwohlklauseln 535
Kartellverfahren, Rechtsschutz 633
Kartellverfahrensrecht 608 ff., 617
kategorischer Imperativ 310, 476
katholische Soziallehre 267
Kausalität 335, 342, 528
Kennzeichnungsverpflichtungen 70
Kernbereichslehre 567
Klagebefugnis 637
Klassikertexte 304
Klimavorsorge 29
Koalitionsvereinbarung 106
kollusives Paktieren 458
Kompensation 496

Kompensationsgedanke 417
Kompetenz 316, 374, 660
Kompetenz zum Abschluss normativer Absprachen 232
Kompetenz, instrumentelle 499
Kompetenz-Kompetenz 498
Kompetenzdimension 259
Kompetenzielle Ordnung 416 ff.
Kompetenzkompensation 417
Kompetenzordnung 416, 464, 469, 473, 657
Kompetenzordnung, Kartellrecht 542
Kompetenzpluralismus 276
Kompromiss 359
Kompromissbereitschaft 459
Kompromisscharakter 215
Konditionenkartell 585
konkludent 30
konkludentes Einverständnis 36
konkludentes Verhalten 31
Konkurrenten 379
Konsens 329
Konsensstaat 459
Kontextsteuerung 143
Kontinuität 226, 470
Kontrolle 131, 233
konzertierte Aktion 288
Kooperation 233
Kooperationsauswirkungen, mittelbare 413
Kooperationsbedürfnis 282, 290
Kooperationsbereitschaft 211
Kooperationsermächtigung 450, 466, 491
Kooperationsermächtigung, spezielle 504, 659
Kooperationsgebot 281
Kooperationsgebote im Verwaltungsvollzug 280
Kooperationskompetenz 438, 446, 452, 455
Kooperationsobliegenheit 281
Kooperationspraxis 466
Kooperationspraxis der EG 183

Kooperationsprinzip 279 ff., 468
Kooperationsprinzip bei der Rechtsetzung 286 ff.
Kooperationszwang 290
kooperative Verantwortung 313, 356, 389, 396, 435 f., 460, 466, 497, 505, 542, 655, 661
kooperativer Verfassungsstaat 236, 289 ff., 455, 494, 660
kooperierende Gewalt 232, 659
kooperierender Verfassungsstaat 289 ff., 464, 469, 660 ff., 662
Kosteneffizienz 206
Kündbarkeit 139
Kundenverhalten 245

Länderkompetenzen 419
Landesregierungen 446
Landesverfassung s. unter Tirol, Vorarlberg
Langzeitverantwortung 473
Lebensmittelrecht 76 ff.
Legislative 230
legislatives Unrecht 649
Legitimation 279, 286, 294, 389, 655, 660
Legitimation, demokratische 161, 488
Legitimation, Gemeinwohl 237
Legitimation, personelle 488, 490
Legitimation, sachliche 491
Legitimationskette 163, 490
Legitimationsmaßstäbe, informale 495
Legitimationsordnung, gestufte 495
Legitimationstitel 317
Legitimationsverantwortung 489
Legitimität 367
Legitimitätsbedingung 315
Leistungsklage, allgemeine 637
Letztverantwortung 297, 300, 313
Lobbyismus 376, 380, 483, 643
Loyalität 470

Machtgewinn 337
marktwirtschaftliche Instrumente 256

Medien 22
Medienrecht 42, 78 ff.
Mehrheitsprinzip 472
Mehrheitsverhältnisse 653
Menschenbild 242
Menschenpflicht, allgemeine 258
Menschenwürde 261
Ministerkartell 543
Ministerkartellerlaubnis 594
Mischcharakter 234
Mischformen 39, 420
Mischverwaltung 421
Missbrauchsaufsicht 568
Mitnahmeeffekt 573
Mittäterschaft 391
Mitteilung der Kommission über Umweltvereinbarungen 185
Mitteilung Kom(96)561 497
Mitteilungs- und Notifizierungspflichten 517
mittelbare Täterschaft 391
Mittelstand 372
Mittelstandsproblem 570
Mitverantwortung 357
Mitverantwortung, grundrechtliche 362, 364, 366, 385, 388, 394, 396, 413, 557, 612, 632, 647
Möglichkeitsdenken 191
Monitoring 125, 131 ff., 156, 376, 378, 467, 622 ff., 656
Monitoring, rechtliche Einbindung 622 ff.
Monopolisierungstendenz 573

Nachbarschutz 381
Nachbesserungspflichten 346
Nachführung des geltenden Rechts 658
Naturrechtslehre 309
Nebenpflichten 469
Negativattest 567
Neutralität des Staates 251 ff.
Nichtbeteiligung 89
Niederlande 191 ff.

Niederlande, Verhaltenskodex für Umweltverträge 192
Normablösende Selbstverpflichtungen 182
Normantizipierende Absprachen 223
normative Absprachen s. unter Absprachen
normative Kategorien 458
normative Kraft des Faktischen 461, 661
Normen- und Typenkartelle 584
Normenhierarchie 525
Normenklarheit 477
Normenkontrolle, abstrakte 641, 657
normersetzende Absprachen 32, 37 ff., 266, 458, 478, 643
normflankierenden Absprachen 43, 152, 357
Normsetzung 37
Normsetzungsprozess 425
Normungsautonomie 260
normverdrängende Absprachen 37, 40, 42, 357, 364, 449
Normzweck 342
Normzwecklehre 389
Notifizierungspflichten 517

Offenheit 224
öffentlich-rechtlicher Vertrag 107
öffentliches Interesse 236, 240 ff.
Öffentlichkeit 165, 188, 245, 262, 338, 356, 361, 363, 478, 482, 495
Öffentlichkeitsarbeit 210, 362
Öffentlichkeitsbeteiligung 479
ökonomische Prämissen 244
Opposition 482
Oppositionsprinzip 472, 482
Ordnungsidee des Rechts 461
Organisationsstruktur 376
Organkompetenz 425 ff., 503 f.
Organstreitigkeiten 639
Österreich 198, 269

Parlamentsvorbehalt 491 ff.

Parteilichkeit 470
partikulare Interessen 241 ff., 251
Partikularinteressen 215
Partizipation 300, 495
Phasing-Out-Verpflichtungen 48 ff., 572
Pluralismus 259, 261, 326
Politikwechsel 473
Portugal, Verfassung (1976) 275
Positivismus 239
praktische Konkordanz 435, 526
Presseerklärung 482
Pressekodex 82
Primäranspruch 27
Primat der Politik 106
Prinzip kooperativer Verantwortung 356
private Interessen 241 ff.
Privatisierung 457
Privatisierung der Rechtsetzung 263, 458
Privatisierung des Rechts 458
Privatisierung des Staates 458
Privatisierung, informale 467
produktionsbezogener Selbstverpflichtung 68
Produktionsprozesse 323
Produktsicherheit 68 ff.
Produktverantwortung 26, 145
Publikationspflicht 481
Publizität 478
Publizitätsinteresse 481

Querschnittsklausel 537

Rationalisierungskartelle 587
Recht auf Zeit 226
Rechte anderer 385
rechtliche Einbindung normativer Absprachen 519
rechtliche Unverbindlichkeit 23 ff.
Rechtsanwendungsgleichheit 401
Rechtsbindungen 37
rechtsetzende Gewalt 229 ff., 416

rechtsetzende Gewalt, kooperierende 425 ff.
Rechtsetzungskompetenz, Übertragbarkeit 505
Rechtsetzungsmonopol 458
Rechtsformen 462
Rechtsformenlehre 464
Rechtsformenstaat 462
Rechtsformvorbehalt 460
Rechtsgeschäftslehre 463
Rechtsgüterabwägung 549
Rechtsidee 457
Rechtspflicht 235, 294
Rechtsschutz 627 ff., 655, 661
Rechtsschutzlücke 627
Rechtsschutzsystem 467
Rechtsschutzverweigerung 553
Rechtssicherheit 481, 655
Rechtsstaat 457 ff., 605, 660
Rechtsstaat, formaler 460
Rechtsstaat, Formungsauftrag 461
Rechtsstaat, informaler 460 ff.
Rechtsstaat, liberaler 261
Rechtsstaat, Vertrauensschutz 467
Rechtsstaat, Wandlungsfähigkeit 460
Rechtsunsicherheiten 606
rechtsverbindliche Verträge 35
Rechtsvergleichung 190 ff., 275
Rechtsverhältnis 463, 628
Rechtsverständnis 459
Rechtswirklichkeit 460
Reduktionsverpflichtungen 51 ff.
Reformalisierung 484
Repräsentanzproblem 380
Reregulierung 227 f.
Richtlinien, Umsetzung durch Selbstverpflichtungen 509
Rio-Deklaration 137
Risikovorsorge 217
Rücknahmeverpflichtungen 58 ff.
rule of reason 539
runder Tisch 288

Sachgerechtigkeit 484
Schein der Unterstützung 363
Schleier des Nichtwissens 311
Schutzbereichsfragen 372, 379, 412
Schutznorm 609
Schutzpflicht, qualifizierte 393, 394 ff.
Schutzpflichten 24, 320, 384, 392, 454, 462, 539, 557, 661
Schutzverstärkungsklausel 517
Schweiz 198 ff., 269
Schweiz, Bundesverfassung (1999) 26, 300, 306, 386, 457, 658
Schweiz, CO_2-Gesetz 144
second-best-Lösung 216, 247
Selbstbeschränkung 27
Selbstbindung 27 ff.
Selbstkontrolle 126
Selbstregulierung 254, 278, 328
Selbststeuerung 266
Selbstüberwachungssystem 155
Selbstverantwortung 265
Selbstverpflichtung 21, 27, 32, 328
Selbstverpflichtung, autonome 33 f., 36, 91, 125, 279, 332, 356, 361, 363, 501, 507
Selbstverpflichtung, nationale 509
Selbstverwaltung 236, 263, 268, 377, 656
soft law 290
Solidarität 309
Soziale Marktwirtschaft 254 ff.
Spanien 197
Staat 457
Staat und Gesellschaft als Kooperationsverhältnis 247 ff., 390, 460
Staat und Gesellschaft, Annäherung 390
Staat und Gesellschaft, Nichtidentität 247
Staat und Gesellschaft, Rollentausch 331
Staat und Gesellschaft, Trennung 247 ff., 274, 291, 389, 460
Staat und Gesellschaft, Unterscheidbarkeit 247

Staat und Gesellschaft, Unterscheidung 296
staatliche Einflussnahme 27, 94 ff.
Staatlichkeit, offene 289
Staatsgewalt 232, 300, 488
Staatshaftungsrecht 646 ff.
Staatspraxis 25, 41, 185, 461, 483, 661
Staatsverständnis 459
Staatszielbestimmung 537
Stategic Advisory Group on Environment (SAGE) 177
status activus prozessualis 261, 398
status corporativus 261
status negativus 261, 357, 390
status negativus cooperationis 321, 357, 364, 374, 377, 388, 390, 413, 467, 519, 557, 612, 628, 647
status procuratoris 263
Strafrecht 390
Strafrechtsdogmatik 336
Strom- und Gasmarkt 65
Subsidiarität 490
Subsidiarität als Kompetenz und Aufgabe 275 ff.
Subsidiarität, Prinzip gestufter 278
Subsidiaritätsprinzip 254, 266 ff., 296, 308, 498
Subsidiaritätsprinzip als Kompetenzregel 275
Subsidiaritätsprinzip, politische Bedeutung 272
Substitution formaler Rechtsetzung 232
Substitution formeller Verfahren 220
Substitution von Rechtsetzung und Normvollzug 168
sustainable development 137
system audit 168

Tarifvertragsrecht 476
Tauschgeschäft 331
Tauschprinzip 34, 246
Teilhabe an der Ausübung rechtsetzender Gewalt 489

Teilhabe an der Begründung kooperativer Verantwortung 317
Teilhabe an Entscheidungen der rechtsetzenden Gewalt 233, 317, 331, 344, 356, 495 ff.
Teilhabe an politischen Entscheidungen 261, 317
Teilhaberechte 398
Textstufen 304
Theorie und Praxis 250, 461
Tirol, Landesverfassung (1989) 269
Trägerschaftsdebatte 299
trial and error 226
Trittbrettfahrer 144, 209, 378, 410, 475, 476, 572
Trittbrettfahrerproblem 89, 214
Typisierung nach rechtlichen Kriterien 83 ff.

Übergangsregelung 475
Übermaßverbot 350, 366, 408
Übertragung von Rechtsetzungsaufgaben 490
UGB-KomE 23, 292
UGB-ProfE 292
Umsetzungsdefizite 474
Umweltabgaben 47
Umweltaudit 153
Umweltauditgesetz (UAG) 153 ff.
Umweltbeihilfen 508
Umweltbericht '76 288, 313
Umweltbetriebsprüfung 155
Umweltbewusstsein 246
Umwelterklärung 155
Umweltgutachter 155, 158
Umweltgutachterausschuss 160
Umweltinformationsgesetz (UIG) 624 ff.
Umweltlizenzen 47
Umweltpakt Bayern 29, 67, 172
Umweltschutz 22, 48 ff.
Umweltvereinbarung 26, 186, 508
Umweltvereinbarung, verbindliche 510
Unabhängigkeit 654

Unabhängigkeit des Staates 251
Unbestimmtheit 224
Ungleichbehandlung 400
Unionsbürger 510
Unionsvertrag 459
Unterlassen 392, 651 ff.
Untermaßverbot 350
Unternehmen, absprachebeteiligte 322
Unternehmensfreiheit 372
Unverbindlichkeit 23 ff., 290, 468, 471

Verantwortung 26, 156, 279
Verantwortung als normative Kategorie 294
Verantwortung als Verfassungsprinzip 294
Verantwortung als Zurechnungsbegriff 297
Verantwortung des Bürgers 301 ff.
Verantwortung des Volkes 299 ff.
Verantwortung gegenüber den Mitmenschen 304
Verantwortung, Auferlegung 235, 294, 316, 355
Verantwortung, demokratische 295 ff.
Verantwortung, Erfüllungs- 298
Verantwortung, Ergebnisverantwortung 297
Verantwortung, Folgenverantwortung 298
Verantwortung, gemeinsame von Staat und Gesellschaft 294
Verantwortung, Gewährleistungs- 298
Verantwortung, kooperative 313 ff., 317 ff.
Verantwortung, Letztverantwortung 297, 300
Verantwortung, Paralyse der 299
Verantwortung, parlamentarische 295
Verantwortung, politische 295
Verantwortung, repräsentative 295
Verantwortung, staatliche 299
Verantwortung, Typologie 298
Verantwortung, Verfahrensverantwortung 297

Verantwortung, Verwaltungsverantwortung 296
Verantwortung, Wahrnehmung von 294
Verantwortungsethik 302
Verantwortungsprinzip 294 ff.
Verantwortungsprinzip, als Kompetenz und Aufgabe 294
Verantwortungsstufen 298
Verantwortungsteilung 314
Verantwortungsträger 314
Verbände 84, 372, 467
Verbände, Anhörung 483
Verbandsempfehlungen 27
verbandsinterne Kontrollgremien 126
Verbandskompetenz 418, 498
Verbandstätigkeit 396
verbindliche Verträge 26
Verbraucher 68 ff., 188, 414, 507, 578
Verbraucherinteressen 245
Verbraucherverhalten 205
Vereinbarungstreue 470
Vereinigte Staaten von Amerika 200 ff., 487
Vereinigungsfreiheit 260, 263, 373, 378, 395 ff.
Verfahren, gemeinschaftsrechtliches 503
Verfahrensfehler 456
Verfahrensnormen der Rechtsetzung 478
Verfahrensteilhabe 263
Verfahrensverantwortung 297
Verfassungsänderung 425
Verfassungsbeschwerde 638
Verfassungsdogmatik, nationale 660
verfassungskonforme Auslegung 281, 369, 448, 556, 562, 598, 608, 610, 617, 622, 632, 651, 654
Verfassungslehre 250, 267
Verfassungslehre, vergleichende 301
Verfassungsmäßigkeit, formelle 364
Verfassungsmäßigkeit, materielle 366
verfassungspolitische Forderungen 655
Verfassungsstaat, kooperativer 289

Verfassungsstaat, kooperierender 289, 390, 396, 660 ff.
Verfassungstheorie, neue Wege 458
Verfassungswandel 655
Vergesellschaftung des Staates 251, 274
Verhaltenszusage 22
Verhältnismäßigkeit 260, 366 ff., 395, 400, 661
Verhältnismäßigkeit i. e. S. 370, 408
Verhandlungsbereitschaft 397
Verhandlungsdemokratie 496
Verhandlungsführer 329
Verhandlungsgeschick 210
Verhandlungskompetenz 449
Verhandlungsprozess 397
Verhandlungsspielraum 527
Verhandlungsstrategie 27
Verkündung 480
Vermeidung von Rechtsstreitigkeiten 222
Vernehmlassungsverfahren 457, 486
Vernunft 238
Veröffentlichung der Ergebnisse 478
Veröffentlichungspflicht 480
verordnunggebende Gewalt 425 ff.
Verordnunggeber 230
Verordnungsermächtigung 232, 427, 435, 438, 492, 524, 661
Verordnungskompetenz 437
Verpackungsteuer 286
Verpackungsteuer-Urteil 141
Verpackungsverordnung 141 ff., 287, 358, 526
Verpflichtung 24, 27
Verrechtlichung 168, 459
Verrechtlichung der Rechtsetzung 459
Versammlungsrecht 281
Verstaatlichung der Gesellschaft 251
vertikale Absprache 35
vertikale Elemente 35
vertikale Wirkungen 635
Vertragsfreiheit 555
Vertragsverletzungsverfahren 643
Vertrauen 27

Vertrauensgewinn 214
Vertrauensschaden 468
Vertrauensschutz 464, 467 ff., 606, 648, 652
Vertrauenstatbestände, Privatrecht 468
Verwaltungseffizienz 206
Verwaltungskooperationsrecht 463
verwaltungsrechtliche Einbindung 616 ff.
Verwaltungsrechtsweg 635
Verwaltungsverantwortung 296
Verwaltungsverfahren 660
Verwaltungsverfahrensrecht 618
Verwaltungsvertrag 24, 331, 620
Verzicht auf Rechtsetzung 36, 103 ff., 469, 489
Verzögerung 218 ff.
volenti non fit iniuria 499
Vollzugsdefizit 209 f., 293
Vorarlberg, Landesverfassung (1984) 275, 279
Vorbildfunktion 213
Vorhaben- und Erschließungsplan 182
Vorrang des Gesetzes 464
Vorrang des öffentlichen Rechts 525
Vorrang von Selbstverpflichtungen 464
Vorverständnis 203 ff., 244, 290, 293

Wahrung des Rechts 459
Wandelbarkeit 470
Wandlungsfähigkeit 460
Warenverkehrsfreiheit 506
Warenvielfalt 576
Warnhinweise 69
Warnungen, staatliche 338, 364
Weisungsrecht 422
Wertordnung 326
Wesentlichkeitstheorie 491
Wettbewerbsbeschränkung 73 ff., 526
Wettbewerbsföderalismus 658
Wettbewerbsfreiheit 323, 372, 379, 384, 555
Wettbewerbsregeln 599

Wettbewerbsverzerrung 378, 396, 572
Widerspruchsfreiheit 541
Widerspruchsfreiheit der Rechtsordnung 465
Wirklichkeitswissenschaft 25
Wirkungsforschung 355

Zertifikationsmodelle 46
Zertifizierungszeichen 168
Zielfestlegung 67
Zielvorgabe 22

Zulieferer 412
Zurechenbarkeit 376, 469
Zurechnung 316, 335, 342, 356, 364, 382, 387, 413, 507, 528
Zustimmung des Bundesrates 426, 442
Zustimmungserfordernis 433
Zwangskartelle 28
Zwangsmitgliedschaft 375
Zweck-Mittel-Relation 366
Zwischenziele 67